구약성서 이해

버나드 W. 앤더슨 지음 | 강성열, 노항규 옮김

CH북스
크리스천
다이제스트

아부 심벨에 있는 라암세스 2세의 바위신전. 위는 두 명의 바로.
아래는 좀더 작은 왕비의 신전.

헷족의 수도 하투샤쉬가 산등성이
에 있었다.

헷족 국가 수도의 폐허에 하투샤쉬
의 사자 문이 있다.

헷족 국가 수도의 성벽 상층부를
발굴한 모습.

(위) 새로 재건된 신전이 고대 바벨론의 터 위에 서 있다.

(아래)이쉬타르 문을 지나 "바벨탑"에 이르는 거리. 지구랏이 신성한 용들과 하닷의 황
소들로 장식되어 있다.

(위) 페르시아 수도 페르세폴리스의 크세르크세스의 문 동쪽 입구. 거대한 인두(人頭) 황소가 지키고 있다.
(아래) 베히스툰 바위의 부조는 왕위를 위협했던 반역자들에 대한 다리우스 1세의 승리를 기념한다.

차 례

제1부 한 백성의 창조

제2부 나라를 형성하는 이스라엘

제3부 새로워진 계약 공동체

제18장 미완성의 드라마 ·········· 727

머 리 말

이 책이 약 30년 전에 출간된 이래 성서학 연구의 많은 줄기들이 어떤 큰 명제 하에 연구되어 왔고, 적절히 보완됨에 따라 성서학의 수많은 명제들은 다시금 여러 줄기로 나누어지게 되었다. 성서학 연구의 전체적인 분야는 성서학 지식의 증가와 새로운 연구방법의 사용, 그리고 과거의 성서학 연구 업적에 대한 재평가에 힘입어 빠르게 변화되어 왔다. 다른 분야에서 학문적 연구가 그러하듯이 다원주의적인 접근 과 해석이 이 성서학 분야를 특징짓는다. 지난 30여년간 3번의 개정판을 냈고 이제 제4개정판을 내면서 이 책은 일명 구약 성서라고 불리는 히브리인의 성경에 대한 연구와 이해를 돕는데 기여할 것이라 생각한다.

첫째로, 이 책의 목적은 모세 시기에 고대 이스라엘의 결정적인 출발로부터 일명 마카베오(Maccabean) 시기라고 불리는 후기 성서 유대교 시기에 피어난 문학까지 고대 이스라엘의 이야기를 따라 성서 신학, 문학 비평, 고고학적인 연구와, 서로 연결되어 있지 않은 역사적인 사건들을 한데 엮어내는 것이다. 이 책의 첫 장은 우리들 삶의 이야기의 테마가 지속성을 지니고 있다는 것을 보여줄 것이다. 일반적으로 최근에는 성서학 연구에서 역사와 관련된 특징들이 무시되는 반면, 이야기 중심으로 성서학 연구의 경향이 흐르고 있고 또한 과거에 학자들이 관심을 가졌던 역사적인 전통들에 대해서는 과소평가하는 반면 문학 형식으로 본 성경으로 그 관심이 이동하고 있다. 성서학 연구에서 이와 같은 논쟁에 대해 나는 고대 이스라엘인들의 믿음을 이해하기 위한 최선의 방법은 이야기와 역사, 역사적인 전통과 문학 형식들의 서로 상호 관련되어 있는 특징들을 진지하게 고려하는 접근 방법을 사용하는 것이라고 확신한다.

비록 말의 미묘한 차이나 불가피한 수정이 이 책에 나와있지만 기본적인 개요는 전 개정판에서와 마찬가지로 본질적으로 같다. 출애굽과 그 사건의 결과로 시작하는 이스라엘 역사의 전개는 시내 반도에서, 그리고 그 다음은 탈무드와 신약에 나타나 있는 고대 이스라엘의 성문화된 전통을 유대인과 기독교인이 서로 다른 방법으로 사용하고 있던 서력 기원 때의 사정을 통해 이스라엘의 역사를 추적할 수 있다.

이 개정판은 전번의 개정판과는 몇 가지 관점상 차이가 난다. 그 한 가지는, 다윗 이전의 시대를 취급하는 장들은 고고학적인 자료와 역사적 재평가로 다시 씌어졌다. 특히 이스라엘 조상들의 역사(이야기)와 크게 논쟁의 대상이 된 이스라엘의 가나안 점령(정복)이 그것이다. 또한 이 개정판에서는 이스라엘의 서사시가 초기 이스라엘 왕징의 르네상스를 배경으로 하고 있는 것은 아니라고 취급되었다. 그리고 지파동맹의 상황에서 전 이스라엘의 의식이 나타나기 시작했다. 오해를 막기 위해서 이같은 것은 강조될 필요가 있는데, 비록 예언이 에스라 때의 편집자인 제사장에 의해서 마지막으로 표준적인 작업을 완성시킬 때까지, 모세 오경 전통이 계속 유지되고 있었다 하더라도, 이스라엘의 서사시는 왕정기 전반에 나타나기 시작했다는 것이다. 논쟁의 소지가 있는 이러한 취급 방식은, 수세대를 거쳐 계속 되풀이 됨에 따라 어느 세대에서나 동시대성을 갖고 있는 이스라엘의 이야기를 중심적으로 다룰 수 있고, 서론 수준에서 어떤 정제된 분석 결과를 내는 것을 막기 위한 교육적인 효과를 갖고 있다. 마지막으로 이 개정판에서는 토론 주제를 남자와 여자, 유대인과 기독교인, 신앙인과 구도자 등에 관해 현대의 남녀 포괄 용어 기준에 맞추도록 했다.

지난 번 개정판에서처럼, 독자의 이해를 위해 몇 가지 기본적인 사항을 지적하고자 한다.

1. 각 장이 시작될 때마다 구약에서 읽어야 할 내용을 제시해 놓았다. 이 책은 성서학적인 문제에 대해 직접적인 대안을 주는 것이 아니다. 그러나 누군가가 말했듯이 성경 본문이 성경주석서에 많은 이해와 도움을 준다는 것은 사실이다.

2. 각주가 부담스러운 짐으로 여겨져서는 안되겠다. 처음 책을 읽어 나갈 때에는 각주를 그냥 지나쳐 버릴지도 모른다. 그러나 각주는 매우 중요한 문제점을 제공한다. 각주를 통해 좀더 심화된 자료들을 제공해줄 뿐만 아니라 유대, 개신교, 가톨릭 권위자들을 포함해서 전 기독교적으로 성경 해석이 이루어지고 있다는 사실을 알리고자 했다. 이러한 종류의 개설서는 비록 저자가 학문적인 영역에서 그 자신의 확고한 위치를 차지하고 있다 하더라도 학문적인 영역에서 교환되는 반응에 대해 공개되어야 한다. 각주들에서 하나로 일괄되어 나타나는 것은 이 책의 끝부분에 있는 선별된 문헌 목록에 의한다. 문헌 목록들은 일반적인 주제들(예를 들면, 성서학적 비평 단원 [48-88])과 이 책의 여러 장들 아래 잘 정렬되어 있다는 것을 주지하기 바

란다.

3. 성서학적 인용문은 다양한 현대 영어 번역으로부터 나오는데, 이것은 생략형에 의해서 표시된다(예를 들면, RSV는 The Revised Standard Version의 약자이다.). 생략형이 만약 없다면 번역 작업은 작가에 의해서 이루어지게 된다. 내 동료들과 나는 적당하기만 하다면 성차별을 하지 않는 언어에 의한 번역을 옹호한다. 그러나 많은 경우에 하나님에 관한 남성 위주의 언어는 만약 어떤 사람이 원문에 씌어진 히브리어를 알고자 할 경우를 대비해 계속 보전되어야 한다는 것을 알고 있다. 확실히 성경에서의 하나님은 성별의 차이를 초월한 것이 확실한데, 여기서 말하는 성별이란 가나안인의 종교와 야훼주의 사이에서 만나게 됨으로써 분명한 뜻을 갖게 되는 어떤 의미이다. 그러나 인간과 개인적인 관계를 맺는 하나님, 특히 이스라엘과 관계를 갖는 하나님은 역사적으로 사회학적으로 정해진 언어로 표현된다.

4. 구약 연구에서 가장 어려운 문제 중의 하나는 사건의 연대 규정이다. 오늘날과 같은 달력이 없었던 긴 시대를 다루어야 하기 때문이다. 일관성을 유지하기 위해서 존 브라이트(John Bright)의 「이스라엘 역사」(91)에 나온 연대표에 따른다. 또한 전통적으로 B.C. 또는 A.D. 로 써왔으나 이 책에서는 B.C.E. (Before the Common Era)와 C.E. (Common Era)를 사용한다.

이런 방대한 작업을 할 수 있었던 것은 내게 직접 간접으로 영향을 준 많은 학자들의 창조적인 연구 덕택이다. 나에게 도움을 준 사람들의 이름을 적는다는 것은 거의 불가능한 일이지만 우선 나의 스승이셨던 제임스 뮬렌버그(James Muilenburg), 나와 함께 신학대학에서 신학을 연구했던 어니스트 라이트(G. Ernest Wright), 윌 헤르버그(Will Herberg), 아브라함 조슈아 헤셀(Abraham Joshua Heschel)에게 감사한다. 또한 내 학문 연구의 기반이 되어준 대학교, 대학원 과정의 많은 학생들에게 감사한다.

이 개정판을 준비하면서 보스톤 대학교 신학 대학에 있는 나의 동료인 케이트 피스터러 다알(Kathe Pfisterer Darr)박사의 도움을 많이 받았다. 그녀는 이 책의 맨 처음부터 읽어가면서 각 장마다 다양한 문제를 제기했고 각 장에서 다시 씌어진 부분에 대해서는 비판적인 시각으로 읽었다. 그리고 마지막으로 인쇄의 초기 단계에서는 전체 내용을 재검토했다. 마지막 작업에서 그녀가 이 책에 정말로 유익한 영향을 주었는데, 그녀의 기술적이고 문학적인 감수성, 여성으로서의 깊은 통찰력과 박식함이 그것이다.

마지막으로, 기술적인 측면에서 이 책의 간행을 맡은 프렌티스 홀(Prentice-

Hall)의 발행인, 특히 종교 담당 편집인 에밀리 베이커, 그리고 출판 담당 편집인 세레나 호프만에게 감사한다.

특별히 아내와 가족에게 이 책을 바친다. 나의 가족은 이 책이 간행되고 나서 지금까지 30여 년 동안 나와 함께 동고동락하며 지내왔다.

우리는 이제 2000년을 바라보고 있다. 그러나 핵전쟁의 대학살의 비극적 종말이 이 지구 상에 일어나는 한 인간은 더 이상 문명을 이루어 낼 수 없고 이러한 가정이 있는 한 새로운 역사의 지평선은 너무나 요원한 것이 될 것이다. 이 책이 미래에도 어느 정도 지속성을 가질지는 불분명하다. 그러나 나의 바람은 이 개정판이 미래에도 계속 유용하게 사용되길 바랄 뿐이다.

1986년
버나드 W. 앤더슨

서 론

사람들의 이야기로서의 구약성서

기억력이란 인간에게 부여된 놀라운 능력의 하나이다. 우리는 우리 삶의 역사를 엮어온 과거의 경험을 바탕으로 오늘을 살고 내일을 설계한다. 우리가 어떤 사람을 알고자 할 때 그 사람이 살아온 과거의 내력을 알고자 한다. 그래야만 그 사람의 인격이 드러나기 때문이다. 자아라는 것은 곧 개인의 역사를 갖는 것이며, 이것이 개인의 특이성을 규정하게 된다.

이것은 혈연이나 지연이라는 자연적인 요소보다는 공통의 체험에 의해 뭉쳐진 백성의 경우에는 더욱 그렇다. 그 백성 특유의 자아 의식은 그들이 함께 겪어 왔고 그들의 정체성과 운명을 자각하게 해준 사건들을 기억하게 되면서 표현되는 것이다. 만약에, 예를 들어 한 우주인이 미국 땅에 내려와서 왜 이 나라를 혼합된 군중이라고 부르지 않고 하필 미합중국이라 부르느냐고 묻는다 하자. 그러면 미국인들은 순례자들의 신세계로 이민, 독립전쟁과 독립선언, 남북전쟁, 신천지의 개척, 그리고 세계 무대에서 중심적인 위치를 차지하게 만든 최근의 사건 등 미국의 역사를 이야기하면서 미국인이 무엇을 뜻하는지 설명하려고 할 것이다. 미국인이라 함은 대대로 과거의 경험을 되새길 수 있고 또한 반복해서 이야기힐 수 있는 그들 고유의 역사를 함께 공유하고 있다는 뜻이다. 이는 한국이나 영국, 호주 같은 다른 나라에서도 마찬가지이다.

성경읽기 : 이스라엘의 면면히 흐르는 역사의 개요를 볼 수 있는 지름길은 시편 78, 105, 106, 135, 136편 가운데 나오는 인용 구절들을 읽는 것이다. 그리고 아울러 출 15:1-18의 시도 읽도록 하자.

이스라엘의 생활체험

유대 민족에게 가장 두드러진 특징은 그들의 역사 의식일 것이다. 이는 브로드웨이에서 공연된 뮤지컬, 「지붕 위의 바이올린」의 주제이기도 하다. 유대인들은 신학, 문학, 심지어는 인종적인 특성까지 다양성을 띠고 있다. 그러나 유대교(Judaism)는 그들의 성경 안에서 전개된 사건들, 즉 정체성과 소명 의식을 지닌 하나의 백성으로 만든 사건들에 대한 독특한 기억을 갖고 있는 민족의 종교이다. 유월절을 경축할 때나, 회당에서 율법을 읽을 때나, 부모가 자녀를 가르칠 때나, 이 기억은 그들에게 생생하게 기억되어 왔다. 만약 이러한 역사적인 기억이 소멸되었다면 유대 공동체는 정말로 와해되고 말았을 것이다.

기독교인 역시 역사 의식을 갖고 있다. 기독교회는 문화적, 사회적으로, 그리고 상당한 부분에서 신학적으로도 다양성을 띠고 있다. 그러나 또한 기독교회는 성경이 기록하여 증거하고 있는 결정적인 사건까지 거슬러 올라가는 오랜 기억을 가진 독특한 공동체이다. 확실히 기독교인들의 기억은 그리스도 — 그의 삶과 죽음과 부활 — 인 예수의 도래에 특히 집중되어 있다. 기독교 공동체에서는 이러한 결정적인 사건이 유대교 경전에 나타난 한편의 역사적인 드라마로써 보여진다(눅 24:13-27, 44-47). 기독교인의 믿음은 여러 형태로 나타날 수 있다. 그러나 결국, 기독교인이 "우리의 생활 체험"이라고 여기는 것, 즉 이것은 구약성서와 신약성서가 증거하는 극적인 역사를 말하는데, 이는 되풀이되지 않는다.[1]

더군다나 위대한 예언자, 모슬렘의 창시자로 추앙되는 모하메드(c. 570-632)에 의해 이슬람으로 알려지게 된 모슬렘 종교는 아브라함과 하갈의 아들인, 이슬람의 조상인 이스마엘까지 거슬러 올라간다(창 21:9-21). 3대 일신교인 유대교, 기독교, 이슬람교는 각각 아브라함을 그들 종교의 공통의 아버지로 여기고, 성경에 나타난 전통의 근원에 대해 자신의 뿌리를 찾고자 한다.

히브리인의 성경

구약성서는 넓게는 히브리 성경, 즉 고대 이스라엘의 경전이라고 일컬어져 왔다. "구약성서"와 "신약성서"라고 정의하는 것은 비록 이 정의가 선지자 예레미야

---

1) Richard Niebuhr, *The Meaning of Revelation* 〔173〕, 2장을 보라. 각주를 간략하게 작성하기 위하여 꺾음표 안에 참고문헌의 번호를 표기하였다. 그곳에서 모든 정보를 얻을 수 있을 것이다.

(렘 31:31-34)에서 인용된 것이라 하더라도 기독교적인 정의이다. 기독교 성경은 크게 두 부분으로 이루어져 있는 단일서이다.   그러나 유대인에게는 히브리 성경이라고 부르는 하나의 성경(Testament) 또는 "거룩한 계약"(Covenant)만 있을 뿐이다.   오늘날 유대인들은 그들의 경전을 Tanak로 언급하는데, 이것은 히브리 성경의 세 가지 중요한 부분인 Torah(법률), Nebi´im(예언), Kethubim(말씀)의 각 첫번째 자음을 따서 만든 약어이다. 유대교 성경은 신약성서를 뺀 세 부분으로 이루어져 있는 단일서이다.

목록에서 보는 바와 같이 히브리 성경은 그 배열 순서는 다르지만 근본적으로 기독교 성경의 구약과 같다.   히브리 성경은 세 가지 중심 부분의 개요를 통해 이해될 수 있다. 가장 중심에 들어 있는 율법(Torah)은 사람들의 기본적인 이야기를 나타내고 사람들이 어떻게 살아야 하는가를 지시하는 법률을 포함하고 있다. 그 다음의 예언서는 율법을 지켜야 하는 사람들의 삶에 매우 중요한 주석서이다. 그 다음 부분은 성문서(Writing)인데 이것은 다양하고 자유로운 토론이며, 이스라엘의 신앙과 축제 행사로부터 지혜에 대한 이해까지 이러한 부분을 넓혀 주는 역할을 한다.[2]

다른 한편으로 기독교 성경은 처음 다섯권(Torah)의 다음부터 다른 순서를 나타내고 있고, 어떤 면에서는 더 알찬 내용을 보여주고 있다. 이러한 차이점은 부분적으로, 그리스어를 사용하고 있었던 초기 기독교 교회가 그리스어로 이스라엘의 경전을 읽었으며, 기원전 3세기경에 이집트의 알렉산드리아에서 번역되기 시작한 70인역 성경이 특히 읽혀졌다는 것으로 설명된다. 목록에서 보는 바와 같이 번역서에서 예언에 관한 말씀은 마지막에 위치한다.   그리고 그것은 전에 유대인들에게 상당히 깊은 감명을 주었던 많은 저작물들을 포함하고 있다. 그러나 그것이 히브리 성경에서는 내용이 많이 다르다.

기독교 신앙에서 이러한 그리스어 번역 사용은 구약성서를 집필하는 많은 책들 사이에 의견차를 불러 일으켰다. 종교개혁 이래 개신교는 히브리 성서에 있는 구약의 일부를 구약의 정경으로 한정했다. 70인역 성서에서 발견된 책들은 읽도록 허용된 부분에 대해서만 해설이 붙여진 채 경외서, 즉 외경(Apocrypha, 뜻이 명확하지 않거나 출처가 명확하지 않은 문서)으로 되어 성경에서 분리된 부분으로 분류되었고, 성경의 나머지 부분과 동일한 가치를 가지는 것도 아니었다. 대부분 이러한 책들은 로마 가톨릭 교회의 공식적인 결정에 의해서 경전으로 인정되었으며, 그렇게

---

2) Walter Brueggemann, *The Creative Word : Canon as a Model for Biblical Education* 〔170〕을 보라.

구약성서

히브리 성경		기독교 성경		
		개신교		로마 가톨릭 [b] 정교회 [c]
토라	1. Bereshith ("태초에") [a]	1. 창세기	모세오경	1. 창세기
	2. Shemoth ("이름들")	2. 출애굽기		2. 출애굽기
	3. Wayiqra ("그리고 그가 불렀다")	3. 레위기		3. 레위기
	4. Bemidbar ("광야에서")	4. 민수기		4. 민수기
	5. Debarim ("말씀들")	5. 신명기		5. 신명기
전기 선 지 서	6. Yehoshua 7. Shofetim ("사사들") 8. Shemuel 9. Melakim	6. 여호수아 7. 사사기 8. 룻기 9-10. 사무엘상하 11-12. 열왕기상하 13-14. 역대기상하 15-16. 에스라와 　　느헤미야 　　　　외경 17. 에스더	역사서	6. 여호수아 7. 사사기 8. 룻기 9-10. 사무엘 상하 11-12. 열왕기 상하 13-14. 역대기 상하 15-16. 에스라와 　　느헤미야 17. 토비트 18. 유딧 19. 에스더 [d]
후 기 선 지 서	10. Yeshayahu 11. Yirmeyahu 12. Yehezquel	18. 욥기 19. 시편 20. 잠언	시와 지혜	20. 욥기 21. 시편 22. 잠언

	12. Yeehezqel			
	13. Tere Asar("열둘")			
	Hoshea	21. 전도서		23. 전도서
	Yoel	22. 아가서		24. 아가서
	Amos			
	Obadyahu	외경		25. 지혜서
	Yonah			
	Micha	외경		26. 집회서
	Nahum			(벤 시락의 지혜)
	Habaqquq			
	Zephanyah			
	Haggai			
	Zekaryahu			
	Malaki			
성 문 서	14. Tehillim	23. 이사야		27. 이사야
	("찬미")			
	15. Iyyob	24. 예레미야		28. 예레미야
	16. Mishle	25. 애가		29. 애가
	("--의 잠언")	외경	선 지 서	30. 바룩
				(예레미야의 편지 포함)
	17. Ruth			(로마 가톨릭만 인정)
	18. Shir Hashirim			
절기서	("노래들 중의 노래")			
	19. Qoheleth	26. 에스겔		31. 에스겔
	("설교자")			
	20. Ekah	27. 다니엘		32. 다니엘
	("어떻게") 애가	28. 호세아		33. 호세아
	21. Ester	29. 요엘		34. 요엘
		30. 아모스		35. 아모스
	22. Daniel	31. 오바댜		36. 오바댜
	23. Ezra-Nehemyah	32. 요나		37. 요나

24. Dibre Hayamim e) ("역대기들")	33. 미가		38. 미가
	34. 나훔		39. 나훔
	35. 하바국		40. 하바국
	36. 스바냐		41. 스바냐
	37. 학개		42. 학개
	38. 스가랴		43. 스가랴
	39. 말라기		44. 말라기
	외경		45. 마카베오 상
	외경		46. 마카베오 하

a. 히브리 성경에서 서장에 해당하는 부분이다.

b. 이 표에서 제2의 경전은 고딕체로 되어있다. 불가타(vulgate)에 바탕을 둔 1609/10년의 Douay-Rheims 성경보다 오히려 일반 성경의 철자와 같다.

c. 30번은 주후 1672년에는 예루살렘 공회에서, 정교회에서 형성된 구약의 경전에는 포함되지 않았다.

d. 로마 가톨릭의 경전에 있는 에스더서와 다니엘서는 개신교나 유대의 경전보다 길다. 에스더서와 다니엘서에 첨가된 부분(수산나 이야기, 세 아이의 노래, 벨과 용의 이야기)은 개신교의 외경으로 간주되고 있다. 외경에 나오는 므낫세(Manasseh)의 기도를 로마 가톨릭에서는 경전으로 인정하지 않고 있다.

e. 24번은 다음과 같은 부분으로 되어 있다 : 사무엘상하, 열왕기상하, 역대기상하, 12명의 예언자들, 에스라-느헤미야.

되기까지는 긴 세월이 소요되었다.[3] 그러므로 로마 가톨릭 경전은 개신교(그리고 유대)의 경전보다 7권이 더 많다. 동방 정교회에서도 역시 이들 대부분을 경전으로 인정하고 있다.

그러나 이러한 차이는 그렇게 중대한 문제는 아니다. 구약성서의 객관적인 범위를 결정하는 문제에도 불구하고 유대인이나 개신교나 가톨릭이나 다 같이 본질적으

---

3) 가톨릭에서 "제 1 경전"이라고 하는 것은 그 경전성을 전혀 의심받지 않았던 책들이다. 그리고 "제 2 경전"은 시간을 소요하며 논의를 거친 후에 경전으로 인정한 책들이다. 트렌트 공의회 (C.E. 1543-63) 가 인정한 경전성의 범위는 그 후 오래도록 교회의 기준이 되어왔으며, 그것은 라틴 불가타역 안에 포함된 책들로 알 수 있다. *The Jerome Biblical Commentary* (9), pp. 516-24, 536을 보라.

"이스라엘"

자주 나오는 중요한 낱말에 대해서 알아보고자 한다.

오늘날 "이스라엘" 은 중동 지역에서 가장 강한 국가이며, 유엔 회원국이다. 그러나 구약성서를 공부해 나가면서 더 많은 것을 알게 될 것이다. 이스라엘을 단순히 독립국의 위치로만 격하시키는 것은 옳지 않다. 이 말은 이스라엘이 왕정의 역사 이전에 계약 백성이었고, 좀더 포괄적으로 말한다면 정치적, 인종적인 범주들을 훨씬 초월한다는 뜻이다. 바울 사도는 기독교 공동체가 하나님의 백성 이스라엘과 본질적으로 관련되어 있었다고 말한다. 진실로 이스라엘은 하나님의 백성이라고 말한다(갈 3:7, 9, 14, 29 ; 특히 롬 9-11).

이스라엘이란 말은 정치적, 인종적인 분열을 초월했기 때문에 유대인이나 기독교인들에게 공통된 성경을 연구하는데 적절하다. 이제까지 써왔던 전문용어인 B. C. ("Before Christ", 기원 전), A. D("In the Year of the Lord", 기원 후)를 포괄적인 용어인 B. C. E. ("Before the Common Era"), C. E. ("Common Era")로 바꾼다.

오늘날 우리는 달력이라는 것을 너무나 당연한 것으로 여긴다. 이 달력이라는 것은 4년마다 윤년을 끼워 넣어 그 이외 연들의 날수가 365일이 되도록 한 줄리안 달력을 만든 줄리우스 시저의 작품이다. 이 달력은 anno urbis conditae 의 시간을 가리키는데 이것은 "로마를 건설한 때로부터"라는 뜻이다. 그러나 로마 제국이 멸망한 때를 알아내려고 수많은 방법이 사용되었다. 525년 디오니우스 엑시구스(Dionysius Exiguus)수사는 예수의 출생 날짜가 서기 1년이라고 제시했다. 그러나 서방에서는 몇 세기가 지나고서 비로소 표준 달력이라는 것이 나왔다. 심지어 중세에도 여러 가지 역법 계산 방법이 사용되었다.

B. C. E. 와 C. E. 는 로마의 평화(Pax Romana)의 보편성과 "이스라엘" 이라는 용어의 포괄성과 일치하기 위해 사용하는 것이다.

로는 동일한 성경을 소유하고 있기 때문이다.

성경은 여러 면에서 다양성을 띠고 있다. 성경(Bible)라는 말이 나온 그리스어 ta biblica, 즉 '책들' 이라는 말을 보아도 성경의 다양성이 잘 드러난다. 그렇다고 해서 구약성서가 하나의 표제 아래 여러 잡다한 책들을 단순히 묶어 놓은 것은 아니다. 각각의 책들이 기원전 2000년 직후에서부터 그리스도 시대에 접어들기 거의 1세기 반 전의 마카베오 혁명까지의 이스라엘 백성의 독특한 역사적 경험을 증거하고 있다. 구약성서는 하나님의 백성인 이스라엘의 생활 체험이다. 유대교와 기독교가 이 역사적 드라마의 결과에 대해서는 서로 이해를 달리 할지 모르지만 구약성서가 다루고 있는 역사의 고유한 성격에 대해서는 일치된 견해를 보이고 있다.

성경의 이야기

창세기 1장에서 11장까지 서술되는 이 역사적 드라마의 서막은 제쳐두고 우선은 성경 역사의 줄거리를 보기로 하자.

창세기 12-50장 : 기원전 2000년기에 접어들었을 때에 이스라엘의 선조인 아브라함은 메소포타미아에서 현재의 팔레스타인으로 알려져 있는 가나안 땅으로 이주하였다. 아브라함과 함께 이스라엘의 기원을 이루는 이삭과 그 뒤를 이은 야곱은 가나안의 산악지대에 자리잡았다. 그러나 기근이 들자, 야곱 일가는 이집트로 이주하였다.

출애굽기-신명기 : 이집트에 간 야곱의 후손들은 처음에는 바로(파라오)로부터 총애를 받았으나, 세월이 흐르자 바로에 의해 강제 노역에 동원되었다. 그러나 모세(주전 1300년경)의 영도 하에, 너무나 이례적인 여러 사건들을 겪으면서 시내 반도의 사막으로 도망가 거기서 단일 종교를 가진 공동체를 형성하였다. 남쪽에서 가나안으로 들어가는 것은 불가능했으므로, 그들은 오랜 세월 동안(40년간) 광야 생활을 하다가 마침내 요단 동편 지역(Transjordan)으로 우회하여 가나안에 들어갔다.

여호수아서, 사사기 : 여호수아의 영도하에, 이스라엘인은 요단 동편 지역을 그들의 전진 기지로 삼아 요단을 건넜고, 혁혁한 전공을 세우면서 토착민들을 정복해서 그곳 땅을 정복했다. 이 기간 동안(사사시대) 그들은 그들에게 약속된 땅을 지키기 위해 끊임없이 전쟁을 치러야만 했다.

사무엘상하, 열왕기상하 : 이때 외세의 압력이 심해지자 왕정이 실시되었다. 다윗과 솔로몬(주전 1000-922)과 같은 위대한 왕의 출현으로 가나안 땅의 이스라엘 왕국은 이웃 여러 나라에 그 위세를 떨치게 되었다. 그러나 솔로몬이 죽고난 뒤, 이 통일왕국은 분단되고 만다. 분단된 이 두 왕국은 메소포타미아와 이집트 사이의 완충지대에 자리잡고 있었으므로 근동 지역의 각축전에 휘말리게 되었다. 그래서 북부 왕국은 기원전 722년 앗시리아의 침공으로 함락되었고, 남부왕국은 1세기 가량 앗시리아에 예속되어 있다가 앗시리아를 제압하고 패권을 차지한 바벨론인에게 함락되었다. 이렇게 하여 예루살렘은 기원전 587년 바벨론인의 손에 들어갔고, 많은 백성이 바벨론에 포로로 잡혀갔다.

에스라, 느헤미야 : 그후 왕국인 페르시아(바사) 제국의 관대한 정책으로 유대인들은 유배지에서 돌아와 예루살렘과 성전을 재건하고, 그들 본래의 생활 양식을 되찾게 되었다. 이러한 복구 작업은 주로 에스라와 느헤미야가 담당했다(주전 450-400년경).

마카베오상하 : 팔레스타인은 2세기 가량 페르시아의 지배를 받다가 알렉산더 대왕의 세계 정복으로 그리스의 지배에 들어갔다(주전 332). 당시 알렉산더 대왕은 전세계를 헬레니즘화시켜서 단일문화권으로 만들려는 정책을 폈는에, 이 정책은 그의 분열된 왕국을 계승한, 특히 시리아를 다스린 셀류키드 통치자들이 답습하였다. 셀류키드 왕조의 한 왕이 이러한 정책을 유대 공동체에도 펴려고 하자 마카베오가를 중심으로 봉기가 일어났다(주전 168). 히브리 성경의 문학도 외경(가톨릭에서는 제2경전)인 마카베오상권에 계승되기는 했지만 이때 다니엘서를 끝으로 갑자기 막을 내렸다. 그후 유대 왕국의 독립시대가 왔지만 새로 등장한 로마제국의 그늘에 가려지게 되었다. 신약성서라고 불리는 기독교의 여러 책들에 보이고 있는 사건들도 바로 로마 제국의 광대한 무대에서 일어난 일들이다.

일반적인 관점에서 볼 때, 이러한 이스라엘의 역사는 주변 강대국들의 각축전에 말려든 용감했던 소수 국가들의 역사보다 하등 새삼스러울 것이 없다. 그렇다면, 이스라엘의 역사는 고대 근동의 장대한 역사 속에서 단지 지엽적인 사건에 지나지 않으며, 그들의 문화 역시 찬란했던 여러 고대 문화에 가려져 무색해질 수밖에 없다. 그러나 구약성서는 단순히 세속의 역사나 문화를 다룬 책은 아니다. 이 책은 유대인에게나 기독교인에게나 역사적인 체험을 신앙으로 해석하여 인생의 궁국적인 의미를 밝히려는 거룩한 역사이다. 이스라엘인의 관점에서 이 역사는 전쟁, 인구 이동, 문화의 홍망성쇠 등에 대한 통상적인 이야기가 아니다. 이러한 역사적인 사건 안에서 하나님이 활동하신 것이며, 이스라엘의 체험을 통해 하나님의 의도가 실현된 것이다. 이스라엘의 역사를 성화시키고 이스라엘의 성경을 문자 그대로 거룩한 책이라고 부를 수 있게 된 것은 바로 이러한 신앙 때문이다. 말하자면, 구약성서는 이스라엘과 하나님의 만남에 대한 증언이라고 하겠다.

이러한 이유에서, 구약성서를 단순히 걸작이라든가, 재미있는 역사라든가, 숭고한 사상의 개진이라고 생각한다면 애초부터 구약성서를 이해할 수 없다. 구약성서는 사람들의 삶 속에서 역사하시는 하나님에 관한 이야기다. 모든 인간 역사는 하나님의 주권을 드러내는 현장이며, 자연 역시 하나님의 작품이다. 하나님은 비교적 평범한 한 사람을 특별히 선택하여 인간의 시각을 바꾸고 인간사의 흐름을 변화시키기 위해 역사적인 사건을 주도하는 것이다.

이사야서 두루마리는 1947년 쿰란 1동굴에서 발견되었다.

결정적인 사건

자서전을 쓸 때에는 보통 유아기에서 시작한다. 그러나 한 개인의 삶의 의미를 찾고자 할 때는 군이 출생과 유아기에서부터 시작하지 않는다. 오히려, 기억에 깊이 박힌 경험으로 어린 시절을 비추어 보게 된다. 마찬가지로, 구약성서가 천지창조나 아브라함 시대부터 시작하고 있지만 이스라엘의 진정한 역사는 거기서부터 비롯되는 것은 아니다. 오히려, 이스라엘의 역사는 이스라엘 백성으로 하여금 역사적인 공동체로서의 자의식을 갖게 한 결정적인 역사적인 체험, 즉 초기뿐만 아니라 후대의 여러 사건들까지도 비추어 볼 수 있는 중대한 사건에서 시작한다.

이스라엘 역사에서 중대한 분기점에 있는 결정적인 사건은 바로 출애굽, 즉 이집트에서의 탈출이다. 오늘날에 이르러서도 유대인들은 자기들을 하나의 백성으로 이루게 했고, 또한 불멸의 기억을 남겨준 이 계시의 사건으로 자기들의 소명과 운명을 이해하고 있다. 기독교인들이 주의 만찬을 거행하면서 예수 그리스도의 희생을 회상하고 재현하듯이, 유대인들도 유월절을 거행하면서 출애굽 사건을 회상하고 재현하고 있다. 이러한 신앙 행위는 현재로부터 돌이킬 수 없는 과거로 도피하려는 복고주의가 아니다. 오히려, 신앙이 깊은 유대인들은 이러한 행위를 통해서, 자기 자신이 그 경험에 참여한다고 생각한다. 왜냐하면, 과거의 사건은 현재에도 깊은 의미를 갖고 있기 때문이다. 그렇다면 유월절에 대한 전통적인 해석을 들어보기로 하자.

> "그 날이 오면 너희는 너희 아들에게, 내가 이집트에서 풀려나올 때에 야훼께서 내게 해주신 일 때문이라 말하라" 는 성경의 명령을 명심하고, 모든 세대가 자기 자신이 이집트에서 풀려나온 것으로 생각해야 한다. 왜냐하면 "그 분은 우리를 그곳에서 이끌어 내시어 우리 조상에게 맹세하신 땅으로 우리를 인도하시고 그 땅을 우리에게 주시리라" 는 말씀처럼 그 거룩하시고 찬양받으실 분께서는 우리 조상들만 구원하신 것이 아니라, 우리들도 또한 구원하셨기 때문이다. [4]

대대로 이스라엘 백성은 하나님께서 자기의 백성을 노예의 상태에서 구원하신 놀라운 역사의 순간을 재현해 오고 있다. 사실 바로(파라오)의 지배에서 풀려난 이야기와 광야를 거쳐 약속의 땅으로 들어간 이야기는, 마치 신세계를 찾기 위해 대서양을 건넌 순례자들이나 오늘날 압제를 당하는 계층이 이 이야기를 자기들의 상징으로 삼듯이, 종교적 상상력을 불러 일으키는 강한 호소력을 지니고 있다. [5] 물론 우리는 구약성서 안에서 멸망에서 구원된 또 다른 이야기들을 찾아볼 수 있다. 그러나 출애굽의 이야기는 다른 모든 해방 체험에 적용될 만큼 기본적인 '구원 유형'을 이루고 있다. [6] 출애굽은 하나님이 누구며 또한 억압받고 짓눌리는 자들을 어떻게 대하는가에 대한 실마리라고 간주되었다. 출애굽은 하나님의 백성들이 자신들이 체험한 해방에 대한 보답으로 사회 안에서 어떻게 정의를 구현해야 하는가에 대한 모델까지도 제시했다(미 6:1-8).

출애굽 사건이 주전 587년의 국가 멸망, 즉 유배 이전의 시대부터 성경문학에

---

4) Davids and Tamar de Solar Pool, eds., *The Haggadah of the Passover* (New York : Bloch, 1953), p. 51. Will Herberg, "Beyond Time and Eternity : Reflections on Passover and Esther", in *Christianity and Crisis*, IX(1949), 41-43을 보라 ; *Faith in Enacted as History* [172], pp. 66-71도 아울러 보라.

5) James Hutchison Smylie, "On Jesus, Pharaohs, and the Chosen People : Martin Luther King as Biblical Interpreter and Humanist", *Interpretation*, 24 (1970), 74-91을 보라. 남미의 해방신학자 J.S. Croatto, *Exodus : A Hermeneutics of Freedom* [212]의 책을 보라. *Exodus and Revolution*(New York : Basic Books, 1984)에서 왈져(Michael Walzer)는 출애굽을 "끊임없이 재창조되는" 고대의 혁명 이야기로 취급하기도 했다.

6) David Daube, *The Exodus Pattern in the Bible* (London : Faber and Faber, 1963), p. 11.

서 계속 언급된 것은 주목할 만하다. 흥미롭게도 이 시대의 예언자들은 창세기 12장에 나오는 아브라함의 이주에 대해서는 전혀 언급을 하지 않고 있다. 대신 그들은 하나님이 이스라엘 백성을 위해 몸소 행하셨고, 이스라엘 백성으로 하여금 하나님께 영원히 복종을 하게 한 출애굽 사건에서 이스라엘 역사의 기원을 찾고 있다. 주전 8세기, 아모스는 청중들에게 하나님께서 이집트에서 이스라엘을 구원하셨기 때문에 모두 "한가족"으로 뭉칠 수 있었다는 사실을 상기시키면서(암 3:1-2), 하나님이 몸소 이스라엘 백성에게 자신이 누구인가를 알려 주었던 그 위대한 사건을 백성이 잊었다고 비난했다(암 2:9-11). 그와 같은 시대에 살았던 호세아 역시 이스라엘 백성의 '소명'을 같은 사건에서 찾고 있다.

> 이스라엘의 어렸을 때에 내가 사랑하여 내 아들을 애굽에서 불러내었거늘
> — 호세아 11:1(RSV).

이 예언자에 의하면 출애굽 사건이야말로 이스라엘이 하나님을 알 수 있는 바탕을 이룬다고 한다.

> 그러나 네가 애굽 땅에서 나옴으로부터 나는 네 하나님 여호와라 나밖에 네가 다른 신을 알지 말 것이라 나 외에는 구원자가 없느니라
> —호세아 13:4(RSV).

에스겔은 나라가 멸망할 즈음에도 이 사실을 단호하게 밝혔다.

> 이르기를 주 여호와의 말씀에 옛날에 내가 이스라엘을 택하고 야곱의 집의 후예를 향하여 맹세하고 애굽 땅에서 그들에게 나타나서 맹세하여 이르기를 나는 여호와 너희 하나님이라 하였었노라
> — 에스겔 20:5-6(TNK).

예배 때 사용하기 위해 지은 많은 시편에서도, 이집트에서의 노예 생활에서 해방된 사실이 하나님을 섬겨야 할 동기이며, 미래에 누릴 번영의 바탕이라고 보았다.

> 내 백성이여 들으라 내가 네게 증거하리라
> 이스라엘이여 내게 듣기를 원하노라.
> 너희 중에 다른 신을 두지 말며
> 이방신에게 절하지 말지어다.
> 나는 너를 애굽땅에서 인도하여 낸
> 여호와 네 하나님이니

네 입을 넓게 열라 내가 채우리라
　— 시편 81:9-11(TNK ; RSV 81:8-10).

다른 예언자들의 작품과 시편들도 출애굽의 의미를 강조하고 있다.[7] 다니엘서나 (단 9:15) 지혜서와 같이 구약성서 형성 과정의 후기에 씌어진 작품에서도 여전히 이러한 사상이 고수되고 있다.

모세 오경의 중심 사상

이러한 사상은 유대 전승에서 가장 권위를 가진 히브리 성경의 창세기, 출애굽기, 레위기, 민수기, 신명기에서도 발견된다. 이 다섯 권의 책은 히브리어로는 토라(Torah), 흔히 율법이라고 번역되는데, 실상 토라는 율법이라기보다는 이스라엘 백성의 삶을 인도하고 지도하기 위한 "가르침"이라고 말할 수 있을 것이다. 학자들은 이 다섯 권의 책을 모세 오경(Pentateuch)이라 하는데, 이 말은 다섯 개의 두루마리(he pentateuchos biblos, 다섯 두루마리 책들)라는 그리스어에서 나왔다. 그리고 구약성서의 첫 여섯 권(모세 오경과 여호수아를 묶은 것)을 모세 6경이라 부르기도 한다.

모세 오경은 출애굽 사건의 장황한 서문인 천지 창조(창 1-11)와 이스라엘 백성의 조상, 즉 족장들에 대한 이야기(창 12-50)로 시작된다. 실제로 우리가 창세기를 읽고 출애굽기를 읽으면 거꾸로 읽어가는게 된다. 모세 이전의 시대는, 모세 시대에 이르러서야 이스라엘 백성을 탄생시킨 사건에 비추어 회상되고 해석되었기 때문이다. 이것은 마치 미국인이 독립전쟁이라는 역사적으로 중대한 사건을 치른 후에야 콜럼버스의 항해와 순례자들이 신천지에 이주한 것을 되돌아보는 것과 같다. 이스라엘인은 후대에 와서 신학적인 반성을 한 다음에야 출애굽 이전의 첫 히브리인인 아브라함에게서 그들의 역사의 기원을 찾았고, 아브라함이 약속된 땅으로 이주했다는 이야기에서 그들의 "소명 의식"(선택)을 발견했다. 확실히 이스라엘의 소명은 이스라엘인의 기억에 아로새겨진 출애굽 사건에 바탕을 둔 것이었다.[8] 그러므로 창세기는 히브리인이 이집트에서 압제를 받는 장면 — 즉 이것은 출애굽의 시작 — 의 막

---

7) 암 9:7; 호 2:14-15; 12:13; 13:4; 미 6:4; 렘 2:2-7; 31:32; 시 66:6; 78:18-53; 136:10-11을 읽도록 하라.
8) 이스라엘의 "뿌리 체험"에 관하여 Emil Fackenheim, *God's Presence* [213].

이 오르기까지의 서막이라고 보아야 할 것이다.

놀랍게도, 전승이 서사적인 형태로 기록되기 오래 전에 출애굽의 설화가 시의 형태를 취하고 있었다. 그 좋은 예로 출애굽기 15:1-18 의 고대시 "바다의 노래"를 들 수 있다. 가나안의 문학양식과 신화[9]에 영향을 받았음을 보여주는 이 시는 이스라엘 백성을 바로의 군대에서 구하여 가나안 땅으로 인도한 하나님의 영광스러운 업적을 찬양한다. 여기서 볼 수 있는 이스라엘의 원초적인 신앙 고백은 그 후의 서사시와 설화와 시에서 보완된다(예. 시 77 ; 114).

이스라엘의 전승 서사시에서 출애굽의 주제는 신명기의 기도에서 확실히 나타난다. 신명기는 주전 587년 예루살렘의 멸망 후에 현재의 형식으로 씌어졌다. 신명기의 기도서는 후에 신명기적인 형식으로 표현되는데, 어떤 학자들의 판단에 의하면 그 내용은 훨씬 더 오래되었을 것이라고 본다. 다음의 글은 이스라엘인들이 성전에 첫 수확물을 바칠 때 읊었던 신앙 고백이다.

> 내 조상은 유리하는 아람사람으로서 소수의 사람을 거느리고 애굽에 내려가서 거기 우거하여 필경은 거기서 크고 강하고 번성한 민족이 되었더니 애굽 사람이 우리를 학대하며 우리를 괴롭게 하며 우리에게 중역을 시키므로 우리가 우리 조상의 하나님 여호와께 부르짖었더니 여호와께서 우리 음성을 들으시고 우리의 고통과 신고와 압제를 하감하시고 여호와께서 강한 손과 편 팔과 큰 위엄과 이적과 기사로 우리를 애굽에서 인도하여 내시고 이곳으로 인도하사 이 땅 곧 젖과 꿀이 흐르는 땅을 주셨나이다(신명기 26:5-9, 6:20-23).

이러한 "역사적인 신조"[10]는 개인적인 기도가 아니라 예배의식과 관련된 신앙 고백이다. 이스라엘인은 복수 대명사 ("애굽인들이 우리를 학대하였다; 우리는 여호와께 부르짖었다; 여호와께서 우리의 부르짖음을 들으셨다" 등)에서 볼 수 있는 것

---

9) F. M. Cross, "The Song of the Sea and Canaanite Myth", *Canaanite Myth and Hebrew Epic* (112), pp. 112-44; Patrick D. Miller, Jr., *The Divine Warrior in Early Israel* (215).

10) 이것은 "소 역사신조"의 예가 될 수 있는 것을 따로 구분했던(신 6:20-25; 26:5-10; 수 24:2-13) 폰 라트의 견해인데, 이 "소 역사신조"는 서사시 전승이 발전하는 과정에서 핵심적인 주제였다. 그의 창세기 주석 (271), pp. 13-14. 서론에 요약되어있는 그의 책 "The Form-Critical Problem of the Hexateuch" (181), pp. 1-27을 보라. 이 신조의 고대성에 대하여 몇몇 학자들이 의문을 제기하기도 했다. Leonhardt Rost, *Das kleine Credo und andere Studien zum Alten Testament* (Heidelberg : Quelle & Meyer, 1905), pp. 11-25; J. P. Hyatt, "Were There and Ancient Historical Credo in Israel and an Independent Sinai Tradition?" in *Translating and Understanding the Old Testament* (159), pp. 152-170.

처럼, 이스라엘 공동체가 이야기하는 그 과거의 사건과 자신을 동일시한다. 심지어 자신의 직접적인 목적보다 더 중요한 것이 신앙 고백의 내용이다. 이 짧은 신앙 고백에는 간략하게 거룩한 조상의 시대가 언급되어 있다. "떠돌아다니던 아람인"이란 바로 야곱을 말한다. 이 신앙 고백은 우선 출애굽 시대의 해방 사건을 되새긴 후, 이스라엘을 노예 상태에서 해방하여 젖과 꿀이 흐르는 땅으로 인도한 하나님께 감사를 드리며 끝을 맺는다(위에서 언급한 출애굽기 15:1-18의 "바다의 노래"를 참조). 전체적으로 구약성서는 이스라엘이 한 민족으로서 역사의 무대에 등장한 초기부터 언명된 이러한 주제들의 일종의 교향곡이라고 할 수 있다.

17세기 프랑스의 유명한 작가 파스칼(Blaise Pascal)은 성경의 하나님이 "아브라함, 이삭, 야곱의 하나님"이지 철학자나 현인들의 하나님은 아니라고 했다. 철학자들에게는 당황스럽겠지만 성경의 신앙이 성격상 근본적으로 역사적인 것이라고 볼 때, 이것은 사실이다. 성경의 신앙은 역사적인 사건들, 사회적인 관계와 긴밀하게 연결되어 있다. 초시간의 영역에 속하는 추상적인 가치나, 사상을 말하는 것은 아니다. 이스라엘의 하나님은 아브라함과, 이삭, 야곱, 그리고 사라, 하갈, 리브가, 라헬, 레아와 맺은 관계를 통해 특정 역사 안에서 하나님 자신을 드러낸 것이다. 성경 신앙의 본질적이고 역사적인 내용을 따지려는 시도는 현대의 어느 유대 학자의 말처럼 시를 쉽게 풀이하려는 것과 같다. "중심 개념이라고 할 만한 것은 남겠지만, 힘과 의미를 주는 부분은 모두 상실하게 될 것이다."[11]

그러나 하나님이 이스라엘의 거룩한 조상과 맺은 관계의 역사는 출애굽의 사건에서 나타나듯이 잘 이해해야 한다. 시편 기자는 다음과 같이 증언하고 있다.

> 여호와께서 의로운 일을 행하시며
> 압박 당하는 모든 자를 위하여 판단하시는도다.
> 그 행위를 모세에게,
> 그 행사를 이스라엘 자손에게 알리셨도다
> — 시편 103:6-7.

대대로 이스라엘의 하나님은 이스라엘 백성을 이집트에서 이끌어낸 여호와(야훼)라는 이름으로 전해졌고 영광 받으실 분으로 찬미되었다(출 20:1). 출애굽은 이스라엘 역사의 획기적인 사건이다. 바로 여기서부터, 그들은 하나의 백성으로 태어

---

11) Will Herberg, "Biblical Faith as Heilgeschichte : The Meaning of Redemptive History in Human Existence", in *Faith Enacted as History* (172), pp. 32-42.

나게 되었으며 후에 가서 모든 역사와 자연이 하나님의 계획 안에 있음을 깨닫게 된 사건의 결정적인 계기도 바로 이 출애굽에서 비롯한 것이다. 이와 같이 출애굽 사건은 이스라엘인의 뇌리에 깊이 새겨진 역사적 체험으로 이스라엘인은 이를 역사적으로 재해석하고, 새로이 재현함으로써 그들의 신앙이 성숙하게 되었다.

연구 방향의 제시

따라서, 우리도 출애굽을 시발점으로 하여 구약성서를 연구하게 될 것이다. 그러나 주전 2000년경에 고대 근동 지방의 문화와 역사의 관계 안에서, 그리고 이 출애굽 사건을 예비하는 거룩한 조상의 시대의 사건들과의 관계에서 이 출애굽 사건을 보아야 하므로 다음 장에서 출애굽기의 서문, 즉 이스라엘이 이집트에 내려간 경위와 바로 밑에서의 압제를 살펴 보고자 한다. 그리고 그 다음 장부터는 이집트에서부터의 해방, 계약 체결, 가나안 정복, 군주제 실시, 외세의 싸움에 휘말려 들어가게 되는 경위를 다루게 될 것이다. 본서의 개요는 이스라엘의 역사 과정에 바탕을 두고 있다는 것이다. 이스라엘 신앙의 역사적인 성격을 공정하게 평가하기 위해서는 역사적인 방법론 외의 다른 접근 방법은 생각할 수 없다고 본다.

이러한 역사적인 방법론에서 우리가 주의를 기울여야 할 몇 부분이 있다. 우선, 문학비평이 필요한데, 그 이유는 성경 역사에서 어떤 사건을 다루고 있는 전승은 후대에 가서 이루어졌거나, 편집자에 의해 수정된 것이기 때문이다. 또한 고대 세계의 정치적, 사회적, 문화적인 상황과의 관계도 살펴야 한다. 성경 문헌 이외에 다른 주변 국가들의 역사적인 상황과 고고학의 중요한 연구 결과를 다루어야만 한다. 그리고 물론 우리의 중심 과제인 이스라엘의 신앙에 대한 해설을 빠뜨려서는 안된다. 이러한 세 가지 관점 — 문학적인 형성 과정, 역사적인 연구, 신학 — 에서 구약성서를 연구한 문헌은 많으나 대부분이 문제를 개별적으로 다루고 있다. 본서에서는 이러한 세 가지 관점을 동시에 살펴보면서, 각 장마다 하나님이 이스라엘과 함께 펼치는 이야기를 고찰하려고 한다.

우리가 관심을 두는 것은 "하나님의 백성"이라고 하는 이스라엘 공동체이다. 현대 사회의 개인주의는 이스라엘 신앙에서는 설 곳을 잃는다. 모세같은 인물을 따로 떼어 놓고 연구한다든지, "하나님의 개념"과 같은 추상적인 문제를 다루게 되면 그것은 구약성서의 초점을 잃게 되는 것이다. 어떤 인물이나 개념이든지 이스라엘 역사의 드라마 속에서 그들이 겪은 공동의 체험과 관련되어 고찰되어야 한다.

그런 다음, 우리는 문화, 정치, 지리의 역동적인 맥락에서 성경적인 메시지를 이해해야 하는 것이다. 다양한 작품이 나타내고 있는 구체적인 삶의 상황들을 고찰하고, 기자들이 그들의 시대에서 무엇을 말했는가를 이해해야 한다. 이러한 목적에서, 독자들이 성경의 상황에 친숙해질 수 있도록 여러 지도를 제시해 놓았다. 이스라엘의 구속사가 고대 근동의 국제적인 상황과 어떻게 관련되어 있는가를 보여주기 위해 그림들과 연대표를 삽입했다.

마지막으로, 우리가 이러한 이스라엘 공동체에 대해 진심으로 공감을 느끼고, 그들의 역사를 재체험하고자 한다면, 성경을 읽는 것밖에는 없다. 본서의 목적은 성경 이해를 돕는 것이다. "이해하다" 라는 말의 뜻은 " … 의 밑에 서다." 이다. 장이 시작될 때마다 선정해 놓은 성경 구절을 읽으면서, 독자들이 성경 아래 서기를 바란다. 그래야만 인간의 삶에 광명을 비추는 성경의 의미를 직접 깨달을 수 있기 때문이다.

참조 : 히브리 원문 성경의 구약을 읽을 수 없다면, 다음의 영어 번역서를 참고하라.

The Revised Standard Version(RSV)[12]
The New English Bible(NEB)
The Jerusalem Bible(JB)
TANAKH : Translation of the Jewish Publication Society(TNK)[13]
The New American Bible(NAB)
The New International Version(NIV)

---

12) 영어 원서의 인용된 성경구절은 RSV 이며, 한글 번역서의 성경 인용은 한글 개역성경이다. 그리고 본문 가운데 인용을 할 때는 본문의 흐름을 위하여 영어 원문에서 인용하기도 했다. 그렇기 때문에 "여호와"와 "야훼"가 병기되었음을 알린다 — 역자주
13) TANAKH는 히브리 성경의 세 부분을 가리키는 앞글자들이다. Torah (율법서), Nebiʹim (예언서), Kethubim (성문서).

제1부

한 백성의 창조

제 1 장

이스라엘의 기원

출애굽기에는 역사적인 드라마가 감동적으로 펼쳐지고 있다. 이 역사적 드라마의 주인공은 이스라엘의 하나님, 야훼이다. 하나님은 일단의 무기력한 노예들의 편에 서면서 등장한다. 하나님은 그 당시 가장 강력한 제왕이었던 바로(파라오)에 대적하여 계속하여 긴장감이 넘치는 사건을 일으킨다. 마침내 이스라엘인들을 추격하는 바로의 군대를 홍해의 파도가 삼키는 것으로 대단원의 막을 내린다. 이 드라마의 주제는 이스라엘의 하나님의 활약상과 그 승리이다.

출애굽의 이야기를, 윤색하지 않은 사실보도라기보다 역사적인 드라마로 볼 때, 우리는 이러한 세계에 더욱 더 공감대를 갖게된다. 드라마는 참여를 강조하는데, 이것은 삶을 동시대적 감각으로 표현하고, 펼쳐져 있는 무대에서 우리의 이야기, 즉 체험을 이야기한다. 이스라엘인들이 대대로 출애굽의 이야기를 되풀이 해서 이야기하고 재현해 온 것은 바로 이러한 생각 때문이었다. 출애굽기 1-15장이 애굽에서 이스라엘이 해방된 것을 기념하는 축제와 관련하여 해마다 낭송되는 옛 유월절의 이야기를 나타내고 있다고 보는 견해가 있다.[1] 이러한 견해는 전체 이야기가 축제를 설

성경읽기 : 본 장과 이어지는 2장에서 우리는 출 1-24, 32-34장의 출애굽과 시내산 계약의 이야기에 초점을 맞추려고 한다. 이 점에서 독자들이 이 사건들의 서막에 해당하는 창 12-50장 부분에 친숙해지는 것이 매우 필요한 일이다.

1) 이것은 Johannes Pederson, *Israel* [117]. III-IV, 384-415, 728-737에 나타난 견해이다. 이 견해는 Martin Noth, *Pentateuchal Traditions* [70], pp. 65-71에서 상당히 수정되어 받아들여졌다.

명하기 위해 꾸며낸 "제의 전설"(cult legend)[2]이라는 것은 아니다. 앞으로 살펴 보겠지만, 역사적인 소설처럼 구약성서는 실제의 역사적인 경험을 바탕으로 한 것이다. 그럼에도 불구하고, 예배 의식 안에서 또는 신앙 공동체 안에서 그 이야기는 회상되고 되풀이 이야기되었다. 다른 말로 표현하면, 구약성서의 이야기들은 감정에 치우치지 않아 무미건조하게 씌어진 것이 아니라 예배를 드리기 위한 신앙고백의 언어로 씌어진 것이며, 그 이야기의 목적은 신앙 공동체가 경험하고 기념하는 역사적 사건의 의미를 전달하려는 것이다.

"이야기(story), 역사(history)"

"이야기" 와 "역사" — 이 두 낱말은 미세한 차이가 있다. 사실, 현대 언어에서는 한 단어가 몇 가지 뜻을 내포하고 있는데, 그 예로는 독일어의 Geschichte 와 불어의 Histoire 의 차이를 들 수 있다. 영어 단어 "story" 와 그것과 관련된 "history" 의 어원을 사전에서 찾아보기 바란다.[3]

만약 "역사" 가 사건들의 편견 없는 보고를 의미하는 것이라면, 성경 이야기는 역사라고 할 수 없다. 만약 "이야기" 가 상상력에서 나온 설화를 말한다면, 또한 성경의 역사가 이야기라고 할 수 없다. 우리는 이야기 같은 역사 또는 역사 같은 이야기를 다루는 것이다. 여기에서는 성경을 이러한 두 부분, 즉 역사와 이야기로 극명하게 나누지 않는다. 특별히 이스라엘의 기원을 다루고 있는 장들에서는 이 점을 명심해야 한다. (참조. James Barr, "Story and History in Biblical Theology" (175).)

전승의 본질

먼저 이야기 — 서문(창 12-50)과 핵심부분(출 1-15)— 를 전체적으로 읽어가면서 그 내용을 따라가는 것이 좋겠다. 처음으로 이 본문의 내용을 접하는 사람, 소위 "초보자" 는 연구의 시작 단계일 것이다. 비판적인 탐구와 고찰을 하고난 뒤 다

---

2) 제의를 지나치게 강조하는 것을 비판하는 것을 보려면 G.E. Wright, "Cult and History"' Interpretation, 16 (1962), 3-20을 보라.

3) "역사" 와 "역사적"의 애매한 차이에 대하여 Will Herberg, "Five Meanings of the Word 'Historica'", in Faith Enacted as History (172), pp. 132-137.

시 그 내용을 읽게 되는데, 이때는 비판적인 시각을 뛰어넘어 이해하게 된다.[4] 이것은 마치 베토벤의 교향곡에 대한 평가가 그 교향곡이 연주되었을 때의 기쁨을 더 깊게 하듯이 비평도 더욱 심화된 이해력을 가지고 성경 이야기를 다시 읽도록 하기 때문이다. 그러나 강조되어야 할 점은, 성경 연구의 시작과 끝은 바로 성경의 내용 자체라는 점이다.

성경의 이야기를 이렇게 읽은 후, 부분별로 세밀한 부분까지 주의를 기울이면 문학적인 면에서 여러 가지 문제가 있다는 것을 알게 된다. 르네상스 시기와 종교개혁으로부터 현대에 이르기까지 많은 학자들은 모세 오경에 대해 세밀한 연구를 해왔는데 그 결과, 이 모세 오경이 한 사람의 기자(記者)에 의해서 씌어졌다고 볼 수 없는 많은 반복, 문체상의 특색과 모순이 있음을 알게 되었다. 모세 오경의 비평사는 중세의 유대인 학자 에스라(Ibn Ezra, 12세기)에 의해 시작되었다. 에스라는 기자가 모세로 알려진 모세 오경(이른바 "모세의 5권 책")의 일부가 모세 사후에 집필된 것 같다고 생각했다. 그 한 예로, 에스라는 창세기 12:6("그 때 그 땅에는 가나안인들이 살고 있었다.")의 진술이 모세의 사후, 즉 이스라엘 민족이 실질적으로 가나안을 점령한 시기의 것으로 보인다고 말했다. 초기의 랍비들은 탈무드를 쓰면서 모세가 자기의 죽음과 장례에 관한 기록(신 34:5-12)을 실제로 썼을까에 대해 의문을 품고, 그의 후계자인 여호수아에 의해 모세의 비문이 기록되었을 것이라고 보았다.

적어도 현대인의 사고 방식으로 이러한 추론을 할 수 있는 가장 명확한 증거 중의 하나는 같은 이야기가 여러 곳에서 나온다는 것이다. 이것은 창세기 1:1-2:3의 창조 설화가 다른 창조 설화와 비슷하다는 것이고, 단지 창세기 2:4b-25에서 보는 것과 같이 문학적인 양식과 사건의 결과에서 차이가 난다는 것을 발견할 수 있다. 또 한 예는 아브라함의 설화 중(창 12-25) 아브람(아브라함)[5]과 맺은 하나님의 계약에 관해 두 번의 언급이 있다. 각각 창세기 15장과 17장에 언급되어 있다. 이 두 가지의 경우에서 아브라함은 새빨간 거짓말을 하여 외국 왕이 자기 아내를 범하게 할 뻔한 일을 저지른다(창 12:10-17, 20:1-18). 여기서 쉽게 납득이 안되는 것은 첫번째 거짓말 경험에서 아브라함이 아무것도 깨닫지 못했는가라는 것이다. 더구나, 아브라함의 아들인 이삭도 같은 거짓말을 한다(창 26:6-11). 출애굽 이야기에서는 같은 산을 두고도 시내(Sinai)와 호렙(Horeb)이라는 두 가지 명칭이 사용되고, 십계

---

4) 성경을 비평적으로 다시 읽는 것에 대하여 B. W. Anderson, *Journal of Biblical Literature*, 100 (1981), 5-21의 "Tradition and Scripture in the Community of Faith" 가운데 p. 16을 보라.

5) 아브라함이라는 이름은 더 원래적인 형태라고 할 수 있는 아브람의 변화형이다. 창 17:1-8에서 이 두 이름이 전승 가운데 살아있는 것을 잘 설명하고 있는 것을 보라.

명도 두 번 언급되어 있다(출 20; 신 5). 모세를 부름과 아론의 지명에 관해서도 두 번 언급되어 있는데, 그 한 곳은 미디안 땅(출 3:1-4:17)이고 다른 한 곳은 애굽(출 6:2-7:7)이다. 미디안 광야에서는 모세와 하나님과의 만남과 그리고 모세와 하나님과의 질문과 대답이 생생한 문체로 기록되어 있다. 다른 한편 출애굽기 6:2-7:7의 이 이야기는 문체와 신학적인 관점이 먼저의 것과 다르다. 그리고 이 두 이야기에서는 아론의 역할도 다르게 나타난다(비교. 출 4:14-17와 출 7:1-6). 우리가 알고 있는 것과 같이 이 두 이야기에서는 야훼라고 알려져 있는 하나님의 이름도 다르게 나타난다. 문제는 이러한 반복, 불규칙, 모순들을 어떻게 설명할 것인가 하는 점이다.

이러한 문제에 대해 답변을 하기 전에 모세 오경의 세 가지 주요 개념을 살펴보면서 답변을 유도해 나가기로 하자. 신명기(신명기에는 십계명의 두번째 판이 들어 있다.)를 살펴보면 "설교" 양식으로 된 모세의 권면을 나타내고 있다는 것을 볼 수 있다. 이러한 "신명기" 양식은 이렇게 많은 분량으로 모세 오경의 어디에서도 발견되지 않는데 특징적인 단어와 문장, 길고 장황한 문체가 신명기의 특징이다. 그리고 야훼 하나님과의 계약에 충실할 것을 호소한다. 신명기 30:15-20이 좋은 예가 된다.

나머지 모세 오경의 네권의 책을 살펴 보면 많은 부분이 족보나 제도들(예를 들면, 안식일, 할례, 희생 제물), 예배의식과 같이 제사장의 관심 대상에 관한 것이다. 이러한 의식이나 제도는 출애굽(25-40장, 32-34장 제외)의 마지막 부분과, 레위기, 민수기 대부분에 집중적으로 나와 있다. 또한 창세기에도 나와 있는데 예를 들면, 첫번째의 창조(창 1:1-2:3)와 아브라함과 하나님과의 두번째의 계약(창 17)이 그것이다. 의식이나 제도들은 모세 오경, 더 정확하게는 Tetrateuch(첫 네권)의 마지막 완성된 뼈대를 제공하는데, 그 이유는 신명기는 모세 오경 안에서 독립적인 위치를 차지하는 것처럼 보이기 때문이다. 이러한 의식이나 제도는 잘 다듬어진 문체, 특별한 어휘의 사용, 잘 정의된 신학적인 관점에 의해 표현된다. 모세의 하나님과의 첫번째 만남과 두번째의 만남을 묘사한 문체를 비교해 보기 바란다.

신명기와 제사 의식 부분에서 설명되어야 할 부분이 남아 있다. 그들 자신의 특징적인 언어와, 관심사를 갖고 있던 기자들에 의해 씌어진 고대 서사시의 유고로서 남아 있는 것은 무엇인가라는 점이다. 우리는 읽어 가면서 이러한 전승 서사시에 대한 어떤 느낌을 가지게 된다. 예를 들면, 낙원 이야기(창 2:4b-3:24), 아브라함이 시험을 당하는 이야기(창 22:1-19), 불 붙은 가시떨기나무에서의 모세 이야기(출 3:1-4:17)가 그것이다.

유대교, 개신교, 가톨릭 학자들의 지배적인 이론은 모세 오경이 수 세대를 거쳐 오면서 전승되는 동안 여러 다양한 문학적인 요소가 복합적으로 이루어져 형성된 작품이라는 것이다. 2세기가 넘도록 철저한 연구를 통해서 나온 이 학설에 의하면 고대 이스라엘 사회에서는 서로 공존하고 있던 여러 전승이 있었다고 하는데, 이들은 결국에는 모세 오경 안에서 서로 뒤섞이게 되었다. 앞에서 모세 오경의 전승 형태에 대해 잠깐 살펴 보았는데, 이러한 전승들을 신명기계, 제사장계, 고대 서사시계로 정의하고 있다. 이러한 학설을 광범하게 뒷받침하는 것은 고대 서사시 전승을 다윗왕 이후 이스라엘이 남과 북으로 나누어진 것을 반영하고 있는 북이스라엘(에브라임 지파)과 남이스라엘(유대 지파)의 전승과 구별시키고 있는 사실이다. 즉 이것은 문학적인 전승이라는 것은 모세 오경의 형성 과정에서의 역사적인 단계를 나타내고 있다는 것을 말한다.

이러한 시각에 의하면, 이러한 전승들은 주전 400년 경, 토라(Torah)가 복구된 이스라엘 공동체에서 밑바탕을 이루기 시작하는 시기, 즉 에스라의 시대에 모세 오경이 현재 전해지고 있는 최종 형태로 고정되기까지 여러 단계에서 종합된 것이다.[6]

다만 명심할 것은 이러한 학설은 모세 오경에서 나타나는 다양성을 설명하기 위한 가설일 뿐이라는 것이고 이러한 가설은 끊임없이 학구적인 연구와 토론을 받아야 한다. 이 학설의 한 가지 단점은 고대 서사시 전승에서 발견되는데, 특별히 하나의 전승이 두 갈래로 나뉘게 된 것이다. 야훼 문서 기자(J)와 엘로힘 문서 기자(E)가 그것이다. 어떤 학자들은 이 가설이 "사료"나 "자료"를 너무 강조해서 역동적인 구전 전승을 제대로 밝히지 못한다고 본다.[7] 고대 서사시 전승이 "야훼 문서 기자"(Yahwist)와 "엘로힘 문서 기자"(Elohist)로 나뉘어진 것에 대한 질문에서 우리는 전승이 전달되는 과정에서 보완되고 수정되었을 단일 전승을 취급하게 될지도 모른다. 학문적인 견해의 차이점에 직면해서 우리는 토라(모세 오경)는 그것의 의미를 알기 위해서는 "너는 마음을 다하고 성품을 다하고 힘을 다하여 네 하나님 여호와를 사랑하라"(신 6:5)는 구절을 지켜 행하는 미묘하고도 복잡한 문학이라는 것을 깨달

---

6) 이 전승들과 이것들이 결합되는 것에 관하여 본 책의 뒷부분에서 5장의 이스라엘 서사시의 형성, 7장의 J 기자, 9장의 E 기자, 11장의 D 기자와, 13장의 제사장계 기자에 관하여 차례대로 보게 될 것이다. 오경비평의 개요를 보기 원하면, N. C. Habel, *Literary Criticism of the Old Testament* [62]; E. A. Speiser, *Genesis* [273], pp. xxii-xxvii; *Jerome Biblical Commenatary* [9], pp. 1-6을 보라.

7) 이것은 소위 스칸디나비아 학파라고 불리는 학자들의 견해이다. 참고문헌을 보라 [Nos 72-74].

8) "성서 비평학"[Nos 48-88]의 다양한 참고문헌이 이 문제에 대하여 더 깊이 들어가기를 원하는 학생들을 돕기 위하여 주어져있다. 궁켈(Hermann Gunkel [1892-1932])은 기록되기 이전의 구전 전승 연구에 있어서 선구자이다. 그는 다양한 상황에서 이루어진 구전 전승의 영역과 그 전달과정에 대하여 깊이 연구를 했다.

아야 한다.[8]

학설의 출처

			구전시기 주전 1200-1000
고대 서사시	J:	유다자료로서, 초기 왕징 시내부터 유래, 하나님의 이름을 야훼라고 부른다 (때때로 Yahweh를 Jahweh로 표기).	주전 950년경
	E:	에브라임, 즉 북이스라엘의 자료로서 하나님의 이름을 엘로힘(Elohim)이라 부른다.	주전 850년경
신명기전승	D:	신명기에 잘 나타나 있는 자료로 요시야의 개혁시대(기원전 621)의 신학과 문체를 반영한다.	주전 650년경과 그 이후
제사장	P:	제사장들의 제의에 관한 관심과 문체가 특을 이루는 자료로서 기원전 587년 국가의 멸망 이후에 생겼다.	주전 550년 경과 그 이후

이러한 점에서 다른 접근 방법이나 성서학적인 비판을 한다는 것은 무리다. 당면한 문제는 이스라엘 공동체에서 출애굽의 사건의 중요성을 나타내는 "비평 자료"라고 할 수 있다. 다양한 불일치, 반복, 문체의 다양성들은 출애굽의 이야기가 시대가 변할 때마다 이 이야기를 새롭게 이야기하고 재현하고 재해석했다는 것을 나타낸다. 이러한 문학적인 "모자이크"에는 모세에서 시작되는 신앙의 근본적인 의미가 보존되어 있을 뿐만 아니라 그후 수 세대를 걸쳐 이스라엘 공동체가 체험하여 얻은 의미까지 섞여 있다. 토라의 결정적 내용은 모세에서 비롯된 신앙의 본래 주제와 시간이 흐름에 따라 그 본래의 주제에서 결과하게 된 다양성이라고 할 수 있다.

구전 전승

지난 세대의 저명한 학자의 주장처럼 모세 오경이 여러 문학적인 전승으로 이루어져 있다고 해도 이러한 분석은 역동적인 토라를 이해하기 위한 잠정적인 출발에 불과하다. 이러한 가능성은 출애굽 이야기가 최초로 기록되기 시작한 이후, 이스라엘의 왕정 시기까지 오랫동안 전승이 기자들이나 시인들에 의해서 구전으로 전달되었고, 후에 그것이 제사장 계층이나 법정에서 서기관들이 기록하기 시작한 이후에도, 구전 전승은 사람들 사이에서 회자되었기 때문이다. 르네상스 이래 책과 같은 인쇄된 형식에 대단한 가치를 부여하는 우리의 서구 문화적 시각에서 볼 때 이것은 이해하기 어려운 점이다. 우리는 출애굽 '책'이라는 말을 들으면, 먼저 독자들을 위해 서재에서 필요한 자료를 참고하면서 글을 쓰는 기자를 생각하게 된다. 그러나 고대 사회에서는 상황이 다르다. 고대에서는 읽고 쓸 수 있는 사람이 거의 없었기 때문에 전승은 종교의식이나 비공식적인 기회를 통해 구전으로 전해졌다.

기록된 형태의 모세 오경이라는 문학도 오랫동안 음송되어 온 역사를 가지고 있다는 데 의심의 여지가 없다. 구전 전승의 역할에 대해 추론되는 것이 있는데, 예를 들면, 베두인족 사이에서 수 세대의 가족 역사를 음송하는 것이나[9] 또는 슬라브 사회에서의 "전설의 가수" 가 그것이다.[10] 이스라엘의 초기 — 다윗 왕(1000년경) 이전의 시대 — 는 이스라엘의 주요 이야기들이 암송되고, 여러 부족들의 체험과 전통들이 잘 정리되기 시작한 창조적인 시기였다. 의심의 여지 없이 학자들이 문학적인 분석을 통해 설명하려고 애쓴 많은 불일치와 다양성들은 전승이 노래와 이야기, 즉 구전으로 전달된 시기의 자취이다.

초기 구전 시기 동안 후기 모세 오경의 주된 줄거리는 구전 시대의 이야기꾼인 설화자가 물려받은 전승을 새롭게 재창조함으로써 그 형태를 갖추기 시작했을 것이다. 세월이 흐르면서 재해석되고 확대되면서 후세에 전해진 이스라엘 이야기의 커다란 주제는 다음과 같다.

1. 조상들에게 준 약속.
2. 애굽에서의 노예 상태에서 이스라엘 백성을 구원하심.
3. 시내 산에서의 하나님의 출현과 율법을 줌.
4. 광야에서 인도하심.

---

9) 기록 전승과 기록 이전의 구전 전승과의 관계에 대한 논의를 보려면 Roland de Vaux, *History* [92]. K. A. Kitchen, *The Bible in Its World* [96], pp. 66-68에서 제 2천년기로부터 수세기에 걸쳐 전승이 전달된 흥미있는 예를 찾을 수 있을 것이다.
10) 유고슬라비아의 구전 가수의 구전 관점에서 호머의 문학(오딧세이와 일리아드)을 연구한 Albert B. Lord, *The Singer of Tales* [260]을 보라.

5. 약속의 땅을 상속.

초기 구전 시기에 이러한 주제는 기록 형식으로 원형이 잡혀지기 오래 전에 역사적인 서사시에 이미 섞여 있었다. [11]

모세 오경의 역사는 길고도 역동적인 전승 과정을 거쳐왔다. 이스라엘의 이야기가 구전으로 형성되어 여러 부족으로부터 나온 특이한 해설로 그 구전 내용이 더욱 풍부하게 된 시기에서부터 왕정 시기 동안 여러 다양한 형태로 문학적인 형태가 나타나서 마침내 이러한 여러 문학적인 전승이 제사장계 기자에 의해서 종합 정리되어 오늘닐 우리가 정경으로 물려받은 모세 오경이 완성된 것이다. 때때로 문학적인 전승은 제사장계와 고대 서사시의 경우에는 명확하게 나타나기도 한다. 그러나 이러한 문학적인 전승은 특히 출애굽의 이야기에서는 그다지 쉽게 판별할 수 없는 경우가 많은데, 그것은 최종 편집자의 기술이 부족해서가 아니라 각 설화자가 동일한 구전 전승을 원본으로 삼았기 때문이다. 다음의 표는 모세 오경의 배경이 되는 역사적 시기를 나타낸 것이다.

모세 오경 전승의 역사

	주전	
족장 시대 (아브라함과 그 이후)	c. 1800-1300	···· 구전 전승의 시작
모세시대	c. 1300-1250	
이스라엘 지파동맹 (여호수아와 사사기)	c. 1250-1000	··· 이스라엘 설화가 구전 형태를 갖춤
왕정 시대 (다윗에서 국가 멸망까지)	c. 1000-587	···· 모세 오경의 기록 시작
유배와 복구 시대 (에스라까지)	c. 587-400	··· 모세 오경 완성(경전)

---

11) 역사-전승사 학파에 속했던 마틴 노트는 오경 안에서 구전 전승의 단위가 기록으로 정착되는 과정을 살펴보려고 시도했다. 그가 쓴 책 중에서 기본적으로 읽어야 할 *A History of Pentateuchal Traditions and the introductory essay which places this approach in the Context of twentieth Century biblical criticism* [70]을 보라. 이 방법에 대하여 Walter E. Rast, *Tradition History and the Old Testament* [71]에서 간결한 논의가 제시되었다. 이 접근방법은 Douglas Knight, *Tradition and Theology in the Old Testament* [138]에서 더 정교해졌다.

이 도표는 구전 전승이 여러 단계를 거쳐서(J, E, D, P) 기록되기 이전의 기간을 보여 준다. 점선으로 표시된 부분은 전승이 성문화 된 뒤에도 구전이 계속된 것을 가리킨다. 일부 학자들은 에스라 시대에 전승이 최종적으로 경전으로 인정되기까지의 전 과정이 구전이었다고 한다.

참고 : Ivan Engnell, *A Rigid Scrutiny*(72), pp. 50-67.

R. E. Clements, "Pentateuchal Problems," in *Tradition and Interpretation*(153), pp. 66-124.

설화자의 관점

성경적 드라마의 연구에는 두 가지 문제가 제기되고 있음을 이미 언급하였는데, (1) 이야기 안에서 일치하지 않는 부분이 있는 것은 여러 다양한 문학적인 전승이 섞여 있다는 것을 보여준다. (2) 이러한 문학적 전승은 출애굽 사건 이후 여러 세기에 걸쳐 구전되었다.

여기에 또 다른 문제가 제기된다. 출애굽 이야기는 구전 형식이든 기록에 의한 것이든 객관적인 역사는 아니라는 점이다. 출애굽의 이야기는 출애굽 사건에 대한 하나의 해석이므로 다른 관점에서 보았다면 현재의 내용과 판이하게 달라졌을 수도 있다는 것이다. 하나님이 직접 주인공이 되어 역사의 무대에서 활동했다는 이야기는 우리가 일반적으로 알고 있는 역사와는 다르다. 그러나 신앙 공동체에서는 이것이 "하나님의 이야기" — 앵글로 색슨어의 원래 의미인 "god-spel"(또는 gospel, 복음) — 를 의미한다.

비록 현대인의 시각에서 볼 때 비현실적으로 보이는 점이 있다 하더라도 출애굽 이야기가 신앙을 고백하기 위해 씌어졌다는 사실만으로 구속사의 신빙성을 전적으로 의심할 수는 없다. 오늘날의 역사가들은 해석되지 않는 역사란 있을 수 없다라는 사실에 대체로 수긍하고 있다. 역사란 실에 구슬을 꿰듯이 연대 순서로 일어난 사건을 질서정연하게 늘어 놓은 것은 아니다. 사건에서 해석 부분을 모조리 떼어 버리면 "일어난 일 그 자체"만 남게 된다고 생각하면 큰 오산이다. 사건이란 사람들의 체험 안에서 깊은 의미를 지니면서 일어난다.

그리고 역사란 이렇게 체험된 사건 — 즉 참으로 기억될 만한 것이기에 구전으로 보전되어 오다가 마침내 문서로 기록된 사건 — 의 서술이다. 그러나 역사가들은 영화 카메라로 일어난 일을 객관적으로 촬영하거나, 이야기된 모든 내용을 녹음기로 기록하듯이 모든 것을 기록할 수는 없다. 역사가는 어쩔 수 없이 취사 선택할 수밖에 없다. 그는 사건이 자기 자신과 또는 그가 몸담고 있는 공동체에 의미가 있거나,

역사적인 가치가 있다고 생각되는 것만 선택한다. 때때로 역사적인 사건의 의미는 전설로 표현되기도 하며 이러한 사건은 상상력에 의해서 각색되는데, 그 예로는 아더 왕과 원탁의 기사이다.

어떤 사건들은 그 사건이 발생한 것을 본 사람이라면 누구라도 알아볼 수 있을 정도의 공공적인 의미를 띠고 있다. 미국의 역사에서 그 예를 들어보자. 남북전쟁은 노예 문제로 분열을 일으키고 있는 국가를 통합하고자 하는 정치적인 투쟁이었다. 물론 역사가에 따라 전체 미국 역사에서 차지하는 사건의 비중과 역사적 자료에 대한 평가는 다를 것이다. 심지어 오늘날에도 역사가가 어느 지역 출신인가에 따라, 또는 그 역사가 미국인의 관점이 아니라 다른 나라 사람에 의해서 씌어졌는가 등에 따라 해석이 다르다. 그러나 이것이 정치적 사건으로서 공인된 의미를 가지고 있는 것만은 사실이다. 인종이나 계층간의 차별을 극복하기 위해, 또는 국가의 통일을 위해 투쟁한 사람이라면 누구나 이것을 알 수 있다.

아브라함 링컨은 그의 2차 취임 연설에서 이 전쟁에 대해 새로운 의미를 부여했다. 즉 그는 남북의 노예 제도의 비인도적인 행위에 대해 하나님의 심판을 언급했다. 그에게 남북 전쟁은 공공적인 의미를 가지는 정치적인 사건이 아니라, 종교적인 신념의 관점에서 볼 수 있는 신성한 의미를 지닌 사건으로 이해되었다. 그의 유명한 연설은 역사의 해설가들에게 중요한 물음을 제기했다. 남북전쟁의 비극을 통해 하나님이 심판을 내린 것인가? 아니면 역사가들이 인간의 역사 안에서 하나님의 역사하심을 보지 못한 것은 그들의 시야가 좁기 때문이었는가? 역사란 단지 인간의 행위에 대한 기록뿐만 아니라 하나님의 행위까지도 포함해야 하는 것인가?

출애굽을 다루다 보면, 결정적으로 중요한 사건에 대한 의미가 가장 첨예한 문제로 대두된다. 출애굽을 단순한 정치적 사건으로 볼 수도 있다. 바로의 압제에서 일단의 노예들이 해방된 것으로 간과해 버릴 수도 있다. 이것 역시 그 나름의 공공적인 의미를 가지고 있다. 그렇기 때문에, 출애굽 사건은 다른 민족의 정치적 사건과 유사한 것으로 비교될 수도 있고, 객관적으로 기술될 수도 있다. 그러나 신앙 공동체를 대변하는 성경 기자들은 출애굽의 사건이야말로 신성한 의미를 품고 있는 것이라고 보았다. 그들의 관심사는 단지 노예 상태를 해방시킨 것이 아니라 억압 받는 노예들을 하나님이 구원했고, 이 구원시킨 노예들을 혼돈과 무질서 속에서 하나님의 백성으로 삼았다는 사실이다.

출애굽은 인간 세계를 완전하게 초월하는 거룩한 하나님의 능력을 드러내는 사건이었다.[12] 출애굽은 하나님의 역사적인 현존과 인간 삶에 대한 하나님의 개입을 증거하는 것이었다. 그러므로, 출애굽의 이야기는 진실로 복음이다("하나님의 이야기"). 출애굽 이야기는 역사를 다른 범위에서 또는, 다른 말로 표현하면 "좀더 높은 차원"에서 다루는 것이다.[13]

그러나 "좀더 높은 차원"의 역사라고 할 때 오해의 소지가 있을 수 있다. 성경의 이야기가 인간의 일상적인 삶과는 동떨어져 있는 올림푸스 신화의 하나라고 여겨지거나 또는 역사적인 사실과 직접적인 관련이 없는 신앙의 시처럼 여겨질 수도 있다. 이러한 것은 성경 이야기를 완전히 잘못 이해하는 것이다. 확실한 것은 성경의 이야기는 경이로운 것과 하늘의 계시를 전달하기 위해서 각색되었다는 것이다. 그러나 하나님은 하나님 백성과의 구체적인 사건과 관계 안에서 자신을 윤리적인 요구와 현실 생활에서 살아 활동하는 존재로 알리셨기 때문에 어떠한 형식적인 역사 연구로도 출애굽 사건이 거룩한 하나님의 활동이라는 것을 밝힐 수 없다. 이스라엘인들에게는 이러한 '정치적'인 사건이 하나님의 현존과 그 뜻을 밝히는 매개체였다. 하나님의 계시는 청천벽력처럼 내린 것이 아니라 구체적인 사건과 위기를 통해 내려왔으며, 일반 대중이 깨닫지 못하는 초자연적 차원의 의미를 감지할 수 있었던 사람들만이 그 계시를 받았다.

이와 같이 이스라엘의 초기 역사는 역사가들이 다룰 수 있는 영역과는 완전히 다른 차원이다. 구약성서는, 만약 우리가 하나님의 이스라엘에 대한 활동상을 다룬 이야기를 이해하려면, 고려되어야 할 구체성과 사실성을 보여주고 있다. 출애굽 이야기를 더 자세히 연구하기 전에 고대 근동 지방의 고고학적인 탐사가 성경 이야기의 이해에 어떤 관련이 있는가를 고려해야만 한다. 고고학은 광범한 문화적 연구와 역사적 연구를 통해 출애굽 사건과 이스라엘의 조상들의 시대를 알 수 있도록 한다.

출애굽기의 서문

출애굽기의 앞 부분에 나오는 이야기는 이스라엘 조상들의 시대 — 창세기 12-50장 사이의 시기 — 의 역사와 종교와 밀접하게 관련되어 있다. 이러한 관련은 야

---

12) Emil Fackenheim, *God′s Presence in History* 〔213〕은 출애굽과 시내산을 유대교의 "뿌리가 된 체험"이라고 정의했다. 그는 이 "시기적인 사건"이 세 측면을 가지고 있다고 했는데, (1) 그것은 이미 결정적인 과거의 사건이다; (2) 그 사건들은 공개적이며 역사적인 성격을 가진다; (3) 신앙공동체 안에서 현존하는 실재로 재규정한다.
13) 페더슨은 이 견해를 그의 유월절 설화에 대한 논의에서 드러냈다. Johannes Pederson, *Israel*, III-IV 〔117〕, 719-737.

곱의 열두 아들 중의 하나(출 1:8)인 요셉의 사후 일어난 사건과, "불타는 떨기나무"에서 하나님의 발현을 생생하게 나타낸 이야기와 관련되어 잘 드러나 있다. "나는 네 조상의 하나님이니 아브라함의 하나님, 이삭의 하나님, 야곱의 하나님이니라"(출 3:6)는 구절에서 하나님은 모세에게 자신을 소개하고 있는데, 이 구절에서의 하나님이 바로 이스라엘의 조상들에게 나타났던 하나님이라는 사실과, 이런 이스라엘의 조상들의 시기가 출애굽 해방 사건의 서막이라는 사실을 전제하고 있다.

출애굽의 사건에 선행하는 역사적인 사건에 대해서는 어떻게 알 수 있는가? 이 질문은 두 가지 이유에서 대답하기가 힘들다. 첫째는, 우리가 이미 살펴 보았듯이 이스라엘의 기원에 대한 이야기는 오랜 세월 동안 구전과 기록 전승의 과정을 통해 전해져 왔고, 하나님에 대한 신앙을 고백하기 위해 형성되어 왔다. 창 12-50장에 나와 있는, 고대 서사시 전승에 속하는 이스라엘의 선사시대에 대한 이야기가 바로 그 좋은 예다. 출애굽을 주도한 하나님의 주권을 이스라엘의 선사 시대까지 소급시켰을 뿐 아니라, 하나님의 백성으로서 이스라엘의 통합을 아브라함, 이삭, 야곱의 시대까지, 즉 지파 동맹으로서의 이스라엘이 형성되기 시작하는 "사사 시대"(주전 1200-1000) 전까지 소급시키고 있는 것이다. 조상들의 시대까지 소급하는 이러한 범이스라엘주의는 마치 미합중국의 개념을 독립전쟁 이전, 즉 역사적인 사실에서 국가적인 통합이라는 개념이 없었던 시기까지 거슬러 올라가 찾는 것처럼 지나치게 단순화된 생각인 것 같다. 이스라엘의 선사 시대까지 소급하는 견해는 신앙 고백의 차원에서는 납득이 될 수도 있다. 그러나 신학적인 차원에서는 어떻게 할 것인가? 그렇기 때문에 모세 이전의 시기에 관한 전승의 역사적인 타당성을 의심하는 학자들도 있다. 그런 학자들의 견해에 의하면, 이스라엘 조상들의 시대에 문서로 기술된 내용은 설화에 불과하고, 일반적인 의미로는 역사라고 할 수 없다고 본다.[14]

두번째는, 이스라엘 조상들에 대해 우리가 알고 있는 지식의 자료가 되는 것은 성경의 사건이 일어난 때로부터 꽤 세월이 흐른 뒤 기록된 성경의 이야기/역사가 고작이다. 만약 고고학이 객관적인 자료를 제공할 수 있다면 좋겠지만, 이스라엘의 역

---

14) 벨하우젠이 제시한(*Prolegomena to the History of Israel*, 1878) 이런 회의적인 입장을 다시 제시한 학자 가운데 다음의 두명이 T.L. Thompson, *The Historicity of the Patriarchal Narratives* (191), 그리고 J. Van Seters, *Abraham in History and Tradition* (192). 대표적이다. 여기에 비평적으로 함께하고 있는 사람은 K.A. Kitchen, *The Bible in Its World* (96), 4장; J.T. Luke, *Journal for the Study of the Old Testament* 4 (1977), 35-47; H. Cazelles, *Vetus Testamentum* 28 (1978), 241-255; Nahum Sarna, *Biblical Archaeology Review* 3 (1977), 5-9.

사가는 "상황은 다르지만 동시대에 일어난 일에 의해서 알려진 사람이나 사건이라 해도 창세기 12-50장에 나타난 인물이나 사건에 연관시키는 것은 불가능하다"고 말한다.[15] 그러나 고찰해야 할 소지를 남겨 놓고 있다. 우리는 성경의 이야기가 기록된 그대로의 사실이라는 것을 고고학이 입증해 주기를 바라는 것이 아니다. 고고학은 과학적인 학문이 되어야 하며, 어떤 특별한 관심분야를 위해서만 이용되어서는 안된다. 고고학은 철학과 신학의 관점 모두를 하나로 일괄해서 다루어야 하며, 그렇게 해서 나온 결과를 취급해야 한다. 아직 미비한 단계에 있는 고고학은, 이스라엘 조상들의 시기를 뒷받침하는 여러 정보를 제공할 수 있는 단계까지 되어야 한다.[16]

그러나 이러한 문제에도 불구하고, 창세기는 주전 2000년경의 초기의 팔레스타인의 생활을 어느 정도 반영하고 있는 것 같다. 이 시기는 고고학자들에 의하면 중기 청동기 시대에 속하는데, 주전 20세기부터 약 16세기까지 확대될 수도 있다(주전 2050-1550). 창세기 12-35장의 아브라함, 이삭, 야곱의 "역사" 는 하나님 백성으로서 이스라엘의 형성과 후에 결정적으로 중요한 사건인 출애굽을 예비하기 위한 것으로 이해된 하나님과의 관계와 씨족의 이동에 대한 기억을 보존하기 위한 것으로 보인다.[17]

출애굽의 서막을 다루기 위해서 우리는 "비옥한 초승달 지대"(Fertile Crescent)라고 알려져 있는 지역을 살펴보지 않을 수 없다. 지도에서 보는 바와 같이, 이 지역은 활모양을 한 비옥한 땅인데, 아라비아 사막을 접경으로 페르시아만에서부터 티그리스와 유프라테스 강의 충적평야를 거쳐 시리아와 팔레스타인을 돌아 이집트의 나일 강까지 뻗어 있다. 이 지역은 고대 문명의 발상지로서, 첫 히브리인들이 출현하기 전 수세기 동안 인간 활동의 중심 무대를 이루고 있었다.

이스라엘 조상들의 역사는 메소포타미아의 가장 남쪽에 위치한 지역인 "갈대아의 우르"에서 시작한다. 주전 3세기의 70인역(Septuagint)에서는 "갈대아인의 땅"으로만 되어 있다. 또 다른 성경 구절에서는 메소포타미아의 북서쪽에 위치한 하란이라고 나와 있다. 그러나 우르의 원래 위치는 창세기 11:31(제사장 전승에 의하면)뿐만 아니라 11:18, 15:7(고대 서사시 전승)와 히브리 성경에 나와 있다. 아브라함

---

15) John Bright, *History* [91], 83.

16) 고고학의 사명과 한계에 대하여 William G. Dever, *Israelite and Judean History* [93], pp. 71-79; 그 이전에 Roland de Vaux, "On the Right and Wrong Uses of Archaeology", *Near Eastern Archaeology* [108] 64-80; G.E. Wright, "What Archaeology Can and Cannot Do", *Biblical Archaeologist* 34 (1971), 70-76.

17) 이 견해를 가지고 있는 학자는 Roland de Vaux, [92] 와 John Bright, *History* [91] 이다.

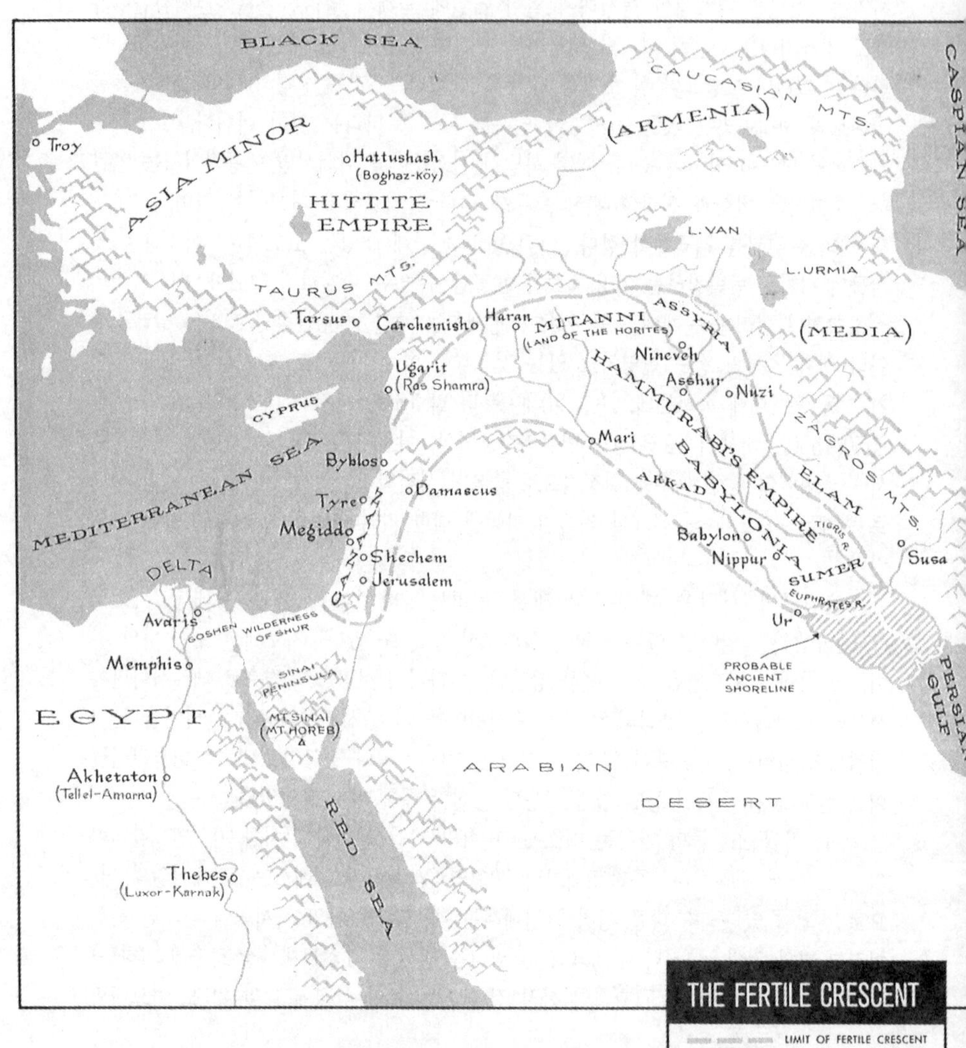

(아브람)의 아버지 데라는 페르시아 만 근처의 우르에서부터 600마일 정도 떨어진
메소포타미아의 북서쪽 유프라테스 강 만곡부에 있는 하란까지 가족을 이끌고 이주
하였다.[18] 이곳에서부터, 아브라함은 가나안으로 이주하였는데, 가나안은 팔레스타
인의 옛 이름이다. 아브라함은 처음 가나안의 번화한 상업 도시인 세겜에 머물다가

(창 12:9), 중앙 고원지대를 거쳐 마침내 헤브론 근처 가나안 남부에 정착하게 되었다. 아브라함은 이삭을 낳고, 이삭은 야곱을 낳았으며, 야곱의 열두 아들은 나중에 이스라엘 열두 지파의 이름이 되었다.

우르의 왕의 문장 — 우르의 왕의 묘에서 발굴된 채식된 모자이크 패널.

이러한 이스라엘의 조상들은 가나안 토착민들과의 결혼을 꺼려 하란의 친척들과 관계를 맺으면서 아내를 맞아 들였으나 가나안인들과는 평화스럽게 공존했다고 기술되어 있다(창 24, 29장). 그들의 사회 조직은 국가의 정치적인 정부 조직같은 것이 아니라, 우두머리로서 족장이 있는 씨족이나 부족의 조직이었다. 여기서 여러 알력이 생겨났는데, 이삭의 쌍둥이 아들인 야곱과 에서의 싸움, 야곱과 아람인인 그의 장인 라반과의 경쟁 등이 그것이다. 이러한 다툼은 야곱의 열두 아들 대에 이르러 치열해지고 절정을 이루게 되었다. 요셉을 질투한 그의 형들이 음모를 꾸며 그를 애굽에 팔아 넘겼다. 애굽에서 요셉은 재상이 되어 바로의 다음가는 막강한 세력을 행사하게 되었다. 그러던 중에 가뭄이 들자, 야곱의 가족은 애굽으로 이주하였고, 바로의 수도에서 가까운 델타 지역에 정착하여 요셉의 현명한 통치의 덕을 입었다. 그러나 요셉을 모르는 애굽 왕이 통치를 하게 되면서 히브리인들은 압제를 받기 시작하고 바로 이러한 상황에서 출애굽기는 시작되고 있다.

---

18) Roland de Vaux, *History* 〔92〕. pp. 187-191. 을 보라.

비옥한 초승달 지대의 민족

비옥한 초승달 지대(Fertile Crescent)에 대한 국제적인 연구에 의해서 이스라엘 조상들의 시기에 대한 많은 사실이 알려지게 되었다. 고고학 연구에 의하면 비옥한 초승달 지대는 초기 청동기부터 중기 청동기까지의 변천사를 보여주고 있다. 유프라테스 강의 남단에 위치한 아브라함의 조상들의 도시인 우르는 고고학자들에 의해서 발굴되어 왔고, 그곳의 유적들은 찬란한 고대 문명을 보여주고 있다. 하란 부근의 북쪽 메소포타미아를 발굴하여, 초기 이스라엘 조상들의 시대를 좀더 잘 이해할 수 있게 했다. 그러면, 메소포타미아의 상황을 간단히 살펴보기로 하자. 특별히 아모리족, 후리족, 하피루족, 아람족에 대해 관심을 기울여야 하겠다.

셈족(Semite)

셈족은 명확하게 정의될 필요가 있다. 오늘날, 셈족은 가끔 부정확하게 유대인을 지칭하는 것으로 여겨지기도 하는데, 이것은 공인되지 않은 분류이다. 현대에서 셈족은 또한 북아프리카, 아라비아, 이스라엘, 요르단, 이라크, 시리아, 레바논, 터키에 살고 있는 사람들을 가리킨다. "셈족" 은 특정 소수 민족이지, 어떤 민족이 아니다. 원래 셈족은 노아의 세 아들 중의 하나인 셈을 지칭하는 것이었다(창 9:18). 창세기 10장에서 노아의 자손들은 특정 언어와 지리적인 영역을 가지는 민족들로 나뉘게 되었고, 북쪽 지역(남유럽, 소아시아)에 속하는 야벳, 중앙에 위치한 셈(비옥한 초승달 지대와 그 외곽지대), 남쪽에 위치한(북아프리카) 함이 그것이다. 이상하게도 이러한 정세에서, 가나안인들은 그들이 셈족임에도 함과 연결되어 있다는 점이다.

오늘날, 학문적인 논쟁에서는 셈족이라는 것은 지리적으로 나뉘어 그 지역의 언어를 사용한 고대 민족을 가리키는 것이다. 즉 동셈족(아카디안, 이것은 바벨론인과 앗시리아인이다.), 북서 셈족(페니키아/가나안인을 포함한 아람인, 히브리인), 그리고 남셈족(아라비아인과 이디오피아인을 포함)이 그것이다.

아모리족의 출현

주전 3000년경(BC 3000-2000) 티그리스강과 유프라테스강 유역의 충적 평야는 남쪽의 수메르와 북쪽의 아카드가 세력 다툼을 벌인 각축장이 되었다. 메소포타미아에서 수메르인들은 문명을 꽃피웠는데(BC 2850-2360), 이 문명은 도시 국가의 체제에 기초하고 있었다. 전반적으로, 이 문명은 상대적으로 번성했고, 농업, 도시적 생활, 산업, 예술 등이 발달했다.

주전 2400년경에는 이러한 문명은 아카디안이라고 알려진 셈족의 지배하에 들어가게 되었다. 그들의 지도자는 역사상 최초의 제국 건설자라 일컬어지는 아카드의 사르곤 1세였다. 아카디안 제국은 대략 200 년간(BC 2360-2180) 지속되다가, 눈부신 업적을 쌓은 사르곤의 손자 나람-신에 이르러 절정기에 이른다. 시리아 북쪽에 위치한 아카드의 경쟁 상대로서 도시 에블라는 상업과 군사적인 도시가 되었고 마침내는 나람-신에 의해 멸망당했다. 흥미롭게도, 이러한 고대 도시의 발굴로 1만 5000개나 되는 서판 저장고가 발견되었는데, 이 서판들에는 창조와 홍수 이야기를 포함해서, 이스라엘의 족장으로 알려진 이름들(예를 들어 아브람, 이스마엘, 이스라엘), 성경 전승에서 친숙한 지명, 예를 들어 나홀(참고. 창 11:24-26에 있는 "나홀의 도시")과 하솔, 므깃도, 예루살렘, 라기스, 가자와 같은 지명들이 나타나 있다. 도시 에블라에서 발굴된 유적은 상당히 초기의 것이기 때문에 뭐라고 단정하기는 어렵지만, 언어적인 면과 문화적인 배경을 이해할 수 있게 해준다.[19]

본론으로 돌아오면, 다시금 정세가 뒤바뀌어 자그로스(Zagros)산으로부터 야만인의 침입을 받아 아카디안의 통치는 막을 내리게 되었다. 주전 3천년기 말엽, 일명 우르의 제3왕조(BC 2060-1950)가 일어나 수메르인들이 다시 세력을 잡게 되었다. 이 왕조의 창시자인 우르-남무(Ur-nammu)는 우르를 상업의 중심지로 만들고 거대한 지구랏(ziggurat)이나, 계단식으로 쌓아 올린 사원의 탑으로 도시를 꾸몄는데, 그 유적들은 지금도 볼 수 있다. 그러나 더 중요한 사실은 우르-남무의 법령 반포인데, 이것은 고대 근동 지방의 법률 체제에 영향을 끼친, 지금까지 발견된 것 중에서 가장 오래된 법령이다.[20] 그러나 수메르인의 부흥은 길지 못했다. 우르 제3왕조는 본거지인 산악지대(현재의 이란)로부터 메소포타미아 평원으로 쳐내려온 엘람족(Elamites)에 의해 멸망당했다. 그 이후 두 세기는 여러 군소 국가들의 세력 쟁탈

---

19) 에블라의 궁전과 도서관은 1974-75년에 발굴되었다. 여기서 발견된 자료들을 판독하기 위해서는 앞으로도 얼마간 시간이 필요할 것이다. 이탈리아인 고고학자 Paolo Matthiae, *Ebla : An Empire Rediscovered*, trans, Christopher Holme (Garden City, N.Y. : Doubleday, 1980).의 글을 보라. 간단한 개요를 보려면 K.A. Kitchen, "Ebla-Queen of Ancient Syria", *The Bible in Its World* (96), 3장.

20) James B. Pritchard, *Ancient Near Eastern Texts : Relating to the Old Testament*, 3rd ed. with supplement, pp. 523-525.

나람 - 신의 돌기둥(주전 23세기)

을 위한 각축 시기였다. 남쪽지방의 주요 경쟁국들은 이신(Isin), 라르사(Larsa)였고, 북쪽은 티그리스강 상류의 앗시리아와 유프라테스강 중류의 마리(Mari), 그리고 나중에 등장하는 바벨론이었다. 이 시기까지 에블라는 정치적으로 성장하지 못한 상태였다.

에블라의 서고에서 발견된 약 15,000개의 서판의 일부. 1975년 텔 마르딕에서 이탈리아 고고학자들이 발견했다.

우르 제3왕조가 몰락한 다음의 혼란기인 주전 약 2000년경에는 반유목민인 셈족이 초기 아카드인을 포함하는 모든 셈족의 발상지인 아라비아 사막으로부터 몰려들어왔다. 그들은 놀라운 정치력으로 메소포타미아 전역을 점령했고, 모든 주요 도시에 자신들의 왕조를 세웠다. 그들의 중심 세력은 북서쪽에 있었고(메소포타미아의 상부와 시리아), 북서 셈족의 방언을 쓰고 있었기 때문에, 그들은 아카드어로 "서부인"을 뜻하는 "아무루"(Amurru, 아모리족)로 알려져 있었다.

현재 시리아와 이라크 사이의 국경지대와 접경하고 있는 마리(Mari)시는 한때 아모리족의 중심지였으나, 바벨론으로 옮겨졌다. 마침내 바벨론의 첫 왕조가 아모리족에 의해서 세워졌는데 그 대표적인 왕은 함무라비이다(BC 1728-1686). 주전 18세기 중엽, 이들 서부인들은(아모리족) 자신들의 세력을 메소포타미아에서부터 시리아와 팔레스타인까지 팽창시켜서, 가나안 인구의 대다수를 이루었다.

마리가 정치적 주도권을 쥐고 있었던, 이른바 "마리 시대"(BC 1750-1697)가 분명하게 윤곽을 드러내기 시작한 것은 제2차 세계 대전을 전후하여 행해진 고대 도시 발굴 작업부터였다. 발굴된 웅장한 궁전은 방이 300여개나 되고 그 면적은 수 에이커에 달했다. 그러나 성경 독자들의 관심을 가장 끈 것은 상업과 행정적인 내용이 기록된 2만 5000 여개의 점토판의 발굴이었다. 이 가운데 많은 것들이 아모리족 마리의 왕 지므리-림(Zimri-Lim)과 주변 국가의 관리들 사이에 오간 외교 문서이다. 그 문서 중에는 바벨론의 함무라비와의 문서도 있다.

바벨론의 함무라비는 주전 1697년에 마리를 정복했다. 마리의 전성기 때 기록되었던 서판들은 초기 이스라엘 조상들 시기의 문화적 배경을 밝혀준다. 놀랍게도 이 서판에서는 이스마엘과 레위 같은, 성경에 나오는 이름들이 언급되어 있고, 베냐민은 호전적인 부족의 이름으로 등장하며, 펠레그(Peleg), 세루(Serug), 나홀(Nahor)과 같은 아브라함의 조상들의 이름(창 11:10-16)들이 하란(Haran)의 이웃에 있는 마을 이름으로서 나와 있다. 또한 이스라엘 사회에서 활발하게 일었던 에언 현상이 마리에서도 성행하고 있었음은 중요한 사실이다(본서 8장).

몇몇 역사가들의 판단에 의하면, 창세기 12:1-6에 나오는 아브라함의 가나안 이주도 아모리족의 메소포타미아와 시리아 침입과 같은 시기가 아니었나 추정한다.[21] 이 견해에 의하면, 아브라함은 주전 18세기에 살았던 인물이며, 아모리족 왕 함무라비와 동시대 인물이 된다. 그 당시 아모리족은 아브라함의 고향인 하란에 정착하고 있었다. 베냐민(Binu-yamina), 야곱(Ya′qub-el), 아브람(Abamram)처럼, 아모리족의 이름이 직접 성경에 나오는 인물을 지칭하는 것은 아니지만, 확실한 것은 같은 셈족 배경을 갖고 있다는 것이다.[22] 같은 셈족의 배경은 수메르인의 시기에 꽃피웠던 에블라까지 소급될 수 있다.

---

21) 아모리족의 가설에 대하여는 Roland de Vaux, *History* 〔92〕, 7장을 보라. 이 견해는 John Bright, *History* 〔91〕, 2장에서 강력하게 지지되고 있으며, William G. Dever, *Israelite and Judean History* 〔93〕, pp. 70-120)은 조심스럽게 지지하고 있다.
22) E. A. Speiser는 그의 창세기 주석서에서 〔273〕, pp. xxxvii-lii. 아브라함이 아모리족 배경을 가지고 있다고 강조하고 있다.

함무라비의　돌기둥 ―
거의　240㎝나　되고　법전이　새겨져　있다.

　　이스라엘 조상들이 아모리족의 고향에서 가지고 나온 몇 가지 전승은 아마도 그
후에 변형되어 오늘날 우리가 보는 창세기 1장에서 11장까지의 초기 성경의 역사에
서 발견되는 종교적인 서사시에 편입되었을 것이다. 그 예는 창조 설화, 에덴동산,
홍수, 비벨탑 이야기이다. 바벨론 첫 왕조에서 에누마 엘리쉬(Enuma Elish)라고
알려진 창조 설화가 나왔을 뿐만 아니라, 홍수 이야기도 길가메쉬 서사시
(Gilgamesh Epic)에 나온다.[23] 이 두 이야기는 본서 7장에서도 살펴보겠지만, 성
경 이야기와는 차이가 나지만 그 형식은 서로 비슷하다. "바벨탑"(창 11:1-9)의 원

---

23) J.B. Pritchard, *Ancient Near Eastern Texts* 〔1〕, pp. 60-99, 501-507.

형은 함무라비 시대의 유명한 불가사의 중의 하나인 바벨론의 지구랏 ― 계단식으로
쌓아 올린 탑 ― 이다. 이 탑은 에테메난키(Etemenanki), 즉 "하늘과 땅을 잇는
집"으로 알려져 있다.

히브리인들은 비록 후대에 가나안인들을 통해서 함무라비 법전에 의해 더 많은
영향을 받았지만 그들의 아모리족의 본거지에서 메소포타미아 법에 대해서도 들었을
것이다. 오늘날, 이 함무라비 법전의 사본은 루브르 박물관에 소장되어 있다. 거대
한 검은 비석에 법조문이 새겨져 있으며 그 밑에 부조로 새겨진 함무라비왕이 법과
정의를 관장하는 태양신인 샤마쉬(Shamash) 앞에 서 있다. 이전의 법전들(우르-나
무의 법전도 포함)을 통합시킨 이 함무라비 법전은 법 집행을 개선시키고 표준화시
켰다. 함무라비가 세운 제국의 가장 위대한 업적 중의 하나는 수세기에 걸친 법률지
식의 기본 체계를 세운 것이라 할 수 있다. 앞으로 살펴 보게 될 이스라엘의 법은
하나님과의 언약법(the Covenant Code)으로 알려져 있는데, 양식과 내용 면에서
어느 정도는 함무라비 법전의 영향을 받았다.

후리족(Hurrian)의 이동

수메르인의 우르 왕조의 몰락에 의해 야기된 정치적인 공백 상태에 또 다른 민
족이 몰려 들었으니, 아마도 호리족(Horites)과 관련되어 있는 후리족이거나 또는
구약성서에서 말하는 히위족(Hivites)일 것이다. 주전 2000년이 되기 전부터 이들
셈족계가 아닌 민족은 아르메니아의 코카서스 산맥에서부터 티그리스와 유프라테스
강 평지까지 몰려왔다. 이들은 아모리족과는 달리 군사적인 정복자로서 온 것이 아
니라, 꾸준하고도 쉴새 없이 침투해 들어왔다. 처음에 그들은 하란과 마리 근방의
메소포타미아 북쪽에 정착했으나, 함무라비 시대에 와서는 전체 영역에 퍼지게 되었
다. 주전 15세기에는 그들의 정치적 세력이 강해져서 메소포타미아 윗쪽에서 새로
일어난 미탄니(Mitanni) 왕국의 인구 중에서 대부분을 차지하게 되었다. 그들은 상
당히 진보된 전쟁 무기를 익숙하게 다루었기 때문에 가나안, 시리아, 상(上)메소포
타미아를 침입한 이집트 군대와 자주 충돌했다. 후리족은 가나안에도 비슷한 숫자로
이주를 했는데, 이집트가 제18왕조 시기부터 그곳을 후루(Hurru), 즉 후리족의 땅

---

24) F.W. Bush, "Hurrians" in *Supplement to the Interpreter's Dictionary* [26], pp. 423-
424) 와 그것에 인용된 문헌들을 보라. 누지와 그 당시의 이스라엘 조상들의 사회적 관습, 가족법의
유사성을 재검토하기 원한다면 George Ramsey, *The Quest* [99], 2장, 특히 29-33면을 주목하
여 보라.

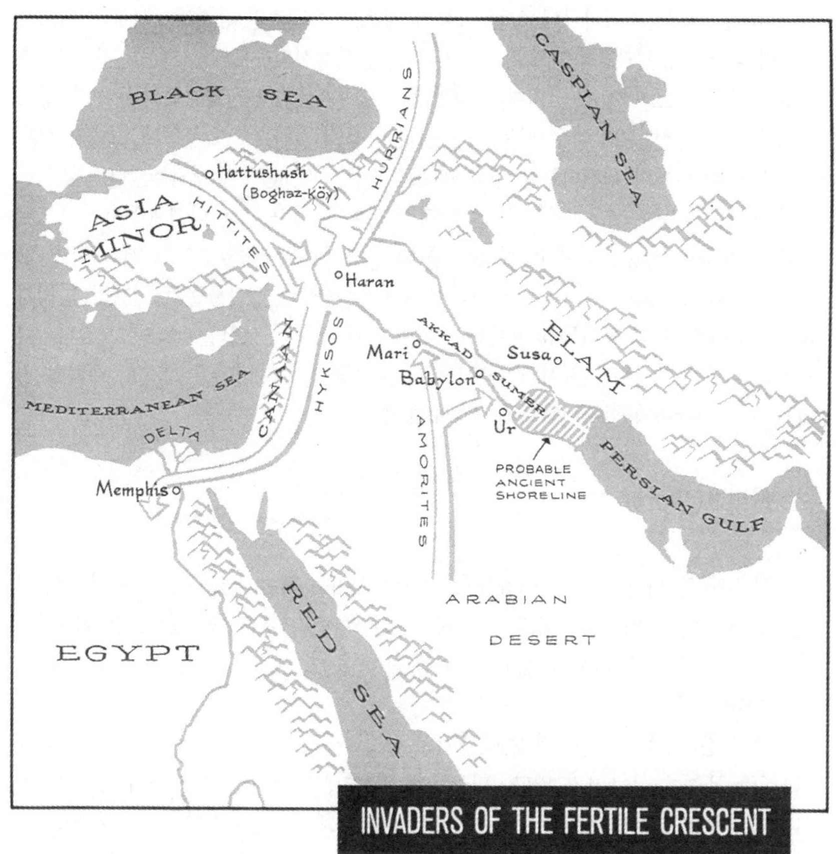

이라고 불렀다. 주전 1919년 이전의 후리족에 대해서는 거의 아무것도 알려진 것이
없다. 그러나 미탄니 왕국(c. 1500-1370 B. C. E) 시대의 수천 점의 점토판은 후리족
의 도시 누지(Nuzi) ― 즉 티그리스 강 동편에 위치하는 ― 에서 발견되었다.[24]

헷(Hittites, 히타이트)족

후리족의 미탄니 왕국이 세워지기 전부터 비옥한 초승달 지대에는 또 다른 정치
적인 세력이 침입해 들어오고 있었다. 오늘날 터키 지역인 서부 산악지대를 지나면
헷족으로 알려진 민족이 강력한 나라를 세웠다.[25] 점차 그들은 아나톨리아

(Anatolia) 또는 소아시아에 있는 그들의 산으로 둘러싸인 본거지에서부터 메소포타미아, 시리아, 팔레스타인으로 그들의 세력을 확장시켜 나갔고, 마침내 비옥한 초승달 지대를 두고 이집트와 겨루게 되었다. 그들은 험준한 산악지대의 중심부 정상에 그들의 웅장한 수도 하투샤쉬(Hattushash)를 건설하고, 그 부근에 그들의 상위 신들과 하위 신들이 행진하는 광경을 바위로 만든 신전의 벽에 새겨놓았다. 얼마 전까지만 해도 헷족은 그 이름 이상은 알려진 것이 없었다. 그러나 1907년에 오늘날 보가즈코이(Boghaz-koy)라고 불리는 헷족의 수도가 발굴되었고, 그 결과 과거 헷제국의 영광이 드러나게 되었다. 거대한 요새와 웅장한 건축물뿐만 아니라 법전과 다른 나라와의 외교 문서들을 포함하고 있는 문헌 서고가 그것을 나타내고 있다. 아브라함이 자기의 무덤을 헷사람에게서 샀다는 성경 전승(창 23)은 헷족의 세력이 멀리 남쪽 가나안까지 확장되었음을 보여주고 있다.

하피루('Apiru)

앞에서 본 바와 같이 이스라엘 조상들의 시기는 많은 민족들이 비옥한 초승달 지대로 몰려왔던 어수선한 시기였다. 사실, 가나안은 "가나안족, 헷족(히타이트족), 아모리족, 브리스족(Perizzites), 히위족(Hivites), 여부스족(Jebusites)이 사는 땅"이었다(출 3:17).

특히 흥미있는 것은 주전 2000년기의 문서에서 많이 언급된 사람들로서 하피루('Apiru 또는 Habiru)가 있다. 이들은 소아시아, 메소포타미아, 시리아, 가나안, 이집트에 흩어져 살던 상대적으로 잘 드러나지 않는 사람들이었다.[26] 하피루는 비록 많은 셈족이 포함되어 있긴 하지만 민족이나 종족을 이룬 집단을 지칭하는 것이 아니라 근동의 여러 나라에서 시민권도 없이 떠돌아다니는 사회 계층을 말한다. 이 하피루는 사회의 외곽에서 정처없이 떠돌아 다니며 살았던 "유랑민" 또는 "외국인"이었다. 오늘날의 집시나 이민 노동자같이 이 하피루의 대부분은 가족과 재산을 가지고 이리저리 떠돌아 다녔다. 때때로 그들은 게릴라 부대로 조직화되어 카라반들(사

---

25) 비록 헷족속의 국가는 기원전 17세기에 생겼지만 그들의 세력이 확장된 것은 그보다 후대의 일이다. 제 2 헷제국은 16세기에 세워졌다 (1600-1500). 헷족속의 세력은 마탄니 왕국의 등장과 함께 일시적으로 약해졌다 (1500-1370). O.R. Gurney, *The Hittites* [196]을 보라.

26) 모셰 그린버그(Moshe Greenberg)가 *The Hab/piru* [185]에서 이 질문에 대한 근본적인 질문을 제기하였다. 더 최근의 논의를 보려면 Roland de Vaux, *History* [92], pp. 209-216. 을 보라.

막의 대상)을 공격하거나, 민가를 침입하기도 했고, 용병으로 고용되기도 했으며 공공 사업에 부역 노예로 일하기도 했다. 그러나 그들 중에는 어느 국가에 들어가 지도자의 위치에 오른 사람도 전혀 없지는 않았다.

논쟁의 소지가 있지만 하피루라는 말과 성경에 나타나는 "히브리"('ibri)라는 말 사이에는 어떤 관련이 있는 것 같다. 이 하피루라는 말은 다윗 왕 이전 시기의 성경 자료에서만 발견된다. 주전 2000년기의 메소포타미아와 이집트 문헌에 나오는 하피루는 아브라함의 친척으로서 "이스라엘인"(Bene Yisrael)이라고 생각된 히브리인들을 지칭하는 것은 아니다.[27] 오히려 성경에 나오는 히브리인들은 더 규모가 크고 안정된 유랑 계층에 속했다.

이는 후에 이스라엘인이 된 이러한 히브리인들의 전통적인 조상, 즉 아브라함의 특징과 같다(창 14:13). 아브라함은 가나안의 정착민 사이에서 "거류민"(ger)으로 여겨졌다. 아브라함은 그의 가족과 가축을 데리고 목초지를 찾아 이리저리 유랑을 하다가 가나안의 산악지대를 거쳐 마침내 나중에 헤브론(Hebron)이 세워진 곳 근처인 마므레(Mamre)에 천막을 쳤다. 그의 아들 이삭과 손자 야곱도 같은 생활을 했다. 하피루와 마찬가지로 약간의 예외는 있지만(창 33:10, 26:12) 이들은 도시에 정착하는 것을 피했고 한 곳에 정착해서 땅을 차지하거나, 경작하려 하지 않았다. 사실 가나안에서의 히브리인들은 정착 생활을 하지 않았기 때문에 대기근이 들자 야곱은 그의 가족을 이끌고 이집트로 이주하게 된 것이다. 그들의 생활 방식은 이집트의 베니 하산(Beni-Hasan)의 무덤 벽에 그려진 반유목민의 생활과 아주 흡사하다. 이 그림은 아브라함 이전 시기까지(주전 19세기) 거슬러 올라가는데, 한 가족이 이집트로 걸어가고, 그들의 아이들과 짐은 나귀에 실려 있는데, 이들은 다양한 색깔의 옷을 입고 있다.

아람족의 출현

이스라엘 조상들의 역사에서 이 아람족의 출현에 대해서는 의문점이 있지만 이 민족에 대해서 언급을 해야 할 것 같다. 성경의 이야기를 읽어 가면서, 아람땅(현재

---

27) 비록 아브라함의 조상이 Habiru/'Apiru 와 언어적으로 동가를 가진 'Eber (창 10-21-24)까지 거슬러 올라갈 수 있지만, "Hebrew" 라는 단어는 초기 전승 중에서 이방인들이 이스라엘을 지칭할 때든지 혹은 이스라엘이 이방인들에게 자신들을 가리킬 때 종종 쓰이곤 했다. 이 용어가 이스라엘의 자기 이해를 표현한 것으로 보이지는 않는다.

의 시리아)과 그 민족, 즉 아람족에 대해서 거듭 언급이 되어있음을 알 수 있다. 아브라함은 그의 종을 메소포타미아 또는 아람 나하라임(두 강이 흐르는 아람땅)에 자리잡고 있는 그의 조상들의 집으로 보냈다(창 24:10). 또 다른 경우는, 이삭이 그의 아들 야곱이 아내를 취하기 위하도록 보낸 땅이 바로 밧단 아람(아람 평원)이었다. 야곱의 장인인 라반은 아람족으로 불렸다(창 25:20, 28:5). 문제점은 아람(Aram)이 주전 12세기까지 — 이 시기는 이스라엘인들이 출애굽한 뒤에 가나안 땅에 정착한 시기이다 — 어떤 정치적인 상황을 보이지 않았다는 점이다. 고대 역사는 크게 두 가지로 분리된 움직임처럼 보인다. 그 하나는 우르 왕조(BC 2000)의 몰락 시기에 일어난 아모리족의 침투이고, 다른 하나는 헷 제국과 이집트 제국의 붕괴 이후의 아람족의 출현이라고 할 수 있다(BC 1200). 어떻게 하면 아모리족인 아브라함과 아람족인 야곱과의 관계를 이해할 수 있을까?

몇몇 학자들은 전체 이스라엘 조상들의 전승은 그것이 형성되었을 동안만 역사적인 가치를 지니는 것이라고 말함으로써 이 어려운 문제를 해결했다. 이스라엘 조상들과 아람족과의 관계는 아모리족과의 관계보다 더 강했다. 창세기의 전승은 주전 1200년경에 시작된 중기 청동기 시기부터 초기 철기시대로 옮겨져야 한다는 것이다. 이러한 극단적인 견해에 의하면 모세(주전 13세기 초) 이후에 이스라엘 조상들이 있었다는 것이 된다.[28]

이스라엘 조상들의 시기가 출애굽의 역사적인 서막이라면 이러한 견해는 맞지 않는다. 아람족 문제는 다음과 같은 두 가지 사실을 기억함으로써 해결책을 찾을 수 있을 것이다. 첫째, 이스라엘 조상들의 역사에서 기자들은 후에 전문 용어를 사용해서 이스라엘 조상들의 시기를 언급하는데 마치 오늘날 우리들이 비옥한 초승달 지대라는 고대 지명을 "중동"(Middle East) 또는 "근동"(Near East)이라고 말하는 것과 같다. 어떤 역사가들은 "아람족" 이라는 것은 초기 아모리족("최초 아람족")의 후기 단계를 말하는 것이고, 여러 다양한 성경 문헌에서 나타나는데, 이것은 "주전 11세기와 10세기의 아람족과 족장 시기의 아모리족과는 밀접한 관련이 있었다" 고 주장한다.[29] 결국, 비옥한 초승달 지대로 침입해 들어왔던 아모리족은 오랜 세월에 걸

---

28) Siegfreid Hermann, *History* 〔94〕, pp. 41-55. 헤르만은 창세기 10장의 족보가 이 결론을 지지한다고 주장했다. W. Malcolm Clark, *Israelite and Judean History* 〔93〕, pp. 142-148) 도 아울러 보라. T.L. Thompson 〔191〕 혹은 J. van Seters 〔192〕 처럼 왕정기 사건들의 연대를 측정하며 더 극단으로 간 학자들도 있다.

29) 드보 (Roland de Vaux)는 본문으로부터 아람인들 (혹은 "Ahlamu") 이 B.C.E. 14세기에 언급되었다고 보았는데, 아마도 더 시기를 끌어올릴 수 있을 것이다. 그의 *History* 〔92〕, pp. 200-209 을 보라.

쳐 서서히 이주해 들어온 것이지 단번에 쳐들어온 것은 아니었다. 성경 기자들이 조상들의 이주 경로 — 하란에서 가나안까지 — 를 왔다갔다 하면서 서술한 이유는 메소포타미아에 있는 친척들과 접촉을 유지하기 위함인데, 이것은 아모리족에서부터 아람족까지 인종적으로 밀접한 관련이 있음을 나타낸다. 따라서 이스라엘인들은 신명기 26:5에서 야곱을 "유랑하는 아람인"이라고 기록하고 있다.

이러한 문제는 다른 중요한 문제를 지적하고 있다. 이스라엘 조상들의 이야기는 아람족과 다른 민족들이 정치적인 강국이었을 시기(아브라함과 롯의 이야기에서 모압과 암몬, 야곱과 에서 이야기에서의 에돔), 즉 이스라엘이 지파 동맹의 시기 (c. 1200-1000 B.C.E)와 관련되어 있었다. 조상들의 이야기는 "우리들의 이야기"로 되풀이 언급됨으로써 동시성을 갖게 되었다. 따라서 다윗 왕 이전의 2세기, 이스라엘 지파 동맹의 기간 동안 이스라엘 서사시의 형성을 살펴본 후 이스라엘 조상들의 이야기로 돌아갈 것이다.

이스라엘 조상들의 하나님

이미 앞에서 본 바와 같이 창세기 12-50장의 이스라엘 조상들의 이야기는 함무라비 이후에 계속된 주전 2000년기의 문화적인 배경을 어느 정도 반영하고 있다. 몇 가지 증거가 이를 뒷받침한다. 첫 증거는, 이 기간 동안 부모들은 자식들의 이름을 이스라엘 조상들의 전승이나, 외경에서 볼 수 있는 아브라함(에블라에서 발굴된 문서와 마리 시의 기록 보관소에서 발견됨) 또는 베냐민, 야곱과 같은 이름으로 지어 주었다. 두번째 증거는, 이스라엘 조상들의 전승에서 볼 수 있는 사회적인 관습과 율법들이 이스라엘의 왕정 기간보다 메소포타미아가 지배하던 주전 2000 년기에서 더욱 더 조화롭게 지켜졌다. 예를 들면, 메소포타미아의 법전은 한 명 이상의 아내를 소유한 남자에게서 출생한 아이들의 상속권을 체계화시켰다(야곱과 그의 두 아내 레아와 라헬, 이 두 여주인의 몸종인 빌하와 실바의 경우를 비교하라). 그래서, 고대의 법률은 그러한 상황하에서 "여종"에게서 태어난 아이의 상속권을 보호했다(창 21:10-11에서 아브라함이 하갈에게서 태어난 그의 아들 이스마엘을 마지못해 쫓아내는 것을 이해할 수 있다).[30] 여기에 더해 몇 가지 수긍갈 만한 증거가 있다. 이스

---

30) K. A. Kitchen, *The Bible in Its World* 〔96〕, pp. 68-71을 보라. 킷친은 누지와 마리의 자료들을 넓은 의미에서 메소포타미아적이라고 보았다.

라엘 조상들의 종교는 ─ "조상들의 하나님"을 경배하는 것 ─ 이미 모세 이전에 행해지고 있었다는 것이다. 물론 이스라엘 조상들의 종교가 무엇이었느냐를 정확하게 말하기는 어렵다. 왜냐하면, 앞에서 본 바와 같이 창세기의 전승은 출애굽과 시내 언약에서 수정되었기 때문이다. 아직까지 창세기의 많은 부분이 비옥한 초승달 지대의 문화적인 배경과는 별 상관없는 것으로 여겨지는데, 위와 같은 증거들은 모세 이전의 종교의 특징들을 알 수 있게 한다.

잠시 시대를 건너 뛰기로 하자. 여호수아 24장은 세겜에서의 대집회를 기술하고 있는데, 여호수아는 백성을 소집한 이 세겜에서 출애굽을 통해 목적과 능력을 보이시고 가나안 땅으로 그들을 인도하신 하나님에 대한 충성을 새롭게 하도록 촉구한다. 특히, 여호수아는 이스라엘 백성에게 "너희의 열조가 강(유프라테스)저편과 애굽에서 섬기던 신들을 제하여 버리라"(수 24:14b 이하 2절 참조)고 명한다. 이 구절로 이스라엘 조상들이 메소포타미아와 이집트까지 뻗어 있던 비옥한 초승달 지대의 종교의 영향 아래 있었음을 알 수 있다. 따라서, 출애굽은 단순한 정치적인 압박으로부터 벗어난 것이 아니라, 말하자면 고대 세계의 종교로부터 민족의 대탈출이라고 할 수 있고 달리 말하면, 인간 사회 질서와 신들의 사회의 관계를 묘사하는 신화로부터의 탈출인 것이다. 일찍이 아브라함이 하나님의 명령을 듣고 메소포타미아를 떠난 것처럼 모세도 이스라엘 백성에게 이러한 종류의 탈출을 하게 한 것이었다. 그리고 세겜의 대집회에서 여호수아는 후세대에게 옛 구습을 버리고 새 질서를 찾은 사람들에게 동참하기를 촉구하고 있다.

여호수아의 이러한 촉구는 특별히 신화적인 상징주의를 다루고 있는 종교사 연구 분야에서 잘 나타난다.[31] 이러한 연구로 여호수아가 촉구한 내용이 단순히, "다른 신을 섬기는 것"(다신주의) 아니면 출애굽 사건을 통해 자신을 드러낸 유일한 하나님을 섬길 것인지에 국한된 것이 아님을 알 수 있다. 오히려 이것은 두 가지 다른 세계, 즉 메소포타미아와 가나안, 이집트의 신화에서 나타난 세계와, 여호수아가 백성들에게 들려준 이스라엘의 이야기 또는 신화(수 24:2-13)중 하나를 선택하는 것이었다.

고대 메소포타미아 신화의 주된 관심사 중 하나는 인간 사회가 우주의 신적인 질서와 통합되어 있다는 확신을 보여주는 것이었다. 이 땅의 왕국들은 우주의 질서를 반영하는 것으로 여겨겼고 최상의 신은 우주적 질서 세계에서 비교적 민주적인 방식으로 천상의 회의를 주재한다고 생각되었다. 그러나 천상의 질서도 지상과 마찬

───────────────

31) "Ancient Religion" [120-127]의 참고문헌을 보라.

가지로 폭력과 사회적인 변화와 겨울의 주기적인 도래 등에서 볼 수 있는 혼돈의 세력에 의해 위협을 받았다. 그러나 당시의 종교는 구원의 희망을 주고 있었다. 신전이 세워진 곳에 있는 옴파로스(omphalos, 제식을 올리는 중앙 부분) ― 하늘과 땅이 만나는 장소로 신의 세력이 인간 사회로 흘러드는 곳 ― 로 여겨졌던 이 장소는 신화를 낭송하거나, 제식을 거행함으로써 주기적으로 인간 사회 질서를 새롭게 했다. 이러한 의식은 특히 신년 축제 기간 동안 거행되었는데, 승리의 신인 마르둑(Marduk)의 대행자인 왕은 해마다 혼돈의 세력을 이긴 창조 세력의 승리를 재연했다.[32]

이집트의 문화도 신적인 질서가 인간 사회의 질서에 반영되어 있다는 관점을 바탕으로 하고 있다. 바로는 창조자, 즉 신의 대행자 또는 신의 상(image)으로 간주되었는데, 그를 통해 신의 마앗(Maat, 질서,정의,진실)이 인간 사회에 전달된다고 생각되었다. 이집트는 신적 질서와 인간사회를 조화시켜 정적이며 안정적인 문명을 산출했는데, 2000 년이 넘는 기간 동안 계속 왕조가 바뀌었음에도 본질적인 면은 전혀 바뀌지 않았다. 이것은 메소포타미아의 민주적인 천상 회의와는 달리 바로에게 절대적인 권력을 부여했다.

이러한 것과는 달리 이스라엘의 문화는 고대 근동의 문화 안에서 뚜렷한 구분을 짓는다. 어느 정치 철학자가 말했듯이, 이스라엘에는 "세계 정치 무대에서 새로운 유형의 인간이 등장했으니" 모세가 그 전형적인 인물이고 그 전에는 아브라함이었다.[33] 비록 아브라함이 그의 고향과 하란에 있는 친척들은 버리고 떠나게 된 이유를 다 알 수는 없지만 메소포타미아의 제의를 포기하게 만든 새로운 종교적 전망에 의해 아브라함의 신앙의 모험이 감행되었던 것이다(창 12:1-7).

히브리 유랑민들이 메소포타미아를 떠날 때 아마도 아모리족에 그 기원을 둔 것 같은 그들의 신 샤다이(Shaddai, 창 17:1 ; 23:3 ; 35:11, 43:14 ; 48:3)를 포함해서 그들의 종교적 신앙이나 관습을 그대로 갖고 갔다. 이 신의 이름 샤다이는 "산(mountain)이신 분" ― 즉 우주적인 산에 거하는 높으신 신 ― 을 의미하기 때문에 이스라엘 조상들의 종교가 가나안의 만신(pantheon)의 최고의 아버지 신(father-god)인 엘(El)에 대한 신앙에 영향을 받았다는 것은 당연한 일이다. 이스라

---

32) 바벨론의 창조신화 Enuma elish 와 창세기 1:1-2:3의 창조설화를 비교하라. B.W. Anderson, *Creation versus Chaos* 〔128〕의 1장과 Hermann Gunkel, *Creation in the Old Testament* 〔129〕 1장을 보라.
33) Eric Voegelin, *Israel and Revelation* 〔146〕, p. 22. 뵈겔린은 이스라엘이 "우주론적 문명으로부터 출애굽"하여 하나님의 초월성 속으로 들어갔다고 했다.

엘 전 시기(pre-Israelitic times)에서도 엘(El)은 가나안에서 여러 명칭으로 특별한 성소에서 경배되었는데, 루즈(Luz) 성소에서는 엘 벧엘(El Bethel, "벧엘의 하나님". 창 31:12 ; 35:7 ; 28:19 참조), 예루살렘 성소에서는 엘 엘리욘(El Elyon, "지극히 높으신 하나님". 창 14:18-20), 브엘세바(Beer-sheba)성소에서는 엘 올람(El Olam, "영원하신 하나님". 창 21:33), 남쪽 광야의 성소에서는 엘 로이(El Roi, "돌보시는 하나님". 창 16:13)라는 명칭이 사용되었다. 이스라엘 조상들의 종교는 가나안의 종교와 어느 정도 공통점이 있었기 때문에 이스라엘 조상들은 자기네들의 하나님을 엘(El)괴 동일시 할 수 있었고 따라서 엘 샤다이(El Shaddai)라는 명칭을 사용할 수 있었다.[34] 그러나 이스라엘 조상들의 종교가 가나안의 토착 종교와 "아버지 신"을 경배한다는 점에서 유사점을 나타냄에도 불구하고 세월이 흐름에 따라 큰 중요성을 띠게 된 주된 차이점들을 나타내게 되었다.

이러한 차이점들 중의 하나는 하나님과 이스라엘 조상들 사이의 계약 관계를 다루는 창세기에서 샤다이라는 이름을 은연중에 사용하고 있는 점이다. 창세기 15:7-21에서는 진기한 사건이 기록되어 있다. 아브라함이 가축을 잡아 둘로 쪼개고 그 쪼갠 것을 서로 마주 대하여 놓았다. 해가 져서 주위가 캄캄해지자 "연기 나는 풀무와 타는 횃불" — 신의 현존을 의미함 — 이 쪼개 놓은 가축 사이로 지나갔다. 이 이야기는 후에 신학적인 해설이 많이 첨가되었지만, 신이 자기의 약속을 이행하겠다고 확약하는 고대 계약 체결 의식을 나타내고 있다. 마리 문헌에는 당나귀를 죽여 계약을 체결하는 것이 언급되어 있는데(이러한 관습은 렘 34:18-19에서도 나온다), 이러한 이야기는 계약 상대가 피빛 회랑을 걸어가면서 만약 계약 의무를 저버리면 쪼개진 짐승처럼 된다라는 저주에 따르도록 하는 것을 의미하는 것 같다. 어쨌든 이 이야기는 이스라엘 조상들의 종교의 주요 특징 중의 하나인 신과 개인적인 관계 또는 "계약"을 맺는 관습을 보여주는 것이다. 우리는 아브라함이 아브라함의 "방패"(Shield)로 알려진 하나님과 관계를 맺었고(창 15:1), 그의 아들 이삭은 "이삭이 경외('혈족'도 가능)하는 이"(the Fear of Isaac)(창 31:42, 53), 야곱은 "야곱의 전능자"(the Mighty One of Jacob)(창 49:24)와 관계를 맺었다. 각 경우마다 가신(the family God)은 조상들과 개인적인 관계를 맺고 그들에게 요구와 약속을 했다. 그러므로 아브라함의 하나님, 이삭의 하나님, 야곱의 하나님이라는 말에서 보듯

---

34) 세겜, 벧엘, 마므레, 브엘세바의 성소에서 최고신 엘을 숭배한 것에 대하여 Roland de Vaux, *Ancient Israel* (113), pp. 289-94)을 보라. 아울러 Frank M. Cross, *Canaanite Myth and Hebrew Epic* (112), 13-75)의 2-3 번 논문을 보라.

이 신은 신의 계시를 받은 사람의 이름에 의해서 나타났다. 초기 전승에서는 신은 특정 개개인과 관계를 맺었다("네 아버지의 하나님". 창 26:24 ; 28:13). 비록 나중에 "조상들의 하나님" 이라는 형식으로 하나로 묶여지게 되었다.[35]

이스라엘 조상들의 종교의 특징은 씨족 또는 가족간의 강한 연대 의식이다. 심지어 개인이 갖고 있는 이름도 "아버지", "형" 또는 "가족"의 보호자로 여겨졌던 신과 씨족 사이의 밀접한 개인적인 관계를 나타내고 있다. 예를 들면, "아버지"('ab)라는 의미를 갖고 있는 아브람(Ab-ram)이라는 이름은 "나의 (하나님) 아버지는 존귀하다"라는 뜻이다. 이런 이름에서 나타난 것과 같이 하나님은 이스라엘 조상들의 가정과 밀접한 관계를 맺고 있었다. 그러므로, "하나님은 눈에 보이지 않는 가장이시며, 가족들은 하나님의 가정의 가족이었다"고 말할 수 있다.[36]

더군다나 이스라엘 조상들의 종교는 양떼를 돌보는 목자 같이 이스라엘 조상들의 미래를 약속하고 인도하시는 하나님에 대한 신앙을 고백하고 있다(시편 23편의 목자의 시편을 참조). 예를 들면 야곱은 "내 조부 아브라함과 아버지 이삭의 섬기던 하나님, 나의 남으로부터 지금까지 나를 기르신(히브리어로는 '목축하신') 하나님, 나를 모든 환난에서 건지신 사자"(창 48:15-16)에게 기도를 했다. 마틴 부버(Martin Buber)가 말한 바와 같이 이러한 "유목민적 신앙"은 신전에서 제사만 거행했던 비옥한 초승달 지대의 토착민의 종교와는 달랐다. 가나안에서는 벧엘(Bethel)과 같은 거룩한 장소는 신이 특별한 방법으로 나타나는 "하늘의 문"(창 28:17)으로 여겨졌다. 창세기는 이스라엘의 조상들이 이러한 고대 가나안의 성소를 방문했다고 기록하고 있는데(세겜, 벧엘, 브엘세바) 이것은 조상들이 이곳저곳 유랑하다가 도중에 들른 것이다. 그 이유는 "조상들의 하나님"은 어느 한 장소에 묶여 있는 하나님이 아니기 때문이다.

인도하시는 하나님은 아브라함을 그의 고향으로부터 이끌어내어 그를 새로운 길로 인도하여 새로운 장소에 이르게 했다. 이것은 이삭과 야곱도 마찬가지였다. 창세기 전승에서 이스라엘 조상들은 하나님의 부르심에 응해 하나님이 때가 되면 주겠다고 한 땅을 향해 미지의 불확실한 세계로 순례의 길을 떠난 유랑자요 모험가로 묘사되었다. 그들은 하나님 약속의 실현을 향해, 그들의 장래를 인도하실 하나님께 그들

---

35) H.G. May, "The God of My Father- A Study in Patriarchal Religion", *Journal of Biblical and Religion*, IX (1941), 155-58, 200.

36) John Bright, *History* [91], 99. 존 브라이트는 아버지 ('ab), 형제 ('ah), 친족 ('am) 과 함께 나타나는 이름들을 설명했다. 그에 의하면 이런 형태의 이름들이 아모리족 가운데는 흔했다고 한다.

의 삶을 온전히 의탁하는 믿음으로 이 모험을 감행한 것이다.[37]

이미 지적한 바와 같이 하나님의 부르심에 응해서 메소포타미아에서 이주한 아브라함의 이야기는 후에 신학적 반성에 의해 가필되었다. 그러나 이스라엘 백성들의 역사적인 순례여행을 하나님께서 인도하셨다는 인식은 이집트에서 아브라함의 후손들이 압제를 받았던 암울한 시기에 모세가 "나는 네 조상들의 하나님, 아브라함의 하나님, 이삭의 하나님, 야곱의 하나님이다"(출 3:6, 15)라는 하나님의 말씀을 들었다는 출애굽 설화의 배경을 제공하고 있음에 틀림없다.

이집트로 이주

창세기 후반부에서는 요셉이 이집트에서 권력을 잡았고 대기근이 들자 야곱의 가족을 이집트의 델타 지역으로 이끌어 살게 했다는 이야기가 나온다. 주전 2000년기의 이집트 역사에서는 아시아인들이 정부의 요직에 올랐다는 이야기가 나온다. 사실, 주전 14세기에 바로 아크나톤(Akhnaton)은 투투라는 이름을 가진 셈족을 요직에 앉혀 그에게 공사를 감독하게 하는 등, 권한을 주어 일부 지역에서 왕의 대리자 노릇을 하게 한 일이 있다. 엘 아마르나(El Amarna)에 있는 무덤의 벽화에는 요셉이 등용되는 장면이 그려져 있다(창 41:41-43). 바로는 요셉에게 금사슬을 주고, 자기 전차에 태워 백성은 그 앞에서 엎드리며 환호하도록 했다. 비문에서 투투는 그가 "온 나라에서 최고 지배자의 목소리"라고 했고, 외국 사신을 접대하고 그들의 의사를 궁중에 전하는 것이 그의 일이었다고 기록했다.[38] 이것으로 볼 때 요셉이 이집트에서 정치적으로 최고 지위에 올랐다는 것과 야곱의 가족이 이집트에 받아 들여졌다는 이야기가 전혀 신빙성이 없다고는 할 수 없다.

물론 야곱과 요셉에 관한 성경의 이야기에서 민간전승의 요소가 들어 있기는 하다. 요셉이 보디발의 아내의 유혹을 거절했음에도 강간 혐의를 받게 되는 주제가 그것이다. 이 주제는 이집트의 "두 형제 이야기"(BC 1225)에서도 발견된다.[39] 비록

---

37) Jurgen Moltmann, *Theology of Hope*, trans. Jamens W. Leitch (New York : Harper & Row, 1967), 2장. 이 책에서 그는 하나님께서 어떤 장소에 현현하시는 것과 미래를 향하여 인도하시는 것의 차이점이 강조되었다.

38) Roland de Vaux, *History* (92), p. 284)에서 인용했다. N.G. Davies, *The Rock of El Amarna*, VI (London : 1908), 7-15, 27; xi-xx 도판. 데이비스가 재구성하고 이것에 관하여 논했다.

구전 전승에 의존하고 있다 하더라도 요셉의 이야기는 솔로몬 시대에 현재의 형식으로 고정된 것 같다. 솔로몬 시대는 이집트와 밀접한 관계를 가졌는데 이집트식 이름, 칭호, 꿈해석, 시체의 방부 처리 등을 포함하여 설화까지 이집트의 색채가 짙게 나타난다. 요셉의 이야기는 훌륭한 문학 작품인데, 이것의 창조적이고 예술적인 기교는 토마스 만과 같은 현대 작가의 관심을 사로잡았을 정도이다. 이스라엘 조상들의 시기에서 모세 시대로 넘어가는 과도기로서 이 설화는 중요한 신학적인 의미를 지니고 있다(본서 5장 참조). 어쨌거나 요셉의 이야기는 완전한 가공의 이야기가 아니라 주전 2000년 기의 상황을 배경으로 한 역사적인 소설이다.

힉소스족의 침입

앞서, 우리는 주전 2000년 기에 접어들어 비옥한 초승달 지대로 밀려 들어온 두번의 민족 대 이동 — 아모리족과 후리족의 대이동 — 을 살펴보았다. 이러한 민족 대이동과 다른 정치적인 소요가 일어났을 때 또 하나의 파도가 밀려와서 시리아와 팔레스타인을 거쳐 이집트까지 적셨는데 그것은 힉소스(Hyksos)족의 이동이었다. 힉소스족 — 이집트 말로 "외국의 통치자들"을 의미함 — 은 여러 민족으로 구성되어 있었다. 그들 중의 대부분은 셈족인 것 같지만 헷족과 후리족도 있었다. 코카서스 고원지대로부터 온 후리족과는 달리 이들은 정복하기 위해 온 것이었다. 말이 끄는 전차 같은 강력한 무기로 힉소스족은 이집트의 정치적인 세력이 약해졌을 때 공격을 해서 통치자들을 몰아냈다. 이집트 침공 시기가 주전 1720년 무렵이었다. 이집트의 역사가 마네토(Manetho, B.C.E. 275년경)는 이집트 제13왕조의 통치자로 보이는 투티메우스(Tutimaeus)시대에 침공한 힉소스족에 대해 공포를 지니고 다음과 같이 적고 있다.

> 그가 통치할 때 무슨 이유인지 모르지만 신은 우리에게 돌풍을 몰고 왔다. 뜻하지 않게 동방으로부터 이름도 알 수 없는 침입자들이 자신만만하게 우리의 땅으로 쳐들어온 것이다. 그들의 주력 부대는 어떠한 반격도 받지 않고 쉽사리 침입해 들어왔다. 그들은 이 땅의 통치자들을 물리치고 우리의 도시를 무자비하게 불태우고 신들의 신전을 부수고 토착민들을 잔인하게 다루었다.[40]

---

39) J.B. Pritchard, *Ancient Near Eastern Texts* (1), pp. 23-25.
40) Manetho, trans. Helen Wadell, pp. 79-81; Josephus, *Against Apion*, I 14 (75-76).을 보라.

또한 마네토는 힉소스족이 멤피스에서 왕을 세우고 델타 지역의 아바리스 (Avaris, 혹은 Tanis)에 튼튼한 요새를 세웠다고 보고하고 있다.

주전 17세기 동안 힉소스족은 이집트를 통치했다. 제15, 16왕조의 통치자들은 모두 힉소스족이었는데, 이들은 시리아와 팔레스타인을 포함한 강력한 제국을 세웠다. 발굴 결과, 이 시기 세겜에는 힉소스족의 요새로서 말이 끄는 전차의 공격으로부터 도시를 방어하기 위한 힉소스족 특유의 성벽이 있었음이 밝혀졌다.[41] 그러나 1600년 직후에 이집트인의 혁명이 일어났다. 주전 1550년경에, 찬란한 제18왕조의 창시자인 아모스(Ahmose) 1세는 이 외국인의 통치를 무너뜨렸다. 아바리스 시는 이집트인에 점령되었고, 힉소스족은 팔레스타인에서 추방당했으며, 세겜과 같은 도시들은 파괴되었다. 이렇게 해서 이집트인의 부흥은 다시 시작되었으며, 특히 나폴레옹에 비길 수 있는 바로 투트모스 3세(BC 1490-1436) 치하에서는 이집트의 세력이 팔레스타인와 시리아까지 확장되었다.

이집트로 이주한 히브리인의 이야기는 당시 이집트의 상황과 잘 부합된다. 기근 때문에 야곱의 가족이 나일강 델타지역의 동부 비옥한 땅 "고센"(Goshen)에 정착하게 된 것도 상당히 타당성이 있다. 우기에만 비를 내리는 지역인 팔레스타인의 반유목민들이 가뭄 기간에 그들의 시야를 나일강의 주기적인 범람으로 땅에 물을 댈 수 있었던 이집트로 돌리게 된 것은 어쩌면 너무도 당연한 일이었을 것이다. 이십트 관리들이 팔레스타인과 시내 반도의 굶주린 사람들이 델타 변방에 들어 오는 것을 허락했다는 사실이 이집트 기록에 있다. 주전 1350년경에 이집트 국경지대의 한 관리는 바로에게 "어떻게 살아야 할지 모르는" 어느 유목민들이 "오래전부터 그들의 조상들이 하던 대로 …… 바로의 영토에 살 곳을 구하러 왔다"고 보고하고 있다.[42]

힉소스족의 이집트 침입과, 야곱과 그의 가족이 이집트로 이주한 사건이 같은 시기에 일어났을 것이라는 생각은 매우 흥미롭다. 어떤 학자들은 작지만 매우 중대한 사건으로 이러한 가능성을 내보이고 있다. 성경 이야기에 의하면, 히브리인들이 정착한 고센 지방이나 와디 투밀랏(창 47:11에서는 "라암세스의 땅")은 바로의 궁중 가까이에 있었다(창 45:10 ; 46:28이하). 힉소스족이 이집트로 쳐들어오기 전 이집트의 수도는 테베(Thebes)였으나, 힉소스족은 자기네 수도를 델타 또는 고센 지방에 있는 아바리스에 세웠다. 아모스가 힉소스족을 추방할 때 아바리스는 파괴되고 수도는 다시 테베로 옮겨지게 되었다. 그러므로 요셉 이야기에서 추정할 수 있는 바

---

41) G. Ernst Wright, *Shechem* 〔251〕, 5장.을 참고하라.
42) *The Westminster Historical Atlas* 〔34〕, 29.를 보라. J.B. Pritchard, *Ancient Near Eastern Texts* 〔1〕, pp. 14-20 도 아울러 보라.

로의 수도 위치는, 히브리인들의 이집트 정착은 힉소스족 시기에 이루어졌다는 것을 나타낸다. 요셉에게 호의를 보였던 바로는 셈족 계통의 힉소스족 출신 왕 중의 하나로 자기와 비슷한 셈족 계통의 사람을 환대했다는 것을 쉽게 상상할 수 있다. 이 가설이 상당히 타당성이 있어 보이지만 문제는 이 가설을 뒷받침할 뚜렷한 증거가 없다는 것이다.[43]

요셉의 이야기에서나 출애굽기 서장에서 분명하게 이름이 거명된 군주는 없다. 이집트에서 힉소스 왕조에 대한 역사도 잘 알려져 있지 않을 뿐만 아니라, 요셉이 바로 밑에서 수상이 되었다는 이집트 기록도 없다. 성경에 의하면 히브리인들이 이집트의 델타 지역에 평화롭게 이주해 들어갔다고 전하고 있기 때문에 이 히브리인들의 이주는 정복자로서 왔던 힉소스족의 이동에 섞여 들어갔다고 볼 수 없다. 그러나 두 사건을 연결시킬 수는 있다. 히브리족의 이주는 힉소스족의 이동에 끼어들었을지도 모른다는 것이다. 이스라엘의 조상들은 힉소스족의 통치 초기부터 몇차례의 이주를 거쳐 이집트에 들어갔을 것이다. 의심의 여지없이 성경 전승은 이야기를 생생하고도 똑바르게 전하기 위해서 오랜 세월에 걸쳐 일어난 사건을 단축하고 실제로는 매우 복잡한 사건들을 단순화시켜 전했을 것이다.

이집트에서의 압제

이제 출애굽의 첫 장을 다루기로 한다. 요셉의 사후 이집트 행정의 변화로 야곱의 후손들은 이집트에서 신망을 잃었다. "요셉을 알지 못하는 새 왕이 일어나서 애굽을 다스리더니"(출 1:8). 그래서 히브리인들은 국가의 노예로 전락하여 델타 지역에서 곡식을 저장해 둘 도시인 비돔(Pithom)과 라암셋(Rameses)을 건설하는 데

---

43) 이 견해는 G. Ernest Wright, *Biblical Archaeology* (110), pp. 54-58)에서 옹호되었다. 물론 족장들의 배경사를 재구성할 수 있는 다른 가능성도 있다. C.H. Gordon, *Introduction to Old Testament Times* (Ventnor, N.J. : Ventnor Publishers, 1953), pp. 75, 102-4 고든을 비롯한 일부 역사학자들은 족장들의 연대를 힉소스 족 추방 이후로 잡기도 한다. (즉 B.C.E. 1500년) 특히 아므라나 시대의 혼란기와 아람, 에돔, 모압, 암몬 등의 작은 국가들이 일어설 때 살던 인물로 보기도 한다. 그러나 이 견해는 아모리족과 아브라함이 맺었던 관계를 거의 설명하지 못한다는 문제가 있다. 따라서 다른 역사가들은 이 설을 수정하여 아브라함을 함무라비 시대의 사람으로, 야곱을 15-14 세기 아마르나 시대의 사람으로 추정하기도 한다. H.H. Rowley, *From Joseph to Joshua* (190), 3장을 보라. 그는 특히 요셉을 아마르나의 왕 아크나톤 (B.C.E. 1364-1347) 과 관련지어 생각하고 있다. 그러나 로울리도 인정하는 것처럼 이 가설은 아브라함 (이삭) 이 야곱과 요셉으로부터 완전히 떨어지게 된 것을 설명하지 못한다. 최근의 논의를 보려면 George Ramsey, *The Quest* (99), 3장을 보라.

동원되었다.

압제자 바로

안타깝게도 성경은 정책을 변화시켜 델타 지역의 셈족을 압제한 바로가 누구인지를 밝히지 않고 있다. 어떤 역사가들은 출애굽기 서두를 제18왕조의 시작으로 잡고 있는데, 이 시기를 아모스 1세가 힉소스족을 몰아내고 새로운 정부수립의 상징으로 수도를 힉소스족 침입 이전의 옛 수도였던 테베로 옮긴 때로 보고 있다. 이 견해에 의하면, 지배 계급이 추방될 때 셈족 모두가 쫓겨난 것이 아니다. 많은 셈족 — 특히 야곱의 후손들 — 은 아모스의 추방을 면하고 델타 지역에 남았다. 거기서 그들은 제18, 19왕조 기간 동안 이집트인의 부흥에 의해 억압적인 정책의 희생이 되었다. 이 기간 동안 — 주전 15-13세기 — 바로들은 그들의 야심찬 계획을 실행하기 위한 값싼 노동력이 필요했다. 이집트 문헌에 의하면 그들은 하피루('Apiru, Habiru) — 이미 본 바와 같이, 특정 히브리인에 국한된 것이 아님 — 를 징발했다고 한다. 이 견해에 의하면 출애굽기 1:8(Ahmose, "요셉을 알지 못하는 왕")과 주전 13세기 즈음에 재건된 방어 도시인 비돔과 라암셋에서의 부역에 대해 말하고 있는 출애굽기 1:9 사이의 시간 상의 격차를 수반한다는 문제가 있다. 이 견해는 출애굽기 12:40의 구절, "이스라엘 자손이 애굽에 거주한 지 사백삼십 년이라"에 의해 약간은 타당성이 있다. 만약 이 구절이 히브리인들이 압제 받은 기간이 아니라 델타 지역에서 살았던 전체 기간을 가리키는 것이라면,[44] 그리고 만약 출애굽의 시기를 주전 1290년경으로 잡는다면, 이는 힉소스족의 침입 시기까지 거슬러 올라간다 (1290 + 430 = B.C.E. 1720). 이집트의 상황은 다음과 같다.

	힉소스족의 통치	수도
은혜의 시대 BC 1720-1552	제14에서 제16(17)왕조	아바리스

압제의 시대
  BC 1552-1306
	이집트의 부흥
	  제18왕조
		테베로 천도

출애굽 시대
  세토스 1세(1305-1290)
  라암세스 2세(1290-1224)
  (출애굽 시대의 바로)
	이집트의 부흥
	  제 19왕조
		아바리스

정복의 시대 메르넵타(1224-1211)		

이러한 모든 것이 불확실하기 때문에 현대의 역사가들이 야곱 가족의 이집트 이주를 힉소스족의 침입과 같은 시기로 보고, 그리고 아모스 1세를 요셉을 알지 못하는 왕으로 보는 견해를 이해할 만 하다. 그러나 주전 14세기 말에 시작된 제19왕조 시기를 보면 상황은 더욱 분명해진다. 출애굽기 서장은 이 시기를 미리 예상한 것처럼 보인다. 이 시기는 바로들이 일명 아마르나 시대 동안 그들의 통제를 벗어났던 아시아 제국들을 다시 다스리기 위해서 수도를 테베에서 델타 변방으로 옮긴 때이다. 제19왕조에서 강력한 첫 왕이었던 세토스(Seti) 1세(1305-1290)는 힉소스족의 옛 수도였던 아바리스를 재건축하기 시작했다. 이것은 그의 아들 라암세스(Rameses)에 의해 계속 추진되었는데 그는 이 도시를 피-라암셋(Pi-Rameses)이라고 이름지었다. 또한 요셉의 형들이 정착했던 지역에 있는 팀사(Timsah)호수 서쪽에 있는 비돔(Pithom)에서도 이러한 건설 사업이 추진되었다.[45] 이러한 도시들은 출애굽기 1:11에 특별히 언급되어 있는데, 히브리 노예들은 이러한 건설 현장에 동원되었다. 더군다나 이집트 문헌에 의하면 바로들은 공공 사업에 하피루를 썼다고 기록되어 있다.

간단히 말하면, 요셉이 어느 바로 시대에 살았는가에 대한 문제는 차치하고 출애굽기 서장의 배경은 이집트 제19왕조, 특히 세토스 1세와 라암세스 2세 때의 억압 하에서 일어난 상황이라고 추정된다. 비록 정확한 시기를 알아내기는 불가능하지만, 많은 학자들은 출애굽이 라암세스 2세의 집권 초기 — 카이로 박물관에 소장되어 있는 라암세스 2세의 미이라를 연대 추정한 결과 주전 1280년 또는 그 직후의 것이라는 것이 밝혀졌다 — 에 일어났다고 보고 있다.[46] 그 다음의 바로인 메르넵타(Merneptah)는 주전 1220년경에 가나안에 있는 이스라엘을 이겼다고 자랑을 한

---

44) 그러나 출 12:40은 창 15:13 처럼 압제받은 기간을 가리키는 것일 수도 있다. 구약성서의 그리스 역본 (70인역)은 출 12:40에서 이스라엘인들이 이집트와 가나안 땅에 430 년을 살았다고 말함으로써 문제를 더욱 복잡하게 만들었다. 다시 말하면 이 숫자는 아브라함의 소명에서 출애굽까지의 전시대를 가리키는 것이다 (참조, 갈 3:17). 이런 숫자는 생각하기 어려우며 고고학 및 성서학적인 증거에 비추어 생각해야 할 것이다. 왕상 6:1의 숫자에 관하여는 G. Ernest Wright, *Biblical Archaeology* [110], pp. 83-84. 를 보라.

45) K. A. Kitchen, *The Bible in Its World* [96], pp. 76-77. 에 의하면 이곳은 흔히 생각하는 깃처럼 타니스 근처가 아니라 Tell el-Dab´a 근처일 것으로 여겨진다. 이 장소에 대하여 지리학적인 근거를 제시하기 위하여 그는 M. Bietak, *Tellel-Dab´a II* (1975). 을 참고했다.

46) 이것이 미국인 학자 W. F. Albright의 광범위한 지지를 받는 견해이다. *Biblical Period* [90] pp. 6-13에 나오는 그의 역사 개요를 보라. John J. Bimson, *Redating the Exodus and Conquest* (JSOT Supplement Series 2, 1978). 빔슨은 오래된 15세기 이론을 재론하려 했으나 성공하지 못했다.

기록으로 보아 그 당시 가나안 땅에 정착은 하지 못했지만 이스라엘이 이미 그 곳에 있었던 것은 확실하다.

　앞에서 논의된 것으로 보아 성경의 이야기는 정치적인 상황을 사실 그대로 반영하고 있다. 그러나 이러한 사실들이라는 것은 이스라엘인들의 신앙의 눈을 통해 해석된 것들이다. 주전 2000년기 후반 동안에 비옥한 초승달 지대의 혼란한 정치적인 상황에 많은 다른 민족들, 그리고 많은 다른 하피루들이 휩싸여 있었을 것이다. 그러나 모세의 지도하의 히브리인들만이 깊은 역사적 의미를 체험했고 이 체험을 되새기면서 역사적 전승으로 기록을 남겼을 것이다. 역사적인 탐구로 성경 이야기가 당시의 사회적, 정치적인 상황의 전개와 깊은 연관을 맺고 있다는 것을 알 수 있다. 그러나 이스라엘인들이 신앙의 숭고한 언어로 선포한 사건의 내적 의미에 대한 외형을 뛰어넘기 위해서는 종교적인 마음이 요구된다. 출애굽의 중요성은 그 연대에 있는 것이 아니라 인간사에서 하나님의 뜻이 펼쳐졌다는 바로 그 사실이다. 그럼, 이제는 지도자로서, 전승의 해설자로서 결정적인 역할을 했던 모세와 출애굽 해방의 극적인 드라마를 살펴보기로 한다.

연대표 1

　참고 : 함무라비의 연대 추정은 불확실하다. 일부 학자들은 주전 19세기, 즉 초기 아모리족의 시대로 잡고 있으나 어떤 학자들은 주전 17세기 ― 바벨론의 멸망 시대 ― 로 보고 있다. 그러나 첫번째 가설은 우리의 기본 전제에 영향을 미치지 않는다.

B.C.E.	이집트	팔레스타인과 시리아	메소포타미아 (와 소아시아)
2000 ~ 1900	제12왕조	이집트 지배	우르의 제3왕조 후리족의 이동 아모리족 침입
1900 ~ 1800	제12왕조		첫 바벨론 왕조 (1830-1530)
1800 ~ 1700	힉소스족의 침입 (1720)	아브라함	마리시대 함무라비 (1728-1686)
1700 ~ 1600	힉소스족 통치 (15-16왕조) 17왕조(테반)	힉소스족 통치 야곱일가 이집트 이주	바벨론 몰락
1600 ~ 1500	18왕조: 아모시스 (1552-1527) 힉소스족을 추방함	이집트 지배	고대 헷 제국 (1600-1500)
1500 ~ 1400	투트모시스 3세 (1490-1436)		미탄니 왕국 (1500-1370)
1400 ~ 1300	아멘호텝 3세 (1403-1364) 아멘호텝 4세 또는 아크나톤 (1364-1347)	아마르나 시대 (1400-1350) 이집트의 약화	신생 헷 제국 (1375-1200) 앗시리아의 등장 (1356-1197)
1300 ~ 1200	제 19왕조: 세토스 1세 (1305-1290) 라암세스 2세 (1290-1224) 메르넵타 (1224-1211)	이집트의 부흥 (출애굽 1280) 이스라엘인의 정복 (1250-1200) 메르넵타의 승리 (1220)	앗시리아 지배

제 2 장

억압에서의 해방

이스라엘 백성은 그들이 섬긴 하나님이 "우리 음성을 들으시고 우리의 고통과 신고와 압제를 하감하시고" 그리고 영원히 잊지 못할 은혜의 증거로 "여호와께서 강한 손과 편 팔과 큰 위험과 이적과 기사로 우리를 애굽에서 인도하여 내셨다"(신 26:5-9 ; 6:21-25 참조)고 그들의 신앙고백에서 확언하고 있다. 이스라엘은 그들 역사의 기원을 억압과 압제로부터의 경이로운 해방에 두고 있다. 비참한 경지에 빠져 무기력하고 절망에 찬 노예들에게 하나님이 역사하지 않았다면 그들은 역사적인 소명의식을 가진 계약 공동체로서의 하나의 백성으로 형성되지 못했을 것이다. 출애굽 이야기는 하나님이 들으시고, 하감하시고, 마침내 구원하시는 단계로 이루어진다.

이 장과 다음 장에서 우리는 출애굽 사건과 그 이후 시내에서의 계약을 기록하고 있는 출애굽 이야기를 다루고자 한다. 먼저, 출애굽기 1-15을 살펴보기로 한다. 이것에 대해 비판을 가하기 전에 먼저 하나의 드라마로서 각 장을 읽는 것이 좋다. 왜냐하면 출애굽 이야기는 구전으로 전승되어 왔고 여러 집단에서 전승이 기록되었기 때문에 이로 인한 불일치와 반복이 있음에도 불구하고 이 이야기에는 구성상 드라마적인 통일이 확실히 있기 때문이다. 이 이야기의 주요 소재는 다음과 같다.

1. 애굽에서 야곱 후손들이 압제를 받음(1장).

성경읽기 : 출 1-15장

2. 모세의 등장: 모세의 유년기, 애굽과 미디안에서의 생활, 그의 소명과 사명
   (2:1-7:7).
3. 바로와의 투쟁(7:8-10:29), 맏아들을 죽이는 마지막 재앙과 유월절 거행
   (출 11:1-13:16).
4. 애굽에서의 탈출과 홍해에서의 승리(13:17-14:31).
5. 두 부분의 승리의 노래: 바다의 노래(15:1-18)와 미리암의 노래(15:19-21).

이 드라마의 줄거리를 살펴보면 두 가지 대립된 세력 사이의 투쟁이 있음을 알수 있다. 그 하나는 모세와 그의 형 아론에 의해 나타난 "히브리인의 하나님"이고, 다른 하나는 교활한 마술사들을 거느리고 이집트의 세력과 영광을 지닌 완고한 바로이다. 여기서 주의할 것은 모세의 하나님은 이집트의 신들(12:12에만 언급되어 있음)과 대결하지 않고, 건방지게도 역사를 주도할 수 있다고 생각하는 바로와 대결을 했다는 점이다. 그러나 이집트의 바로가 이렇게 생각한 것은 이집트의 종교가 바로를 신의 화신으로 여겨 절대적인 힘과 지혜를 가진 초인간으로 믿었기 때문에, 바로의 이런 생각을 한 인간이 거드름 피우는 것으로 말할 수는 없다.[1] 이 당시는 라암세스 2세가 아마르나 시대에 상실한 아시아 제국을 통치하기 위해 수도를 델타 지역으로 옮긴 때였다. 하피루를 국가의 노예로 고용하여 동원시킨 비돔과 라암셋에서의 건축 사업도 라암세스 2세의 거대한 정치적 야망 중의 하나였다.

출애굽 이야기는 이 땅의 모든 것이 야훼 하나님께 속한 것이기 때문에(출 9:29) 모세를 통해 말하고 행하는 하나님이 모든 것을 통치한다는 가정 하에 기록되었다. 이 이야기는 극적인 드라마적 긴장감을 불러 일으킨다. 이야기의 처음 시작은 바로가 히브리인들을 꺾기 위해 히브리인들에게 중노동을 시키고 더 나가서 히브리인들의 새로 태어나는 장자를 모두 죽이라는 명령을 내려 대학살을 감행하는 것으로 시작된다. 그러나 이러한 상황에서도 모세 ─ 이스라엘의 미래의 지도자 ─ 는 나일 강에서 이집트의 공주에게 구출되어 궁중에서 바로 앞에서 키워지게 된다. 세월이 지나가면서, 모세는 이집트 식으로 양육되고 하나님의 명을 받아 "조상들의 하나님"의 이름으로 바로에게 도전을 하게 된다. 이 이야기에서 기자는 극적 긴장감을 고조

---

1) 이집트의 왕들은 최고신인 태양신 Re 혹은 Amon의 신적인 아들로 간주되었다. 바로에게 보내지는
   편지는 다음과같이 시작한다. "나의 왕, 나의 주, 나의 태양신이시여"(Pritchard, *Ancient Near
   Eastern Texts* (1), p. 488. 의 아마르나 편지 288번을 보라).

시킨다. 바로에게 찾아갈 때마다 이집트에 대한 재앙도 더욱 심해지게 된다. 결국, 바로의 완고함이 꺾여 히브리인들은 풀려난다. 거대한 재앙으로 인해 바로는 히브리인들이 떠나는 것을 허락하는데, 곧 마음이 바뀌어 군사를 풀어 히브리인들을 추격하게 한다. 이스라엘인들이 이집트 군대와 그들 앞에 있는 홍해 바다 사이에 갇혀 진퇴유곡에 처했을 때 홍해 바다가 갈라져 이스라엘인들이 건너고 뒤쫓던 이집트 군대는 바닷물에 삼켜지는 것으로 이 출애굽의 대단원은 막을 내린다. 극적인 요소로 가득 차 있는 이 이야기는 수세기 동안 상상력을 불러 일으켰다.

모세의 역할

출애굽 이야기는 이스라엘 백성의 해방자로서 모세의 업적을 기념하기 위한 영웅적 서사시는 결코 아니다. 기자의 의도는 이스라엘의 하나님, 즉 강한 손과 편 팔로 바로와 그의 군대를 쳐서 승리한 하나님을 기리는 것이다. 그렇지만 이 이야기에서 모세는 너무나 중요한 역할을 하고 있다. 정치적인 지도자로서의 모세를 통해 이스라엘 백성은 이집트에서 나올 수 있었고 또한 위기와 기적의 의미도 하나님과 백성 사이의 중재자 역할을 한 모세에 의해 밝혀졌다. 모세가 미디안 땅으로 도망가 그의 민족의 운명에 대해 생각하고 있던 중에 시내 광야의 외딴 산에서 체험한 경험으로 깨달음을 얻게 된다. 이 경험에 힘입어 모세는 이집트로 되돌아와서 동포들을 모으기 시작했고 일어나고 있는 사건에 대한 의미를 반포하기 시작했다. 이제 출 2-4장에 나오는 모세와 관련된 내용을 살펴 보기로 하자.

모세의 출신 배경

모세에 대해 알 수 있는 것은 성경 이야기에 나오는 것이 전부다. 기자는 모세의 전기를 쓰려는 것이 아니었으므로 이러한 지식조차 폭이 더 좁아진다. 비록 성경이야기가 위대한 능력을 가진 역사적인 인물을 기술하고 있지만, 이는 모세의 인물 됨에 초점을 둔 것이 아니라 하나님이 자기의 뜻을 이루기 위해 모세를 대행자로 삼았다는 것에 주안점을 두고 있다.[2]

---

2) 폰 라트의 *Moses* 〔218〕 라는 작은 글이 이것을 잘 설명해 주고 있다.

　　모세가 이집트 식으로 교육되었다는 것을 나타내는 출애굽기 2장 전승은 비록 민간 전승의 색채가 있는 것 같으나 사실인 것 같다. 갈상자에 아기를 넣었다는 이야기는(출 2:1-10) 아카드의 사르곤(B.C.E. 2300)의 전설과 비슷하다. 사르곤은 비문에서 자기 어머니가 자기를 몰래 낳았고, 역청을 바른 골풀로 만든 바구니에 넣어 강물에 띄워 보냈다고 했다. 물을 긷는 자라는 뜻을 가진 아키(Akki)가 그를 건져 내어 그의 아들로 키웠다고 전하고 있다. 이러한 비천한 출신으로 사르곤은 아가데 시의 왕이 되었으며 아카드인이라는 말도 그의 이름에서 나온 것이다.[3]

바로를 위하여 벽돌을 만드는 노예들 — 18왕조 시기의 무덤의 벽화. 진흙을 연못에서(왼쪽) 물로 축축하게 하고, 작은 괭이로 반죽하고, 그것을 바구니로 날라다가 사각형의 벽돌을 만들고, 태양에 말렸다.

　　바로의 딸에 의해 모세가 입양되었다(출 1:7-10)는 주제는 고대 메소포타미아의 법문서와 놀라울 정도로 비슷한데, 이 법문서에서는 아이를 젖먹이는 유모에게 맡겨 임금을 지급하고, 그 다음 3년 간 후견인의 보호 하에 있다가 율사의 교육을 받기 위해 입양된 이야기가 기록되어 있다.[4] 모세가 비천하게 출생했고, 바로의 궁정에서 양육되었다는 전승은 대중적인 상상력에 부합했던 여러 요소에 의해 영향을 받았을 것이다. 그러나 모세의 이름은 그가 이집트인의 양육을 받았다는 것을 보여준다. 확실히 이스라엘의 기자들은 "끌어내다"(mashah)라는 뜻의 히브리 동사로부터 모세(히브리어로)라는 이름을 이끌어내려고 노력을 했고, 심지어는 이집트의 공주가 이러한 식으로 모세라는 이름을 지을 수 있을 정도로 히브리어를 알고 있었다

---

3) Pritchard, *Ancient Near Eastern Texts* (1), p. 119.를 보라.
4) Brevard S. Childs, "The Birth of Moses", *Journal of Biblical Literature*, 84 (1965), 109-22; *The Book of Exodus* (210),의 출 2-4 부분을 보라.

고 말하고 있다(2:10). 그러나 이것은 모음압운(assonance), 또는 소리의 유사를 바탕으로 한 대중적인 이름 해석의 한 예에 불과하다. 아벨(Abel)이라는 이름을 영어의 "to be able"이라는 동사로 해석하는 것과 같은 것이다. 실제로 Mosheh는 "태어나다"라는 뜻의 이집트어 동사(mose)의 히브리 형태이며 이것은 투트모시스(Tuth-mose), 프타모시스, 또는 라암세스 같은 신의 이름을 받은 이름들에서 자주 보게 된다. 특정 신을 기념하는 해에 태어나는 왕의 자녀들은 이러한 식으로 이름이 지어졌다. 때때로 제19왕조의 바로들은 신의 이름을 쓰지 않고 모세라는 단축형으로 지칭되기도 했다.[5] 모세의 부족 중 레위(Levi)부족(출 2:1) 또한 이집트식 이름을 갖고 있었는데, 므라리(Merari), 비느하스(Phinehas) 등이 그 예이다(출 6:16, 25). 아마도 아론도 이집트식 이름일 것이다.

모세가 바로의 궁중에서 양육되었다 하더라도 이집트인 공사 감독이 히브리인 노예를 구타하는 것을 보고 모세가 그 공사 감독을 죽인 이야기에서 볼 수 있듯이 (출 2:11-15), 그는 히브리인들에게 강한 동족 의식을 느끼고 있었다. 살인을 했다는 소문이 빠르게 퍼져 나가자, 바로(델타 지역에 제국의 부흥을 이룩하기 시작한 세토스 1세라고 추정됨)의 보복을 두려워해서 도망을 갔고 이집트의 정부가 바뀌기 전까지, 라암세스 2세의 집권 초기(출 2:23 ; 4:18-20을 참조)까지 돌아가지 않았다. 모세는 미디안 목동들이 지배하고 있는 시내 반도의 "미디안 땅"으로 도망했다.[6] 거기서 모세는 "미디안 제사장"의 딸들을 도와주게 되고, 그에게 환대를 받아 마침내는 그의 딸들 중의 하나인 십보라(출 2:15-22)와 결혼했다. 모세 장인의 이름은 여러 전승에서 다르게 나타난다. 장인의 이름은 이드로(출 3:1 ; 18:1), 호밥(사 4:11), 르우엘(출 2:18 ; 민 2:14 참조)이라고 불리는데, 르우엘은 씨족의 우두머리였고 이드로의 아버지였다. 어쨌든 모세가 미디안 사람들과 접촉을 했다는 것은 의심의 여지가 없다.

불붙은 딸기나무

미디안 광야에서 장인의 가축을 치면서 모세는 "하나님의 산"에 우연히 가게 되

---

5) Roland de Vaux, *History* [92], p. 329; D. M. Beegle, *Moses* [206], pp. 53-55.
6) 지리학자들은 흔히 미디안이 아라비아 아카바만의 동남쪽에 있다고 여긴다. (103쪽의 지도를 보라). 그러나 그들이 유랑하는 습관을 가졌으며, 구리에 관심을 가지고 있었기 때문에 미디안족들은 그들의 세력을 시내반도 남단까지 미치기도 했다. *Westminster Historical Atlas* [34], p. 38.

히브리(HEBREW)

앞서 여러번 사용한 "히브리"라는 말의 의미에 대해서 생각하자. 오늘날, "히브리"라는 말은 가끔 유대인들이나 또는 그들의 고대어인 히브리를 지칭하는데, 한때는 더욱 광범한 의미를 나타냈다.

구약성서에서 히브리라는 말은 요셉 시대(창 39:17 ; 40:15 ; 41:12), 출애굽 이야기(출 1:16 ; 2:7 ; 3:18 ; 5:3 ; 7:16), 블레셋(Philistine) 전쟁사(삼상 4:6 ; 13:19 ; 14:11)에서 자주 나온다. 히브리라는 말은 일반적으로는 이스라엘어를 쓰지 않는 이방인들이나, 이방인들과 이야기하는 이스라엘인에 의해 사용되었다. 그것은 "이스라엘"을 의미하는 민족적인 결속을 뜻하는 것은 아니다. 그 이유는 히브리인들 중에는 이스라엘 공동체의 구성원이 아닌 자들도 있었기 때문이다.

창세기 14장의 아브라함과 동편의 왕들과의 전쟁에 관해서 발견되는 고유한 전통의식 때에 아브라함을 처음으로 히브리인으로 불렀다(창 14:13). 성경 전승에 의하면 히브리인('ibri) 아브라함은 에벨(Eber, 'eber)의 후손이었다. 그러나 창세기 10:26-30에 나타난 계보에 보면 에벨은 또한 다른 사람들의 조상이기도 하다. 아랍족, 아람족, 모압족, 아모리족, 에돔족 등은 모두 에벨을 그들의 선조로 여길 수 있다. 이미 살핀 바와 같이 주전 2000년기의 문서에 나타나는 유랑 계층인 하피루들도 있다.

이러한 모든 것은 "히브리"라는 말이 원래는 성경에서 말하는 — 이집트에서 노예였다가 마침내는 이스라엘 공동체로 알려지게 된 그런 히브리인들 — 것보다는 훨씬 더 포괄적이라는 것을 나타낸다. 나중에는 이러한 사회적인 실체들이 잊혀지게 되고, 히브리라는 말은 요나 이야기(욘 1:9)에서처럼 성경 속의 히브리인들, 즉 유대인으로 국한된 것이다. 사도 바울은 그가 "히브리인에게서 태어난 히브리인"이라고 말하고 있다(빌 3:2).

었다. 모세가 하나님의 산에서 "조상들의 하나님"을 만나게 되는 이야기와 하나님이 주신 소명으로 모세의 마음 속에 큰 갈등이 일어났다는 이야기는 구약성서의 가장 뛰어난 걸작 중의 하나이다(출 3:4-17). 이 이야기는 마치 시 한편을 읽듯이 상상력과 감정이입으로 읽어야 한다. 왜냐하면 딱딱한 산문체로는 도저히 그 의미를 전달할 수 없기 때문이다. 이 이야기를 비판적인 시각으로 읽는다면 여러 모순점들이 드러난다. 예를 들면, 모세의 장인의 이름은 이드로이지 르우엘이나 호밥이 아니며, 신성한 산은 정확하게 호렙이지 시내가 아니고,[7] 심지어 신의 이름조차 다르다. 과

---

7) 아마도 이 산의 또 다른 이름, '시내'를 간접적으로 알려주려 했을 것이다. 왜냐하면 "덤불"(seneh)은 시내의 언어적 유희라고 할 수 있기 때문이다.

거에는 많은 학자들이 따로따로 나누어진 문학 전승을 하나로 엮어서 이러한 불일치와 문제들을 설명해 보려고 했다.[8] 그러나 점차, 구전으로 전해진 전승이라는 것은 이미 문학적인 전승보다 먼저 일어난다는 것을 깨닫게 되었다. 어쨌든, 이 이야기는 설화 문학의 뛰어난 본보기로서 우리에게 최종 형태로 전해진 것이다.

이 이야기를 시적으로 읽게 된다면 현대의 독자들의 문제는 ─ 꺼지지 않고 계속 가시나무에 불이 붙은 기적과 같은 ─ 줄어들거나 무의미해질 것이다. 여기서는 하나님의 부름과 예언자의 소명을 묘사하는 성경 이야기의 장르를 다루고자 한다. 이것은 하나님께 대한 간언, 하나님의 임재하신에 대한 확신, 그리고 "표징"(sign, 편도 지팡이와 끓는 단지)같은, 예레미야를 부름과 소명(렘 1:4-14)에 대한 이야기에서 나타나는 것처럼 몇가지 특징이 있다. 이야기가 내부적인 사건, 말하자면 하나님의 부름 또는 소명을 다루게 되면서 불붙은 떨기나무 사건을 이론적으로 설명하려고 하거나 경이적인 사건을 설명하려 든다면 이는 초점을 벗어나는 것이다. 모세가 눈으로 무엇을 보았건 간에, 그에게는 하나님의 표징이 되었다. 광야는 신성한 장소로 거룩하게 변했으며, 그래서 모세는 자기의 신을 벗어야만 했다. 여기서 모세의 행동에 대해서 성경은 다음과 같이 간략하게 서술하고 있다. "모세는 엘로힘(Elohim) 뵙기가 두려워 그의 얼굴을 가렸다"(출 3:6).

거룩함을 체험한다는 것은 매료되면서도 두려움을 느끼게 하는 것으로 종교사 연구에서 잘 알려진 현상이다.[9] 그러나 이러한 경우에 거룩한 분은 그저 신비스럽거나 '두려운 신비'(mysterium tremendum)가 아니라 아브라함과 이삭, 야곱의 하나님이었다. 출애굽에 나타난 거룩함은 바로의 압제를 뒤집어서 억압 받는 노예들을 해방시키기 위해 인간 세계에 나타난 하나님의 의지였다.

불이 붙었으나 타지 않는 떨기 나무를 보고자 하는 모세로부터, 이러한 역사적인 시간에 그에게 말을 건네는 하나님의 음성을 듣는 모세로 재빨리 관점을 이동한 출애굽 기자의 의도를 주의할 필요가 있다. 하나님의 음성이라고 한 것은 이집트에서 노예 생활을 하고 있는 히브리인들에 대한 걱정이 모세의 마음을 무겁게 짓누르고 있었다는 것을 보여준다. 모세가 공사감독을 죽인 후 이집트에서 도망쳐 나왔다는 것을 기억할 필요가 있다. 모세에게 한 하나님의 말은 이제부터 하나님이 무엇을 할 것인지를 나타내고 있다. 하나님의 의도를 밝히는데 사용된 동사를 보자. "내가

---

8) Martin Noth, *Pentateuchal Traditions* 〔70〕, pp. 261-76.를 보라. 자료비평 결과 오경의 개요를 볼 수 있다.

9) Rudolf Otto의 고전적인 저서 *The Idea of the Holy* 〔125〕을 보라.

내 백성의 고통을 정녕히 보고 … 그들의 부르짖음을 듣고 … 그 우고를 알고, 내가 내려와서 그들을 건져내고 … ”(출 3:7-8). 플라톤과 아리스토텔레스 같은 철학자들의 하나님과는 달리 모세의 하나님은 인간의 고통에 대해 무관심하거나 외면하는 하나님이 아니다. 오히려 아브라함 헤셀(Heschel)이 연구한 바에 의하면 하나님은 “연민의 하나님”으로서 구원하는 능력으로 인간 역사에 참여한다.[10] 하나님은 자기의 의도를 이루기 위해 약속의 말뿐만 아니라 직접 행동을 통해 자신을 드러낸다. 바로 이 이야기에서 이스라엘의 역사적인 신앙의 핵심을 볼 수 있다.

모세가 하나님과 만나게 됨으로써 자신의 개성을 인식하게 되고, 역사적인 상황의 요구에 더욱 민감하게 되었다. 모세는 ‘나와 너’의 대화에서 사명을 받고 역사적인 사건에 하나님과 함께 동참하도록 촉구받는다. “내가 이제 너를 바로에게 보낼 터이니 ……”(출 3:16). 기자는 예리한 종교적 통찰력을 가지고 모세가 부르심을 받고 불안해 했던 것과 역사의 외곽에서 안주하기 위해 제기했던 많은 항변들을 잘 묘사하고 있다.

하나님의 이름이 드러남

모세가 하나님께 한 요구들 중 하나는 이집트의 히브리인들을 찾아가 시내에서 체험한 것을 말하기 위해서는 하나님의 이름을 알아야 한다는 것이었다(출 3:13). 고대에는 이것이 아주 중요한 물음이었다. 그 당시 많은 사람들이 여러 신들을 믿어서가 아니라 신의 이름을 통해 신의 성격이나 정체를 알 수 있다고 생각했기 때문이었다. 이러한 사고 방식은 약간은 생소한 듯이 보인다. 우리는 이것을 저것과, 이 사람을 저 사람과 구별하고자 할 때 편리해지려고 이름을 사용하기 때문이다. 그래서 우리는 셰익스피어 작품의 줄리엣처럼 “이름이란 뭐야?”(「로미오와 줄리엣」, 2막 2장)라고 말할 수 있다. 우리 생각대로라면 모세는 그 당시 널리 쓰이던 이름들(샤다이, 엘, 바알, 레)중 아무거나 사용했을 것이며, 그렇다고 해서 이 사건의 의미가 변하는 것도 아니다. 오늘날 일부 동방의 종교들에서는(예를 들어 힌두교) 신의 이름은 아무 의미가 없다. 말로 표현할 수 없는 분은 감각 세계의 어떤 것하고도 구별되어 정의될 수 있는 것이 아니기 때문이다. 그러나 지금도 일부 사회에서 볼 수 있

---

10) Abraham Joshua Heschel 이 쓴 *The Prophets* 〔315〕, 중에서 12-14장의 “the Pathos of God”, including the “passion” of wrath and mercy, judgment and compassion을 보라.

는 것처럼 고대 이스라엘인들은 이름에 생명력과 힘이 들어 있다고 믿었다.[11] 인간 사회에서 이름은 그 사람의 주체성과 가장 내밀한 자아를 나타냈다. 그래서 아이의 이름을 짓는 것은 중요한 일이었다. 야곱의 경우처럼(창 32:27-28)어떤 사람이 중대한 인생의 체험을 하면 새로운 이름을 가졌다. 만약 어떤 사람을 개인적으로 알고자 한다면 반드시 그 사람의 이름을 알아야 한다. 그렇기 때문에 하나님과 개인적인 관계를 맺고자 하거나, 무엇보다 예배 때 "야훼의 이름을 부르기 위해서"라도(시 116:12-14 참조) 하나님(창 32:27, 29, 야곱과 밤새 씨름을 한 하나님)의 이름을 알아야 했던 것이다.

하나님의 이름을 물은 모세의 질문은 언뜻 보기에 고대 세계의 다신론을 믿지 않았나 하는 생각을 할 수 있다. 수많은 신들을 믿었던 상황에서, 이름을 아는 신도 있고 모르는 신도 있었다. 사람들은 어떤 신이 은혜를 베풀었는지 또는 어떤 신을 노하게 했는지 그 신의 이름을 알고자 했다.[12] 그러나 출애굽기 3장의 이야기는 이러한 대중적인 믿음, 즉 다신론을 뛰어넘는 수준이다. 기자는 조상들에게 나타났고 모세에게 새로운 상황을 안겨 준 하나님 바로 그 분이 히브리 노예들을 위해 활동하고자 하는 의사를 드러냈다는 것을 나타내고자 했다. 모세의 질문은 하나님의 정체와 본성을 알고자 한 것이다. 모세가 하나님의 이름을 물은 것은 "당신은 누구십니까?"라고 묻는 것과 같다.

나는 위대한 자로다

이제 우리는 구약성서에서 가장 은밀하고도 뜻깊은 구절을 접하게 되었다. 모세의 질문에 하나님은 다음과 같이 반복해 가면서 대답을 했다.

> 3:13 모세가 하나님(Elohim, God)께 고하되
> "내가 이스라엘 자손에게 가서 이르기를 너희 조상의 하나님이 나를 너희에게 보내셨다 하면 그들이 내게 묻기를 그의 이름이 무엇이냐 하리니 내가 무엇이라고 그들에게 말하리이까?"
> 14a 하나님(Elohim)이 모세에게 이르시되

---

11) Johannes Pederson, *Israel* 〔117〕, 1-11, 245-59. 의 이름에 관한 논의를 보라. 아프리카 사회의 이와 비슷한 개념을 보려면 E. B. Idowu, Olo du mare : *God in Yoruba Belief* (London Longmans, Green and Co., 1962), 4장.

12) 고대 수메르의 "Prayer to Every God (모든 신들에게 바치는 기도)" (Pritchard, *Ancient Near Eastern Texts* 〔1〕, pp. 391-92. 을 보라). 자기가 어떤 신을 분노하게 했는지 모르고 자기가 왜 고통을 당하는지 모르는 탄원자는 그가 알건 모르건 모든 신들에게 빌고 있다.

'ehyeh 'asher 'ehyeh
  나는 스스로 있는 자니라("I am who I am" 또는 "I will be who I will be").
14b 그리고 또 이르시되
  스스로 있는 자가 나를 너희에게 보내셨다('ehyeh("I am")has sent me to you)
15a 하나님('Elohim)이 또 모세에게 이르시되
  "너는 이스라엘 자손에게 이같이 이르기를
  나를 너희에게 보내신 이는 너희 조상의 하나님
  곧 아브라함의 하나님, 이삭의 하나님, 야곱의 하나님 여호와(YHWH, RSV : "the
  Lord" ; NEB : "Jehovah")라 하라".
  15 이는 나의 영원한 이름이요 대대로 기억할 나의 표호니라.

"여호와"(JEHOVAH), "주"(THE LORD)

앞에서 나온 개인적인 하나님의 이름 YHWH는 흥미로운 역사를 간직하고 있다. 구약 시대에 히브리어는 자음으로만 씌어졌는데, 히브리어가 더 이상 주된 언어로 사용되지 못하는 서력 기원까지 모음은 사용되지 않았다. 그리스 문헌에는 자음과 모음 둘 다 사용되고 있는데, 하나님의 이름의 원래 발음은 야훼라고 되어있다. 하나님의 이름 축약형은 "할렐루야"(Halleluyah) — "야훼를 찬양하라"이다.

그러나 하나님의 신성 때문에 야훼라는 이름은 제2성전 기간(B. C. E. 500년 이후)동안 일상 언어에서 쓰이지 않았다가 야훼라는 히브리어 대신에 아도나이(Adonai), 즉 주(The Lord)라는, 하나님의 이름이 아니라, 일종의 명칭이 쓰이게 되었는데, 이것은 지금도 유대교 회당에서 쓰이고 있다. 기원전 3세기에 히브리 성경을 그리스어(Septuagint)로 번역을 했던 학자들은 이러한 유대교 회당 집회에서 사용된 명칭을 본따 YHWH를 주(ho kurios, "The Lord")로 표현했다. 이 그리스 번역으로부터 신약에 이르기까지 계속 이러한 명칭이 사용되었던 것이다.

여호와(Jehovah)란 말은 아도나이식 — 히브리어 자음을 소리나는 대로 적기 위해 사용된 방법 — 모음과 YHWH의 자음이 잘못 결합되어 생긴 형태이다. 이렇게 잘못 결합된 형태는 1518년 발간된 교황 레오 10세의 고해신부인 피터 갈라틴(Peter Galatin)의 작품에도 나온다. 그러나 실제로 1270년 레이몬드 마틴(Raymond Martin)의 작품까지 거슬러 올라간다(유대 백과사전, Ⅶ, (1904)88).

유대인의 이름에 대한 관심도는 현대 번역에도 지대한 영향을 끼쳤는데, 스페인어로는 "엘 세뇨르"(El Senor), 독일어로는 주(Der Herr), 영어로는 "주"(The Lord)로 번역이 된다. 그러나 본서에서는 야훼라는 명칭을 쓰기로 한다.

모세가 이집트에 있는 이스라엘 백성에게 가서 어떻게 말할까요라고 물은 질문(13절)에 대한 직접적인 대답이 이 구절의 결론에 나온다(15절). 14절에서는 a, b

두 부분으로 나뉘어져 있는데, 전승은 이스라엘의 하나님에 대한 특별한 이름인 YHWH를 "나는 스스로 있는 자"(또는, 나는 있을 것이다)라고 번역된 히브리 동사와 연결시키고 있다. 히브리어에서 나는 스스로 있다(I am, 'ehyeh)는 h-y-h 동사의 일인칭 단수인데, 고대 철자법으로 표시하면 h-w-h(to be)이다. YHWH는 앞의 동사의 삼인칭 단수인데, "그는 있다"(He is), "그는 있을 것이다"(He will be)라는 뜻이다. 14절에서 1인칭이 사용된 것은 하나님이 자기 자신을 나타낼 때 "그는 있노라" 대신 "나는 있노라"고 말했기 때문이다.

심지어 영어 번역에서도 14절과 15절에서 "엘로힘께서 말씀하셨다", "그리고 그가 말씀하셨다", "엘로힘께서 다시 말씀하셨다" 라고 3번이나 반복이 되어있기 때문에 약간 까다롭다. 반복이 많기 때문에 13절의 모세의 질문에 대한 대답은 15절에 나오는 것일 것이다. "조상들의 하나님"의 개인적인 이름은 야훼이다. 이것이 사실이라면 전승되어 오면서 어느 시기에서든지 이야기에 14절에 나온 하나님의 이름에 대한 해석이 첨가되었을 것이라고 추측할 수 있다.[13] 어쨌거나, 동사 "있다"(to be)를 바탕으로 하여 하나님의 이름을 해석하려는 시도는 전체 구약성서 중에서 오직 이 부분에만 나와있다. 학자들은 이 해석을 설명하기 위해 많은 노력을 기울였다. 오늘날의 세 가지 주요 해설을 살펴보기로 한다.

첫번째 견해에 의하면, 유대 전승에 전수되어 오다가 마침내 700년경 맛소라(Masoretes)로 알려진 율법학자들에 의해 모음이 붙여진 히브리어 자음의 현재 발성법을 살펴 보는 것이 필요하다. 원래 하나님의 이름인 YHWH는 "있다" 동사의 사역형이 바탕이 된 것인데, 이것은 "그는 창조한 것을 있게 한다"("He causes to be, creates", yahweh)는 뜻이다. 이 해석을 따른다면 14절에 나오는 동사의 히브리 자음을 변화시킬 필요가 없고 그 뒤에 나온 모음도 약간만 변화시키면 된다('ahyeh 대신 'ehyeh). 이 견해의 장점은 하나님의 이름이 야훼라고 발음된 그대로일 것이라는 것을 설명할 수 있다는 점이다. 그래서 이런 불가사의한 표현은 하나님의 창조적인 행위를 강조하기 위한 것이었을 것이다. 즉 "나는 내가 있게 만든 것을

---

13) 이 견해는 Martin Noth, *Exodus* [217], p. 30.와 Roland de Vaux, *History* [92], p. 350 에서 나타났다.

14) 이런 입장을 견지한 학자는 W.F. Albright, *From the Stone Age to Christianity* [111], pp. 258-61) 와 그의 제자들 가운데 D.N. Freedman, "The Name of the God of Moses," *Journal of Biblical Literature*, 79 (1960), 151-56; D.M. Beegle, *Moses* [206], pp. 69-73; 그리고 Frank M. Cross, "Yahweh and the God of the Patriarchs" [183], 등이 지지하고 있다. 크로스는 야훼가 엘신의 제의적인 이름이라는 새로운 이론을 제시하기도 했다.

있게 한다"("I cause to be what I cause to be") 또는 "나는 내가 창조하는 것을 창조한다"("I create what I create"). 다른 말로 표현하면, 자연 현상과 역사적인 사건은 창조주며 주님인 하나님의 의지에서 비롯되는 것이다.[14]

두번째 견해는 "나는 있노라"("I am")라고 번역되는 동사의 단순형을 현재의 발음에 기초해야 한다는 견해이다. 이것은 "나는 있는 자 그로다"("I am the One who is", ego eimi ho on)라고 번역을 한 그리스 번역의 경우에 속한다. 그러나 이렇게 번역을 하면 이스라엘의 사고 방식과는 거리가 먼 하나님이 "영원한 존재"(eternal being)라는 철학적인 관념이 되고 만다는 반론이 제기될 수 있다. 가변자와 불변자의 문제를 철학적으로 다루었던 고대 그리스인들은 하나님의 존재는 시간의 추이에 의해 본질적으로 어떤 영향을 받지 않는다고 생각했을 것이다. 그러나 이와는 반대로 이스라엘인들은 하나님의 역사적인 활동과 인간사에 대한 하나님의 목적에 관심이 있었지 하나님의 존재나 본질에 관심이 있었던 것은 아니다. 이것은 고려해 볼 만한 가치가 있지만, 동사 "있다"("to be")가 역동적인 의미(이 동사는 문맥상 "발생하다", "일어나다"를 의미할 때가 많음)로 이해하고, 14절의 선언을 이와 같은 내용으로 읽는다면 하나님의 의지, 즉 하나님의 주권에 대한 절대적인 요구와 활동을 강조한다는 것이 나타난다. 어느 해석자는 야훼는 "이스라엘을 위해 존재하시는 단 한분"("the only one who exists for Israel")이라고 말한다. 자연의 주기적인 현상과 관련되어 있는 이집트와 가나안의 신들과는 달리 야훼는 거룩하고 초월적인 하나님으로서, 하나님의 주권은 특정 목표를 향해 움직이는 여러 연속적인 사건들을 통해 나타나는 것이다.[15]

세번째 견해도 현재의 발음에 바탕을 두고 해석하려는 견해인데, 동사의 단순형을 "나는 있을 것이다"("I will be")라는 미래 시제로 번역을 했다. 이 견해에 의하면 14절의 선언은 조상들의 하나님이 모세와 함께 있고 함께 가겠다는 약속이 나오는 다음 구절과 연결해서 이해해야 한다는 것이다. "내가 정녕 너와 함께 있으리라"(출 3:12); "내가 네 입과 함께 있을 것이다"(출 4:12, 15) 또는 "나는 너희 하나님이 되리니"(출 6:7). 이와 같이 하나님의 이름은, 그분의 백성을 향해 있고, 백성 가운데 해방자와 안내자와 재판관으로서 현존하시고, 백성들이 예배를 드릴 수 있는 하나님을 의미한다고 할 수 있다. 그러나 야훼 하나님은 인간의 간섭을 받지 않고

---

15) 이 견해를 지지하는 사람은 Roland de Vaux, "The Revelation of the Divine Name YHWH", in *Proclamation and Presence* (158), pp. 48-75, Roland de Vaux, *History* (92). pp. 349-357. 그의 의견은 약간 수정되어 재인쇄되었다.

하나님 의지대로 행하신다. 즉 "나는 은혜를 줄 자에게 은혜를 주고 긍휼히 여길 자에게 긍휼을 베푸느니라"(출 33:19). 십계명의 명령(출 20:7)에 의하면 야훼의 이름을 헛되이 부를 수 없다. 출애굽기 3:14의 불가사의한 말은 하나님이 자기의 이름을 밝히는데 신중을 기했음을 나타낸다.[16] 모세는 하나님의 본성(이름)의 신비를 물었지만, 하나님은 인간이 하나님의 이름을 알게 됨으로써 하나님을 소유하거나 그들의 휘하에 넣으려는 것(마술, 창 32:29 ; 삿 13:27-28)을 피하기 위해, 모세의 질문에 대한 대답으로는 정곡을 벗어나고 있다.[17] 모세에게 말씀하신 분은 주님이시고 인간이 자기 목적에 따라 마음대로 부릴 수 있는 종이 아니다. "하나님은 누구신가?"라는 질문은 하나님의 은혜와 하나님의 요구의 의미가 잘 나타나는 미래의 사건, 특히 출애굽 사건(출 20:2)에서 확실히 그 답을 얻게 된다.

야훼 숭배의 기원

모세는 바로에게 "히브리 사람의 하나님 야훼께서 우리에게 임하셨다"(출 3:18)는 말을 하도록 명령을 받았다. 13절과 14절에 나온 야훼라는 단어를 설명하기도 어렵지만 적어도 이러한 질문은 할 수 있다. 이 야훼라는 이름은 어디서 온 것일까? 다른 이름이 아니라 왜 하필 "이스라엘의 하나님"의 인칭적인 이름인 야훼가 되었을까?

출애굽기 3장을 주의 깊게 읽어보면 하나님의 이름이 두 가지로 번갈아 가며 쓰이는 것을 알 수 있다. 일반적인 뜻으로 "하나님"(히브리어로는 엘로힘)으로 번역되어 나올 때도 있고(출 3:1 ; 4, 11, 12, 13), 히브리어인 "야훼"가 나올 때도 있다 (출 3:2, 4, 7, 15). 이것은 이야기들에 전승들이 서로 너무나 밀접하게 섞여 있어서 쉽사리 분리되지 못한다는 것을 나타내는 증거의 하나다.[18] 사실, 18세기에 모세오경의 연구는 창세기에서 하나님의 이름이 번갈아 가며 쓰인 사실에 대한 연구에

---

16) Johannes Pederson, *Israel*, I-II 〔117〕, 252.에서 "만일 한 사람이 다른 사람과 관련을 맺게 되면 그는 그의 이름을 알아야 하며 그리고 그가 이름을 알면 그것을 이용하여 그에게 영향력을 행사할 수 있게 된다"고 지적하였다.

17) Martin Buber, *Moses* 〔207〕, pp. 51-55. 가 표현했는데 Gerhard von Rad, *Moses* 〔218〕, pp 18-28〕에서 다시 언급하였다.

18) 자료비평 결과 3:1-8은 J 전승에 속하는 것으로 밝혀졌는데 갑자기 "하나님"이라는 말이 나오는 4절의 후반과 6절은 예외이다. 엘로힘께서 백성의 울부짖는 소리를 들었다는 말을 반복해서 하고 있는 3:9-15은 E 전승에 속한다 (7절 〔J〕 와 비교할 것). 자료비평에 대하여는 Martin Noth, *Pentateuchal Traditions* 〔70〕, p. 267 참조.

힘입은 바 크다. 예를 들어 창조 이야기(창 1:1-2:3)에는 엘로힘이란 이름을 계속 사용하고 있는데, 에덴 동산의 이야기(창 2:4b-3:24)에서는 엘로힘이라는 명칭과 함께 야훼라는 명칭이 사용되고 있다. 이러한 현상은 창세기 나머지 부분에서도 마찬가지로 나타난다. 문체상의 차이점, 신학적인 관용법, 반복과 모순이 나타난다는 특징은 바로 모세 오경에 여러 자료가 섞여 있다는 가설을 나오게 했다.

하나님 이름이 번갈아 가며 쓰인 것은 야훼라는 이름이 사용되었을 그 당시에 두 가지 관점에 바탕을 두었기 때문인 것 같다. 창세기의 어느 한 고대 서사시 전승에 의하면 야훼 숭배는 홍수 이전의 아담의 손자인 에노스(Enosh)시대까지 거슬러 올라간다.

그때에 사람들이 비로소 여호와의 이름을 불렀더라 ― 창세기 4:26b

따라서, 이러한 전승은 야훼가 이스라엘의 조상들에게 나타난 것은 아브라함이 처음이었다고 말하고 있다(창 12:7). 한편 어떤 전승에서는 야훼라는 이름이 모세에게 특별하게 주어진 계시와 연관된다고 보기 때문에 창세기에서 다루어진 야훼라는 이름을 사용하기를 꺼리고 있다. 제사장 전승에 나타난, 다음의 구절에서 이것이 강조되어 나타난다.

하나님(Elohim)이 모세에게 말씀하여 가라사대 나는 여호와로라 내가 아브라함과 이삭과 야곱에게 전능의 하나님(El Shaddai)으로 나타났으나, 나의 이름을 여호와로는 그들에게 알리지 아니하였고 ― 출애굽기 6:2-3 ; 참조. 창세기 17:1

모세가 "조상들의 하나님"의 이름을 물은 출 3:13-15은 야훼라는 이름이 그 당시까지 알려지지 않았다는 고대 구전 전승을 반영하고 있다.[19] 일부 학자들은 모세가 하나님의 새로운 이름을 받은 것이 아니라, 이스라엘 조상들 시기에 이미 알려져 있었던 하나님의 이름에 대한 새로운 해석을 받았을 뿐이라고 주장하기도 한다. 그러나 "이는 나의 영원한 이름이요 대대로 기억할 나의 표호니라"는 15절을 보면 모세를 중심으로 한 이스라엘 집단에 하나님의 새 이름이 소개되었다는 것을 알 수 있

---

19) 문헌 비평에서는 이 구절을 E 전승에 돌린다. 이것은 고대 구전전승을 J 전승보다 더 정확하게 들려주고 있다. J 전승은 야훼가 "조상들의 하나님"으로 동일시 된다. Brevard Childs, *Exodus* (210), pp. 64-70. 을 보라.

다. 그러므로, 앞에서 말한 바와 같이 출 6:3의 모세의 두번째 물음의 답변을 보면 더 이상 의심의 여지가 없다.

우리는 여기서 분명한 두 가지 전승이 있음을 알 수 있다. 그 한 전승에 의하면, 하나님은 초기부터 야훼라고 알려져 숭배되어 왔고, 또 다른 전승에 의하면 예배 때 부르는 이름은 모세 시대에 와서야 알려지게 되었다고 한다. 어떤 것이 옳은가?

전승의 한 갈래는 (일반적으로 야훼 문서 기자 서사시〔Yahwist epic, 또는 J〕를 말함) 이스라엘의 하나님, 야훼는 모든 만물과 역사의 주관자이기 때문에, 이스라엘 백성의 이야기가 보편적인 전망을 차지하게 되는 결과가 나온 이상 야훼 숭배는 먼 과거부터 시작되었다고 보는 신학적인 확신을 강조하려 한다. 야훼라는 이름이 사실상 모세 이전의 시대, 아마도 아모리족이나 족장 시대에 사용되었다는 것을 역사적으로 옳다는 것을 나타내기 위해 많은 노력이 있었지만 현재까지 어떠한 결론에도 이르지 못하고 있다.[20] 전승의 또 다른 갈래는(E 와 P) 야훼라는 이름이 모세 시대와 그 이후에 일반적으로 널리 받아들여졌다고 말하는데, 이것이 사실과 어느 정도 맞는 것 같다. 모세 이후에 부모들이 자녀들에게 야훼라는 이름의 생략형과 합쳐진 이름을 지어주었으나("야훼는 구원이다"라는 뜻의 여호수아), 반면 모세 이전에는 성경 전승에 이런 식으로 지어진 이름이 없다는 것은 주목할 만하다. 이러한 사실은 야훼라는 이름이 출애굽 시대에 와서야 알려졌다는 것을 나타낸다.

실제로, 한 가설에 의하면, 야훼는 미디안족의 한 씨족인 겐족(Kenites)의 산 신으로 숭배되었다가, 모세가 "미디안의 제사장"인 이드로의 딸과 결혼함으로써 야훼께 대한 예배를 처음 시작했다고 한다. 모세가 미디안 땅에서 장인 이드로의 가축을 치는 동안, 호렙산에서 야훼로부터 소명을 받았다(출 3:5). 야훼는 이미 겐족에 의해 숭배되고 있었고 그 산은 미디안의 성소였다는 추측이 있다. 모세가 이집트로 되돌아 가서 전에 그들이 알지 못했던 새로운 신을 동족에게 알렸고 그들을 모아 그 산으로 되돌아 가서 거기서 야훼를 섬기게 되었다는 것이다.[21]

모세가 야훼라는 이름을 어떻게 받았는지 확실히 알 수는 없다. 그러나 중요한 것은 야훼라는 이름이 어디서 왔고, 그 이름의 문자적 의미가 무엇이냐를 아는 것이

---

20) Frank M. Cross, "Yahweh and thd God of the Patriarchs" 〔183〕; John Bright, *History* 〔91〕, pp. 151-152; Roland de Vaux, *History* 〔92〕, pp. 338.

21) 겐족 가설은 Karl Budde, *The Religion of Israel to the Exile* (New York : G.P. Putnam's Sons, 1890), 1장과 관련이 있다. 이 가설에 대하여는 최근에 H.H. Rowley, *From Joseph to Joshua* 〔190〕, p. 149가 지지했다; T.J. Meek, *Hebrew Origins* 〔97〕, 3장; Martin Buber, *The Prophetic Faith* 〔311〕, pp. 24-30이 비평을 가했다.

아니라, 이 이름이 모세 시대로부터 이스라엘의 신앙에 어떤 위치를 차지하고 있었느냐가 중요한 것이다. 만약에 이 이름이 아모리족이나 족장 시대, 미디안족, 또는 다른 민족에게 기원을 두고 있었다고 해도 야훼는 이집트에서 모세를 따랐던 히브리인의 체험 안에서 근본적으로 다른 성격을 띠었다는 것을 알아야 한다. 그 이름의 의미를 더 이상 확실하게 밝힐 수는 없지만, 그 이름은 출애굽 시기에 새로운 의미를 띠게 되었다는 것도 인정을 해야 한다. 이스라엘 백성은 하나님을 그들이 압제에서 부르짖는 소리를 듣고 그들을 위해 활동을 하고, 마침내 약속된 미래로 그들을 인도하신 유일한 분으로 알고 경배했던 것이다. 야훼라는 말 자체는 그 말이 아무 의미도 없든, 많은 의미를 상징하고 있든 단지 하나의 이름에 지나지 않는다. 그러나 모세가 해석한 바와 같이, 이스라엘 백성에게는 이 이름이 의미를 갖고 있다: "나는 너를 애굽 땅, 종 되었던 집에서 인도하여 낸 너의 하나님 야훼로라"(출 20:2). 야훼를 섬긴다는 것은 그러한 계시적인 사건을 회상하고, 그 사건의 요구를 받아들이고, 그 사건의 약속을 믿으며 사는 것이다.

바로와의 투쟁

하나님의 이름을 밝히기 위한 이러한 논쟁 이후에, 기억해야 할 것은 출애굽 3-4장의 중심 주제는 모세에게 내린 하나님의 명령이라는 점이다: "이제 내가 너를 바로에게 보내어 너로 내 백성 이스라엘 자손을 애굽에서 인도하여 내게 하리라"(출 3:10). 야훼를 따랐던 예언자들처럼, 모세도 야훼의 이름으로 메시지를 전달하기 위해 파견된 인물로 묘사되고 있다. 사자의 역할은 출애굽 이야기의 중요한 구절에 분명하게 나와 있다.

너는 바로에게 이르기를 여호와의 말씀에 이스라엘은 내 아들 내 장자라 내가 네게 이르기를 내 아들을 놓아서 나를 섬기게 하라 하여도 네가 놓기를 거절하니 내가 네 아들 네 장자를 죽이리라 — 출 4:22-23

야훼의 대변자로서, 또 이 구절에서 보는 바와 같이 사자(messenger)로서 모세의 역할에 대해 후대에 와서 호세아는 다음과 같이 말하고 있다.

여호와께서는 선지자로 이스라엘을 애굽에서 인도하여 내시며 선지자로 저를 보호하셨거늘 — 호 12:13

카르낙의 신전 — 134개의 거대한 기둥들이 있다. 이 신전은 주전 13세기에 라암세스 2세가 건설했는데, 그 북쪽 벽에는 시삭이 팔레스타인 침공을 기록한 카르낙 목록이 있다.

앞 구절(출 4:22-23)에서 기자는 야훼와 바로 간의 세력 다툼에서 마지막 단계도 예상하고 있다. 이 구절은 야훼께서 바로의 마음을 "강팍하게" 했기 때문에 모세가 하나님이 주신 능력으로 기적을 행했을 때에도 소용이 없다는 구절 다음에 나온다. 기자는 바로(라암세스 2세)가 그의 야망을 추구한다고 하지만, 완전히 야훼의 뜻대로 움직인다고 보았다. 실제로 모든 것이 예측되었고 예정되어 있었다. 하나님의 주권과 인간의 자유 사이의 모순을 해결해 보려는 어떠한 시도도 없었다. 야훼가 바로의 마음을 강퍅하게 만들었지만, 동시에 바로 자신도 그의 마음을 강퍅하게 했다고 — 그의 완고함은 그 자신의 의지가 표현된 것임을 나타낸다 — 반복적으로 서술되어 있다(8:15, 32, 9:34). 기자의 중심 의도는 이러한 방식으로 이야기를 함으로써 이스라엘 하나님의 영광을 드러내는 것이었다. 바로에게는 어느 정도 재량권은 주어져 있었으나, 야훼의 주권에서 벗어날 수는 없었다(롬 9:17 참조). 사실, 강퍅한 바로와의 투쟁 이야기의 목적은 "너희가 나를 야훼인줄 알리라"(출 10:2 ; 신 6:20-25 참조)라는 구절에서 보듯이, 그들 가운데 "표징"을 보임으로써 야훼가 어떻게 이집트인들을 "장난감처럼 다루었던가"를 미래의 이스라엘인들에게 가르치고자 함이었다.

이집트에 대한 재앙

성경 이야기에 의하면, 바로와의 첫 알현은 완전한 실패였다(출 5:1-6:1). 광야에 나가 야훼께 축제를 올리도록 며칠만 나가게 해달라는 간청은 변명으로 간주되어 무시되었다. 바로는 야훼라는 신이 누구인지도 모를 뿐더러 노예들을 내보낼 의사는 전혀 없노라고 했다(5:2). 허락을 하기는커녕 작업량을 더 늘리게 해서, 노예들은 벽돌 생산량은 예전과 같지만, 흙벽돌을 만드는데 쓰이는 짚까지 직접 구해와야만 했다.

야훼는 바로의 완고함을 꺾기 위해서 이집트에 연속적으로 계속 10 가지 재앙을 내린다(출 7:8-11:10).[22] 현대의 독자들은 이러한 점에서 많은 어려움을 가지고 출애굽 이야기를 읽게 된다. 어쩔 수 없이 한 가지 질문이 마음에 일어나게 되는데, 그것은 이런 모든 일들이 어떻게 일어날 수 있는가 하는 것이다. 야훼가 히브리인과 이집트인을 "구별했기" 때문에(8:23) 고센 땅에 거하는 이스라엘인들에게는 어떤 재앙도 내리지 않았고, 심지어 개들도 이스라엘인에게 짖지 않았다고(11:7-8) 반복해서 서술하고 있다. 이러한 기적에 대한 질문을 던지기 전에, 먼저 이 이야기의 본질에 대해 고려해야 할 몇 가지가 있다.

이미 설명한 바와 같이 이러한 전승을 회상하고 기록하게 된 동기를 기억해야한다. 이스라엘인에게는 우리와 같은 역사적인 호기심이 없었다. 이야기들은 해석과 편견을 배제하거나, 사건에 대해 사진을 찍듯이 정확하게 보고를 하거나 하는 등의

---

22) 출 6:2-7:7의 자료는 모세의 사명과 아론을 지명한 이야기의 요점을 반복해 놓은 것이다. 3:1-6:1 에 있는 고대 서사시 전승에 이야기된 것을 요약했다.

객관성을 취지로 하는 것이 아니다. 오히려, 그들은 그들이 체험한 사건을 확인하고, 신앙 공동체 안에서 사건들을 해석한 것이다. 이 이야기가 증거하려는 사건, 즉 하나님이 노예들 편에 서서 그들을 해방시킨 행위는 현대 역사가들이 다루기 꺼려하거나 다룰 수 없는 차원의 역사에 속한다. 이 사건은 신앙 공동체 밖에 있거나, 또는 다른 관점과 입장에서 보았던 사람이었다면 다르게 해석될 수도 있었을 것이다. 그러나 이스라엘인들은 그 사건을 야훼의 활동으로 해석했던 것이다.

그러나 이 모든 이야기를 순전히 환상이나 허구라고 결론지어서는 안된다. 하나님의 활동은 구체적인 상황이나 실제로 일어나는 위험 안에서 행해진다. 그러므로, 성경 이야기는 비판적인 시각으로 보되 좀더 신중하게 다루어져야만 한다. 가장 현명한 방법은 이 이야기를 있는 그대로 아무 의심 없이 받아들이거나, 신빙성이 없다고 여겨 전승 자체를 전부 배척하거나 하는 것일 것이다. 어떤 학자는 "이 재앙들 중에서 마지막 것을 제외하고는 이상하거나 비정상적인 현상은 없다. 이러한 사건들은 나일강이 범람한 뒤에 자연적으로 일어날 수 있는 현상"이라고 주장하기도 한다.[23] 그러나 이것은 다음의 질문들을 남겨두고 있다: "나일강이 범람한 뒤에 자연적으로 발생하는" 그러한 사건들이 어떻게 하나님의 구원 행위를 나타내게 되었느냐는 문제이다.

전승의 본질

이러한 극적인 이야기를 다루고자 할 때 몇 가지 명심해야 할 것이 있다. 나일강에 홍수가 나면 붉은 토양 때문에 나일강이 피빛이 된다거나, 개구리떼와 메뚜기떼라든가, 하늘을 시커멓게 덮는 사막의 모래 바람(시로코) 같은 현상이 이집트에서 알고 있는 자연 현상이라 하더라도 이 이야기에는 많은 민간 전승 요소가 들어 있다. 그 좋은 예가 뱀-지팡이이다. 모세가 그의 지팡이를 땅에 던지자 뱀이 되었다는 구절이 나온다(출 4:2-5). 다른 구절에서는, 아론이 지팡이를 던져도 뱀이 되었다고

---

23) W.O.E Oesterley and T.H. Robinson, *History of Israel* (Oxford : Clarendon, 1932), I, p. 85) 그리고 J.L. Mihelic and G.E. Wright, "Pagues in Exodus" (*Interpreter's Dictionary* (22), III, pp. 822-824. 그는 전승이 전례에 사용되었기 때문에 과장된 것은 사실이지만 첫 아홉 개의 재앙은 자연현상을 배경으로 하고 있다고 주장했다. Greta Hort 도 그의 논문 "The Plagues of Egypt" *Zeitschrift fur die alttestamentliche Wissenschaft*, 69 (1956), pp. 84-103; 70 (1958), pp. 48-59에서 이 재앙들이 8월에서 이듬해 3월까지 7개월 동안의 자연적인 사건과 부합되는 것이라고 주장했다. D.M. Beegle, *Moses* (206), pp. 97-118에서 이런 견해를 따르고 있다.

나와 있다(출 7:8-13). 그러나 이러한 행위가 전혀 예외적인 것으로 취급되지 않는데, 그것은 뱀마술을 할 줄 아는 이집트의 마술사들도 모세와 아론이 한 것과 같은 마술을 했기 때문이다. "각 사람이 지팡이를 던지매 뱀이 되었다"(출 7:12). 전체적으로 극적인 분위기에서 이러한 현상들이 상당히 의미를 지니고는 있지만, 이집트와 팔레스타인의 민간 전승의 흔적이라고 여겨진다.

기록 형식의 이 이야기는 이스라엘인들이 이집트에 정주하기 시작한 때로부터 수세기가 지난 후에 구별되기 시작한다. 이스라엘의 구전 전승이 모세 시기의 역사적인 사건을 사실 그대로 나타낸다고 인정을 해도 전승되는 과정이나 이야기를 기록하는 과정에서 일어날 수 있는 불일치, 반복, 해석상의 차이를 고려해야만 한다. 이 재앙의 이야기(7-12장)는 제사장들에게서 보전된 참고 자료를 담고 있는 전반적인 이야기 구조로 고대 서사시 전승(J)을 통합시킨 제사장계 기자(P)에 의해 완성되었다는 사실이 일반적으로 인정되고 있다. 도표에서 보는 바와 같이, 이야기가 전승되는 과정에서 많은 차이점이 생긴다. 본질적으로 시편 78편을 따른 고대 서사시 전승에서는 재앙이 8 가지인데, 완성된 제사장계 판에는 시편 105편에서와 같이 열 가지 재앙으로 늘어나 있다.[24]

이 전승들을 면밀하게 연구하면 내용과 문학적인 양식에서 차이점이 분명하게 드러난다. 첫째는, 고대 서사시 전승에서 모세가 바로 앞에서 주역인 반면 아론은 침묵하고 있다. 그러나 제사장계 판에는 아론 — 예루살렘 제사장들의 위대한 조상 — 이 항상 모세를 동반하고, 바로와의 협상에서 모세의 대변인으로서 활약한다. 모세와 아론의 관계에 대한 시각은 아론의 지명을 다루고 있는 제사장계 구절과 재앙의 시작 부분에 나와있다(6:28-7:7).

고대 전승 서사시에서는 제사장계 판보다 재앙 사건이 더 완곡하게 묘사되어 있는 것이 주목할 만하다. 예를 들어, 고대 서사시 전승에서 메뚜기 재앙 이야기에서는 메뚜기떼를 몰고 왔던 동풍이 방향을 바꾸어 메뚜기떼를 홍해에 쓸어버렸다고 했다. 이집트와 다른 지역의 농부들은 이러한 재앙을 가끔 목격했다. 여기서는 이러한 재앙이 자연적인 현상이 아니라, 모세가 그것을 정확하게 예언했고, 예언한 시기에 그 재앙이 일어났다는 사실에 특별한 의미를 두고 있다.

그러나 제사장계 판에서는 지팡이를 통한 놀라운 능력을 더욱 강조함으로써 기

---

24) 어둠(모래폭풍)이 E에 속한다면 재앙은 7개가 된다. J.L. Mihelic and G.E. Wright는 시 78편이 출애굽의 사건을 전하면서 J 전승을 따라 재앙이 7개라고 했는데 시 105편은 완성된 P 전승을 따라서 재앙의 숫자를 10개라고 했다는 것이다. *Interpreter's Dictionary* (25), III, 822-23.

이집트에 내린 재앙

고대 서사시 전승		제사장계 기자에 의해 완성된 전승	
고대 서사시(J)	시편 78:43-51	J + P 의 보완	시편 105:27-36
1. 물을 피로 바꿈 7:14-18, 20("보는 데"부터)-21("나일 에서"까지), 23-24	1. 강을 피로 바꿈 44절	1. 물을 피로 바꿈 7:19-20("야훼께서 명령하셨다"까지), 21 ("그리고 피가 있었다" 에서부터)-22	1. 암흑 28절
2. 개구리 7:25 ; 8:1-4, 8-15	2. 모기 45a절 3. 개구리 45b 절	2. 개구리 8:5-7 3. 모기 8:16-19	2. 물이 피로 바뀜 29a절 3. 죽은 물고기 29b 절
3. 파리 8:20-32	4. 메뚜기 46절	4. 참조 J(파리)	4. 개구리 30절
4. 가축 재앙 9:1-7	5. 우박과 서리 47절	5. 참조 J(가축재앙)	5. 파리 31a 절
		6. 사람과 짐승에 대한 종기 9:8-12	6. 모기 31b 절
5. 우박	6. 가축 재앙 9:13-35	7. 참조 J(우박) 48a 절	7. 우박 32a 절
6. 메뚜기 10:1-20	7. 번개 48a 절	8. 참조 J(메뚜기)	8. 번개 32b 절
7. 암흑 10:21-29 34-35절		9. 참조 J(암흑)	9. 메뚜기 34-35절
8. 맏아들의 죽음 11:1-8	8. 맏아들의 죽음 51절	10. 맏아들의 죽음 11:9-10	10. 맏아들의 죽음 36절

이 도표는 재앙에 관한 다양한 전승들의 형태를 보여준다. 최종 편집(P)에서는 모기와, 사람과 가축의 종기라는 두 가지 재앙이 덧붙여 있다(셋째 칸 3, 5번). 그러나 이것은 고대 전승의 파리와 가축 재앙을 반복해 놓은 것으로 추정된다(첫째 칸 3, 4번).

자료 비평 결과, 물이 피로 바뀐 재앙과 우박의 재앙(모세의 지팡이를 강조)에서 엘로힘 문서 기자(E) 요소가 발견되었으며, 또한 메뚜기 재앙과 암흑의 재앙(10:21-23, 27)도 E전승에 속한 것으로 추정된다. 참조 S. R. Driver, *Introduction*(38), pp. 24-29. Martin Noth(*Exodus* 217, pp. 67-84)는 두 가지의 문학전승(J 와 P)만이 들어 있다고 주장한다.

적을 더 부각시키려는 경향을 보이고 있다. 더구나, 제사장계 판에서는 모세가 제사장이었던 아론에 가리워져 있다. 야훼는 모세에게 "아론에게 명하기를, 네 지팡이를 들어 치라"고 명했고, 아론이 지팡이를 휘두르자 경이로운 일들이 일어났다는 것이다(8:16-19 참조).

전승의 역사

이러한 종류의 문학 비평의 중요성은, 앞에서도 본 바와 같이, 현재의 형식을 갖추게 된 이야기는 오랜 구전의 마지막 산물인데, 그 이야기가 구전되어 오는 동안 많은 변화와 수정이 가해졌다는 사실을 밝힌 것이다. 이 이야기의 핵심은 유월절 행사의 뜻을 해석하기 위해서 사용된 고대 이스라엘의 이야기였던 것 같다. 모세 시대 이전에도 목자들은 여름 목축을 떠나기 전 봄철의 첫 보름에 이러한 유목민적인 축제를 거행했다. 이러한 행사 기간의 밤 동안에는 각 가정에서는 어린 동물을 잡고, 그들의 천막 안에서 누룩을 넣지 않은 빵과 사막의 나물을 함께 먹었다. 지금도 고대 서사시 전승에서 그 흔적을 볼 수 있는데(출 12:21-39), 이 축제를 거행한 원래 목적은 양이나 염소 새끼가 태어나 잘 자라서 번성하고, 특히 악령들을 쫓아내려는 의도에서 행해진 것이었다.

따라서, 희생 제물의 피를 문지방에 바른 것은 사람과 가축을 공격하는 파괴자(특히 12:23에 언급되어 있음)를 막기 위함이었다. 그러나 이러한 원시적인 목적은 의식에 대한 새로운 이해로 바뀌었다. 이 이야기가 출애굽 사건에 비추어 전해짐에 따라 목자들이 여름 목축을 하기 위해 떠나던 관습이 히브리인들이 새로운 땅을 찾아 떠난 것으로 재해석되었다. 그래서, 야훼를 목자들의 축제에서의 "파괴자"로 여겨 피를 바른 히브리인들의 집을 그대로 "지나쳐" 히브리인들에게 아무런 해도 입히지 않았다고 생각한 것이다(출 12:13〔P〕).[25]

어떤 학자들은 이집트를 친 죽음의 재앙(유행병?)에 대한 극적인 서막으로서 9개의 재앙이 나중에 덧붙여졌다고 말한다.[26] 더 나아가서 이스라엘인들이 가나안에 정착했을 때, 유목민의 유월절 의식이 보리 수확 때 거행된 농경 축제인 누룩을 넣

---

25) 유월절(히브리어 Pesach, 헬라어 Pascha)이라고 번역되는 단어의 본래의미가 사라졌다. 히브리어에서 동사형은 절룩거리다(왕상 18:21, 뛰어넘거나 절룩거리는 춤을 가리킴)는 뜻을 가지고 있다. 출 12:13, 23, 27에서 동사는 건너 뛰다 라는의미를 가지고 있다.

26) 이것은 근본적으로 Martin Noth, *Pentateuchal Traditions* 〔70〕, pp. 65-71의 견해이다. Dennis J. McCarthy, "Plagues and the Sea of Reds", *Journal of Biblical Literature*, 85 (1966), 137-58도 아울러 보라. 비록 노트와 일부 다른 부분이 있지만 그는 이야기의 핵심을 전하기 위하여 전승사 가운데서 발전되어 왔다고 주장했다.

지 않은 빵의 축제와 연관되었을 것이라고 한다.[27]

전체 이야기의 문학적인 특징들을 살펴보면, 재앙 이야기가 오랜 역사를 가지고 있다는 사실이 분명하게 드러난다. 처음의 아홉 가지 재앙들은(출 7:14-10:29) 제사 장계 기자가 고대 서사시 전승을 마지막 작품에 통합시켜서 다듬었기 때문에 문학적인 통일성을 보인다. 이 재앙 이야기는 특징적인 문구를 사용하고 있고, 시작과 끝이 분명한 전체적 짜임새로 이루어진다.[28]

더욱이 아홉 가지 재앙의 이야기는 출애굽이 축출이 아니라, 도주였다는 것을 전제로 하고 있는 것 같다. 이 이야기는 아홉번째 재앙 마지막에 바로가 완강하게 거절을 하여 모세에게 썩 물러가서 다시는 나타나지 말라고 한 대목에서 결론에 이른다(출 10:27-29). 한 전승에 의하면, 바로와의 협상에 실패한 히브리인들이 바로 몰래 도망나왔다고 되어 있다(14:5).

한편으로는, 모세와 백성들이 이집트인들과 이집트 궁정 사람들에게 존경을 받았다고 암시(11:2-3)되어 있는 것과 같이 11-13장의 내용은 앞의 재앙과는 관련이 없는, 다소 독립적인 부분처럼 보인다. 분명히, 열번째 재앙 이야기는 출애굽이 축출이었다는 것을 확실히 전제하고 있다.[29] 이러한 가혹한 타격을 받은 후, 바로는 히브리인들을 "내몰았고" 이집트 백성들도 히브리인들이 떠나는 것이 너무 기뻐 보석이나 옷가지 등 그들이 요구하는 대로 다 주었던 것이다(12:31-36). 더구나, 열번째 재앙은 유월절 행사와 밀접하게 연관되어 있다. 야훼 의도의 선포(11:1-10)와 재앙의 발생(12:29-32) 사이의 긴장된 위기 속에서, 아래 개요에서 보는 바와 같이, 기자는 고대의 축제를 소개하고 있다.

이집트의 재앙과 히브리인의 출애굽

	서사시 전승	제사장계 부연
재앙의 선포	11:1-8	11:9-10

---

27) 두 축제의 기원과 중요성에 대하여 Roland de Vaux, *Ancient Israel* (113), pp. 484-93을 보도록 하라.

28) 9 재앙의 이야기가 가지는 문학적 단일성은 자료비평을 따르는 (Roland de Vaux, *History* (92), pp. 359-370) D. M. Beegle, *Moses* (206), 5장) 학자들과 Umberto Cassuto, *Exodus* (209), pp. 92-135처럼 따르지 않는 학자들도 모두 강조하고 있다.

29) Roland de Vaux는 "탈출로써의 출애굽"과 "추방으로써의 출애굽" 전승이 모두 역사적으로 중요하다고 보았다. 왜냐하면 그들은 두가지 다른 출애굽이 있었음을 말해주고 있기 때문이다. 히브리인들 가운데 한 그룹은 북쪽 길로 그리고 다른 한 그룹은 남쪽 길로 경로를 잡았다. Roland de Vaux, *History* (92). pp. 370-376을 보라.

유월절 제정	12:1-23 (24-27a)	12:1-20, 28
재앙의 발생	12:29-36	
출애굽	12:37-39	12:40-42
유월절 법제화	(13:1-16)	12:43-51

(괄호 안의 두 구절은 신명기의 문체와 비슷하다)

요약하면, 현재 우리가 보고 있는 출애굽 이야기는 전승의 긴 역사의 결과이고, 다양한 부류의 기자들에 의해 재해석되고 가필된 것이다. 앞에서 본 바와 같이, 초기 시대부터 이 이야기는 유월절을 거행하면서 낭송되어 왔다. 이것은 바로의 압제에서 이스라엘의 해방 사건을 회상하고 다듬었던 종교적인 의식이었다. 그리고 여러 세기에 걸쳐 전승되어 오면서 제사장계 기자들은 이러한 전통적인 이야기를 ― 야훼가 바로와의 극적인 투쟁에서 결정적으로 승리하게 된 대단원까지를 ― 최종적으로 편집하여 기록한 것이다.

표징과 이적

우리는 앞에서 이집트에 대한 "재앙들"에 대해 언급했다. 그러나 주목할 것은 재앙이라는 단어가 출애굽 이야기에서 거의 쓰이지 않는다는 점이다(출 9:14 ; 11 ; 1 ; 8:2 참조). 일반적으로 출애굽 이야기에서는 재앙이라는 말이 "표징"과 "이적"이라는 말로 묘사되어 있다. 시편 78편과 105편과 신앙 개요(신 26:5-9)에서도 마찬가지다. 그렇다면, 우리는 여기서 기적을 문제삼지 않을 수 없다.

성경에서, 기적의 의미는 자연 질서의 방해로써의 기적이라는 우리의 관념과는 다르다.[30] 사실, 성경 기자들은 그 자신의 법칙에 따라 독립적으로 스스로 움직인다는 "우주" 나 "자연" 관념은 없었다. 오히려, 그들은 이 우주를 창조한 하나님이 직접 이 세상을 다스린다고 생각했다. 나아가서, 사람들이 헤아릴 수 있는 규칙적으로 일어나는 일들 ― "심음과 거둠과 추위와 더위와 여름과 겨울과 낮과 밤이 쉬지 아니하리라"(창 8:22) ― 도 있지만, 이것은 하나님이 그의 창조물들 ― 땅과 새들과

---

30) Martin Buber, *Moses* (207), p. 76. 기적은 "초자연적" 혹은 "초역사적" 어떤 현상이 아니라 자연과 역사의 객관적이고 과학적인 관계에서 충분히 일어날 수 있는 사건이다. 그러나 이 기적은 이 기적을 체험하는 사람이 기존의 모든 지식을 파괴하고 또 자연과 역사 가운데 체험한 것을 버리도록 하기 때문에 중대한 의미를 가진다.

"표징과 이적"

"표징"이란 하나님의 현존과 의도를 나타내는 가시적인 증거로 정의될 수 있다. 우리는 "자연", "초자연"으로 나누어 정의를 내리지만, "표징"이라는 단어는 이렇게 정의내릴 수 있는 것이 아니다. 출애굽 이야기에서 일어나는 모든 일이 잠재적인 표징이다. 메뚜기떼의 재앙이나 나일강의 범람에서 발생할 수 있는 여러 평범한 현상들도 표징이 될 수 있을 것이다(그 외에도 "표징"이라는 말은 무지개, 천체, 출산, 또는 일상적으로 우연히 일어날 수 있는 일들에도 적용되었다). 또는 예외적인 사건, 즉 이집트의 장자가 죽은 것과 같은 엄청난 이적도 표징이 될 수 있다(이런 예로는 나병이 든 손이 낫고, 물이 피로 변하고, 태양의 그림자가 한 눈금 뒤로 후퇴한 것을 들 수 있다). 이런 식으로 접근을 해나가면 어떤 해답도 얻을 수 없지만, 새로운 방법으로 질문을 할 수 있도록 해주기는 한다. 이스라엘 신앙의 기본은 하나님은 결코 이 세상에서 일어나고 있는 일에 대해 방관하거나, 원인과 결과라는 이 세상의 자명한 이치에 묶여 있지 않다는 것을 확신하는 것이다. 이스라엘인들은 하나님의 현존을 피부로 느끼고 있었다. 이스라엘인들은 일상적이거나 예외적이거나간에 어떤 사건이든 하나님이 그들 가운데 있다는 표징을 나타내는 것이라고 믿었다. 그들에게는 어떤 사건이든 경이롭고 의미심장한 것이었다. 그것은 사건이 자연 법칙을 파기해서가 아니라, 그들 가운데 하나님의 현존과 활동을 증언하기 때문이다("표징과 이적", *Interpreter's Dictionary* Ⅳ (25), 348-351 참조).

짐승과 사람을 다 포함하는 — 과 언약을 맺었기 때문이다(창 9:10-17). 하나님은 항상 활동하고 있기 때문에 봄에 비가 내리고, 아이를 출산하는 "자연적인" 사건에서조차 하나님의 의지가 표현된다고 생각했다. 태양이 자연 법칙에 따라 뜨는 것이 아니라 하나님이 "일어나 돌아라!" 하기 때문이라는 길버트 체스터론(Gilbert Chesteron)의 별난 말 이면에도 성경적인 진리가 담겨 있다.

그러나 이 세상의 규칙적인 자연 현상들에 더하여 활동하는 하나님의 권능과 그로 인한 특별한 "표징"을 보이는 예외적인 사건들이 있다. 그러나 이러한 표징들은 사람들에게 특별한 표징이 일어났을 때에만 하나님이 이 세상의 주권자라는 것을 알리는 어떤 증거물은 아니다. 출애굽 이야기는 표징의 의미가 그것을 목격한 사람들이라고 분명하게 깨달았던 것은 아님을 보여준다. 그러면 이러한 표징들은 누구를 확신시키려 한 것인가? 바로는 처음의 두 가지 재앙(물이 피로 변한 것과 개구리떼)으로 마음이 변하지 않았는데, 그것은 그의 마술사들도 같은 마술을 부렸기 때문이었다(출 7:22, 8:7). 그 다음 기적에서는 이집트의 마술사들도 따라 하지 못했다. 바로는 그 다음의 기적들을 보고는 마음이 약간 움직였지만, 완전히 기적이라고 확신하지 못했기 때문에 노예들을 내보내지 않는다.

게다가 모세가 행한 기적들을 보고도 "그들이 마음의 상함과 역사의 혹독함을 인하여"(6:9) 이스라엘인들은 모세를 믿지 않았다. 심지어 무사히 바다를 건넌 뒤에도 그들은 불신앙으로 불평을 했고 이집트의 고기 가마를 그리워했다. 성경적인 의미에서 볼 때 기적은 하나님의 의미심장한 활동을 나타내는 것이지만 결코 결정적인 증거는 아니었다. 하나님의 현존과 구속의 의지를 나타내기 위한 증거는 나타나지만, 불명확하기 때문에 이것을 믿기까지는 믿음과 신뢰가 요구된다.

성경을 읽는 모든 독자들은 여러 세대를 거쳐 오는 동안 이스라엘인들의 신앙에 의해 윤색되고 각색된 전승의 본질에 담겨있는 역사적인 핵심 사항이 무엇인지를 알아야 한다. 출애굽 이야기 안에서 기적들 중에는 좀더 중심적인 위치를 차지하는 것도 있고, 모세 시기에 근본을 두고 있는 기적도 있다. 출애굽 이야기를 다른 측면에서 보면, 그의 백성을 노예 상태에서 해방시키고 그들을 하나님의 백성으로 부른 사실에서와 같이 야훼께서 역사 안에서 활동하고 있다는 확신을 기술적이고도 상상력이 가득 찬 작품으로 표현한 것이 바로 이 출애굽 이야기라는 것이다. 왜냐하면, 전체 이야기가 해석되어 있고, 전승의 중심 요소를 나중에 부연된 부분으로부터 정확히 구별하기 어렵기 때문이다. 그럼에도 불구하고, 이스라엘의 고대 신앙은 의심의 여지없이 이집트에서의 탈출을 가능하게 했던 실제 사건, 즉 하나님이 하신 일이라는 믿음을 갖고 있는 사건에 대한 체험에 근거하고 있다. 이에 대한 가장 분명한 역사적 증거는 바다를 건넜다는 이야기에서 발견된다. 이스라엘인들의 기억 속에 이것보다 더 깊게 박힌 사건은 없었다.

바다에서의 승리

출애굽 이야기에서 이집트인의 장자를 죽인 마지막 재앙 이후에 일어난 사건들 중, 절정을 이룬 것은 바다를 건넌 사건이다. 이미 살펴본 바와 같이, 고대 유목민의 유월절 축제의 본래의 의미가 완전히 새로운 의미로 대치되었고, 이 새로운 의미는 모든 전승과, 주전 7세기에 씌어진 신명기(신 16:1-3)에까지 전해 내려왔다. 출애굽 사건에 대한 모세의 예언적 해석의 결과로써 출애굽의 의미는 암울한 시기에 야훼가 자기의 백성 이스라엘을 바로의 압제에서 해방시킨 것을 기념하기 위한 사건이 되었다.

이 후에 너희 자녀가 묻기를 이 예식이 무슨 뜻이냐 하거든 너희는 이르기를,
이는 여호와의 유월절 제사라 여호와께서 애굽 사람을 치실 때에 애굽에 있는 이스라엘 자
손의 집을 넘으사 우리의 집을 구원하셨느니라 하라
— 출애굽기 12:26-27.

누룩을 넣지 않은 빵의 축제(Mazzoth)는 오늘날 유월절과 밀접한 관련을 맺고
있는데, 이 축제는 이스라엘 백성이 서둘러서 이집트를 떠나느라 빵반죽에 누룩을
넣을 시간도 없었다는 것에서 유래한다(12:34, 39). 오늘날 유월절 축제에서처럼,
고대 이스라엘인들도 그들의 자녀에게 이 관습에 대해 다음과 같이 설명을 했다:
"이 예식은 내가 애굽에서 나올 때에 여호와께서 나를 위하여 행하신 일을 위함이
라"(13:8).

탈출 경로

이스라엘 백성들은 서둘러 이집트를 빠져 나왔다. 출 12:37에 의하면, 이때 빠
져나온 사람이 20세 이상의 장정만 해도 "보행자로 60만 명"(민 11:21 참조)이라고
되어있다. 여자와 아이들, 십대, 노인들을 합하면 적어도 200만 명은 넘었을 것이
다. 한 역사가는 200만 명이 넘는 사람들이 한 줄로 늘어 선다면 적어도 이집트와
시내까지의 왕복길을 채웠을 것이라고 추정했다. 이러한 대거 탈출은 후대의 인구
수에 비추어 본다면 과장된 것 같다. 그 이유는 전체 히브리 식민지에서 산파가 두
명이었다는 출애굽기 1:15-20의 기록과도 들어 맞지 않는다. 게다가, 델타 지역은
지형상 그렇게 많은 히브리인이나 가축을 수용할 수 없는 지역이고, 가나안 남부도
그렇게 많은 무리를 받아들일 수 있는 곳이 못되었다.

의심의 여지 없이, 이집트를 빠져 나온 이스라엘 무리는 비교적 소규모였을 것
이다. 그러나 탈출한 사람들이 야곱의 집안뿐만이 아니라, 다른 종족의 하피루를 나
타내는 "혼합된 무리"(12:38)로 구성된 잡다한 집단이었다는 기록은 사실이다. 출애
굽 이야기에서는 이들 집단을 "이스라엘인들"이라고 반복해서 말하고 있지만, 실제
로 이러한 사람들을 이스라엘인이라고 부르는 것은 역사적으로 정확한 표현이 아니
다. 나중에 그들이 사막에서의 체험을 함께 공유하게 되고, 그러한 공통의 역사를
회상하게 되었을 때 비로소 그들은 하나의 공동체, 즉 이스라엘 백성으로 형성된 것
이다.

아홉 가지 재앙 이야기에 의하면, 모세가 바로에게 거듭해서 요구했던 것은 광

야에 나가 야훼께 제사를 드리도록 사흘 간의 여행을 허락해 달라는 것이었다(출 5:3 ; 7:16, 26 등). 고센 땅이나(8:25) 이집트 변방(8:28)에서 제사를 드려도 좋다는 바로의 허가를 받아들이지 않았다. 이것은 원래 탈출의 목적지가 가나안이 아니라, 거룩한 산, 즉 모세가 하나님과 만났던 체험을 한 곳(3:12)이라는 것을 암시하고 있다. 그러므로 이 도망자들은 광야로 나온 뒤에야 지금 기자가 바라고 있는 가나안 점령을 간절히 바라게 된 것이다. 이것은 출애굽 이야기가 출애굽한 뒤의 경험에서 이야기되었다는 것을 알리는 또 다른 증거이다.

탈출 경로가 하나님의 섭리에 의한 것이었다는 것을 나타내는 다음의 한 구절이 있다. "바로가 백성을 보낸 후에 블레셋 사람 땅의 길은 가까울지라도 하나님이 그들을 그 길로 인도하지 아니하셨으니"(출 13:17). "블레셋 사람의 땅의 길"(출 13:17)이라는 구절이 시대 착오적인 표현이기 때문에 우리는 이 표현에서 출애굽 이야기가 후대의 관점에서 이야기되었다는 것을 알 수 있다. 블레셋 족은 주전 1200년 직후에 가서야 이 지역을 점령했는데, 이 시기는 모세가 죽은 지 일세기가 지난 때이다. 블레셋 사람의 땅의 길은 지중해 연안의 주요 가도였다. 이 길은 주요 상업적, 군사적인 도로였고, 이집트의 전초 부대가 굳게 지키고 있었기 때문에 히브리인들은 이 길을 선택할 수 없었을 것이다.

이러한 군사적인 모험에 부딪히기 전에 히브리인들은 사막의 체험에 의해 서로 굳게 단결할 필요가 있었다. 그래서, 지름길 대신에 전략상 우회의 길을 택했다. "하나님이 광야 길로 돌려 백성을 인도하시매 … "(13:18). 다시 말하면, 그들은 노예생활을 했던 "라암세스의 땅"(고센)을 떠나 숙곳(Succoth)과 에담(Etham)을 지나(13:20) 오늘날 수에즈 운하와 접하고 있는 광야로 가게 되었다.

현재의 성경 문헌으로는 그들의 정확한 탈출 경로를 알 수 없다. 처음 출발은 해안 도로의 지중해 쪽에 위치한 늪지대인 시르보니스(Sirbonis) 호수의 바알-사폰(Baal-saphon)으로 향해 있는 북쪽 길을 따라 갔다는 증거는 여럿 있다. 그러나 전체적으로는, 적어도 시내(Sinai)에 도착한 히브리인들의 경우에는 남쪽 경로를 따른 것 같다.[31] 출애굽기 13:18에 의하면 히브리인들은 "얌숩"(Yam Suph, 흔히 홍해로 번역됨)으로 향하는 "광야길"을 택했다고 되어있다.

---

31) 이 복잡한 문제는 J.L. Mihelic, "Red Sea", *Interpreter's Dictionary*, IV [25], 19-21; G. Ernest Wright, *Biblical Archaeology* [110], 60-67; D.M. Beegle, *Moses* [206], 145-58에서 논의되고 있다. 드보는 출애굽이 두번 있었다고 생각하고 있다. 그중 한 그룹은 북쪽 길을 따라서 가데스로 질러 왔고 다른 그룹은 남쪽 루트를 따라서 곧바로 시내산으로 왔다고 보고 있다. Roland de Vaux, *History* [92], pp. 370-381을 보라.

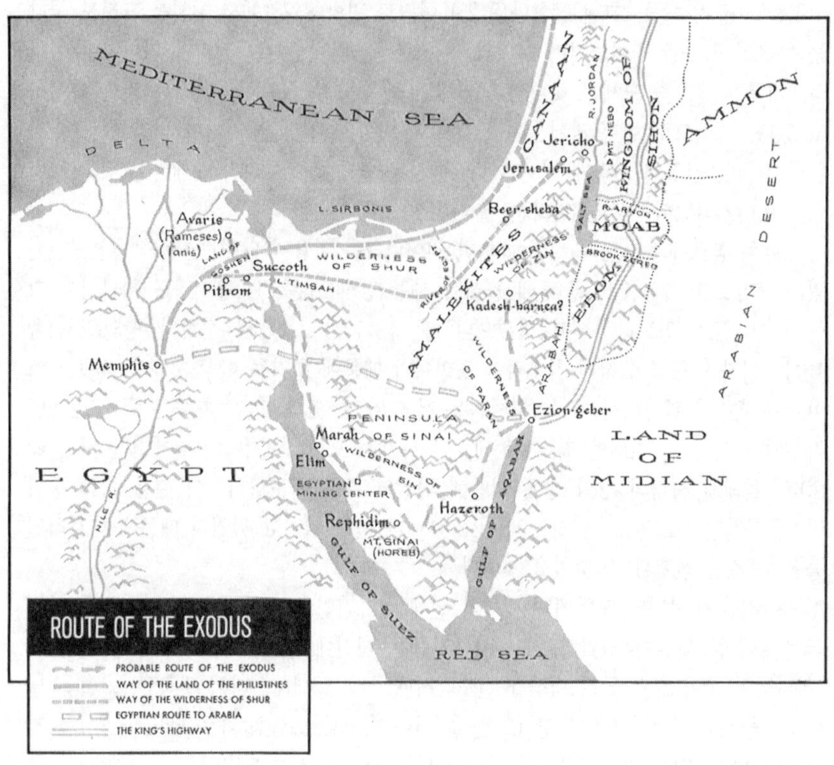

지도에서 분명히 볼 수 있듯이, 이집트 군대가 시내 반도 못미처에서 히브리인들을 추격하지 않았다면 몰라도, 이러한 경로로는 히브리인들은 홍해로 갈 수 없었다. 얌숩이 홍해로부터 뻗어 나가는 두 물줄기인 수에즈 만(민 33:10-11)이나 아카바 만(Aqabah, 왕상 9:26)에 적용될 정도로 넓은 의미를 가지고 있다는 성경 구절은 사실이다.

구약성서의 그리스어 번역이 이루어진 주전 3세기에도 얌숩은 넓은 의미를 가지고 있는 것으로 이해되었고, 라틴어의 불가타(Vulgate)역본을 통해 우리에게 전해졌다. 오늘날, 역사가들은 출애굽을 다루고 있는 내용에서 나타난 얌숩을 "갈대 바다" 또는 "파피루스 호수"로 번역해야 한다고 주장하고 있다. 히브리어로 "얌"(yam)은 "바다"(예: 지중해) 또는 내륙 호수(예: 갈릴리 바다)를 의미하며, "숩"

(suph)은 "갈대, 파피루스", 즉 호수 주위에서 자라는 갈대를 의미한다.

여기서는 아마도 만잘레(Manzaleh) 호수(아마도 팀샤(Timsah) 호) 부근의 수에즈만 북쪽 끝에 자리잡은 늪지대의 호수를 가리키는 것 같다. 히브리인들은 이 지역을 거쳐 탈출을 했을 것이다. 비록 건넌 지점을 정확하게 알 수는 없지만, 사실상 갈대가 자라지 않는 수에즈만을 통과했다는 가정만으로 족하지 더 이상 문제를 어렵게 할 필요는 없다. 출애굽기 15장에서는 시적인 표현으로 특별히 얌숩을 언급하고 있지만, 14장에서는 단지 바다(yam)라고만 언급하고 있는 것을 주의해 볼 필요가 있다.

이 이야기는 하나님이 자기 백성의 여행을 직접 인도했다는 확신을 나타내고 있다. 야훼가 그들의 지도자로서 "앞장서 갔던" 것이다. 고대 서사시 전승에서는 "야훼께서 그들 앞에 행하사 낮에는 구름 기둥으로 그들의 길을 인도하시고 밤에는 불 기둥으로 그들에게 비춰사"(출 13:21f.)라고 되어 있다. 이 구절은 군대나 대상들이 행진할 때 그 열을 나타내기 위하여 맨 앞에 불화로를 들고 갔다는 고대 관습을 연상시킨다.[32]

이러한 생각은 대상의 행렬이 방향을 바꾸고자 할 때 맨앞에서 우두머리가 불화로를 이리저리 움직였을 때 보이는 모습을, 낮에는 구름 기둥으로 밤에는 불기둥으로 보이는 하나님의 신호로 묘사했다는 사실을 설명할 수는 있지만 이것으로 모든 것을 설명할 수는 없다(예: 14:19b-20). 불과 구름은 뜨거운 사막의 바람(시로코)을 동반하는 폭풍우 같은 기상 현상을 말하는 것일 수도 있다. 만약 그렇다면, 전승은 구름, 불, 번개, 비[33] 특히, 북쪽 산악 지대의 폭풍 현상(시편 18:8-16 참조)을 통해 신의 출현을 묘사하기 위해 고대 세계에서 사용된 시적인 표현으로 고양되어 있다고 할 수 있다. 이 이야기는 야훼께서 백성과 함께 있으며, 자기의 백성을 과거의 노예 상태에서 해방하여 목적지인 시내로 인도하셨다는 것을 확인하고 있다.

물 속의 길

---

32) Umberto Cassuto, *Exodus* (209), pp. 158; D.M. Beegle, *Moses* (206), p. 149.

33) Thoams W. Mann, "The Pillar of Cloud in the Reed Sea Narrative", *Journal of Biblical Literature* 90 (1971), 15-30 가나안 문학과의 병행되는 시에 주목하고 있다. 같은 저자의 *Divine Presence and Guidance in Israelite Traditions : The Typology of Exaltation* (Baltimore : Johns Hopkins University Press, 1977), 특히 5장의 "The Sea and Sinai"을 보라.

도망자 히브리인들은 변방을 향해 나갔으나, 바로는 그들이 광야에서 "길이 막혀 이 땅 안에 갇혀 있을 것으로"(출 14:3) 여겨 그의 병거 부대로 하여금 히브리인들을 맹추격하게 했다. 바로 여기서부터 이 드라마의 극적 긴장감이 절정에 이른다. 앞에는 바다, 뒤에는 이집트 군대에 갇혀 혼비백산한 백성들은 모세에게 반항하려는 기미마저 보이며 다시 델타 지역으로 되돌아가려 한다: "애굽 사람을 섬기는 것이 광야에서 죽는 것보다 낫겠노라"(14:11-12). 백성들의 원망(광야 이야기에서 자주 나오는 주제)은 하나님을 이 백성을 위하여 싸우시는 용사라고 믿는 모세의 강한 믿음과 날카롭게 대조를 이룬다. "탈출구"가 없는 상황이라면 인간의 생각 같아서는 그럴 만도 하지만, 하나님은 "백성에게 전진하라고 말하라"고 명령한다.

뒤이어, 물 가운데 길이 열렸다는 기적적인 사건(출 14:15-31)은 이스라엘인의 신앙의 시에 속한다. 에밀 파켄하임(Emil Fackenheim)에 의하면, 이 사건은 "뿌리 체험"이 되어 오늘날에도 역사 안에서 "구원하시는 하나님의 현존"을 나타내는 표징으로서 유월절 행사에서 기념되고 있는 것이라고 한다.[34] 고대 모세 전승의 많은 부분에 관해 회의적인 역사가들조차 이 사건이 "역사적인 사건의 기초"가 되었고, 이 사건이야말로 "너무 독특하고 예외적이어서 고대 이스라엘 신앙 고백의 본질이며, 이스라엘 역사의 진정한 시초며, 이스라엘을 위한 하나님의 활동으로 여겨지게 되었다는 것을 인정하고 있다.[35]

분명히 바다에서의 사건 이야기는 완전한 허구가 아니다. 이것은 실제로 일어났던 일, 황홀한 기쁨을 일으켜서 사람들에게 영원히 사라지지 않는 기억이 되었던 사건에 근거를 두고 있음이 확실하다. 그러나 신앙의 언어로 표현된 이 사건의 이면을 파헤치기란 거의 불가능하다. 현대의 독자들이 당연히 던질 수 있는 질문, 즉 갈대 바다에서 실제로 무슨 일이 일어났는가를 다루는 것은 사실상 불가능하다.

출애굽기 14장의 전승을 분석해 보는 것도 이 질문을 고찰해 보는 한 가지 방법이다. 현재의 양식으로 된 14장은 제사장계 기자(P)로부터 나온 것이라고 일반적으로 인식되고 있다. 아래의 도표에서 출애굽기 14장의 전승은, 제사장계 기자가 하나님의 명령과 실행의 기본적인 이야기 유형을 제시하고, 고대 서사시 전승에서 뽑아낸 이야기의 내용을 더욱 풍부하게 했다는 것을 보여준다. 제사장계 기자의 언어와 관심사를 나타낸 자료를 따로 분리한 뒤에, 남는 자료들은 바람과 조수에 의해 가능했던 도강 과정을 나타내고 있다.

---

34) Emil Fackenheim, *God's Presence in History* [213], pp. 8.
35) Martin Noth, *Pentateuchal Traditions* [70], p. 50.

여호와께서 큰 동풍으로 밤새도록 바닷물을 물러가게 하시니 물이 갈라져 바다가 마른 땅
이 된지라 …
　새벽에 여호와께서 불과 구름기둥 가운데서 애굽 군대를 보시고 그 군대를 어지럽게 하시
며 그 병거 바퀴를 벗겨서 달리기에 극난하게 하시니 애굽 사람들이 가로되 이스라엘 앞에서
우리가 도망하자 여호와가 그들을 위하여 싸워 애굽 사람들을 치는도다
　— 출애굽기 14:21b, 24-25.

　고대 서사시 전승에 의하여 보도된 이 사건은 만잘레 호수의 늪지대에서 불가능
하게 일어나는 일이 아니다. 사실, 이러한 사건은 여러번 목격되었다. 이 사건이 특
별한 의미를 갖고 특별한 시간에 일어났기 때문에 기적이었던 것이다. 이스라엘인에
게 이것은 자연의 장난이 아니라 그들 가운데 계셔서 구원의 목적을 이루시고자 자
연의 힘(바람)을 사용하시는 야훼의 현존을 나타내는 표시였다.

　이것이 만약 고대 전승의 본질이었다면, 출 14장은 다른 자료들과 더불어 구전
되어 오다가 이 사건의 경이성을 더 부각시키기 위해 주로 제사장계 기자들에 의해
윤색되었을 것이다. 이러한 윤색된 구절에 의하면, 모세가 그의 이적을 일으키는 지
팡이를 뻗치자 바다가 갈라져서 백성들이 마른 땅을 밟고 지나갈 수 있었고 그러는
동안 바닷물은 양쪽에 벽처럼 서 있었다(21, 22절). 이집트인들이 도망자들을 추격
하기 위해 바다로 들어 섰을 때, 모세가 지팡이를 다시 내밀자 바닷물이 이집트인들
을 삼켰다(23, 26-28절). 그러나 "이스라엘 자손은 바다 가운데 육지로 행하였고 물
이 좌우에 벽이 되었더라"(29).

　전승을 분석하는 주된 이유는 숙련된 설화자에 의해 입으로 전해지던 초기 구전
시기로부터 제사장계 기자에 의해 문학적인 형식으로 마지막 모습을 갖추게 되기까
지 긴 세월을 통해 전승이 어떻게 변천해 왔는가를 보여주기 때문이다. 그러나 전승
된 역사의 어느 시기에도 현대의 역사적인 호기심을 충족시킬 수 있을 정도의 사실
적인 보도를 하려는 설화자의 의도는 없었다. 그들의 목적은 영원히 잊을 수 없는
역사적인 사건에서 경이적으로 나타나는 하나님의 현존을 찬양하려는 것이었다.

거룩한 사건

　이 이야기는 모세와 아론의 누이인 미리암이 소고를 들고 나왔을 때 모든 이스
라엘 여인들이 미리암을 따라 음악과 춤과 기쁨이 넘쳐 야훼를 찬양하는 노래를 부
르는 대목에서 절정에 이른다:

출애굽기 14장의 전승들

제사장계 설화의 기본구조	서사 전승으로부터의 보완
A. 이집트 군대의 추적 1. 야훼의 명령 : 1-4절 ("마음을 완고하게 하다", "영광을 드러내다", "내가 야훼임을 알게 하 리라"는 말에 유의)	
	◀———— 5-7절 : 바로의 마음이 변함
2. 실행 : 8-9절	
	◀———— 10-14절 : 이스라엘인들의 불평
B. 바다가 갈라짐 1. 야훼의 명령 : 15-18절 (1-4절 비교 ; 바다를 가르는데(직역 하면 "쪼개다")지팡이를 사용했다는 작의에 유의)	
	◀———— 19-20절 : 구름기둥 (출 13:21-22와 비교)
2. 실행 : 21a절 ◀————	21b절 ("그리고 야훼께서 바닷물을 뒤로 밀어붙여 바다를 말 리셨다")
나머지 구절 ("바다가 갈라지다"), 그리고 22-23 ("지팡이", "바다를 가르다"(쪼개다), 바다의 "벽"에 유의)	
	◀———— 24-25 : 이집트인의 공포
C. 물의 원상복구 1. 야훼의 명령 : 26절 2. 실행 : 27a절 ◀————	27a절 ("바닷물이 되돌아와"로부 터)
	27b절 끝까지
28-29절 (지팡이(팔을 뻗치다)와 물의 벽에 유의) ◀————	30-31절 : 야훼의 승리와 이스라 엘의 반응

너희는 야훼를 찬송하라 그는 높고 영화로우심이요
말과 그 탄 자를 바다에 던지셨음이로다
— 출애굽기 15:21.

위의 이행시는 구약성서에서 가장 오래된 단편시 중 하나인데, 그 사건을 기념하려고 그 당시부터 생겼을 가능성이 짙다. 이 시는 그 당시의 기적을 직접 체험한 사람들의 증언이다. 그 당시의 사건은 "이적" 으로 — 사람들을 위하여 구원의 활동을 하신 하나님의 역사를 나타내는 사건 — 생각되었다. 유대인 철학자인 마틴 부버의 말처럼, 이것은 "거룩한 사건"으로서 이 사건에 참여했던 사람들에게는 "명백하고", "다른 어느 세력에 의해서도 제한을 받지 않는 유일한 힘이 작용하는 영역을 일별할 수 있게" 한 사건이었다. 확실히 "강풍"이 불어 바닷물을 빠지게 하여 도강이 가능했다고 말한 바와 같이 이 사건은 "자연과 역사의 객관적이고 과학적인 연계"에서 일어난 것이지만, 이러한 경이로운 사건을 단순히 일어날 수도 있는 사건이라는 식으로 무시할 수는 없다. "자연 현상이든, 역사적인 사건이든 아니면 양쪽 모두에 해당하는 일이든, 개인이나 집단에 되풀이해서 경이로움을 불러 일으킬 때 이것은 종교사에서 위대한 전환점을 이루게 된다"고 마틴 부버는 말하고 있다.[36]
이스라엘의, "놀라고 계속해서 놀랐다"는 표현은 구약의 여러 구절에서 나타나고 있는데, 이것은 바다에서의 기적이 전해져 내려오면서 풍부한 함축적인 의미를 지니게 되었다는 것을 말한다. 이러한 구절들 중의 하나가 바다의 노래(출 15:1-18)이다. 일인칭으로 바뀌어 있는("나는 찬양하련다 … ", 출 15:21) 미리암의 노래는 출애굽기 14장에 극적인 산문체로 보도되어 있는 사건들을 기념하기 위한 고대시의 후렴으로 시작하게 된다. 이 시가 고대 가나안 시의 형식 및 표현과 유사하기 때문에, 아마도 다윗 이전 시기에 작시된 것같다. 이 시가 고대에 쓰어졌다는 사실은 특별히 중요하다. 그 이유는 가나안의 신화적인 요소를 끌어올려 바다에서의 사건을 경이롭고도 초월적인 것으로 표현했기 때문이다. 실제로 이 시는 가나안의 신화적인 양식을 반영한 것처럼 보이는데, 가나안의 신화적 양식이란 : 적들과 투쟁하는 전사로서의 신, 거룩한 산에서 전쟁에 승리한 신을 위하여 신전을 짓는 일, 그리고 신의 영원한 존엄을 기념하는 것이다.[37] 다음 구절에서는 전쟁에서 승리한 용사로서의 야

---

36) Martin Buber, *Moses* 〔207〕, pp. 75-77. 이 구절은 Emil Fackenheim, *God's Presence in History* 〔213〕, pp. 11-14를 인용하고 논의한 것이다.

37) Frank M. Cross, "The Song of the Sea and Canaanite Myth" 〔112〕, pp. 112-44와 그의 책 "Divine Warrior" 〔112〕, pp. 91-111을 아울러 보라. 그리고 Patrick Miller, *The Divine Warrior in Early Israel* 〔215〕, pp. 74-128을 보라.

훼(15:2 ; 14:13-14 참조)는 신들 중 최상의 신이라는 표현이 나타난다.

> 여호와여 신 중에 주와 같은 자 누구니이까?
> 주와 같이 거룩함에 영광스러우며 찬송할 만한 위엄이 있으며
> 기이한 일을 행하는 자 누구니이까?
> 주께서 오른손을 드신즉 땅이 그들을 삼켰나이다
> — 출애굽기 15:11-12.

그 다음 절에서는 하나님의 능력을 묘사하고 있다: 백성을 인도할 곳인 가나안이 신들의 신화적인 산으로 묘사되어 있다(15:17).

> 주께서 그 구속하신 백성을 은혜로 인도하시되
> 주의 힘으로 그들을 주의 성결한 처소에 들어가게 하시나이다
> — 출애굽기 15:13.

두려움이 가나안 통치자들을 압도했다고, 기자는 말하고 있다.

> 여호와여 주의 백성이 통과하기까지
> 곧 주의 사신 백성이 통과하기까지였나이다
> — 출애굽기 15:16.

이러한 시적인 묘사로 출애굽 사건은 단순한 해방 사건의 의미를 넘어선다. 이 사건으로 한 백성이 탄생하게 된 것이다. 우리는 여기서 신화적인 요소로 역사적인 사건을 고양함으로써 경이로운 사건을 전달하고자 하는 시도를 찾을 수 있다. 이 시에서 하나님의 적은 바로와 그의 군사들이며, 야훼의 지배 하에 있는 수동적인 요소이다. 그러나 갈대 바다의 전승은 세월이 흐름에 따라 바다는 야훼가 이스라엘과 이 세상에 대한 주권을 나타내기 위하여 정복했던 카오스의 신화적인 세력으로 묘사되었다. 이러한 재해석에 의하면, 야훼의 승리는 바로의 세력에 대한 것이 아니라, 창조를 위협하는 카오스와 악의 신화적인 상징인 바다에 대한 승리이다(시 74:12-17 ; 77:16-20 ; 114 ; 합 3). 다시 말하면, 바다에서의 승리는 바다에 대한 승리로써 이해되었던 것이다.[38]

---

38) 출애굽 전승을 정교하게 다듬기 위하여 신화적인 상징을 사용한 것에 대하여 B.W. Anderson, *Creation versus Chaos* 〔128〕, pp. 93-109을 보라. 그리고 *Creation in the Old Testament* 〔129〕에 실린 글들을 보라.

성경 이야기들 안에서 출애굽 사건이 차지하는 막중한 비중에 비추어 볼 때, 이집트 문헌에서 바로의 세력으로부터 도망간 모세와 히브리인들에 관한 언급이 전혀 없다는 사실이 처음에는 이상하게 보일지도 모른다. 고고학이나 고대 역사 연구에서도 기껏해야 이스라엘의 기록의 타탕성을 입증할 만한 주변적인 상황 증거들이 고작이다. 그러나 이집트 문헌에 아무런 언급이 없다는 것은 그리 이상한 일이 아니다. 그 이유는 라암세스 2세가 델타 지역에 세운 웅장한 사원과 화려한 궁궐 건축이 사라져 버렸기 때문에 그 곳의 기록 보관소 — 히브리 노예들과 지도자 모세의 반란이 기록되어 있는 문서를 보관하고 있는 — 도 역시 사라져 버려서 "찾을 수 없게" 되었기 때문이다.[39]

그러나 더 중요한 것은 이집트 연대기에 일단의 노예 탈출 사건이 기록되어 있기를 바라기는 무리다. 이집트에서는 더 중요한 일들이 발생하고 있었기 때문이다. 이집트의 정세에 파문도 일으키지 못한 이 변방의 사건은 이집트 역사가들의 시각에 의하면 역사적인 사건으로 기록되기 어려웠을 것이다. 이집트인들에게 중요한 사건은 제19왕조의 바로들이 치른 전쟁과 문화적인 업적이었다. 그러나 이 출애굽 사건을 체험했고 그들의 후손들에게 이 이야기를 전한 이스라엘 사람들에게는 이보다 더 중요한 사건은 있을 수 없었다. 이집트에서 일어났던 일을 기술한 것도 이러한 사건의 의미 때문이다. 그리고 그들은 이 사건의 의미에 비추어 조상들의 시기 이전의 역사와, 그 이후에 일어나는 자기들의 사건을 이해했던 것이다.

---

39) 이 견해는 K.A. Kitchen, *The Bible in Its World* 〔96〕, pp. 76-77의 것인데 그는 Pi-Ramesses 가 수도라는 논의를 하며 이 도시를 Tell el-Dab′a 와 같은 도시로 보았다. (M. Bietak, Tell el-Dab′a II, 1975).

제 3 장

광야에서의 계약

이스라엘 전승에는 이스라엘 백성이 광야에 그들의 기원을 갖고 있다는 기억이 아로새겨져 있다. 우리가 앞에서 본 바와 같이, 이집트에서 모세를 따라 도망했던 사람들은 잡다한 부류의 사람들, 즉 노예 생활에서 벗어나고자 하는 공통된 염원으로 따라 나서게 된 여러 인종이 섞인 다수의 사람들이었다(출 12:38).   그렇기 때문에 분명 그들에게는 정체 의식이나 공동 생활에 대한 의무감이 결여되어 있었고, 역사적인 공동체로서 한 백성을 이룰 수 있는 공통의 역사도 없었다. 그러나 시내 반도의 광야에서 이 잡다하게 섞여 있는 혼합 집단은 구약성서에서 흔히 나오는 용어로서(예: 삿 5:11, 13) "야훼의 백성"으로 형성되기 시작했다. 이러한 용어는 후에 교회와 유대 회당의 개념에 영향을 미쳤다.[1] 예언자들은 야훼께서 이스라엘 백성을 "광야에서의 포도송이"(호 9:10) 같이 발견하셨고, 이스라엘은 광야에서 젊음을 바쳐 야훼를 "따랐던"(렘 2:2-3) 이 시절을 그리워했다. 게다가 예언자들은 이스라엘이 새로운 시작을 할 때 야훼께서 도시 문화의 유혹으로부터 멀리 떨어진 거친 광야로 데리고 나가 그곳에서 "마음에다가 말할 것"(호 2:14-15)이라고 선언했다. 또한 토라 전승도 하나님이 모세와 그 백성에게 말씀하신 곳이 바로 광야였고, 백성들이 하나님의 명령과 약속의 음성에 순종하여, 야훼의 특별한 백성이 된 곳도 광야였다고 증언하고 있다.

성경읽기 : 출애굽기 19-20장, 32-34장.
1) 행 7:38의 "광야의 교회"를 참조하라. 칠십인역에서는 ekklesia와 synagog 가 이스라엘을 "하나님(야훼)의 백성"이라고 말하는 히브리어를 번역할 때 쓰였다.

광야에서의 인도

앞 장에서 살펴본 바와 같이, 히브리인들은 이집트를 떠나 광야로 접어들게 되었다. 출애굽기 15:22-19:2의 이야기에 의하면, 그들은 시내 광야로 출발했다. 그것은 모세가 백성을 산으로 보내 거기서(출 3:12) 그들이 하나님을 섬김으로써 그들의 자유를 찾도록 보내졌기 때문이다. 이 여정은 많은 고난과 불안정으로 가득 차 있었다. 사막에서의 자유란 이집트에서의 노예 생활보다 조금도 나을 바가 없다고 생각한 사람들도 많았다. 그래서 "이집트의 고기 가마"(16:3)를 그리워한 적도 많았다. 식량과 물도 귀했다. 자연 환경도 나빴을 뿐만 아니라, 사막 지역에 거주하고 있는 사나운 부족들이 이들 히브리인들의 침입을 달가와하지 않았다. 설화자가 이러한 위험한 환경 하에서 지내야만 했던 이들의 삶을 사실 그대로 표현한 것은 그들의 사실주의를 나타내는 것이다. 이 이야기에서 광야는 "유목민의 이상향"으로 묘사되어 있지 않다. 분명히, 이스라엘인은 광야에서 은혜를 입었으나, 그들은 불평을 하고, 반목하였으며, 모세에게 반항하기도 했으며, 무엇보다도 신앙이 결핍되어 있었다. 갈대 바다를 기적적으로 건넌 사건을 비롯하여 여러 이적이 일어났음에도 그들은 "야훼께서 우리 가운데 계신가 안 계신가?"(17:7)라고 불평했던 것이다.

야훼의 도움의 표징들

이 이야기에서는 야훼께서 자기의 백성이 궁핍하거나 위험에 처했을 때 그들의 간구를 들으시고 광야에서 은혜를 베푸시고 인도하셨던 사실을 여러 다양한 방법으로 강조하고 있다. 무엇보다도, 일용할 양식 ─ 음식과 물이라는 기본적인 필수품 ─ 이 주어졌다. 여기서 우리는 다시 기적을 보게 되는데, 그것은 일상적 또는 예외적인 사건에서 나타나는 하나님 현존의 표징이다. 이 기적의 예가 바로 만나(Manna)와 메추라기에 대한 이야기이다(출 16:1-36 참조). 이 두 가지는 시내 광야에서는 잘 알려진 현상이다. 만나는 사막에서 자라는 위성류의 부드러운 가지를 빨아먹는 곤충에서 나오는 달콤한 분비물이다. 이러한 "달콤한 분비물"은 땅에 떨어질 때 사막의 더운 공기에서 수분이 빨리 증발되어 고체로 굳어진다. 개미들이 이 달콤한 물질을 모아 놓으면 아침에 일찍 일어나는 사람은 이것을 음식의 재료로 모을 수 있었다. 분명히 히브리인들은 이러한 사막의 음식에 대해 생소했을 것이다. 그래서, 만후(man hu')라는 말은 히브리어로 "이것이 무엇이냐?"(출 16:15)라는 물음을 통해서 설명될 수 있다. 모세는 이 물음에 대해 "이것은 야훼께서 너희에게 먹으라고 주신 양식이다"(요 6:31 참조)라고 대답했다. 지금도 아라비아에서는 이러한 식물을 먹는 곤충을 만(man)이라고 부르며 맛이 좋다고 알려진 이 곤충의 달콤한 분비물을 "만 에시마"(man essimma) 또는 "하늘에서 내려온 만나"라고 부른다.[2] 메추라기(16:13 ; 민 11:31-34와 비교)는 봄에 이 지역으로 떼지어 날아오는데, 이 때쯤이면 힘이 빠져 잘 잡힌다. 현대의 어떤 독자들은 이런 일들이 히브리인들에게 "행운"이었다는 식으로 말할지도 모른다. 그러나 이스라엘인들의 신앙에서는 이러한 일들이 그들의 의심을 완전히 불식시키기지는 못했지만 야훼께서 그들의 하루하루를 보살펴 주신다는 표징으로 보였다.

　게다가 전승은 적대적인 사막의 부족들에 대항해서 생존을 위해 투쟁하는 싸움에서 하나님의 인도를 확언하고 있다. 아말렉의 족장은 가나안 남쪽 광야 네게브(Negeb)에 있는 오아시스가 자기네들 것이라고 주장하고 나섰다. 아말렉인과의 전쟁(17:8-16)은 히브리인들의 기억에 깊이 박혀 오랜 원한을 쌓게 하는 시초가 되었다(삼상 15 ; 신 25:17-19 참조). 고대 서사시 전승에서 유래하며, 여호수아의 첫 등장을 얼핏 보여준 이 이야기에는 모세의 마술지팡이 같은 면을 보여주고 있다. 그러나 "여호수아가 아말렉과 그의 백성을 칼로 쳐서 이겼다"고 보도된 이 치열한 전투는 분명히 실제 일어났던 사건에 근거하고 있고, 이스라엘 신앙에서 역사적인 깨우침을 강조하게 된 또 하나의 사건이 되었다. 앞으로 살펴보겠지만, "성전"(holy war)이라는 개념으로부터 후기 예언자들은 오직 홀로 승리를 주실 수 있는 야훼에 대한 신앙을 요구하게 되었는데, 이 요구는 특히 예언자 이사야에게서 발견된다(사 7:7-9 참조).

광야에서의 불평

　백성들이 궁핍할 때 간원하면 야훼께서는 은혜를 베푸셨다는 긍정적인 내용도 있지만, 야훼와 그의 종 모세에 대항하여 끊임없는 불평을 했다는 부정적인 내용도 있다. 신명기의 주요 구절에서 나오는 해석에 의하면 광야의 생활은 백성들이 야훼의 자비에 온전히 의존하여 살아가는가를 "시험하기" 위한 때이기도 했지만(신 8:3, 마 4:4에서 부분적으로 인용되어 있다), 또한 백성들도 야훼의 현존 증거를 찾으려

---

2) F.S. Bodenheimer, "The Manna of Sinai", in the *Biblical Archaeologist*, X (1947), 2-6; *The Biblical Archaeologist Reader*, I〔101〕, 26-80에서 재인쇄됨.

고 야훼를 시험한 때이기도 했다. 이 "어중이 떠중이 집단"은 이집트에서 먹었던 고기, 오이, 참외, 양파, 마늘(민 11:4-6)을 잊지 못했기 때문에 만나 정도로는 만족하지 못했다. 광야 생활을 다루고 있는 이야기들을 보면 이스라엘 백성의 불평은 계속해서 발생했고, 아래 구절을 보면 갈수록 그 긴장감이 증가된 것 같다.

광야에서의 이스라엘의 불평

출 15:22-26	마라에서의 쓴 물
출 16:2-3	이집트의 고기가마를 그리워함
출 17:2-7	맛사(Massah)와 므리바(Meribah)에서 물 불평
민 11:4-6	만나에 대한 불평
민 12:1-2	모세가 구스(Cushite) 여인을 아내로 맞은 것을 비판
민 14:2-3	모세와 아론의 지도력에 대한 불평
민 16:12-14	다단과 아비람에 의한 고발
민 20:2-13	광야 생활에 대한 불평
민 21:4-5	요단 동편을 통과하는 행진 중 조급함을 참지 못함

이 이야기가 대대로 전승되어 오면서 일부 집단에 의해 이 불평 사건들이 더욱 강조되었을 가능성도 있다.[3] 그럼에도 불구하고, 이 전승은 분명히 광야 생활에서 일어났던 실제 불평을 나타내고 있을 것이다. 비록 모세가 하나님의 도움과 인도의 "표징"으로 해석했던 이적들이 일어났지만, 광야보다는 상대적으로 안정된 삶에서 벗어나 광야에서의 불안정한 생활에 겁을 먹은 그들에게는 야훼를 믿는 것이 어려웠다. 잠시 생각을 멈추면, 이스라엘의 기자들이 민족 형성 시기에 백성들의 신앙이 동요되고 심지어 완전히 결여된 사실에 대해 이렇게 솔직하게 밝힐 수 있었다는 것이 참으로 놀랍다. 더구나, 모세까지도 약속의 땅으로 들어가지 못하게 되자 백성들과 같은 판단을 했다고 이스라엘의 역사가들은 전하고 있다. 현대 세계나 고대 세계 그 어디서나 자기 민족의 기원이 허약했거나 또는 실패자들이었다고 서슴없이 규정지을 수 있었던 민족이 또 어디 있겠는가? 이러한 사실은 이스라엘이 그들의 역사를

---

3) 이 견해는 George W. Coats 가 그의 책 *Rebellion in the Wilderness* [223]에서 강조하고 있다. 그는 시 78편의 불평하는 전승이 북왕국 이스라엘에 대하여 예루살렘 사제들이 제기한 논쟁으로 보고 있다. Brevard Childs, *Exodus* [210], pp. 254-264.

인간이 성취한 업적을 기준으로 한 것이 아니라, 하나님의 판단을 찾고자 하는 관점에서 기술했다는 것을 알 수 있게 한다.

시내(호렙)에 도착

적들의 공격, 식량과 물의 부족, 백성들의 불평에도 불구하고, 모세는 굽히지 않고 마침내 백성들을 시내의 오아시스로 이끌고 갔다. 이곳에서 그들은 그들을 결합시켰던 체험들을 반성해 볼 수 있는 기회를 갖게 되었고, 그들이 부름을 받은 공동체라는 특징을 더 깊이 이해하게 되었다. 이 공동체의 특징은 야훼와 백성이 맺은 계약의 관계이며, 이 관계는 법과 제도에 의해 잘 표현되어 있다. 이스라엘 전승에서는 모세가 계약을 맺은 장소가 "하나님의 산"(출 24:13, 3:1 참조)이었다고 하며, 이 산을 호렙 또는 시내라고 부르고 있다.[4]

유감스럽게도 이 산의 위치를 정확하게 밝힐 수가 없다. 단지, 야훼께서 나타나실 때 산이 진동하고 연기가 자욱했다는 이야기(출 19:18)로 보아서 아카바 만의 동쪽, 역사적으로 화산 활동의 증거가 있는 아라비아 북쪽 어느 지점일 것이라는 주장이 제기되었을 뿐이다. 그러나 야훼께서 출현하실 때 산이 진동하고 연기가 가득했다는 이 이야기는 야훼의 출현과 관련되는 다른 곳에서도 발견되기 때문에(예: 삿 5:5 ; 시 97:2-5 ; 미 1:3-4), 단지 야훼의 출현에 대한 두려움을 시적으로 표현했을 가능성이 많다. 또 어떤 사람들은 이 산의 위치가 이스라엘인들이 상당 기간 진을 치고 살았던 사막의 오아시스 지대인, 가데스 바네아(Kadesh-barnea) 부근이라고 하고 있지만, 이것은 산이 이 오아시스 지대로부터 상당히 멀리 떨어져 있다는 기록(신명기 1:2에 의하면 열하룻길)과 맞지 않는다. 세번째 견해는, 상당히 수긍이 가는데, 이 견해에 의하면 "하나님의 산"의 위치는 예벨 무사(아라비아어로 "모세의 산")로서 이스라엘인들이 진을 쳤을 평원이 내려다 보이는 해발 7500피트의 시내 반도 남단에 있는 웅장한 산이다.

주후 4세기경 기독교 순례자들이 험난한 광야를 거쳐 이 산까지 순례했다고 한다. 이곳을 순례하는 관습은 훨씬 그 이전까지 거슬러 올라간다. 주전 9세기의 예언자 엘리야는 브엘세바(Beer-sheba)를 떠나 "사십 일"("오랜 기간"을 의미함) 동안 여행하여 광야를 거쳐 "하나님의 산, 호렙"에 당도했다고 한다(왕상 19:8). 전통

---

4) 시내라는 이름은 고대 서사시 전승(J)과 제사장계 전승(P)에서 나타난다. 그러나 호렙이라는 이름은 엘로힘 전승(E)과 신명기(D) 전승으로 대표되는 북쪽의 자료층에서 나타난다. 북쪽의 에브라임 전승은 엘리야가 "하나님의 산 호렙"으로 순례를 갔다고 묘사하고 있다 (왕상 19:4-8).

전통적으로 '모세의 산'으로 알려진 시내산 — 시내 반도 끝에 있다.

적으로 시내산으로 알려져 있는 "하나님의 산"이 에벨 무사라는 설득력 있는 주장이 제시되어 있다.   첫째는, 델타 지역을 빠져 나온 도망자들이 시내 반도 남단에 있는 세라빗 엘 카딤(Serabit el-Khadim)에 있는 구리와 터키옥 광산에 이르는 옛 이집트 도로를 따라 비교적 쉽게 도달할 수 있다는 것이다. 게다가 가데스에서 이곳까지는 대략 열하루가 걸린다(신 1:2). 실제로, 1906년에 연구진이 실험을 해 본 결과 거의 같은 시간이 걸린다는 것을 입증했다.[5] 그러나 이 산의 정확한 위치를 밝혀내지는 못했다. 전승을 전수했던 사람들의 관심은 지리에 있었던 것이 아니라, 이집트로부터 탈출한 뒤에 광야에서 야훼와 맺은 계약에 있었다.   수세대를 거쳐 오면서 광야에서의 계약이 한 백성으로서 이스라엘을 형성하는 바탕이 되었다는 사실이 점차 분명하게 되었다.

---

5) Roland de Vaux, *History* 〔92〕, 429-439에서 시내산의 위치를 논하고 있다. 예벨 무사 (Jebel Musa) 와 거룩한 산이 같다고 보는 견해는 G. Ernest Wright, *Biblical Archaeology* 〔110〕, 64)에서 옹호되고 있다. *Westminster Historical Atlas* 〔34〕, p. 38-39; Y. Aharoni in B. Rothenberg, *God's Wilderness*, trans. Joseph Witrol (London : Thames and Hudson, 1961), p. 170; *Macmillan Bible Atlas* 〔31〕, map 48.

"계약"

　　"계약"이라는 말은 자주 등장한다. 오늘날 그 말은 둘 이상의 관계에서 상호 책임감을 수반하는 "구속력있는 합의"를 말한다. 예를 들어, 결혼, 종교 단체 구성원 간의 합의, 국가간의 조약 등이 그것이다.

　　학자들에 의하면, 계약으로 번역되는 히브리어 berith는 "족쇄, 유대"를 의미하는 아카드어(바빌로니아어)의 biritu에서 유래된다. 어쨌든, 구약성서에서 계약이라는 말은 계속성과 영구성을 갖고 약속과 의무에 바탕을 둔 구속력 있는 관계를 의미할 때 쓰인다. 요나단과 다윗과의 친분도 역시 계약에 바탕을 두고 있고(삼상 18:3), 야곱과 라반의 경우처럼(창 31:44-50) 가문이나 사회적-정치적인 집단의 우두머리 간에 맺는 계약도 있으며, 이스라엘과 기브온 거민과의 계약(수 9:3-27), 다윗과 이스라엘의 연장자들과의 계약(삼하 5:3)도 있다. 가끔 계약을 강화하고자 할 때 엄숙한 맹세라는 특별한 말을 쓰는데(창 26:28 ; 31:49-50 참조) 때때로 "계약"이라는 말 대신에 "맹세"라는 말이 쓰일 때도 있었다(수 9:20).

　　앞으로 살펴보겠지만, 무조건적인 하나님의 이스라엘에 대한 구속에 대한 강조든지, 아니면 조건적인 이스라엘의 하나님에 대한 구속에 대한 것이든지, 하나님과 이스라엘 간의 계약은 신학적인 관점에서 차이가 있다. 이 둘 다 인간의 책임감이 필요한 하나님의 은총의 계약이다. 그러나 후자의 경우에서 조건성이란 이스라엘이 자기 의무에 충실했거나, 그렇지 못했거나에 따라 주어지는 것이다(소지 멘넨홀(George E. Mendenhall)의 "계약", *IDB* I (25), 714-723 참조).

시내 이야기

　　계약 자체를 살펴보기 전에, 현재 모세 오경에 나와있는 시내의 체류에 관한 자료를 보기로 하자. 이 이야기에 의하면, 이스라엘인들은 출애굽기 19:1에서 시내에 도착해서 민수기 10:11까지 진지를 옮기지 않았다고 한다. 이 시기의 자료는 모두 시내에서 체류하는 동안 일어난 사건에 관한 것이다. 다시 말해, 모세 오경의 중심 부분은 — 출애굽의 후반부, 레위기 전체, 민수기 10장까지 — 시내에서 이스라엘이 야영했던 기간 중에 일어났던 사건들과 율법들을 다루고 있다. 이러한 방대한 분량의 자료(출 19장에서 민 10:10까지)에는, 다음에서 보는 바와 같이, 광야에서 이스라엘 백성의 체험을 다루고 있는 또 다른 이야기들을 중간에 삽입시켰다는 점에 주의해야 한다.

A. 광야에서의 이스라엘 … 출애굽기 15:22-17:16[6]
  〔시내에서의 이스라엘 : 출애굽기 19:1 - 민수기 10:10까지〕
B. 광야에서의 이스라엘 … 민수기 10:11에서 20:22
참고 : 히브리 성경에서 민수기의 이름은 "광야에서"(B‘midbar) 이다.

위에 제시한 B부분의 일부 이야기들은 A부분과 마찬가지로 같은 장소(가데스)에서 일어난 일이라는 것이 주목할 만하다. 이 부분에 대해서는 시내 계약에 관한 전승이 출애굽과 정복에 관한 전승으로부터 분리될 수 있는가에 대한 문제를 언급할 때 살펴보기로 한다.

이러한 시내에 관한 긴 자료의 많은 부분은 비교적 후기의 제사장계 전승(P)에 속하는데, 그것은 성막을 포함해서, 성물(특히 성궤), 제사장직, 여러 종류의 제사에 관한 제사장계 기자들의 관심에서 알 수 있다. 레위기 전체와, 민수기의 10장까지는 제사장계 자료인데, 단지 맨 마지막 구절만이 예외이다(민 10:29-36). 출애굽기에서 시내에 관한 자료의 상당 부분이 제사장계 전승에 속하는데, 25-31장, 35-40장이 그것이다. 이 제사장계 자료를 빼면, 나머지 부분은 고대 서사시 전승, 이른바, J와 E 자료로서, 이것은 서로 구별하기 힘들 정도로 섞여있다(신명기계 자료〔Deuteronomic material, D〕는 신명기 이전의 모세 오경에서는 그렇게 중요한 비중을 차지하지 않는다). 제사장계 부분을 제외한 뒤에 남는 고대 서사시 전승은 대체로 19-24장과 32-34장이다.[7]

제사장계 자료를 제외한다고 해서 그 전승이 역사적인 가치가 없다고 말하는 것은 아니다. 비록 제사장계 작품(P)이 기원전 587년 국가의 멸망 이후에 기록되었지만, 그것은 실제로 고대를 회상하는 많은 부분이 들어있다. 성경문학을 다루는데에 작품 집필 연대가 전승의 시기를 가리키는 지표는 되지 못한다는 것은 자명한 이치이다. 또한 이 원칙은 고대 서사시 전승(J 와 E)에도 적용된다. 이 전승은 아마도 군정 시기(즉 다윗 이후, B.C.E. 1000년경)에 기록된 것 같지만, 그 당시의 관심사뿐만 아니라, 더 앞선 시기의 자료들도 포함하고 있다. 출애굽기의 이러한 고대 서사시 전승의 일부는 모세 시기까지 거슬러 올라가는 것도 있다. 즉 가나안에서의 이스라엘의 농경 생활을 반영하는데, 이 때는 여호수아 시대와 그 이후라고 볼 수 있다. 그러므로, 뒷 장에서는 고대 서사시 전승에 보존된 농경법(출 20:23-33:23)

---

6) 출 18장은 순서가 틀린 것이 명백하다. 왜냐하면 출 19:1-2에 이스라엘인들이 산에 도착했다고 되어
   있는데 18:5에서는 산에 도착한 모세에게 장인 이드로가 찾아왔다고 하기 때문이다.
7) 시내산의 관한 자료비평은 Martin Noth, *Pentateuchal Traditions* 〔70〕, p. 270-273)을 보라.

이나 제사장계 작품의 제도들(본서 4장과 13장 참조)을 비롯하여, 시내 자료에 대해서 알아보고자 한다.

시내에서의 계약

출애굽기 1-24장의 이야기는 두 가지의 에피소드를 다루고 있다. 그 하나는, 이집트에서 해방되어 광야로 인도되었다는 것이고, 다른 하나는, 시내에서 하나님이 나타나셔서 율법을 주고, 계약을 맺었다는 이야기이다. 이 두 이야기는 서로 밀접하게 관련되어 있다. 첫째 이야기는 두번째 이야기의 준비이고(출 3:12 참조), 두번째 이야기는 첫번째 이야기에 신학적인 바탕을 두고 있다.

"독수리의 날개" 구절

출애굽과 시내라는 이스라엘 전승의 두 가지 측면 간의 본질적인 연관은 이집트를 떠난 지 석 달 만에 시내에 도착했다는 출애굽기 19장 1-2a(제사장계〔P〕 기록에서 유래한다) 바로 다음에 강조되어 있다. 이러한 구절(출 19:3b-6)에 의하면, 어미 독수리가 그 새끼를 채오듯 야훼께서는 자기의 백성을 특별한 목적을 위해 이 산으로 데려왔다고 한다. 이 구절의 운율적인 양식과 조화로운 통일성을 주목하라.

> 너는 이같이 야곱 족속에게 이르고
> 이스라엘 자손에게 고하라 :
> 나의 애굽 사람에게 어떻게 행하였음과
> 내가 어떻게 독수리 날개로 너희를 업어
> 내게로 인도하였음을 너희가 보았느니라.
> 너희가 내 말을 잘 듣고
> 내 언약을 지키면
> 너희는 열국 중에서 나에게(li) 특별한 소유가 될 것이다.
> 왜냐하면(ki) 세계가 다 나에게(li) 속하였나니
> 너희가 나에게(li) 제사장 나라가 되며
> 거룩한 백성이 되리라
> 너는 이 말을 이스라엘 자손에게 고할지니라
> ― 출애굽기 19:3b-6(원문대조).

위 구절을 주의 깊게 살펴보면, 위 구절은 도입부("너는 이같이 … 이르고")와 결론부("너는 이 말을 … ")를 가지고 있는 독립구문이라고 주장하는 문학 비평가에 동의할 것이다.[8] 앞 줄 내용이 다음 줄에 반영되는 대구법이 나오고, 이스라엘의 선택을 위한 신학적인 바탕을 제시하기 "때문에"(히브리어로 ki)라는 말이 점층법적으로 사용되고 있다는 점을 주목해야 한다. 또한 히브리 문헌에는 유음과 반복어(예를 들면, li : 나에게)의 강조용법이 나타난다. 이러한 독립 구절의 세심하게 다듬어진 형태와 운율적인 양식은 이 독립된 구절이 현재의 문학 형식으로 갖추어지기 전에는 아마도 계약의 갱신 의식과 연관되어 교리 문답식으로 사용되면서 형성되었을 것이라는 것을 암시한다. 어쨌든, 절제되고 정교하게 다듬어진 이 구절은 이스라엘 백성의 특별한 소명(선택)에 대한 의미를 한층 더 성숙한 신학적인 반성으로 끌어올렸다. 이러한 이스라엘 백성의 소명은 하나님이 이스라엘 백성을 이집트의 노예상태에서 해방("너희는 내가 한 일을 보았다")시켜 하나님의 활동을 드러낸 출애굽 사건에 그 바탕을 두고 있다. 그러나 야훼의 의도는 백성으로부터 응답을 불러일으키는 것이었다. 그래서 백성은 결정을 해야만 하는 상황에 놓이게 되었고, 하나님의 목적 안에서 사명을 맡게 되었다.

모세가 일찍이 시내에서 체험했던 것을 — 야훼의 역사적인 계획에 참여하라는 소명 — 백성들도 똑같이 이 거룩한 하나님의 산에서 체험했고, 이것은 미래에도 연관되는 것이었다: 사실, 이 백성이 야훼의 백성이 되고 못되는 것은 "너희가 나의 음성을 듣고 나의 계약을 지키느냐"에 달린 것이다. 이 조건을 지키면 그들은 야훼의 "소유"(히브리어로는 "개인 재산"을 의미)가 되고, 특별한 의미로 야훼에 속하는 공동체가 되고, 그들은 그들의 전 삶을 야훼의 주권에 따르게 해야 하는 소명을 갖게 된다. 여기서 우리는 나중에 다루게 될 이스라엘인의 신앙의 특징, 즉 보편적인 것과 특별한 것의 기묘한 결합을 발견하게 된다. 야훼의 주권에는 한계가 없다. 그 이유는 "온 세상이 야훼의 것"이기 때문이다(출 19:5b). 그러나 야훼는 많은 백성 가운데 한 백성을 택한다. 그것은 특권이라기보다는 사명 때문이다. 이 선택된 백성은 "제사장들의 나라" — 즉, 세상으로부터 분리되어 하나님을 섬기도록 바쳐진 공동체(벧전 2:5, 9 참조)가 된다.[9]

이러한 신학적인 서문 뒤에 이 이야기는 시내에서의 하나님의 발현과 이스라엘

---

8) James Muilenburg, "The Form and Structure of the Covenant Formulation", *Vetus Testament*, 9 (1959), 347-65) 마틴 부버는 이 구절이 신학적으로 중요하다고 주장한다. Martin Buber, *Moses* 〔207〕, pp. 101-9.

백성을 계약의 백성으로 구속력을 갖게 하는 율법의 부여를 기술하고 있다(출 19:9-20:20). 일부 학자들은 이 구절을 내세워 시내산은 활화산이었거나 하나님의 발현 때 뇌우가 일어났다고 주장한다(16-19절 참조). 그러나 살펴본 바와 같이, "지진, 바람, 불"(왕상 19:11-13 참조) 같은 전통적인 폭풍우 현상은 하나님의 거룩함과 그의 백성을 방문하는 위엄을 묘사하는데 사용되었을 가능성이 많다. 이스라엘 백성이 조용한 운율이나 자연의 아름다움으로부터가 아니라 땅을 뒤흔들어 백성들에게 하나님의 초월성과 거룩함을 알게 하여 두려워하게 하고 인간 생활의 나약함과 불안정을 깨닫게 하는 맹렬한 폭풍우로부디 종교적인 은유를 채택한 것은 중요한 일이다(사 2:12-22 ; 시 29 참조).

계약의 비준

고대 서사시 전승은 출애굽기 24장에 계약 체결 의식을 묘사하고 있는데, 여기에는 두가닥의 고대 전승이 서로 섞여있다. 그중 한 가닥에 의하면(출 24:1-2, 9-11), 계약은 산꼭대기에서의 성찬 중에 체결되었다고 한다. "산 정상에서의 회의"의 참석자들은 모세 이외에도 제사장 아론과 그의 두 아들(출 6:23 참조)과 70명의 장로들을 포함한 이스라엘의 대표자들이었다. "그들은 하나님을 뵈오머 먹고 마셨다"는 표현에서, 하나님의 얼굴을 보고 살 자가 없으리라는 경고가 나타나 있는 출애굽기 33:20과 이사야 6:5의 구절에도 불구하고, 계약 체결 성찬 중에 하나님이 실제로 나타나셨고, 후에 예언자 이사야처럼 그들도 우주의 위엄을 입으신(24:10 ; 사 6:1-3 참조) 하나님을 보았으나, 그들은 어떠한 해도 입지 않았다. 이 이야기 자체는 인간 세계 속에서 하나님의 초월성을 나타내고자 하는 이스라엘 전승의 기본적인 주제를 다루고 있다.

출애굽기 24:3-8의 또 다른 전승에 의하면, 산 아래에서는 이스라엘의 전체 집회가 계약 체결 의식에 참여했다고 한다. 여기서는 제사를 통해 계약이 체결된다.

---

9) "제사장들의 왕국"이라고 표현하는 것도 분명하지 못하다. 이것은 이스라엘의 독특성, 즉, 일반 백성과 구별되어 하나님께 속하는 것을 뜻하고 있다. William L. Moran, *The Bible in the Current Catholic Thought*, ed. J.L. Mckenzie (New York : Herder and Herder 1962), pp. 7-20. 아니면 이스라엘을 특별한 봉사를 위하여 따로 떼어 놓은 왕국이라고 해석할 수도 있다. R.B.Y. Scott, in *Oudtestamentliche Studien*, VIII, ed. P.A.H. de Boer (Leiden : Brill, 1950), pp. 213-219. 이 구절은 이스라엘이 야훼 앞에서 만국을 대신해서 집행해야 할 제사장적 역할을 강조하는 것으로 보인다 (창 12:3 참조).

모세는 제단을 쌓고 열두 지파를 상징하는 열두 개의 기둥을 세웠다. 짐승을 잡아, 야훼가 이 의식에 참여한다는 상징으로 그 피의 절반을 제단에 뿌렸다. 나머지 절반의 피는 항아리에 담고, 모세는 계약의 중재자로서 백성들에게 "계약의 책"을 읽어 주었다. 백성들이 야훼의 명에 순종하여 받아들이겠다고 서약하자, 모세는 피를 백성들에게 뿌리며 "야훼께서 이 모든 말씀에 따라 맺는 계약의 피다"라고 말했다.

이러한 두 가지 전승은 계약 체결 의식에서 서로 차이를 보인다. 음식을 나누는 것은 야곱과 라반의 계약에서와 같이(창 31:46 특히 54절 참조) 인간 사이에 맺는 계약이다. 제사를 통한 계약 체결은 고대 사회에서 잘 알려져 있던 것이다. 앞에서 언급한 마리(Mari) 문헌을 보면, "당나귀를 죽이는" 의식으로 조약이나 계약을 체결했다(창 15:7-21과 특히 렘 34:18-19을 비교). 출애굽기 24장의 의식이 이것과 똑같지는 않지만 우리는 여기서 제사의 피가 계약을 체결하는 당사자들을 묶는 신성한 힘을 가졌다고 믿는 고대인의 믿음을 알 수 있다. 구약성서의 제사 신학에서 우월한 위치를 차지하고 있는 피의 효력에 대한 믿음은 고린도전서 11:25에서와 같이 신약성서의 계약신학 안에서 더욱 다듬어지게 되었다.

그러나 계약 체결의 의식에 대한 차이점보다 더 중요한 것은 각 전승이 전제하고 있는 계약 자체에 대한 이해의 차이이다. 한 전승에서는 백성들이 그들의 대표자들을 통해 참여하나, 다른 전승에서는 백성들이 직접 참여한 것으로 되어 있다. 한 전승에서는 계약 체결 의식의 부분으로서 어떤 조건도 제시되어 있지 않지만, 다른 전승에서는 계약 의식에 출애굽기 19:5의 "너희가 내 음성에 순종하고 내 계약을 지키면 … "이라는 "조건"이 들어있는 계약서의 낭독문이 들어있다.[10] 계약의 개념에 대한 이 두 가지 견해는 이스라엘 역사에 깊숙이 뿌리내리고 있다. 그 이유는 이 두 가지 견해 모두 야훼와 백성간의 관계를 더 완전히 이해하는데 중요하기 때문에, 출애굽기 24장에 이 둘을 끼워 맞춘 것이다.

비록 고대 서사시 전승에서 계약을 날인하기 위한 의식들이 담겨 있고, 최소한 몇 구절에서 계약 관계를 유지하기 위해서는 율법의 준수가 기본적인 조건이라는 것을 강조하고 있지만, 토라(모세 오경)를 현재의 형태로 완성하기 위해 전통적인 자료들을 제사장계 작품으로 통합시켰던 시기에 이러한 사실들은 가볍게 다루어졌다.

---

10) 자료비평 결과 산 정상에서의 제의(24:1-2, 9-11)는 야훼문서기자 전승에 속하며 이 전승에서는 계약법이 34:10-28 이전에는 나오지 않는다는 점이 밝혀졌다. 십계명(20:1-17)의 선포가 포함되었으리라 여겨지는 산 밑의 제의는 엘로힘문서기자 전승에 속한 것으로 여겨진다. Murray L. Newmann, *The People of the Covenant* [231]. 그는, 신학적 강조점이 다른 두가지 계약전승이 가데스에서 서로 다른 집단이지만 관계가 있는 집단으로부터 시작되었다고 주장한다.

제사장계 전승 기자들은 시내 계약의 유효성을 의심하지 않았고, 그래서 그들은 출애굽기 19-24장에 나오는 고대 서사시 자료 전체를 포함시켰다. 그러나 그들은 시내 계약을 "영원한 계약"(berith olam) — 인간의 이행 여부와는 상관 없이 하나님이 영원히 세운 계약 — 이라는 신학에 포함시켰던 것이다. 제사장계의 관점에서는 노아와의 계약(창 9:1-17)과 아브라함과의 계약(창 17)이 바로 "영원한 계약"의 유형에 속하는 것이다. 이러한 신학적인 가정에서 볼 때, 제사장계 기자가 엘 샤다이(El Shaddai)가 아브라함과 그의 후손들과 맺은 "영원한 계약"(창 17:7-8) 안에 시내 계약을 포함시킨 것은 당연한 일이다.

시내 계약 자체를 "영원한 계약"으로 생각하기 위한 표징은 안식일이다(출 31:12-17). 따라서, 야훼가 이스라엘 백성을 이집트의 노예 생활에서 해방시킨 것도 바로 야훼께서 아브라함과 이삭과 야곱과 맺은 계약(출 2:24 ; 6:2-8(P))을 "회상"했기 때문이고 시내에서의 제사의식 창립(25-31, 25-40)도 야훼께서 이스라엘 백성 중에 거하셔서(출 29:45-46) 이들의 하나님이 되기로 한 서약(창 17:7)의 이행이다. 나중에 우리는 이러한 제사장계의 신학적인 관점(제13장)에 대해서 고찰하기로 한다. 중요한 점은 출애굽기 19:3b-6과 24:3-8에서 특별히 입증된 것처럼 고대 서사시 전승에서는 계약이 백성들이 마땅히 지켜야 할 조건을 담고 있다는 것을 강조하고 있다는 점이다. 앞으로 고찰할 사항이지만, 이스라엘의 일부 예언자들은 고대 서사시 전승의 모세 계약에 기반을 두고 백성들이 야훼의 음성에 순종치 않았다고 선언하면서 그들이 계약을 파기한 것에 대해서 하나님의 심판이 있을 것이라고 위협을 한다. 계약에 대한 이러한 두 가지 견해 — 조건적인 것과 무조건적인 계약 — 는 이스라엘 전승이 전수되는 과정에서 서로 긴장 관계를 이루고 있다.

계약과 율법

고대 서사시 전승에 의하면, 계약을 체결할 때에는 계약 조건의 선언이 포함된다. 출애굽기 24:3-8의 계약 체결 의식은 다음과 같이 시작된다.

> 모세가 와서 여호와의 모든 말씀(debarim)과 그 모든 율례(mishpatim)를 백성에게 고하매 그들이 한 소리로 응답하여 가로되 "여호와의 명하신 모든 말씀(debarim)을 우리가 준행하리이다
> — 출애굽기 24:3.

이 구절은 분명히 앞 이야기(출 20:1-17)에서 소개되었고, 특히 앞 부분에 (20:1) "말씀들"(d°barim)이라고 지칭된 십계명(또는 "열 가지 말씀들")을 가리킨다. 그러나 앞에 인용된 구절에 의하면 계약 체결 의식에 앞서 "법규들" (mishpatim)에 대한 낭독이 행해졌다. 이것은 약간 이상하게 보이는데, 왜냐하면 백성들이 "말씀들"에 따르겠다는 말만으로 응답을 하기 때문인데, 처음부터 끝까지 (4, 7, 8절 참조) "말씀들"로만 되어있다. 출애굽기 21-23장의 "법규들"(이른바 계약 법전)을 삽입하고자 했던 편집자가 마지막 문장에서 "그리고 모든 법규들"이라는 구절을 빠뜨린 것 같다. 그러나 원래 모세가 백성에게 읽어 주었던(24:7) "계약의 책"(문헌)은 아마도 십계명을 포함하고 있었을 것이다.[11] 방금 언급한 편집 과정을 보면, 후대의 다른 법률집들이 시내에서 이스라엘의 체류 이야기에 삽입된 실마리를 보여주고 있다. 시내에서의 계시 내용 다음에 법률이 위치함으로써 후대의 편집자들은 다른 세대를 위하여 계약의 동시대성을 강조했다. 다음의 신명기 5:2-3에 이러한 것이 나타나 있다.

모세 오경의 법률 자료집

시내에서

1. 십계명	출 20:1-17(신 5:6-21에서 반복)
2. 시민법 및 종교법, "계약 법전"이라 불림	출 20:22-23:33
3. 일단의 제의법, 또 다른 십계명이라 여겨짐	출 34:10-26
4. 제사장계 법률:	
제사에 관한 지시	출 25-31(출 35-40에 완성)
제사장계 법률	레 1-18, 27
거룩한 법전	레 19-26
제사장계 법률 보충	민 1-10

시내 이후

1. 제사장계 법률 보충	민 28-31, 33-36
2. 신명기계 법전	신 12-26
3. 저주의 규정이 있는 법률	신 27

---

11) 출 20-23장의 시민법 및 종교법은 출 24:7의 "계약의 책"을 토대로 "계약 법전"이라고 불린다. 그러나 이것은 부정확하다. 이 법들은 다음 장에서 논의하게 될 계약제의에서 선포되었다고 볼 수도 있다.

우리 하나님 야훼께서 호렙산에서 우리와 언약을 세우셨나니 이 언약은 여호와께서 우리 열조와 세우신 것이 아니요 오늘날 여기 살아 있는 우리 곧 우리와 세우신 것이라.

편집자들은 후기의 계약법들 또한 모세의 권위 아래 있다는 것을 나타내고자 했다. 다음 표에서 보는 바와 같이, 분리된 여러 법률집들은 시내산에서 제정된 법률에 끼워넣어졌다는 사실이 일반적으로 인정되고 있다.

이처럼 다양한 현재의 모세 오경은 역사의 변화하는 상황 속에서 야훼의 계약 이행 요구에 대해서 이스라엘 후손들이 어떻게 대응했는가를 보여준다. 출애굽기 25-31장의 제사장계 법률도 그러한 후대의 상황을 잘 반영하고 있다. 계약 법전에 대해서는 다음 장에서 살펴보겠지만, 광야의 상황보다 농경 생활에 대한 관심을 드러내고 있다. 그리고 출애굽기 34:10-26의 일단의 제의법은 대부분 가나안의 시대적 배경을 반영하고 있다. 그러므로 이러한 법률들을 제하고 나면, 모세 시대로부터 유래하는 법률은 그리 많지 않다.

이러한 모든 것은 모세 시대로부터 전해져 온 법은 하나도 없고 다만 하나님의 의지에 대한 절대적인 책임감만 존재하다가 세월이 흐름에 따라 법이 세부적으로 하나씩하나씩 제정되었다는 것을 의미하는 것인가? 어떤 학자들은 이러한 질문에 대해 실제 그렇다고 확신하고 있다. 그러나 모세 오경의 법률들의 내용과 형식을 연구한 결과, 모세 시대에서부터 유래하는 계약법 — 특별히 십계명 — 으로 거슬러 올라가는 유대 전승이 근본적으로 역사적 사실에 기반을 두고 있음을 주장할 수 있게 되었다.

절대법과 판례법

모세 오경에 나오는 두 가지 종류의 법률은 조건적인(또는 판례) 법과, 절대적(또는 필연적)인 법이다.[12] 조건적인 법은 만약에 이것이 생기면, 그때에는 저것이 법적인 결과를 초래한다는 특징적인 유형을 갖고 있다. 현대의 법전에서 명백한 것처럼, 판례는 여러 다양한 하부 조건을 포함시키도록 자세하게 정의될 수 있다. 이

---

12) 이런 양식비평적인 구별은 알트가 처음 제시했다. 1934년 독어로 출판되었고 현재 *Essays on Old Testament History and Religion* 〔151〕, pp. 101-71에 수록된 알트의 글 "The Origins of Israelite Law"를 참조하라. 그후 고대 씨족들의 절대적인 법들을 연구하여 그의 논문은 수정되었으며 기타 고대 법전들에서도 이런 종류의 법이 있음을 발견하였다. J. J. Stamm and M. E. Andrew 〔234〕 와 Brevard Childs, *Exodus* 〔210〕, pp. 385-439 그리고 Walter Harrelson, *Ten Commandments and Human Rights* 〔224〕의 십계명 연구를 보라.

러한 법률 유형은 함무라비 법전과 같은 고대 법전, 이른바 계약 법전의 법률과, 신명기 12-26의 법전 등에서 발견된다. 반대로 절대적인 법은 "만일"이나 "그러나"가 없다. 이 법은 무조건적이며, 명백하고 간략한 언어로 되어있다. 이 두 법의 차이점은 히브리인을 종으로 사는 것에 관한 법(출 21:2-6)의 명령법적인 형태와 "부모를 업신여기는 자는 반드시 사형에 처해야 한다"(출 21:17)는 분명한 명령을 비교하면 나타날 수 있다. 절대적인 법은 이스라엘의 고유의 법 유형인 것 같으며, 계약의 무조건적인 요구를 나타낸다. 아마도 이러한 유형의 법은 광야 시대에서 유래하는 것 같다. 십계명은 출애굽기 21-23장의 명령법적인 형태인 "법규들"과는 달리 농경 사회를 전제로 하지 않는다는 것이 특기할 만하다. [13]

　　이러한 분석 결과, 출애굽기 20:1-17의 십계명이 모세 시대로부터 유래되었다고 믿을 수 있는 이유가 있다. 히브리인들은 이러한 십계명을 "열 가지 말씀들"이라고 불렀다. 이 십계명 중에서 여러 계명이 둘 또는 세 단어로 표현되어 있으며, 나머지 계명들도 현재 상당히 긴 형태이지만, 의심의 여지 없이 전승되어 오면서 길어졌을 것이다. 원래 십계명은 앞에서 언급한 필연적인 형태의 간략하고 절대적인 요구만을 담고 있었을 것이다. 여기서 원래의 십계명을 가능한 되살려 보기로 한다. [14]

　　하나님께서 이렇게 말씀을 말하셨다 : 나는 야훼, 너를 이집트 땅, 종살이 하던 집에서 이끌어 낸 너희 하나님이다.

　　1. 너는 내 앞에서 다른 신들을 섬기지 말라.
　　2. 너는 나를 위하여 어떠한 상을 새기거나 그 비슷한 것을 만들지 말라.
　　3. 너는 너의 하나님 야훼의 이름을 함부로 부르지 말라.
　　4. 안식일을 거룩하게 지킬 것을 명심하라.
　　5. 네 부모를 공경하라.
　　6. 너는 살인하지 말라.

---

13) 황소에 대한 법(출 21:28-36)과 포도원이나 밭곡식에 손해를 입힌 데 대한 법(22:5-6)을 비교해 보라. 계약의 법전에는 21:15, 16, 17 처럼 절대적인 법도 포함되어있다. 그러나 이런 법들은 십계명과 같은 "너는…"이라는 형태가 아니라 히브리어의 분사 "…을 하는 자는"으로 시작하여 어기면 사형에 처한다는 강경한 동사형으로 끝난다.

14) James Muilenburg, "The History cf the Religion of Israel", *Interpreter's Bible* I〔16〕, 303. 을 보라. 로마 가톨릭과 동방정교회 그리고 개신교(루터교, 개혁교회)는 각각 십계명을 세는 방법을 달리하고 있다. D. M. Beegle, *Moses* 〔206〕, p. 217. 비글은 이 차이점들을 도표화했고, 십계명의 의미를 논의했다 (pp. 218-34).

  7. 너는 간음하지 말라.
  8. 너는 도둑질하지 말라.
  9. 너는 네 이웃에 대하여 거짓 증언을 하지 말라.
 10. 너는 네 이웃의 집을 탐내지 말라.

4와 5 계명을 제외하면 나머지는 모두 금지 사항이며, 각각 이인칭 단수 동사로 시작하기 때문에, 계약 공동체의 각 성원에게 내리는 지시이다. 모세의 십계명은 "이것을 하지 말라" 또는 "저것을 하지 말라"는 것이 주종을 이루고 있기 때문에 일부 사람들이 성경적인 종교가 부정적인 태도를 강조한다고 여기고 있지만 그렇게 여겨져서는 안된다. 실제로는 그 반대이다. 십계명은 단순히 계약 관계에 의해 정의된 일반적인 제약을 내세우고 있지만, 이러한 제약내에 하나님과 인간의 의무에 대한 해석과 행동의 자유에 대해 상당한 재량권이 주어져 있다. 사실, 판례법의 목적은 이스라엘인들의 생활이 변하고 복잡해짐에 따라 필연적인 명령들의 관계를 똑똑히 설명하고자 하는 것이었다. 결국 이 계명들은 두개로 묶어 긍정적인 형태로 표현될 수 있다. 즉 "너는 마음을 다하고 목숨(존재)을 다하고 힘을 다하여 너의 하나님 야훼를 사랑하라"와 "너는 이웃을 네 몸과 같이 사랑하라"(신 6:5 ; 레 19:18b ; 막 12:28-31 참조)가 된다. 그러나 이 계명들이 긍정적인 형태로 표현되었다고 해도 백성들은 공동체와 전승의 내용 안에서, 구체적인 상황에서 절대법이 무엇을 의미하는가를 결정해야만 했다.

조약과 계약

법은 계약으로 맺어진 유대를 사회적으로 표현한 것이다. "계약"(히브리어로 berith)이라는 말은 오늘날에도 여전히 쓰이고 있듯이 정치적인 조약에 많이 쓰였다. 예를 들어, 솔로몬이 두로(Tyre)의 왕 히람과 성전의 건축을 위한 목재 공급을 협상했다는 것을 "그들은 조약을 맺었다"(글자 그대로는 "계약을 자르다" ; 왕상 5:26b)라고 했다. "계약"의 개념은 정치적인 분야에서 차용해서 하나님과 이스라엘과의 관계를 나타내는 데 사용되었다. 두말할 것도 없이, 이러한 계약의 당사자(하나님과 이스라엘)는 동등한 관계가 아니다. 계약을 "자르는" 이는 야훼이다.

---

15) George Mendenhall, *Law and Covenant in the Ancient Near East* (229)를 보라. 아울러 그의 최근 연구 논문 "Covenant", in *Interpreter's Dictionary* (25)과 Klaus Baltzar, *The Covenant Formulary* (221)를 보라. 이 주제에 대한 일반적인 개론으로 Delbert Hillers, *Covenant* (225)가 훌륭하다.

주전 2000년기 후반의 헷(히타이트) 왕국의 문서 보관소에서 발견된 국제 조약을 연구해 보면, 계약과 율법 간의 관계를 잘 알 수 있다.[15] 이러한 조약들의 내용과 형식을 분석하여, 학자들은 계약의 두 가지 형태, 즉 평등 계약과 종주권 계약으로 구별했다. 평등 계약이란 상호적이다. 이것은 계약 당사자가 동등한 입장에서 쌍무적인 의무에 의해 각자 서로를 구속하는 것이다. 반대로 종주권 계약이란 쌍무적이 아니라 편무적인 것인데, 종주국의 대왕과 속국의 우두머리인 봉신 사이에 맺어지는 계약이다. 종주는 그의 봉신에게 계약을 "주고", 그 계약 내에서 봉신은 보호와 안정을 보장받는다. 봉신은, 계약 주체로서 권위와 위엄을 가지고 있는 종주의 명령에 복종해야 할 의무를 지니고 있다. 계약을 체결하고자 할 때 종주의 주권은 결코 침해 받지 않는다. 그러나 봉신이 억지로 복종하는 것처럼, 그 계약은 단지 봉신에 대한 힘의 과시가 아니었다. 종주권 계약의 두드러진 특징은 종주가 봉신에게 은혜를 베풀고, 이 은혜에 대해 봉신은 감사하는 마음으로 복종을 해야 한다는 것이다.

종주권 조약 형식은 다음과 같은 여섯 가지 특징을 가지고 있다.[16]

1. **전문.** 헷 왕국의 대왕은 그의 이름과 칭호를 밝힌다. 예를 들면, "테숩(Teshup) 신의 총애를 받는, 하티(Hatti)의 대왕, 태양 무르실(Mursil)은 말한다."
2. **역사적인 서문.** 그리고 나서 종주는 조약에 대한 내력을 자세히 열거하는데, 특히 봉신을 위해서 베풀었던 은혜를 강조한다. 그래서 봉신은 이 은혜에 대하여 감사하는 의무를 가지게 된다.
3. **봉신에게 법적인 조항을 명시한다.** 가장 중요한 요구 사항은 봉신이 다른 종주를 섬기지 않고, 전시에 자신의 종주를 돕는다는 충성의 서약을 하는 것이다.
4. **조약 문서에 대한 주의점.** 이 조항은 조약의 사본을 만들어 두 나라의 신전에 보관해야 하고, 일년에 한번씩 속국의 공중 앞에서 낭독해야 한다고 규정하고 있다.
5. **조약의 증인.** 두 나라 신들을 증인으로 내세우는데, 헷족의 신들이 우선한다. 게다가 하늘, 땅, 바람, 구름, 산, 강 같은 자연력도 증인에 포함된다.
6. **제재 규약.** 조약에 복종하면 축복을 내리고, 불충실하면 저주가 내린다. 조약에 의해 종주의 왕은 보호를 하지만, 속국이 조약을 위반하면 심판을 내리거나 파멸시킨다.

이 조약의 형태와 출애굽기 19-24장의 모세의 조약 사이의 상호 관계에 대해서

---

16) 종주권 조약의 예를 보기 위하여 Pritchard, "Treaty between Mursillis and Duppi Tessub of Amurru", *Ancient Near Eastern Texts* 〔1〕, pp. 203-5. 4번을 보라. 이런 조약의 다른 예는 성경적이거나 성경 외의 것이거나 J.A. Thompson, *The Near Eastern Treaties and the Old Testament* (London : Tyndale Press, 1964).

는, 많은 학자들은 이스라엘이 야훼께서 자기의 백성과 맺은 관계를 표현하는데 이 조약을 모델로 삼은 것이라고 결론 내리고 있다. 실제로 출애굽기 20-24장의 고대 서사시 이야기의 내용에서는 이 조약과 비슷한 요소가 나타나있다. 하나님이 자신을 "나는 너희 하나님 야훼다"(출 20:1)라고 밝힌 부분은 전문에 해당하고, 야훼께서 이스라엘 백성을 이집트의 노예 상황에서 해방시키신 부분(20:2 ; 19:4 참조)은 역사적인 서문에 해당한다. 더 나아가서, 모세가 "계약의 책"이라 부르는 문헌에 기록하고 백성들에게 읽어준(24:4a, 7) 출애굽기 20장의 십계명은 조약에서 조건 부분에 해당한다. 종주권의 조약 형식(Nos 4-6)의 다른 요소들은 고대 서사시 전승에서는 발견되지 않는데, 야훼께서 다른 "신들"을 인정하지 않았기 때문에, 형식은 같지만 신들을 증인으로 내세우는 것은 기대할 수 없다. 게다가 이러한 가정에 대해서 비평가들이 지적한 것처럼 시내 이야기에서는 헷 왕국의 조약에는 없는 요소를 가지고 있는데, 특별히 백성에게 나타나신 하나님의 현현과 계약을 체결하는 의식이 그것이다.

모세는 헷족과 오랫동안 교류를 해왔던 이집트에서 살았기 때문에 이러한 조약을 알았을 것이고, 이스라엘을 해방시킨 야훼의 주도권의 의미를 해석하는 데, 이것을 사용했을 것이라고 생각할 수 있다.[17] 그러나 이러한 정치적인 유사점은 광야의 유랑자들에게는 그리 중요한 것이 아니었다. 종주권 조약은 정착민들의 풍습이었다. 이 종주권 조약은 헷족 왕과 소아시아 및 북쪽 시리아의 여러 속국 사이의 정치적인 관계에 국한되었다. 주권국들간의 이러한 조약은 광야에서 생활한 사람들과는 거리가 멀었기 때문에, 이스라엘인들이 가나안에 정착하여 고대 세계의 여러 나라와 정치적인 관계를 맺기 시작했을 때에야 영향을 미치게 되었을 것이다.[18] 이 문제에 대해서는 이스라엘의 가나안 점령을 다루게 되는 다음 장에서 살펴 보기로 한다.

이러한 연구들을 통해서 한 가지 분명하게 알 수 있는 것은 모세의 계약은 계약 당사자들이 상호. 평등하게 맺어지는 평등 계약이 아니라는 것이다. 모세의 계약은 하나님과 인간 사이의 관계였다. 그리고 하나님의 거룩함과 위엄은 공포에 질린 백성 앞에서 두려운 번개와 천둥으로 표현되었다. 계약은 하나님에 의해서 주어졌는데, 하나님과 인간이 관계를 맺게 된 것은 그들의 주권자인 하나님에 의해서였다.

---

17) John Bright, *History* [91], pp. 149-57. D. M. Beegle, *Moses* [206], pp. 149-57. 헷 족 속의 계약 형태가 이스라엘의 조상들에게 알려졌을 것으로 본다. D. M. Beegle, *Moses* [206], pp. 204-213.

18) 이 주제에 관하여는 Dennis J. McCathy, *Old Testament Covenant* [228]. 에 요약되어있다. Roland de Vaux, *History* [92], pp. 439-452를 보라.

야훼는 법적으로 이스라엘 백성에게 묶일 이유가 없다. 호세아나 예레미야 같은 예언자들의 말처럼, 야훼는 자유롭게 관계를 맺었고, 또한 자유롭게 관계를 끊을 수 있었다. 그리고 이러한 결과는 이스라엘이 더 이상 "하나님의 백성"(호 1:8)이 아니라는 것을 뜻했다. 이와는 반대로, 이스라엘은 그들을 위해서 "위대한 일"을 행하셨던 해방자이신 야훼께 묶여 있었다. 그래서 계약(언약) 의식에서 표현되었던 것처럼("야훼께서 우리에게 말씀하신 모든 것을 지켜 행할 것이오며"), 이스라엘의 복종의 계약은 야훼의 크신 은혜에 감사하는 것이었다. 간단히 말해서, 이스라엘은 하나님께 은혜를 입었다는 것이다. 해방은 의무 이행의 근거였다.

하나님과 백성간에 맺어진 관계의 이런 특징은, 모세 계약의 전승에 의하면 주권자와 종복의 관계였다. 십계명에 나타난 무조건적인 의무가 "나는 너희를 이집트 땅 종살이하던 집에서 이끌어낸 너희의 하나님 야훼다"(출 20:2)라는 간결한 서언 뒤에 나왔다는 것은 중요한 일이다. 그래서 율법은 이스라엘의 복음 — 하나님이 베풀어 주신 은혜, 즉 "기쁜 소식" 다음에 생겨났던 것이다.

출애굽과 계약

일부 역사가들은 "복음과 율법" — 즉 출애굽과 시내 계약 — 은 주권 조약 형식의 영향을 받아 전승을 편집상 배열한 것이 아닌가, 또는 이러한 출애굽과 시내 계약 사이의 관련은 모세의 영도 아래 이집트에서 탈출한 사람들의 체험에 시내 사건이 출애굽 이후에 일어났다는 역사적인 기억에 뿌리를 두고 있는 것은 아닌가 하는 문제를 제기하고 있다. 이 두 사건의 관계가 순수하게 형식적이라는 첫번째 주장에도 일리는 있다. 우리가 이미 앞에서 말한 바와 같이, 시내에 관한 자료의 많은 부분이 광야, 특별히 브엘세바에서 남쪽으로 50마일 정도 떨어진 곳에 위치한 가데스의 오아시스에서 겪은 이스라엘의 체험을 다루고 있는 이야기에 삽입되어 있다. 이러한 사실은 이집트를 탈출한 사람들은 곧바로 오아시스로 갔고, 시내에 체류했던 사람들은 다른 집단이었다는 주장이 생기게 했다.[19] 게다가 전형적인 이스라엘의 신앙 고백에서도 시내 계약에 관한 언급이 없다는 것이다(신 26:5-9 ; 6:20-25 ; 수

---

19) Roland de Vaux, *History* 〔92〕, pp. 401-419에서 이 자료들을 엄격하게 나누려 했는데 그는 실제로 두번의 출애굽이 있었다고 주장하고 있다. 한 그룹(추방된 출애굽)은 북쪽 길을 통하여 해안을 따라 가데스에 이르렀다. 조금 뒤에 모세와 또 다른 그룹(탈출한 출애굽)이 남쪽 길을 따라 시내산에 이르렀고 그 다음에 가데스에 이르렀다.

24:2-13). 이러한 구속사의 개요는 이스라엘 조상들의 역사의 시작과 이집트 압제로부터의 해방, 약속된 땅의 정복을 강조하고 있다. 시내 계약(언약)에 대한 언급이 없다는 것은 원래 출애굽과 정복의 이야기와 시내 이야기가 서로 분리된 전승으로서 서로 다른 집단에 의해 체험되었고, 서로 다른 제사 의식에서 기념된 사건에 기초하고 있다는 것을 주장하고 있다. 그러다가 이러한 집단들이 이스라엘 공동체로 뭉쳐지게 되자 그들은 그들의 전승들을 하나의 서사시로 통합시켰고, 결국에는 야훼문서 기자라고 알려진 기자에 의해서 시내 계약 자료가 구속사의 중심으로 삽입되었다는 것이다.[20] 그러나 이스라엘 신앙 고백에 시내 계약에 대한 언급이 없다는 사실로는 충분한 이유가 되지 못한다. 종주권 조약의 가설을 내세운 사람들이 십계명에서 지적된 것처럼(출 20:2 참조 ; 19:4, 5의 "독수리의 날개" 구절 참조), 출애굽과 시내 법 사이의 본질적인 연관 관계에 주의를 환기시킨 점은 옳다. 시내 계약이 신앙 고백문과 바다의 노래(출 15:1-18) 같은 초기 시에 언급되지 않은 것은 이 계약이 야훼의 권능에 속하는 것이 아니라, 야훼의 권능에 대한 이스라엘의 응답에 속하는 것이기 때문이다.[21] 이것은 성찬식(주의 만찬)이 그리스도를 통해 하나님의 자비에 대해 감사하는 응답이었기 때문에 기독교의 신앙 고백에 들어 있지 않은 것과 같다.[22]

이러한 교의는 두번째의 견해가 옳다는 것을 보여준다. 실제로 여호수아가 구속사를 언급한 것은 계약의 체결과 율법을 낭독(수 24:25-28)하는 것이 의식의 한 부분이었고, 신명기 6:20-25의 역사적인 시문(詩文)도 명백하게 하나님께서 이스라엘 백성에게 내리신 율법의 의미에 대한 응답이다. 간단히 말해서, 출애굽과 시내 계약이 연관된 것은 역사적으로 사실인 것 같다. 즉 시내 계약은 실제로 이집트를 탈출한 뒤에 발생했던 히브리라는 집단이 체험했던 사건이다. 모세의 예언자적 해석에 의하면, 백성들은 야훼께서 그들을 위하여 행하셨던 일에 감사하여 계약의 의무를 받아들였다고 한다.

물론 이스라엘 초기에 대한 일련의 전승을 통해서 볼 때, 우리는 불확실한 것으

---

20) 이 견해는 폰 라트가 그의 육경에 대한 양식비평에 대한 소논문 [181]에서 나타냈는데 그의 창세기 주석도 아울러 보라. 마틴 노트는 폰 라트의 견해를 일반적으로 수용하고 있다. 그러나 야훼문서기자가 문학적 작업을 했다고 강조하기보다 그는 시내산과 출애굽이라는 두 구별되는 주제가 연합되는 것에 관심을 가졌다. 그것은 구전 이전 단계에 속한 것이며, 문헌 자료의 기저에 있는 서사시의 기본층을 이루고 있다고 한다. Martin Noth, *Pentateuchal Traditions* [70], pp. 46-51, 59-62; *History* [98], 126-37.

21) 이것은 Arthur Weiser, *The Old Testament* [47], pp. 83-99가 강조한 것이다. Herbert H. Huffmon의 "The Exodus, Sinai and the Credo" [226]. Walter Beyerlin은 시내산 전승과 출애굽 전승이 공통적인 기원을 가지고 있음을 그의 시내산 전승에 대한 연구에서 밝혔다[222].

22) John Bright, *Early Israel* [176], p. 105.

로 가득 차 있는 부분을 발견하게 된다. 그렇지만, 분명히 전체 전승은 출처가 되는 "뿌리 체험"을 가지고 있다. 즉 "해방의 체험"(출애굽)과 "명령 체험"(시내)이 그것이다.[23] 처음부터 하나님의 은총과 요구, 즉 복음과 율법, 또는 유대어로 학가다(haggadah, 이야기)와 할라카(halakah, 율법)는 이스라엘인들의 체험에서 뗄 수 없는 연관을 맺고 있는 것이다.

계약의 위반

이 장에서는 출애굽기 19-24장의 시내 이야기를 중점적으로 다루고 있다. 여러 장에서 발견되는 제사장계 자료가 삽입된 후에 출애굽기 32-34장에서 계속된다.[24] 이 부분은 금송아지를 만드는 극적인 이야기에서 시작하여 야훼께서 다시 계명을 내리고 이스라엘과의 계약을 재확인하는 것으로 절정을 이룬다.

금송아지 이야기는 이스라엘의 역사적인 상황이 바뀔 때마다 모세의 전승이 어떻게 재해석되었는가를 보여주는 좋은 예이다. 이 이야기는 열왕기상 12:25-33에서 솔로몬이 죽은 뒤, 왕국이 북이스라엘(에브라임)과 남이스라엘(유다)로 나뉘었던 시기의 정치적인 상황을 반영하고 있는 대목과 놀라울 정도로 유사성을 갖고 있다. 이 대목은 북이스라엘의 첫 왕인 여로보암 1세(B.C.E. 922-901)가 그의 왕국을 정치적으로 강화하기 위해서 단과 벧엘 두 성소에 금송아지를 세웠다는 것을 보여주고 있다. 실제로 여로보암 1세가 "보라 이스라엘아, 너희를 이집트에서 데리고 나온 신이다"(왕상 12:18)라고 한 선언은 금송아지 이야기에서 아론이 한 말과 똑같다(출 32:4). 남이스라엘을 지지한 설화자는 분명히 여로보암의 종교적인 혁신을 비난하고자 하여 전에 모세에 의해서도 정죄된 바 있는 배교로 간주하려 했을 것이다.

일부 학자들은 금송아지 이야기는 "이스라엘 백성으로 하여금 죄를 짓게 한" 북이스라엘의 왕을 논박하기 위해서 특별히 지어낸 이야기라고 주장하기도 한다.[25] 그러나 출애굽기 32장의 이야기는 여로보암 1세보다는 더 오래된 전승에서 나왔고, 일부 이스라엘인들은 실제로 송아지가 야훼의 주권을 상징하는 것이라고 믿고 있었던

---

23) Emil Fackenheim, *God's Presence in History* (213), 1장.

24) 25-31장이 제사장계 전승에서 왔다는 것은 그 문체와 제의적 관심사가 장막과 언약궤 그리고 제사 규정 등에 관심을 가지고 있는 것으로 보아 분명하기 때문이다. 이 장들에서 주어진 가르침들은 35-40장에서 실행되는데 상당히 많은 부분이 반복된다.

25) Martin Noth, *Pentateuchal Traditions* (70), pp. 141-45. 노트가 이런 견해를 가지고 있다. 그의 출애굽에 관한 주석을 보라 (217), p. 246.

것 같다.[26]

어쨌든 그 나름대로 읽을 만한 가치를 가지고 있는 이 개정된 이야기는 좀더 확대된 모세 오경 이야기에서 중요한 기능을 담당하고 있다. 이미 보았듯이 광야의 이야기에서 반복되는 주제는 백성들의 불평이다. 여기서 그들은 모세가 야훼께서 그에게 말씀하실 것을 듣기 위해 산꼭대기에 가서 장기간 자리를 비우자 불평을 한다. 일부 백성들은 모세에게 무슨 일이 일어난 것으로 생각하고 아론에게(모세의 비서격인) "우리를 앞장선 신들"을 만들어 달라고 청하였다.[27] 고금을 막론하고 많은 종교인들처럼, 그들도 멀리 있지 않고 가까이 있는 신을 원했다(렘 23:23-24).

그리고 무엇보다도 그들이 원했던 신은 그당시 널리 퍼져 있었던 문화에 적합한 신이었는데, 즉 성적인 정력과 풍요함을 강조하는 가나안 문화에서 볼 수 있었던 신이었다. 그 다음의 "야훼께 드리는 축제"는 가나안의 풍습을 보여주는 좋은 예인데, 제사를 드리고, 먹고 마시며 춤추고, 성행위(5-6절)까지 벌인 것을 보면 가나안의 풍습이 확연히 드러난다. 그 다음 모세가 산에서 내려와 이 광란의 장면을 보고 분을 참지 못해 십계명이 새겨진 판을 깨뜨림으로써 계약을 위반했다는 것을 극적으로 보여주고 있다.

이것은 다음 이야기(33장과 34장)가 시작되는 발판이다. 얼마 동안은 장래의 모든 희망이 사라진 듯 했다. 야훼께서는 이러한 죄 많은 백성을 그냥 참고 넘길 것 같지 않았기 때문이다. 그러나 계약의 중재자인 모세가 백성을 위하여 대신 간청을 했고 야훼의 이름(특성, 독자성)이 심판과 용서, 이 두 가지를 포함하는 거룩한 사랑이라는 보장을 받는다. 야훼는 자유 의지로 활동하신다.

> 나는 은혜를 줄 자에게 은혜를 주고
> 긍휼히 여길 자에게 긍휼을 베푸느니라.
> — 출애굽기 33:19.

용서는 쉬운 일이 아니지만, 단지 하나님께서 용서를 하실 때에만 새로운 기회

---

26) Frank M. Cross, "Yahweh and El" [112], 73-75. 그는 북쪽에서는 황소가 야훼와 동일시 되었던 지고신 엘의 상징이었다고 주장한다. 그는 또 벧엘이 "황소 엘"에게 예배를 드린 고대의 성소였다고 지적했다 (풍요의 신 바알이 아니다); 여로보암은 예루살렘 성소에 대한 경쟁의식으로 엘 숭배를 가지고 벧엘의 옛 성소 벧엘을 다시 세우려는 정책을 추진했다.

27) 이 구절에 다신론이 포함되었다는 점이 지적되었는데 elohim 이라는 말은 히브리어에서 "신", "신들" 둘다 가리키기 때문에 1절과 4절에서 복수동사와 연결된다. 그러나 이 이야기는 송아지 상징에 대해서만 이야기하며 5절에서는 "야훼께 드리는 축제"라고 분명히 밝히고 있다. 이러한 예는 왕상 12:28에서도 나오는데 "신들"이라고 번역하기보다 "신"이라고 번역해야 옳을 것이다.

가 생기게 되고 경외와 두려움을 불러 일으키게 된다(시 130:4 참조). 이렇게 해서 구약성서의 여러 곳에 울려 퍼진 하나님의 "이름"에 대한 위대한 신앙 고백문이 처음으로 등장하게 된다.

> 여호와께서 그의 앞으로 지나가시며 반포하시되
> 여호와로라 여호와로라
> 자비롭고 은혜롭고
> 노하기를 더디하고 인자와 진실이 많은 여호와로라.
> 인자를 천대까지 베풀며
> 악과 과실과 죄를 용서하나
> 형벌 받을 자는 결단코 면죄하지 않고
> 아비의 악을 자손 삼 사대까지 보응하리라.
> ― 출애굽기 34:6-7.

출애굽기 32-34장의 이야기들은 냉정한 사실주의를 띠고 있다. 이 이야기들은 이스라엘 백성이 다른 나라 백성들과 똑같은 장단점을 갖고 있기 때문에, 이스라엘 백성들이 도덕적으로나 종교적으로 다른 민족보다 더 나을 바가 없다는 것을 말하고 있다. 다른 점이 있다면, 그들이 하나의 공동체가 되어 하나님을 섬기도록 부름을 받게 된 특별한 체험뿐이다. 모세도 "주께서 우리와 함께 행하심으로 나와 주의 백성을 천하 만민 중에 구별하심이 아니니이까"(출 33:16)라고 했다. 백성들이 미래에 대처했던 것은 그들의 영도자이신 야훼께서 그들 앞에서 행하셨다는 확신 때문이었다. 무엇보다도 우리는 여기서 후대의 예언자들이 선언했던 것, 즉 인간의 잘못과 반항에 의해 깨졌던 계약은 오로지 하나님의 용서에 의해서만 갱신될 수 있고, 이렇게 하여 미래에 대한 새로운 희망이 생기게 된다는(렘 31:34 참조) 깨달음을 보게 된다.

우리는 여기서 앞에서 언급한 계약 체결 전승과 병행을 이루는 또 다른 전승을 발견하게 된다(출 34:10-28). 여기서는 실질적으로 종주권 조약의 형식과 비슷한 점은 없다. 역사적인 서문 대신에, 이 계약에서는 야훼께서 장래에 행하실 놀라운 일에 대한 약속이 나타난다(10-11절). 모세가 화가 나서 십계명이 새겨진 돌판을 깨뜨려 다시 만드는데 이것은 계약의 갱신을 상징한다. 그러나 두번째의 돌판이 모세가 깨뜨렸던 "첫 돌판에 새겨진 말씀들"(34:1)을 포함하고 있지만, 이상하게도 출애굽기 34:11-26의 법은 첫 십계명과 거의 연관이 없다(특히 14, 17절: 다른 신들을 섬기지 말고 신상을 만들지 말라는 구절). 그리고 28절 마지막에 두번째 판에 십계명

("열 가지 말씀들")을 다시 새긴다고 했으나, 여기서는 정확하게 열 가지 명령을 찾기가 어렵다. 이러한 법들은 축제 같은 제의적인 문제들이나, 새끼 염소를 어미의 젖에 삶는 가나안의 풍습을 금지시키는 것 때문에 때때로 "제의적인 십계명"이라 지칭되기도 한다. 이러한 법들의 대부분은 이스라엘 백성이 가나안에 정착해서 농경 축제를 받아들이고, 일부 가나안의 풍습을 배격했던 후대의 상황을 전제한 것이다. 모세가 첫 돌판을 깨뜨린 것을 포함한 이 이야기의 구조는 이러한 분리된 법들이 여기에 포함되었을 가능성을 보여준다.

모세 시대의 신앙

본서 1장과 2장을 다시 보면서, 모세 신앙의 중요한 점들을 간추려 보기로 한다. 첫째, 십계명에 대한 서문이 지적하는 것처럼, 야훼는 **역사적인** — 정치적인 사건, 즉 출애굽 — 백성들에게 영원히 기억될 결정적인 사건에서 나타내신 구원의 활동을 행하시는 위대한 하나님이다. 확실히 이스라엘 백성은 역사 안에서 하나님의 활동을 유일하게 확증하는 백성은 아니었다. 그것은 당시의 다른 고대 민족들도 자연의 움직임이 순조롭게 돌아가는 것과 정치적, 우주적 질서가 유지되는 것이 신들의 가호 때문이라고 믿었기 때문이다.[28] 그러나, 우리가 알고 있는 바와 같이, 어떤 고대 민족도, 어떤 한 민족의 역사에서 중심이 되고, 그들과 관계를 맺고 예배 의식과 역사적인 이야기의 기록에서 표현되는 하나님의 활동을 갖고 있지 못했다. 이스라엘의 이러한 신앙의 확신은 나중에 호세아에 의해서 표현되는데, 그는 야훼께서는 "이집트에서부터" 이스라엘의 하나님이셨고, 다른 신을 "알지" 못하는 백성의 야훼라고 말했다(호 13:4-5). 야훼의 능력은 역사에 국한된 것이 아니었다. 야훼의 현현은 시내를 뒤흔든 천둥과 번개로 묘사될 수 있었다. 즉 야훼는 바람에게 명하여 갈대 바다의 물을 뒤로 물러나게 만들고, 재앙을 일으켜 가장 완고한 사람이라도 "이 세상은 야훼의 것"(출 9:29; 시 24:1)임을 알게 하였다. 또한 야훼는 광야에서 백성

---

28) Beril Albrektson, *History and the Gods* 〔194〕에서 알브렉슨은 신이 역사 안에서 활동하는 증거가 고대 이스라엘에만 보여진 것은 아니라고 주장했다. 그러나 문제는 이러한 증거들이 백성의 자기 이해와 하나님과의 관계에 대한 이해에 중심적인 위치를 차지하고 있느냐 그렇지 않느냐에 달려있다. 알브렉슨은 결론적으로 이스라엘과 메소포타미아 사이에 "역사 안에서 벌어지는 신의 활동에 대한 개념이 서로 다른 위치를 차지하고 있다"는 사실을 인정하고 있다 (115면).

들에게 물과 식량을 주시는 분이었다. 그러나 야훼는 태양신, 폭풍신, 또는 풍요의 신같은 자연신은 아니었다. 오히려 이스라엘은 야훼께서는 바로의 제국을 꺾고, 자기의 백성을 노예 생활에서 해방시켜 광야 길을 통해서 미래로 인도하시는 역사적인 목적을 성취하기 위하여 자연력을 사용하신다고 확신했다. 모세 시대의 신앙은 역사적인 사건에서 특별한 경향을 띠는데, 자연과 역사를 모두 초월한 하나님의 활동을 직접 체험했던 "뿌리 체험"에 입각하고 있기 때문이다. 따라서, 이스라엘의 전승들은 여러 다양한 역사적인 기록들을 포함하고 있으며, 나중에 더 자세히 살펴 보겠지만, 이러한 신학적인 관점에서 그들의 역사를 검토했던 것이다.

둘째, 이스라엘인들은 갈대 바다를 건넌 일련의 특별한 사건들을 통해서 야훼께서 주도권을 쥐고 자기 백성과 친밀한 관계를 맺었다고 믿었다. 그러나 이것은 하나님과 백성 사이의 거리가 없다는 것을 암시하는 것은 전혀 아니다. 야훼께서 백성에게 말씀하시기 위하여 중재자로 삼은 모세 조차도 야훼의 "얼굴"(또는 "현존")을 볼 수 없고, "나를 보고 나서 살 자가 없다"(출 33:20)는 말씀으로 경고하셨다. 설화자는 모세가 동굴에 숨어서 단지 야훼의 "뒷모습"만을 볼 수 있었다고 전하고 있다(33:17-23 ; 왕상 19:9-12와 비교). 이것은 하나님 현존의 체험 안에서 감추어진 분이라는 것을 비유적으로 말하고 있다(사 45:15 참조).

그러나 이스라엘은 하나님을 "먼"(초월적) 분이지만 또한 "가까이 계신"(내재적) 분으로 믿었고, 실제로 하나님이 주도권을 갖고 백성과 관계를 맺었고, 특별한 의미에서 "이스라엘의 하나님"이 되셨다고 생각했다. 전승은 이스라엘 백성이 하나님과 맺은 관계는 종으로서 하나님을 섬기는 노예로서의 관계가 아니라, 은혜로이 구속되고 상속을 받는 "맏아들"(4:22-23)의 자격이라는 것을 증언하고 있다. 이스라엘인들이 신앙으로 응답한 주된 동기는 이러한 구원에 대한 감사 때문이다. 그리고 이 신앙은 계약의 율법을 잘 지키고, 야훼께서 백성과 함께 하리라는 확신으로 미래에 대처하는 것으로 표현되었다. 이와 같은 계약의 관계는 — 아브라함 조슈아 헤셀의 말처럼[29] "하나님과의 공존"인데 — 이스라엘 공동체의 바탕이 된 것이다.

끝으로, 이스라엘 백성에게는 야훼라는 한 분의 하나님뿐이었다. 모세 십계명의 첫 계명은 "너는 내 앞에(또는 외에) 아무 신도 섬기지 못한다"고 단호하게 말한다.

---

29) Heschel의 중요한 저서 *God in Search of Man : A Philosophy of Judaism* (New York : Farrar, Straus and Giroux, 1955)을 보라. *Abraham Joshua Heschel : Exploring His Life and Thought*, ed. John C. Merkle (New York : Macmillan, 1985) 중에서 "Coexistence with God : Heschel's Exposition of Biblical Theology"

만약에 이 첫 계명이 다른 신의 존재를 인정하는 것이라 하더라도, 다른 신들은 이스라엘에게 충성을 요구할 수 없고, 야훼의 영광 앞에 무의미해진다는 것을 의미한다. 이미 본 것처럼, 출애굽 사건에서 야훼가 싸운 것은 바로였지 이집트의 신들이 아니었다. 오직 야훼만이 역사의 사건들과 자연의 세력을 통제할 수 있었다. 게다가 이스라엘인의 신앙에서 야훼의 우주적인 위엄을 묘사하기 위하여(출 15:11 참조) "하나님의 아들들"(천상의 존재들)이라는 천상회의의 개념을 사용했지만, 야훼를 만신전(pantheon)의 일부로 생각하지는 않았다. 이스라엘이 다신론을 배격한 또 다른 증거는 야훼께서는 고대 근동 지방의 주요 신들이 아내를 가지고 있었던 것과는 달리 배우자가 없다고 생각한 데서 발견된다. 실제로 고대 종교에서 중요한 역할을 했던 여신에 대한 개념은, 비록 구약성서에서 하나님을 여성적인 이미지로 표현한 많은 구절이 있기는 하지만(사 42:14-15 ; 66:13), 전적으로 부정되었다. 남성 위주의 배타주의가 신학적인 차원에까지 올라온 것처럼 들릴지도 모른다. 그러나 이스라엘인들은 하나님과 인간의 관계를 성적인 형태로 이해하려는 것이 아니라, 압제로부터의 해방과 계약과 같은 역사적, 정치적인 차원에서 강조하려고 한 것이다.

십계명의 두번째 계명에서는 야훼를 섬기는데 어떠한 신상이나 그 비슷한 것도 만들지 말라고 했다. 이것은 인간의 형태이든(남신상 또는 여신상) 또는 동물의 형태이든(송아지, 사자 등), 신의 현존은 어떤 형상을 통해서만 구체적으로 나타난다고 믿었던 고대 세계에서 이러한 계명은 가히 혁명적인 것이었다. 고대인들은 신의 위엄은 자연, 인간, 동물 등 많은 형태로 나타난다고 믿었다. 이러한 신의 구체적인 표현이 없으면, 즉 어떤 형상이 없으면, 그들은 삶에서 신의 뜻을 발견할 수 없었다. 그러나 이러한 인간적인 욕구에도 불구하고, 이스라엘인들은 모세 시대부터 야훼는 "위로 하늘에 있는 것이나, 아래로 땅에 있는 것이나 땅 아래 물속에 있는 것"(출 20:4), 즉 그림으로 표현될 수 있는 천지 만물의 그 어떤 것과도 비슷할 수 없기 때문에, 그 어떤 것과도 비교할 수 없는 분이라고 믿었다.[30] 모세 시대로부터 내려온 신상 배격은 후기 예언서에서 더욱 강조되었다(특히 사 40:18-26 참조). 이러한 우상 배격에 단 한 가지 예외가 있다면, "남자와 여자"로 이루어진 아담(인간)이 이 땅에 대해서 하나님의 주권 통치를 나타내기 위해서 하나님의 형상대로 창조되었다는 제사장계 전승에서 발견된다(창 1:26-28).

모세의 종교가 오로지 한 분의 하나님만을 믿으라는 일신교인가에 대한 질문이

---

30) 이것에 대하여는 폰 라트의 "Some Aspects of the Old Testament World View", in *The Problem of the Hexateuch and Other Essays* [166], 147 참조.

자주 일어난다. 이러한 질문 자체가 고대 이스라엘 신앙과 거리가 먼 지적인 궤변이기 때문에 올바른 질문이라고 볼 수 있을지 의문이다. 다른 신들이 존재했는가에 대한 추상적인 질문을 하는 대신, 이스라엘인들은 다른 신들을 섬기지 말라는 금지의 명령을 들었던 것이다. 계명에서는 "다른 신들이 없다"고 말하지 않고, "다른 신들을 섬기지 말라"고 되어있다.[31] 계약 체결 의식 그 자체도 야훼를 섬길 것인가 아닌가를 결정하는 것이었다. 백성이 좋아하는 것에 따라서 야훼와 다른 신들 사이에 양다리를 걸칠 수 있다는 암시는 일체 찾아볼 수 없다. 이것 아니면 저것이었다. 야훼는 이스라엘 백성에게 완전하고 절대적인 헌신을 요구하였다. 그래서 이스라엘인들은 야훼의 종주권에 대해서 야훼의 "질투"라고 표현했다. 출애굽기 34:14에서처럼 야훼의 이름은 질투하는 신이다. 이것은 백성에게 무조건적인 충성을 요구하는 첫 계명의 진실을 비유적으로 표현한 것이다. 다음 장에서 보게 되겠지만, 이러한 종교적인 요구는 이스라엘인들이 가나안에 정착하여 다른 신들에게 충성을 하라는 유혹을 받게 될 때(34:11-16 참조) 시험을 겪게 된다.

강물은 수원지로 거슬러 올라갈 수 없다. 모세 시기의 이스라엘의 신앙이 수원지에 해당한다면, 세월이 지날수록 다른 많은 물줄기가 합류되면서 강물은 넓어지고, 강바닥은 더 깊어졌다. 그러나 이스라엘의 진정한 예배와 예언자의 통찰은 출애굽 사건과 시내 계약이라는 수원지로 되돌아가려는 움직임이었다.

---

31) Martin Buber, *The Prophetic Faith* [311], pp. 19-23.

제 4 장

약속의 땅

영토를 획득하기 위한 투쟁은 언제나 민족사에 있어서 가장 큰 충동들 가운데 하나였다. 이것은 예를 들어 미국의 경우만 보아도 분명한 사실이다. 이야기와 노래 속에서 미국인들은 대서양 연안에 상륙하여 큰 고초를 겪고 때로는 격렬한 전투를 벌여서 태평양 연안까지 영토를 넓힌 이주자들의 감동적인 서사시를 재현하고 있다. 물론 이 이야기의 비극적인 측면은 그 땅에 자신의 문화를 발전시켰었던 인디언 원주민들은 땅을 빼앗기고 거의 멸절되다시피 하였다는 것이다. 그러나 미국인들은 불의와 폭력이라는 지저분한 면에도 불구하고 하나님의 손이 "순례자의 발길" — "아름다운 나라 미국"이라는 애국가의 가사를 빌자면 — 을 "광야를 지나 그들의 확고하고 열정적인 말투, 자유의 울림을 위한 거리"로 인도하였다는 믿음을 천명하고 있다.

아주 초기부터 비옥한 초승달 지대(Fertile Crescent)는 땅을 차지하기 위한 격렬한 각축전이 벌어졌던 무대였다. 우리가 이미 살펴보았듯이 아라비아, 소아시아, 코카서스 고원, 이집트 등지에서 여러 민족들이 이 지역을 탐내어 때때로 침공하였는데, 이 민족들은 이 좋은 땅의 한 조각이라도 자기네 영토라고 주장하려 하였고 다른 민족들을 짓밟고 자신의 영토를 확장하려고 혈안이 되어 있었다. 팔레스타인은 이러한 지정학적 위치로 인하여 끊임없이 갈등의 소용돌이 속에 휘말려 들어가

성경읽기 : 민수기 11-14장, 18-24장, 32장, 여호수아 1-12장, 24장

지 않을 수 없었다. 이 좁은 땅덩어리를 둘러싸고 작은 나라들은 삶의 공간을 확보하기 위해 잔인하고 무자비하게 싸웠고 큰 나라들은 제국을 이루기 위한 전쟁을 수행하는 곳이 되었다. 바로 이 역동적인 무대 속으로 히브리인들도 들어왔다. 고대 세계에 있어서의 다른 하피루와 마찬가지로 그들도 처음에는 영토가 없는 백성이었다. 그들은 사회에 정착하지 못한 구성원들, 곧 유랑민들이었다. 그러나 이 유랑민들은 사회에 온전히 참여하고 자신들의 역사적 사명을 성취하기 위하여 땅을 찾고 있었다. 땅을 차지하기 위해서는 숱한 고통과 피흘림과 많은 가나안 원주민들의 학살이 수반되었다. 그러나 그들의 하나님 야훼께서 이러한 투쟁의 와중에서 개가를 울리며 약속의 땅으로 인도해줄 것이라는 것이 그들의 확고한 신념이었다.

젖과 꿀이 흐르는 땅

고대 이스라엘의 신앙에서 '애굽로부터의 인도'는 '경작할 수 있는 땅으로의 인도'와 뗄 수 없을 정도로 연결되어 있었다.[1] 이것은 후손들에 대한 종교적 교훈을 다루고 있는 신명기의 한 구절에 분명하게 나타나 있다.[2] 거기를 보면 계명을 지켜야 하는 동기에 관하여 "네 자손들이 물을 때" "우리들에게" — 즉, 전체 공동체에게 — 과거와 현재와 미래에 일어난 사건들을 말해주라고 하였다: 우리가 옛적에 애굽에서 바로의 종이 되었더니 여호와께서 권능의 손으로 우리를 애굽에서 인도하여 내셨나니 곧 여호와께서 우리의 목전에서 크고 두려운 이적과 기사를 애굽과 바로와 그 온 집에 베푸시고 우리 열조에게 맹세하신 땅으로 우리에게 주어 들어가게 하시려고 우리를 거기서 인도하여 내시고"(신 6:21-23).

이와 같이 이 두 사건을 연결시키고 있는 것("우리를 인도하여 내셨나니 … 우리에게 들어가게 하시려고")은 이미 앞에서 언급한 바 있는 또 다른 예전문(신 26:5-9)에도 나온다. 순례자의 축제(주간절기 또는 오순절)에서 추수한 첫 열매들을 바칠 때, 예배자들은 "야훼께서 강한 손과 편 팔로 우리를 애굽에서 인도하여 내시고" "이곳으로 인도하사 이 땅 곧 젖과 꿀이 흐르는 땅을 주셨나이다"라고 감사하는

---

1) Martin Noth, *Pentateuchal Traditions*(70), pp. 51-54를 보라. 그는 "'해방된' 이스라엘의 자기 땅에서의 조직"이 출애굽의 일차적인 주제에 함축되어 있다고 강조하고 있는데 이것은 옳은 말이다.

2) 이와 관련하여 Walter Brueggemann, *The Land*(237), pp. 14-39를 보라.

마음으로 고백했던 것이다. 팔레스타인의 곳곳에 널려 있는 바위들을 본 적이 있는 사람이라면 "젖과 꿀이 흐르는 땅"라는 과장된 표현을 이상하게 생각할지도 모른다. 고대인들의 생각에 의하면 풍부한 젖과 꿀은 낙원의 축복을 의미했다. 불모의 사막에서 삶을 영위하였던 유랑민들에게 가나안 땅은 낙원 그 자체였다(신 8:7-10을 보라). 그래서 마음 속 깊이 감사하며 "야훼께서 이곳으로 우리를 데려오셨다"라고 천명했던 것이다.

신명기 26:5-9에 나오는 의식은 추수 축제와 연관되어 있었기 때문에, 그것은 이스라엘이 가나안에 정착하여 농경생활로 이행한 한참 뒤에 나온 것임이 분명하다. 몇몇 학자들은 땅의 약속이 '선조들의 신앙', 즉 조상들의 종교의 한 측면이었다고 믿고 있다. 현재 형태의 오경은 조상들의 이야기에서 이 주제를 크게 강조하고 있다는 것은 사실이다. 창세기 12:7에 의하면, 야훼는 세겜에서 아브라함에게 "내가 이 땅을 네 자손에게 주리라"고 말했다고 한다. 이 약속은 이삭과 야곱에게 재천명되었고 모세 시대에 와서 갱신되었다. 그러므로 가나안은 '약속의 땅'으로 알려져 왔다. 그러나 우리는 이러한 전승들은 가나안 정복이 완료된 후에 기록되었다는 것을 명심해야 한다. 땅의 약속이 이스라엘의 조상 시대에서 무엇을 의미하였든, 그것은 후대에 이 전승들이 출애굽 사건에서 드러난 하나님의 계시에 비추어 재해석되었을 때 더 분명하게 이해될 수 있었다.

이 예전문 — 폰 라트는 이를 "육경의 축소판"이라 했다 — 은 야훼께서 땅을 선물로 주셨다는 단언에 와서 절정에 이른다는 것은 의미심장하다. 땅의 선물은 이스라엘의 거룩한 역사의 재연에 있어서 정점으로 이해되고 있다. 또한 그것은 오경, 특히 가나안의 정복을 다루고 있는 여호수아서(육경)에서 아주 두드러지게 부각되고 있다. 사실 이 주제는 이스라엘의 민족주의에 의해 윤색되어 있는데, 이것은 이 설화에서 이 주제가 중요한 위치를 차지하고 있는 이유를 부분적으로 설명해준다. 그러나 이스라엘의 오만한 민족주의를 신랄하게 공격한 대선지자들까지도 땅의 선물이 이 민족을 위한 야훼의 자비로우심을 보여주는 가장 확실한 증표라는 확신을 포기하지 않았다는 것은 주목할 만하다. 결코 광신적인 민족주의자로 볼 수 없는 선지자 아모스도 야훼께서 이스라엘에게 행하셨던 것에 관한 거룩한 전승에 호소하였다:

내가 너희를 애굽 땅에서 이끌어 내어 사십년 동안 광야에서 인도하고 아모리 사람의 땅을 너희로 차지하게 하였고 — 암 2:10.

야훼께서 땅을 선물로 주었다는 이와 비슷한 말들은 호세아(2장), 예레미야

(2:7; 3:19) 등과 같은 다른 선지자들에게서도 찾아볼 수 있다. 그리고 약속의 땅에서의 삶에 관한 설교인 신명기는 가나안 땅을 야훼로부터 받은 '유업'으로 묘사하고 있다.

가나안 정복과 관련된 엄청난 고통, 특히 패배한 민족의 고통을 생각한다면, 우리들 대부분은 하나님이 실제로 이 싸움에 참여했다는 이스라엘의 확신을 이해하기 어렵다. 야훼는 무자비하게 '헤렘'(herem) — 이스라엘의 적들을 진멸하여 제물로 바치는 것 — 을 요구하는 성전(聖戰)의 하나님으로 묘사된다. 여호수아서는 수많은 신학적 문제점들을 드러내고 있는데, 이 가운데 다수는 앞으로 보는 바와 같이 예언 운동을 통해 제거되거나 다듬어졌다. 한편 이스라엘의 신앙은 인간의 투쟁으로부터 동떨어져 있는 하나님이라는 개념에 토대를 두고 있는 것이 아니라, 오히려 사회적 투쟁에 참여하여 자신의 목적에 따라 인간사의 진로를 주도하고 형성하는 하나님에 대한 응답에 토대를 두고 있었다. 이스라엘의 체험에 있어서 가나안 정복은 우연한 상황에 의해서나 뛰어난 인간의 능력의 발휘에 의해서 이루어진 것이 아니었다. 가나안 정복은 하나님의 섭리 가운데 일어났다. 그러므로 가나안 땅은 자랑스럽게 내세울 소유물이 아니라 겸손함과 감사함으로 받아야 할 선물이었다(수 24:13).

이제 이러한 예비적인 고찰을 염두에 두고 이스라엘의 광야 체류, 가나안 침공 계획, 요단 동편지역들을 지나는 긴 우회로에 관한 이야기들을 살펴보기로 하자. 대체적으로 이 시대의 이스라엘 역사는 민수기(10:11부터), 신명기, 여호수아서에 나와 있다. 다행히 우리 연구의 지금 단계에서 이 사료 전체를 다 읽을 필요는 없다. 상당한 분량의 제사장계 사료(P)가 민수기 후반부와 여호수아서 마지막 부분에 나오는데, 우리는 그것들을 나중에(제13장을 보라) 다룰 것이기 때문이다. 게다가 가나안 진입을 눈앞에 둔 시점에서 모세에 의해 주어진 설교를 제시하고자 하고 있는 신명기는 주전 587년 국가의 멸망 전후에 씌어진 신명기계(D) 전승에 속하는 것으로서 이에 대해서는 나중에(제11장) 고찰하고자 한다. 그러므로 민수기의 고대 서사시 전승(주로 11-14, 21-24, 32장에서 찾아볼 수 있는)과 여호수아서에 나오는 가나안 정복 이야기(1-12장)만이 남게 된다.

유랑의 40년

전승에 의하면 이스라엘은 브엘세바 남쪽의 광야에서 40년을 유랑하였다고 한다. 우리는 이 숫자를 수학적으로 정확한 것으로 받아들여서는 안 된다. 40이라는 숫자는 흔히 한 세대를 나타내는 유형화된 표현이며, 때로는 엘리야가 40일을 밤낮으로 광야를 걸었다는 말(왕상 19:8)이나 예수가 동일한 기간 동안 광야에서 금식했다는 전승(막 1:13)에서처럼 단지 '긴 세월'을 의미할 뿐이다. 그렇지만 여기 나오는 말은 거의 사실에 가까울 것이다. 애굽을 떠나왔던 성인들은 아무도 가나안에 들어가지 못하였고 그들 모두는 광야에서 체류하는 동안 죽었다는 말을 우리는 듣기 때문이다(민 14:26-35; 26:63-65). 여호수아의 인도 아래 가나안을 응시하는 특권을 누리게 된 것은 새로운 세대였다.

가데스에서의 체류

현재 형태의 오경에 나오는 이야기들은 시내산에서의 체류를 중점적으로 다루고 있다. 이미 살펴본 대로 이스라엘인들은 출애굽기 19:1에서 시내산에 도착하여 민수기 10:11에서 진을 철수한다(10개월 19일 후에). 그 사이에 삽입되어 있는 자료는

어떤 학자들이 가데스 바네아의 터로 주장하는 아인 엘퀴데이라트의 오아시스.

언약 백성들이 살아가야 할 율법들과 제도들 — 시내산에서 주어진 — 을 다루고 있다. 이스라엘인들은 광야 체류의 상당 부분을 가데스 또는 가데스바네아로 불리는 사막지역(민 13:26; 20:1, 16; 신 1:46)에서 보냈음이 틀림없다. 이 지역은 브엘세바에서 남쪽으로 50마일 가량 떨어진 불모지인 네게브 지역의 오아시스로 추정되고

있는데, 이곳에서는 세 군데의 샘에서 물이 나왔다(그림을 보라).[3] 이미 살펴본 바와 같이 광야에서의 일화들에 관한 몇몇 전승들은 원래 시내산에서 열하룻길로서(신 1:2) 에돔이 관할하는 지역의 변경에 있는 가데스를 배경으로 하고 있다. 이것은 시내산 도착 이전에 놓여진 몇몇 광야생활의 사료들에게도 해당되지만(즉, 출 15:23-18:27),[4] 기본적으로 고대 서사시 전승에서 유래한 민수기 11-20장에서 찾아볼 수 있는 시내산 이후 사료들 중 많은 부분은 분명히 이에 해당된다 — 전적으로 제사장계 전승에서 유래한 15, 17, 18, 19장은 예외이다.

가데스에서의 체류는 나중에 이스라엘로 알려지게 된 백성들에게 크나큰 영향을 미쳤음에 틀림없다. 그러나 불행히도 그곳에 어떤 집단들이 머물렀으며 그 집단들이 어디에서 왔고 모세의 집단은 얼마 동안이나 머물렀는지를 알기는 어렵다. 몇몇 역사가들은 애굽에서 도망나온 히브리인들의 행선지는 시내산이 아니라 가데스였으며 그들의 기본적인 공동체적 삶, 율법의 제정, 예배의 형식이 갖추어진 곳도 바로 이 오아시스에서였다고 주장하면서 가데스에서의 체류의 중요성을 강조하여 왔다. 이러한 가설은 시내산에서의 체류에 대해서는 아무런 언급도 하지 않은 채 출애굽에서 가데스까지를 한 문장으로 언급하고 뛰어넘고 있는 사사기 11:16-18에 나오는 역사 요약을 그 근거로 삼고 있다. 그러나 시내산에 대한 언급이 없다는 이러한 논거는 빈약한 증거라고 하지 않을 수 없다.

이와 같이 신축성 있는 역사 요약은 모세가 에돔의 왕에게 메시지를 보냈다는 민수기 20:14-16에서도 찾아볼 수 있다. 이 경우에도 후대에 입다가 암몬 왕에게 메시지를 보냈을 때와 마찬가지로(삿 11:12-28), 이야기 전체를 다 밝히지 않고 단지 정치적으로 문제가 된 내용들만을 언급한 것은 적절하였다고 하겠다. 실제의 역사적 상황은 시내산에서의 계시를 부각시키고 광야 여정에 있어서 모세의 지도력을 강조하려는 목적을 지니고 있는 성경 기사를 얼핏 보고 얻을 수 있는 것보다 훨씬 더 복잡하였음이 분명하다. 그렇지만 애굽을 도망나온 히브리인들이 남쪽 길을 택해 시내

---

3) Y. Aharoni, "Kadesh-Barnea and Mount Sinai," in B. Rothenberg, *God's Wilderness*, trans. Joseph Witriol(London: Thames and Hudson, 1961), pp. 117-140를 보라.

4) 출애굽기 15:23-27은 아마도 가데스 지역의 샘들 중 두 곳이었을 맛사와 므리바에서 백성들이 불평한 사건을 이야기하고 있는 것을 주목하라. 이 사건은 민수기 20:2-13에도 나오는데, 거기에서는 그 위치가 가데스(또는 므리바가데스, 신 33:5)라고 분명히 밝히고 있다. 몇몇 학자들은 출애굽기 15:23-18:27에 나오는 모든 자료가 가데스에서 일어난 사건에 속하는 것이라고 주장하지만, 이것은 의심스럽다.

산에 들렀다가 가데스로 갔다고 믿을 만한 충분한 근거가 있다. 그들이 오아시스에 도착했을 때, 그들은 이전에 팔레스타인에서 내려왔거나 다른 상황들 아래에서 애굽을 떠나왔던 다른 히브리인들과 합류하게 되었을 것이 틀림없다. [5]

민수기 11-20장에서 우리는 백성들이 야훼의 섭리에도 불구하고 계속해서 불평하고 때로는 모세의 지도력에 반기를 들기도 했다는 주제를 다시 발견하게 된다. 만나라는 사막 음식으로는 그들에게 충분치 않았다. 왜냐하면 그들은 이집트에서의 맛있는 음식을 너무나 잘 기억하고 있었기 때문이다(민 11:4-6). 모세 자신의 지파인 레위 지파 안에서도 모세의 지도력에 대하여 분열이 일어났다. 반기를 들도록 선동한 것은 모세 자신의 형제요 자매인 아론과 미리암이었다(민 12장). 이러한 상황은 레위인들 사이에서 파벌싸움을 선동한 고라라는 인물과 모세에게 반기를 들라고 다른 지파들을 선동한 다단과 아비람에 의해 더 큰 규모로 전개되었다(민 16장). 이스라엘이 가데스와 그 부근에서 체류한 기간에 대한 자료는 그리 많지 않지만, 전승은 어떻게 백성들이 뼈아픈 분쟁과 고통을 통해 더 큰 연합과 결속을 이루게 되었는가 하는 것을 생생하게 보여준다. [6]

그러므로 모세를 따랐던 "섞여 사는 무리"(민 11:4)가 하룻밤 사이에 탄탄하게 결속된 공동체로 되지 않았다는 것은 분명하다. 야훼의 해방 행위라는 강력한 구심력은 그들을 공통의 언약에의 충성을 중심으로 뭉치게 하였다. 그러나 그 중심으로부터 이탈시키려고 한 원심력도 강력했다. 그것은 지파간의 경쟁, 지도권을 둘러싼 권력 투쟁, 기아와 갈증, 사람들의 신앙의 부족 등과 같은 인간적인 요인들이었다. 가데스바네아의 오아시스에서 이 두 힘은 첨예하게 갈등하게 되었다. 인간적으로 말해서 광야에서의 이러한 파멸적인 긴장들 속에서 언약에 의한 유대는 얼마든지 깨질 수 있었다. 그러나 이스라엘은 언약 신앙의 관점에서 사막의 경험을 되돌아보았을 때, 이러한 시련들을 통하여 야훼께서 백성들의 앞날에 놓여져 있는 역사적 과업을

---

5) 이러한 역사적 문제를 더 자세하게 논의한 것으로는 H.H. Rowley, *From Joseph to Joshua*(190), pp. 106-164(그는 두 번의 침입을 주장한다); R. de Vaux, *History*(92), pp. 419-425(그는 두 번의 탈출을 주장한다); Martin Noth, *Pentateuchal Traditions*(70), pp.51-54, 71ff. 와 *History*(98), pp. 68-84(그는 중앙 팔레스타인 지파들에 의해 보존된 전승이 가나안 땅의 점령에 관한 다른 전승들을 밀어냈다고 주장한다); Murray Newman, *The People of the Covenant*(231), pp. 72-101(그는 자기 나름대로의 방식에 따라 두 번의 침입을 주장한다)를 보라.

6) "가데스에서의 논쟁"에 대해서는 Murray. L. Newman, *The People of the Covenant*(231), 제3장을 보라. 백성들의 불평에 관한 설화는 George Coats, *Rebellion in the Wilderness*(223)에 논의되어 있다.

위해 백성들을 결속시키고 훈련시켰음이 분명해졌다 — 의심할 여지 없이 광야 시절에서보다 훨씬 더 분명해졌다. 다음의 강론은 이러한 사실을 강력하게 천명한다:

> 네 하나님 야훼께서 이 사십년 동안에 너로 광야의 길을 걷게 하신 것을 기억하라 이는 너를 낮추시며 너를 시험하사 네 마음이 어떠한지 그 명령을 지키는지 아니 지키는지 알려하심이라 너를 낮추시며 너로 주리게 하시며 또 너도 알지 못하며 네 열조도 알지 못하던 만나를 네게 먹이신 것은 사람이 떡으로만 사는 것이 아니요 야훼의 입에서 나오는 모든 말씀으로 사는 줄을 너로 알게하려 하심이니라 — 신 8:2-3.

이스라엘 가운데 계시는 거룩한 분

고대전승에 의하면, 야훼께서 이스라엘 백성 가운데 임재해 계시다는 것은 두 가지 성물로 표시되었다. 하나는 시내산에서의 체류와 관련하여 처음으로 언급되었다가(출 33:7-11) 가데스와 광야와 관련하여 그후에 언급된(민 11:16-17, 24-26; 12:1-8; 신 31:14-15을 보라) 회막(會幕)이었다. 제사장계 전승(P)도 출애굽기 26-27장과 35-38장에서 이 장막 또는 "성막"에 대해 자세하게 묘사하고 있다. 그러나 제사장계 사료의 모든 기록이 고대 광야시절의 상황과 꼭 들어맞지는 않는다. 제사장계 사료의 상당 부분은 후대에 발전된 신학과 제의를 반영하고 있다. 그렇지만 의심할 여지 없이 제사장계 사료의 기술은 고대 셈족들 사이에서 알려져 있었던 붉은 가죽으로 된 장막 성소와 같은 것이었음에 틀림없는 옛 사막 성소에 대한 진정한 기억도 보존하고 있다.[7] 모세는 진영 바깥에 장막을 치고 야훼를 만나러 거기로 가곤 했었는데, 야훼께서는 하늘에서 구름기둥을 타고 장막문으로 내려와 "사람이 그 친구와 이야기함 같이 … 대면하여"(출 33:11) 모세와 이야기를 나누었다고 한다. 이 장막은 야훼와의 '만남'의 장소였는데, 여기서 신탁이 구해지기도 하였고 야훼의 말씀이 이스라엘 회중에게 선포되기도 하였다. 어려운 문제들을 가진 사람들은 이 장막으로 나아갔고 모세는 그들의 청원들을 야훼 앞에 가지고 나갔다. 우리가 생각컨대 이런 식으로 언약의 율법은 해설되고 확대되었다.

또하나의 성물은 제사장계 저작이 출애굽기 25:10-22과 37:1-9에서 아마 고대

---

7) Frank M. Cross, Jr., "The Tabernacle," in *The Biblical Archaeologist*, X(1947), pp. 45-68를 보라. 이 글은 *The Biblical Archaeologist Reader*, I [101], pp. 201-228에 재수록되어 있다.

전승에 의거하여 서술하고 있는 언약궤였다. 원래 언약궤는 들고 다닐 수 있는 보좌로서 이스라엘 사람들은 언약궤에 야훼께서 눈에 보이지 않게 좌정하고 계신다고 믿었던 것으로 보인다. 앞 장에서 살펴본 바와 같이, 모세 종교는 가시적인 형상의 형태로 야훼를 예배하는 것을 엄격하게 금하였다. 이 점에서 이스라엘 종교는 신전에 신상이나 여신상을 세우거나 축제행렬 때 신상을 들고 다님으로써 신의 임재를 나타내었던 다른 고대 민족들의 종교와는 근본적으로 달랐다. 그렇지만 이스라엘의 거룩한 하나님은 백성들 가운데 눈에 보이지 않게 임재해 계신다고 굳게 믿어졌다. 유랑하거나 전쟁을 수행할 때 야훼는 언약궤에 좌정하여 그들의 지도자로서 그들 앞에 몸소 행하신다고 믿어졌다. 오경의 가장 오래된 단편들 중의 하나는 "언약궤의 노래"이다:

> 궤가 떠날 때에는 모세가 가로되
> 야훼여 일어나사 주의 대적들을 흩으시고
> 주를 미워하는 자로 주의 앞에서 도망하게 하소서
> 궤가 쉴 때에는 가로되
> 야훼여 이스라엘 천만인에게로 돌아오소서
> 하였더라 — 민 10:35-36.

이 노래는 백성들이 시내산를 떠날 때 "야훼의 언약궤"가 앞장을 섰다고 말하는 설화 문맥에 나오는 것으로 보아 어느 때에 이 궤를 만들었다는 말이 고대 서사시 전승에 나왔음이 틀림없었던 것으로 보인다. 실제로 신명기에 나오는 전승(10:3-5)에 의하면, 모세가 시내산에서 아카시아 나무로 궤를 짜고 십계명이 새겨진 두 개의 돌판을 거기에 넣었다고 한다.[8]

이상하게도 고대 서사시 전승은 그 어디에서도 궤를 장막성소 안에 두었다는 언급을 명확하게 하고 있지 않다. 이 문제에 관한 이러한 침묵으로 인해 어떤 해석자들은 원래 제의에 쓰인 이 두 성물은 서로 독립되어 서로 다른 집단에 의해 사용되었던 것으로서 각각의 신학적 이해의 중심이었다는 결론을 내리게 되었다. 이와 같은 매력적인 견해에 의하면, 장막은 '현시'(초월적인 하나님이 모세와 이스라엘 백성들에게 때때로 나타난다)의 신학을 대변하였고, 궤는 '임재'(야훼께서 백성들 사이에 임재해 계신다)의 신학을 상징하였다는 것이다. 남부 집단(특히 유다 지파)의

---

8) 언약궤의 제작에 관한 고대 서사시 전승은 제사장계 전승에 나오는 보다 자세한 기사(출 25:10-22)로 대치되었음이 분명하다.

성소였던 것으로 추정되는 장막과 북부 집단(여호수아가 가나안으로 인도한 요셉 지파)이 사용했던 것으로 보이는 궤는 모세가 시내산에서 궤를 성막 안에 넣었다고 확언하고 있는 제사장계 저작(출 20:2-3, 21; 또한 25:22을 보라; 민 7:89)에서 볼 수 있는 바와 같이 이 둘이 전승사 속에서 결국 통합되기까지는 서로 별개의 길을 걸어 왔다고 하겠다.[9] 그러나 서사시 전승으로부터 얻을 수 있는 증거가 너무 희박하기 때문에 우리는 이에 대하여 확실하게 말할 수 없다. 초기 왕정시대에 궤는 "휘장" 안에 안치되었는데(삼하 7:2; 또한 6:17을 보라), 이것은 다윗이 적어도 이전의 지파동맹 시대로 거슬러 올라가는 제의적 관습을 고수하였다는 것을 보여준다(참조. 시 78:60).[10]

어쨌든 이스라엘 백성들은 광야, 특히 시내산과 가데스에 체류하는 동안 다른 민족들의 예배 및 사회조직의 형태들을 차용해 왔음이 틀림없다. 장막과 궤와 같은 성물들은 고대의 다른 민족들에게서도 찾아볼 수 있다. 그러나 이 성물들은 모세의 해석을 통해 이스라엘의 독특한 신앙을 표현하게 되었다. 야훼는 신적 주권에 대한 어떠한 제한도 가해짐이 없이 백성들 가운데 영속적으로 임재해 계시는 동시에 하늘에 거하시는 초월적인 하나님으로 예배되었다. 더욱이 미디안 사람인 이드로가 지도자로서의 모세의 책임들을 수월하게 하기 위하여 율법의 운용체계를 제안하였다는 것은 주목할 만하다(출 18:13-27). 이 이야기도 이스라엘 백성이 이웃 민족들의 영향을 받았다는 사실을 보여주고 있다.

가나안에 대한 무모한 공격

결국 사막생활의 곤경과 생활공간의 결여로 인하여 히브리인들은 다른 곳에서 살 만한 땅을 찾아야 했다. 가데스 진지로부터 바로 정북쪽에 있는 헤브론 부근의 가나안 구릉지대를 조사하기 위하여 정탐꾼들이 보내졌다(민 13장과 14장). 이 정탐대는 땅이 기름지다는 보고, 실제로 그곳은 "젖과 꿀이 흐르는 땅"이라는 보고를 가

---

9) 이는 Gerhard von Rad, *Old Testament Theology*, Vol. I [142], pp. 234-241의 견해이다. Murray. L. Newman, *The People of the Covenant* [231], pp. 55-71은 두 가지의 서로 다른 언약신학들이 각각 장막과 언약궤와 결부되어 있었다고 주장하고 이 제의 성소들의 분리의 기원을 가데스에서의 논쟁으로까지 추적하고 있다.

10) Frank M. Cross는 "Ideologies of Kingship in the Era of the Empire" [112]에서 "유랑을 할 때든 중앙성소가 건립된 뒤에든 언약궤는 언제나 장막성소와 연관을 갖고 있었다"(p. 242)고 강조하고 있다.

지고 돌아왔다. 그러나 정탐대는 그 땅은 철통같이 요새화되어 있고 거민들은 매우 키가 커서 "우리는 스스로 보기에도 메뚜기 같으니 그들의 보기에도 그와 같았을 것이니라"(민 13:32-33)라는 보고도 아울러 하였다. 이스라엘 백성이 남방으로부터 가나안으로 진입을 시도하여야 하느냐 하지 않아야 하느냐 하는 문제를 놓고 의견이 날카롭게 갈라졌다. 정탐꾼들 가운데 두 명 여호수아와 갈렙은 자기네들의 열세에도 불구하고 공격을 감행하자고 주장하였지만 대다수의 백성들은 실망한 나머지 광야생활에 비해 "젖과 꿀이 흐르는 땅"(민 16:13을 보라)으로 보였던 이집트로 다시 그들을 인도해줄 지도자를 뽑자고 주장하고 나섰다. 그러나 결국 일생을 광야에서 유랑하기보다는 모험이긴 하지만 공격하는 편이 낫다고 생각하여 백성들은 공격을 시도하기로 결정하였다. 그러나 이 무모한 공격은 하나님의 재가를 받은 것이 아니었다. 왜냐하면 언약궤와 모세가 가데스에 머물러 있었기 때문이다. 결과는 예상했던 대로였다. 히브리인들은 네게브의 아말렉족과 브엘세바 동쪽으로 수 마일 부근에 있던 호르마 근처 구릉지대의 가나안인들에게 결정적으로 격퇴당하였다(민 14:39-45). 민수기 21:1-3에도 호르마 전투에 관한 또다른 기사가 나오는데, 이 기사는 아마도 다른 전투에 관한 이야기가 잘못 삽입된 것으로 보인다(삿 1:16-17을 보라). 네게브의 가나안 도시인 아랏의 왕이 침입자들이 가나안으로 북진을 시도하고 있다는 소식을 접하고 그들을 막기 위하여 부대를 파견하였지만, 이번에는 전세가 역전되었다. 여기에서 히브리인들의 결정적인 승리로 인해 호르마(제의적 진멸을 뜻하는 히브리어 '헤렘'에서 파생된 것으로서 '파괴')라는 성읍의 이름이 생겨났다.

히브리인들은 남쪽에서 가나안으로 진입해 들어가는 것을 방어하는 요새들을 격파할 만큼 강력하지 못했기 때문에 광야를 피해가는 다른 길을 찾아야 했다. 거기에는 오직 하나의 다른 길이 있었다: 요단 동편 지역을 경유하는 긴 우회로.

요단 동편 지역을 경유한 우회

민수기의 나머지 부분은 동쪽으로부터 가나안을 침투하기 위하여 "요단 동편"(민 32:19)을 경유한 히브리인들의 전진을 다루고 있다. 이 길도 많은 위험들이 도사리고 있었다. 왜냐하면 요단 동편 지역은 여러 정착민족들이 점령하고 있었고 그들은 침입자들의 등장을 적대시하고 있었기 때문이다. 지도를 얼핏 보기만 해도 이 히브리인들이 직면한 전술적인 문제들이 잘 드러날 것이다. 사해의 정남쪽, 즉 가데

하늘에서 바라본 왕의 대로

스바네아의 정반대편에는 야곱의 쌍둥이 형제였던 에서를 통하여 전통적으로 이스라엘과 관련을 맺고 있었던 에돔(창 36장)이 있었다. 에돔 바로 윗쪽으로는 북쪽으로 아르논강을 경계로 하고 남쪽으로는 세렛 시내를 남쪽 경계선으로 하는 모압이 있었다. 모압 윗쪽에는 아라비아 사막의 변경에 암몬이 있었다. 성경 전승에 의하면 모압과 암몬은 아브라함의 조카인 롯의 후예들로서 이스라엘의 먼 친척들이었다(창 19:30-38). 암몬의 서쪽으로는 시혼 왕이 통치하는 아모리족의 왕국이 있었는데, 남쪽으로는 아르논강, 북쪽으로는 얍복강을 경계로 하고 있었다. 북쪽으로 멀리 떨어진 곳에는 바산으로 알려진 옥(Og) 왕의 땅이 있었다.

당시에 이 나라들이 많은 인구들을 거느린 나라들이었는지는 알 수 없다. 불완전하기는 하지만 고고학적 증거는 모압과 에돔은 후대에 가서야 국가적 실체를 갖추게 되었다는 것을 보여주는 듯하다.[11] 그러나 이 두 민족은 히브리의 초기 시가들(바다의 노래, 출 15:15)에서 야훼의 백성의 대적들로 언급되고 있고 애굽의 문서들에는 주전 13세기부터 등장하는 것으로 보아,[12] 우리는 이스라엘로 알려지게 된 히브리인들이 본향을 찾고 있을 당시에 다른 하피루 집단들이 이 지역에서 정착하는 과정에 있었다고 추측할 수 있겠다.

통과를 둘러싼 분쟁

성경의 이야기를 좀더 살펴보기로 하자. 민수기 20:14-21에 의하면 모세는 가데스에서 에돔 왕에게 사자(使者)를 보내어 왕의 대로로 지나가도록 허락해 줄 것을 요청하였다. 지금도 그대로 이 지역에서 길로 사용되고 있는 이 옛 도로는 시리아와 아카바만에 위치한 항구도시 에시온게벨을 잇는 대로였다. 이 길은 에시온게벨에서 출발하여 북쪽으로 모압을 통과하고 거기서 시혼 왕의 아모리 땅을 지나 암몬 왕국의 변경과 접하고 옥(바산) 왕국을 지나 아람 또는 시리아의 수도인 다메섹까지 뻗어 있었다. 히브리인들은 오른쪽으로도 왼쪽으로도 들어서지 않고 대로로만 지나가겠다고 모세가 약속했음에도 불구하고 의심많은 에돔 왕은 그들이 지나가는 것을 거절했다. 그래서 히브리인들은 에돔의 서쪽 변경을 따라가다가 세렛 시내에서 동쪽으로 진로를 바꾸어 모압의 변경을 끼고 돌아 올라갔다.

히브리인들이 아모리족의 시혼 왕국의 영토에 이르렀을 때 모세는 다시 사절을 보내어 왕의 대로(King's Highway)를 이용할 것을 허락해주도록 요청했다. 시혼 왕은 이 청을 거절했을 뿐만 아니라 군대를 보내어 이 침입자들을 치러 나왔다(민 21:21-32). 그 결과는 이스라엘이 최초의 주요한 군사적 승리를 거두는 것으로 끝났다. 히브리인들은 아모리족을 아주 결정적으로 패배시켰기 때문에 그들은 왕국 전체를 차지하게 되었다. 승리에 도취된 그들은 계속해서 북진하여 엄청나게 크고 탄탄한 침대를 사용하는 것으로 소문난 옥(Og)이라는 이름의 거인 바산의 왕을 만나 쳐부수었다(민 21:33-35; 신 3:1-11). 이렇게 하여 히브리인들은 시혼과 옥의 땅을 포함한 요단 동편지역의 넓은 지역을 차지하게 되었다. 히브리인들은 이제 "모압 평지"(민 22:1), 즉 요단강을 사이에 두고 여리고를 마주보는 모압의 저지대에 진을 쳤다. 이렇게 하여 동쪽으로부터 가나안으로 대담하게 밀고 들어갈 태세가 갖추어졌다.

---

11) Hayes and Miller, *History*(93), pp. 258-259를 보라.
12) Ibid., pp. 250-251.

발람의 신탁

이 시점에서 화자(話者)는 모압의 왕이 승승장구의 이스라엘인들에게 저주를 퍼붓기 위하여 불러온 바벨론의 마술사 발람의 이야기를 들여왔다(민 22-24장). 이 이야기에는 통속적인 유머와 장난기의 요소들이 들어 있다. 이것은 발람이 '말 못하는' 짐승을 학대하자 이에 항의하여 주인에게 말하였다고 묘사되고 있는 발람의 나귀의 사건에서 볼 수 있다. 그러나 '말하는 나귀'는 이 이야기의 주요한 특징이 아니다. 오히려 이 이야기의 초점은 하나님의 예언적 대변자로서 발람이 말한 내용이다. 고대 세계에서는 저주든 축복이든 입을 통해 내뱉어진 말은 그대로 응하는 힘을 지니고 있다고 믿어졌다. 이것을 보여주는 우리가 잘 아는 예는 형 에서를 곤궁에 빠뜨리고 자기 아버지 이삭의 임종시의 축복을 훔친 야곱의 이야기이다(창 27장). 이와 같이 입에서 뱉어진 말의 힘에 대한 믿음으로 인하여 발람은 이스라엘인들을 내려다볼 수 있는 산꼭대기에서 그 어떤 군사력의 시위보다도 더 센 힘을 가지고 '저주를 퍼붓도록' 초청되었던 것이다. 그러나 전승은 모압의 왕 발락이 발람에게 상당한 대가와 커다란 영예를 약속했음에도 불구하고 발람 같은 이방 마술사도 이스라엘 하나님의 명을 따르지 않을 수 없었다고 천명하고 있다:

> 하나님이 저주치 않으신 자를 내 어찌 저주하며
> 야훼께서 꾸짖지 않으신 자를 내 어찌 꾸짖을꼬
> 내가 바위 위에서 그들을 보며
> 작은 산에서 그들을 바라보니
> 이 백성은 홀로 처할 것이라
> 그를 열방 중의 하나로 여기지 않으리로다
> 야곱의 티끌을 뉘 능히 계산하며
> 이스라엘 사분지일을 뉘 능히 계수할꼬 — 민 23:8-10.

이러한 고대의 관점에 의하면, 이스라엘은 하나의 국가가 아니라 애굽에서 그들을 구출해낸 야훼에 의해 구별된 특별한 백성이었다(참조. 신 7:6). 그러므로 어떠한 마술이나 점술로도 야훼께서 그들에게 내리기로 한 축복을 막을 수 없었다. 원래는 운문의 형태로 주전 13세기 또는 12세기에 지어진 발람의 신탁은 이스라엘이 승리하리라는 굳은 믿음을 표현하고 있다. 이 신탁은 선지자의 중보적 역할("신들의 선견자들")에 빛을 던져주는 주전 700년경의 것으로 보이는 팔레스타인의 한 유적지

데이르 알라(Deir 'Alla)에서 나온 아람어로 된 명각(銘刻)에서 그 흔적을 찾아볼 수 있다.[13]

이스라엘의 언약신앙에 대한 좀더 세련된 표현은 오경의 마지막 책인 신명기에 나와 있는데, 이에 대해서는 그저 잠깐만 언급하기로 한다(제11장을 보라).[14] 신명기는 이스라엘인들이 요단강을 건너 가나안을 질풍처럼 침공하기 직전에 모세가 모압 평지에서 행한 고별사의 형태로 되어 있다. 모세는 이스라엘 백성들에게 야훼께서 그들을 위해 행하신 모든 일들을 감사하게 기억하고 가나안의 유혹들 가운데서 언약의 의무들에 충실하도록 권면하기 위하여 이스라엘의 역사의 감동적인 사건들 — 출애굽, 언약을 맺은 일, 광야에서의 유랑, 요단 동편 지역에서의 승리 — 을 다시 들려주고 있다. 현재 우리에게 전해진 고별사는 모세 시대보다 수 세기 뒤에 나온 것이다. 그러나 이 고별사는 어떻게 이 '거룩한 역사'가 세대에서 세대로 이스라엘의 기억 속에 살아 있었고 좀더 깊은 통찰을 통해 성찰되었는지를 보여준다.

가나안 침공

신명기는 모세의 죽음과 여호수아의 계승에 관한 이야기로 끝난다(신 34장). 이와 같이 갑작스런 방식으로 토라 또는 오경은 끝난다. 그러나 이야기를 여기서 끝내려는 의도가 아니라는 것은 아주 명확하다. 왜냐하면 오경의 이야기들이 지향하는 정점은 미래, 즉 가나안 땅을 이스라엘에게 유업으로 줄 것이라는 약속의 성취에 놓여 있기 때문이다. 약속의 땅을 한 눈에 바라볼 수 있는 느보산에서의 모세의 죽음은 이스라엘이 공격태세를 갖춘 바로 그때 일어난다.

이야기는 여호수아서에서 계속된다. 여호수아서는 예언서로 알려진 히브리 성경의 두번째 주요 부분에서 첫번째 책이다. 도표에서 보는 바와 같이 정경 예언서는 크게 두 부분으로 나누어지고 각 부분은 4개의 두루마리로 되어 있다. 첫째 부분은 전기 예언서로 알려져 있고, 둘째 부분은 후기 예언서로 알려져 있다. 이 장의 나머지에서 우리는 전기 예언서 중 첫번째 책인 여호수아서를 다루고자 한다.

대부분 역사적인 이야기로 되어 있는 여호수아서가 '예언'으로 취급된다는 것이

---

13) Robert Wilson, *Prophecy*(328), p. 132를 보라. 이 본문은 J. Hoftijzer and G. van der Kooji, *Aramaic Texts from Deir 'Allah*(Leiden: E. J. Brill, 1976)에서 간행되고 논의되어 있다.

14) 민수기의 나머지 약간의 예외를 제외하고는 제사장계 전승으로서 주로 의식 문제들을 다루고 있다.

얼핏 보기에 이상하게 보일는지 모른다. 하지만 그 주요한 이유는 전기 예언서의 모든 책들은 주전 8세기와 7세기의 대선지자들에 의해 큰 영향을 받았던 이스라엘 역사에 대한 예언적 해설이 주류를 이루고 있다는 것이다. 이러한 역사 신학은 주전 587년 국가의 멸망을 전후한 시기에 이스라엘 전승을 개작한 신명기계 역사가에 의해 선도되었다. 신명기의 처음 여러 장에 나오는 설교 자료에 잘 드러나 있는 신명기계 역사가의 특징적인 문체와 관점은 전기 예언서의 모든 책들에 스며있다. 신명기계(D) 자료는 창세기부터 민수기까지 구약성경의 처음 네 책에서는 그리 큰 비중을 차지하고 있지 않기 때문에, 신명기에서 열왕기 상하권까지에 나오는 모든 자료를 모세 시대로부터 시작하여 국가의 멸망에 이르는 시기까지의 이스라엘의 역사 속에서 일어난 사건들을 해석하고 있는 신명기계 역사의 전체라고 보는 것이 합당할 것이다. [15)

율법과 예언서*

토라　　　　　　　**느비임**

창세기　　　　　　　전기 예언서
출애굽기　　　　　　　여호수아
레위기　　　　　　　사사기
민수기　　　　　　　사무엘 상하
신명기　　　　　　　열왕기 상하
　　　　　　　　　후기 예언서
　　　　　　　　　이사야
　　　　　　　　　예레미야
　　　　　　　　　에스겔
　　　　　　　　　십이 소선지서:
　　　　　　　　　　　호세아, 요엘, 아모스, 오바댜,
　　　　　　　　　　　요나, 미가, 나훔, 하박국, 스바냐,
　　　　　　　　　　　학개, 스가랴, 말라기

　* 히브리 성경에 있어서 책들의 배열에 관한 전체 목록은 pp. 20-22에 나오는 도표를 보라.

가나안 땅

여호수아서의 처음 몇 구절(1:1-9)은 신명기계 기자의 문체와 신학적 관점으로 씌어져 있다. 여기서 야훼는 여호수아에게 요단강을 건너 약속의 땅으로 이스라엘을 인도하라고 호출하는 것으로 묘사된다. 이 땅은 남쪽의 광야로부터 북쪽으로 레바논 고지, 나아가 유프라테스강에 걸친 지역이다(창 15:18을 보라). 여호수아는 '율법책'(신명기계 율법)에 순종하며 이를 부지런히 연구해야 한다는 한 가지 조건 아래에서 비옥한 초승달 지대의 이 부분은 이스라엘의 것이 될 것이라는 말을 듣는다(수 1:7-9). 이것이 성공의 열쇠였다. 여기서 우리는 성공과 실패에 관한 신명기계 공식, 즉 야훼의 계명에 순종하면 승리와 번영이 주어질 것이고, 불순종하면 고통과 실패라는 하나님의 심판이 따를 것이라는 공식을 발견하게 된다. 이와 같은 다소 정연한 상벌교리는 하나님의 축복과 저주의 공식을 엄숙하게 낭송하던 언약갱신 의식으로부터 생겨난 것으로서 신명기계 역사 전체를 관통하여 흐른다.

이스라엘이 가나안 침공에 성공한 것은 언약의 율법을 충실히 순종했다는 것에 그 중요한 요인이 있겠지만 그밖의 요인들도 있었다고 보는 것이 합당하다. 이스라엘의 가나안 정복의 성공은 비옥한 초승달 지대에서의 역사적 상황, 즉 가나안 땅의 지형, 가나안의 문화, 이집트와 메소포타미아의 정치적 세력다툼의 중심과 이 전략적 요충지와의 정치적 관계에 의해 촉진되었다. 만약 가나안 침공이 다른 시기와 다른 환경에서 시도되었다면, 전에 남쪽으로부터 가나안을 공략하려고 했던 때와 마찬가지로 가나안 땅의 점령은 성공하지 못했을 것이다. 그러나 당시는 모험을 감행하기에 적절한 시기였고, 또 이스라엘은 많은 세월 동안의 광야에서의 체험을 통해 가나안 땅을 점령할 준비와 훈련이 되어 있는 상태였다. 이것은 이스라엘의 섭리론, 즉 "네가 어디로 가든지 네 하나님 야훼가 너와 함께 하느니라"(수 1:9)는 이스라엘의 확신을 부인하는 것은 아니다. 오히려 그러한 섭리론의 중요성을 충분히 이해하고자 한다면, 우리는 고고학과 고대역사가 제공하는 더 넓은 안목에서 이스라엘에 대한 하나님의 섭리적 인도의 교리를 바라보아야 한다. 그러면 여호수아 2-12장에 나오는 정복 이야기를 다루기 전에 가나안의 상황을 잠시 살펴보기로 하자.

---

15) 이러한 견해는 Martin Noth, *The Deuteronomistic History*(246)에서 제시되었는데, 지금은 널리 받아들여지고 있다. 이 역사서에 대해서는 제6장(p. 231를 보라)과 제11장에서 자세하게 논의한다.

가나안의 지형

먼저 우리는 가나안, 즉 팔레스타인(후대의 명칭)의 지형을 개략적으로 알 필요가 있다.[16] 본서의 부록에 들어있는 지도를 보면 알 수 있듯이, 가나안 땅의 가장 두드러진 지형학적 특징은 요단강의 깊은 협곡과 지중해 연안 사이에 척추와 같이 가로놓여 있는 구릉지대이다. 이 구릉지대는 갈멜산 지역에서 요단 계곡으로 통하는 이스르엘(또는 에스드렐론)[17] 계곡에 의해 끊겨져 있다. 고대에는 이집트로부터 메소포타미아에 이르는 주요한 군사 및 상업 도로가 해안을 따라 뻗어 있었는데, 이스르엘 계곡에서 방향을 바꾸어 다메섹을 향해 북쪽으로 이어졌다. 이 길을 따라 중요한 요새화된 도시들이 있었는데, 남쪽 해안평야에서 이스르엘 계곡으로 들어오는 길목을 지키고 있던 므깃도는 유명하였다. 이 전략적으로 중요한 도로(p. 246의 사진을 보라)와 비옥한 계곡을 차지하기 위해 예나 지금이나 치열한 싸움들이 많이 있어 왔다.

이미 살펴본 바와 같이 가나안 땅을 향해 전진하던 히브리인들은 "모압평지", 즉 요단 계곡 밑에 있는 모압의 저지대에 최종적으로 자리를 잡았다. 이 계곡은 현재의 터키에 있는 카라수(Kara Su) 계곡에서 시작하여 레바논 산맥과 안티레바논 산맥 사이의 베카(Beka) 계곡으로 내려와 지구상의 표면에서 가장 깊은 지대인 사해를 거쳐(해면에서 1,285피트 아래) 이집트 쪽의 아라바 계곡으로 이어져서 마침내 남부 잠비아의 빅토리아 폭포에까지 이르는 깊은 지리학적 단층의 일부이다. 바로 이 대단층 가운데 요단강이 놓여 있다. 헤르몬산에서 발원한 요단강은 갈릴리 바다까지 뱀처럼 구불구불 흐르다가 마침내는 염해(사해)에 닿는다. 사해는 소금기가 많아 해양생물이나 주변 식물이 자라지 못한다. 그러나 헤르몬산과 사해 사이에 있는 요단 계곡에는 식물이 잘 자라지만 여름철의 기온은 대단히 높다. 그렇다면 침입자들이 요단강 서쪽 강둑 너머에 있는 가나안 고원지대에 눈독을 들였을 것은 자명한 이치이다.

이 가나안 구릉지대는 세 지역으로 나눌 수 있다. 북쪽으로 이스르엘 계곡 너머

---

16) *Westminster Historical Atlas*(34), pp. 17-20에 나오는 짤은 글 또는 H.L. Grollenberg, *Atlas of the Bible*(29), pp. 11-16를 보라. 또한 Denis Baly, *The Geography of Palestine*(30)도 참조하라.

17) 헬라어 역본에서는 이스르엘이라는 이름이 에스드렐론으로 잘못 기록되어 있는데, 이 용어는 계곡의 서쪽 부분을 가리키는 데 사용되었다.

에는 갈릴리의 산들이 있고, 그 아래에는 에브라임(사마리아)의 중앙 구릉지대가 있는데, 그곳의 옛날 중심지는 그리심산과 에발산 사이의 길목에 위치한 세겜이었다 (p. 318의 사진을 보라). 그리고 더 남쪽으로는 — 자연적인 경계에 의해 분리되어 있지는 않지만 — 유다의 구릉지대가 있는데 브엘세바에서 그리 멀리 떨어져 있지 않으며 남쪽 광야(네게브)에서 끝이 난다. 헤르몬산에서 유다 광야에 이르는 이 길쭉한 중앙 구릉지대가 이스라엘의 싸움의 무대였다.

이 울퉁불퉁한 가나안 지대는 메소포타미아 평원이나 나일강 계곡에서 가능했던 것과 같은 강력한 중앙집권적인 정부가 들어서기에 적합하지 못했다. 이스라엘이 정복했을 당시에 가나안은 몇몇 자율적인 도시국가들, 즉 하나의 요새화된 도시와 몇몇 인근의 위성 성읍들로 이루어진 정치 중심지들로 나뉘어져 있었다. 농경지로 가장 적합한 땅은 해안평야와 이스르엘 계곡 및 요단 계곡에 있었기 때문에, 가나안의 주요한 성읍들의 대부분은 이 지역에 집중되어 있었다. 더군다나 평지에 위치해 있던 이 성읍들은 병거들이나 다른 여러 가지 중무기로 방어될 수 있었다. 그러나 이 중앙 구릉지대는 목축에 좀더 적합한 지역이었고 게릴라 부대에 의한 공격에는 취약점을 가지고 있었다.

가나안이 정치적으로 중요했던 것은 이곳이 이집트와 메소포타미아의 전략적 통로였다는 사실에 있었다. 어느 나라든지 비옥한 초승달 지대를 지배하고자 하는 나라는 이 통로의 장악이 필수적이었다. 주전 2000년경부터 가나안은 명목상으로든 실제상으로든 이집트의 지배 아래 있었다. 그러나 가나안에 대한 이집트의 영향력은 이집트의 국내정세에 따라 변동하였다. 우리는 앞에서(제1장) 주전 18세기 후반에는 힉소스족이 이집트를 휩쓸고 장악했다는 것을 살펴보았다. 그러나 아모시스 1세가 힉소스족을 축출하고 아시아 제국에 대한 지배권을 되찾으려는 결심을 새롭게 하였다.

제18왕조(주전 1570-1310년)의 초기 바로들은 가나안과 수리아에 대한 광범위한 군사원정을 수행하였다. 그래서 요단 계곡 상부의 벳산에 있는 전초기지(p. 274의 사진을 보라)를 비롯한 가나안에 배치한 이집트의 전초기지들이 강화되었다. 이집트의 감독관들은 가나안 지역의 통치자들이 조공을 내고 이집트의 사업장들에서 일할 노동자들을 공급하는 것을 감시하였다. 군대들은 이집트의 관리들이 바로의 권세 아래에서 이 땅을 통치하고 착취하는 것을 뒷받침하였다.

당시에 이집트의 제국주의에 맞설 수 있을 만큼 강대한 나라는 북부 메소포타미아를 지배하고 있었던 미탄니 왕국 하나뿐이었다(pp. 58-60를 보라). 그러나 이 두 강대국은 아나톨리아(소아시아)의 헷족의 위협이 점점 커지는 것을 두려워하여 마침내 투트모시스 4세(주전 1412-1403년경)의 치세 때 평화조약을 체결하였다. 이렇게

카르낙의 아몬 신전 벽에 새겨진 전사로서의 투트모시스3세

하여 이집트는 가나안, 페니키아, 시리아에서 자신의 위치를 자유롭게 공고히 할 수 있었다.

아마르나 시대

그러나 제18왕조 말기에 가나안에 대한 이집트의 지배력은 눈에 띄게 약화되었고, 주전 14세기의 바로 아멘호텝 4세의 치세 때에는 특히 그러했다. 고고학자들은 이집트의 옛 수도였던 텔엘아마르나(Tell el-Amarna)에서 서고(書庫)를 발굴하여

---

18) 아마르나 시대는 아멘호텝 3세(주전 1403-1364년경)와 아멘호텝 4세(주전 1364-1347년경)의 치세를 포괄한다. p. 75에 나오는 연대표를 보라.

바로 아크나톤과 처 네페르티티가 태양신 아톤에게 술을 바치고 있다.

격동의 주전 14세기, 이른바 아마르나 시대 동안의 가나안에서의 이집트의 외교문제
들을 조명해주는 많은 문서들을 발견하였다.[18] 이 왕은 제18왕조의 자신의 다른 전

임 바로들과는 달리 호전적인 외교정책을 추구하는 것보다는 둥근 태양신 아톤 숭배를 바탕으로 하는 일종의 유일신교를 도입하여 이집트에서 종교개혁을 수행하는 데 관심을 기울였다. 기존의 최고신이었던 아몬의 제사장들과 결별했음을 보여주기 위하여 그는 자신의 이름을 아크나톤(Aknaton: '태양의 광휘')으로 바꾸었고, 테베를 떠나 현재의 텔엘아마르나 부근에 새로운 수도를 건설하여 아크타톤(Akhetaton: '아톤의 지평')이라 명명하였다. 이와 같이 그가 국내문제에 몰두해 있었기 때문에 가나안 지역은 이집트의 수중에서 완전히 벗어나 있었다.

아크나톤의 서고에서는 몇몇 가나안의 왕들이 보내온 외교서한들이 발견되었는데, 그것들은 당시의 무질서한 상황을 생생하게 보여준다.[19] 분명히 이 도시국가들의 통치자들은 바로의 왕권에 대한 충성을 맹세하기는 했으나 이집트의 약화를 틈타 자신들의 정치적 목적을 진척시키려고 하였다. 이집트의 관리들은 부패하여 단지 혼란과 음모를 가중시켰을 따름이었다. 이집트의 예루살렘 총독 합두헤바의 서한은 하피루들이 침입하여 가나안에서의 이집트의 지배력에 타격을 입히고 있다고 말하고 있다.[20] 그는 이집트의 땅이 상실되고 있다고 불평하는 것이 아니라 "바다 한가운데 떠있는 한 척의 배와 같이" 자기가 어디에서나 적들에 의해 둘러싸여 있다고 불평하고 있다. 그는 당시 상황은 일종의 무정부 상태로서 "하피루들이 왕의 성읍들을 장악하고 있다"고 말하고 있다. 그래서 그는 "왕이여, 이 땅을 돌아보소서"라고 절망적으로 탄원하고 있다. 그는 이 땅을 지킬 오십 명의 수비대만 있어도 상당한 정도로 도움이 될 것이라고 간청하고 있다.

몇몇 학자들은 아마르나 서한들이 여호수아서에 묘사된 사건들을 가리키고 있다고 추측해 왔으나 그렇게 보기는 힘들다. 앞에서 살펴본 바와 같이(pp. 60-61), '하피루'('Apiru)라는 말은 넓은 의미를 가진 용어로서 기존 사회체제에 어떠한 토대도 가지고 있지 않았던 온갖 유의 사람들을 가리켰다. 아마르나 시대에 이 정처없이 떠돌아다니던 무리들이 혁명세력으로 등장할 수 있을 만큼 수적으로나 세력에 있어서 충분히 강해졌다. 그렇지만 아마르나 시대의 하피루의 침입과 이스라엘의 정복을 동일시해서는 안된다. 그러나 가나안의 구릉지대에 은신하여 중부 가나안의 넓은 지역을 장악했던 하피루들 가운데 일부가 한 세기 가량 뒤에 이 땅에 들어온 여호수아

---

19) 이 본문들은 Pritchard, *Ancient Near Eastern Texts*[1], pp. 483-490에 나와 있다. E. F. Campbell, "The Amarna Letters and the Amarna Period," *Biblical Archaeologist*, XXIII(1960), pp. 2-22; T. O. Lambdin, "Tell el-Amarna", *Interpreter's Dictionary* IV(25), pp. 529-533를 보라.

20) Pritchard, Ibid., letters 286-290, pp. 487-489를 보라.

의 추종자들과 인척 — 또는 적어도 동조자들 — 이었을 가능성은 꽤 크다고 하겠다. 아마르나 서한에는 세겜의 가나안 통치자였던 라바유(Lab'ayu)가 하피루에게 자신의 영토를 넘겼다고 하여 통렬하게 비난을 받는 내용이 들어 있다.[21] 나중에 살펴보겠지만, 여호수아는 바로 이 세겜 지역에 진입하였을 때 아무런 저항도 받지 않았는데, 아마 그는 이집트에서 살아본 적이 없었던 히브리 친척들 및 다른 사람들과 동맹을 맺었던 것으로 보인다.

이집트의 새로운 세력 추구

가나안에서 이집트의 세력이 약화되어 있었던 아마르나 시대도 곧 끝났다. 아크나톤이 죽자, 그가 세웠던 유일신교는 '이단'으로 몰려 모두 제거되었고, 이집트는 내정에서 질서와 번영을 되찾기 시작했다. 그러나 국제정세의 변화로 안정기는 짧았다. 헷족은 위대한 왕 슈필루리우마(주전 1375-1335년경)의 영도 아래 세계 강대국으로 떠올랐다. 한때 이집트와 미타니 왕국은 헷족에 대항하여 상호보호조약을 맺었던 적이 있었다. 이러한 새로운 정세의 발전은 이집트가 제19왕조의 바로들, 특히 출애굽과 관련하여 나온 바 있는 세토스 1세와 라암세스 2세 아래에서 엄청나게 부흥하던 시기와 거의 동시에 일어났다. 하피루들의 산발적인 공격과 가나안 통치자들의 음모 덕분에 헷족의 제국주의는 시리아, 페니키아를 비롯하여 가나안까지 확대되었다. 한편 세토스 1세는 멀리 북쪽 시리아까지 원정을 수행했지만, 이 두 강대국이 대결한 것은 라암세스 2세(주전 1290-1224년)의 재위 제5년에 일어났다.

라암세스가 직접 지휘한 이집트 군대는 시리아의 오론테스 강변 가데스 부근에서 매복해 있던 헷족의 왕 무와탈리스(주전 1306-1282년경)의 군대에 의해 기습을 받아 큰 타격을 받았다. 그런데도 라암세스는 자기가 무용을 발휘하여 자신의 군대를 함정에서 구출하여 대승리를 거두었다고 주장하며 이 전과를 공공연히 알리고 유명한 아부 심벨(Abu Simbel) 신전을 비롯한 나일 강변의 여러 신전 벽에다 새겨놓기까지 하였다.[22] 이러한 군사적인 곤경은 라암세스 2세와 헷족의 다음 왕인 하투실리스(주전 1275-1250년경) 사이에 체결된 평화조약에 의해 마침내 끝이 났는데, 이 조약문서의 사본들은 두 나라에서 발견되었다. 그후 라암세스의 오랜 재위기간 동안 헷족의 경계선은 레바논산의 북쪽에 그대로 머물러 있었고 가나안은 이집트의 지배

---

21) Pritchard, letter 289, p. 489.
22) Pritchard, *Ancient Near Eastern Texts*(1), pp. 255-258를 보라.

아래 있었다.

라암세스가 죽자 이집트의 세력은 다시 약화되었는데 이번에는 만성적이었다. 라암세스의 아들 메르넵타(주전 1224-1211년경)는 헷족보다 훨씬 더 심각한 위협에 직면해 있었던 이집트 제국을 다스릴 경륜과 능력이 부족하였다. 아마르나 시대로부터 시작하여 헬라와 아나톨리아(터키) 사이에까지 이르는 지중해의 팔인 에게 해역에서는 인구의 대이동이 있었다. 이 유랑민들 중 일부는 소아시아를 휩쓸어 옛 헷 왕국을 종식시켰다. 또 어떤 민족들은 크레타 섬을 유린하고 미노아 문명을 끝장내고는 헬라로 이동하여 거기서 원주민들과 섞였다. 또 어떤 민족들은 바다를 항해해서 구브로를 장악한 후 시리아와 팔레스타인의 본토로 이동해와서 우가리트(라스 샤므라) — 이에 대해서는 나중에 더 자세히 언급할 것이다(제6장) — 를 비롯한 중요한 성읍들을 점령하였다. 또하나의 이동의 물결은 이집트로 세차게 밀어닥쳤는데, 그들 가운데 일부는 해로로, 일부는 육로를 통해 밀어닥쳤다. 이집트의 문서들에서 "해양 민족들"로 불렸던 이들 민족들은 여러 이름들을 뭉뚱그려놓은 것으로서 그 민족들 가운데 하나가 블레셋인 — 이 민족의 이름으로부터 나중에 가나안이 '팔레스타인'으로 불리게 되었다 — 이었다. 메르넵타는 자신의 짧은 재위기간 동안에는 이 민족들의 물결을 저지할 수 있었지만 특히 그의 후계자인 라암세스 3세(주전 1183-1152년경)의 치세 동안에 압박은 더욱 심해졌다. 테베에 있는 라암세스 3세의 메디네트 하부(Medinet Habu) 신전의 벽에는 이 민족들의 연합군의 위협이 이렇게 적혀 있다: "그들은 저 멀리 땅의 가장자리까지에도 손을 뻗었고 그들의 심장은 자신만만하여 '우리의 계획은 꼭 성공할 것이라'고 자신하였다."[23] 라암세스 3세는 이집트를 침략하려는 이 연합군의 시도를 저지하고 블레셋인들을 가나안 해안에 있는 그들의 거점으로 밀어부쳤다. 이렇게 시도함으로써 이집트의 국력은 소진되어 다음 세기들에서 이집트는 이전과 같은 영광을 다시는 되찾지 못했다.

바로 이러한 정치적 소용돌이와 사회적 격변을 배경으로 우리는 분명히 주전 1250년경에 시작된 여호수아 영도하의 가나안 침공에 관한 성경의 기사를 이해해야 한다. 강력한 바로였던 라암세스 2세는 보좌에 있었지만, 북쪽 헷 왕국과의 싸움에 몰두해 있었기 때문에 가나안에 대한 그의 지배력은 이미 약화되기 시작하고 있었다. 이집트는 팔레스타인에서의 들끓는 상황에 대처하는 것이 점점 더 어렵게 되고 있다는 것을 알았다. 성경 기사에 따르면 침공하는 히브리인들은 평지에 있는 가나안의 요새들과 이집트의 전초기지들과의 충돌을 피하여 중앙 구릉지대로 이동하였

---

23) Ibid., pp. 262-263.

메르넵타의 석비 — 성경 이외에 '이스라엘'을 최초로 언급하고 있다.

다. 그러나 어느 시점에서 메르넵타는 모종의 조치를 취해야 한다는 것을 알았다. 주전 1220년경에 그는 승전비를 세워 시리아와 팔레스타인에서의 소요를 진압하였다고 주장하였다. 실제로 아시아 민족들과 리비아에 대한 승전을 찬양하고 있는 이 비문에는 다음과 같은 시구가 들어 있다:[24]

> 이스라엘이 황폐해졌고, 그의 자손은 없다.
> 후루(Hurru)는 이집트에게 과부가 되었다.

이것은 대단히 중요한 본문이다. 왜냐하면 그것은 성경 바깥에서 이스라엘을 언급하고 있는 가장 오래된 본문이기 때문이다. 본문은 이스라엘이 팔레스타인에 있다고 말하고 있고 단지 하나의 민족으로만 말하고 있다. 번역자는 "'이스라엘'이라는 단어는 이 문맥에 나오는 여러 이름들 중에서 땅이 아니라 민족을 한정하고 있는 한정사로 씌어진 유일한 이름이다. 따라서 우리는 이스라엘 자손은 아직 정착민이지 못했고 팔레스타인 근처 또는 내부에 있었던 것으로 보아야 한다"[25]고 주석하고 있다.

이 전과(戰果) 주장은 과장되어 있음에 틀림없다. 이스라엘과 이집트 군대의 대결 속에서 어떤 일이 일어났는지에 대해서는 구약성경은 조심스럽게 침묵을 지키면서 이 사건을 건너뛰고 있다. 그리고 메르넵타는 이 문제에 더이상 주의를 기울일 수 없었다. 왜냐하면 많은 인원으로 자기 나라를 위협해 들어온 해양 민족들이라는 다른 침략자들을 막아야 한다는 더 큰 문제를 해결하느라 여념이 없었기 때문이었다. 이렇게 하여 하나님의 섭리에 의해 이스라엘이 약속의 땅을 물려받을 무대가 마련되었던 것이다.

이스라엘의 가나안 정복 : 신명기 사가의 견해

여호수아서의 첫 부분(1-12장)은 이스라엘의 가나안 정복에 관한 극적인 이야기를 묘사하고 있다. 이 이야기는 어떻게 가나안의 온 땅이 세 차례의 신속하고도

---

24) Pritchard, Ancient Near Eastern Texts〔1〕, pp. 376-378. 이집트인들은 팔레스타인을 후루 (Hurru) ─ 즉, 후리족의 땅으로 지칭하였다.
25) Ibid., p. 378, n. 18.

결정적인 군사작전을 통하여 여호수아의 수중에 들어왔는가를 말하고 있다.

이스라엘인들은 제1차 군사작전을 통해 요단강 서편에 확고한 발판을 마련하였다. 요단강을 건널 때 아담(오늘날의 ed-Damiyeh)에서 흘러내려오던 물이 우뚝 멈추어 둑을 이루었다고 하는데, 이것은 아마도 강의 침식작용에 의해 가끔씩 일어나는 사태 때문이었을 것이다. (한 예를 들면 주전 1267년과 주후 1927년에 지진으로 인한 사태가 강을 한동안 가로막아 댐을 이루게 하였다고 보고되어 있다.)[26] 이스라엘 백성들은 궤를 앞세우고 말라버린 요단강의 강상(江床)을 건넌 뒤 길갈에 진을 쳤다(수 3-5장). 그들은 요단 계곡의 이곳을 진지로 삼아서 여리고를 포위한 뒤 아침에 나팔소리로 함락시켰다(수 6장). 승리감에 도취된 군대는 서쪽 강안으로 올라가 거기서 어떤 구실을 내세워 아이(Ai)를 함락시켰다. (그 근방에 있던 벧엘의 정복에 관해서는 아무런 언급도 없다; 참조. 삿 1:22-26). 분명히 이스라엘인들은 중앙 구릉지대에서는 아무런 저항도 받지 않았기 때문에 북쪽으로 세겜까지 이동하여 거기서 여호수아는 성읍이 내려다보이는 산위에 제단을 세웠다(8:30-35).

제2차 군사작전에서 승승장구한 이스라엘인들은 남쪽 구릉지대로 쳐들어갔다. 이스라엘인들은 자신들이 일시적으로 비켜갔었던 것으로 보이는 예루살렘 요새 근처에서 기브온을 맹주로 하는 4개의 도시연맹과 속아서 조약을 맺었다. 이스라엘과 조약을 맺었다는 이유로 예루살렘의 왕 아도니세덱이 이끄는 가나안의 왕들의 연합군이 기브온 사람들에게 보복하러 나섰다. 그러나 이스라엘은 신속하게 방어태세에 들어갔다. 유실된 이스라엘의 시가집인 야살의 책으로 인용한 인용문(삼하 1:18을 보라)에 의하면, 여호수아는 태양이 기브온에 머물고 달이 아얄론 계곡에 멈추게 해달라고 기원하였기 때문에 그의 군사들은 이 전투를 결정적으로 끝낼 수 있는 충분한 시간을 얻을 수 있었다고 한다(수 10:12-13a).

> 태양아 너는 기브온 위에 머무르라
> 달아 너도 아얄론 골짜기에 그리할지어다 ― 수 10:12b.

예나 지금이나 다른 시들도 시간이 멈추거나 거꾸로 가게 해달라는 염원을 표현하여 왔다. 그러나 옛 시가 모음집으로부터 이 시구를 인용한 화자는 이 시의 내용이 문자 그대로 일어난 것으로 보고(10:13-14을 보라) ― 많은 성경 해석자들이 그러하듯이 ― 태양과 달이 실제로 그들의 운행을 멈춘 것으로(또는 과학적인 견지에

---

26) Nelson Glueck, *The River Jordan*(New York: McGraw-Hill, 1968), p. 118.

서 말하자면 지구가 거의 하루 동안 자전을 그친 것으로) 주석하였다. 이러한 인용과 주석의 목적은 천군을 지휘하는 하늘의 전사인 야훼께서 이스라엘을 위하여 싸우고 있었다는 것을 증언하는 것이다(10:14; 참조. 삿 5:20).

여기서 승리한 이스라엘인들은 남쪽으로 립나, 라기스, 에글론, 헤브론, 드빌(기럇세벨)과 같은 도시국가들을 정복했고 게셀과 벧세메스 같은 견고하게 요새화된 몇몇 성읍들은 그냥 지나쳤다(수 10:16-43). 게셀의 경우 성경의 기사(수 10:33)는 이 성읍이 파괴되었다고 말하지 않고 단지 이 성읍의 군대가 이스라엘인들을 저지하려고 하였으나 패배당했다는 말만을 하고 있다(16:10을 보라).

마침내 제3차 군사작전에서 이스라엘인들은 갈릴리로 알려진 지역(참고. 사 9:1)에 있는 이스르엘 계곡 너머 북쪽 구릉지대에서 중요한 승리들을 거두었다. 여기서 여호수아는 북부의 왕들의 연합군과 맞서 승리를 거두었지만(수 11:1-9) 무엇보다도 요새화된 성읍인 하솔에서 결정적인 승리를 거두고 그 성읍을 파괴하고 불태웠다(11:10-15).

이 기사에 의하면 하나로 단결된 이스라엘의 지도자인 여호수아는 길갈에 있는 군사기지로부터 효율적인 전략을 구사하여 중앙(7-9장), 남부(10장), 북부(11장)로 세 차례의 번개같은 군사작전을 감행함으로써 단시일 내에 가나안을 완전히 장악하였다는 것이다. 적어도 세 곳의 요새화된 성읍들(여리고, 아이, 하솔)이 불태워져 초토화되었다. 저항하는 가나안인들은 칼로 진멸되었다. 모든 방해물들은 이스라엘 군대의 가차없는 진군 앞에서 제거되었다. "이스라엘의 하나님 야훼께서 이스라엘을 위하여 싸우신 고로"(10:42) '온 땅'은 성전을 통해 침략자들에게 주어졌다. 정복의 철저함은 이 기사의 결론부에서 찾아볼 수 있는 요약문(11:16-23)에 나타나 있다.

그러므로 이것이 신명기 사가의 견해이다. 그의 특징적인 문체와 신학적 관점은 여호수아 1-12장의 이야기와 여호수아 23장에 나오는 여호수아의 고별사를 지배하고 있다. 이 사가는 보다 오래된 전승들, 곧 지파 이야기들, 제의와 관련된 전설들, 창세기와 출애굽기와 민수기에서 찾아볼 수 있는 고대 서사시 전승으로부터 유래한 자료를 사용하였음이 틀림없다. 이 사가는 이스라엘의 조상들에게 주어진 땅의 약속이라는 주제와 언약에 대한 의무들에 관한 모세 전승을 취하여다가 어떻게 그 모든 것이 여호수아 시대에 기적적으로 성취되었는지를 보여주었다. 그러나 이 기자는 종교적 열정에 불타 있었다. 그 결과 가나안 정복에 관한 역사적 현실은 실제보다 훨씬 단순화되었다. 이 사가조차도 여호수아가 이 땅을 완전하게 장악하지 못하였다는 것을 알고 있었다. 왜냐하면 나이든 여호수아가 "얻을 땅의 남은 것은 매우 많도다"(수 13:1-7)라고 말한 것으로 되어 있기 때문이다. 자신의 고별사에서 여호수아는

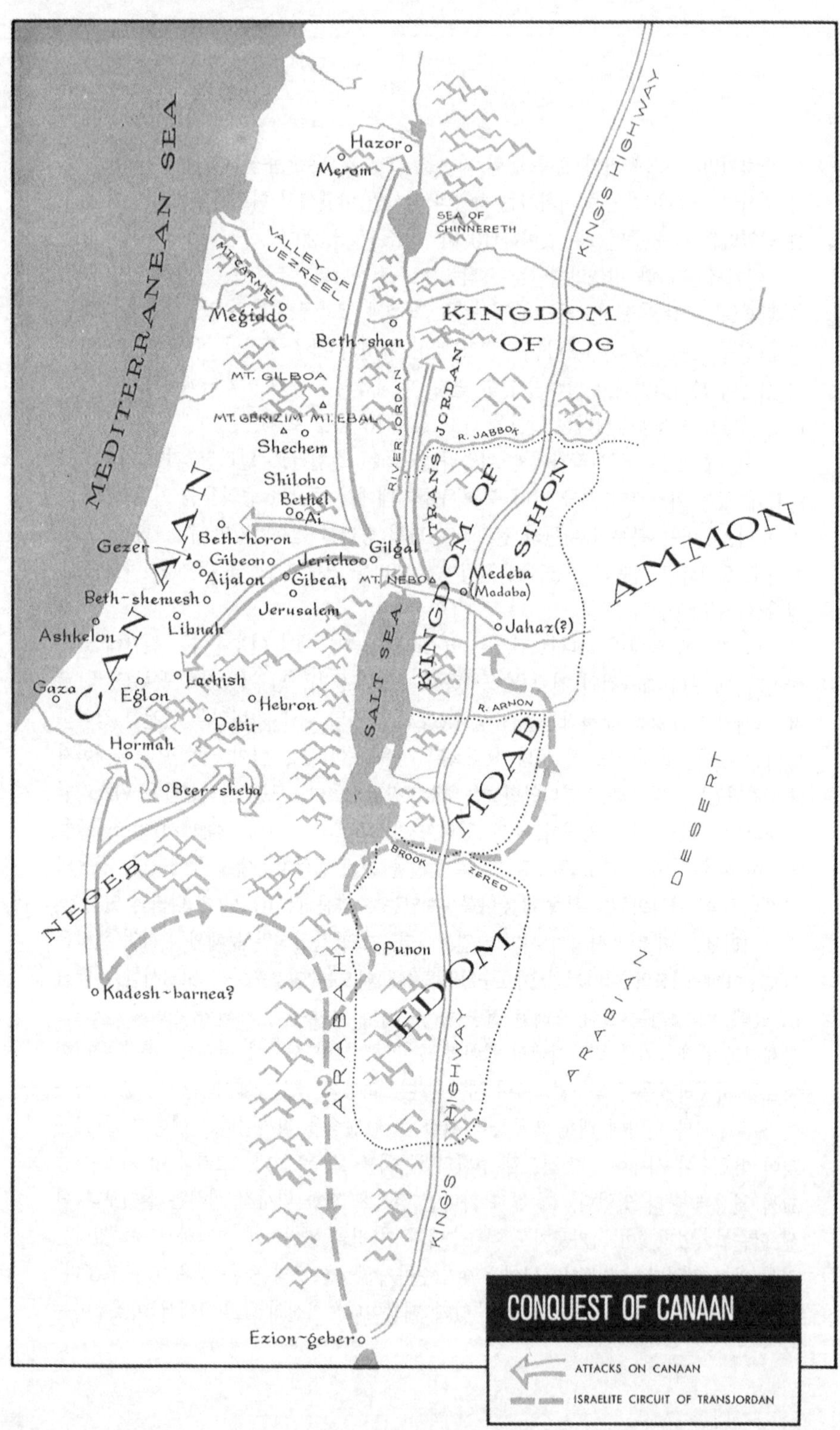

MEDITERRANEAN SEA
Hazor
Merom
SEA OF CHINNERETH
KING'S HIGHWAY
VALLEY OF JEZREEL
MT. CARMEL
Megiddo
Beth~shan
KINGDOM OF OG
MT. GILBOA
MT. GERIZIM MT. EBAL
Shechem
RIVER JORDAN
TRANS JORDAN
R. JABBOK
Shiloho
Bethel
Ai
KINGDOM OF SIHON
AMMON
Gezer
Beth~horon
Gibeon
Jericho
Gilgal
Medeba
(Madaba)
Aijalon
Gibeah
MT. NEBO
Beth~shemesh
Jerusalem
Libnah
Jahaz(?)
Ashkelon
CANAAN
KINGDOM OF
Gaza
Eglon
Lachish
Hebron
SALT SEA
R. ARNON
Debir
MOAB
Hormah
Beer~sheba
NEGEB
BROOK ZERED
DESERT
ARABAH
Punon
EDOM
Kadesh~barnea?
KING'S HIGHWAY
ARABIAN
Ezion~geber
CONQUEST OF CANAAN
ATTACKS ON CANAAN
ISRAELITE CIRCUIT OF TRANSJORDAN

이스라엘인들에게 "남아 있는 이 민족들"과 친근히 지내지 말 것을 권면하고, 만약 그렇게 하면 "너희 하나님 야훼께서 이 민족들을 너희 목전에서 다시는 쫓아내지 아니하시리니"(수 23:12-13)라고 말했다. 신명기 사가가 절정의 순간에 말하고 있는 것과 같이 "그 땅에 전쟁이 그쳤더라"(수 11:23)라고 이스라엘인들이 주장할 수 있기 위해서는 아직도 해야 할 일이 아주 많이 남아 있었음이 분명하다.

여호수아서와 사사기 1장에 나오는 가나안 정복에 관한 대안적인 견해

가나안 정복에 관한 신명기 사가의 견해를 여호수아서의 나머지 부분과 특히 사사기 첫 장에 나오는 말들과 비교해보면 더 복잡한 양상이 드러나기 시작한다. 여호수아 10:36-37에서는 여호수아가 헤브론 성읍을 쳐부수었다고 말하고 있지만, 사사기 1:10에서는 유다 지파가 이 성읍을 점령했다고 한다. 그리고 여호수아 10:38-39에서는 여호수아가 드빌(또는 기럇세벨)을 취했다고 하고 있지만, 여호수아 15:13-19과 사사기 1:11-15에서는 그 공을 갈렙 지파 옷니엘에게로 돌리고 있다. 나아가 여호수아서는 예루살렘(15:63), 게셀(16:10), 벧산, 다아낫, 므깃도(17:11-13)를 비롯한 이스라엘인들이 가나안인들을 쫓아낼 수 없었던 여러 성읍들을 언급하고 있다.

가나안 침공에 관한 완전히 다른 묘사는 사사기 첫 장에 나와 있다. 여호수아서에서의 승리 선포에도 불구하고 이 장은 여호수아가 죽은 후에 최초로 제기된 문제는 "우리 중 누가 먼저 올라가서 가나안 사람과 싸우리이까"(삿 1:1)였다고 말한다. 다음의 내용은 가나안 땅이 여호수아의 단일한 군사적 지휘 아래에서 일사불란하게 행동한 이스라엘 군대에 의해 정복되었다는 견해에 반대하는 것처럼 보이는 또하나의 일련의 사건 기술이다. 여기서 우리는 독립적인 지파들의 행동들에 관한 단편적이고 때로는 당혹스러운 기사를 발견한다. 이상하게도 우리는 또다른 근거 위에서 예루살렘 요새가 다윗 때까지 정복되지 않았음을 알고 있음에도 불구하고(삼하 5:6-7) 유다 지파가 예루살렘을 정복하여 불태웠다는 주장을 본다(삿 1:8; 그러나 21절과 비교해 보라!). 갈렙과 옷니엘과 관련되고 있는 헤브론과 드빌의 점령(수 10:36-37에서처럼)은 유다와 시므온의 영도 아래 수행되었다(삿 1:9-20). 그리고 여호수아의 제1차 군사작전과 관련해서 언급되지 않았던 아이(Ai) 근처의 성읍인 벧엘은 요셉 가문에 의해 정복되었다(1:22-26). 대체적으로 이 기사는 가나안 땅의 점령의 불완전함을 강조하고 있다(1:19, 21, 27-29을 보라).

과거에 비평적인 역사가들은 이렇게 사사기 1장에 여기저기 흩어져 있는 진술들은 신명기 사가의 견해와는 다른 견해를 제시하고 있는 좀더 오래되고 신빙성 있는 서사시 전승(J)의 단편들이라는 것에 거의 만장일치로 동의하고 있었다. 이 전승에 의하면 이스라엘의 가나안 정복은 오랜 기간을 두고 일어난 복잡한 과정이었다는 것이다. 지파들은 서로 떨어져 있는 상황들 속에서 독자적으로 또는 몇몇 집단들이 뭉쳐서 행동하였다. 몇몇 지파들은 아랏과 호르마를 경유하여 남쪽으로부터 왔고, 어떤 지파들은 모압 평지를 거쳐 동쪽으로부터 들어왔으며, 어떤 지파들은 조상들의 시대 동안에 가나안 땅에 그대로 머물러 정착해 있었다. 나중에 지파들이 이스라엘의 언약 공동체로 하나가 되었을 때, 여러 가지 다양한 지파들의 전승들은 결합되어 여호수아 아래에서의 온 이스라엘의 가나안 정복에 관한 이야기로 되었다.

고고학적 증거

이 논의를 계속하기 전에 고고학적 탐구가 어떠한 빛을 비쳐주고 있는지를 살펴보기로 하자. 여기서 다시 한번 고고학은 성경의 기록을 입증하거나 부정하려는 시도를 하지 않는다는 것을 말해두지 않으면 안 된다. 고고학은 기껏해야 발견된 것을 기술하고 그 자료로부터 학문적인 논쟁을 통해 시험되고 있는 가설들을 추론하는 학문일 뿐이다.[27]

고고학적 견지에서 말한다면, 우리는 후기 청동기(LB) 시대(주전 1550-1200년경)로부터 초기 철기(Iron I) 시대(주전 1200-900년경)로의 이행기에 관심을 갖고 있는 것이다. 아마르나 시대를 고찰할 때 우리는 이 세기들(주전 14-13세기)은 정치적 소요와 사회적 혼란으로 점철되어 있었는데 이는 주로 해양 민족들의 침략과 아시아 제국을 장악하려는 이집트의 맹렬한 시도에 기인하는 것이었음을 살펴보았었다. 이러한 열기는 주요한 기술적 진보들에 의해 증대되었다: 청동 대신에 철을 사용한 도구와 병기들의 제작, 강우의 저장 능력을 향상시킨 방수용 석고 저수조의 사용(이로 인하여 사람들은 샘과 시내들로부터 멀리 떨어진 지역들로 이동하는 것이

---

27) 복합적인 고고학적 증거에 관한 논의들은 J. Maxwell Miller in Hayes and Miller, *History*(93), pp. 252-279와 Philip J. King, "The Contribution of Archaeology to Biblical Studies", *Catholic Biblical Quarterly*, 45(1983), pp. 1-16에 나와 있다.

팔레스타인의 가장 오래된 도시 여리고 ― 고고학자들이 깊이 파헤친 모습

가능하였다), 구릉지대의 경사면을 경작하기 위한 계단식 단지 조성법의 사용 등이 그것이었다.

가나안(팔레스타인)의 상황과 관련하여 적어도 우리가 고고학적 자료를 성경의 관심사를 가지고 검토해본다면 고고학이 제공해주는 그림은 희미하다. 한편으로 여러 층의 잿더미가 보여주고 있는 바와 같이 몇몇 요새화된 성읍들이 격렬하게 파괴되었다는 분명한 증거가 있다. 예를 들면, 이것은 중앙 구릉지대의 벧엘(여호수아가 점령하지 않았던 성읍), 남부의 라기스, 북부의 하솔(여호수아가 초토화시켰다고 하는 성읍)에 해당된다.[28] 다른 한편으로 성경 기사에 의하면 여호수아가 점령했다고 하는 몇몇 요새화된 성읍들은 이 시기에 파괴되지 않았다. 성경에서는 여리고를 초토화시켰다고 말하고 있으나(수 6:24) 고고학적 탐구는 여호수아 시대에 "무너졌다"고 생각된 여리고의 성벽은 실제로 주전 3천년대의 것으로서 아마 이집트에서 축출된 힉소스족과 관련하여 주전 16세기 중엽에 파괴되었음을 보여주었다. 고고학적 증거에 의하면, 여호수아 시대에 여리고의 둔덕은 폐허로 있었고 상당한 기간 동안 다시 주거지가 되지 못했다.[29] 또한 여호수아가 초토화시켰다고 하는(수 8:19-20) 아이 성도 당시에는 폐허더미였다. 사실 고고학은 점령에 있어서 주전 2400-1200년경 (초기 청동기시대부터 초기 철기시대까지)과는 간격이 있음을 말해주고 있고, 심지어 철기시대의 정착촌조차도 단지 조그마한 요새화되지 못한 촌락이었음을 말해주고 있다.[30] 그리고 기브온에서 출토된 후기 청동기시대의 고고학적 증거는 비록 이 성읍이 주전 12세기 동안에는 중요성을 획득하였음이 틀림없지만 무시해도 좋을 만한 것이다.[31]

이스라엘의 점령의 성격

여호수아서의 문학적 난제들과 감질나게 하는 고고학적 증거의 모호성으로 보아 학자들이 이스라엘의 '정복'에 관하여 서로 다른 결론들을 내리게 되었다는 것은 이상한 일이 아니다. 대체로 세 가지 학설 또는 '모델들'이 관심을 끌고 있다: (a) 점진적인 침투, (b) 군사적인 침공, (c) 농민혁명.

(a) 첫번째 학설에 의하면, 실제의 역사는 여러 세대에 걸쳐 일어난 '점유'(Landnahme) 또는 정착이었고 다윗 시대에 이르기까지 완결되지 않았다. 처음에 가나안 땅에 대한 군사적 공격은 없었고 단지 점진적이고 유목민적인 침투가 있었을 따름이었다. 사막에서 가나안의 동부와 남부에 걸쳐 있던 유목민들은 자신들의 가축

---

28) Yigarl Yadin, *Hazor*(252)을 보라.

29) Kathleen M. Kenyon, *Digging up Jericho*(241); "Jeriche" in D. Winton Thomas, *Archaeology and O. T. Study*(109), pp. 164-175.

30) J. A. Callaway, "New Evidence on the Conquest of 'Ai'", *Journal of Biblical Literature*, 87(1968), pp. 312-320.

31) J. B. Pritchard, "Archaeology and the Future of Biblical Studies", *The Bible in Modern Scholarship*(161), pp. 313-324.

떼에게 먹일 목초를 찾아 인구가 희박한 구릉지대로 이동해 왔다. 언제나 그렇듯이 그들은 가나안인들과 좋은 관계를 맺은 가운데 삶을 영위하였고 그들과 통혼까지 하였다. 때로 충돌도 있었으나 팽창하는 이스라엘인들이 구릉지대를 너머 강력한 가나안 성읍들이 있었던 비옥한 평지로 이동해온 주전 11세기(사사기의 시대)까지는 심각한 갈등은 없었다.

그러므로 이 견해에 의하면 여호수아의 신속한 정복에 관한 이야기는 야훼의 막강한 권세를 강조하고자 했던 신명기 사가의 종교적 상상의 산물이다. 여호수아 1-12장을 비평적으로 연구해 보면 그것들은 '아이'(이것은 히브리어로 '폐허'를 뜻한다)의 존재 또는 기브온 가문('나무 베는 자들과 물 긷는 자들', 수 9:17)의 열등한 지위와 같은 것들을 설명하기 위한 발생론적 이야기들의 연속임이 입증된다. 실제로 여호수아가 정말 모세의 후계자였는지의 여부도 의문시되어 왔다. 원래 여호수아는 자신의 '요셉 가문'이 세력을 획득함에 따라 점차로 명성이 높아갔던 에브라임 지파의 영웅에 지나지 않았다. 마침내 이 민담은 수식이 가해지고 과장되어서 여호수아는 통일된 이스라엘의 영웅으로 부상되었고 그 위에 모세의 외투가 씌워졌다.[32]

이러한 학설은 매력적인 특징들을 지니고 있지만 중대한 약점들도 아울러 지니고 있다. 한 가지 예를 들자면, 이스라엘인들이 사막으로부터 들어온 유목민이었다는 것은 아무런 근거도 없다는 것이 점점 더 분명해졌다. 오히려 이 히브리인들은 촌락의 생활방식에 익숙한 농경인들(agriculturalists)이었다.[33] 더욱이 주전 13세기에 가나안 성읍들이 격렬하게 파괴되었다는 고고학적 증거는 무시되거나 성경 기사와는 아무런 상관도 없는 것으로 생각되고 있다. 그리고 물론 이스라엘의 기억에 깊이 새겨진 전승, 즉 야훼께서 이 백성을 이집트로부터 끌어내어 가나안으로 승승장구 인도하였다는 전승(수 24:5-13; 암 2:9-10 등)은 순전히 '신앙고백적인' 주장으로 생각되고 있다.

(b) 또 하나의 극단에는 이스라엘인들은 가나안에 "무력으로 진입"하였다는 성

---

32) 특히 Albrecht Alt, "The Settlement of the Israelites in Palestine," *Essays*(151), pp. 133-169를 보라. 이러한 견해는 Alt의 문하생인 Martin Noth가 *Pentateuchal Traditions*(70), pp. 71-74와 *History*(98), pp. 68-84를 비롯한 여러 글에서 주장하였다. 또한 Manfred Weippert, *Settlement*(249)도 이 견해를 주장한다.

33) 이스라엘이 유목민이었다는 개념은 Norman Gottwald, *The Tribes of Yahweh*(240), pp. 435-463에 의해 심한 비판을 받았다. 또한 Marvin Chaney, "Ancient Palestinian Peasant Movements and the Formation of Premonarchic Israel", *Palestine in Transition*(239), pp. 41-44를 보라.

경의 전승을 진지하게 취하는 학자들의 학설이 있다. 이 학설을 받아들이는 학자들은 여호수아 1-12장이 윤색된 기사를 제공하고 있음을 인정한다. 신명기 사가의 목적은 아무 윤색도 없는 사실 그대로의 보도를 하는 것이 아니었고 이스라엘 공동체에게 신적 전사인 야훼의 승리에 관한 극적인 이야기를 선포하는 것이었다. 그런 까닭에 기자는 실제로는 다른 사람들에 의해 수행된 혁혁한 전과들을 군사 지도자인 여호수아에게 돌림으로써 가나안 침공에 관한 기사를 핵심을 보존한 채 짤막하게 다루거나 오늘날의 전쟁 보도에서도 여전히 행해지고 있듯이 보잘것 없는 전과들을 혁혁한 승전으로 보도함으로써 가나안 정복 이야기를 과장하였다.

그러나 이러한 단축과 과장을 보여주는 징표들에도 불구하고 주전 13세기에 아마도 요셉 지파와 베냐민 지파를 선두로 한 호전적인 이스라엘인들이 중앙 구릉지대의 상당 부분을 놓고 가나안인들과 벌인 싸움에서 승리를 거두었다는 여호수아서의 중심적인 주장이 옳다는 것을 보여주는 상당한 증거가 있다. 성경 전승에서 요셉 지파(므낫세와 에브라임)와 베냐민 지파는 서로 밀접하게 결합되어 있었다. 왜냐하면 요셉과 베냐민은 야곱이 총애했던 아내인 라헬의 두 아들이었기 때문이다(창 30:22-24; 35:16-20). 의미심장하게도 여호수아는 에브라임 지파 사람이었다.

이러한 군사적 정복 학설은 고고학적 발굴로부터 밑받침을 받고 있다고 주장한다. 이미 살펴보았듯이 주전 13세기 후반에 몇몇 가나안 성읍들이 심하게 파괴되었음을 보여주는 고고학적 증거가 있다. 여호수아의 공격을 받은 성읍들, 특히 라기스와 하솔은 실제로 이 시기에 멸망당했다. 다른 성읍들 — 벧엘, 드빌, 에글론 — 도 이 시기에 격심한 파괴를 겪었다. 아마도 주전 13세기에 여호수아에 의해 점령당한 몇몇 성읍들은 나중에 재정복되었음에 틀림없는데, 이같은 사실은 사사기 첫 장에 나오는 단편적인 보도들을 설명해줄 수 있을 것이다. 그러나 통상적인 가정과는 반대로 사사기 1장은 단일한 문서, 즉 "정복에 관한 유실된 J〔고대 서사시〕기사"가 아니라 "서로 다른 시기와 상황에서 나온 자료들의 모음집"이다.[34]

---

34) 가나안 정복에 관한 W. F. Albright의 견해는 G. Ernest Wright, "The Literary and Historical Problem of Joshua 10 and Judges 1," *Journal of Near Eastern Studies*, V(1946), pp. 105-114에 의해 옹호되고 다듬어졌다. 또한 자세한 논의를 위해서는 그의 저서 *Biblical Archaeology*〔110〕를 보라. 이 견해를 주장하는 학자들로는 Paul W. Lapp, "The Conquest of Palestine in thee Light of Archaeology", Concordia *Theological Monthly*, 38(1967), pp. 283-300; A. Malamat, "Origins and Formative Period", *The History of the Jewish People*, ed. H. H. Ben-Sasson(London/Cambridge: Weidenfeld and Harvard University Press, 1976), pp. 1-87(그는 성경의 기사를 허약한 군사력이라는 관점에서 논하고 있다); W. G. Dever, *Archaeology and Biblical Studies: Retrospect and Prospect*(Evanston: Seabury-Western, 1974)가 있다.

이 학설을 주장하는 학자들은 여호수아에 의해 초토화되었다고 말해진 두 성읍인 여리고와 아이가 실제로 이 시기에 요새화되어 있지 않았다고 하는 고고학적 증거에 당혹해 한다. 1930-36년에 영국의 조사단에 의해 수행된 발굴을 통해 이 성읍이 격심하게 파괴된 것은 틀림없이 지진에 의한 것이었는데 그 시기는 주전 1385년경으로 추정되었다. 이것은 아마르나 서한들에 묘사된 하피루의 침략자들의 활약과의 연관을 시사해 주었다. 그러나 이 유적에 대한 나중의 발굴을 통해 주전 13세기의 것은 실제로 아무것도 남아 있지 않다는 것이 밝혀졌다. 여호수아 6장에 나오는 제의적 기사와는 대조적으로 "여호수아 시대의 여리고는 하나의 성채에 지나지 않았다."[35] '폐허' 아이 성에 대해서는 이곳에 대한 여호수아의 정복은 아마도 그 근방의 벧엘과 혼동되었던 것으로 추측되고 있다. 실제로 벧엘은 이 시기에 파괴되었다(수 12:16; 삿 1:22-26을 보라). 이러한 추측은 여호수아의 길목에 바로 위치해 있던 가나안 성읍 벧엘이 그의 제1차 군사작전에 관한 기사 그 어디에도 언급되고 있지 않다는 이상한 사실을 해명해주는 장점을 갖고 있다.

(c) 세번째 학설에 따르면, 가나안 정복은 외부로부터의 침공이 아니라 출애굽의 해방의 하나님인 야훼에 대한 신앙에 의해 고무된 가나안 땅 내부에서의 폭동이었다는 것이다. 사회 혁명은 실제로 이스라엘인들이 시혼과 옥의 왕국들을 전복시키기 위하여 고분고분하지 않은 부류들과 손을 잡았던 요단 동편 지역에서 시작되었다. 그런 후에 이주한 이스라엘인들은 요단 서편 강안으로 혁명을 가져왔는데, 거기서 그들은 이집트의 지배 하에서 유지된 도시국가 체제를 전복시키고자 하였던 사회의 불평분자들과 합류하였다. 거기에는 가나안 사회에서 어떠한 토대를 가지고 있지 않았고 그들에게 가해진 불의들로 인하여 적대감을 갖고 있었던 박탈당한 사람들인 하피루 유형의 많은 사람들(아마르나 시대에 하피루의 혁명적 역할에 관한 우리의 논의를 상기하라, p. 161)이 있었음에 틀림없다. 그들은 여호수아의 영도 아래 새로 이주해 온 사람들에게 호감을 갖고 있었을 것이고 자기들 나름대로의 방식으로 사회정치적 폭동을 선동하였을 것이다. 이렇게 본다면, 가나안 정복은 실제로 군사적 정복이 아니라 "서로 맞물려 있는 가나안 도시국가들의 그물망에 저항한 농민들

---

35) G. E. Wright, *Biblical Archaeology*(110), p. 79. 발굴자의 기사에 대해서는 Kathleen Kenyon, *Archaeology in the Holy Land*(105), pp. 209-212 를 보라.

36) 이러한 견해는 George E. Mendenhall, "The Hebrew Conquest of Palestine", *Biblical Archaeologist*, 25(1962), pp. 66-87에 의해 제기되었다. 이 글은 *The Biblical Archaeologist Reader*(100)에 약간 수정되어 재수록되었다. 이 견해는 Norman K. Gottwald, *The Tribes of Yahweh*(240)에 의해 채택되고 주창되었는데, 그는 이 혁명을 마르크스주의자의 견지에서 가나안 도시국가들에서의 농민들과 봉건영주들과의 계급투쟁으로 이해하고 있다.

의 폭동"이었다. 이러한 갈등은 본질적으로 농민들이 세금에 시달렸던 촌락들과 가나안의 작은 나라의 왕들이 장악하고 있었던 성읍들 사이에 있었다.[36]

이러한 매력적인 학설은 점차로 주목을 끌게 되었다. 왜냐하면 이 학설은 성경 기사의 몇몇 측면들을 밝히 비쳐주기 때문이다. 이 학설은, 예를 들면 세겜 부근의 중앙 가나안과 같은 몇몇 지역에서 아무런 저항이 없었던 이유를 우리가 이해할 수 있게 해준다. 분명히 그곳에는 호의적인 부류들이 있었음에 틀림없다. 이 학설은 왜 몇몇 성읍들은 어떠한 보도된 군사 공격도 없이 이스라엘에게 함락되었으며, 왜 혁명분자들에 의해 장악된 몇몇 성읍들의 파괴를 보여주는 고고학적 증거가 없는지, 왜 몇몇 가나안 부류들(예를 들면, 기브온인들)이 서둘러 이스라엘의 주장에 동조하였는지를 해명해줄 수 있다. 여호수아에 의해 파견된 염탐군들을 숨겨준 창녀 라합에 관한 이야기(수 2장)조차도 가나안 주민의 '국외자 선동가들'과 고분고분하지 않았던 부류들과 왕의 권력구조와의 충돌을 시사해주고 있는지도 모른다.[37]

그럼에도 불구하고 이 학설도 난점들을 지니고 있다.[38] 여호수아서와 사사기에 나오는 성경의 그 어떠한 전승층들에도 농민폭동에 관한 '명시적인' 언급이 없다는 것이다. 게다가 이 가설은 확고한 정치 세력의 실체를 정당하게 다루고 있지 않다. 왜냐하면 인간 역사는 기득권층(이 경우에는 가나안의 도시국가 체제)은 폭력과 군사행동 없이는 자신의 지배권을 내놓지 않는다는 것을 보여주기 때문이다. 또한 이 학설은 여호수아 아래에서의 군사적 침공에 관한 성경 기사를 무시하는 것은 말할 것도 없고 주전 13세기 후반에 가나안 구릉지대에 있는 성읍들의 격심한 파괴를 보여주는 고고학적 증거를 얕보고 있다.

야훼의 전쟁들

'정복'에 관한 이 세 가지 모델 — 점진적인 침투, 군사적 침공, 농민혁명 — 은 이스라엘의 가나안 정복이 우리가 성경의 기사를 얼핏 읽어서 아는 것보다 훨씬 더 복잡하였다는 것을 보여준다. 저명한 역사가인 존 브라이트(John Bright)는 이

---

37) Marvin Chaney, "Ancient Palestinian Peasant Movements", *Palestine in Transition*(239), pp. 68-69를 보라.
38) 예를 들면, *Journal for the Study of the Old Testament*, 7(1978), pp. 2-52에 나오는 Alan J. Hauser, "Israel's Conquest of Palestine: A Peasant's Rebellion?"과 이 심포지움에 참여한 다른 학자들(Thomas L. Thompson, George E. Mendenhall, Norman K. Gottwald)의 이에 대한 반응들을 보라.

세 가지 모델을 모두 고려하여야 한다고 주장하고 있다. 그는 "정복은 어느 정도 내부 문제였다!"고 말한다. 많은 수의 히브리인들은 이미 오래 전에 팔레스타인에 정착해 있었고, 이들은 사막으로부터 온 히브리인들과 합류하였다. 이 둘이 합류함으로써 팔레스타인에는 불꽃이 튀었고, 혁명의 결과 이스라엘로 알려지게 된 지파 동맹체가 탄생하였다. 그렇지만 "그것은 단순히 지역적인 폭동의 문제가 아니었다. 이와 마찬가지로 대규모의 군사 행동도 있었다"고 그는 계속해서 말한다.

사실 이 혁명은 성경이 묘사하고 있는 바와 같이 "피비린내 나는 잔인한 사업"이었다. 주전 13세기에 구릉지대를 강타하여 가나안인들의 저항의 "중추를 부숴뜨린" 여호수아에 의한 결정적인 군사작전이 있었다. 몇몇 성읍들은 초토화되었고, 어떤 성읍들은 그냥 지나치거나 제압되었다. "이스라엘"을 격퇴시켰다고 주장하는 메르넵타는 주전 13세기 후반에 가나안의 봉신들을 위하여 이에 개입해야 할 필요성을 발견하였을 것이다. 그러나 가나안 정복은 신속한 승리, 즉 '번개작전'(blitzkrieg)이 아니라 "여러 해 동안 진행된 시소게임"이었다.[39]

이스라엘인들은 자신들이 꽤 단순한 전쟁수단을 사용할 수 있었고 단층지대의 이점을 충분히 활용할 수 있었던 구릉지대에서 주로 승리하였다는 것을 주목하지 않으면 안된다. 신명기 사가에 의한 다소 일방적인 묘사에서조차도 이스라엘인들이 해안평야와 이스르엘 계곡에 위치한 가나안인들의 주요한 성채들과 이집트의 전초기지들을 공격하였다는 주장이 없다. 이 문제에 대하여 정직하게 침묵을 지키고 있는 이유는 다음과 같은 말 속에 나타나 있음이 틀림없다:

> 야훼께서 유다와 함께 하신고로 그가 산지 거민을 쫓아내었으나 골짜기의 거민들은 철병거가 있으므로 그들을 쫓아내지 못하였으며 — 삿 1:19.

이스라엘이 철기시대의 병기들에 맞선 것은 인디언들이 백인들의 총에 활과 화살로 맞섰던 것과 같은 것이었다. 결과적으로 주전 13세기에 구릉지대를 공격했던 이스라엘은 여호수아가 죽은 후에도 가나안 땅을 차지하기 위하여 끈질긴 공격을 감행해야 했다. 이미 살펴본 바와 같이 좀더 제한된 순간들에서 신명기 사가는 이러한 측면을 충분하게 표현하고 있지는 않았지만 가나안의 저항의 나머지 중심지들을 소탕하는 데에는 할 일이 많음을 인정하였다(수 13장). 최초의 공격 후에도 계속된 군

---

39) John Bright, *History*[91], pp. 140-143. 자세한 것은 G. W. Ramsey, *The Quest*[99], 제4장에 나오는 논의를 보라.

사행동이 필요했는데, 이것은 때로는 여러 지역에서 개별적인 지파들에 의해 수행되었다. 더욱이 가나안 정복은 조약, 통혼, 이스라엘과의 동맹에 의한 도시국가들의 흡수 등에 의해 촉진되었는데, 이에 대해서는 곧 자세히 말할 것이다.

역사가들은 앞으로도 이스라엘의 가나안 정복을 논의하게 될 것이 틀림없다. 이 정복의 성격이 무엇이었든 이 승리들은 단순한 군사력이나 전략에 의해 얻어진 것이 아니었다는 확신은 이스라엘의 기억 속에 깊이 새겨졌다. 도리어 이스라엘은 "야훼의 전쟁"을 수행하고 있었다. 이 감동적인 사건들 속에서 이스라엘인들은 압제받는

성전(Holy War)

가나안 정복에 관한 성경의 전승들 속에 표현된 성전이라는 견해는 종교적으로 인가된 전쟁 또는 이슬람의 광신적인 '지하드'(jihad)라는 오늘날의 개념들과 혼동되어서는 안된다. 더욱이 성경의 성전은 징병, 전문적인 관리자 집단, 상비군, 기계화된 장비를 갖춘 회전(會戰)을 특징으로 한 다윗과 솔로몬에 의해 도입된 전쟁과도 판이하게 달랐다.

지파 시대에 있어서의 성전은 지파들이 충성을 맹세한 신적 전사인 신의 이름으로의 부르심에 대한 자발적인 응답을 토대로 한 일종의 게릴라 전투였다. 몇몇 학자들이 주장하는 것과는 달리 성전은 단지 방어적인 것이 아니었고 흔히 공격적인 전쟁이었다. 여호수아 1-12장과 사사기 1장에 의하면 상대적으로 소규모의 전사단(戰士團)은 희귀한 전법, 매복, 기습공격, 유인전술 등의 사용을 통하여 성공할 수 있었다. 종교적으로 말해서 승리를 주시는 분은 하나님이시다. 승리는 순전히 군사적인 힘에 의해서 얻어지지 않는다(수 24:12b: "너희 칼로나 너희 활로나 이같이 한 것이 아니며"). 이 점에 대해서 자세한 것은 Millard C. Lind, *Yahweh is a Warrior*[243]를 보라.

고대 이스라엘과 다른 민족들에서 행해진 성전의 관습들 가운데 하나는 '헤렘' 또는 제의적 진멸, 즉 사람들과 전리품들과 성읍들을 하나님께 봉헌하는 관습이었다. 여리고의 함락과 아간이 연루된 사건에 관한 이야기(수 6-7장)는 좋은 예이다. 어떤 것이 하나님께 드려졌을 때, 그것은 거룩해지고 오직 하나님께만 속하게 되어 통상적인 사용으로부터 벗어나게 된다. 성경의 기사(예를 들면, 호르마, 민 21:1-3; 시혼과 옥의 왕, 수 2:10; 여리고, 6:17; 아이, 8:24-29; 몇몇 남부의 성읍들, 수 10:28-43)에 의하면, '헤렘'은 오직 저항하는 성읍들에만 적용되었다. 신명기 20:16-18에서는 이스라엘인들은 가나안 성읍들을 철저히 파괴하되 숨쉬는 모든 것들을 하나도 남겨서는 안된다고 말하고 있지만, 이것은 과장된 말이다. 이미 살펴본 바와 같이 이스라엘의 가나안 정복은 가나안 거민들의 멸절을 수반하지 않았다. 드보라(pp. 244-247)와 사울(pp. 269-270)과 관련한 성전에 관한 좀더 자세한 논의를 보라.

노예들을 종살이에서 건져서 기이한 방식으로 그들을 그들이 자신의 역사적 역할을 수행할 수 있는 땅으로 인도하였던 야훼의 실제적인 임재와 인도하심을 깨달았다. 그들을 하나되게 하고 그들에게 엄청난 열심을 불어넣었던 것은 역사상의 전투에 실제로 참여한 하나님에 대한 그들의 신앙이었다. 구릉과 계곡에 의해 나누어져서 도시국가들로 분열되어 있었고 역동적인 종교적 신앙이 결여되어 있었던 가나안인들은 사막으로부터의 이 침입자들을 막아낼 수 없었다.

지파동맹의 형성

이제 여호수아서의 마지막 장에 나오는 중요한 사건을 다루기로 하자. 우리는 이미 여호수아서에서 신명기계의 자료는 1-12장과 23장에 나오는 여호수아의 고별사에 한정되어 있다는 것을 살펴보았다. 그 중간에 있는 자료(수 13-22장)는 대부분 지파들의 경계선과 성읍들에 관한 옛 목록들로서 여기에서는 다룰 필요가 없다. 그러나 여호수아 24장은 구약성경에서 가장 중요한 장 가운데 하나이다. 23장의 여호수아의 고별사 뒤에 나오는 24장은 그 자체로 독립되어 있는 것으로 보이며 여호수아의 생전에 일어난 사건을 언급하고 있는 듯하다. 몇몇 문헌 비평학자들의 판단에 의하면, 이 이야기의 많은 부분은 오경과 여호수아에 걸쳐 나오는 고대 문학 층(E)을 바탕으로 하고 있다고 한다. 그러나 실질적으로 이 이야기는 이 전승이 구전으로 유포되었던 고대 시대에까지 거슬러 올라가는 것 같다.

세겜에서의 집회

여호수아 24장의 주제는 요셉의 무덤(수 24:32)과 야곱의 우물(요 4:6) 가까이에 위치한 성읍인 세겜에서의 대집회이다. 이 성읍은 적어도 주전 2천년대 초로부터 그리심산과 에발산 사이로 뻗은 좁은 도로에 전략적으로 위치해 있던 커다란 가나안 도시국가였다. 세겜은 이러한 지형상의 이점을 통해 필연적으로 이 두 산 사이를 가로지를 수밖에 없었던 주요한 대로들을 장악하였다. 이 유적지(오늘날 나블루스 부근의 발라타 마을)에 대한 여러 차례의 발굴로 이 고대 성읍의 뚜렷한 흔적을 발견하게 되었다.[40] 힉소스족에 전형적이었던 것으로 알려진 방벽(防壁)이 발굴된 것으로 보아 이 성읍은 한때 힉소스 제국의 강력한 요새였던 것으로 추정된다. 그리고

바알브릿의 신전 — 힉소스 시기(B. C. E. 1650년경)에 가나안인들이 만들었다. 그 도시는 이스라엘 수중에 들어가 지파동맹의 첫번째 중심지가 되었다. 1960년과 1962년 발굴작업 때 신전 입구의 기둥이 복원되었다.

주전 2천년대 중반에 격심하게 파괴된 흔적은 이집트의 아모시스 1세가 힉소스족을 이집트로부터 축출하고 팔레스타인에 대한 정복을 수행했을 때 이집트에 의해 재정복되었다는 것을 보여준다. 아마르나 서한을 통해 알 수 있듯이, 주전 14세기에 이 성읍은 라바유(Lab'ayu)가 하피루들과 조약을 맺게 되자 이집트의 지배에서 벗어났다. 이렇듯 이 성읍은 여호수아가 당도하기 오래 전부터 중요한 정치적 투쟁의 무대였다.

세겜은 중요한 요새였을 뿐만 아니라 종교적 중심지이기도 했다. 성안의 광장에는 바알브릿(Baal Berith, '언약의 주'; 삿 9:4을 보라)이라 불린 거대한 신전이 세워졌다. 오늘날도 이 유적지를 방문하는 사람들은 이 고대 신전의 기초들 — 고고학자들이 이제까지 팔레스타인에서 발견한 로마 이전 시대의 가장 큰 신전들 가운데 하나 — 을 볼 수 있고 이 성소가 고대 사람들에게 얼마나 감명적이었겠는가를 상상

---

40) 1956년 여름에 처음으로 실시된 미국 고고학계의 탐사는 G. Ernest Wright의 지휘하에 이루어졌다. 그의 저서 *Shechem*(251)를 보라.

해 볼 수 있다. 성경의 이야기에 의하면, 여호수아는 세겜 성읍에서 백성들을 '하나님 앞에' 소집하였다고 한다(수 24:1).

모여든 이스라엘 지파들과 그 지도자들 앞에서 여호수아는 조상들의 시대로부터 시작해서 특히 출애굽 사건들과 요단 동편 지역 및 가나안 구릉지대의 점령을 중심으로 한 이스라엘의 '거룩한 역사'를 들려주었다(수 24:2-13). 그런 다음 이러한 신앙고백적인 개관을 바탕으로 여호수아는 백성들에게 성실함과 충실함으로 야훼를 섬기든지, 강(유프라테스) 저편에서 조상들이 섬겼던 신들과 아모리족(가나안인)의 신들을 섬기든지 결단하라고 촉구하였다. 야훼는 질투하는 하나님이요 "낯선 신들"에 대한 예배를 용납하지 않는 거룩한 하나님이라는 경고를 듣고는 자기들을 이집트에서 이끌어내어 가나안으로 인도한 야훼를 섬기겠다고 확언했다. 그러자 여호수아는 그들에게 이방의 신들을 버리라고 요구하였다. 이 의식은 언약을 맺고 율법을 수여하고 거룩한 나무 밑에다 이를 기념하는 돌을 세우는 것으로 마쳐졌다.

여호수아가 야훼와 백성을 한데 묶는 언약의식을 최초로 거행한 것이 아니라는 것은 아주 분명하다. 이스라엘은 '이' 때에 "야훼의 백성"이 된 것이 아니었고 또 야훼도 바로 이 때에 "이스라엘의 하나님"이 된 것도 아니었다. 세겜에서의 의식은 언약관계의 개시가 아니라 시내산에서 맺어진 거룩한 언약을 재확인한 것이었다. 물론 여호수아가 이스라엘이 과거에 겪은 사건들을 이야기할 때 시내산 언약에 대하여 아무런 언급도 하고 있지 않지만, 앞에서 살펴본 바와 같이 시내산 언약은 야훼의 권능있는 역사(役事)에 의한 언약이 아니라 야훼의 그러한 역사들에 대한 백성들의 응답이었기 때문에, 이것은 거의 적절하지 못하다고 하겠다. 가나안 땅에 들어와서 백성들이 승리감에 도취된 나머지 언약의무를 깨뜨리고 가나안의 종교관습들을 채택하려는 유혹이 있었을 때 이러한 언약 갱신이 일어났다고 보는 것이 적절하다. 여호수아는 후기 선지자들이 외쳤던 것과 마찬가지로 이렇게 절박하게 촉구하였던 것이다: '오늘' 너희는 결단하여야 한다! 야훼는 백성들에게 전적인 헌신을 요구한다. "우리 하나님 야훼를 우리가 섬기고"라는 백성들의 대답에서 우리는 이스라엘에게는 오직 한 분 하나님밖에는 없다는 모세적 신앙의 재천명을 듣는다.

모세 신앙으로의 새로운 개종자들

세겜의 의식에는 광야의 유랑생활에 참여하였던 사람들에 의한 언약에의 충성에 대한 새로운 다짐 이상의 의미가 있었을 것이다. 이 의식이 세겜에서 치러졌다는 것은 의미심장하다. 구릉지대의 정복에 관한 이야기에서 이상한 것들 가운데 하나는 세겜 근방의 지역에서의 활약에 관하여는 완전히 침묵을 지키고 있다는 것이다. 더욱이 세겜을 공격한 일이 없었으면서도 세겜이 지파 회집의 무대가 되었다는 사실은 이 지역의 주민들이 인척관계나 조약을 통해서 이 침입자들에게 우호적이었다는 것을 보여준다. 이미 살펴본 바와 같이(pp. 159-162), 아마르나 시대에 하피루들은 세겜 지역에서 활동하였으며 이 성읍의 가나안 통치자와 조약을 맺었다. 여호수아 시대 이전에 세겜에는 계약과 엘(El: 가나안의 최고신)에 대한 공통의 신앙을 토대로 한 여섯 지파들의 동맹체가 존재하였다고 주장되어 왔다. 옛 전승들은 야곱이 세겜 부근의 땅을 사서 "이스라엘의 하나님 엘"의 제단을 쌓았고(창 33:18-20) 히브리 지파들은 아주 일찍부터 가나안의 이 도시국가와 우호적인 관계를 맺으려고 하였다고 말하고 있다(창 34장).

그러므로 이스라엘의 일부 조상들 — 넓게 말해서 레아의 지파들[41] — 이 비교적 이른 시기에 이미 가나안에 정착해 있었고 출애굽이나 광야의 체험들에 참여하지 못했다는 희미한 회상이 있다. 만약 여호수아의 영도 아래에서의 침입자들 — 즉, 라헬 계열의 요셉과 베냐민 지파 — 이 이미 가나안에 정착해 있던 친지나 친척들을 발견하였다고 한다면, 우리는 왜 그들이 이 지역을 정복할 필요가 없었는가를 이해할 수 있다. 이 모든 것이 사실이라고 가정한다면, 여호수아 24장은 모세 언약의 갱신만이 아니라 이전에 그 언약에 참여하지 못했던 다른 히브리인들을 받아들이는 언약의 확대를 기술하고 있다고 하겠다. 그들에게 "너희 섬길 자를 오늘날 택하라"는 여호수아의 말은 특별한 의미를 지녔을 것이다. 만약 그들이 야훼를 섬기기로 결단한다면, 그들은 조상 시대로부터 물려받았든지 가나안인들 사이에 살면서 받아들였든지 모든 이방의 신들을 버려야 했다.

그러나 왜 여호수아는 언약 공동체에 새로 들어온 개종자들에게 출애굽과 광야 체류의 감동적인 사건들 — 그들이나 그들의 조상들이 참여하지 않았던 사건들 — 을 이야기했는가? 그리고 어떻게 그들은 "이것은 바로 '우리의' 삶의 이야기이다"라고 말할 수 있었는가? 하지만 이것은 그렇게 이상한 일이 아니다. 왜냐하면 국외자들이 어느 역사적 공동체에 들어올 수 있는 유일한 길은 그 공동체의 기억을 나누고 그 공동체의 삶에 온전히 참여하는 것이기 때문이다. 예를 들면, 미국의 경우 독립전쟁이라는 감동적인 이야기는 당시 식민지로 있던 13개 주의 주민이나 최초의 이주

---

41) 야곱이 레아에게서 얻은 여섯 아들에 대해서는 창세기 29:31-35; 30:14-20을 보라. 레아 지파와 라헬 지파의 이원성은 먼 옛날부터의 이 지파들의 역사적 관계를 반영하고 있다.

자들의 후손들의 전유물은 아니다. 미합중국에 가입한 다른 주들도 이러한 기억들을 자신의 것으로 만들었다. 더욱이 우리들 다수는 상당히 뒤늦게 미국이라는 무대에 당도한 이주자들의 후손들이지만 초기 미국 역사의 서사시를 듣고 공감하면서 그것은 바로 '우리의' 이야기라고 천명한다. 마찬가지로 이스라엘인이 된다는 것은 거룩한 과거 전체를 공유하는 것이었다. 그것은 예를 들면 기브온 사람들의 경우에서 볼 수 있듯이 초기에 가나안인들이 이스라엘에 흡수될 때조차도 혈연관계의 문제가 아니었다. 근본적으로 그것은 이스라엘 역사의 전체 드라마에 공감하여 언약의 하나님을 인정하고 언약 공동체의 일원으로서의 의무를 받아들이는 문제였다.

이 언약 공동체의 이름은 이스라엘이었다. 이미 살펴본 바와 같이 주전 2천년대에 '하피루'라는 말은 넓은 의미를 지니고 있었다. 모든 히브리인이 이스라엘인이 었던 것은 아니다. 이스라엘인은 이집트에서 탈출한 히브리인이든 여호수아 시대 이전부터 가나안에 정착하였던 히브리인이든 언약관계를 맺은 히브리인들만을 포함하였다. 달리 말하면, 이스라엘은 근본적으로 인종집단이나 민족이 아니라 하나의 '무리' 또는 백성(히브리어로 'am)이었다.[42] 구약성경은 어떻게 일반적인 용어인 '히브리인'이 우리가 지금 추적하고 있는 삶의 이야기를 지닌 특정한 백성을 가리키는 고유한 명칭인 '이스라엘인'으로 마침내 대치되었는지를 보여준다. 이미 살펴본 바와 같이 '이스라엘'이라는 용어는 메르넵타의 석비에서 사용되었고 특히 가나안 정복시대와 사사시대에 널리 통용되었다.

열두 지파 동맹

'이스라엘'의 두드러진 특징 가운데 하나는 열두 지파로 구성되어 있다는 것이다. 창세기에서는 전승들을 통합시키고 그 전승들을 백성 전체와 관련시키기 위하여 이러한 구조의 기원을 조상 시대로까지 소급하여 적용한다. 이렇게 하여 조상 야곱은 결정적인 체험을 한 후 이스라엘이라는 이름으로 개명되고(창 32:28), 각 지파의 시조가 된 열두 아들의 아버지로 간주되었다(창 29:16-30:24; 35:16-20). 그후 다윗 이전의 두 세기(주전 1200-1000년경) 동안 이스라엘 전승이 형성되어 구전으로 전승되고 있을 때, 열둘이라는 도식은 아주 신성시되었기 때문에 한 지파가 빠져나

---

42) E. A. Speiser, "'People' and 'Nation' of Israel," *Journal of Biblical Literature*, 79(1960), pp. 157-163를 보라. Speiser는 고대 이스라엘 전승이 '야훼의 백성'에 대해서는 언급하고 있지만 '야훼의 나라'에 대해서는 언급하지 않고 있다는 사실을 지적한다.

가면 그 자리를 채우는 방법이 찾아졌다. 예를 들면, 레위 지파가 지파로서의 지위를 잃게 되자 "요셉 족속"은 므낫세와 에브라임 지파로 분리되었다(창 48장).

　이스라엘 전체를 상징하는 열둘이라는 숫자가 백성들이 야훼 앞에 모이는 제의들에서 강조되었다는 것에 주목할 필요가 있다. 시내산 자락에서 언약에 조인하는 의식을 치를 때, 모세는 "이스라엘 십이지파대로 열두 기둥"(출 24:4)을 세웠다. 마찬가지로 백성들이 홍해를 건넌 사건을 재연하여 모압평지의 진지로부터 요단강을 건널 때, 여리고 부근의 길갈 성소에 "이스라엘 자손들의 지파 수"를 상징하는 열두 개의 돌이 세워졌다(수 4:3, 8, 20).[43] 이러한 전승들은 열둘이라는 도식이 근본적으로 이집트의 종살이에서 자기들을 구출한 하나님과 언약관계를 맺은 예배 공동체로서의 이스라엘의 자기이해에 속하였다는 것을 보여준다.

　이러한 열두 지파 체제는 이스라엘의 몇몇 이웃 나라들에게서도 찾아볼 수 있다. 예를 들면, 이스마엘인들도 열두 지파로 조직되어 있었고 각 지파마다 족장이 있었으며(창 25:12-16), 에돔인들도 이와 비슷한 지파 체제를 구성하고 있었던 것으로 보인다(창 36:10-14). 몇몇 역사가들은 더 먼 곳으로 눈을 돌려 이와 비슷한 예를 찾기도 하였다. 이스라엘의 지파동맹은 고대 헬라와 이탈리아의 신성동맹에 비유되기도 했는데, 헬라인들은 이 동맹을 '인보동맹'(amphictyony)이라 했다. 인보동맹에 있어서 일정한 수의 부족들 ― 여섯 또는 델피동맹의 경우에는 열둘 ― 은 공통의 종교적 의무를 토대로 느슨하게 뭉쳐져 있었다. 그리고 중앙성소를 두고 부족들이 순번을 정해 관리하였다. 이 종교 중심지에서는 정기적으로 축제들이 열렸고 전체 부족에게 구속력이 있는 기본법이 운용되었다. 도시국가나 민족이 정치적 토대로 뭉친 것과는 대조적으로 인보동맹에서는 부족들을 결속하는 끈은 일차적으로 종교적인 것이었다. 그러나 군사적인 긴급사태의 경우에는 부족들은 단결하여 공통의 적에 대항하였으며, 동맹체에 속한 부족들 사이에는 언어, 관습, 정치적 이해관계에 있어서 어느 정도의 통일성이 존재하였다.

---

43) 다른 구절(수 4:5-7, 9)에 의하면, 열두 개의 돌을 요단강의 바닥에 세웠다고 한다.

44) 이와 같은 견해는 Martin Noth가 이스라엘의 열두 지파의 도식에 관한 연구에서 제시하였다: *Das System der zwolf Stamme Israels*[287]. 또한 그의 *History* [98], pp. 85-108도 보라. 이 견해는 John Bright , *History* [91], pp. 162-163를 비롯한 여러 학자들에 의해 약간의 조건을 단 채 받아들여졌다. 그러나 강력하게 이에 반발하는 학자들도 많았다: 예를 들면, Harry M. Orlinsky, "The Tribal System of Israel and Related Groups in the Period of the Judges," *Oriens Antiquus*, I (1962), pp. 11-20; G. W. Anderson, "Israel: 'Amphytyony' … ", *Translating and Understanding the Old Testament*[159], pp. 135-151; Roland de Vaux, *History*[92], pp. 695-749. 그는 아랍인들간의 열두 부족동맹에서 그 비슷한 예를 찾고 있다.

주지하다시피 이것은 후대로부터 이끌어온 서로 다른 문화적 상황에서 가져온 유비(類比)로서 거리가 먼 것이다. 우리는 유례들을 이끌어오는 데 있어서 신중해야 한다.[44] 그럼에도 불구하고 이와 같은 조직 체제는 세겜에서 구성되었던 것으로 보이며, 앞으로 보는 바와 같이 사사시대에 두루 통용되게 되었다. 이스라엘의 지파들은 언약으로 맺어진 동맹체로서 여기에 참여한 지파들에게는 상당한 자율권이 주어졌다. 이 공동체는 '하나님께서 다스리소서'로 번역될 수 있는 이스라엘이라는 명칭이 보여주듯이 일차적으로 신정(神政) 공동체였다. 한동안은 세겜이 동맹의 중심지였으나, 후에는 실로가 중앙성소가 되었고 여기에 궤가 안치되고 종교적인 절기를 거행하기 위해 지파들이 모였다. 무엇보다도 이러한 지파의 언약은 야훼께서 이스라엘 백성들을 위해 행하신 위대한 사건들의 재연을 토대로 하고 있었다. 이 점에서 그것은 모세 언약과 동일한 토대에 의거하고 있었다.

언약 의식

여호수아 24장에 기술되어 있는 언약 갱신의식은 앞에서 고찰한 종주권 조약과 비슷한 특징들을 지니고 있다는 것은 주목할 만하다. 특히 그리심산과 에발산 사이의 계곡에 있는 세겜에서 행해진 의식을 기술하고 있는 여호수아 8:30-35과 신명기 27장과 같은 다른 구절들을 이 의식과 비교하면 거의 정확히 복사판이라고 할 수 있다. 지파 대표들이 아마도 언약궤가 있는 곳에서 '하나님 앞에 섰을' 때(수 8:33을 보라) 제의 의식의 다음과 같은 요소들을 주목하라.

1. 언약 의식은 언약 체결자가 말하는 전문에 의해 시작된다: "이스라엘 하나님 야훼의 말씀에"(수 24:2a).
2. 다음으로 종주권 조약의 특징인 나-너 형식으로 된 긴 '역사적 서문'이 나오는데, 여기서 야훼는 '봉신'에 대한 이전의 관계들을 회상한다(24:2b-13). 여기서 강조점은 이스라엘을 위한 야훼의 자비로운 행사들(주로 이집트에서의 구원)에 두어지며, 이에 백성들은 감사하고 의무를 수행하는 것으로 응답해야 할 것이 촉구된다.
3. 다음 부분(24:14-24)은 언약의 근본적인 규정사항을 다룬다: 백성들은 종주가 그들을 위하여 행하신 것, 곧 야훼께서 이집트에서 이끌어내 광야를 거쳐 가나안 땅으로 인도하신 것을 기억하고 종주에게 전폭적인 신뢰를 바쳐야 한다(16-

18절). 특히 이것은 백성들이 다른 종주들과 관계를 맺어서는(즉, '다른 신들을 섬겨서는') 안된다는 것을 의미한다. 왜냐하면 야훼는 언약에의 불충실을 용납하지 않을 '질투하는 하나님'이기 때문이다(19-21절). 따라서 백성들은 조상들이 메소포타미아에서 섬겨 왔던 신이든 가나안인들(아모리족)의 신이든 다른 신들을 버리고 야훼만 '섬기기로' 서약해야 한다(22-24절).

4. 여호수아는 "율례와 법도"(24:25-26)를 공적으로 선포한 뒤에 언약에 규정사항들을 "하나님의 율법책"에 기록했다. 아마 이 언약문서는 가나안 성읍인 세겜 밖에 있는 "야훼의 성소" 곁에 있는 상수리 나무(창 12:6의 "모레 상수리 나무"; 35:4)에 보관하였을 것이다. 신명기계 전승에 의하면, 언약법(십계명)은 언약궤에 보존되었다고 한다(신 10:5).

5. 모세의 신학에서 당연히 배제되었던 여러 신들을 증인으로 내세우는 대신에 백성들은 그들 스스로가 자기들이 야훼를 섬기기로 한 것에 대한 "증인"이라고 했다(24:22). 게다가 또하나의 '이상한' 증인이 있었는 데, 그것은 여호수아가 야훼의 성소에 세운 큰 돌 또는 돌기둥이었다:

> 모든 백성에게 이르되 보라 이 돌이 우리에게 증거가 되리니 이는 야훼께서 우리에게 하신 모든 말씀을 이 돌이 들었음이라 그런즉 너희로 너희 하나님을 배반치 않게 하도록 이 돌이 증거가 되리라(수 24:27).

6. 여호수아 24장과 관련된 것으로 보이는 다른 구절들에 의하면, 이 세겜 의식에서는 하나님의 축복과 저주에 관한 규정들도 들어 있었다고 한다. 여호수아 8:30-35을 통해 우리는 여호수아가 언약법의 사본을 돌에 새기고 언약궤가 제사장들에 의해 엄숙하게 옮겨진 후에 "여호수아가 … 축복과 저주하는 율법의 모든 말씀을 낭독"하였음을 알게 된다.

틀림없이 이 "율법"에는 앞 장에서 본 바와 같이 모세의 언약과 관련된 절대적인 율법 또는 그 자체로 진리임이 자명한 율법이 포함되어 있었을 것이다. 이런 유형의 율법은 신명기 27:11-26에 나오는 열두 가지의 저주에 잘 나타나 있다. 몇몇 예를 들어보자:

> 장색의 손으로 조각하였거나 부어 만든 우상 … 을 만들어 은밀히 세우는 자는 저주를 받을 것이라
>
> 그 부모를 경홀히 여기는 자는 저주를 받을 것이라

        그 이웃의 지계표를 옮기는 자는 저주를 받을 것이라
        그 이웃을 암살하는 자는 저주를 받을 것이라

　이러한 율법들은 십계명에서 본 바와 같이 짧은 정언 명령으로 되어 있다. 이 율법은 특정한 행위에 대한 야훼의 무조건적인 비난을 표현하는 저주의 형태로 되어 있음으로써 절대적인 구속력을 지니고 있다. 이 열두 가지의 저주는 매우 오래된 것이다. 그것들은 적어도 이스라엘의 지파동맹 시대에까지 거슬러 올라간다. 앞에서 나온 신명기의 구절에 의하면, 그것들은 지파들이 세겜에서 그리심산과 에발산에 반반씩 나누어 서서 의식을 거행할 때 낭송되었다고 한다.

　이러한 분석을 토대로 볼 때, 국제정치 영역에서 유래한 종주권 조약이 특히 가나안 점령시대에 있어서 야훼와 이스라엘 사이의 언약 관계에 대한 이스라엘의 이해에 큰 영향을 미쳤다는 것은 분명하다. 여기서 한 걸음 더 나아가 이 세겜에서의 집회가 중앙성소에서의 다른 지파 집회들의 모델이 되었다고까지 결론지을 수도 있겠다. 그 집회들에서 백성들은 야훼의 구원행위에 관한 위대한 이야기를 다시 듣고 자기들에게 구속력이 있는 의무들의 엄숙한 낭독에 귀를 기울였으며 새롭게 야훼의 언약에 대한 충성을 맹세하였다. 이러한 견해를 밑받침하고 있다고 널리 주장되는 것은 7년마다 가을(신년)에 열리는 장막절에 백성들을 모아 놓고 율법을 공적으로 낭독하여야 한다고 규정하고 있는 신명기 31:9-13이다. 이러한 언약갱신 의식은 바벨론 포로에서 돌아온 후 에스라 시대에 실제로 거행되었다(느 8장). 장막절은 연례 절기였기 때문에, 7년마다 거행한다는 것은 해마다 하던 언약갱신 의식을 후대에 수정한 것으로 보인다.[45] 그렇다면 세겜 집회는 지파동맹 시대는 물론이고 그후의 왕정시대에 이르기까지 백성들의 정기적인 모임에 대한 제의적인 선례가 되었다. 이에 대해서는 이후의 장들에서 논의할 것이다.

언약법

---

45) 이러한 견해는 스칸디나비아 학자인 Sigmund Mowinckel이 자신의 저서 *Le Decalogue*(Paris: Libraire Felix Alcan, 1927)에서 제시하였는데, G. von Rad, *The Problem of the Hexateuch*(166), pp. 20-26; G. Ernest Wright, *Interpreter's Bible*, II (16), p. 326에 나오는 신명기에 관한 주석; Artur Weiser, *The Psalms*(456), pp. 23-35를 비롯한 다른 학자들에 의해 약간씩 수정되어 채택되었다. 이 견해는 R. de Vaux, *History* (92), pp. 405-408에 의해 비판을 받았다.

성경에 의하면 여호수아가 세겜에서 백성들과 언약을 맺을 때 "그들을 위하여 율례(히브리어로 hoq)와 법도(mishpat)를 베풀었더라"(수 24:25)고 한다. "율례"는 열두 가지의 저주(신 27:15-26)나 십계명과 같이 자명한 언약법을 가리킨다. 그러나 "법도"는 앞에서 살펴본 바와 같이(pp. 126-128) 특정한 조건이나 상황들 속에서 그 율법이 무엇을 의미하는지를 밝혀놓은 판례법을 가리킨다. 이른바 언약법전(출 20:22-23:33)은 "법도"(mishpatim)가 지배적이긴 하지만 이 두 유형을 다 포함하고 있고 또 이 법전은 야훼의 축복과 보호에 대한 약속으로 끝나기 때문에, 이 법전이 여호수아가 세겜에서 선포한 율법이었다고 생각하려는 경향이 있다.[46] 어쨌든 언약법전은 이스라엘이 지파동맹 시대에 채택한 농경생활방식을 전제하고 있다.

이스라엘의 율법은 언약법이었다. 그것은 '세속적인' 법도 아니었고 좁은 의미의 시민법도 아니었다. 사실 이스라엘은 세속적 영역과 종교적 영역의 구별을 알지 못했다. 인생이란 언약 안에서 야훼의 요구에 따라 사는 것이었다. 이와 같이 하나님 앞에서 모든 것을 책임져야 했기 때문에 가나안의 농경생활에 새로이 적응해야 하는 경우와 같이 새로운 상황에 부딪칠 때마다 율법의 확대를 가져왔다. 이스라엘은 비옥한 초승달 지대의 문화로부터 법들을 빌려와서 그것들을 자신의 필요들과 종교적 관심에 맞게 변형시켰다. 틀림없이 이러한 법률의 발전은 지파동맹 시대에 가속화되었을 것이다. 언약갱신 축제들은 지파들끼리 또는 지파내부에서의 분쟁을 중재할 기회를 제공하였다고 주장되어 왔다.

이른바 언약 법전(출 20:22-23:33) 속에 들어 있는 많은 "법도들"(즉, 법도 mishpat에 대한 판례법들)은 형식에 있어서는 물론이고 내용에 있어서도 바벨론인·후리족·앗시리아인들의 법전과 유사하다. 이것은 신명기의 법전에서도 마찬가지이다(12-26장). 구약성경의 규정과 함무라비 법전의 유사성을 보여주는 한 예를 들어보기로 하자:[47]

함무라비 법전	언약의 법전
제120조	출 22:7-9(RSV)
어떤 사람이 자기 곡식을 다른 사람의 곳간에 보관하였는데	사람이 돈이나 물품을 이웃에게 맡겨 지키게 하였다가 그 이웃의 집에서

---

46) 이러한 견해는 R. de Vaux, *Ancient Israel*(113), pp. 221-222를 비롯한 여러 학자들에 의해 주장되고 있다.

47) Pritchard, *Ancient Near Eastern Texts* (1), p. 171.

곳간에서 분실되었거나 곳간 주인이 문을 열고 곡식을 취했거나 자기 곳간에 곡식을 보관한 것을 완전히 부인한다면, 곡식 주인은 신 앞에 소상하게 사실을 밝히고 곳간 주인은 곡식 주인에게 자기가 맡아두었던 곡식의 두 배를 갚아야 한다.

봉적하였는데 그 도적이 잡히면 갑절을 배상할 것이요 도적이 잡히지 아니하면 그 집 주인이 하나님 앞에 가서 자기가 그 이웃의 물품에 손 댄 여부의 조사를 받을 것이며 어떠한 과실에든지 소에든지 나귀에든지 양에든지 의복에든지 또는 아무 잃은 물건에든지 그것에 대하여 혹이 이르기를 이것이 그것이라 하면 두 편이 하나님 앞에 나아갈 것이요 하나님이 죄 있다고 하는 자가 그 상대편에게 갑절을 배상할지니라

물론 구약성경의 율법은 함무라비 법전을 그대로 베낀 것은 아니었다. 함무라비 법전은 이스라엘에는 없었던 귀족계급 제도를 전제하고 있다. 더욱이 이스라엘은 국가가 법의 수호자라는 견해를 결코 받아들일 수 없었다. 이스라엘의 언약신앙에 의하면, 비록 왕이라 할지라도 궁극적으로 시내산에 근원을 두고 있었던 율법에 복종해야 하였다(신 17:18-20을 보라). 그러나 형식과 심지어 세부적인 내용에 있어서의 유사성은 이스라엘이 비옥한 초승달 지대 전역에 걸쳐 알려져 있던 일단의 법률 전승으로부터 빌려왔음을 보여준다. 이 두 법은 모두 결의론적이다 — 즉, 그것들은 "만약"으로 시작하여 재판의 대상이 되는 사건을 정확하게 규정하고 있다. 이러한 조건적인 법은 이스라엘 언약의 특징을 이루고 있었던 무조건적인 율법과 대조를 보여준다.

그러나 이스라엘이 법들을 빌려왔다는 증거가 있음에도 불구하고 근동의 다른 법전들과 이스라엘의 율법 사이에는 큰 차이들이 있다.[48] 이스라엘의 율법은 인도적 정신, 높은 윤리에 대한 강조, 저변에 깔린 종교적 열심이 특징을 이룸으로써 독특한 법을 이루고 있다. 이것은 이스라엘의 모든 율법이 그 원자료와는 관계없이 '나'와 '너'라는 언약관계 안에 놓여 있기 때문이다. 지파들이 자기들의 과거의 감동적인 사건들을 듣고 야훼의 절대적인 요구사항들을 듣기 위하여 공동의 성소에 모일

---

48) 이스라엘 율법의 성격에 대해서는 Matin Noth, "The Laws of the Pentateuch"〔165〕와 Paul D. Hanson, "The Theological Significance of Contradiction within the Book of the Covenant", *Canon and Authority*〔156〕, pp. 110-131를 보라.

때마다 이 언약은 거듭거듭 재천명되었다. 신명기에 나오는 한 구절은 "이 언약은 야훼께서 우리 열조와 세우신 것이 아니요 오늘날 여기 살아 있는 우리와 세우신 것이라"(신 5:3)라고 말하고 있다. 이것은 과장된 말이 아니다. 여호수아 24장에 기술되어 있는 것과 같은 매번의 언약갱신 의식에서 언약은 현재화되었다. 이 신명기의 구절은 지파동맹에 활력을 불어넣고 공동체의 법을 확대시킨 정신의 반향을 보존하고 있다.

제5장

이스라엘 서사시의 형성

앞장의 끝에서 살펴보았던 세겜에서의 집회는 중대한 사건이었다. 여호수아 24장에 나오는 이야기에 의하면, 그것은 온 이스라엘의 문제였다. 왜냐하면 여호수아는 "이스라엘의 모든 지파들"을 대표하는 지도자들을 소집하여 성소의 "하나님 앞에서" 그들 자신을 드리도록 하였다고 한다. 또한 여호수아의 고별사도 온 이스라엘에 대한 호소였는데, 이것은 성경 본문에 나오는 대명사들("너희")이 복수형으로 되어 있는 것으로 보아 알 수 있다: "옛적에 너희 조상들 … 강 저편에 거하여"(수 24:2); 야훼께서 "너희 조상 아브라함을 … 이끌어내어 가나안으로 인도하여"(24:3); 나중에 야훼께서 "너희 열조를 애굽에서 인도하여 내어 바다에 이르게 한즉"(24:6); 마침내 야훼께서는 "너희를 인도하여 … 아모리 사람의 땅으로 들어가게 하매"(24:8) "너희가 요단을 건너"(24:11). 요컨대 이스라엘 백성은 여호수아로부터 "우리의 삶의 이야기"를 들었던 것이다.

우리의 앞서의 연구를 바탕으로 살펴볼 때, 이러한 온 이스라엘의 내력은 아주 단순화된 것임이 분명하다. 이스라엘의 모든 지파들이 다 여호수아가 말한 온갖 감동적인 체험들을 겪은 것은 아니었다. 어떤 집단은 출애굽의 사건들을 겪었고, 몇몇 집단들은 남쪽으로부터 가나안으로 들어왔음에 틀림없으며, 또 어떤 집단들은 요단 동편 지역을 거쳐 들어왔고, 이미 이 땅에서 가나안인들과 섞여 살고 있었던 "이스라엘 사람들"도 있었음에 틀림없다. 사실 조상들의 시대에서조차도 세겜 지역에 "이

___

성경읽기 : 성경을 읽기 전에 시원사, 조상들의 역사, 백성들의 역사에 대한 개요들을 보라.

스라엘의 하나님 엘[하나님]"에 대한 예배를 중심으로 조직된 원(原)이스라엘 동맹이 있었던 것으로 보인다(창 33:18-20). 그러므로 복잡한 역사적 상황에 비추어 볼 때 여호수아의 고별사는 핵심 집단에 속하지 않았던 여러 지파들에게 출애굽의 해방의 하나님인 야훼를 인정하라는 초대 연설로 이해하는 것이 가장 좋을 것이다. 이전의 종교적 충성을 버리고 단일한 언약에의 헌신을 가질 것을 요구하였던 야훼 신앙으로의 개종은 정치적 통일과 사회적 연대를 가져올 것이었다. 백성들이 야훼에 대한 충성을 맹세하고 여호수아가 이러한 결단에 내포된 중차대한 의미들을 지적한 후에 백성들과 언약을 맺었을 때, 열두 지파로 이루어졌다고 이상화된 이스라엘의 지파동맹이 탄생되었다(수 24:25).

지파동맹 시기(사사 시대) 동안의 이스라엘의 삶의 이야기로 들어가기 전에, 잠시 우리가 전해받은 오경의 기본적인 윤곽을 제공하였던 온 이스라엘 서사시의 출현에 관하여 살펴보는 것이 적절할 것이다. 여러 지파들이 지파동맹에 들어왔을 때, 그 지파들은 이집트로부터의 탈출과 가나안 땅으로의 인도에 관한 "핵심적인 이야기"를 인정하지 않았을 뿐만 아니라 그들 자신의 전승들을 가지고 있었다. 이 시기에 시작된 이야기 자료들의 취합은 이러한 이야기가 여러 세대들에 걸쳐 말해지고 또 말해짐에 따라 온 이스라엘 서사시의 확대와 증보를 가져왔다. 이스라엘 백성은 노예들을 종살이로부터 구출해내어 하나의 공동체를 이루게 하신 야훼는 바로 조상들의 하나님이라고 고백하였다. 이에서 더 나아가 그들의 하나님은 태초에 땅과 모든 피조물들을 창조한 하나님이며, 이 하나님의 목적은 이 땅에 거하는 모든 민족들의 전개되는 드라마를 인도하였다.

과거에는 이스라엘의 국가적 서사시의 형성은 통일왕국시대에 일어난 문학의 발흥의 산물이었다고 말하는 것이 통례였다. 다윗과 솔로몬 시대의 감동적인 사건들에 고무되어 "야훼 문서 기자"(J)[1]로 알려진 익명의 작가는 새로운 민족적 통일의식을 표현하기 위하여 이스라엘의 언약 신앙을 독창적으로 해석한 훌륭한 산문 서사시를 편찬하였다. 영국의 엘리자베스 여왕 시대와 마찬가지로 당시의 정치적 문화적 업적들은 고전 문학의 창작에 대한 충동을 불러일으켰다. 나중에 다윗 왕조가 둘로 분열되었을 때, 또 하나의 서사시인 엘로힘 문서 기자(E)의 서사시가 북왕국 에브라임의 관심들과 관점들을 표현하기 위하여 편찬되었다(주전 850년경). 이 두 전승(J와 E)

---

1) 이 익명의 저자는 모세 이전의 시대를 다룰 때 하나님의 이름을 야훼(독일 학자들이 독일어식 철자법인 Jahweh의 첫글자를 따서 'J'라고 하였다)라고 썼기 때문에 그렇게 지칭되고 있다. 반면에 E 서사시를 썼던 '엘로힘 문서 기자'는 엘로힘을 더 선호하였다.

은 우리가 때때로 고대 서사시 전승이라고 언급한 것으로서 서로 중복되고 흔히 서로 뗄 수 없는 판본들을 구성하고 있다.[2]

온 이스라엘 서사시의 형성은 왕정의 정치적 사회적 현실에 의해 깊이 영향을 받았다는 것은 너무도 분명하다: 다윗 제국의 흥기(주전 1000년경), 두 왕국으로의 분열(주전 922년경), 북왕국 에브라임의 멸망(주전 721년), 남왕국 유다의 소멸(주전 587년). 심지어 황금 송아지 이야기에서 에브라임의 최초의 왕 여로보암 1세의 제의 개혁들의 반항들과 같은 사소한 문제조차도 이 이야기가 왕정 아래에서의 삶이라는 맥락 속에서 개작되어 있다는 것을 보여준다. 그럼에도 불구하고 왕정시대에 유포되었던 이스라엘 서사시의 두 판본(야훼 문서 기자, 엘로힘 문서 기자)은 공통의 기본적인 전승에 의거하고 있음이 분명하다. 지파동맹 시대에 지파들이 야훼와의 언약 속에서 그들의 하나됨과 연대성을 새롭게 인식하게 됨에 따라 이러한 온 이스라엘 서사시가 구전으로, 아마도 대체로 운문 형태로 형성되기 시작하였다고 믿을 만한 상당한 근거가 있다.[3] 여러 세대에 걸쳐 이야기가 전해지는 과정에서 이 기본적인 설화 개요는 확대되고 다듬어져서 마침내 완결된 토라로 기록되었다.

전승에서 문학작품으로

모세에서 다윗까지의 시기는 구전전승이 활발하던 시기였다. 그렇다고 해서 다윗 시대로부터 구전전승이 사라지고 기록시대로 접어들었다는 것은 아니다. 불행히도 이 문제는 그리 단순하지가 않다. 다윗 시대 이후에도 이스라엘의 종교적 전승들 가운데 다수 — 이야기들, 찬송들, 예언적 신탁들 — 는 구전으로 전해졌고, 그 결과 기록된 말과 기억된 말 사이에 효과적인 상호작용이 있었다.[4]

---

2) Gerhard von Rad는 "The Form-critical Problem of the Hexateuch"에 관한 자신의 논문에서 '야훼문서기자'의 창의적인 업적을 강조하고 있다(*Essays*[166], pp. 1-78). 자세한 것은 Peter Ellis, *The Yahwist*[265]를 보라.

3) 자신의 *Pentateuchal Traditions*[70]에서 Martin Noth는 문헌 자료들(J, E)은 공통의 '저본'(底本, Grundlage), 즉 온 이스라엘 서사시 전승에 소급되며 이에 의존하고 있다는 점을 강조하고 있다.

4) 몇몇 스칸디나비아 학자들은 구전전승이 왕정시대 전체와 주전 6세기 국가가 멸망한 이후에도 지속되었다는 점을 강조한다. 스칸디나비아 학파의 주요한 대표자는 Ivan Engnell이었다. 그의 저서 *A Rigid Scrutiny*[73]와 Eduard Nielsen, *Oral Tradition*[74]을 보라.

물론 이스라엘에서 문자를 기록하는 기술은 아주 일찍부터 알려져 있었다. 주전 2천년대로부터도 많은 문학작품들이 나왔는데, 그러한 것들 가운데에는 주전 14세기의 가나안의 라스 샤므라(Ras Shamra) 문헌도 들어 있다. 그리고 앞으로 고고학적 발굴이 진행됨에 따라 고대 이스라엘에서 현재 구약성경에서 언급하고 있는 것(출 17:24; 24:4; 수 24:25을 보라)보다 더 광범위하게 저술활동이 있었다는 것이 밝혀질 것이다. 어쨌든 지금은 현존하는 문헌 사료들에 대한 언급이 있으며 구약성경에는 그러한 사료들로부터 인용한 구절들이 있다. 이러한 것들 가운데 하나는 민수기 21:14에 언급되어 있는 "야훼의 전쟁기"이다. 또 하나는 여호수아 10:13(태양에게 멈추어 있으라고 하는 명령), 사무엘하 1:18(다윗이 사울과 요나단의 죽음을 슬퍼하며 지은 조가), 열왕기상 8:13(솔로몬의 성전 봉헌의식)에서 인용되고 있는 "야살의 책"이다.[5]

그러나 일반적으로 왕정 이전 시대는 시들과 잠언들과 이야기들이 주로 사람의 기억에 새겨졌다는 의미에서 문자 기록 이전의 시대라고 해야 한다. 기록은 미미한 역할을 하였고 대부분 상업과 실제적인 업무에 국한되어 있었다.

그러나 기록된 문헌이 없다고 해서 이 초기 시대를 알 수 없는 것은 아니다. 오늘날 우리가 거의 모든 것을 문자에 의존하고 있는 것은 고대인들이 그들에게 중요한 전승들을 '암기하였고' 기억력을 훈련하여 비상한 기억력을 보유하고 있었던 것과 대조를 이룬다. 호머의 시들은 여러 세대에 걸쳐 구전으로 전해졌다. 유대교의 랍비들은 미쉬나(Mishnah)의 전승들이 기록되기 수 세기 전부터 기억을 통해 전했다. 기독교의 복음서들의 내용들도 기록된 문학 형태를 띠기 전에 구전으로 유포되었다. 그리고 지금도 코란(Koran) 전체를 조금도 더듬지 않고 암송하는 아랍인들이 있으며, 리그베다(Rig Veda)를 완전히 외우는 브라만들도 있다. 이와 마찬가지로 다윗 이전 시대에도 이스라엘의 위대한 종교적 전승들은 인간의 기억 속에 보존되고 형성되었으며, 의심할 여지 없이 큰 종교적 축제나 다른 사회적 모임에서 시인들과 가인들에 의해 공적으로 낭송되었다.[6]

구전전승의 형태들

---

5) 구약성경의 헬라어 역본인 칠십인역에서는 이 고대의 의식이 "시가집"에서 유래했다고 말하고 있는데, 이것은 히브리어 "야살의 책"을 약간 잘못 읽은 것으로 보인다.

6) 이와 유사한 예는 아마도 Albert Lord〔260〕에 의해 논의된 "Singer of Tales"〔229〕이다. 본서, p. 43를 보라.

최근에 구전전승의 역사에 대한 연구에 있어서 많은 진척이 있었다. 이러한 연구를 토대로 우리는 작은 '기억단위'들을 골라내어 그것들의 특징적인 유형 또는 장르를 알 수 있다. 각각의 경우에 있어서 이러한 전승단위는 삶의 정황으로부터 나왔다 — 즉, 그것은 어떤 행위나 사건과 연관되어 있었다. 이것은 미국의 독립전쟁과 관련하여 밤새 말을 달린 폴 리비어(Paul Revere)의 이야기를 미국인들이 기억하고 있는 것과 같다. 그 가장 좋은 예는 위대한 승리를 보고 저절로 터져나온 찬양인 미리암의 노래(p. 109를 보라)이다.

기록 이전의 전승은 구약성경에 대한 비평학적 서론들에서는 자세하게 다루어지는 것이 보통이지만 여기서 우리는 개략적으로 살펴만 보기로 한다. 당시에는 여러 종류의 시적인 단위들이 있었다: 일하면서 부르는 노래들(우물의 노래: 민 21:17-18), 승리하여 조롱하는 노래들(드보라의 노래: 삿 5장), 찬송들(미리암의 노래: 출 15:21), 비탄의 노래들(사울과 요나단의 죽음에 대한 다윗의 조가: 삼하 1:19-27). 그리고 여러 종류의 시적인 금언들(aphorisms)도 있었다: 언약궤를 옮길 때 사용한 금언(민 10:35-36), 인간의 피를 흘리는 것에 대한 금언(창 9:6), 피의 보복에 대한 라멕의 금언(창 4:23-24), 사울에 관한 선지자들 사이에서의 격언(삼상 10:12), 삼손의 수수께끼(삿 14:14, 18). 그리고 온갖 종류의 설화들이 있었다: 창조와 시원사에 관한 이야기들, 장소와 관습과 지파의 영웅과 제의적 관습에 관한 이야기들, 어떤 백성의 특질에 관한 이야기들. 이러한 이야기들은 때로는 어떤 것의 기원(발생론)을 설명하기 위해서, 때로는 오락을 목적으로, 때로는 일상사들에 의해 불러일으켜진 기분과 감정을 표현하기 위하여 말해졌다. 이렇게 구전전승은 생활 그 자체만큼이나 다양하다는 특징을 갖고 있었다.

이러한 민간 장르들은 노래와 전설의 시대에 이스라엘의 역사적 삶을 이해하는 데 매우 중요하다. 예를 들어 아더왕의 전설과 같이 어떤 것이 '전설적'이라고 하면 흔히 그것은 실제로 역사적인 진실을 지니고 있지 않다고 생각하는 경향이 있다. 전설적인 것은 역사적인 것 — 즉, 우리의 견해에 의하면 정확한 있는 그대로의 역사 — 과 정반대이다. 따라서 전설(saga)에는 20세기의 역사가가 요구하는 엄밀한 정확성이 결여되어 있다는 것은 너무도 분명한 사실이다. 우리 시대와 같이 정교한 시대에 홍수 설화나 야곱이 벧엘에서 꾸었다는 꿈 이야기 또는 요셉의 일생과 같은 형태로 역사를 저술할 역사가는 아무도 없을 것이다. 그러나 보다 깊은 의미에서 이러한 고대의 민간 장르들은 전쟁, 일상의 사건들, 국가간의 관계 등을 감정이 개입되지 않은 상태에서 보도하는 데만 관심을 갖는 현대의 역사가에 의해 때로 무시되는 역사에 관한 그 무엇을 우리에게 말해준다. 전설은 과거로부터 '체험된' 역사, 즉 사건들의 내적 의미를 우리에게 전달해줄 수 있다. 그리고 만약 인생의 의미의 가장 깊은 차원이 인간 존재와 하나님과의 관계라면, 전설과 시가(詩歌)는 역사를 이야기하는 지극히 중요한 방식들이다.[7] (앞에서 '역사'와 '이야기'에 관하여 말하였던 내용을 상기하라. p. 38를 보라.)

이스라엘 서사시의 형성

구전전승의 단위들 가운데는 이스라엘에서 기원하시 않고 아마도 이스라엘인들이 점령한 가나안 성소들과 관련되어 있는 것들도 있다. 예를 들면, 아브라함이 이삭을 희생제물로 바친 이야기(창 22장)와 야곱이 벧엘에서 꿈을 꾸었다는 이야기(창 28장)는 이스라엘 이전의 가나안 제의의 전설들로서 그 원래의 이야기들에 있어서는 완전히 다른 의미를 지니고 있었다고 널리 주장되고 있다. 그러나 이러한 독립된 전승단위들을 그대로 빌려 왔던 것은 아니다. 오히려 이스라엘은 그것들을 야훼 신앙으로 세례를 주어 자기 것으로 만들므로써 알맞게 '변형시켰다'(appropriated).

구전전승은 하룻밤 사이에 생겨난 것이 아니다. 그것은 수많은 세월에 걸쳐 점진적으로 이루어졌다. 물론 그 주요한 촉매는 지파동맹 안에서 고백된 것과 같은 야훼 신앙이었음이 틀림없다. 제4장에서 살펴본 바와 같이, 지파동맹은 오랫동안 가나안 문화의 지배 아래 있었던 지역의 심장부에 위치해 있는 세겜에서 이루어졌다. 거기서 이스라엘이 농경 법률들, 제의 전설들, 시원사에 관한 이야기들, 발생론적 이야기들, 부족의 민담들 등 여러 유형의 전승들을 가나안인들로부터 물려받은 것은 당연했을 것이다. 그러나 이스라엘은 이렇게 빌려온 것들을 변형시켜 자신들의 언약신앙을 표현하는 수단으로 삼았다. 왜냐하면 히브리인들은 야훼께서 이집트의 종살이에서 자신들을 구원하여 불모의 사막을 은혜로 인도한 사건들에 관한 기억과 더불어 자기들 고유의 전승을 가지고 가나안에 들어 왔기 때문이다. 야훼에 대한 신앙으로 인하여 이스라엘은 민간전승들을 변화시켜 이스라엘 역사의 깊은 체험들을 표현

---

7) 이와 관련된 근본적인 연구는 Hermann Gunkel, *The Legends of Genesis*[257]인데, 이 글은 그의 창세기에 관한 기념비적인 주석에 대한 서문이다. 영어로 '전설'(legend)이라는 말은 환상적인 이야기를 뜻하게 되었기 때문에, 고대 북유럽의 말인 '사가'(saga)를 사용하는 것이 더 나을 것이다 — W. F. Albright가 이 책을 재간행하면서 서문에서 지적한 바와 같이. '사가'는 '역사적인 기원이나 색채를 띤 산문 또는 좀더 드물게는 시적인 설화'를 가리킨다. '사가'와 역사의 관계에 관한 유용한 논의로는 Martin Buber의 *The Writings of Martin Buber*에 들어 있는 논문 "Saga and History"[207 아래에서 볼 수 있다]가 있다.

하지 않을 수 없었다. 일례로 "야훼"를 첨가하는 것과 같이 옛 이야기를 약간 바꾸기만 하여도 그 이야기의 의미는 완전히 달라질 수 있었다.

이와 같이 왕정 이전 시대에 구전전승은 아무렇게나 뭉뚱그려진 무정형의 덩어리인 것이 아니었다. 나중에 히브리 성경의 위대한 역사적 설화들이라는 정교한 형태를 띠게 된, 야훼께서 이스라엘을 어떻게 대우하였는가에 대한 이야기는 형태를 갖추기 시작하고 있었다. 각 지파들은 전승 단위들을 자기들 나름대로의 관심과 체험들이 각인된 한 묶음의 이야기들로 짜깁기하고 있었다. 더욱이 세겜에서 시작되어 나중에 지파동맹의 성소인 실로에서 거행된 연례적인 언약갱신 의식은 온 이스라엘에게 구속력이 있었던 율법들과 설화들을 낭송하는 기회가 되었을 가능성이 많다. 초기의 이야기와 노래에서 핵심을 이루고 있었던 이스라엘인들의 주제들(예를 들면, 출 15:1-18)은 조상들의 내력, 이집트로부터의 구원, 광야에서의 유랑, 시내산에서의 율법의 수여, 가나안 정복 등을 포함한 이스라엘의 위대한 서사시로 확대되고 있었다. 중앙성소에서 예전에 사용하기 위해 형성된 이스라엘의 전승들은 왕정이 흥기하기 이전에 이미 꽤 일관된 '구전' 형태를 취하고 있었던 것이다.

고대 서사시 설화의 범위

이러한 배경을 바탕으로 지파동맹 시대 — 어떤 해석자들의 견해에 의하면 "야훼의 백성" 이스라엘의 전성기였던 시대 — 에 발달하기 시작하였던 고대 서사시 설화의 범위를 살펴보기로 하자.

무엇보다 독자들의 관심을 끄는 것들 중의 하나는 모세 전승(출애굽, 시내산, 광야, 가나안 땅으로의 진입)이 포괄적인 설화, 곧 창조에서 가나안의 점령까지 그리고 심지어 아직 끝나지 않은 미래에까지 이어지는 야훼의 역사적 목적을 지니고 전개되는 드라마의 맥락 속에 놓여져 있다는 것이다. 이 드라마는 연속적으로 일어나서 정점을 향해 나아가는 세 악장들 또는 '막들'을 가지고 있다. 기본적인 구조는 세 가지 유형의 '이야기' 또는 '역사'로 이루어져 있다.

---

8) 창세기 1:1-2:3에 나오는 이야기는 제사장계 저작으로부터 유래한다는 것이 학자들의 대체적으로 일치된 견해이기 때문에 창세기 첫 장에 대한 언급은 생략하였다. 제사장계 저작에 대해서는 제13장에서 살펴볼 것이다.

A. 시원사(창 2-11장).[8] 자체의 구조와 완결성을 지니는 이 역사는 창조로부터 혼돈(홍수), 홍수 이후의 새로운 시작으로 옮겨간다. 이 역사는 온 인류를 포괄하고 있다는 점에서 범세계적이다.

B. 조상들의 역사(창 12-50장). 자체의 구조와 역동성을 지니고 있는 이 역사는 민족을 '창건한' 부조(父祖)들의 가족 이야기들을 통하여 이스라엘의 전사(前史)를 기술하고 있다. 요셉 이야기(창 37-50장)는 자체적으로 완결성을 지니고 있었는데, 이 가족 이야기에 통합되었다.

C. 백성들의 역사(출 1장부터 여호수아서의 서장까지). 이 큰 단위의 설화는 이집트의 압제로부터 가나안 땅으로의 진입까지를 다루고 있는 모세 전승을 이루고 있다. 문제는 이것이다: 모두 합쳐져서 온 이스라엘 서사시를 이루고 있는 이 세 가지 '역사들' 또는 '이야기들'의 상호관계를 어떻게 이해해야 하는가?

무엇보다도 먼저 각각의 역사는 나름대로의 독특한 성격을 지니고 있다는 것을 주목하여야 한다. 시원사(A)는 범죄와 처벌, 깨어진 인간관계들, 권력에 대한 야망, 안정의 희구, 질서잡힌 세계를 위협하는 혼돈의 세력들과 같은 인간 존재의 근본적인 체험들을 다루고 있다.[9] 야훼의 백성인 이스라엘에 관한 언급은 전혀 없으며, 대부분 이 이야기들은 메소포타미아적 배경을 전제하고 있다(창 10:21). 조상들의 역사(B)는 본질적으로 가족사이다. 창세기 14장을 제외한다면 이스라엘의 조상들은 정치에 간여하지 않고 가나안 사회의 주변에서 조용하고 평온하게 이동한다. 그러나 백성들의 역사 또는 모세 전승(C)은 어떻게 해서 이집트 정부의 제국주의 정책의 희생물이 되어 노예로 전락한 히브리인들이 종살이로부터 해방되어 가나안 땅을 차지하기 위한 싸움에 참여하게 되었는가를 묘사함으로써 곧장 정치 영역에 뛰어든다.

둘째로, 이 세 역사들은 이스라엘이 예배하는 하나님인 야훼에 대한 신앙의 관점에서 서술되고 있다. 앞에서 우리는 거룩한 자의 이름인 야훼는 모세 전승의 "뿌리 체험들"— 출애굽과 시내산 — 과 관련하여 소개되었다는 것을 살펴 보았었다(pp. 83-91를 보라). 그러나 조상들의 역사에서 아브라함의 이주를 주도하고 각 조상들에게 약속을 주신 분은 야훼였다는 것은 의미심장하다. 게다가 시원사에서 세상을 창조하고 인간 역사를 이끄는 분은 야훼이다. 사실 고대 서사시 설화는 아담과 하와의 손자인 셋까지 거슬러 올라가 야훼 신앙을 추적하고 있다: "그때에 사람들이

---

9) 시원사의 이러한 '신화적' 차원은 Claus Westermann, "Biblical Reflections on Creator-Creation", *Creation in the Old Testament*[129], pp. 90-101에 의해 강조되고 있다.

비로소 야훼의 이름을 불렀더라"(창 4:26b). 여기서 우리는 모세 시대에 이스라엘 공동체를 탄생시켰던 결정적인 역사 체험들의 프리즘을 통하여 세 구성부분으로 이루어진 전체 서사시 설화를 거꾸로 읽어야 한다는 느낌을 받는다. 왜냐하면 모세시대에서의 야훼의 자기계시는 조상들의 시대에 새로운 빛을 던져주었고, 그 결과 조상들의 시대는 예기(豫期)의 시대 — 약속의 땅을 물려받고 이스라엘이 모든 민족들을 포괄하는 하나님의 계획에 온전히 참여하게 되는 것을 향하여 나아가는 움직임 — 가 되었다. 또한 이와 같은 계시의 빛은 시원사의 이야기들에도 비춰졌고, 이 이야기들은 잠재적인 영광과 인간 역사의 실제적인 비극을 다루면서 다음에 전개될 아브라함의 부르심이라는 드라마 속에서의 전환점을 예비하는 이야기들이 되었다.

이스라엘 이야기의 점진적인 세련화

그러므로 지파동맹 시대에 출애굽과 시내산을 중심으로 한 이스라엘의 서사시는 그 경계를 인류 역사의 시작으로부터 소급시키고 그 속에 한때 독립적으로 유포되었던 자료들을 채워넣음으로써 확대되기 시작하였을 가능성이 많다. 설화자들은 그들 자신의 상황에 맞추어 과거를 재해석하였다. 심지어 이스라엘 역사의 범위를 넘어서는 시원사조차도 여기저기 당시의 상황에 맞게 윤색되었는데, 그와 같은 예로는 가나안이 이스라엘에 복속된 것을 반영하고 있는 노아의 술취한 이야기(창 9:18-27)를 들 수 있다. 또한 조상들의 역사도 재해석되어 "이스라엘"이라는 이름이 야곱으로부터 유래하였으며 야곱은 지파동맹을 구성하고 있는 열두 아들의 아버지로 되었다. 그리고 출애굽의 역사적 배경을 고찰할 때 우리가 살펴본 바와 같이 조상들의 역사는 지파동맹 시대에 이스라엘의 이웃나라들 또는 경쟁국이었던 민족들을 언급하고 있다: 아람인(창 25:20; 28:5), 에돔인(창 32:3; cf. 36장), 모압인과 암몬인(창 19:30-38), 블레셋인(창 21:32; 26:1, 14) 등등.

구전전승 시기에 출현한 온 이스라엘 서사시와 왕정 및 그 이후에 편찬된 문학 작품으로서의 서사시를 명확하게 구별하기는 불가능하다. 이미 살펴본 대로 후대에 다른 설화자들은 거룩한 유산을 자신들의 시대에 맞게 재해석하는 과업을 새롭게 떠맡았다. 아마도 공로의 많은 부분은 이른바 '야훼 문서 기자'(J)의 문학적 창의력과 신학적 감수성에 돌려져야 할 것이다. 그는 아브라함에 대한 야훼의 약속들은 다윗과 솔로몬 시대에 성취되고 있다는 확신 속에서 이 이야기를 재해석하였다. 많은 문학비평학자들의 판단에 의하면 나중에 이스라엘 서사시의 또하나의 판본인 '엘로힘 문서 기자'(E)의 서사시가 나왔는데, 이 서사시는 북왕국의 관심들을 반영하고 있다. 마찬가지로 주전 587년 예루살렘 멸망을 전후하여 신명기 사가는 야훼께서 이스라엘 백성을 이집트에서 구원하시고 시내산에서 언약을 맺은 사건에 초점을 맞춘 신명기(D)를 주축으로 한 위대한 역사서를 저술하였다.

또한 포로기 동안에(주전 587-538년경) 제사 문서 기자들(P)은 창조(창 1:1-2:3)로부터 시작해서 고대 이스라엘 서사시를 포괄하는 하나님의 언약들에 관한 포괄적인 역사서를 간행하였다(제13장을 보라). 따라서 최종 형태의 오경은 이 이야기가 수많은 세대들에 걸쳐 말해지고 또 말해진 오랜 전승 과정의 최종 산물이라 할 수 있다. 그러나 이러한 여러 판본들 중 그 어느 것도 지파동맹 시대에 확정적이고 규범적인 형태를 지니고 있었던 고대 이스라엘 서사시의 '기본적인' 개요로부터 벗어나 있지는 않다.

이스라엘 서사시 설화의 개관

이제 고대 서사시 설화로 곧장 들어가서 그 전체를 구성하고 있는 세 '역사들'을 검토해 보기로 하자. 이 지반 가운데 약간은 우리가 역사적 문제들에 관심을 가졌을 때 다른 곳에서 잠깐씩 살펴본 바 있다. 이제 우리의 관심은 어떻게 그 다양성에도 불구하고 이 전체 설화가 창조로부터 약속의 땅으로의 진입에까지 걸쳐있는 역사의 드라마에서 자신의 뜻을 드러내보이고 있는 야훼 하나님에 대한 신앙을 고백하는 것을 목적으로 하는 온 이스라엘 서사시로 응집되게 되었는지를 살펴보는 것이다. 이 시점에서는 우리는 처음부터 지파동맹 내부의 지파 집단들 속에 잠복해 있었을지도 모르고 어쨌든 왕정시대에 표면으로 드러났던 이 서사시 전승의 남부(J) 판본과 북부(E) 판본을 구별해서 고찰하지 않으려 한다. 또한 우리는 맨초기 단계부터 있었던 전승들과 어느 정도 후대의 산물이었던 전승들을 구별하려고 하지도 않을 것이다. 우리는 '진화하는' 이야기를 다루고 있다는 것을 아는 것으로 충분하다.

A. 시원사

고대 서사시 전승의 극적인 힘은 전승 단위들이 좀더 포괄적인 이야기로 통합된 방식에서 식별될 수 있기 때문에, 이 서사시의 일화들을 순서에 따라 읽는 것은 중요하다. 몇몇 곳에서 이 서사시 설화를 곳곳에 스며들어 있는 주변적인 제사장계(P) 사료로부터 분리해내는 것이 어렵다. 그러나 전체적으로 고대 서사시 설화는 우리가 그것을 연속적인 설화로 읽어내려가는 데 충분할 만큼 뚜렷하게 부각되어 있다. 이 극적인 기사에 나오는 몇몇 주요한 일화들을 살펴보기로 하자.[10]

인간의 기원에 관한 이야기

에덴동산	창 2:4b-3:24
가인과 아벨	4:1-16
가인과 그의 후손들	4:17-26
하나님의 아들들의 혼음	6:1-4
홍수(6:5-8:22에 J와 P가 섞여 있음)	
야훼에 대한 노아의 호의	6:5-8
방주 속으로	7:1-5, 7-10, 12, 16b
홍수가 나다	7:17a, 22-23
홍수가 끝나다	8:2b, 3a, 6-12, 13b
결론	8:20-22
노아의 포도주 문화	9:18-27
노아의 후손들	10:8-19, 21, 25-30
바벨탑	11:1-9
아브람(아브라함)의 선조들	11:28-30

오랫동안 시원사는 이스라엘의 부르심을 야훼의 우주적인 목적이라는 맥락 안에서 바라보고 창조를 구원의 이야기에 종속시키기를 원하였던 이른바 '야훼 문서 기

---

10) 이 개요와 다음에 나오는 개요들에서 우리는 이 서사시 전승의 북부판(E)과 남부판(J)을 날카롭게 구별하거나 초기 전승과 후대의 다듬어진 전승을 구별하려고 하지는 않았지만 고대 이스라엘 서사시는 기본적으로 야훼문서기자(J)로부터 유래하였다는 것을 알 수 있다. 보다 정교한 분석에 대해서는 Martin Noth, *Pentateuchal Traditions*[70]의 보록 또는 Walter Harrelson, *Interpreting the Old Testament*[42]의 부록을 보라.

11) Gerhard von Rad는 창세기에 관한 자신의 주석[271], pp. 13-31를 비롯한 여러 저작들에서 이 견해를 주장하였다. 그러나 나중에 그는 시원사가 야훼문서기자가 등장하기 이전에 있었던 이스라엘 서사시의 일부였다고 다른 학자들과 함께 믿게 되었다. Dennis J. McCarthy, "Creation' Motifs in Ancient Hebrew Poetry", *Creation in the Old Testament*[129], p. 76와 거기에 인용된 문헌들을 보라.

자'(J)에 의해 조상들의 이야기와 출애굽 이야기 앞에 위치하게 되었다고 주장되었다.[11] 그러나 지금에 와서는 시원사는 심지어 구전전승의 시대에서조차도 이스라엘의 기본적인 설화에 속하였던 것으로 보인다. 창조, 낙원, 홍수, 완전한 멸망으로부터의 인류의 구원이라는 소재들은 고대 근동의 신화들과 전설들 속에 여러 가지 형태로 표현되어 있다. 사실 고대 수메르의 통치자들에 관한 목록은 '홍수 이전' 시대와 '홍수 이후' 시대를 명확하게 구분하고 있다(창 10:1을 보라).[12] 따라서 이스라엘의 화자들은 역사의 시초가 '황금기'였다는 고대의 견해를 취하여다가 그 시기를 폭력(죄)이 지면에서 증가하기 시작한 때로 변형시켰다.

한때 수메르 시대에 통치했던 전설적인 왕 길가메쉬(Gilgamesh)가 홍수의 영웅 우트나피쉬팀(Utnapishtim)에게서 불멸의 비밀을 찾아내려고 한 내용을 이야기하고 있는 저 유명한 길가메쉬 서사시는 성경의 홍수 이야기와 눈에 띌 정도로 비슷하다. 토판 XI에서 우트나피쉬팀은 어떻게 신들이 짓궂게도 대홍수로 인류를 멸망시키려고 했는가 하는 이야기를 생생하게 말하고 있다. 그러나 지혜의 신 에아(Ea)는 이를 듣고 우트나피쉬팀에게 큰 배를 만들어 모든 생물의 종자를 실으라고 권하였다. 그런 후에 홍수가 모든 것을 삼켜버릴 듯이 심하게 일어났고 "신들은 개같이 움츠리고" 하늘의 벽에 웅크린 채 인류를 멸망시키려던 자기들의 결정을 한탄하였다. 폭풍우는 칠 일만에 물러갔는데 배는 니시르(Nisir)산 꼭대기에 정박해 있었다. 우트나피쉬팀은 칠 일 후에 비둘기와 제비를 내보냈으나 이 새들이 쉴 땅을 찾지 못했기 때문에 갈가마귀를 내보냈다. 그후 우트나피쉬팀은 산꼭대기에서 향기로운 제사를 바쳤는데 그 둘레에 "신들이 파리떼같이 모여들었다."[13] 이 고대의 이야기와 성경 기사가 비슷하다는 것은 이스라엘의 화자들이 민간전승을 자유롭게 빌어와 자기들의 야훼 문서 기자 신학의 관점에 맞게 변형시켰다는 것을 보여준다.

그러므로 시원사에 관한 이야기들은 현대의 역사가나 과학자가 요구하는 유의 사실적인 기사(記事)들은 아니다. 우리가 이 이야기들을 '역사적'이라고 할 수 있는 것은 오직 그것들이 역사의 의미의 깊이를 측량하고 역사의 여명기에 인간 존재에게 공통적이었던 근본적인 체험들을 표현하고 있다는 의미에서이다. 화자는 현대 역사가들의 탐구를 교묘히 피해가는 주제, 즉 하나님의 주도권과 목적 속에서의 인간 드라마의 궁극적인 원천을 다루고 있기 때문에 그 표현방법이 시적이거나 회화적이다. 무엇보다도 이 설화는 출애굽과 시내산이라는 이스라엘의 뿌리 체험들은 모든 인간

---

12) "The Sumerian King List", Pritchard, *Ancient Near Eastern Texts*[1] , p. 265.
13) Pritchard, *Ancient Near Eastern Texts*[1] , pp. 93-97를 보라.

역사와 그 시초의 의미를 찾을 수 있는 실마리를 제공해준다는 확신 속에서 씌어졌다.

낙원 이야기

이것은 낙원 이야기(창 2:4b-3:24)에 잘 드러나 있다. 이 이야기만 따로 떼어놓고 보면, 거기에는 고대 민담들에서 찾아볼 수 있는 심상들 — 생명나무, 교활한 뱀과 같은 — 로 가득차 있다. 사실 이 이야기는 한때 몇 가지 의문들에 대한 만담가들의 대답으로 사람들 사이에서 유포되었던 것임에 틀림없다: 왜 남자와 여자는 서로에게 매력을 느끼는가? 왜 사회는 사람에게 옷을 입는 것을 요구하는가? 왜 아기를 낳을 때 고통이 있어야 하고 비참하게 고된 일을 해야 하는가? 왜 사람들은 보통 뱀을 싫어하는가? 이러한 것들을 비롯한 여러 의문들은 여전히 고대의 민간전승이라는 표찰을 띠고 있는 이야기를 통해 대답되었다. 그러나 이스라엘의 서사시에서 이 이야기는 왜 하나님의 피조물인 남자와 여자가 그들의 창조주의 주권을 인정하기를 거부함으로써 그 결과 역사는 그들에게 계획되어 있었던 삶으로부터 추방당하는 비극적인 이야기가 되었는가 하는 한층 깊은 문제를 다루고 있다.

보다 큰 서사시 맥락에서 읽어보면, '실락원'의 이야기는 이스라엘의 언약신앙을 반영하고 있다.[14] 이스라엘은 야훼께서 "창조하신"(출 15:16b) 백성, 그러므로 자신의 역사 속에 드러난 하나님의 은혜와 선하심에 전적으로 의존해 있는 백성이다. 또한 이스라엘은 자기 자신의 마음의 생각과 욕망을 추구하기 위하여 야훼의 선하심을 경멸한 패역한 백성으로 묘사된다. 이 언약의 관점에서 보면, 야훼를 예배하는 것은 구속적 관심과 윤리적 요구로서의 하나님의 거룩하심을 체험하는 것이다. 야훼는 자비롭고 신실한 하나님이시지만 백성들이 어떤 다른 것 또는 다른 존재를 최고의 예배 대상으로 삼고자 할 때에는 이를 용납치 않는 하나님이시기도 하다. 이것은 야훼께서 이스라엘의 역사 속에서 자기 백성과 관계를 맺은 의미였다. 그리고 낙원 이야기는 이것을 온 인류 역사의 의미로 묘사하고 있다. 왜냐하면 이 이야기는 이스라엘이나 좀더 넓은 의미로 셈족에 초점을 맞추고 있는 것이 아니라 '사람들' 또는 '인류'에 초점을 맞추고 있기 때문이다. '아담'(adam)이라는 히브리어는 바로 이런 의미이다.

---

14) 이와 관련하여 Michael Fishbane, "The 'Eden' Motif/The Landscape of Spatial Renewal", *Text and Texture*(82), pp. 111-120를 보라.

창세기 1장에 나오는 제사장계의 창조 이야기에서는 하나님이 '인간'(＇adam)을 "하나님의 형상"대로 지으셨다고 단언하고 있으며, 나아가 하나님이 '그들'을 "남자와 여자"로 창조하셨다고 말하고 있는데, 이것은 역할의 동등함을 지적하는 표현이다. 그러나 낙원 이야기에서는 인간(＇adam)의 창조는 두 단계에 걸쳐 일어났다고 하고 있는데(창 2:7과 2:21-22), 이것은 인간의 창조가 남자와 여자가 서로 짝을 맺음으로써 비로소 완성되었다는 것을 보여준다.[15]

창조에 관한 이 두 이야기는 많은 점에서 서로 다르긴 하지만 관심에 있어서 서로 보완이 된다. 고대 서사시 설화는 제사장계의 창조 이야기의 주제인 우주의 창조 — 하늘과 땅의 창조 — 에는 일차적인 관심을 보이지 않고 주로 인간의 창조와 이 땅에서의 그들의 주위환경에 관심을 갖는다. 포괄적인 의미에서 '아담'의 이야기는 땅에 밀착되어 있으며 실존적이다. 인간은 흙(＇adama, 'adam에 대한 언어유희)으로부터 만들어져서 죽을 때 흙으로 돌아간다(창 2:7과 3:19b). 인간은 야훼 하나님의 특별한 피조물로서 야훼가 흙에 숨('영')을 불어넣음으로써 "생령"(living nefesh) — 살아있는 존재 또는 보통 정신과 신체를 지닌 자아 — 이 되었다. (육체는 멸하고 영혼은 죽지 않는다는 헬라의 이원론은 히브리적 사고에 이질적이다.) 인간 존재는 "생물"(2:19)인 동물들과 관련되어 있다. 그러나 인간은 동물들에게 이름을 부여하는 권능을 갖고 있고, 따라서 동물의 차원을 뛰어넘는다. 삼차원적 존재인 '아담'은 자연 환경, 또다른 인간 존재, 하나님 — 이 셋과 관련을 맺고 존재한다. 이것은 하나님께서 인간에게 주신 자유이다. 이렇게 자유로운 인간 존재에게 하나님은 과제를 주고("에덴 동산에 두사 그것을 다스리며 지키게 하시고") 결단을 촉구하는("동산 각종 나무의 실과는 네가 임의로 먹되 … ") 것이 가능하다. 이러한 회화적 표현에 의하면, 인간의 삶은 자연을 배경으로 동료 인간들과의 제휴 가운데 하나님과 관련을 맺고 살아가는 "나와 너" 사이의 대화이다.[16] 이 이야기는 시초의 삶만이 아니라 지금 현재의 삶도 묘사하고 있다.

여기서 우리는 낙원 이야기의 모든 의미들을 다 추적할 수는 없다.[17] 이 이야기

---

15) Phyllis Trible, *God and the Rhetoric of Sexuality*(145), 제4장, "A Love Story Gone Away"라는 낙원 이야기에 관한 아주 훌륭한 글을 보라.
16) 유대인 철학자 Martin Buber의 *I and Thou*(Edinburgh: T. & T. Clark, 1937)라는 제목의 작품을 보라.
17) 주석들, 예를 들면 Gerhard von Rad(271), Nahum Sarna(272), Walter Brueggemann(266)의 주석들에 나오는 창세기 2-3장에 관한 글을 보라. 또한 Michael Fishbane의 논문인 "Genesis 2:4b-11:32/The Primeval Cycle", *Text and Texture*(82), pp. 17-39를 보라.

는 계속해서 하나님의 권위에 대항하는 인간의 반역, 금지된 나무의 열매를 따먹음으로써 독립을 주장하는 인간의 결정을 묘사한다고 말하는 것으로 충분하리라. 이 이야기에 의하면, 죄는 하나님께 반항하는 의지의 행위이다. 죄는 하나님께 의지해야 할 피조물로서의 인간의 지위를 뛰어넘어 "하나님 같이" 되려고 하거나 야훼의 하늘 궁정에 있는 신적인 존재인 "신들과 같이"(창 3:5; 3:22의 "우리"를 주목하라) 되려고 하는 야심에 의해 저질러진다. 죄는 '하나님을 하나님되게 하는 것'을 거부하고 하나님의 계명들을 진지하고 받아들이지 않은 채 자기가 하고 싶은 대로 하겠다는 결심이다. 이 이야기는 이러한 인간의 도전 행위는 필연적으로 죄책감("자기들의 몸이 벗은 줄을 알고", 3:7; 참조. 2:25)과 피할 수 없는 하나님으로부터 피하려는 헛된 수고(참조. 시 139편), 잘못을 남이나 다른 것에게 전가함으로써 자신의 행위를 합리화하려는 시도, 산고(産苦)와 고된 일이라는 곤경, 끝으로 하나님 동산의 원래의 아름다움과 조화로부터 쫓겨나는 것을 수반한다고 우리에게 말해준다.

　　이 이야기에서 우리는 헬라의 비극의 주제와 비슷한 주제를 발견한다: 인간의 교만(hybris)은 인간에게 프로메테우스적인 방식으로 운명(moira)에 도전하도록 충동하고, 그 결과 주제넘은 행위에 대하여 그들에게 응보(nemesis)가 임한다. 그러나 헬라적 사고와 히브리적 사고 사이에는 깊은 차이가 있다. 창세기에서 인간은 맹목적이고 비인격적인 운명이 아니라 인간의 역사에 개입하기로 결심하고 남자와 여자에 대한 하나님의 인격적 관계가 즐거운 신인동형론적 언어로 묘사되고 있는 바로 그 거룩한 하나님의 뜻에 반항하는 것이다. ("날이 서늘할 때에 동산에 거니시는" 야훼 하나님에 관한 생생한 묘사를 주목하라.) '아담'은 '흙'(adama)과 관련된 땅의 존재이지만 창조주와 관계를 갖도록 지음받은 피조물이기도 하다. 이것이 남자와 여자를 포함한 '아담'의 모습이다. 그러므로 야훼에 대한 반항은 인간 본질에 대한 폭력행위 ─ 하나님의 심판과 인간의 통회감을 불러일으키는 반항 ─ 이기도 하다. 그러므로 이에 대한 벌로 인간은 다모클레스(Damocles)의 칼처럼 머리 위에 걸려 있는 죽음을 바라보면서 고통과 번민 가운데 살지 않으면 안된다.

가인과 아벨 이야기

　　이스라엘 서사시 설화에서 에덴 동산으로부터의 추방은 '아담'이 농경주의자, "땅(adama)을 경작하는 자"가 되는 역사의 시작이다. 그 다음에 나오는 일화인 가인과 아벨의 이야기(창 4:1-16)는 농경사회의 특징적인 갈등, 곧 농부와 목자 사이의 반목을 반영하고 있다. 성경에 의하면, 야훼께서는 "땅('adama)의 소산"을 드린 농부 가인이 아니라 가축떼의 첫새끼들을 희생제물로 드린 목자 아벨을 좋아하였다고 한다. 이 이야기는 두루뭉실하게 되어 있다. 이같은 것은 만약 가인이 실제로 인류의 첫 부부 사이에서 난 아들이었다면 아내를 구하는 것이 불가능하였을 것이라는 문제(많은 독자들이 이제까지 이를 알아내었다)에서 드러난다. 아마 한때 독립적으로 유포되었을 이 이야기는 지금은 동산에서의 반역으로 말미암아 어떻게 일들이 그릇되기 시작하였는지를 보여주는 설화 맥락 속에서 기능하고 있다.

다윗의 궁성사(삼하 9-20장)에서 아버지의 죄가 가족 전체에 미치는 결괴들을 가져왔던 것과 마찬가지로, 이 경우에도 가족의 삶은 부모의 주제넘은 행위로 인하여 엉망이 되어버렸다. 또한 가인은 악한 충동 ― 육식동물처럼 문 앞에 웅크린 채 먹이를 덮칠 기회를 노리고 있었던 죄 ― 에 굴복하였다(창 4:6-7). 야훼께서 인간을 위하여 만든 공동체의 붕괴는 가인의 무책임한 반문에서 분명하게 드러난다: "내가 내 아우를 지키는 자니이까." 또한 우리는 살인에 의해 더럽혀진 흙('adama)이 저주를 받았다는 말을 듣게 된다. 왜냐하면 흙으로부터 아벨의 피가 야훼께 복수해 달라고 소리치기 때문이다(4:11; 참조. 3:17-19).

이 설화에 의하면, 최초의 성읍이 살인자인 가인에 의해 지어졌다는 것은 아이러니컬하다(창 4:17). 인간의 문화는 출발부터가 악했다! 물론 설화자는 기술과 예술의 진보를 알지 못했다. 가인의 후손들 중 한 사람이었던 유발은 음악가의 조상이었고 두발가인은 금속 ― 주전 2천년대의 문화에서 그토록 중요한 역할을 했던 그 금속 ― 을 사용하여 기구를 만드는 자였다(4:21-22). 그러나 문화적 진보는 폭력과 탐욕과 고삐풀린 욕망을 수반하였다 ― 악화일로의 길로 나아간 악의 연쇄반응. 이 서사시의 도식에 의하면, 최후의 지푸라기는 아름다운 사람의 딸들을 취하여 통정했던 천상의 존재들("하나님의 아들들")에 의해 저질러진 폭력이었다(6:1-4). 그 자체로 보면 이해하기 힘든 이 고풍스러운 이야기는 "사람의 죄악이 세상에 관영함과 그 마음의 생각의 모든 계획이 항상 악할 뿐"(6:5)이라는 최종적인 증거로서 채택되었다. 야훼는 인간의 실패에 대하여 "한탄하사 마음에 근심하시고" 새롭게 시작해야 하겠다고 결심한 감정이 풍부한 하나님으로 묘사된다.

대홍수

티그리스강과 유프라테스강의 연례적인 범람으로 인하여 메소포타미아 평원은 저 유명한 길가메쉬 서사시를 비롯한 여러 홍수 이야기들이 보여주듯이 기억하기조차 힘든 먼 옛날부터 홍수들의 무대였었다. 그러나 이스라엘의 서사시 설화에서 대홍수는 단순히 자연적인 사건이 아니었다. 설화자는 고대의 민간전승을 인간사에 있어서 하나님의 피할 수 없는 심판이라는 이스라엘 신앙의 근본적인 확신을 표현하기 위한 도구로 사용하였다.

우리가 성경 이야기와 길가메쉬 서사시를 비교해보면, 커다란 차이점들이 한눈에 들어온다. 물론 성경의 기사도 야훼께서 방주의 문을 닫았다거나(창 7:16b) 야훼께서 노아의 희생제물의 흠향하실 만한 향기를 맡으셨다는(9:21) 말과 같이 소박한 신인동형론적 특징들을 지니고 있다. 그러나 민간 전승으로부터 물려받은 이러한 세부적인 사항들은 유일한 하나님(바벨론의 많은 신들과 대조적으로)이신 야훼는 의미 있고 일관된 방식으로(바벨론 신들의 변덕과는 대조적으로) 인간사에 역사하신다는 중심적인 견해를 흐려놓지 못한다.

게다가 이 이야기는 야훼의 심판이 온유한 자비로 배어있다는 것을 보여준다. 이것은 이미 인류의 첫 쌍에 대한 야훼의 심판 다음에 그들에게 가죽옷을 입혔다고 하는(창 3:21) 에덴의 이야기와 가인의 이마에 보호의 표지를 해줌으로써 야훼의 진노가 누그러뜨려지고 있는(3:15) 가인의 이야기에서 분명하게 드러났다. 마찬가지로 홍수 이야기에서 인간의 폭력에 의해 더럽혀진 땅에 대한 야훼의 심판은 최종적인 선고가 아니다. 왜냐하면 노아가 야훼의 호의를 입기 때문이다. 설화자는 야훼께서 주도적으로 노아에게 어떻게 방주를 만드는가를 가르치고 그에게 그의 가족과 동물들과 새들의 "종류들"을 그 안에 태우도록 명령하였다고 말한다. 불어나는 홍수의 물 위에서 형편없이 기우뚱거리는 방주는 남은 자들을 구원하여 역사 속에서 새로운 시작을 만들고자 하는 야훼의 의도를 보여주는 표징이다. 이 이야기는 "사람의 마음의 계획하는 바가 어려서부터 악"할지라도 야훼께서는 두번 다시 그러한 무거운 재앙으로 이 땅을 저주하지 않을 것이라는 말로 끝난다. 새로운 시작은 어떤 인간의 가능성들이 아니라 야훼의 은혜를 토대로 하고 있다. 그러므로 자연의 주기 — "심음과 거둠과 추위와 더위와 여름과 겨울과 낮과 밤" — 는 하나님의 언약에 대한 신실하심을 보여주는 표징들로서 그치지 않고 계속될 것이다(8:20-22).

문화의 유혹

그러나 하나님의 심판도 인간의 마음의 악한 충동들을 막지 못했다. 사실 인간의 문화 — 특히 비옥한 초승달 지대의 문화 — 는 악에 물들어 있었다. 이것은 홍수 다음에 나오는 두 가지 일화, 곧 노아가 술취한 이야기(창 9:18-27)와 바벨탑을 세운 이야기(11:1-9)의 요지이다.

성경에 의하면, 노아는 처음으로 성공적으로 땅을 경작한 자였다. 그는 포도원 — 가나안 농업의 주요한 상징 — 을 가꾸었고, 그 포도나무의 열매로 독한 술을 만들었다. 이 포도주를 마신 그는 술에 만취되어 벌거벗은 채로 누워 있었고, 이를 본 그의 아들 함(Ham) — 가나안의 조상 — 은 노아를 혐오했다. 노아의 진노의 취지는 검은 피부색을 가진 사람들의 조상인 함을 저주함으로써 그들을 열등한 지위로 격하시키자는 것이 아니었다 — 여기서 인종적인 편견을 위한 밑받침을 찾으려는 사람들과는 반대로. 오히려 이 구절은 술에 취하고 성적으로 방종한 가나안의 농경문화(의인화된)에 대한 날카로운 공격이었다. 나중에 보는 바와 같이(제6장), 가나안 문화는 이스라엘 백성이 유래하였던 광야의 상황과는 달리 땅의 풍산을 조절하는 문제에 지나치게 몰두해 있었다. 이 이야기가 함축하고 있듯이, 노아 시대에 땅에 대한 저주는 제거되었고(창 5:29; 3:17-19을 보라), 노아 자신은 농부로서 성공하였다.[18] 그러나 노아는 가나안 농경문화의 이러한 잠재적인 기미에 대하여 준비가 되어 있지 못했다. 그는 가나안 문화의 새로운 힘에 의해 압도를 당하였다는 것을 알고는 가나안에 심한 저주를 퍼부었다.

성경에 의하면, 홍수 후에 모든 고대 민족들과 사회집단들의 조상들로 여겨진 노아의 세 아들 셈, 함, 야벳에 의해 후손들이 땅에 가득했다. 이제 우리는 시원사에 관한 소묘의 결론부, 곧 바벨탑 이야기에 다다랐다. 이 전승이 이 서사시 구도 속으로 통합되기 전에는 그것은 다양한 민족과 다양한 언어의 기원을 설명하는 이야기로서 독립적으로 유포되었었다. 이 이야기가 독립된 단위라고 하는 것은 인류의 다양성이 이미 전제되어 있는 노아의 후손들의 목록(창 10장)을 이 전승과 비교해봄으로써 알 수 있다. 설화자는 이 전승의 시작("온 땅의 구음이 하나이요 언어가 하나이었더라")부터가 앞의 내용과 일관성이 없음에도 불구하고 이 옛 이야기를 시원사에 대한 적절한 절정임과 아울러 이 서사시 설화의 다음 주요한 단원으로의 이행으로 여기에 위치시켜 놓았다.

무대는 바벨론(시날)에 펼쳐져 있다. 거기에서 동쪽에서 유랑하던 유목민들이

---

18) "노아가 농업을 시작하니"(창 9:20)라는 말은 가인이 농사를 지으려고 했을 때에는 땅이 저주를 받았기 때문에(4:11-12) 성공할 수 없었지만 노아가 처음으로 땅을 경작하는 데 성공을 거두었다는 것을 의미하고 있음에 틀림없다.

오늘날 재건된 우르의 고대 지구랏

평지를 발견하고 정착 생활 — 이로 인하여 바벨론은 유명하게 되었다 — 을 하기로 결심한다. 정치적 안정을 획득하려는 야심에 이끌려 그리고 사회적 혼란과 다양성을 두려워하여 그들은 성읍과 탑을 짓기로 결심한다. 이 탑은 지구랏(Ziggurat) 또는 계단식의 신전탑을 가리키는데, 그 가운데 가장 유명한 것은 바벨론의 에테메난키(Etemenanki)로 알려진 것이다.[19]

현재 형태의 이 일화는 사회적 다양성에 대한 하나님의 뜻에 저항하여 스스로 명성을 얻기 위하여 야훼께 반항하도록 사람들을 충동한 아집을 보여주는 최고조의 증거이다. 홍수의 경우에서와 마찬가지로 야훼는 다시 이 땅에 내려와 심판을 행하였는데 통일 — 하나님을 대항하는 통일이라고까지 말할 수 있는 — 에 대한 그들의 염원을 좌절시킴으로써 탑의 건설계획을 끝장내었다. 히브리어의 언어유희에 의하면 바벨이라는 말은 "혼란"(영어의 'babble'과 비교하라)을 의미하는 것으로 이해된다. 야훼는 그들의 언어를 혼잡케 함으로써 그들은 서로를 이해할 수 없게 되어 땅의 지면에 여러 부류의 언어집단으로 퍼져 살게 되었다.[20]

---

19) 헬라의 역사가 헤로도투스는 지구랏에 대해 흥미로운 논평을 하고 있다(*Persian Wars*, I, pp. 181-182). R. de Vaux, *Ancient Israel*(113), pp. 281-282에 나오는 논의를 보라. 그가 지적한 바와 같이 지구랏은 인공적으로 만들어놓은 산으로서 거대한 계단이 있었기 때문에 예배자들은 이 계단을 오르내리면서 신을 만날 수 있었다.

이처럼 시원사는 비극적인 결말로 끝났다. 이는 인류가 진정한 온전함 — 하나님과 교통하며 동료 인간들과 공동체를 이루며 사는 삶 — 을 발견하는 데 실패하였기 때문이었다. 가인에서 바벨탑까지 예술과 과학은 진보했음에도 불구하고 인간의 비극은 심화되었다. 역사는 하나님의 창조를 더럽힌 "악한 충동"에 사로잡혀 진행됨으로써 인간은 창조주로부터 떨어져나가고 동료 인간들과 반목하게 되었다. 그 자체로 볼 때 이 이야기는 극히 비관적일 것이다. 그러나 이 설화의 맥락에 있어서 시원사는 다음에 이어지는 것, 곧 아브라함의 부르심과 그의 신앙의 모험에 대한 서장 역할을 한다.

B. 조상들의 역사

창세기 11장에서 12장으로 넘어가면서 우리는 시원사의 구름을 벗어나 주전 2천년대의 역사의 장으로 들어가게 된다. 조상들의 역사(창 12-50장)에 나오는 역사 이야기의 형태는 시원사와 마찬가지로 전설(saga)이다. 그러나 중요한 차이가 있다. 우리가 제1장에서 본 바 있는 조상 시대의 전설들은 당시에 비옥한 초승달 지대에서 진행되고 있었던 사건과 어느 정도 연관이 있다. 역사가들은 적어도 조상들의 역사와 고대 근동의 역사 사이의 어떤 상호관련을 설정하려는 노력을 할 수 있다. 그러나 시원사의 일화들 중에 그 어떤 것도 현대의 역사가가 다룰 수 있는 그 어떤 것에 의거하고 있지 않다. 하나의 예외가 있다면 그것은 창세기 10장에 나오는 민족들의 목록인데, 몇몇 역사가들의 판단에 의하면 이 목록은 주전 2천년대 후반의 상황을 반영하고 있다고 한다.[21] 그러나 대체로 시원사는 오직 그것이 인간 실존의 긴장과 갈등들을 구체적으로 묘사하고 있으며 하나님과 인간과의 교섭의 드라마로서 인간 역사의 영욕을 해석하고 있다는 넓은 의미에서만 '역사적'이라고 할 수 있다.

잘 알다시피 이 문제를 이런 식으로 말하는 것 자체가 이 이야기를 현대인의 입장에서 읽고 있는 것이다. 고대 이스라엘 설화자 그리고 이 서사시 설화를 들었던 백성들은 창세기 11장에서 창세기 12장으로 넘어가는 것에서 극적인 연속성을 인식

---

20) 보다 자세한 논의는 Bernhard W. Anderson, "Unity and Diversity in God's Creation: A Study of the Babel Story", *Currents in Theology and Mission* V, 2(1978), pp. 69-81 을 보라. 축약판은 *Concilium*, No. 121(1977), pp. 89-97에 나온다.

21) Siegfried Herrmann, *A History of Israel*(94), pp. 41-55를 보라.

고고학자들의 도움으로, 예술가가 우르의 지구랏을 재건한 모습

하였을 것이다. 시원사는 인간의 상황을 전세계적 견지에서 묘사한다: 조화와 안전과 서로의 복리 속에서 살아야 할 인간 — '샬롬'(shalom, 평화)이라는 히브리 단어가 의미하는 모든 것 — 이 역사적 현실에 있어서는 깨어지고 나뉘고 땅의 지면에 흩어져서 혼란과 싸움을 일삼고 있다. 이 '역사'는 이 서사시 설화의 다음 부분들에서 중심적인 것, 곧 야훼의 오랜 역사에 걸쳐 있고 온 세계를 포괄하는 목적 속에서 이스라엘의 특별한 정체성과 특별한 소명에 대한 극적인 서장 역할을 한다.

아래의 개요가 보여주는 바와 같이 이스라엘의 조상들의 가족사는 주로 아브라함, 야곱, 요셉을 중심으로 하고 있다. 이삭은 한편으로는 아브라함에 의해, 다른 한편으로는 야곱의 그늘에 가리워져서 다소 부차적인 역할을 한다. 요셉은 야곱의 열두 아들에 관한 이야기에서 주인공으로 다루어진다. 그럼에도 불구하고 이 서사시 설화는 출애굽 이야기의 처음에 등장하는 도식적인 순서, 곧 아브라함, 이삭, 야곱이라는 순서로 되어 있다. 고대 사회의 가부장적 성격에도 불구하고 여자들이 이 이야기에서 중요한 역할을 한다는 것을 덧붙여두어야 할 것이다. 이것은 특히 자신의 남편인 아브라함(아브람)과 함께 가나안 땅으로의 모험을 감행하였던 사라(또는 사래)에 있어서 특히 그러하다(창 11:31; 12:5).

이스라엘 조상들의 가족사

---

* 이 개요에서는 고대 서사시 전승의 두 요소로 추정되고 있는 J(야훼 문서 기자)와 E(엘로힘 문서 기자)를 구별하거나 편집에 의한 제사장계의 연결층을 밝혀내려고 하지 않았

다. 정교한 문학적 분석에 대해서는 Martin Noth, *Pentateuchal Traditions*(70), pp. 263-67를 보라.

아브라함에 대한 약속

조상들의 역사를 해석하는 열쇠는 그 처음에 나와 있는 하나님의 말씀이다. 바벨에서의 계획이 무산됨에 따라 산지사방에 흩어진 사람들의 후손들 가운데서 야훼는 한 사람을 골라내어 그에게 새로운 지평을 열어주었다.

> 야훼께서 아브람에게 이르시되
> 너는 너의 본토 친척 아비 집을 떠나
> 내가 네게 지시할 땅으로 가라
> 내가 너로 큰 민족을 이루고 네게 복을 주어
> 네 이름을 창대케 하리니 너는 복의 근원이 될지라
> 너를 축복하는 자에게는 내가 복을 내리고
> 너를 저주하는 자에게는 내가 저주하리니
> 땅의 모든 족속이 너를 인하여 복을 얻을 것이니라 하신지라
> ― 창 12:1-3.

땅을 소유하는 것, 큰 민족을 이루는 것, 땅의 모든 족속들에게 복이 되는 것 ― 이 삼중의 하나님의 약속은 조상들의 서사시의 수직 카페트 전체를 황금실처럼 수놓고 있다. 땅, 자손, 축복이라는 이 세 요소는 앞에서 보았던 바와 같이(pp. 63-68를 보라) 고대 조상들의 종교의 구성요소들이었음이 분명하지만, 이제 그것들은 이 설화를 마치는 하나님의 말씀에서 잘 드러나 있듯이 강조되고 정형화된다.

야훼의 약속의 말씀들
아브라함에 대한 약속:

이주 하기 전 하란에서	창 12:1-3
가나안의 심장부 세겜에서	12:7
롯으로부터 떠난 후 가나안에서	13:14-17
가나안(아마 헤브론)에서	15:4-5(13-16)
소돔의 대학살 이전에 헤브론에서	18:17-19
그랄에서 이삭에 대한 약속	26:2-5

벧엘에서 야곱에 대한 약속   28:13-15
〔요셉 이야기에서 인용됨: 48:1-4〕

이 관점에서 볼 때 아브라함의 이주는 새로운 종류의 역사, 곧 이스라엘 및 다른 민족들에게 유익들을 가져다줄 야훼의 약속들의 역사가 시작되는 시발점이었다. 이렇게 시원사의 시작으로부터 이 설화의 범위는 계속해서 좁아져서 마침내 이 설화는 야훼의 역사적 목적에 있어서의 특별한 과업을 위해 선택된 백성의 조상인 아브라함이라는 한 인물에 집중한다.[22] 인간의 교만과 야망에 관한 어두운 묘사를 제시하는 바벨탑 이야기 바로 직후에 나오는 아브라함의 부르심에 관한 이야기는 전체 전경(全景)을 갑자기 밝게 비추는 빛과 같다. 스스로의 이름을 내고자 하는 열망으로 야심차게 바벨탑을 건축했던 사람들과는 대조적으로 야훼께서는 아브라함의 이름이 창대케 할 것이라고 약속하였다(창 12:2; 참조. 11:4). 이스라엘이 위대하다면 그것은 그들의 야심이나 업적이 아니라 전세계적인 시원사에서 무시무시한 색채로 소묘된 혼란과 불화와 폭력을 극복하기 위하여 이스라엘의 역사 속에서 활동하시는 하나님 때문이다.

약속이라는 주제를 표현함에 있어서 설화자는 한때 완전히 다른 의미를 지니고 있었던 이야기들을 섞어짰다 ― 그리고 이 사실은 반복의 근거가 되고 있다. 여러 세대에 걸쳐 전승들이 철저하게 개작되었기 때문에 조상들의 원래의 모습이 어떠하였는지를 말하기는 어렵다. 증거는 아브라함이 한때 헤브론 근처의 마므레 성소와 관련이 있었으며 이삭은 브엘세바의 성소와, 야곱은 벧엘에 있는 "하나님의 집"(beth 'El)과 관련이 있었다는 것을 시사해준다. 이러한 장소들은 이스라엘인들이 점령한 고대 가나안 성소였으며, 이 세 인물에 관한 이야기들 가운데 일부는 가나안에서 기원하였을 것이다. 어쨌든 우리는 전기가 아니라 이스라엘이 자신의 역사를 의인화한 이야기들을 다루고 있는 것이다. 이러한 의인화는 각각 이스라엘과 에돔을 상징하고 있는 야곱과 에서의 경우에 분명하게 드러난다(창 25:22-26). 그러나 또한 이러한 의인화는 아브라함과 관련해서도 사실이다. 아브라함도 단순한 개인은 아니다. 그는 신앙 안에서 미래로 모험을 감행한 하나님의 백성의 전형이다(히 11:8-10).

---

22) 제사장계〔P〕 도식에 있어서 기자는 족보들을 통하여 보편에서 특수로의 동일한 움직임을 보여주고 있다: 창조-아담-노아-셈(셈족의 조상)-데라와 아브라함.

축복

아브라함에 대한 약속의 차원들 가운데 하나는 어느 정도 다른 민족들을 포함하는 축복의 차원이다.

축복은 어른이 아이에게, 왕이 신하에게, 제사장이 탄원자에게 주는 것과 같이 우월한 특권이나 힘을 지닌 사람에 의해 주어질 때 특히 효과가 있는 복리('평화')의 나눠줌이다. 축복은 부정적인 효과들을 갖는 저주의 반대이다. 오늘날에도 축복(칭찬) 또는 저주(비난)의 말의 권능을 경외하는 사회들이 있다.

원래 축복이나 저주를 발하는 강력한 말은 즉각적으로 효력을 발휘한다고 생각되었다. 이것은 우리가 임종시의 축복(이삭과 야곱의 경우에서처럼)이나 적들에 대한 저주(발람 신탁에 있어서 이스라엘을 저주하기를 거부하는 발람)에 부가된 중요성을 이해하는 데 도움을 준다. 축복과 저주에 대한 이러한 역동적인 이해는 이스라엘의 조상들의 시대에 통용되었다. 그러나 조상들의 역사의 현재의 개정판에서는 주요한 변화가 일어났다: 축복은 원래의 수령자들의 생존기간 너머의 미래로 연기되었고, 따라서 '약속'이 되었다. 약속의 연기는 조상 시대 전체가 약속과 성취 사이의 중간기로서 그 결과 신앙의 긴장들과 염려들로 채워진다는 것을 의미한다. 이 중간기가 참을 수 없을 정도로 연장될 때, 사람들은 몇몇 시편들(예를 들면, 시 13; 22편)에서처럼 비탄의 부르짖음("여호와여 어느 때까지니이까", "내 하나님이여 어찌 나를 버리셨나이까")을 발한다.

축복의 약속의 측면들 가운데 하나는 히브리 동사들을 어떻게 이해해야 하느냐 하는 문제('축복받다'라는 수동의 의미냐 아니면 '스스로를 축복하다'라는 재귀적 의미냐)로 인하여 약간 모호하다. 여기서 우리는 때때로 등장하는 문법적 문제를 다룰 수는 없다(창 12:3; 18:18; 22:18; 26:4; 28:14). 아마도 여기서 의도되고 있는 의미는 다른 민족들은 그들이 아브라함의 하나님의 이름을 부르거나 서로에게 "아브라함의 민족과 같이 우리를 축복하소서"라고 말한다는 의미에서 '스스로를 축복할' 것이라는 것이다. 어쨌든 해석사에 있어서 약속은 하나님께서 이스라엘의 역할과 증언을 '통하여', 즉 그것을 수단으로 하여 모든 민족들을 축복할 것을 의미하는 것으로 받아들여졌다. 헬라어 역본(칠십인역)과 벤 시락의 지혜서(44:21)에서 찾아볼 수 있는 이러한 견해는 신약에서 채택되어 있다(행 3:25; 갈 3:8). 자세한 것은 Claus Westermann, *Blessing*(148 아래에서 인용됨)을 보라.

지파동맹 시대에 이러한 잡다한 전승들은 조화롭게 다듬어져서 아브라함, 이삭, 야곱이라는 아버지-아들-손자의 순서로 묶여진 단일한 가족의 이야기로 되어가고 있었다(참조. 출 3:6). 이러한 이야기들의 회고적 관점은 이집트에서의 압제의 기간과 출애굽을 언급하고 있는 창세기 15:13-16에 분명하게 나타나 있다. 이렇게 회고적으로 조상 시대는 실제로 그 당시에는 존재하지 않았던 통일성을 지니기 시작하였다. 이것은 몇몇 현대의 역사가들이 '엉클 샘'으로 의인화된 미합중국의 통일성을 1776년 이전에 이 땅에 정착한 서로 이질적인 사람들에게 소급적으로 투사하려고 하는 것과 마찬가지이다. 이제 더이상 조상들의 이야기는 단순한 제의 전설이나 지파 영웅들의 이야기가 아니다. 그 이야기들은 이제 이스라엘 전체의 것이 되었다. 왜냐하면 아브라함의 씨로부터 이삭과 야곱이라는 직계를 거쳐 이스라엘의 열두 지파가 나왔기 때문이다. 게다가 조상들의 종교는 이제 신들에 대한 예배가 아니라 야훼에 대한 예배가 되었다(다시 수 24:14을 검토하라!): 브엘세바의 엘 올람(El Olam, 21:33), 세겜의 바알 브릿 또는 엘 브릿(삿 8:33; 9:4, 46을 보라), 벧엘의 엘 벧엘(창 35:7). 그것은 이제 아브라함과 이삭과 야곱의 하나님이기도 하고 인류의 역사의 창조주이자 통치자인 이스라엘의 하나님 야훼에 대한 예배이다. 현재 형태의 이 설화에서 조상들 각각에게 나타나서 아브라함에게 주어진 약속, 전세계적인 의미를 내포하고 있는 약속을 새롭게 하시는 분은 바로 야훼시다.

신앙의 시련들

그러므로 설화자의 관점에서 보면 이스라엘의 조상들은 야훼께서 그들 앞에 설정해 놓은 목표를 향하여 나아가는 유랑자들이었다. 그들의 역사는 목적없이 가나안의 변두리를 어슬렁거리는 것이 아니라 약속에서 성취로 나아가는 순례의 움직임이었다. 그렇지만 설화자에 의하면 그들이 약속에 의지하여 산다는 것은 쉽지 않았다. 왜냐하면 거듭거듭 그들은 하나님의 약속이 믿을 수 없는 것처럼 보였던 상황들에 처하였기 때문이다. 그러한 때에 야훼에 대한 그들의 신뢰는 심각한 시험에 놓여졌으며 그들은 절망의 벼랑끝에 다다랐다. 앞으로 보겠지만, 약속의 각각의 요소 — 땅, 자손, 축복 — 는 거의 박탈당하였다. 연속되는 일화 속에서 설화자는 극적인 긴장감을 유지하고 있는데, 이러한 긴장감은 어떻게 야훼께서 모든 것이 상실된 것처럼 보이는 결정적인 바로 그 순간에 개입하여 약속을 새롭게 하셨는가를 보여줌으로써 잠시 해소될 뿐이다. 이제 위에서 언급한 하나님의 약속의 말씀을 특별히 주목하는 가운데 이 주제가 어떻게 표현되고 있는지를 살펴보도록 하자.

아브라함. 성경에 의하면, 아브라함은 메소포타미아를 떠나서 가나안 땅의 심장부인 세겜으로 왔다고 한다. 그 땅 상수리 나무에서 야훼는 아브라함에게 나타나 그의 후손들에게 땅을 주겠다는 약속을 재천명하였다(하나님의 약속의 말씀, 창 12:7). 그러나 얼마 후에 아브라함은 기근에 못 이겨 이집트로 피난을 갔고, 거기서 목숨을 부지하기 위하여 자기 아내 사라와 함께 사기행각으로써 바로의 환심을 샀다. 사실 그의 굶주림은 심각했고, 야훼의 섭리를 신뢰하기보다는 자기 손으로 일을 처리해나가는 것이 적절한 것처럼 보였다. 그러나 아브라함의 행위는 이로 인하여 막대한 물질적 이득을 가져왔다고 할지라도 하나님의 약속을 저버린 것과 진배 없었다. 왜냐하면 사라(이스라엘의 국모)가 바로의 첩이 되었다면 미래의 이스라엘은 존재할 수 없었을 것이기 때문이다. 그러나 아슬아슬하게 야훼께서 개입하여 위기를 모면케 하였고, 아브라함은 그의 경솔한 행위에도 불구하고 이집트로부터 추방되었으나 부자가 되었다(12:10-13:2). 그는 벧엘로 돌아와 이집트로 피난을 가기 전에 그랬던 것처럼 거기에서 "야훼의 이름을 불렀다".

다음번의 아슬아슬한 순간은 아브라함의 목자들과 롯의 목자들의 다툼으로 인하여 이 두 친척이 서로 각자의 길을 가게 되었을 때 왔다. 모압과 암몬의 조상인 롯(창 19:30-38을 보라)에게 어디로 가야할지를 선택할 수 있는 자유가 주어졌고, 이스라엘의 미래는 그의 결정 여하에 달려있었다. 하나님의 섭리에 의해 롯은 약속의 땅이 아니라 야훼께서 나중에 격렬한 불과 유황으로 멸해버린 악한 성읍들 — 소돔과 고모라 — 이 있던 요단 계곡 지역을 선택하였다(13:3-13). 다시 한번 야훼는 아브라함에 대한 약속을 새롭게 하였다(하나님의 약속의 말씀, 13:14-17).

그러나 여전히 미래로 들어가는 문을 가로막는 주요한 장애물이 있었으니, 그것은 아브라함에게 아들이 없다는 것이었다. 아브라함의 유일한 상속자가 자기 집안의 종인 엘리에셀이었을 때 약속이 성취될 수 있으리라고 하는 것은 믿을 수 없었다. 다시 한번 야훼는 아브라함에게 많은 자손이 있을 것이며(하나님의 약속의 말씀, 창 15:4-5) 그가 (그의 가족을 통하여) 이 땅을 물려받을 것이라는 약속을 새롭게 하였다. 이번에 그 약속은 언약으로 확정되었다(창 15:7-21). 이 언약 의식은 매우 고풍스러운 것으로서 설화자에 의해 사용된 전설 자료가 매우 오래 되었다는 것을 보여준다(p. 66를 보라). 그러나 현재의 문맥에서 야훼와 아브라함의 언약은 시내산 언약의 예표이다.

이삭. 그렇지만 여전히 약속이 성취될 수 있으리라고는 믿기 어려웠다. 왜냐하면 사라는 아이를 낳지 못했기 때문이다. 믿기 위해서는 그 이상의 증거가 있어야 했다. 그래서 이번에는 사라가 몸소 나서서 아브라함으로 하여금 그녀의 애굽인 종인 하갈을 취하여 아들을 낳으라고 강권하였는데, 하갈이 자기를 무시할 때에야 이 일을 후회하고 나중에 이 여종을 집밖으로 쫓아내버렸다. 하갈이 광야의 샘에서 야훼로부터 그녀가 아브라함에게 아들을 낳아줄 것이고 이스마엘(회교도들이 아랍인들의 조상으로 생각하는)이 커서 만만치 않은 베두인 — "들나귀" — 이 될 것이라는 약속을 들었을 때 긴장은 고조된다. 그러나 야훼께서 하갈과 그녀의 비이스라엘 자녀에게 깊은 관심을 보이기는 했지만 야훼에 대한 신앙이 없었을 때 잉태된 이스마엘은 약속의 자녀가 될 수 없었다(창 16장). 나중에 야훼께서 헤브론 근처의 성소(마므레 상수리나무; 13:18을 보라)에서 아브라함에게 나타나셔서 한 아들이 그에게 태어날 것임을 알렸다. 대화를 엿듣고 있었던 사라는 자기가 육체적으로 잉태할 수 없는 나이에 다다랐다는 것을 알고 있었기 때문에 마음 속으로 혼자 웃었다. 그녀는 야훼께는 모든 것이 가능하다는 것을 믿지 않았던 것이다(18:1-16). 사라가 웃은 사건은 서사시 설화에 나오는 많은 언어유희 가운데 하나의 예이다. 왜냐하면 히브리어로 '그녀가 웃다'는 '티츠하크'(titzhaq)이고 '이삭'은 '이츠하크'(yitzhaq)이기 때문이다. 사라가 웃은 것은 하나님의 약속과 인간의 상황의 전무한 가능성 사이의 너무도 웃기는 불균형 때문이었다.

아브라함과 사라의 노년에 얻은 아들인 이삭의 탄생은 요단 계곡의 성읍들인 소돔과 고모라의 멸망에 관한 이야기(18:17-19:38) 다음에 창세기 21:1-2에서 짤막하게 보도된다. 대학살의 이야기의 서문(19:24-25)에서 우리는 다시 한번 "아브라함은 강대한 나라가 되고 천하 만민은 그를 인하여 복을 받게 될 것이 아니냐"(하나님의 약속의 말씀, 18:17-18)라는 주제를 듣게 된다. 아브라함은 야훼와 특별한 관계에 있었기 때문에, 머지않아 전개될 일에 관하여 그를 신뢰하는 것은 합당하였다. 이 문맥에서 성경에서 가장 강력한 구절들 가운데 하나가 나온다(18:22-33): 악한 자들과 함께 의인들을 무차별하게 멸하는 것에 대하여 아브라함이 하나님께 드리는 간언.

아브라함을 시험하는 것에 관한 이야기(창 22:1-14)는 그것이 아마 신성한 장소의 이름을 설명하고 유아 희생제사의 중단을 정당화하는 전설로서 한때 독립적으로 유포되었다는 증거를 보여준다. 그러나 그 원래의 의미가 무엇이었든 이 이야기는 이제 약속의 역사 속에서 기능하고 있다. 이 감동적인 이야기에 의하면 아브라함은 하나님으로부터 자기가 그토록 애지중지한 독자(獨子) — 미래와 유일한 연결통로였던 약속의 자녀 — 를 희생제물로 바치라는 명령을 받았다고 한다. 독자는 순종으로 인하여 그가 걸어가지 않으면 안되었던 외로운 길을 따라 이 "신앙의 기사(騎士)"(키에르케고르)를 따라가서 그가 이삭을 벨 준비를 함으로써 하나님 백성의 미래를 제단 위에 희생제물로 바치려고 하는 최고의 신앙의 시련을 겪고 있는 모습을

높은 이집트 관리에게 바치고 있는 셈족 유목민들, 아브라함 시대까지 거슬러 올라
가는 이집트의 츠눔호템 무덤 벽화

본다. 그러나 다시 한번 칼을 치켜들었을 때 하나님은 개입하셨더. 아브라함의 눈에
는 덤불에 걸린 어린 양이 보였고, 그는 그 양을 이삭 대신에 희생제물로 바쳤다.
그리고 다시 한번 약속은 갱신되었다(하나님의 약속의 말씀, 22:15-18).[23]

이삭의 신부감을 구하는 이야기(창 24장) 속에서 설화자는 다시 한번 극적인 긴
장을 조성하였다. 이삭은 그 땅의 가나안 여자와 결혼할 수 없었다. 왜냐하면 그것
은 아브라함의 혈통을 오염시켜서 약속을 무효로 만들어버릴 것이기 때문이다. 그래
서 참한 신부감을 약속의 땅으로 데리고 오라는 긴급한 지시를 지닌 아브라함의 종
을 메소포타미아(하란)에 있는 선조들의 고향으로 보냈다. 아브라함의 종이 올바른
처녀를 발견할 것인가? 리브가가 이삭이 사는 지역으로 오려고 할 것인가? 이 이야
기는 이 종의 불안한 마음에도 불구하고 종의 여정을 야훼께서 인도하고 계셨다는

---

23) *Fear and Trembling*(Garden City, N. Y. : Doubleday, 1954)에 나오는 아브라함의 "신앙의
도약"에 관한 키에르케고르의 해설을 보라. 또한 Auerbach, *Mimesis: The Representation of
Reality in Western Literature*, trans. by William Trask(Garden City, N. Y. :
Doubleday, 1957), pp. 5-20에 나오는 창세기 22장에 관한 논의를 보라.

것을 한 점의 의구심도 없이 보여준다. 어떤 것도 우연히 일어난 것이 없었다: 야훼의 의도대로 모든 것이 진행되었다.

야곱. 그런 후에 이 드라마는 이번에는 야곱을 부각시켜서 전혀 새롭게 전개된다. (그의 아버지의 복사판에 지나지 않는 것으로 보이는 이삭에 관해서는 많은 것들이 말해지고 있지 않다; 창 26장과 하나님의 약속의 말씀, 2-5절을 보라). 사라와 마찬가지로 리브가도 아이를 낳지 못했고 야훼의 개입이 없었더라면 이삭에게 아들을 안겨주지 못했을 것이다. 그러나 약속을 거의 폐기하다시피 한 새로운 골칫거리가 발생했다. 리브가는 두 아들, 곧 에돔족의 조상인 에서와 이스라엘의 조상인 야곱을 잉태하였다. 이 두 민족이 실제의 삶 속에서 그러하였듯이 이미 태 속에서 이 둘은 서로 싸우고 있었다. 에서는 먼저 태어나서 자기 아버지의 상속자가 될 권리를 얻었기 때문에 일회전에서 승리했다고 볼 수 있다(25:21-26). 그러나 야곱은 영악하게도 쌍둥이 형에게서 그의 장자권을 속여서 빼앗았고(25:27-34) 나중에는 또 다시 그를 속여서 아버지의 임종시의 축복을 가로챘다(창 27장). 후자의 이야기의 취지를 제대로 이해하기 위해서는 고대의 신앙에 의하면 축복(이나 저주)을 선포하는 말은 효력이 있었다는 것을 기억하지 않으면 안된다. 그러한 말들은 의도된 결과를 가져오는 권능을 가지고 있었다.[24] 그리고 활시위를 떠난 화살처럼 그 말들은 다시 주워 담을 수가 없었다. 그래서 아버지의 축복을 받은 야곱은 에서(에돔)보다 우월하게 될 운명이었고, 나중에 이스라엘은 다윗 시대에 실제로 그러했다.

그러나 야곱의 승리에도 불구하고 모든 것이 절망적으로 보였다. 에서의 적대감으로 인하여 야곱이 약속이 성취될 땅에서 도망쳐 하란으로 가야한다면 그에게 주어진 축복이 무슨 소용이 있단 말인가? 야곱이 하란으로 도망가는 이야기는 설화자에게 원래는 독립적으로 유포되었던 일단의 전설들 — 시리아(아람)의 조상인 라반의 영토에서 벌어진 야곱의 흥미진진한 모험들을 다루는 전설들 — 을 소개할 기회를 제공해 주고 있다. 그러나 설화자는 이 일단의 전설들을 자신의 문학적 구조 속에 통합시켜 그것들을 "두 기둥에 의해 내부로부터 받쳐진 다리와 같이" 매달아 놓았다.[25]

---

24) p. 153에 나오는 발람의 신탁에 관한 논의를 보라; 또한 p. 216에 나오는 '축복'에 대한 정의도 보라.

25) 이 말은 Gerhard von Rad의 창세기 주석[271], p. 39에 나오는데, 우리는 여기에서 그의 해석을 따른다.

한편으로 이 다리는 벧엘에서의 야곱의 꿈 이야기(창 28:10-19)를 한 기둥으로 하고 있고, 다른 한편으로 얍복강에서의 공격자와의 씨름에 관한 이야기를 한 기둥으로 하고 있다(32:22-32). 첫번째 이야기에서 야훼는 야곱이 절망에 빠져있을 때 꿈에 나타나 아브라함에게 주어진 삼중의 약속, 곧 이스라엘에게 땅을 주겠다는 것, 이스라엘을 크고 무수한 백성이 되게 하겠다는 것, 이스라엘을 통하여 땅의 모든 족속들에게 축복을 주겠다는 약속을 새롭게 한다(하나님의 약속의 말씀, 28:13-15). 야훼께서 자기와 함께 하고 있으며 자기를 약속의 땅으로 다시 이끄실 것임을 확신한 야곱은 하란에 있는 자신의 친척을 향해 길을 떠났다. 자신의 은밀한 역사(役事)는 언급되어 있지는 않지만 야훼의 섭리를 통하여 야곱은 커다란 부를 소유하게 되었다: 두 명의 아내(레아와 라헬), 두 명의 첩, 열한 명의 아들들, 무수한 종들, 라반의 가축떼 중 가장 좋은 것들(창 29:31). 이 부를 가지고 그는 교활한 아람인 친척의 손아귀로부터 가까스로 빠져나와 거창한 선물들을 통하여 에서의 환심을 사려는 준비를 하였다(32:1-21).

그런 후에 우리는 야곱-라반 이야기에 걸쳐있는 설화자의 다리를 떠받치고 있는 또 하나의 주요한 기둥에 다다르게 된다. 이전에 야훼께서는 야곱이 절망에 빠져있을 때 밤중의 꿈에서 야곱에게 나타나셨었다. 이제 야훼는 야곱이 번성하여서 에서의 호의를 얻어 약속의 땅으로 들어가는 일만이 남아 있는 것처럼 보였던 때에 야밤의 방문객의 모습으로 야곱에게 나타나셨다. 야곱은 이 천사(이 이야기의 가장 초기 형태에서는 아마도 밤의 마귀였을 것이다)와 동이 틀 때까지 씨름을 하였다. 야곱은 마침내 이 천사의 축복을 받아냈으나 이 전투의 상처로 인하여 절뚝거려야 했다. 곧 그는 에서와 상봉했고 약속의 땅으로 들어갈 수 있었다(창 33장).

요셉. 이 시점에서 설화자는 재빨리 요셉 이야기로 넘어간다(창 37-50장). 이미 살펴본 바와 같이(pp. 68-71를 보라), 요셉 이야기는 주전 2천년대의 역사적 상황을 어느 정도 반영하고 있는데, 이때 셈족 출신의 한 사람이 이집트 궁중에서 세력을 잡았다는 말이 없었던 것도 아니다. 그러나 현재 형태의 요셉 이야기는 여러 가지 민간전승의 소재들로 수식되어 있다. 예를 들면, 보디발의 아내가 요셉을 유혹하려고 했다는 이야기(창 39:7-20)는 이와 동일한 소재가 등장하는 이집트의 '두 형제 이야기'에 의해 영향을 받았다고 주장되어 왔다.[26] 이 소재들의 원천이 무엇이었든,

---

26) Pritchard, *Ancient Near Eastern Texts*[1], pp. 23-25를 보라. 이집트의 "두 형제 이야기"는 형수가 시동생에게 동침하자고 유혹했으나 시동생이 이를 거절하자 형수가 자기 남편에게 거짓말로 고해 바쳐 형은 아내의 말을 믿고 동생을 죽인다는 내용이다.

그것들은 장면장면마다 인간사에 있어서 하나님의 목적이 은밀하게 실현되고 있음을 밝히는 단일한 줄거리를 예술적으로 전개하고 있는 단편 속에 융해되었다. 이러한 견해는 요셉이 자기 형제들에게 한 관대한 말 속에 훌륭하게 표현되어 있다:

> 당신들을 나를 해하려 하였으나 하나님은 그것을 선으로 바꾸사 오늘과
> 같이 만민의 생명을 구원하게 하시려 하셨나니 — 창 50:20.

이 절(또한 45:5-7을 보라)은 요셉 이야기의 주제를 농축시켜 담고 있다. 인간사는 사람들의 악한 계획이나 야곱으로 하여금 이집트로 이주하지 않을 수 없게 한 경제적인 곤경들에 의해서가 아니라 모든 것들 속에서 선을 위하여 일하시는 하나님의 압도적인 섭리에 의해 지배된다.

한때 독립적으로 유포되었던 이 요셉 이야기가 조상들의 역사에 통합되자 하나님의 감춰진 섭리라는 주제는 하나님의 삼중의 약속, 곧 자손, 땅, 축복의 약속이라는 주제와 연결되었다. 그러므로 여기저기서 설화자가 루즈, 즉 벧엘에서의 야훼의 약속의 말씀을 야곱이 회상하는 장면(창 48:3-4)이라든가 죽음을 앞두고 조상들에게 주어진 약속을 요셉이 언급하는 장면(50:24)에서처럼 좀더 큰 서사시 맥락에서의 이 이야기의 기능을 시사하는 손질을 가한 것은 놀랄 일이 아니다. 사실 현재의 극적인 맥락에서 요셉 이야기는 아브라함에게 주어진 약속, 즉 이스라엘을 통하여 모든 민족들에게 축복을 주시겠다는 약속은 성취를 향하여 나아가고 있다는 것을 암시하고 있는 것으로 보인다. 왜냐하면 요셉이 이집트의 총리대신의 지위에 올라 그 땅을 기근으로부터 구하였고 그 나라에 안정과 번영을 가져왔기 때문이다.[27]

C. 백성들의 역사

이 서사시 설화는 요셉 이야기로부터 계속해서 출애굽기와 민수기 — 우리가 앞장들에서 살펴보았던 이스라엘의 삶에 관한 이야기 — 를 거쳐 목표점, 곧 이스라엘의 약속의 땅의 정복을 향해 나아간다. 모세 전승의 시초에는 이 약속은 소멸된 것으로 보였다. 왜냐하면 아브라함과 사라의 후손들이 노예의 처지 — 바로의 권력게

---

27) Dawid J. A. Clines, *The Theme of the Pentateuch*〔264〕를 보라. 그는 조상들에 대한 삼중의 약속은 완결된 이스라엘의 서사시인 오경에서 부분적으로 성취되었다는 것을 보여준다.

임에서 아무런 미래도 소망도 없는 인질들 — 로 전락해버렸기 때문이다. 그러나 "아브라함과 이삭과 야곱의 하나님"으로 규정된 야훼는 조상들에게 한 약속을 기억하고 이 일에 개입하여 불타는 가시덤불 속에서 모세에게 백성들은 곧 해방되어 젖과 꿀이 흐르는 땅으로 인도될 것이라고 확약하였다(출 3:7-8). 아래의 개요는 어떻게 출애굽과 시내산에서의 결정적인 사건들, 광야에서의 체험들, 요단 동편 지역을 돌아 가나안 땅으로 우회한 사건이 결합되어 하나의 극적인 서사시를 형성하게 되었는지를 보여준다. 이 이야기는 모세의 탄생으로 시작된 것과 마찬가지로 그의 죽음으로 끝난다.

모세 전승*

출애굽 이야기

애굽에서의 압제	출 1:8-22
모세의 등장	2:1-22
모세의 부르심과 소명	3:1-4:17
모세가 애굽으로 돌아오다	4:18-31
바로와의 대면	5:1-6:1
애굽을 친 역병들(P와 결합되어 있음)	7:8-11:10
첫번째 유월절	12:21-28
마지막 역병과 애굽을 떠남	12:29-39
도망길	13:17-22
홍해에서의 승리(P와 결합되어 있음)	14:1-31
바다의 노래	15:1-18(19)
미리암의 노래	15:20-21

광야 유랑의 시작

첫번째 체류	15:22-27
메추라기와 만나(P와 결합되어 있음)	16:1-36
바위에서 나온 물	17:1-7
아말렉족에 대한 승리	17:8-16
모세의 장인 이드로의 방문	18:1-27

시내산 언약
  시내산에서의 야훼의 현현   19:1-25
  십계명   20:1-17
  하나님의 현현   20:18-21
  언약법전   20:22-23:33
  언약 체결   24:1-11
  언약을 깨뜨리다(황금 송아지)   31:1-35
  언약 갱신   33:1-34:28
  모세의 변모   34:29-35

광야(가데스)에서의 체류
  행진하는 이스라엘   민 10:29-36
  광야에서 불평하다   11:1-35
  미리암의 벌   12:1-16
  정찰(P와 결합되어 있음)   13:1-33
  불평(P와 결합되어 있음)   14:1-38
  남부 가나안에 대한 공경의 무산 14:39-45
  모세에 대한 반역(P와 결합되어 있음) 16:1-50

요단 동편 지역을 경유한 우회
  가데스를 떠남   20:14-22
  호르마 전투   21:1-3
  놋뱀   21:4-9
  순회   21:10-20
  시혼과 옥에 대한 승리   21:21-35
  발락과 발람   22:1-40
  발람의 신탁   22:41-24:25
  모압에서의 배교   25:1-5
  요단 동편 땅의 배당   32:1-42
  모세의 죽음   신 34:1-6

---

    * 여기서 다시 한번 서사시 설화에서 야훼문서기자와 엘로힘문서기자(J 와 E)의 차이들을 구별해내거나 초기와 후기의 전승층을 구분하는 시도는

하지 않았다. 고대 서사시 설화와 제사장계 설화가 서로 섞여 있다는 사실에서 알 수 있듯이, 이 영역에서 제사장계 기자(P)는 특정한 이야기들에 좀더 큰 관심을 보여주었다는 것을 주목하여야 한다. 보다 정교한 분석에 대해서는 Martin Noth, *Pentateucal Traditions*[70]의 부록, pp. 267-71, 273-76를 보라.

앞에서 살펴본 바와 같이 설화자는 심지어 어느 정도 고대 근동의 역사와 연관되어 있는 조상시대를 다룰 때조차도 주로 우리가 보통 역사적이라고 생각하는 사건들보다는 역사의 좀더 깊은 차원에 관심을 갖는다. 그리고 이것은 출애굽에서 가나안 정복에 이르는 이야기에도 해당된다. 설화자는 우리가 점점 더 일게 되이가고 있는 고대 세계를 무대로 하는 한 백성의 공유된 역사를 묘사한다. 그러나 이스라엘의 삶의 이야기는 두 가지 중요한 차원을 지니고 있다. 한편으로 그것은 야훼와 함께 하는 역사 — 신앙의 새로운 지평들을 연 야훼의 약속에 의해 미래를 향해 나아가는 역사였다. 그것은 야훼가 적극적인 참여자로서 그분의 심판과 은혜는 일상사와 정치적 사건들 속에서 고려되지 않으면 안되었다는 의미에서 하나님의 이야기였다. 다른 한편으로 그것은 야훼와 함께 전개되는 이야기에 참여하도록 초대받은 한 백성의 이야기였다.

그런 까닭에 조상들의 역사에 관한 이야기들은 신앙의 백성의 내적 투쟁, 곧 하나님의 길이 감춰져 있는 것에 대한 당혹감, 하나님의 섭리보다는 인간의 계획을 더 의지하고자 하는 유혹, 신앙의 변질과 불신앙을 반영하는 거울이다. 또한 이것은 출애굽기에서 오경의 마지막까지에 걸쳐 있는 이스라엘 백성의 역사에도 그대로 적용된다. 여기서 우리는 이스라엘을 하나의 민족으로 형성시켰던 결정적인 사건들(출애굽과 시내산)에 관한 이야기만이 아니라 인간 체험의 현실들, 즉 언약의 위반과 하나님의 용서로 인한 언약의 갱신, 하나님이 존재하지 않는 듯한 상황에서 백성들의 한탄을 표현하는 광야에서의 불평, 백성들이 강적을 만났을 때의 신앙의 시련들에 관한 묘사를 발견하게 된다.

이 이야기들을 둘러싸고 매우 생생한 현실이 있고 '하나님께 대한 솔직함'이 있는데, 이러한 것들은 이후의 세대들에게 신앙의 삶의 "유형들"이 되었다(예를 들면, 고전 10:6-12). 그렇지만 체험들의 부침(浮沈)을 관통하여 교향악의 주제와 같이 온 이스라엘의 서사시를 지배하는 요지부동의 확신, 곧 야훼의 약속은 실패하지 않는다는 확신이 흐르고 있다. 야훼는 신실하시며 변덕스럽지 않으시다. 비록 사람들이 알기 힘들지라도 사건들은 야훼의 목적 안에서 연관되어 있다. 이렇게 이 드라마는 정점, 즉 약속의 땅을 유업으로 물려받고 이스라엘이 큰 '고이'(goy, 민족; 창 12:2과 출 19:6을 보라)의 지위로 오르는 것을 향하여 나아간다

연대기 2

	B. C. E	이집트	팔레스타인(시리아)	메소포타미아
철		20왕조	사사시대	헷족국가
	1200	(c. 1185-1069)	(c. 1200-1020)	멸망
기	|	라암세스3세 - 해양민족	블레셋족 - 가나안 정착	앗시리아 쇠퇴
	1100	물리침(c. 1175)	므깃도 싸움	
		이집트 쇠퇴	(c. 1125)	
시		리 왕조	블레셋 등장	앗시리아 일시적 부흥
	1100	(c. 1069-935)	실로의 패배	디글랏 - 빌레셀 I
대	|	이집트 쇠퇴	(c. 1050)	(c. 1116-1078)
	1000		사무엘과 사울	
			(c. 1020-1000)	

이후의 장(章)들에서 우리는 가족적인 결합과 종교적 동맹에 의해 결속된 "야훼의 백성"('am Yahweh; 삿 5:11b을 보라)에서 주변국가들과 마찬가지의 정치적 삶의 형태를 갖춘 이스라엘 '국가'로 변모되는 과정을 살펴볼 것이다.[28]

---

28) 다윗 이전 시대에 이스라엘은 기본적으로 야훼의 나라(goy Yahweh)가 아니라 야훼의 백성('am Yahweh)으로 여겨졌다. E. A. Speiser, "'People' and 'Nation' of Israel," *Journal of Biblical Literature*, 79(1960), pp. 157-163를 보라.

제 6 장

신앙과 문화 간의 투쟁

사사기에서는 여호수아가 죽은 뒤부터 사울의 왕정시기가 도래하기까지 이스라엘의 동맹체제는 계속되는 투쟁의 연속과 혼란스러움이었다고 묘사하고 있다. 이 시기는 "사사들이 지배했던 시기"(룻 1:1)인데, 주전 11, 12세기에 속한다. 가나안에 발을 들여놓은 후에, 이스라엘인들은 그곳의 농경생활에 적응해야 했고, 여러 나라들 사이에서 그들의 터전을 잡아야 했다. 사사 시기에는 지파 동맹체가 내외 세력들과의 갈등으로 혹독한 시련을 겪어야 했다.

부분적으로, 이스라엘은 그들의 생존을 위해서 투쟁을 했다. 비록 가나안의 점령이 주전 13세기에 이루어졌지만, 그 후 여러 해 동안 가나안인들과 무자비한 투쟁을 계속했다. 이스라엘의 공세는 전쟁, 조약에 의해서 계속되었으며, 점차 가나안인을 이스라엘의 동맹관계로 흡수하려 했다. 그러나 가나안 땅에서 더 중요하고 깊은 차원의 갈등을 겪어야 했는데, 이것이 바로 종교적인 갈등이었다. 현대적인 표현으로는 군사적인 투쟁이 아니라 이념적인 투쟁이었던 것이다. 그리고 예나 지금이나 최후로 승리한 편이 상대방의 충성을 받는 것도 같다.

성경읽기 : 적어도 사사기 2:6-16:31과 사무엘상 1-12장을 읽어야 한다. 신명기에서 발견되는 가나안 정착의 의미에 관한 신학적 주석은 여기에 관련이 있지만, 제11장에서 자세하게 다루어질 것이다.

가나안 문화의 유혹

오랜 역사를 통해 볼 때, 많은 승리한 나라들이 그들이 정복한 나라들의 수준 높은 문화에 의해 지배당한 경우가 많다. 예를 들면, 고대 메소포타미아 지역에서 찬란한 수메르인의 문화가 사르곤의 영도 하의 공격적인 셈족 계통의 아카드인에 정복되었는데, 아카드인은 역사상 최초로 제국을 세웠다. 그러나 아카드인은 수메르인의 문화에 깊은 영향을 받았다. 몇 세기가 지난 후, 로마는 그리스를 정복했고, 아마도 세계 어느 제국에서도 유례를 찾을 수 없는 로마의 평화(Pax Romana)를 누렸으나, 이러한 로마제국도 역시 그리스의 찬란한 문화를 이어받았다. 이스라엘인들이 가나안을 정복했을 때에도 이와 비슷한 현상이 나타났다. 팔레스타인의 고고학적 발굴 결과 이스라엘인들의 생활이, 세련되고 귀족적인 가나안의 문화와 비교해 볼 때 상당히 조잡했다는 것이 드러났다. 그렇다면 정복자가 피정복자의 문화에 의해 지배되었을까?

생활 배경이 사막이었던 이스라엘인들은 비옥한 초승달 지대의 문화에 대해서 강한 반발을 나타냈다. 이러한 문화에 대한 반감은 창세기 2-11장의 일부 고대 서사시 전승에서 발견된다. 바벨탑 이야기에는 바벨론의 신전탑(지구랏)으로 상징되었던 비옥한 초승달 지대의 문화에 대한 조소가 표현되어 있다(창 11:1-9). 다른 이야기에 의하면, 가인이 "땅에서 난 곡식"의 수확을 야훼께 바쳤으나 거절당했고, 그의 양치기 동생이 가축의 만물을 바치자 야훼께서 받으셨기 때문에 화가 난 가인이 동생을 죽였고(창 4:1-17), 살인자인 가인에 의해서 최초의 도시가 세워졌다고 한다. 노아는 땅을 갈아 포도밭 — 가나안의 특징적인 농사 — 을 가꾼 첫 인물이라고 했는데, 포도주에 취해서 나체로 나오는 불쾌한 장면을 묘사했고, 그가 함의 아들인 가나안을 세 차례나 저주했다고 한다(창 9:18-27). 가나안 문화에 대한 이러한 깊은 반발심은 이스라엘이 가나안을 정복한 뒤에도 오랫동안 일부 이스라엘인들에게 남아 있었다(렘 35장 참조).

가나안 문화에 대한 부정적인 태도에 못지 않게 영향을 받은 것도 많았다. 가나안 땅에 정착할 때 이스라엘인들은 점차 가나안 문화에 매혹되어 그들의 생활 방식을 채택했다. 여호수아서의 일부 과장된 주장과는 달리 가나안인들이 이스라엘의 승리에 의해서 완전히 멸망당했거나 쇠잔해진 것이 아니었기 때문에 가나안의 생활 방식에 대한 유혹이 컸다. 비록 가나안의 인구가 크게 감소되었다 하더라도 이스라엘인들은 가나안인들 사이에 정착해서 살아야 했다. 게다가 가나안 문화의 중심지인 세겜에서 이스라엘의 지파동맹이 형성되었고, 모세 시기 이전의 "이방의 신들"을 섬겼던 새로운 개종자들을 맞아들였다는 것을 상기해야 한다. 이스라엘 동맹체의 다양한 성격 때문에 모세 시대의 엄격한 신앙의 요구가 일보 후퇴한 것은 어쩔 수 없는 일이었다.

그러므로 신명기에 나오는 모세의 설교가 경고한 것은, 비록 여러 해 뒤에 기록된 것이라 하더라도, 가나안 문화의 유혹과 그 위험성이었다. 유목민이었던 히브리인의 위치에서 비옥한 초승달 지대에 정착한 농민의 지위로 바뀌었다는 것은 이것이 운명적으로 먼 미래에까지 영향을 미치게 되었음을 암시한다. 이전에는 유랑민들의 하나님이었던 야훼가 경작해야 할 땅에 묶인 이스라엘의 하나님이 된 것이다. 곡식 재배를 위한 비, 계절의 변화, 비옥한 초승달 지대에 퍼져 있던 풍작에 대한 관심과 같은 자연과 관련 있는 문제들이 쟁점이 되었다. 과거에는 야훼께서 "강한 손과 편 팔"로 역사를 지배했으나, 이제는 농부들이 의존하고 있는 자연의 순환을 지배하는 신들과 겨루어 이길 수 있겠는가라는 새로운 의문이 제기되었던 것이다.

신명기적 해석

주전 12, 11세기의 과도기적인 현상을 연구하기 위한 주요 자료원은 신명기계 역사의 제2권인 사사기이다. 그러나 사사기 전체가 신명기계 작품은 아니다. 가나안 "정복"(pp. 169-170 참조)과 관련된 사사기 1:1-2:5의 서문과, 사사기 17-21장의 부록은 이 시기에 관한 중요한 정보를 담고 있다. 그러나 이 서문과 부록은 사사기 2:6-16:31에서 발견되는 자료들을 포함하고 있는 신명기계 구조에 속하지 않는다.

신명기계의 "역사 신학"은 사사기 시기에 신명기계 서문에 요약된 형태로 나온다(삿 2:6-3:6). 여호수아서의 결론 부분(수 24:28-31과 삿 2:6-9)을 요약한 뒤, 이 이야기는 여호수아의 사후에 일어나는 새로운 상황을 기술한다. 여호수아가 살아 있었을 동안에는, 백성들이 "해방(출애굽)과 "계약"(시내 계약)이라는 위대한 경험들을 기억하고 있었기 때문에 야훼께 대한 신앙은 충실하였다.

그러나 "야훼를 알지 못하거나, 야훼께서 이스라엘에 대하여 행하신 일을 알지 못하는 새로운 세대가 일어나게 되었다"(삿 2:10). 야훼께 대한 신앙은 은행 계좌 같이 부모로부터 자식에게 전수할 수 있는 지식이 아니었다. 야훼를 안다는 것, 안다는 것은 히브리어 동사로 야다(yada')인데, 이것은 개인적으로 야훼를 알고, 야훼와의 계약 관계에 있다는 것을 의미한다. 우리도 알다시피, 부모의 신앙이 반드시 자식의 신앙이 될 필요는 없다. 각 세대마다 그들 나름의 방식으로 계약을 갱신하든

정의 : "DEUTERONOMIC", "DEUTERONOMISTIC"

"deuteronomic"과 "deuteronomistic"— 이 두 형용사 간의 미묘한 차이는 우리의 연구 과정에서 명확하게 될 것이다. "deuteronomic"은 신명기 5-28장의 신명기의 핵심 부분에서 발견되는 자료를 지칭한다. "deuteronomistic"는 여호수아로부터 열왕기하 시기를 거치는 이른바 신명기계(deuteronomistic) 역사를 포함하는 신명기적(deuteronomic) 토라에 의해 영향을 받은 기록물을 지칭한다(본서 11장에서 논의됨). 여호수아서와 사사기를 포함하는, 경전으로 인정된 책들을 사용한 예언서들은 신명기계 작품에 종속되었던 것이다.

지 파기하든지 결정을 해야만 한다.

신명기계 역사가에 의하면, 시대의 역사는 정연한 질서를 따른다고 보았다. 이스라엘의 성쇠는 이러한 신명기계 역사가의 기본적인 신학적인 확신을 예시한다. 즉 야훼께 순종하면 번영과 평화가 따르고, 순종하지 않으면 고난과 패배가 따른다는 것이다. 이러한 역사적인 교훈은 여러 사건들의 주기적인 반복을 통해서 사실적으로 예시되어 있다.

1. 이스라엘 백성이 그들을 이집트에서 이끌어내신 야훼를 버리고 주변 백성들의 신들을 섬김으로 악을 행했다.
2. 그러므로 야훼의 분노가 그들에 대해 맹렬하여, 그들을 압제하는 적들의 손에 넘겼다.
3. 고통으로 백성이 참회를 하면 야훼께서는 동정을 하셔서 사사를 세워서 그들을 적들의 손에서 구해내셨다. 그래서 사사가 살아 있는 동안에는 백성들이 안정을 누렸다.
4. 그러나 사사가 죽으면, 백성들은 다시 우상을 섬겼다. 그래서 다시 야훼께서는 이스라엘에 대해서 분노하시고 노략자들의 손에 넘기셨다.

이것이 사사기 2:6-3:6에 요약된 구조이다. 일반적으로 신명기계 요약은 주요 사사 이야기의 처음과 나중 부분에서 발견되는데, 옷니엘(Othniel), 에훗(Ehud), 드보라(Deborah, 그리고 바락[Barak]), 기드온(Gideon, 또는 여룹바알이라고도 불렸다), 입다(Jephthah), 삼손(Samson)의 경우이다. 옷니엘의 이야기(삿 3:7-11)가 그 좋은 예가 될 것이다. 고대 지파 전승에서 유래한 이러한 이야기들은 비교적 오래된 형태로서 짜임새가 없었으나 새로운 형태를 취해서 신명기계 구조로 통합되었다. 결과적으로, 이 시기의 사건들은 반항과 회복의 주기적인 반복으로 해석되어 있다.

이러한 형태는 너무나 질서 정연하고 도식적이기 때문에 사사 시기에 있었던 사건들의 복합적인 면을 평가할 수 없게 한다. 그러나 여기에는 또한 많은 사실이 포함되어 있다. 역사는 한 백성의 몰락이 외부의 군사적인 압력에 의해서가 아니라 내부의 도덕적, 윤리적인 타락에서 시작된다는 것을 보여준다. 신명기계 역사가도 이스라엘의 생존과 결속이 야훼께 절대적인 충성을 함으로써 가능하다는 것을 강조하려고 했다. 야훼와의 계약 신앙이 강할 때, 이스라엘은 외국의 군대나 문물이 밀려와도 대처할 수 있었다. 그러나 윤리적으로 이러한 신앙 요구는 비옥한 초승달 지대의 혼합적인 종교에 의해 약화되었고, 이스라엘은 쉽게 적군의 희생이 되었다. 이러한 고대 시대에 이스라엘이 직면했던 가장 파괴적이고 분열을 일으킨 위협은 가나안의 종교였다. 만약에 이스라엘 백성들을 모세 신앙의 기준에 따르도록 하고, 그들을 계약의 하나님께 새로운 충성을 바치도록 했던 군사적인 위기가 없었다면, 분명히 이스라엘 백성은 비옥한 초승달 지대의 문화적인 용광로 속에서 녹아 버렸을 것이다.

종교와 농업

사사 시대의 투쟁의 성격을 알기 위해서는 구약성서에서 바알(Baal)과 아스다롯(Ashtarts)을 섬겼다고 기록(삿 2:13 ; 10:6 ; 삼상 7:4 ; 12:10)되어 있는 가나안의 종교를 알아야 한다. "바알"은 "주인" 또는 "소유주"를 의미하며, 땅을 소유하고 풍작을 관장하는 남자 신을 가리킨다. 바알의 배우자로서 아스다롯이라는 개인의 이름이 사용되고 있지만 실제로는 "바알랏"(Baalath), "안주인"으로 알려져 있다. 이러한 신들은 특별한 장소나 마을과 관련되어 있다고 생각되었다. 그래서 땅의 도시만큼이나 많은 바알이나 아스다롯이 있다고 사람들은 여겼다(렘 2:28 참조). 그러나 이러한 지방 신들은 하늘에 있는 "주인"과 "안주인"의 현시라고 여겨질 수도 있는데, 이러한 경우에 경배자들은 우주의 신들을 하나로 묶어 단수로 바알과 아스다롯이라고 불렀다.

농업의 과학적 이치를 알고 있는 오늘날의 농부들도 풍부한 수확을 산출하게 하는 토양의 생산력에 감탄한다. 이러한 점에서 오늘날의 농부들은 태고로부터 농사를 가능하게 했던 자연의 신비에 감탄을 금치 못했던 조상들의 모습과 연결되어 있다.

문화 전체가 토양의 소산에 달려 있었던 비옥한 초승달 지대에서는 이러한 자연의 신비가 종교적인 관점에서 해석되었다. 땅은 신들의 영역으로 생각되었다. 어느 한 지역의 바알은 그곳의 "주인" 또는 "소유주"였고, 그 땅의 결실은 바알과 그의 배우자와의 성적인 결합에 의존한다고 보았다. 비가 내려 땅과 물이 섞이면 신비스러운 땅의 산출력이 다시 일어났다. 겨울의 메마름 이후에 새로운 생명이 부활했다. 이러한 놀라운 자연의 소생은 바알과 그의 배우자 바알랏과의 성교에 기인한다고 믿었다.

더구나, 농부들은 신들의 신성한 혼인의 단순한 방관자는 아니었다. 바알의 성 관계를 의식적으로 행하여 ─ 마술적인 힘을 통해서 ─ 산출력을 절정에 이르게 하고, 그 땅의 번영과 풍부함을 보장받도록 하는 것이 가능하다고 믿었다. 이러한 생산의 신들과의 협동은 바알의 신전에서 극적으로 표현되었다. 이러한 신화 이야기 외에도 가나안 제의의 특징은 제의적인 매음이었다(신 23:18 참조). 남자는 바알과, 여자는 아스다롯과 동일시되어 신전에서 매음 행위를 했다. 남녀가 바알과 그의 배우자의 성행위를 모방함으로써 이 두 신을 결합시켜 풍작을 가져오게 할 수 있다고 믿었다.

가나안의 종교가 지극히 에로틱하다는 지적을 많이 받아왔다. 그러나 이러한 에로티시즘은 현대 문화에서 흔히 볼 수 있듯이, 성행위를 통해서 쾌락을 추구하려는 표현이 아니었다. 오히려 궁극적으로 농부들의 생존이 걸려 있는 전체 자연계의 영역이 성의 활동성에 의해 지배된다는, 즉 남신과 여신의 성적인 능력에 달려 있다고 믿었다. 성적인 의식을 통해서 농경 세계에 주기적인 반복을 일으킬 수 있고, 심지어 이러한 종교적인 마법의 기술을 통해서 주기적인 계절의 반복을 지속시킬 수 있다고 믿었다. 이러한 종류의 마법은 감응 마법 또는 모방적인 마법이라 부르기도 한다. 이것은 인간이 신의 행위를 모방하면 그러한 행위가 일어나게 된다는 가정에 입각하고 있다(예를 들면, 비가 내리는 것 같이 나무에 물을 부으면 신들이 가뭄을 끝내게 한다고 믿는 것).

라스 샤므라(Ras Shamra) 서사시

가나안의 바알 종교의 형태는 비옥한 초승달 지대 전체에 여러 형태로 퍼져 있었던 신화와 제의 중 하나에 불과했다.[1] 예를 들면, 바벨론에서는 신 탐무즈

---

1) H. and H.A. Frankfort et al., *The Intellectual Adventure* (122).

(Tammuz)와 여신 이쉬타르(Ishtar)간의 관계를 극화한 탐무즈제가 있었다. 이집트에서는 신 오시리스(Osiris, Horus)와 그의 여성 배우자 이시스(Isis)에 대한 신앙을 바탕으로 하여 이시스제가 있었다. 그리고 이미 본 바와 같이, 가나안에서는 폭풍우의 신 바알과 그의 배우자 아낫 또는 아스다롯(이쉬타르와 같은 존재)과의 관계를 극화시킨 바알제가 있었다. 이들 종교가 자연과 우주적 환경과 인간과의 관계에 대해서 공통적인 관심사를 나타내었기 때문에, 서로 모방을 한 것이 많았고 그래서 이들 종교들은 기본적인 유사성을 갖고 있다.

1929년에 우가리트(Ugarit)라는 고대 가나안의 도시가 있었던 시리아 북쪽 연안에 있는 라스 샤므라에서 처음 발견된 라스 샤므라 문헌으로부터 가나안 종교의 모습을 분명하게 볼 수 있다.[2] 이러한 신화적인 문헌은 대략 주전 1400년경, 즉 아마르나 시대의 것이다. 아마르나 서한(pp. 159-162 참조)이 이스라엘이 정복하기 전의 가나안의 정치적인 상황을 보여주는 것이라면, 라스 샤므라 문헌은 종교적인 상황에 관해서 직접적인 정보를 주고 있다.

한때 학자들은 가나안의 종교가 지역적인 풍요의 신만을 믿는 바알과 아스다롯의 종교로 생각해왔는데, 이 문헌이 발견됨에 따라 가나안 종교가 여러 관점에서 볼 때, 발달되고 세련된 종교였다는 것이 드러났다. 가나안의 만신전의 맨 위에는 최고신인 엘, "해들(Years)의 아버지이며 왕"과 그의 배우자인 아세라(Asherah)가 있었다. 그 다음 서열에서는 폭풍의 신인 바알이 있었는데, 그는 풍요와 비를 관장하는 신으로서 그의 아버지 신처럼 번식과 힘을 상징하는 동물인 황소의 형태를 취하고 있다. 그의 배우자이며 누이인, 전사의 여신인 아낫(Anath)은 난폭한 성적인 정열과 가학적인 야만성을 지녔다고 알려졌다. 그녀는 "해 뜨는 곳"에서부터 "해 지는 곳"까지 백성의 파멸을 기뻐한다고 기술되어 있다.

> 그녀 아래에는 공 같은 머리들이 있고,
> 그녀 위에는 메뚜기 같은 손들이 있었다.
> 그녀는 자기의 무릎을 전사들의 피에 찔러 넣고,
> 자신의 허벅지를 젊은이들의 피에 찔러 넣었다.[3]

---

2) Pritchard, *Ancient Near Eastern Texts* (1), pp. 129-55을 보라. W.F. Albright, "The Old Testament World", *Interpreter's Bible* I (16), 133-271)에 요약되어있다. G.R. Driver, *Canaanite Myth and Legends* (282); John Gray, *The Legacy of Canaan* (283)도 아울러 보라.

3) W.F. Albright, *Yahweh and the Gods of Canaan* (276), p. 130.

"야수의 여왕"으로 알려진 母神(Mother-Goddess). 주전 14세기의
이 상아 작품은 라스 샤므라 근처의 묘에서 발견되었다.

　　바알 서사시의 단편들을 원래대로 재구성시키는 것은 매우 어렵다. 아마도 바알
의 서사시는 바다의 왕자이며 강의 심판자로 알려진 최초 물의 용과의 싸움에서 승
리한 결과로서, 바알이 탁월한 위치로 승격했다는 이야기로 서장을 삼고 있을 것이
다. 그 다음에 바알은 자기의 누이 아낫의 도움으로 신전을 건축하기 위한 준비를

했다고 한다. 그러나 이러한 계획은 여름 가뭄의 신인 못(Mot)이 바알을 죽여 그를 지하 세계에 묻음으로써 저지 당하게 된다. "땅의 주인"이 죽었다는 소식을 듣고 신들은 통곡한다. 그러나 아낫은 바알에 대한 욕망에 사로잡혀 그를 찾는다.

> 사나운 암소가 자기 송아지를 그리워하는 (마음) 같이,
> 사나운 암양이 자기 어린 양을 그리워하는 (마음) 같이,
> 아낫이 바알을 그렇게 그리워했다.[4]

마침내 아낫은 바알이 못의 수중에 있는 것을 알자, 격렬한 투쟁을 벌인다. 못이 죽은 후, 바알은 부활하여 자기 왕좌에 오르고, 바알과 아낫은 다시 결합한다. 이때 하늘에는 대단한 기쁨이 인다.

> 오 친절하신 분, 자비의 신(?)이 꿈 속에서,
> 만물의 창조자가 환상 속에서,
> 하늘이 기름을 뿌리고,
> 마른 계곡에는 꿀이 흐르니,
> 나는 아노라
> 승리자 바알이 살았음을,
> 땅의 주인, 왕자가 살아 있음을![5]

이 구절은 바알의 부활과 풍요의 소생과의 연관 관계를 보여주고 있다. 실제로 바알의 죽음과 부활의 신화는 계절의 추이에 따라 이러한 자연의 변화로 인해 갈등이 일어난다는 것을 나타내고 있다. 바알은 봄의 번식력을 의인화한 것이고, 못은 식물이나 생물을 죽게 하는 파괴력을 의인화한 것이다. 자연에는 봄과 여름, 풍요와 가뭄, 생명과 죽음과 같은 주기적인 반복이 있다. 고대인의 견해에 의하면, 농부의 생활은 이러한 자연의 변화에 달렸다는 것이다. 자연력에 의존하는 생존이라는 것은 불안정한 것이다. 종교는 이러한 자연력을 관장할 수 있는 방법을 제시했고, 그래서 그들은 토양의 결실을 보장받을 수 있다고 믿었던 것이다. 신전에서 바알의 죽음과 부활의 신화적인 드라마를 재현함으로써, 그 마법적인 힘을 통해서 풍요와 번영을 보장받을 수 있다고 생각했다. 그리고 신화와 의식을 통해서 경배자들은 믿음의 대

---

4) Ibid., p. 132.
5) W. F. Albright 가 번역했다. *Interpreter's Bible*, I (16), 261.

상이 되었던 신과 관계를 맺었던 것이다.

절충의 시도

가나안의 종교는 농부들에게는 실용적인 종교였다. 가나안에서 바알은 이 세상의 주인이며, 땅의 소유주였고, 곡식과 포도주와 기름의 원천인 비를 내리는 신으로 여겨졌다. 사람들은 가나안의 방식에 따라서 풍요의 신들을 섬기지 않으면, 풍족한 수확을 거둘 수 없다고 믿었다. 오늘날의 농부가 땅을 경작하는데, 과학을 무시할 수 없는 것처럼 그 당시의 농부들도 바알제의를 무시할 수 없었던 것이다.

또한 바알 종교는 이집트의 주도권 하에서 가나안의 질서와 안전을 유지하고자 했던, 가나안의 전 도시-국가 체제의 중요한 부분이었다. 사회학적으로 바알주의는 사회적인 구조로 가나안 도시들의 신들의 존재를 정당화시켰고, 동시에 시골에서 농사를 짓고 살면서 도시-국가의 왕들에게 세금을 바치는 농부들의 불만을 진정시키는 기능도 했다.[6]

가나안에서 이러한 농경 조건들이 주어지자 많은 이스라엘인들이 가나안의 신들에게 의지하려 했던 것은 놀라운 일이 아니다. 백성들은 출애굽과 시내 계약의 하나님인 야훼에게 등을 돌리려고 했던 것은 아니었다. 현대인들이 종교와 과학을 서로 다른 분야로 생각하고 있는 것처럼, 그들은 야훼와 바알을 나란히 섬겼다. 또한 오늘날 "하나님"이 현대인을 위한 문명 사회의 종교의 가치를 상징하는 것처럼, 이스라엘 백성들도 야훼와 바알을 동일시했다. 어쨌든, 이 두 종교는 상호 배타적이거나 모순된다고 여겨지지 않았다. 실제로 민중의 신앙에서도 이 두 종교를 공존시키려는 강한 경향이 있었다. 고고학 발굴 결과에서 알 수 있듯이, 변경에 사는 이스라엘 백성들은 풍요의 여신인 아스다롯의 작은 상들을 갖고 있었다. 가나안 종교의 신화와 제의를 야훼께 대한 예배에서도 사용했다. 벧엘, 세겜, 아마도 길갈 같은 예전의 가나안의 성소들이 야훼께 재봉헌되었고, 가나안의 농경 달력도 순례 축제의 시기를 정하는데 채택되었다(출 34:22-23). 부모들은 바알의 이름을 따서 자녀 이름을 지어도 야훼를 무시하는 것으로 생각하지 않았다. 사사 중의 하나인 기드온 또한 여룹-바알(Jerup-baal)이라는 이름을 가지고 있었는데, 이것은 "바알이여, 싸우소서" 또

---

6) "Yahweh" 와 바알 간의 갈등에 대한 사회학적인 시각은 George Mendenhall, "The Hebrew Conquest of Palestine"〔244〕. 아울러 *The Tenth Generation*〔163〕, pp. 174-197을 보라; 그리고 이 주제는 Norman Gottwald, *The Tribes of Yahweh*〔240〕, part IX. 에서 심도있게 다루어졌다.

는 "바알이여, 번성하소서"라는 의미이다. 야훼의 열렬한 신봉자였던 사울과 다윗도 그들의 자식들에게 바알이라는 이름을 지어주었다.[7] 주전 8세기까지 이스라엘인들은 — 예언자 호세아에 의하면 — 실제로 야훼를 "바알"이라고 부르고, 풍요의 은혜를 얻기 위해서 바알의 제사에 따라 야훼를 섬겼다고 한다(호세아 2장). 일반 민중에게 이러한 혼합주의(syncretism) — 즉 이질적인 종교의 형태와 관점의 융합 — 는 이스라엘 백성이 가나안 땅에 처음 발을 들여놓았을 때부터 어느 정도 시작되었다.

이미 살펴본 바와 같이, 이러한 혼합주의는 비옥한 초승달 지대의 문화를 끊임없이 뒤섞어 나갔다. 왜냐하면 이 지역의 종교는 많은 공통점을 가지고 있었기 때문이다. 그러나 이스라엘의 신앙은 어떠한 경쟁자도 용납하지 않는 질투하는 하나님에 대한 새로운 신앙을 바탕으로 하고 있었다. 언약 조항에 의하면, 이스라엘은 "야훼 앞에서 어떤 신"도 섬길 수 없었다. 이스라엘 백성에 대한 야훼의 주권은 절대적인 것으로, 생활 영역의 전반에 미쳤다. 그러므로, 야훼는 이 영역(역사)의 주인이고, 바알은 저 영역(땅의 비옥)의 주인이라고 믿는 것은 근본적으로 언약의 위반이었다. 후대의 예언자들은 이 두 신앙의 근본적인 갈등을 분명히 인지해서, 야훼와 바알 중 하나를 선택하라는 도전장을 던졌던 것이다. 세겜에서 제기된 여호수아의 주장은 그 후 계속해서 반복되었다. "누구를 섬길 것인지 오늘 선택하라!" 여기에는 어떠한 타협도 있을 수 없다. 왜냐하면, 야훼는 삶 전체의 주관자시고, 전적인 헌신을 요구하시기 때문이다.

종교와 성(sex)

"어느 한 종교는 다른 종교의 도전을 받아야 그 본질과 잠재적인 힘을 발견할 수 있다"[8]는 말은 사실이다. 일반 민중은 가나안 종교와 모세 신앙을 절충하려고 했지만, 이 두 종교는 물과 기름같이 기본적으로 양립이 불가능했다. 이 두 종교는 인간과 신의 관계를 근본적으로 다르게 보았기 때문에, 세계관도 역시 다르게 표현될

---

7) 사울의 두 아들은 므비바알(므비보셋)과 이스바알로 불렸다. 요나단은 므립바알을 따라 므립바알 (므비보셋) 이라고 이름을 지은 아들이 있었다. 여기서 "-보셋 (히브리어 : 수치)"이라는 단어는 후대에 이름 가운데 바알이라는 단어가 있는 것을 혐오한 편집자가 그 이름을 바꾸어 부른 것이다. 삼하 21:8; 4:4; 9:6; 대상 8:34을 보라. 다윗의 한 딸은 "브엘랴다"라는 이름을 가지고 있었다 (대하 14:7).

8) H. Wheeler Robinson, *A Companion to the Bible*, ed. T.W. Manson (Edinburgh : T & T Clark, 1939), p. 293.

수밖에 없었다.[9] "야훼 대 바알"이라는 구도에서 가장 쟁점화된 것은 성에 대한 해석의 차이이다.

가나안 종교에서는 성은 신의 영역까지 부상되었다. 신의 세력은 자연의 영역 — 풍요의 신비 — 에서 발견된다고 믿었다. 신들은 본성상 성을 가졌고, 성적인 의식을 통해서 경배되었다. 남신과 여신의 에로틱한 관계는 자연계의 소멸(death)과 소생의 부단한 반복 주기 안에 숨겨져 있었고, 해마다 되풀이되는 바알의 죽음과 소생에 의해서 신화적으로 표현되었다. 그러나 고대인의 관점에 의하면, 이러한 자연계의 반복 주기는 자연 법칙을 통해서 저절로 발생하는 것이 아니었고, 오히려 종교가 사람들의 생존이 걸려 있는 자연계의 반복 주기를 지속시키고 강화시켜야 한다고 생각했다. 인간의 번영을 위해서 신을 지배하려고 했던 것이다. 그리고 이러한 종교는 자연 질서의 리듬과 조화를 유지하고자 했고, 파괴적인 변화 대신 사회적인 현상 유지를 원했던 귀족 계급에 이용되었다. 바알 종교는 비옥한 초승달 지대의 불안정한 환경에서 안정을 구하고자 하는 바람을 채워주었다.

이와는 반대로, 이스라엘 신앙의 관점에서는 신의 세력은 하나님이 자기의 백성을 노예 상태에서 해방시켜 계약(언약) 공동체에서 하나님의 뜻을 나타내고자 했던 비회귀적인 역사적인 사건들(특히 출애굽)에서 나타난다. 모세 같은 예언자에 의해서 해석된 것처럼, 이러한 사건들에서 나타나는 신의 세력은 결정적인 역사적 경험을 갖지 못했던 다른 부족과 씨족에 의해서 감지되었다. 한 학자는 "역사적인 사건의 상징성"은 "계약 공동체에 참가했던 각 집단들이 노예 생활과 출애굽, 자기들만의 체험 사이에서 어떤 유사점을 찾을 수 있었고, 찾았기 때문에 이런 상징성이 가능했다"고 말한다.[10] 이러한 유사점은 이스라엘인들이 새로운 형태의 압제로 고통받았던(삿 6:9 참조) 사사 시기에 반복해서 파악되었다.

예언자 호세아를 다룰 때 살펴 보겠지만, 이런 시기에 바알의 종교와 접하게 된 이스라엘 신앙은 내용이 풍부하게 되었다.[11] 그러나 이러한 형성기에 이스라엘인은

---

9) "고대인"의 종교를 가장 훌륭하게 분석한 Mircea Eliade, *Cosmos and History* 〔120〕, *The Sacred and Profane* 〔121〕. 그는 *Cosmos and History*의 서문에서 "고대의 전통적인 사회에 속한 사람과 유대-기독교의 영향을 강하게 받은 현대인은, 전자가 자신을 우주와 그 리듬과 뗄 수 없는 존재로 이해하는데 반하여, 후자는 자신이 단지 역사와 관련을 가지고 있다고 고집스럽게 여긴다는 점에서 가장 뚜렷한 차이점을 드러낸다"고 했다.

10) George Mendenhall, "The Hebrew Conquest of Palestine" 〔244〕, p. 74.

11) 이 '정복에 따른 위기'에 대해서는 Gerhard von Rad, *Theology*, I 〔142〕, 15-35에서 거론되고 있다. 폰 라트는 이스라엘 신앙이 야훼와 바알 사이에서 투쟁을 하는 동안 새로운 표현 양식을 채택했고 또 "그 어느 때보다 더 자체의 고유성을 드러내게 되었다"고 지적했다.

계약의 해석자들이 바알과 대비해서 야훼의 유일성을 드러내도록 촉구했다. 바알과는 달리, 야훼에게는 배우자가 없다. [12] 야훼께서는 인간 세계를 초월하며, 성적인 것을 뛰어넘는 거룩한 하나님이시기 때문이다. 확실히 문법으로 표현할 수 있는 한계와 고대 족장 사회의 여건 상, 야훼는 남성 명사로 지칭된다. 그러나 이러한 문학적인 관습으로 하나님을 지칭하는 언어가 남성과 여성 모두를 포함하고 있다는 사실을 잊어서는 안되겠다. [13] 게다가 야훼는 바알처럼 풍요를 관장하기는 하지만, 자연계의 변화에 따라 죽고 사는 그런 신은 아니다. 야훼는 인간이 서로 접촉하며 살고, 불의에 고통받아 구원에 대한 염원이 일어나고, 미래의 진로를 바꾸는 결정을 내리도록 부름 받은 인간들이 살아가는 사회적인 활동 무대에서 "살아계신 하나님"으로서 나타나는 분이다.

마지막으로, 계약의 윤리적인 요구는 야훼를 섬기는 데에서 음란한 성적인 제사(신성한 매음) 또는 땅과 종족 번식의 풍요를 보장하려는 종교적인 제의를 모두 배제한다. 종교에서는 신들을 지배하라고 가르치지만, 이스라엘의 신앙은 은혜에 감사하여 하나님을 섬기고, 계약의 요구 사항에 충실할 것을 강조한다. 야훼는 마법 따위에 의해서 지배될 수 없다. 사람들이 야훼를 믿거나 배반하거나, 순종하거나 불순종할 수는 있지만, 하나님의 의지는 모든 것에서 자유롭고 궁극적인 것이다.

이스라엘 백성의 생활 배경이었던 사막 경험으로 이스라엘의 식견 높은 지도자들은 야훼의 엄격한 요구와 가나안의 에로틱한 종교 사이에는 근본적인 대립이 있다는 것을 인식했다. 가나안 사람들의 삶의 의미는 자연계의 신들과의 관계에서, 아니면 역사의 주인인 야훼와의 관계에서 찾아야 하는가? 이러한 근본적인 질문에 대하여 하룻밤새 답하는 것은 불가능하다. 가나안 종교에서 이스라엘의 신앙은 도전 받았던 것이다. 그러나 모세 신앙의 참된 힘과 유일성을 발견하는 데는 여러 세대가 걸렸다. 모세 신앙이 마침내 승리하자, 가나안 농경 생활의 종교적인 토대가 충격을 받았고, 농부들에게는 그들의 소명 의식에 대한 새로운 이해를 불러 일으켰다. [14]

첫번째 갈등은 사사 시기에 일어났다. 가나안의 환경에 처음 접한 이스라엘인들

---

12) 히브리어에는 "여신"에 해당하는 적절한 단어가 없다. 주전 5세기 이집트의 유대인 식민지역 엘레판틴섬에 살던 사람들은 야훼의 배우자가 '아낫(anat)'이라고 생각했다. 그러나 이런 해석은 W.F. Albright, *From the Stone Age* [111], pp. 286-87에서 비판되고 있다.

13) Phyllis Trible, "God" in Supplement to the *Interpreter's Dictionary of the Bible* [26] and *God and the Rhetoric of Sexuality* [145]를 잘 보라.

14) Martin Buber, *The Prophetic Faith* [311], pp. 70-76. 이 주제는 8장과 9장의 엘리야와 호세아와 같은 예언자들에 관한 논의에서 더 분명해 질 것이다.

나체 여신상들 — 풍요의 여신을 상징. 우측은 므깃도에서 주전 2000-1200 시기 층에서 발견되고, 좌측은 벧산에서 주전 14세기층에서 발견되었다.

은 농사가 성공하기를 바라는 마음에서 바알 의식을 받아들이기로 한다. 비록 풍작 문제가 걸리기는 했으나, 사방에서 적들이 위협하고 있었기 때문에 역사의 요구를 무시할 수도 없었다. 신명기계 역사가가 지적했듯이, 이스라엘 백성이 적의 침공을 받아 위기에 처했을 때는 계약의 하나님인 야훼께 대한 예배의 열정이 새롭게 일어 나곤 했다. 그러면 이 시기의 이스라엘 역사를 간단하게 살펴보기로 한다(p. 227, 연대표 참조).

위기의 지도자들

이미 살펴본 바와 같이, 이집트나 메소포타미아로부터 어떠한 정치적인 간섭도 받지 않았기 때문에 이스라엘의 가나안 침입과 고원 지대 점령은 가능했다. 사사기에는 이집트의 간섭에 대해서 전혀 언급이 없다. 주전 1211년경 바로 메르넵타가 죽자 이집트는 라암세스 3세(주전 1183-1152) 치하에서 잠시 세력을 회복한 것을 제외하고는 아시아 제국에 대한 지배권을 잃고 혼란과 정치적인 무기력 상태에 빠지게되었다. 이집트와 싸우다가 휴전을 한 헷(히타이트)족은 주전 12세기 초에 에게해 연안의 민족 동요의 결과로써 이내 사라져 버렸다. 메소포타미아에서는 앗시리아가 일어났지만(주전 1250년경), 가나안에 위협을 줄 정도는 아니었다. 이와 같이, 이스라엘의 정적들은 가나안과 그 인근 지역에 국한되어 있었는데, 요단 동편 지역의 신생 국가들, 아라비아 사막으로부터의 침입자들, 가나안의 도시-국가들, 블레셋이라고 알려진 새로운 민족이 고작이었다.

그 당시의 지역적인 갈등과 부족들의 분쟁을 담고 있는 사사기의 이야기들은 분명히 고대에서부터 유래하는 것이었다. 신명기계 편집자들은 도입부와 결론부를 첨가하여 이야기를 일부 수정했지만, 아비멜렉(Abimelech)의 이야기와 이른바 군소 사사들의 이야기들은(삿 10:1-5와 12:8-15) 전혀 수정되지 않았다. 사사기 17-21장도 신명기계 편집자가 수정을 가한 흔적은 없는데, 단지 어느 누군가에 의해서 사사기의 신명기계 작품(2:6-16:31)에 첨가되었다. 따라서 신명기계의 "틀"을 제거하면, 여호수아가 죽고 난뒤(주전 1200년경)의 시기에 일어났던 일들에 대한 신빙성 있는 전승들을 접할 수 있게 된다.

사사기의 이야기를 있는 그대로 읽으면, 그 당시 이스라엘의 지파들이 얼마나 허술하게 조직되어 있었던가를 알 수 있다. 사사기에는 12명의 사사들이 어떻게 410년 동안 이스라엘을 다스렸는가를 기록하고 있다. 그러나 이 이야기는 지나치게 단순화되어 있다. 실제로, 분쟁을 해결하기 위하여 지파의 지도자들은 분쟁 지역에서 일어났다. 예를 들면, 예후는 베냐민 지파의 일원이었다. 때때로, 이러한 지도자들은 다른 지파의 지원을 요청할 수도 있었으나, 전반적으로 그들의 지도력은 성격상 한 지역에 국한되어 있었고, 그것도 위급한 상황에 한정되었다.

그럼에도 불구하고, 어느 특정한 지파의 경계를 초월하는 공동체 의식이 있었다. 12지파 동맹의 시작은 이미 우리가 앞에서 살펴본 바와 같이, 공통된 신앙과 사회적인 책임을 가지고 있었다. 사사기 21:19(삼상 1:3 ; 2:19 참조)에서 보았듯이, 연례적인 종교 축제를 거행하기 위해 실로(Shiloh)에 위치한 지파 동맹 성소에 모였을 뿐만 아니라,[15] 위급한 상황에서는 언약의 하나님의 이름으로 일치된 행동을 취했다. 이러한 일치된 행동의 생생한 증거는 사사기 19-21장에 나오는 기브아인들의 만행에 대한 이야기에서 나타난다. 이 "만행 이야기"에서는 한 레위인이 베냐민 사람들이 자신의 첩을 욕보여 죽이자 격분한 나머지 그녀의 시체를 열두 조각 내어 "이스라엘 전국"에 보냈다.[16] 열두 조각을 낸 행위(삼상 11:7 참조)는 이스라엘 동맹 구조를 나타낸다. 이러한 상징적인 행위에 대해 지파들이 신속하고도 결정적인 대책을 내렸다는 것은 이들 지파들이 동일한 법과 윤리 의식으로 뭉쳐 있었다는 것을 뜻한다.

> 그것을 보는 자가 다 가로되 이스라엘 백성이 애굽 땅에서 나온 날부터 오늘날까지 이런 일은 행치도 아니하였고 보지도 못하였도다 생각하고 상의한 후에 말하자 하니라
> — 사사기 19:30.

모든 이스라엘 백성들은 "하나님의 백성 집회"에 모여, "한 백성으로 뭉쳐" 응징하기로 결정하였다.

사사의 역할

지파 동맹의 구조 내에서 이스라엘 사사의 역할을 살펴 보아야만 할 것이다. 우리가 사용하고 있는 "사사"(judge)라는 말은 법적인 기능에만 제한되어 있기 때문에, 히브리어 쇼페트(shofet)와 정확하게 맞지는 않는다. 고대 셈족의 사고에서는 지도자의 역할은 군사적인 행동을 하거나, 법적인 문제를 판단함으로써 백성들의 권익을 보호하는데 있었다. 히브리어 쇼페트(shofet)는 이사야 33:22에서처럼, "통치자"의 의미와 비슷하다.

> 야훼는 우리의 재판장(shofet) 이시요 야훼는 우리에게 율법을 세우신 자시요
> 야훼는 우리의 왕이시니 우리를 구원하실 것임이라

그러므로 "이스라엘의 사사"라는 말은 영어 번역에서 의미하는 것보다 더 넓은

---

15) 중앙 성소가 세겜에서 옮겨진 뒤 벧엘이 한동안 지파 동맹의 중심지가 되었던 것은 사실이지만(삿 20:26-27), 그 중심지는 실로로 옮겨졌다. 이 시대에 여리고에서 가까운 길갈은 요단강을 건너 약속의 땅으로 들어갔던 것을 기념하는 순례자들이 방문했을 것이다. 이 사실은 H.J. Kraus, "Gilgal : Ein Beitrag zur Kultusgeschichte Israels", in *Vetus Testamentum*, I (1951), 181-99에 제시되어 있다. 크라우스의 *Worship in Israel*, [443], pp. 152-65를 보라.

16) Phyllis Trible, *Texts of Terror* [145번 아래에 인용되었다], 3장. 트리블이 이것을 매우 중요하게 다룬 것을 보라.

의미를 가진 것으로 여겨야 할 것이다. 사사는 주로 전사 또는 "구조자"(삿 2:16)로 여겨졌지만, 사사 드보라(삿 4:4-5)나, 마지막 사사인 사무엘(삼상 7:15-17)의 경우는 부족(지파)의 중재자 역할도 했다. 사사의 권위는 특정 지파에만 적용된 것이 아니라 지파 동맹 전체에 미쳤다. 지파들이 언약 갱신 축제를 드리기 위해서 중앙 성소에 모였을 때에는 사사는 "언약의 중재자" 역할을 담당했을 가능성도 있다.[17]

세습적인 왕조와는 달리, 사사직은 비세습적이었고, 야훼의 영을 받은 사람이면 누구나 사사가 되었다. 이러한 이유에서, 사사들을 "카리스마적인 지도자"라고 부르기도 하는데, 이것은 즉 하나님의 카리스마, 또는 영적인 힘을 그들이 갖게 되어 지파 동맹의 우두머리가 되었기 때문이다. 예를 들면, "야훼의 영이 기드온을 사로잡았다" 또는 글자 그대로는 "기드온에게 입혔다"라는 구절은 기드온이 자기 씨족에서만이 아니라 주위 지파에게까지 알려지게 되었다는 것을 나타낸다(삿 6:34-35). 좀더 생생한 예는 전설적인 삼손 이야기에서 찾아 볼 수 있는데, "야훼의 영이 그에게 강하게 덮쳐" 그에게 초자연적인 힘을 부여했다고 한다(14:6 참조). 드보라도 카리스마적인 지도자로서 야훼의 이름으로 가나안인들과 전쟁하기 위하여 이스라엘 지파들을 소환하였다(삿 4-5). 아마도 전쟁에서 이겼거나 특별한 신체적인 힘을 카리스마적인 사사들이 가지고 있었기 때문에 백성들은 법적인 분쟁이 생겼을 경우에도 사사에게 해결을 요청했던 것 같다. 이렇게 하여 이스라엘의 계약법(pp. 188-190 참조)은 구체적인 경우에 적용되었고 확대되었다.

신명기계 역사가의 표현과는 반대로 사사기는 연대순으로 배열된 것이 아니기 때문에, 여호수아가 죽고 난 뒤부터 이스라엘의 첫 왕인 사울까지의 사건들의 과정을 더듬어 보기가 힘들다. 그러나 이러한 이야기들을 통해서 주전 11세기와 12세기 동안의 생생한 여러 상황과 위기를 알 수 있다. 이스라엘 동맹에 압력을 가한 지역을 중심으로 이러한 상황들을 살펴보기로 한다.

므깃도(Megiddo) 전투

이미 살펴본 바와 같이, 이스라엘인들은 중앙 고원 지대는 차지할 수 있었지만,

---

17) Martin Noth, "Das Amt des 'Richters Isaels'" (*Festschrift A. Bertholet* [Tubingen : J.C.B. Mohr, 1950], 404-17)는 주장하기를 삿 10:1-5 와 12:7-15에서 언급된 소위 "소사사" 들이라고 불리는 사사들은 실제로는 지파 동맹이 선출한 법률을 집행하는 행정관이라는 것이다. 그러나 이 이론은 사사기가 서로 다른 두 종류의 지도자를 다루고 있다는 막연한 사실을 전제하고 있다. 그러나 전승에 따르면 한 사람이 법률적, 군사적 기능을 겸하고 있다.

평원에 있는 가나안인들까지 침범할 수는 없었다. 가나안 수중에 있었던 가장 중요한 전략적인 요충지는 이스르엘(Jezreel) 계곡이었는데, 이집트와 메소포타미아를 잇는 주요 상업 도로가 통과하는 곳이었다. 이 계곡으로 가는 길을 가나안의 므깃도 요새가 지키고 있었다. 이곳에서는 많은 전투가 벌어졌고, 요한 계시록에 의하면, 최후의 아마겟돈 전쟁이 일어날 장소라고 한다(Ar-mageddon, 직역하면 "므깃도 언덕"). 가나안인들이 이 상업상의 생명선을 지키고 있는 한, 이스라엘의 경제적인 생활은 압박 받을 수밖에 없었다. 이러한 상황이 바로 사사 삼갈의 시대였다(삿 3:31).

> 아낫의 아들 삼갈의 시대에도,
> 야엘의 시대에도, 대상들과 여행객들은
> 큰 길을 버리고, 오솔길로 다녔다
> — 사사기 5:6

사사 드보라의 말을 듣고 바락의 명령 하에 이스라엘 군대는 다낙(Taanach)이라는 요새화된 도시 부근에서 가나안의 장군 시스라와 싸웠다(삿 5:19). 이 곳은 므깃도와 전체 평원을 조망할 수 있는 곳이었다. 카리스마적인 지도자 드보라의 소집에 응한 지파는 이스라엘의 12지파 중에서 그 절반밖에 되지 않았다. 그런데, 굉장한 폭풍우가 일어나서 이스르엘 평원을 통과하는 기손강을 범람시켜서 가나안의 병거들이 진흙탕에 빠져 이스라엘인들은 승리를 거두게 되었다.

이 전쟁 이야기는 두 부분에서 나오는데 — 사사기 5장의 시, 즉 드보라의 노래와 사사기 4장의 산문에 나오는데 — 세부적으로는 차이가 난다. 일반적인 견해로는 드보라의 노래가 사실과 가깝고 역사적으로 신빙성도 크다. 이 노래는 구약성서에서 가장 오래된 시 중의 하나로 현장을 목격했거나 아니면 직접 그 사건에 참여한 사람이 쓴 것으로 추정된다. 므깃도에 대한 고고학 발굴 결과, 이 전쟁과 전쟁을 기념하는 노래가 나온 연대는 주전 12세기 후반, 주전 1125년경으로 잡았다.[18]

후기의 산문 부분보다 시 부분에서 승리의 의미가 더 효과적으로 전달되고 있다. 심지어 영어 번역 독자들도 전쟁의 장면을 생생하게 그려볼 수 있다. 이러한 위

---

18) 올브라이트는 드보라의 노래가 라 샤므라에서 발견된 자료의 가나안 시의 문체와 놀랄만큼 유사성을 보이고 있다고 지적하고 있다. W.F. Albright, "The Song Deborah in the Light of Archaeology", *Bulletin of the American School of Oriental Research*, LXII (1936), 26-31을 보라.

므깃도의 통로 — 서남쪽에서 바라본 고갯길. 과거나 최근이나 이 전략
요충지에서 많은 싸움이 치러졌다.

기의 상황에 참가하도록 소집된 사람들은 심장이 뛰었을 것이다. 상황은 승리의 절
정을 향해서 급속도로 치닫기 시작한다. 겐 사람인 야엘(Jael)의 강렬한 승리욕(삿
4:11 참조)과 이와는 대조적으로 아들이 돌아오지 않음을 애태우는 시스라 장군의
어머니의 비탄을 느낄 수 있다. 이 시는 엄격한 관찰자로서의 역사가가 보도한 역사
가 아니라, 직접 체험한 사람에 의해 쓰여진 역사이다.

　　이 시의 기자는 종교적인 의미에서 그 사건을 지켜 보았기 때문에 그 장면에 압
도되었다. 가나안 군대를 격퇴시킨 폭풍은 백성의 전사요 지도자이신 야훼의 현존을
나타내는 징표로 보였다. 정열적인 신앙을 가진 시인은 폭풍으로 이스라엘을 도우신
전사로서의 야훼를 대적할 어떠한 군대도 없다고 믿은 것이다. 심지어 별들까지도
— 야훼의 천상 군대로 여겨졌다 — 전쟁에 참가했다고 믿은 것이다.

　　위로 하늘에선 별들이 싸웠다,
　　그들의 궤도를 돌며 시스라와 싸웠다.
　　— 사사기 5:20(RSV).

그러므로 이 노래는 시작과 끝을 찬미와 감탄으로 일관한다. 시인이 이 전쟁을 역사적이며 중대한 것으로 본 이유는 야훼께서 이 전쟁에 참가하셨기 때문이다.

이 시는 야훼께서는 "이스라엘의 하나님"(3, 5절)이고 이스라엘은 "야훼의 백성"(11, 13절)이라는 모세 신앙의 기본적인 확신을 강하게 표현하고 있다. 비록 이 시에서 계약에 관한 특별한 언급은 없지만, 야훼와 백성 간의 밀접한 관계가 시 전체에 바탕이 되어있다. 야훼는 시내에서부터 사해의 남동쪽 에돔(Edom)까지 폭풍을 일으키신 백성의 영도자로 찬미받는다(4-5절). 백성은 하나님의 쇼페트(Shophet, 정의의 승리자)가 억압 받는 자를 "전능의 행위"로 구하셨던 "야훼의 승리"(직역하면 "의로운 행위")를 찬양하도록 권고 받는다(11절). 야훼께서 백성의 우두머리로 나섰기 때문에 지파들은 "성전"에 참가하는 결정을 하기 위해 소집된다.[19] 이 소집에 불응해서 "야훼를 도우러 나오지 않은"(23절) 지파들은 "야훼의 백성"으로서 행동을 하지 않았다고 강경한 어조로 비난 받는다. 여기서 우리는 이스라엘 공동체의 바탕이 정치적 또는 종족적인 유대가 아니라, 지파 동맹의 유일한 주권자인 야훼께 대한 자발적인 헌신임을 알 수 있다. 참된 이스라엘 지파는 야훼께 전적으로 헌신하기로 결정한 지파이다. 이 시의 결론은 이러한 참된 이스라엘 지파는 야훼의 친구(또는 히브리어로 야훼를 "사랑하는 사람들")이며, 은혜를 받는다고 했다(31절). 드보라의 노래보다 이스라엘 신앙의 역사적인 힘을 더 명확히 드러내는 것은 없다.

다른 지역의 적들

이스라엘이 시스라 군대에 대하여 결정적인 승리를 거두자 이것으로 이스라엘에 대한 가나안의 연합 저항은 끝이 났다. 그러나 다른 지방에서는 이스라엘에게 싸움을 걸어왔다. 요단 동편 지역의 신생 왕국들이 요단 동편 지역 일부와 가나안을 점유한 이스라엘을 질투했던 것이다. 에글론 왕 지도 하에 모압 군대가 쳐들어와서 "종려나무 도시" 여리고(Jericho)를 차지했다. 그러나 거짓 "야훼의 전갈"을 들고 비수를 품고 에글론을 찾아간 에훗에 의해서 상황은 역전되었다(삿 3:12-30). 그 후 이스라엘은 요단 동편 지역과 가나안 고원지대에서 아모리족의 습격을 여러 차례 받았다. 이러한 위협은 비록 자신의 딸이 희생의 대가를 치렀지만, 입다에 의해서 잘

---

19) 성전(聖戰)에 관하여 (178쪽의 정의를 보라) Gerhard von Rad, *Holy War in Ancient Israel*, trans. by E. W. Conrad and M. Lattke (Sheffield : JSOT Press). 콘래드의 서론에 주목하라; 그리고 Roland de Vaux, *Ancient Israel* [113], pp. 258-267을 보라.

20) Phyllis Trible, *Texts of Terror* [145번 아래에 인용되었다], 4장.

해결되었다(10:6-12:7). 종교적인 서약으로 인한 입다의 딸 희생 이야기(11:29-40)는 가장 비극적인 성경 이야기 중 하나이다.[20]

그러나 더욱 심각했던 위협은 낙타를 타고 아라비아 사막을 건너온 미디안 족의 침입이었다. 미디안 족은 낙타를 새로운 전략에 이용했다. 아라비아의 야만족이었던 그들은 장거리 여행에 낙타를 사용했고 정착 마을에 위협적인 공격을 감행하였다. 이렇게 낙타를 타고온 유목민의 침입에 이스라엘인들은 마을을 버리고 산으로 도망가 동굴에 숨었다.

> 그들은(미디안족) 가축과 텐트를 가지고 메뚜기처럼 몰려왔다. 이루 셀 수 없이 많은 사람들과 낙타들이 몰려와서 이 땅을 망쳤다.
> — 사사기 6:5(RSV).

이러한 침입 때문에, 이스라엘인들은 농사를 지을 수 없었고, 이민족의 침입으로 가나안에서 모은 것을 전부 다 잃어버릴 위험에 처했다. 이러한 급박한 상황에서 이스라엘은 여룹바알이라고도 불리는 사사 기드온에 의해서 구출되었다(삿 6-8). 기드온의 군사적인 지도력은 야훼께 대한 카리스마적인 열성에서 나왔는데, 이러한 열성은 바알을 섬기는 그의 가족까지도 쇄신시켰다. 비록 기드온의 아버지 요아스(Joash)는 야훼의 이름(Yah(Yo)를 포함)을 가지고 있었지만, 바알 제단을 쌓고 그 옆에 풍요를 상징하는 나무인 아세라(Asherah)를 세웠다. 기드온은 오브라 도시 주민의 반발에도 불구하고 바알 제단을 헐고 그 곳에 야훼 제단을 쌓았다(삿 6:25-32). 이 이야기는 가나안의 의식과 종교가 얼마나 깊이 침투했는가를 보여주고, 또한 이스라엘인이 위기에 처하면 언약의 하나님 야훼에 대한 신앙이 새롭게 살아났다는 것을 보여주기 때문에 중요하다. 자기들의 힘으로 싸우기를 원했을 기드온과 백성들의 바람에도 불구하고, 이 이야기의 기자는 막강한 적군에 대항하는데 단지 군사 300명만을 허락하신 야훼께만 승리를 돌리고 있다.[21]

주전 12세기와 11세기의 이스라엘은 새로이 출현한 블레셋(Philistines)사람에 의해 위협을 받았다. 이미 살펴본 바와 같이, 블레셋 사람은 에게 해역으로부터 지중해의 동부 연안으로 쏟아져 들어온 "해양 민족"의 하나였다(pp. 163-165 참조). 주전 1200년 직후, 이들은 육로와 해로로 가나안에 들어와 연안 평야에 거점을 마련

---

21) 현대적 해석과 성경의 설화를 비교한다는 것은 무척 흥미로운 일이다. *Gideon, A New Play* (New York : Random House, 1962), by Paddy Chayefsky.

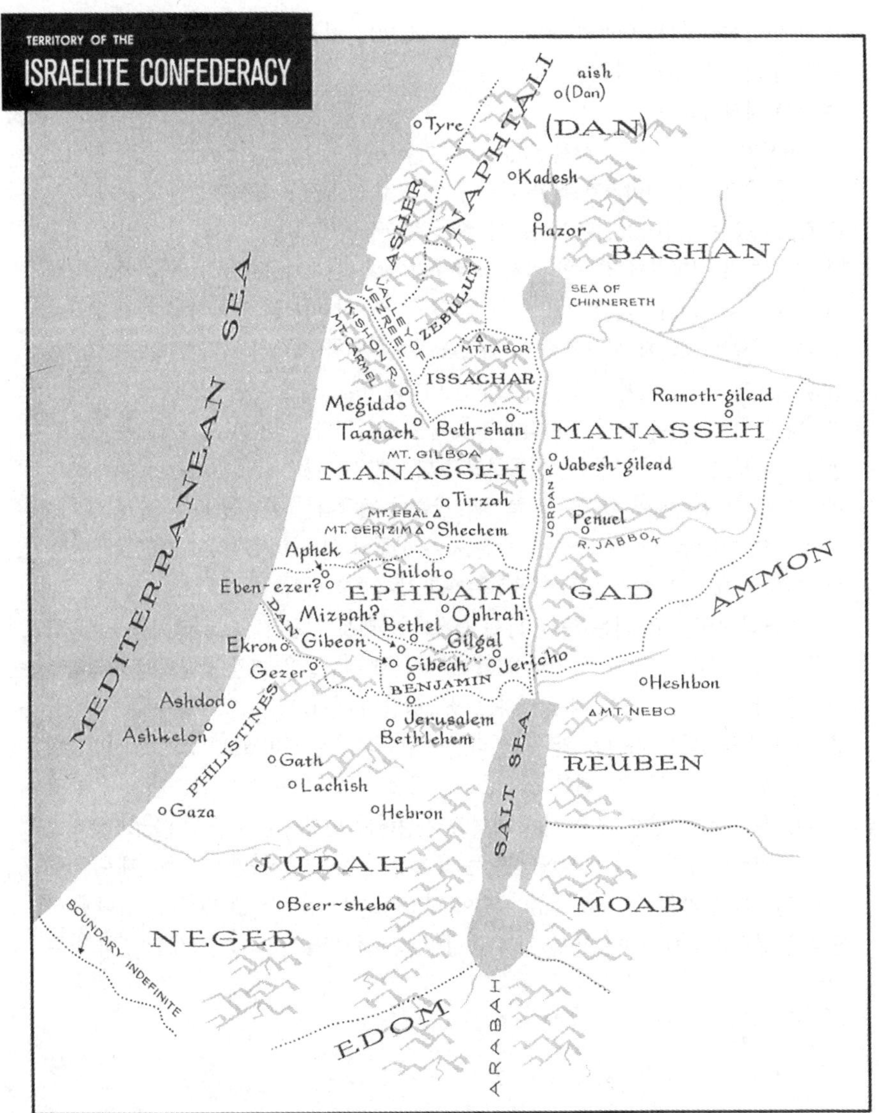

했다. 이들은 고고학적 용어로 철기 시대에 접어들기 시작한 과도기에 들어왔다 (B.C.E. 1200-600). 이들의 타고난 공격성은 철로 도구와 무기를 만드는 기술에 의해 증가되었고, 이것을 독점 판매했다. 블레셋 사람은 제한된 연안 지역에서 내륙으로 밀려들어 가나안인들의 저항을 물리치고 이미 이곳에 뿌리를 내린 이스라엘인들과 접촉할 수 있게 되었다. 사실, 블레셋 사람은 가나안을 블레셋 제국으로 만들 수 있는 상황이었다.

사사기 시작 부분에, 삼갈(Shamgar)이란 사람이 소 모는 막대로 블레셋 사람 600명을 죽였다는 이야기가 잠깐 나온다(삿 3:31). 삼갈이라는 이름이 드보라의 노래에도 나오는 사실(5:6)로 보아, 이 이야기는 블레셋 점령 초기의 이야기인 것같다. 사사기의 신명기계 작품의 마지막 부분의 삼손 이야기(13-16장) 이전에는 블레셋에 대한 이야기가 단편직으로 나올 뿐이다. 삼손이 타잔과 같이 등장해서 블레셋인들을 당황케 하다가 여인의 꾐에 빠졌다는 이야기를 세세하게 다룰 필요는 없다. 삼손 이야기는 사사기에서 가장 전설적인 이야기이다. 비록 삼손이 사사였기는 하지만, 다른 사사들과는 달리 군사적인 지도자는 아니었다. 이러한 이야기들은 개인의 공적을 다루고 있으며, 역사를 기록하려 했다기보다는 흥미를 유발하기 위하여 씌어진 것이다.[22] 신학적인 입장에서 볼 때, 삼손의 비극적인 종말을 다룬 이 이야기는 위기의 순간에 야훼의 카리스마를 받은 자가 야훼의 인도를 무시하고 개인적인 욕망에 사로잡히게 되면 어떤 일이 발생하는가를 보여주고 있다.

그러나 삼손 이야기는 주전 11세기 초의 블레셋 사람과 이스라엘인들 간의 관계를 보여줄 수 있는 가치를 지니고 있다. 블레셋 사람들은 연안 지방에서 자기들의 입지를 강화시켜서, 할례받지 않았다고 조롱했던 고원지대의 이스라엘인에게 위협을 줄 만큼 강해졌다는 사실을 알 수 있다. 그러나 대접전도 없었고, 블레셋 사람들이 우세한 힘을 갖고 있다고 해서 절망했다는 표현도 없다. 이 이야기는 두 민족의 교역 관계를 방해할 만큼 큰 사건이 아니라 기껏해야 변방의 사소한 분쟁을 반영하고 있는 것 같다. 주전 11세기 말에 와서는 블레셋 사람이 이스라엘의 고원지대로 가는 도로 전체를 장악할 수 있을 만큼 상황이 변했다. 상황이 이렇게 변하자, 블레셋 사람들은 전력을 다해서 이스라엘 지파 동맹을 일거에 멸망시키려는 공세를 취하게 되었다.

동맹체제의 쇠퇴

---

22) 삼손 설화의 "민족적" 성격을 연구하려면 James L. Crenshaw, *Samson* [80].을 보라.

"팔레스타인"

역사상 큰 아이러니 중의 하나는 이스라엘 땅의 이름인 팔레스타인이 이스라엘의 철천지 원수였던 블레셋(Philistines)이란 말에서 나왔다는 사실이다. "역사의 아버지"로 불리는 그리스의 역사가 헤로도투스는 기원전 5세기에 페니키아의 서쪽 나라를 "필리스타인의 시리아"(Ⅰ, 105 ; Ⅱ, 104)로 불렀다. 그리스어로 팔라이스티나(Palaistina)는 라틴어를 거쳐 영어로 오면서 팔레스타인으로 고정되었다.

가나안의 옛 이름은 아마르나의 서신과 최소한 기원전 15세기로 거슬러 올라가는 다른 문서들에서 발견되는데, 후리족이라고 추정되고 있다. 한 학설에 의하면, 이 이름은 "빨간 자주빛" 즉 지중해 동부 연안에서 나는 염료이다. 이 지방의 그리스어 이름은 포니케(페니키아)인데, 이 말 또한 심홍색을 지칭한다.

정치적인 압력이 가해질수록 이스라엘의 동맹 체제는 가나안에 닥친 사태를 대처하기에는 무력한 기구라는 것이 점점 확실하게 드러나기 시작했다. 이미 앞에서 알 수 있었듯이, 시스라 휘하의 가나안 군대가 침입하려는 위기에 닥쳐서 드보라의 소집 요구에 응한 지파는 반밖에 되지 않았다. 이스라엘의 지파는 중앙 집권 체제에 의해서가 아니라, 계약의 하나님이신 야훼께 대한 공통의 헌신과 공통의 종교적, 법적인 책임감에 의해서 결속되어 있었다. 따라서 이들의 동맹 체제는 성격상 지파의 독립이 강했다. 야훼만이 이스라엘 종족의 통치자였다. 카리스마적인 사사와 실로의 성전에서의 엘리와 같이 중앙 성소를 담당하였던 대제사장을 통해서 하나님의 명령이 행해졌다(삼상 1-4). 동맹체의 성소에서 종교적인 축제가 벌어졌을 때나, 또는 기브아인들의 만행과 같은 위급한 상황이 일어났을 때만 지파들은 "하나로" 뭉쳤다. 이러한 조직은 한동안은 근동 지방의 전제정치를 막을 수 있었다. 게다가 정치적인 위기가 생길 때, 백성들은 언약의 하나님이신 야훼께로 되돌아가서 이스라엘의 특징적인 역사 신앙을 새롭게 할 수 있는 계기가 되었다. 그러나 이러한 장점에도 불구하고 지파동맹 체제는 블레셋의 침입과 같은 정치적인 세력에 대해서는 약점이 많이 노출되었다.

세겜에서의 왕정 제도 시도

여호수아 시대에 지파 동맹이 형성되었던 세겜에서 처음으로 중앙 집권 체제가 수립되었으나 실패하고 말았다. 비록 아비멜렉이 이 일을 주도했지만, 그전의 예루살렘 북쪽 고원 지대에 자리잡은 도시 오브라에서도 이런 시도가 있었다. 기드온(여룸바알)의 카리스마적인 영도력은 이스라엘을 침입하여 황폐화시킨 유목민의 침입을 효과적으로 막아냈다. 기드온은 미디안인들을 잘 몰아냈고, 블레셋 사람들의 위협으로부터 야기된 정치적인 긴장이 고조되었기 때문에 이스라엘 백성들은 그를 왕으로 세우려고 "당신과 당신의 자손들이 우리를 다스려 주십시오"(삿 8:22) 라고 말했다. 다시 말하면, 비세습적이던 카리스마적인 사사직 대신에 요단 동편 지역의 여러 왕국들, 특히 모압과 암몬의 본을 딴 세습적인 군주직을 제안했던 것이다.[23] 그러나 기드온은 "내가 당신들을 다스릴 것도 아니고, 내 자손이 당신들을 다스릴 것도 아닙니다. 당신들을 나스릴 분은 야훼이십니다"리고 대답했다. 그의 대답은 이스라엘의 신정 정치를 말한 것이었다. 야훼만이 홀로 이스라엘의 왕이기 때문에 하나님의 권좌를 넘보는 것은 건방진 것으로 생각되었다.

기드온은 여러 첩들을 거느렸는데, 세겜에서도 첩을 얻어 아비멜렉을 낳았다. 아비멜렉의 경력은 사사기 9장에 나와있다. 기드온이 죽자 아비멜렉은 세겜에 있는 외가에 가서 자기가 세겜의 친척임을 상기시키면서 왕이 되어 다스릴 수 있게 해달라고 그들을 설득했다. 바알-브릿(Baal-berith, "계약의 주") 신전에서 얻은 자금으로 그는 건달들을 사서 그의 추종자로 삼고, 즉시 그의 형제 70명을 죽였다. 이 중에서 막내 동생 요담만 살아 남았다. 이렇게 하여 아비멜렉의 경쟁자들이 제거되자 세겜 사람들은 아마도 신성한 기둥 근처에서 그를 왕으로 추대한 것 같은데, 이 돌 기둥은 벳밀로(Beth-millo)로 알려진 성채의 폐허에서 지금도 볼 수 있다(9:6).

그러나 이 사건은 비난 없이 그냥 지나가지 못했다. 요담이 그리심(Gerizim) 산에 올라가 세겜을 바라보면서, 유명한 나무우화를 이야기한다. 이 우화의 내용은 나무들이 왕을 세우기로 결정하고 올리브나무, 무화과나무, 포도나무를 차례로 찾아가 간청을 하지만 거절당하고 마침내는 이 지역에 많이 자라는 가시나무에 가서야 승낙을 받았다고 한다(삿 9:7-15). 이 우화는 아비멜렉의 통치가 불타 없어질 가시덤불과 같고, 혁명의 불길 속에 있는 성냥통과 같다는 것을 암시하는 것이다. 이와 같이 요담이 아비멜렉의 왕국을 공격하는 말을 한 것은 이스라엘 동맹 내에서 보수파들의 왕정에 대한 부정적인 태도를 나타낸 것이다. 아비멜렉의 지지 기반은 이스라엘의 신정 사상과 반대되는 가나안의 중앙 집권 체제를 옹호했던 바알-브릿 신전의 제사장들이었다.

3년 동안(삿 9:22) 아비멜렉은 그의 왕국의 주요 도시인 세겜을 중심으로 상당

---

23) 창 36:31-39의 명단에 따르면 에돔은 군주제도를 가지고 있었다. 그러나 가나안 도시국가들의 군소 왕들은 세습제도를 수립하지 못했음이 분명하다.

한 지역을 통치할 수 있었다. 그러나 요담의 예언과 같이 세겜에서 혁명이 일어났다. 복병 전술로 아비멜렉은 주전 1100년경 이 도시를 공격했다(9:45). 이러한 혁명은 다른 지방으로 퍼져 갔고, 아비멜렉은 세겜과 벤산(Beth-shan) 사이에 있는 데베스(Thebez)의 요새를 공격하다가 전사했다. 전승에 의하면 아비멜렉의 최후는 어떤 여인이 탑 꼭대기에서 맷돌을 아비멜렉의 머리에 떨어뜨려 죽였다고 전하고 있다(9:53-54). 비록 세겜에서의 왕정 제도의 시도가 실패로 돌아갔지만, 이것은 앞으로 등장하게 될 왕정 제도의 시작이었다. 이리하여 지파 동맹의 시대는 막을 내리고 좀더 강력한 중앙 집권 체제가 필요하게 되었다.

실로의 멸망

이제 우리는 사사기로부터 사무엘 상권의 처음 열두 장까지를 다루게 된다. 사무엘 1장에서 12장까지는 이스라엘의 마지막 사사인 사무엘이 이스라엘 백성에게 고별 인사를 하는 대목이다. 여기서 신명기계 역사가는 사사 시대의 기록을 종결짓는다. 우리가 이 열두 장의 내용을 모두 다룰 수는 없기 때문에, 블레셋족의 침공에 의한 지파 동맹의 붕괴에 관한 사건만을 다루기로 한다.

사무엘상권의 1장에서 3장은 이스라엘 백성이 해마다 야훼께 제사를 드리기 위해서 간(1:3, 7, 21) 지파 동맹의 중앙 성소인 실로에서 일어난 사건을 다루고 있다. 그 성소에는 대제사장 엘리가 "야훼를 모시고" 있었고, 소년 사무엘이 엘리를 거들고 있었다. 당시 혼란한 시대에서는 이스라엘 지파들은 언약궤와 신탁을 모시고 있던 대제사장 엘리와 그의 아들들을 중심으로 뭉쳐있었다. 왕정제 대신 제사장 정치, 즉 동맹 성소에서 제사장들의 세습에 의한 통치였던 것이다.

다음 부분(삼상 4:1-7:2)은 실로에 모셔 두었던 언약궤의 운명을 다루고 있다. 블레셋과 이스라엘의 전쟁에서 전세가 이스라엘에게 불리하게 되자 이스라엘의 장로들은 야훼께서 "우리 가운데 계셔서 우리의 적들로부터 구원해 주시도록"(삼상 4:3), 과거에도 몇번 그러했듯이(언약궤의 노래 참조, 민 10:35-36), 전장에 언약궤를 모셔 오자고 제안했다. 엘리의 두 아들이 실로에서 언약궤를 옮겨 왔다. 언약궤가 이스라엘 진영에 도착하자 "땅을 울리는 듯한" 함성이 일어났다. 팔레스타인 사람들은 ― 그들 이방인의 말로 ― "이스라엘의 신이 진영에 들어왔다"는 것을 알고는 혼비백산했다. 그럼에도 불구하고, 그들은 최악의 상황에 대하여 마음의 준비를 했고 이스라엘인들을 패배시켜서 언약궤를 빼앗아 전리품으로 블레셋 땅으로 가지고 갔다.

여기서부터 사무엘상권에서는 이스라엘의 성소인 실로에 대한 언급이 전혀 없다. 왜 언급을 하지 않았을까? "시편"에서는 야훼께서 실로의 "성소"를 떠나셨고 "자기의 영광"(언약궤)을 대적의 손에 붙이셨다고 전하고 있다(시 78:60-64). 게다가 왕정 시대 말엽에 남부 왕국의 사람들이 예루살렘의 성전을 지나치게 신뢰하자 예레미야는 실로에서 일어난 일을 상기시키고 있다(렘 7:12-14 ; 26:6, 9참조).

> 내가 처음으로 내 이름을 둔 처소 실로에 가서 내 백성 이스라엘의 악을 인하여 내가 어떻게 행한 것을 보라 — 예레미야7:12.

고고학적 발견으로, 블레셋인이 팔레스타인의 고원 지대를 습격했을 때에 실로가 크게 파괴되었을 것이라고 추측하고 있다.[24] 에벤에셀 전투에서 언약궤는 블레셋인들의 전리품이 되었다. 어쨌거나 실로는 이스라엘의 역사에서 사라지게 되었다.

분명히 이스라엘은 절망적인 상황에 빠졌을 것이다. 결정적인 타격을 입고 이스라엘의 지파 동맹 자체가 흔들렸다. 실로의 중앙 성소는 모두 타버렸다. 고대부터 야훼께서 백성 가운데 계셔서 인도하시고 보호하신다고 생각되던 상징인 언약궤는 적군에게 빼앗겼다. 블레셋 사람은 가나안에 블레셋 왕국을 세우기 위해 힘을 기울였다. 이러한 사건들이 이스라엘인들에게 끼친 충격과 절망감은 언약궤의 운명에 관한 이야기에서 잘 표현되어 있다. 대제사장 엘리가 에벤에셀 전투의 충격적인 패전 소식을 듣고 그만 뒤로 넘어져서 목뼈가 부러져 죽었던 것이다. 그의 며느리는 이스라엘이 패전한 운명의 시간에 아들을 낳자 이가봇(Ichabod)이라 이름을 지었는데, 이는 "영광이 이스라엘을 떠났다"(삼상 4:12-22), 즉 야훼께서 현존하시는 곳인 언약궤를 빼앗겼다는 사실을 가리키는 불행한 이름이다.

블레셋 족속이 팔레스타인 지역을 대부분 점령하고도 왜 군사력을 십분 발휘하여 장악하지 못했는가라는 것은 수수께끼이다. 아마도 블레셋 족속의 도시 국가 — 가사, 아스돗, 아스글론, 가드, 에그론(수 13:3 참조)으로 구성된 지도부 내의 취약점 때문이었으리라고 추측된다. 그러나 팔레스타인 사람들이 장악할 수 없었던 한 가지는 야훼께 대한 신앙이었다. 앞에서 예를 든 여러 재앙에서 그러했듯이 이스라엘인들은 정치적인 위기에 처하면 오히려 놀랍게도 야훼께 대한 신앙이 활력을 띠고 탄력을 지니게 되었다. 야훼의 역사 지배는 어떤 정치적인 조직에도 구속되지 않았

---

24) 고고학적인 증거는 확실하지 않다. 그러나 블레셋인들의 파괴행위는 있었던 것으로 보인다. *Biblical Archaeology Review* I (1975), 3을 보라.

고, 이스라엘의 지파 동맹에도 묶인 것이 아니었다. 그러므로 심지어 절망의 심각한 순간에도 이스라엘 백성은 정치적인 패배는 야훼의 패배가 아니라고 생각했던 것이다. 야훼께서는 백성을 정치적 재앙으로 단련시켰을 뿐만 아니라 또한 축복으로 승리를 가져다 주었다. 이스라엘의 예언자적인 신앙에 의하면, 정치적인 위기는 백성으로 하여금 회개할 수 있고 계약의 하나님께 대한 충성을 새롭게 할 수 있는 기회였다. 이러한 종교적인 쇄신이 블레셋 사람들이 지배하던 암울한 시기에 일어났던 것이다.

이스라엘 최후의 사사

이러한 종교적인 쇄신에서 중요한 역할을 맡았던 사람은 예언자이며 사사인 사무엘이었는데, 분명히 그는 모세 이후 이스라엘의 최고의 정신적인 지도자였다. 그는 카리스마적인 존재가 영도했던 구체제로부터 예언자가 영도하는 새로운 체제로 넘어가는 전환점에서 이스라엘인의 생활에 대하여 막중한 역할을 담당했다. 그의 영도 하에서, 이스라엘은 정치적으로 무력한 지파 동맹 체제에서 좀더 안정적인 왕정 체제로 전환되었다.

사무엘의 영도력은 두 가지 전승에서 언급되는데, 사무엘 상권 1-12장에 나와 있다. 이 두 전승에서는 사무엘이 이스라엘의 왕정 수립에 결정적인 역할을 했다고 한다. 사무엘상권 9:1-10:16과 11장의 전승은 또 하나의 전승보다 먼저 기록된 것이 분명하다. 이 전승에서는 "사람들보다 족히 머리 하나는 더 컸던 잘 생긴 청년" 사울이 아버지가 잃은 암나귀를 찾아다니다가 왕으로 추대되는 흥미로운 이야기가 있다. 이 이야기에서는 사울이 아버지의 가축을 찾아 다니다가 지쳐 포기하려고 하자 데리고 다니던 종의 제안으로 선견자 사무엘의 조언을 얻기로 결정했다. 물론 그 대가로 지불할 돈이 필요했다. 사무엘은 일부 지방에서만 활동한 선견자는 아니었다. 그는 또한 "성소"(high place)의 성소에서 제의를 집행했던 제사장의 권위를 인정받고 있었으며, 이스라엘의 하나님의 이름으로 왕을 임명할 수 있었던 예언자였다. 사무엘은 사울이 블레셋과 기타 적들로부터 이스라엘을 구출할 수 있는 사람임을 알고 비밀리에 사울을 이스라엘 백성을 다스릴 "수령"으로 임명했다.

이 전승에 의하면 — 편의상 이것을 사울의 전승이라고 부른다 — 사무엘상권 11장에 나오는 전쟁을 승리로 이끌기 전까지는 공식적으로 왕으로 선포되지 않았다고 한다. 이 전쟁은 블레셋 족속과 싸운 것이 아니라, 요단 동편 지역에 세력을 확장하여 블레셋 족속처럼 이스라엘의 영토를 위협했던 암몬족과의 싸움이었다. 암몬 군대에 겁을 먹은 야베스 길르앗(Jabesh-gilead) 사람들은 조약을 맺자고 간청했고, 암몬 왕은 모든 이스라엘인들의 오른쪽 눈을 빼주기 전에는 조약을 맺을 수 없다고 모욕적인 답변을 보내왔다. 야베스의 사람들은 이스라엘의 전 지역에 도움을 호소했다. 사울은 소를 몰고 들에서 돌아오다가 암몬족의 최후 통첩을 들었다. 이때 갑자기 "하나님의 영"인 하나님의 카리스마가 사울에게 내려 옛날 사사들과 같은 행동을 취하게 했다.

> 그는 한 겨리 소를 취하여 각을 뜨고 사자의 손으로 그것을 이스라엘 모든 지경에 두루 보내어 가로되 누구든지 나와서 사울과 사무엘을 좇지 아니하면 그 소들도 이와 같이 하리라 하였더니 야훼의 두려움이 백성에게 임하매 그들이 한 사람 같이 나온지라.
> — 사무엘상 11:7(JB)

시체를 열두 조각으로 썬 것처럼, 이러한 행위도 이스라엘의 전 지파 동맹이 야훼의 이름으로 단결하고자 요구하는 상징적인 소집 행위이다. 사무엘의 카리스마적인 영도력에 힘입어 이스라엘 지파 동맹은 암몬족을 결정적으로 격퇴시켰다. 이 결과 이스라엘 군대에 의하여 사울은 왕으로 추대된다. 기드온과는 달리, 사울은 이를 승낙했고 길갈에서 "야훼 앞에서" 왕으로 추대되었다.[25]

왕정의 요구

또 다른 전승은 — 편의상 사무엘의 전승이라고 부르기로 한다 — 사무엘상 7:3-8:22과 10:17-27, 12장에 나온다. 여기서는 사무엘에 관한 이야기가 전자의 전승과는 좀 다르다. 여기서 사무엘은 선견자가 아니라 이스라엘 최후의 사사인 동시에 최고의 사사로 나온다. 확실한 것은 사무엘은 해마다 벧엘, 길갈, 미스바 신전을 순회하면서 법적인 분쟁을 조정하였을 것이라는 점이다(7:15-17). 또한 군사적인 힘으로는 아니지만 기도와 제의로 블레셋 족속과의 싸움을 승리로 이끌었다(7:5-14). 그러나 주의할 것은 왕정 수립에 관하여 앞의 전승과 여기서의 전승을 서로 다르게

---

25) 왕국을 "새롭게" 하는 것을 말하고 있는 12-14절은 이 이야기를 10:17-27의 내용과 조화시키기 위하여 편집자가 첨가한 부분이다. 11:7의 "그리고 사무엘은"이라는 말도 이 두가지 전승의 이야기를 조화시키려고 시도한 것이라고 할 수 있다.

보도하고 있는 점이다. 사울 전승에 의하면, 왕을 옹립하는데 하나님께서 싫어하셨다는 대목이 없고, 야훼의 예언자인 사무엘도 자진해서 사울을 택했다고 나와있다. 그러나 사무엘 전승에 의하면, 왕정 제도에 대해서 사무엘은 못마땅해 했으며 게다가 야훼께서도 싫어하셨다고 되어있다. 사무엘은 카리스마적인 성격의 사사직을 정치적인 상황에 맞게 세습적인 것으로 바꾸려고 노력했다. 그래서, 그는 아들들을 사사로 임명했는데, 그 아들들은 아버지와 같은 지위는 아니었다. 그 내용은 다음과 같다.

> 이스라엘 모든 장로가 모여 라마에 있는 사무엘에게 가서 그에게 이르되 보소서 당신은 늙고 당신의 아들들은 당신의 행위를 따르지 아니하니 열방과 같이 우리에게 왕을 세워 우리를 다스리게(직역하면, "우리를 판단하게") 하소서 — 삼상 8:4-5.

이처럼 이스라엘 백성들은 주위의 여러 나라들을 모방하여 안정된 정치적 정부를 설립하고자 하였다. 그러나 이러한 시도는 사무엘의 전승에서는 야훼께서 싫어하셨다고 나와있다.

> 야훼께서 사무엘에게 이르시되 백성이 네게 한 말을 다 들으라 그들이 너를 버림이 아니요 나를 버려 자기들의 왕이 되지 못하게 함이니라 — 삼상 8:7.

그래서 사무엘은 왕을 세우면 중앙 집권으로 인해서 왕이 백성들의 자유를 억압하고 폭정에 시달리게 될 것이라고 경고하면서 그들의 왕 옹립 계획을 단념시키려고 노력했다. 그럼에도 불구하고, 백성들이 계속 고집을 부렸기 때문에 사무엘은 할 수 없이 이에 응했다. 사무엘상 10:17-27은 사무엘이 이스라엘 지파 전체를 모아 제비뽑기로 사울을 선택했다고 한다. 사무엘 전승에 의하면, 사울은 미스바(사울 전승에서는 길갈)에서 왕으로 선포되었다. 12장에서는 사무엘이 이스라엘 최후의 사사로서 한 고별 인사가 나온다.

아마도 사무엘의 전승은 사울의 전승보다 후대에 기록되었을 것이다. 사무엘의 전승은 사사기에서 발견되는 신명기계 언어의 하나를 연상시키는 사무엘상 7:3-4의 한 구절에서 보는 것처럼, 신명기계 기자에 의해 손질된 흔적을 보이고 있다. 사무엘이 기도하자 이에 대한 응답으로 천둥이 일어나 블레셋 사람들이 도망갔다는 구절에서 볼 수 있듯이 환상적인 내용이 들어있다. 이 양 전승에서는 사무엘에 대한 묘사나 왕정 제도에 대한 그의 태도가 너무나 다르게 나와 있기 때문에 양립시킬 수가 없다. 그러나 우리는 사울 전승이 먼저 기록되었고, 환상적인 내용이 적다고 해서 이 사울 전승만이 역사적인 가치가 있는 것이라고 결론 지어서는 안된다.

다시금 성서학 연구에서 중요한 금언을 강조하는 것이지만, 전승이 기록된 시기가 반드시 전승이 생긴 시대를 가리키는 것은 아니다. 사무엘 전승은 신명기계 역사에 맞추기 위해서 수정이 가해졌지만, 그렇다고 해서 신명기계 역사가에 의해서 창조된 것은 아니다. 신명기계 기자는 여러 가지 점에서 사무엘 시대부터 유래하고 있는 고대 전승들을 바탕으로 작업을 했다. 사무엘의 역할이 무엇이었는지 정확하게 알 수는 없다. 사울 전승에서 바탕을 이루고 있는 사무엘이 단지 "일정한 지역의 선견자"였다는 견해는 지나치게 과장되어 있다. 사무엘 전승에서 묘사하고 있는 바와 같이, 이스라엘의 사사직을 더 이상 계승하지 못하고 왜 사무엘이 마지막 사사가 될 수밖에 없었는가에 대한 이유가 없기 때문이다.

게다가 이스라엘 지파 동맹에 관한 지식을 통해서, 왕정 제도에 대해서 비판적인 태도를 취했다고 되어 있는 사무엘 전승이 타당한 것 같다. 기드온도 야훼만이 이스라엘의 왕이라고 한 사무엘과 같은 이유에서 왕위를 거부했다. 요담의 나무 우화도 이스라엘 지파 동맹이 중앙 집권에 대해서 지독한 혐오감을 갖고 있었음을 잘 나타내고 있다. 그러나 세겜에서 아비멜렉이 왕정체제를 수립하려고 시도한 점에서 보듯이, 이스라엘 전체가 왕정체제를 혐오한 것은 아니다. 사울 전승은 신진 세력, 아마도 사울을 부족과 국가의 영웅으로 추앙했던 사울의 부족, 즉 베냐민 지파에서 나온 것일 것이다. 이와는 반대로, 사무엘 전승은 이스라엘 동맹의 좀더 보수적인 견해를 보여주고 있다고 할 수 있다.

이스라엘과 국가

이 장의 앞부분에서, 우리는 농경 문화의 풍요의 신들을 경배하는 가나안의 자연주의와 타협하려는 유혹에서 이스라엘의 신앙과 가나안의 문화 간에 생긴 갈등을 살펴보았다. 이제 우리는 국가주의라는 또 다른 갈등을 보고자 한다. 당시의 문화적 상황은 이스라엘이 멸망하지 않으려면 "국가의 체제"를 갖추어야만 했던 것 같다. 그러나 이러한 체제가 필요하긴 했지만, 이것은 이스라엘 공동체의 특징을 무너뜨릴 위협이기도 했다. 이스라엘은 초기부터 인종, 경제, 정치 등의 인간적인 요소에 의해서가 아니라, 언약 공동체의 하나님이신 야훼와의 관계에 의해서 결속되었다. 이스라엘은 국가(goy)가 아니라 백성('am)이었다 — 이것이 다른 나라와 구별되는 점이다. 이미 살펴본 바와 같이, 이스라엘의 지파 동맹은 특히 위기에 정치적인 결속의 성격을 띠었지만, 근본적으로 이 조직의 바탕은 종교적인 계약이었다. 이러한 역사에서 볼 때, 장로들이 왕을 요구한 것은 충격적인 사건으로서, "하나님의 백성"으로서 이스라엘의 고유의 정체성을 파괴할 위협이 되었다. 이스라엘이 국가의 형태를 취하게 된다는 것은 다른 국가와 별 다름없는 존재가 되는 것이었다.

그래서 사무엘상권에서 이스라엘 왕정 제도 수립에 대해서 견해가 엇갈리게 되었다. 사무엘 전승은 단지 후대 왕정 체제의 비극적인 체험을 반영한 것이 아니라, 초기 지파 동맹 대표들의 비판적인 견해를 반영하는 것이다. 이들의 견해에 의하면, 이스라엘 국가는 하나님의 축복을 받으며 세워진 것이 아니다. 오히려 자녀가 하고자 하는 대로 마지못해 승낙을 하고, 자녀가 이 경험을 통해서 자신들의 잘못을 깨닫기를 바라는 부모의 심정처럼 하나님께서도 마지못해 양보한 것이다. 심지어 왕정 제도를 적극 찬성한 사울 전승에서도 이스라엘 국가를 바벨론 왕조같이 하늘에서 땅으로 내려온 하나님의 왕국으로 여긴 것이 아니라, 블레셋 사람의 위험에 대처하기 위한 하나님의 뜻에 의한 역사상의 발전으로 보았다.

어떤 의미에서는 왕정 제도는 사울 전승에서 강조한 것과 같이 하나님의 섭리에 의한 것이다. 돌이켜 생각해 볼 때, 지파 동맹을 붕괴시켜서 이스라엘 국가를 탄생시킨 사건에도 하나님의 뜻이 전혀 없었던 것은 아니다. 하나님의 계시는 인간 생활의 전 부분 — 경제, 정치, 인간 활동의 전 영역 — 과 관련된다. 만일 하나님이 이스라엘을 통해서 여러 국가에 메시지를 전하기 위해서는, 국가주의라는 우상적 세력과, 국가가 되고 난 뒤의 그 이익을 제대로 평가하고 비판하기 위해서 먼저 국가로서의 체험을 하도록 만들 수도 있기 때문이다.[26]

그럼에도 불구하고 이스라엘은 그들 주변 국가와 같은 국가가 될 수는 없었다. 그 이유는 부족 시대의 종교적 신앙이 계속 살아 남아서 이스라엘 예언 운동을 통해서 새롭게 표현되었기 때문이다. 야훼만이 이스라엘의 왕이었기 때문에 이스라엘은 하나님의 왕국과 인간의 왕국을 동일시할 수 없었다. 때로 다윗이나 솔로몬 같은 위대한 왕들이 일어나서 이스라엘을 이 세상에서 위대한 국가로 만들려는 야망에 사로잡혀 야훼께서 이스라엘의 왕이라는 진리를 망각하게 되자, 예언자들은 이스라엘이 "국가 형태로" 소명을 받은 것이 아니라, 언약의 백성이라는 사무엘 정신을 상기시켰다. 앞으로 보게 되겠지만, 예언자들은 국가를 비판하고 이스라엘이 다시금 새로

---

26) 이 견해는 독일 학자 Walter Eichrodt, *Israel in der Weissagung des Alten Testaments* (Zurich : Gotthelf-Verlag, 1951)의 책을 영역한 *Israel in the Prophecy of the Old Testament*을 참고한 것이다. E. A. Speiser, "'People' and 'Nation' of Israel", *Journal of Biblical Literature*, 79 (1960), 157-63.

태어나기 위해서 이스라엘 국가가 멸망하리라 선언함으로써 이러한 확신을 강조했
다. 이러한 확신은 야훼만이 유일한 왕이기 때문에 국가에 절대적인 헌신을 바치는
전체주의를 배격하라는 새로운 형태의 정치 사상으로 표현되었다. 하나님은 모든 사
회 질서의 재판관이며, 절대적인 세력을 남용하는 자들에 의해 권리를 짓밟힌 소수
의 옹호자이다.

그러나 사울과 사무엘의 전승에서 왕정 제도에 대해서 상반된 태도를 보이는 것
은 이스라엘의 실제 역사적인 체험에서 유래한 것임을 인정해야만 한다. 초기 설화
(사울 전승)는 이스라엘이 이웃 나라의 본을 따서 왕국을 세우려는 위험과 유혹에
빠지기 전에 기록된 것으로 보인다. 이 설화는 과거의 잘못이나 정치적인 세력의 부
패에 의해 물들지 않았던 새로운 출발의 정력과 활기를 반영하고 있다. 그러므로,
왕정 제도는 새로운 하나의 가능성으로서, 하나님께서 고통의 신음소리를 듣고 모세
를 보낸 것같이 ― 출애굽 전승에 의하면(출 3장) ― 백성의 요청에 응답하신 하나
님의 자비라고 생각했다. 그래서 초기 전승은 사울을 임명한 것을 야훼의 구원행위
로 여겼던 것이다.

그가 내 백성을 블레셋 사람의 손에서 구원하리라 내 백성의 부르짖음이 내게 상달하였으
므로 내가 그들을 돌아보았노라 ― 삼상 9:16b(RSV).

이와는 반대로, 후기의 설화(사무엘 전승)는 이스라엘이 왕정 시대에 환멸을 겪
었던 경험을 통해서 사울의 왕정을 되돌아본 것이다. "사건 후의 예언"처럼, 이 설
화는 다른 나라와 같이 왕을 세우기로 결정한 데서 나온 위험한 결과를 묘사하였다.
그리고 이러한 불행한 경험은 최소한 일부 예언자들로 하여금 왕을 옹립하고 왕국을
세우는 것이 야훼의 뜻에 반하는 것이라는 결론을 내리게 했다. 주전 721년에 북부
왕조가 몰락하기 직전에, 예언자 호세아는 왕정 제도가 야훼의 왕권을 부인하는 제
도라고 격렬하게 비난했다(호 8:4 ; 9:15 ; 10:3,9). 거의 1세기 반 이후에 남부 왕
조가 멸망했을 때(B.C.E. 587), 왕국으로서 이스라엘의 역사는 실패로 끝났음이
명백하다고 보았다. 왕정 수립에 관한 전승이 왕정 제도의 말기에 가서야 형성되었
기 때문에, 이스라엘이 "국가 형태"를 취하려 했던 시도에 대한 부정적인 태도는 긍
정적인 태도를 몰아내었다.[27] 이스라엘의 국가로서의 연속적인 실패는 본서 2부에서
살펴보겠지만, 역사의 장에 긴 그림자를 드리웠다.

---

27) 이 견해는 Gerhard von Rad, *Theology*, I 〔142〕, 324-27에서 잘 제시되었다.

제2부

나라를 형성하는 이스라엘

제 7 장

다윗의 왕좌

주전 12세기에 비옥한 초승달 지대 전체에 심각한 영향을 미쳤을 뿐만 아니라, 이스라엘 백성의 생활과 신앙에까지도 깊은 자국을 남긴 변화가 일어나게 되었다. 고고학적 용어로는, 이 변화를 철기 시대의 개막이라고 표현할 수 있다. 청동기 대신에 철을 사용하게 된 것은 경제적, 정치적으로 중요한 영향을 갖는 것이었고, 이것은 오늘날 핵 에너지 이용에 따른 변화와 마찬가지였다.

철기 시대 초기에 가나안에 들어온 블레셋 사람들은 이러한 새로운 생활 양식을 독점하다시피 했다. 그들은 이 새로운 금속을 제련하는 기술을 터득하여 독점하였으므로 이스라엘과 같은 군소 국가를 마음대로 할 수 있었다. 이러한 상황은 사무엘상 13:19-22에 나와있는데, 여기에서는 히브리인들 중에는 칼이나 창을 만들 수 있는 자가 한명도 없고, 농기구를 버리기 위해서 농부들은 블레셋 사람들이 사는 곳까지 가야만 했다고 되어 있다. 이처럼 블레셋 사람들이 이스라엘의 경제적, 정치적인 생활의 목을 조를 수 있을 정도로 강력한 힘을 가진 한, 이스라엘에 미래는 없었다. 실로가 파괴되고, 언약궤가 치욕적으로 빼앗겼다는 것은 이러한 사실을 생생하게 보여준다.

앞에서 살펴본 바와 같이, 블레셋 사람의 공격으로 고대 이스라엘의 지파동맹은 치명적인 타격을 입었다. 그러나 이러한 타격으로 이스라엘은 정치와 종교가 일치된 새로운 형태의 왕정 제도를 수립하고자 하는 자극을 받게 되었다. 이러한 왕정 제도는 이스라엘 초기 왕들, 즉 사울, 다윗, 솔로몬에 의해 정착되었다. 기나긴 가나안 정복의 이야기는 이러한 왕들, 특히 다윗 치하에서 끝이 난다. 이스라엘은 메소포타미아에서 이집트까지 이르는 작은 제국을 세웠다. 일단 블레셋으로부터 억압의 고삐가 풀리자 경제적인 호황 뿐만 아니라 정치적인 행운도 잡아 비옥한 초승달 지대의 여러 국가들 사이에서 우월한 위치를 차지하게 되었다. 이스라엘에게는 철기시대가 그야말로 황금시대였다.

국제적 여건의 호전

이스라엘이 가나안을 처음 침공했을 때처럼, 이 당시의 비옥한 초승달 지대의 정치적 상황은 이스라엘의 세력 확장에 유리하였다. 북쪽의 어느 나라도 이스라엘을 간섭할 만큼 강하지 못했다. 바벨론은 함무라비 사후 정치적 세력이 약화되어 천년 이상이나 가나안을 넘보지 못했다. 북부 메소포타미아 지방에 거대한 미탄니 왕국을 세웠던(B.C.E. 1500-1370년경) 후리족은 주전 14세기에 앗시리아에 의해 정복되었다. 소아시아를 그들의 진지로 하여 비옥한 초승달 지대까지 세력을 확장시켰던 헷족은 주전 1200년경 에게 해역에서 일어난 민족의 대이동에 파묻혀버리고 말았다. 후리족과 헷족은 사라지고 앗시리아가 세력을 잡았으나, 디글랏-빌레셀 1세(Tiglath-pileser, B.C.E. 1116-1078년경) 이후부터는 예언자 엘리야 시대인 주전 9세기까지 무력했다.

이처럼 이스라엘은 북쪽으로부터 아무런 위협이 없었고, 이집트의 상황도 마찬가지였다. 비록 가나안이 명목상 청동기시대 후기(B.C.E. 1500-1200년경)에 이집트의 정치적인 지배하에 있었다고는 하지만, 제20왕조, 특히 주전 1150년 이후에는 이집트의 통제가 약화되었다. 이집트는 솔로몬 시대에 시삭 1세(935-914)에 의해 잠깐 부흥을 맞이하였으나, 그 이후로는 정치적으로 무기력한 상태가 3세기 이상이나 지속되었다.

이스라엘이 국가적으로 통일이 되고 팔레스타인과 시리아에 정치적인 세력을 확장시킬 수 있었던 것은 바로 이러한 유리한 국제적인 상황 때문이었다. 이러한 이야기는 사무엘상하권과 열왕기상 1-11장에 생생하게 나타나 있다. 이 자료는 신명기계의 대역사에 속하는 것이다. 신명기적 구조 내에서, 역사가는 여러 상이한 부류의 전승을 대표하고 역사적인 신뢰도가 각기 다른 자료들을 포함시켰다. 이미 앞에서 살펴보았듯이 왕정 수립에 관한 이야기(삼상 1-12)에서 두 가지 유형의 전승, 즉 왕정 옹호적인 전승과 신정 옹호적인 전승(pp. 255-258 참조)이 들어있었던 것이다. 이 두 가지 유형의 전승이 사무엘의 나머지 부분에 어떻게 나와 있는가를 추적해 보려는 시도가 있었지만, 사무엘 이야기의 결론 이후에 이 두 유형의 전승 구분이 명확하게 나와 있지 않다. 어떤 자료는 전설적이고(예를 들면, 삼상 17장의 다윗과 골리앗 이야기), 또 어떤 자료는 너무나 정치적, 신학적인 경향을 띠고 있다(예를 들면, 삼하 7장의 다윗의 성전 건립을 반대한 나단의 이야기). 그러나 이 이야기들이 전설적으로 또 신학적으로 윤색되어 있다고 해도 전체적으로 이 이야기들이 생생하고 더할 나위 없이 역사적으로 신빙성을 띠고 있기 때문에, 사건이 발생한 시기에서 그리 오래되지 않은 시점에 기록되었음이 분명하다. 특별히 사무엘하 9-20장과 열왕기상 1-2장에 나와있는 다윗의 궁중 생활에 대한 이야기는 신빙성이 크다.

　구약성서에서 히브리어 산문을 보여주는 가장 좋은 예 중의 하나로 여겨지고 있는 이러한 "전승 설화"는 분명히 다윗 시대에 형성되었을 것이다. 특별히 궁중 생활을 드러내고 있는 "사무엘의 초기 자료"를 "구약성서에서 뛰어난 산문이며 역사적인 걸작품" 이라고 찬탄해 마지않는 학자도 있다. 이 이야기는 너무도 생생하고 정확하기 때문에 이 사건을 직접 본 사람에 의해서, 즉 다윗의 왕실과 밀접하게 연관되어 있는 사람들 중 어떤 사람에 의해서 기록되었을 것이라는 확신을 하게 된다. 그 학자는, 이 이야기의 기자를 "1500년 전의 역사의 아버지인 헤로도투스"정도로 추앙하고 있고, 다윗의 치하에서 이스라엘의 문예 부흥은 이러한 문학적인 업적을 이룰 수 있는 상황을 제공했다는 것을 지적하고 있다.[1] 이와는 대조적으로, 역대기상하권의 역사는 신학적인 편견에 의해서 좌우되었기 때문에 역사성이 다소 흐려졌으나, 후기의 작품에서 보여지는 일부 전승들은 역사적 가치가 높다.[2]

이스라엘의 왕 사울

---

1) R.H. Pfeiffer, *Introduction to the Old Testament*, rev. ed. (New York : Harper & Row, 1949), pp. 356-59. 폰 라트는 "고대 동방세계에서 찾아볼 수 없는" 새로운 문서의 "실존" 과 "속성"을 언급함으로써 이 견해를 다시 확인하고 있다 Gerhard von Rad, *Theology*, I (142), 312-17.
2) 에스라와 느헤미야, 그리고 역대상하를 포함하는 역대기 기자의 역사는 유대교에 깊은 관심을 가졌던 제사장의 신학을 반영하며 포로 후기에 이 기록을 작성했다. 15장을 보라.

사무엘상 13-31장의 사울의 통치에 관한 이야기는 고대 지파동맹 체제가 붕괴하고 새로운 체제가 수립되기까지 과도기를 살았던 영웅적인 지도자의 비극적인 이야기를 다루고 있다. 사울의 특성으로 나타난 정신적인 결함은 그가 이스라엘의 첫 왕이라는 운명적인 역사의 상황에 의해 더욱 악화되었다. 사울의 비극은 구질서를 대표하는 사무엘과 새질서를 대표하는 다윗이라는 두 인물에게 소외당함으로써 싹트기 시작했다. 이미 살펴본 바와 같이, 사무엘은 정치적인 필요성에서 점차 붕괴되어 온 고대 지파동맹 최후의 대표자였다. 다윗은 이스라엘의 새로운 단결을 도모하고 새로운 역사적 신앙을 형성하여 새로운 국가 질서를 수립하는데 필요한 젊음과 정력을 가진 인물이었다. 사울 자신은 역사적 필연성에 의해 앞으로 다가올 새로운 질서에 속한 인물이라기보다는 오히려 구질서에 속한 인물이었다. 그러나 사울은 사무엘이 등을 돌리자 구체제의 인정과 지원을 상실하게 되었다. 그리고 다윗의 인기가 점차 높아지게 되자 새체제에 발을 들여놓을 수도 없었다. 따라서 사울은 이 두 체제 사이에 끼여 극심한 정신적인 갈등을 겪었으며, 이것으로 인해서 마침내 몰락하게 되는 비운을 맞게 되었다.

만약 우리가 사울에게 동정적이었던 역사가들에 의해 기록된 자료, 즉 예를 들면 사울이 속해 있었던 베냐민 지파가 기록한 역사 이야기들을 가지고 있다면 흥미 있을 것이다. 그러나 사무엘상권의 이야기는 남부 유다 왕국의 역사가들의 관점에 의해 기록되었기 때문에, 유다 왕조의 창시자인 다윗을 높이기 위해서는 사울에게 불리하게 기록될 수밖에 없었다. 우리는 왕정 시대의 모든 전승이 다윗에게 호의적이었던 예루살렘 사가들에 의해 보전되고 편집되었다는 것을 잊어서는 안된다. 사울이 처한 상황이 어쩔 수 없었고, 어두운 감상적인 성격과 정열적인 성격으로 인하여 희생이 되기는 했지만, 다른 관점에서 본다면 아마도 사울은 햄릿과 같은 영웅적인 인물로 부각되었을지도 모른다.

설화에 의하면, 사무엘이 사울에게서 등을 돌린 후에도 사울은 그의 추종자들로부터 충성을 받을 수 있었다고 한다. 그리고 사울의 무공도 길보아산에서의 패배로 끝이 나긴 했지만, 상당한 영향을 미쳤음에 틀림없다. 특별히, 블레셋 사람으로부터 그들만이 독점하고 있었던 철제련술을 빼앗아 익히게 한 것은 다윗과 솔로몬 시대의 경제적인 발전의 길을 터준 것이라 할 수 있다. 사울이 거둔 무훈은 상당히 인상적인 것이었고(삼상 14:48), 그의 통치 하에서 이스라엘 지파들 간에 일치와 조화가 가능했다. 그렇기 때문에 사울의 업적도 상당히 크다고 말할 수 있다.[3]

---

3) 로버트 브라우닝의 시 "사울"을 보라.

사울의 카리스마적인 영도력

사울이 구체제인 지파동맹에 속했다는 것을 나타내는 가장 명확한 증거의 하나는 그가 하나님의 카리스마, 즉 "야훼의 영"을 받았다는 것이다. 이미 앞에서 살펴본 바와 같이, 사사들은 카리스마를 받음으로써 지도자로서의 권위를 지녔다. 사울은 이스라엘 지파동맹 전체의 지도자로서 인정되었는데, 이것은 세습이나 혁명을 통해서가 아니라 야훼의 영이 그에게 내려서 암몬족의 침입으로 위협을 당하고 있는 도시 야베스 길르앗을 구했기 때문이다(삼상 11:6-7). 이스라엘인들은 사울의 카리스마를 인정했으므로 그가 군사적 승리를 거두자 블레셋 사람으로부터의 억압에서 구출해 주기를 바라는 마음에서 그를 왕으로 추대했다. 그러나 사울은 왕이라기보다는 오히려 고대 사사에 더 가까운 인물이었다.

사실, 가장 오래된 자료(삼상 9:16 ; 10:1)에서는 그를 왕으로 부르기를 꺼리고, 그 대신 "왕자"나 "영도자"라고 불렀다. 다윗이나 솔로몬과는 달리, 사울은 이스라엘의 부족(지파) 구조를 중앙 집권적 체제로 전환하려고 하지 않았다. 또 세금을 부과하지도 않았으며 징병도 하지 않았고 관료제를 만들거나 후궁을 두지도 않았다. 그가 거느린 군사는 고작 그의 추종자들 중에서 뽑은 지원병 무리 정도였다(삼상 13:2 ; 14:52). 기브아에 있는 사울의 요새를 발굴한 결과, 그의 궁정은 성경에서 표현하고 있는 것처럼 "단순"했다.[4] 그는 단지 하나님의 카리스마를 받았기 때문에 지파들에게 자신의 권위를 내세웠을 뿐이고, 초기부터 지파의 민주화를 지속시킨 인물이었고 절대로 고대의 절대 군주는 아니었다. 그의 권위가 카리스마적이었기 때문에 사무엘이 자신에게 등을 돌리고 백성들이 다윗의 무공에 갈채를 보낼 때 "영"이 자신에게서 떠났다고 생각하여 매우 우울해했던 것이다.

기브아에서의 사울의 통치에 관한 생생한 이야기를 읽으면, 우리는 사울이 많은 약점을 지니고 있지만, 야훼께 대해 성실하고 열정적인 믿음의 사람이었다는 것을 알게 된다. 어떤 해석에 의하면, 초기에 사울이 모세의 전통 신앙을 버리고 가나안의 자연신인 바알 신앙에 기울어졌다고 한다. 이것에 대한 증거로 사울이 첫째 아들에게는 야훼 이름인 요나단(Jonathan, "야훼께서 주셨다"는 뜻)이라는 이름을 지

---

4) 기브아는 1922-23년 올브라이트의 감독 하에 발굴되었다. W. F. Albright, *The Biblical Period* 〔90〕, 24을 보라. 이곳을 재발굴한 것은 1964년이었는데 이 때는 Paul Lapp가 감독을 했다. 그는 대체적으로 올브라이트의 발굴 결과에 대하여 긍정적인 결론을 내렸다. 그가 작성한 보고서 *The Biblical Archaeologist* XXVIII, (1965), pp. 2-10을 보라.

어 주었지만, 그 다음 자녀들에게는 바알 이름들, 예를 들면 이스바알(Ishbaal, "바알의 사람"이라는 뜻)로 지어주었다는 데 있다. 게다가 사울이 실로에서 중앙 성소를 지키는 엘리 가의 제사장들을 무자비하게 죽였다는 것을 든다(삼상 22). 물론 이러한 해석은 사무엘이 그가 지명한 지도자와 결별을 하게 된 이유를 설명하는데 도움을 준다. 그러나 여기서 방금 지적한 사울의 이러한 행동이 과연 그를 이단자로 몰 수 있는 충분한 근거가 되는지는 의문이다. 그가 충동적으로 행동한 일은 많지만, 분명히 그는 진심으로 야훼를 섬기려고 했다.

사무엘과는 달리, 사울은 이스라엘의 신앙의 의미를 꿰뚫어 볼 수 있는 심오한 통찰력은 부여 받지 못했다. 사울의 파란만장한 삶을 그린 이야기들은 신앙에 따라서 행동해야 하고, 형세가 절망적일 때 신뢰해야 하고 그 결과까지도 감수하는 결정을 해야하는 소명을 지닌 인간의 생활상을 보여주고 있다. 사울의 이야기는 이스라엘 성경에 속한 이야기이다. 그러나 교훈적인 가르침이 아니라 인간의 상황을 있는 그대로 솔직하게 묘사한 것이다. 후대의 예언자들은 언약 신앙을 더 깊게 이해했다. 사울은 때때로 예언자적인 체험을 하여 그를 알고 있던 사람들에게 놀라움을 주기도 해서 "예언자들 중에 사울도 있는가?"라는 속담도 생겨나게 되었지만(삼상 10:10-11 ; 19:18-24), 그렇다고 해서 사울이 예언자는 아니었다. "사울의 재임 기간 내내 블레셋 사람들과 격렬한 싸움을 치러야 했기" 때문에 사울은 나라의 군사적인 위기를 막아야 하는 군인이었을 뿐이었다. 그의 임무는 "야훼의 전투를 치르는 것"이었고, 일반 백성들도 이것을 이스라엘의 전쟁과 같은 것으로 생각했다.

사울의 이야기에서는 야훼께서 전쟁에 직접 참가하고 계시다는 확신이 면면히 흐르고 있다. 사울도 이러한 확신을 갖고 있었기 때문에, 이스라엘 군대의 무기가 빈약하거나 형세가 불리할 때 이스라엘인들이 도망을 가거나 수적으로 불리하거나 해도 결코 실망하지 않았다. 요나단이 믹마스(Michmash)를 치러 가기 전에도 "야훼의 구원은 사람의 많고 적음에 달리지 아니하였느니라"(삼상 14:6)라고 말한 것처럼 사울은 형세가 그에게 불리해도 개의치 않았다. 사울은 전세가 기울어지면 야훼의 비위를 거스를 만한 일이 일어났는가를 반성할 정도로 겸허하였다. 사울은 군사 전략가였으므로 역사 안에서 하나님의 목적을 포착하는데는 한계가 있었다. 그러나 야훼께서는 최고의 명령권을 갖고 있고, 이 세상사를 야훼의 의도에 따라 주도하고 백성에게 정열적인 헌신을 요구하는 분이라는 사실을 깨닫는 데는 사울의 쓰라린 경험이 바탕이 되었음을 인정해야만 한다.

성전(聖戰, Holy War)

야훼께 대한 사울의 헌신이 실험대에 오른 것은 사무엘상 15장에 기록된 아말렉족과의 전투에서였다. 많은 학자들의 견해에 의하면, 사무엘상 15장은 우리가 앞에서 언급한 사무엘 전승(pp. 256-258 참조)이라고 부르는 문학 전승에서 유래한다고 한다. 비록 사무엘상 15장의 이야기가 사울 이야기에 나오는 일부 다른 설화들과는 다른 출처에서 나왔다 해도 신빙성 있는 역사적인 사실에 근거하고 있음은 사실이다. 브엘세바 남쪽 네게브에 살던 아말렉족은 이스라엘의 오랜 숙적이었다. 이스라엘인들이 광야를 방랑할 때 그들에게서 받은 고통은 이스라엘 백성의 뼈에 사무치는 것이었다(출 17:8-16). 이스라엘이 블레셋에게 시달리고 있을 그 때에 아말렉족이 남쪽을 공격하자 옛 원한이 다시 솟구쳤을지도 모른다. 좌우간 예언자 사무엘을 통해서 사울은 남자, 여자, 아이, 가축, 재산 할 것 없이 모조리 다 파괴하라는 하나님의 명령을 받는다.

현대의 윤리 기준에 의하면, 이러한 철저한 멸절은 야만적인 행위이다(현대전보다는 파괴력이 작다고 하지만). 그러나 이를 우리의 가치 판단으로 볼 것이 아니라, 고대 이스라엘의 종교적인 관점에서 이해하여야 할 것이다. 사무엘상 15장에 의하면, 옛날의 원한 때문에 아말렉족을 벌하라는 명령을 먼저 야훼께서 내리신다. 다시 말해서, 이것은 일반적인 전쟁이 아니라 "성전"으로서 일종의 종교적인 행위이다.

성전을 이해하기 위해서는 지파동맹의 시기, 예를 들면 드보라와 관련된 부분(pp. 244-247 ; 4장, p. 178의 정의 참조)을 상기해야 한다. 앞 장에서 살펴보았듯이, 계약을 맺은 지파에게는 여러 의무가 부과되었는데, 그 중의 하나가 전시에 야훼께서 카리스마적인 지도자를 통해서 백성을 소집하면 이에 응해야 한다는 것이었다. 이 부름에 응하는 것은 계약의 하나님에 대한 충성과 백성 "앞에서 행하시는" 야훼께 대한 신앙의 회복을 나타내는 일종의 시험이었다. 이 때 백성은 "기꺼이 나서야 하고"(삿 5:2, 9) 성행위까지도 삼가야 하는 등의 정해진 규칙을 지켜야 했다(삼상 21:4-5 ; 삼하 11:11). 야훼께서 그들 가운데 군대 지휘자로 나선다고 믿었으므로 거룩한 활동에 그들도 참예하는 것이기 때문이다. 기드온의 경우와 같이(p. 248) 군사의 수나 무기에 대해서는 개의치 않았다. 성전의 전략은 전투를 벌이려는 것이 아니라 "하나님의 공포"로 적들에게 위협을 주어 혼비백산하여 도망치게 하는 데 있었다.

성전에서는 노획물이 헤렘(herem) ― 번제나 희생 제물로 야훼께 바치는 것

— 이 되었다. 성전에서의 노획물은 전적으로 야훼께 속한 것이기 때문에, 동기야 어떻든 간에 노획물 중 어떤 것이라도 취하게 되면 대단한 죄를 짓는 것으로 여겼다. 아간(Achan)이 여리고 전투에서 노획물을 훔쳐 자신 뿐만 아니라 온 가족이 전멸당한 이야기는 그 좋은 예이다(수 7). 야훼의 희생 제물 중 어떤 것이라도 취하면 "신앙을 저버리는 것"으로 간주하였다(수 7:1). 왜냐하면 그것은 야훼의 거룩함을 거스르는 행위이기 때문이다.

그러나 지파동맹이 붕괴되자 성전에 대한 개념도 곧 사라졌다.[5] 이스라엘이 국가 형태를 취하게 되자 카리스마적인 영도자 대신 주변 나라와 같은 세습적인 왕이 등장하여 병거와 보병으로 적과 싸워 얻은 전리품을 아무런 두려움 없이 취할 수 있게 되었다. 그러나 사울 시대에는 여전히 옛 기준이 적용되고 있었다. 사울은 아말렉족을 완전히 쳐부수라는, 즉 헤렘의 법을 적용하라는 명령을 받은 카리스마적인 지도자였다. 따라서 사울의 임무는 아말렉족을 완전히 전멸시켜서 역사의 무대에서 사라지게 하는 것이었다.[6]

우리는 노획물을 처리한 사울의 행위를 고대의 기준에서 평가해야만 한다. 고대의 관점에 의하면, 그가 죄를 지은 것은 성전(聖戰)의 규정을 따르지 않고 자기 판단대로 노획물을 처리했기 때문이다. 우리의 관점에서 볼 때 적의 왕 아각을 살려준 것은 인도적인 처사이며, 좋은 가축을 죽이지 않고 잡아온 것은 현명한 처사라고 할 수 있다. 그러나 고대의 관점에서는 이 모든 것은 야훼께 속한 것이므로 거룩한 것이었다. 그러므로 사울의 잘못은 성전에 대해서 야훼께 완전한 순종을 하지 않았다는 것이다. 이것은 이스라엘 전체 공동체를 더럽힌 불충이었다. 사울이 아각의 경우와 전리품을 가지고 온 것에 대해서 야훼께 희생을 드리기 위해서라고 변명을 하지만 고대 지파동맹의 대변자였던 사무엘은 다음과 같이 단호하게 말했다.

> 순종이 제사보다 낫고,
> 듣는 것이 수양의 기름보다 나으니.
> — 삼상 15:22b(RSV)

---

5) 그러나 이 개념은 신명기 기자에 의하여 후일 되살아났다 (예를 들자면, 신 7:1-3; 20:1-21:14). Gerhard von Rad, *Studies in Deutronomy* 〔367〕, pp. 45-49. 마카베오 혁명 당시 전투를 할 때 聖戰에 관련된 신명기적인 규정을 따랐으며, 쿰란의 유대인 종파인 에세네파도 이 규정을 받아들였다 (635-636면 참고).

6) 아말렉족의 행위를 마지막으로 언급한 것은 그들이 블레셋의 요새를 습격했다는 것이다. 다윗이 이것에 대하여 복수를 했다 (삼상 30장).

사울이 "야훼의 말씀을 거역했기" 때문에 예언자는 야훼께서 그를 이스라엘의 왕으로 여기시지 않는다고 말했다. 사무엘은 야훼께 대한 충성의 표시로 헤렘의 법을 이행하기 위하여 "길갈에서 야훼 앞에서 아각을 난도질 하였다"(삼상 15:33b).

거절당한 인간

이 이야기는 사울보다 더 훌륭한 다윗에 대한 편향으로 윤색되어 있기는 하지만, 사울에 관한 이야기를 다루고 있다(삼상 15:28). 사울이 자신의 죄를 고백하고 용서를 구했지만 자기가 범한 행위의 결과에서 벗어날 수 없었다. 사울의 야훼께 대한 헌신이 정열적이었던 만큼 예언자의 배척의 말에 그는 심한 마음의 상처를 입었고 급기야는 정신 이상 증세까지 나타났다. 외관상으로는 한동안 인기도 있었고 성공도 했지만 내적으로는 배척당했다는 생각에 생활은 흐트러지고 심한 갈등을 겪게 되었다. 그가 야훼로부터 멀어졌다는 두 가지 현상을 보기로 하자.

첫째는 지파 동맹의 최후의 대표자였던 사무엘과의 결별이었다. 사울에게 더 동정적이었던 관점에서는 사무엘과 결별을 하게 된 결정적인 이유가 사울의 충동적인 행동 때문이었음을 잘 알 수 있다. 사울은 행동가였으므로 특히 전시의 위급한 상황에서 자신의 행위에 대해서 종교적인 의미를 생각해 보는 것은 어려운 일이었다. 사울은 신탁을 듣기 위해 제사장 아히야(Ahijah)를 불렀다가 전세가 급박해지자 야훼의 말씀을 들을 겨를이 없다고 곧 취소를 했다(삼상 14:18-23). 허기진 그의 군사들이 가축을 잡아다가 피채 먹기 시작하자 ― 종교적인 의식을 거치지 않고 ― 사울은 자신이 직접 제단을 세웠다(삼상 14:31-35). 이러한 그의 행위는 사울이 직접 결정을 내리는 인물이라기보다는 충동적이었다는 것을 보여준다. 그러나 아말렉의 이야기에서 보듯이 사무엘은 사울의 이같은 행위가 이스라엘의 신정(神政), 즉 "하나님의 규율"을 무시하는 것으로 확신했던 것이다. 그래서 예언자와 왕과의 사이에 틈이 생기게 되었고 "사무엘은 죽는 날까지 사울을 다시는 보지 않았던 것이다"(삼상 15:35). 사울에게 야훼의 예언자가 떠났다는 것은 야훼께서 떠나신 것과 같았다. 따라서 그는 하나님께 버림 받은 인간, 격렬한 갈등 속에 홀로 외로이 고립된 인간일 수밖에 없었다.

두번째, 사울이 야훼와 멀어지게 된 것은 떠오르는 별과 같이 나타난 다윗 때문이었다. 사울의 입장에서 다윗의 등장은 블레셋 사람의 침공보다도 더 큰 위협이었다. 사울은 야훼께 버림을 받은데다가 다윗이 매력과 무용을 갖추고 성공까지 하자 더욱 불안한 마음이 극심해졌다. 다윗은 처음부터 왕위를 차지하려는 목적을 가지고 있었던 것같다(삼상 18:8 참조). 다윗이 백성의 비위를 맞추려고 한 점이나, 왕실과 결혼하려고 애쓴 점, 사울의 아들 요나단과 우정을 맺은 점, 놉의 제사장들로부터 지지를 얻어낸 점 등을 다른 무엇으로 설명할 수 있겠는가? 사울이 다윗의 행위를 곰곰이 생각하면 할수록 다윗이 왕위를 노리고 있다는 것이 사울에게는 분명해졌다. 사울은 암울한 기분과 질투와 분노에 타올라서 충성스런 신하들을 의심하였고(삼상 22:6-8) 다윗을 잡아 죽이려는 한 가지 생각에 사로잡혔다.

이 이야기는 두 영웅적인 인물간의 개인적인 불화 이상의 것이다. 설화자는 고대 이스라엘의 지도자에게 권위와 힘을 부여했던 하나님의 카리스마가 사울을 떠났을 때 실제로 어떤 일이 일어났는가를 사무엘상 16:14에서 판단하고 있다. 사울도 이 일로 그 어느 때보다 매우 괴로워하고 있었다. 한편 다윗은 가는 곳마다 성공적이었다. 다윗을 굴복시키려는 사울의 음모는 모두 다윗에게 득이 되었다. 사울이 전장에서 돌아왔을 때 여인들이 음악과 노래로 환영했는데, 사울의 신하인 다윗이 더 크게 찬양받았다.

> 사울의 죽인 자는 천천이요
> 다윗은 만만이로다.
> ― 삼상 18:7

이것은 사울에게 참기 어려운 일이었다. 다윗이 카리스마적인 인물이라는 것이 점차 분명하게 드러났다. 실제로 사무엘상 16:13에서는 사무엘이 다윗에게 기름을 붓자 "야훼의 영이 다윗에게 내려 이 날 이후로 계속 그에게 머물러 있었다"(삼상 16:13). 다윗의 행위는 야훼께서 그에게 호의를 보이고 있다는 증거였다. 역설적으로, 사울은 아직도 카리스마적인 인물이었으나, 그것은 그가 미칠 때까지 고통을 준 "야훼의 악령"이었다. 오늘날 사울은 이상 심리학 연구의 좋은 연구 대상이 될 수 있을 것이다. 그러나 고대에서는 블레셋 궁궐에서 벌인 다윗의 미친 시늉(삼상 21:12-15) 같은 이상한 행동을, 신의 영이 그 사람에게 들어가서 그 사람을 지배하는 표시라고 믿었다. 이러한 관점에서 볼 때, 영적인 지도자와 정신 질환자를 분명

---

7) 예언자들이 때때로 "미친 사람들"로 불렸다는 것은 우리의 흥미를 끌기에 충분하다 (왕하 9:11). 더구나 삼상 18:10에서 쓰인 히브리어는 문자 그대로 하나님의 신에 감동된 사울이 예언했다는 것을 표현하고 있다. Simon B. Parker, "Possession, Trance and Prophecy in Pre-Exilic Israel", *Vetus Testamentum* 28 (1978), 271-285.

하게 구별할 수 있었다.[7]

자기 자신과 왕의 위신을 되찾으려는 사울의 절망적인 노력은 수포로 돌아갔다. 그는 자신에 대한 음모를 찾고자 하는데 온 정신을 쏟았기 때문에 다윗에게 호의를 베푼 죄로 놉의 제사장들 85명을 학살하라고 명령을 내릴 정도였다(삼상 22:9-19). 도망자 다윗을 찾아내려다가 실패한 사울은 이스르엘(Jezreel) 평야에서 블레셋 사람들과 맞부딪치게 되었다. 이스라엘 군대는 블레셋의 요새 벧산(Beth-shan)으로 가는 길 남쪽에 있는 길보아산에 집결하였다. 계곡 아래 집결한 블레셋의 대군을 보고 겁에 질린 나머지 사울은 마지막으로 야훼께 여쭈어 보려고 안간힘을 썼다. 그러나 점괘나 꿈, 신탁과 같은 통상적인 방법으로는 야훼의 말씀을 들을 수가 없었다(삼상 28:5-6). 자기 나라에서는 무당을 금지했음에도, 사울은 엔 돌(En-dor)에 있는 점쟁이를 몰래 찾아가 지하 세계로부터 사무엘의 혼백을 불러 야훼의 말씀을 듣게 해달라고 청했다.

성경에서 가장 생동감 넘치는 이야기 중의 하나인 이 이야기(삼상 28:8-25)는 사울의 최후의 비극적인 순간을 감동적으로 그려내고 있다. 사무엘의 혼백으로부터 운명적인 예언을 듣고 사울은 참담한 밤을 맞았으며, 길보아산에서 패하여 자살을 하게 된다. 우리는 여기서 비극적 영웅의 위대함과 그에 대한 연민을 느낄 수밖에 없다. 다윗도 야살의 책이라 불리는 이스라엘 고대 시가집에 수록되어 있는 장엄한 비가에서 이스라엘의 몰락한 지도자인 사울에게 경의를 표했고, 남녀 간의 사랑도 따를 수 없었던 요나단과의 우정을 기리고 있다(삼하 1:19-27).

> 두 용사가 엎드러졌으며
> 싸우는 병기가 망하였도다!
> — 삼하 1:27

다윗 — 이스라엘 국가의 설립자

길보아산의 전투에서 블레셋 사람의 승리는 결정적인 것이었다. 지휘자를 잃은 이스라엘 군사는 뿔뿔이 흩어졌고 목이 잘린 사울의 시체는 벧산의 블레셋 요새 성벽에 내걸렸다. 승리자들은 지중해에서부터 요단 계곡으로 뻗은 계곡 도로를 장악하게 되었고, 이스라엘의 영토를 단번에 장악할 태세를 갖추었다. 그런데 왜 블레셋 사람이 승리의 여세를 몰아서 저항 세력을 모조리 진압하지 않았는가에 대한 이유는 분명하지 않다. 아마도 그 중 한 이유는 위대한 군사 전략가이며, 정치가였던 다윗의 등장이었을 것이다. 그는 이스라엘 군대를 재정비하여 블레셋 군대에게 치명적인 타격을 입혔고 그후 400년 이상 지속할 왕조를 세웠다.

다윗의 초기 등장에 관한 이야기는 사울의 재임 기간에 일어났던 중대한 사건들과 관련되어 있다(삼상 13-31). 여기서 우리는 단지 다윗과 관련된 사건들의 화려한 역정을 언급할 수밖에 없는데, 즉 목동의 비천한 생활에서 부상하여 사울의 궁중 악사로 채용되고, 거인 골리앗을 이기고 블레셋 사람들을 쳐서 빛나는 공적을 세우고 무법자들을 모아 "로빈훗"과 같은 모험을 감행했으며 마침내는 이스라엘의 왕이 되었다는 사실이 그것이다. 이미 언급한 바와 같이, 이 이야기는 개인적인 매력과 카리스마적인 성공으로 우상이 된 그를 찬양하기 위하여 기록된 것이다. 오늘날에도 마찬가지지만 어느 시대이든 일반 대중의 상상력이 동원되기 마련이다.[8] 실제로 다윗의 후손들은 다윗을 이스라엘의 가장 위대한 통치자 — "하나님 다음 가는 인물"로서 찬양했다. 다윗은 국가의 설립자이며 동시에 이스라엘 신앙의 승리자였다.

인상적인 벧산의 언덕 — 이스르엘 평야의 끝에 있으며, 한때 이집트 제국의 전초기지였다가, 블레셋의 요새였으며, 나중에 이스라엘의 소유가 되었다.

이야기에서 묘사된 다윗의 참모습을 살펴보게 된다면 이러한 격찬은 더욱더 놀랄 만하다. 훨씬 후대에 기록된 역대기는 다윗의 장점을 부각시키기 위해서 씌어진 것이지만(대상 11-29), 사무엘 상하권과 열왕기 상하권의 이야기 특히 사무엘하 9-20과 열왕기상 1-2에 나오는 조정 실록 또는 "왕위 계승 설화"는 다윗의 인물됨을 솔직하게 묘사하고 있다. 여기서는 다윗이 스테인드 글라스의 유리에 새겨져 있는 성인(聖人)으로서가 아니라, 뛰어난 지혜와 매력을 지닌 살과 피를 가지고 있는 인간으로 등장한다.

물론 이 이야기에서도 서로 모순되는 부분이 있다. 예를 들면, 다윗이 사울의 궁정에 들어가게 된 경위가 두 가지로 되어있다. 그 하나에 의하면(삼상 16:14-23), 우울해하고 있는 왕을 즐겁게 해드리기 위한 악사로서 들어갔다고 하고 있고, 다른 하나에 의하면(삼상 17:1-18:5), 다윗이 거인 골리앗을 이겼기 때문에 왕의 총애를 받았다고 되어있다.[9] 게다가 사무엘하 21:19에서는 거인 골리앗을 죽인 사람이 베들레헴 출신의 엘하난이라고 되어 있기 때문에 다윗이 골리앗을 죽였다는 이야기에 의심을 품지 않을 수가 없다.[10] 그러나 이러한 전설적인 이야기들이 국가적인 위대한 영웅을 떠받들기 위한 것이라는 것을 고려해 볼 때(조지 워싱턴의 이야기와 비교할 것) 다소 허구적인 요소가 가미되었지만, 다윗이 목동의 신분에서 왕으로 부상했다는 이야기는 신빙성이 있다.

사무엘과 사울의 죽음은 새시대로 가는 길을 열었다. 이스라엘의 생활 양식은 고대 지파 동맹 시대의 단순한 생활 양식과 비교하면 가히 혁명적이라 할 수 있을 정도로 새롭게 변했다. 사울의 카리스마적인 통치 하에서는 이스라엘 부족들이 느슨하게 동맹을 맺고 있었으며, 지파들의 모반이 없었던 것은 그의 지도력 덕분이었다. 사울이 전쟁에 패배해서 다윗을 제압하는데 전념하고 있었을 때에도 사울은 이스라엘의 단결을 유지했고 고향 사람들의 충성을 받을 수 있었다.

그러나 다윗 시대부터 카리스마적인 지도력은 중앙 집권화된 지도력으로 전환되었다. 이스라엘은 지파 동맹에서 주변의 여러 나라들을 모방한 작은 제국으로 전환한 것이다. 다윗이 당면한 문제는 새로운 국가 체제 하에서 고대 지파 동맹의 부족

---

8) Joseph Heller, *God Knows* (New York : Alfred A. Knopf, 1984). 헬러의 소설을 예로 보라.

9) 삼상 17:55-58 사울은 다윗에게 누구인지를 묻는다. 이것은 명백하게 사울이 다윗이 누구인지 몰랐음을 가리킨다. 16:17-22을 비교하라.

10) 이 불일치는 대상 20:5에서 순화되었다. 여기서 엘하난이 골리앗이 아닌 골리앗의 형제 라흐미를 죽인 것으로 언급되었다.

단결을 어떻게 유지하느냐 하는 것이었다.

다윗의 부상

다윗은 자기의 정치적인 야심을 달성하기 위해서 어떠한 장애에도 굴하지 않았던 빈틈없는 정치가였다. 사울이 죽었을 당시에 다윗은 블레셋에 망명 중이었다. 그가 가장 먼저 해야 할 일은 그의 정치적인 포부 — 전체 이스라엘 지파의 통치자 — 를 달성하기 위하여 전략적인 고지를 점령해야만 했다. 다행스럽게도 유대 지방의 한 도시인 베들레헴 출신이었던 다윗은 유다 지파로부터는 이미 지지를 받을 수 있는 발판을 마련해 놓았다. 유대 광야에서 또는 블레셋에서 망명 생활을 할 동안 유대의 지주들을 도둑들로부터 지켜주고 적을 쳐서 얻은 전리품들을 유대의 장로들과 나누어 가져 유대 지방 사람들의 인기를 얻고 있었다(삼상 23:1-5 ; 25:2 ff. ; 27:8-12 ; 30:26-31). 따라서 사울이 죽자 곧바로 다윗이 헤브론에서 왕으로 추대된 것은 전혀 놀라운 일이 아니다. 다윗은 헤브론에서 블레셋의 봉신의 하나로서 7년 넘게 다스렸다.

그러나 이 기간 동안 다윗은 이스라엘의 전영토에 눈을 돌리게 되었다. 당시의 이스라엘의 북쪽 부족들은 사울의 아들 이스바알에게[11] 여전히 충성을 바치고 있었는데, 이스바알은 자기 부대의 군대 사령관인 아브넬(Abner)의 꼭둑각시에 지나지 않았다. 다윗의 유대 군대의 지휘관은 요압(Joab)이었다. 다윗 집안과 사울 집안과의 갈등은 결국 기브온 못가에서 맞붙게 되었는데, 이곳은 1956-57년에 고고학자들에 의해서 발굴되었다.[12] 이 두 진영의 사령관은 못을 사이에 두고 힘겨루기로 승부를 내자고 합의했다. 그래서 양 진영에서 젊은이 12명씩을 뽑아서 칼로 승부를 가르게 하였다. 그러나 이 싸움은 양편이 모두 죽었기 때문에 아무런 승산도 없이 끝났고, 그 결과 양 진영 간의 전면전을 몰고 왔다(삼하 2:12-17). 이때부터 계속 싸움이 이어지다가 다윗의 세력이 점차 우세해지기 시작했다. 다윗과 사울 집안과의 정치적인 투쟁은 사울 집안에서 아브넬이 이스바알로부터의 비난에 대해서 거세게 반발한 뒤에 아브넬이 다윗에게 사울의 왕국을 넘겨 줌으로써 막을 내리게 된다. 이때

---

11) 성경 본문에서 그는 이스보셋으로 불린다. 편집자는 가나안 신을 가리키는 혐오스러운 이름 바알을 보셋(히브리어로 수치라는 뜻을 가지고 있다) 으로 대치시켰다.

12) James B, Pritchard, *Gibeon : Where the Sun Stood Still* (Princeton, N.J. : Princeton University Press, 1962), pp. 64-72.

다윗은 자신의 첫 아내였던 사울의 딸 미갈을 데리고 와야 한다는 조건을 내건다. 미갈이 남편과 이별하는 장면이 매우 비통하게 묘사되어 있다(삼하 3:12-16). 다윗이 미갈을 후궁으로 삼은 것은 사울의 왕위를 이어받았음을 나타내려는 냉정한 정치적인 계산 때문이었다. 사울의 후손 중에서 남자들은 전형적인 전제 군주하에서처럼 처형되거나 감금되었다(삼하 21:1-14). 이렇게 하여 다윗은 37세의 나이에 전이스라엘의 통치자로 군림하게 된 것이다.

다윗이 헤브론에서 통치할 동안에는 블레셋 사람들이 그를 간섭하지 않았다. 아마도 그들은 다윗을 일종의 봉신으로 취급하였고, 다윗 집안과 사울 집안과의 내분을 통해서 이스라엘이 분열되기를 바랐는지도 모른다. 그러나 다윗이 이스라엘 지파를 통일하고 실권을 잡게 되자 블레셋 사람들은 침공을 해왔다(삼하 5:17). 이 전쟁에 대해서 언급된 바가 많지 않으나, 이 전쟁에서 세운 다윗의 위대한 공적은 블레셋 사람들을 가나안에서 모조리 몰아내어서 연안 평야에 가두어 두었다는 것이다(삼하 5:17-25 ; 21:15-22 참조). 게다가 다윗은 모압, 암몬, 에돔, 아말렉, 아람(시리아)과 싸워 이겼고, 페니키아의 왕과 두로(Tyre)의 왕 히람(Hiram)과 조약을 맺어서 다윗은 레바논 산맥에서 이집트 변방, 지중해에서 아라비아 사막에까지 뻗친 제

기브온의 못가 — 1956년에 처음 발굴되었다.

국의 통치자가 된 것이다. 이러한 놀랄 만한 업적 속에서 하나님의 손길을 느낀 설화자는 "만군의 하나님 야훼께서 함께 계시니 다윗이 점점 강성하여 가니라"(삼하 5:10)라고 말한다. 이스라엘이 이때처럼 정치적인 세력을 떨쳤던 때는 없었다.

국가 권력의 강화

그러나 다윗은 뛰어난 군사 지휘관으로 그친 것이 아니었다. 중앙 집권적인 세력을 차지하기 위해서 그는 지파 동맹들의 자유를 제한하는 몇가지 중요한 조처를 취했다. 그 조처 중의 하나는 여부스족이 점령하고 있으면서 난공불락의 요새라고 자랑하였던 예루살렘을 정복한 것이다. 다윗의 부하들은 바위를 뚫어 만든 물이 흐르는 통로를 타고 올라가서 요새에 침입했고(삼하 5:8), 기혼(Gihon)에서부터 오펠(Ophel)이라 불리는 도시 안까지 성을 둘러 쌓았다. 북쪽의 지파들은 사울 집안을 섬기고, 남쪽의 지파들은 헤브론에 있는 다윗의 집안을 섬기던 때에 이루어진 다윗의 정복 활동은 중요한 의미를 지닌다. 가나안 정복 시대에는 이스라엘은 예루살렘을 건드리지 않았으므로 당시까지 예루살렘은 어느 지파에도 속해 있지 않았다. 다윗은 남쪽 지파들의 지역 감정을 이용하여 세력을 잡으려고 했지만, 북쪽 지파들도 지배하려는 정치적인 야망까지도 갖고 있었기 때문에 북쪽편도 아니고 남쪽편도 아닌 장소에 수도를 정해야 할 필요가 있었다. 따라서 그는 남쪽 지파와 북쪽 지파들의 경계선에 위치한 중립지역인 예루살렘을 수도로 정함으로써 이스라엘 지파 전체를 지배하려는 의도를 드러내었다. 그의 처사는 각 주와 독립된 지역인 워싱턴을 연방 정부의 수도로 정한 미국의 경우와 비교될 수 있다.

예루살렘은 "다윗의 성"(삼상 5:9)으로 알려져 있다. 수도에서 다윗은 일단의 조신을 두어 왕실을 뒷받침하고 위엄을 갖추게 하였다. 이러한 조직은 지파 내에서의 위치에 따라서 또는 하나님의 카리스마를 받은 사람이 통치하던 지파 동맹 시대와는 너무나 판이하게 달랐다. 전에는 "문에 앉은" 지파의 장로들이나 또는 지파 동맹의 사사들이 하던 재판도 왕이 직접 맡았다. 물론 왕이 자신이 임명한 사사에게 이러한 재판 권한의 많은 부분을 부여했으리라 추측된다(삼하 14:4-17 ; 15:1-6 참조). 다른 왕실 관리에 관한 구절도 있다(삼하 8:15-18). 학자들은 이러한 관리직 중에는 두 가지 ― 공보관과 비서관 ― 가 이집트 정부 조직의 영향을 받았다는 사실을 발견했다. 그래서 이스라엘은 급속하게 "국가화" 되어갔고, "왕의 신하"라 불리는 일단의 고급 관리들이 이스라엘의 사회 생활에 영향력을 행사하게 되었다.

그러나 이러한 방식만으로는 이스라엘 왕국을 다스리기에 충분치 않았다. 다윗이 이스라엘 전체의 충성을 받기 위해서는 지파 동맹에서의 모세 전승과 종교적인 재가 위에 그의 왕위를 세워야만 했다. 그는 정치적인 쇄신으로 인해서 이스라엘의 종교적 유산이 폐지되지 않도록 해야 할 뿐만 아니라 그 내용을 충실하게 해야 했다. 그래서 그는 실로의 성소에서 빼앗겨서 오랜 망각의 시간 속에 묻혀 있었던 언약궤를 찾아서 떠들썩한 축하 행사 — 여기서 다윗이 너무 기뻐 춤을 추면서 오는 것을 보고 있던 그의 아내가 비웃은 것으로 보아 아마도 그는 옷을 벗고 춤을 추었던 것 같다(삼하 6) — 를 벌이면서 예루살렘으로 가지고 왔다. 언약궤를 예루살렘에서 "장막"에 모셔두자, 다윗의 도시는 "하나님의 도시, 시온"이 되었다. 야훼께서 다시 이스라엘 가운데 현존하게 되었기 때문이다.

더구나 놉에서 사울에게 학살당한 엘리 집안의 제사장들(아비아달을 위시하여) 중에서 살아남은 자들을 예루살렘으로 불러서 왕궁에 거하게 하였다. 이리하여 이스라엘 종교의 중심지는 지파 동맹 시대의 성소였던 실로에서 예루살렘의 왕실 성전으로 이동하였으며 백성들은 거기서 예배를 드렸다. 일부 시편에서는(예를 들면, 시 24:7-10과 132:6-10) "시온 축제"에 대한 대목이 나오는데, "영광의 왕"이신 야훼를 상징하는 언약궤에 권위를 부여하고 해마다 이 언약궤를 예루살렘 성문을 통과하게 하는 축제를 거행했던 것이다(시온 축제에 관하여, 16장을 참조하라).

다윗의 정치적인 쇄신은 사무엘을 중심으로 한 반왕정 보수주의를 거부하는 "왕정 신학"의 성립이었다. 왕실 견해에 의하면, 야훼께서는 다윗과 특별한 계약을 세우셨고 다윗의 왕위는 세세토록 이어질 것이라고 약속하셨다고 한다(삼하 7). 사람들은, 다윗의 후손이면 어떤 왕이든지 야훼의 보호를 받게 된다고 믿었다.

다윗의 야망은 여기서 그치지 않았다. 이미 그는 언약궤를 만남의 장막에 안치시킴으로써(삼하 7:2 참조) 모세 시대로부터 내려온 두 가지 주요 성물을 합쳤다(본서 pp. 147-149 참조). 사무엘하 24:18-25에 보존된 전승에 의하면, 다윗은 아라우나(Araunah)라는 사람에게서 자기 궁전의 북쪽에 위치한 타작 마당을 사서 야훼께 바칠 제단을 세웠다. 이것은 다윗의 포부의 시작에 불과했다. 그는 야훼를 모신 낡은 장막을 이웃 나라의 화려한 왕궁의 성전으로 바꾸려고 하였다. 그러나 지파 동맹 시대의 보수주의를 대변하는 나단(Nathan) 선지자가 야훼께서는 출애굽 시대에서부터 "집안"에 거처하신 것이 아니라 "천막을 치며 옮겨 다녔다"(삼하 7:6)고 말하며 반대를 했다. 최소한 당분간만이었지만 다윗은 현명하게 선지자의 말을 따랐다. 아마도 다윗 자신은 출애굽기에 묘사되어있는 "장막"(출 25-31과 35-40)과 같은 장막-성소(mishkan)를 세우는 것을 원했을 것이다.[13] 그리고 다윗은 이스라엘 종교를 특별히 음악적인 면에서 발전시켰다. 역대상 25장에 의하면, 다윗이 합창단을 조직했다고 한다. 다윗 자신이 평판 좋은 음악가였기 때문에(암 6:5 참조) 어려운 일이 아니었다.

다윗은 지파 동맹 시대의 독자성을 통제하고 수정하기 위한 여러 가지 방법을 강구했다. 주위의 반대에도 불구하고, 전 이스라엘을 대상으로 호구조사를 실시하였다. 이 야심찬 계획이 완성되기까지 9개월 이상이 소요되었다. 이 호구조사는 징집과 징세와 부역의 근거를 마련하기 위해 실시된 것이었다. 이 조사를 통해서 다윗은 백성 개개인이 그들의 지파에 충성을 해야 하는 것이 아니라 왕에게 충성을 바쳐야 한다는 것을 부각시키려 했다. 그러나 계획은 예상을 뒤엎었다. 인구조사에 대한 이스라엘 민중의 원한은 재앙 이야기에서 잘 드러나는데, 다윗이 양심의 가책을 받고 참회를 했는데 야훼께서도 분노를 표시했다고 한다(삼하 24).[14] 그는 또한 백성들에게 부역을 부과하는 정책을 실시했는데(삼하 20:24), 이러한 독재적인 정책은 솔로몬 시대에서는 폭정의 상징이 되었다.

다윗의 고민

따라서 다윗의 인기가 점차 퇴색해간 것은 놀랄 만한 일이 아니었다. 백성들은 점점 더 중앙집권에 반항하기 시작했고 이스라엘이 국가로 출범하기 이전에 누렸던 자주권을 갈망하게 되었다. 뒤에서 살펴보게될 내용이지만 시바의 여왕이 솔로몬을 방문한 이야기(왕상 10:1-10)에서 볼 수 있듯이 외형적으로는, 이스라엘은 주변 나라들이 부러워할 정도로 눈부신 발전을 이룩하였다. 다윗은 비옥한 초승달 지대 전체에 명성을 떨쳤다. 페니키아의 유명한 장인들에 의해 건축된 왕궁이 있는 예루살

---

13) 실로의 지파동맹 성소는 성전이 아닌(삼상 1:7-9) 장막이었을 것이다(시 78:60). 크로스는 자기의 논문 "Temples and High Place in Biblical Times"(Jerusalem, 1981)에서 출애굽기의 제사 장계 자료층(출 25-31, 35-40)에서 묘사된 장막은 다윗이 건축한 텐트 성소를 반영하고 있다고 주장했다. 그의 견해에 의하면 야훼를 위하여 집 혹은 성전을 세운 것은 전적으로 솔로몬의 계획이었다.

14) 역대기 기자는 다윗이 이스라엘의 인구를 계수했던 것을 다윗의 제국주의적 야망 때문이 아니라 사탄에 의한 것으로 돌리고 있다(대상 21:1).

렘은 다윗의 외교 정책과 기술에 대한 기념비라 할 수 있다. 고대 근동의 상업적인 부가 다윗 왕국으로 쏟아져 들어왔다. 그 결과로, 이스라엘인들의 사회 생활이 근본적으로 변화하였고, 신앙은 세계주의적인 양상을 띠게 되었다. 재산에 대한 새로운 개념이 무역업자들에 의해 도입되었으며, 이들은 왕의 군사력으로 보호받았고, 무역을 확대시켰다. 그러나 만사가 다 형통한 것은 아니었다. 다윗 시대에서부터 꿈틀거리고 있었던 울분이 솔로몬이 죽자 터져 나오게 되었다. 다윗의 아들 압살롬(Absalom)은 유대에서 혁명을 일으켜 다윗의 왕좌를 거의 무너뜨릴 뻔했다. 북쪽 지파의 세바(Sheba)라는 사람도 혁명을 꾀했다.

> 우리는 다윗과 함께 할 분의가 없으며
> 이새의 아들과 함께 할 업이 없도다
> 이스라엘아 각각 장막으로 돌아가라.
> — 삼하 20:1

다윗은 이러한 위기 속에서도 흔들리지 않았으나 이것은 앞으로 겪게 될 고난의 서막이었다.

다윗 집안에 일어난 문제는 사무엘하 9-20과 열왕기상 1-2장에 나와있는 조정실록에 기록되어 있다.[15] 이 이야기는 그 당시에 직접 씌어진 작품인데, 너무도 생생하고 신빙성이 있기 때문에 이 이야기는 다윗과 동시대 사람이 쓴 것이거나 아니면 궁정에 있었던 사람에 의해서 기록된 것이 아닌가 추측된다. 우리는 이 이야기에서 다윗 집안의 음모를 일별할 수 있다. 우리는 이러한 자서전적인 관점에서야 다윗 통치의 특성을 알 수 있다. 역대기의 기자와는 달리 조정실록 기자는 왕의 장단점을 솔직히 묘사하고 있다. 왕의 모습을 있는 그대로 그리려고 했고 더 보태거나 빼려고 하지 않았고, 신학적인 편견으로 사실을 감추려 하거나 왜곡시키려 하지도 않았다.

그럼에도 불구하고, 조정실록에서는 다윗의 이야기를 전대미문의 비극적인 이야기 중의 하나로 부각시키려는 종교적인 테마가 깔려있다. 이 비극적인 이야기는 사무엘하 12장에 기록되어 있는 다윗과 예언자 나단과의 만남으로 시작되고 있다. 이 비극적인 사건의 원인은 밧세바(Bathsheba)와 관련된 것이었다. 이 사건은 헐리우

---

15) 궁정사(왕위 계승 설화)에 대한 기본적인 연구는 Leonhard Rost, *Succession to the Throne* 〔308〕. 폰 라트는 이스라엘의 기름부음 받은 자라는 훌륭한 연구논문에서 이것과 관련된 견해를 수립했다. Gerhard von Rad, *Theology*, I 〔142〕, pp. 306-18.

드에서도 영화로 만들어졌을 정도로 흥미있는 사건이다. 다윗은 밧세바를 탐냈다. 이 땅에서 최고의 권세를 가지고 있는 그를 누가 막을 수 있었겠는가? 결국 그녀를 취해서 임신시키게 되었다. 다윗은 전장에 나가 있는 밧세바의 남편인 헷 사람인 우리야를 집에 돌아가 쉬도록 하여 모든 사람이 밧세바가 임신한 아이의 아버지가 우리야라고 생각하도록 했다. 그러나 우리야는 충실한 군인이었으므로 성전 중에 병사들에게 부여된 정결법을 깨뜨리기를 거부했다(삼하 11:11). 그러나 다윗은 우리야의 의지를 약화시킬 심산으로 흠뻑 술에 취하게 했다. 그래도 우리야가 말을 듣지 않자 그를 죽여 의심을 불식시키려 한다. 말하자면 완전 범죄를 꾀한 것이다. "그러나 이 일이 야훼께 거슬렸다"고 성경은 기록하고 있다. 여기서 성경의 기록 가운데 가장 극적인 장면 중의 하나가 전개된다. 예언자 나단은 야훼의 대변자로서 다윗 앞에 나타나서 많은 양과 소를 거느린 부자가 가난한 사람이 애지중지하여 기르고 있는 한 마리의 암 새끼양을 빼앗아 먹었다는 비유를 들자 다윗이 격분했다. 나단은 "당신이 바로 그 사람이다"라고 말하자 다윗은 칼로 찌르는 듯한 양심의 가책을 느낀다. 다윗은 진실로 뉘우치며 "내가 야훼께 죄를 지었소"라고 고백했으나, 이러한 참회만으로는 그의 행위에 대한 운명적인 결과들을 피할 수 없었다.

나머지 조정실록에서는 다윗의 욕망과 살인을 저지른 대가로 그의 자녀들이 일으키는 문제들이 연쇄적으로 기록되어 있다. 한 가지 이야기가 잠깐 삽입되어 있는데, 암논(Amnon)이 그의 배다른 누이인 다말을 범하자 압살롬은 복수로 암논을 살해했다. 이 사건으로 아버지 다윗과 사이가 멀어지자 혁명을 꾀해서 다윗은 깊은 시름에 잠기게 되었다. 그러나 압살롬은 전쟁 중에 머리가 나뭇가지에 걸려 매달려 있다가 요압에게 살해당했다. 혁명을 꾀했던 아들 압살롬이 죽었다는 소식을 듣고 다윗이 느낀 고뇌보다 더 통절한 장면은 구약성서 그 어디에서도 찾아볼 수 없다.

> 왕이 심히 마음이 아파 문루로 올라가서 우니라 저가 올라갈 때에 말하기를 내 아들 압살롬아 내가 너를 대신하여 죽었더면, 압살롬 내 아들아 내 아들아 하였더라
> — 삼하 18:33(RSV).

다윗의 만년에는 아들들이 왕위 계승을 둘러싸고 음모와 배반을 일삼았다. 야훼께서 나단을 통해서 전하신 "내가 네 집안에 재난을 일으키리라"는 무서운 말씀이 실현된 것이다. 다윗이 이루어 놓은 국가의 영광과 부가 아직 남아있었지만, 열왕기상 1-2장에 묘사된 노인 다윗은 그의 식은 몸을 덥히기 위하여 처녀를 구해야 할 만

큼 애처롭고 쇠잔한 몸이 되었다(왕상 1:1-4). 밧세바와의 운명적인 결혼으로 태어
난 솔로몬에 이르러서도 왕국이 둘로 갈라질 때까지 재앙이 계속되었다.

　　이러한 비극적인 사건이 기록될 수 있었던 것은 이스라엘 신앙의 사실주의 때문
이다. 다윗의 이야기는 인간적인 야망의 극치까지 올라갔다가 인간적인 고뇌의 밑바
닥까지 떨어진 이야기이다. 어떤 의미로 볼 때, 다윗은 그의 위대함 때문에 희생된,
최상의 권력을 쥐고자 하는 그의 불굴의 의지 때문에 희생된 인물이다. 자신의 성공
과 국가의 영광을 바란 다윗이지만, 도량이 넓고 매력적인 인물이었기 때문에 친구
는 물론이고 적들도 그를 좋아했다. 그러나 깊은 의미에서 볼 때, 그는 그가 섬기는
하나님과 갈등에 빠졌던 것이다. 그는 하나님의 계약법을 일상 생활의 실제적인 문
제들에도 고려해야만 했다.

　　이야기는 다윗의 생활을 이야기하려고 했던 설화자의 증언이다. "예언자 나단이
다윗이 밧세바를 범한 뒤에 그에게 왔을 때의 다윗의 시편"이라고 설명되어 있는 위
대한 참회의 시인 시편 51편이 다윗의 작품인 것은 의미심장하다.[16] 만약 다윗이 야
훼께서 왕국의 수도로 입성하셨다(시 24:7-10 참조)는 사실을 좀더 진지하게 깨달았
다면, 예언자를 통해서 내린 야훼의 말씀, 즉 다윗의 권력이 심판대에 올랐다는 말
을 듣고 준비했어야만 했다. 이스라엘인의 신앙에서는 참된 왕은 야훼라고 믿었기
때문에 왕을 신성시하는 이집트처럼 왕권을 절대시하는 고대 근동의 풍습을 따를 수
없었던 것이다.

이상적인 왕

　　미국의 역사에서 워싱턴, 링컨, 리 장군과 같은 역사적인 인물들을 이상화시켰
듯이, 세월이 흐름에 따라 다윗의 약점은 차츰 잊혀지고 그의 위대함이 다시 강조되
기 시작했다. 이스라엘의 역사가들은 다윗이 그 어느 왕보다 능력과 선을 갖춘 이상
적인 왕이었다는 것으로 믿게 되었다. 그래서 그는 "야훼의 종"이며, "모든 백성에
게 정의와 공의를 행한"(삼하 8:15) 하나님을 두려워한 왕으로 기억되었다.

　　우리가 이미 살펴보았던 사무엘하 7장의 중요한 구절에 의하면, 하나님과 다윗
의 특별한 관계는 다윗 왕조 전체에 계속된다. 다윗은 예언자 나단에게 삼목나무로
자신의 궁전과 같이 화려하게 야훼께서 거하실 성전을 지을 계획을 밝히고 하나님의

---

16) 일부 시편은 다윗에 의하여 지어진 것으로 보이지만, 그가 시편 전체의 저자는 아니라는 것이 일반
　　적으로 동의되는 사실이다 (16장을 보라).

허락을 얻어 달라고 청했다. 그러나 야훼께서는 다윗의 청을 거절하시고 대신 다윗에게 "집"(왕조)을 세워주고 그의 왕조가 영원히 계속될 것이라고 약속하셨다(11b-13절). 나단의 신탁에 의하면, 다윗 왕은 하나님과 부자관계까지 맺게 되었다(14a ; 시 2:7 참조). 야훼께서는 왕 개개인이 직무상 잘못을 저지르면 그것에 대해서는 벌을 내리겠지만, 야훼의 헤세드(hesed) 또는 계약의 성실성만은 다윗 왕조에서 거두지 않겠다고 약속했다(14b-16). 비록 사무엘하 7장이 신명기계 역사가의 언어와 관점으로 윤색되기는 했지만, 확실하게 이 장의 핵심 부분 — 특별히 시론과 결론 부분이 들어있는 11b-16절 — 은 초기 예루살렘 궁중까지 소급하는 왕정 계약 신학의 전승을 담고 있다.

> 여호와가 또 네게 이르노니 여호와가 너를 위하여 "집"을 이루고
> 네 수한이 차서 네 조상들과 함께 잘 때에
> 내가 네 몸에서 날 자식을 네 뒤에 세워
> 그 나라를 견고케 하리라.
> 저는 내 이름을 위하여 집을 건축할 것이요
> 나는 그 나라 위를 영원히 견고케 하리라
> 나는 그 아비가 되고 그는 내 아들이 되리니
> 저가 만일 죄를 범하면 내가 사람 막대기와
> 인생 채찍으로 징계하려니와.
> — 삼하 7:11b-14

이러한 왕정 계약 신학에서는 야훼께서는 다윗에게 무조건적으로 굳은 서약을 하셨기 때문에, 왕이 백성의 자유를 남용하거나 왕이 죽거나 암살된 경우에 자주 일어나던 백성들의 반란에 의해서도 흔들리지 않을 사회적인 안정이 보장되었다고 믿

---

17) Gerhard von Rad, *Theology*, I (142), 310-14) 폰 라트는 "다윗의 유언"에서 발견되는 "영원한 계약"이라는 주제는 실제적으로 매우 고대성을 가지고 있으며, 삼하 7장의 내용을 전개하기 위하여 오랜 세월 형성되었다고 주장했다. 이 문제에 대하여 F.M. Cross, "The Ideologies of Kingship in the Era of the Empire" (112), 219-65) 그는 주장하기를 첫번째 다윗 계약이 "하나님의 주도하에 하나님이 규정을 제시한 조건적인 계약"이었기 때문에 지파동맹의 종주권 계약의 연장선상에 있었으나, 솔로몬의 가나안적인 압제 아래서 그것은 유대적 이상의 기준을 나타내는 무조건적인 계약으로 발전되어갔다. 다른 학자들은 다윗 자신이 무조건적인 계약을 옹호하는 헤브론과 관련된 더 오랜 계약 개념에 의존했을 것으로 보기도 한다. Murray Newman, *The People of the Covenant* (231), 5,6장; Ronald Clements, *Abraham and David* (293).

MEDITERRANEAN SEA
Byblos
PHOENICIA
MT. LEBANON
ARAM (SYRIA)
Sidon
Damascus
MT. HERMON
Tyre
Dan
BOUNDARY OF EMPIRE
ISRAEL
PLAIN OF JEZREEL
MT. CARMEL
Megiddo
En-dor
Jezreel
Beth-shan
Ramoth-gilead
MT. GILBOA
Jabesh-gilead
Mahanaim(?)
Aphek
Shechem
Shiloh
Gezer
Bethel
Jericho
Rabbath-Ammon
Gibeah
Gilgal
Ashdod
Gibeon
NOB?
AMMON
Jerusalem
PHILISTIA
Ashkelon
Bethlehem
Gath
Tekoa
SALT SEA
Gaza
Lachish
JUDAH
Hebron
WILDERNESS OF JUDAH
Ziklag
Beer-sheba
MOAB
RIVER OF EGYPT
NEGEB
AMALEKITES
ARABIAN DESERT
EDOM
Ezion-geber
THE EMPIRE OF DAVID

었다. 야훼의 영원한 계약(berith 'olam)은 사무엘하 23:1--7, 이른바 "다윗의 마
지막 말"에 잘 나와있는데, 이 구절은 형식으로나 내용적으로나 너무나 오래 되어서
다윗이 직접 썼거나 다윗 궁중의 누군가에 의해서 기록되었을 것이다.[17] 다윗은 다
음과 같이 말하고 있다.

> 내 집이 하나님('El) 앞에 이같지 아니하냐
> 하나님이 나로 더불어 영원한 언약(berith 'olam)을 세우사
> 만사에 구비하고 견고케 하셨다.
> — 사무엘하 23:5

앞에서 우리는 모세의 계약이 종주권 조약의 형식에 영향을 받았다는 것을 살펴
보았다. 다윗의 계약 형식도 가나안과 고대 근동 지방의 개념, 즉 왕권과 신전에 관
한 제도의 영향을 받았다. 고대에서는 왕은 거룩한 인물로 간주되어 신의 대변자나
신의 "아들"이라고 여겨져서 신의 은총은 왕을 통해서 백성에게 전달된다고 믿었다.
그리고 신전도 세계의 중심에 세워졌다고 여겼고, 하늘과 땅이 만나는 장소로 창조
의 세력이 해마다 카오스의 세력을 이긴 신화적인 승리를 재현하는 곳이다. 이와같
이 왕은 신전의 건립자였으며, 신전은 왕이 제의적인 역할을 수행했던 왕실의 성소
였다. 그러나 다윗의 계약에서는 이러한 고대의 관념들은 이스라엘의 역사의 특정
단계에서 야훼께서 다윗왕을 "선택된 자"(메시야)로 지명했고, 시온의 성전은 야훼
의 거할 처소(시 132 참조)로 삼았다는 선포로 수정이 가해졌다.

이스라엘인들이 생각했던 왕정체제는 고대 수메르 왕의 목록에서와 같이[18] 왕권
이 태초부터 "하늘에서 내려온 것"이 아니라 하나님의 섭리에 따라 사울과 다윗 시
대에서부터 시작된 것이었다. 예루살렘 성전은 태고적부터 거룩한 중심지가 된 것이
아니라 솔로몬 시대에 와서 야훼의 처소가 되었다.[19] 그러므로 시편 78편의 유대 해
석자는 야훼께서 다윗 시대에 와서 새로운 전기를 마련하셨다고 선언하였다. 북쪽
지파와 관계되는 모세 계약은 백성들이 배반함으로써 실패로 끝났다. 남쪽 지파(다
윗)의 관점에 의하면, 야훼께서는 실패로 점철된 북쪽 지파의 역사를 배척하시고,

---

18) Pritchard, *Ancient Near Eastern Texts* 〔1〕, p. 265. 고대 근동의 왕조 신학에 대하여
   Aubrey Johnson, *Sacral Kingship in Ancient Israel* 〔442〕.
19) 새로운 "시온 신학"에 대한 논의를 위하여 Bennie C. Ollenburger, *Zion, The City of the
   Great King* 〔352〕; Jon D. Levenson, *Sinai and Zion* 〔140〕, pp. 89-194을 보라.

시온산을 선택하여 성소로 삼으시고(67-69절) 양을 돌보는 목동이었던 "하나님의 종 다윗"을 들어 이스라엘 백성을 다스릴 목자로 삼아(70-72절) 새로이 시작하셨다는 것이다.

"메시야"

　　"메시야"(히브리어: mashiah, 그리스어: christos, 영어: Christ)라는 말은 직역하면 "기름부음을 받은 자"라는 의미인데, 이것은 기름부음의 고대 관습과 신성화를 반영하며, 예언자(왕상 19:16 ; 사 61:1), 제사장(출 28:41 ; 29:7), 또는 왕(삿 9:15, 요담의 우화)과 같은 특별한 지위의 인물을 나타내기도 한다.

　　왕이 되기 위해서는 기름부음을 받아야 하는데, 즉위식 때 예언자나(삼상 10:1 ; 왕상 19:16) 제사장들에 의해서(왕상 1:39 ; 왕하 11:12) 기름이 부어진다. 기름부음은 왕의 지위를 "성스럽게" 만든다. 이것은 그에게 주어진 왕의 지위로 인해 하나님과의 특별한 관계가 생겼다는 것을 말한다. 이것은 한순간에 사울을 죽일 수 있었던 다윗이 왜 사울을 죽이지 않았는가를 설명해준다. "그는 야훼의 기름 부음을 받은 자가 됨이니라"(삼상 24:6, 10).

　　구약성서에서 메시야(messiah) 또는 왕실 문헌에서 사용되었던 마시야(mashiah)는 항상 하나님의 대변자로서 이 땅의 왕국을 통치하는 것으로 여겨지는 군주를 지칭한다. 구약성서의 경계를 넘어선 후대 문학에서는 메시야는 미래에 이 땅 위에 하나님의 왕국을 세우기 위해 오시는 뛰어난 왕을 의미하게 되었다. 이러한 의미에서는 그리스어의 그리스도(ho christos)와 일치하며, 신약성경에서 사용되고 있다(예: 막 8:29).

다윗이 죽고 난 뒤 이스라엘인들이 비극적인 정치적인 체험을 겪자, 메시야(기름부음을 받은 자)가 다윗 혈통에서 나와 이스라엘 지파들을 통일하고 예루살렘의 지위를 다시 회복시켜 만방 중에 빛내주기를 희망했다(사 9장과 11장 참조). 국가가 재난에 처했을 때 이스라엘 백성은 하나님께서 다윗과 맺은 언약을 상기하셔서 이스라엘 왕국을 다시 부흥시켜 달라고 기도했다. 예를 들어 시편 89편은 하나님께서 자기의 백성을 굽어보시고 자비와 권세를 베풀어 예언자 나단을 통해서 다윗과 맺은 언약을 성취시켜 달라고 부르짖는 통절한 애원의 기도이다. 모든 것을 잃어버렸다고 느꼈을 때, 백성들은 다윗 통치하의 영화로웠던 시대를 되돌아보았고 이것을 미래에 나타날 하나님 나라의 표본으로 예견했다. 실제로 신약과 구약성서에서 큰 비중을 차지하고 있는 하나님 나라에 대한 전체적인 개념은 다윗 치하에서 국가 기반이 세

워졌던 사실에 대한 신학적인 반성에 의해서 큰 영향을 받았다. 마치 이스라엘의 언약 신앙이 지파 동맹 시대에 새로운 의미를 찾게 되었듯이, 지파 동맹과 다른 왕정 시대에도 이스라엘의 언약 신앙은 다시 새로운 의미를 찾게 되었던 것이다. 따라서 왕국, 다윗의 도시, 다윗 왕조, 성전, 다윗과의 언약이 가진 신학적인 중요성이 더욱 커졌던 것이다.

그러나 우리는 이스라엘의 왕정 제도의 실시가 지파 동맹에서 왕정 제도로 바뀌면 이스라엘이 주변 나라들처럼 되어 야훼의 백성이 변질될 것이라고 우려한 보수주의자들의 강한 반발에 부딪혔다는 사실을 강조하지 않을 수 없다. 사무엘하 7:1-7이 유대의 다윗 왕조의 존속과 관련되어 있는 후기 문학 원전에서 유래했지만, 사무엘하 7:1-7의 나단 예언자의 반응은 보수주의의 견해를 담고 있다. 다윗은 언약궤, 장막, 제사장직과 같은 지파 동맹 시대의 전승들을 성공적으로 예루살렘으로 옮겨왔다. 그러나 이스라엘의 "특성" 즉 공동체 구조에 변화가 일어났다.

하나님의 백성인 이스라엘은 중앙 성소에서 야훼를 향한 언약의 충실성으로 묶인 것이 아니라, 왕과 백성 사이의 약정을 바탕으로 하여 정치적으로 묶이게 된 것이다(삼하 5:3). 이스라엘 백성은 왕국의 시민으로서 왕에게 충성을 바쳐야 했고, 왕은 인구 조사와 강제 노역을 부과하고, 그의 권력에 복종하도록 할 수 있었다. 왕정 제도의 실시 역사를 통해서 이와 같은 이스라엘의 두 가지 개념 사이에는 깊은 갈등이 자리잡게 되었다. 이스라엘이 근동 지방의 왕정 제도를 모방하여 국가 형태를 취하게 되자, 이스라엘 고유의 특성이 사라지게 되었고 권력 투쟁과 고대 근동 지방의 문화에 삼켜질 위험에 직면하게 되었다.

솔로몬의 영화

"솔로몬의 모든 영광으로도 입은 것이 들에 핀 백합꽃의 아름다움만 같지 못하였느니라"(마 6:29)라고 한 예수의 유명한 말씀만 보아도, 솔로몬이 부와 영화의 상징이었음을 알 수 있다. 이스라엘의 어느 왕도 심지어 다윗까지도 솔로몬보다 더 세속적인 영화를 누리지 못하였다. 솔로몬의 거대한 토목 공사, 전설적인 부와 많은 후궁들, 활발한 교역, 발전된 군사력, 지혜와 예술에 대한 장려, 이 모든 것은 백성들뿐만이 아니라 스바 여왕과 같은 방문객들까지도 감탄해 마지 않았다.

　　어린 시절을 사사들이 다스리는 단순한 시골 생활로 보낸 당시의 80대 사람들은 그들의 인생에서 갑작스런 변화가 일어났다는 것에 놀라움을 금치 못했을 것이다. 오류십 년이란 짧은 기간에 이스라엘은 정치적 혼미 속에서 제국의 위치로까지 부상했고, 주변 나라들의 부러움을 살 정도로 정치적 경제적으로 크게 성장했다. 이미 살펴본 바와 같이, 이러한 지위 향상은 다윗 덕분이었다. 솔로몬은 그의 아버지 같은 무사는 아니었지만, 정치적인 판단력과 능란한 외교술 덕분에 다윗이 벌여놓았던 정책을 잘 수행할 수 있었다. 다윗이 세운 왕국이 솔로몬의 치세 중 에돔과 시리아가 혁명을 일으켜(왕상 11:15-25) 그 지역에 대한 통제력을 잃기 시작한 것은 사실이지만, 솔로몬의 치하에서는 평화가 지속되었다.

　　솔로몬의 치적은 주변정세에 도움을 받았다. 이집트는 여전히 정치적으로 나약했고, 앗시리아는 거의 한 세기 동안이나 위협적인 존재가 못되었고, 기타 군소 국가들은 교역상의 조약 때문에 이스라엘에 묶여 있거나 군사적으로 종속되어 있었다. 당시의 정치 무대에서 두각을 나타낸 인물은 두로의 왕 히람 1세인데, 그의 영도 하에 페니키아인(가나안인의 일부)은 지중해 연안 전체에 거대한 제국을 건설하였다. 다윗은 이미 히람과 동맹을 맺어 놓았고, 솔로몬은 당시 내륙의 도로들을 군사적으로 장악하고 있었기 때문에 그와 쉽사리 우호 정책을 지속해 나갈 수 있었다. 이같은 당시의 정세는 눈부신 물질적인 번영을 가능케 하였다.

역사가의 편견

　　다윗의 조정실록은 왕위 계승 첫번째 서열이었던 아도니야(Adonijah) 대신에 솔로몬이 세력을 잡게 된 음모가 기록되어 있는 왕상 1-2장에서 끝맺는다. 솔로몬이 왕이 된 것은 사울이나 다윗과 같이 카리스마에 있었던 것이 아니라, 순전히 신분과 지지자들의 정치적인 영향력 때문이었다. 솔로몬은 왕위 경쟁자들을 제거함으로써 "왕국이 솔로몬의 손에 견고하여졌다"(왕상 2:46). 이것은 고대 왕위 쟁취를 위한 과정에서 흔하게 볼 수 있는 방법이다. 그러므로 이러한 관점에서 이스라엘은 "주변 나라와 비슷하게" 되었던 것이다. 그 후에 이스라엘의 카리스마적인 지도자는 예언자로 알려진 특수한 계층에 국한되었다(8장 참조). 후대의 이스라엘 백성은 다윗에게 "야훼의 영"이 내렸던 것과 같이 다시 왕에게 내리게 될 미래의 메시야 시대를 염원하게 되었던 것이다(사 11:1-2 참조).

　　다윗의 조정실록은 왕상 2장에서 갑자기 끝을 맺는다. 그래서 솔로몬 시대를 알기 위해서는 3-11장의 자료를 보아야 한다. 이 부분의 역사적 보도는 현존하지 않는 왕실문서에서 유래하고 있는 것이 분명한데, 왕상 11:41에서는 이것을 "솔로몬의 행장"이라 지칭하고 있다. 그러나 현재의 형태로 전해 내려오고 있는 이 이야기는 신명기계 역사의 관점에서 손질이 된 것이다. 흔히 이 이야기의 언어는 신명기계 역사의 양식을 띠었고, 여호수아서, 사사기, 사무엘상하, 특히 사무엘하 7장(예를 들어, 왕상 3:3-14 ; 5:3-5 ; 6:11-13 ; 8:14-61 ; 9:1-9 ; 11:1-13 참조)에서 신명기계 사상이 나타나고 있다. 이러한 포괄적인 역사를 구성하였던 신명기계 역사가는 그의 중심적인 신학 사상을 강조하기 위하여 왕실의 연대기에서 그의 의도와 맞는 부분을 골라서 해석을 첨가시켰을 것이다.

신명기계 사가의 확신은 좀더 분명하게 나타난다. 그 한 가지는 야훼를 섬기기 위해서는 예루살렘에 가서 섬겨야 한다고 생각했고, 예루살렘 밖에 있는 "산당"에 가서 섬기면 안된다고 했다. 그 결과, 그들은 솔로몬의 많은 업적을 적당히 처리하고 있지만, 성전 건축에 대해서는 지대한 관심을 보이고 있다. 더구나 그들은 야훼께서 다윗에게 "집"을 지어줄 것이라고 약속을 하셨기 때문에(삼상 7장) 다윗의 왕조만이 정통성을 갖고 있다는 것을 확신했다. 그렇기 때문에 사가가 솔로몬을 주저없이 성전 건축자로 묘사한 것이 조금도 이상한 일이 아니다. 그들은 솔로몬이 처음에는 예루살렘 밖에 있는 "산당"에서 야훼께 예배를 드린 것을, 그때까지는 성전이 건축되지 않았기 때문이었다고 하여 솔로몬을 옹호했다(왕상 3:1ff.). 그러나 바로 그 다음 구절에서는 "솔로몬이 야훼를 사랑했고 자기 아버지 법도를 따라 살았다"(왕상 11:4-6)고 했다. 그러나 나중에 이러한 판단은 바뀌게 된다.

사가는 열왕기상하권의 후기 이야기에서 야훼께서 다윗 왕조에 은혜를 베푼 것은 "다윗 때문"이라고 확언한다. 마지막으로 이들 사가들은 북쪽 지파에서 왕조가 시작되기 전, 백성이 한데 뭉쳐서 단결하였던 시절을 동경하는 마음으로 회상하였다. 그들은 집필하던 당시의 불행한 시국 상황과 유프라테스강에서부터 이집트 변방에 이르기까지 다스렸던 솔로몬 시대와 비교하면서 영광스러웠던 과거에 향수를 느꼈다. 솔로몬의 억업 정치에 대해서 바르게 기술하면서도 "유다와 이스라엘은 바다의 모래처럼 번창하였으며, 먹고 마시는데 아쉬움을 모르며 행복하게 살았다"(왕상 4:20-21)고 말하고 있다. 과장이 섞이긴 했으나, 사가는 "솔로몬은 부와 지혜에서 이 세상 어느 왕보다 뛰어났다"고 자랑했다.

그러나 이것은 솔로몬의 통치를 채색된 유리를 통해서 보는 것과 같은 관점이다. 사실 다윗과 솔로몬 — 아버지와 아들 — 은 대조를 이룬다. 다윗은 목동에서부

터 무사로 온갖 풍파를 거치면서 어렵게 왕이 된 인물이다. 그의 위대함은 그의 유
년시절에 영향을 주었던 지파 동맹의 전승과 관습들을 경멸하지 않을 만큼 겸손했다
는 것이다. 이와는 대조적으로 솔로몬은 "왕자로 태어나서" 궁전에서 비참함을 결코
맛보지 않고 사치스런 생활을 했다. 그는 처음부터 끝까지 절대적인 권력을 행사했
고, 그 이전의 지파 동맹의 의무나 사회적인 제도에는 관심도 없었다.

왕상 3:3-15의 전설적인 이야기에서 솔로몬은 하나님께 부와 명예보다는 백성
을 판단할 수 있는(다스릴 수 있는) 지혜를 구했다. 그러나 그의 행정의 실제적인
면을 보면 이러한 꿈을 현실화시킬 수 있는 열의가 부족했음을 알 수 있다. 그는 천
성이 야심만만하고 이기적이었으므로 그의 화려한 예루살렘 궁전도 이스라엘의 위대
한 왕의 영광과 평판을 반영한 거울 궁전이었다. 이스라엘의 왕은 독립적으로 백성
을 다스릴 수 없고 야훼의 토라에 의해서 다스려야 한다는 신명기 17:14-20의 법도
솔로몬을 염두에 두고 만들어졌음에 틀림없다.

성전 건축과 확장 계획

솔로몬은 당시의 유리한 국제 정세에 힘입어 20년에 걸친 야심적인 토목공사에
전념할 수 있었다. 사가는 성전 건축을 가장 중요한 사업으로 여겼으므로 상대적으
로 성전의 건립, 계획, 성전 기구 등에 많은 지면을 할애했다(왕상 5-7). 성전은 고
대도시가 자리잡았던 곳으로부터 위쪽(북쪽)에 있는 산마루에 위치했는데, 다윗이
옛날에 제단을 세우기 위해서 샀던 땅이다(삼하 24:18-25). 바로 이 장소가 오늘날
오마(Omar)의 모스크로 둘러싸인 거룩한 바위에 의해 표시되어 있는데, 바위의 돔
(Dome of the Rock)이라고도 알려져 있다.[20] 오늘날의 대성당에 비교하면 평범하
지만 그 당시로서는 대건축이었다. 다윗의 옛 도성인 시온에서 언약궤를 옮겨와서
정성스러운 의식을 거행하여 중앙 성소로 봉헌하였다. 이 의식은 솔로몬이 직접 행
하였고 후에 신명기계 언어로 손질이 되었지만 훌륭한 기도까지 지어 바쳤다(왕상
8:22-53).[21] 그러나 언약궤는 이스라엘의 전통적인 모세 유산과 연결되는 것이지만,
페니키아인(가나안인)이 설계한 성전은 가나안의 문화가 이스라엘의 생활과 신앙에

---

20) 위치를 논하기 위하여 Roland de Vaux, *Ancient Israel* 〔113〕, pp. 318-19를 보라.
21) 신명기 학파의 신학자들은 성전에 거하시는 야훼는 너무나도 제한적이라는 생각을 하고 있었다 (왕
상 8:27). 그들은 이런 난제를, 가장 높은 하늘이라도 그를 모시기에 적절하지 못한 초월적인 야훼
께서 신적인 "이름"(야훼의 또 다른 자아라고 할 수 있는)을 성전에 거하게 했다(28절)고 말함으로
써 해결했다..

까지 침투한 사실을 나타내고 있다.[22] 이스라엘 조상들의 신앙을 소중히 여겼던 이스라엘인이라면 솔로몬의 이같은 대담한 외국 문화 모방에 충격을 받았음이 틀림없다. 따라서 국가 성소인 이 성전이 이스라엘인들의 호감을 사는 데에는 여러 해가 걸리지 않을 수 없었다. 실제로 이스라엘의 신앙 역사에서 12개나 되는 이스라엘 성전들이 각기 다른 시대에 사용되었다.[23]

사실 예루살렘 성전 건축은 솔로몬의 다른 토목 공사에 비하면 소규모에 지나지 않는다. 성전을 짓는데 7년이 걸렸지만, 관리 청사, 왕실, 그의 이집트 출신 왕비의 궁 등 왕궁을 짓는 데에는 13년이나 걸렸다. 더구나 예루살렘 밖에 "병거부대를 위한 도시"를 세우고, 게셀(Gezer), 므깃도(Megiddo), 하솔(Hazor) 등 그 밖의 도시를 요새화하였다(왕상 9:15-19). 솔로몬은 말이 끄는 거대한 전차 부대를 거느려 자신의 영토를 지키고 페니키아, 이집트, 아라비아 등 세계 여러 곳으로부터 부를 끌어들이는 교역로를 장악할 수 있었다(왕상 4:26 ; 9:10 ; 10:26). 솔로몬 왕실 소속 무역업자들은 이집트로부터 말을 사들였고 말을 수입하기 위해서 고대 헷 왕국이 있었던 길리기아(Cilicia)까지 손을 뻗쳤다. 실제로 솔로몬은 다른 나라에 말과 병거를 수출하여 막대한 이득을 남겼다(왕상 10:28-29).

솔로몬의 광범위한 무역업의 좋은 예를 들자면, 홍해에서 북쪽으로 뻗어 있는 아카바만의 에시온 게벨(Ezion-geber)에 그가 창설한 "상선단"이다(왕상 9:26-28 ; 10:22). 이러한 상선들은 두로의 왕 히람과의 협력 하에 먼 항구까지 항해했고, 그리하여 팔레스타인에서 가장 필요했던 것, 즉 항구를 솔로몬에게 제공하였다. 후일 카르타고인의 조상이며 해양 민족인 페니키아인은 이미 지중해 세계에 교역을 하고 있었다. 솔로몬은 히람과의 동맹으로 페니키아의 항구를 통해서 팔레스타인으로 부를 들여올 수 있었고(왕상 10:22 참조), 페니키아의 항해술을 이용하여 홍해와 인도양을 개척하여 이득을 얻었다.

---

22) 성전의 가나안적 설계에 대하여 G. Ernest Wright, "Solomon's Temple Resurrected" *The Biblical Archaeology* IV (1941), 17-31; W. F. Albright, *Archaeology and the Religion of Israel* [111], pp. 142-55. Roland de Vaux, *Ancient Israel* [113], pp. 310-30는 예루살렘 성전의 구조, 장식, 기구, 역사, 그리고 신학에 대하여 충분히 논하고 있다.

23) Menahem Haran, *Temples and Temple Services* [397], 2장을 보라. 그는 (374면에서) 브엘세바의 동남쪽 지역인 아랏에 있는 성전의 정체가 무엇인지 확실하지 않다고 말하고 있다. 이 성전은 고고학의 관심을 받은 유일한 이스라엘의 성전인데 10세기에 세워져서 9세기에 확장되었다. Yohanan Aharoni, "The Israelite Sanctuary at Arad", *New Directions in Biblical Archaeology* [103], 25-39.

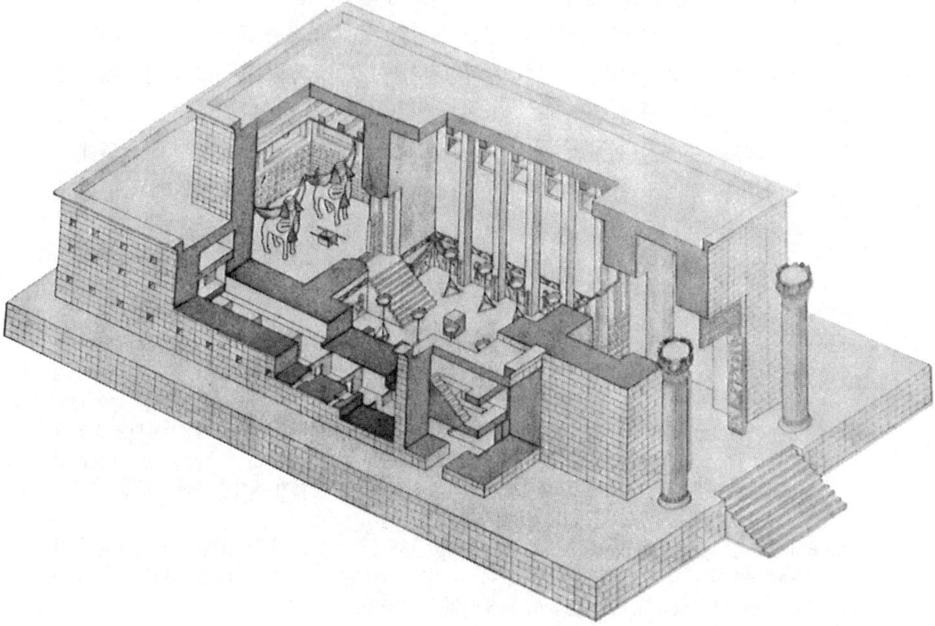

솔로몬의 성전 — 외부와 내부 단면

에시온 게벨의 항구 건설은 그 자체로 중요한 정치적인 업적이었다.[24] 스바의 여왕이 남쪽 아라비아로부터 긴 여행을 하면서까지 솔로몬을 찾아온 것은(왕상 10:1-13) 아마도 그와 통상 조약을 맺기 위해서였을 것이다. 만약에 그것이 사실이었다면 여왕이 "마음 속에 품었던 문제들을 그에게 말했을 때", 두 나라 사이의 경제적인 관계를 화제로 삼았을 것이 틀림없다. "솔로몬 왕은 스바 여왕이 요청한 것을 모두 주었다"(왕상 10:1-13)는 것으로 보아 분명히 여왕의 외교적 노력은 헛되지 않았다. 전통적으로 에디오피아의 통치자들이 스바 여왕을 통한 솔로몬의 직계라고 주장했다는 기록은 흥미롭다.

불만을 품은 자들의 소요

그러나 솔로몬의 이러한 찬란한 업적으로부터 잠시 뒤를 돌아본다면, 노도와 같이 밀려오는 불만의 소리를 들을 수 있을 것이다. 이집트의 바로들과 마찬가지로 솔로몬도 강제노역을 통해서 그의 계획을 밀고 나갔다. 막대한 비용을 지불하기 위하여 그는 왕국을 12개 징세 구역으로 나누어서 각 구역마다 장관을 배치하였다(왕상 4:7-19). 이러한 장관들의 임무 가운데 하나는 왕실의 저장 창고를 채우는 것이었다 (왕상 4:22-28). 사가들은 솔로몬의 행정 개편의 실제 목적은 고대 지파 제도를 열두 징세 구역으로 대체시키고, 왕실의 피임명자의 감독 하에서 — 그들 중 둘은 솔로몬의 사위이다 — 중앙 집권화를 꾀하는 것이었다고 여겨진다.[25] 그는 전체 지파 중 절반 정도의 구역을 의도적으로 변경시켰다. 옛 지파의 독립성의 잔재를 없애기 위해서 더 나은 방법은 없었다. 이러한 점에서 솔로몬은 지파의 구분과 지파의 대표자를 존중했던 아버지 다윗의 행정 정책을 바꾸었다.

솔로몬의 강제 노역 계획은 지극히 과중했다. 비록 그의 토목 공사에 정복민을 많이 이용했으나, 자신의 백성에게도 과중한 노역을 부과하였다. 이스라엘인 3만명을 뽑아 레바논의 노동 수용소에 보내 만 명이 한 달씩 번갈아가면서 일을 하도록

---

24) 에시온 게벨(Tell el-Kheleifeh)은 Nelson Gluek의 감독하에 1938-40년에 발굴되었다. 그는 그의 저서 *The Other Side of Jordan* (New Haven : American Schools of Oriental Research, 1940), 3,4장에서 동 제련소의 폐허를 연구했던 그의 초기 해석을 다시 연구했다. *The Biblical Archaeologist*, XXVIII (1965), 70-87을 보라.

25) Roland de Vaux, *Ancient Israel* (113), pp. 138-35. 드보는 다윗의 출신 지파인 유다가 이 제도에 포함되지 않았고 자신의 행정체계를 가지고 있었다고 지적했다. G.E. Wright, "The Provinces of Solomon" *Eretz Israel*, 8 (1967), 58-68.

했다(왕상 5:13-18). 이 숫자는 1940년도에 미국에서 징병된 5백만 명에 비길 수 있다. 징집된 이스라엘인들은 레바논에서 삼목나무를 베어서 뗏목을 만들어 페니키아 연안 욥바(Joppa)로 내려보내면 여기서 이 뗏목들을 건져서 산을 넘어서 예루살렘으로 날랐다. 이스라엘인 8만 명이 돌 깨는데 동원되었고, 짐 나르는 데 7만 명이 동원되었다고 전하고 있다. 이와 같이 성전을 건축하는 데 재정상의 지출보다 더 큰 희생을 치러야 했으니 바로 백성들의 생활과 자유의 억압이었다. 만약에 백성들이 주변 나라들처럼 자신들을 다스릴 왕을 원한다면 왕의 권력에 의해서 백성들의 자유가 무자비하게 박탈당할 것이고, 세속화되고, 계약 공동체의 바탕이 흔들릴 것이라는 사무엘의 불길한 경고가 바로 적중했던 것이다.

그렇기 때문에 백성들의 울분이 마침내 혁명으로 터지게 된 것은 조금도 놀라운 일이 아니다. 반란의 지도자는 솔로몬이 부역 책임자로 임명했던 북쪽 지파의 하나인 에브라임 출신인 느밧(Nebat)의 아들 여로보암(Jeroboam)이었다. 심지어 다윗의 통치 하에서도 사울을 지지했던 북쪽 지파들이 통일 왕국을 탈퇴하려는 시도를 했었다. 솔로몬의 억압 정책은 이러한 반항을 제거하지 못했고 그의 죽음은 화약고에 불을 붙이는 것이 되었다. 더구나 음모를 꾸며서 솔로몬을 왕으로 추대한 사람이 예언자 나단이었듯이, 야훼께서 "솔로몬의 손 안에 있는 나라를 찢어" 다윗의 후손에게는 유다 지파만 남길 것이라고 전한 사람은 예언자 아히야(Ahijah, 왕상 11:29-39)였다. 이스라엘은 예언자의 가르침을 통해서, 역사적인 투쟁 안에서 하나님의 판단과 자비가 있다는 모세와 여호수아의 시대부터 깊이 박힌 교훈을 다시금 배워야 했다. 이집트의 압제에서부터 자기의 백성을 구원하셨던 하나님은 국가 종교라는 미명 하에 감추어진 절대적인 권력을 행사하려는 왕의 독재로부터도 역시 백성들을 구하실 수 있었다. 다른 고대 종교와는 달리 이스라엘의 신앙은 기존 질서와의 조화를 촉진하거나 인정하려 하지 않았고, 오히려 하나님의 뜻과 인간의 야망, 하나님의 나라와 이스라엘 왕국 사이의 갈등을 강조함으로써 사회적인 변화를 촉진하고자 했다. 이스라엘의 하나님은 다윗과 솔로몬에 의해 완성된 왕국의 기초를 흔들었던 정치적 사건들을 준비하셨던 것이다.

솔로몬의 관대함

"야훼께서 솔로몬에게 노하셨다"(왕상 11:9 ; 9:1-9). 이것은 솔로몬의 통치의 의미를 숙고한 신명기계 사가의 증언이다. 솔로몬의 왕국은 하나님의 기대에 미달했던 것이다. 그러나 사가는 솔로몬의 업적을 평가하는데 꽤 관대했다. 그는 솔로몬의 결점을 그의 망령 때문이라고 했다. "솔로몬의 나이 늙을 때에 왕비들이 그 마음을 돌이켜 다른 신들을 좇게 하였으므로 왕의 마음이 그 부친 다윗의 마음과 같지 아니하여 그 하나님 여호와 앞에 온전치 못하였으니"(왕상 11:4). 사가는 솔로몬의 약점은 후궁들에게 지나치게 관대함이었다고 보았다. 솔로몬은 "칠백 명의 아내와 삼백 명의 첩"을 거느렸다고 되어있으나, 이것은 관능적인 면을 의미하는 것이 아니었다. 그가 결혼을 많이 한 목적은 주변 나라들과 정치적 문화적으로 긴밀한 유대를 맺으려는 정략 결혼이었다. 따라서 이집트의 바로의 딸과 결혼을 함으로써 이스라엘과 이집트가 동맹을 맺었으며 신부의 지참금으로 게셀성을 선물로 받았다(왕상 3:1 ; 9:16). 이와 같은 결혼들은 정치적인 목적에 의해서 이루어진 것이었으므로 솔로몬은 외국에서 데려온 아내에게 그들의 이방 종교를 섬기도록 허용하였고 수도 안에 그들을 위해서 신당을 세워주기도 했다. 이러한 일들은 신명기계 사가에게는 참을 수 없는 일이었다. 이스라엘의 왕이 우상 숭배를 인정하여 이스라엘의 신앙을 쇠퇴시키고 타락시켰다고 생각했기 때문이다.

이러한 판단을 내리게 되는 동기가 솔로몬의 고령 때문만은 아니다. 왜냐하면 솔로몬은 재임 기간 내내 종교적인 혼합주의 — 즉 이스라엘의 전통적인 신앙과 외국 종교의 융합 — 를 추구했기 때문이다. 외국의 영향은 이스라엘인의 생활을 크게 변화시켰다. 단순한 이스라엘의 농촌 사회는 솔로몬이 이룩한 물질적인 번영에 휩쓸려 갔고, 일부는 벼락 부자가 되어 왕실의 보호를 받았고 일부는 비참한 가난에 시달리며 왕실 노예로 전락하게 되었다. 왕국의 수도인 예루살렘은 세계 만방으로부터 온 대상들이 부와 함께 새로운 사상과 관습을 가지고 와서 국제적 도시로 바뀌게 되었다. 외국의 건축가가 설계한 성전도 "새로운 사조"를 나타내는 중요한 상징이었다. 아마도 솔로몬은 자신을 야훼 신봉자로 여겼겠지만, 그가 바알 종교에 보인 관대함은 결국 모세 신앙의 유산과 바알 종교를 혼합시키는 결과를 낳고 말았다. 예를 들면, "바다"(태초의 대양을 상징)는 열두 마리의 황소가 떠받치고 있다고(왕상 7:23-26) 믿었는데, 이것만 보아도 비옥한 초승달 지대의 신화적 요소와 풍요 사상이 깊게 박혀 있다는 것을 알 수 있다. 성전도 야훼의 천상 거소를 모방한 것, 대우주의 축소판이라고 생각했는데, 이것은 성전이 지상계와 천상계 사이에 존재하는 통로라는 고대 신화적인 관점과 연관된 것이다.[26]

결국 솔로몬의 "관대함"은 이스라엘의 모세 전승의 유산에서 눈을 돌려 이집트 궁중과 같은 다른 나라들에서 유행하던 국제적인 지혜를 추구하게 했다. 실제로 솔로몬은 이스라엘의 지혜 추구를 장려하였으며 이러한 지혜 추구는 이스라엘인들의 삶과 사상, 왕정 초기와 심지어 그 이전에도 중요한 부분이었다(17장 참조). 아마도 지혜에 대한 욕심을 갖고 있는 솔로몬의 업적에 대한 확실한 근거가 있을 것이다.[27] 그는 두로의 히람왕과 능란하게 동맹을 맺은 외교가였고(왕상 5:12 ; 5:7), 또한 지혜가 뛰어났다. 그의 탁월한 지혜는 왕상 3:16-28에 나오는 한 아기를 놓고 다투는 두 어머니에 대해서 명쾌한 판단을 내리는 대목에서 흔히 인용된다. 이 이야기는 이 아기를 칼로 둘로 갈라 어머니한테 반씩 주라고 솔로몬이 명령을 내리자 이 아이의 진짜 어머니는 이 아이를 상대방에게 양보한다. 솔로몬은 어머니의 사랑을 이해했기 때문에 양보한 어머니에게 아이를 돌려준다. 지혜 전승의 가장 뛰어난 것 중 하나인 이 설화는 왕의 판단에 대한 이스라엘 공동체의 반응을 다음과 같이 기술하고 있다.

> 온 이스라엘이 왕의 심리하여 판결함을 듣고 왕을 두려워하였으니 이는 하나님의 지혜가 저의 속에 있어 판결함을 봄이더라.
> — 왕상 3:28(RSV)

여기서 우리는 왕의 편집자가 야훼께서 솔로몬의 "신명기적" 기도(왕상 3:3-14)에 응답하셔서 솔로몬에게 지혜의 선물을 주셨다는 증거로써 이러한 대중적으로 잘 알려진 이야기를 선택하여 기록하기 전에 이 이야기는 수년간 구전으로 전해졌음이 틀림없다는 것을 알 수 있다. 이 이야기는 고대 이스라엘인의 지혜에 대한 관심을 이해하는데 중요하다. 우리 생각에는 솔로몬은 필요한 순간에 심리학적인 방법을 어떻게 이용해야 하는가를 알고 있는 영리한 재판관이었을 뿐이다. 그러나 이스라엘인의 시각에서는 심리학적인 통찰력이란 정신적으로 매우 성숙하거나 인간의 행동을 날카롭게 관찰했다고 하더라도 그렇게 쉽게 얻어지는 것이 아니라고 보았다. 오히려 이스라엘인들은 야훼께서 제사장에게 주신 "가르침"(토라) 또는 예언자에게 주신 "말씀"과 같이, 현인에게 부여하신 지혜라고 믿었던 것이다(렘 18:18).

왕의 편집자는 솔로몬의 유명한 지혜에 관하여 성격상 사실적인 다른 자료들을

---

26) R.E. Clements, *God and Temple* [437], 5장; Mircea Eliade, *Cosmos and History* [120], pp. 6-20.

27) Albrecht Alt, "Die Weisheit Salomos", *Kleine Schriften*, II (Munich, 1953), 90-99. 알트는 솔로몬 지혜의 독창성을 옹호했다. 그러나 R.B.Y. Scott, "Solomon and the Beginnings of Wisdom in Israel", *Wisdom in Israel and in the Ancient Near East* [464], 262-79. 히스기야 왕 때(B.C.E. 700)까지 이스라엘 운동의 기원을 더듬었다.

보존하고 있었다. 왕상 4:29-34의 한 구절은 "솔로몬의 지혜가 동양(즉 아랍의 베두인) 모든 사람의 지혜와 이집트의 모든 지혜보다 뛰어날" 뿐만 아니라 에돔의 현인이었던 마홀의 아들들의 지혜보다도 뛰어나다고 말하고 있다.[28] 세계 여러 나라에서 온 사람들은 "다른 모든 사람보다 뛰어난 지혜의 소유자인" 솔로몬의 지혜에 대해서 듣게 되었다.

> 저가 또 초목을 논하되 레바논 삼목나무로부터 담에 나는 우슬초까지 하고 저가 또 짐승과 새와 기어 다니는 것과 물고기를 논한지라.
> — 왕상 4:33(RSV)

이것은 솔로몬이 식물학자였다는 것을 뜻하는 것은 아니다. 고대인들은 자연과 인간의 본성 사이의 뚜렷한 차이점을 발견해내지 못했기 때문에, 현인은 우리가 말하는 "자연"이라고 부르는 것을 연구함으로써 인간 행동에 대해서도 정확한 통찰력을 갖게 된다고 생각했다. 현인은 모든 존재하는 것들 — 짐승과 인간 — 의 행복이 달려있는 하나님의 질서에 대한 통찰력을 갖고자 했다. 아크나톤(Akhnaton)의 절묘한 시 "아톤의 찬양"과 제사장계 창조 설화(창 1:1-2:3)와 관계 있는 시편 104편은, 창조자로서 야훼를 믿는 이스라엘의 신앙에 지혜가 심오한 영향을 주었다는 증언이다.[29]

이스라엘 신앙의 새로운 지평

우리는 솔로몬 시대에 이스라엘인들의 생활 전반 — 즉 정치적, 경제적, 사회적, 학문적으로 — 에 거대한 변화가 일어났다는 것을 알 수 있다. 지혜의 강조는 새로운 생활 방식의 한 징조였을 따름이었는데, 근본적으로 지파 동맹 시대의 관점으로부터 솔로몬 시대에 "세속적"인 것을 중시하는 관점으로의 전환이었다.[30] 아마

---

28) W.F. Albright, *Archaeology and the Religion of Israel* 〔111 아래 인용됨〕, pp. 127-28. 올브라이트는 마홀의 아들들이 가나안적인 현인이라고 보고 있다.

29) 아크나톤을 찬양하는 노래는 Pritchard, *Ancient Near Eastern Texts* 〔1〕, pp. 369-70에서 찾아볼 수 있다. 시 104편과 창조신학에 대한 논의에 관하여 B.W. Anderson, *Creation in the Old Testament* 〔129〕, pp. 11-14.

도 "세속적"이라는 형용어가 너무 의미 전달이 강할지도 모른다. 왜냐하면 하나님에 대한 관심이 없는 현대의 세속화와 같게 들릴지도 모르기 때문이다. 어쨌든 솔로몬 시대에 "개화한" 이스라엘 백성에게, 이스라엘 역사에 특별한 모습과 표징과 이적으로 직접 역사에 참여하시고 간섭하시는 야훼의 소박한 모습은 더 이상 만족감을 주지 못하게 되었다. 새로운 신학에 의하면, 야훼의 현존은 인간사의 과정에 감추어져 있고, 그 안에서 야훼의 행위가 중요성을 갖는다(지혜 문학의 근본적인 주제).

이미 우리는 앞에서 하나님의 뜻이 다윗 집안의 행위와 결과의 연결 고리로 나타나는 왕위 계승 이야기에서 야훼 활동의 미묘함을 보았다. 같은 예로 지혜학파에서 형성된 것으로 보이는 요셉의 이야기를 들을 수 있다. 이 이야기에서도 야훼는 직접적으로 간섭을 하지 않고 오히려 야훼의 뜻이 인간 관계의 드라마에서 더욱 미묘하게 드러나고 있다(p. 223 참조).

룻(Ruth)의 이야기도 같은 경우이다. 이 짧은 이야기의 배경은 고대 지파 동맹의 시골인데("사사가 통치하던 때에 … "), 설화자는 모압 여인인 룻이 하나님의 섭리에 의하여 어떻게 그녀의 고향으로부터 유대의 베들레헴까지 와서 영향력 있는 사람인 보아스(Boaz)와 결혼을 하게 되었고, 그녀가 이스라엘의 위대한 왕인 다윗의 증조 할머니가 되었는가를 말하고 있다. 이 이야기에서 우리는 "손님으로서 천사도 없고, 하늘이 열리지도 않았다"는 것이 현대 찬송가의 가사("하나님의 영, 나의 가슴에 내리소서")에 인용되었음을 알 수 있다. 그러나 이 이야기는 하나님께서 룻과 그녀의 시어머니 나오미 이 두 여인의 헤세드(충성)를 통하여 어떻게 활동하시는가를 보여주는 아름다운 이야기이다.[31] 아마도 이 이야기는 통일 왕국의 시기보다 더 늦게 형성되었을 것이다. 그러나 이 이야기는 솔로몬 시대의 정신과 분명히 일치하고 있다.[32]

국가로서의 이스라엘

---

30) Gerhard von Rad, "The Beginnings of Historical Writing in Ancient Israel" *Essays* (166), 166-204; "The Joseph Narrative and Ancient Wisdom", 292-300.

31) Katherine Sackenfeldt, *Faithfulness in Action*(143). 헤세드(hesed)에 관하여는 정의(9장, 308면)를 보라.

32) E.C. Campbell, *Ruth* (305). 그는 이 이야기에서 하나님의 활동을 주목하면서 지역적인 문제를 다루었다고 보았다. 그는 이 이야기가 솔로몬 시대까지 거슬러 올라갈 수 있으며, 9세기에 기록으로 정착되었을 수 있다고 보았다.

솔로몬 시대는 유동적이었다고 여겨진다. 이 시대에는 이스라엘이 전에 경험했던 것보다 훨씬 더 광범위한 새로운 지평선이 열려져 있었고, 이것은 야훼께서 인간의 평범한 경험을 통해서 드러나지 않게 자기의 섭리를 어떻게 이루시는가를 보여주는 시대였다. 이와는 반대로, 솔로몬 시대는 신앙과 문화, 야훼와 이방 신들 사이의 갈등이 또 하나의 장이 되었다고 할 수 있는데 이러한 갈등은 가나안에 위치한 국가로서의 이스라엘 역사를 통해서 발견될 수 있다.

이러한 역사를 현재의 형태로 나타낸 신명기계 사가들은 그들이 어디에 관심을 두어야 하는가에 대해서 의심을 품지 않았다. 솔로몬의 기도에서 확신하고 있는 바와 같이(왕상 8:51, 53), 이스라엘은 하나님과 맺은 계약의 소명 때문에 다른 나라와 구별되었다. 야훼께서는 이스라엘이 강대국이 되기를 원하신 것이 아니었다. 처음부터 이스라엘의 언약은 야훼께서는 비타협적이며 "질투하시고" 절대적인 충성을 요구하시는 하나님이라는 사실을 강조하였다. 그러나 가나안의 문화가 범람하는 곳에서 모세의 전승에 충실하기란 어려운 일이었다. 비옥한 초승달 지대의 신들에게 이스라엘 백성이 빠져 들어가지 않을 수 없었던 것이다. 정치적인 야망을 달성하고 교역을 확대하기 위하여 이스라엘 백성들의 신앙 태도는 인내와 타협으로 이루어져 나갔는데, 이러한 태도는 솔로몬 시대에 조장되었다.

예언자들이 나서서 이러한 백성들의 욕망을 비판하고 저지하지 않았다면 이스라엘의 독특한 신앙은 비옥한 초승달 지대의 여러 종교들과 더불어 망각되었을 것이다. 이스라엘 예언자들의 확신에 영향을 받은 신명기계 사가들은 솔로몬의 통치가 하나님의 심판을 받았다고 주장하였다. 야훼께서는 혁명을 유발시켰고 솔로몬에 적대하는 세력을 일으켰던 것이다(왕상 11:14, 23).

많은 학자들의 판단에 의하면, 국가로서의 이스라엘의 역할에 대한 또 다른 관점이 "야훼 문서기자"(J)의 산문적 서사시에 나와 있다고 한다. 우리는 이미 이러한 서사시에 대해서 "엘로힘 문서기자"(E)의 그것과 같이 언급한 적이 있는데, 모든 이스라엘인의 서사시는 사사 시대에 형성되기 시작했다(5장). 수세대 동안 이스라엘의 구전 전승은 다양한 지파의 성소들, 특별히 중앙 성소인 실로에서 형태를 갖추기 시작했다. 이러한 전승들은 계약 공동체의 신앙을 표현하고자 했고, 기사도 시대를 나타내는 아더 왕의 전설만큼이나 당시를 대표하는 것이다. 그러나 기사도 시대는 봉건주의의 몰락으로 발생했던 사회적 변화로 끝을 맺게 되었다.

구전 전승의 이스라엘 시대는 왕정 제도의 새로운 생활 형태로 대체되었다. 이 시기는 새로운 국가주의를 재해석하기 위한 거룩한 신앙의 유산이 무르익었던 때였다. 지파 동맹 시기로부터 물려받은 이스라엘 생활 이야기에 바탕을 둔 기록 형식으로 기념비적인 문학과 신학적인 작업을 했던 야훼 문서기자라고 알려져 있는 무명 기자가 이러한 새로운 상황에 직면하게 되었다고 믿는 것은 당연하다. [33]

　　이러한 학설은 야훼께서 이스라엘 조상의 아버지 아브라함에게 그의 후손들이 "나라"(goy)를 세울 것이라(창 12:2 ; 18:18 ; 17:6, 16)고 약속을 하셨던 것을 이해할 수 있도록 한다. 이미 본 바와 같이, 이스라엘은 야훼의 백성이고 야훼는 이스라엘의 하나님이라는 확신은 고대 전승의 근본이며, 노래와 설화로 표현되었다(예를 들면, 사사기 5장의 드보라의 노래). 그러나 야훼 문서기자는 모든 국가를 포함하는 의미 안에서 국가로서의 이스라엘의 존재를 이해하였다. 야훼가 전세계에 대하여 가진 목적에서 이스라엘의 역할은 이 땅의 모든 민족에게 하나님의 은혜를 가져다 주는 것이었다. 이러한 역할은 아브라함의 소명 이전의 태고에 대한 이야기, 즉 창조 설화에 이미 들어 있었던 것이다. 그러므로 이스라엘은 하나님의 뜻에 의해 선택된 것이다. 아브라함과 맺은 야훼의 언약은 모든 인류에게도 해당되는 것이다.

　　우리는 야훼 문서기자 시대의 이러한 역사적인 관점을 이해할 수 있다. 다윗과 솔로몬 시대에 이스라엘은 족장 시대의 사고로부터 벗어나서 더 넓은 세계의 영향을 받아들였다. 이스라엘 신앙의 독특한 신앙이 새로운 세계주의 물결 속에 휩쓸리는 위험한 시기에, 모세 전승을 재해석하여 이스라엘이 역사의 더 넓은 세계에서 특별한 과업을 완수해야 한다고 주장하는 야훼 문서기자가 등장하게 된 것이다. 야훼 문서기자의 이런 역사적인 관점은 수세기 동안 지속되었으며, 야훼 문서기자의 서사시를 반복하는 추방당한 예언자의 시는 이스라엘은 야훼의 계획 안에서 열방에 대하여 빛이 되리라고 선언하고 있다(사 40-55).

---

33) 이것은 폰 라트가 그의 창세기 주석 〔271〕, pp. 13-31에서 제시한 견해이다. Peter Ellis, *The Theology of The Yahwist* 〔265〕, H. W. Wolf, "The Kerygma of the Yahwist", in *The Vitality of Old Testament Traditions* 〔63〕, 3장.

제 8 장

예언으로 이스라엘을
괴롭게 하는 자들

오늘날 '예언'이라는 말은 여러 가지 의미를 내포하고 있다. 우리는 날씨의 예언자, 사건의 예언자, 사회적 주의 주장을 선도하는 예언자 등과 같은 말을 사용하고 있다. '성경의 예언'과 관련해서도 마치 성경의 예언자들이 하나님의 의중을 꿰뚫어보고 미래에 일어날 일을 예고하는 듯이 때로 설교하는 설교자들 때문에 이 말을 잘못 이해하고 있는 사람들이 많다. 이 모든 것은 우리 가운데 많은 사람들이 구약 예언자들의 역할에 대해 어처구니없을 정도로 무지하고 우리가 그들로부터 물려받은 상당한 영적 유산을 제대로 이해하지 못하거나 충분히 음미하지 못하고 있다는 것을 보여주는 증거이다.

이 장에서 우리는 앞 장(章)의 끝에서 그대로 남겨두었던 이스라엘의 삶의 이야기를 다루면서 솔로몬이 죽은 후 일어난 격동의 사건들을 배경으로 발생한 예언 운동을 살펴보고자 한다. 하지만 먼저 다음과 같은 기본적인 질문을 던져보자: 고대 이스라엘 사회에서 예언자의 역할은 무엇이었던가?

우리는 모세와 아론의 관계를 다루고 있는 두 구절(출 4:14-16; 7:1-2)을 살펴

성경읽기 : 왕상 12장 — 왕하 8장(=역대하 10-21장)

봄으로써 고대 이스라엘에서 예언자의 역할이 어떻게 이해되었는지를 어느 정도 엿볼 수 있다. 이 구절들에서는 말들이 비유적으로 사용되고 있다. 말하자면 모세는 아론에게 "하나님"이 되고 아론은 모세의 '예언자' (nabi')가 될 것이었다. 즉 모세가 아론에게 무엇을 말해야 하는지를 말해주고 아론은 모세를 대신하여 바로 (Pharaoh)에게 말할 것이었다. 이러한 비유를 토대로 예언자들은 하나님이 백성들에게 말할 때 사용하는 사람들로 여겨졌다는 것을 분명히 알 수 있다. 하나님의 대

"예언자"

예언자라는 말에 관한 연구는 흥미롭기는 하지만 특정한 단어가 가리키는 어떤 사람의 실제의 기능을 반드시 밝혀주지는 않는다. '예언자' (prophet)라는 영어 단어는 헬라어 '프로페테스' (prophetes)로부터 유래하였다. 이 헬라어는 문자 그대로 다른 사람, 특히 신을 대신하여 말하는 사람을 의미한다. 이 헬라어에 상응하는 히브리 용어는 '나비' (nabi')인데, 이 단어는 '부르다, 알리다, 명명하다'를 뜻하는 아카드어 동사 '나부' (nabu)와 관련되어 있음이 분명하다.

하지만 이 히브리 단어의 형태가 능동적인 의미('부르는 사람, 알리는 사람')를 가지고 있는지 또는 수동적인 의미('부르심을 받은 사람')를 가지고 있는지는 불확실하다. 전자의 경우에는 메시지를 선포하는 예언자의 역할에 강조점이 두어지고, 후자의 경우에는 예언자가 사자(使者)로서 신을 섬기도록 부르심을 받은 것에 강조점이 두어진다. 이 두 견해는 다 이스라엘의 예언을 이해하는 데 도움이 되겠지만, 우리는 예언자들이 서로 다른 상황들에서 실제로 어떤 역할을 하였는지를 알기 위해서는 성경의 구체적인 본문들을 살펴보아야 할 것이다. 예언자는 중보자, 대변인, 곧 신을 대신하여 행동하고 말하는 사람이다.

언자로 부르심을 받았을 때 예언자들은 하나님의 "말씀"이 그들의 입 속에 넣어질 것이라는 약속을 받았다(렘 1:9을 보라).

하나님의 뜻을 전하는 데에 사용된 말을 고찰해 보면 예언자의 역할을 좀더 분명하게 이해할 수 있게 된다. 예언 양식에 관한 연구를 통해 이스라엘의 예언자와 다른 곳의 예언자는 모두 고대 세계에서 잘 알려져 있던 "사자(使者)의 양식"을 자주 사용했음을 알게 되었다.[1] 예를 들면 야곱이 고향 땅으로 돌아오고 있을 때 그는 자기와 그의 형 에서 사이의 간격을 사자를 보냄으로써 메웠다.

---

1) 이것에 관해서는 Claus Westermann이 예언의 기본 유형들을 분석해 놓은데서 논의되고 있다 ([327], pp. 70-91). 또한 James F. Ross, "The Prophet as Yahweh's Messenger"[324 아래에서 인용됨]를 보라.

> 야곱이 … 사자들을 자기보다 앞서 보내며 그들에게 부탁하여 가로되
> 너희는 이같이 내 주 에서에게 고하라
> 주의 종 야곱이 말하기를 내가 …
> — 창 32:3-4

예언자들의 신탁에서도 이와 거의 같은 말이 사용되고 있다는 것은 인상적이다. 예언자들은 자신들이 '보냄을 받았다'고 이해하였다. 그들은 "내 백성에게 가서 말하라"는 야훼의 위탁을 받았다. 더욱이 예언자들의 메시지는 "야훼께서 가라사대"라는 정형어구로 시작하여 "이는 야훼의 말씀이니라" 또는 "야훼의 말이니라"라는 말로 끝난다(예를 들면, 암 1:3-5; 렘 2:1-3; 사 45:11-13). 이 모든 것들은 예언자들이 자기 자신을 "야훼의 말씀"을 백성들에게 전하기 위해 보내심을 받은 '사자'(messengers)라고 생각했다는 것을 보여준다.[2] 예언자들의 권세는 그들 자신 — 그들의 종교적 체험이나 의견 — 에 있는 것이 아니라 그들을 보내신 하나님께 있는 것이다. 그런 까닭에 그들의 메시지는 열방들을 뒤흔들만한 권세를 띠고 울려퍼질 수 있었다: "야훼께서 가라사대".

하나님이 예언자들을 통해 말씀하시는 목적은 먼 장래에 일어날 사건들을 알려주자는 것이 아니었다. 물론 예언자들은 야훼께서 현재로부터 장래에 이르기까지 일련의 사건들의 발생을 주관하고 계시다는 확신 속에서 장래를 예고한 적도 자주 있었다. 그러나 실현된 것도 있었고 실현되지 않았던 것도 있었던 이러한 예고들은 이미 현재에 발을 들여놓기 시작한 가까운 장래에 관한 것들이었다. 환자가 앞으로 살 날이 얼마 남지 않았다는 의사의 예고가 환자의 현재 순간들을 더욱 소중하고 절실하게 만드는 것과 마찬가지로 하나님이 곧 행하실 일에 대한 예언자의 예언은 현재의 절박성을 강화시키는 것이다. 예언자들은 일차적으로 현재에 관심을 가졌다. 그들의 임무는 '지금'(now)에 대한 하나님의 메시지를 전하고 백성들로 하여금 바로 '오늘'(today) 응답하도록 촉구하는 것이었다.[3]

이스라엘 역사의 진행 속에서 그들의 신탁이나 이름이 남아있지 않은 예언자들

---

2) Martin Noth는 자신의 논문 "History and the Word of God in the Old Testament"〔321〕에서 마리(Mari) 문서에 나오는 본문들이 선지자의 사자(使者) 유형의 메시지와 병행이 되고 있다고 말하고 있다. 예를 들면, 꿈속에서 다곤 신(神)이 한 사람에게 말한다: "이제 가라! 나는 너를 지므리림〔마리의 왕〕에게 보내노니 너는 그에게 이렇게 말하라: '너의 사자들을 내게 보내 … '".

3) Abraham J. Heschel, *The Prophets*〔315〕, 특히 제1장을 보라.

보다 하나님의 "말씀"을 좀더 깊고 정확하게 이해한 위대한 예언자들이 등장했다. 그러나 먼저 예언의 기원을 살펴보기로 하자. 넓은 의미에서 이스라엘의 예언은 출애굽에서의 하나님의 계시와 관련하여 생겨났다. 왜냐하면 앞에서 우리가 살펴본 대로 하나님께서는 노예 무리들을 종살이로부터 구원하였을 뿐만 아니라 한 지도자를 세워 이 역사적 체험의 의미를 만방에 선포하였다. 그러므로 모세는 예언자로 불리는 것이 마땅하다(신 18:18; 호 12:13을 보라). 또한 우리가 앞에서 보았듯이 "여선지"(nebia)라는 말이 두 여자, 곧 미리암(출 15:20)과 드보라(삿 4:4)의 지도자적 지위를 묘사하기 위하여 사용되었다. 그러나 사무엘 시대에 '예언자'(nabi')라는 말은 이스라엘 사회에서 특수한 계층의 사람들을 가리키는 데 사용되었다. 이 당시의 예언자들은 그 누구보다도 엘리야를 대표자로 하는 대예언자들의 직접적인 선구자들이었다.

예언의 배경

우리는 이스라엘의 영토를 유린하려는 블레셋인들의 시도와 관련하여 이러한 예언자들의 무리에 관한 말을 처음으로 듣게 된다(삼상 10:5-13). 이때는 이스라엘의 생존 자체가 걸린 커다란 위기의 시기였다. 지파 동맹의 성소인 실로는 파괴되었고 백성들은 실의에 빠져 있었다. 드보라가 므깃도 전투에서 그랬던 것과 마찬가지로 지파 동맹 최후의 사사인 사무엘은 백성들을 규합하여 야훼의 이름으로 군대를 소집하고자 하였다. 그는 한 무리의 예언자들로부터 지원을 받았는데, 그들은 이미 예언자적 활동을 수행하고 있었던 것이 분명하다. 왜냐하면 이스라엘 내에서 이미 그들의 존재가 기정 사실로 받아들여지고 있는 듯하기 때문이다. 사무엘은 사울을 이스라엘의 지도자로 기름을 부은 후에 야훼께서 그의 지명(指名)을 확증한다는 것을 보여줄 여러 "징표들"을 열거하였다. 그것들 가운데 하나가 사울을 블레셋인들의 진지 부근에 있는 "하나님의 언덕"(즉, 종교적인 '산당')으로 보낸 것이었다.

> 네가 그리로 가서 그 성읍으로 들어갈 때에 예언자의 무리가 산당에서부터 비파와 소고와 저와 수금을 앞세우고 예언하며 내려오는 것을 만날 것이요 네게는 야훼의 신이 크게 임하리니 너도 그들과 함께 예언을 하고 변하여 새 사람이 되리라
> —삼상 10:5b-6.

탈혼상태

여기서 '예언'으로 번역된 히브리어는 우리가 '예언'이라는 말에 부여하는 것보다 훨씬 더 강한 의미를 지니고 있다. 그것은 "예언자처럼 행동하다, 탈혼상태에서 예언하다"라는 뜻이다. 보통 우리는 '탈혼'이라는 말을 너무도 강렬한 정서에 압도되어 자제력이나 이성을 잃어버리는 체험을 가리키는 데 사용한다.[4] 그러나 이 경우에 탈혼은 단순히 정서적인 황홀에서 일어나는 것이 아니라 어떤 사람에게 임하여 자아의 중심을 장악함으로써 그를 하나님의 의지의 도구로 삼는 야훼의 영(ruah)에 의해 일어난다. 사무엘이 사울에게 "새 사람"이 될 것이라고 약속한 것은 결코 이상한 일이 아니다. 사울은 이제 기스의 아들 사울이 아니라 야훼의 영에 사로잡힌 사울이 되었다! 이러한 탈혼 상태에서는 이례적인 일들이 일어나는데, 또다른 이야기 속에서 사울은 다시 한번 탈혼 상태에 빠져 옷을 벗어던지고 하루 밤낮을 알몸으로 실신해 있었다고 한다(삼상 19:19-24). 이러한 현상들은 다른 문화들에서 알려져 있던 탈혼 상태와 일치하는 듯하다. 그들은 판에 박은 듯이 행동했기 때문에 이를 본 사람들은 그들이 신의 영에 사로잡혔다는 것을 알게 된다.[5]

사무엘상의 이야기들은 탈혼 상태의 예언이 이미 왕정시대 초기에 이스라엘에서 활발하였다는 것을 전제하고 있기 때문에 이 운동의 기원을 찾기 위해서는 좀더 거슬러 올라가 보아야 한다. 민수기 11:24-29에는 모세에게 임했던 영이 이스라엘의 다른 장로들에게도 주어지자 그들도 탈혼 상태에서 예언하게 되었다는 흥미로운 이야기가 적혀 있다(위에서 사용된 것과 동일한 동사가 사용되고 있다). 그러나 이 이야기가 모세 시대에서 유래한 사실적인 일화인지는 의심스럽다. 많은 학자들은 이 이야기가 착오에 의해 기록된 것으로 보고 있다. 즉 화자(話者)가 모세 시대를 후대의 언어와 체험에 비추어 기록했다는 것이다.

아마도 이스라엘은 처음에 가나안에서 바알 종교와 결부되어 있었던 탈혼 상태의 예언에 접하게 되었을 가능성이 크다. 이집트의 웬 아몬(Wen Amon) 이야기(주

---

4) 이 단어는 헬라어의 '불거져나오다', 그러니까 '제자리를 벗어나다, 착란을 일으키다, 미치다'라는 복합어에서 유래하였다.

5) Robert R. Wilson의 중요한 논문, "Prophecy and Ecstasy: A Reexamination", *Journal of Biblical Literature* 98(1979), 321-37을 보라. 그는 "적어도 이스라엘의 몇몇 탈혼상태의 행동은 실제로 현대 예언자들의 탈혼상태의 행동에서 찾아볼 수 있는 것들과 유사한 패턴을 따랐다"고 주장한다.

전 11세기)에는 페니키아의 비블로스 항구에서 벌어진 종교 축제에 관하여 말하면서 "신이 젊은이 중 한 사람을 사로잡아 신들리게 하였다", 즉 그가 탈혼 상태에 빠졌다고 하고 있다.[6] 수 세기 후에 페니키아에서 들여온 바알 종교의 예언자들은 갈멜산 꼭대기에서 제단을 돌면서 춤을 추고 칼로 상처를 내며 소리를 치자 탈혼 상태의 광란에 빠져 들었다(왕상 18:20-29). 이와 같이 춤을 추며 광란에 빠져서 하는 예언은 소아시아에서도 찾아볼 수 있는데, 그것은 이곳으로부터 지중해 세계로 퍼졌고 나중에 디오니소스의 비밀 주신제(酒神祭) 형태를 띠게 되었다.

아마 이스라엘은 그밖의 많은 것들도 그러하였듯이 탈혼 상태의 예언도 가나안 주변환경으로부터 빌어왔을 것이다. 그러나 이 경우에도 있는 그대로를 빌어온 것이 아니라 많은 변화가 가해졌다. 물론 갈멜산 꼭대기의 바알 예언자들(왕상 18장)과 이스라엘의 초기 왕정시대의 예언자들 사이에는 외적으로 비슷한 점들이 꽤 있다. 이스라엘의 예언자들도 무리를 지어 다니며 사람들이 하나님의 뜻을 물으면 신탁을 전했다. 음악이나 몸의 움직임에 의한 율동에 자극된 예언자의 탈혼 상태는 그들 가운데 있는 어떤 사람에게 영향을 미쳐 탈혼을 야기시킬 수도 있었다.

열왕기하 3:15에 나오는 흥미로운 구절에 따르면 엘리사는 야훼로부터의 말씀을 요청받았을 때 먼저 악사(樂士)를 불렀는데, "거문고를 탈 때에 야훼께서 엘리사를 감동"시키셨다. 초인적인 힘으로 왕의 병거를 앞질러 달린 엘리야의 경우에서와 같이, 하나님의 영의 감화력을 받아 때로 비범한 능력을 발휘하기도 했다(왕상 18:46). 그러나 이러한 유사성들은 피상적인 것이다. 이스라엘의 예언자와 가나안 사회의 예언자의 진정한 차이점은 이스라엘의 예언자는 언약의 약속들과 요구들을 해석한 야훼의 대변자였다는 것이다.

이러한 초기 예언자들의 상당수는 "예언자의 아들들"로 알려져 있던 동업조합이나 학파에 소속되어 있었다. 그들은 공동체를 이루어 살았고 "채주"라 알려져 있었음이 분명한 우두머리가 그 공동체를 지도하였다. 예를 들면 우리는 엘리야와 엘리사는 벧엘, 여리고, 길갈의 예언자단의 지도자였음을 대번에 간파할 수 있다(왕하 2:3-4; 4:38). 이러한 동업조합들은 어느 한 장소에 정착해 있었던 것이 아니라 자유롭게 이곳저곳 돌아다니면서 필요할 때마다 신탁을 전하였다. 열왕기하 4:1-7에 나오는 흥미로운 이야기로부터 판단컨대, 여자들은 이러한 예언자단으로부터 배제되지 않았음이 분명하다.

---

6) Pritchard, *Ancient Near Eastern Texts* (1), p. 25-29를 보라.

제의 예언자들

　무리를 지어 다니며 탈혼 상태에서 예언하던 예언자들 외에도 이스라엘의 위대한 성소들과 좀더 긴밀하게 연결되어 있는 예언자들도 있었다. 다양한 연구를 통해 벧엘이나 예루살렘 같은 성소에는 제사장들과 예언자들이 그 직원으로 배치되어 있어서 나란히 공동으로 직무에 종사했다는 것이 밝혀졌다.[7] 이 '제의 예언자'는 명칭 그대로 예배때 특별한 역할을 담당하고 있었다. 그들은 기도, 특히 중보기도의 전문가로 여겨졌기 때문에 백성들의 간구를 야훼 앞에서 빌어주는 역할을 하였다. 게다가 그들은 야훼의 대변자로서 특정한 간구에 대한 하나님의 응답을 전해 주거나 봉헌물이 하나님께 열납되었는지의 여부를 알려주었다. 그리고 그들은 언약 갱신의 축제와 같이 큰 종교적 축제가 있을 때에는 언약의 요구들과 약속들을 선포하는 데 중요한 역할을 담당하였을 것이다.

　점점 더 우리는 이 익명의 예언자들이 이스라엘 전승에 큰 영향을 미쳤다는 것을 알게 되었다. 대예언자들이 유효적절하게 사용한 신탁 형식도 몇몇 경우에는 바로 이 선구적인 예언자들로부터 물려받은 것인지도 모른다. 그리고 원래는 예배때 사용하기 위해 편찬된 제의 예언자들의 신탁이 고전적인 예언자들의 이름으로 전해진 예언문학에 섞여들어갔을지도 모른다. 현재의 시편에 나오는 몇몇 시들은 이 예언자들이 이스라엘의 예배에서 맡았던 역할을 반영하고 있는 것으로 보인다(시 81:5b-16을 보라). 이스라엘이 내적으로나 외적으로 위험에 직면했던 어려운 시기마다 이 익명의 많은 예언자들이 야훼와 이스라엘의 언약을 신실하고 열정적으로 해설하였을 것임에 틀림없다.

예언자들과 정치

　위에서 논의한 구절(삼상 10:5-13)에서 보았듯이 예언은 이스라엘에 등장한 바로 그 순간부터 정치와 밀접한 관계에 있었다. 예언자단은 블레셋 수비대 바로 옆에 머물고 있었다. 그들의 목적은 적군인 블레셋군과의 성전에 참여하도록 이스라엘인

---

7) 특히 A. R. Johnson, *The Cultic Prophet in Ancient Israel*(316)을 보라. 또한 R. E. Clements, *Prophecy and Covenant*(312), pp. 11-34를 보라. "고대 이스라엘의 초기 선지자들"의 여러 유형들에 관한 훌륭한 논의는 J. Lindblom, *Prophecy in Ancient Israel*(317), 제2장에 나와 있다.

들을 고무시키는 것이었고, 그들은 백성들이 힘을 내도록 탈혼 상태의 열정을 가지고 전쟁 노래들을 불렀을 것임에 틀림없다(필자는 오늘날의 아랍인들도 춤추고 노래하는 이러한 현상을 본 일이 있는데, 그들의 노래와 춤은 애국심을 불러일으키기 위한 것이었다.). 그들은 이스라엘 초창기의 카리스마적인 사사들과 마찬가지로 '열심' — 문자 그대로는 하나님에 의해 감동된 것을 의미하는 단어(헬라어 entheos) — 에 도취되어 있었다.[8] 엘리야와 엘리사도 이토록 정열적인 이스라엘 신앙의 수호자였기 때문에 "이스라엘의 병거와 그 마병"(왕하 2:12; 13:14)으로 불렸던 것이다.

그러나 초기 예언자들은 성전(聖戰)의 열렬한 수호자 이상이었다. 일차적으로 그들은 특별한 상황에 대하여 야훼의 말씀을 전할 임무를 띠고 있었다. 당시에 하나님의 뜻을 확인하는 데에는 세 가지 공인된 방법이 있었다(삼상 28:6, 15) : 꿈(특히 거룩한 장소에서 꾼 꿈), 제사장들이 사용한 신성한 주사위(우림과 둠밈), 예언.

사무엘상 28:6에 따르면 사울은 극도로 절망적인 최후의 순간에 이 세 가지 방법을 다 시도했으나 아무런 응답도 얻지 못했다. 정치적 위기의 때에 이 두 유형의 종교 지도자들 — 예언자와 제사장 — 중에서 예언자가 하나님의 대변자가 되기에 더 적합했다. 제사장은 제의를 집행하고 백성들에게 과거의 전승들을 가르치며 신성한 점을 쳐서 가부(可否)의 응답을 판단하는 일을 맡았다. 그러나 야훼의 영의 감화를 받아 말하는 예언자는 사건들의 의미를 해석하고 구체적인 말로 하나님의 뜻을 선포할 수 있었다.

사울 시대에 예언자의 열심으로부터 나온 힘에 의해 불이 붙은 야훼에 대한 헌신은 생존 투쟁에서 이스라엘을 단결하게 하고 힘을 북돋워주는 구심점이었다. 그러나 이스라엘이 주변 국가들과 마찬가지로 군주정 체제를 바탕으로 한 하나의 국가가 되자 기존 정권과의 관계에서 예언자들의 역할은 양면성을 띠게 되었다. 엘리야와 같은 몇몇 예언자들은 권력 구조 바깥에 섰고 따라서 왕의 대적으로 여겨졌다(참조. 왕상 21:20). 이러한 예언자들은 사회에 대한 급진적인 비판자들로서 급속하고 혁명적인 사회 변혁을 주창하였다. 또다른 예언자들은 사회 체제 내에서 활동을 하면서 좀더 순리적인 사회 변화를 도모하였다.[9] 이미 살펴보았듯이 다윗 시대에 예언자 나단은 궁정에서 대단한 영향력을 발휘하는 위치에 있었다. 야훼와 다윗의 언약에 관

---

8) J. Heschel, *The Prophets*〔315〕, pp. 326-27을 보라. 헤셀은 "탈혼상태"와 "열심"을 구별하는 시도를 하고 있지만, 그 경계선을 명확히 그을 수는없다.

9) 이것은 Robert R. Wilson, *Prophecy and Society*〔328〕의 주장이다. 그는 기존 집권층에 대한 관계를 기준으로 "중심부" 선지자들과 "주변부" 선지자들을 구별하고 있다.

한 그의 신탁(삼하 7:11-17)은 이스라엘 사회에 지속적인 영향을 미쳤으며 예루살렘의 이사야와 같은 다른 "주류" 예언자들에게도 영향을 미쳤다. 이와 아울러 나단은 왕을 하나님의 법정으로 소환하여 밧세바 사건(삼하 12장)에서와 같이 왕이 권력을 잘못 사용하면 그것에 대한 하나님의 심판을 받을 것이라는 말씀을 들려주는 일을 서슴없이 행하였다.

그러므로 이스라엘의 예언 운동은 왕과 여왕들이 이스라엘과 유다의 보좌에 앉아 다스리던 이스라엘의 왕정 시대와 뗄 수 없는 관련을 맺고 있다. 예언자들은 사회로부터 도피하고자 하였던 신비가들이나 개인주의자들이 아니라 전승을 생생하게 보존하고 그 대변자인 예언자들을 지지하며 예언의 말씀들을 소중히 간직했던 공동체들의 일원이었다. 무엇보다도 그들은 비록 국가(goy)가 되긴 했지만 그래도 "야훼의 백성"으로 불렸던 이스라엘에 그들의 신탁을 전하였다. 예언자들은 권력 구조들과의 관련 및 신학적 강조점들에서 서로 달랐기 때문에 때로 국가 정책을 놓고 서로 다투는 일도 있었다. 따라서 "누가 야훼의 말씀을 전하고 있는가?" 즉 달리 말하면 참 예언과 거짓 예언의 관계라는 문제가 발생하였다.[10]

사가의 시대관

정치 영역에서 예언자들의 활동에 대하여 지금까지 말해온 것에 비추어 볼 때 솔로몬이 죽은 이후에 일어난 사건들을 고찰해 볼 필요가 있다. 특히 우리는 통일왕국의 분열로부터 예후의 혁명까지에 걸친 시기, 즉 주전 922년부터 842년까지의 시기에 관심을 갖는다. 이 시기에는 예언자들에 의해 씌어졌다고 주장되는 문헌이 하나도 없다. 다만 다윗 치세의 말기로부터 주전 587년 국가의 비극적인 멸망 직후까지의 이스라엘에 대한 이야기를 다루고 있는 열왕기 상하의 사화(史話)에 예언자들에 관한 전승이 섞여 있을 뿐이다.

열왕기 상하는 신명기(또는 그 일부)를 서문으로 하여 여호수아서로부터 시작되는 신명기 역사의 결론 부분을 이루고 있다는 것을 상기해야 한다.[11] 신명기 역사서

---

10) James Crenshaw, *Prophetic Conflict*(313)를 보라.
11) pp. 155-156에 나오는 신명기 역사서에 관한 논의를 보라. 신명기 율법은 열왕기하 14:6에 구체적으로 언급되어 있음을 주목하라. 신명기 24:16과 비교해보라.

가 다루고 있는 다른 시기들의 경우와 마찬가지로 왕정 시대의 역사도 모세 전승에 대한 근본적인 신학적 확신이라는 관점으로부터 해석되고 있다: 그것은 언약에 대한 순종(신명기 법전에 규정된 대로)은 만사형통과 화평의 축복을 가져오고, 불순종은 환난과 땅에서의 추방이라는 하나님의 심판을 초래한다는 확신이었다. 야훼와 언약 관계에 있으려면 백성들은 자신의 온 존재를 다하여 야훼를 사랑하고(신 6:4) 우상 숭배로 생각되는 모든 것들은 공동체로부터 뿌리를 뽑아야 한다. 이스라엘 사회를 주변 민족들의 부패한 관습들로부터 순수하게 보존하기 위하여 신명기 사가들은 예배를 예루살렘으로 집중시키고 혼합주의와 우상숭배가 번성했던 그밖의 성소들("산당들")을 폐쇄해야 한다고 주장하였다.

소극적으로는, 그들은 벧엘 성소와 같이 예루살렘에 대항하는 성소들을 설치한 여로보암 1세의 행위는 죄악된 행위임을 강조하였고 이러한 혁신을 묵인한 모든 왕들을 가공할 죄인들이라고 비난했다. 이 왕들이 다른 면들에서 얼마나 많은 공로가 있었는지는 그들의 안중에 없었다. 또한 적극적으로는, 야훼께서 다윗과 영원한 언약을 맺고 시온을 영원한 성소로 선택하였음을 강조하면서 유다의 왕조 언약신학을 주창하였다. 이러한 사관(史觀)은 왕정의 수립으로부터 북왕국 멸망 때까지의 사건들을 개관하고 있는 열왕기하 17:7-41의 요약문에 분명하게 표명되어 있다.[12]

북왕국의 왕들과 남왕국의 왕들은 언약의 순종이라는 이러한 신명기 사가의 기준에 따라 엄격하게 판단되고 있다. 사사들의 이야기에서와 같이 신명기 사가들은 그 골격에서 이스라엘이나 유다의 각 왕에 따라 약간의 차이가 있긴 하지만 대체로 다음과 같이 정형화된 양식을 따르고 있다.

신명기 사가들은 이들 왕에 대하여 더 알고 싶은 것이 있다면 왕실 서고의 기록 문서들을 참조하라고 독자들에게 분명히 말하고 있다. 그들의 목적은 당대의 독자들로 하여금 자신들이 처한 위기를 깨닫게 하기 위하여 과거의 커다란 교훈들을 그들에게 제시하는 것이었다. 그들은 이러한 일들이 우연히 일어난 것이 아니며, 다윗왕국이 몰락한 이래 이스라엘의 비극적인 역사 안에서 하나님이 활동하시면서 악한 행위들을 버리고 돌아오도록 예언자들을 통하여 경고하였음에도 불구하고 백성들이 불충실한 행위를 되풀이하자 이에 대해 벌을 내리신 것임을 보여주려고 하였다(왕하

---

12) Frank M. Cross, "The Themes of the Book of Kings and the Structure of the Deuteronomistic History"[112], 특히 사가의 주제들에 관하여 논의하고 있는 pp. 278-85를 보라. 그는 이 역사서가 두 가지 판본이 있었다고 주장하고 있다. 하나는 국가의 멸망 직전에 쓰어진 원래의 판본이고, 다른 하나는 포로기 동안에 수정 증보된 판본이라는 것이다.

<table>
<tr><th>유다</th><th>이스라엘</th></tr>
<tr><td>1. 이스라엘 왕 ＿＿＿년에 유다 왕 ＿＿가 다스리기 시작했다.</td><td>1. 유다 왕 ＿＿＿년에 이스라엘 왕 ＿＿가 다스리기 시작했다.</td></tr>
<tr><td>2. 왕의 나이와 재임기간과 이름과 모친에 관한 사항.</td><td>2. 왕의 재임기간과 수도의 위치에 관한 사항.</td></tr>
<tr><td>3. '선조 다윗'과 비교하여 평가함.</td><td>3. "그는 여호와 보시기에 악한 일을 행하였고 이스라엘을 죄에 빠뜨렸던 여로보암과 그의 죄를 따라 걸었다"는 사실에 대한 비난.</td></tr>
<tr><td>4. "＿＿의 남은 사적은 … 유다 왕 역대지략에 기록되지 아니 하였느냐"</td><td>4. "＿＿의 남은 사적은 … 이스라엘 왕 역대 지략에 기록되지 아니하였느냐".</td></tr>
<tr><td>5. 그는 선조들과 함께 잠들었고 ＿＿가 그의 뒤를 이어 왕위에 올랐다는 맺음말.</td><td>5. 그는 선조들과 함께 잠들었고 ＿＿가 그의 뒤를 이어 왕위에 올랐다는 맺음말.</td></tr>
</table>

17:13). 그래서 이 사가들은 왕들의 목록을 낱낱이 열거하면서, 이스라엘 왕을 다룰 때에는 유다 왕이 다스리던 때를 제시함으로써 이스라엘 왕이 통치한 시기를 밝히고, 유다 왕을 다룰 때에는 이스라엘 왕이 다스리던 때를 제시함으로써 유다 왕이 통치한 시기를 밝히는 등 두 왕국을 대조하여 검토하고 있다. 이것은 다소 이상한 일 같으나 당시에는 표준적인 역법(曆法)이 없었기 때문에 꼭 필요한 일이었다. 이 사가들의 명부에는 한 사람의 이스라엘 왕도 누락되어 있지 않으며 유다의 왕들에 대해서도 꽤 준열하게 판단을 내리고 있다. 남왕국의 왕들 가운데는 오직 두 명(히스기야와 요시야)만이 비난을 받지 않고 깨끗한 상태로 넘어갔고, 산당들을 제거하지 못한 여섯 명은 겨우 '통과'되었으며, "야훼 보시기에 악한 일을 행한" 열 명은 '낙제자'로 평가되었다.

　다행히도 신명기 사가들은 흔히 다른 사료들로부터 이야기와 전승들을 빌려와서 자신의 이러한 골격에 살과 피를 갖다 붙였다. 이미 살펴본 대로 그들은 솔로몬을 서술할 때 솔로몬의 행장으로 알려진 왕실 기록문서를 참고했음이 분명하고 또한 성전의 기록 문서들도 접했을 것이다. 분단 왕국의 역사를 기술하면서 그들은 그밖의 다른 두 가지 사료, 곧 이스라엘의 왕 역대지략과 유다의 왕 역대지략을 자주 언급하고 있다. 이 왕조실록들의 흔적은 전혀 찾아볼 수 없다. 그것들은 오래전에 소실되었고 단지 신명기 역사서에 단편적으로 나오는 인용문들만 남아 있을 뿐이다. 아울러 신명기 역사서에는 민간 전승에서 빌려온 전설들도 섞여 있다. 엘리야와 엘리사의 이야기가 바로 이 범주에 속한다고 할 수 있는데, 이는 그 이야기들이 신명기사가의 특색을 조금도 보여주지 않기 때문이다.

이러한 것들을 배경으로 솔로몬의 긴 치세가 끝난 뒤에 일어난 사건들을 살펴보기로 하자.

분열된 왕국

이야기는 열왕기상 12장에서부터 시작된다. 거기에는 솔로몬의 아들인 르호보암은 "이스라엘의 왕"으로 추대받기 위하여 북부 지방으로 갔다는 말이 나온다. 그는 예루살렘에서는 이미 왕으로 인정을 받고 있었다. 여기서 "이스라엘"은 다윗이 사울 왕국의 남은 자들과 자신의 지파인 유다를 통합하여 형성한 전체 이스라엘이 아니라 북부의 열 지파만을 가리킨다. 초기 지파 동맹 시대에 뚜렷이 나타났던 언약 공동체 내의 깊은 균열은 다윗의 정책에 의해 단지 피상적으로만 치유되어 있었음이 분명하다. 이 집회가 잊을 수 없는 기억들로 인해 신성시되었던 세겜에서 열렸다는 것은 의미심장하다. 아브라함이 야훼께 제단을 쌓은 곳도 상수리나무 근처의 세겜이었다(창 12:6). 게다가 북부 지방에서 소중히 간직된 야곱 이야기에 의하면 야곱이 가나안에 처음 천막을 친 곳도 세겜이었다(창 33:18-20). 그리고 무엇보다도 세겜은 지파 동맹이 결성된 곳이었다(수 24장). 바로 이 유서깊은 지파들의 집회소에서 북부 지파들 — 자기들의 독립성을 과시하면서 — 은 르호보암을 그들의 왕으로 추대하기 위해 모였다.

솔로몬의 채찍을 맞으며 강제노동에 시달리던 이스라엘 지파들은 멍에를 가볍게 해달라고 요구하였다.[13] 번성했던 북부 지파들에 대한 솔로몬의 억압정책은 대단히 가혹했다. 그러나 르호보암은 원로들의 조언을 일축하고 '진보적인' 젊은이들의 손

---

13) *The People of the Covenant*(231), p. 177에서 Murray Newman은 북부 사람들이 가볍게 해주기를 원했던 "멍에"는 신학적인 의미도 담고 있었다는 점을 지적한다. 다윗 가문의 왕위와 왕조를 보장해준다는 하나님의 약속을 포함하고 있는 제왕의 언약신학을 받아들일 수 없었던(삼하 7장) 북부 사람들은 모세의 언약신학에 따라 북부에서의 왕의 주권을 제한할 것을 요구하였다.

에 좌우되어 이스라엘의 최후통첩에 대해 아버지는 채찍으로 다스렸으나 자기는 전 갈로 징치하겠다고 대답하였다.

이것은 화약고에 불을 붙이는 도화선이 되었다. 다윗 시대에 압살롬과 세바가 일으켰던 것과 같은 혁명의 기운이 다시 일어났다. 다음과 같은 복고적인 부르짖음 속에는 지파의 독립성이 보장되던 옛 시대에 대한 향수가 깃들어 있었다.

> 우리가 다윗과 무슨 관계가 있느뇨
> 이새의 아들에게서 업이 없도다
> 이스라엘아 너희의 장막으로 돌아가라
> 다윗이여 이제 너는 네 집이나 돌아보라
> — 왕상 12:16

르호보암이 사태를 수습하기 위해 경솔하게 강제노동에 대한 감독 책임을 맡고 있던 감역관(監役官) 아도람을 보냈지만 아도람은 돌에 맞아 죽었다. 르호보암은 급 히 병거에 올라 예루살렘으로 도망쳤고, 예언자 스마야의 신탁으로 인해 겨우 르호 보암의 군대 동원령은 저지될 수 있었다(왕상 12:22-24).

여로보암 1세

혁명의 움직임이 진행되고 있을 때 느밧의 아들 여로보암 1세는 왕국을 전복시 키기 위한 음모에 가담하였다. 즉 "손을 들어 왕을 대적"하였다(왕상 11:26). 여로 보암은 에브라임 지파 사람(북부인)으로서 솔로몬 시대에 한때 북부 지방에서 강제 노동을 감독한 감역관을 지냈던 인물이었다(왕상 11:26-28). 옛 지파 동맹의 중심지 인 실로 출신의 예언자 아히야가 이 음모에 주동자 중의 한 사람이었다는 사실은 중 요하다. 야훼가 열 지파를 솔로몬으로부터 찢어내어 여로보암에 주려고 한다는 그의 예언(왕상 11:29-39)은 반란의 불길에 기름을 부었다. 그러나 솔로몬은 이 반란을 초기에 분쇄했고 여로보암은 이집트로 도망가서 바로 시삭의 보호를 받았다(왕상 11:29-40). 솔로몬이 죽은 후 적절한 시기에 여로보암은 이집트에서 돌아왔고 주전 922년경 북부 지파들의 왕으로 선포되었다. 이때부터 북부 지파들은 다윗왕조에 충 성을 바친 지파(베냐민 지파와 아울러)인 '유다'와 구별하기 위해 '이스라엘'로 불 렸다.

> ## "에브라임과 유다"
>
> 앞서의 논의에서 살펴보았듯이 '이스라엘'이라는 말은 한때는 야훼와 언약 관계에 있는 백성 전체를 가리키는 데 사용되었지만 이제 그 의미가 좁혀져서 하나의 정치적 실체, 특히 예루살렘을 중심으로 한 다윗 왕조로부터 분리된 북왕국을 가리키고 있다. 이스라엘이라는 이름을 지닌 현대 국가의 경우에서와 마찬가지로 이렇게 하여 이 용어는 국가의 명칭이 되었다.
>
> 그러나 흔히 북왕국은 북부의 선지자 호세아의 시들에서 볼 수 있듯이(예를 들면, 호 12:1; 13:2) 여로보암의 지파를 따라 에브라임으로 지칭된다. 이 호세아 선지자는 에브라임이라는 명칭과 나란히 이스라엘이라는 말도 사용하고 있는데(예를 들면, 10:1; 11:1), 이는 이 두 용어가 동의어로 이해될 수 있음을 보여준다. 북부 국가를 위한 이데올로기적인 주장들과는 상관없이 북부 사람들은 자기들이 에브라임 지파 사람인 여호수아의 영도 아래 지파동맹 시대에 주류를 이루었던 모세 전승의 참된 보존자들이라고 믿었다.
>
> 에브라임(이스라엘)과 유다의 긴장은 조악한 조치들을 통해 다윗 제국 안에서의 반란을 분쇄하고자 했던 르호보암의 어리석은 정책으로 인해 더욱 악화되었다. 그러나 북부와 남부, 에브라임과 유다의 긴장의 씨앗은 왕정 이전 시대, 요셉 지파들(에브라임과 므낫세)이 가나안 땅에 따로 들어왔던 유다 지파보다 우위에 있었던 시기까지 거슬러 올라갈 수 있다. 특히 다윗과 솔로몬 아래에서의 유다 지파의 발흥은 뿌리깊은 차이들을 일시적으로 완화시키기는 했지만 결코 없애지는 못했다.
>
> 북부와 남부, 에브라임과 유다의 균열에도 불구하고 이스라엘이라는 용어는 야훼와의 언약에 의한 연대 관계로 하나가 된 백성이라는 그 고대의 의미를 여전히 지니고 있었다. 그러므로 선지자들이 때로 미래를, 정치적 상처들이 아물고 온 이스라엘 — 북부와 남부, 에브라임과 유다 — 이 국가적 경쟁을 뛰어넘어 하나의 공동체로 결합될 새로운 언약의 때로 묘사한 것(렘 31장에서처럼)은 이해할 수 있는 일이다.

당시의 정세는 북부 지파들(에브라임)이 탈퇴하기에 유리하였다. 당시의 최신식 장비로 무장하고 왕의 관리들이 정치하던 솔로몬 제국이 하룻밤 사이에 무너졌다는 것은 다소 놀라운 일이다. 확실히 르호보암은 혁명세력들이 체제를 정비하고 조직을 강화할 시간을 갖기 전에 그들을 타도할 수 있을 만한 군사력을 가지고 있었다. 아마도 르호보암이 신속하게 행동을 개시했다면 혁명을 진압할 수 있었을 것이다. 르호보암이 그렇게 하지 못한 것은 이집트의 침공 위협 때문이었는데, 이로 인해 그는 에브라임(이스라엘)을 잠시 잊고 남쪽과 서쪽의 국경선을 방어하는 데 진력하지 않으면 안되었다. 역대하 11:5-12에 언급되어 있는 요새들은 역대기 사가의 추측에 의하면 이집트의 침공에 대비하여 만들어졌다고 한다(대하 12:2-4).

이집트는 주전 1211년 메르넵타가 죽은 이래로 3세기 동안이나 정치적인 무기력 상태에 빠져있다가 다시 일어설 조짐을 보이고 있었다. 새로운 군주 시삭(B.C.E. 935-914년경)이 등극하여 제22왕조를 창건하였던 것이다. 그는 이집트가 비옥한 초승달 지대에서 누렸던 옛 영광과 세력을 되찾기 위해 다윗 시대 및 솔로몬 시대의 거의 말기까지 어쩔 수 없이 지켜오던 굴종의 외교정책을 바꿔서 팔레스타인 내정에 호전적으로 간섭하기 시작하였다. 그는 솔로몬이 살아있는 동안에는 북부 이스라엘의 여로보암이나 에돔의 하닷 등의 정치범들에게 망명처를 제공하였다. 솔로몬이 죽자 시삭은 "분열시킨 뒤 정복하라"는 고대로부터의 정치 원리에 입각하여 솔로몬 제국을 무너뜨릴 음모를 꾸몄다. 그래서 그는 여로보암을 보내 반란운동을 주도케 한 뒤 팔레스타인을 침공할 준비를 하기 시작하였다. 실제로 시삭은 르호보암은 물론이고 여로보암에게도 호의적이지 않았다. 왜냐하면 이집트는 통일왕국이 분열된 후 5년만에 침공하여(B.C.E. 918년) 에돔, 블레셋, 유다, 이스라엘을 무차별적으로 휩쓸었기 때문이다. 이 이집트의 침공에 대해서는 열왕기상 14:25-28에 간

연대표 3

B.C.E.	이집트	팔레스타인	페니키아	메소포타미아
1000	쇠퇴	통일왕국	히람11세	앗시리아
	22왕조 시삭1세 (c. 935- 914)	다윗 1000-961 솔로몬 961-922	c. 969-936	쇠퇴
철기 시대		솔로몬 사후 왕국의 분열. 922		
		유다	**이스라엘**	
		다윗왕조: 르호보암, c. 922-915	여로보암1세, c. 922-901	
	시삭이 유다침공 c. 918	아히야, c. 915-913 아사, c. 913-873	나답 c. 901-900	
900				

략하게 언급되어 있다. 또한 저 유명한 카르낙(Karnak) 비문에는 이집트 왕들이 정복한 아시아 나라들이 열거되어 있다. 이 목록은 카르낙의 웅장한 신전의 벽에 새겨져 있는데, 이 신전의 유적은 지금도 룩소르(Luxor) 교외에 남아 있다.[14]

여로보암의 개혁

르호보암이 이집트의 침공에 대비하느라고 눈코 뜰새 없었을 때, 여로보암은 자신의 왕국을 강화시킬 수 있는 여러 조치들을 취했다. 여로보암을 혐오한(bete noire) 신명기 사가는 그의 치세에 대해서 거의 언급하지 않고 있다. 그에 관한 기사의 대부분은 예루살렘 성전에 대항하여 북왕국에 성소들을 설치한 여로보암의 불경스러운 행위를 단죄하는 내용이다(왕상 13-14장 전체가 여로보암에 대한 탄핵문이다). 그러나 나머지 부분(12:25-33)에서의 비판적인 칭찬으로 인해 우리는 여로보암의 치적들을 좀더 동정적으로 이해하게 된다.

먼저 여로보암은 임시 수도인 세겜을 강화하고 요단 동편에 있는 브누엘을 요새화하였다. 이 두 곳은 고대 이스라엘의 성스러운 전승들에서 두드러지게 부각되어 있었고 특히 북부의 조상 야곱과 결부되어 있었기 때문에(창 32:22-32; 33:18-20; 34장) 여로보암이 이곳들의 종교적 의의를 자기 목적에 이용하려고 한 것은 당연하다. 그가 고대 이스라엘 지파 동맹의 첫 중심지였던 세겜에 눈을 돌린 것은 결코 우연한 일이 아니다.

그는 자기 백성들을 단결시키기 위하여서는 군사적인 조치 이상의 그 무엇이 필요하다는 것을 깨닫고 있었다. 솔로몬 성전의 소재지인 예루살렘에 대한 미련을 버리지 못하면 북부의 정치적 독립은 쉽게 허물어질 수 있었기 때문이다. 다윗이 자신의 왕국을 통일하기 위해 언약궤를 예루살렘으로 옮겨왔듯이, 여로보암도 자기 왕국을 위한 종교적인 기초를 마련하고자 하였다. 그는 오랫동안 순례지였던 자기 왕국 북쪽의 단(Dan)과 남부 국경지대에 있는 벧엘에 성소를 세웠다. 또한 그는 모세 시대로부터 전통을 이어오고 있다고 주장하는 제사장들을 임명하였다. 끝으로 그는, 시기는 조금 다르지만 유다에서 거행된 절기와 비견될 수 있는 연례의 가을축제(장막절 — 즉 추수감사절)를 제정하였다.

신명기 사가들은 여로보암의 개혁들, 특히 예루살렘과는 달리 성소들에 금송아

---

14) Pritchard, *Ancient Near Eastern Texts* (1), p. 242-43, 263-64를 보라.

지를 설치한 행위에 치를 떨었다. 열왕기 상하에서 그들은 여로보암이 "이스라엘로 하여금 죄짓게 한 사람"이라고 거듭거듭 규탄하고 있다. 그들이 여로보암을 규탄할 때 사용한 말들은 광야 시대에 금송아지를 숭배한 이야기를 반영하고 있다: "너희가

가나안의 중심으로 들어가는 중요한 입구인 세겜 통로.

다시는 예루살렘에 올라갈 것이 없도다 이스라엘아 이는 너희를 애굽 땅에서 인도하여 올린 너희 신(your gods)이라"(왕상 12:28; 출 32:4, 8을 보라) — 이는 분명히 여로보암의 종교적 개혁을 비꼰 말이다. 아마도 이 유다의 편집자들은 북부왕조에 대한 적대감 때문에 전승에 나오는 "보라 너희 하나님"이란 말을 바꾼 것 같다. 왜냐하면 여로보암이 다신교를 도입하려고 했다고는 전혀 생각할 수 없기 때문이다.

앞에서도 말했던 대로 금송아지는 신명기 사가가 말하듯이 그렇게 나쁜 의도로 세워진 것이 아니었다. 여로보암은 엘("황소 엘")과 동일시되었던 야훼가 어린 황소 뒤에 눈에 보이지 않게 서 있다고 생각했던 북부 이스라엘의 고대 전승으로 되돌아가고자 했을 것이다. 또 오늘날의 여로보암 옹호자들은 이 관행은 "솔로몬 성전에서

---

15) W. F. Albright, *The Biblical Period*[90], p. 31. 또한 *From the Stone Age*[111], pp. 203, 228-30에 나오는 그의 논평을 보라. Frank M. Cross, "Yahweh and 'El'"[112], pp. 73-75도 실질적으로 이 견해를 옹호하고 있다. 여로보암의 견해에 대한 이와 다른 평가에 관해서는 T. J. Meek, *Hebrew Origins*[97], chap. 5; Martin Noth, *Pentateuchal Traditions*[70], pp. 141-45를 보라.

그룹의 날개 밑에 야훼께서 눈에 보이지 않는 모습으로 임재하고 있다는 상징적 표현보다 결코 더 우상숭배적이라고 할 수 없다"고 주장한다.[15] 어쨌든 여로보암의 의도 — 신명기 사가들이 은연중에 인정하고 있듯이 — 는 북왕국의 종교와 출애굽을 주요 주제로 하였던 모세 전승의 주류를 잇는 것이었다. 제11장에서 살펴보게 되겠지만, 지파 동맹의 전승들 — 여로보암이 수도로 삼았던 세겜에서 개시된 — 은 다윗 계열의 남부보다 북부에 더 잘 보존되어 있었다. 더욱이 여로보암 시대에 나온 거룩한 역사에 대한 북부의(엘로힘 문서기자) 작품은 독립국가의 민족주의를 표명하기 위하여 씌어졌다는 설이 유력하게 제기되어 왔다[16] (pp. 350-351를 보라).

그러므로 여로보암은 새로운 "신들"에 대한 예배를 도입할 생각은 추호도 없었으며 그의 의도는 언약의 하나님에 대한 이스라엘의 헌신을 새롭게 하려는 것이었다. 그러나 금송아지를 세운 행위는 가나안 종교가 극히 매력적이었던 당시 상황에서 심각한 위협이 되었다. 라스 샤므라(Ras Shamra) 문서(pp. 233-236를 보라)에서는 금송아지는 만신전의 최고신인 엘(El)과 결부되어 있을 뿐만 아니라 폭풍과 다산의 남성신인 바알과도 결부되어 있었다. 따라서 여로보암은 자신도 알지 못하는 사이에 이스라엘 신앙과 바알 종교와의 융합을 촉진시킨 셈이 되었다. 벧엘의 송아지를 보고 이스라엘이 가나안에 정착한 이래 줄곧 이스라엘 신앙을 왜곡시킨 우상숭배라고 제일 먼저 규탄한 사람은 남부의 사가가 아니라 북부의 예언자였다. 호세아 예언자는 야훼께서 북부 이스라엘의 제의의 공식적인 상징인 "사마리아의 송아지"를 역겨워하고 격노하신다고 말했다(호 8:5-6; 10:5-6).

오므리가(家)의 발흥

여로보암의 이야기를 끝낸 신명기 사가들은 여로보암과 동시대인인 유다의 두 왕 르호보암과 아비야(또는 아비얌)의 행적들을 추적하여 그들의 치세를 요약하고 있다. 신명기 사가들은 이 두 왕에 대하여 좋게 말할 치적을 찾지 못했기 때문에 신명기 사가의 특유한 판단 기준에 따라 간단하게 평가하고 지나간다(왕상 14:21-15:8). 그러나 신명기 사가들은 시삭의 침공에 대한 기록을 유다 왕 역대지략으로부터 초록하고 있는데, 이는 이 사건이 르호보암의 죄에 대한 야훼의 응징을 보여주고

---

16) Walter J. Harrelson(42), pp. 65, 199-200을 보라. 그는 엘로힘 문서기자(E) 전승은 야훼의 구원행위들에 관한 "진짜" 이야기를 다시 말하면서 흔히 야훼 문서기자(J)보다 더 오래된 자료를 사용하였다고 주장하고 있다.

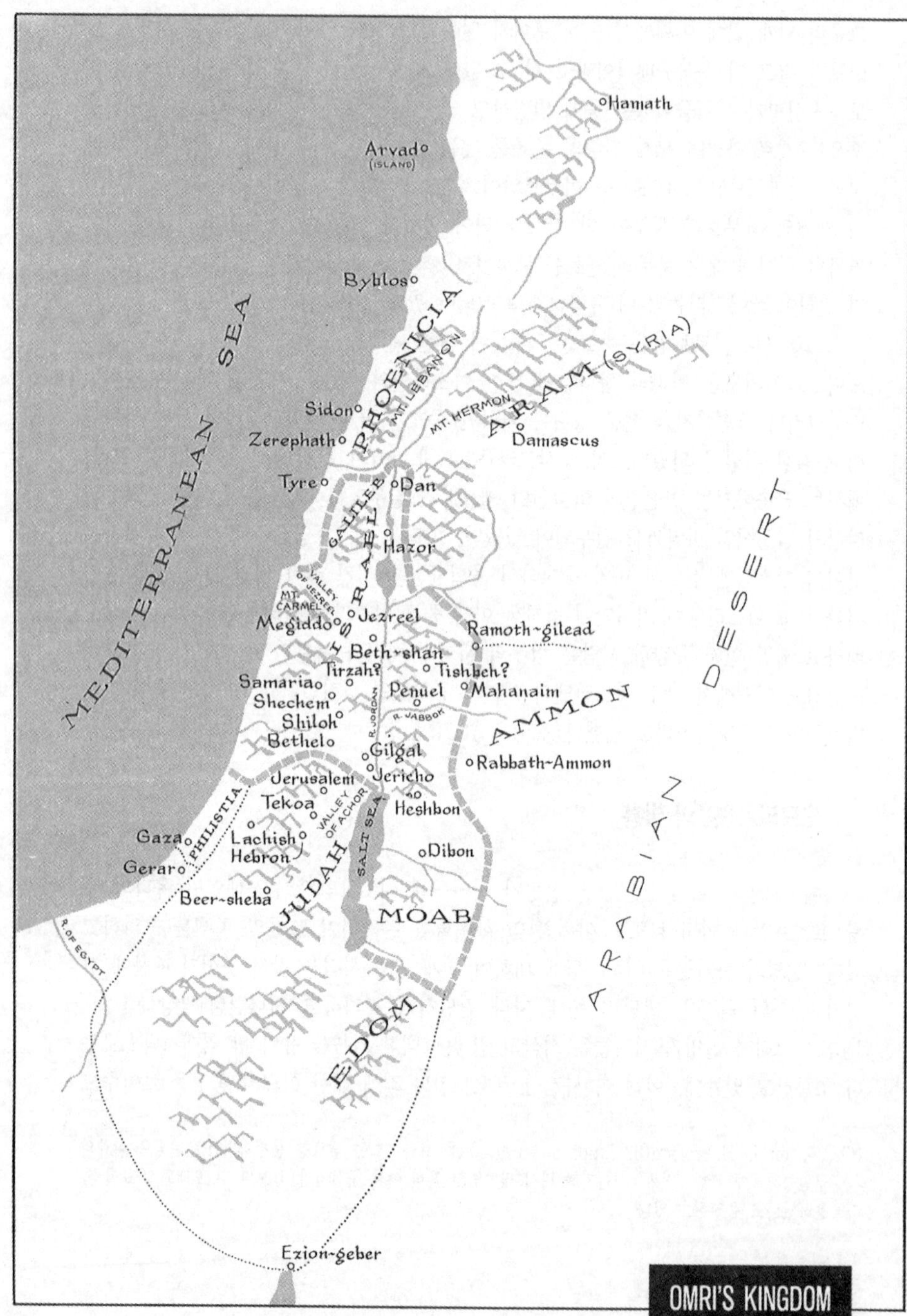

Hamath
Arvad (ISLAND)
Byblos
MEDITERRANEAN SEA
PHOENICIA
ARAM (SYRIA)
MT. LEBANON
Sidon
Zerephath
MT. HERMON
Damascus
Tyre
Dan
GALILEE
ISRAEL
Hazor
VALLEY OF JEZREEL
MT. CARMEL
Megiddo
Jezreel
Ramoth-gilead
Beth-shan
Tirzah?
Tishbeh?
Samaria
Shechem
Penuel
Mahanaim
R. JORDAN
R. JABBOK
AMMON
Shiloh
Bethel
Gilgal
Rabbath-Ammon
Jerusalem
Jericho
Tekoa
VALLEY OF ACHOR
Heshbon
Gaza
PHILISTIA
Lachish
Hebron
SALT SEA
Dibon
Gerar
Beer-sheba
JUDAH
MOAB
ARABIAN DESERT
R. OF EGYPT
EDOM
Ezion-geber
OMRI'S KINGDOM
OMRI TERRITORY

있기 때문이다.

다음으로 신명기 사가들은 여로보암의 치세와 중복되는 유다 왕 아사의 치세로 눈을 돌리고 있다(왕상 15:9-24). 아사의 통치기간은 40년이라는 긴 세월이었고, 그 동안 이스라엘에서는 나답, 바아사, 엘라, 시므리, 오므리, 아합이 차례로 왕위에 올랐다(왕상 15:25-16:34). 이렇게 하여 모든 이야기는 엘리야 이야기가 삽입된 아합 왕의 치세에 관한 기사로 이어진다(pp. 326에 나오는 연대표 4를 보라).

이 기간 동안에(B.C.E. 900-850년경) 팔레스타인에서는 정치적 긴장이 점점 더 첨예하게 되고 있었다. 50년 동안 — 솔로몬 왕국이 분열된 이후 — 이스라엘과 유다 사이에서는 내전이 끊이지 않았다. 이집트는 계속해서 간섭을 해왔고 북방으로부터는 새로운 위협이 가해지기 시작했다. 그 가운데 가장 절박했던 위협은 창세기의 야곱과 라반 이야기에서 암시된 바와 같이 전통적으로 이스라엘과 숙적 관계에 있었던 시리아(아람)의 위협이었다. 다윗 치세 기간과 솔로몬이 다스리던 일부 기간 동안에 이스라엘의 속국으로 있었던 시리아는 이제 속국의 위치를 벗어나 비옥한 초승달 지대의 교역의 요충지라는 자신의 전략적 위치를 이용하였다. 시리아의 왕들은 이스라엘 영토, 특히 시리아의 수도 다메섹 바로 남쪽에 있는 요단 동편 지방에 눈독을 들였다. 그리고 저 멀리에서는 앗시리아라는 사자가 메소포타미아의 굴혈에서 끊임없이 세력을 키워나가고 있었다 — 이는 궁극적으로 시리아, 이스라엘, 유다 등 비옥한 초승달 지대의 전체 군소국가들에게 위협이 되었다. 주전 870년경 아슈르나시르아팔(B.C.E. 884-860년)은 1세기 이상이나 무기력했던 앗시리아를 일깨워 제국을 이루고자 하는 야망을 품고 북부 시리아 쪽으로 진군하여 페니키아 일부를 복속시켰다.

시리아의 침공

유다 왕 아사(B.C.E. 913-873년경)의 치세 동안에 곤경이 시작되었다. 아사는 종교개혁에 관심을 가졌고, 이로 인해 신명기 사가들의 칭찬을 받았는데, 아마 그는 솔로몬과 그의 후계자들의 치세 기간 동안에 장려된 혼합주의의 경향을 중단시키는 데 이바지한 것 같다. 아사는 자기 어머니의 영향력에서 벗어나 어머니에게서 섭정의 지위를 박탈하고 모후가 섬겼던 가나안의 여신 아세라 숭배를 금지시켰다(왕상 15:13). 그러나 아사는 종교개혁으로는 해결할 수 없었던 그밖의 다른 문제들을 안고 있었다. 왕국이 분열된 이래로 유다와 간헐적으로 전쟁을 치러왔던 이스라엘은 아주 강성해져서 이스라엘 왕 바아사는 예루살렘으로 통하는 북부의 길목들을 차단할 수 있었다. 그래서 아사는 운명적인 조치를 취하고 말았다. 그는 시리아 왕 벤하닷에게 자기와 동맹을 맺어 이스라엘을 치자고 제의하였던 것이다. 시리아 왕은 이를 흔쾌히 받아들여 갈릴리로 침공하여 그 지방을 초토화시킴으로써 자신의 정치적 야망을 진일보시킬 수 있었다(B.C.E. 878년경).

이로 인하여 혼미에 빠지게 된 이스라엘에서는 암살, 자살, 음모 등으로 왕들이 하루아침에 뒤바뀌는 일이 벌어졌다(시므리라는 왕은 자신의 전임 왕을 살해하고 단지 7일간 왕위에 있었다!). 이러한 상황에서 자주 그러하듯이 군사령관인 오므리가 권력투쟁에서 최고 실력자로 부상했다. 오므리는 쿠데타로 왕위에 올랐다.

신명기 사가들은 오므리가 "그 전의 모든 사람보다 더욱 악하게 행하였다"고 주장하면서 이례적으로 가혹한 평가를 하였다. 오므리의 통치에 대한 기사는 단지 여섯 절로 되어 있는데(왕상 16:23-28), 게다가 그 대부분은 전형적인 신명기 사가의 양식들로 되어 있다. 그러나 만약 우리가 이스라엘 왕의 역대지략을 참고하여 볼 수 있다면 그가 대단한 정치력을 지닌 인물임을 발견할 것임에 틀림없다. 그는 선왕들 가운데 그 누구도 할 수 없었던 일을 해냈다. 그가 죽고 또 그의 왕조가 몰락한 후에도 앗시리아의 왕들이 북왕국을 계속해서 "오므리가의 땅"이라고 불렀을 정도로 대단히 명성있는 왕조를 창설하였던 것이다. 그리고 그는 유다와의 협력의 시대를 열었는데, 이러한 협력은 나중에 두 왕가 사이의 통혼으로 더욱 공고하게 되었다. 우리는 고고학적 연구의 덕분으로 오므리의 치적에 대하여 열왕기의 빈약한 보도가 우리에게 말해주는 것과는 비교가 안될 정도로 많은 사실을 알게 되었다. 현재 루브르 박물관에는 오므리 왕조 최후의 왕이 다스릴 때 모압 왕 메사(왕하 3:4을 보라)가 세운 모압 석비가 세워져 있다. 메사는 이 석비에서 자신의 위업을 자랑하면서 이렇게 말하고 있다:

이스라엘 왕 오므리는 여러 해 동안 모압을 업신여겼다. 왜냐하면 그모스(즉, 모압의 신)가 이 땅에 분노하였기 때문이다. 그리고 그의 아들(또는 손자)도 아버지를 따라 "나는 모압을 업신여기겠다"고 말하였다. 내 시대에 그가 (이렇게) 말하였지만, 나는 그와 그의 가문을 쳐 이겼으니 이스라엘은 영원히 망하였다.[17]

---

17) Pritchard, *Ancient Near Eastern Texts* (1), p. 320-21을 보라.

오므리는 요단 동편 지방(트랜스 요르단)의 모압족을 복속시키는 데 성공하였을 뿐만 아니라 시리아에게 요단 동편 지방을 양도하고 시리아인들이 사마리아에서 교역활동을 할 수 있도록 양보하는 조건이기는 했지만 어쨌든 시리아의 침공을 막을 수 있었다(왕상 20:34). 그가 다윗과 솔로몬의 선례를 따라 페니키아와 우호조약을 체결함으로써 의심할 여지 없이 국권은 튼튼히 되었다. 시리아를 저지하는 것이 그들의 공동 관심사였던 이 두 나라의 정치적 우호관계는 오므리의 아들 아합과 페니키아 왕의 딸 이세벨의 결혼으로 절정에 달했다(왕상 16:31). 여기서 다시 한번 그는 솔로몬의 혼인정책을 답습하였던 것이다. 그러나 이 결혼은 이스라엘에 비극적인 결과를 초래하게 되었다 — 이에 대해서는 나중에 살펴볼 것이다.

따라서 비록 열왕기가 오므리의 치적에 대해 거의 침묵을 지키고 있지만, 그의 정치력으로 이스라엘은 커다란 안정과 번영을 누릴 수 있었을 것이라고 추측할 수 있다. 그가 통치하던 12년 동안 이스라엘의 정치적 세력은 지중해와 요단 동편 지방까지 확대되었다. 이와 같은 그의 활발한 정치적 업적들과 발을 맞추어 경제적으로도 호황이 이어졌을 것이다. 따라서 필연적으로 '가진 자'와 '못가진 자' 간의 빈부

사마리아의 언덕 — 오므리가 그의 수도로 삼았던 곳

의 격차도 심해졌고, 이러한 이스라엘 사회의 상황은 1세기 후 아모스 시대까지 지속되었다. 오므리의 정치적 공적에 대한 기념비는 새로운 수도 사마리아 성(城)이었다. 그가 사마리아 언덕에 새 수도를 짓기 시작했고 아들 아합이 이를 완성시켰다(왕상 16:24).[18] 이 새로운 터전은 주변 경관에 대한 전망이 뛰어났고, 더구나 언덕의 가파른 경사 때문에 고대의 군사 전법으로는 함락시키기도 어려웠다. 오므리가 이 사마리아 언덕을 사들인 것은 현명한 결정이었다. 이 수도는 남북을 관통하는 대로상에 위치해 있었기 때문에 유다의 침공을 감시하기에 알맞은 전략적 요지였고 왕가끼리의 통혼으로 결합되어 있던 페니키아와도 쉽게 교류할 수 있었다. 석조 건물들, 요새들, 오므리와 아합의 궁전, 가구와 벽에 부착시킨 상아 세공품 등 화려했던 이 도성의 옛 모습이 드러났다(왕상 22:39; 암 3:15; 6:4을 보라). 유적과 유물들이 페니키아 양식을 두드러지게 보여주고 있는 것으로 보아 오므리도 솔로몬이 그랬던 것처럼 페니키아의 장인들을 불러와 건축물과 예술작품을 만들게 하였음이 틀림없다. 그후로 예루살렘이 남왕국의 상징이었듯이 사마리아는 북왕국의 상징이 되었다.

오므리의 아들 아합 ― 신명기적 역사서에서 심한 비난을 받고 있는 ― 치하에서 이스라엘의 물질적인 발달은 계속되었다. 그러나 이때부터 국제적인 분쟁의 파고가 일기 시작하였다. 이 무렵에 이집트는 다시 세상에서 잊혀져 갔으나 시리아(아람)가 일어나 세력을 확장하여 전통적으로 이스라엘이 영유권을 주장해 왔던 요단 동편 지방으로 남하하여 사마리아의 바로 초입(初入)까지 진격해 왔다(왕상 20장). 남왕국의 왕 여호사밧(왕상 22:41-46)은 길르앗 라못을 수복하기 위하여 선왕 아사의 외교정책을 바꾸어 아합과 동맹하여 요단 동편 지방에서 아람인들과 싸웠다(왕상 22장). 이 이야기에 의하면 아합은 바로 이 전투에서 전사했다고 한다.

앗시리아의 위협

그러나 아합이 죽기 몇 년 전까지만 해도 시리아와 이스라엘은 주변 정세 때문에 제휴하지 않을 수 없었다. 지중해로 세력을 확장하려고 했던 앗시리아는 시리아와 팔레스타인의 군소국가들에게 큰 위협이 되기 시작하였다. 앗시리아와 가장 인접해 있어서 가장 피해를 입기 쉬웠던 시리아가 앗시리아의 서진정책에 가장 먼저 위

---

18) 이전에 북왕국의 수도는 북동쪽에 있는 디르사(지금의 Tell el-Far'ah인데, 이곳은 R. de Vaux 의 지휘 아래 발굴되었다)에 있었다. 오므리의 전임자였던 여로보암 1세는 군사적 압력으로 인하여 수도를 세겜에서 디르사로 옮기지 않을 수 없었다(왕상 14:17; 15:33을 보라).

협을 느꼈다. 앗시리아 왕 살만에셀 3세(B.C.E. 859-825년경)는 서부의 군소국가들을 쉽게 정복할 수 있을 것으로 믿고 주전 853년에 침공해 왔다. 앗시리아가 서부 군소국가들의 연합군과 전투를 벌인 곳은 다메섹에서 그리 멀지 않은 북방에 있는 하맛 부근의 카르카르였다. 시리아의 벤하닷은 앗시리아의 침공을 막기 위해 숙적 이스라엘을 포함하여 군소국가들과 제휴하는 외교적 승리를 거두었다. "이스라엘의 아합"은 시리아와 하맛의 강력한 분견대들에 합류하여 만 명의 보병과 이천 대의 병거 — 살만에셀의 실록에 의하면 연합군 중 가장 많은 수의 병거 — 를 보냈다.[19] 전황에 대한 공식발표가 항상 그러하듯이 앗시리아군은 압도적인 승리를 거두었다고 자랑했다. 그러나 앗시리아군이 퇴각하여 그후 7년 동안이나 서부 지방에 모습을 드러내지 못한 것을 보면 그들의 승리는 그들이 주장한 것과는 달리 그렇게 대단한 것이 아니었던 것이 분명하다. 그러나 이 사건은 장래에 올 것의 그림자에 지나지 않았다. 다음 장(章)에서 더 분명하게 살펴보게 되겠지만, 이때부터 비옥한 초승달 지대를 지배하려는 앗시리아의 야심은 이스라엘과 유다의 정치적 지평에 가장 어두운 구름을 드리우게 되었던 것이다.

이러한 정치적 상황을 배경으로 모세와 사무엘의 영적인 전통을 이은 일련의 예언자들이 등장하였다. 그들 중 일부는 단지 간략하게만 언급되어 있다. 예를 들면 솔로몬에 대항하여 혁명을 일으키라고 사주한 아히야(왕상 11:29-39)와 이스라엘 왕 바아사에게 멸망을 선포한 하나니의 아들 예후(왕상 16:1-4) 등이 그런 인물들이다. 이제 우리는 오므리 왕조 시대에 활약한 세 명의 뛰어난 에브라임의 예언자, 즉 미가야, 엘리야, 엘리사를 집중적으로 살펴보고자 한다.

400 명에 대항한 한 예언자

예언의 역사 속에서 가장 생동감 있는 일화의 하나는 엘리야와 동시대인인 이믈라의 아들 미가야의 이야기이다(후대에 와서 더 잘 알려진 예언자 미가와 혼동해서는 안된다). 이 이야기는 아합의 치세 말기에 나온 것이기 때문에 원래는 엘리야 이야기 다음에 다루어야 하지만, 우리가 이 이야기를 여기서 먼저 살펴보고자 하는 것은 이 장에서 고찰하게 되는 시기 동안에 예언자 '학파' 또는 동업조합이 얼마나 많

---

19) Pritchard, *Ancient Near Eastern Texts* 〔1〕, p. 278-79를 보라.

이 국가 제도화되었는지를 이 이야기가 보여주기 때문이다.

열왕기상 22장의 미가야 이야기는 열왕기상 20장과 연결하여 읽어야 한다. 신명기 사가들은 이 두 기사를 아합의 전쟁들을 다룬 하나의 독립된 전승으로부터 가져왔다. 신명기 사가들이 아합의 전쟁들에 관한 전승을 삽입시킨 목적은 그들이 혐오하던 왕들 가운데 하나인 아합에게 어떻게 하나님의 징벌이 내렸는지를 보여주기 위함이었다. 그들은 전쟁을 기술하면서 "예언자의 무리"(왕상 20:35)가 전시(戰時)라는 위기 상황에서 활약한 모습을 분명하게 보여주고 또 이들을 배경으로 위대한 예언자 미가야를 전면에 부각시켰다.

열왕기상 20장은 앞에서 언급한 카르카르 전투가 일어나기 직전의 시대를 배경

연대표 4

B.C.E.	이집트	팔레스타인		메소포타미아	
		유다	이스라엘	시리아	앗시리아
900		아사	바아사		앗시리아부흥
		c. 913-873	c. 900-877		
			엘라		아닷니라리2세
			c. 877-876		c. 912-892
			시므리	벤하닷1세	아슈르 나시르아팔2세
			c. 876(7일)	c. 885-870	c. 884-860
				벤하닷2세	
	이집트		오므리왕조:	c. 870-842	
	쇠퇴		오므리		
			c. 876-869		
		여호사밧	아합		
		c. 873-849	c. 869-850		살만에셀3세
		여호람	(엘리야 c. 850)		c. 859-825
		c. 849-842	아하시야		카르카르의 전투,
		아하시야	c. 850-849		c. 853
		c. 843/2	여호람	하사엘	
850			c. 849-843/2	c. 842-806	

으로 하고 있다. 아합은 자신의 수도가 포위되었음에도 아벡 전투에서 전세를 역전시켜 오므리가 빼앗겼던 성읍들을 탈환하고 다메섹에 교역시장을 개설하는 것에 대한 허락을 받아내고서는 시리아 왕을 풀어주었다. 아합은 시리아 왕에게 자비를 베풀어 살려주었다고 하여 성전(聖戰)의 무자비한 관습 — 적군은 한 사람도 남기지 않고 완전히 멸절시켜야 한다는 헤렘(herem) — 을 지지하던 예언자단의 한 사람으로부터 신랄하게 비난을 받았다. 이러한 예언자의 항의에도 불구하고 아합이 벤하닷과 계약을 체결한 것에는 정치적 계산이 숨어 있는 것으로 밝혀졌는데, 이는 앗시리아의 침공을 저지하기 위해서는 서부의 국가들이 공동으로 대처할 필요성이 있다는 것이 곧 분명해졌기 때문이다.

그후 카르카르 전투(B.C.E. 853년경)가 벌어졌다. 신명기 사가들은 이 전투에 대해 침묵을 지켰는데, 이는 자신의 신학적 목적에 별 도움이 되지 못했기 때문이다. 앗시리아의 침공에 대비하여 이스라엘과 시리아가 군사동맹을 맺고 있던 3년 동안 두 나라 사이에는 우호관계가 지속되었다(왕상 22:1). 그러나 이러한 우호관계는 위기보다 더 오래가지는 못했다. 카르카르 전투가 끝나고 앗시리아가 다른 문제들 때문에 퇴각하고 난 직후부터 이 두 작은 나라 사이에서는 격렬한 분쟁이 다시 시작되었다. 이 분쟁의 초점은 요단 동편 지방의 성읍 길르앗 라못이었다. 이전에 이 성읍은 오므리가 시리아의 침공을 막기 위해 다른 성읍들과 함께 시리아에 양도했었다. 아벡 전투 후에 맺어진 협정에 따라 벤하닷은 이 성읍들을 되돌려주기로 되어 있었으나 이를 지키지 않았다. 이 성읍은 요단 동편을 통과하는 상업 및 군사도로로서 전략적 요충지에 있었기 때문에 아합이 탐을 냈던 곳이다.

열왕기상 22장은 이스라엘의 아합과 유다의 여호사밧이 군사동맹을 모의하는 것으로 시작되고 있다. 오므리 왕조의 업적들 가운데 하나는 남왕국과 우호동맹을 맺은 것이었는데, 이러한 동맹은 두 왕가의 통혼으로 두 번이나 확인되었다. 그러나 이 장(章)에 나타나는 여호사밧의 지위는 그가 훨씬 강력하고 부유한 북왕국의 봉신인 듯한 인상을 준다.

여호사밧은 아합이 어떤 뜻을 갖고 있든지 그 뜻에 기꺼이 따르겠다고 하면서도 음흉하게도 아합이 제안한 전쟁이 불필요하다는 야훼의 신탁이 내리기를 바랐다. 그래서 여호사밧은 중요한 군사적 결정을 내릴 때 흔히 그러듯이 "청컨대 먼저 야훼의 말씀이 어떠하신지 물어 보소서"라고 제안하였다. 아합은 400 명의 탈혼 예언자들을 불러 모았다. 10-12절은 위엄있게 앉아 있는 두 왕 앞에서 탈혼 상태의 광란에 빠져 예언을 하던 당시 국가제도에 의한 예언자단의 모습을 생생하게 묘사하고 있다(10절의 "예언하다"라는 동사는 "탈혼 상태에서 예언하다"라는 뜻이다). 이 예언자들의 우두머리 — 시드기야라는 이름을 가진 인물 — 는 시리아의 패배가 기정사실임을 극화하여 상징적인 행동을 연출했다. "예언자들의 말이 여출일구하였다"(13절, 문자 그대로의 뜻은 "한 입으로"). 예밖에 모르는 사람들인 이 예언자단의 분명한 평결에 의하면 야훼의 뜻과 왕의 계획은 완전히 일치했다. 그들은 한 점의 의심도 없이 아합의 길르앗 라못에 대한 군사작전은 성공할 것이라고 이구동성으로 말하였다.

유다 왕 여호사밧은 이러한 평결을 의심하여 모든 예언자들의 말을 남김없이 다 들은 것인지를 물었다. 그런데 분명한 이유가 있어서 청하지 않은 예언자가 한 사람 있었다는 것이 밝혀졌는데, 그는 이믈라의 아들 미가야였다. 아합은 "저는 내게 대하여 길한 일은 예언하지 아니하고 흉한 일만 예언하기로 내가 저를 미워하나이다"(8절)라고 대답했다. 이것은 깊은 뜻이 담겨져 있는 고백이었다! 그럼에도 불구하고 결국 미가야는 다수의 예언자들이 이스라엘의 군사작전에 호의적인 예언을 했다는 엄한 경고를 들은 후에 두 왕 앞에 섰다.

미가야는 처음에 비웃는 투로 400명의 낙관적인 예언을 조롱하여 그것을 흉내 내었다. 그러나 미가야가 마음에도 없이 행동하고 있음을 안 아합은 그로 하여금 야훼의 이름으로 진실을 말하겠다는 서약을 하게 하였다. 이 예언자는 두 가지 신탁으로 진실을 말하였다: 한 신탁은 이스라엘이 "목자 없는 양 같이 산에 흩어"져 오합지졸이 되었다는 환상이었다 — 이것은 시리아 원정이 완전히 실패로 돌아가고 전투에서 이스라엘 왕이 전사한다는 예고였다. 또하나의 신탁은 야훼께서 하늘 궁정을 주재하면서 "영"을 시켜 예언자들에게 탈혼 상태에서 거짓말을 하게 하는 환상이었다. 이러한 미가야의 불길한 예언에 대한 반응은 우리가 예상할 수 있는 것이었다: 시드기야는 미가야의 뺨을 치고 아합은 "이 놈을 옥에 가두라"고 명하였다. 그러나 이 이야기는 계속해서 미가야의 예언의 말씀이 나중에 어떻게 사실로 입증되었는지를 말해준다. 아합은 변장하였음에도 한 궁사(弓師)가 "우연히 활을 당기어 이스라엘 왕의 갑옷 솔기를" 쏘아 치명상을 입었기 때문에 전장으로부터 물러나지 않을 수 없었다. 이와 같이 겉으로 보기에는 우연히 일어난 일인 것 같았지만 예언자를 통해 전해진 야훼의 말씀은 성취되었다. 화자의 사관에서 역사는 우연이 아니라 하나님의 섭리에 의해 지배된다.

열왕기상 22장은 예언의 역사에서 과도기적인 순간을 우리에게 얼핏 보여준다. 미가야는 "야훼께서 내게 말씀하시는 것 곧 그것을 내가 말하리라" — 비록 그것이 왕의 견해 및 다수의 목소리에 정면으로 배치된다고 할지라도 — 고 맹세했다. 그는

왕에 대한 야훼의 심판 — 파멸의 메시지 — 을 선포하였는데, 나중에 이것은 참 예
언자의 표징들 가운데 하나가 되었다(렘 28:8-9). 미가야로부터 예언은 더 이상 민
족주의의 반향이라든가 정치적 집권층의 시녀가 아니었다. 여기서 우리는 직업 예언
자들과의 단절 — 아모스가 "예언자의 무리"와 아무런 관련이 없다고 선언함으로써
더욱 첨예하게 된 단절(암 7:14) — 을 보게 된다. 그러나 좀더 깊은 차원에서 볼
때 미가야와 같은 부류의 예언자들은 이스라엘의 진정한 예언 전승과 단절되었다고
할 수 없다. ·그들은 탈혼 상태의 예언자들보다 그러한 전승에 실제로 더 민감하였기
때문이다. 미가야와 같은 예언자들 속에서 고대의 모세의 신앙은 새로운 의미와 권
능을 가지고 현재에 부활하였다. 이것은 주전 9세기의 가장 위대한 예언자 엘리야
(B.C.E. 850년경)의 경우를 통해 극명하게 드러난다. [20]

디셉 사람 엘리야

우리는 이제 열왕기상 20장과 22장이 다루고 있는 아합의 통치 말기로부터 그
의 치세 초기의 치명적인 내정 위기로 거꾸로 올라가서 살펴보기로 한다. 이 시기에
대한 사료는 주로 열왕기 17-19장과 21장에 나와 있는 엘리야 이야기이다. 이 이야
기도 아합의 전쟁에 관한 이야기들과 같이 독립된 전승 단위로 전해지다가 신명기
역사서에 들어오게 되었다. [21] 그런데 이 단원에서는 신명기 사가의 특징적인 언어를
찾아볼 수 없고 또 엘리야가 "산당"(갈멜)에 제단을 차렸다는 사실에 대하여도 화자
(話者)는 '신명기 사가 특유의' 관심을 내비치고 있지 않다는 것을 유의하여야 한
다. 엘리야가 벧엘의 황소 숭배를 규탄하지 않았고 이에 대해 완전히 침묵을 지켰다
고 하여 비난을 받지도 않고 있다. 여기서 우리는 바로 엘리야가 관계하던 예언자
공동체에 보존되어 있던 예언 전설들을 찾아볼 수 있다(왕하 2:1-18).

엘리야 이야기들은 현대 사가가 보여주는 정확성이나 사실성에 관심을 두고 언
급되어 있지 않다. 이 이야기들은 구전전승을 통해 기억되고 다듬어지면서 이스라엘
의 상상력과 신앙의 물감으로 채색되었다. 이 이야기들의 많은 부분은 실제 상황을

---

20) Simon De Vries, *Prophet Against Prophet*[314], 특히 pp. 33-51에 나오는 미가야 이야기
  에 관한 논의를 보라.
21) 구약의 헬라어 역본인 칠십인역은 21장을 17-19장 바로 다음에 놓고 있는데, 이것은 이 네 장(章)
  이 단일한 단위로서 함께 결합되어 있음을 보여주는 것이다.

바탕으로 하고 있긴 하지만 주로 하나의 커다란 위기의 순간에서 이스라엘의 '체험된 역사'를 반영하고 있다. 이 이야기들은 하나님의 사람인 엘리야가 준 두려운 인상을 기록하고 있을 뿐만 아니라 이스라엘 역사의 가장 깊은 차원, 곧 당시의 정치·문화적 위기에 봉착했을 때 이스라엘이 야훼를 만난 체험을 그리고 있다. 이러한 위기는 아합의 아내인 이세벨의 호전성으로 인하여 절정에 달했다.

프랑스의 저술가 파스칼은 서구의 전(全)사가 클레오파트라의 코의 생김새 때문에 달라졌다고 말한 적이 있었다. 우리는 이스라엘 역사의 흐름이 한 사람 이세벨의 기벽(奇癖) 때문에 심한 변화를 겪게 되었다고 말할 수 있을 것이다. 거듭 말하지만 오므리는 이스라엘과 페니키아의 관계를 돈독히 하기 위하여 자기 아들 아합을 두로 왕 에드바알의 딸 이세벨과 결혼시켰었다. 만약 아합이 다른 여자와 결혼했다면 이야기는 완전히 달라졌을 것이다. 신명기 사가들은 아합과 이세벨의 정략결혼으로 말미암아 아합은 여로보암보다 실제로 더 큰 죄를 범하게 되었다는 확고부동한 태도를 보였다(왕상 16:31)!

아합은 즉각 자기 신부를 새로운 수도 사마리아로 데려오기 위해 오므리가 시작했던 건축계획을 계속해 나갔다. 솔로몬이 자신의 이방인 아내들을 위하여 예루살렘에 신당들을 세웠듯이 아합 왕도 "바알의 신당"을 짓고 바알 제단과 모신 아세라 상을 차려놓았다(왕상 16:32-33). 여기서 말하는 바알은 두로의 공인된 수호신 바알멜카르트(Baal-Melkart)였다. 이것은 가나안의 자연종교를 페니키아의 형편에 맞게 변용시킨 것이었는데, 이에 대해서 우리는 라스 샤므라 문서를 통해 아주 잘 알 수 있다. 이 종교는 이스라엘이 가나안에 들어올 때부터 언약 신앙에 침투해 들어왔었다. 그러나 바알 종교는 이제 정치적 세력을 등에 업고 있었다는 것을 주목해야 한다. 이는 페니키아의 제국주의가 지중해 세계에서 전성기를 맞이하고 있었기 때문이다. 고대 세계에서는 다른 나라의 정치적 우위를 인정하게 되면 그 나라의 종교를 인정하고 받아들여야 했다.

하지만 공평하게 말하자면 아합은 이스라엘의 하나님 야훼를 배척할 생각은 전혀 없었던 것으로 보인다(열왕기상 16:31의 신명기 사가의 판단과는 반대로). 왜냐하면 아합은 자기 자녀 이름에 신성한 글자인 Yah '야'(Ataliah, Ahaziah, Jehoram)라는 말을 포함시켰고 또한 그의 치세 동안에 야훼의 예언자들에게 자문을 구했기 — 미가야 이야기에서 이미 보았듯이 — 때문이다. 그의 입장은 관용주의였다. 솔로몬이 자신의 이방인 아내들에게 그랬던 것과 같이 아합도 자기 아내에게 그저 종교의 자유를 주기를 원했을 뿐이다. 그러나 이세벨은 들어앉아서 사생활만 즐기는 인물이 아니었다. 그녀는 자기 욕망을 달성하기 위해서는 물불을 가리지 않는 오만하고 횡포가 심한 여인이었다.

그러므로 페니키아 종교의 광신적인 전도자였던 이세벨이 이스라엘 언약 신앙의 십자군으로서 마찬가지로 열정적이었던 야훼의 예언자들과 충돌하는 것은 피할 수 없었다. 이세벨은 페니키아로부터 상당히 많은 바알 예언자들을 데려와 국고로 그들을 먹여 살렸다(왕상 18:19). 더욱이 이세벨은 "야훼의 예언자들을 멸절시키기" 위해 적극적인 공격을 펴기 시작했다. 또한 백성들이 외국문물에 수용적이고 혼합주의의 경향에 젖어 있는 것을 이용하여 이세벨은 이스라엘의 전통적인 신앙을 뿌리째 뽑으려고 했다. 야훼의 제단들은 훼파되었고 예언자들은 살해되었으며 나머지 신실한 예언자들은 지하로 숨어들었다. 엘리야 예언자가 "야훼의 말씀"을 전하기 위해 이스라엘에 등장한 것은 이와 같은 위기의 때였다.

갈멜산에서의 대결

엘리야에 대한 첫번째 이야기(왕상 17-18장)의 배경은 먼 옛날부터 주기적으로 일어나서 국토를 황폐화시켰던 가뭄이다. 이 전설을 통해서 볼 때 디셉 사람(즉, 길르앗에 있는 디셉이란 성읍 출신) 엘리야는 혜성처럼 갑자기 무대에 등장한다. 그의 극적이고 돌연한 등장은 당시 사람들에게 감명을 주었을 것임에 틀림없다. 사막의 가장자리에서 거친 반유목민 생활을 하다가 요단을 건너온, 털옷을 입고 가죽띠를 맨 그의 모습은 투박한 강인함을 풍겼을 것이고(왕하 1:8), 이러한 그의 모습은 문화가 발달된 이스라엘 땅에서는 이상한 모습으로 비쳤을 것임에 틀림없다. 그의 거동은 사람들을 당혹시켰기 때문에 궁내대신 오바댜는 야훼의 영('바람')이 아무도 모르는 곳으로 그를 실어가버릴 것이라고 주장하였다(왕상 18:12). 엘리야는 바람처럼 나타나 사람들을 놀라게 하였다. 전설에 의하면 엘리야의 사라짐도 그의 번개와 같은 등장만큼이나 신비스러웠다. 왜냐하면 "불병거" — 잘 알려진 영적인 언어를 사용하자면 — 가 하늘로부터 내려와 엘리야를 회오리 바람에 실어 하늘로 데려갔다고 하기 때문이다(왕하 2:11-12).

엘리야의 최초의 행동은 야훼의 이름으로 가뭄을 선포하는 일이었다 — 즉 바알의 권한 영역인 다산(多産)에서 바알에게 도전장을 보낸 것이다(왕상 17:1). 17장의 나머지 부분은 심한 가뭄과 엘리야의 커다란 기적들을 다룬 일련의 소품들이다. 이 기적 이야기들은 이 예언자를 둘러싸고 생겨난 민간전승(왕하 1-2장)의 성격을 띠고 있는데, 이것들을 문자 그대로 취할 필요는 없다. 이 기적 이야기들의 중심적인 관심은 야훼께서 이 땅의 다산을 관장하고 있다는 사실을 묘사하고 백성의 삶이 전적으로 야훼의 손에 달려 있다는 것을 강조하는 것이다. 이 장(章)의 가장 중요한 특징들 가운데 하나는 야훼께서 팔레스타인만이 아니라 페니키아 — 바알멜카르트의 고유의 영역 — 의 다산(多産)까지도 관장한다는 주장이다. 기근이 만연되어 있을 때 엘리야가 페니키아의 사렙다 성(城)에 사는 과부를 구해주었다는 사실이 바로 이것을 말해주고 있다.[22]

열왕기상 18장에서 우리는 엘리야와 아합 왕과의 만남을 보게 된다. 왕의 입에서 나온 첫마디는 "이스라엘을 괴롭게 하는 자여 네냐"라는 말이었다. 이때 왕은 사마리아 전역을 강타한 가뭄 때문에 신하들을 거느리고 병거부대의 말을 먹여 살릴 풀이 있는 땅을 찾아 헤매고 있었는데, 그는 이 가뭄이 지각없이 내뱉은 엘리야의 예언 때문에 일어난 것이라고 생각하여 몹시 당혹해 있었던 것이다. 그러나 엘리야는 왕의 말을 되받아 이러한 괴로움은 가나안의 "바알들"(Baals) — 여기서 말하는 바알은 하늘과 기후를 관장한다는 페니키아의 바알을 각 지방에서 변용하여 받아들인 바알들을 뜻한다 — 을 섬긴 왕의 정책 때문에 일어난 것임을 상기시켰다(왕상 18:18). 예언자는, 다산을 관장하는 분은 야훼이지 바알이 아니라고 선언했다. 예언자는 지중해 쪽으로 돌출해 있는 갈멜산의 곳에서 대결하자고 "바알의 예언자 사백 오십 인과 아세라의 예언자 사백 인"에게 도전했다.

바알 예언자들과 단 한 명의 야훼 예언자가 벌인 대결에 관한 묘사는 성경에서 가장 극적인 기사 중의 하나이다. 엘리야는 백성들이 "두 사이에서 머뭇머뭇" 하고 있다고 비난한다.

> 엘리야가 모든 백성에게 가까이 나아가 이르되 너희가 어느 때까지 두 사이에서 머뭇머뭇 하려느냐 야훼가 만일 하나님이면 그를 좇고 바알이 만일 하나님이면 그를 좇을지니라
> —왕상 18:21.

예언자에 의하면 백성들은 한 다리로 깡총깡총 뛰어가다가 이번에는 다른쪽 다리로 깡총깡총 뛰어가곤 한다는 것이다. 백성들은 한 다리는 이스라엘의 전통적인

---

22) 이 가뭄이 사실에 토대를 두고 있다는 것은 1세기 유다의 역사가인 요세푸스에 의해 암시되고 있다. 그는 이세벨의 아버지 에드바알 시대에 일 년 동안의 가뭄이 있었다는 에베소의 메난데르(Menander)의 말을 인용하고 있다(*Antiquities of the Jews*, viii, 13, 2).

신앙에, 또 한 다리는 바알 숭배에 걸치려고 했다. 이러한 혼합주의 정책은 이미 오랜 역사를 가지고 있었고, 여로보암의 종교개혁에 의해 백성들 사이에서 이러한 경향은 더욱 고무되었다. 이세벨의 계획 때문에 결국 이스라엘은 두 갈래 길에 다다르게 되었다. 모세 언약의 하나님인 야훼와 폭풍과 다산의 페니키아 신인 바알 중 누구를 섬길 것이냐 하는 양자택일의 기로에 서게 된 것이다.

엘리야는 신학적인 용어가 아니라 실제적인 용어로써 유일신교의 문제를 제기하고 나선다. "야훼가 만일 하나님이면 그를 좇고 바알이 만일 하나님이면 그를 좇을지니라." 하나님은 인간의 총체적인 충성, 곧 마음과 영혼과 힘을 다하여 섬길 것을 요구한다. 이스라엘은 결단의 순간에 섰다. 예언자 엘리야를 통해 모세 전승은 새로운 권능으로 살아났다: 야훼는 자기 외에 다른 신을 허용하지 않는 질투하는 하나님이시다. "야훼는 나의 하나님이다"라는 뜻을 지닌 엘리야라는 이름은 모세 신앙에 대한 이 으뜸가는 열심을 가진 예언자에게 아주 적절한 것이었다.

이 대결의 목적은 누가 주님이며, 누가 비와 다산을 관장할 권능을 가졌는지를 그 자리에서 결정짓자는 것이었다. 그래서 바알의 예언자들과 야훼의 유일한 예언자인 엘리야, 이 양편은 "불로 응답하는 신 그가 하나님이니라"고 생각하고 각자의 의식(儀式)을 통해 대결하는 데 합의했다. 바알 예언자들이 제단을 돌며 절뚝거리는 춤을 추고 바알에게 부르짖으면서 탈혼 상태의 광란에 빠져 들어갔다. 여기서 이 이야기는 약간의 유머를 섞어서, 바알은 무의미한 존재이며 존재하지도 않는다고 비웃으면서 하늘의 응답이 없으니 바알이 묵상에 잠겼는지("잠깐 나갔는지"는 완곡어법이다) 여행을 떠났는지 아니면 잠이 들어서 깨워야 하는지 더 큰 소리로 불러보라고 하며 바알 예언자들을 조롱하는 엘리야의 자신만만한 모습을 묘사하고 있다. 탈혼 상태의 바알 예언자들은 온갖 몸부림을 다 쳤지만 가뭄을 멈추게 하는 데 성공하지 못했다. 바알 예언자들에 관한 이야기는 "아무 소리도 없고 아무 응답하는 자도 없고 아무 돌아보는 자도 없더라"는 장엄한 말로 끝난다.

엘리야의 차례가 되자 그의 첫번째 행동은 앞으로 나아가 허물어진 야훼의 제단

---

23) Albrecht Alt는 갈멜산에서의 대결을 다룬 자신의 논문 "Das Gottesurteil auf dem Karmel", *Kleine Schriften zur Geschichte des Volkes Israel*, II (Munich, 1953), 135-49에서 이 지역은 옛날에 페니키아 사람들의 지배하에 들어가 바알 숭배의 제의 장소가 되었다고 주장한다. 그러므로 갈멜산 대결은 정치적 의미도 내포하고 있었다. 엘리야의 승리는 이스라엘 하나님의 이름으로 이 영토를 되찾은 것을 극화한 것이었다. 이 이야기 전체에 관한 논의는 H. H. Rowley, "Elijah on Mount Carmel" (325)을 보라.

을 고쳐 쌓는 것 — 이스라엘 하나님의 제의 장소를 대담하게 재주장한 행위 — 이었다.[23]. 그 다음에 이어진 의식(왕상 18:32b-35)은 호기심을 불러일으키는데, 이는 예언자가 장작더미에 불이 붙길 원하면서 그 장작더미에 물을 부으라고 했기 때문이다. 이것을 '설명'하려는 기상천외한 여러 가지 시도들이 있었다 — 예를 들면 어떤 사람은 여기 사용된 "물"은 실제로는 인근의 기름이 나오는 간헐온천에서 길어온 가연성 나프타였다고 말하기도 했다! 그러나 이러한 행동의 목적은 교감(交感)의 마술, 즉 비가 내리는 것을 흉내냄으로써 비를 내리게 하려는 것이었음이 분명하다. 그래서 엘리야는 세 번의 의식을 통해 도랑에 물이 찰 때까지 장작더미에 물을 부었다.

엘리야가 행한 의식의 결말은 36-40절에 나와 있다. 백성들은 하늘에서 초자연적인 불이 내려오는 광경을 보고 겁에 질려서 "야훼 그는 하나님이시로다"라고 소리치며 바알의 예언자들을 멸절(herem)시켰다. 그러나 이야기의 진정한 절정은 이 대결의 목적이 실현되어 가뭄이 끝나는 것을 묘사하고 있는 41-46절이다. 엘리야는 아합에게 "큰 비의 소리가 있나이다"라고 선포했다. 엘리야는 비를 오게 할 또 다른 의식에서 무릎을 꿇고 기도하면서 시종을 시켜 일곱 번이나 지중해 쪽의 하늘을 보고 오라고 하였다. 마침내 시종이 폭풍을 일으킬 구름 — "사람의 손만한 작은 구름" — 이 떠올랐다고 보고하였다. 폭풍이 일고 비가 내리기 시작하자 아합은 병거가 진흙에 빠지지 않도록 서둘러 이스르엘 계곡을 향해 달렸고 엘리야는 탈혼 상태의 힘이 솟아 왕 앞에서 앞질러 달렸다.

이 가뭄 이야기는 이스라엘 신앙에서 나온 시(詩)에 속하기 때문에 하늘에서 내렸다는 불은 번개의 방전 현상이었다는 등 현대의 합리주의적인 사고방식으로 파괴하려고 해서는 안된다. 구약에서 불이라는 상징은 흔히 하나님의 현현(顯現)을 표현하는 데 자주 사용되었다(예를 들면, "불붙은 가시나무 떨기"). 다른 무엇보다도 화자(話者)는 야훼께서 예언자를 통해 역사 속에 적극적으로 임재해 계신다는 사실을 전하려고 한다. 이 이야기에 나오는 여러 가지 일화들 속에서 우리는 예언자적 신앙에 의해 해석된 이스라엘 역사의 커다란 위기를 보게 된다.

호렙산으로의 도망

갈멜산에서의 대결 — "온 이스라엘"(왕상 18:19-20)의 참여, 백성들의 야훼에 대한 일치된 신앙 고백, 바알 예언자들의 대량 학살 — 에 관한 극적인 묘사는 우리에게 바알 종교가 한꺼번에 완전히 무너졌다는 인상을 주기 쉽다. 그러나 실제로 엘리야의 승리는 그렇게 결정적이지 못했다. 몇 년 후의 상황을 보면 바알 신전을 꽉 채울 만큼 바알 숭배자들은 여전히 많았다(왕하 10:21). 또한 갈멜산의 승리는 싸움의 끝도 아니었다. 이세벨이 여전히 권세를 쥐고서 엘리야를 바싹 뒤쫓고 있다는 것을 엘리야도 알고 있었다.

갈멜산 일화 다음에는 엘리야가 아합과 이세벨의 영토에서 도망하여 브엘세바 남쪽으로 하룻길인 남부 유다의 광야로 가서 싸리나무 덤불에 주저앉았다는 전설이 이어진다. 화자는 깊은 통찰력을 가지고 어떻게 의심이 신앙에 그림자를 드리우게 되는가를 묘사하고 있다.[24] 이세벨의 권세가 맹위를 떨치고 있는데 어떻게 야훼가 진정한 주권자라고 할 수 있겠는가? 열왕기상 19:4에 묘사된 엘리야는 낙담과 피로에 지친 인간, 폭군과 우상의 권세를 쳐부수려고 했으나 선조들보다 조금도 나은 것이 없었기 때문에 차라리 죽기를 바라는 인간의 모습이다. 그러나 5-8절에 나온 기적 이야기의 의도는 그의 가장 암울한 시간에도 야훼는 그를 버리지 않고 하나님의 주권을 좀더 새롭고 깊이 깨닫게 할 긴 여정을 위한 힘을 자비롭게 공급해 주신다는 것을 강조하는 것이다.

엘리야는 "사십주 사십야"(긴 세월을 가리키는 전통적인 숫자)를 여행하여 언약의 성산(聖山)인 호렙산(시내산)에 당도하였다고 한다. 호렙산에서 하나님의 방문(현현)이 있었는데, 화자는 이를 시내산(호렙산)에서 모세에게 나타나신 하나님을 염두에 두고 기술하고 있다. 엘리야가 묵은 동굴은 야훼께서 자신의 영광을 보이기 위해 "지나갈 때" 모세가 몸을 숨긴 동굴을 연상시킨다(출 33:18-34:8). 또한 엘리야 이야기는 야훼께서 "지나갈 때" 지진과 바람과 불 — 성산에서 야훼께서 나타나실 때 일어났던 전통적인 현상(출 19장) — 이 뒤따랐다고 말하고 있다.

이 이야기 전체는 "전승의 현대화"[25]에 대한 뛰어난 예시이다. 성스러운 유산은 단순히 과거의 고고학적 유물이 아니라 하나님의 백성이 처해 있는 현재의 상황에서 새로워져서 현존하게 되었다. 그러나 모세 전승의 재해석에는 커다란 차이가 존재하는데, 어떻게 보면 전통적인 신의 현현과 정반대라고도 할 수 있을 정도이다. 야훼께서는 지진과 바람과 불 — 시내산(호렙산)에서 하나님의 임재에 대한 전통적인 상

---

24) 엘리야 이야기에 관하여 많은 시사점들을 주고 있는 해석인 Robert Davidson, *Courage to Doubt*[134], pp. 95-99를 보라.
25) 거룩한 유산을 현재화하는 것은 James Sanders에 의해 주창된 "정경비평"의 한 차원이다; *Canon and Community*[521], 특히 제2장을 보라.

징들 — 속에 계신 것이 아니라 폭풍이 가라앉고 난 고요 속에 계셨다고 한다(참조. 시 107:29). 보통 "세미한 소리"로 번역되는 이 히브리어는 "너무도 강렬해서 그것을 들을 수 있을 정도의 침묵"을 가리킨다.[26] 대중가요의 제목을 상기시키는 "침묵의 소리"라는 말은 현재에서 새로운 강조점을 가지고 언급된 출애굽과 시내산의 하나님의 음성으로 이해되었다.

화자(話者)는 계속해서 엘리야가 이스라엘의 모세 전승으로부터 그에게 언급된 이 침묵의 소리를 듣고서 동굴 어귀로 몸을 움직였다고 말한다. 이 대화는 의미의 새로운 차원들을 도입하고 있다. 야훼께서 엘리야에게 던진 질문은 사가 이루어지고 있는 장소를 버리고 무슨 일을 하겠다고 이 한적한 장소에 도망와 있느냐는 뜻이 내포하고 있다. 이에 대해 예언자는 야훼로 인하여 질투하고 있다(이 히브리 단어는 '질투하다' jealous와 '열심이다' zealous라는 두 가지 뜻을 지니고 있다)고 항변하였다. 이스라엘 백성은 이세벨의 권세 아래에 서서 "이스라엘 자손이 주의 언약을 버리고[27] 주의 단을 헐며 칼로 주의 예언자들을 죽였"지만 자기는 모세 전승의 열광자 (zealot)였다는 것이다.

그러나 엘리야가 자신의 고독과 자신의 생명의 위협에 대해 곰곰이 생각하고 있을 때 곧 하나님은 그에게 세 가지의 명령을 주었는데, 그 가운데 둘은 정치적 혁명을 조장하라는 것이었다. 이 두 가지 임무는 그의 후계자인 엘리사에 의해 수행되었지만, 그것들을 여기에 언급한 것은 이스라엘 신앙이 단순히 신비적인 명상이 아니라 행동으로 표현된다는 사실을 보여주고 있다. 모세가 "불붙은 가시나무 떨기"에서 그러하였듯이 엘리야도 야훼가 역사의 영역에서 활동하고 예언자를 당신의 행동 계획에 참여시키고 있다는 사실을 새롭게 깨달았다. 야훼의 계획은 엘리야가 이스라엘 땅으로 돌아가서 혁명을 꾀할 것을 요구하였다. 엘리야는, 이 혁명은 오므리 왕가와 그 왕가의 지지자들을 일소하려는 것이지만 신실한 남은 자 — "바알에게 무릎을 꿇지 않은 이스라엘의 칠천 명" — 를 살려둘 것이라는 야훼의 말씀을 들었다.

모세가 출애굽 후에 야훼로부터 계시를 받은 시내산으로 엘리야가 여행했다는 것은 의미심장하다. 어떤 의미에서, 엘리야가 가장 좋은 예이지만 예언 운동 전체는 이스라엘 신앙의 원천인 시내산으로 되돌아가려는 순례였다. 예언자들은 자기들이

---

26) R. Davidson, *Courage to Doubt*[134], p. 98.
27) "주의 언약"으로 번역된 히브리 원어는 본문 자체가 불확실하다. 중요한 판본들은 열왕기상 19:10, 14에서 "당신(야훼)을 버리고"로 읽고 있다. 그러나 주석가들은 언약 전승이 이 이야기 전체에 함축되어 있음을 인정한다. 열왕기상하에 대한 John Gray의 주석서[295], pp. 409-10을 보라.

혁신가 — 부단히 발전하는 문화와 보조를 맞추기 위해 눈부신 새로운 이념들을 제시하는 사람들 — 라고 주장하지 않았다. 오히려 그들은 야훼의 "질투"에 의해 요구된 대로 이스라엘은 온 마음으로 언약에 충성하는 것으로 되돌아갈 것을 요구하였다. 그들은 시내산이라는 옛터에 발을 딛고 선 개혁자들이었다.

그러나 좀더 깊은 의미에서 볼 때 예언 운동은 일종의 의고주의(擬古主義) — 문화적 위기에 처하여 이상화된 과거로 되돌아가려는 소심한 대응 — 가 아니었다. 엘리야 이야기에서 볼 수 있듯이 예언자들의 메시지에는 모세의 과거가 새로운 생명력과 의미를 띠고 현재에 되살아났다. 모세 전승에 잠재되어 있었던 것이 만개하기 시작하였고, 이스라엘은 야훼의 언약과 역사 속에서의 야훼의 방식들에 함축되어 있는 의미들을 좀더 깊이 이해하게 되었다.

나붓의 포도원 사건

엘리야 이야기에 나오는 세번째 일화(왕상 21장)는 몇 년 뒤에 일어났음이 분명하다. 아합은 자신의 궁전을 넓히기 위해 이스르엘(그의 두번째 수도) 성읍의 궁전 부근에 있는 나붓의 포도원을 사들이려고 하였다. 그의 매매 조건은 관대한 것이었지만, 나붓은 가문의 재산이라는 한 가지 이유로 팔기를 거부했다. 엄밀하게 말하면 이 땅은 나붓이 마음대로 처분할 수 있는 '사유재산'이 아니었다. 이 땅은 전체 가문이나 일족에게 속한 거룩한 유산으로서 대대로 물려받은 것이었다. 그의 거절 — "내 열조의 유업을 왕에게 주기를 야훼께서 금하실지로다" — 은 이스라엘 특유의 땅에 대한 태도를 보여준다. 이 견해에 의하면 땅의 진정한 소유주는 야훼이다. 야훼는 이스라엘의 조상들에게 행한 약속을 지켜서 이스라엘 사람들을 이 땅으로 인도하였고 거기서 이스라엘 사람들은 정착하여 각 지파와 일족들에게 땅을 나누어 줄 수 있었다. 그래서 그들은 야훼의 영지를 관리하는 사람이어야 했고 전체 공동체의 복리를 위해 그 영지를 운용하여야 마땅했다. 따라서 땅을 빼앗거나 사유물로 생각하는 것은 언약 공동체라는 성격 자체로 인해 있을 수 없는 일이었다. 나붓이 조상들에게서 물려받은 땅을 자기 마음대로 팔 수 없다고 한 말은 토지소유권에 대한 고대 이스라엘인의 생각을 재확인한 것에 지나지 않았다.[28]

---

28) Walter Eichrodt, "Revelation and Responsibility", *Interpretation*, III(1949), 393-94를 보라.

아합은 이 말을 듣고 매우 침울해졌지만 나봇의 입장이 정당하다는 것을 인정했다. 그러나 페니키아의 상업 문화에서 성장한 이세벨은 재산에 대한 다른 개념을 가지고 있었다. 그녀가 신봉한 바알 종교에서는 왕의 권력에 제한을 가하지 않았다. 따라서 그녀는 아합에게 "왕이 이제 이스라엘 나라를 다스리시나이까"라고 반문하였던 것이다. 이세벨은 나봇의 포도원을 왕에게 바치겠다고 약속했다 — 자신의 방식대로. 그녀의 지시에 따라 나봇은 "하나님과 왕을 저주하였다"(즉, 신성모독과 반역)는 죄로 고발되었고, 자신을 위해 한 마디의 변호도 하지 못한 채 나봇은 돌로 쳐죽임을 당하였다. 나봇의 아들들도 같은 방법으로 처형되었음이 분명하다(왕하 9:26). 살인은 합법의 가면을 쓰고 있었다 — 이것은 범죄행위에 가담한 사람들의 양심을 진정시켜 주기에 충분하였다. 이렇게 하여 나봇과 그의 자녀들이 제거되자 아합은 자유롭게 그 포도원을 차지할 수 있게 되었다고 생각하였다.

그러나 아합은 "야훼의 말씀이 디셉 사람 엘리야에게 임하"였기 때문에 최고법정에 서야 했다. 아합이 자기 것이라고 주장한 그 포도원에서 예언자와 왕의 또 한 번의 극적인 만남이 이루어졌다. 아벨의 피로 물든 땅과 마찬가지로 이 극악무도한 범죄도 야훼의 보복을 부르짖었고, 예언자는 하나님의 심판이 곧 내릴 것이라고 선언했다. 귀찮은 예언자의 말을 듣고 왕은 과거에 엘리야에게서 겪었던 일을 생각해 내고는 "나의 대적이여 네가 나를 찾았느냐"하며 투덜거렸다. 이 이야기는 다윗이 나단을 만난 후 양심의 가책을 받은 것을 우리에게 상기시켜 주듯이 아합의 참회에 관한 생생한 묘사로 끝난다(왕상 21:27-29; 20b-26의 대부분은 신명기 사가의 논평이다).

나봇 사건은 후대의 예언자들의 대(對)사회 메시지의 뛰어난 서문이다. 여기서 우리는 바알 종교와 야훼 신앙이 갈멜산의 극적인 대결에서 뿐만 아니라 사회적 관계들에서도 서로 대결하고 있음을 보게 된다. 이스라엘의 위대한 예언자들은 고대 모세 전승의 엄격한 윤리적 요구들의 옹호자들이었다. 제3장에서 살펴보았듯이, 이스라엘이 언약에 순종한 것은 야훼께서 압제받는 백성을 위하여 행하신 위대한 해방 역사(役事)에 대한 감사 때문이었다. 야훼께서는 모든 사람이 율법 앞에 평등한 — 부자든 가난한 자든, 왕이든 일반 신민이든 — 언약 공동체를 만들었다. 공동체 전체는 광야시대로부터 전해 내려왔고 사법(司法)의 운용에 의해 다듬어진 절대적인 율법들에 표명되어 있는 야훼의 주권적인 의지에 대하여 책임이 있었다. 그리고 공동체의 성원의 정의가 권력자에 의해 짓밟히면, 야훼께서 개입하여 약하고 힘없는 자를 옹호하고 언약 공동체의 질서와 가족적인 연대를 회복시켜 주었다. 바알 종교는 귀족 계급을 정점으로 한 '기존 체제'(status quo)을 지지하는 경향이 있었다. 그러나 예언자 엘리야에서 되살아난 야훼 신앙은 상업 문화의 악에 저항하고 사회를 개혁할 수 있는 힘을 제공해 주었다.

엘리사와 오므리 왕조의 말기

열왕기하의 처음 부분(2-9장; 13:14-21)에서 우리는 엘리야의 겉옷을 받아 그를 계승한 엘리사를 다룬 이야기들을 발견하게 된다. 엘리사 이야기(열왕기하 1장의 엘리야 전설과 마찬가지로)는 우리가 앞에서 살펴본 위대한 엘리야 이야기와는 다른 유형의 예언 전승을 보여주고 있다. 여기에는 경이로운 이야기로 가득찬 민담(民譚)이 있다: 겉옷으로 요단 강물을 치자 갈라졌다는 이야기, 물을 피같이 붉게 만들어 모압군을 속인 이야기, 수넴 여인의 아들을 살린 이야기, 물에 빠뜨린 도끼가 떠오른 이야기 등등.

사람들의 상상력을 자극하여 기쁨을 주었던 이와 같은 이야기들은 엘리사가 긴밀하게 관계한 예언자 단체의 성원들에 의해 언급되었고 전승되어 왔음에 틀림없다. 이러한 이야기들은 환상적이기는 하지만 엘리사가 백성을 염려한 예언자였음을 우리에게 보여주고 있고, 또한 이 이야기들은 엘리사의 행위들을 통해 "야훼의 말씀이 저에게 있다"(왕하 3:12)는 것을 알았던 사람들의 확신을 기록하고 있다.

이 이야기들은 오므리 왕조의 말기, 특히 이스라엘 왕 여호람 시대에 이스라엘에서 일어난 정치적 사건들을 배경으로 하고 있다. 이 시기(B.C.E. 849-842년경)에 모압이 이스라엘에 반기를 들었다 — 이 사실은 모압의 석비에서도 확인되는데, 이 석비에서 모압 왕 메사는 자기네 신 그모스가 진노하여 이스라엘을 멸절(herem)시켰기 때문에 "이스라엘이 영원히 멸망했다"고 과장해서 말하고 있다.[29] 이스라엘의 기사(記事)에는 환상적인 요소가 가미되어 있긴 하지만 모압 왕이 성벽에서 자신의 맏아들을 모압의 신 그모스에게 번제로 바치고 승리를 구했다는 보도는 아마 정확할 것이다. 사가가 해설하고 있듯이 그 결과 "이스라엘에게 크게 통분함이 임하였다"(왕하 3:4-27).

---

29) 모압의 석비에서 "아들"은 아마도 오므리의 '손자'를 의미할 것이다. 반란이 일어난 것은 아합 시대가 아니라 여호람 시대였다.

그러나 이 이야기들의 대부분은 시리아와 이스라엘 사이에 끊임없이 일어났던 전쟁 상태를 반영하고 있다. 이것을 훌륭하게 보여주는 것은 시리아 장군 나아만의 이야기이다. 나아만은 시리아군이 이스라엘을 침공했을 때 노예로 끌고 온 하녀의 말을 듣고 이스라엘 땅으로 엘리사를 찾아갔고, 거기서 "이스라엘 외에는 온 천하에 신이 없는 줄을 아나이다"(왕하 5장)라는 확신을 갖게 되었다. 이 이야기는 전시라는 어려운 상황에서조차도 적군은 야훼의 주권 아래 있다고 생각한 이스라엘 사람들의 신앙을 보여준다.

열왕기하 8:7-15에 나오는 기사에 의하면 엘리사는 시리아의 수도인 다메섹으로 여행했다. 그가 다메섹에 머물고 있을 때, 병을 앓고 있던 시리아 왕 벤하닷이 하사엘을 보내 예언자에게 자기가 회복될 수 있겠는지를 물어 보았다. 엘리사는 황홀경에 잠겼다가 하사엘이 시리아의 다음 왕이 되어 이스라엘에 크나큰 재난을 초래하게 될 것이라고 예언하였다. 하사엘은 이 예언자의 말의 권세를 믿고 바로 이튿날 벤하닷을 죽였는데, 이렇게 하여 엘리야가 꾀하였던 혁명 가운데 하나가 일어나게 된 것이다(왕상 19:15-16). 두번째의 혁명은 엘리사가 예후를 이스라엘의 왕으로 기름부으려고 "예언자의 생도"(왕하 9:1-13)를 소집했을 때 일어났다. 예후가 세력을 잡자 오므리 왕조는 피바다를 이루며 종언을 고했고, 이스라엘의 역사는 새로운 장이 시작되었다.

제 9 장

처녀 이스라엘이 엎드러졌음이여

오늘날 우리는 관용을 높이 평가하기 때문에 타 종교에 대하여 중립적인 입장을 지키는 경향이 있다. 따라서 우리는 솔로몬의 세계주의 또는 야훼 신앙과 바알 종교 사이에서 왔다갔다 했던 아합 시대의 타협적인 자세에 공감할지도 모른다. 그러나 이미 살펴본 대로 이스라엘의 예언자들은 당시의 관용적인 혼합주의를 공격하였고 야훼께 대한 열렬한 헌신을 역설하였다. "고대의 여러 민족에게 종교적 배타성은 그 특색이 아니었으며 예언자들에 의해 이스라엘에 도입되었을 뿐이다"[1]라고 한 말은 올바로 본 것이다. 예언자들의 이러한 확신의 불꽃은 고대의 모세 신앙에서 점화되었고 이스라엘이 가나안 문화에 의해 삼켜질 위기의 순간에 폭발하여 치솟는 불길이 되었다.

앞 장에서 우리는 유다를 압도할 정도의 번영과 국력을 구가하였던 북왕국을 주로 다루었다. 오므리와 동시대인이었던 여호사밧 시대에 확실히 유다는 정치적인 면에서나 상업적인 면에서 소생하기 시작하였다. 유다는 이스라엘과 선린정책을 폈고 또 두 왕가의 통혼으로 이를 공고히 하였다. 그 결과 유다는 솔로몬 왕국이 분열된 이후 줄곧 국력을 소모시켜 왔던 이스라엘과의 국지전에서 벗어나 국력을 회복할 수 있게 되었다. 그러나 유다는 여전히 이스라엘보다 약했으며, 강력한 오므리 왕조 시

성경읽기 : 아모스, 호세아서, 열왕기하 9-17장, 역대기하 22-25장
1) T. J. Meek, Hebrew Origins(97), p. 169.

대에서는 특히 그러했다. 이 장(章)에서도 오므리 왕조 다음의 예후 왕조 시대의 이스라엘을 살펴보고자 한다. 이스라엘이라는 별은 예후 왕조 말기에 와서 찬연한 빛을 발하다가 마치 유성처럼 망각의 세계로 사라졌다. 우리가 여기서 다루게 될 주요한 사료는 신명기 역사의 일부(왕하 9-17장), 특히 아모스와 호세아의 기록된 예언들이다. 우리는 주전 9세기의 예언자들 — 엘리야, 미가야, 엘리사 — 의 개혁의 열망이 주전 8세기의 예언자들을 통해 어떻게 계승되었고 심화되었는지를 살펴볼 것이다.

예후의 혁명

다윗 시대로부터 멸망할 때까지 단일 왕조를 지켰던 남부 유다 왕국의 안정된 정세에 비하면, 북부 이스라엘 왕국은 많은 정변(政變)으로 얼룩져 있다. 여로보암 1세와 바아사는 정정(政情)의 불안과 음모로 왕조를 세우지 못했다. 그리고 오므리 왕조는 단지 4대로 끝났고, 이를 몰아내고 들어선 예후 왕조는 5대로 끝났다. 그후에도 이스라엘은 주전 721년 멸망할 때까지 거듭거듭 정정의 불안을 겪었다. 이 두 왕국의 정세가 달랐던 것은 이미 살펴본 바와 같이 두 왕국의 '이데올로기'가 달랐기 때문이었다. 다윗 왕조가 면면히 계승될 수 있었던 것은 야훼께서 다윗의 보좌를 든든히 해주겠다고 언약하셨다는 견해 때문이었다. 이러한 견해는 순조로운 왕위 계승의 토대를 제공해 주었다. 반면에 북왕국에서는 심한 정정의 불안이 있었는데, 이는 지파 동맹의 '민주주의적인' 이상이 지속적으로 추구되었기 때문이었다. 북부 사람들은 야훼의 신(神)이 한 개인에게 내린 것이지 어느 한 왕조에 내린 것은 아니라고 믿었는데, 이러한 견해는 혁명을 부추겼다.

예후 왕조의 이야기는 열왕기하 9장에서 시작된다. 앞에서 살펴본 대로 엘리야는 오므리 왕조를 혁명으로 전복시킬 생각이었던 것 같다. 이 구절에서 엘리사는 시리아로부터 길르앗 라못을 빼앗으려는 시도를 재개하고 있었던 군사령관 예후에게 예언자 생도 중 한 사람을 보내 그에게 기름을 부어 그를 왕으로 세웠다. 탈혼 상태에 빠진 이 "미친 자"(왕하 9:11)가 전한 야훼의 말씀은 혁명의 불길을 당기기에 충분한 것이었다. 예후는 반란군의 세력을 등에 업고 나팔소리를 울리며 왕으로 선포되었다.

예후가 왕위를 찬탈하고 난 뒤에 벌인 숙청작업은 철저하고도 무자비했다. 호세아서에서도 보게 되겠지만 후세의 사람들도 신명기 사가가 간단히 언급한 옛 이야기 속에 나오는 유혈참극(왕하 9:7-10a)을 회상하며 몸서리쳤다. 예후는 이스라엘 왕 요람이 시리아와의 전투에서 부상을 당해 요양하고 있던 이스르엘로 미친 듯이 병거를 몰고 와서 도망하는 왕의 가슴에 화살을 쏘았다. 예후는 시적인 정의감으로 요람의 시체를 나봇의 포도원에 내다버리라고 명령했는데, 이는 틀림없이 오므리 왕조시대에 귀족과 상인 계층으로부터 경제적 억압을 받던 백성을 자기 편으로 끌어들이기 위한 것이었다. 그러나 예후는 이스라엘 내의 숙청만으로 만족하지 않았다. 그는 이스라엘 왕을 위문하러 왔던 유다 왕 아하시야를 죽였고 이스라엘을 찾아왔던 아하시야의 형제들까지도 학살했다. 그리고 왕후의 체통을 지키기 위해 마지막으로 눈화장을 하고 머리를 손질하고 나온 이세벨을 창문에서 떨어뜨려 형체도 알아볼 수 없을 정도로 으깨어져 죽게 하였다. 끝으로 예후는 칠십 명이나 되는 아합의 아들들을 모두 목을 쳐서 왕족의 씨를 말림으로써 이 유혈참극의 대미를 장식했다.

혁명의 종교적 측면

예후의 혁명은 전형적인 '쿠데타'와는 달랐다. 감수성이 예민한 이스라엘 사람들은 예후의 지나친 잔인함과 냉혹함에 치를 떨었겠지만(왕하 9:34: "예후가 들어가서 먹고 마시고"), 예후 자신은 엘리야와 엘리사가 주창한 종교적인 혁명을 수행하고 있다고 진심으로 믿었다. 사실 그가 아합 가문의 사람들을 모조리 학살한 것은 정치적 야망 때문이었고, 또 그는 군부의 혁명적 열기와 나라의 전반적인 경제적 불안을 약삭빠르게 이용하였다.

그러나 그는 종교적 이유들도 고려하여 행동하였는데, 여호수아 시대에 아간의 권속들이 멸하여졌듯이(수 7:24-26) 악한 가문에 헤렘(herem)의 법을 적용하여 대량학살을 자행하였음에 틀림없다. 엘리야 자신도 갈멜산의 대결 후에 바알의 예언자들을 가차없이 전멸시킬 것을 요구하였었다.

예후의 혁명이 어느 정도 종교적인 면에서 발전을 가져왔다는 것은 예후가 탈혼상태의 예언자에 의해 기름부음을 받았다는 것에서 뿐만 아니라 레갑의 아들인 여호나답과 제휴를 했다는 것에서도 분명히 볼 수 있다(왕하 10:15-17). 여호나답은 가나안 농경문화에 반대하여 광야시대의 전통을 열렬히 고수하던 가문의 우두머리였다. 그는 광야시대에 모세에게 영향을 주었고 그를 후원하였던 유목민인 겐족(미디안족)의 후손이었다. 레갑인으로 알려지게 된(렘 35장) 여호나답의 후손들은 옛 광야 시대의 생활양식을 청교도적으로 추구했던 선조들의 전통을 그대로 계승했다. 그들은 여호나답으로부터 물려받은 서원에 따라 술을 마시거나 포도원을 재배하거나 집을 짓거나 땅을 경작하지 않았다. 그들은 유목민이었던 선조들과 마찬가지로 천막에 살면서 광야시대의 모세 전통에 따라 원시적인 순수성 ― 그들은 이 순수성이 가나안의 농경문화에 의해 오염되었다고 주장하였다 ― 을 지켜나갔다.

열왕기 이야기에 의하면 예후는 여호나답을 청하여 자신의 학살극에 참여시켰다고 한다. 예후는 "나와 함께 가서 야훼를 위한 나의 열심을 보라"(왕하 10:16)고 말했다. 예후는 엘리야의 예언을 좇아 아합 가문의 남은 자들을 학살함으로써 야훼 신앙에 대한 자신의 열심을 보여주었다. 그리고 이스라엘의 보수적이고 유목민적인 전통의 대변자인 여호나답은 예후의 병거를 타고 동행하여 예후의 숙청을 확인하였다.

여호나답도 바알 숭배자들을 처형하는 데 참여함으로써 예후 못지않게 야훼에 대한 열심을 보였다(왕하 10:18-27). 예후는 본래 의도를 교묘하게 숨긴 채 페니키아의 신 바알멜카르트에게 성대한 희생제사를 드릴 계획이라고 선포했는데, 이 희생제사는 바알 신전에 운집한 숭배자들이 전멸되는 제사가 되었다. 이 대학살은 "목상"(아마도 모신상인 아세라상이었을 것이다)을 불태우고 신전을 허물어 변소로 만들어 버리는 일로 끝이 났다. 신명기 사가들은 예후의 열심에 다소 감명을 받았지만 아합 가문과 바알 숭배자들을 무자비하게 진멸한 데 대해 적지않이 경악했다. 이 사가들은 예후가 야훼께 보인 광신적인 헌신에도 불구하고 여로보암 1세가 단과 벧엘에 세운 우상숭배의 신당을 제거하지 않았다고 하여 그를 비난했다.

예후의 혁명은 남왕국에서 심각한 반향을 불러일으켰다. 예후에 의해 살해된 유다 아하시야의 어머니는 아합의 딸 아달랴였다. 아달랴라는 이름(아달랴 = '야훼가 높임을 받으신다')은 야훼 신앙에 따른 이름이긴 했지만 그녀는 북왕국에서의 이세벨 같이 바알멜카르트의 숭배자로서 유다에 이 종교를 전파하였음이 분명하다(왕하 11:18을 보라). 아달랴는 자기 아들이 죽었다는 소식을 듣고 다윗 가문의 왕자들을 죽이고 왕위를 찬탈하였다. 그러나 아달랴는 한 사람을 놓쳤는데, 그는 제사장들이 성전으로 빼내어 숨겨준 아기 요아스(여호아스)였다. 북왕국에서 페니키아의 바알에 대항하여 혁명을 주도한 사람들은 예언자들이었지만, 남부에서 혁명은 "땅의 사람들", 즉 예루살렘 밖에 살고 있던 보수적인 지주들의 협력을 받은 성전의 제사장 집단에서 부추겨졌다. 야훼와 백성, 왕과 백성 사이의 언약 의식이 치러진 후(왕하 11:17) 바알 신전은 파괴되었고 아달랴와 바알의 제사장 맛단은 살해되었다. 이렇게 하여 요아스는 아사와 아울러 유다의 개혁적인 왕으로 취급되어 신명기 사가들로부터 어느 정도 칭찬을 받았다(왕하 12:1-3).

외교정책의 문제

북왕국에서 혁명의 불길이 가라앉자 예후는 그가 처리하기에는 너무 힘겨운 정치적 문제들에 직면하였다. 예후가 아하시야를 참혹하게 살해하고 유다에서 새로운 체제가 수립되자 남왕국과의 관계는 멀어졌고 또 페니키아의 바알 숭배자들을 전멸시켰기 때문에 페니키아로부터의 지원도 끊어졌음은 말할 것도 없다. 북왕국은 오므리 왕조가 외교정책에서 중요시했던 정치적 동맹으로부터 고립되었기 때문에 이제 그 어느 때보다도 더 시리아의 침공 위협을 받게 되었다. 시리아 왕 하사엘은 재빨리 이러한 상황을 노려 요단 동편 지방을 거쳐 쳐들어왔다(왕하 10:32-33).

주전 841년에 예후는 자신의 절망적인 곤경을 알고 어떻게 해서라도 자신의 왕위를 지키기 위해 당시 카르카르 전투 이후 전세를 회복하여 새로이 서쪽으로 진격하고 있었던 앗시리아 왕 살만에셀 3세에게 조공을 바쳤다. 이 정치적 사건은 성경에는 언급되어 있지 않지만 유명한 살만에셀 3세의 기념비(Black Obelisk)에 언급되어 있다. 이 기념비에는 예후가 이스라엘 사절단의 맨앞에서 — 살만에셀이 겸손하게 스스로를 표현하고 있듯이 — "용맹스러운 왕, 우주의 왕, 대적할 자가 없는 왕, 세상의 네 지역의 막강한 전제군주" 앞에 무릎을 꿇었다고 묘사되어 있다. 이 비문에는 "오므리의 아들, 예후의 조공"이라고 기록되어 있다(앗시리아인은 여전히 이스라엘 왕들을 오므리의 이름을 따라 불렀다).[2]

앗시리아의 진격으로 이스라엘은 한동안 시리아의 압박에서 벗어났다. 시리아가 메소포타미아 변방에서 앗시리아의 침공을 막아야 했기 때문이다. 그러나 몇 년이 채 안되어 앗시리아는 내정문제로 한 세대 동안 서진정책을 보류하지 않을 수 없게 되었다. 하사엘은 이 좋은 기회를 노려(BC 837년 이후) 전광석화같이 남침했다(암 1:3을 보라). 예후의 아들 여호아하스 시대에 이스라엘의 군비는 형편이 없었다(왕하 13:7). 사가의 말에 따르면 다소 과장이 섞였겠지만 "아람 왕이 여호아하스의 백성을 진멸하여 티끌같이" 만들었기 때문이다. 한편 여호아하스와 동시대인인 유다 왕 요아스 시대에도 시리아인들은 블레셋 해안을 침공했는데, 유다는 왕실과 성전의

---

2) Pritchard, *Ancient Near Eastern Texts* (1), p. 280을 보라.

보화를 바치고서야 예루살렘 침공을 면할 수 있었다(왕하 12:17-18).

그러나 주전 805년에 와서 전세가 역전되었다. 신명기적 해석자는 "여호아하스 왕의 시대에 아람 왕 하사엘이 항상 이스라엘을 학대하였으나 야훼께서 … 이스라엘에게 은혜를 베풀어 긍휼히 여기시며"(왕하 13:22-23)라고 말하고 있다. 이러한 하나님의 호의로 인해 시리아의 새 왕인 하사엘의 아들 벤하닷이 왕위에 올랐을 때 이스라엘의 요아스(당시 유다 왕과 이름이 같다)는 이전에 전쟁으로 시리아에게 빼앗겼던 성읍들을 되찾았다(왕하 13:22-25). 이와 같은 전세의 역전은 이스라엘의 새 왕의 강력한 전쟁 덕분이라기보다는 앗시리아가 시리아를 다시 침공한 덕분이었다. 주전 805년에 앗시리아의 새 군주인 아닷니라리 3세는 시리아에 대한 침공을 재개하여 더 이상 이스라엘에 위협이 될 수 없을 정도로 초토화시켰기 때문이었다. 한편 앗시리아는 이 전쟁에서 전력을 모두 소모하였으므로, 이스라엘은 이후 50년 동안 유프라테스강 너머로부터의 침공을 걱정하지 않아도 되었다.

이와 같이 앗시리아는 내정문제로 골머리를 앓고 있었고 시리아는 나라의 존립 자체도 유지할 수 없었기 때문에, 이스라엘의 요아스(여호아스) 시대의 북왕국은 사상 유례없는 태평성대를 누렸다. 요아스의 세력확장 계획은 에돔을 무찌른 여세를 몰아 끈질기게 예후 왕조에 보복하려고 한 유다 왕 아마샤의 도전만을 받았을 뿐이었다. 그러나 아마샤의 도전은 가시나무와 백향목의 우화와 같이 무모한 것이었다(왕하 14:8-10). 이스라엘 왕은 유다 왕국을 쳐부수고 속국으로 삼음으로써 예후 왕조의 가장 위대한 왕인 여로보암 2세의 찬란한 시대를 예비하였다.

여로보암 2세 시대

신명기 사가들은 여로보암 2세의 치세를 겨우 일곱 절로, 그것도 대부분 천편일률적인 공식 문구들을 사용하여 간략하게 언급하고 지나가 버린다(왕하 14:23-29). 이 사가들은 이스라엘의 왕조실록을 인용하여 여로보암이 "이스라엘 지경을 회복하되 하맛 어귀에서부터 아라바 바다까지 하였으니"라고 언급하고 있다. 솔로몬 왕국의 최북쪽 국경이었던 "하맛 어귀"(왕상 8:65)는 다메섹과 시돈을 직선으로 그은 지점인 레바논산과 헤르몬산 사이의 길을 가리킨다. "아라바 바다"는 요단 계곡으로부터 아카바만에 이르는 저지(低地) 사막을 따라 명명된 사해를 가리킨다. 이와 같이

여로보암 2세는 북왕국을 북쪽으로는 하맛과 시리아의 세력권까지 넓혔고 남쪽으로
는 유다까지 잠식하였다.[3] 어떤 이스라엘 왕도 이같이 큰 왕국을 차지한 적이 없었
다. 이때 민족주의적인 감정이 한 예언자 ― 그는 아밋대의 아들 요나였는데 후대에
그의 이름을 빌어 요나서가 씌어졌다 ― 에 의해 고취되었다.

  신명기 사가는 여로보암과 동시대인인 유다의 아사랴(웃시야) 시대에 대해서는
침묵을 지키고 있다(왕하 14:21-22; 15:1-7). 그러나 웃시야와 공동 통치자였던 그
의 아들 요담의 시대에 유다는 민족적 부흥기를 맞았다는 것을 우리는 역대기 사가
의 진정한 보도를 통해 알 수 있다(대하 26장). 웃시야는 군대를 증강시키고 현대화
하여 요단 양편 지역에 대한 정복사업을 수행하였다. 요단 동편 지방의 백성들만이
아니라 블레셋 평원의 여러 성읍들도 복속되었다. 게다가 남부 네게브 지방이 유다
의 지배권에 들어와서 웃시야는 에시온게벨 부근에 엘랏을 건설하고(왕하 14:22) 두
세기 전에 솔로몬이 열었던 아라비아 세계와의 교역로를 되찾았다. 이와 같이 여로
보암 2세와 웃시야 시대에 쌍둥이 왕국 이스라엘과 유다는 "하맛 어귀에서부터 애굽
하수"(왕상 8:65)에 이르기까지 과거 솔로몬 제국이 차지했던 거의 전 영토를 지배

이스라엘 예언의 고전 시대*

	북왕국	남왕국
주전 8세기 중엽. 말엽	아모스(750년경) 호세아(745년경)	이사야(742—700년경) 미가(722—701년경) 스바냐(628—622년경)
주전 7세기 말엽		예레미야(626—587년경) 나훔(612년경) 하박국(605년경)
주전 6세기		에스겔(593—573년경) 오바댜(587년 이후) 제2이사야(540년경)
복구시대		학개(520—515년경) 스가랴(520—515년경) 요엘(500—350년경) 말라기(500—450년경)

*이 연표는 예언자들이 등장한 시기의 선후관계를 보여주는 것으로써 그들의
예언을 나중에 예언자 단체에서 개작한 것을 고려하지는 않았다.

하였다. 그러나 유다는 여로보암이 죽은 후 한층 더 강력했던 이스라엘이 몰락하기 시작할 때까지는 정치적인 면에서나 경제적인 면에서 전성기를 맞이하지는 못했다. 따라서 북부 이스라엘의 마지막 전성기를 다루기 위해 유다에 관한 논의는 다음 장으로 미루기로 한다. 이 시대에 이 장에서부터 다음 몇 장에 걸쳐 다루게 될 이스라엘 예언의 고전 시대가 시작되었다.

번영의 시대

여로보암 2세의 오랜 통치에 대해 신명기 사가는 침묵을 지키고 있지만 우리는 아모스서, 호세아서와 아울러 고고학의 발굴을 통해 많은 것을 알게 되었다. 므깃도와 사마리아의 발굴로 이 시대의 물질적 풍요를 생생하게 볼 수 있게 되었다.[4] 특히 우리는 사마리아의 발굴로 주전 8세기 중엽의 예언자 아모스로 하여금 "사마리아 산에서 마음이 든든한 자"(암 6:1)를 비난하게 한 물질적 풍요와 문화적 업적의 흔적들을 보게 되었다. 아모스는 아름다운 상아궁들, 화려한 여름 별장과 겨울 별장(암 3:15), 인상적인 요새들, 수많은 장터에 극도로 혐오감을 느끼고, 야훼께서도 이 모든 광경을 역겨워하신다고 선포하였다. 무감각(감정의 결여)하여 인간사에 개입하지 않는 것을 특징으로 하는 헬라 고전 철학의 "부동의 동인(動因)"과는 달리 아모스의 하나님은 인간사에 개입하여 열정적으로 반응하신다:[5]

> 내가 야곱의 영광을 싫어하며 그의 궁궐들을 미워하므로
> 이 성읍과 거기 가득한 것을 대적에게 붙이리라
> — 아모스 6:8.

아모스서와 호세아서는 페니키아의 상업경제와 활발한 문화적 접촉을 가졌던 세대들에 의해 자행된 경제적 불의를 생생하게 묘사하고 있다. 여로보암 2세 시대에 페니키아인들의 교역과 식민 활동은 지중해 세계에서 전성기를 맞이했고, 이스라엘

---

3) "다메섹을 회복한 일과 이전에 유다에 속하였던 하맛을 이스라엘에 돌린 일"이라는 열왕기하 14:28의 말은 대단히 모호하다.

4) Kathleen Kenyon, *Archaeology in the Holy Land*(105), 제11장을 보라.

5) 진노의 파토스를 포함한 "하나님의 파토스들"에 관한 논의는 Abraham J. Heschel, *The Prophets*(315), 특히 제11, 12장을 보라.

도 상품과 용역의 교환을 통해 이득을 취했다. 게다가 여로보암이 요단 동편 지방 (암 6:13에 언급되어 있는 로드발과 가르나임 성읍들)을 정복함으로써 이스라엘은 시리아로부터의 교역로와 아라비아로부터의 대상로를 장악하고 있었다. 따라서 사치스러운 수도 사마리아는 부(富)의 중심지가 되었다.

그러나 이러한 번영의 대가는 컸다. 왜냐하면 궁정 조신들과 거상(巨商) 계층과 대다수의 서민 사이에 빈부의 격차가 극심하였기 때문이다. 경제적 폭군들 — 부패한 재판관들의 승인하에(암 5:10-13) — 은 "은으로 가난한 자를 사며 신 한 켤레로 궁핍한 자를 사는"(암 8:6; 또한 2:6을 보라) 등 옛날 아합이 나봇에게 저질렀던 것과 같은 흉악한 범죄들이 만연되어 있었다. 아모스는 이러한 범죄들이 최소한의 정의감이라도 가진 이스라엘의 이웃 나라 사람들에게 충격이 되지 않을 수 없을 것이라고 생각하였다:

> 아스돗의 궁들과
> 애굽 땅의 궁들에 광포하여 이르기를
> 너희는 사마리아 산들에 모여
> 그 성중에서 얼마나 큰 요란함과 학대함이 있나
> 보라 하라
> 자기 궁궐에서 포학과 겁탈을 쌓는 자들이
> 바른 일 행할 줄을 모르느니라
> 이는 야훼의 말씀이니라
> — 아모스 3:9-10.

아모스와 호세아의 예언서는 당시의 민간 종교에 대해서도 생생하게 묘사하고 신명기 사가가 끊임없이 여로보암 1세의 이름을 들먹인 것에 공감을 표시하고 있다. 바알 숭배는 비옥한 초승달 지대에 직접적으로 접하고 있었던 북왕국에 깊이 뿌리를 내리고 있었기 때문에 예후의 철저한 조치들로도 근절시킬 수 없었다. 아모스와 동시대인이었던 호세아는, 농업에 축복을 준다고 생각되었던 가나안 폭풍신의 지방신들인 바알들을 숭배하기 때문에 자기들이 번영을 누린다고 생각한 이스라엘 백성을 호되게 꾸짖었다(호 2:2-13).

그는 바알의 축제들(2:13), 성창(聖娼)의 관습(4:14), 산당에서의 희생제사 (4:13), 송아지 우상의 숭배(13:1-2)를 맹렬하게 비난했다. 여로보암 1세가 벧엘에 야훼의 임재의 상징으로 세워놓은 금송아지는 두 번 맹렬한 비난의 대상이 되었다

(8:5; 10:5).

북부의 모세 전승

그러나 야훼 신앙은 결코 죽지 않았다. 예배 중심지들에서 모세 전승은 여호수아가 세겜에서 시작한 것과 같은(수 24장) 언약갱신 의식들을 통해 여전히 살아 있었다. 그리고 마을에서는 레위인으로 알려진 교육을 담당한 제사장들이 이스라엘 신앙의 위대한 확신들을 선포하고 해설하였다. 따라서 아모스와 호세아 같은 예언자들이 북왕국에 등장해서 하나님의 말씀을 전했을 때 진공 상태에서 그렇게 한 것이 아니었다. 그들은 공통의 종교적 유산을 바탕으로 백성들에게 호소할 수 있었다. 사실 이 예언자들은 백성들에게 이전에 들어본 적이 없는 새로운 교리들을 소개하려던 것이 아니라 백성들이 거의 잊고 있었던 과거의 사건들과 야훼의 전 공동체를 형성하는 데 토대가 되었던 확신들을 청중들에게 상기시키려는 것이었다.

북왕국에서 이러한 종교적 유산은 이스라엘의 거룩한 역사를 에브라임 식으로 다룬 이른바 엘로힘 문서기자(E) 설화로 표현되었다고 많은 학자들은 판단하고 있다. 지금은 단편으로밖에 남아 있지 않은 이 서사시적 설화는 아마도 페니키아 문화가 이스라엘을 위협하였던 때 여로보암 1세(B.C.E. 922-901년), 엘리야 시대(B.C.E. 850년경)에 새로이 창건된 이스라엘 왕국의 민족의식을 고취시키기 위해 편찬되었을 것이다. 그 편찬 연대가 언제이든 이 설화는 지파 동맹 시대에 꽃을 피웠던 구전전승으로 거슬러 올라간다. 이스라엘 민족에게 공통된 구전전승은 앞에서 살펴보았듯이 솔로몬 시대에 이른바 야훼 문서기자(J)가 나름대로의 독특한 특색을 가미하여 편찬하였듯이 북부에서도 특색있게 편찬되었던 것이다. 주전 8세기 아모스와 호세아 시대 무렵에는 이스라엘 서사시의 북부판이 에브라임(이스라엘)에서 잘 알려져 있었다. 실제로 이것이 예언자들이 백성들에게 하나님의 말씀을 전할 때 접촉점이 되었다(예를 들면, 암 2:9-10; 호 12:2-6).

이러한 가설은 백성들의 계속적인 순례 동안에 거룩한 유산이 어떻게 현재화되었는지를 보여주는 또 하나의 예이다. 엘로힘 문서기자 설화는 신앙의 순종('야훼에 대한 경외')에 대한 부름과 모세 같은 예언자의 중보적 역할을 특별히 강조하는 가운데 이스라엘의 거룩한 역사를 재현하고 있다.

만약 이것이 이스라엘 사람들이 종교적 혼합주의라는 쉬운 길을 좇을 위험이 있었던 엘리야 시대에 씌어졌다면, 그것은 모세의 유산에 대한 철저한 순종으로의 강력한 부름과 그 유산에 대한 강력한 재해석을 제공해준 것이었다.

어쨌든 에브라임(엘로힘 문서기자) 판과 유다(야훼 문서기자) 판의 서로 다른 문학적 신학적 특징들이 무엇이든 이 두 전승은 쌍둥이 왕국인 이스라엘과 유다를 야훼 예배라는 공통의 유산 속에서 결속시키고 있는 근본적인 확신들에 대해서는 서로 일치하고 있다. 이러한 확신들을 공유한 아모스 — 남부인이자 아마도 유다(시

"엘로힘 문서 기자"(ELOHIST)

이스라엘 전승의 엘로힘 문서 기자 판은 'E'라는 상징으로 표시된다. 왜냐하면 그것은 에브라임적인 또는 북부 이스라엘적인 경향을 보여주고 있기 때문이다. 이 점은 요셉, 그의 어머니 라헬, 그의 아들 에브라임(창 48:20)과 같은 북부의 인물들을 부각시키고 있다는 것과 벧엘(창 28:17-22)과 세겜(창 33:18-20) 같은 북부의 성소들에 관심을 보여주고 있다는 것에서 입증된다. 더욱이 이 설화는 성산(聖山)을 "호렙"이라고 부르고(남부인 또는 'J' 전승은 "시내산"이라 부른다) 가나안 원주민들을 "아모리족"이라 부르는(다른 전승은 "가나안인"을 더 선호한다) 등 어휘 사용면에서도 독특성을 보여준다. 끝으로 이 전승은 모세 이전 시기를 다루는 이야기들 속에서 하나님을 "야훼"가 아니라 "엘로힘"으로 지칭하는 것을 선호하고 있음이 분명하다.

20세기 초에 유행하였던 문학적 분석에 의하면 이 '자료' 또는 '전승'은 단편적인 형태로밖에는 남아 있지 않다. 이 서사시는 특히 주전 721년 남왕국의 멸망 이후에 남부인 또는 유다의 편집자들에 의해 재구성되었다. 전승들을 현재화하고 편집하면서 남부 또는 유다 판이 더 선호되었고, 그 결과 에브라임(또는 엘로힘 문서 기자) 설화를 연속적으로 재구성하기가 어렵게 되었다. 실제로 상당한 세월 동안 엘로힘 문서 기자 가설은 오경의 전체적인 문학적 분석에서 아킬레스건으로 여겨져 왔다. 그럼에도 불구하고 약간의 학자들은 자신의 입지가 점점 줄어들고 있기는 하지만 유다인의 편집 활동 이후에도 에브라임 전승으로 남아 있는 것은 우리가 그 독특한 특징을 식별할 수 있는 정도로 충분히 구별이 된다고 여전히 주장하고 있다.[6]

이 견해에 의하면 엘로힘 문서 기자 설화는 아브라함의 부르심(창 15장)으로부터 시작되고 이 시점으로부터 창세기 나머지 부분과 출애굽, 민수기를 관통하여 고대 서사시 전승의 전반적인 개요가 이어진다고 한다. 이 전승의 특징은 아브라함이 이삭을 희생제물로 드리려고 했던 이야기(창 22장; 특히 12절을 보라)와 선지자로서 하나님과 백성들의 중보자로 행동하는 모세에게 부여된 특별한 지위(민 12:7-8; 신 34:10-12, 아마도 엘로힘 문서 기자의 어구일 것이다)에서 엿볼 수 있는 하나님에 대한 '경외' 또는 순종이라는 모티프라고 한다. 에브라임 전승에서 모세는 '특출한'(par excellence) 선지자이자 일련의 "모세와 같은" 선지자들 중 첫째로 여겨지고 있다(호 12:13; 렘 15:1; 참조. 신 18:15-22).[7]

온) 신학의 대변자 — 는 백성들의 생활방식에 대하여 항의를 제기하고 이스라엘로 하여금 모세 언약의 전승에 합치하는 예배와 생활양식을 가지라고 촉구하기 위하여 에브라임 언덕에 있는 벧엘로 여행했던 것이다.

드고아의 목자

아모스라는 이름을 지니고 있는 예언서는 아모스 자신에 관한 전기적 사실들보다는 이 예언자가 전한 "야훼의 말씀"을 강조하고 있기 때문에 우리는 아모스에 대해 아는 것이 거의 없다. 후대의 편집자가 덧붙인 아모스서의 표제(암 1:1)는 아모스가 예루살렘에서 남쪽으로 수 마일 떨어진 촌락인 드고아의 목자 출신으로서[8] 유다의 웃시야와 이스라엘의 여로보암 2세 시대에 활약했다는 것을 우리에게 알려준다. 만약 "지진 전 이 년"(슥 14:5을 보라)의 연대를 밝힐 수 있다면 우리는 그의 이력을 좀더 정확하게 알 수 있을 것이다. 어쨌든 아모스는 여로보암 2세의 통치가 절정에 달했을 무렵인 주전 746년 여로보암이 죽기 얼마 전에 북왕국에서 활약했다.

아모스와 벧엘 성전 — 여로보암 1세가 북왕국의 국가 성소 중 하나로 세웠던 왕실 성소 — 의 대제사장인 아마샤와의 극적인 만남을 기록하고 있는 산문 구절인 아모스 7:10-15에 아모스의 출신 배경이 좀더 분명하게 나와 있다. 여기서 아모스는 유다 출신으로서 목자요 "뽕나무를 배양하는 자"(이 표현은 무화과와 비슷한 열매에 구멍을 내줌으로써 안쪽에 생긴 벌레들이 밖으로 나오게 하는 것을 가리킨다)였다고

---

6) Hans Walter Wolff, "The Elohistic Fragments in the Pentateuch", *Interpretation* 26(1972), 158-73을 보라; 또한 *The Vitality of Old Testament Traditions*(63), 제4장에 나오는 것도 보라.

7) 어떻게 모세적 선지자에 관한 에브라임적인 견해가 신명기 학파에 의해 확대되어 "모세 같은" 일련의 선지자들을 의미하게 되었는지에 관한 논의는 Robert R. Wilson, *Prophecy and Society*(328), pp. 159-66을 보라.

8) 몇몇 학자들은 드고아와 같은 유목민 씨족들과 작은 촌락에서 존중되었던 전통적인 지혜문학의 분위기에 친숙했다고 말한다. H. W. Wolff, *Amos, the Prophet*(337)와 Samuel Terrien, "Amos and Wisdom", *Israel's Prophetic Heritage*(152), pp. 108-15를 보라. 아모스가 지혜문학의 특징적인 문학 형태들과 표현 방식들을 사용하고 있음을 볼 때 지혜문학의 영향을 받았다는 것은 틀림없다. 그러나 지혜운동은 다른 선지자들에게도 영향을 미쳤으며 적어도 솔로몬 시대부터 이스라엘 사회의 주요한 구성 인자가 되었다(렘 18:18을 보라).

한다. 이 남부 출신의 예언자가 북왕국에 나타난 사실을 보면, 당시 유다와 이스라엘의 분열은 주로 정치적인 것으로서 이 두 나라는 실제로 공통의 종교적 전승을 지닌 '하나의' 언약 백성으로서 결속되어 있었음을 알 수 있다. 아마샤는 아모스가 예언을 하여 먹고 사는 '직업적인 예언자'(hozeh, 삼상 9:8; 왕상 14:2; 왕하 8:8을 보라)인 줄 알고 아모스에게 유다로 돌아가 거기서 "떡을 먹으라" — 즉, 그의 예언적 신탁의 대가를 구하라 — 고 경고하였다. 그러나 아모스는 이렇게 대답하였다:

> 나는 예언자(nabi)가 아니며
> 예언자의 아들도 아니요
> 나는 목자요 뽕나무를 배양하는 자로서
> 양떼를 따를 때에 야훼께서 내게 이르시기를
> 가서 내 백성 이스라엘에게 예언하라 하셨나니
> — 아모스 7:14-15.

아모스가 아마샤에게 대답한 말의 의미는 다소 모호하다. 우리 해석에 따르면, 이 제사장은 아모스를 남왕국에서 예언자 직임을 가리키는 데 사용되는 용어인 "선견자"(hozeh)로 알고는 그에게 그런 부류의 예언자들이 소속되어 있는 유다로 돌아가라고 말한다. 이에 대해 아모스는 "예언자"(nabi)라는 말을 사용하여 대답하는데, 이 용어는 예언자단("예언자의 아들들")의 후원을 받고 있던 모세와 같은 예언자를 지칭하기 위하여 북왕국에서 통용되던 말이었다. 이러한 사고를 따른다면, 아모스는 자기가 모세와 같은 북부(에브라임)식의 예언자임을 부인하고 있는 것인가? 아니면 자기는 북부식이든 남부식이든 그 어떤 의미로도 예언자가 아니라고 말하고 있는 것인가?[9] 후자가 맞는 것 같다. 아모스는 일개 평범한 사람이었는데 어느날 갑자기 야훼의 신의 거역할 수 없는 권능으로 자신에게 임한 하나님의 위탁으로 말미암아 자

---

9) Robert R. Wilson, *Prophecy and Society*(328), pp. 269-70을 보라. 몇몇 학자들은 이 대답은 과거 시제로 번역되어야 한다고 주장한다: "나는 선지자도 아니었고 선지자 조합의 일원도 아니었으며 … ". 이것은 아모스가 야훼로부터 부르심을 받았을 때에는 선지자단의 일원이 아니었으나 지금은 스스로 이에 가입해서 그 일원이 되었다는 뜻을 함축한다. R. E. Clements, *Prophecy and Covenant*(312), pp. 35-38을 보라. 비록 이러한 해석은 흥미롭게도 14a절의 부정적인 답변을 긍정적인 답변으로 바꿔서 아마샤의 말에 긍정하는 셈이 되지만 어쨌든 히브리어를 그런 식으로 번역하는 것은 가능하다. 그러나 이러한 번역은 아모스가 우물쭈물한 답변을 하고 있는 것으로 만들어 버린다. 아마샤는 아모스가 과거가 아니라 현재 선지자(hozeh)라고 공격하였고, 이러한 비난에 대한 아모스의 답변은 자신의 '현재의' 자기 이해를 표현하는 것이 적절한 것이다.

신의 생업을 그만두게 되었다(암 3:8을 보라). 달리 말하면, 이것은 색다른 유형의 예언이었기 때문에 보통 사용되는 "예언자"라는 용어로서는 자신의 임무에 대한 아모스의 자기 이해를 적절히 표현할 수 없었다는 것이다.

아모스는 그 신탁이 기록된 형태로 우리에게 전해진 일련의 특출한 예언자들 가운데 최초의 예언자이다. 아모스보다 앞선 엘리야와 엘리사와 같은 예언자들은 그들의 말과 행적에 대한 기억을 보존하고 있는 구전전승을 통해서만 우리에게 알려졌다. 그러나 우리는 아모스서 표제에 나와 있는 바와 같이 실제적으로 "묵시받은 말씀"을 갖게 된다. 아모스는 예언자가 이런저런 상황들에서 말한 '신탁들' 또는 작은 단위들을 편집해 놓은 것으로서 아모스 자신 또는 아모스의 신탁들을 소중히 간직했던 예언자단에 의해 편집되었다. 아모스는 벧엘(7:13)과 사마리아(4:1)에서 설교했던 비교적 짧은 기간 동안 여러 상황들 속에서 이 신탁들을 전했다. 그의 메시지는 주로 북왕국을 향한 것이었지만 그가 남부 출신이었기 때문에 쌍둥이 왕국인 유다도 염두에 두었다(6:1-2; 8:14). 그는 "애굽 땅에서 인도하여 올리신 온 족속"(3:1)에 관심을 가졌다.

열방에 대한 야훼의 주권

아모스서를 읽는 데에 우리는 당시의 정치적 상황을 기억하여야 한다. 앞에서 살펴보았듯이 여로보암 2세 시대에 시리아는 약화되어 있었고 앗시리아라는 사자는 저 먼 자신의 굴혈에 갇혀 있었기 때문에 이스라엘은 군대를 동원하여 세력을 확장할 수 있었다. 그러나 앗시리아의 왕위찬탈자 디글랏빌레셀 3세(B.C.E. 745-727년경)가 권좌에 오르자 모든 상황은 급변하였다. 그는 주전 805년 시리아를 공격한 직후부터 약화되었던 앗시리아의 진격을 놀라운 속도와 힘으로 재개하여 팔레스타인으로 쳐들어가서 모든 것을 정복해 버렸다. 이러한 사건들은 호세아서에 분명하게 나타나 있다. 그러나 아모스시대에는 이스라엘에 대한 앗시리아의 위협은 아직 지평선에 떠오른 "사람의 손만한 작은 구름"(참조. 왕상 18:44)에 지나지 않았다.

사마리아와 유다의 자기 만족과는 근본적으로 달리 걱정어린 눈으로 아모스는 문제가 심각해지고 있는 것을 보았다 — 이것은 앗시리아 제국의 야심 때문만은 아니었고 야훼께서 정치 영역에서 활동하고 있었기 때문이기도 했다. 아모스는 칼의 잔혹함, 포로(captivity), 황폐화된 도시들, 정치적 파탄 등과 같은 강력한 말들을 사용함으로써 당시 사람들에게 충격을 주었다. 예언자로서 그의 역할은 야훼께서 과거 이스라엘 역사 속에서 행하였던 바와 같이 지금도 행하고 계시는 이러한 불길한 사건들을 해석하는 것이었다.

아모스서를 펼치면 우리는 야훼께서 열방들 가운데 활동하고 있다는 말을 듣는다. '열방들에 대한 야훼의 심판'(암 1:3-2:3)에 관한 부분에서 아모스는 성전에서 야훼의 택함받은 백성을 위협하는 원수들에게 하나님의 심판을 선포하는 데 사용되었던 제의적 '저주'를 채택하고 있다.[10] 그렇다면 아모스는 이 형식에 완전히 새로운 의미를 부여한 셈이 된다. 예언자는 이스라엘을 둘러싼 작은 국가들, 즉 시리아, 블레셋, 두로, 암몬, 모압에 대한 하나님의 심판이라는 빛을 비춤으로써 관심을 불러일으킨다.[11] 아모스는 야훼께서 이스라엘의 원수들과 경쟁국가들을 주관하신다고 천명한다. 그들의 잔학행위 때문에 하나님의 불이 그들의 오만한 궁궐들과 요새들에 떨어질 것이다. 그러나 그 다음에 생각지도 않은 말이 나온다. 평화와 번영 속에서 저질러진 잔학행위들로 인하여 이러한 야훼의 불이 야훼의 택한 백성을 삼킬 것이라는 예언자의 선포였는데, 이것은 이스라엘이 들으리라고 예상하거나 원한 말이 아니었다. 이와 같이 일련의 하나님의 심판들 가운데 절정은 야훼의 진노가 이스라엘 백성에게 향할 것이라는 놀라운 선포이다(2:6-8).

아모스가 야훼의 보편적인 주권을 천명하고 있다는 바로 이 점에서 우리는 이 예언자가 뿌리박고 있는 언약 전승을 알 수 있게 된다. 아모스는 당혹스러울 정도로 새로운 강조점을 가지고 말하기는 했지만 어떤 새로운 것을 자기가 말한다고 주장하지 않았다. 이스라엘의 전통적인 신앙고백(신 26:5-9; 수 24:2-13)을 재현하면서 아모스는 이스라엘 전승에 보존되어 있는 사건들에 대한 기억에 호소하였다. 미국인들이 자신들의 과거에 대한 공통의 기억에 비추어 세계의 위기의 의미를 생각하듯이 아모스도 이스라엘을 특별한 임무와 운명을 지닌 야훼의 백성으로 만들었던 사건들에 대한 공통된 기억에 비추어 이스라엘의 위기를 해석하였다. 아모스는 어떻게 야훼께서 이스라엘 백성을 이집트에서 나오게 하여 광야에서 인도하였으며 "아모리족의 땅"을 차지할 수 있게 하였고 예언자들과 나실인들을 일으켜 그들로 하여금 그들

---

10) 특히 A. Bentzen, *The Ritual Background of Amos* 1.2-2.16, Oudtestamentische Studien, VII(Leiden: Brill, 1950), 85-99를 보라.

11) 몇몇 학자들은 이 세 신탁들이 약간 다른 양식으로 선포되고 있고 임박한 징벌에 관한 구체적인 묘사가 결여되어 있다는 이유로 이 세 신탁들 — 페니키아(암 1:9-10), 에돔(암 1:11-12), 유다(암 2:4-5)에 대한 신탁들 — 의 진정성(眞正性)을 의심한다. 그러나 유다에 대한 신탁은 아모스의 이전의 신탁을 여기에 배치시켰을 것이다. 왜냐하면 선지자가 자기 고국을 빠뜨렸을 것이라고 믿기가 어렵기 때문이다.

의 하나님께 신실할 수 있게 하였는가 하는 그들의 거룩한 역사의 사건들을 백성들에게 기억하도록 촉구하였다(암 2:9-11).[12] 요컨대 예언자는 이스라엘의 거룩한 이야기라는 맥락 속에서 "주의 말씀"을 선포하였던 것이다. 그의 증언에 의하면 하나님은 전승의 회상과 전용(轉用)을 통해 현재 속에서 말씀하신다는 것이다.

언약의 약속들과 위협들

이와 같이 이스라엘의 전승에 호소하였다는 것, 즉 북왕국과 남왕국에서 통용되던 국가적 서사시(J와 E)에 지울 수 없을 정도로 각인되어 있었던 위대한 확신들에 호소하였다는 것은 아모스가 모세 전승의 열렬한 지지자였다는 것을 보여준다. 그러나 아모스와 백성들이 이 공통의 확신들로부터 이끌어낸 결론들이 매우 달랐다는 것은 야훼에 의한 이스라엘의 선택에 대한 서로 상반되는 태도에서 볼 수 있다. 아모스의 예언의 기조(基調)는 3:1-8에 나와 있는데, 이 구절은 이스라엘 역사에서 가장 결정적인 사건인 출애굽을 회상하는 것으로 시작된다. 바로 이 사건 속에서의 야훼의 행위로 인하여 이스라엘은 하나의 공동체, 종교적 충성의 유대로 함께 결속된 "온 족속"이 되었다.

이스라엘은 "야훼의 백성"이었다. 또한 이 사건을 통하여 야훼는 이스라엘 백성과 언약 관계로 들어갔다: "내가 땅의 모든 족속 중에 너희만 알았나니 … "(3:2). "알다"(yada')라는 동사는 가장 친근한 개인적 관계를 가리킨다. 어떤 문맥에서 이 동사는 남편과 아내의 은밀한 결합을 나타낼 때 사용되기도 한다(예를 들면, 창 4:1). 그러나 여기서 이 말은 고대의 계약(또는 조약) 언어를 반영하고 있다. 종주(宗主)는 봉신(封臣)을 '알고'(즉, 계약 관계에 들어가고), 봉신은 종주의 합법적인 권위를 '알'(또는 인정할) 의무를 지게 된다.[13] 그러므로 야훼는 "이스라엘의 하나님"이었다. 앞에서 살펴본 대로 이 언약 공식 — "이스라엘의 하나님 야훼와 야훼의 백성 이스라엘" — 은 바로 언약 신앙의 핵심이다.

그러나 이러한 확신은 이스라엘 백성을 아모스가 그토록 있는 힘을 다해 항의한 태도로 이끌었다. 야훼의 특별한 부르심을 받았다고 생각하자 이스라엘 백성은 "그

---

12) 나실인(직역하면, '구별된 자들')은 야훼에 대하여 특별한 서원을 한 사람들이었다. 그들이 포도주를 마시지 않는 것은 이스라엘 광야 전승의 정신을 이어받아 가나안 문화에 대하여 항의하는 것이었다.

러니까 야훼는 우리에게 열방들 가운데서 번영과 승리와 특권을 주실 것이다"라고 스스럼없이 말할 수 있다고 느꼈다. 말하자면 그들은 언약 속에는 야훼의 축복의 약속이 포함되어 있다고 생각했던 것이다! 그들은 여로보암 2세 시대의 국가의 부흥과 경제 발전에 도취되어 "야훼의 날"을 예감하였다. 분명히 이 축제일은 해가 바뀌는 가을의 언약축제 때마다 연례적으로 거행되었을 것이다. 일반 백성들은 이 신년축제일이 야훼께서 언약의 약속들을 이루시고 이스라엘에게 영광과 영예의 관을 씌워줄 역사의 최후의 절정, 야훼의 큰 날을 예감하고 미리 맛보는 것이라고 믿었다.

이러한 태도는 아모스 5:18-20에 나와 있는 신탁에 잘 드러나 있는데, 거기에서는 백성들이 야훼의 날이 "빛"의 날 — 즉, 승리와 축복의 때 — 이 될 것이라고 자신만만해 하며 '간절히 기다리고' 있었다고 말하고 있다. 종교는 민족주의와 밀착되어 있었다. 실제로 당시에 종교적으로 큰 부흥이 있었다. 아모스는 백성들이 예배가 끝나기가 무섭게 돈을 빌러 돌아가기는 했지만(4:4-5; 5:21-23) 그래도 예배를 드리러 성소로 밀려드는 모습을 생생하게 묘사하고 있다(8:4-6). 거듭거듭 그들은 서로에게 자기들은 실제로 '멸망 직전'에 있는 것이 아니라고 말하고 있었다.

그러나 북부에서 보존된 모세 전승에 의하면 언약은 미래에 대하여 무조건적인 보장을 주고 있지 않았다. 언약은 "너희가 내 말을 잘 듣고 내 언약을 지키면 너희는 열국 중에서 내 소유가 되겠고"(출 19:5)라는 근본적인 조건에 의존하였다. 물론 순종하는 경우에는 이 언약에 축복이 내포되어 있었지만 불순종하는 경우에는 저주가 내린다는 위협도 내포되어 있었다.[14]

이러한 언약 전승에 서서 그 언약이 표명한 하나님의 심판이라는 중대한 위협을 알고 있었던 아모스는 당시 사람들의 논리를 완전히 뒤엎고 이렇게 말하였다: 야훼는 이 땅의 모든 족속들 가운데서 이스라엘만을 '알았다'. '그러므로' 이스라엘은

---

13) Herbert B. Huffmon, "The Treaty Background of Hebrew Yada'", *Bulletin of the American Schools of Oriental Research*, 181(1966), 31-37를 보라. 이 논문은 Delbert R. Hillers, *Covenant*[225], 제6장에 요약되어 있다.

14) R. E. Clements, *Prophecy and Covenant*[312], pp. 39-44는 언약 제의에 뿌리를 박고 있었고 아모스의 예언자적 해석을 통해 멸망의 메시지로 바뀐 '율법의 저주'에 관한 뛰어난 논의이다. 그는 아모스가 언약의 위협을 취하여 그것을 근본적으로 재해석함으로써 이스라엘 안에 있는 죄인들의 숙청만이 아니라 이스라엘의 종말이라는 의미를 부여하였다고 주장한다. 자세한 것은 D. R. Hillers, *Treaty-Curses and the Old Testament Prophecy*(Rome: Pontifical Biblical Institute, 1964)를 보라. 그는 이스라엘 언약에서 저주들은 고대 근동의 조약들의 저주들(예를 들면, 포수)과 병행이 된다고 지적하고 있다.

자신의 범죄로 인하여 벌을 받게 될 것이라는 것이다.

아모스는 이스라엘의 특별한 부르심은 이스라엘에게 특권이 아니라 좀더 큰 책임을 부여하는 것이라고 말했다. 실제로 그는 주변의 어느 민족보다도 이스라엘을 훨씬 더 중하게 비난하였다. '왜냐하면' 이스라엘만이 하나님과의 특별한 관계로 부르심을 받았고 또 자신의 역사적인 체험을 통해 하나님의 뜻에 관한 가르침을 받았기 때문이었다. 그러나 빛을 보았던 이스라엘은 악행을 은폐하기 위해 어두움을 택했다. 그래서 아모스는 "야훼의 날"이 멸망의 밤이 될 것이라고 말하였다:

> 화 있을진저 야훼의 날을 사모하는 자여
> 너희가 어찌하여 야훼의 날을 사모하느뇨
> 그 날은 어두움이요 빛이 아니라
> 마치 사람이 사자를 피하다가
> 곰을 만나거나
> 혹 집에 들어가서 손을 벽에 대었다가
> 뱀에게 물림과 같도다
> 야훼의 날이 어찌 어두워서 빛이 없음이 아니며
> 캄캄하여 빛남이 없음이 아니냐
> ― 아모스 5:18-20; 8:9-10.

아모스는 좀더 구체적이 되었다: 모든 민족들의 일을 감독하시는 야훼께서 한 민족을 일으켜 심판의 도구로 삼을 것이다(6:14).

아모스는 이스라엘의 선택에 관한 신념에 대하여 아주 비판적이었기 때문에 한 구절에서 그는 그 교리를 모조리 폐기하는 듯이 보이기도 한다:

> 야훼께서 가라사대
> 너희는 내게 구스 족속 같지 아니하냐
> 내가 이스라엘을 애굽 땅에서,
> 블레셋 사람을 갑돌에서,
> 아람 사람을 길에서 올라 오게 하지 아니하였느냐
> ― 아모스 9:7.

여기에 언급된 두 민족 시리아와 블레셋은 이스라엘의 숙적이었다. 그러나 예언자는 야훼 ― 모든 민족들의 주권자 ― 께서 이스라엘을 이집트에서 가나안으로 인도하였듯이 이 민족들도 그들의 본향으로 인도하였다고 말하고 있다. 이 예에서 예언자는 야훼께서 이스라엘의 이익을 위하여 조종되는 국가신이라는 이스라엘의 개념을 배격하였다. 선택이라는 교리가 이스라엘이 하나님을 섬기도록 부르심을 받았다는 것이라기보다는 하나님이 이스라엘을 섬긴다는 것을 의미한다고 생각하는 한 그것은 오류였다.

지금까지 살펴본 하나님의 선택에 관한 두 신탁(3:2과 9:7)은 분명히 서로 다른 시기에 나온 것이었다. 아모스는 체계적인 신학자가 아니라 순간순간마다 백성들이 꼭 들을 필요가 있는 말을 전한 예언자였다. 그럴지라도 이 두 신탁 사이에 근본적인 모순이 있는지 어떤지는 의심스럽다. 아모스가 9:7에서 말하고 있는 것은, 다른 민족들이 야훼의 인도하심과 심판을 알고 있지는 못하다 할지라도 야훼께서는 분명히 다른 민족들의 역사 속에서 활동하고 계시다는 것이다. 다른 민족들은 다른 신들이 자기들을 '알고' 있다고 생각하지만 사실 그들은 유일하신 하나님 야훼의 주권적인 관할하에 놓여 있다는 것이다. 그러나 이스라엘의 경우는 달랐다. 야훼는 인격적인 언약 관계를 통하여 이스라엘을 '알았다'. 그들의 기억 속에 지울 수 없을 정도로 각인된 결정적인 역사적 체험들을 통해 이 백성은 하나님이 누구이며 또 하나님이 어떤 생활양식을 요구하는지를 알게 되었다. 그러므로 야훼의 백성은 몰랐다는 변명을 할 수 없기 때문에 어느 민족보다도 더 중대한 심판을 받아야 했다.

멸망의 위협

아모스는 멸망에 강조점을 두어 말을 하였다. 그는 지평선에 떠있는 검은 구름 속에서 한 줄기의 빛도 보지 못했다. 그는 임박한 파멸을 확신하였기 때문에 이스라엘에 대하여 만가(輓歌)를 노래했다. 실제로 한 세대 후에 북왕국이 앗시리아에 의해 멸망당함으로써 이 파멸은 일어났다. 이 짧은 비가(qinah)는 특별한 3-2 비가격(悲歌格)으로 나타나는데, 이것은 장례를 치를 때 곡꾼들이 부르던 만가를 본뜬 것이다:

처녀 이스라엘이 엎드러졌음이여
다시 일어나지 못하리로라
자기 땅에 던지웠음이여
일으킬 자 없으리로다
— 아모스 5:1-2.

이러한 주제는 예언자가 본 일련의 다섯 가지 이상(異像)에서도 발견되는데, 이 이상들에 나오는 일상적인 사물은 종교적 의미로 바뀌어 있다. 이상들 가운데 네 가지는 "주 야훼께서 내게 보이신 것이 이러하니라"는 말로 시작된다. 첫번째 이상에서 아모스는 왕이 처음으로 벤 목초를 세금으로 거두어간 후에 메뚜기떼가 나타나 곡물들을 먹어치우는 광경을 보았다(7:1-3). 두번째 이상에서 그는 이미 땅을 관개하는 지하수를 모조리 말린 다음에 사람이 사는 데 필요한 땅을 태우려는 초자연적인 불을 보았다(7:4-6). 이 두 이상 속에서 아모스는 이스라엘의 곤경을 감지하고 백성을 위하여 중보기도한다. 아직까지는 이스라엘에 소망이 있는 듯이 보였다. 그러나 나머지 세 이상에서는 그렇지 않았다. 목수들이 집을 지을 때 사용하는 다림줄은 야훼께서 "내 백성 이스라엘" 한가운데 드리울 파멸의 징표가 되고 있다(7:7-9). 언어 유희를 통하여 여름철 과일(qayitz)을 담은 바구니는 "내 백성 이스라엘의 끝"(qetz)을 보여주는 징표가 되고 있다(8:1-2). 그리고 끝으로 야훼께서 성전의 예배자들을 멸하는 이상(이것은 예후가 바알 숭배자들을 숙청한 것을 연상시킨다)은 높은 곳에서나 깊은 곳에서나 피할 구석이 전혀 없는 야훼의 심판으로 변한다(9:1-4). 아모스 자신의 말임에 틀림없는 아모스서의 마지막 말은 철저한 멸망의 말이다:

보라 주 야훼 내가
범죄한 나라에 주목하여
지면에서 멸하리라
— 아모스 9:8.

이스라엘의 종말에 관한 이 마지막 예고는 정치적 숙명론과는 아무 관계도 없다. 사실 순수하게 군사적인 관점에서 말하자면 핀란드가 러시아에 대항하여 싸우리라고 상상할 수 없듯이 이스라엘도 거인국 앗시리아에 대항할 재간이 없었다. 그러나 아모스는 군사력의 우열을 생각하지 않았다. 또한 그의 멸망의 메시지는 사회에 대한 절망으로부터 나온 것도 아니었다. 왜냐하면 여로보암 2세 시대는 정치적으로 가장 안정된 시대였기 때문이다. 아모스의 메시지는 오로지 이스라엘이 겉으로는 건강한 듯이 보이지만 속으로는 암이 번지고 있다는 확신에 의거하였다. 이스라엘은 사회적인 범죄들을 범했을 뿐만 아니라 야훼의 백성으로서의 자신의 소명에 충실치 못하였다는 비난을 받았다. 하나님의 경륜에 비추어 볼 때 그러한 사회는 오래 지속될 수 없었다.

질병의 징후들

아모스에게 이러한 충실치 못함은 번영하는 도시사회의 악행들 속에 충격적으로 드러나 있었다. 그는 당시의 사회적 불의를 너무도 신랄하게 지적하였기 때문에 아마샤는 아모스의 메시지를 반역으로 여겼고 "그 모든 말을 이 땅이 견딜 수 없나이다"(암 7:10)라고 말할 정도였다. 경제권을 장악하고자 했던 부유한 상인들은 가난하고 힘없는 사람들의 머리를 무자비하게 짓밟았다. 사치에 탐닉하고 탐욕으로 부패한 정치가들은 "요셉의 환난" 따위는 아랑곳하지 않고(6:1-7) 편안한 침대에 누워 있었다. 또 아모스가 기름기 번지르르한 살진 바산의 암소들에 비유한 — 투박한 목자의 언어로 — 세련된 여인들은 자기 남편들에게 이기적인 요구만 하고 있었다 (4:1-3). 법정은 상인계층의 기득권에 봉사하는 데 이용되었다. 종교는 벧엘, 길갈, 단, 사마리아 등지에 있는 성전 바로 코앞에서 자행되고 있었던 비리(非理)들에 대한 항의의 말을 단 한 마디도 하지 않았다. 아모스에게 이 모든 것들은 깊은 '죽을 병', 즉 이스라엘이 야훼로부터 떨어져나오고 언약에 의한 소명을 포기한 것의 징후들이었다. 담대하게도 예언자는 야훼께서 이 모든 광경을 '미워하고', '경멸하고', '혐오한다'고 선포하였다:

> 네 노래 소리를 내 앞에서 그칠지어다
> 네 비파 소리도 내가 듣지 아니하리라
> 오직 공법을 물 같이, 정의를 하수 같이 흘릴지로다
> — 아모스 5:23-24.

이 구절은 아모스가 백성들의 예배 형식에 반대했다는 것을 보여주고 있는데, 다른 구절들도 이러한 인상을 강화시켜준다. 모세 시대로 거슬러 올라가서 아모스는 반어법(이것은 부정의 대답을 요구하는 것처럼 보인다)을 사용하여 질문한다: "이스라엘 족속아 너희가 사십 년 동안 광야에서 희생과 소제물을 내게 드렸느냐"(암 5:25). 그는 가차없이 성소들, 특히 벧엘에 있는 여로보암 2세의 왕실성소에 대하여 공격을 퍼붓는다(3:14; 7:7-9, 10-17; 9:1). 그러나 그가 예배 제도를 완전히 폐지해야 한다고 주장했던 것은 아니다. 다만 아모스는 아마도 제의가 이방적인 사고와 관습들로 너무도 많이 오염되어 있어서 백성들이 야훼에 대한 참된 예배와 야훼의 윤리적 요구들에 무관심했기 때문에 제의를 정화시킬 것을 요구했을 것이다. 예언자

는 자신의 기준 — 모세 시대에 있었던 야훼의 계시 — 에 따라 야훼에 대한 합당한 예배에 부합하지 않은 것은 모조리 제거할 것을 요구하였다. 아모스는 당시의 제의가 이스라엘의 질병의 근원이기 때문에 암적인 부패의 원천인 성전들과 예배제도(9:1에 나오는 이상을 보라)를 근본적으로 수술하여야 한다고 생각하였다. 왜냐하면 백성들이 하나님을 예배하는 방식과 하나님에 관한 그들의 신학적 확신들이 공동체의 태도와 생활양식을 규정하기 때문이다.

회개의 촉구

그렇지만 하나님의 목적은 단순히 파괴에만 있었던 것은 아니었다. 아모스는 야훼는 이스라엘이 악한 길에서 벗어나 야훼께로 '돌아올' 수 있도록 하기 위하여 그들 가운데서 활동하고 있다고 말하였다. 이것은 회개를 의미하는 것이었다. 회개란 이스라엘의 생명의 근원인 분에게로 돌아오는 것(teshubah)이며, 야훼께서 질투하여 백성들에게 행한 충성의 요구에 대한 응답으로서 뜻을 돌리는 것이며, 이에 걸맞게 생활양식을 변화시키는 것이다. 각각의 경우마다 "너희가 내게로 돌아오지 아니하였느니라"라는 후렴으로 끝나는 일련의 충격적인 신탁들을 통해 아모스는 회개야말로 이스라엘에게 임한 재난들 배후에 숨겨져 있는 하나님의 목적이었다고 확언한다(4:6-12). 그러나 야훼는 번번이 실패하였었다. 왜냐하면 이스라엘이 완강하게 자신의 패역의 길들로 행하였기 때문이었다. 예언자는 가까운 장래에 한층 더 무시무시한 사건들이 일어날 것이라고 경고한다:

> 그러므로 이스라엘아
> 내가 이와 같이 네게 행하리라
> 내가 이것을 네게 행하리니
> 이스라엘아 네 하나님 만나기를 예비하라
> — 아모스 4:12.

아모스는 언제 또는 어디에서 이러한 만남이 이루어질 것인지에 대해서는 구체적으로 밝히지 않았으나 그 만남은 곧 역사의 무대에서 실현될 것이라고 확신하였다. 이스라엘의 종말은 큰 비극이 될 것이지만, 그것은 '의미심장한' 비극으로서 그 책임은 전적으로 이스라엘에게 있는 것이라고 하였다. 백성들은 누구 또는 무엇을 섬길 것인지를 선택할 수 있지만, 그들은 자신의 선택의 결과들을 피할 수는 없다.

그러므로 아모스의 설교의 목적은 백성들에게 자신들의 생활을 개혁하고 재정립할 수 있는 기회를 제공해주는 데 있었다. 그는 생활양식의 변화에 대한 요구에 대처하는 것 — 그리고 지금 당장 그것에 대처하는 것 — 이 얼마나 절박한지를 보여주기 위하여 야훼께서 가까운 장래에 무엇을 행하실 것인지를 선포하였다. 그는 내일은 너무 늦을 것이고 '오늘'이 결단과 회개와 변화의 때라고 말했다. 종말이 가까이 와 있다! 그러므로 "야훼를 구하라 그러면 살리라" — 이것이 심판이 점점 가까이 다가오고 있을 때 그의 호소였다.[15)]

그러나 습관의 노예가 되어 있었고 자기 만족에 눈이 먼 이스라엘 백성은 아모스의 말에 귀를 기울이고 자신들의 행위들을 고칠 가능성이 거의 없었다. 그러나 예언자는 숙명론자가 아니었다. 그는 소수의 사람들(남은 자)이 자신의 경고를 마음에 새겨 야훼께로 '돌아올' 한 가닥의 가망성이 있다고 생각하였다:

> 너희는 살기 위하여 선을 구하고 악을 구하지 말지어다
> 만군의 하나님 야훼께서
> 너희의 말과 같이
> 너희와 함께 하시리라
> 너희는 악을 미워하고 선을 사랑하며
> 성문에서 공의를 세울지어다
> 만군의 하나님 야훼께서 혹시
> 요셉의 남은 자를 긍휼히 여기시리라
> — 아모스 5:14-15.

그러나 이것은 예측할 수 없는 백성의 응답, 그리고 무엇보다도 헤아릴 수 없는 하나님의 은혜에 의거한 하나의 '추측'(maybe)에 불과했다.

나중에 예언자들이 좀더 분명하게 인식하였듯이 여기서 멸망의 메시지는 야훼의 결정적인 선고가 아니었다는 암시가 나온다. 아모스가 그토록 멸망을 강조한 것은 당시의 그릇된 낙관론에 대한 반작용이었다. 나중에 정치적 상황이 절망적으로 되어 백성들이 광신주의나 절망에 빠졌을 때 예언자들은 소망의 메시지를 선포할 것이었

---

15) 자세한 것은 B. W. Anderson, *The Eighth Century Prophets*(329), 제3장에 나오는 "Turning Away and Turning Around"를 보라.

다. 그러나 여로보암 2세 시대에는 백성들이 "하나님이 우리와 함께 하신다"(5:14)고 믿고 있었기 때문에 하나님의 약속을 전할 필요가 없었다.[16] 그들이 들을 필요가 있었던 것은 자기 만족과 그릇된 안정감을 깨뜨릴 하나님의 심판에 관한 말이었다. 그러므로 백성들은 하나님의 약속이 정치적, 경제적인 운이 아니라 백성들에 대한 하나님의 은혜로운 역사(役事)에 달려있다는 것을 이해했어야 했다.

호세아의 예언

이제 우리가 다루다가 중단한 열왕기하의 이야기로 돌아가 북왕국의 역사(왕하 15-17장)의 실타래를 풀어보기로 하자. 주전 746년 여로보암 2세가 죽자 파국이 왔다. 여로보암이 죽은 직후(B.C.E. 745년경) 불루(Pulu)라는 공식 왕호(王號)를 가졌고 성경의 기사에는 불(Pul)로 지칭되고 있는 디글랏빌레셀 3세가 앗시리아의 왕권을 잡았다. 그는 50년 동안이나 무기력한 상태에 빠져 있던 앗시리아를 일깨워서 마침내 이집트의 정복까지 달성한 원정계획을 시행에 옮겼다. 앗시리아는 주전 13세기부터 일련의 정력적인 통치자들 아래에서 고대 세계의 생명선인 비옥한 초승달 지대를 지배하려는 꿈을 실행하기 시작하였다.

디글랏빌레셀은 지체없이 정복의 길로 나섰다. 바벨론을 정복하여 자신의 제국에 합병시킨 후에 그는 지중해 연안으로 진군하여 시리아와 팔레스타인 전역을 공포에 몰아넣었다. 공포를 불러일으킨 이유 중의 하나는 그가 민족주의를 분쇄하고 피정복지를 완전히 장악하기 위하여 빈틈없는 계산하에 새로운 군사정책을 도입하였기 때문이었다. 이것은 피정복민들을 고향 땅에서 뿌리를 뽑아 앗시리아 제국의 먼 지역으로 이주시키고 그들의 땅에는 외국인들을 이민시켜 앗시리아의 속주로 삼는 정책이었다. 이스라엘도 다른 군소국가들과 마찬가지로 비참한 체험을 통해 '포수(捕囚)'라는 단어의 의미를 배우게 될 운명에 놓이게 되었다.

유다 — 다음 장에서 살펴보겠지만 — 는 북왕국보다 훨씬 더 큰 안정을 유지하고 있었지만 이스라엘이나 유다도 이러한 정치적 사건들에 개입되지 않을 수 없었다. 이스라엘의 정치적 불안은 신명기 사가의 특유한 미사여구들과 아울러 열왕기하에 간략하게 서술되어 있는 혼란된 국내 사건들에 반영되어 있다. 예후 왕조의 마지

---

16) 이것은 임마누엘(Immanuel) — 선지자 이사야가 나중에 도입한 이름(pp. 400-402를 보라) — 의 문자 그대로의 의미이다.

막 왕이었던 스가랴는 즉위한 지 6개월만에 암살되었다. 그를 암살하고 왕위에 오른 살룸은 재위 한 달만에 므나헴에 의해 숙청되었고 므나헴에게 저항했던 성읍들은 무자비한 보복을 당했다. 그는 앗시리아에 조공을 바침으로써 왕위를 보존하여 10년을 다스리다 죽었다. 그의 아들 브가히야는 즉위한 지 겨우 2년만에 군대장관이었던 베가의 음모에 휘말려 희생되었다. 베가는 불안정한 세월에 왕위에 있다가 호세아의 칼에 맞아 죽었다.[17] 그리고 이스라엘의 마지막 왕이었던 호세아는 사슬에 묶인 채 죽었다. 북왕국의 역사에서 이토록 암살과 음모가 난무한 적은 일찍이 없었다. 호세아는 이러한 비참한 상황을 생생하게 묘사하고 있다:

> 우리 왕의 날에 방백들이 술의 뜨거움을 인하여 병이 나며
> 왕은 오만한 자들로 더불어 악수하는도다
> 저희는 엎드리어 기다릴 때 그 마음을 화덕 같이 예비하니
> 마치 빵 만드는 자가 밤새도록 자고
> 아침에 피우는 불의 일어나는 것 같도다
> 저희가 화덕 같이 뜨거워져서
> 그 재판장들을 삼키며
> 그 왕들을 다 엎드러지게 하며
> 저희 중에는 내게 부르짖는 자가 하나도 없도다.
>   — 호세아 7:5-7; 6:11-7:7 전체를 보라.

이스라엘이 앗시리아의 환심을 샀던 것은 므나헴(B.C.E. 745-738년경) 시대였다. 이것은 정치적으로 시기적절하였다. 왜냐하면 므나헴이 왕위를 찬탈한 바로 그해에 디글랏빌레셀의 군대가 이 땅을 침공하기 시작하였다. 므나헴은 자기 왕국의 북부지방(갈릴리)을 바치고 "저로 자기를 도와주게 함으로써 나라를 자기 손에 굳게 세우고자 하여"(왕하 15:19) 앗시리아 군주에게 막대한 공물을 바쳤다. 자신의 실록에 디글랏빌레셀은 자기가 수많은 다른 민족으로부터의 선물들과 아울러 "사마리아

---

17) 열왕기 15:27에 따르면 베가는 20년 동안 다스렸다고 하지만, 역사가들이 지적하듯이 이 숫자는 너무 높다고 할 수 있다. 왜냐하면 사마리아는 그가 즉위한 지 20년도 못 되어 멸망했기 때문이다. John Bright, *History*(91), p. 273(n. 8)는 베가는 자신이 왕위에 오르기 전부터 통치를 시작했으며 여로보암이 죽기 이전에도 길르앗에서 어느 정도 권세를 행사하였을(왕하 15:25) 것이라고 주장하고 있다.

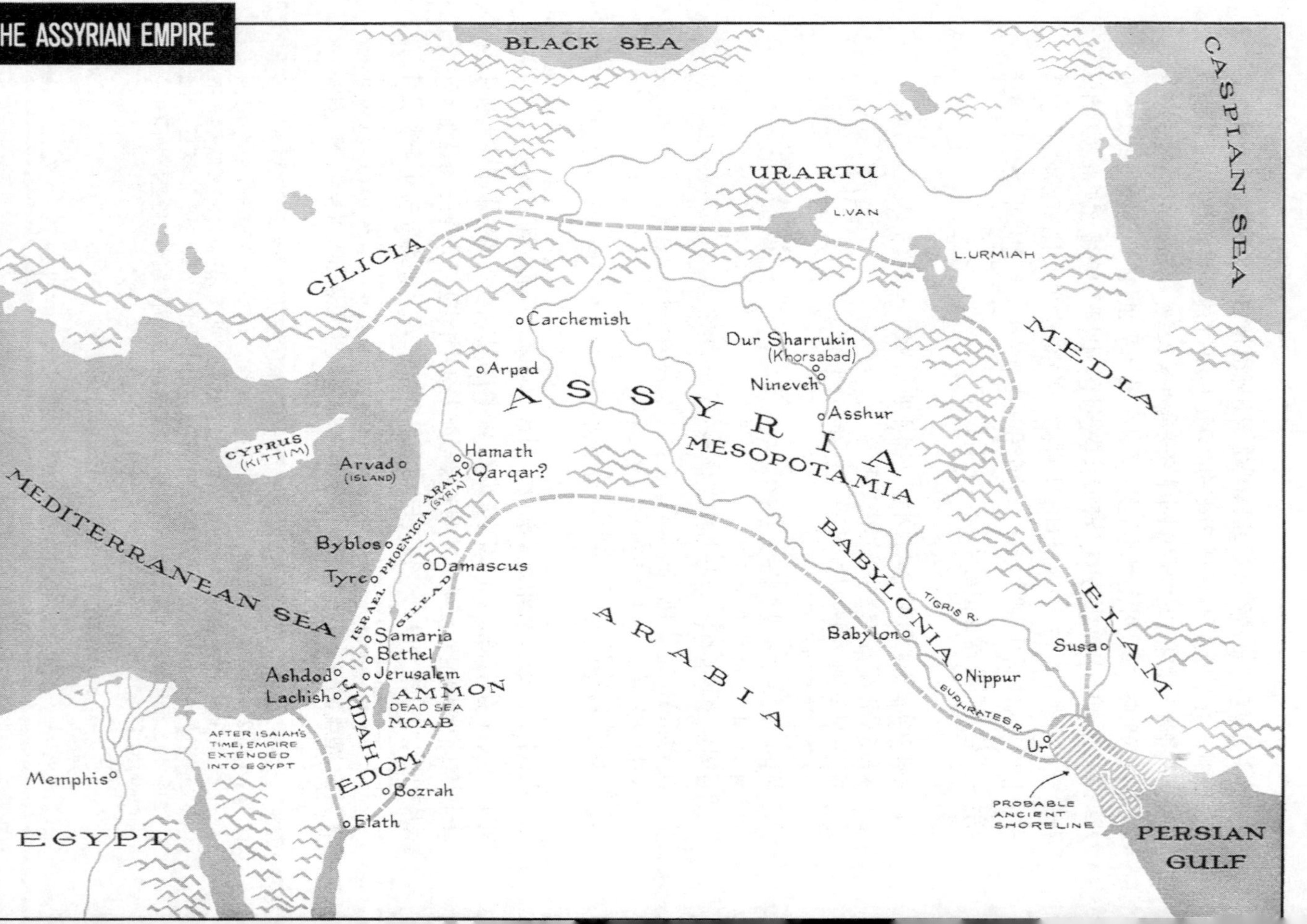

THE ASSYRIAN EMPIRE
BLACK SEA
CASPIAN SEA
URARTU
L. VAN
L. URMIAH
MEDIA
CILICIA
Carchemish
Dur Sharrukin (Khorsabad)
Nineveh
Arpad
ASSYRIA
Asshur
MESOPOTAMIA
ELAM
CYPRUS (KITTIM)
Arvad (ISLAND)
Hamath
Qarqar?
ISRAEL PHOENICIA
ARAM (SYRIA)
GILEAD
BABYLONIA
TIGRIS R.
Byblos
Tyre
Damascus
Babylon
Susa
Nippur
EUPHRATES R.
MEDITERRANEAN SEA
ARABIA
Samaria
Bethel
Ashdod
Jerusalem
Lachish
JUDAH
AMMON
DEAD SEA
MOAB
AFTER ISAIAH'S TIME, EMPIRE EXTENDED INTO EGYPT
Ur
Memphis
EDOM
Bozrah
Elath
PROBABLE ANCIENT SHORELINE
EGYPT
PERSIAN GULF

의 므나헴"으로부터도 공물을 받았다고 기록하였다.[18] 므나헴의 유화정책은 한동안 성공을 거두어 앗시리아 군대는 물러갔고 이스라엘 왕은 자신의 왕위를 지킬 수 있었다. 그러나 그의 항복은 백성들의 원성을 샀다. 왜냐하면 앗시리아에 공물을 바치기 위해 부유층에 무거운 세금을 매겼기 때문이다. 이로 인해 원성과 혁명의 불길이 더욱 심하게 일었다. 그러면 앗시리아의 멍에를 벗어버리려는 시도들을 다루기 전에 먼저 호세아 예언자에게 눈을 돌려보기로 하자.

호세아의 은혜의 낙관론

호세아의 예언 활동은 두 시대, 즉 여로보암 2세 시대의 말기와 주전 746년 그가 죽고 난 뒤 정세가 불안정한 시대에 걸쳐 있다. 호세아 1-3장에 나오는 그의 초기 예언은 여로보암이 죽은 해에 선포되었음이 분명하다. 왜냐하면 이 장들에 의하면 예후 왕조가 여전히 건재하고 있기 때문이다(1:4을 보라). 후대 유다의 편집자가 붙인 현재 형태의 호세아서의 표제(1:1)는 호세아가 "여로보암이 이스라엘 왕이 된 시대"에 예언하였다고 하고 있으며 또한 그의 활동 기간은 유다의 네 왕 웃시야, 요담, 아하스, 히스기야 시대를 포함하고 있다는 말을 덧붙이고 있다(B.C.E. 715-687년경). 뒷부분의 말은 아마 부정확할 것이다. 왜냐하면 과연 호세아가 주전 721년 북왕국이 멸망할 때까지 그렇게 늦게까지 예언할 수 있었는지는 의문이기 때문이다. 그러나 그는 여로보암이 죽은 뒤에 적어도 10년 동안은 활동을 계속했을 것이다. 왜냐하면 호세아서의 둘째 부분(4-14장)은 그 시대의 소란스러운 정세를 반영하고 있기 때문이다. 이 장들에 의하면 예후 왕조는 이미 몰락하였고 "땅이 통치자를 삼키듯이" 왕위찬탈이 잦았고 또 국제정세의 전개로 인하여 온 나라가 혼란과 타락과 불안으로 가득 차 있었다고 한다.

호세아서는 아모스서와 마찬가지로 서로 다른 시기에 전했던 짧은 신탁들을 호세아 자신이나 그의 제자들이 현재의 배열로 편찬해 놓은 것이다. 따라서 동일한 예언 주제들이 상황에 따라 약간의 편차를 지니고 여러 번 반복하여 나온다. 호세아서의 본문은 아모스서만큼 잘 보존되지 못했다. 4-14장에서 본문은 흔히 너무 많이 손상이 되어서 번역자는 다른 고대 판본들을 참조하거나 추측에 의존할 수밖에 없다(RSV의 각주들을 보라). 더욱이 호세아의 신탁들에는 첨가된 것들이 있는데, 그 대

---

18) Pritchard, *Ancient Near Eastern Texts* 〔1〕, p. 283을 보라.

표적인 것은 호세아 14:9에 나오는 결론적인 권면이다.

호세아는 아모스와 마찬가지로 멸망을 예언한 예언자였다. 그러나 야훼의 날은 흑암의 날이 될 것이라고 선포한 아모스와는 달리 호세아는 하나님의 심판의 말과 함께 회복과 갱신의 약속도 균형있게 전했다. 또한 그는 흑암의 날이 다가오고 있음을 보았지만, 이러한 개기일식에도 불구하고 태양은 여전히 빛나고 있다고 선포하였다. 호세아가 이러한 조건부 낙관론을 펼 수 있었던 것은 몇 년 전의 아모스 시대 이래로 정치적 또는 종교적 상황이 호전되었기 때문은 아니었다. 왜냐하면 실제로 북왕국의 사정은 악화일로에 있었기 때문이다. 호세아는 이스라엘이 나이보다 일찍 늙어 죽음을 눈앞에 두고 있다고 주장하였다 — 에브라임은 "백발"이 성성하다는 것이었다(7:8-9). 호세아의 메시지는 '은혜의 낙관론'이었다. 왜냐하면 이스라엘의 소망은 오로지 백성들에 대한 야훼의 항구적인 사랑에 뿌리를 박고 있었기 때문이다. 이것은 야훼와 이스라엘의 관계에 관한 '살아있는 비유'인 호세아의 결혼 체험에 의해 호세아에게 분명해졌다.

호세아의 결혼

호세아의 메시지를 해석할 수 있는 열쇠는 호세아와 고멜의 결혼에 관한 이야기이다. 그러나 호세아서의 처음 세 장(章)에 나오는 이 이야기는 성서학에서 가장 어려운 문제들 중의 하나를 제시하고 있다. 첫째로 호세아의 주된 관심은 전기적 자료를 제공하는 데 있지 않았다. 분명히 그는 오늘날의 사랑 이야기처럼 '진실한 고백'을 기록하지 않았을 것이다. 아모스의 경우에서와 마찬가지로 인간 호세아는 자기가 선포하는 말씀 배후에 몸을 감추고 있다. 그는 자신의 관심의 초점인 이스라엘과 야훼의 관계를 상징하는 데 필요한 정도로만 자신의 결혼에 관한 이야기를 하고 있을 뿐이다.

예언자의 비유의 토대가 되고 있는 호세아의 결혼 체험은 무엇이었는가? 1-3장에는 서로 다른 유형의 자료들이 존재한다는 것에 유의해야 한다: 1장은 삼인칭의 '전기' 양식으로 씌어져 있고, 3장은 일인칭의 '자서전' 양식으로 씌어져 있다. 문제는 이것이다: 1장과 3장은 예언자와 고멜이라는 한 여인과의 체험 속에서 일어난 연속적인 사건들을 묘사하고 있는 것인가? 3장에 나오는 익명의 여인은 명확하게 고멜이라고 언급되어 있지 않기 때문에 어떤 학자들은 자서전 형태의 3장은 호세아와 다른 여인과의 관계를 말하고 있는 것이라고 생각한다.

그러나 이 장들은 모두 호세아와 한 여인의 관계를 말하고 있다는 견해가 더 가능성이 있다고 할 수 있다. 만약 다른 여인이 3장에서 도입된다면, 좀더 분명한 언급이 있어야 할 것이다. 우리는 3장의 1절과 2절이 이 여인이 앞에서 이미 언급한 여인이라는 것을 당연한 것으로 받아들이고 있다는 인상을 피할 수 없다. 더욱이 이 비유가 이스라엘에 관한 것임을 생각할 때(호 3:1b) 야훼께서 자기로부터 멀어졌던 이스라엘을 다시 받아들였듯이, 예언자도 자기로부터 떠난 고멜과 화해했다고 추측할 수 있다. 1장의 주제는 이스라엘의 신실치 못함이고, 3장의 주제는 이스라엘의 음행에도 불구하고 끊임없이 보여지는 야훼의 견실한 사랑이다. 이러한 주제들은 호세아의 생애 중의 한 사건이 아니라 고멜과의 관련 속에서의 일련의 사건들을 토대로 하고 있다.

문제가 많은 1:2을 잠시 제쳐두고 우리는 다음과 같이 사건들을 재구성해 볼 수 있다: 선한 믿음 속에서 호세아는 한 여인과 결혼하여 자녀 셋을 낳았다. 이사야가 자기 자녀들에게 상징적인 이름들을 붙여주었듯이(사 7:3; 8:3) 호세아도 이스라엘에 대한 야훼의 말씀의 '살아있는 표적'이 될 수 있도록 자기 자녀들에게 의미심장한 이름들을 붙여주었다. 첫아들은 예후가 무자비한 피의 숙청을 벌인 장소(왕하 9장)를 생각하여 이스르엘이라 이름지었는데, 이는 '얼마 후에' 야훼께서 이 잔학 행위에 대해 예후 가문을 벌하실 것이라는 표적이었다. 둘째 자녀는 딸이었는데 "긍휼히 여김을 받지 못하는 자"라 이름붙여졌는데, 이것은 이스라엘에 대한 야훼의 인내도 한계에 이르렀다는 상징이었다. 그리고 셋째로 태어난 아들은 "내 백성이 아니라"로 불렸는데, 이것은 야훼께서 언약의 유대를 끊고 백성들을 버렸다는 표적이었다. 그런 다음 예언자의 관심은 자녀들로부터 결혼관계에 신실치 못했던(호 2:1에 암시되어 있다) 그들의 어머니에게로 옮아간다.

행간을 읽어보면 — 왜냐하면 이 시점에서 전기 형태의 이야기가 끝나고 간음한 아내 이스라엘을 야훼가 버린다는 내용의 2장의 예언자의 설교로 바뀌기 때문이다 — 우리는 호세아가 그녀의 부정(不貞)으로 인하여 고멜과 이혼했다고 추측하지 않을 수 없다(2:2). 그러나 그녀의 부정에도 불구하고 호세아는 법을 초월하여 용서하고자 했다. 그래서 3장에서 우리는 호세아가 그녀의 몸값을 지불하고 얼마 동안의 훈육 기간을 거친 뒤에 다시 아내로 맞아들였다는 내용을 읽게 된다.

그러므로 일종의 제2서문이라고 할 수 있는 호세아 1:2은 이미 일어난 것을 예언자가 나중에 해석해 놓은 것이다. 고멜은 나중에 매춘부 짝이 분명히 있었겠지만 — 이 문제를 회고해 볼 때 — 호세아와 결혼할 당시에는 매춘부가 아니었다. 예언자는 삶의 다양한 체험들에서 하나님의 의도를 분별할 수 있다고 보았기 때문에 호세아는 이 모든 일들이 야훼의 명령에 따라 일어났다고 주장하였다. 그는 "너는 가서 음란한 아내를 취하여 음란한 자식들을 낳으라"(1:2)는 명령을 받았다 ― 음란한 자식이란 어머니의 결점을 공유하는 자녀들을 말한다. 그리고 호세아가 이스라엘과 야훼의 관계를 생각하자 호세아의 결혼의 의미는 더 분명해졌다: "왜냐하면 이 땅이 야훼를 버림으로써 중대한 매음을 하고 있기 때문이다."

호세아가 자신의 사생활을 언급한 유일한 이유는 이스라엘과 야훼의 언약에 관한 살아있는 유비(類比)를 도출해내는 것이었기 때문에 이제 야훼와 이스라엘 사이의 '결혼' 이야기를 살펴보기로 하자.

깨어진 언약

호세아만큼 과거의 모세 시대를 깊이 이해한 예언자는 없었다. 그는 출애굽에 관한 기억, 광야에서의 유랑, 호렙산에서의 언약, 가나안 정복을 언제나 염두에 두고 자기 시대의 사건들과 상황들을 해석하였다. 사실 그는 스스로를 모세의 계승자, 언약의 위대한 해석자이자 중보자라고 생각하였다.[19] 호세아는 북왕국 출신이었기 때문에 이른바 엘로힘 문서 기자 서사시 속에 제시되어 있는 북부(에브라임) 전승 안에서 성장하였다.

호세아의 사고 속에는 전체 서사시 전승 가운데 한 가지가 뚜렷하게 부각되어 있었는데, 그것은 출애굽이라는 해방 체험 속에 드러나 있는 이스라엘에 대한 야훼의 은혜로운 선택이었다. 하나님에 대한 이스라엘의 지식은 '뿌리 체험'을 토대로 하고 있었다: "네가 애굽 땅에서 나옴으로부터 나는 네 하나님 야훼니라"(호 12:9; 13:4-5). 야훼가 포도나무에 달려 있는 포도송이 같은 이스라엘을 '발견한' 것은 광야에서였다(9:10). 그리고 출애굽은 부모와 자녀에 비유되는 하나님과 이스라엘 백성 사이의 특별한 관계를 보여주는 표적이었다:

이스라엘의 어렸을 때에 내가 사랑하여
내 아들을 애굽에서 불러 내었거늘
― 호세아 11:1.

---

19) James Muilenburg, "The 'Office' of the Prophet in Ancient Israel", *The Bible in Modern Scholarship*[161], 94를 보라.

이스라엘을 하나님의 "아들"로 비유한 것은 고대 서사시 전승에서도 찾아볼 수 있다(출 4:22). 그러나 언약을 남편과 아내의 관계에 비유하여 해석한 첫 이스라엘 예언자는 호세아였다. 물론 거룩한 결혼이라는 개념은 고대에 잘 알려져 있었다. 다산 종교들의 신화적 드라마들은 남신과 여신의 사랑과 결혼을 묘사하고 있었고, 가나안의 신전들에서는 거룩한 결혼은 제의적인 매춘을 통해 실연(實演)되었다(pp. 232-233를 보라). 자연종교들에 의해 성(性)이 숭상되던 시대에 호세아가 거룩한 결혼이라는 상징을 사용한 것은 이스라엘 신앙에 대한 대담한 재해석이었다. 그러나 호세아가 비유를 사용한 방식은 완전히 새로운 것이었다. 그는 자연의 주기에 따라 신들의 결혼을 설명한 것이 아니라 광야에서 맺어진 하나님과 백성 사이의 '역사적인' 결혼에 관하여 말하였다. 그리고 그 결혼의 의미는 남신과 여신의 결혼에 관한 성찰이 아니라 자기 자신과 고멜의 관계에 관한 깊은 이해를 통해 호세아에게 이해되었던 것이다.

고멜이 매춘부 노릇을 했던 것과 마찬가지로 이스라엘도 언약을 파기하였다. 호세아에 의하면 이 언약의 파기야말로 진정한 역사의 비극이었고 당시의 이스라엘의 모든 문제들은 그 비극의 징후들에 불과하였다. 야훼께서 선택하여 결혼한 '아내'는 창녀가 되었다. '매춘의 정신'은 백성들에게 번졌고 자기들의 하나님과 멀어지게 되었다(호 4:12). 이스라엘 사회에 대한 호세아의 비판은 사회의 부도덕, 정치적인 혼란, 종교적인 형식주의에 대한 단순한 단죄보다 훨씬 깊은 것이었다. 그는 인간의 동기들, 마음의 헌신, 백성들이 의지하는 가치들에 관심을 가졌다. 그런 까닭에 그는 고대 지파 동맹 시대의 지도자들의 비판을 재현하여(pp. 256-260를 보라) 왕정 제도에서 매춘의 정신의 징후를 발견하고 그 제도를 정죄하였다. 사울의 고향인 기브아와 사울이 왕위에 오른 길갈은 이스라엘이 야훼를 왕으로 인정하기를 거부한 증거들이었다(8:4; 9:15; 10:3, 9). 이스라엘이 언약을 저버린 결과들은 정변(政變)의 빈발(7:3-7)과 이집트와 앗시리아의 비위를 맞추어야 하는 초조한 외교정책(7:11), 군대와 요새들을 어리석게 의뢰하는 것(8:14) 등으로 나타났다. 완악하고 끈질기게 이스라엘은 "열국" 같이 되려고 고집하다가 결국은 열국들에게 "삼키웠고"(8:8) "이방인"에게 세력을 빼앗기고 말았다(7:8-9).

이와 같은 매춘의 정신은 백성들을 거짓된 우상숭배의 종교로 이끌었다. 다른 대예언자들과 마찬가지로 호세아도 종교가 꼭 좋은 것만은 아니라는 것을 알고 있었다. 왜냐하면 종교는 하나님을 배반하고 죄를 짓는 길이 될 수도 있었기 때문이었다. 호세아 시대에 가나안의 다산제의에 오염된 민간종교는 자연의 좋은 것들을 얻고 하나님을 사람들의 이익을 얻는 수단으로 제공하였다. 사람들은 성전을 가득 메우기는 하였으나, 이것은 자기들을 이집트에서 이끌어낸 하나님에 대한 그들의 전적인 의존을 감사함으로 인정하기 위해서가 아니라 '종교로부터 무언가 — 조화, 안정, 번영, 복지 — 를 얻기' 위해서였다. 제사장들과 예언자들은 종교적인 관심이 고조되는 것을 틈타 이스라엘의 매춘에 실제로 기여하였다. 제사장들은 야훼의 백성들의 "죄악을 먹고 살고" 있었다(호 4:7-10).

그러므로 이스라엘의 충절은 변덕스러운 아내의 충절이었다. 거기에는 참된 언약의 사랑에 내포되어 있어야 했던 견실함과 신뢰성이 결여되어 있었다. 호세아 자신의 말을 빌자면 이스라엘에는 '헤세드'(hesed), 언약의 충실성이 결여되어 있었다.

이스라엘의 고대의 신앙고백에 의하면 "인자〔헤세드〕와 진실이 많은"(출 34:6; 참조. 시 103:8) 분은 무엇보다도 야훼였다. 언약 관계를 주도한 종주(宗主)로서 야훼는 이스라엘 백성을 대우하는 데에 변함없는 신실함을 보여주고 있다 — 이것은 야훼가 율법이나 필연성에 묶여 있기 때문이 아니라 오직 하나님의 은혜(자유)와 서약 때문이었다. 이 관계의 특성은 변덕이 아니라 견실함과 신뢰성이다. 호세아는 이 말을 야훼에 대한 '이스라엘'의 언약 관계에 적용하여 이스라엘 백성은 언약에 대한 야훼의 충실에 걸맞게 자신의 변치않음을 보여야 한다고 주장하였다. 그러나 예언자의 생생한 비유들을 보면, 이스라엘의 '헤세드'는 덧없는 아침 구름이나 금세 사라지는 이슬과 같았다(호 6:4). 그래서 야훼께서는 당시의 예배 형식들을 경멸하였다:

> 나는 인애〔hesed〕를 원하고 제사를 원치 아니하며
> 번제보다 하나님을 아는 것을 원하노라
> — 호세아 6:6.

우리는 호세아의 이 말이 그가 형식적인 예배를 반대했다는 것을 뜻한다고 해석해서는 안된다. 그렇지만 그가 언약의 하나님에 대한 참된 충절의 정신이 결여된 형식을 반대했다는 것은 분명하다. 예수는 정통주의의 형식적인 준칙들을 위반했다는 비난을 받았을 때 두 번이나 청중들에게 호세아 6:6을 다시 읽어 보라고 하였다(참조. 마 9:13과 12:7).

내적인 결함

핵심적인 구절인 6:6에서 호세아는 두 가지 중요한 단어의 시적인 병행을 보여주고 있다. 첫번째 단어는 우리가 이미 살펴본 바 있는 '헤세드'이고, 두번째 단어는 그것과 의미가 중복되는 '하나님을 아는 것'이다. 호세아는 이스라엘이 하나님을 '알지' 못했으며(4:1, 6, 11을 보라) 이러한 결핍이 바로 이스라엘이 안고 있는 문

헤세드(HESED)

호세아 6:6에 나오는 이 단어를 영역성경들이 여러 가지로 번역하고 있는 것에서 분명히 볼 수 있듯이 이 단어는 영어로 옮기기가 대단히 어렵다: "자비"(KJV), "인애"(RSV), "선함"(AJT), "충실"(NEB) 등등.

이 단어에 관한 연구들은 인간적인 차원에서 이 단어는 지위라는 것은 상황의 변화에 따라 달라질 수 있는 것이긴 하지만 어쨌든 한쪽 당사자가 사회적 지위로 인하여 더 많은 권세 또는 영향력을 지니고 있다는 의미에서 '우월한' 관계들에 적용된다는 것을 보여주었다. 이를 보여주는 좋은 예는 다윗과 요나단의 우정이다. 어떤 때에 다윗은 요나단에게 이렇게 말한다: "네 종에게 인자히 행하라('헤세드'를 보여라) 네가 네 종으로 여호와 앞에서 너와 맹약케 하였음이니라"(삼상 20:8a). 요나단이 우월한 지위(왕의 아들)에 있는 한 거룩한 우정의 언약에서 다윗을 자기 아버지의 악한 모의로부터 피할 수 있도록 돕는 것은 요나단의 의무였다. 그러나 요나단은 그들의 역할이 역전되어 다윗이 정권을 잡게 되었을 때 다윗이 자기에게 충실('헤세드')을 보일 것이라는 약속을 하라고 다윗에게 요구하였다(삼상 20:12—17). 다윗의 우정의 의무는 요나단의 죽음 이후에까지 지속되었다. 왜냐하면 그는 요난단으로 인하여 사울 가문의 다른 구성원들에게도 '헤세드'를 보이기로 결심하였기 때문이다(삼하 9:1, 3, 7).

그러므로 '헤세드'는 좀더 약한 지위에 있는 사람을 향한 더 강한 당사자의 충실이다(pp. 128-131에 나오는 종주—봉신간의 조약관계와 비교해보라). 그것은 덕목이나 인격의 특성이 아니라 '행해야 하는' 그 무엇이다. 이것은 '헤세드'를 '행하다', '유지하다', '사랑하다'와 같이 왜 '헤세드'에 이러한 동사들이 같이 사용되는지를 설명해준다. 그러나 우리는 '높은 신분에 따르는 정신적인 의무'(noblesse oblige), 즉 부자가 가난한 자에게 자선을 베푸는 것과 같이 높은 지위에 있는 사람들이 아랫사람들에게 고상하게 행하는 것을 생각해서는 안된다. 오히려 충실은 어떤 외부의 법적인 의무나 사회적 관습이 아니라 관계 자체로부터 생겨난다. 그것은 내면의 충실의 행위, 따라서 은혜의 행위이다. 관계에 있어서 약한 당사자가 고통을 받고 있고 그를 도와줄 다른 무엇이 없다고 할지라도 강한 당사자가 충실을 보이든 안 보이든 그것은 그의 자유이다. 자세한 것은 Katherine D. Sakenfeld, *Faithfulness in Action*[143]을 보라.[20]

제의 뿌리라고 주장하였다. 우리는 오늘날 우리가 사용하는 지식이라는 개념을 호세아서에 넣어 읽지 않도록 주의하여야 한다. 호세아는 언약 관계에서 본질적인 요소였던 지식을 말하고 있다: 하나님에 의해 알려진(선택된) 것에 대한 응답으로서의 하나님을 아는 것(암 3:2). 여기에서 우리는 종주권 조약이라는 형식을 보게 된다. 헷어와 아카드어로 된 문헌에서 '알다'라는 동사는 두 가지로 사용된다: 이 말은 자신의 봉신을 '인정하는'('아는') 종주와 자신의 주군을 '인정하는' 봉신을 지칭할 수도 있고, 조약의 조항들이 구속력이 있다는 것을 '인정하는 것'을 지칭하기도 한다.[21] 이러한 배경을 놓고 볼 때 호세아가 '헤세드'(충절)와 '하나님을 아는 것'을 시적으로 병행시켜 놓은 것은 놀라운 일이 아니다. 그는 자신의 유일한 종주인 야훼를 인정하고 또 충성을 바쳐야 할 이스라엘의 언약 책임에 대해 말하고 있는 것이다. 언약 당사자들에 대한 '알다'라는 말의 의미는 다음 구절에 잘 드러나 있다:

> 네가 애굽 땅에서 나옴으로부터
> 나는 네 하나님 야훼라
> 나 밖에 네가 다른 신을 알지 말 것이라
> 나 외에는 구원자가 없느니라
> 내가 광야 마른 땅에서
> 너를 권고하였거늘
> — 호세아 13:4-5

인간 편에서 이러한 지식은 두 가지 측면을 지니고 있다. 한편으로 이것은 가정에서 부모에 의해서(신 6:20-25) 또는 성소들 특히 언약갱신 축제때 제의를 집행하는 사람들에 의해서 가르쳐지는 '신학적' 지식이다. 그것은 하나님이 누구이며(호 13:4) 하나님이 이스라엘을 위해 무엇을 했으며 하나님이 백성에게 무엇을 요구하는지에 관한 지식, 요컨대 언약 전승에 관한 지식이다. 이러한 지식이 없다면 백성들은 이방의 신들을 섬기고 십계명에 요약되어 있는 언약의 율법들을 어기게 될 것이다.[22] 호세아는 백성들에게 언약의 의미가 무엇인지를 가르쳐 줄 의무를 지고 있는 제사장들과 예언자들이 그렇게 하지 못하고 있다고 그들의 문전에서 책망을 하고 있

---

20) 이 정의는 필자의 저서인 *The Eighth Century Prophets*[329], pp. 48-49에 나와 있는 것을 약간 수정하여 발췌한 것이다.
21) Delbert R. Hillers, *Covenant*[225], pp. 120-23를 보라.

다(4:5-6). 다른 한편으로 이것은 마음과 아울러 '뜻'을 포함하는 지식이다. 호세아는 마음의 지식,[23] 즉 하나님의 사랑에 대한 '전인적인 응답'에 관하여 말하였다. 야훼를 안다는 것은 어떤 사람의 헌신에 대한 야훼의 요구에 응답하고 가난하고 궁핍한 자가 도움을 부르짖는 사회에서 하나님의 뜻에 순종하는 것을 의미한다(렘 22:16을 보라). 따라서 이스라엘에게 야훼에 대한 지식이 결여되어 있음을 보고 호세아는 백성들이 하나님을 '인정하지' 않고 있다고 단정하였던 것이다. 언약은 깨어졌다. '아내'인 이스라엘이 '남편'인 하나님에게서 멀어진 것이다.

> 저희의 행위가 저희로
> 자기 하나님에게 돌아가지 못하게 하나니
> 이는 음란한 마음이 그 속에 있어
> 야훼를 알지 못하는 까닭이라
> — 호세아 5:4

결국 하나님의 뜻이 승리를 거둘 때 언약은 회복되고 이스라엘은 "야훼를 알리라"(2:20).[24]

호세아는 이스라엘의 당시의 삶의 내적인 동기를 드러내었을 뿐만 아니라 이스라엘의 부정(不貞) 뒤에 가나안 땅에 들어온 이래로 이스라엘 백성 속에 깊이 박힌 사고와 행동유형이 놓여있다는 것을 분명하게 보았다. 앞의 장들에서 우리는 광야의 유목민 생활에서 가나안의 농경생활로의 이행 — 신앙과 문화의 관계라는 문제를 한층 심화시킨 이행 — 을 서술한 바 있다. 호세아에 의하면 광야에서 야훼는 신부 이스라엘과 언약을 맺었으나 결국 그 신부는 신실치 못함이 밝혀졌다. 실제로 광야에서의 '밀월', 이스라엘의 충실했던 기간은 극히 짧았다. 이스라엘은 가나안 땅에 발을 들여놓자마자 매춘부처럼 화려하게 치장하고 번영과 안정이라는 '화대'를 약속한

---

22) 십계명은 호세아 4:2에 구체적으로 언급되어 있다(거짓말, 살인, 도적질, 간음의 금지). 구절 전체(4:1-10)는 율법 논쟁 또는 소송의 형식으로 제시되고 있는데, 여기에서 한 언약 당사자는 다른 쪽 당사자를 언약 위반으로 고발한다. 이 형식에 관해서는 Herbert B. Huffmon, "The Covenant Lawsuit in the Prophets", *Journal of Biblical Literature*, LXXVIII(1959), 285-95; B. Gemser, "The *Rib*-or Controversy-Pattern in Hebrew Mentality"(464), pp. 120-37 등을 보라.

23) 고대 이스라엘의 인간학에서 마음은 사고와 의지와 감정의 기관이었다.

24) "새 언약"(렘 31:31-34)에 관한 예레미야의 예언에 의하면 마지막 날에 여호와를 아는 지식은 가르침에서가 아니라 마음에서 나올 것이라고 한다.

'연인들', 즉 가나안의 자연신들을 좇아다니기 시작하였다. 이것이 호세아서 2장에 나오는 예언자의 설교의 주제이다.

바알종교의 침투는 많은 세월에 걸쳐 서서히 그리고 교묘하게 일어났기 때문에 민간종교에서 야훼와 바알은 동일시되었었다. 결국 출애굽이라는 해방 사건을 중심으로 한 야훼의 이야기와 바알과 그의 여성 상대의 사랑과 전쟁에 관한 이야기 사이의 차이를 알지 못하게 되었다. 이스라엘 백성은 자기들이 바알에게 구한 풍요의 선물 자체가 이집트 땅에서 이스라엘을 이끌어내었던 바로 그 하나님의 자비에 의해 제공되었다는 것을 깨닫지 못했다!

이렇게 맨처음부터 이스라엘의 역사는 야훼의 사랑을 배신한 야비하고 수치스러운 이야기였다. 온 세월에 걸쳐 이스라엘 백성은 자기 자신의 마음의 생각들과 욕망들을 추구하다가 이제는 죄악된 역사의 혼돈에 걸려 빠져나올 수 없게 되었다. 이스라엘은 습관적인 사고 방식과 판에 박은 행동 유형에 묶여 있었다. 호세아는 "저희의 행위가 저희로 자기 하나님에게 돌아가지 못하게 하나니"(5:4)라고 말하였다. 이스라엘 백성은 그릇된 충성의 노예가 되어 있었기 때문에 그들에게 호소해도 소용이 없었다: "에브라임이 우상과 연합하였으니"(4:17). 이스라엘의 공동체적인 삶의 모든 측면 ― 정치, 경제, 종교 ― 은 그릇된 충성의 이데올로기, 방향이 잘못된 의지, 악한 행동 유형으로 물들어 있었다. 우리는 이러한 이스라엘의 상황을 완전히 습관적인 사고와 삶의 방식의 노예가 되어 스스로를 바꿔 보려는 생각과 의욕이 전혀 없는 사람의 곤혹스러운 처지에 비할 수 있을 것이다. 그리고 한 사람의 삶에서 위기가 새로운 시작을 가능하게 하듯이 호세아는 이 민족에게 곧 임할 파멸은 이스라엘이 자신의 건강을 회복할 수 있는 기회로서 하나님에 의해 제공된 것이라고 믿었다.

사랑의 승리

아모스와 마찬가지로 호세아는 앗시리아의 위협을 서술하면서 무시무시한 멸망에 강조점을 두어 말하였다. 호세아는 고멜에게서 낳은 세 자녀에게도 야훼의 심판을 상징하는 이름을 붙여주었는데, 특히 막내 아들의 이름은 야훼께서 이스라엘 백성과의 언약관계를 단절했음을 상징하는 것이었다: "너희는 내 백성이 아니요 나는 너희 하나님이 되지 아니할 것임이니라"(호 1:9). 나아가 2장에 나오는 예언자의 설교는 음란한 자녀들의 음란한 어미인 이스라엘과 이혼하겠다는 야훼의 선언으로 시작된다: "저는 내 아내가 아니요 나는 저의 남편이 아니라"(2:2). 또 다른 곳에서는 좀더 강력하고 심한 말을 사용하고 있다. 야훼는 사람을 잡아먹으려고 맹렬히 달겨드는 야생동물(5:14; 13:7-8), 사회라는 직물을 파괴하는 좀(5:12)에 비유되고 있다. 백성들이 야훼를 찾으려해도 소용없을 것이다(5:6). 야훼는 그들을 더 이상 사랑하지 않을 것이기 때문이다. 신실치 못한 백성은 내쫓긴 고멜보다 더 나은 대우를 받을 자격이 없다.

이것은 충격적인 언어이다 ― 특히 현대인들의 귀에는 더욱 그렇다. 그러나 이러한 무시무시한 상징들을 사용한 목적은 일종의 '미래 충격'을 창출해내는 것, 즉 이스라엘 백성들을 하나님의 임박한 심판에 비추어 현재의 절박성을 일깨우는 것이었다. 주전 8세기의 예언자들은 어떤 의미에서 임박한 재난은 백성들의 행동의 결과, 즉 그들의 어리석은 생활양식과 자멸적인 외교정책의 결과라고 인식하였다. "저희가 바람을 심고 광풍을 거둘 것이라"(8:7)고 호세아는 말하였다. 행동들은 가차없이 결과들을 수반하는 법이다. 그러나 또 다른 의미에서 하나님은 단순히 만유인력의 법칙과 같이 이스라엘 사람들이 깨뜨려서는 안될 도덕적인 율법들을 정하신 것이 아니라 하나님이 '직접'(personally) 사회의 영역에서 활동하셔서 여러 대리자들(앗시리아와 같은)을 통해 사람들에게 이를 알게 한다고 예언자들은 선포하였다. 신약의 기자들과 마찬가지로 예언자들은 "살아계신 하나님의 손에 빠져 들어가는 것이 무서울진저"(히 10:31)라는 것을 알고 있었다. 인간사에서 하나님의 절대적인 주권과 인간의 전적인 책임이라는 양면은 우리가 이해하기 힘든 역설이지만 두 가지 다 예언자들의 신앙에 중요한 신조들이었다.

호세아서에서 가장 두드러지게 나타나는 기조는 하나님의 '진노' 또는 심판이 구원을 위한 것이라는 선포이다. 하나님의 목적은 파괴하는 것이 아니라 치유하는 것이다. 인간의 자기 만족의 토대 자체를 뒤흔들어 놓는 역사적 위기들을 통하여 야훼는 백성을 그릇된 충성의 노예상태로부터 해방시켜 언약의 충실 속에서 자유로 회복시켜 준다. 호세아의 사랑이 고멜의 부정(不貞)보다 훨씬 크고 깊듯이 이스라엘을 향한 야훼의 사랑은 참으로 견실하다. 이스라엘 백성의 변덕과 음행에도 불구하고 그들을 그냥 내버려두지 않는 것이 바로 하나님의 사랑이다.

하나님의 '진노'는 변덕스럽지 않고 보복적이지 않으며 파괴적이지도 않다. 하나님의 진노는 이스라엘을 속박에서 해방시켜 그들로 하여금 새 생명, 새 언약을 따라가게 하려는 거룩한 사랑의 표현이다. 호세아에 의하면 이러한 자유는 하나님께서 이스라엘 사람들이 의뢰하는 우상들을 파괴하여 '아내'인 이스라엘이 연인들이 보는 앞에서 발가벗겨 수치를 당하고 난 뒤에야 오게 될 것이라고 했다(호 2:2-13을 보라). 그때에 이스라엘은 '참된 이스라엘이 될' 기회, 이집트로부터 그들을 구출하였으며 가나안 땅에서 그들의 필요들을 끊임없이 공급해주는 하나님께 감사하는 마음으로 의지하며 살아가는 언약 백성이 될 기회를 갖게 될 것이다.

부모의 훈육

심판과 자비를 모두 포함하는 야훼의 거룩한 사랑은 호세아 11장에 훌륭하게 묘사되어 있다. 여기서 남편과 아내의 관계라는 비유에서 부모와 자녀의 관계라는 비유로 바뀐다. 우리는 야훼의 낳으시고 양육하는 사랑이 이스라엘의 전역사 배후에 맨처음부터 있어서 이스라엘의 삶에 의미와 목적을 부여하고 있었다는 말을 듣게 된다. 여기에 나오는 시(詩)의 첫번째 부분(1-4절)은 야훼의 "아들"(참조. 출 4:22-23)인 이스라엘을 하나님이 사랑으로 낳았으며 야훼는 부모처럼 이 아이를 품에 품고서 걷는 법을 가르쳤다고 선언하고 있다(4절에서 동물을 온유하게 인도하고 돌보는 농부의 비유로 갑자기 바뀐다.).

다음 부분(5-7절)의 주제는 이 반항하는 아이에 대한 야훼의 인내가 한계에 도달했다는 것이다. 이스라엘은 훈육을 받아야 하고, 그 벌은 이스라엘이 한때 정치적인 구원을 요청했던 이집트나 앗시리아로부터 올 것이다. 그러나 다음 부분(8-9절)에서 볼 수 있듯이 하나님의 심판은 최종적인 선고는 아니다. 파국의 순간에도 야훼는 백성들을 버리거나 자신의 사랑을 거두지 않는다. 소돔과 고모라가 멸망할 때 아드마와 스보임이 초토화되었듯이 이스라엘이 멸망당하는 것이 야훼의 뜻이 아니다(창 19:24-25; 신 29:23을 보라).

오히려 야훼의 심판의 배후에 있는 숨은 의도는 고집센 아이를 사랑으로 나무라는 부모 같은 사랑이다. 말하자면 이 구절들은 하나님의 마음속에 있는 갈등 — 호세아가 고멜을 놓고 느낀 고뇌를 반영하고 있음이 틀림없다 — 을 잘 표현하고 있다. 그러나 결국 사랑이 승리하고, 이스라엘은 그냥 내버려지지 않을 것이다. 결국 단순한 말로는 이 거룩한 사랑의 깊이를 헤아릴 수 없다:

내가 사람이 아니요 하나님이라
나는 네 가운데 거하는 거룩한 자니
진노함으로 네게 임하지 아니하리라
— 호세아 11:9b.

우리에게는 하나님의 '진노'와 '사랑'은 상충되는 말로 들릴지 모르나 호세아에게 하나님의 '파토스'(pathos) — 또다시 아브라함 헤셀의 표현을 빌면 — 는 인간의 이해를 초월하는 것이었다.[25] 이스라엘에 대한 하나님의 관계는 심판이라는 어두운 면과 갱신의 약속이라는 밝은 면을 동시에 지니고 있다(10-11절을 보라). 이스라엘은, 시인 프랜시스 톰슨이 비참한 개인적 체험으로부터 배운 바와 같이, 자기들의 멸망은 결국 "하나님의 자애롭게 내민 손의 그림자"임을 배워야 했던 것이다.[26]

언약의 갱신

이제 호세아 3장에 나오는 고멜 이야기로 돌아가보자. 호세아는 고멜이 신실치 못하다는 것이 밝혀진 뒤에도 자기 아내를 계속해서 사랑하였다. 이러한 체험을 통해 호세아는 야훼와 이스라엘의 관계에 관한 유비(類比)를 발견하였다. 왜냐하면 야훼께서도 이스라엘이 다른 신들에게로 눈을 돌렸어도 견실하게 이스라엘 백성을 사랑했기 때문이다(호 3:1). ("건포도 떡"이라는 어구는 바알의 다산제의에서 사용된 음식을 가리킨다). 그래서 호세아는 "여러 날을 두고" 고멜을 훈육한 뒤 몸값을 지불하고 다시 아내로 맞아들였다. 이와 마찬가지로 이스라엘도 일정한 기간 동안의 훈육과 격리 — "왕도 없고 군도 없고 제사도 없고 주상도 없고 에봇도 없고 드라빔도 없이"(호 3:4) — 의 생활을 거쳐야 했다. 이러한 박탈은 주로 가나안 문화에 의해 부패된 정치적 종교적 측면의 박탈이 될 것이다. 이와 같이 "많은 날"의 정화가 있은 후 새로운 시작, 새로운 관계가 있을 것이다. 왜냐하면 이스라엘은 자기 하나님인 야훼께 돌아와('회개하여') 야훼를 찾게 될 것이기 때문이다.[27]

이와 같이 고난을 통한 훈육이라는 주제는 2장에 아주 길게 나와 있다. 호세아는 이스라엘의 음행이 드러나고 '연인'들을 좇아다니는 모든 시도들이 좌절될 것에 관하여 생생한 언어로 묘사하고 있다. 그러나 이 전체를 통한 야훼의 의도는 화해이다:

---

25) Abraham J. Heschel, *The Prophets*(315), 제3장.
26) Francis Thompson, "The Hound of Heaven"을 보라.
27) 호세아 3:5에서 "그 왕 다윗"이라는 어구는 후대 남왕국의 편집자에 의한 방주(傍註)임이 분명하다. 그밖에도 호세아서에는 유다적인 첨가들이 엿보인다: 1:7; 4:15; 11:12b. 몇몇 학자들은 유다에 관한 언급들은 모두 덧붙인 것이라고 주장한다. 그러나 호세아는 아모스와 마찬가지로 자신의 메시지를 이스라엘과 유다 모두에 적용시키고 있을 가능성도 있다.

> 그러므로 내가 저를 개유하여
> 거친 들로 데리고 가서
> 말로 위로하고
> 거기서 비로소 저의 포도원을 저에게 주고
> 아골 골짜기로 소망의 문으로 삼아 주리니
> 저가 거기서 응대하기를 어렸을 때와
> 애굽 땅에서 올라오던 날과 같이 하리라
> — 호세아 2:14-15.

옛날에 광야에서 이스라엘에게 삶이 부여되었듯이 이스라엘의 삶이 갱신될 곳도 광야 — 문화의 모든 유혹으로부터 먼 곳 — 일 것이다. 아골 골짜기는 아마도 사해가 내려다보이는 고원지대인 유다 광야에 있었을 것이다. 아골 골짜기의 동쪽 가장자리에서는 쿰란 시내가 협곡을 통해 흐르다가 갑자기 요단 계곡으로 떨어지는데, 이곳은 호세아 시대보다 몇 세기 뒤에 광야에서 새 언약에 관하여 말했던 에세네파의 본거지가 있던 지역이었다. 오늘날에도 쿰란의 절벽 위에 있는 이 계곡을 방문하는 사람들은 이 불모지의 원초적인 단순함과 거대한 도시들이 인간문화의 오만한 상징처럼 서 있는 고원지대의 풍요함이 큰 대조를 이루고 있는 모습을 인상깊게 볼 수 있다. 광야에서의 삶은 불안정하기 때문에 이곳에서 신앙의 사람은 삶이 하나님의 자비에 달려있다는 사실을 상기하게 된다.[28]

의미심장하게도 호세아는 광야를 새로운 시작의 장소로 보았다. 그는 야훼께서 개인적으로 이스라엘 백성을 광야로 불러갈 것이라고 예언하였다. 이스라엘에게서 모든 거짓된 안정을 벗겨버리고 모든 문화적인 허례허식들을 정화시킨 뒤 야훼는 이스라엘에게 "부드럽게 속삭이리라" 또는 히브리어로는 "마음에다 대고 말할 것이다"라고 예언하였다. 거기서 이스라엘은 자신의 포도원을 돌려받을 것이고 문화의 모든 축복들이 하나님의 은혜의 선물임을 알게 될 것이다. 거기서 백성들은 하나님의 사랑 안에서 의미있고 안정된 미래로 이끄는 소망의 문으로 들어가게 될 것이다.

요약하자면, 광야는 언약갱신의 무대가 될 것이고 깨어진 언약의 오랜 역사는 종지부를 찍게 될 것이다. 광야에서 이스라엘은 출애굽 때에 신뢰와 감사로서 응답하였듯이 야훼의 사랑의 제안에 '대답할' 것이다. 거기서 야훼는 이스라엘을 아내의

---

28) 광야에서의 삶의 영적인 의미에 관해서는 특히 Walter Brueggemann, *The Land*(237), pp. 28-44를 보라.

지위로 회복시켜 정의와 공의와 언약의 충절(hesed)과 자비 가운데 이스라엘과 약혼하게 될 것이다. 이스라엘의 끊임없는 부정(不貞)은 좀더 강하고 깊은 사랑에 압도될 것이고, 이스라엘은 새 언약의 관계 속에서 야훼를 '알게' 될 것이다(호 2:19-20).

사마리아의 멸망

앞에서 살펴본 대로 호세아의 소망은 정치적 가능성이 아니라 '은혜의 낙관론'에 의존하고 있었다. 물론 그의 멸망의 메시지는 앗시리아가 비옥한 초승달 지대를 거쳐 이집트를 침공하는 바로 길목에 있는 이스라엘의 불안정한 위치에서 나온 것이었다. 정치적으로 작은 나라인 이스라엘은 국가의 지도자들이 자멸적인 국내외 정책을 추구하고 있었기 때문에 장래가 암담하였다. 시대의 사건들 안에서 호세아는 심판과 갱신을 향해 움직이는 하나님의 활동을 보았다.

우리는 호세아의 예언활동이 얼마동안 지속되었는지를 확실히 알지 못한다. 몇몇 학자들은 그가 시리아와 이스라엘이 동맹을 맺고 있던 기간(이에 관해서는 다음 장에서 다룰 것이다)인 주전 735-733년에 활동했다고 믿고 호세아 5:8-14은 당시에 남왕국이 이스라엘을 침공한 사건을 반영하고 있다고 주장한다.[29] 어쨌든 그의 사역은 특히 4-14장에 반영되어 있는 바와 같이 북왕국 말기의 소란했던 시대까지로 이어졌다고 보아야 할 것이다.

사태는 급격하게 재난을 향하여 치달았다. 주전 727년 앗시리아 왕 디글랏빌레셀이 죽자 이스라엘은 반란의 기회를 얻었다. 이스라엘 왕 호세아는 새로 즉위한 앗시리아 왕이 광대한 영토를 제대로 장악하지 못할 것이라 생각하여 어리석게도 이집트라는 "약한 갈대"를 의지하고 앗시리아에 공물을 바치기를 거부하였다. 그러나 앗시리아의 새로운 왕 살만에셀 5세(B.C.E. 726-722년경)는 즉시 사마리아를 침공하였다. 이 전투에서 살만에셀이 죽고 그의 후계자 사르곤 2세(B.C.E. 721-705년경)가 이 일을 마무리하는 과제를 이어받았다. 그후 주전 721년초, 3년간의 포위공격

---

29) 이 견해는 Albrecht Alt, "Hosea 5,8-6,6"에 의해 제기되어 왔다. 이 논문은 그의 *Kleine Schriften zur Geschichte des Volkes Israel*, II(Munich, 1953), 163-87에 수록되어 있다. 자세한 것은 James M. Ward, *Hosea*[345]의 이 구절에 관한 주석을 보라.

끝에 사마리아는 함락되었다. 사르곤의 실록에 의하면 그는 2만 7290명의 이스라엘 사람들을 바사(페르시아) 지방으로 포로로 끌고 갔고(왕하 17:6을 보라) 바벨론, 엘람, 시리아의 사람들을 이스라엘로 이주시켰다고 한다.[30] "처녀 이스라엘이 엎드러졌음이여"라는 아모스의 애가(哀歌)는 역사적 현실이 되었던 것이다.

우리가 알고 있는 한, 호세아는 이 최후의 비극이 일어날 때까지 살지는 못했다. 그러나 그의 예언은 잊혀지지 않고 있었다. 그의 예언들은 예언자 단체들에 보존되어 있다가 결국 편찬되어 남부 유다 왕국에서 새로운 의미로 해석되어 소중히 간직되었다.

---

30) Pritchard, *Ancient Near Eastern Texts* (1), p. 284-87을 보라.

제 10 장

죽음과 언약한 유다

지금까지 우리가 다루어 온 위대한 예언자들 — 엘리야, 엘리사, 미가야, 아모스, 호세아 — 은 모두 솔로몬이 죽은 후 다윗 왕국에서 갈라져 나온 북왕국에서 활약하였다. 이 시기 동안에 유다에서도 예언자들이 활약하였다는 것은 사실이다. 왜냐하면 기록을 보면 아사랴(대하 15:1-7), 하나니(대하 16:7-10), 하나니의 아들 예후(왕상 16:1-4; 대하 19:2)와 같은 모호한 예언자들에 대해 말하고 있기 때문이다. 그러나 이들 중 어느 누구도 당시의 중대한 위기들에 맞설 만큼 영적으로 성숙해 있었던 이스라엘 왕국의 예언자들과는 비교될 수 없다. 중대한 문제들은 모두 북부에서 결정되고 있었던 것으로 보이기 때문이다. 남부 출신인 아모스조차도 여로보암 2세의 왕실성소가 자리잡고 있던 벧엘에서 메시지를 전하였다.

통일왕국이 분열된 이후 이스라엘 왕국은 예언운동만이 아니라 정치에서도 주도권을 쥐고 있었다. 물론 때때로 이스라엘이 내정문제나 외세의 개입으로 인해 일시적으로 약화되었을 때에 유다는 이스라엘과 대등해질 수 있었다. 그러나 대체로 유다는 군사력이나 경제력에서 북부의 쌍둥이 왕국에 압도되었다. 유다는 고대세계의 주요 통로에서 멀리 떨어진 고원지대에 위치하여 비교적 소외되어 있었던 반면에, 이스라엘은 역사의 중심무대 한복판에 있었다. 지정학적으로 이집트와 메소포타미아

성경읽기 : 이사야 1-11장, 28-32장, 미가 1-3장, 6:1-8. 역사적 배경은 열왕기하 15:32-20:21(역대하26-32장).

와의 통상로가 교차하는 지점에 자리잡고 있었던 북왕국은 팔레스타인에서 필연적으로 주도적인 역할을 하지 않을 수 없었다. 이 나라가 군소국가들 사이에서 지도적인 위치로 인정을 받고 있었을 바로 그때에 일련의 위대한 예언자들이 역사의 무대에 등장한 것은 하나님의 섭리라고 할 수 있다.

사르곤 2세가 이스라엘 왕국을 두고 불렀던 "오므리가의 광활한 영토"[1]가 앗시리아 제국에 삼켜졌을 때, 예언자들의 사역은 유다에서 계속되었다.[2] 여기서도 예언자들의 이야기는 유다가 바벨론 군대의 공격으로 붕괴될 때까지 국가의 정치적 운명에 관한 기사와 뒤얽혀 있다. 그러면 북왕국 이스라엘의 여로보암 2세 치하의 영화로운 시대와 비견될 수 있는 웃시야 또는 아사랴(B.C.E. 783-742년경)의 길고 번영했던 시대부터 살펴보기로 하자.

웃시야 시대

북왕국의 사가 정치적으로 불안정하고 경제적으로 불균형이 심했던 반면에 유다는 상당한 정도의 경제적, 정치적 안정을 누릴 수 있었다. 이스라엘의 왕위 계승은 폭력과 음모에 의해 단절되었던 반면에 유다에서는 전기간을 통하여 단일 왕조, 즉 다윗 왕조가 지켜졌다. 또한 급격한 경제적 변화로 인해 불안정한 피라밋형 사회가 형성되었던 이스라엘과는 달리 유다는 단순한 고대 지파사회의 질서로부터 좀더발달된 도시 경제체제로 꽤 순조롭게 옮아갔다. 그리고 이러한 과정 속에서 유다 국가는 놀라울 정도의 사회적 평등을 보존할 수 있었다. 하지만 사회악은 북왕국만의 전유물이 아니었다. 유다의 예언자들도 탐욕스러운 지주들이 소규모의 자영농민들의 땅을 강탈하고(사 5:8-10; 미 2:1-2), 부자들이 가난한 자들을 등쳐먹고(사 10:1-2; 미 3:1-4), 극악무도한 사회적 불의가 종교적 경건으로 위장되고 있다는(사 1:10-17) 수많은 증거들을 보았다. 그럼에도 불구하고 사회질서는 비교적 안정되어 있었

---

1) 이 표현은 사마리아 정복에 관한 사르곤의 보도에서 사용되고 있다(Pritchard, *Ancient Near Eastern Texts* [1], pp. 284-85를 보라). 앞에서 살펴본 대로 오므리를 존중하여 이스라엘 땅을 그렇게 부른 것은 앗시리아인의 관습이었다. 예후조차도 앗시리아의 기록에는 "오므리의 아들"로 불리고 있다.

2) 에브라임 전승에서 예언에 대해서는 Robert R. Wilson, *Prophecy and Society* [328], 제5장을 보고, 유다 전승에서 예언에 대해서는 같은 책 제6장을 보라.

는데, 이러한 안정 — 다윗의 보좌로 상징되는 — 은 우리가 이사야서를 다룰 때 꼭 기억해 두어야 하는 점이다. 이미 살펴본 바와 같이, 이러한 정치적 안정은 야훼께서 다윗의 위를 공고히 하고 그의 뒤로 그의 후손들을 세우겠다고 다윗과 특별한 언약을 맺었다는 신학적 확신을 통해 밑받침되고 있었다(pp. 283-288를 보라).

유다는 웃시야 시대에 경제적으로나 군사력에서 전성기를 맞이하였다. 역대기하 26장에 나오는 좀더 긴 기사를 통해 보완되고 있는 열왕기하 15:1-7의 간략한 보도는 우리에게 웃시야의 위업에 관한 묘사를 제공해준다: 군대의 현대화, 블레셋 평원의 정복, 이로 인한 주요 교역로의 장악, 아라비아에 이르기까지의 통상의 확대, 엘랏(이전의 에시온게벨)에 무역을 위한 항구도시의 개설, "그가 땅을 사랑했다"는 말을 들을 정도로 행한 농업의 개발.

웃시야 시대에 유다인들에게 유일하게 골치아픈 문제는 주전 750년경 그들이 사랑하는 왕이 무시무시한 문둥병에 걸렸다는 것뿐이었다. 웃시야는 격리되어야 하였고 그의 아들 요담이 섭정을 했다. 웃시야는 유다의 사가가 야훼로부터 버림받은 증거라고 해석하는 이 혐오스러운 문둥병에 걸렸지만 여전히 영광과 명성을 잃지 않았다. 그가 주거의 제한을 받은 후에도 그는 계속해서 통치자로 인정을 받았고, 그의 이름은 유다의 국력과 안정의 상징으로 남아 있었다(사 6:1을 보라). 여로보암 2세가 죽은 후에 이스라엘 왕국이 급속히 쇠퇴하자, 유다는 다윗과 솔로몬의 시대에 버금가는 국력과 영향력을 자랑하는 위치로 올라섰다. 단 한 가지 수평선에 떠오르는 먹구름이 있었는데, 그것은 앗시리아의 제국주의의 위협이었다.

물론 앗시리아의 위협은 새로운 것은 아니었다. 앞에서 살펴보았듯이 주전 13세기부터 국제정치의 중요한 문제는 앗시리아의 발흥과 비옥한 초승달 지대 전체를 정복하려는 앗시리아의 야심이었다. 디글랏빌레셀 3세가 권력을 잡자 이러한 위협은 불길한 현실로 되었다. 일단 앗시리아가 전쟁을 일으키자 디글랏빌레셀의 한 후계자에 의해 나일강 계곡에 진군하기까지 멈추지 않았다(p. 366에 있는 지도를 보라).

정치적 기대로 가득 차 있고 임박한 대재난으로 불길했던 바로 그런 시기에 이사야는 예언자로 부르심을 받았다. 그가 부르심을 받은 것은 주전 742년 — 웃시야 왕이 죽고 디글랏빌레셀이 북부 시리아의 수도인 아르밧에 대한 포위공격을 마친 해 — 이었다. 그 후 이사야는 40년 이상이나 예언사역을 하였고, 그 동안에 세계의 정치 판도는 바뀌었다. 위기가 꼬리를 물고 일어났다. 최초의 주요한 정치적 사건은 주전 735년, 시리아와 북부 이스라엘의 군대가 앗시리아의 침공을 저지할 목적으로 옛날 카르카르 전투에서처럼 동맹을 맺는 데 유다도 이에 가담하도록 압력을 넣기

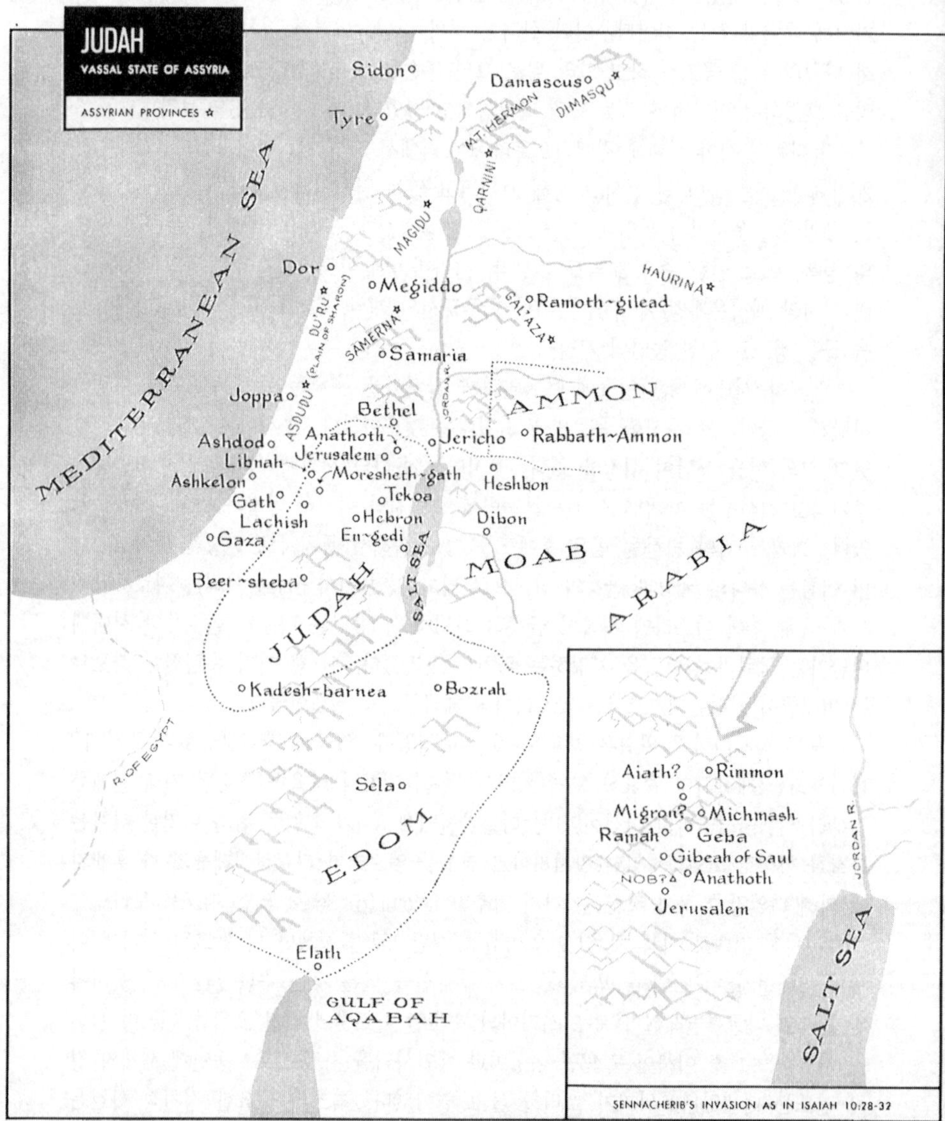
JUDAH
VASSAL STATE OF ASSYRIA
ASSYRIAN PROVINCES ✰
MEDITERRANEAN SEA
Sidon
Damascus
Tyre
MT. HERMON
DIMASQU
QARNINI
MAGIDU
HAURINA
Dor
Megiddo
GAL'AZA
Ramoth-gilead
DU'RU
PLAIN OF SHARON
SAMERNA
Samaria
Joppa
ASDUDU
Bethel
AMMON
JORDAN R
Ashdod
Anathoth
Jericho
Rabbath-Ammon
Libnah
Jerusalem
Ashkelon
Moresheth-gath
Heshbon
Gath
Tekoa
Lachish
Hebron
Dibon
Gaza
En-gedi
SALT SEA
MOAB
ARABIA
Beer-sheba
JUDAH
R. OF EGYPT
Kadesh-barnea
Bozrah
Sela
EDOM
Elath
GULF OF
AQABAH
Aiath?
Rimmon
Migron?
Michmash
Ramah
Geba
Gibeah of Saul
NOB?
Anathoth
Jerusalem
JORDAN R
SALT SEA
SENNACHERIB'S INVASION AS IN ISAIAH 10:28-32

위하여 유다 땅을 침공하였던 해에 일어났다. 그러나 이것은 헛수고였다. 왜냐하면 디글랏빌레셀이 주전 733-732년에 시리아를 정복하고 길르앗, 갈릴리, 샤론 평원을 휩쓸었기 때문이다.

이사야의 생애에서 두번째로 큰 사건은 디글랏빌레셀의 후계자인 살만에셀 5세가 이스라엘의 반기에 격노하여 다시 팔레스타인을 침공하여 북왕국의 수도인 사마리아를 포위한 사건이었다(B.C.E. 722-721년). 그의 뒤를 이은 앗시리아 왕 사르곤 2세 시대에 앗시리아군은 팔레스타인의 해안도로를 따라 진격하여 블레셋의 성읍 아스돗에 거점을 두고 있었던 반(反)앗시리아 저항세력을 진압하였다(B.C.E. 712년). 마지막으로 이사야의 예언사역이 끝날 무렵 이사야는 유다가 어리석게도 앗시리아에 저항하는 음모에 가담하는 것을 보았고 주전 701년 산헤립의 침공으로 인한 무시무시한 시기를 살았다.

이 모든 위기들을 겪는 동안에 내내 예언자는 반(反)앗시리아 동맹은 이스라엘 왕국이 이미 겪었던 쓰라린 체험이 보여주듯이 "죽음과의 언약"이라고 주장하였다. 그렇지만 이사야는 단순히 정치 분석가가 아니었다. 열방들이 각축전을 벌이는 역사의 무대에서 이사야는 이스라엘과 열방의 주권자인 야훼의 활동하심을 분별하였다. 예언자로서의 그의 임무는 팽팽한 긴장 속에 진행되었던 당시의 정치적 사건들을 통하여 야훼께서 무엇을 말씀하시고 행하시고 계시는가를 해석하는 것이었다.

이사야서

이사야의 메시지를 다루기 전에 우리는 먼저 이사야서 자체를 살펴보아야 한다. 이사야서는 현재 66장으로 되어 있다. 그러나 이 자료가 모두 주전 8세기의 예언자로부터 나온 것이 아니라는 것은 대체로 의견의 일치를 보고 있다. 이 방대한 책의 핵심적인 부분은 이사야로부터 나왔지만, 상당량의 자료는 예언자의 제자들이나 해석자들로부터 나왔다. 다시 한번 우리는 성서 시대에는 우리가 말하는 '저작권'이라는 개념이 통용되지 않았다는 사실을 기억하여야 한다. 대량으로 책을 보급하기 위한 '출판'이 불가능했고 판권이라는 말이 없었던 시절에는 예언의 내용을 보존하는 유일한 길은 스승의 말씀들을 충실히 기억하고 후손을 위하여 전승을 기록한 제자들의 무리 가운데 그 예언의 말씀을 보존하는 것이었다.

이사야는 자신의 메시지가 어떻게 전해지게 되었는지를 우리에게 묘사해주고 있다. 이사야가 예언사역을 하던 초기에는 유다에 대한 그의 메시지는 귀먹은 자들을 상대로 말한 것이나 다름없었다. 그래서 그는 "증거의 말씀을 싸매며", "율법을 나의 제자 중에 봉함하기" 위하여(사 8:16-18; 참조. 30:8) 공생애에서 물러났다. 현재는 야훼께서 "야곱 집에 대하여 낯을 가리우시는"(사 8:17) "하나님이 숨은" 때이므로 — 그의 표현을 빌면 — 이사야는 야훼께서 영광 중에 오셔서 권능으로 말씀하실 날을 기다릴 것이었다. 그래서 이사야는 충실한 예언자 공동체에게 자신의 신탁들을 보존하도록 맡겼다. 거기에서 이사야의 신탁들은 소중히 보존되었고 이사야의 나중의 가르침에 비추어 개정되었으며 이사야가 죽고난 뒤에도 그의 제자들에 의해 전해졌다. 이렇게 하여 전승은 언제나 살아있게 되었다. 이사야서는 이사야가 직접한 말씀뿐만 아니라 제자들이 스승의 가르침에 부합한다고 믿었던 그밖의 자료들도 포함하고 있다. 우리는 이런 과정이 모세의 가르침들에서도 일어났음을 이미 본 바 있다. 최종적으로 오경(五經)으로 편찬된 모세 전승은 모세 시대의 원래의 전승들만이 아니라 위대한 모세의 이름으로 결집된 후대의 전승들도 포함하였다.

히브리 성경에는 예언자들의 저작들이 네 개의 주요한 두루마리, 즉 이사야서, 예레미야서, 에스겔서, 12예언서에 담겨 있다. 이 두루마리들은 '전기 예언서'와 구분되는 '후기 예언서'를 이룬다(p. 155에 나오는 표를 보라). 이 네 개의 두루마리의 길이는 거의 같다. 한 두루마리의 크기는 그 안에 담을 내용의 양을 결정한 한 요인이었다. 예를 들면 12예언서는 열두 개의 작은 예언서 — 호세아, 요엘, 아모스, 오바댜, 요나, 미가, 나훔, 하박국, 스바냐, 학개, 스가랴, 말라기 — 를 담고 있다. 이 예언서들은 연대순이나 상대적인 중요성에 따라 배열되어 있는 것이 아니라 단지 이러한 예언자들의 이름과 관련된 저작을 하나의 두루마리로 묶은 것뿐이다. 12예언서와 마찬가지로 이사야, 예레미야, 에스겔의 두루마리들도 단일한 예언자의 이름으로 결집되기는 했지만 실제로는 예언집(prophetic collections)의 성격을 띠고 있다.

성서비평의 주요한 과제 가운데 하나는 최종 형태로 우리에게 주어진 "예언서들"을 이해하는 것이다. 그러나 보통 최종적인 판본은, 세대에서 세대로 전해지면서 원래의 자료의 핵심 부분을 해석하고 시대에 맞게 개작하는 등 역동적인 전승사의 최종적인 결과물이다. 이사야 두루마리와 같은 특정한 "예언서"에 관한 우리의 이해는, 최종적인 판본은 여러 전승층을 담고 있으며 이 각각의 전승층들 — 합창에서의 여러 성부(聲部)처럼 — 은 완결된 결과물에 기여하고 있다는 것을 알게 됨으로써

풍부하게 되었다.[3]

이사야서에서의 내용의 단절

이사야 두루마리에 포함되어 있는 자료의 종류들을 검토해 보자. 먼저 40-66장은 주전 8세기에 예루살렘에서 예언사역을 하였던 이사야의 것이 아니라는 사실은 일반적으로 인정되고 있다. 앞으로 제14장에서 살펴보겠지만, 이 장(章)들은 이사야 시대보다 2세기 뒤에 있었던 역사적 정황을 반영하고 있다: 유다는 망하였고 백성들은 포로가 되어 있고 바벨론 — 당시의 초강대국 — 은 페르시아(바사) 제국의 등장으로 멸망하기 직전의 시기.

이 자료 또는 이 자료의 대부분은 '제2이사야'의 저작으로 돌리는 것이 보통이다. 학자들이 이런 식으로 이름을 붙였다고 해서 그 저자의 이름이 실제로 이사야였던 것은 아니다. 단지 이 익명의 예언 저작이 '제1이사야', 즉 예루살렘의 이사야의 저작과 함께 같은 두루마리에 포함되어 있다는 것만을 의미할 뿐이다.

그러므로 이사야의 진정한 저작은 이사야서의 처음 1장에서 39장까지이다. 그러나 이 장들에도 다양한 자료들이 들어 있다. 36-39장은 이사야의 후기 사역중에 일어난 사건들을 말하고 있는 열왕기하 18:13-20:19의 내용을 약간 수정하여 옮겨다 놓은 것이다. 멸망에 대한 선포와 소망에 대한 선포가 들어 있는 34-35장은 이사야서 전반부의 자료라기보다는 제2이사야의 시(詩)일 가능성이 더 크다. 학자들은 종말을 다루고 있는 이 두 장(章)이 주전 8세기의 이사야로부터 나오지 않았다는 것에 대체로 의견을 같이 하고 있다. 좀더 거슬러 올라가서 24-27장(흔히 '소묵시록'이라고 불린다)은 이사야 전승에서의 후기 단계를 반영하고 있는 듯하다. 이렇게 이사야의 저작이 아닌 것을 제거하고 나면 이사야서에서 예루살렘의 이사야의 예언을 담고 있는 것은 다음 세 단원이다:

---

3) 과거의 성서비평을 뛰어넘어 이사야서를 통일된 하나의 정경으로 고찰하여야 한다는 주장이 Brevard Childs, *Introduction* 〔37〕, pp. 325-38에 의해 제기되었다. 좀더 자세한 것은 R. E. Clements, "The Unity of the Book of Isaiah", *Interpretation*, 36 (1982), 117-129; "Beyond Tradition History: Deutero-Isaianic Development of First Isaiah's Themes", *Journal for the Study of the Old Testament*, 31 (1985), 95-113; Walter Brueggemann, "Unity and Dynamic in the Isaiah Tradition", *Journal for the Study of the Old Testament*, 29 (1984), 89-107을 보라. '정경비평'에 대해서는 본서 제18장을 보라.

A. 1—11장 : 일련의 예언자의 신탁과 예언들. 편집자가 이 단원을 마무리짓기 위하여 찬양시인 12장을 추가하였다.
B. 13—23장 : 일련의 이방 나라들에 대한 신탁. 그러나 많은 학자들은 이 자료의 일부만이 이사야로부터 나왔다고 믿는다.
C. 28—32장 : 일련의 예언적 신탁. 이 단원을 끝맺고 있는 33장은 후대의 예언 예전문이다.

따라서 이사야서 연구는 이사야서를 처음 펼칠 때 느낀 것처럼 그리 방대한 작업은 아니다! 우리가 다루어야 할 부분은 기껏해야 스물아홉 장(章)이며, 우리의 목적과 상관없는 이방 나라들에 관한 부분(B)을 잠시 제쳐두면 단지 열여덟 장밖에 남지 않는다.

이와 같이 우리의 관심을 이 두 단원 — 1-11장(A)과 28-32장(C) — 에 국한시킨다면, 이사야의 긴 예언사역에 관한 우리의 연구는 매우 단순해진다. 왜냐하면 이 두 단원은 각각 예언자의 예언사역에서 꽤 잘 밝혀져 있는 시기에 나온 것이기 때문이다. 대체로 1-11장은 이사야의 예언사역의 초기, 즉 웃시야의 죽음으로부터 시리아-이스라엘의 동맹 시기까지의 약 10 년(B.C.E. 742-732년경) 동안의 사건을 반영하고 있다. 그리고 28-32장은 예언자의 예언사역의 후기, 즉 유다 왕 히스기야의 즉위로부터 산헤립의 유다 침공에 의해 빚어진 중대한 위기까지의 약 14 년(B.C.E. 715-701년경) 동안의 사건을 반영하고 있다. 이 두 주요 단원은 이사야 연구를 위한 편리한 접근방식을 제공해준다. 그러면 이사야 6:1-8:18에 나오는 예언자의 회고에서 시작하여 우리의 개요 중 단원 A를 먼저 살펴보고 그 다음에 이사야의 초기 사역중에 나온 신탁들로 넘어가기로 하자.

이사야의 초기 사역

이사야의 출신배경에 관해서는 그리 많이 알려져 있지 않다. 그는 도시인들이 쓰던 수많은 은유를 사용한 것으로 보아 도시 사람이었음에 틀림없고 또한 예루살렘의 특권층에서 성장하였을 것이다. 무엇보다도 그는 예루살렘 도성에 깊은 애정을 지니고 있었다. 예루살렘은 야훼의 성전이 있는 곳이었고 다윗의 왕실이 있는 곳이며 많은 거룩한 기억들로 신성시되던 도성이었기 때문이다. 아모스와 호세아와 같은 예언자들의 메시지에서 그토록 크게 부각되었던 이스라엘의 광야 전승은 이상할 정도로 이사야의 예언에는 커다란 영향을 미치지 못했던 것으로 보인다. 이사야는 출애굽을 비롯하여 그밖의 이스라엘의 성스러운 역사의 위대한 주제들에 관한 전승들을 알고 있었겠지만[4] 이것들에 대하여 거의 침묵을 지키고 있다. 이사야는 야훼와 다윗 왕조 사이의 특별한 관계를 강조한 계층에서 성장했던 것으로 보인다(삼하 7장을 보라). 이사야가 다윗의 신학에 몰두한 것에 비추어 볼 때, 그가 장래에 올 다윗 계열의 메시야(직역하면 '기름부음을 받은 자')에 대한 소망의 주요한 주창자로 여겨지는 것은 놀라운 일이 아니다(p. 287를 보라).

야훼의 왕되심

이사야가 예언자로 부르심을 받은 것에 관한 기사는 예언문학에서 고전적인 구절 가운데 하나이다(사 6장). 시적 장엄미를 갖춘 몇 절로 된 이 산문 속에서 우리는 그가 하나님의 말씀을 전하게 된 동기와 의도를 제공해준 예배 체험을 엿보게 된다. 물론 현재 형태의 이 구절은 회고적으로 기록된 것이다. 이 구절은 이사야가 아주 젊었던 시절로 거슬러 올라가고 있지만 그의 후기의 체험들, 특히 백성들의 무관심과 맹목성에 대한 그의 당혹스러움이 기조가 되고 있다. 이것이 그의 예언자로서의 부르심이 그렇게 침울하고 암울한 용어로 기술된 이유 중의 하나이다(사 6:9-13; 29:9-12을 보라. 그의 후기 사역에서 나온 신탁). 그러나 전체적으로 이 구절은 이사야의 생애 가운데서 중대한 결단의 순간, 곧 그의 메시지의 중심에 지속적으로 존재하였던 체험을 생생하게 묘사하고 있다.

이사야가 산 시기와 장소를 주목하라. 당시는 절박하고도 불길한 기운이 감도는 중대한 시기였다. 그것은 웃시야의 죽음과 관련이 있었다. 웃시야는 강력한 왕이었고, 그의 아들 요담이 섭정으로 통치하고 있던 동안에도 웃시야는 여전히 백성들에게 국력의 상징으로 남아 있었다. 우리에게는 왕권(王權)이라는 개념은 다소 생소하기 때문에 고대 사회에서 왕이 차지한 비중을 올바로 이해하기가 어렵다. 고대 이스라엘인의 삶에 관한 저명한 권위자는 "아버지가 가정의 중심인 것과 마찬가지로 왕

---

4) 출애굽은 이사야 10:24-25과 11:16에 분명하게 언급되어 있다 — 몇몇 학자들은 이 구절들이 후대의 이사야 전승에서 나온 것으로 본다. 이사야의 메시지와 모세의 언약 전승과의 유사점들에 대해서는 Walther Eichrodt, "Prophet and Covenant: Observations on the Exegesis of Isaiah", *Proclamation and Presence* 〔158〕, 167-188를 보라. Jon D. Levenson은 '시내산' 전승과 '시온' 전승은 그 기원은 각기 다르지만 실제로는 서로를 보완하는 것이라고 주장하고 있다 〔140〕, pp. 187-219.

5) Johannes Pedersen, *Israel* 〔117〕, I-II, 275.

은 백성들의 영혼의 중심을 차지하고 있었다"고 쓰고 있다. [5] 생명을 전달하는 수액 (樹液)이 한 나무의 가지들을 타고 흐르듯이 축복과 힘은 왕으로부터 나와 온 나라를 타고 흘렀다. 그런 까닭에 웃시야의 죽음은 백성들의 삶에 영향을 미치는 사건이었고, 특히 그의 아들 요담이 무력하였고 앗시리아의 위협이 그림자를 드리우고 있는 상황에서는 더욱 그러했다. 바로 이러한 때에 이사야 예언자는 "내가 왕(the King)을 보았다"고 말하고 있다. 그의 증언은 자기 백성은 궁극적으로 예루살렘의 보좌에 앉아 있는 다윗 왕조의 왕이 아니라 만군(즉 하늘 군대; 참조. 삿 5:20)의 야훼, 우주적인 왕에게 달려있다는 것을 함축하고 있다.

이사야가 이상(異像)을 본 곳은 솔로몬 성전이었다. 예언자가 많은 세월 동안 친숙하게 접해왔던 제사장들의 예배 장소에서, [6] 그는 야훼께서 드높은 하늘 보좌에 앉아 있고 오늘날도 널리 불리는 "거룩하시다, 거룩하시다, 거룩하시다"라는 노래소리가 그 궁정에서 울려퍼지는 이상(異像)을 보았다. 야훼께서 이 땅과 온 우주에 왕으로 군림한다는 이러한 주제는 특히 예루살렘 제의에서 친숙하였다. 신년(新年)을 기념하는 가을 축제 때 "야훼는 왕이시다!"라는 환호가 울려퍼졌는데, 이때 예배자들은 야훼께서 위엄있게 의관을 차려입고 '지극히 거룩한 곳'(the beauty of holiness)에 올라 백성들의 운명을 판단하고 중재하는 자로서 모든 피조물 위에 등극하는 모습을 찬양으로 노래하였다. [7]

하늘 회의에 참석한 예언자

이러한 무대 속에서 성전 제의의 모든 요소들 — 교송(交頌), 제단과 뜨거운 돌, 성소를 가득 채운 향연(香煙), 신비로운 지성소 — 은 모습이 변화된다. 성전 자체도 천상의 영광으로 뒤덮였다. 이사야의 이상(異像)은 예루살렘 성전이 대우주의 축소판인 소우주라는 고대의 견해, 즉 하늘 성전을 지상에 복제해 놓은 것이라는 견

---

6) 이사야 자신이 제사장이었거나 성전 선지자였었다는 설이 있기도 했다(R. B. Y. Scott, *Interpreter's Bible*, V, 207-208를 보라). 일반 예배자들은 성전 안에 들어가지 못하고 바깥 제단 앞에 서 있었기 때문에 이러한 설이 가능하다. 그러나 이사야는 다른 위대한 선지자들 — 사무엘 (실로의), 예레미야, 에스겔 — 과 마찬가지로 제사장 전승의 영향을 받았다고 말하는 것으로 충분할 것이다.

7) 이른바 즉위 시편(시 47; 93; 96-99편)은 본서 제16장에서 다루게 될 것이다. 시온 신학에 관한 뛰어난 논의는 Bennie Ollenburger, *Zion, The City of the Great King* [352]에 나와 있다.

해를 전제하고 있다. 이러한 견해는 백성들로 하여금 야훼가 참으로 시온산에 임재해 계심과 아울러 높은 곳의 보좌에 앉아계신 초월적인 하나님이시라는 것을 믿을 수 있게 하였다.[8]

예언자의 이상(異像) 속에서 지상의 성전은 갑자기 커져서 그는 광대한 하늘 성전에 자기가 서있음을 알게 된다. 그는 야훼께서 엄위로운 옷을 입고 큰 보좌 위에 앉아 있는 모습을 보는데, 야훼의 옷자락은 성전을 가득 채우고 있다. 거룩하다를 세 번 반복하는 송영(頌榮)이 성전에 울려퍼지고, 눈으로 볼 수 있는 왕의 광채("영광")가 온 땅에 가득하다. 야훼는 이스라엘의 왕일 뿐만 아니라 무엇보다도 모든 백성들의 운명을 좌우하는 주권을 지니고 있는 왕이다. 적절한 시적인 절제를 가지고 이사야는 야훼의 모습을 묘사하려는 시도를 하지 않는다. 그러나 상징들을 통하여 하나님의 주권의 압도적이고 두려운 힘을 전하고 있다. 보좌 주위에는 천상의 스랍(seraphim)이 이상한 모습〔半人半獸〕을 하고 있는데, 고대인들은 그들을 하나님의 성소의 시종들로 묘사하였다. 이 스랍의 세 쌍의 날개는 상징적으로 야훼의 임재에 대한 적절한 응답을 표현하고 있다: 그들은 한 쌍의 날개로는 눈을 멀게 하는 왕의 영광으로부터 그들의 얼굴을 가리고, 두번째 쌍의 날개로는 하나님의 거룩한 순결로부터 그들의 벌거벗음을 가리며, 세번째 쌍의 날개로는 날아가서 그들이 지시받은 임무를 행한다.

따라서 이 이야기는 예언자가 솔로몬 성전의 전정(前庭)으로 들어가서 하늘 군대가 왕을 호위하고 있는 야훼의 하늘 보좌 앞에 서 있다는 것을 시사해주고 있다. 구약에 되풀이하여 등장하는 주제들 가운데 하나는 야훼께서 주재하는 하늘회의에 관한 묘사이다. 예를 들면 미가야가 본 이상(異像)에도 "내가 보니 야훼께서 그 보좌에 앉으셨고 하늘의 만군이 그 좌우편에 모시고 서 있는데"(왕상 22:19; pp. 325-329를 보라)라는 말이 나온다.[9] 야훼의 말씀에는 복수형 "우리"(사 6:8)가 사용되고 있다. 왜냐하면 야훼께서는 "하늘의 만군"을 거느리고 회의를 주재하며 그들과 말하고 있기 때문이다. 그런데 이사야도 하나님의 영(슓)이 선포되고 이를 집행하기

---

8) R. E. Clements, *God and Temple* 〔437〕, 제5장을 보라.

9) 욥기의 서문과 여호와를 "모든 신 위에 크신 왕"으로 찬미하도록 천군천사들을 호출하는 여러 시편들 (82:5-7; 95:3; 103:19-22; 148:2)을 보라. 하늘 회의에 대한 좋은 논의로는 G. E. Wright, *The Old Testament Against Its Environment* 〔289〕, pp. 30-41를 보라. 또한 H. Wheeler Robinson, "The Council of Yahweh," *Journal of Theological Studies*, XLV (1944), 151-57를 보라.

위해 사자(使者)들이 파견되는 야훼의 하늘회의에 이끌려 와 있다.[10] 이상(異像) 속에서 이사야는 유한한 존재인 인간으로서 볼 수 없는 장면을 보는 것이 허용되었다(출 33:20을 보라). 왜냐하면 자기 눈으로 직접 하늘의 왕을 보았다고 외치고 있기 때문이다.

왕의 사자(使者)로 부르심을 받음

예언자의 첫번째 반응 — 왕의 임재 앞에서 스랍의 태도를 통해 이미 상징되어 있듯이 — 은 자기는 "부정한" 사람이고 "부정한" 백성의 일원이라고 부르짖는 것이었다(5절). 이러한 반응은 야훼의 거룩함에 압도되어 일어난 것인데, 이는 세상에서의 하나님의 임재에 대한 이스라엘의 체험의 근본적인 측면을 이루고 있는 것으로서, 시내산 계시에 관한 이야기 속에 고전적으로 묘사되어 있다(출 19장). 야훼의 거룩하심은 무엇보다도 야훼는 "사람이 아니요 하나님임이라"(호 11:9)는 것을 뜻한다 — 하나님은 인간 세계를 완전히 초월해 계시므로 모든 인간적인 유비(類比)들이나 범주들을 뛰어넘는다. 야훼는 인간 세계에서 활동하시지만 인간 세계에 갇혀 있거나 인간의 목적들에 따라 제어될 수 없다(출애굽기 32장의 금송아지 이야기를 기억하라). 야훼는 절대적으로 하나님이신 분으로서 모든 존재는 그분의 심판대 앞에 서며 존재하는 모든 것이 그분에게 달려있다.

더욱이 이사야의 메시지에서 이 거룩함은 인간의 피조물됨과 대비되는 하나님의 숭고함을 가리킬 뿐만 아니라 인간의 죄악됨과 하나님의 순결함 사이의 무시무시한 대비(對比)를 의미하기도 한다. 야훼는 "이스라엘의 거룩하신 분" — 이사야 예언자가 좋아하는 표현 — 으로서 정의 속에서 높임을 받으신다(사 5:16). 따라서 야훼의 임재 앞에서는 부정한 것과 불의한 것과 우상숭배하는 것은 그 어떤 것도 살아남을 수가 없다. 따라서 이사야는 스랍의 송영에 성전의 현관이 흔들리는 순간 자기는 병든 공동체의 일원이라고 고백하고(사 1:4-9를 보라), 자신을 자기 백성과 결부시켜 버림받은 것에 대하여 울부짖는다: "화로다 나여 망하게 되었도다".

이사야의 이상(異像) 속에서 하늘의 "제사장들" 가운데 하나(스랍)가 제단에서

---

10) 예언자는 스스로를 백성들에게 하나님의 말씀을 전하기 위해 보내심을 받은 하나님의 사자(使者)로 이해하고 있다(pp. 303-305를 보라). 몇몇 구절들에 의하면 예언자의 권위의 원천은 여호와의 하늘 회의에 있다고 한다(렘 23:18, 22). 이 점에 대해서는 James F. Ross, "The Prophet as Yahweh's Messenger"〔324 아래에서 인용된〕, 102-6를 보라.

뜨거운 돌을 집어다가 그의 부정한 입술을 깨끗이 한다:

> 보라 이것이 네 입에 닿았으니
> 네 악이 제하여졌고
> 네 죄가 사하여졌느니라
> — 이사야 6:7.

여기서 새로운 특징이 예언에 도입되고 있다: 예언자는 하나님의 사자가 되기 전에 먼저 정화되어야 한다. 아모스는 야훼께 이 백성을 용서해 달라고 기도했지만(암 7:1-6), 이사야는 용서받은 자로서 자신의 예언 사역을 시작한다. 이사야가 '거룩하게 구별되자' 마자 — 즉 하나님을 섬기기 위해 거룩하게 되거나 깨끗케 되자마자 — 야훼는 하늘회의 전체를 향하여 "내가 누구를 보내며 누가 우리를 위하여 갈꼬"라고 말한다. 이때 이사야가 언제까지 예언을 해야 하느냐고 물으면서 그 사명을 자임하고 나서자, 야훼는 그가 마음[11]이 살찌고(무디고) 귀가 무거우며(둔하며) 눈이 먼 백성들에게 야훼의 말씀을 선포해야 할 것이라고 대답한다(9-10절).

이것은 매우 당혹스러운 명령이다. 앞에서 말했듯이 자신의 부르심받은 것에 대한 이사야의 기억은 그의 후기의 실패의 체험들로 얼룩져 있는 듯하다. 그리고 이 말에는 후기에 느낀 실망감 이상의 것이 표현되어 있다. 이사야도 다른 예언자들과 마찬가지로 모든 사건은 하나님 손에서 이루어진다고 믿었다. 우리는 이사야의 사역의 전개과정을 인간적인 차원에서 일어난 것으로 보고 사회적 상황에서 그 원인과 결과를 찾을 수 있을 것이라고 생각하겠지만, 이사야 예언자는 자신의 이러한 체험들은 하나님의 목적에 따라 일어난 것이라고 주장하였다. 하나님은 말 그대로 기습을 당하지 않았다. 예언자의 말이 '패역한' 백성에게 미치게 될 효과는 미리 알려져 있었다(사 1:2-3을 보라).

너무 밝은 빛은 눈을 멀게 하고 너무 큰 소리는 귀를 멀게 할 수 있듯이, 예언자의 말과 표적들은 백성들로 하여금 더욱 더 야훼의 행사(行事)들에 대하여 눈멀게 하고 야훼의 말씀에 귀멀게 할 것이다. 물론 엄격하게 말해서 이것은 예언자가 활동한 의도가 아니었다. 그렇지만 만약 멸망을 예고하는 준엄한 구절(11-13절)에 대한 우리의 해석이 올바르다면, 어둠 속에 한 줄기 빛이 비추이고 있다고 할 수 있다.

---

11) "마음"은 단순히 감정이나 정서가 아니라 사람의 내적인 중심을 가리킨다. 히브리인들은 사람은 마음으로 생각하고 마음으로 사랑한다고 보았다.

왜냐하면 하나님의 심판의 불이 온 땅을 휩쓴다고 해도 "그루터기"가 남게 된다고 말하고 있기 때문이다. 불타버린 삼림 속의 그루터기에서 새순이 돋아나듯이, 백성의 남은 자 가운데서 새로운 생명이 시작될 것이다.

야훼의 날

7장과 8장에 나오는 예언자의 회고로 넘어가기 전에 대부분 이사야의 초기사역을 반영하고 있는 6장과 그 앞의 장들을 거슬러 올라가 살펴보는 것이 좋을 것이다.[12] 이 장(章)들에는 이사야의 이상(異像)에 나오는 주제들이 정교화되어 있다. 다양한 방식과 다양한 상황들 속에서 예언자는, 야훼는 역사의 온갖 소동과 열방들의 심한 각축을 뛰어넘어 높이 들리운 채 왕으로 군림하고 계시다는 것을 재천명하고 있다. 아모스에게서와 마찬가지로 야훼의 날은 빛이 아니라 어둠 — 인간의 오만과 자만의 모든 상징들, 즉 금과 은, 군마와 병거, 요새화된 도시, 먼 지방까지 항해하는 화려한 상선들에 대한 심판의 날(2:6-21) — 이 될 것이다. 이러한 문명의 보화들은 그 자체로 나쁜 것은 아니다. 그러나 그러한 것들이 레바논의 교만한 백향나무처럼 '떠받들어질' 때 백성들은 그러한 것들을 의지하기 시작하게 되고 그것들은 우상숭배의 대상이 된다 — 왜냐하면 우상숭배란 하나님 아닌 다른 것을 의지하는 것이기 때문이다. 예언자는 백성들이 섬기던 우상들을 두더지와 박쥐에게 던져버릴 날이 올 것이라고 말한다. 이러한 멸망의 신탁들은 다음과 같은 후렴을 통해 더욱 강조되고 있다:

> 자고한 자는 굴복되며
> 교만한 자는 낮아지고
> 야훼께서 홀로 높임을 받으실 것이요
> — 이사야 2:17.

---

12) 1장 전체가 이 시기에 나온 것은 아니다. 7-9절은 산헤립의 포위 공격 동안에 예루살렘이 고립된 상황을 가리키고 있기 때문이다. 실제로 몇몇 학자들은 1장 전체가 이사야 1-66장의 이사야 전승 전체에서 선포되고 있는 주제들을 도입하기 위한 목적으로 후대에 편집된 서문이라고 주장한다; Brevard Childs, *Introduction* (37), p. 331를 보라(이 견해는 G. Fohrer의 견해에 의거하고 있다).

이와 같이 야훼께서 이 백성을 심판하러 오리라는 것이 이사야의 유명한 포도밭 노래(사 5:1-7)의 주제이다. 예언자는 가을의 포도수확 축제에서 불려진 민요처럼 포도밭 노래를 부르는 것으로 시작한다. 이사야는 추수를 축하하러 성전으로 몰려든 사람들의 시선을 끌기 위해 노래부르는 자로 나섰을 가능성이 있다. 그는 자신의 실망에 대하여 말한다. 그는 좋은 수확을 거두기 위해 온갖 정성을 다 쏟았으나 결국에는 들포도밖에 거두지 못했다. 그는 무엇이 잘못되었으며 자기가 무엇을 더 할 수 있었겠는지를 청중들에게 묻는다. 그런 뒤에 그는 앞으로 자기가 무엇을 할 것인지를 알린다: 포도나무를 짓밟아버리고 포도밭을 가시덤불 밭으로 만들어버리겠다는 것이다. 갑자기 예상밖의 노래 가사가 백성들의 마음 속에 박힌다. 왜냐하면 말하는 사람은 야훼이고 이 노래는 야훼의 택하신 백성, "만군의 야훼의 포도원"(5:7)에 관한 것임이 밝혀졌기 때문이다. 예언자는 언어 유희를 통해 하나님의 진노와 실망을 알린다:

> 공평〔mishpat〕을 바라셨더니
> 도리어 포학〔mispah〕이요 …
> 의로움〔zedaqah〕을 바라셨더니
> 도리어 부르짖음〔ze 'aqah〕이었도다.

영어로는 히브리어의 유운(類韻)의 취지를 재현하는 것은 불가능하다. 그러나 공평과 포학, 의로움과 부르짖음이라는 단어 쌍은 우리에게 대략적인 개념을 제공해 준다. 이어지는 신탁들(5:8-24)은 가장 악명높은 불의와 착취의 죄악을 행한 백성들의 재앙을 더욱 상세하게 그리고 있다.

그러므로 이사야의 가장 초기의 메시지는 6장에서 그에게 주어진 사명에 걸맞게 멸망의 메시지였다. 야훼는 이스라엘 백성에 대하여 언약에 관한 소송을 제기했음을 알리고 그들을 재판관 앞에 소환하여 심문을 받게 하고 있다(사 1:18-20; 3:13-15).[13] 예언자는 야훼의 거룩한 임재 앞에서 백성을 심문하여 그들이 "부정하다" — 실제로 그들은 병들어 있다는 것(1:4-6) — 고 말해야 했다. 그렇지만 야훼의 목적은 단지 파괴적인 것이 아니라 이스라엘 백성을 건강하게 회복시켜 왕을 섬기기에 적합한 거룩한 백성으로 만들려는 것이었다. 이사야가 용서를 받고 깨끗케

---

13) 언약 소송(rib)의 구조를 다루고 있는 pp. 411-412를 보라.

되었듯이 야훼는 백성을 불로써 깨끗케 하려고 하고 있다 — 예언자의 해석에 의하면. 야훼는 당시의 혹독한 시련을 통해 찌꺼기와 불순물을 제거함으로써 예루살렘을 새 예루살렘, 곧 의의 성읍으로 만들고자 했던 것이다(1:24-26).

시리아-이스라엘 동맹

이제 7장과 8장에 나오는 예언자의 회고로 되돌아가볼 차례이다.[14] 이사야가 부르심을 받은 지 몇 년 후 이사야 8:3에 "여선지"로 지칭되고 있는 그의 아내가 아들을 낳았는데 그 이름을 스알야숩이라 했다(7:3). 호세아가 자기 자녀들에게 상징적인 이름을 지어 주었듯이, 이사야의 아들도 예언자의 메시지를 가시적으로 확인하는 야훼로부터의 살아있는 표적이었다. 이 이름을 직역하면 "남은 자가 돌아올 것이다"(즉, 6:10에서처럼 "하나님께 돌아오다", "회개하다")라는 뜻이다. 어떤 의미로 이 구절은 부정적인 의미를 띠고 있지만(10:22-23에서처럼 "'오직' 남은 자만이 돌아올 것이다"), 또다른 의미로는 6장의 결론 부분에서 멸망과 소망의 메시지가 뒤섞여 있는 것과 마찬가지로 하나의 약속("남은 자가 돌아오게 '될 것이다'")을 내포하고 있다고 할 수 있다.

이 표적의 이름을 가진 아들은 7장에 나오는 예언자의 회고 장면에서 뚜렷이 부각되어 있다. 7장과 8장의 자료는 주전 733-732년에 일어난 시리아-이스라엘의 위기를 다루고 있는데, 이에 대해서는 호세아와 관련하여 이미 살펴본 바 있다(pp. 381-382를 보라). 웃시야의 섭정으로 통치하다가 왕이 된 요담의 뒤를 이어 아하스(B.C.E. 735-715년경)가 유다의 왕이 되었다. 이 젊은 왕은 자기가 물려받은 국제적인 분쟁들에 대처할 만한 능력이 없었다. 당시 서부의 군소국가들 사이에는 앗시리아의 진격을 저지하려는 음모가 진행중에 있었다. 서부의 군소국가들은 자기들의 힘을 모으면 1세기 전 카르카르에서 일시적으로나마 앗시리아군을 퇴각시켰을 때와 같이 동맹군의 위업을 재현할 수 있을 것으로 생각했던 것이 분명하다. 이러한 국제

---

14) 이러한 회고들은 이른바 '증거의 책'에서 찾아볼 수 있는데, 이 책은 거기에 언급되어 있는 사건들(사 8:16을 보라)이 일어난 후 이사야와 그의 제자들이 편집했을 것이다. 이 증거의 책에는 이사야의 부르심에 관한 기사(6장), 이사야의 아하스에 대한 권고(7장), 이사야의 권고를 듣지 않음으로 인한 결과(8장), 유다에 대한 약속의 신탁(9:1-7)이 포함되어 있다. 이 '증거의 책'(6:1-9:7)이 2-11장 사이의 한복판에 삽입됨으로써 자료의 연속성이 파괴되었다. 따라서 5:25에 나오는 후렴구는 9:12, 17, 21과 10:4에서 이어지고 있다. 그리고 일곱 번 나오는 '화 있을진저'라는 말도 5:8에서 시작하여 10:1-19에서 재개된다. Otto Kaiser, *Isaiah* 1-12 (350), pp. 64-65를 보라.

적인 모의로 인해 한때 적이었던 나라들 — 이스라엘(북왕국)과 시리아 — 은 아주 짧은 기간이나마 정치적인 동료가 되었다. 처음에 서부의 국가들은 앗시리아 왕 디글랏빌레셀 3세를 승인하였다. 그래서 738년에 이스라엘 왕 므나헴은 다메섹의 르신과 함께 앗시리아의 정복자에게 공물을 바쳤다(왕하 15:19-20). 이와 같이 앗시리아에 항복하였기 때문에 므나헴과 그의 아들 브가히야는 왕위를 지킬 수 있었지만, 앗시리아에 바칠 공물 때문에 부자들에게 무거운 세금을 부과함으로써 원성을 샀다. 혁명의 때가 무르익었다. 주전 737년에 군관이었던 르말랴의 아들 베가가 브가히야를 살해하고 그 직후에 디글랏빌레셀이 북부에 주둔하고 있는 동안 다메섹의 르신과 공모하여 반(反)앗시리아 연합세력을 구축하였다. 이 두 왕국은 유다 왕 아하스를 제거하고 그 자리에 비(非)다윗 계열의 꼭둑각시 왕을 앉히기 위해 유다를 공격하였다(사 7:6).

아하스는 바늘 방석에 앉아 있었다. 이는 유다 역사상 가장 위태로운 시기에 왕이 되었기 때문이다. 그가 지도자로서 무력하고 우유부단했다고 하더라도 순전히 정치적인 관점에서는 우리의 동정을 받아 마땅하다. 그는 적군이 자기 영토에 발을 들여놓자 공포에 질렸다. "왕의 마음과 그 백성의 마음이 삼림이 바람에 흔들림 같이 흔들렸더라." 그는 겁에 질려서 도성 밖 힌놈의 골짜기에서 자기 아들을 불살라 바쳤다(왕하 16:3). 이러한 이방 제의를 통하여 도성에 내린 하나님의 진노를 달래보려는 것이었다(왕하 3:26-27에 나오는 모압 왕의 행위와 비교하라). 상황은 절망적이었다. 아하스는 책임있는 정치 지도자로서 침략자의 손에 패배하느냐 외부의 도움을 요청하느냐를 선택하여야 했다. 예루살렘이 적군에게 포위되었을 때 버티는 데 없어서는 안되는 도성의 저수지를 살펴보러 나갔을 때 이러한 생각들이 그의 마음 속에 있었을 것임에 틀림없다. 바로 이때 이사야가 자기 아들 스알야숩("남은 자가 돌아올 것이다"를 뜻하는)을 데리고 아하스에게 나타났다.

아하스는 녹초가 되어 있는 상태였기 때문에 이사야의 조언을 쓸데없는 간섭이라고 생각하였음에 틀림없다. 그러나 이사야의 메시지는 단순했는데, 그것도 너무 단순했다: "야훼를 의뢰하여 삼가며 종용하라." 이사야는 이러한 위기 상황에서 예루살렘을 어떻게 방어할 것인지 불안해 하고 안절부절할 것이 아니라 느긋한 신뢰를 가져야 한다고 말했다. 분명히 이사야는 시리아와 이스라엘의 두 왕은 "연기나는 두 부지깽이 그루터기"에 불과하여 거의 다 타버린 상태이므로 그들의 동맹은 허약하기 짝이 없다고 생각했던 것 같다. 그리고 그는 아마도 유다가 당시의 국제적인 분쟁에 말려드는 것은 자살행위와 다름없다는 것을 깨달았던 것 같은데, 이러한 그의 생각은 북왕국이 멸망하는 사건을 통해 실증되었다. 그러나 이사야는 이 위기를 단순히 외교와 방비(防備) 차원이 아니라 더 넓고 깊은 차원에서 바라보았다. 열방들의 정치적 음모들을 뛰어넘어 모든 사건들을 자신의 의도대로 이루어나가시는 하나님의 주권적 활동이 있다는 것을 그는 보았던 것이다. 에브라임의 수장(首長)은 베가였고 다메섹의 수장은 르신이었지만, '이들은 사람이지 하나님이 아니다!' 야훼께서 다윗과 다윗 자손들과 맺은 언약에 충실(hesed)하실 것이기 때문에 유다의 보위에 꼭둑각시 왕("다브엘의 아들", 아마도 아람인인 듯하다)을 앉히려는 그들의 계획은 실패할 것이다. 따라서 이사야는 시련의 시기에 가장 큰 자원은 신앙 ― 하나님께 대한 절대적인 신뢰와 의존 ― 이라고 천명한다(시 46:8-10을 보라).

그는 신앙에 대한 자신의 메시지를 언어 유희를 통하여 강조하고 있는데(사 7:9b), 이를 다른 말로 바꾸어 보면 다음과 같이 될 것이다: "네 신앙이 굳지(ta'aminu) 못하면, 네 보좌도 안전하지(te'amenu) 못하리라."[15] 인간적인 '동맹'(alliance)을 포기하고 인간사를 주관하는 야훼를 신뢰(reliance)하라고 이사야는 부르짖는다! 이러한 신앙은 야훼가 참된 왕이라는 확신 속에서 하나님께 자신의 온 존재를 완전하고 굳게 맡길 것을 요구한다(또한 사 28:16; 30:15을 보라).[16]

특히 이러한 정치적 상황에서 이사야는 아하스에게 포위된 유다를 구하기 위하여 앗시리아의 개입을 요청하려는 계획을 포기하라고 요구하였다. 야훼께서 앗시리아를 일으켜 이 어리석은 시리아-이스라엘 동맹을 분쇄하리라는 것이 예언자의 확신이었다. 그런데 이 신앙의 말은 그 상황에서 정치적으로 볼 때에도 타당한 것이었다. 그러나 아하스는 이 말을 믿을 수가 없었다. 그래서 그 후에 아하스가 신하들과 함께 정치적 전략을 짜고 있을 때 이사야는 다시 그에게 나타나 "표적"을 보여주게 된다.

임마누엘의 표적

---

15) 두 단어는 다 '확고하다, 확실하다'를 뜻하는 동사 '아멘'('amen)에서 파생되었는데, 이로부터 '신뢰하다, 믿다'라는 의미가 나왔다. NAB는 이렇게 번역하고 있다: "너희의 믿음이 굳지 않으면 너희는 확고하지 못할 것이다."

16) Martin Buber의 말을 빌면, 이사야의 태도는 '신정(神政)' ― 즉, 이스라엘을 구체적인 상황 속에서 하나님의 주권 하에 아주 철저히 놓음으로써 이스라엘이 "하나님 나라의 시작이 되는" 자신의 역사적 책무를 받아들이게 하려는 것 ― 이다. The Prophetic Faith [311], p. 135.

표적의 의미에 관한 앞서의 논의(p. 101를 보라)를 여기서 다시 한번 상기하는 것이 좋을 것이다. 출애굽 전승에 의하면 모세는 바로(Pharaoh) 앞에서 여러 표적들을 행하였고, 신약에 의하면 예수도 표적(semeia)을 행하였다. 성경에서 표적이란 그 자체로 독립되어 있는 것이 아니라 이사야 7장에서처럼 예언자의 말과 밀접하게 연관되어 있다. 표적의 목적은 예언자를 통해 선포된 야훼의 말씀의 진실성과 권능을 가시적으로 드러내고 이를 극적으로 확증하는 데 있다. 표적을 놀라운 '기적'으로 이해해서는 안된다. 왜냐하면 표적의 의의는 이례성(異例性)에 있다기보다는 위협이나 약속을 담은 예언자의 말을 확증하는 힘에 있기 때문이다. 또다른 예를 들자면 이사야가 옷을 벗고 맨발로 다닌 상징적인 행위(사 20장)나 그와 함께 있는 그의 자녀들(8:18)도 표적이라 불린다. 이러한 표적을 볼 수 있는 능력은 인간사의 영역에서 하나님의 활동을 생생하게 느끼는 이스라엘 신앙의 특성을 보여주는 것이다. 하나님은 역사의 무대에서 멀리 떨어져 계신 것이 아니라 "우리와 함께" 계신다. 따라서 예언자의 메시지를 통해 하나님의 말씀을 들을 수 있을 뿐만 아니라 예언자가 가리켜보이거나 실행하는 표적들을 통해 하나님의 행동을 볼 수 있다.

이사야는 야훼의 말씀을 듣지도 못하고 야훼의 행동의 표적들을 보지도 못하는 백성에게 가서 말하라는 사명을 받았다는 것을 기억하라(사 6:9). 아하스는 이미 듣는 데 실패하였다. 그래서 이사야는 왕이 어떠한 표적을 요구하든 그 표적을 통해 야훼께서는 예언의 말씀을 확증해 보일 것이라고 말하였다. 그러나 아하스는 이미 다른 방향으로 행동을 취하기로 결정해 놓은 상태였기 때문에, 경건을 가장하여 야훼를 시험하지 않겠다고 했다. 이사야는 왕이 정치적인 실리를 추구하여 신앙을 저버린 처사에 분노하여, 야훼께서는 "다윗의 집〔왕조〕"에게 표적 — 시리아-이스라엘 동맹의 분쇄에 관한 말씀과 다윗에 대한 야훼의 은혜의 약속을 확증하는 표적 — 을 주실 것이라고 간결하게 선언하였다.

약속된 표적은 임마누엘(Immanuel)이라 불릴 아기의 탄생이었다. 임마누엘은 히브리어로 "하나님이 우리와 함께〔계신다〕"는 뜻이다. 이 말은 아기가 이미 잉태됐거나 곧 잉태될 것이며 가까운 미래에 아기가 태어날 것을 전제하고 있다. 그 아기가 선과 악을 구별하는 나이에 이르기 전에 시리아-이스라엘 동맹은 깨어지고 앗시리아 왕은 유다에 대재난을 가져올 것이다. 그때에 유다는 사람들이 버터와 꿀을 먹고 살아가는 원시적인 유목 국가로 변할 것이다. 야훼는 앗시리아의 칼날로 유다를 "구할" 것이다. 달리 말하면 이사야는 야훼께서 시리아-이스라엘의 위협으로부터 유다를 잠시 구하겠다고 아하스에게 약속했지만 그러한 구원에 이어 그보다 더 큰 재난이 유다에 뒤따라 일어날 것이라고 선언하였던 것이다(7:15-24).

이사야 7:14의 임마누엘 예언에 수많은 관심이 집중되어 왔다. 신약 시대에는 "하나님이 우리와 함께 계신다"라는 이름이 주어진 예수 그리스도를 통해 이 예언이 성취되었다고 믿게 되었다. 더욱이 어떤 사람들은 이 구절이 바로 동정녀 잉태(마 1:23)를 밑받침하는 것이라고 생각하였다. 이러한 견해의 타당성을 다루는 것은 우리의 목적을 벗어나는 것이지만, 어쨌든 우리는 지금 논의중에 있는 구체적인 정치적 상황 속에서 이사야의 이 예언이 무엇을 의미했는가를 이해하고자 한다. 그러면 이사야가 한 이 말의 의미를 간단하게 살펴보기로 하자.

먼저 표적은 출생의 방식이 아니라 아기 자신이다. 물론 예언자는 하나님께는 모든 것이 가능하다는 전제 위에서 아하스에게 아무것이나 요청하라 ― "깊은데서든지 높은데서든지 구하라"(7:11) ― 고 분명하게 말했다. 그러나 아하스는 이 요청을 거절하였고, 따라서 이사야는 혼기에 찬 "처녀"가 '때에 맞춰' 아기를 낳을 것이라고 선언하였다.[17] 그러므로 예언자는 가까운 미래에 한 아기가 태어나 "하나님이 우리와 함께 계신다"는 보증으로 백성들 사이에서 자라게 될 것을 가리킨 것이다.

다윗의 합법적 상속인

더욱이 이사야는 그 아기가 어느 특정한 가문에서 나올 것임을 분명하게 지적하였다. 히브리 본문에서 예언자는 "처녀(The maiden)가 잉태하여"라고 말하면서 정관사를 사용하고 있는데, 이는 마치 예언자가 아하스가 이미 알고 있는 특정한 어떤 여자를 가리키고 있는 것으로 보인다. 그 여자는 왕비였으며 태어날 아기는 아하스의 아들이자 후계자인 히스기야였을 것이라는 주장도 있어왔다. 이것이 사실이든 아니든 이사야의 후기 사역에 이르러서야 자신의 예언의 메시야적 함의(含意)들이 충분히 발전되긴 하였지만 어쨌든 이사야는 다윗 집안의 아들을 생각하고 있었던 것으

---

17) 분명히 이것은 히브리 성경에서 어김없이 소녀의 처녀성을 가리키는데 사용되는 히브리 단어 '알마' ('almah)의 의미이다(예를 들면, 창 24:43; 출 2:8; 잠 30:19). '처녀'에 대해서 보통 사용되는 말은 베툴라(bethulah)이다. 칠십인역에서는 이 구절을 '파르데노스'(parthenos)로 번역하고 있다. 통상적으로 이것은 칠십인역에서 '베툴라'의 역어이지만, 창세기 24:43(참조. 34:3)에서는 '알마'에 대한 역어로 사용되고 있다. 이러한 사실로 미루어 볼 때 칠십인역에서는 단어를 자유로이 선택하여 사용했으며, 이사야 7:14에서도 문자 그대로 처녀성이라는 의미를 반드시 내포하고 있는 것은 아니라고 할 수 있다. 다른 헬라어 역본들에서는 '소녀'(neanis)라고 번역하고 있는데, 이것이 더 정확하다고 할 수 있을 것이다.

로 보인다. 이사야 9:1-7에 나오는 잘 알려진 시(詩)는 아마 이사야의 후기 사역중에 씌어진 것 같은데, 이 시는 이 기이한 아기가 다윗의 왕좌에 앉게 될 것을 분명히 말하고 있다.

그렇다면 곧 태어날 다윗 집안의 아기와 시리아-이스라엘 동맹의 정치적 위기와는 어떤 관계가 있는 것인가? 이사야는 아무런 신앙도 보여주지 않는 아하스 왕과는 대조적으로 적절한 시기에 통치의 임무를 '신실하게' 수행할 아기 왕의 탄생을 묘사하고 있다. 처음에 임마누엘이라는 아기는 커다란 재앙의 시기에 살게 될 것인데, 이는 이 아기가 철들기 전에 앗시리아가 침공하여 온 땅을 황폐하게 만들 것이기 때문이다(사 7:16-17).[18] 그렇지만 볼 수 있는 눈을 가진 사람들에게는 이 아기의 존재가 하나님이 백성들을 심판의 불구덩이를 통과시켜 동터오는 새로운 날로 인도하고 있는 표적과 확신이 될 것이다. 이 아기는 자기 백성의 고통을 함께 나누고, 파괴되어 황폐하게 된 땅에서 백성들과 같이 살 것이다.

호세아의 예언에서처럼 "광야"는 두 가지 의미를 가지고 있다. 광야는 심판의 때이기도 하고 새로운 시작의 기회이기도 하다. 아기가 젖과 꿀 — 전승 속에서 약속의 땅("젖과 꿀이 흐르는 땅")과 결부되어 있었던 낙원의 음식 — 을 먹고 자랄 것이라는 사실은 이 아기가 다가오는 어두운 날들의 다른 쪽에 놓여 있는 약속된 미래의 표적임을 시사해주고 있다. 야훼의 목적은 파괴하는 것이 아니라 백성들 가운데 남은 자들을 정련하고 정화시키려는 것이다. 일단 앗시리아의 멍에에서 풀려나면, 이 아기는 백성을 다스리는 하나님의 대리자로서 왕좌에 오를 것이다. 이렇게 하여 임마누엘이라는 이 아기의 이름의 의미는 분명하게 이해된다.

따라서 이사야가 먼 미래를 바라보고 있지 않았다고 하더라도 그가 이 아기를 "메시야적" 인물로 생각했다고 결론을 내리는 것은 피할 수 없다. 물론 이사야 시대에 "메시야"("기름부음 받은 자")라는 말이 통치하는 왕을 지칭하였다는 것은 틀림없는 사실이다(제7장, p. 287를 보라.). 그렇다면 이사야 9:1-7에 나오는 메시야 시(詩)는 그가 예언한 주제와 꼭 들어맞는다(또한 사 11:1-9을 보라). 아하스에 대한 이사야의 처음 예언과 마찬가지로 이 구절은 주전 733-732년 디글랏빌레셀이 스불론과 납달리(갈릴리)를 초토화시키고 이 지파들의 영지를 앗시리아 제국에 병합시켰을 때의 참상을 생각나게 하는 멸망과 어둠에 관한 묘사로 시작된다(왕하 15:29).[19]

---

18) 이사야 8:8에서 황폐한 땅이란 임마누엘의 땅을 가리킨다. 여기서 다시 아기왕에 대한 언급이 나온다. 또한 8:10의 "하나님이 우리와 함께 하심이니라"는 말씀도 보라.

그러나 이 어둠 속에서 큰 빛이 비치고 있다:

> 이는 한 아기가 우리에게 났고
> 한 아들을 우리에게 주신 바 되었는데
> 그 어깨에는 정사를 메었고
> 그 이름은
> 기묘자라 모사라 전능하신 하나님이라
> 영존하시는 아버지라 평강의 왕이라 할 것임이라
> — 이사야 9:6.

이사야로부터 이 예언은 예언전승의 흐름 속에 들어갔고 마침내 기독교 복음의 새로운 열쇠가 되었다(마 4:15-16을 보라).[20]

천천히 흐르는 실로아 물

이제 8장에 나오는 이사야 회고의 나머지 부분을 살펴보자. 이 장(章)의 첫머리에서도 이사야는 여전히 시리아-이스라엘 동맹에 닥칠 급속한 파멸을 경고하고 있다. 이사야가 아하스와 만나고 얼마 후에 둘째 아들이 태어났다. 그 아들에게는 마헬살랄하스바스라는 무시무시한 이름이 붙여졌는데, 그것은 "노략이 속함"이라는 뜻을 지니고 있었다. 예언자는 이 표적의 아기가 '아빠'와 '엄마'라는 말을 배우기도 전에 — 약간 현대식으로 말해서 — 앗시리아 왕이 사마리아와 다메섹을 삼켜버릴 것이라고 선언하였다. 이와 똑같은 불길한 메시지는 그 아기가 태어나기 전에 석판

---

19) Albrecht Alt의 저서 *Kleine Schriften*, II(1953), pp. 206-25에 나와있는 그의 논문 "Jes. 8:23-9:6"에 나오는 알트의 판단에 의하면, 이 신탁(9:1-7)이 디글랏빌레셀의 갈릴리 정복을 언급하고 있는 것으로 보아 이사야의 초기 사역의 것이라고 한다. 앗시리아 왕이 이 지역을 주전 733-732년에 정복했기 때문에, 알트는 이 신탁이 나온 연대를 주전 732-722년 사이로 잡고 있다. 그는 이 신탁은 앗시리아 군대가 물러가고 다윗 가문의 왕의 통치 아래에서 통일왕국이 회복되는 것에 대한 예언이라는 성격을 지니고 있었다고 믿는다.

20) 임마누엘 예언에 대한 해석은 대단히 어렵기 때문에 아주 다양한 견해들이 제기되어 왔음을 인정하지 않을 수 없다. 이 문제에 대한 간단한 서술은 C. R. North, "Immanuel", *The Interpreter's Dictionary*(25)와 그 항목 끝에 인용된 문헌을 보라. 또한 J. J. Scullion, "Approach to the Understanding of Is. 7:10-17", *Journal of Biblical literature*, 87(1968), 288-300; Joseph Jensen, *Isaiah 1-39*(349), pp. 90-98을 보라.

에 뚜렷한 글자로 써서 "공증하게" 했는데, 이는 반(反)앗시리아 연합세력이 타도되고 난 미래에 하나님이 예언자에게 참된 말씀과 표적을 주셨다는 것을 백성들에게 상기시키기 위함이었다(사 8:1-4).

그러나 이 말씀과 표적은 아무 소용이 없었다. 왜냐하면 아하스에게는 예언자가 요구한 신앙이 없었기 때문이다. 아하스는 당시의 정치 현실 속에서 '실리'를 추구하려고 했거나 스스로를 변명하려고 했음에 틀림없다. 이미 에돔 왕은 유다의 곤경을 이용하여 웃시야가 얻었던 항구 엘랏을 되찾았다(왕하 16:6). 아하스는 결단을 내리지 않을 수 없었다. 당시 아하스에게는 오직 두 가지의 대안이 열려 있었지만, 그 어느 쪽도 바람직하지는 않았다. 하나는 시리아와 이스라엘에 항복하는 것이었는데, 그렇게 하면 아하스는 자신의 왕위를 잃고 또 반(反)앗시리아 연합세력에 가담함으로써 앗시리아의 발에 짓밟힐 위험이 따랐다. 또 하나는 앗시리아에게 운명을 맡기는 것이었는데, 그렇게 하면 유다는 앗시리아 제국의 속국이 될 수밖에 없었다. 아하스는 후자를 택하였다.

열왕기하 6장의 기록에 의하면, 그는 앗시리아 왕의 환심을 사기 위하여 성전과 궁정의 창고들을 털어 갖다 바치며 도움을 요청했다고 한다. 디글랏빌레셀은 쾌히 구원 요청을 받아들였다. 이렇게 하여 다메섹은 앗시리아에게 함락되었고 르신은 살해되었으며 시리아는 여러 속주로 분할되어 앗시리아 제국에 예속되었다. 그리고 이스라엘도 이스르엘 평원으로부터 유다 변방에 이르는 한 조각의 땅을 제외하고는 대부분 앗시리아에 병합되었다(왕하 15:29; 참조. 사 9:1). 아하스는 다메섹으로 가서 디글랏빌레셀에게 공물을 바치고 그의 승전을 축하하였다. 거기서 앗시리아 왕은 아하스에게 앗시리아 제단의 설계도를 주면서 즉시 예루살렘 성전에 건축할 것을 명하였다(왕하 16:10-18). 종교와 정치가 분리되지 않았던 당시에 유다가 앗시리아의 속국이 되었다는 것을 보여주는 방법으로는 이보다 더 나은 것이 없었다. 역대기하 28:16-27에 나오는 기록은 이 심약한 왕 때문에 유다 왕국이 얼마나 시련을 당해야 했는지를 좀더 자세하게 보여준다.

이사야에게 이러한 아하스의 행위는 그의 신앙의 결여를 보여주는 최종적인 증거였고, 이로 인해 유다는 그 대가를 치러야 할 것이었다. 생동감있는 언어를 구사하여 이사야는 앗시리아의 막강한 유프라테스강만 믿고 "천천히 흐르는 실로아 물"을 배척했다고 백성들을 규탄하였다. 실로아는 기혼 샘의 물을 예루살렘 도성의 성벽 안에 있는 저수지로 물을 나르는 작은 수로(水路)였다 — 아마 이사야가 아하스를 만나러 나갔을 때 아하스가 살피고 있었던 바로 그 수로였을 것이다(사 7:3). 이사야에게 이 천천히 흐르는 물결은 세상에서 가장 강력한 제국들보다 더 강력하고 영원히 지속되는 왕국을 가지고 있는 야훼에 대한 조용하고도 확신에 찬 신앙의 상징이었다. 그래서 그는 "만일 너희가 믿지 아니하면 정녕히 굳게 서지 못하리라"(7:9)고 경고하였다. 앗시리아군이 범람하는 유프라테스강 같이 온 땅을 휩쓸어 시리아와 이스라엘뿐만 아니라 유다까지 황폐화시킬 것이었다.

증거의 말씀을 봉함함

그렇지만 이사야는 믿음 없는 세대의 완강한 저항에 부딪쳤다. 신앙을 일깨우려고 던진 말들은 귀머거리에게 던진 것이나 다름이 없었다. 진리를 눈에 보이게 증거하려고 행해졌던 표적들은 소경 앞에 베풀어진 것이나 다름이 없었다. 그러나 예언자의 말씀과 표적들은 헛되이 주어진 것이 아니었다. 왜냐하면 미래는 하늘의 전사(戰士)이자 왕이신 "만군의 야훼"가 주관하신다는 것이 예언자의 확신이었기 때문이다. 아하스가 앗시리아에 도움을 청한 직후에 이사야는 자신의 예언을 주목하지 않는 동포 시민들을 떠나 예언자단으로 되돌아갔음이 분명하다. 이사야에 의하면 이러한 행동은 야훼의 강압에 의해 일어났다고 한다. 왜냐하면 "야훼께서 강한 손으로 내게 알게 하시며 이 백성의 길로 행치 말 것을 내게 경성시"켰기(8:11) 때문이다. 그는 예언자 공동체에게 정치적 공모에 가담하지 말고 하나님과 '공모해야' 하며 나라를 정치적인 자살로 내모는 두려움(경악)을 갖지 말고 만군의 야훼를 '두려워해야' 한다고 말하였다.[21] 이 신실한 예언자 공동체는 이 나라의 다른 사람들과는 달리 다른 동맹을 맺은 남은 자들의 공동체였다. 그들은 야훼를 신뢰하고 역사 속에서 야훼의 목적이 성취될 날을 손꼽아 기다리는 사람들이었다.

그래서 이사야는 새로운 이스라엘의 핵심 세력인 이 '공동체'에 자리를 잡았다. 그의 예언적 '토라'(torah) 또는 가르침은 야훼께서 그 예언의 참됨을 분명하게 밝힐 장래의 때까지 인봉되어 그의 제자들에게 맡겨졌다. 예언자 자신은 자기 아들들과 마찬가지로 야훼께서 주신 표적이었고, 이 표적들은 언젠가 이해될 것이었다. 당시와 같은 패역한 시대에 소수의 신앙의 사람들은 소망을 가지고 미래를 기다렸다. "이제 야곱 집에 대하여 낯을 가리우시는 야훼를 나는 기다리며 그를 바라보리라"(사 8:17). 이사야의 제자들 가운데서 "증거의 말씀을 봉함하라"는 명령으로 인해

---

21) 12절과 13절의 동사는 복수형으로서 예언자단을 가리키고 있다.

예언자의 초기의 회고만이 아니라 앞에서 보았듯이 한 다윗 집안의 왕의 임재와 동 터오는 새 시대에 관한 장엄한 약속을 포함하고 있는 증거의 책(6:1-9:7)이 편찬되는 결과를 가져왔다.

이사야는 북왕국의 멸망이 목전에 있던 두번째의 중대한 정치적 위기에 대하여 말하기 위해 예언자단에서 빠져나와 다시 등장하였다. 주전 722-721년 앗시리아가 사마리아에 최후의 일격을 가하기 위한 여러 사건들이 진행되고 있을 때, 이사야는 지금 이사야서의 여러 부분에 산재해 있는 신탁들(9:8-10:4; 17:1-11; 28:1-4)에서 "에브라임의 영화의 쇠잔해가는 꽃"을 쳐서 예언하였다. 이러한 신탁들 중에서 가장 강력한 것은 9:8-10:4에 나와 있는 일련의 신탁인데, 여기에는 5:26-30의 신탁도 포함되어야 한다. 하나님은 백성들에게 연속적인 심판의 타격을 가했지만 아무 소용이 없었다. 백성들은 역사의 혹독한 징계의 의미를 배우려고 하지 않았다. 각각의 연(聯)은 야훼께서 백성을 치려고 손을 들고 있다는 것을 밝히고 있는데, 그것들은 반복되면서 점점 불길해지는 후렴으로 끝나고 있다:

그럴지라도 야훼의 노가 쉬지 아니하며
그 손이 여전히 펴지리라

그러나 우리는 아하스의 남은 치세 동안의 이사야의 활약에 대해서 거의 알고 있지 않기 때문에 이 시점에서 사마리아가 몰락하기 전부터 신탁을 전하였던 예언자 미가로 넘어가 살펴보는 것이 좋을 것이다. 미가는 이사야와 동시대인인 위대한 예언자였다.

농촌 출신 예언자 미가

미가의 고향이 예루살렘에서 남서쪽으로 25마일 가량 떨어진 언덕에 있는 작은 촌락인 가드모레셋이었다는 사실 외에 우리는 그에 대해 거의 아는 것이 없다. 미가는 도시에서 성장한 이사야와 달리 지주들의 수탈에 고통당하고 있던 가난한 농부들을 대변한 농촌 출신의 예언자였다. 여러 가지 점에서 미가는 사회 정의의 예언자였던 아모스를 우리에게 연상시킨다. 그러나 앗시리아의 가차없는 진격을 보고 선포한 그의 심판의 메시지는 특히 이사야에 의해 선포된 심판과 갱신의 메시지와 닮았다. 그래서 실제로 미가가 이사야의 제자라는 주장이 있어 왔다. 이러한 주장은 의심스럽긴 하지만, 주전 8세기 말경 유다를 집어삼킨 운명적인 사건을 고찰하는 데에 이 두 예언자를 동시에 살펴보는 것이 좋을 것이다. 미가의 사역 기간은 주전 721년 사마리아의 멸망으로부터 주전 701년 예루살렘 성벽에 앗시리아군이 당도한 때까지에 걸쳐 있었던 것으로 보인다.

현존하는 형태의 미가서는 이사야서와 마찬가지로 주전 8세기의 예언자의 시들을 보존하고 증보하였던 예언자단으로부터 나왔다. 미가서는 예언자들의 메시지의 특징을 이루고 있는 멸망과 소망, 심판과 갱신이라는 두 박자의 운율을 보여준다. 이 운율은 미가서의 구조에서 분명하게 나타난다:[22]

> 제1부: 심판의 신탁(1-3장)
> 　　　구원의 신탁(4-5장)
> 제2부: 심판의 신탁(6:1-7:7)
> 　　　구원의 신탁(7:8-20)

바벨론 포로에 대한 언급(미 4:8)은 특히 1-3장에 집중적으로 분포해 있는 미가 자신의 신탁들을 예루살렘의 멸망 이후의 상황에 맞추어 증보하고 개정했다는 것을 보여주는 여러 지표들 가운데 하나이다.

미가의 첫번째 신탁(1:2-7)은 야훼의 "거룩한 성전" 또는 우주적 성채로부터 발해진 법정 소송(rib)의 상징들을 사용하고 있다. 이 땅과 그 모든 거주민들은 이스라엘의 집들 — 북부(사마리아)와 남부(유다) — 에 대한 고발과 평결을 듣도록 소환된다. 야훼가 무시무시한 현현(顯現) 속에서 우주적 성전으로부터 이 땅의 높은 곳에 내려와 걸음을 내딛자 산들이 녹아내리고 골짜기가 갈라진다. 예언자는 북부와 남부의 수도들이 야훼로 하여금 심판자로서 오게 만든 철저한 타락의 온상이라고 주장하고 있다.

> 이는 다 야곱의 허물을 인함이요
> 이스라엘 족속의 죄를 인함이라

---

22) 미가서의 구조와 미가의 신탁들의 편집 과정에 관해서는 James L. Mays, *Micah*[358], pp. 2-12, 21-33을 보라.

> 야곱의 허물이 무엇이뇨
> 사마리아가 아니뇨
> 유다의 산당이 무엇이뇨
> 예루살렘이 아니뇨
> — 미가 1:5.

여기서 주전 721년에 일어난 앗시리아에 의한 사마리아의 황폐화는 인간사에서 하나님의 심판의 표현으로 인식되고 있다.

만가(挽歌)의 형태로 되어 있는 그 다음에 나오는 시(미 1:8-16)에서 미가는 계속해서 사마리아의 운명은 유다에게도 예비되어 있다고 말한다. 히브리어 본문을 보면 여러 도시들과 성읍들을 가지고 언어 유희를 하고 있는 생동감있는 구절(10-16절)에서 예언자는 앗시리아가 급습하여 유다를 유린함으로써 "내 백성의 성문 곧 예루살렘에도"(1:9) 미쳐 고통을 당할 것이라고 묘사하고 있다. 이 시(詩)는 산헤립이 유다를 침공하여 라기스와 같은 요새화된 도시들과 미가의 고향인 가드 근처의 모레셋과 같은 촌락들을 집어삼킨 주전 701년의 위기를 반영하고 있는 것이 분명하다(p. 419를 보라).

자신들의 빵에 버터를 바른 메시지를 전한 통속적인 예언자들과는 반대로 하나님의 카리스마("신", 미 3:9)로 충만했던 이 준엄한 예언자는 백성들의 행위의 대가를 알리지 않을 수 없었다. 이사야와는 달리 미가는 예루살렘이 구원받을 것이라고 믿지 않았다. 왜냐하면 예루살렘은 "피로 … 건축"되었기 때문이다(3:10). 이 도성은 극악무도한 사회적 불의가 활개치는 무대였고 백성들이 한밤에도 깨어서 악한 음모를 꾀하는 곳이었다(2장). 이러한 서글픈 사태에 대하여 정치와 종교의 지도자들은 비난을 받아 마땅했다. 왜냐하면 그들은 야훼께서 백성에게 무엇을 요구하는지를 알았어야 했기 때문이다(3장). "야훼께 의지한다"고 하고 야훼가 "우리 가운데"(임마누엘 주제에 대한 언급) 계시니 우리에게 나쁜 일이 일어날 리 없다고 말해봐야 무슨 소용이 있느냐고 예언자는 반문한다. 사마리아의 경우에서처럼 예루살렘에 대한 야훼의 고발은 불길한 "이러므로"로 시작된다:

> 이러므로 너희로 인하여
> 시온은 밭 같이 갊을 당하고
> 예루살렘은 무더기가 되고
> 성전의 산은 수풀의 높은 곳과 같게 되리라

― 미가 3:12.

한 세기가 지난 후 예레미야가 예루살렘과 그 성전에 관한 이와 유사한 예언을
해서 그의 생명이 위태롭게 되었을 때 이 선포는 다시 인용되었다(렘 26:18-19을 보
라). 예레미야에 나오는 구절에 의하면 이 신탁은 아하스를 이어 유다 왕이 된 히스
기야(B.C.E. 715-687/6년경) 왕 시대에 처음으로 선포되었다.

시온에 대한 미가의 담대한 예언은 도시에서 성장한 이사야와는 달리 미가는 농
촌에서 성장했기 때문에 냉정한 입장에서 다윗의 도성을 비판할 수 있었다는 말만으
로는 충분히 설명될 수 없다. 이사야와 미가의 이름으로 되어 있는 현존하는 두 예
언서는 모두 "마지막 날에" 시온이 우뚝 솟을 것이라는 유명한 예언[23]을 담고 있음에
도 불구하고, 이 두 예언자 사이에는 깊은 '신학적' 차이가 존재하고 있음에 틀림없
다. 미가의 원래의 것으로 확인된 신탁에는 다윗 왕조의 영속성과 다윗 도성의 안녕
을 보증한 다윗의 언약신학에 대한 언급이 한 마디도 없다는 것은 의미심장하다. 신
약에서 예수의 탄생을 예고한 것으로 해석되고 있는(마 2:6) 미가 5:2-6의 '메시야'
구절조차도 새로운 통치자가 태어날 곳은 예루살렘의 궁정이 아니라 원래 다윗의 출
신지였던 유다의 이름없는 씨족들이 사는 베들레헴이라고 선포하고 있다.[24]

미가는 궁정 신학 속에서 성장한 것이 아니라 유다의 농촌지방에 보존되어 있던
출애굽 전승 속에서 성장했던 것으로 보인다. 그러므로 미가가 주전 8세기 예언자들
의 메시지의 요약으로 흔히 즐겨 인용되는 미가 6:1-8의 어구에서 출애굽을 중심으
로 이스라엘의 성스러운 역사를 말하고 있는 것은 이상한 일이 아니다.[25]

이 구절은 미가서 맨처음의 신탁과 마찬가지로 이미 살펴보았던 대로 예언자들
이 즐겨 사용했던 주제인 법정에서의 변론이라는 상징을 채택하고 있다. '언약 소

---

23) 이 신탁은 미가 4:1-4와 이사야 2:2-4에 나오는데, 서로 약간의 차이를 보여준다. 이사야는 시온
   중심의 메시지에 비추어 이 신탁을 더욱 강조하고 있음이 분명하다. 그러나 이 독립된 신탁이 후대
   의 편집자들에 의해 이 두 예언서에 덧붙여졌을 가능성도 있다.
24) 미가 4:1-5:9에 나오는 영광스러운 미래에 관한 예언들은 곳곳에서 미가의 메시지를 반영하고 있
   다. 그러나 바벨론 포로에 대한 언급(예를 들면, 4:10)에서 분명하게 드러나듯이, 그 예언들은 후대
   의 선지자단에 의해 개작되었다.
25) 미가의 다른 신탁들은 5:10-7:7에서도 발견되지만, 그의 예언은 1-3장에 집중되어 있다. 6:1-8이
   미가의 것이 아니라는 논증들은 결정적이지 않다. 아이들을 희생제물로 바치는 것에 대한 언급(7절)
   은 창세기 22장의 전승과 같이 전승으로부터 잘 알려져 있긴 했지만 직접적으로는 아하스 왕의 행동
   을 토대로 하였을 것이다(왕하 16:3). 그리고 이 구절들의 복음적인 호소는 멸망에 주안점을 두고
   언급된 아모스(예를 들면, 암 2:9-11)에 나오는 구절들과 비슷하다.

송'(rib)의 극적인 구조에 주목하라:

A. **소환(1-2절)**. 심리(審理)는 야훼측의 검찰관인 예언자에 의한 소환으로 시작된다. 산들이 증인이고, 이스라엘은 산들 앞에서 사건을 진술하고 또 산들은 하나님과 백성의 변론을 듣는다.

B. **원고의 논고(3-5절)**. 그런 다음 야훼는 검찰관인 예언자를 통해 불만을 털어놓는다. 그러나 의미심장한 것은 야훼가 법령집에 기록된 율법이 아니라 이스라엘의 역사 전승들에 호소한다는 점이다. 논고는 출애굽으로부터 시작하여 약속의 땅에 정착하는 데서 절정에 달하는, 백성들을 향한 야훼의 자비(hesed) 또는 언약의 은혜를 보여준 사건들을 토대로 하고 있다. 바로 이 사건들은 언약공동체의 토대 자체이다. 이에 함축되어 있는 명백한 의미는 이스라엘 백성이 야훼가 그들을 위하여 행한 위대한 역사(役事)들을 잊어버렸기 때문에 그들은 종주(宗主)가 봉신에게 요구하는 것을 더 이상 모르게 되었다는 것이다. 예언자는 야훼의 자비로운 행사들과 이스라엘의 행실이 뚜렷이 대조되는 것에 놀란다.

C. **피고의 변론(6-7절)**. 마침내 피고 이스라엘이 말을 한다. 그러나 야훼 앞에서 이스라엘은 역사 속에서 보여준 야훼의 구원 행위들에 걸맞는 행동을 하지 못했다는 것과 언약을 위반했다는 것을 겸허하게 고백하는 길 외에는 다른 변명이 있을 수 없다. 번제, 강물처럼 흐르는 기름, 나아가 값비싼 만물을 바치는 제사로도 언약의 요구들을 충족시키지 못한다. 야훼께서 이스라엘에게 행한 것에 비추어 보면 이러한 응답들은 헛된 조롱이며 진저리나는 범죄일 뿐이다.

D. **기소(8절)**. 이 구절은 검찰관인 예언자가 야훼께서 어떤 것이 "선한" 것 — 즉 언약의 선한 관계 — 인지를 보여주었다고 선포함으로써 절정에 달한다:

> 야훼께서 네게 구하시는 것이
> 오직 공의를 행하며 인자를 사랑하며[26]
> 겸손히 네 하나님과 함께 행하는 것이 아니냐
> — 미가 6:8.

---

26) "인자"라는 말로 번역된 단어는 호세아서에 관한 우리의 연구에서 다루었던 것과 동일한 단어인 '헤세드'(hesed)이다. 이 말은 견실한 언약관계, 자비의 행위들로 표명되는 언약관계를 가리킨다. '언약 소송'에 관해서는 Delbert R. Hillers, *Covenant* (225), p. 124ff.를 보라.

여기서 우리는 이 한 문장 속에 아모스의 정의에 대한 요구, 하나님에 대한 언약과 서로에 대한 언약에 신실하라고 한 호세아의 호소, 하나님과 "겸손하게 걷는" 조용한 신앙을 간청하고 있는 이사야의 소리를 발견하게 된다.

이 시로 이루어진 구절에는 심판관의 평결이 주어져 있지 않다. 그러나 현재의 자료의 배열 속에서 언약 소송이 사람들의 행위의 대가를 선포하는 그 특유의 "그러므로"(13절)라는 말로 시작되는 하나님의 심판(미 6:9-16)에 관한 신탁으로 이어지고 있는 것은 적절하다. 미가는 정곡을 찔러 유다의 죄악들을 오므리 왕조에 의해 범해진 범죄들, 특히 아합의 행위들에 비긴다(16절).

이사야의 후기 사역

앞에서 살펴본 바와 같이 이사야는 시리아-이스라엘 동맹의 위기 이후에 공적인 사역이 그다지 활발하지 않았던 것으로 보인다. 실제로 아하스 치세의 나머지 기간 동안에 이사야는 예언자단에 들어가 은신해 있었을 것이라는 주장이 있어 왔다. 그러나 어쨌든 아하스가 죽자 이사야의 예언 활동의 새로운 시대가 열렸다. 이사야는 적어도 잠시 동안이나마 히스기야가 선왕보다 자신의 말에 대하여 호의적인 반응을 보일 것으로 기대하고 예언자단에 간직해 두었던 증거의 말씀들의 "인봉"을 깨뜨릴 때가 왔다고 생각했음에 틀림없다.

히스기야 시대

주전 715년에 히스기야의 즉위는 유다 문제에 전기(轉機)를 가져왔다. 아하스는 심약한 왕이었고 굴욕적이고 겁많은 앗시리아의 봉신이었다. 그러나 히스기야는 현명하고 정력적인 왕으로서 종교를 개혁하고 앗시리아에 대한 유다의 입장을 강화시키는 정책을 폈다. 열왕기하 18장에서 신명기적 편집자는 "그의 전후 유다 여러 왕 중에 그러한 자가 없었으니"라고 말하면서 히스기야의 치적을 다윗에 비견하여 높이 평가하고 있다. 물론 이러한 치사는 참된 야훼 예배는 예루살렘에 집중되어야 한다는 신명기 사가의 기본 전제를 바탕으로 한 것이었다.

히스기야의 업적 가운데 하나는 위대한 종교개혁이었다. 그는 종교개혁을 통하

여 처음부터 이스라엘 신앙을 위협하였던 가나안화된 민간 종교의 중심지인 지방의
성소들("산당")을 억제하였다. 그리고 히스기야는 이 지방 성소의 성물(聖物)들 —
제단, 신성한 기둥들, 아세라상 — 을 부수는 데 만족하지 않고 예루살렘 성전 자체
에 대하여 개혁을 단행하였다. 수 세기 동안 숭배의 대상이 되어 왔던 구리뱀 느후
스단은 그의 명령으로 훼파되었다(왕하 18:4). 전승에 의하면 이 구리뱀은 모세가
직접 만들었다고 한다(민 21:4-9). 히스기야의 목적은 유다의 예배를 정화하고 그
예배를 예루살렘 성전에 집중시키는 것이었다. 이와 같은 그의 종교개혁은 다음 장
에서 살펴보게 될 신명기적 개혁의 길을 예배하였다. 놀라운 것은 히스기야의 종교
개혁이 이사야가 오랜 침묵을 깨고 공적으로 다시 등장하게 된 요인들 중의 하나임

실로암 터널 — 1777피트의 바위를 파서 예루살렘 밖의
샘으로부터 물을 공급받았다.

에도 불구하고 이사야는 이에 대하여 아무런 언급도 하지 않고 있다는 것이다.

이스라엘에서 일어났던 다른 종교개혁에서처럼 여기서도 우리는 히스기야의 종교개혁이 어떤 정치적인 함의(含意)들을 지니고 있었다는 것을 발견하게 된다. 히스기야가 왕위에 올랐을 때 유다에서는 앗시리아의 멍에 아래에서 점점 더 저항심이 고조되고 있었다. 아하스가 예루살렘 성전에 앗시리아의 제단을 세운 것으로 상징되는 유화정책은 대중의 반발을 샀는데, 특히 앗시리아에 조공을 바치기 위해 무거운 세금을 자신의 호주머니에서 내야 했던 사람들 사이에서는 더욱 원성이 높았다. 성전에서 앗시리아의 제의 대상들을 제거하는 것을 비롯한 히스기야의 예배 정화 작업은 유다의 민족주의에 자극을 주었다. 왜냐하면 히스기야는 사실상 앗시리아의 지배로부터의 독립을 선언하였고 당시의 혁명의 기운을 등에 업고 있었기 때문이다. 앗시리아 왕 사르곤이 북부 메소포타미아의 산악지대에서 전쟁을 수행하느라 눈코 뜰 새 없었기 때문에 히스기야는 한동안 이러한 민족주의적인 정책을 펼 수 있었다.

히스기야의 활발한 정치적 활동을 상징하는 것은 그의 통치 말기 정치적 긴장이 고조되고 있을 때 구축한 실로암의 수로였다(왕하 20:20; 참조. 대하 32:30). 아하스도 시리아-이스라엘 동맹의 위기 때에 예루살렘의 신선한 물의 공급 — 도시의 주요한 방비 중의 하나 — 을 걱정하였다는 것을 기억할 것이다. 도성의 성벽 밖에 있는 기혼 샘(또는 처녀의 샘)에서 수로(水路)를 통해 성벽 안의 실로암 못으로 물을 끌어와야 한다면, 이는 예루살렘에 치명적인 위험이 될 수밖에 없었다. 히스기야는 대역사(大役事)를 벌여 이 문제를 해결하였다. 길이가 1700피트도 넘게 단단한 바위를 뚫어서 지하수로를 만들어 기혼 샘에서 실로암 못으로 물을 끌어들였던 것이다. 이 지하수로는 쐐기와 망치와 곡괭이를 갖춘 인부들이 양쪽 끝에서 동시에 굴착해 들어가서 중간에서 서로 만나는 방법으로 작업이 진행되었다. 오늘날도 무릎까지 빠지는 찬 물에 옷을 적시며 이 지하수로를 걸어들어가면 인부들이 양쪽에서 파들어가다가 만난 자리에 곡괭이로 새겨놓은 명각(銘刻)을 볼 수 있다(필자도 직접 들어가 보았다). 이 유명한 실로암 명각은 암굴벽에서 잘라내어 이스탄불 박물관에 보관되어 있는데, 거기에는 "굴을 완전히 뚫기까지는 3규빗이 남았는데 서로를 부르는 소리가 들렸다"[27]는 이야기가 적혀 있다. 히스기야는 이 사업 외에도 성벽을 확장하고 예루살렘의 성채를 보강하였다(대하 32:5).

히스기야는 주전 712년에 처음으로 반(反)앗시리아 봉기에 가담하라는 유혹을

---

27) Pritchard, *Ancient Near Eastern Texts* (1), p. 321을 보라.

받았다. 이집트의 음모에 의해 선동된 이 혁명은 여러 해 동안 혁명의 온상이었던 블레셋의 성읍 아스돗에서 일어났다(사 14:28-32). 앗시리아에 의해 유린될 것을 겁낸 이집트는 혁명을 부채질했다. 이때 이사야는 이러한 음모에 대하여 내려질 야훼의 심판을 극화(劇化)한 "표적"을 연출하도록 명령을 받았다(20장). 이사야는 전쟁포로처럼 허리에만 옷자락을 걸치고 옷을 벗어버린 채 맨발로 예루살렘 거리를 돌아다녔다. 이는 앗시리아가 이집트와 에디오피아 사람들을 전쟁포로로 끌고갈 것이라는 것을 의미하는 것이었다.[28] 그러나 밝혀진 바에 의하면 이집트에 대한 이사야의 예언은 적중하지 못했다. 이집트는 마지막 순간에 블레셋을 궁지에 내버려둔 채 손을 떼었기 때문이다. 사르곤의 군대는 아스돗과 블레셋의 두 도시를 파괴하고 블레셋 해안지방을 앗시리아의 속주로 병합시킴으로써 혁명의 무모함을 입증하였다. 사르곤은 유다가 혁명에 가담했다고 비난했지만, 이사야의 영향 때문이었는지 히스기야는 분명히 깊이 개입하지 않았다. 어쨌든 앗시리아는 유다를 침공하지 않았다. 이때에 예언자 미가는 여전히 활약하고 있었다. 앗시리아군에 의해 함락된 블레셋의 도시 아스돗과 가드는 미가의 고향에서 얼마 떨어지지 않은 곳에 있었다. 그래서 이 침공 기간 동안에 멀리서 들려오는 진군의 소리로 인하여 미가는 가드모레셋(가드 부근)이 앗시리아에 함락될 것이라고 말했던 것이다(미 1:15).

혁명기의 삶

주전 705년에 사르곤이 죽자 앗시리아 제국 전역에 혁명의 불길이 연쇄적으로 일어났다. 당시의 정치 관측통에게는 무력으로 창건되어 민족주의에 대한 무자비한 억압에 의해 지탱되던 이 제국은 산산조각으로 폭발할 것 같이 보였을 것임에 틀림없다. 이번에 혁명은 제국의 동부에 있는 바벨론(바빌로니아) 지방을 중심으로 일어났다. 혁명을 주도한 인물은 바벨론 왕 마르둑아팔잇디나(Marduk-apal-iddina)였는데, 그는 성경에서 므로닥발라단으로 지칭되고 있다(왕하 20:12 = 사 39:1). 그는 정치적으로 대단한 수완가였기 때문에 정치적 상황이 조금만 더 좋았더라면 바벨론 제국을 건설할 수 있었을 것이지만, 그러한 꿈은 한 세기가 지날 때까지 실현될 수 없었다.

므로닥발라단은 자신의 정치적 목적을 달성하기 위한 최상의 방법은 산헤립

---

28) 여기서 에디오피아가 언급된 것은 새로운 이집트 왕조가 에디오피아인에 의해 세워졌기 때문이다.

(Sennacherib)을 궁지에 몰아넣는 것이라고 믿고 앗시리아 제국 전역에 반란의 불길을 붙였다. 그는 자기 지역에 혁명세력을 구축한 뒤, 팔레스타인에 사절단을 보냈다. 그가 히스기야에게 보낸 사절단에 관한 이야기와 이에 대하여 이사야가 맹렬하게 항의한 이야기는 열왕기하 20:12-19(= 사 39:1-8)에 나와 있다. 이때에 이집트도 제25왕조의 창건자인 샤바코(Shabako)라 불리는 정력적인 에디오피아 왕의 영도 아래에서 국가의 부흥을 꾀하고 있었다. 바로 이 시기에 나온 것으로 보이는 이사야 18장의 신탁은 샤바코가 히스기야에게 사절단을 보내 반(反)앗시리아 봉기에 참여하도록 종용했다고 말하고 있다. 이집트는 이러한 정치적 음모를 통해 앗시리아를 붕괴시키고 옛 제국의 영광을 되찾으려고 하였다.

유다의 모든 이웃 나라들이 거의 예외없이 이 혁명의 대열에 끼었기 때문에 히스기야도 거기에 가담하라는 유혹을 뿌리칠 수 없었다. 그는 혁명을 위하여 온갖 노력을 다하였다. 그는 블레셋의 여러 왕들이 이 음모에 가담하기를 거부하자 블레셋에 군대를 파견하였고(왕하 18:8) 또한 산헤립의 실록으로부터 알 수 있듯이 블레셋 성읍 에그론의 왕 파디(Padi)를 포로로 잡아 예루살렘으로 끌고오기도 했다.

이러한 운명적인 결단의 순간에 이사야는 이전에 아하스에게 조언했던 것과 같이 이 유다 왕에게 혁명에 가담하지 말라고 조언하였다. 앞에서 살펴본 바와 같이 28-33장에 나오는 예언적 신탁들의 대부분은 바로 이 시기, 곧 주전 8세기 말엽 5년 동안을 반영하고 있다. 이사야의 조언은 결국 앗시리아가 승리할 것이라는 소심한 정치적 계산에서 나온 것만은 아니었다. 정치적 관측통으로서의 이사야는 최상의 조치에 관하여 이사야와 다른 결론에 도달했던 당시의 다른 사람들보다 더 현명했다고 할 수는 없을 것이다. 예언자로서 이사야의 위대성은 주로 그의 정치적인 판단력이 아니라 국제정세를 바라본 종교적 관점에 있다.

잠잠함과 신뢰함에 힘이 있다

이사야의 마음 속에 확고부동하게 자리잡고 있었던 것은 야훼께서 역사를 주관하시며 앗시리아는 야훼의 목적에 기여하는 도구로 부름 받았다는 확신이었다. 이사야는 이러한 확신을 이사야서 앞부분 10:5-19의 장엄한 신탁에서 정교하게 제시하고 있는데, 여기에서 앗시리아는 "야훼의 진노의 막대기"로 불리고 있다:

화 있을진저 앗시리아 사람이여

그는 나의 진노의 막대기요
그 손의 몽둥이는 나의 분한이라
내가 그를 보내어 한 나라를 치게 하며
내가 그에게 명하여 나의 노한 백성을 쳐서
탈취하며 노략하게 하며
또 그들을 가로상의 진흙같이 짓밟게 하려 하거늘
— 이사야 10:5-6.

물론 앗시리아의 통치자는 자기가 하나님의 손에 붙잡힌 도구라는 것을 깨닫지 못한다. 왜냐하면 그는 자기 자신의 정치적 목적들을 추구하고 있다고 생각하기 때문이다. 그럼에도 불구하고 앗시리아군의 무차별한 진격 뒤에는 — 시편 기자들 중의 한 사람이 말했듯이 — 원수의 분노조차 하나님의 목적에 기여하도록 만드는(시 76:10) 하나님의 최고 주권이 있다. 역사는 인간의 변덕이나 막강한 군사를 거느린 민족에 의해 지배되는 것이 아니다. 앗시리아 침략군에 의해 자행된 참혹한 전란은, 예언자의 눈으로 볼 때, 인간사에서 하나님의 심판의 표적으로서 야훼의 택하신 백성도 이를 피할 수는 없다. 그러나 시온산에 대하여 야훼께서 하실 일이 다 마쳐지면, 앗시리아 왕의 "완악한 마음의 열매"와 "높은 눈의 자랑"을 징벌할 것이다 (10:12). 도끼가 자기를 사용하는 사람에게 스스로를 자랑하거나 지팡이가 자기를 휘두르는 사람에게 뻐기는 것은 어리석은 짓이다!

때가 되면 야훼께서는 "앗시리아 사람을 … 발아래 밟으리니" 포학의 멍에가 백성으로부터 벗겨질 것이다(14:24-27을 보라). 아무리 강력한 제국이라 하더라도 야훼가 왕이며, 아무리 역사의 물줄기가 흉용하다고 하더라도 야훼의 목적이라는 둑을 벗어나지 못한다는 사실을 배워야 한다. 그런 까닭에 믿음의 사람들이 기꺼이 승복해야 할 대상은 앗시리아의 멍에가 아니라 야훼의 왕국의 멍에이다. 그리고 믿음의 사람들은 하나님의 심판을 사회로부터 만연된 부정을 척결하라는 요구로 받아들이고, 야훼께서 교만한 자의 오만을 낮추실 때까지 끈기있게 기다려야 할 것이다.

이사야가 히스기야에게 앗시리아에 대한 혁명을 피하라고 조언한 것은 바로 이러한 확신에서였다. 사람의 힘으로는 이스라엘 백성을 심판하고 책망하기 위하여 오시는 야훼를 막을 수 없듯이 앗시리아의 진격을 막을 수 없다. 호세아와 마찬가지로 이사야도 정치적 동맹을 "사망으로 더불어 세운 언약"(사 28:18)이라 부르며 이를 단죄하였다.

"넘치는 재앙"이 온 땅을 휩쓸 때 유다는 침수될 것이다. 이는 야훼께서 인간의 계획과 희망들을 무산시킬 "비상한 일"을 행할 것이기 때문이다(28:14-22). 특히 이사야는 히스기야가 므로닥발라단과 벌인 비밀협상을 규탄했던 것과 같이(왕하 20:12-19), 이사야 18장에 언급되어 있는 이집트의 사절단에 대한 환대도 단죄하였다. 그는 "병거의 많음과 마병의 심히 강함"을 믿고 원군을 청하러 이집트로 내려간 사람들을 비난하였다(사 31:1-3).

> 애굽은 사람이요 신이 아니며
> 그 말들은 육체요 영이 아니라
> — 이사야 31:3.

예언자에 의하면 이러한 정치적 노력은 백성들이 "이스라엘의 거룩하신 자"를 의뢰하지 않는다는 명백한 증거였다. 이사야 30:1-15에서 이사야는 "애굽의 그늘"에 피하려는 것이 얼마나 어리석은 일인지를 강조하고 있다. 여기서 이사야는 예전에 아하스에게 했던 조언(7:9)을 재현하여 신앙의 의미를 멋지게 요약하고 있다:

> 너희가 돌이켜 안연히 처하여야 구원을 얻을 것이요
> 잠잠하고 신뢰하여야 힘을 얻을 것이어늘
> — 이사야 30:15.

유다의 안전책은 정치 — 다른 나라들과 같은 국가가 되는 것 — 가 아니라 야훼께로 돌아가 그분을 의지하는 것 — 구원은 하나님이 정하신 때에 홀로 하나님으로부터만 올 것이라는 신뢰 — 에 있다. 그러나 예언자가 신앙을 요구하자 백성들은 명료하게 "아니라"(30:16)고 대답하였다. 그들은 말을 타고 도망가기를 원했다. 그렇다, 그들은 잽싼 마병들에게 쫓겨 말을 타고 도망가게 될 것이다. 백성들은 분명한 히브리어로 회개하라고 불러도 알아듣지 못했기 때문에, 그들은 야훼께서 생소한 입술과 다른 방언으로 그들에게 말씀하시는 것을 들어야 할 것이었다(28:7-13). 자신의 사역 처음부터 끝까지 야훼께서 시대의 사건들을 통하여 말씀하고 계시다는 것을 백성들이 깨닫지 못하는 것을 보고 이사야는 당혹스러워 했다. 야훼께서는 "곤비한 자에게 안식" — 정치적인 불안과 소동의 때에 견실하고 차분한 신앙이 주는 안식과 휴식 — 을 말하였으나 "그들이 듣지 아니하였다"(28:12).

그러나 점점 더 이사야는 신실한 남은 자들이 야훼의 말씀을 듣고 임박한 파멸로부터 구원받을 것을 믿게 되었다. 왜냐하면 야훼께서는 "신실한 고을"(사 1:26을 보라)을 위한 토대, 하나님을 잠잠히 끈기있게 의뢰하는 것을 힘으로 아는 남은 자들로 이루어진 귀하고 시험을 잘 견딘 주춧돌을 예루살렘에 놓을 것이기 때문이다.

> 보라 내가 한 돌을 시온에 두어 기초를 삼았노니
> 곧 시험한 돌이요
> 귀하고 견고한 기초 돌이라
> 그것을 믿는 자는 급절하게 되지 아니하리로다
> 나는 공평으로 줄을 삼고
> 의로 추를 삼으니
> — 이사야 28:16-17a.

이와 같이 세상의 우주적인 왕이자 이스라엘의 거룩한 자인 야훼를 견실하게 믿으라는 호소는 이사야 예언자의 중심 주제였다.

새장에 갇힌 새

산헤립은 자신의 제국을 위협해 온 저항세력을 분쇄하기 위하여 신속하게 움직였다. 먼저 그는 바벨론의 므로닥발라단과 그의 동맹국들을 참패시켰다. 그런 다음 주전 703년 무렵에는 메소포타미아 전역을 평정한 후 서부로 진격하여 연전연승하였다. 그는 페니키아와 블레셋 평원을 정복하고 블레셋 성읍 에그론에서 이집트의 대군을 격파하였다. 미가 1:10-16은 무자비한 앗시리아의 진격을 반영하고 있는데, 그 앞에서 이웃나라의 모든 성읍들 — 라기스를 포함하여 — 은 차례로 함락되었다. 앗시리아군 중 일부는 사마리아와 유다의 고원지대를 지나 북쪽으로부터 예루살렘에 접근해 왔다. 앗시리아군이 진격해온 길은 이사야 10:28-31에 기록되어 있는데, 이 구절은 앗시리아 군대가 번개 같이 신속하게 여러 성읍들을 점령해 나간 모습을 생생하게 전해준다. 산헤립의 실록에 따르면, 마흔여섯 곳의 히스기야의 요새화된 도시들과 그 주위의 수많은 고을들이 점령되었고, 2만 150명이 포로로 잡혀갔다고 한다(참조. 왕하 18:13). (p. 386에 있는 지도를 보라.) 열왕기하 18:13-16의 보도는 본질적으로 앗시리아의 기사와 일치한다.[29]

주전 701년의 침공으로 예루살렘은 고립되어 외부의 원조를 청할 수 없게 되었

---

29) Pritchard, *Ancient Near Eastern Texts* [1], pp. 287-88을 보라.

다.[30] 산헤립은 히스기야가 "새장에 갇힌 새와 같이 나는 그의 왕도(王都) 예루살렘을 봉쇄하였다"고 말하고 있다. 이사야는 더 강력한 말로 이 재난을 소돔과 고모라의 멸망에 비유하였다. 이사야 1:4-9은 이러한 위기에서 나온 것이 분명하다. 유다는 왜 계속해서 저항하는 것이냐고 그는 반문한다. 나라는 병자처럼 머리에서부터 발끝까지 병들었고, 이방인들이 나라를 집어삼켜 시온은 "포도원의 망대 같이 원두밭의 상직막 같이" 고립되었다.

이상하게도 예루살렘은 소돔과 고모라처럼 완전히 파괴되지는 않았다. 왜냐하면 야훼께서는 이 도성을 불쌍히 여겨 "조금 남겨"(사 1:9) 두었기 때문이다. 이와 같이 예기치 못한 사건의 변화에 관한 이야기는 열왕기하 18장과 19장(사 36-37장)에 나와 있다. 라기스를 포위하고 있는 동안 산헤립은 시종장관 랍사게('사절단장'을 의미하는 직함)가 이끄는 사절단을 예루살렘에 보내 무조건 항복을 요구하였다. 이 이야기는 너무도 생생하게 묘사되어 있기 때문에 우리는 성벽의 방어진지에 투입되어 이 일화를 듣고 있는 듯한 착각을 일으킬 정도이다. 우리는 랍사게가 어느 정도 거리를 두고 서 있고 그 뒤에는 막강한 앗시리아군의 분견대가 있는 모습을 본다. 긴장이 감도는 침묵의 허공을 뚫고 랍사게의 날카로운 말은 유다의 수비대에게는 앗시리아의 칼보다 더 위협적인 공포를 불러일으켰다. 유다의 관리들은 이 말을 듣고 놀라서 일반 백성이 알아듣지 못하도록 당시 국제 외교어인 아람어로 말해 달라고 요청하였다. 그러나 이러한 약점의 노출은 랍사게로 하여금 자신의 요구조건들을 더욱 고압적으로 강압하게 만들었을 뿐이다. 실제로 랍사게는 유다 백성이 아무런 명분도 없는 싸움을 한다고 말하면서 히스기야를 버리고 산헤립에게 무조건 항복을 하면 얻을 것은 많아도 잃을 것은 거의 없을 것이라고 했다.

침공을 당하고 있을 때의 이사야의 메시지

이제 놀라운 일이 일어난다: 이사야가 앗시리아에게 항복하지 말라고 조언하고

---

30) 성경 본문에 난점들이 있기 때문에 어떤 학자들은 산헤립이 실제로 유다를 두 번 침공하였다는 가설을 제기하였다. 한 번은 주전 701년이었고, 또 한번은 서부지방에서 반란이 일어난 주전 691년이었는데, 예루살렘이 기적적으로 난을 피할 수 있었던 것은 두번째 침공 때였다는 것이다. John Bright, *History of Israel*(91), pp. 285-288, 298-309는 앗시리아의 비문들이 앞에서 가정한 두번째의 원정을 언급하고 있지 않다는 것을 인정하면서도 이 가설을 지지하고 있다. 이 견해에 대한 비판으로는 Brevard S. Childs, *Isaiah and the Assyrian Crisis*(347), 특히 pp. 118-20을 보라.

있는 것이다. 앗시리아군이 야훼의 진노의 막대기라는 그의 초기 메시지에 비추어 볼 때 이것은 180도 달라진 태도로 보인다. 그러나 우리는 이사야가 앗시리아의 세력과 그 저항 세력의 상대적인 힘을 평가하여 메시지를 전한 정치가가 아니었다는 사실을 기억해야 한다. 우리는 세계 정복자들의 노정(路程)에서 멀리 떨어져 있던 유다가 무간섭 정책을 표방했더라면 외세의 침입을 면할 수 있었으리라고 생각할지도 모른다. 이사야도 처음에는 그런 생각을 품고 있었는지 모르지만 이에 대해서는 아무런 암시조차 보여주지 않는다. 그의 관점은 정치적이 아니라 '종교적'이었다. 이사야는 앗시리아가 야훼의 손에 붙잡힌 도구라고 굳게 믿었다. 그리고 하나님이 유다 백성을 심판하기 위해 앗시리아를 한동안 도구로 삼았지만, 예루살렘에서 이 "비상한 일"이 마쳐진 후에는 앗시리아는 버려질 것이라고 믿었다(참조. 사 28:21). 앗시리아의 국력은 하나님이 부여한 것이기 때문에 그 힘은 하나님이 원하시는 때에 억제되거나 거두어질 수 있었다.

산헤립의 침공으로 인한 위기의 때에 이사야와 미가는 서로 다른 메시지를 선포했다. 미가는 불굴의 확신을 가지고 시온이 "밭 같이 갊을 당할" 것이라고(3:12) 주장한 반면에 이사야는 시온은 멸망하지 않을 것이라고 선포하였다. 그러나 이사야의 이러한 선포는 이사야의 예언 사역의 전체적인 맥락 속에서 보아야 한다. 앞에서 살펴본 대로 이사야는 역사 속에서 야훼의 구원사역은 특히 예루살렘 도성과 결부되어 있다고 믿었다. 왜냐하면 예루살렘은 언약궤를 안치한 성전이 있는 곳이었기 때문이다. 그리고 예루살렘은 야훼께서 창건한 도시였고(사 14:32), 시온산은 "만군의 야훼의 이름을 두신 곳"(18:7)이었다. 이사야가 왕이신 야훼의 이상(異像)을 본 곳도 바로 예루살렘 성전에서였다. 더욱이 예루살렘은 다윗의 도성이었다. 그리고 3세기 동안이나 역사의 풍랑을 헤치고 살아남은 다윗 왕조는 야훼께서 주신 사회적 안정에 대한 표적이었다.

그러나 이러한 모든 확신들은 다윗을 향한 나단의 예언의 영향 아래 예루살렘에서 발달한 왕조신학에 그 뿌리를 두고 있었다. 이 신탁(삼하 7장)은 이스라엘 왕들의 잘잘못과는 상관없이 다윗 왕조를 영속시키겠다는 야훼의 무조건적인 약속을 선포하고 있다는 것을 기억해야 할 것이다. 모세 언약을 강조한 북부 이스라엘에서는 아모스나 호세아와 같은 예언자들은 이스라엘의 불순종은 야훼께서 이스라엘의 역사를 끝낼 수 있는 충분한 근거가 된다고 선언할 수 있었다. 그러나 이사야는 다윗을 향한 야훼의 은혜의 약속이 다윗 왕조의 왕들은 물론이고 전체 백성들에게도 미칠 것이라고 생각했다. 그러나 이것은 회개와 개혁의 요구를 적당히 처리해도 좋다는 의미는 전혀 아니었다. 앞에서 살펴본 대로 이사야는 아모스에 못지 않게 사회에 대하여 신랄하게 비판하고 줄기차게 개혁을 요구하였다. 그렇지만 이사야는 결국 미래에 대한 소망은 백성의 행실이나 왕들의 위대함이 아니라 오직 다윗과 맺은 야훼의 언약 및 그 언약에 대한 야훼의 시종여일한 신실성에 달려있다고 믿었다.

그러므로 이사야가 야훼의 목적은 예루살렘을 멸절시키는 것이 아니라 의롭고 신실한 남은 자들을 기초로 삼아 새로운 예루살렘을 건설하는 것이라고 주장한 것은 놀라운 일이 아니다. 야훼의 목적은 거룩한 백성과 거룩한 도성을 요구하였다. 또한 '남은 자들'이라는 사상은 긍정적인 의미를 지니고 있었다: 남은 자들은 야훼께로 돌아와(회개하여), "야훼를 의뢰할 것이다"(10:20-21). 이와 같이 왕조의 언약신학의 신조에 따르면 야훼께서는 "나를 위하여 내 종 다윗을 위하여"(37:33-35) 시온을 멸망시키지 않을 것이라는 것이다.[31]

따라서 이사야의 메시지를 전체적으로 고찰해볼 때 산헤립이 침공한 시기에 이사야의 입장은 종교적으로 일관되어 있음이 밝혀졌다. 우리는 예언자들의 선포들을 우리 자신의 논리 형식에 억지로 끼워맞추려고 하거나 모든 예언자들이 예루살렘에 관하여 정확히 동일한 내용을 예언하였다고 가정해서는 안된다. 예언자들은 언제나 자신들이 처해 있던 당시의 상황에 맞춰 예언하였다. 그리고 주전 701년에 이사야는 시리아-이스라엘 전쟁이라는 이전의 상황이나 예레미야 시대와 같은 후대의 상황이 아니라 '그때 당시의' 상황을 두고 예언하도록 부르심을 받았다. 이사야는 체험을 통해 야훼의 심판 배후에는 구원하고 갱신시키려는 하나님의 뜻이 담겨 있다는 것을 자신의 사역 초기에서보다 더욱 깊이 깨닫게 되었다. 그런 까닭에 이사야의 사역 말기의 격동하던 시절에 나온 신탁들은 야훼의 구원 능력을 강조하였다. '기이한 일' (opus alienum), 곧 시온산에 대한 심판을 통한 정화라는 하나님의 "기이한 일"을 끝마친 후에 오만한 앗시리아 제국은 징벌을 받을 것이다(사 28:21).

앗시리아군은 "칼에 엎더질 것이나 사람의 칼로 말미암음이" 아닐 것이다. 왜냐하면 야훼께서 "강림하여 시온산 … 에서 싸울 것이며" 새가 날개치며 그 새끼를 보호함 같이 "예루살렘을 보호할 것"이기 때문이다(31:4-9). 예루살렘을 치려고 군대로 하여금 진을 치게 한 이는 야훼이기 때문에 시온산을 치려고 나선 오만한 나라들

---

31) 이 후자의 구절은 이 위기에서 이사야의 입장에 대해 약간 다른 견해를 제시하고 있는 열왕기하 18-19장에서 발췌한 부분(사 36-39장)으로부터 온 것이다. Brevard S. Childs, *Isaiah and the Assyrian Crisis* 〔347〕, pp. 69-103를 보라.

은 먹는 꿈을 꾸다가 깨어나 자신의 허기가 채워지지 않았음을 발견하는 굶주린 자처럼 될 것이다(28:1-8). 야훼는 멸망의 채로 열방들을 치러 저 멀리서부터 오고, 앗시리아군은 야훼의 힘센 팔과 분노어린 목소리를 듣고 공포에 질릴 것이다(30:27-33). 이러한 출현은 앗시리아나 그밖의 다른 인간적 권세가 아니라 야훼가 역사의 유일한 통치자임을 종국적으로 상기시켜 줄 것이다.

예루살렘의 구원

열왕기하 19장(사 37장과 병행)에 나오는 이야기에 따르면 랍사게의 도전이 히스기야에게 전해졌을 때 왕은 실의에 빠졌다. "오늘은 곤란과 책벌과 능욕의 날이라 아이가 임산하였으나 해산할 힘이 없도다"(3절). 왕으로부터 절박한 말을 들은 이사야는 오만한 앗시리아 왕에 대한 신탁을 전했다(왕하 19:20-28). 예언자의 이 예언의 말씀에는 남은 자들이 구원될 것이요 삼 년이 지나면 이 땅은 정상을 되찾을 것이라는 또 하나의 "표적"이 결부되어 있다(29-31절).

앗시리아에 대한 신탁은 10:5-16에 나오는 이사야의 예언의 메시지와 부합하지만, 이 이야기의 나머지 부분(32-37절)은 난점들이 많다. 이사야가 32-34절에서 예언한 대로 앗시리아는 예루살렘을 포위 공격하지 않고 퇴각하였다는 것은 사실이다. 그러나 이러한 '기도에 대한 응답'은 전설을 바탕으로 설명되었다: 야훼의 천사가 밤에 산헤립의 군사를 죽이자 산헤립은 자기 수도로 퇴각해야 했고 거기서 자기 아들 중 한 사람에게 살해되었다(왕하 19:35-37). 산헤립의 실록은 이를 언급하고 있지 않지만 아마도 이것은 앗시리아 군대 전체에 퍼진 질병 또는 전염병을 가리키는 것 같다. 또한 이사야가 다른 곳에서 예언했다고 하는 '소문'을 들은 산헤립이 서둘러 자신의 고국으로 되돌아갔을 가능성도 크다. 그 소문은 바벨론에서 새로운 폭동이 일어났다는 내용임이 밝혀졌다. 그래서 산헤립은 작은 나라 유다보다 잠재적으로 훨씬 더 위험한 바벨론을 치기 위해 서둘러 퇴각하였는지도 모른다.

어쨌든 산헤립은 팔레스타인에서 자신의 목적을 달성하였다: 이집트는 심각한 타격을 받았고, 이집트의 선동으로 구축된 반(反)앗시리아 연합세력은 분쇄되었다. 히스기야는 산 위의 요새에서 난을 피했지만 많은 영토를 빼앗기고 또 앗시리아 왕이 라기스에 머물고 있을 때 앗시리아의 요구에 굴복하여 상당한 양의 공물을 바쳤다. 히스기야가 앗시리아에 바친 공물은 열왕기하 18:14-16에 자세히 기록되어 있고 또 서부 정복에 대한 산헤립 자신의 기록에서도 확인된다. 따라서 산헤립이 처리해야 할 다른 긴급한 문제들이 있는 터에 막대한 시간과 인력을 낭비하면서 예루살렘을 포위공격할 이유가 어디 있었겠는가?

산헤립의 돌연한 퇴각을 어떤 식으로 설명하든 이 사건은 유다 백성의 기억에 깊은 인상을 남겼다. 이 위기 상황 속에서 야훼가 예루살렘을 살려두었다는 사실은 일반 백성에게 야훼께서는 어떤 상황에서든 예루살렘을 살려둘 것이라는 생각을 갖게 하였다. 시온은 영원히 설 것이다! 그런데 이사야가 다른 초기 예언자들처럼 다음과 같은 조건을 자신의 메시지에 포함할 수 있었다는 것은 이해하기 어렵다:

> 너희가 즐겨 순종하면
> 땅의 아름다운 소산을 먹을 것이요
> 너희가 거절하여 배반하면
> 칼에 삼키우리라
> ― 이사야 1:19-20.

이사야 22:1-14은 앗시리아 군대가 예루살렘으로부터 퇴각했을 때 나온 듯하다. 만약 그렇다면 이 구절은 지붕 꼭대기에 올라가 "훤화하며 떠드는" 사람들의 난잡한 방종을 묘사하고 있는 것이 된다. 승리의 축제가 벌어지는 가운데 이사야는 홀로 서서 "내 딸 백성이 패멸하였음"에 대하여 통곡한다.

주전 8세기 말엽의 격동의 사건들이 지난 뒤 이사야는 우리의 시야에서 사라졌다. 이사야가 히스기야 시대 말기(히스기야는 B.C.E. 687/6년에 죽었다)에도 활약하였는지의 여부에 대해서 우리는 알고 있지 않다. 전승에 의하면 이사야는 히스기야의 후계자인 므낫세가 반동정치를 하는 기간에 순교했다고 한다. 이사야는 자기 제자들에게로 관심을 돌려 자기 이름과 결부된 광범위한 전승에 새로운 추진력을 부여하면서 이 예언자 공동체 내에 머물면서 하나님의 뜻이 실현될 날을 끈기있게 기다렸을 것이다. 어쨌든 오랜 세월이 지나 앗시리아 제국이 단지 기억에만 남아 있게 되었을 때, 야훼의 남은 자라는 이사야의 개념 ― 민족 내의 '교회' ― 은 이스라엘 그리고 궁극적으로는 나사렛 예수를 중심으로 모이게 된 공동체에 큰 영향을 끼쳤다.

제 11 장

모세 율법의 재발견

삶의 토대들이 심하게 흔들리는 불안정한 시대에는 사람들은 흔히 삶에 대한 전망을 되찾기 위하여 과거를 돌이켜보고 '좋았던 흘러간 옛시절'을 아쉬운 듯 동경하게 된다. 예를 들면 오늘날에도 세계적인 위기가 발생하면 때로 각 나라들은 자기네들의 지나온 과거를 새로운 관심을 가지고 연구하고 사람들은 자신의 계보 또는 자기들이 서있는 전통을 탐구함으로써 자신들의 '뿌리'를 찾으려 한다. 주전 7세기 유다 왕국에서도 이와 같은 상황이 벌어졌다. 당시 유다에서는 "과거에 대한 관심과 향수가 부활"[1]하였다. 당시의 문헌에 분명히 나타나는 이러한 관심은 고대 근동지방 전체에 뚜렷하게 존재했던 전반적인 경향을 반영하는 것이었다. 예레미야는 당시의 이러한 정신을 잘 요약하였다:

> 너희는 길에 서서 보며
> 옛적 길 곧 선한 길이 어디인지 알아보고
> 그리로 행하라
> 너희 심령이 평강을 얻으리라
> — 예레미야 6:16.

성경읽기 : 역사적 배경은 왕하 21-23장(=대하 33-35장)에 나타나 있다. 많은 문학작품들이 이 시기에 나왔다. 신명기 4:44-26장의 모세의 설교를 다룰 것이다. 적어도 11장과 습 1-3장, 렘 1:1-4:4, 나훔, 합1-2징을 읽으라.

1) W.F. Albright, *From the Stone Age*(111), pp. 240-44.

언약에 대한 서로 다른 견해들

우리는 영광스러웠던 다윗 시대를 황금시대라고 본 예언자 이사야에게서 이같은 과거에 대한 향수를 이미 어느 정도 감지할 수 있었다. 이사야는 예루살렘의 건설이 과거의 결정적인 시기요 '출발점'이며 역사 속에서의 야훼의 목적은 시온을 "본래와 같이"(사 1:26) 회복시키는 것이라고 생각하였다. 다윗 전승에 대한 이사야의 관심은 예언운동에 있어서 독특한 발전이었다. 왜냐하면 이사야는 출애굽과 시내산 언약이라는 위대한 형성기에는 거의 관심을 보이지 않고 있는 것이 분명하기 때문이다. 이미 살펴본 대로 이 점에서 이사야는 북왕국의 예언자들과 달랐다. 예를 들면 호세아는 출애굽 시기를 이스라엘의 출발점으로 삼고 이스라엘 역사의 목표는 광야에서 맺은 언약의 갱신이라고 천명하였다. 그리고 엘리야가 모세 언약에서 성산(聖山)인 호렙산으로 도망한 것은 북왕국에서의 예언 정신의 상징이었다.

지금까지 우리가 여러 측면에서 고찰해 왔듯이 유다 왕국에서는 북부의 모세 전승과는 근본적으로 달랐던 언약 개념이 발달하였다.[2] 통일왕국의 건설자인 다윗은 고대 지파 동맹의 종교적인 전승들과 상징들을 인수함으로써 열두 지파를 자신의 지배 아래 통일시키고자 하였다. 그러나 다윗의 궁정에서는 모세 시대부터 전해져 내려온 언약 신앙과 나란히 새로운 신학이 태동되어 발달하게 되었다. 이 신학에 의하면 야훼께서는 엄숙한 맹세로써 인봉된 절대적인 언약을 다윗과 맺어 다윗 왕조를 영원히 보존하고 이사야가 말했듯이 "내 종 다윗을 위하여"(사 37:35) 다윗 왕국을 버리지 않을 것이라고 약속했다고 한다. 앞에서 살펴보았듯이 다윗에 대하여 은혜의 약속들(삼하 7장)이 주어졌다고 하여 부패한 정치가 징벌을 받는 것으로부터 면제되는 것은 아니었다. 그러나 최소한 왕조의 지속성에 대한 보증은 있었다. 이와는 대조적으로 모세 언약은 하나님과 백성의 관계는 해제될 수 있으며(호 1:9) 이스라엘 백성에게 "종말"이 닥칠 수도 있다는(암 8:2) 가능성을 주장하였다.[3]

앞의 여러 장(章)들에서 이스라엘과 유다의 역사를 다룰 때 우리는 이 쌍둥이

---

2) George E. Mendenhall, *Law and Covenant* (229), pp. 44-50의 중요한 연구를 보고, 또한 그의 논문, "covenant", *Interpreter's Dictionary*(25)도 보라.

3) 이 두 언약 전승의 신학적 차이들은 J. Coert Rylaarsdam, "The Two Covenants"(304)에 분명하게 제시되어 있다. 이 두 언약 전승의 상호 작용을 고찰한 것으로는 B. W. Anderson, "Exodus and Covenant in Second Isaiah and Prophetic Tradition", *Magnalia Dei*(157), 339-360이 있다.

왕국이 정치적인 면에서나 신학적인 면에서 차이가 있다는 것을 살펴보았다. 야훼와 다윗의 언약을 중심으로 하고 있는 왕조 신학은 유다의 안정을 위한 신학적 토대를 마련해주었기 때문에 다윗 계열의 왕들은 중단없이 예루살렘의 보위를 계승할 수 있었다. 그러나 이스라엘 왕국의 역사 전체를 통하여 단일 왕조를 유지할 수 없었던 북부에서는 고대 지파 동맹의 전승들이 살아 있었다. 거기에서는 각 지파들이 독립을 누렸던 옛 시절에 대한 기억은 왕위찬탈을 위한 혁명의 불씨 역할을 했다. 그리고 북부에서는 시내산에서 맺어진 언약을 강조했는데, 이 언약은 야훼의 위대한 구원역사에 토대를 둔 것으로서 은혜를 입은 백성들은 언약의 주군을 섬길 의무가 부과되어 있었다. 이 시점에서 '종주권' 언약 또는 조약에 관한 우리의 고찰을 상기하라. 그것은 백성의 책임을 강조하고 있고 만약 그 책임을 제대로 이행하지 못했을 경우에는 그 관계는 끝장이 났다.

주전 7세기 동안에 유다에서 일어난 가장 중대한 발전은 '모세의 재발견'이었다. 이러한 관심의 부활에 대한 가장 위대한 기념비적인 문학작품은 신명기였다. "지나간 날을 상고하여 보라"(신 4:32)는 말은 신명기의 특징적인 호소이다. 그러나 이 구절(32-40절) ― 신명기적 문학작품 중에서 가장 세련된 구절들 가운데 하나 ― 의 문맥이 보여주듯이, 과거의 결정적인 시기는 다윗이 통치하던 황금시대가 아니라 야훼께서 "시험과 이적과 기사와 전쟁과 강한 손과 편 팔과 크게 두려운 일로" 이스라엘을 구속한 출애굽의 시기였는데, "이는 다 너희 하나님 야훼께서 이집트에서 너희를 위하여 너희의 목전에서 행하신 일이라." 신명기 사가의 상상력에 불을 붙이고 경이로움을 느끼게 했던 출애굽 사건은 하나님에 대한 이스라엘의 지식의 원천, 언약 공동체의 토대, 언약의 의무들을 지켜야 할 동기를 제공해 주었다.

유다의 악한(惡漢) 므낫세

모세의 율법 또는 가르침을 재발견하게 된 역사적 배경을 간단히 살펴보기로 하자. 히스기야 왕이 죽고 난 후 유다에서 벌어진 사건들을 설명하면서 신명기 사가는 므낫세를 다윗 계열의 역대 왕 중에서 가장 악한 왕으로 묘사한다. 이스라엘 왕국에서 가장 악한 왕이 여로보암 1세였다면, 유다 왕국에서는 므낫세였다. 그는 히스기야 아래에서 추진되었던 종교개혁을 뒤엎고 백성들로 하여금 이웃 나라들보다 더 많

은 악을 자행하도록 "꾀었다"(왕하 21:2-15). 그의 긴 통치기간(B.C.E. 687/6-642
년경)은 유다 역사에서 암흑기였다. 주전 6세기 초 예루살렘이 멸망하고 난 뒤 글을
쓴 후대 사가들은 야훼로 하여금 유다를 심판하게 만든 장본인이 므낫세였다고 주장
하였다(왕하 23:26-27; 24:3-4; 참조. 렘 15:4).

신명기 역사서

앞에서 우리는 신명기의 토라(신 5-28장)를 가리키는 '신명기의'
(Deuteronomic)라는 형용사와 여호수아서로부터 열왕기하까지 이르는 신명기적 역
사서를 가리키는 '신명기적'(Deuteronomistic)이라는 형용사의 차이를 살펴보았다.
또한 이 역사서 작품은 현재의 신명기의 뼈대를 이루고 있는 것들(1-4장과 27-30장)
을 포함한다. 실제로 신명기 1-4장은 신명기 자체와 신명기 역사서 전체에 대한 서문
역할을 한다.

원래의 신명기 역사서(여호수아서로부터 열왕기하까지)에 보도된 마지막 사건은
B.C.E. 561년에 다윗 계열의 왕 여호야긴이 바벨론에 갇혔다가 풀려나온 사건이다
(왕하 25:27-30). 페르시아의 고레스의 등장이나 그의 바벨론 정복(B.C.E. 539년
경)에 대해서는 언급이 없다. 이것은 이 역사서가 여호야긴이 풀려난 후, 아마
B.C.E. 550년경에 최종적인 형태로 완성이 되었음을 보여준다. 그러나 어떤 학자들
은 신명기 역사서는 두 가지 판본으로 등장하였는데, 하나는 왕정 말기에 편찬되어
요시야 왕을 중심으로 한 민족의 부흥에 대한 소망을 표현하고 있고 다른 하나는 이
역사서를 "요시야 시대의 밝은 기대들이 허망하게 지나가 버린 포로기의 사람들에 맞
게" 씌어진(또는 '개작된') 것이라고 주장한다.[4] 옥스포드 주석성경에서는 "제1신명
기 사가"와 "제2신명기 사가"로 나누어 언급하고 있음을 주목하라. 이러한 가설이 옳
다면, 우리는 이스라엘 공동체의 특징이었던 전승의 개작 또는 현대화를 보여주는 또
하나의 예를 갖게 되는 셈이다.

열왕기상하에서 발견되는 신명기 역사서의 부분 속에는 두 가지 신학적 주제들
이 서로 얽혀 짜여 있다. 역사서 전체에 대한 신학적 서문(신 1-4장)으로 제시되고
있는 지배적인 주제는 축복과 저주라는 제재 규정 아래에서 야훼와 맺은 이스라엘의
언약에 신실하라는 부름이다. 이러한 책임들을 다하지 못했을 때의 결과는, 예를 들
면 열왕기하 17:1-23에 나오는 사마리아의 멸망에 관한 말씀 속에서 설명되고 있다.
두번째 주제는 사람들의 실패에도 불구하고 "나의 종 다윗과 나의 뺀 예루살렘을 위
하여"(왕상 11:13; 참조. 15:4; 왕하 8:19; 20:6 등) 장래를 보장하는 다윗에 대한
야훼의 은혜의 약속들(삼하 7장)이다. 인상깊은 대위법을 사용하여 이 사가는 이 두
가지 주제를 섞어 짜놓았는데, 약속의 땅에서의 이스라엘의 실패의 역사를 이해하고
다윗 계열의 왕에 대한 소망을 지지하려는 시도 속에서 한 주제는 모세를 중심으로
하고 있고, 다른 주제는 다윗을 중심으로 하고 있다.

　　그러나 므낫세 시대는 주전 8세기의 위대한 예언자들의 시대와 주전 7세기말 예언의 부흥시대를 잇는 중요한 과도기였다. 따라서 우리는 이 시대를 열왕기하 21장에 나오는 비판적인 보도보다는 좀더 폭넓고 동정적인 안목으로 살펴보아야 할 것이다. 열왕기의 보도는 므낫세 시대 전체에 걸쳐 유다의 삶과 사고에 어두운 그림자를 드리운 중대한 정치적 사건, 즉 앗시리아가 이집트로 진격하여 승리를 거두고 비옥한 초승달 지대 전체를 휩쓴 사실에 대해서는 전혀 언급을 하지 않고 있다. 앗시리아 제국의 국력과 영광이 절정에 달한 것은 바로 므낫세 시대였다. 물론 주전 7세기 초반부터 앗시리아 제국의 토대가 흔들리는 징조들이 있었다. 주전 681년 산헤립이 살해되자 메소포타미아에서는 새로운 혁명의 불길이 일어났고, 잠깐이나마 무력과 수많은 속국 체제로 지탱되어 왔던 제국이 휘청거리다가 몰락하는 듯했다. 그러나 앗시리아의 다음 왕 에살핫돈(B.C.E. 680-669년경)은 전세를 회복시켰다. 그는 모든 혁명세력들을 진압한 후 주전 671년에 이집트로 진격하여 멤피스를 점령하고 이집트와 에디오피아의 왕인 티르하카를 포로로 잡아갔다. 이와 같은 에살핫돈의 승전은 석비에 생생하게 묘사되어 있는데, 석비에서 그는 앗시리아의 종교적인 상징물들 앞에 서서 밧줄에 묶인 채 무릎을 꿇고 있는 두 포로 — 그중 한 명은 티르하카이다 — 의 밧줄을 붙잡고 있는 모습으로 묘사되어 있다.

　　앗시리아의 다음 왕인 아슈르바나팔(B. C. E. 668-627년경)은 재임 초기 동안에는 부왕의 제국을 완전하게 지킬 수 있었다. 상부 이집트의 도시 테베가 함락되고 이집트는 잠깐 동안 앗시리아의 세력권에 들어가게 되었다. 이리하여 앗시리아는 마침내 당시의 가장 거대한 제국을 건설하는 데 성공하였다. 그러나 시간이 흐름에 따라 얼기설기 얽혀진 이 거대한 제국을 통제하기 어렵다는 것이 분명해졌다. 주전 652년에 바벨론에서 다시 반란이 일어났는데, 이번에 반란의 주모자는 속국 바벨론의 통치자로 임명되었던 아슈르바나팔의 형제였다. 아슈르바나팔은 이 반란을 가까스로 평정시켰지만, 반란의 불길은 비옥한 초승달 지대 전체에 번졌다. 앗시리아를 음해하려는 다른 사건들이 있었다.

　　주전 664년경 제26왕조를 창건한 프사메티쿠스 1세(B.C.E. 664-610년경) 아래에서 이집트는 혐오하던 앗시리아 점령군을 몰아내고 잠깐 동안 이집트의 부흥기를 열었다. 또한 스키티아족(Scythians)과 키메르족(Cimmerians)으로 알려진 유

---

4) Frank M. Cross, "The Themes of the Book of Kings and the Structure of the Deuteronomistic History"(112), pp. 278-289를 보라.

랑민의 무리들이 코카서스 산맥 너머로부터 메소포타미아로 물밀듯 들어왔고 메대인들이 이란의 고원지대에 세력을 구축하기 시작한 일도 앗시리아에게는 골칫거리였다. 앗시리아 제국이 통치할 날도 얼마 남지 않았다는 것이 분명했다. 이 시대는 유다의 예언자 나훔이 앗시리아가 테베를 멸망시켰듯이 앗시리아의 수도 니느웨도 그와 똑같이 멸망하리라고 선언하면서 앗시리아의 압제에 대한 유다 백성의 울분을 터뜨릴 기회를 제공해준 시대로부터 그리 멀지 않다(나 3:8).

그러나 므낫세의 치세 기간 동안에는 막강한 앗시리아 제국의 세력은 수그러들지 않았다. 아하스와 마찬가지로 므낫세도 유다가 취할 수 있는 최상의 정책은 앗시리아의 충실한 속국으로 남아 있는 것이라고 믿었다. 므낫세가 한 번 바벨론에 포로로 잡혀갔다는 것을 보여주는 약간의 증거들이 있다. 아마도 그가 반란에 가담하였기 때문일 것이다(대하 33:10-13).[5] 그러나 그가 반란을 획책했다면, 그는 완전히 실패했을 것이다. 어쨌든 대부분의 학자들은 이 이야기의 역사성을 의심한다. 왜냐하면 열왕기하권이나 앗시리아의 실록에 전혀 이에 대한 언급이 없기 때문이다. 므낫세는 앗시리아의 충실한 봉신으로 행세함으로써 평화를 되찾고 왕위를 지킬 수 있었다. 당시 앗시리아 군대가 팔레스타인을 통과하여 이집트로 진군하고 있었기 때문에 속국인 유다는 이러한 정책을 취함으로써 앗시리아에게 짓밟히지 않을 수 있었던 것으로 보인다.

유다의 암흑시대

열왕기하 21장은 앗시리아에 대한 예속이 가져온 종교적 사회적 결과들을 반영하고 있는 므낫세의 내정(內政)을 부각시키고 있다. 므낫세의 행동들 하나하나는 히스기야의 종교개혁에 의해 창출된 커다란 종교적 열정의 물결을 여전히 기억하고 있던 소수의 사람들을 격노시켰다. "그 부친 히스기야의 헐어 버린 산당을 다시 세우며"라고 보도되어 있다. 즉 그는 예루살렘 이외의 지방들에 있는 이교의 성소들을 다시 열었던 것이다. 그는 뻔뻔스럽게도 야훼 신앙과 바알의 자연종교를 혼합시키려는 계획을 후원하기까지 했다. 야훼는 "바알의 제단"에서 예배되었고, 모신 아세라

---

5) 역대기하에 나오는 이 기사도 이 죄악된 왕이 포로로 잡혀가 있는 동안 "그 열조의 하나님 앞에 크게 겸비"하였다고 한다. 그의 기도에 대한 언급(대하 33:19)은 주전 2세기 후반의 어느 시기에 「므낫세의 기도」를 편찬하게 된 동기가 되었다. 이 책은 개신교의 외경에는 포함되어 있으나 로마 가톨릭 정경에는 포함되어 있지 않다.

상이 세워졌으며, 제의적 매음이 행해졌다(왕하 23:7). 이와 같이 사사시대부터 이스라엘 신앙에 위협이 되어 왔던 이스라엘 예배의 이교화가 왕의 승인과 비호 아래 자유롭게 이루어졌다.

게다가 그밖의 다른 이교적 영향들에 문호가 활짝 열려 있었다. "하늘의 일월성신을 숭배하여 섬기며"(해, 달, 별들은 신으로 생각되었다)라고 언급되어 있듯이 메소포타미아의 성신숭배(星辰崇拜)도 도입되었는데, 이것은 분명히 앗시리아의 정치적 패권에 수반된 문화적 영향을 분명히 보여주는 증거이다. 사태를 한층 악화시킨 것은 히스기야가 모든 부정한 이교적 의식들로부터 정화시키려고 했던 중앙성소인 예루살렘 성전에까지 이러한 이교적 관습들이 들어오게 된 것이었다. 그러니까 므낫세는 과거의 가장 악한 관습들을 되살리려는 듯이 죽은 자의 혼백을 불러 점을 치는 오래된 의식(降神術)을 부활시켰는데, 이 관습은 사울도 정신이 온전했을 때에는 금지하였고 이사야도 격렬하게 비난했던 것이었다(사 8:19). 또한 이 점에서도 므낫세는 점성술, 마술, 점 등을 공식적으로 인정함으로써 앗시리아에 대한 예속을 보여주고 있었다. 그리고 그는 사람을 희생제물로 바치는 야만적인 관습을 행함으로써 완전히 이교 최후의 관문을 넘고 말았다. 아하스의 전례(왕하 16:3)에 따라 므낫세는 위기 상황에 처하자 신의 호의를 얻기 위하여 "그 자녀를 불에 살랐다"(렘 7:31을 보라).

열왕기 사가는 므낫세 시대를 왕실에서 이교를 후원하고 전파하였던 아합과 이세벨의 시대에 비유하고 있다. 아합 시대처럼 당시 유다 백성들의 대부분은 이교 관습들을 환영하였으므로 야훼를 섬기면서 동시에 앗시리아 제국에서 유행하였던 이교 관습들을 좇는 것에 하등의 어려움도 느끼지 않은 것으로 보인다. 그러나 아합 시대와 므낫세 시대에는 하나의 큰 차이가 있었다: 므낫세 시대에는 백성들이 모세 전승으로부터 빗나가고 있다고 담대하게 백성들을 책망하면서 그들로 하여금 질투하시는 언약의 하나님께 대한 충성을 새롭게 하라고 촉구하는 엘리야 같은 예언자가 없었다는 것이다. 열왕기하 21:10-15에 언급되어 있는 익명의 예언자들의 세력이 약했던 것은 어느 정도 므낫세의 경찰국가와 같은 억압정책들 때문이었을 것이다. 왜냐하면 "무죄한 자의 피를 심히 많이 흘려 예루살렘 이 가에서 저 가까지 가득하게 하였더라"라고 기록되어 있기 때문이다.

어떤 학자들은 므낫세가 예언자들을 멸절시키려고 했다고 하며, 앞에서 살펴보았듯이 어떤 전승에 의하면 이사야가 이때 순교하였다고 한다.[6] 그러나 므낫세에 대

---

6) 주전 1세기경에 나온 후대의 외경 *The Martyrdom of Isaiah*를 보라.

한 이러한 비난은 실제로 성경의 기록에 근거를 둔 것이 아니기 때문에 단지 추측에 지나지 않는다. 엘리야와 같은 예언자가 등장했다거나 예언자들에 대한 조직적인 숙청이 수행되었더라면 그러한 사건들에 관한 기록이 완전히 사라져버렸을 것이라고 믿기는 어렵다. 아마도 사가가 히스기야와 요시야 같은 개혁적인 왕들과 비교하여 므낫세의 악정(惡政)을 강조하기 위해 므낫세 시대에 관한 기사를 과장했을 가능성이 크다. 그럼에도 불구하고 이와 같이 신명기 사가의 편견을 어느 정도 감안한다고 하더라도 근본적으로는 그의 평결은 옳았음이 분명하다. 므낫세가 야훼를 버림으로써 유다는 '암흑시대'로 접어들었다. 왜냐하면 므낫세는 평화를 얻기 위해 이스라엘의 독특한 종교적 유산을 포기해야 하는 엄청난 대가를 지불해야 했기 때문이다.

익명의 야훼 숭배자들

그러나 므낫세 시대에 신실한 야훼 숭배자들의 활동이 전혀 없었던 것은 아니었다. 므낫세가 죽은 뒤 몇 년이 되지 않아 예레미야는 백성들이 고대의 모세 신앙을 버린 것에 항거하여 자신들의 종교적 서약들을 충실하게 지켜 온 레갑인들을 칭찬하였다(렘 35장). 이 집단은 다른 집단들과 아울러 므낫세를 끊임없이 괴롭혔을 것임에 틀림없다. 더욱이 앗시리아에 대한 므낫세의 굴복은 앗시리아의 멍에를 벗어버리고자 열망했던 모든 애국적인 유다인들을 분노케 하였음에 틀림없다. 과거의 종교적 전승들을 보존하고 전해온 예언자들과 제사장들, 특히 성읍과 농촌 지역에서 활동하고 있던 레위인으로 알려진 제사장들의 가르침과 설교를 통해[7] 민족주의의 불꽃은 여전히 살아 있었다. 사마리아가 멸망한 후 유다에 보존되어 있던 북부의 예언자 호세아의 신탁들은 남왕국에 맞춰 개작이 되었는데, 이는 여기 저기에서 보이는 손질한 흔적을 보아 분명히 알 수 있다(예를 들면, 호 1:7; 4:15a). 고대 서사시 전승의 에브라임 판(版) 또는 엘로힘 문서 기자 판은 전해져서 적어도 그 일부는 유다에 보존되었다. 이렇게 므낫세의 '암흑시대' 전체에 걸쳐 북왕국과 남왕국의 전승들을 포괄하는 모든 이스라엘 서사시(JE)는 계속해서 발전되고 확대되어 나갔다(제5장을 보라).

우리가 므낫세 시대에 관해 좀더 알게 되면, 지금은 이 당시에 편찬된 대예언자

---

7) 예루살렘 밖의 지방 레위 가문 제사장들의 역할을 강조하고있는 것으로는 Gerhard von Rad, *Studies in Deuteronomy*(367 아래 인용되어 있음)를 보라.

들의 저작들에 섞여버린 익명의 예언자들의 많은 예언들을 밝힐 수 있을 것이다. 예를 들면, 제2이사야 이전에 나온 이사야서의 상당 부분은 이사야의 원래의 가르침을 보존하도록 위탁받은 제자들의 무리에서 나와 당시에 편찬되었을 것이다. 므낫세 시대는 반동의 시대 — 예언자들이 물러나 은신하던 시대 — 였으므로 예언자들이 야훼께서 더 이상 이스라엘로부터 "얼굴"을 감추지 않을 그 때를 기다리고 소망하며 전승을 소중히 보존한 것은 지극히 당연한 일이었을 것이다(사 8:16-17). 그렇다면 므낫세 시대는 신앙의 사람들이 교만한 압제자들을 엎으시며 백성들을 새롭게 회복시키리라는 야훼의 약속을 신뢰했던 익명의 예언의 시대였다고 할 수 있다.

예언의 새로운 흥륭(興隆)

그렇지만 신명기 사가의 눈에 끔찍하게 보였던 므낫세 시대는 완전한 쇠퇴의 시대는 아니었다. 유다 백성들의 삶의 깊은 곳에서는 예언자들의 열정이 살아 숨쉬고 있었고 또 백성들은 모세 유산의 의미를 재발견하기 위하여 과거로 눈을 돌리고 있었다. 익명의 단체들 속에서 주전 7세기의 마지막 4반세기 동안에 유다에서 일어난 민족적 종교적 부흥의 길은 예비되고 있었다. 이러한 유다의 부흥은 주전 627년경 앗시리아 최후의 위대한 왕 아슈르바나팔이 죽은 후에 생겨난 국제정세의 변화 때문에 가능할 수 있었다.

아슈르바나팔이 죽기 이전에도 앗시리아는 바벨론에서의 반란, 이집트 민족주의의 부활 등으로 골머리를 앓고 있었다. 앗시리아가 쇠약해졌다는 소문은 전광석화와 같이 빠른 속도로 비옥한 초승달 지대 전체에 퍼졌고, 앗시리아의 위성국가들 사이에서는 커다란 동요가 일어났다. 므낫세가 죽자(B.C.E. 642년경) 그의 아들 아몬이 부왕의 친(親)앗시리아 정책을 답습했으나, 2년이라는 짧은 기간밖에 통치하지 못하고 애국자들의 반란으로 살해되었다. 이어서 요시야(B.C.E. 640-600년경)가 8세의 어린 나이로 왕위에 올랐는데, 이때가 아슈르바나팔이 죽기 약 7년 전이었다. 아슈르바나팔이 죽었을 무렵 요시야는 이미 통치권을 인수할 나이가 되어 있었고 유다의 정책에 근본적인 개혁을 단행할 시기가 무르익고 있었다.

예언자 스바냐

아슈르바나팔이 죽고 얼마 지나지 않아 4분의 3 세기 동안 지속되었던 예언자의 오랜 침묵이 유다의 배교와 타락을 소리높여 규탄한 두 예언자에 의해 깨어졌다. 그 가운데 첫번째 예언자는 스바냐였는데, 그의 이름으로 되어 있는 예언서의 표제에 의하면 그는 개혁적인 왕 히스기야의 후손이라고 한다(습 1:1). 스바냐가 공격한 예배의 타락들은 곧 논의하게 될 주전 621년 요시야의 대개혁 이전의 시대를 시사해 주고 있긴 하지만, 그의 활동 시기를 정확하게 알 수는 없다. 그는 예루살렘 시민이었음에 틀림없다. 왜냐하면 그는 이 도성의 구역들의 이름을 언급하고 있기 때문이다(습 1:10-11). 실제로 그는 예루살렘의 '주류'에 속해 있었던 것으로 보인다.[8]

스바냐의 강력한 메시지는 마치 트럼펫의 폭발음 같이 예루살렘의 자만자족의 분위기를 날카롭게 꿰뚫었다. 야훼의 날의 임박함이라는 그의 예언의 중심 주제는 이전에 아모스와 이사야가 외쳤던 것을 재현하는 것이었다. 야훼의 날은 "분노의 날이요 환난과 고통의 날이요 황무와 패괴의 날이요 캄캄하고 어두운 날이요 구름과 흑암의 날이요 나팔을 불어 경고하며 견고한 성읍을 치며 높은 망대를 치는 날"(습 1:15-16)이 될 것이다. 이사야는 야훼의 날이 앗시리아의 침공에 의해 오게 될 것이라고 말했지만, 스바냐 시대에 정치적 상황은 완전히 변해 있었다. 오만한 수도 니느웨는 멸망 직전에 있었고(2:13-15), 앗시리아는 다른 나라들에게 가했던 것과 같은 쓰라린 고통을 곧 맛볼 처지에 있었다. 이 두 예언자의 메시지에서 '정치적인' 초점이 서로 다르다는 것이 처음에는 이상하게 보일지도 모른다. 그러나 예언자들은 단지 정치의 기류를 읽어내어 정치를 예견하는 자들이 아니라는 사실을 기억하라.

예언자들은 역사의 무대를 하나님에 대한 신앙이라는 관점으로 바라보았는데, 하나님의 의도는 역사의 어느 특정 시점에서의 정치적 위기들을 통해 알려지기는 하지만 그 위기들이 하나님의 의도와 동일한 것은 아니다. 예언자들은 구체적인 상황 속에서 야훼가 말씀하고 행동하는 것에 관심을 두었기 때문에, 그들은 하나님의 심판의 도구가 때에 따라 바뀌는 것이 모순이라고 생각하지 않았다. 스바냐가 정치 문제들의 자세한 내용에 대해 다소 모호하게 말하고 있음을 눈여겨 보아두라. 스바냐

---

8) Robert R. Wilson, *Prophecy and Society*(328), pp. 279-282를 보라. 그는 스바냐는 예루살렘(시온) 전승 안에 서 있었으나 요시야의 '신명기적' 개혁에 의해 영향을 받은 것이라고 주장하고 있다.

는 앗시리아의 수도 니느웨를 메마른 사막으로 만들고(2:13-15) 또 예루살렘의 어문(魚門)으로 진격해 오는(1:10) 북방으로부터의 침공을 생생하게 묘사하고 있지만 하나님의 심판의 이 새로운 "막대기"인 침입자의 정체에 대해서는 확실하게 밝히지 않는다. 어떤 학자들은 다른 민족들과 아울러 당시의 열기에 이바지하고 있었던 스키티아족을 스바냐가 염두에 두고 있었을 것이라고 생각하였다.[9] 어쨌든 앗시리아 제국의 멸망을 재촉한 온갖 정치적 대격변의 배후와 그 속에서 스바냐는 역사의 사건들을 통해 개입하는 야훼의 심판을 보았다.

스바냐는 나중에 예수께서 "하나님 나라가 가까웠다"고 선포한 것과 비견될 수 있을 정도의 절박한 심정으로 야훼의 날이 임박했다고 말하였다. "야훼의 큰 날이 가깝도다 가깝고도 심히 빠르도다"(1:14). 사건들은 파국을 향하여 질주하고 있었다. 시계는 한밤중에 가까워지고 있었다. 그러므로 그는 백성들에게 아직 기회가 있을 때 결단을 내리고 회개하라고 촉구하였다. 그는 므낫세의 영향으로 유다와 예루살렘을 타락시킨 이교의 관습들을 혹독한 말로 규탄했다. 그는 "이곳"(즉 예루살렘 도성)에서 성행하던 바알 숭배와 성신숭배 ― 앗시리아에서 수입해 온 ― 와 야훼와 밀곰(Milcom, 암몬의 신)을 동일시하는 것(1:4-6) 등을 규탄하였다. 설상가상으로 백성들은 야훼께서 역사를 지배하지 못하고 화도 복도 주지 못한다(1:12)는 터무니없는 생각을 하면서 자만자족에 빠져 있었다. 스바냐는 국가의 모든 지도자들을 한꺼번에 비난하였다: 그는 정치가, 사사, 제사장, 예언자들을, 약탈하려고 "부르짖는 사자"와 "저녁 이리"(3:3-4)로 비유하였다. 그리고 스바냐는 예루살렘을 야훼의 말씀에 둔감하고 믿음이 없는 "패역한 성읍"이라고 하였다. 그의 예언자로서의 임무는 세계적인 위기를 역사 속에서의 하나님의 활동으로 해석하는 것이었다.

예언자는 이 "수치를 알지 못하는 나라"가 이교에 깊이 물들어 있고 패역이 너무 완고하기 때문에 개혁될 소망을 갖지 못했다. 오히려 유다는 다른 나라들과 아울러 "야훼의 질투하는 진노의 불"에 타버리고 말 것이었다. 스바냐는 이사야와 같이 남은 자들에게 회개하여 야훼에게서 피난처를 찾으라고 호소했다:

야훼의 규례를 지키는

---

9) 이집트의 변방까지 휩쓸었다는 스키티아족의 침입이라는 학설은 헬라의 역사가 헤로도투스의 보도(*Persian Wars*, I, 104-106)를 토대로 한 것이다. 그러나 최근의 역사가들은 이 보도를 액면 그대로 받아들일 수 없다고 판단하고 있다(예를 들면, John Bright, *History of Israel*(91), p. 315).

세상의 모든 겸손한 자들아
너희는 야훼를 찾으며 공의와 겸손을 구하라
너희가 혹시 야훼의 분노의 날에
숨김을 얻으리라
— 스바냐 2:3.

야훼의 의도는 철저한 파괴가 아니라 백성들을 정화시키고 갱신시키려는 것이었기 때문에, 스바냐는 남은 자들 — 신실하고 안전하게 살게 될 "겸손한 자들"(3:8-13) — 이 파국으로부터 구원을 받을 것이라고 선언하였다(참조. 1:7).

예언자 예레미야

요시야 시대 초기에 들려온 두번째 예언자의 목소리는 예레미야의 음성이었다. 예레미야의 긴 예언 활동에 관한 충분한 논의는 다음 장으로 미루기로 하고, 여기에서는 그와 동시대인인 스바냐의 활동과 겹치는 초기의 사역만을 잠시 살펴보기로 한다. 예레미야서의 표제에 의하면, 예레미야는 요시야 재위 제13년(B.C.E. 626년경)에 예언 활동을 시작하였다고 한다.[10] 그는 이스라엘의 위대한 전승들 속에서 양육을 받고 자랐다. 왜냐하면 그는 예루살렘에서 북동쪽으로 4마일 가량 떨어진 아나돗이라는 촌락의 제사장 가문 출신이라고 하기 때문이다. 열왕기상 2:26-27에 의하면, 아나돗은 아도니야의 왕위찬탈 음모에 가담했다가 솔로몬으로부터 추방당한 엘리의 후손인 제사장 아비아달 가문이 대대로 살던 곳이었다. 따라서 예레미야는 실로의 고대 지파 동맹 성소에서 언약궤를 지켰던 엘리의 후손일 것이다. 나중에 살펴보겠지만, 실제로 이전의 이스라엘 지파 동맹에 종언을 가져온 사건인 실로의 멸망에 관한 기억은 예레미야에게 깊은 인상을 남겼다.

예레미야서의 첫 세 장에 나오는 자료들은 예언자의 사역에서 후기의 사건들에 비추어 개정되고 재해설되었다. 그러나 비록 그럴지라도 이 세 장(특히 2장과 3장)은 주전 621년 신명기적 개혁 이전의 그의 활동에 관한 중요한 정보를 우리에게 제공해준다.

---

10) 몇몇 학자들은 예레미야가 요시야의 개혁 때(B.C.E. 621년) 활동했다는 것을 의심하고 13년을 23년으로 바꿔야 한다고 제안하고 있다. 이 견해를 따르면 선지자는 주전 617년에 부르심을 받은 것으로 되는데, 이는 불가능한 말이다.

　　분명히 예레미야는 아주 젊었을 때 부르심을 받았다(B.C.E. 626년경). 왜냐하면 그는 자기는 "아이"에 지나지 않는다고 야훼께 항변했기 때문이다(렘 1:6). 1장에 기록되어 있는 내적인 갈등은 당시 불길한 국제적인 사건들을 배경으로 펼쳐지고 있다. 당시는 불안하고 불확실한 시대였지만 민족의 해방이라는 소망으로 충만해 있었다. 오래지 않아 앗시리아의 아슈르바나팔이 죽자 도처에서 반란이 잇따라 일어났다. 바벨론은 나보폴라살(Nabopolassar, B.C.E. 626-605년경) 통치하에서 수년간의 고군분투끝에 마침내 독립을 쟁취했다. 메대도 키약사레스(Cyaxares) 통치하에서 반란을 일으켰고, 유랑민 스키티아족도 북방에서 이동을 하고 있었다. 불사조와 같은 이집트도 잿더미 위에서 일어서고 있었다. 이와 같이 강대한 민족들이 세계의 새로운 패자(覇者)가 될 꿈을 품은 채, 비틀거리는 거인 앗시리아에 치명타를 가할 호기를 노리면서 꿈틀거리고 있었다. 2세기가 넘도록 앗시리아의 무력에 의해 지배된 세계의 구질서가 무너져가고 있었다. "야훼의 말씀"이 예레미야에게 임한 것은 바로 이러한 역사적 순간에서였다.

파괴하고 재건하는 힘

　　야훼와의 대화 형식으로 생생하게 묘사되어 있는 예레미야의 부름받은 이야기(렘 1:4-19)를 보면, 야훼의 말씀이 얼마나 불가항력적으로 예레미야에게 임하였는지를 알 수 있다(5:14; 23:29을 보라). 자신의 활동 기간 내내 예레미야는 야훼의 말씀의 강력한 권능과 싸움을 벌여야 했지만 결코 그 말씀을 거역할 수는 없었다. 그는 회고를 통하여 자기가 어머니의 모태에 있을 때부터 자신의 전생애가 야훼의 계획의 일부였다고 말하였다. 야훼의 세계 통치에서 '정치적 임무'를 위해 성별되어 '열방에 대한 예언자'가 되는 것이 예레미야의 생의 의미였다.[11] 그는 모세처럼(출 3-4장을 보라) 이러한 큰 임무를 회피하려고 하였다. 이는 자기가 너무 어렸기 때문만이 아니라 — 아마 스무 살이 못 되었을 것이다 — 자기는 이러한 일을 수행하기에 도무지 부적합한 인물이라고 스스로 생각하였기 때문이다. 그러나 그의 회피하려는 시도는 아무 소용이 없었다. 결국 그의 힘은 자신의 젊음이 아니라 그를 보내신 주권자, 그를 통해 말씀하시는 자의 권능에 있었다. 그는 '역사를 만드는' 야훼의

---

11) 선지자들의 '정치적 직임'에 관해서는 G. E. Wright, "The Nations in Hebrew Prophecy", *Encounter*, 26(1965), 225-37를 보라.

말씀의 종, 파괴하고 재건하는 힘으로 충만한 말씀의 종이 되어야 했다(렘 1:10).
역사의 주도권을 얻으려는 치열한 투쟁을 벌이고 있는 열방들은 야훼께서 인간사를
주관하신다는 것을 알아야 했다. 그래서 이 이야기는 야훼께서 정화시키기 위해서가
아니라(이사야의 이상에서처럼) 예레미야에게 말할 능력을 부여해주기 위하여 예언
자의 입을 만졌다고 생생한 언어로 묘사하고 있다:

> 야훼께서 그 손을 내밀어 내 입에 대시며
> 내게 이르시되
> 보라 내가 내 말을 네 입에 두었노라
> 보라 내가 오늘날 너를 열방 만국 위에 세우고
> 너로 뽑으며 파괴하며 파멸하며 넘어뜨리며
> 건설하며 심게 하였느니라
> — 예레미야 1:9-10.

예레미야의 메시지에서 우리는 여느 다른 예언자들의 경우에서보다 더 분명하고
깊게 야훼의 말씀은 열방들뿐만 아니라 예언자 자신의 내적 삶까지 주관하고 계시다
는 것을 알게 된다.

이어지는 구절들에는 아모스의 이상들(암 7:7-9; 8:1-3)을 연상시키는 문답형
식의 두 가지 이상이 나온다. 첫번째 이상에는 아모스가 본 여름철 과일 바구니와
마찬가지로 예언자들이 즐겨 사용하던 언어 유희가 나온다. 히브리어로는 "살구나
무"(shaqed)와 분사 "지키다"(shoqed)라는 두 단어의 발음이 아주 비슷하다. 어떤
해석자들의 말에 의하면, 살구나무는 "이른 2월부터 꽃을 피우기" 때문에, 히브리어
로 "깨어 있는 자" 또는 "감시자"를 의미하는 살구나무 가지는 하나님은 "졸지도 않
으시고 주무시지도 않으시며 다만 심판하기 위해" 깨어 있는 분 또는 감시자라는 사
실을 예언자에게 암시하고 있는 것이라고 한다.[12]

그러나 강조점은 단어들의 연상작용보다도 단어들의 발음에 놓여 있는 듯하다.
이 두 히브리어 발음이 놀라울 정도로 유사하다는 것만으로도 야훼께서는 '자신의
말을 지켜보고 있다'는 확신, 즉 하나님의 의도를 실현시키기 위해 행하고 계시다는
확신을 불러일으키기에 충분했다(사 55:10-11을 보라). 이는 마치 오늘날 어떤 사람

---

12) H. Wheeler Robinson, *The Cross in the Old Testament* (Philadelphia: Westminster, 1955), p. 143.

이 시계(watch)를 의도적으로 바라보다가 하나님이 자신의 계획을 성취하기 위하여 '지켜보고 계시다'(watching, 깨어 있으시다)는 것을 깨닫는 것과 같다.

두번째 이상은 첫번째 이상에 함축되어 있는 것을 드러내고 있다: 역사 속에서의 야훼의 의도는 유다에게 불길한 것이다. 즉 유다에게 심판이 가까웠다. 예언자는 평범한 가마를 본다. 상세한 것은 밝혀져 있지 않지만, 북방에서 끓고 있는 가마에서 물이 남방으로 흘러나와 이 땅에 나쁜 거품을 쏟아부으려고 하고 있다. 어쨌든 의미는 너무도 분명하다: 북방으로부터 악한 재앙이 이 땅의 거민들에게 눈사태처럼 쏟아지리라는 것이다. 어떤 학자들은 이 구절과 예레미야 4:5-6:26에 나오는 북방으로부터 쳐들어오는 적군은 스키티아족일 것이라고 생각한다(그러나 앞서의 스바냐에 관한 논의를 보라). 그러나 역사상의 도구가 누구였든 예레미야는 온 땅을 심판하려고 오는 야훼가 진정한 적군임을 확신하였다. 예언자를 통해 전해진 야훼의 말씀은 유다의 왕들, 방백들, 제사장들, 이 땅의 백성들을 '치는' 것이었다(18절).

예레미야의 초기 설교

예레미야가 부르심을 받고 난 뒤부터 신명기적 개혁이 있기 전까지 사이에 선포된 예레미야의 메시지의 내용은 현재 예레미야 2:1-4:4에 담겨져 있는 일련의 신탁들로 표현되어 있다.[13] 여기서 모세 전승은 예언자 호세아와 맞먹는 깊이있는 이해로 되살아나 있다. 실제로 예레미야 2장과 호세아의 예언은 너무도 비슷하기 때문에 우리는 예레미야가 당시 유다 왕국이 소유하고 있었던 호세아의 메시지를 알고 있었거나 그것에 의해 영향을 받았을 것이라고 추측케 할 정도이다. 예레미야의 기억은 이스라엘의 과거의 위대한 민족의 형성기인 출애굽과 광야에서의 유랑에까지 거슬러 올라간다. 당시는 "신부" 이스라엘이 그녀의 남편을 사랑하고 있었던 시기(1-3절), 언약에 충실(hesed)했던 시기였다.[14] "젊은 날"의 밀월기간 동안에 이스라엘은 야훼의 역사적인 계시에 자신의 온 존재를 다 바쳐 응답했었다. 그러나 그때 이후로 사정이 달라졌다. 앞에서도 살펴보았듯이, 예언자는 '언약 소송'(rib, 2:4-13)의 형식을 사용하여 야훼의 소송 대리인 역할을 하고 있다. 법정이 열리자(4절) 원고인 야

---

13) 그러나 2:14-17과 2:29-37에 나오는 이집트에 관한 언급은 이 구절들이 므깃도에서 이집트인들이 요시야에 대하여 승리를 거둔 주전 609년 이후에 개작되었음을 보여준다.

14) RSV에서는 2:2에 나오는 '헤세드'(hesed)를 "헌신"으로 번역하고 있다. 이 언약 용어에 관해서는 제9장 p. 373를 보라.

훼는 논고를 한다: 가나안에서의 이스라엘의 삶은 불충실한 삶의 역사였고, 과거에 베푼 야훼의 자비와 그 이후의 섭리에 대해 전혀 감사할 줄 몰랐다(5-7절). 백성들의 지도자들 — 제사장들, 통치자들, 예언자들 — 도 야훼의 종주권을 인정하지 않았다(8절). 소송은 이스라엘에 대한 고발에서 절정에 달한다(9-13절). 야훼의 소송 대리인인 예언자의 눈에는 "허탄한 것"을 좇는 백성들의 소행이 어이없었다(5b절을 보라)! 왜냐하면 자기네들이 믿는 신이 실제로는 신이 아닌데도 그 신들을 버린 민족은 그 어디에도 없었으며 "허탄한 것"을 좇아가서 공허하게 되어버린 일이 없었기 때문이다. 이는 마치 예루살렘이 신선한 물의 공급을 거절하고 밑빠진 독이나 다름없는 저수지에 물을 저장하는 것과 같은 것이었다! '배심원' — 하늘들 — 에게 호소가 행해진다:

> 너 하늘아 이 일을 인하여 놀랄찌어다
> 심히 떨찌어다 두려워할찌어다
> 야훼의 말이니라
> 내 백성이 두 가지 악을 행하였으니
> 곧 생수의 근원되는 나를 버린 것과
> 스스로 웅덩이를 판 것인데
> 그것은 물을 저축지 못할 터진 웅덩이니라
> — 예레미야 2:12-13.

이 주제를 한층 더 다듬어서 예레미야는 이스라엘 백성을 자신의 남편을 버리고 떠난 신실치 못한 아내에 비유했다(렘 3:19-20). 사실 이스라엘은 발정한 동물처럼 정욕에 눈이 먼 매춘부보다 나을 바가 없다(2:20-25). 이스라엘의 생활양식은 야훼의 유산인 이 땅을 더럽혔다. 왜냐하면 이스라엘은 백성들이 지방성소들에서 바알을 섬기는 "모든 높은 산 위와 모든 푸른 나무 아래서" 행음했기 때문이다. 이스라엘의 죄악은 맥베드 부인과 같이 아무리 강력한 세제(洗劑)로도 그 몸을 씻어낼 수 없고, 그 치맛자락은 "죄없는 가난한 자를 죽인 피"로 더럽혀졌다. 그러므로 이혼은 불가피하다(3:1-15). 유다는 비극적인 사건들이라는 눈에 보이는 언어로 씌어진 이혼장을 받고 끝장이 난 북왕국의 역사의 교훈을 배우지 못했다. "신실치 못했던 이스라엘은 오히려 거짓된 유다보다는 나았다."
유다는 자신의 역사 전체를 통하여 자기를 부르고 구원하고 지탱시켜준 사랑을 배신한 극악무도한 죄로 단죄를 받고 법정에 섰다(3:6-14). 그럼에도 불구하고 여전히 회개(즉 생활양식의 변화)의 시간은 있다고 예언자는 말했다. 역사의 사건들 속에서 야훼는 신실치 못한 백성들이 돌아와서('회개하여') 그들의 참된 주님을 인정할 것을 간청하고 계시기 때문이다. 야훼의 목적은 깨어진 관계를 치유하고(3:22) 마음의 내적인 변화를 일으키는 것이다. 회개를 호소하는 모세 언약의 "만약"이라는 조건절을 명심하라(4:1-4). '만약' 이스라엘이 마음을 돌려 야훼와의 언약 관계로 돌아온다면, 그때에는 옛날 아브라함과 맺은 약속이 실현되어 열방이 이스라엘 하나님의 이름으로 축복을 받을 것이다(4:2). ('회개'에 대해서는 제12장, p. 478를 보라)

　이와 같이 예레미야는 그의 동시대인인 스바냐와 마찬가지로 이스라엘 신앙의 독특한 요소들을 거의 다 말살시켜 버렸던 종교적 혼합주의를 배격하였다. 그는 개혁을 요구하였는데, 그 개혁은 전통적인 의식들과 관습들의 피상적인 개혁이 아니라 사람의 충성과 애정이 자리잡고 있는 마음에서 시작되는 개혁이었다. 그는 "마음의 할례"를 요구하였는데, 이는 백성들의 삶을 뒤덮고 있는 묵은 땅을 갈아엎기 위함이었다.[15] 이스라엘의 성스러운 과거가 소홀히 되고 잊혀져 있던 시기에 옛 광야의 모세 신앙은 예레미야의 메시지를 통해 새로운 깊이와 힘으로 되살아났다.

신명기적 개혁

　스바냐와 예레미야가 기대한 세계 질서의 붕괴는 하룻밤 사이에 일어나지 않았다. 그렇지만 아슈르바나팔이 죽은 뒤 수십 년 동안 진행된 사건들은 유다의 민족주의의 부흥에 유리하게 작용한 듯했다. 젊은 요시야는 앗시리아가 비옥한 초승달 지대의 질서를 회복시키기 힘들 정도로 무력해진 틈을 타서 주도권을 쥐고 팔레스타인에 대한 앗시리아의 통치를 보여주는 모든 흔적들을 제거하였다. 이 경우에 있어서 믿을 만한 것으로 보이는 역대기에 의하면 요시야의 첫번째 개혁작업은 신명기적 개혁보다 6년 앞선 그의 재위 제12년(B.C.E. 629년)에 시작되었다고 한다(대하 34:3). 이때 요시야는 이전의 북왕국의 영토에까지 자신의 영향력을 확대하였는데,

---

15) 신명기 10:16과 30:6에도 나오는 이 표현은 인간 존재의 중심인 '마음'을 열어 하나님의 뜻에 겸허하게 복종하는 것을 나타내는 은유이다. "마음에 할례를 받지 못하였느니라"(렘 9:26)는 말은 완강하게 반역하여 굳어진 마음을 가리킨다.

북왕국의 영토는 당시에 앗시리아의 므깃도와 사마리아 속주가 되어 있었다. 다윗 계열의 왕 아래서 통일왕국을 재건하려는 유다의 염원은 당시의 정치적 상황에 의해 강화되었음이 분명하고, 요시야는 이러한 민족주의적인 염원을 현실화시키고자 애썼다.

율법책의 발견

그후 계속해서 아마도 요시야는 자신의 민족주의적인 개혁작업을 단계적으로 추진해 나갔을 것인데, 이러한 개혁사업은 정권을 잡고 바벨론을 독립시킨 나보폴라살(B.C.E. 626-605년경)의 영향이 컸을 것이다. 그리고 히스기야가 앗시리아를 비롯한 그밖의 이방적인 요소들로 물든 유다의 예배를 정화시키려고 시도함으로써 앗시리아에 대한 자신의 강경한 태도를 표명했듯이, 요시야의 민족주의도 종교개혁에 수반되었다. 이러한 개혁사업에서 요시야는 열왕기하 11:14, 20에서 "온 국민"으로 지칭되고 있는 유다의 보수적인 지주들의 지지를 받았는데, 그들은 므낫세의 친(親)앗시리아 정책에 반감을 품고 민족의 독립을 염원하고 있었다(왕하 21:23-24을 보라).[16] 실제로 이러한 개혁사업은 요시야의 재위 제18년(B.C.E. 621년)에 주목할 만한 발견이 있었을 때 이미 진행중에 있었을 것이다. 우리가 열왕기하 22장에 나오는 기사를 당시의 정치적 상황 속에서 읽지 않는다면 그 기사의 취지를 놓치게 된다. 이 이야기에 의하면 사본("율법책")이 발견된 것은 예루살렘 성전을 수리할 때였다. 아마 이 수리는 통상적으로 행하는 보수공사가 아니라 앗시리아와 그밖의 이방의 영향들로 인한 모든 흔적들을 성전으로부터 제거하기 위한 공사였을 것이다. 어쨌든 요시야의 서기관이 인부들의 임금 지불을 감독하러 성전에 갔다가 이 '고고학적 발견'을 알게 되었고 즉시 그것을 요시야에게 갖다바쳤다.

그 문서의 내용을 요시야에게 읽어주자 요시야는 자신의 옷을 찢었다 — 이것은 경악이나 절망을 나타내는 몸짓이다. 황급히 요시야는 대제사장에게 이 사본의 진위를 감정하라고 명령했다. 이러한 감정은 그 문서의 연대와 저자를 밝히는 작업을 통해서(우리가 하듯이) 된 것이 아니라 여예언자 훌다에게 자문을 구하는 방식으로 행해졌다. 여예언자의 신탁에 의한 대답은 가장 예민한 부분을 찌르는 것이었다: 이

---

16) 여호아스도 초기에는 이 집단의 지원을 받았다. 그들은 대제사장 여호야다와 협력하여 그를 왕위에 앉혔다(왕하 11:17-21; p. 344를 보라).

책에 기록된 말씀들을 어기면, 야훼께서 예루살렘에 재앙을 내려 예루살렘을 "빈터"와 "저주"가 되게 할 것이라는 것이었다. 그러자 요시야는 백성들을 성전으로 불러 언약갱신의 의식을 행하였다. 그는 백성들에게 "언약책"(앞에서 언급한 것과 같은 책)을 읽어주었고, 백성들은 이 율법을 바탕으로 야훼를 따라 행하고 언약의 계명들에 순종하겠다고 야훼 앞에서 언약하였다. 이 의식은 세겜에서 "하나님 앞에" 소집되어 언약갱신의 의식을 치르고 세겜에서의 이 언약을 "하나님의 율법책"에 기록하였다는 여호수야 24장의 이야기를 생각나게 한다. 또한 그것은 모세가 백성들에게 "언약책"을 읽어주고 행한 출애굽기 24:3-8의 고대의 언약의식을 상기시키기도 한다.

이 언약의식에 이어 거의 한 세기 이전의 히스기야 시대의 개혁과 비슷한 왕의 대대적인 개혁이 좀더 강력하고 철저하게 수행되었다(왕하 23장). 시기적절하게 율법책이 발견됨으로써 몇 년 전부터 요시야가 실시해 온 개혁작업은 가속화되었고 뚜렷한 방향이 설정되었다. 요시야의 척결작업 배후에는 유다의 활력과 힘을 되찾고 또 야훼의 계명들에 순종하지 않았을 때 율법이 민족에 대하여 내리게 될 저주를 피하려는 염원이 있었다(신 11:26-32; 28장을 보라). 따라서 스바냐가 규탄하였던 이교(습 1:4-6), 즉 가나안의 바알숭배, 앗시리아의 성신숭배, 그밖에 암몬의 밀곰과 같은 다른 우상들의 숭배는 폐지되었다. 성전 안에 안치되어있던 남신 바알을 표상하는 물건들과 모신 아세라상, 태양에게 봉헌된 마상(馬像), 별을 숭배하기 위해 지붕 위에 세운 제단 등은 훼파되어 먼지더미로 변했다. 제의적 매음, 힌놈의 골짜기에서의 어린이를 제물로 바치던 관습, 무당과 마술사를 통해 점을 치던 관습 등은 금지되었다. 그리고 요시야의 개혁은 예루살렘 성전의 정화에서 그치지 않았다. 이방종교의 온상이 되어 왔던 예루살렘 밖의 성소들 또는 "산당"들은 훼파되었고, 여기서 우상숭배를 조장하던 제사장들은 파면되었다.[17] 끝으로 요시야의 개혁은 명목상 앗시리아의 지배하에 있던 옛 북왕국의 땅까지 미쳤다. 예루살렘 성전과 경쟁하던 벧엘 성전은 그밖의 다른 산당들과 함께 파괴되었다. 요시야의 앗시리아로부터의 독립 선언은 이보다 더 분명한 말로 행해질 수 없을 정도였다!

요시야 개혁의 한 특징을 특별히 주목할 필요가 있다. 열왕기하 23:8-9에 의하면 지방의 산당들이 파괴되자 유다의 성읍들에 있던 야훼의 제사장들은 일자리를 잃

---

17) 어떤 학자들은 아랏 성소가 이때에 파괴되었다고 주장한다. Yohanan Aharoni, "The Israelite Sanctuary at Arad", *New Directions in Biblical Archaeology*[104], 25-39를 보라. 그러나 앞 장에서 말했듯이(p. 292의 각주 23) 아랏의 구조물이 성전이었는지는 확실치가 않다.

었다. 그러나 "산당의 제사장들은 예루살렘 야훼의 단에 올라가지 못하고 다만 그 형제 중에서 무교병을 먹을 뿐이었더라"(9절)고 한다. 이미 히스기야의 개혁에 의해 예견되었던 바이지만 이 개혁의 가장 극적인 측면은 예배가 모든 유다 사람들을 위한 중앙 성소, 곧 예루살렘 성전으로 집중되었고 그곳에서 예배는 공식적인 제사장단에 의해 엄격하게 지켜질 수 있었다는 것이었다. 이런 식으로 이스라엘의 신앙은 이교의 방식과 관습들로부터 지켜질 수 있었다.

그러므로 요시야의 개혁은 므낫세 시대 동안에 문화적으로 유다에 깊은 영향을 미쳤던 앗시리아와의 단절을 의미하였다. 종교적으로 볼 때, 이 개혁은 당시에 "모더니즘"으로 불렸을 것이라 생각되는 것, 즉 앗시리아 제국에서 유행한 종교 제의들에 영합하고 이스라엘 종교를 그밖의 다른 종교들과 혼합시켜 많은 색채를 띠게 하려 했던 시도를 배격한 것이라고 할 수 있다. 요시야의 개혁은 본질적으로 보수적이었다. 왜냐하면 그것은 당시 세계의 문화적 압력에 굴복하지 않고 이스라엘 신앙의 독특한 요소들을 되찾고 보존하려고 했기 때문이다. 요시야의 개혁은 백성들이 자신의 생명력을 앗아간 종교적 혼합주의를 배격하지 않는다면 유다도 성스러운 과거 ― 출애굽과 광야의 언약 ― 를 망각했다가 멸망당한 북왕국의 전철을 밟을 것이라는 확신에 바탕을 두고 있었다. 그래서 고대의 언약갱신 의식을 통하여 과거를 되찾고 현재에 그 과거의 의미를 되새기는 진지한 노력이 행해졌다. 이러한 노력에 발맞추어 요시야는 오랫동안 무시되어왔던 모세 시대의 절기인 유월절을 다시 거행하도록 명령하였다(왕하 23:22-23).

요시야 개혁의 신명기적 기초

이제 중요한 문제로 눈을 돌려보자: 성전에서 발견되어 언약갱신의 의식 때 읽혀진 문서는 어떤 문서였던가? 이 율법책은 지금도 히브리 성경 속의 어딘가에 보존되어 있는가? 이 문서가 오경(五經)이 아니라는 것은 이성적으로 당연하다 ― 적어도 비평학계의 '이성'으로는. 왜냐하면 오경은 요시야의 개혁이 있고 나서 훨씬 후대에 가서야 그 편찬이 완료되었기 때문이다. 오경에 들어 있는 그밖의 법적인 문서들 ― 예를 들면, 출애굽기 20:23-23:19의 이른바 언약법전 또는 레위기 17-26장의 성결법전 ― 도 그 상황에 들어맞지 않는다. 요시야 시대에 성전에서 발견된 율법이 현존한다면, 그것은 므낫세 시대의 이교사상을 강력히 단죄하고 예루살렘으로의 예배 집중을 요구하며 야훼에 대한 흔들림없는 충성만이 민족이 생존할 수 있는 유일한 토대라고 엄숙하게 경고하는 책이어야 한다.

이와 같은 요구 조건들을 충족시켜주는 것은 현재 신명기 12-26장에서 찾아볼 수 있는 일단의 율법이다. 우리가 열왕기하 22-23장의 이야기를 염두에 두고 이 장(章)들을 읽어내려가게 되면 신명기 법전과 요시야의 개혁조치들이 일치한다는 사실을 즉시 알게 된다. 예를 들면 지방의 모든 산당들을 폐쇄시키고 야훼에 대한 예배는 "너희 하나님 야훼께서 … 택하신 … 곳"인 중앙성소에서만 드려야 한다고 말하고 있는 신명기 12장만 보아도 이것은 분명하다. 더욱이 신명기 법전은 식용으로 먹을 짐승은 어느 성읍에서나 도살할 수 있지만 야훼께 바칠 희생제물은 중앙성소에서만 잡아야 한다고 규정하고 있고(신 12:13-14; 16:5-6), 나아가 백성들은 큰 종교적 절기를 거행하기 위하여 중앙성소로 순례해야 한다고 규정하고 있다(16:1-5). 신명기 18:1-8에서는 지방의 산당들을 폐쇄함으로써 일자리를 잃게 될 지방의 제사장들은 중앙성소에서 일할 수 있는 자격이 있다고 하고 있으나, 이러한 제사장들이 모두 예루살렘 성전의 제사장단으로 수용된다는 것이 비실제적이라는 것을 분명히 알고 있던 열왕기하의 기자(記者)는 그들이 백성 가운데 머물면서 생계를 유지했다고 말하고 있다(왕하 23:9). 우리는 두 문서의 이러한 병행되는 내용들을 상세하게 대조해 나갈 필요는 없다. 주후 4세기 초대 교회의 교부들(아타나시우스, 크리소스톰, 제롬)이 제안을 한 이후로, 특히 19세기에 학문적인 진보가 이루어진 이래로 요시야의 개혁은 어떤 형태의 신명기 법전을 바탕으로 이루어졌다고 주장되어 왔다는 것만을 말하는 것으로 충분하다. 이런 이유로 요시야의 개혁은 신명기적 개혁이라 불린다. 이미 앞의 여러 장(章)들에서 살펴보았듯이 신명기적 개혁의 신학적 확신들을 진지하게 채택한 사가들은 모세 시대부터 국가가 멸망하기까지의 포괄적인 '신명기적' 이스라엘 역사를 기술하였다(신명기로부터 열왕기하까지).

신명기계 법전의 형식과 내용 모두에서 그것은 옛 율법 전승에 의지하고 있음을 보여준다 — 비록 그 전승이 주전 7세기에 개작되고 재해석되기는 했지만.[18] 사실, 신명기계 토라는 궁극적으로, 북 이스라엘의 레위인 교사들에 의해 보존되고 해석된 북부 계약 전승으로 거슬러 올라갈 것이다. 신명기계 법전에서 예루살렘은 명백하게 중앙 성소로 인식되고 있지 않다. 비록 요시야가 자신의 개혁의 목적을 위해 그렇게

---

18) 신명기 12-26장의 율법은 S. R. Driver, *Introduction*(38), pp. 73-75에 나오는 표를 참조하여 보면 알 수 있듯이 출애굽기 20:23-23:19의 언약 법전과 많은 유사점들을 보여주고 있다. 더욱이 법률 중 많은 부분이 가나안에 정착해 있는 동안 이스라엘에 영향을 주었던 고대 근동의 '조건적인' (결의론적인) 법률 양식으로 되어 있다. pp. 124-128를 보라.

인식하긴 했지만 말이다. 원래 신명기적 저자들은 세겜과, 여호수아 아래서 언약 갱신의 광경, 그리고 여로보암1세가 그의 첫 수도로 삼았던 도시를 염두에 두었을 것이다.

따라서 신명기의 핵심 부분인 12-26장은 그 배후에 오랜 역사를 갖고 있다. 그것은 므낫세의 반동기 동안에 예루살렘 성전에 보존되어 있다가 나중에 요시야 시대의 적절한 때에 "발견되었다." 아마 그랬겠지만 만약 요시야 개혁 때 발견된 문서가 28장을 포함하고 있었다면, 우리는 왜 요시야가 이 장에 기록된 '축복과 저주'를 읽고 경악하고 통회하였는지를 이해할 수 있다. 게다가 요시야가 읽었던 책에는 그밖의 다른 설교 내용도 포함되어 있었을 것이지만, 이러한 문제를 고찰하자면 신명기 전체의 구조와 내용을 살펴보아야 한다.

신명기

신명기는 유다의 신앙과 예배에 커다란 영향을 미쳤다는 사실 때문에 특별히 주목할 필요가 있다. 요시야 시대에 국가의 후원으로 신명기가 간행된 것은 신앙과 행실의 문제에서 전체 백성들에 대하여 구속력을 갖게 될 성스러운 문헌의 공식적인 정경화를 향하여 첫번째 중대한 발걸음을 내디딘 것이었다. 앞으로 살펴보게 되겠지만, 나중에는 더욱 확대되어 신명기뿐만 아니라 고대 서사시 전승의 제사장 판(JE) ― 오경 전체 ― 도 권위있는 율법(Torah) 또는 가르침이라는 개념에 포함되었다 (제13장을 보라). 신명기는 앗시리아 제국의 붕괴라는 중대한 시기와 그 이후의 여러 세대에 걸쳐 야훼에 대한 신앙에 자양분을 공급하였으며 그 신앙을 깊게 하였다. 의미심장하게도 신명기는 신약에서 매우 자주 인용되는 구약의 책들 가운데 하나이다. 예수께서 전체 율법을 완성하는 것이라고 확언했던 첫번째 큰 계명은 신명기 6:5을 그대로 인용한 것이다(막 12:30 = 마 22:37과 눅 10:27). 그리고 두번째 계명은 레위기 19:18로부터 직접 인용되긴 했지만 신명기의 이웃 사랑이라는 개념에 함축되어 있다(신 10:19을 보라). 더욱이 복음서에 기록되어 있는 시험하는 자에 대한 예수의 답변(마 4:1-10 = 눅 4:1-23)도 신명기 6-8장에 기록되어 있는 이스라엘의 믿음의 시련이라는 견지에서 표현되었다(6:13, 16; 8:3을 보라).

현재 형태의 신명기는 이스라엘 백성이 약속의 땅을 차지하기 위하여 요단강을 건너기 직전에 모압에서 모세가 이스라엘 백성들을 향하여 행한 일련의 설교이다. 이스라엘 백성들이 기회들과 위험들로 가득 찬 새로운 삶의 문턱에 서 있을 때, 모세는 출애굽과 광야의 유랑 생활 속에서 보여준 야훼의 은혜로운 행사들을 기억하고 그들이 가나안 땅의 유혹들에 직면할 때 언약의 서약을 굳게 지키라고 백성들에게 권면한다. 이 설교는 가나안 정복의 초창기 때부터 므낫세 치하에서 이교가 번성하고 있는 최근에 이르기까지 이스라엘의 신앙을 가나안 문화와 타협하고자 하는 이스라엘의 시험들을 실제로 반영하고 있기 때문에, 이 설교는 극히 강력하고 시의적절하다.[19]

그러나 신명기를 좀더 자세하게 고찰해 보면 신명기가 단일작품이 아니라는 것을 알게 된다. 12-26장에 채록되어 있는 율법의 핵심 내용을 중심으로 그 주변에 세 개 이상의 ‘모세의 연설’이 모여있다. 신명기의 구조는 다음과 같이 개관해 볼 수 있다:

A. 첫번째 연설(1-4장)
   1. 서문(1:1-5)
   2. 호렙산을 떠나온 이후의 사건들에 관한 모세의 개관(1:6-3:29)
   3. 이스라엘을 향한 모세의 권면(4:1-40)
   4. 부록(4:41-43)
B. 두번째 연설(5-26; 28장)
   1. 서문(4:44-49)
   2. 이스라엘을 향한 모세의 권면(5-11장)
   3. 율법의 해설(12-26장)
   4. 결론(28장)
C. 세번째 연설(29-30장)
D. 부록
   1. 세겜의 언약의식(27장)
   2. 모세의 마지막 지시 사항(31장)
   3. 고대의 시: 모세의 노래(32장)와 모세의 축복(33장)

---

19) ‘이스라엘’이라는 말은 실제로 이스라엘의 두 왕국, 에브라임과 유다를 포괄하고 있음을 기억하라. 따라서 “이스라엘의 두 집”(사 8:14)이라고 말할 수 있는 것이다. 그러므로 북왕국이 멸망한 뒤에도 이 말은 유다 왕국을 가리키는 용어로 여전히 사용되었다. p. 23를 보라.

4. 모세의 죽음에 관한 이야기(34장)

주된 연설 — 우리가 여기서 집중적으로 다루게 될 — 은 위의 개관 가운데서 B부분이다. 율법전의 뼈대를 이루고 있는 설교 자료(12-26장)가 요시야 개혁 이전에 편집되었는지 이후에 편집되었는지는 확실하게 알 수 없지만, 그 설교 자료는 모세가 이스라엘 백성을 향하여 행한 '설교'의 가장 오래된 판이라는 데는 대체적으로 의견의 일치를 보고 있다. 이에 대한 비평적인 문제는 다루지 않고 우리는 적어도 이 부분은 통일된 전체로 읽혀져야 하고 또한 이 부분이 실질적으로 요시야가 읽은 책일 것이라고 전제할 것이다.[20]

이스라엘을 향한 모세의 설교

이 구절에서 우리가 우선 주목해야 할 것 가운데 하나는 독특한 문학양식으로 묘사되어 있는 모세의 고별사이다. 우리가 고대 서사시 전승이나 제사장 저술로부터 전형적으로 취해온 신명기의 구절(예를 들면, 신 10:12-22)과 이 고별사를 비교해보면, 그 차이점들은 즉시 분명해질 것이다. 이 고별사에서 우리는 화자의 간결한 양식이나 제의문제에 관심을 가진 제사장의 정형적인 산문이 아니라 청중의 마음을 움직여서 절박한 생사의 문제를 숙고해보도록 하기 위하여 능숙한 웅변을 사용하고 있는 설교자의 연설을 대하게 된다. 자주 유려하고 감동적인 산문으로 된 문장들이 길게 펼쳐진다. 설교자는 청중들에게 자신의 메시지를 깊이 심어주기라도 하려는 양 반복해서 구절 구절들을 늘어놓는다. 설교 전체에 걸쳐 우리가 이미 신명기 역사서에서 대한 바 있는 특징적인 어조가 등장한다: "다른 신들을 따라가다〔또는 섬기다〕", "야훼의 목소리를 청종하다", "이 땅에서 너희의 날이 길 것이다", "너희가 잘되게 하기 위하여", "야훼의 목전에서 악(또는 선)을 행하다".[21]

---

20) G. E. Wright, *Interpreter's Bible*, II〔16〕, 311-30의 비판적인 논의를 보라. 그는 요시야가 전해 받은 율법책이 실질적으로 4:44-30:20 전체를 포함하고 있었을 것이며(즉 B와 C부분), 또 A부분에 나오는 대부분의 자료는 신명기부터 열왕기하에 이르는 신명기적 이스라엘 역사에 대한 서문으로 후대에 첨가되었다고 주장한다.

21) 신명기적 양식과 가장 유사한 것들은 북부의 엘로힘 문서 기자 전승(E)에서 찾아볼 수 있는데, 이것은 예를 들면 신명기는 엘로힘 문서 기자와 마찬가지로 성산(聖山)을 시내산(J와 P)이 아니라 호렙산으로 부르며 약속의 땅의 원주민을 가나안 사람이 아니라 아모리족으로 부른다는 사실에서도 입증된다. 엘로힘 문서 기자 기사에 관해서는 p. 351를 보라.

  신명기적 문학작품과 예레미야서의 산문 부분들에서 찾아볼 수 있는 이 새로운 문학양식은 주전 7세기 말과 6세기 초에 유행했던 것으로 보인다. 1935년에 발견된 일련의 질그릇 조각들에 새겨져 있는 라기스 서한(Lachish Letters)은 예루살렘 멸망 직전의 것으로 추정되는데, 이 서한은 이 '수사학적인 산문'이 당시에 유행하던 문학양식이라는 견해를 한층 더 강화시켜준다.[22] 이 '양식'은 신명기 시대의 것이지만 그 '내용'은 훨씬 오래된 것이다. 몇 가지 점에서 모세 설교(특히 29장과 30장)의 유형과 내용은 이 자료가 세겜에서 여호수아에 의해 시작되어 지파 동맹 시대에 옛 중앙성소인 실로에서 거행되다가 북왕국에서 보존되어 왔던 언약갱신 의식으로부터 나왔음을 암시하고 있다. 이 고대 언약 전승이 나중에 요시야의 개혁에서 토대로 사용되었을 때 그것은 당시의 언어로 기록되고 증보되었다.

  상당히 많은 구약의 문학작품이 그러하듯이, 신명기의 저자는 자신의 이름을 밝히지 않고 있지만, 그 연설이 모세의 입에서 나온 것으로 한 것은 완전한 문학적 허구는 아니다. 왜냐하면 신명기는 주전 7세기에 그렇게 이해되었듯이 본질적으로 모세의 가르침의 부활이기 때문이다. 물론 신명기는 모세의 말을 그대로 옮겨놓은 것은 아니지만 예언운동의 종교적 윤리적 통찰들이 혼입된 모세 시대의 신앙의 분위기를 보여주고 있다. 신명기의 가르침은 예언자들과 같이 이스라엘을 새로운 차원의 종교적 발전으로 끌어올리려고 하는 것이 아니라 모세 시대의 원형적인 신앙을 백성들에게 상기시키고자 하고 있다. 신명기는 혁신이 아니라 개혁의 강령이다. 그런 까닭에 신명기의 설교를 모세에게 돌리는 것은 적절하다고 하겠다.

  신명기라는 명칭은 왕은 "이 율법서를 등사하여" 평생 동안 가까이 하여야 하며 그것에 따라 행동하여야 한다고 규정하고 있는 신명기 17:14-20의 구절에서 유래하였음이 분명하다. 오늘날 사용하고 있는 오경이라는 이름이 유래된 헬라어 역본(칠십인역)은 이 구절을 "이 제2의 율법"(to deuteronomion touto)이라고 번역하였다. 히브리어 명칭은 책 서두(1:1)에 나오는 어구를 따라 "이는 말씀이니라"이다. 따라서 헬라어 역본은 이 책의 중심 주제에 따라 모세에 의해 주어진 원래의 율법의 '두번째 해설' 또는 반복이라는 제목을 붙였다. 그러나 신명기의 내용이 밝혀주고 있듯이, 헬라어로는 '노모스'(nomos), 라틴어로는 '렉스'(lex)라고 하는 오늘날의 '법'이라는 말은 히브리어 '토라'의 온전한 의미를 다 나타내기에 부적합하다. 직역

---

22) 라기스 서한에 관해서는 Pritchard, *Ancient Near Eastern Texts*(1), pp. 321-322를 보라. 신명기의 양식과 신학에 관하여 자세한 것을 알고자 한다면 Moshe Weinfeld, *Deuteronomy*(369)를 보라.

하면 토라는 '가르침'을 뜻하는데 '계시'라고 할 수도 있다.

　　신명기는 우리가 '법'이라고 부를 수 있는 것도 포함하고 있지만, 단순히 법적인 문제만을 다루고 있지는 않다. 신명기는 근본적으로 이스라엘의 언약 신앙의 토대와 요구들에 관한 가르침 또는 "설명"(1:5을 보라)이기 때문에 법 운용 전문가나 제사장들이 아니라 전체 이스라엘 평신도 공동체를 대상으로 하고 있다. 신명기는 준칙들을 모아놓은 법전이 아니라 야훼의 해방의 역사(役事)들에 관한 '좋은 소식'(복음)과 해방된 백성들에게 구속력이 있는 요구 사항들을 포함하고 있는 '민족의 신앙에 대한 가르침이요 선포요 해설'이다.[23] 그러므로 토라라는 말은 12-26장의 이른바 '법전'만이 아니라 모세의 설교 전체를 가리킨다.

언약의 갱신

　　그러면 이스라엘을 향한 모세의 설교 내용을 간략하게 살펴보자. 모세의 설교는 설교 전체를 관통하여 나팔 소리처럼 울려퍼지는 명령문으로 시작된다: "이스라엘아 들으라"(신 5:1). 메시지는 매우 절박하게 선포되고 있고 이스라엘 공동체는 이를 듣도록 불림을 받고 있다. 모세는 요단 동편에서 출애굽 사건에 대한 기억이 여전히 생생한 가운데 위험스러운 가나안 진입을 앞두고 있는 이스라엘 공동체에게 말하고 있다. 그러나 이 메시지는 오래 전의 세대가 아니라 이스라엘이 하나님 앞에 서 있는 '오늘날'을 향하여 이야기되고 있다는 것이 곧 아주 명백해진다. 모세는 바로 '오늘' 말하고 있다. 현재의 세대는 어떤 그리스도인이 유명한 찬송가를 통해 "그들이 나의 주님을 못박았을 때 나는 거기에 있었네"라고 증언하고 있는 것처럼 언약이 맺어졌을 때 실제로 '거기에' 있었다. 오늘날을 강조하고 있는 말투를 눈여겨 보라:

우리 하나님 야훼께서 호렙산에서 우리와 언약을 세우셨나니 이 언약

은 야훼께서 우리 열조와 세우신 것이 아니요 오늘날 여기 살아 있는

우리 곧 우리와 세우신 것이라

　— 신명기 5:2-3, 또한 29:10-15을 보라.

---

23) 신명기에 관한 뛰어난 서술인 G. E. Wright, *Interpreter's Bible*, II(16), 특히 pp. 311-14를 보라.

이스라엘의 각 세대는 호렙산에서 맺은 언약에 개입되어 있다. 그러므로 언약이 갱신될 때, 과거의 결정적인 순간이 '현재화'되는 것이다. 신명기는 현재의 소란으로부터 벗어나 과거의 황금시대로 물러나자고 주창하는 것이 아니다. 오히려 신명기는 현재의 위기의 도전과 야훼의 목적에서 이스라엘의 책임과 운명을 활기차게 다루고 있다. 그러나 이 설교에 의하면, 이스라엘이 야훼께서 주신 땅에서 기약이 있으려면 모세 시대의 과거는 현재 속에서 살아있어야 한다는 것이다. 그런 까닭에 언약갱신에 대한 호소는 생사를 걸 만큼의 절박성을 가지고 요구되고 있다. 언약갱신 의식 때 전례문으로 사용된 듯한 세번째 연설의 한 구절(30:15-20)도 이와 비슷한 진지하고도 절박한 논조를 띠고 있다:

내가 오늘날 천지를 불러서 너희에게 증거를 삼노라 내가 생명과 사망과
복과 저주를 네 앞에 두었은즉 생명을 택하고
　─ 신명기 30:19.

이것은 여호수아가 옛날 세겜에 모인 회중들 앞에서 행한 메시지의 강력한 재판(再版)이다: "너희 섬길 자를 오늘날 택하라"(수 24:15).

율법의 완성

이러한 주조(主調)를 울린 후에 화자는 즉시 언약 공동체에게 구속력이 있는 요구 조건들에 주의를 돌린다. 이 요구 조건들은 신명기 5장에 나와 있는 십계명(직역하면 '열 가지 말씀들')에 요약되어 있는데, 이것은 출애굽기 20장의 내용과 약간의 차이를 보여주고 있다. 그러나 이 계명들의 핵심은 십계명 중 제1계명을 부정문이 아니라 긍정문으로 표현하고 있는 신명기 6:4-5에 나와 있다. 이 간결한 요약문 ─ 이 구절 처음에 나오는 히브리어 동사(shema' = '들으라')를 따라서 쉐마(the Shema)로 알려져 있는 ─ 을 랍비들과 예수는 율법의 핵심이라고 보았다. 이 요약문은 이스라엘의 첫번째 책임은 자신의 온 존재를 다하여 ─ "마음을 다하고 성품을 다하고 힘을 다하여"[24] ─ 하나님을 사랑하는 것이라고 말한다. 이것은 우리가 하나님을 여러 가지 다른 방식들로 사랑하여야 한다는 것을 의미하는 것은 아니다. 왜냐하면 이 세 가지 용어들의 의미는 서로 중복되기 때문이다. 이스라엘은 한 가지 방식으로 하나님을 사랑해야 한다: 언약 공동체의 토대를 이루고 있는 확고부동하고

완전하고 견실한 충성이 바로 그것이다.

사랑을 강조하고 있는 것이 신명기의 특징적인 주제 중의 하나이다. 호세아의 메시지에 의해 어느 정도 영향을 받은 신명기는 이 점에서 원래의 모세 언약의 의미로 돌아가서 그것을 심화시키고 있다.[25] 이스라엘을 위한 자비로운 역사(役事)들 속에 나타난 야훼의 은혜로우시고 분에 넘친 사랑(신 6:20-23)은 이스라엘의 응답을 일깨울 것임에 틀림없다: 하나님 사랑과 그것과 짝이 되는 이웃 사랑. 그러나 신명기는 이스라엘에게 언약의 의무들을 받아들일 동기를 제공해준 이스라엘의 '복음' — 야훼께서 종살이 하던 백성을 위하여 행하셨던 기쁜 소식(출 1-15장) — 이 들어 있는 원래의 모세 전승을 실제로 재현하고 있다는 것을 주목해야 한다. 신명기에 의하면 이스라엘은 겉으로 드러나지 않은 동기 때문이 아니라 야훼께서 먼저 그들을 사랑하셨다는 바로 그 이유 때문에 하나님을 사랑해야 한다고 한다. 사랑은 '율법의 완성'이다. 그러나 하나님에 대한 이스라엘의 사랑은 경외('두려움', '순종')가 겸비되어야 한다. 왜냐하면 야훼는 다른 신들에게 눈을 돌리는 것을 참지 못하는 '질투하는' 하나님이기 때문이다(신 6:10-15). 야훼의 사랑은 거룩한 사랑이지만 또한 분노의 사랑이기 때문에 언약관계에 신실치 못한 사람들에게는 소멸하는 불이 되실 것이다.

이스라엘의 선택

이어지는 장들(7-9장)에서 화자는 야훼께서 이스라엘을 택하신 것이 무엇을 의미하는지를 보여준다. 이스라엘은 '거룩한 백성'이다. 이 공동체의 토대는 거룩한 하나님, 야훼와의 독특한 관계이다. 신명기에 의하면 이것이 바로 이스라엘이 다른 열방들과 다른 것이다:

24) 신약에 인용된 이 계명에서는 히브리 단어 'heart'가 의미하는 바를 분명히 하기 위하여 'mind'라는 말을 덧붙이고 있다. 앞에서도 살펴보았듯이, '네페쉬'(nefesh)라는 말은 흔히 '영혼'으로 번역되지만 이것은 헬라적 의미의 영혼이 아니라 개인 전체, 곧 자아를 가리키는 말이다.

25) William L. Moran은 자신의 논문 "The Ancient Near Eastern Background of the Love of God in Deuteronomy"(*Catholic Biblical Quarterly*, XXV〔1963〕, pp. 77-87)에서 호세아는 이스라엘에 대한 야훼의 사랑만을 말했고 야훼에 대한 이스라엘의 사랑에 대해서는 말하지 않았으나 신명기는 '봉신'이 자기에게 호의를 베푼 주인을 사랑해야 한다고 규정한 고대 종주권 조약에 의거하고 있다고 주장한다.

너는 야훼 네 하나님의 성민이라 네 하나님 야훼께서 지상 만민 중에
서 너를 자기 기업의 백성으로 택하셨나니
— 신명기 7:6

부정적인 측면에서 이것은 이스라엘이 열방들로부터 '분리되었다'는 것을 뜻한
다. 그러므로 이스라엘 백성들은 열방들과 통혼하거나 그들의 문화를 채택해서는 안
된다. 이는 열방의 신들이 이스라엘 백성을 꾀어 야훼에 대한 충성을 앗아가지 못하
도록 하기 위함이다. 이것은 이스라엘에게 성전(聖戰)을 치를 때 '헤렘'(herem) —
즉 가나안 거민들을 모조리 죽여 야훼께 희생제물로 드리는 것 — 의 관습을 행하도
록 명령을 할 정도로 아주 강력하게 표현되어 있다(신 7:1-5). 거룩함은 순결을 요
구한다. 그래서 제의는 순결해야 하고 모든 이방적 요소들은 언약 공동체로부터 제
거되어야 한다.

긍정적인 측면에서 이스라엘은 야훼를 특별히 섬기도록 '구별되었다.' 여기서
화자는 고대 서사시 전승의 보편주의적인 넓이(창 12:1-3)는 결여하고 있지만 구약
에서 이스라엘의 특별한 부르심을 가장 잘 설명하고 있는 구절 중의 하나를 기술하
고 있다. 이스라엘은 자기들 편에서 먼저 야훼를 택한 것이 아니라 야훼에 의해 택
함받았다(참조. 출 19:3-6). 주도권은 야훼에게 있었다. 놀라운 은혜 가운데 야훼는
이 백성을 택하였다. 이는 이스라엘 백성이 다른 민족들보다 강하거나 수효가 많아
서가 아니라 야훼께서 이집트에서 종살이 하던 하찮은 작은 노예 무리를 사랑하였기
때문이다(참조. 호 11:1). 그러므로 이스라엘은 자기들이 다른 민족보다 의롭다거나
우월하다고 뽐낼 하등의 이유가 없었다. 선택은 하나님의 은혜의 행위에 의한 것이
었기 때문에 하나님의 호의를 입었다고 뽐낼 것이 아니라 오히려 특별하게 섬겨야
했다(신 7:6-11). 가나안을 정복하고 물려받은 사실은 이러한 확신에 비추어 재조명
되고 있다(7:12-26).

설교가 계속됨에 따라 우리는 모세가 이스라엘이 독립국가가 된 이후 전역사에
걸쳐 겪어왔던 '문화의 시험들'에 관하여 말하고 있다는 것을 깨닫게 된다. 그중 하
나의 시험은 "내 능과 내 손의 힘으로 내가 이 재물을 얻었다"(8:17)고 생각하는
'자만자족'(self-sufficience)이었다. 이스라엘 공동체는 광야의 유랑시절을 기억하
지 않으면 안되었다. 그 사십 년 동안 야훼께서는 굶주린 그들에게 만나를 먹여주었
는데, 이는 "사람(ha-'adam)이 떡으로만 사는 것이 아니요 야훼의 입에서 나오는
모든 말씀으로 사는 줄"(8:3)을 알게 하기 위함이었다. 화자는 예언자 호세아의 정

신 속에서 광야 시절의 시련은 부모가 자녀에게 가하는 사랑의 매와 같은 것이었다고 천명하고 있다. 그렇게 한 것은 이스라엘을 "낮추시며" 이스라엘의 마음의 충성심을 시험하려는 것이었다. 이런 식으로 이스라엘 백성의 '삶'은 사람의 손에 달린 것이 아니라 하나님을 언제나 의지하는 자만이 얻을 수 있는 선물임을 깨닫게 되었다.

두번째 문화적 시험은 '자기 의'(self-righteousness), 즉 "나의 의로움을 인하여 야훼께서 나를 이 땅으로 인도하여 들여서 그것을 얻게 하셨다"(신 9:4)는 의기양양한 백성들의 교만한 생각이었다. 화자는 가나안에서의 승리는 이스라엘이 의로웠기 때문이 아니라 이 땅의 민족들이 부패하고 악하였고 또한 특히 야훼께서 선조들에게 한 약속을 신실하게 지키기 위함이었음을 이스라엘에게 상기시킨다(9:5). 이스라엘은 도덕적인 미덕이나 특별한 종교적 통찰을 앞세워 야훼께 무엇을 요구할 입장이 아니었다. 사실 광야의 유랑은 호세아가 이상적으로 묘사했던 것과는 달리 언약에 충실한 밀월기간이 아니라 배은망덕과 패역의 시기였다. 이스라엘은 본래부터 "목이 곧은 백성"이다. 모세도 "내가 너희를 알던 날부터 오므로 너희가 항상 야훼를 거역하였느니라"(9:24)라고 말했다 — 이 말은 광야 세대가 아니라 출애굽부터 요시야 시대에 이르기까지의 이스라엘의 전역사를 두고 한 말이었다. 만약 모세가 이스라엘을 위하여 중보기도하지 않았더라면 야훼께서는 광야에서 이스라엘 백성을 멸망시키고 뭔가 더 나은 도구를 태동시켜 역사 속에서 사용하셨을 것이다. 화자가 강조하고 있듯이, 이스라엘이 보존될 수 있었던 것은 오로지 야훼께서 거저 베풀어주신 은혜와 사랑 때문이었다(9:6-10:11).

이스라엘의 사회적 책임

이 설교의 절정과 핵심은 신명기 10:12-22에 나와 있다. 여기서 화자는 설교를 시작했을 때의 논조로 다시 돌아가고 있는데, 미가 6:8에 나오는 예언자의 위대한 요약문을 생각나게 한다. "야훼께서 너희에게 요구하는 것이 무엇이냐"라는 질문에 대한 답변 속에서 하늘과 땅의 주권자이신 야훼를 두려워하고 자기들을 먼저 사랑해 준 분을 사랑하는 순종하는 백성이 되는 것이 자기들을 부르신 야훼의 목적임을 이스라엘에게 상기시키고 있다. 그러므로 윤리적 책임의 토대는 율법전에 대한 의무적인 복종이 아니라 야훼의 주권적인 자비와 관용의 행위들에 대한 내면적이고 인격적인 응답이다.

　더욱이 약하고 압제받는 자들을 위한 야훼의 의로운 행위는 이스라엘이 걸어야 할 길을 보여주었다. 야훼의 주권적인 통치 속에서 사랑과 정의는 완벽하게 결합되어 있다. "신의 신이시며 주의 주시요 크고 능하시며 두려우신 하나님"인 이스라엘의 하나님은 이스라엘에게 사랑을 보여주었을 뿐만 아니라 압제받는 자들을 위하여 공의를 행사하심으로써 하나님의 사랑을 드러내셨다. 그런 까닭에 야훼는 고아, 과부, 거류하는 외국인 등 법적으로 약하고 무력한 사람들의 보호자이다. 야훼께는 편파성이란 없다. 모든 사람은 하나님의 심판대 앞에 똑같이 선다. 야훼께서 이런 식으로 행하기 때문에 이스라엘도 사람들을 대할 때 이런 방식을 따라야 한다. 여기서 우리는 신명기 12-26장의 율법에 스며들어 있는 '인도주의'의 토대를 발견한다. 사회의 약한 구성원들의 정의는 옹호되어야 한다. 왜냐하면 이스라엘 사람들은 그들이 한때 이집트에서 종살이 할 때 하나님께서 해방시켜준 사실을 명심해야 하기 때문이다(15:1-18).

　공동체의 구성원은 모두 — 지위가 높든 낮든, 부자이든 가난한 자이든, 자유인이든 노예이든 — 법 앞에서 평등하여야 한다(16:18-20). 이러한 강조점으로 인하여 이스라엘의 법률은 귀족계급을 옹호한 고대 근동의 다른 법전들보다 높은 차원을 지니게 되었다. 살인, 간음, 도적질, 부정직, 거짓 증언, 이자를 취하는 것 등 동포인 이스라엘 사람들을 착취하는 짓은 무엇이든지 근절되어야 한다. 가정의 존엄성도 보호되어야 한다. 어떠한 형태든 불의는 계약 공동체를 더럽힌다. 하나님의 의는 소극적으로는 공동체를 더럽히는 일체의 행위의 근절을 요구하는데, 그렇기 때문에 우상숭배(13:1-18; 17:2-7)나 성(性)의 문란행위(22:13-25)의 경우에서 볼 수 있는 바와 같이 그러한 행위들에는 대단히 가혹한 처벌이 부과되었다. 그리고 적극적인 측면에서 하나님의 의는 사랑과 연대의 정신이 공동체에 스며들도록 하기 위하여 하나님의 처사들을 본받는 것을 의미한다.[26]

　개개의 율법 규정들에 관한 해설로 인하여 서로 떨어져 있는 11장과 28장을 통해 화자는 이스라엘이 야훼의 요구 사항들에 어떠한 반응을 보이느냐에 이스라엘의 장래가 달려 있다고 말하고 있다. 이스라엘 백성은 축복이냐 저주냐 하는 양자택일의 갈림길에 놓인 가운데 중대한 결단의 기로에 서 있다. 이스라엘이 신실하게 순종

---

26) Lawrence E. Toombs의 통찰력있는 논문, "Love and Justice in Deuteronomy", *Interpretation*, 19(1965), 399-411을 보라. 여기서 그는 신명기 사가는 법을 세속적인 영역에 국한시키지도 않고 또 법을 하나님의 뜻과 완전히 동일시하는 율법주의도 피하고 있다고 주장한다.

하면 강한 민족이 되고 풍요와 번영의 축복을 받을 것이다. 그러나 이스라엘이 완고하게 이 땅의 다른 신들에게 눈을 돌려 그것들을 섬기면 야훼의 진노가 발해져서 백성들은 온갖 재앙에 시달리다가 이 땅에서 신속하게 멸망당하고 말 것이다.

이렇게 신명기의 지배적인 의도는 이스라엘을 불러서 야훼와 맺은 언약을 새롭게 하는 것이다. 신명기라는 문헌은 그 배후에 언약갱신 의식이라는 오랜 전승을 가지고 있지만, 신명기의 직접적인 배경은 이스라엘의 신앙이 가나안의 자연종교와 앗시리아의 종교적 관습들에 의해 침식당하고 있던 주전 7세기의 문화적 상황이다. 신명기 기자는 이스라엘 민족의 번영과 생존에 요구되는 조건은 오로지 야훼께만 충성을 바치는 것이라고 말한다. 막강한 종교들이 사람들에게 마음을 바쳐서 충성하라고 요구하던 당시의 상황 속에서 신명기 기자는 역사를 통한 구원과 인도라는 '구원행위'로서 은혜로운 사랑을 보여준 야훼께 온 마음을 다해 헌신할 것이라는 결단을 이스라엘에게 촉구하였다.

신명기적 개혁의 부적절한 측면들

우리가 이따금 다루어 온 이스라엘의 신명기적 역사에서 신명기적 관점이 지배적이었다는 것에서 알 수 있듯이 신명기적 개혁은 한동안 유다의 삶과 사고에 깊은 흔적을 남겼다. 이 개혁운동은 예언자들의 가르침들을 진지하게 받아들이고 모세의 언약 신앙으로 되돌아가고자 하였다. 그러나 애석하게도 사회 개혁 — 국가에 의해 승인되고 대중의 지지를 받았을지라도 — 은 백성들의 마음 속에서의 내적인 변화가 지속되는 동안에만 계속되었다. 앞에서 살펴본 대로 요시야의 개혁은 당시의 정치적 풍토를 반영하는 것이었다. 외세의 통치에 대한 저항이라는 민족주의적인 정신에 의해 상당한 정도로 고무된 요시야의 개혁은 외세의 통치가 계속되던 동안에만 활발하게 일어날 수 있었다.

신학적 결함들

신명기적 개혁에 대한 예레미야의 태도는 우리가 원하는 만큼 분명한 것은 아니지만 한때나마 예레미야는 신명기적 개혁을 지지했음이 분명하다.[27] 개혁운동에 대한 그의 관심은 분명히 모세 전승에 대한 그의 관심과 맥을 같이 하는 것이리라. 예레미야 11:1-13에서는 예언자가 예루살렘 거리를 돌아다니면서 "이 언약"을 받아들이라고 백성들에게 호소하였다고 하고 있다. 이 구절에 나오는 말투는 예레미야는 자신의 초기 활동에서 시내산 언약의 갱신이었던 신명기적 언약을 지지했다는 것을 강력하게 시사해주고 있다(7절을 보라). 또한 같은 장(18-23절)에 아나돗에 살던 예레미야의 친척들이 예레미야를 죽일 음모를 꾸몄다는 말이 나온다. 지방의 산당과 관련되어 있었던 이 제사장 가문이, 왕실 제사장들이 관장하고 있던 예루살렘으로 예배를 집중함으로써 자신들의 일자리를 잃게 할 계획을 예레미야가 지지한다고 하여 예레미야를 적대시한 것이 그 이유였을 것이다.[28] 더욱이 자신의 후기 활동에서 예레미야는 요시야가 활발하게 정의를 펼치고 있다고 하여 요시야를 높이 평가하였다(렘 22:15-16). 어쨌든 예레미야가 처음에 이 개혁을 지지하였다면, 그는 곧 이 개혁에서 등을 돌렸음이 틀림없다. 그는 이 개혁이 신명기가 주창하듯이(렘 10:16) 마음의 할례나 묵은 땅의 기경을 가져온 것이 아니라 단지 방자한 민족주의와 외적인 경건만을 낳았다는 것을 알게 되었기 때문이다. 예루살렘으로 예배를 집중시킨 조치는 백성들로 하여금 야훼께서 자기들 가운데 계시기 때문에 자기들은 안전하다는 생각을 하게 만들었을 뿐이었다. 게다가 토라는 왜곡되어 "경건을 통하여 이득을 취하는" 방법으로 되었고 현상(status quo)을 유지하는 방책으로 사용되었다. 예레미야는 토라에 바탕을 둔 거짓된 지혜를 규탄하였다:

> 너희가 어찌 우리는 지혜가 있고
> 우리에게는 야훼의 율법이 있다 말하겠느뇨
> 참으로 서기관의 거짓 붓이 거짓되게 하였나니

---

27) 예레미야가 요시야의 개혁을 지지했다는 주장은 자신이 편집한 *Studies in Old Testament Prophecy*(Edinburgh: T. & T. Clark, 1950), 157-74에 나오는 H. H. Rowley, "The Prophet Jeremiah and the Book of Deuteronomy"(165)를 보라. 또한 Perdue and Kovacs가 편집한 *A Prophet to the Nations*(382), pp. 89-111, 113-27에 실려 있는 이 주제에 관한 Henri Cazelles와 J.P. Hyatt의 논문들도 보라. 예레미야가 주전 627년이 아니라 여호야김의 시대(B.C.E. 609-598년경) 동안에 설교를 시작했다는 전제에 토대를 둔 William Holladay의 흥미로운 견해에 관해서는 *Jeremiah: Spokesman Out of Time*(378)아래 인용되어 있음), 제2장을 보라.

28) 신명기 18:6-8은 지방 제사장들이 예루살렘 제사장단에 들어갈 권리를 가지고 있는 것으로 규정하고 있으나 실행에 옮겨지지는 않았다(왕하 23:9). 당연히 예루살렘 제사장단이 지방 제사장들의 영입을 반대했을 것이다.

— 예레미야 8:8.

이 말은 언약의 진정한 영적인 갱신을 달성하지 못했던 개혁에 환멸을 느낀 한 사람의 불만의 토로처럼 들린다. 다음 장에서 살펴보게 될 "새 언약"에 관한 그의 예언은 부분적으로 신명기적 개혁의 실패에 의해 영향을 받았음에 틀림없다.

신명기 신학의 가장 큰 결함 가운데 하나는 역사를 통한 야훼의 활동을 지나치게 단순화시켰다는 것이다. 하나님의 정의에 관한 신명기의 가르침은 모든 것들을 너무도 간단하게 처리해 버리고 만다: 야훼께 순종하면 만사형통할 것이요 순종하지 않으면 고난이 찾아올 것이다. 원래의 신명기는 이 진리를 좀더 깊이 이해하고 있었을지 모르지만, 현재의 신명기 역사서를 우리에게 남겨준 기자의 손을 거치면서 신명기는 마치 오늘날까지 많은 민간종교의 토대가 되고 있는 '성공 철학' 같은 인상을 주게 되었다. 물론 하나님의 보상(축복)과 처벌(심판)에 대한 신념은 맨처음부터 이스라엘 신앙에서 근본이었다. 그러나 다른 대예언자들과 마찬가지로 이사야는 "너희가 즐겨 순종하면 땅의 아름다운 소산을 먹을 것이요"(사 1:19)라고 하면서 중요한 조건을 부각시켰다. 그러나 신명기에서는 새로운 요소가 더해졌는데, 그것은 순종과 불순종은 율법책에 적혀 있는 법령들을 기준으로 측정될 수 있다는 신념이었다. 신명기 역사서에 의하면, '만약' 여호수아가 "이 율법서" — 신명기의 토라 — 를 충실하게 익힌다면 가나안 침공이 성공을 거둘 것이라는 약속을 받았다고 한다:

> 이 율법책을 네 입에서 떠나지 말게 하며 주야로 그것을 묵상하여 그 가운데 기록한 대로 다 지켜 행하라 그리하면 네 길이 평탄하게 될 것이라 네가 형통하리라
> — 여호수아 1:8.

이제 신명기를 옹호하는 입장에서 우리는 경건을 흥정의 대상으로 삼는 것은 모세의 설교의 의도가 아니었다고 말하지 않으면 안된다. 이 설교는 종교적인 율법 조항들을 지킴으로써 얻게 되는 개인의 이득보다는 주로 야훼와의 인격적인 관계에 관심을 두었다. 사실 당시의 사람들은 언약관계는 백성들의 일상생활에 구체적인 축복을 가져올 것이라고 믿었다. 구약은 '물질적' 축복과 '영적' 축복이라는 우리의 인위적인 구별을 행하고 있지 않다 — 후자는 마음의 평안, 불굴의 용기, 인내 등등의 내적인 축복에 한정되어 있다. 신명기에는 건전한 영적인 '물질주의'가 있다. 결혼의 언약이 가정 생활에 축복을 가져오듯이, 이스라엘과 야훼의 언약은 이 땅에서의

안녕, 풍년, 적절한 비, 장수 등의 구체적인 축복들에 관한 하나님의 약속을 가져왔다. 그러나 백성들이 이러한 축복들을 얻을 '목적으로' 또는 "너희가 잘 되기 위하여" 또는 "야훼 너희 하나님이 너희에게 주신 이 땅에서 너희의 날이 길기 위하여" ― 신명기에서 반복하여 나오는 어구들을 사용한다면 ― 언약을 갱신하려고 할 위험성은 언제나 있었다. 그리고 신앙이 언제나 백성들이 기대하고 바란 것들을 가져다주지는 않았기 때문에, 신명기적 관점의 영향을 받은 후대의 세대들이 씨름해야 했던 수많은 문제들이 생겨났다: 백성들이 하나님의 법을 지키고도 고통이나 곤경으로 보상을 받는다면, 어떻게 하나님을 의롭다고 할 수 있는가?

환멸의 시대

이와 같이 간단한 신명기의 도덕적 논리는 요시야 개혁 이후에 심각한 시련에 처하게 되었다. 앞에서 살펴본 대로 요시야는 예루살렘을 정치와 종교의 단일한 수도로 만들어 이를 중심으로 통일 왕국을 재건하려는 꿈을 꾸었다. 정치적인 면에서 볼 때 신명기적 개혁은 자신의 확장된 왕국을 공고히 하고 부흥시키려는 시도였다. 요시야는 앗시리아의 별이 정치적인 흑암으로 가라앉자 더욱 더 과감해졌음에 틀림없다. 현재 대영박물관에 소장되어 있는 바벨론의 점토판이 발굴됨으로 인하여 앗시리아의 비참한 최후를 알 수 있게 되었다.[29] 주전 612년 앗시리아의 수도 니느웨는 바벨론, 메대, 스키티아인의 연합 공격으로 함락되었다. 앗시리아는 퇴각하여 하란으로 수도를 옮겨 최후의 보루를 구축하려고 했으나 이 도시도 스키티아군에게 함락되고 말았다(습 2:13-15의 예언을 보라).

이 시기에 나온 나훔의 예언은 앗시리아의 통치가 유다 사람들의 가슴 속에 낳은 울분과 증오를 잘 보여주고 있다. 이 '제의' 예언자는 앗시리아의 수도 니느웨의 멸망(B.C.E. 612년)을 예견하면서, 알파벳식의 시(詩)를 통해 야훼께서 신실한 자들을 구원하기 위하여 폭풍 가운데 오신다고 묘사하고 있다(1장). 그는 적군이 도시를 쳐들어와 전쟁의 물결이 거리를 휩쓰는 모습(2장)을 생생하게 묘사하고, "피(血)의 성"에 무시무시한 저주를 선포하고 있다(3장). 비극적인 역사에 대한 예언자적 통찰보다 애국적 정열에 가득 차 있던 그는 니느웨가 옛날 앗시리아 왕들이 파괴했던 이집트의 수도 테베와 같은 운명에 놓이게 될 것이라고 주장하고 있다(나 3:8).

---

29) J. Pritchard, *Ancient Near Eastern Texts*(1), pp. 303-5를 보라.

테베는 주전 669년 에살핫돈에 의해 정복당했고 주전 663년 아슈르바나팔의 최후의
일격을 받은 바 있었다. 결국 앗시리아는 자신이 다른 민족들에게 가했던 고통을 고
스란히 그대로 받게 될 것이며, 이를 슬퍼할 자는 아무도 없을 것이다:

> 앗시리아 왕이여
> 네 목자가 자고
> 네 귀족은 누워 쉬며
> 네 백성은 산들에 흩어지나
> 그들을 모을 사람이 없도다
> 너의 다친 것은 고칠 수 없고
> 네 상처는 중하도다
> 네 소식을 듣는 자가 다
> 너를 인하여 손뼉을 치나니
> 이는 네 악행을
> 늘 받지 않은 자가 없음이 아니냐
> — 나훔 3:18-19.

이때 이집트의 정치적 장난으로 사태는 갑자기 바뀌었다. 프사메티쿠스 1세의
아들 느고(B.C.E. 610-594년경)는 뒤늦게 과거 이집트의 적국이었던 앗시리아 —
오래지 않은 과거에 테베를 함락시켰던 바로 그 적국 — 를 구출하기로 결정하였다.
이집트의 입장에서는 앗시리아를 좀더 위험스러운 북방의 여러 적들을 견제하기 위
한 완충제로 삼는 것이 유리했다. 더욱이 느고는 과거 이집트 제국의 전성시대와 같
이 시리아와 팔레스타인을 자신의 세력권 안에 넣고 싶어했다. 그래서 주전 609년
느고는 앗시리아 제국의 마지막 남은 자들을 구출하기 위하여 출정하였다. 이집트는
므깃도 길목에서 바벨론과 운명을 같이 하여 통일왕국을 건설하려는 모험을 시도하
고 있던 요시야에 의해 저지를 받았다. 곧 벌어진 전투에서 요시야는 패배하였고 바
벨론과 공모하였다고 하여 처형당했음이 분명하다. 유다는 이집트의 속국이 되었고
(왕하 23:29-30) 느고는 계속해서 바벨론을 치러 유프라테스강을 향하여 진군하였
다. 주전 605년 갈그미스 전투에서 느고의 군대가 느부갓네살 2세
(Nebuchadrezzar II, 이 바벨론 군주의 이름은 흔히 Nebuchadnezzar이라고도
표기함)가 이끄는 바벨론 군대에게 참패를 당하여 모든 것은 결정이 되고 말았다.[30]
이집트 군대는 팔레스타인을 거쳐 이집트 변방으로 완전히 퇴각하였다. 의기양양한
대적들 앞에서 도망치며 이집트는 "뱀의 소리 같이" 울며 달아났다(렘 46장). 이것

이 이집트가 비옥한 초승달 지대에 하나의 제국을 세우려던 마지막 시도였다. 니느웨의 몰락과 갈그미스에서의 승리로 바벨론이 세계의 새로운 패자(覇者)임이 분명해졌다.

이러한 사태의 진전은 요시야의 개혁으로 소망에 부풀어 올라 있었던 유다 백성들의 사기에도 커다란 영향을 미쳤다. 선한 왕 요시야는 마흔 살도 채 못되어 죽었고 예레미야는 이와 같은 전반적인 슬픔을 함께 했음에 틀림없다(렘 22:10; 대하 35:24f.를 보라).[31] 이스라엘과 유다를 포괄하는 다윗 왕국을 건설하려던 꿈은 산산이 깨어졌다. 유다는 앗시리아의 압제의 멍에에서는 벗어났지만 잠시 이집트의 지배를 받다가 결코 가볍거나 자비롭지 않았던 바벨론의 멍에를 다시 짊어졌야 했기 때문이다. 백성들의 생각으로는 야훼의 정의는 좋은 일을 하면 좋은 결과를 가져다주고 순종하면 이 땅에서 안정되게 살고 적들에게 승리하며 풍요로운 삶을 살 수 있다는 것이었다. 그러나 역사의 잔인한 현실은 이러한 신념과 모순되었다. 그러므로 신명기적 개혁이 처음에 가져다준 놀라운 환희가 곧 사라져버렸다는 것은 이상한 일이 아니다! 많은 학자들은 히스기야의 개혁이 므낫세 시대에 빛을 잃었듯이, 개혁자들의 업적들도 짧은 기간 동안에 빛을 잃고 말았다고 판단하고 있다.[32] 예레미야와 에스겔 같은 이 시대의 예언자들로부터 알 수 있듯이 모세 신앙은 잊혀졌거나 이방 종교와 혼합되어 버렸다. 또다시 쉽게 종교적 혼합주의의 경향으로 되돌아 가 버린 것이다. 그러나 당시의 비극은 이스라엘이 야훼와 맺은 언약의 의미를 좀더 깊이 이해할 것을 요구하였다.

하박국의 신앙의 초소

---

30) 아마 Nebuchadrezzar이 아카드어 이름 Nabukudurriusur를 더 잘 표기한 것일 것이다. *Interpreter's Dictionary of the Bible*(25)에 나오는 이 항목을 참조하라.

31) Stanley B. Frost는 자신의 논문 "The Death of Josiah: A Conspiracy of Silence", *Journal of Biblical Literature*, 87(1968), 369-82에서 요시야의 죽음은 다윗 신학에 대한 도전이었을 뿐만 아니라 모세(신명기적) 신학에 대한 도전이기도 했기 때문에 이스라엘 역사의 사료 편찬의 전통적인 방식으로는 다루어질 수 없었다고 주장한다.

32) 그러나 M. Weinfeld, *Deuteronomy*(369)를 보라. 그는 개혁조치들 중 많은 부분은 여전히 효력을 발휘하고 있었다고 주장한다.

역사 속에서의 하나님의 정의에 대한 단순한 견해를 가장 강력하게 비판하고 나선 사람은 예언자 하박국이었다. 특히 하박국 1장과 2장에 나오는 그의 예언은 느부갓네살을 세계의 패자(覇者)로 등장시킨 주전 605년 갈그미스 전투 직후에 나온 것이다.[33] 이 두 장에서 우리는 두 번의 주기로 된 예언자와 야훼의 대화를 발견하게 된다(합 1:2-2:5). 탄원 시편의 "언제까지니이까?"라는 고뇌어린 반문을 재현하고 있는 예언자의 통렬한 불평(제16장을 보라)은 하나님이 백성들을 버렸다는 것을 의미하는 것으로 보이는 사회적 폭력에 의해 야기된 것이다.

> 야훼여 내가 부르짖어도 주께서 듣지 아니하시니
> 어느 때까지리이까
> 내가 강포를 인하여 외쳐도
> 주께서 구원치 아니 하시나이다
> 어찌하여 나로 간악을 보게 하시며
> 패역을 목도하게 하시나이까
> 대저 겁탈과 강포가 내 앞에 있고
> 변론과 분쟁이 일어났나이다
> 이러므로 율법이 해이하고
> 공의가 아주 시행되지 못하오니
> 이는 악인이 의인을 에워쌌으므로
> 공의가 굽게 행함이니이다
> —_ 하박국 1:2-4.

이에 대한 대답은 야훼께서 거의 믿기 어려운 일, 곧 갈대아 사람 — "사납고 성급한 백성"(즉, 바벨론 사람들) — 을 일으키리라는 것이었다(합 1:5-11). 그러나 이것은 예언자의 질문에 대한 대답이 거의 되지 못한다. 왜냐하면 이 새로운 패자(覇者)도 앗시리아인들이 저질렀던 가공할 만한 무법의 악행을 계속해서 저질렀기 때문이다. 예언자는 과연 역사가 의인의 옳음을 입증하는 것인지 아니면 잔혹한 힘이 실제로 인간의 운명을 결정하는 것인지 당혹해 한다. 야훼가 역사의 지배자임에도 불구하고 갈대아 사람들이 눈사태와도 같이 온 세상을 휩쓸어 모든 의미있는 행

---

33) 많은 학자들은 3장의 시가 적절한 위치에 자리잡고 있기는 하지만 다른 사람에 의해 씌어진 것이라고 믿고 있다. 그러나 W. F. Albright는 "The Psalm of Habakkuk", *Studies in Old Testament Prophecy*(368), 1-18에서 이 책을 '실질적으로 단일 저자의 작품'으로 보고 있다. 자세한 것은 Donald E. Gowan, *The Triumph of Faith in Habakkuk*(387)을 보라.

동양식과 가장 기본적인 인간의 정의마저 파괴하고 있다는 것이 예언자에게는 도무지 이해가 되지 않았다. 이 무자비한 침략자들은 제멋대로 정의를 규정하여 통치하고 있다(1:7). 그들은 "그 힘으로 하나님을 삼는"(1:11) 죄악된 자들이다. 그렇다고 해서 야훼의 백성이 죄가 없다는 것은 아니다! 그러나 야훼의 백성은 적어도 자기 자신을 법으로 삼는 이 민족보다는 '더 의롭다.' 침공을 받을 때 다른 예언자들이 선포했던 하나님의 심판도 역사적 사건 속에서의 하나님의 의도를 분별할 수 있는 신앙의 눈이 없으면 아무 의미도 없다.

그래서 예언자는 다시 한번 불평을 털어놓는다(1:12-17) :

주께서는 눈이 정결하시므로 악을 차마 보지 못하시며
패역을 차마 보지 못하시거늘
어찌하여 궤휼한 자들을 방관하시며
악인이 자기보다 의로운 사람을 삼키되
잠잠하시나이까
— 하박국 1:13.

어떤 학자들이 주장하듯이 특히 2:6-20에서 그가 외부의 적만이 아니라 내부의 적 — 즉, 악하고 쓸모없는 왕 여호야김(렘 22:13-19을 보라) — 을 생각하면 하박국의 질문은 더욱 날카로워지게 된다.[34] 어쨌든 예언자는 '신앙의 초소'에 서서 야훼의 대답을 기다리고 있다. 그러나 야훼의 대답은 즉각적인 것이 아니라 사람의 관점으로는 그 때가 더디게 온다고 생각할지라도 하나님의 의도가 궁극적으로 실현될 미래의 지평선을 눈을 들어 바라보게 만드는 그런 대답이었다(2:1-5). 그동안 역사 속에서의 하나님의 임재가 가려져 있다고 할지라도 사람들은 믿음을 갖고 용기 있게 살아야 한다.

보라 그의 마음은 교만하며 그의 속에서 정직하지 못하니라
그러나 의인은 그 믿음으로 말미암아 살리라
— 하박국 2:4.

---

34) 이 견해는 Paul Humbert에 의해 극단적인 형태로 주장되었는데, 그는 *Problemes du livre d' Habacuc*(Neuchatel: Universite, 1944)에서 예언자는 여호야김에 대한 자신의 공격을 은폐하기 위하여 여러 나라들에 대하여 언급하였다고 주장한다. 외적 위협과 내적 위협을 신중하게 결합하고 있는 WalterJ. Harrelson(42), pp. 375-78의 논의를 보라.

이 대답에 의하면, 의로운 사람은 역사의 수수께끼를 믿음('신실함'이 더 낫다)으로 대처해야 한다는 것이다. 즉 모든 문제가 하나님의 수중에 있음을 믿고 하나님의 주권이 분명해질 그 때를 인내를 가지고 기다리는 가운데 신실하게 살고 행하라는 것이다(참조. 사 8:16-18). 하바국의 질문에 대한 이 대답은 그 후의 비극적인 시대에 깊이 반추되었고, 마침내 신약시대에 와서 바울에 의해 "믿음으로 말미암아 의롭게 된다"(롬 1:17; 갈 3:11)는 교리로 재해석되었다.

신앙과 민족주의

이 장을 되돌아보면 한 가지 사실이 다른 무엇보다도 두드러진다: 모세의 유산의 재발견은 민족주의의 발흥에 수반되었다는 것이다. 요시야의 개혁은 암적인 존재와도 같이 이스라엘의 생명력을 약화시켰던 비옥한 초승달 지대의 종교적 영향들을 철저하게 제거시켰지만, 므낫세의 반동적인 정책들로 수포로 돌아가고 말았다. 고대 지파 동맹 시대와 같이 백성들이 야훼에 대한 언약의 맹세에 충실해지자 이스라엘은 강해졌다. 그러나 요시야의 개혁은 민족주의로 인해 손상을 입었다. 예루살렘 성전으로 모든 예배를 집중시킨 것은 이방 종교의 관습들로부터 이 땅을 정화시킨 면도 있긴 하지만 하나님이 백성들의 편이므로 어떤 재앙도 그들에게 임하지 않을 것이라는 교만한 생각을 갖게 하였다. 다음 장에서 살펴보게 되겠지만 이러한 민족주의의 오만은 주전 7세기 말엽 눈사태와도 같이 유다에 덮친 소란한 사건들 속에서도 수그러들 줄을 몰랐다. 그리고 역설적이게도 국가의 멸망을 이해할 수 있게 한 것은 민족주의 시대에서의 계약 신앙의 부활이었다. 이스라엘은 국가로 등장하기 이전에 계약 공동체였다. 그리고 이스라엘이 계약의 의미를 다시 이해할 수 있기 전에 국가의 멸망을 겪어야 했다.

제 12 장

국가의 멸망

앞에서 살펴본 대로 요시야의 개혁은 앗시리아 제국의 말기 동안에 유다를 휩쓸었던 민족주의의 물결을 타고 태동된 것이었다. 잠시 동안 유다 백성들은 영화로운 다윗 제국의 시대와 같은 황금시대의 문턱에 서 있는 듯하였다. 그러나 요시야의 때아닌 죽음으로부터 시작하여 국가의 멸망, 일부 백성들의 바벨론으로의 포로로 이어진 일련의 신속하게 진행된 사건들의 충격으로 인하여 애국자들은 백일몽에서 깨어났다. 이러한 격동의 세월 가운데서도 민족주의는 거의 수그러들지 않았다. 왜냐하면 많은 예언자들이 나와서 아무런 평화도 없던 때에 평화에 관한 위로의 메시지를 전하고 곧 모든 일들이 민족의 영광스러웠고 좋았던 옛 시절로 돌아갈 것이라고 약속했기 때문이었다. 이러한 예언자들은 이러한 낙관적인 메시지로 한때 열렬한 지지를 얻기도 했다. 그러나 암울한 시기가 계속됨에 따라 결국 날카로운 말로 한낮의 환상을 깨고 백성들로 하여금 역사적인 현실을 똑바로 직시하라고 촉구한 예언자들이 득세를 하기 시작하였다.

다행히도 우리는 이 국가적인 격변의 시대를 산 위대한 두 예언자 ─ 예레미야와 에스겔 ─ 의 긴 증언을 가지고 있다. 이 두 예언자는 모두 제사장 가문 출신이었다. 그들은 기질과 관점에서는 아주 달랐지만 국가의 멸망기에 예언 사역을 했던 아모스와 호세아처럼 서로를 보충하고 있다. 그들의 임무는 자신들이 물려받았고 또

성경읽기 : 렘 4-25, 26-45. 당시의 역사는 왕하 24-25에 나타나 있고, 국가의 멸망으로 인한 비통함은 애가에 나타나 있다.

자신들이 서 있는 종교적 전승들을 성찰하고 재해석함으로써 당시의 위기에 대하여 말하는 것이었다.

고통받는 예언자

에스겔에 관한 논의는 다음 장으로 미루고 우리는 이미 초기 예언 활동에 관하여 살펴본 바 있는 예레미야를 먼저 고찰해보도록 하자. 예레미야의 예언활동은 남왕국의 역사에서 운명적인 기간이었던 40년(B.C.E. 626-587년경) 동안에 걸쳐 있다. 후대의 전승은 예레미야를 '눈물의 예언자'로 묘사했는데, 그의 이러한 평판에서 심한 통곡 또는 비탄을 가리키는 'jeremiad'라는 말이 생겨났다. 그러나 이러한 묘사는 과장이다. 왜냐하면 분명히 예레미야의 메시지는 아모스나 이사야와 같은 강철같은 엄격성을 띠고 있기 때문이다. 예레미야는 전대(前代)의 예언자들과 마찬가지로 백성들이 손꼽아 기다리던 야훼의 날은 승리와 기쁨의 날이 아니라 멸망과 음울의 어둡고 비참한 날이 될 것이라고 선언하였다. 그러나 예레미야는 다른 어느 예언자들보다도 더 인격적인 방식으로 자기 자신을 자신의 메시지 및 자기 백성들과 동일시하였다. 그래서 우리는 구약의 인물 중에서 아마 다윗을 제외하고는 그 어떤 인물들보다 '인간' 예레미야를 더 잘 알게 되었다.

예레미야는 "견고한 성읍, 쇠기둥, 놋성벽"(렘 1:18)처럼 강인하였지만, 자녀 때문에 가슴앓이를 하는 어머니와도 같이 다정다감하기도 하였다. 그의 생애는 예루살렘의 비극, 곧 자기가 야훼의 이름으로 말하지 않고는 배길 수 없었던 바로 그 말씀들에 의해 좀더 강화된 비극과 밀접한 연관을 맺고 있었다. 자기 백성들의 상처는 예레미야의 마음을 칼로 도려내는 듯하였기 때문에 그러한 고뇌와 슬픔은 멸망에 관한 자신의 메시지에 뒤섞여 있다(8:18-22을 보라). 비록 그가 당시의 분위기를 생생하게 묘사해주고 있는 예레미야 애가에 나오는 비가(悲歌)들의 저자는 아니라 할지라도, 이 시들을 그에게 돌려도 무방할 정도이다.[1] 그의 생애는 십자가의 길(via crucis) ― 고난을 통하여 궁극적인 승리를 거두는 역정 ― 이었다. 예수 시대의 사

---

1) 예레미야 애가의 저자는 여러 사람임이 분명하다. 2장과 4장은 예루살렘의 멸망을 목격한 사람들에 의해 쓰어진 것으로 보이며, 1장과 3장은 예레미야서의 영향을 받아 나온 것 같다. 5장을 예외로 하면 이 시들은 예레미야와 에스겔이 효과적으로 사용하였던 만가(qinah) 또는 비가(悲歌)의 3/2격(格)의 운율(p. 359를 보라)로 되어 있다.

람들이 예수가 제2의 예레미야가 아닌가 생각한 것은 전혀 근거가 없는 것이 아니었다(마 16:14).

예레미야서

예레미야의 후기 활동을 다루기 전에 예레미야서 자체를 간략하게 살펴보도록 하자. 예레미야서를 처음 펴보는 독자들은 혼란스러워서 현기증을 느낄지도 모른다. 예레미야에 관한 현대의 소설인 프란츠 베르펠(Franz Werfel)의 「저 소리를 들으라」(*Hearken Unto the Voice*)는 예언자의 생애를 처음부터 끝까지 연대순으로 잘 정리하여 이야기를 진행하고 있다. 그리고 예언자의 메시지를 제시하려고 하는 현대의 신학자들도 적어도 그의 자료들을 주제에 따라 정연하게 배열하고자 할 것이다. 그러나 예레미야서에는 분명한 구성이나 전개 원칙이 없다. 예레미야서의 편집자들은 예레미야의 사역 초기, 중기, 후기라는 활동 순서에 따라 자료들을 모아놓으려고 애썼다는 것을 보여주는 몇몇 증거들이 있다. 그러나 통상적으로 편집자들은 자료를 연대순으로 배열한다거나 자료의 연대를 밝히려고 하지는 않았다. 그리고 때로 동일한 연대에 속하는 자료들이 서로 멀리 떨어져 있는 경우도 있는데, 예를 들면 예레미야의 성전 설교(렘 7장)와 이에 대한 청중들의 반응에 관한 기사(렘 26장)가 그것이다. 구약의 헬라어 역본인 칠십인역은 히브리어 본문과는 다른 읽기 및 자료 배열을 보여주고 있을 뿐만 아니라 히브리 본문보다 약 8분의 1정도 짧기 때문에 문제는 더 복잡해진다.

이러한 난점들은 단지 예레미야서가 다른 예언문학들과 마찬가지로 현재의 정경 형태에 도달하기 전에 복잡한 편집 역사를 거쳤다는 것을 보여준다. 그러나 다행히도 독자로 하여금 예레미야서의 52장을 헤치고 길을 발견할 수 있게 해줄 정도의 개략적인 지도를 제공하는 것은 가능하다.

1. 1-25장: 이 단원은 독립된 자료이다. 여기저기 전기적이거나 자전적인 구절들도 발견되지만 주로 예언자의 신탁들로 구성되어 있다.
2. 26-45장: 앞 단원과는 대조적으로 이 단원은 주로 예레미야에 관한 전기적인 이야기들로 이루어져 있고 드문드문 예언자의 설교들이 섞여 있다. 이 단원은 둘로 나뉜다:
   a. 심판과 소망의 예언들(26-35장). 이 부분에는 그 일부가 시로 되어 있는 '위로의 작

     은 책'(30-33장)이 삽입되어 있다.

   b. 예레미야의 삶에서 가장 후기에 기록된 사건들을 다루고 있는 이야기들(36-45장).

3. 46-51장: 이 단원은 열방들을 치는 신탁들로 구성되어 있다. 1장에 의하면 예레미야는 "열방의 예언자"로 부르심을 받았다고 하지만, 이 부분의 일부 자료는 다른 기자들의 것이다.

4. 52장: 열왕기하 24:18-25:30에서 발췌한 예루살렘의 멸망에 관한 이야기는 역사적인 결론으로서 적절하게 여기에 위치해 있다.

현재 우리가 다루고자 하는 부분은 단원 1과 단원 2지만, 처음 읽을 때는 단원 1이 더 중요하다.[2] 대체로 단원 1의 특징은 시적인 형태로 되어 있다는 것임을 주목하라. 반면에 단원 2는 주로 산문으로 되어 있다. 그러므로 우리는 곧 예레미야서의 주요한 문제들 가운데 하나, 즉 시와 산문의 관계라는 문제에 직면하게 된다.

문학비평은 이 문제와 씨름해서 예레미야서에서 세 가지 기본적인 유형의 자료 또는 "전승층"을 추출해내었다.

A. 예레미야의 시: 1-25장(단원 1)에 주로 나온다. 흔히 이 종교적 서정시들은 슬픔을 표현하는 데 적절한 만가(挽歌)의 운율인(암 5:2과 예레미야 애가에서처럼) 3/2 키나(qinah)격(格)으로 되어 있다. 어떤 학자들은 예레미야의 진정한 신탁들은 오직 시적인 부분들에서만 찾아볼 수 있다고까지 주장하였는데, 이러한 경우에 A라는 상징은 '진정한'(authentic)을 의미하게 된다.

B. 전기적 산문: 26-45장(단원 2)에 주로 나오지만 단원 1의 시적 자료들 가운데에도 드문드문 끼어 있다. 이 이야기들의 많은 부분은 예레미야의 충실한 제자이자 비서였던 바룩의 회고록인 듯한데,[3] 바룩을 향한 특별한 신탁이 이 산문 부분(26-45장)의 맨마지막에 나와 있다. 따라서 B라는 상징은 바룩(Baruch)의 전기를 나타낸다.

C. 편찬자(편집자)의 손질들: 예레미야서의 산문 부분들은 자주 신명기 및 신명기 역사서의 말투와 문학양식을 닮았다. 예를 들면 성전 설교(7:1-15) 또는 요시야의 언약 개혁에 대한 예레미야의 지지에 관한 구절(11:1-6) 등이 그것이다. 실제로 예레미야는 신명기적 전승에서 강조되고 있는 유형의 예언자적 설교자로 묘사되어 있다(신 18:15-22; 참조. 왕하 17:13-

---

2) 칠십인역에서 A와 B부분 사이에(즉, 25:13 다음에) C부분을 위치시켜 놓은 사실을 보더라도 A와 B부분은 서로 독립적인 단위라는 것을 알 수 있다.

3) 바룩서는 로마 가톨릭 교회에서는 정경으로 취급되고 개신교에서는 외경으로 취급되고 있다(pp. 20-22에 나오는 표를 보라). 이 책은 예루살렘이 바벨론 사람들에 의해 멸망당한 5년 후인 주전 582년에 예레미야의 제자들에 의해 편찬된 것으로 보인다. 그러나 이 책은 훨씬 후대에 가서야 씌어졌고 실제로는 주후 70년 로마에 의해 예루살렘이 멸망당한 사건을 반영하고 있는 듯하다.

18). 이런 유의 구절들은 예레미야의 메시지의 알맹이를 잘 보존하고 있을 것이지만 또한 그것들은 현재 형태의 예레미야서가 신명기 학파의 편집자 또는 그와 유사한 인물들에 의해 편집되었다는 것을 보여주기도 한다. 그런 까닭에 C라는 상징은 예레미야서의 편집자(compiler)를 나타낸다.

편집비평

유대교의 저명한 철학자인 프란츠 로젠츠바이크(Franz Rosenzweig)는 한때 비평학자들에 의해 편집자를 가리키는 표시로 사용되는 'R'을 과소평가해서는 안된다고 말하였다. 그의 말에 의하면 이 표시는 히브리어로 "우리의 스승"을 뜻하는 "라베누"(Rabbenu)를 의미하는 것으로 해석되어야 한다는 것이다. 왜냐하면 우리는 우리에게 성경을 최종적인 형태로 제공해준 편집자에게 의존하고 있기 때문이다. 최근 들어 성경의 최종적인 형성 또는 편집에 대하여 관심이 점점 집중되어 왔다.

편집비평은 주로 두 가지에 관심을 갖는다. 첫째로 편집비평은 현재의 성경 본문의 배열에서 얼마나 다양한 문학 단위들이 역할을 하고 있는가를 이해하고자 한다. 이렇게 볼 때 성경은 여러 가지 것들이 뒤섞여 모아져 있는 것이 아니라 전반적인 구조 또는 '뼈대'를 보여주고 있다는 것이다. 그러므로 부분들을 전체와 관련하여 보는 것이 중요하다. 둘째로 편집비평은 가급적 본문의 최종적인 형태에 영향을 미치고 또 본문이 말하고자 하는 대상이 되는 사회적 상황을 이해하고자 한다. 이렇게 볼 때 전승들은 이스라엘 백성의 삶에서 새로운 상황에 대하여 말할 목적으로 수집되었고 개작되었다고 할 수 있다.

예레미야서의 경우에 이것은 시적 자료들에서 찾아볼 수 있고 산문 부분들에 반영되어 있는 그의 진정한 메시지를 통하여 역사적 예레미야를 탐구하는 것만으로는 충분하지 않다는 것을 의미한다. 또한 우리는 편집자가 우리에게 제공해준 최종적인 형태의 책이 전하는 신학적 메시지를 탐구해야 하는데, 이것은 우리가 특정한 문학 단위들(예레미야의 '고백록'과 같은)을 그것들이 현재 놓여져 있는 문맥 속에서 읽어야 한다는 것을 의미한다. 나아가 우리는 시적 자료들에 보존되어 있고 산문 이야기들에 반영되어 있는 예레미야 전승의 (신명기적) 편집의 사회적 상황을 탐구하여야 한다. 편집비평은 우리가 예레미야서에서 최종적인 전승층(흔히 신명기적 편집자에게 돌려지는 C층)의 목적이 예레미야의 설교를 주전 587년의 파국적인 사건 속에서 예루살렘으로부터 포로로 잡혀갔던 백성들이 처한 새로운 상황에 맞춰 말하는 것이었음을 이해하는 데 도움을 주어왔다. 이렇게 볼 때 최종적으로 편집된 형태의 예레미야서는 멸망 직전의 유다 국가의 정치적 현실에 대해서만 말하고 있는 것이 아니게 된다. 예레미야서는 새로운 형태의 선포, 고향 땅으로부터 뿌리가 뽑힌 상태에서 선지자 예레미야를 통하여 들려지는 "야훼의 말씀"을 자신들의 새로운 상황에 맞춰 들을 필요가 있었던 "포로들에 대한 설교"였다.[4]

예언자의 두루마리를 불태움

바룩의 회고록(렘 36장)에 나오는 흥미로운 기사는 예레미야의 설교 활동에서의 주요한 발전을 비춰준다: 말을 통한 설교(시적인 신탁들에 반영되어 있듯이)로부터 기록된 형태의 선포로의 변화.[5] 이 이야기는 요시야가 므깃도에서 전사한 뒤(p. 460를 보라) 이집트인들이 왕위에 앉힌 요시야의 아들 여호야김 재위 제4년의 일이다(B.C.E. 605년). 주전 605년의 갈그미스 전투는 당시의 정치적 판도를 바꾸어 놓았고, 예언자가 자신의 메시지를 다시 전할 시기가 무르익었다. 초기에 — 아마도 상부 메소포타미아에서 스키티아인 침략자들에 의해 야기된 소란에 관한 풍문의 영향 아래에서[6] — 그는 북방으로부터의 위협에 관하여 막연하게 말을 하였었다. 이제 그는 북방의 원수가 바벨론이라고 말할 수 있었다. 그는 당시까지 자신의 기억과 제자들의 기억 속에 남아 있던 자신의 신탁들을 간행하여 백성들에게 당시의 상황의 중대성을 일깨워주고 그들의 삶의 방식을 고치도록 권고하고자 하였다. 이러한 실제적인 의도를 염두에 두고 예레미야는 자기가 부르심을 받은 이래 23년 동안에 선포한 신탁들을 그의 비서 바룩으로 하여금 두루마리에 받아 적게 하였다(참조. 45장).

당시 예레미야는 성전에 들어가는 것이 금지되어 있었기 때문에 자기 대신에 바룩을 보내어 금식일에 모인 모든 백성들 앞에서 두루마리를 읽게 하였다. 야훼께서 바벨론 침략자를 보내심으로써 유다에 대한 진노를 드러내실 것이라는 예레미야의 경고는 대역죄(大逆罪)로 들렸음에 틀림없다. 이 말을 듣고 놀란 왕실의 관리들은 이 두루마리를 여호야김 왕에게 보고하는 동시에 예레미야와 바룩에게 피신하라고 권고하였다. 오만한 왕의 반응이 어떠했는지는 상상하고도 남음이 있다. 그는 사치스러운 겨울 별장에서 화로에서 타오르는 불 앞에 앉아 축배를 들고 있었을 것이다.

---

4) 이것은 E. W. Nicholson, *Preaching to the Exiles*(365)의 견해이다; 또한 J. P. Hyatt, "The Deuteronomic Edition of Jeremiah", Vanderbilt Studies in the Humanities, Vol. I(Nashville, 1951), 71-95; Winifried Thiel, *Die deuteronomistische Redaktion von Jeremiah* 1-25, WMANT 41(Neukirchen-Vluyn: Neukirchener Verlag, 1973)도 이 견해를 취하고 있다. 그밖의 학자들은 신명기의 편집자에 관한 가설을 반대한다. 예를 들면, John Bright, "The Date of the Prose Sermons of Jeremiah"(360); William Holladay, "A Fresh Look at 'source B' and 'source C' in Jeremiah", *Vetus Testamentum*, 25(1975), 394-412; *The Architecture of Jeremiah* 1-20(378).

5) 이러한 변화에 관한 자세한 논의는 Brevard Childs, *Introduction*(37), pp. 345-347을 보라.

6) 북방으로부터의 적의 정체에 관한 문제는 H. H. Rowley, "The Early Prophecies of Jeremiah in their Setting"(383), pp. 206-20에 잘 개관되어 있다.

그리고 신하들은 두루마리에 적힌 글을 한줄한줄 읽어내려갔을 것이고 왕은 자신이 즐겨 사용하던 칼로 이미 읽은 두루마리 부분을 찢어 경멸스러운 표정을 하고 불 속에 집어던졌을 것이다. 일부 고관들의 만류에도 불구하고 두루마리는 이렇게 불에 던져져 타고 말았다. 그러나 문제는 여기서 끝난 것이 아니었다. 예레미야는 왕의 체포령을 피해 자신의 집필작업을 처음부터 다시 시작했다. 이번에 그는 원래의 두루마리에 적혀 있던 내용뿐만 아니라 "그 외에도 그 같은 말을 많이 더하여"(렘 36:32) 증보판을 만들었다.

이 이야기는 예레미야의 생애 가운데 일어난 한 일화를 우리로 하여금 엿볼 수 있게 해줄 뿐만 아니라 예레미야서가 어떻게 형성되었는지를 이해하는 데 도움을 준다. 예레미야서의 핵심 부분은 일인칭으로 씌어진 증보된 두루마리인데, 그것이 일인칭으로 되어 있는 것은 신탁들을 받아적게 하였기 때문이다. 이 신탁들은 주로 백성들에게 바벨론의 위협의 의미를 일깨워주려는 실제적인 의도를 띠고 있었다. 물론 두루마리에는 예레미야의 초기활동으로부터 나온 수많은 신탁들이 담겨 있었다. 예를 들면 예레미야 1:1-4:4에 나오는 신탁들(pp. 436-440를 보라)과 예레미야가 신명기적 개혁을 지지했다는 11장의 기사가 그것이다. 그러나 이러한 예언들은 예레미야가 겪은 후기의 사건들에 비추어 수정되었다.[7] 아울러 예레미야서는 그 이후의 많은 신탁들도 포함하고 있다. 결론적으로 말해서 불에 태워진 원래의 두루마리의 내용을 재구성하려고 하는 것은 상상력에 의한 헛된 작업이 될 것이라는 것이다.

물론 예레미야서의 전승 과정은 두번째 두루마리를 받아적게 함으로써 끝난 것이 아니었다. 우리는 예레미야가 쉬는 시간을 가지면서 때때로 좀더 많은 신탁들을 받아적게 함으로써 두루마리는 더욱 늘어났을 것이라고 추측할 수 있다. 그리고 현재 단원 1에 들어 있는 그밖의 신탁들과 이야기들은 바룩과 후대의 예언자들에 의해 추가되었다. 그리고 예레미야의 말년에 바룩은 일인칭이 아니라 삼인칭을 사용하여 예레미야에 관한 자신의 전기를 저술하였다. 앞에서 살펴본 대로 몇몇 이야기들은 19장부터 시작되는 단원 1의 후반부에서 발견되기도 하지만, 대부분의 이야기는 단원 2에 담겨있다. 끝으로 아마도 신명기 학파에 속했을 편집자는 포로 기간 동안에 예레미야의 전승들을 하나의 책이라는 최종적인 형태로 편찬하였다.

---

7) 예를 들면, 예레미야 2:4-19과 2:36-37에 나와 있는 이집트에 관한 언급은 유다가 일시적으로 바로 느고의 봉신이 되었던 주전 609-605년경의 상황을 반영하고 있다(pp. 460-461를 보라).

여호야김 시대

우리는 예레미야의 두루마리를 여호야김 앞에서 읽은 사건을 분기점으로 삼아 먼저 여호야김의 치세 초반 동안의 그의 메시지를 먼저 고찰하고 다음으로 그가 왕에 의해 쫓기는 신세가 된 후의 그의 활동을 다루는 것이 편리할 것이다. 그러면 예레미야가 주전 605년 자신의 예언들을 개정하고 증보했을 때 그의 기억에 아직도 생생하게 남아 있던 체험들을 고찰하는 것으로부터 시작하기로 하자.

예레미야의 활동에서 새로운 국면은 요시야가 므깃도에서 이집트 군대를 저지하려다가 전사한 주전 609년에 시작되었다. 요시야를 이어 그의 아들 여호아하스(렘 22:10-12에 살룸으로 지칭되고 있다)가 왕위에 올랐다. 그러나 여호아하스는 즉위 3개월 만에 이집트인에 의해 퇴위당하여 역사의 무대에서 사라졌기 때문에 그의 통치에 관해서는 다룰 필요가 없다. 이집트인들은 여호아하스 대신에 요시야의 다른 아들을 왕위에 앉히고 그 이름을 엘리아김에서 여호야김으로 개명시켰다(왕하 23:1-36). 그가 외국의 정복자에 의해 왕위에 올랐다는 사실은 바로 느고(Necho)의 꼭둑각시였음을 보여준다. 그가 왕위에 오르자마자 처음 시행한 것은 이집트에 조공을 바치기 위해 유다 백성들에게 무거운 세금을 부과한 것이었다(왕하 23:35).

거의 모든 점에서 여호야김(B.C.E. 609-598년경)은 부왕인 요시야와는 전혀 다른 인물이었다. 부왕인 요시야가 다윗의 통치를 모델로 삼았다면 여호야김의 야심은 제2의 솔로몬이 되는 것이었다. 예레미야는 22:3-19에 나오는 신탁에서 이 두 통치자를 예리하게 대비하고 있다. 여호야김은 전형적인 폭군 — 잔인하고 이기적이고 탐욕적인 — 이었다. 그는 솔로몬처럼 자신의 화려한 궁전들을 짓기 위해 백성들에게 강제노역을 시켰다(22:13). 그에게 왕이 된다는 것은 사치스러운 삶을 산다는 것을 의미하였다(22:15). 야훼를 '아는'('인정하다', '…에게 충성하다') 것이 정의를 행하는 것이라고 예언자가 상기시켜도 그는 아랑곳하지 않고 자기 백성들을 무자비하게 억압하고 수많은 무죄한 사람들의 피를 흘렸다(22:16-17). 그는 하나님도 사람도 두려워하지 않았기 때문에 자기를 반대하는 사람들은 모조리 다 죽였다. 우리가 알고 있는 한 감히 야훼의 예언자를 죽이려고 했던 유다의 왕은 여호야김 한 사람뿐이었다(26:20-23). 이집트가 팔레스타인를 지배하는 짧은 기간 동안에 — 즉, 요시야의 죽음과 갈그미스 전투(B.C.E. 609-605년경)까지 — 여호야김은 자신의 권좌를 유지하기 위하여 편의상 친(親)이집트 정책을 폈다.

강도들의 소굴인 성전

예레미야는 여호야김 재위 초기에 공적인 무대에 나섰다. 아마도 그는 요시야의 개혁에 점차 환멸을 느끼고 여러 해 동안 방관하는 자세를 취하고 있었던 것으로 보인다. 만약 그랬다면 그는 마침내 "야훼의 분노가 내게 가득하여 참기"(렘 6:11) 어려웠을 것이다. 여호야김의 재위 제1년에(26:1을 보라) 예레미야는 성전 ─ 신명기적 개혁으로 종교적 열정의 중심지가 되었던 바로 그 성소 ─ 에서 담대한 대중 설교를 행하였다. 그의 성전 설교는 두 곳에 나와 있다. 예레미야의 두루마리에 들어 있는 첫번째 성전 설교(7장)는 그때에 그가 말한 내용 전체를 전하고 있고, 바룩의 회고록에 들어 있는 두번째 설교(26장)는 예레미야의 메시지를 간략하게 요약하고 있는 것으로서 오히려 청중들의 반응에 주안점을 두고 있다. 따라서 성전 설교의 전모(全貌)를 이해하기 위해서는 이 두 장을 함께 읽어야 한다.[8]

여호야김은 폭군이었을 뿐만 아니라 부왕이 근절시키려고 했던 이교를 부활시키기까지 하였다. 신명기적 개혁에 환멸을 느꼈던 백성들은 열심히 자신들의 옛 생활 방식으로 되돌아갔음에 틀림없다. 가족의 모든 성원들은 각자 하늘 황후 이쉬타르(ishtar ─ 앗시리아와 바벨론에서 숭배하던 모신)를 위하여 과자를 만드는 데 참여하였다고 한다(렘 7:18). 도성의 남쪽 힌놈(도벳)의 골짜기에서는 어린이들을 희생 제물로 바치는 야만적인 의식이 거행되었고, 성전에는 이교의 가증스러운 것들(우상들)이 세워졌다(30-31절; 19:5).[9] 설상가상으로 사회적으로 가증스러운 일들이 바로 성전의 그늘 속에서 자행되었다. 그리고 백성들은 형식적인 예배를 드리기만 하면 이러한 범죄들은 묵인될 수 있다고 생각하였다(8-10절).

이러한 온갖 짓들을 자행하면서 예배를 드리러 들어가는 백성들의 모습을 성전 뜰에 서서 보고 있는 예레미야의 가슴은 찢어질 것 같았다. 그래서 그는 "너희 길과 행위를 바르게 하라"는 날카로운 촉구로 자신의 메시지를 시작하였다. 예레미야는 모세 전승에 충실하게 "만약"이라는 조건절(5-7절)을 사용하였고, 언약의 법인 십계명에 호소하였다는 것을 눈여겨보라(8-10절). 그는 성전이 야훼의 임재의 장소라는 다윗의 계약신학의 전제들 가운데 하나에 이의를 제기하였다. 성전이 강도의 굴혈(막 11:17)이 되었으므로 ─ 수많은 세월이 흐른 뒤 예수께서 말씀하셨듯이 ─ 그럴

---

8) 서로를 보완하고 있는 이 두 기사가 분리되어 있는 이유는 아마 편집자의 계획 때문인 듯하다.
9) 이와 동일한 묘사가 에스겔 16:20-21; 20:26, 31; 23:29에 나온다.

듯한 말로 안전한 피난처라고 노래해도 소용이 없다는 것이다(참조. 시 46편). 고대 지파 동맹의 중앙성소였던 실로에 무슨 일이 일어났던가?(pp. 253-254를 보라.) 성전은 안정의 보루가 아니며 아무 해도 입지 않도록 "하나님이 우리와 함께 하신다"는 보장도 되지 못한다. 예언자는 성전이 무너지고 유다도 북왕국과 마찬가지로 포수를 당하게 될 것이라고 경고했다. 또다른 신탁에서 예레미야는 희생제물의 관행을 규탄하였다. 야훼는 이스라엘 백성을 이집트로부터 구출한 그 날에 백성들로 하여금 희생제물을 바치라고 명령했던 것이 아니라 언약의 약속, 즉 "나는 너희 하나님이 되겠고 너희는 내 백성이 되리라"(21-23절)는 약속이 성취되도록 충성스럽고 순종하는 마음을 요구하였다고 그는 말했다. 계약관계에 신실한 것이 가장 근본이 되는 것이었다.

26장에 의하면 예레미야의 설교는 소동을 야기시켰다고 한다. 어떤 사람들은 하나님이 다윗 계열의 왕을 지지하고 예루살렘 성전에 야훼의 임재를 보장하고 있다는 왕실의 계약신학에 예레미야가 도전한 것에 충격을 받았을 것임에 틀림없다. 전대의 몇몇 예언자들과 마찬가지로 예레미야는 출애굽과 광야에서의 체험에 뿌리를 둔 언약전승에 서 있었다. 만약 몇몇 장로들이 나서서 백 년 전에 예루살렘과 성전의 멸망을 예언한 예언자 미가의 말을 상기시키지 않았더라면, 예레미야는 불운했던 예언자 우리야처럼 목숨을 잃었을 것이다. 예레미야가 왕의 분노를 피하는 데 중요한 역할을 했던 것은 정치적 영향력이 컸던 사반의 아들 아히감의 지지였다(렘 26:24). 이 사반 가문의 구성원은 예레미야가 곤경에 처해 있을 때 그의 편을 든 적이 한두 번이 아니었다.

예레미야를 미가와 비교하는 것은 적절하다고 할 수 있는데, 이는 이전의 다른 예언자들과 마찬가지로 예레미야도 멸망을 예언했기 때문이다(렘 28:8-9을 보라). 야훼의 말씀의 첫번째 결과 — 즉, 하나님의 의도 — 는 "뽑으며 파괴하며 파멸하며 넘어뜨리는"(1:10) 것이었다. 물론 심판이 최종적인 말씀은 아니었다. 야훼의 의도는 "건설하며 심는" 것이었기 때문이다. 그러나 재건은 파괴가 있는 이후에야 올 것이었다. "나 야훼가 말하노라 내 말이 불같지 아니하냐 반석을 쳐서 부스러뜨리는 방망이 같지 아니하냐"(23:29).

길르앗의 유향

예레미야의 멸망의 말씀은 왕과 백성들에게 믿을 수 없는 말로 들렸다. 그들은 이집트에 의지하는 것이야말로 북방에서 불어닥치는 폭풍으로부터 자신들을 보호할 수 있는 유일한 임시방편이라고 믿었다(렘 2:16, 18, 36-37을 보라). 그러므로 예레미야의 가장 큰 대적은 심판의 골짜기를 통과하지 않고 즉각적으로 하나님의 회복을 받을 수 있는 지름길을 약속한 통속적인 예언자들이었다는 것은 놀랄 일이 아니다. 그들은 돌팔이처럼 평화가 없는데도 "평강하다 평강하다"를 외치고 다녔고 병의 근본 원인은 건드리지도 않는 치료책들을 가지고 "내 백성의 상처를 심상히 고쳐" 주려고 했다(6:13-15; 참조. 5:12-13, 30-31; 14:13-16; 23:9-40).

예레미야는 이러한 예언자들을 미가와 이사야 같은 대예언자들처럼 '야훼의 회의'에 참여하지 않았기 때문에 말씀을 전할 자격이 없는 사람들이라고 비난하였다(pp. 392-393를 보라). 예레미야는 이러한 예언자들이 백성들에게 헛된 희망을 심어주고 청중들을 거짓말로 속이며 서로로부터 야훼의 말씀을 훔치고 있다고 말하였다. 이러한 예언자들과 야훼의 참된 예언자들의 차이는 겨와 밀보다도 더 유사점이 없다고 했다(23:28). 왜냐하면 야훼의 말씀은 평화가 아니라 검 — 외과의사의 칼과 같이 악성의 종양을 도려내어 깊은 내면의 병을 치료해줄 수 있는 검 — 을 가져다 주기 때문이다. "길르앗에는 유향이 있지 아니한가"(8:22) — 길르앗은 병을 치료하는 기름으로 유명하였다 — 라는 예레미야의 신랄한 질문에 대하여 야훼의 심판은 건강을 회복하는 것의 시작이라는 대답이 왔다.

예레미야는 백성의 치유할 수 없는 병 때문에 번민했다. 그들은 "배반하고 패역하는 마음"(렘 5:23)을 가진 백성이라고 그는 말하였다. 야훼의 온갖 훈계도 다 허사였다. 예언자들의 말은 쇠귀에 경읽기였다. 실제로 예언자의 말은 백성들의 경멸의 대상이 되어 있었다(6:10). 호세아에 의해 예감되었던 날카로운 통찰력을 가지고 예레미야는 문제는 '안에', 즉 마음에 있다는 것을 감지하였다. 물론 이스라엘의 '죽을 병'은 많은 방식으로 외적으로 드러났다. 백성들은 언약궤(3:16), 할례(4:4), 율법(8:8), 희생제사(7:21-26), 성전(7:4) 등 제도들에 의존하고 있었다. 더욱이 계약 공동체의 사회적 유대는 깨어졌다. 예레미야는 형제들은 모두 제2의 사기꾼 야곱이라고 말했다(9:4-6). 믿을 사람은 아무도 없었고 억압은 피라밋처럼 쌓였다. 백성들은 "살찌고 두루 다니는 수말"처럼 남의 아내를 후리러 힝힝거렸고(5:8), 사회의 힘없는 사람들에게는 전혀 관심을 보이지 않았다(5:28). 거짓 예언자들에 의해 부추겨진 맹목적인 민족주의가 판을 쳤다. 그리고 성전에서뿐만 아니라 높은 언덕과 푸른 나무가 있는 곳이면 어디에서든지 우상숭배가 행해졌다.

그러나 이러한 것들은 사람의 충성과 헌신이 자리잡고 있는 마음에 뿌리박고 있는 문제가 외적으로 드러난 증상들에 지나지 않았다. 현대의 심층 심리학을 예견이라도 하듯이, 예레미야는 마음은 자신의 진정한 동기를 은폐하고 정당화('합리화')할 수 있다고 지적하였다:

> 만물보다 거짓되고
> 심히 부패한 것은 마음이라
> 누가 능히 이를 알리요마는
> ― 예레미야 17:9.

그렇지만 백성들에게 "그 행실대로 보응"하기 위하여 "심장을 살피는" 하나님을 피할 수 있는 곳은 없다(17:10). 이스라엘이 예배하는 하나님은 '가까이'에 있는 신(a god, 인간의 필요에 의해 만들어진 '가치' 또는 인간의 염원에 의한 공상물)이 아니라 '멀리 떨어져' 있는 초월적인 하나님(the God)이다. 그러므로 그분은 어느 누구도 피할 수 없는 인간의 동기들과 행위들에 대한 재판관이다(23:23-24; 이 주제를 세련되게 다루고 있는 시편 139편을 보라). 하나님의 철저한 탐색 앞에서 백성들의 실상(實狀)은 낱낱이 드러난다. 야훼의 "눈"은 진리를 찾고(5:3), 계약 안에서 하나님과 이웃에 대한 참된 관계에 바탕을 둔 내적인 고결함을 찾는다. 그러나 가나안에 정착한 이후 이스라엘의 오랜 역사 속에서 야훼는 속임수와 상습적인 거짓만을 발견할 뿐이다.

문체를 바꿔서 예레미야는 문제의 뿌리가 깊다는 것과 교묘하다는 것을 강조하고 있다. 아테네의 디오게네스처럼 한 사람의 의로운 사람을 찾으려고 이스라엘 거리를 돌아다닌다 해도 그런 사람은 찾아볼 수 없다(5:1-3). 사실 상황은 혼란상태로 치닫고 있다. 말이 미친 듯이 싸움터로 뛰어나가듯이 사람마다 분별없이 날뛰고 있다(8:6). 새들도 제 집을 찾아가는데, 이스라엘은 언약 관계에 전혀 마음이 없다(8:7). 야훼는 바다의 요동하는 파도에 대해서 경계를 정해놓았지만, 이스라엘의 패역은 모든 경계를 뛰어넘고 있다(5:20-29). 실제로 이스라엘의 죄는 마치 철필이나 금강석 펜촉으로 새긴 것같이 마음속 깊이 새겨져 있다(17:1-4). 에디오피아 사람들이 자신의 피부색을 바꿀 수 없고 표범이 자신의 가죽에 박힌 점들을 없앨 수 없듯이, 이스라엘 백성도 몸에 배어버린 악한 행실을 고칠 수 없게 되었다(13:23). 죄는 너무도 당연시되고 있기 때문에 백성들은 그것을 부끄러워할 줄도 모른다(8:12).

위기와 재앙을 통해 백성들에게 충격을 주고 그들을 뒤흔들어서 새로운 인식을 갖게 함으로써 정화(catharsis) — 심리학 용어를 사용하자면 — 가 이루어져야 했다. 예레미야의 말에 의하면 과거에 야훼께서는 관용을 베풀어주셨다. 하나님의 끈질긴 인내에 대한 시적인 표현을 사용하자면 "일찍 일어나서" 야훼는 "자신의 종 예언자들"을 보냈었다. 야훼는 백성들로 하여금 정신을 차리게 할 목적으로 재난이라는 '충격 요법'도 시도하였으나 모든 것이 허사였다. 예레미야의 말에 의하면 백성들의 마음의 완악함은 하나님에게 하나의 수수께끼였다. 왜냐하면 사람들은 넘어졌다가도 일어나고 멀리 떠나갔다가도 돌아오는 법이기 때문이다. 그러나 이스라엘의 경우에는 그렇지 않았다. 온갖 경고와 징벌을 겪고서도 백성들은 "돌아오기"(즉, 회개하다)를 '거절'하였다. 마침내 야훼의 인내도 끝이 났다. "뜻을 돌이키기에 염증이 난"(15:6) 야훼는 백성들에게 진노를 퍼부어 우상들을 부수고 그들의 생존의 토대들을 뒤흔들어 놓기로 작정하였다.

예레미야는 하나님이 고집불통인 인간의 성품을 다루면서 인간의 역사 속에서 활동하고 계시다는 것을 깨달았다. 이러한 확신은 예레미야가 옹기장이의 집에서 받은 신탁(18장)에 생생하게 강조되어 있는데, 이 신탁은 바룩에 의해 받아 씌어진 예레미야의 두루마리의 절정을 이루고 있었을 것이고 어쨌든 자료들의 편집에서 전략적인 위치를 차지하고 있었을 것이다.[10] 예레미야는 자리에 앉아 발로 녹로를 돌리며 손으로 능숙하게 진흙을 빚고 있는 옹기장이를 보고 이스라엘의 운명도 이 진흙과 같이 옹기장이이신 하나님의 수중에 놓여 있다는 것을 상기하였다. 재료에 어떤 결함이 있거나 순순하게 빚어지지 않아서 그릇이 엉망이 되었다면, 옹기장이는 다시 작업을 하여 그 재료를 가지고 자기가 보기에 더 적절할 것으로 생각되는 다른 그릇으로 만들 것이다. 그리고 이스라엘에 대해서도 마찬가지였다. 어떤 민족이 하나님의 계획에 따라 빚어지기를 거부하고 자신의 생각만을 고집한다면, 야훼는 그것들을 위하여 계획한 좋은 것을 '후회하고' 그 민족을 멸해버릴 것이다.

경고한 재앙은 옹기장이의 자의적이고 변덕스러운 분노가 아니라 인간의 고집불통으로 인하여 임한다는 사실을 명심하라. 예언자는 임박한 비극이 백성들 자신의 행위들로 인한 결과라는 것을 누누이 상기시켰다:

네 길과 행사가
이 일들을 부르게 하였나니
이는 너의 악함이라

---

10) Kathleen M. O'Connor, *The Confessions of Jeremiah*(381), 제8장을 보라.

그 고통이 네 마음에까지 미치느니라
— 예레미야 4:18.

"회개하다"

예레미야의 신학적 어휘에서 핵심적인 단어는 위에서 인용한 어구인 예레미야 8:4-5에도 나오는 '돌아오다'(turning, 히 shub)라는 동사이다.

백성들의 '돌아옴'은 동전의 양면처럼 두 가지 의미를 지닌다. 한편으로 그것은 '돌아서는 것', 즉 계약의 하나님에 대한 충성으로부터 등을 돌리고('배교') 다른 신에게 충성을 바치는 것일 수 있다. 이러한 의미는 8:5에서 볼 수 있다: "이 예루살렘 백성이 항상 나를 떠나 물러감은 어찜이뇨".

같은 구절에서 '돌아오다'의 또다른 의미를 볼 수 있다: "그들이 거짓을 고집하고 돌아오기를 거절하도다". 히브리어의 긍정적인 의미로 이 '돌아옴'은 야훼와의 언약 관계, 특히 야훼의 해방 사역을 묘사하고 백성들의 응답을 촉구하는 이야기로 돌아오는 것이다. 그러므로 야훼께 다시 돌아오는 것은 회개, 즉 생활양식의 재정향(再定向)이요 생활양식을 바꾸는 것이다.

예레미야 18장(토기장이와 진흙의 비유)에는 하나님의 '돌이키심'(niham)에 대하여 또다른 히브리 단어가 사용되고 있다. 이 경우에 말하고자 하는 것은 하나님은 자신이 행하기로 한 행위에 확고하게 묶여 있는 것이 아니기 때문에 만약 백성들이 '돌아온다면'(shub, 렘 18:8, 11b에서처럼 '회개하다') 하나님께서는 이에 기꺼이 응답하실 것이라는 것이다. 백성들의 회개에 응답하여 하나님은 '마음을 바꾸거나' 마음이 누그러져 그들에게 심판을 내리지 않을 것이다. 따라서 하나님의 임박한 심판을 헬라 비극들의 가차없는 운명과 동일시해서는 안 된다.

자세한 것은 B. W. Anderson, *The Eighth Century Prophets* (329), 제3장에 나오는 "Turning Away and Turning Around"를 보라.

어떤 의미에서 "하나님의 진노"는 백성을 벌하기 위해 개입한다는 뜻이라기보다는 자신의 행실과 태도 때문에 빚어진 파괴적인 결과들을 맛보도록 내버려 둔 채 패역한 백성들로부터 '물러난다'는 뜻이다. 따라서 하나님의 진노는 어느 누가 말했듯이 일종의 자기 파멸인 셈이다. 인간사에서의 하나님의 주권은 어느 누구도 하나님의 벌을 피할 수 없다는 사실을 뜻하지만, 어디까지나 그 벌은 "그들의 생각의 결과"(6:19)이다. 그러므로 예레미야는 진흙에 대한 옹기장이의 주권을 말하고 있는 바로 이 구절에서 아직 시간이 있을 때 행실을 고치라고 백성들에게 간절하게 호소하고 있다. 하나님에게 주권이 있다고 해서 인간의 책임이 없어지는 것은 아니다.

북방으로부터의 적

여호야김의 시대 동안에 예레미야는 하나님의 심판이 국제적인 정치상황의 진전이라는 형태를 띠리라는 것을 알았다. 예레미야는 부르심을 받을 때 물이 끓는 가마가 팔레스타인 쪽으로 기울어 재앙이 쏟아지는 이상(異像)을 보고 북방으로부터의 적에 관한 말을 하였다. 그러나 주전 605년 갈그미스 전투를 계기로 북방의 적은 뚜렷하게 부각되었는데, 그 가마는 바벨론 땅에서 끓고 있었다.

예레미야 1-18장에는 바벨론의 진격에 따른 예언자의 여러 신탁들이 산재해 있는데, 그 대부분은 여호야김 재위의 후반, 즉 갈그미스 전투 이후에 나온 것들이다. 4장에 나오는 일군의 신탁은 "북방으로부터의 적"에 관한 시들의 훌륭한 예들이다. 강렬한 정서를 표현하고 있는 이 서정시들은 구약에서 그 어느 것들보다도 뛰어나다. 예레미야는 절박한 목소리로 전쟁 경보를 울리면서 백성들에게 요새화된 성읍으로 피하는 것이 안정될 것이라고 외친다(렘 4:5-8). 그는 병거를 탄 군사들이 회오리 바람처럼 진격해 오는 것을 보고 백성들에게 아직 시간이 있을 때에 회개하라고 외친다(5:13-18). 적의 나팔소리를 들으며 돌연히 온 땅을 휩쓰는 재앙을 보는 순간 그의 심장은 심하게 박동한다(5:19-22). 그는 해산의 진통을 겪는 여인의 비명소리와도 같은 예루살렘의 비명을 듣는다(4:29-31). 예레미야는 후대의 예수와 같이 예루살렘의 운명을 보고 통곡을 한다(8:18-9:3을 보라). 이러한 감동적인 시들을 읽게 되면 이스라엘 백성의 모든 고통이 단 한 사람의 가슴을 통하여 흘렀다는 인상을 받게 된다. 구약 시대의 예언자 중에 예레미야만큼 백성들과 인격적으로 밀착되고 백성들의 '엄청난 고뇌'를 예민하게 느낀 예언자는 없었다.

4장에 나오는 시들에는 "혼란의 도래"에 관한 강력한 서정시가 포함되어 있다. 예레미야는 무시무시한 이상(異像)을 통해 세상 — 어느 주석자의 표현대로 "마치 위력있는 원자폭탄이 터진 것처럼" — 이 창조 이전의 혼돈으로 되돌아가는 것을 보았다: 창세기 1:2의 "혼돈하고 공허"한 상태.[11]

---

11) Victor R. Gold, *Oxford Annotated Bible*(10)의 논평이다. 4:23에 나오는 "혼돈하고 공허하며"(tohu wa-bohu)라는 표현은 제사장계의 창조 이야기에 나오는 것과 정확히 똑같다(창 1:2). 혼돈이 다시 돌아오는 것에 관한 예레미야의 시를 해석하고 있는 일본인 신학자 Kosuke Koyama, *Mount Fuji and Mount Sinai*(Maryknoll, N.Y.: Orbis Books, 1985), 제3장과 제5장의 글을 보라.

내가 땅을 본즉 혼돈하고 공허하며
하늘들을 우러른즉 거기 빛이 없으며
내가 산들을 본즉 다 진동하며
작은 산들도 요동하며
내가 본즉 사람이 없으며
공중의 새가 다 날아갔으며
내가 본즉 좋은 땅이 황무지가 되었으며
그 모든 성읍이 야훼의 앞 그 맹렬한 진노 앞에 무너졌으니
— 예레미야 4:23-26.

예레미야에게 이 재난은 온 세계를 창조 이전의 혼돈 상태로 바꿔버릴 것처럼 위협적이었던 노아 시대의 대홍수처럼 우주 전체에 걸쳐 일어날 것으로 생각되었다. 우주적 혼돈에 관한 그의 깊은 인식은 황무지, '무화(無化)', '그날 이후', 공허를 말하는 현대 문학에 재현되고 있다.

멸망의 표적들

임박한 멸망에 관한 예레미야의 말에는 표적들이 수반되었는데, 예레미야 13:1-11에 기술되어 있는 이 표적들은 가장 수수께끼 같은 표적들 중의 하나이다. 이 이야기에 의하면 예레미야는 모시 잠방이를 사다가 허리에 걸치고 "유프라테스강으로"[12] 가서 바위 사이의 암굴에 그것을 숨겼다. 나중에 그 잠방이가 썩어서 아무짝에도 쓸모가 없어지게 된 것을 알았을 때, 그는 야훼께서 백성들이 마치 옷처럼 자기들의 하나님에게 꼭 붙어있으려고 하여도 그 백성들의 교만을 꺾어버리겠다고 말씀하시는 것을 들었다. 또 다른 경우에 예레미야는 오지그릇을 사다가 사람을 희생 제물로 바치던 장소인 힌놈의 골짜기로 가서 사람들이 보는 앞에서 깨어버리라는 명령을 받았다. 이런 식으로 그는 예루살렘이 산산이 부숴질 것인데 그 파괴가 너무 심해서 저주받은 골짜기가 매장지로 사용될 지경임을 극적으로 보여주었다(19장). 이러한 표적들 또는 '행위를 통한 말씀'은 불길한 의미를 지니고 있었다. 왜냐하면

---

12) 유프라테스(700마일 가량의 거리)까지 여행했다면 이 상징을 이해하기 힘들다. 아마도 예레미야는 자기 고향 아나돗에서 북동쪽으로 조금 떨어진 바라(Parah, 오늘날의 'Ain Farah)로 갔을 것이다. 히브리어로는 '유프라테스로'와 '바라로'의 철자가 같다. John Bright(375), p. 96에 나와 있는 주석을 보라.

예레미야는 '야훼께서 곧 행하실 일'을 묘사하였기 때문이다.

나중에 예레미야가 성전을 쳐서 멸망의 메시지를 다시 반복했을 때 제사장 바스홀이 그를 체포하여 매질하고 밤새도록 결박하여 놓은 것은 이해할 수 있는 일이다 (20:1-6). 그러나 백성들의 무분별에도 불구하고 예레미야는 야훼의 말씀이야말로 모든 사건을 결정하는 힘이라는 것을 믿었다. 야훼께서는 자신의 말이 실현되는 것을 "지켜보고" 계시기 때문이다(1:12을 보라).

그리고 나서 갈그미스 전투가 있었고, 이집트는 참패를 당하고 이때부터 바벨론이 세계의 패자(覇者)로 등장하였다.[13] 이 운명적인 시기에 예레미야 12:1-13의 중대한 예언이 나왔다. 현재 형태의 이 예언은 여호야김 재위 제4년(B.C.E. 605년), 즉 두루마리를 불태운 바로 그 해에 나왔다. 현재 형태의 이 구절은 몇 가지 문제점들로 인하여 예레미야가 쓴 것이라고 말하기 어렵지만, 이 구절보다 훨씬 짧은 칠십인역(헬라어 역본)은 예레미야의 것이라고 볼 수 있을 것같다. 헬라어 역본은 느부갓네살이나 바벨론에 대한 언급이 전혀 없고 13절의 "나는 내가 이 땅을 쳐 말하였던 모든 말들, 이 책에 기록된 모든 것, 즉 예레미야가 모든 열방들을 쳐서 예언한 것을 이 땅〔유다〕에 내리리라"라는 말로 끝이 난다. 더욱이 헬라어 역본에는 이 문장(13절) 다음에 이방 민족들에 대한 신탁들이 나오는데, 이는 히브리 성경에서 바룩의 회고록(26-45장)을 그 문장 다음에 놓은 것보다 더 적절하다고 할 것이다.

히브리어 본문과 헬라어 역본의 이러한 차이들은 논외로 치고, 이 이야기는 예레미야의 메시지에 속한 것이다. 좀더 짧은 헬라어 역본에서 이 이야기는 예레미야가 바룩에게 받아 쓰게 한 두루마리의 결론이었을 것이다.[14] 자신의 23년에 걸친 사역중에 행한 경고들에 백성들이 조금도 주의를 기울이지 않는 데 놀란 예언자는 야훼께서 "북방으로부터의 족속"(칠십인역)을 보내어 온 지역을 황폐화시키고 유다를 철저히 멸망시킬 것이라고 선언하였다. 백성들은 칠십 년 동안 — 이 숫자는 어림수(잠언에서 사람의 수명)로 문자 그대로 받아들여서는 안 된다 — 정복자들을 섬기게 될 것이다. 당시 생존하던 사람들이 그 끝을 못 볼 그 긴 세월 동안 사람들의 일상적인 삶은 제대로 영위되지 못할 것이다. 왜냐하면 야훼께서 "기뻐하는 소리와 즐거워하는 소리와 신랑의 소리와 신부의 소리와 맷돌 가는 소리와 등잔의 불"을 모두 없앨 것이기 때문이다.

---

13) 이집트에 대한 예레미야의 신탁(렘 46:1-12)은 갈그미스 전투 직후에 나왔다.
14) 짧은 본문에 관해서는 John Skinner, *Prophecy and Religion*〔384〕, pp. 240-41을 보라.

바벨론이 갈그미스 전투에서 승리한 것과 거의 때를 같이 하여 바벨론이 침공해 올 것이라는 이 비참한 예언은 여호야김을 격노케 하였던 두루마리의 주제였음이 틀림없다(렘 36:29). 분명히 여호야김은 자기 — 이집트의 봉신 — 가 수치스러운 죽음을 당할 것이며(36:30-31) 또다른 신탁에서 말한 대로 "나귀 같이 매장함을 당하리라"(22:18-19)는 예레미야의 말을 듣고 참을 수가 없었을 것이다.

예레미야의 고백록

우리는 한 바퀴 돌아서 우리가 처음 시작했던 곳, 곧 여호야김이 예레미야의 두루마리를 불태운 사건으로 되돌아왔다. 우리가 이제까지 살펴본 일련의 사건들은 다음과 같이 요약할 수 있을 것이다:

주전 609년 므깃도에서 요시야의 전사
            예레미야의 성전 설교
주전 605년 갈그미스 전투
            예레미야의 두루마리를 불태움

우리는 이 마지막 일화로부터 시작하여 이 기간 동안의 예레미야의 사역을 뒤돌아보았고 그의 증보된 예언의 두루마리를 고찰하였다. 이제 주전 605년부터 예레미야 생애의 마지막 수십년을 살펴보기로 한다.

예레미야는 대중의 적이요 왕에 대한 반역자로 취급되어 한동안 은둔생활을 했던 것 같다. 이 '침묵의 시기'에 보통 예레미야의 고백록으로 지칭되는 일련의 주목할 만한 서정시가 나왔을 것이다. 그 유형에서 실제로 아우구스티누스의 「고백록」과 유사하게 예레미야의 불안한 심정을 거침없이 토로한 이 고백록은 예언자의 생애에서 여러 시기에 걸쳐 나온 것이다. 이 고백록은 예레미야가 여호야김의 경찰을 피해 도망자로 생활하고 있는 동안에 바룩에게 받아 적게 하였을 것이다. 어쨌든 우리가 그것들을 이 시점에서 고찰하는 것은 적절하다.

이 개인적인 절규와도 같은 작품은 초기 이스라엘의 예언자들의 저작들이나 이런 주제에 관한 고대의 어떠한 종교문학에서도 그 유례가 없다. 초기의 예언자들은

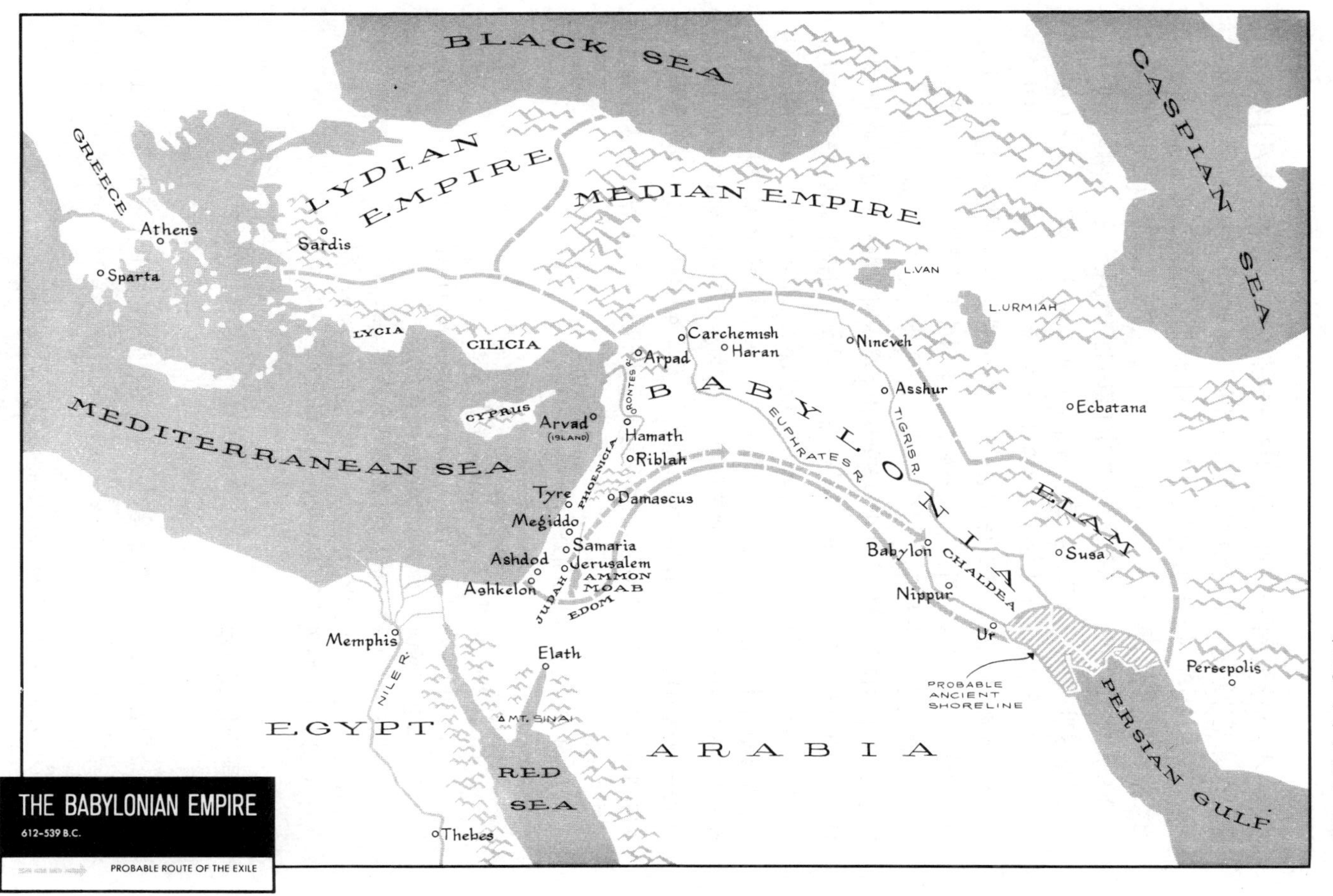
BLACK SEA
CASPIAN SEA
MEDITERRANEAN SEA
RED SEA
PERSIAN GULF
LYDIAN EMPIRE
MEDIAN EMPIRE
BABYLONIA
CHALDEA
ELAM
ARABIA
EGYPT
GREECE
PHOENICIA
JUDAH
AMMON
MOAB
EDOM
LYCIA
CILICIA
CYPRUS
Athens
Sparta
Sardis
Arvad (ISLAND)
Hamath
Riblah
Tyre
Megiddo
Ashdod
Ashkelon
Samaria
Jerusalem
Damascus
Arpad
Carchemish
Haran
Nineveh
Asshur
Ecbatana
L. VAN
L. URMIAH
Babylon
Nippur
Ur
Susa
Persepolis
Memphis
Elath
MT. SINAI
Thebes
NILE R.
ORONTES R.
EUPHRATES R.
TIGRIS R.
PROBABLE ANCIENT SHORELINE
THE BABYLONIAN EMPIRE
612–539 B.C.
PROBABLE ROUTE OF THE EXILE

자신의 개인적인 갈등들을 드러내기를 꺼려하였다. 깨어진 결혼생활의 개인적인 고통 속에서 말씀을 전하였던 호세아조차도 자신이 선포하도록 부르심을 받은 메시지 뒤에 개인으로서의 자신을 감추었다. 그리고 이스라엘에게 곧 임할 중대한 심판에 관하여 하나님께 간(諫)하였던(암 7:1-6) 아모스는 백성들의 고통을 분명하게 자신의 것으로 하지는 않았다. 그러나 예레미야의 경우는 달랐다. 그는 "야훼의 말씀"을 선포했을 뿐만 아니라 그 말씀을 들은 백성들과 마찬가지로 그것과 씨름하고 있다. 즉 그는 자기 운명에 대해 불평하고, 신원해 달라고 하나님께 부르짖고, 나아가 하나님께 도전하기도 한다. 또 그는 신앙 — 의심과 반항과 자기 연민과 절망에 가리워진 신앙 — 의 시련들을 겪는다. 실제로 그는 "의심할 용기"[15]를 가지고 있었다.

　　이 개인적인 기도문들에 '고백록'이라는 이름을 붙이게 되면 오해할 소지가 생겨난다. 고백록이라는 말은 순전히 심리학적인 견해를 시사해줄 수 있기 때문이다: 하나님 앞에서의 솔직함으로 어떤 개인의 내적인 삶을 사사롭게 고백하는 것. 그러나 예레미야의 고백록은 자신의 예언자 '직'(office)으로부터 생겨났고 필연적으로 그것과 연관되어 있는 하나님에 대한 탄원들이다. 이 기도문들은 탄원자가 고뇌 속에서 부르짖고 하나님에 대한 신뢰를 표명하며 신원을 간구하는 시편의 '개인 비탄시'라는 장르(제16장을 보라)의 영향을 받았다. 성전 예배에서 친숙한 언어를 사용하여 예레미야는 자기가 예언자로서의 역할을 수행하면서 겪은 깊은 고뇌 속에서 야훼께 기도를 드린다.

　　다음의 비탄들은 예레미야서 11-20장에 여기저기 산재해 있다:

1. 11:18-12:6 "잡히러 가는 순한 어린 양과 같으므로"
2. 15:10-21 "주께서는 내게 대하여 … 속이는 시내 같으시리이까"
3. 17:4-18 "야훼여 … 나를 고치소서"
4. 18:18-23 "그들이 나의 생명을 해하려고 구덩이를 팠나이다"
5. 20:7-13 "나의 중심이 불붙는 것 같아서 골수에 사무치니"
6. 20:15-18 "내 생일이 저주를 받았더면"

쟁론(爭論)의 사람

이 통렬한 비탄을 이해하는 열쇠는 예언자의 부르심에 관한 기사(렘 1:1-10), 모세의 부르심에 관한 이야기(출 3장)가 울려퍼지는 것 같은 구절에서 찾아볼 수 있

---

15) Robert Davidson, *The Courage to Doubt*(134), 제7장을 보라.

다. 첫번째 문학적 단락(4-8절)은 인간으로서의 예레미야와 예언자직을 수행하고 있는 예레미야와의 긴장을 보여준다. 천성이 수줍음타고 감수성이 예민했던 예레미야는 태어나기 전부터 위탁된 자신의 엄청난 임무, 곧 "열방의 예언자"가 되는 임무에 몸을 움츠렸다. 두번째 문학적 단락(9-10절)도 예레미야를 바로 "내 말을 그 입에 두리니"(신 18:18; 참조. 렘 1:9)라고 언급된 "모세와 같은 예언자"의 전승 속에 위치시키고 있다. 이어지는 이상(異像)들과 그 해석(렘 1:11-19)은 예레미야가 전해야 할 불길한 메시지 — 백성들의 적대감을 불러 일으킬 것이 확실한 메시지 — 를 보여준다. 그는 자신을 모든 사람들과 대항하는 위치에 놓아야 했다. 왜냐하면 하나님께서 유다의 온 땅 — 왕들, 고관들, 제사장들, 백성 — 을 대적하고 계셨기 때문이다. 예언자는 "그들이 너를 칠" 것이라는 경고를 받았다. 그러나 그는 사람들의 인정보다도 더 깊은 의지처를 발견했음에 틀림없다: "그들이 … 이기지 못하리니 이는 내가 너와 함께 하여 너를 구원할 것임이니라"(1:19; 또한 1:8을 보라).

야훼께서 맡긴 사명은 예레미야의 천성적인 기호와 감수성에 맞지 않았다. 그는 누구보다도 자기 가족과 친구들의 애정과 인정이 필요했던 것 같고, 조상들이 살던 아나돗에서 평화롭게 사는 것으로 아마 만족했을 그런 사람이었다. 그러나 그의 운명은 거절당한 자, "온 세계에게 다툼과 침을 당할 자"(15:10)가 될 운명이었고 끊임없이 적들에게 에워싸여서 주님 손에 붙잡힌 채 "홀로 앉아" 있어야 했다. 결혼과 자녀를 가지는 일까지도 그에게는 가능하지 않았다. 왜냐하면 16:1-13에 나오는 불길한 구절에 의하면 야훼께서 그가 아내를 얻거나 자녀들을 갖는 것, 사회적인 모임에 참석하는 것조차 금했기 때문이다.

이와 같은 예언자의 고립은 모든 가족적 유대를 깨뜨리고 유쾌한 소리를 침묵시킬 임박한 재난을 보여준 표적이었다. 예언자는 고독에 몸부림쳤다. 일생 동안 그는 한편으로는 평화와 친교에 대한 자신의 선천적인 갈망 때문에, 또 한편으로는 갈등의 소용돌이로 그를 던져버린 예언자적 직무 때문에 가슴앓이를 해야 했다. 무엇보다도 이 고백록은 야훼의 예언자가 됨으로 인한 고통과 신원해 달라는 예언자의 열정적인 간구를 증언하고 있다. 신원을 위한 기도는 개인적인 승리를 위한 간구가 아니라 예언자가 대변하고 있는 주의, 주장의 승리를 위한 간구이다.

예레미야의 신원(伸寃)

예레미야의 첫번째 고백은 분명히 그의 초기 활동에까지 거슬러 올라간다. 이 구절은 신명기적 개혁의 시대에 나온 것 같으며, 예레미야가 지방 제사장들의 일자리를 잃게 할 개혁사업을 지지했기 때문에 고향 아나돗 사람들로부터 격렬한 반감을 받은 것이 반영되어 있다(p. 457를 보라). 아나돗 사람들은 자기들의 손에 죽고 싶지 않으면 야훼의 이름으로 예언하지 말라고 그에게 경고하면서 그를 죽일 음모를 꾸몄다(11:21). 예레미야와 가까운 친지들까지도 이 음모에 가담하였다(12:6). 이러한 배신을 당하자 예언자는 자신을 핍박하는 자들에게 복수해 달라고 기도하였고 자신의 무죄함을 열정적으로 고백하였다. 그는 백성들의 동기(動機)들을 알고 그들의 행동들을 심판하는 야훼께서 악한 자들에게 번영을 허용하고 살인까지도 눈감아줄 수 있는지를 이해할 수 없었다! 하박국이 자신의 불평에 대한 야훼의 응답을 받았듯이(pp. 461-464를 보라) 이번에도 야훼께서는 예레미야의 탄원에 응답하였다. 그는 야훼가 정하신 때가 되면 신원해 줄 것이라는 약속을 받았지만, 그 사이에 자기 앞에는 아주 호된 시련들이 놓여있다는 것을 깨달아야 했다:

네가 보행자와 함께 달려도 피곤하면
어찌 능히 말과 경주하겠느냐
네가 평안한 땅에서는 무사하려니와
요단의 창일한 중에서는 어찌하겠느냐
— 예레미야 12:5.

앞에서 살펴본 대로 예레미야의 생명을 노리는 음모는 여호야김 시대에 극심했다. 예레미야는 성전 설교를 한 이후로는 겨우 생명을 부지할 수 있었고, 그 뒤에 또 한 차례 성전 뜰에서 전한 메시지 때문에 바스훌에게 잡혀 밤새 갇혀 있어야 했다. 그리고 결국 예레미야는 여호야김의 분노를 피해 숨어 살지 않으면 안되었다. 예레미야의 네번째 고백은 그의 행동이 모든 종교 지도자들 — 제사장, 예언자, 지혜자 — 에게 파괴적인 것으로 비쳐서 생명의 위협을 받은 사건들을 구체적으로 보여준다(렘 18:18). 야훼 앞에서 그들을 위하여 중보기도를 한 자기를 그들이 이런 식으로 대우한 것에 화가 난 예레미야는 야훼께서 그들을 용서하지 말고 하나님의 진노로 멸망시켜 달라는 무자비한 기도를 드렸다.

이러한 기도들은 깊이 상처받은 마음에서 격렬하게 터져나온 것들이다. 또하나의 고백(렘 15:20)에서 예언자는 자신의 운명을 한탄하는 햄릿처럼 때가 좋지 않고 자기는 때를 올바르게 하기 위하여 태어났다고 자신의 운명에 대하여 격렬하게 저항을 한다(렘 15:20). 예레미야의 신앙은 그를 절망의 구렁텅이에 빠뜨렸고, 세상에 대한 야훼의 의로운 통치에 대해서도 심각하게 의심하는 지경에 이르게 하였다. 이렇게 엉망진창이 되어버린 마음으로 그는 봄철에 비가 심하게 쏟아져 내릴 때에는 철철 넘치다가도 금방 말라버리는 팔레스타인의 와디(wadi, 시내)처럼 야훼께서 자기를 속였다고 부르짖었다(15:18). 그는 야훼께서 자기에게 너무 무거운 짐을 지우고 온종일 웃음거리로 만들고 침묵을 지키지 못하도록 마음 속에 불을 집어넣었다고 항의했다(20:7-9). 끝으로 그는 자신의 존재의 가장 깊은 흑암 속에서 자기가 태어난 날을 저주하고(20:14-18) 자기를 "온 세계에게 다툼과 침을 당할 자"(15:10)로 낳은 자기 어머니를 원망한다.

예레미야처럼 이토록 심하게 고통을 겪은 예언자는 별로 없었다. 그러므로 우리는 예레미야가 야훼께 퍼부은 열정적인 질문들과 항변들을 무턱대고 비판해서는 안 된다. 그리고 그의 기도 — 아주 많은 인간적인 말들과 마찬가지로 — 는 신앙이 심각한 시련을 당했을 때 흔히 그러하듯이 자기 연민과 자기 의를 표현하고 있다. "왜 이런 일이 '내게' 일어나는 것이냐?"는 그의 질문은 자기가 야훼를 위하여 온갖 희생을 다 치렀는데도 억울한 일만 당했다는 것을 시사하고 있다. 그는 흥겹게 노는 사람들 사이에 끼지도 못했고 무엇을 빌려주거나 빌리는 데 불의를 저지른 적도 없었다. 그는 "잡히러 가는 순한 어린 양"과 같이 무죄하였다. 그리고 자기 연민은 자기 의의 다른 측면일 뿐이다. 그러므로 예레미야는 자신의 정당함을 입증해주고 자기를 박해하는 자들의 부당함을 벌하기를 바라며 복수하시는 하나님께 탄원하고 있는 것이다(11:20; 12:1-3; 17:17-18; 18:19-23; 20:11-12).

두번째 고백에서도 첫번째 고백과 마찬가지로 예레미야의 불평에 대한 야훼의 응답이 들어 있다. 야훼는 예언자를 책망하였다. 왜냐하면 예언자의 비탄은 자기 중심적인 태도 — 그가 비판한 것은 백성들의 바로 이러한 태도였다! — 를 바탕으로 하고 있었기 때문이다. 백성들에게 참회하라고(야훼께 '돌아오라') 호소했던 예언자 자신도 내적인 정화가 필요했다:

> 야훼께서 이같이 말씀하시되
> 네가 만일 돌아오면 내가 너를 다시 이끌어서
> 내 앞에 세울 것이며
> 네가 만일 천한 것에서 귀한 것을 취할 것 같으면
> 너는 내 입 같이 될 것이라
> '그들'은 네게로 돌아오려니와
> '너'는 그들에게로 돌아가지 말지니라

> 내가 너로 이 백성 앞에
> 견고한 놋 성벽이 되게 하리니
> 그들이 너를 칠지라도
> 이기지 못할 것은
> 내가 너와 함께 하여
> 너를 구하여 건짐이니라 야훼의 말이니라
> 내가 너를 악한 자의 손에서 건지며
> 무서운 자의 손에서 구속하리라
> — 예레미야 15:19-21.[16]

이 처음 두 번의 고백 이후에는 야훼로부터 어떠한 대답도 오지 않았다는 것은 주목할 만하다. 예레미야의 세번째 고백은 예레미야를 박해하는 자들에 대한 하나님의 복수를 간구하는 것으로 끝나고, 네번째 고백은 하나님께 원수들을 용서하지 말라고 요청하는 것으로 끝이 나며, 다섯번째 고백은 신원을 위한 이와 비슷한 기도 후에 구원에 대한 감사의 노래로 끝나는 듯하다(렘 20:13). 마지막 시를 이 일련의 고백에 포함시킨다면 그것은 욥과 마찬가지로 자신의 태어난 날을 저주하는 예레미야의 절망으로 끝난다. 우리는 전체로서의 이 고백들을 어떻게 보아야 하는가?

이 문제를 다루는 한 방법은 이 고백들을 있는 그대로 한때 독립적으로 유포되었던 예언자의 기도들의 모음으로 보는 것이다. 어떤 해석자는 이 비탄들을 연달아 읽으면 수난의 길(via dolorosa) — "점차로 더 큰 절망으로 이끄는 길", "일종의 형이상학적인 심연에서 끝날 것 같은" 길 — 을 밟아가는 느낌을 받는다고 말하고 있다.[17] 말하자면 예레미야의 십자가는 흑암 — 자기 자신의 예언자로서의 고통과 자신이 일체(— 體)로 느끼고 있던 백성들의 고통이라는 풀리지 않는 문제 — 에 가리워져 있다. 자신이 태어난 날을 저주하고 있는 마지막 시는 자신이 버림받았다는 울부짖음을 표현하고 있다: "내 하나님이여 어찌 나를 버리셨나이까"(시 22:1; 예수는 이를 십자가 위에서 재현하고 있다, 막 15:34).

정반대의 해석도 있다: "시의 모음집인 이 고백들은 야훼에 대한 더욱 큰 찬양과 예언의 말씀의 승리에 관한 확신을 향하여 나아가고 있다."[18] 고백들을, 예레미야

---

16) John Bright, Jeremiah(375), p. 107에 나오는 번역문.

17) Gerhard von Rad, *Theology*, II(142), 204. pp. 201-206에 나오는 고백록에 관한 전체적인 논의를 보라.

18) Kathleen O'Connor, *The Confessions*(381), chap. 9, part ii. 이 견해는 자신이 태어난 날을 저주하고 있는 예레미야의 마지막 시를 원래의 모음집에서 배제할 것을 요구한다.

의 전승들을 편집한 편집자에 의해 주어진 문맥 속에서 읽을 때 이러한 견해는 특히 호소력이 있다. 자신의 생애 동안에 예레미야는 흔히 자기가 참으로 야훼의 참 예언자인가 하고 의아해 했다. 백성들이 통속적인 예언자들의 말에 귀를 기울일 때 특히 그러했다. 곧 살펴보겠지만 어느 한 경우에 예레미야는 자기와는 반대로 다윗 계열의 왕과 성전의 보화들이 바벨론으로부터 돌아올 것이라고 예언했던 하나냐라고 하는 기브온에서 온 예언자에게 공공연하게 모욕을 당하였다(렘 28장). 그러나 포로기 동안에 예레미야의 전승들을 편찬한 편집자는 예루살렘의 멸망에 관한 예레미야의 예언이 성취되었다는 것을 알았고 따라서 이 고백들을 야훼의 말씀과 야훼의 예언자가 정당했다는 것에 대한 증언으로 보았다(참조. 대하 36:20-21).

그러나 이 고백록이 어떤 전승층에서 작용하였느냐와는 상관없이 그것들은 예언자의 고통을 이 예언자의 메시지의 중심에 두었다. 앞에서 말했듯이 이 시들은 사사로운 기도나 독백이 아니었다. 도리어 그 시들은 "내가 너와 함께 한다"는 확신과 장래에 자신의 정당함이 입증될 것이라는 신념을 갖고 특별한 방식으로 "음침한 골짜기"(시 23:4)를 통과하여 걷도록 부르심을 받은 예언자의 사명에 대한 공적인 증언이라는 역할을 하였다. 실제로 야훼는 예레미야의 고뇌어린 체험으로 대표된 백성들의 고통에 인격적으로 참여하셨다. 저명한 유대인 철학자가 말한 대로 "예언자들의 기본적인 체험은 하나님의 정서와의 교류요 하나님의 파토스에 대한 공감이다."[19] 깊은 의미에서 볼 때, 예레미야의 고통은 하나님의 고통에의 참여였고, 그렇기 때문에 하나님의 관심이 예언자의 관심이 되었고, 분노든 사랑이든 하나님의 감정은 예언자의 삶과 사고 전체에 흘러들어갔던 것이다.

시드기야 시대

여호야김은 자신의 왕위에 대한 직접적인 위협이 되지 않았기 때문에 예레미야의 두루마리를 경멸해버릴 수 있었다. 바벨론 왕 나보폴라살이 갈그미스 전투 직후에 죽자 그의 뒤를 이어 승리를 이끈 느부갓네살이 바벨론으로 돌아와 왕위에 올랐다. 주전 601년경 느부갓네살의 군대는 팔레스타인 지방을 휩쓴 뒤 이집트 변방까지

---

19) Abraham J. Heschel, *The Prophets*[315], p. 26. 이 중요한 책에서는 하나님의 파토스에 관한 주제가 여러 각도에서 논의되고 있다.

쳐들어갔는데, 이 침공은 예레미야로 하여금 북방으로부터의 적에 관한 몇몇 시(詩)들을 쓰게 하였다. 이집트와 바벨론의 전쟁에서는 두 나라가 많은 병력을 잃었는데, 느부갓네살의 군대는 패잔병들을 이끌고 바벨론으로 퇴각하지 않을 수 없었다. 이와 같은 바벨론의 패배와 이집트의 약화는 여호야김에게 자신이 기다리고 있었던 기회를 제공해 주었다. 주전 600년경 그는 바벨론에 바치던 조공을 거부함으로써 독립을 위한 무모한 시도를 하였다. 이러한 반항은 느부갓네살의 침공을 자초하였다(왕하 24:1-7).[20]

좋은 무화과와 나쁜 무화과

느부갓네살은 즉시 유다로 쳐들어갈 수 없었기 때문에 먼저 이웃 나라들을 선동하여 유다를 침공하여 그 땅을 황폐하게 하였다. 이러한 소요 가운데서 여호야김은 전사했고, 열여덟 살 난 그의 아들 여호야긴은 부왕의 정치적 과오에 대한 벌을 대신 치러야 했다.[21] 신명기 사가는 자신의 전형적인 판단 기준에 따라 여호야긴이 짧은 재임기간으로 인하여 많은 일을 할 기회가 주어지지 않았다는 사실에도 불구하고 그가 자기 아버지와 마찬가지로 악한 일을 했다고 비난하고 있다. 주전 598-597년에 느부갓네살은 군대를 동원하여 유다에 대한 전면적인 공격을 시작하자 즉위한 지 3개월밖에 되지 않은 여호야긴은 항복하지 않을 수 없었다. 성전과 왕실의 기물들은 모조리 털렸고, 젊은 왕과 그의 모후는 바벨론에 포로로 잡혀 갔다. 이 포수(捕囚)에는 왕뿐만 아니라 앞으로 살펴보게 될 예언자 에스겔 등을 비롯한 유다의 지도급 인사들도 함께 끌려갔다. 이렇게 하여 바벨론 포로의 제1막이 시작되었다(왕하 24:10-17).

느부갓네살은 요시야의 막내 아들 맛다니야를 유다의 왕위에 앉히고 그의 이름을 시드기야로 개명시켰다. 유다를 통치한 다윗 왕조의 마지막 왕인 이 왕 아래에서 예레미야는 예루살렘에서 자신의 나머지 예언활동을 했다. 1-25장에 나오는 자료 중 상당 부분, 특히 21-24장의 자료는 시드기야 시대(주전 597-587년경)를 반영하고 있는데, 26-45장에서 찾아볼 수 있는 바룩의 회고록의 대부분도 마찬가지이다.

---

20) 유다가 멸망할 당시의 역사적인 발전 과정에 관해서는 David Noel Freedman, "The Babylonian Chronicle", *Biblical Archaeologist*, XIX (1956), 50-60을 보라. 이 논문은 *The Biblical Archaeologist Reader*, I [100], 113-127에 재수록되어 있다.
21) 여호야김은 여고냐 또는 고냐로 달리 지칭되기도 한다. 예레미야 22:24-28에 나오는 신탁을 보라.

폭군이었던 여호야김과는 대조적으로 시드기야는 온순하고 착했으나 약하고 우유부단한 통치자였기 때문에 주위 사람들의 충고에 쉽게 마음이 흔들렸다. 이러한 새로운 상황은 고관들에게 자신의 이기적인 목적으로 공공 정책을 관장할 기회를 제공해주긴 했지만, 예레미야에게도 아주 좋은 기회였다. 폭군이 죽고 좀더 관대한 정권이 들어선데다 이때까지의 자신의 예언들이 역사 속에서 확증되었기 때문에 예레미야는 새로운 명성을 업고 대중 앞에 나설 수 있었다. 시드기야는 여러 차례 예레미야를 직접 불러 자문을 구했고, 시드기야가 좀더 용기 있었더라면 예레미야의 말을 따를 수도 있었을 것이다. 시드기야는 동정이 가는 인물로서 그는 유다 역사 가운데 좀더 평화로운 시대에 태어났더라면 훨씬 좋았을 것이다. 왕실에 대한 예레미야의 신탁들(22:1-23:6)에서 시드기야는 압제와 불의로 규탄을 받은 왕들 속에 끼어 있지 않았다는 것을 주목하라. 도리어 언어 유희를 통해 예레미야는 시드기야(히브리어로 '야훼는 나의 의'를 뜻한다)의 이름에서 미래의 메시야적 왕은 이와 비슷한 이름("야훼 우리의 의"; 33:16)을 가지게 될 것이라는 암시를 발견했을 것이다.[22]

일등 시민들을 잃은 유다는 껍데기에 지나지 않았다. 지도급 인물들 — 귀족, 장인, 고위 군사 지도자 — 이 바벨론에 포로로 잡혀갔기 때문이다. 강력한 지도력과 안정된 전통이 대단히 필요했던 당시의 유다는 불구가 되어 버렸다. 이러한 공백기에서 새로운 귀족계급이 태동되었는데, 그들은 당시의 무거운 책임을 떠맡기에는 역부족이었고 또한 이 위기의 종교적 의미를 깨닫는 것은 더더욱 불가능했다. 근시안적인 민족주의에 사로잡히고 선동적인 예언자들의 충동에 흔들린 이 새로운 지도자들은 국가의 멸망을 재촉했다(겔 11장과 비교하라). 예레미야는 이러한 비천한 자질을 가진 사람들에게서 소망을 볼 수 없었다.

이상(24장) 속에서 예레미야는 성전 앞에 놓여 있는 두 개의 무화과 바구니를 보았다. 잘 익고 막 딴 좋은 무화과들이 담긴 한 바구니는 느부갓네살이 붙잡아간 사람들을 나타냈다. 예레미야는 그들이 야훼의 계약 백성으로서 이 땅에 다시 돌아올 것이라고 생각했기 때문에 장래가 그들에게 달려있다고 보았다. 이와는 반대로 먹을 수 없을 정도로 썩어버린 무화과들이 들어 있는 다른 바구니는 시드기야, 그의 고관들, 이 땅에 남아 있는 백성들을 나타냈다. 예언자는 야훼께서 그들을 몰아내어

---

22) 23:5-6; 30:9; 33:14-26과 같이 오실 다윗 가문의 '메시야'에 관한 구절들은 흔히 후대에 예레미야서에 첨가된 것으로 여겨지고 있다. 그러나 예레미야는 아마 다윗의 가문에서 나올지 모르지만 어쨌든 백성 가운데서 나올 미래의 지도자를 기대했을 것이다(30:21).

세상의 조롱거리로 만들 것이라고 말하였다. 나중에 예레미야는 바벨론으로 잡혀간 사람들에게 서한(29장)을 보냈는데, 거기에서 그는 그들에게 정착하여 집을 짓고 가정을 이루어 살며 심지어 그들이 살고 있는 적국을 위해 기도하라고까지 조언하였다.

> 너희는 내가 사로잡혀가게 한 그 성읍이 평안하기를 힘쓰고 위하여 야훼께 기도하라 이는 그 성이 평안함으로 너희도 평안할 것임이니라
> — 예레미야 29:7.

고향으로 신속하게 돌아올 것이라고 약속하고 있었던 당시의 통속적인 예언자들과는 반대로 예레미야는 포로로 잡혀간 사람들은 오랫동안 — "칠십 년이 차면"(29:10; 참조. 25:11-12) — 이방 땅에 머물게 되리라고 말하였다. 예레미야는 이 난민들에게서 이스라엘의 소망을 보았다. 왜냐하면 그가 서한에서도 밝힌 바와 같이 야훼께서는 그들에 대한 계획들 — "재앙이 아니라 곧 평안이요 너희 장래에 소망을 주려 하는 생각"(29:11) — 을 가지고 있기 때문이다.

혁명의 음모

시드기야는 바벨론과 단교하라는 심한 압력을 받았다. 새로운 귀족계급들은 친(親)이집트적이었고 이집트의 왕 느고와 그의 후계자 프사메티쿠스 2세 — 느부갓네살이 침공(B.C.E. 594년)한 지 4년 후에 즉위한 — 에게서 비옥한 초승달 지대에 세력균형을 가져와 유다와 그밖의 군소국가들에게 독립을 가져다줄 정치적 잠재력을 보았다. 이 시기 전체에 걸쳐 이집트는 유서깊은 자신의 외교정책을 답습하여 이러한 국가들의 불만을 불러일으키고 있었다. 더욱이 당시 유다의 통속적인 예언자들은 그 옛날 미가야 시대의 황홀경에 빠져 예언하던 예언자들처럼 민족주의를 고무시키고 있었다. 따라서 시드기야 재위 제4년 — 프사메티쿠스 2세가 즉위한 해 — 에 이집트가 사절을 보내 에돔, 모압, 암몬, 페니키아로 구성된 반(反)바벨론 연합세력을 구축 형성하려고 한 것은 놀랄 일이 아니다. 이집트는 시드기야에게도 사절을 보내 혁명세력에 가담하도록 그를 설득하였다(렘 27:3).

앗시리아 시대의 이사야와 같이(pp. 415-419를 보라), 예레미야는 강한 어조로 이러한 음모를 단죄하였다. 예레미야는 이집트의 사절들에게 자신의 말과 함께 상징

적인 행동을 보여주었다. 27장의 이야기에 의하면 예레미야는 야훼의 명령을 받고 멍에와 가죽끈을 만들어 목에 메었는데, 이렇게 함으로써 열방들이 바벨론에 복종하는 것이 야훼의 뜻이라는 자신의 예언을 극화하였다. 그는 음모자들에게 땅과 그 안에 있는 모든 것을 지으신 야훼가 역사의 모든 사건들을 주관하고 계시며 그렇기 때문에 이 땅을 일시적으로 자신이 택한 대리자로 하여금 통치하게 할 수 있다고 선포하였다. 한동안 예레미야는 느부갓네살이 야훼의 "종"이라고 선언하였다(렘 27:6-7). 그러므로 바벨론에 대하여 반기를 드는 것은 실제로 야훼에 대항하여 싸우는 것이었다. 시드기야와 백성의 지도자들을 향한 그의 메시지는 이러했다: "바벨론 왕을 섬겨라 그리하면 살 것이다 어찌하여 이 도성을 폐허로 만들려고 하느냐?".

어떤 의미로 이것은 유다 지도자들의 무모한 민족주의보다 더 현명한 정책이었다. 그러나 예레미야는 당시의 상황을 통상적인 정치적 견지에서 본 것이 아니었다. 그는 자신의 조국을 외국의 지배하에 두려는 부역자도 아니었고 원칙적으로 모든 전쟁을 반대한 평화주의자도 아니었다. 도리어 그는 당시의 위기를 부수었다가 다시 지으려는, 즉 심판과 갱신이라는 목적을 위한 역사 속에서의 야훼의 주권적 활동으로 보았다. 그러므로 백성들은 두 가지 정치적인 대안 — 즉, 친(親)이집트 정책을 따르느냐, 친(親)바벨론 정책을 따르느냐 — 가운데서 어느 하나를 선택할 입장에 놓여있지 않았고, 회개와 하나님에 대한 전적인 의뢰를 요구한 신앙의 결단 앞에 서 있을 뿐이었다. 그러나 예레미야의 메시지는 유다 백성들이 이해하기 힘든 것이었거나 반감을 불러일으키는 것이었다. 그 메시지에는 어떤 정치적 의미도 없었다. 시드기야가 그의 말을 들었어도 예레미야를 오해했거나 거부했을 것이다. 유다가 바벨론에 항복해야 한다는 예레미야의 주장은, 주전 597년의 느부갓네살의 응징은 일시적인 역류(逆流)에 지나지 않으며 성전으로부터 가져간 기물들은 곧 되돌려질 것이며 머지않아 정상적인 삶으로 회복될 것이라고 말하고 있던 통속적인 예언자들과 정면으로 배치되는 것이었다. 예레미야는 이러한 낙관주의는 거짓이라고 말하였다. 이 통속적인 예언자들은 '야훼의 회의'에 참석한 일이 없었다. 그들은 백성들에게 헛된 희망을 불어넣고 "야훼의 입에서 나온 것이 아니라 자기들의 생각에서 나온 이상(異像)들"을 말하고 있었다(23:9-32에 나오는 이 예언자들에 대한 신탁들을 보라).

예레미야와 통속적인 예언자들의 충돌

바룩은 예레미야와 분명히 조정(朝廷)에 기생하고 있었을 통속적인 예언자들과의 충돌에 관한 생생한 기사를 우리에게 제공해 주었다(렘 28장). 시드기야를 반(反)바벨론 세력에 가담시키기 위하여 외국의 사절들이 와 있던 바로 그 해에 하나냐라는 예언자가 성전에서 예레미야에게 공개적으로 도전하였다. 다윗의 계약신학의 옹호자였던 하나냐는 야훼께서 바벨론 왕의 멍에를 부수고 이 년 안에 성전 기물과 여호야긴(여고냐)을 비롯한 포로로 잡혀 갔던 사람들이 돌아올 것이라고 선언하였다. 하나냐와 그의 동료 예언자들은 여호야긴 — 느부갓네살에 의해 왕위에 오른 그의 삼촌 시드기야가 아니라 — 이 유다의 합법적인 왕이라고 여전히 믿고 있었음이 분명하다. 그들은 여호야긴의 귀환에 국가의 부흥에 대한 소망을 걸고 있었다. 예레미야의 조소섞인 응답은 사실상 이러한 것이었다: 나도 그것이 사실이기를 바란다! 그는 하나냐와 그곳에 모여든 백성들에게 이때까지 야훼의 예언자들에게는 한결같은 특징이 하나 있었는데 그것은 그들이 모두 멸망을 예언했다는 것임을 상기시켰다.

> 나와 너 이전 예언자들이 자고로 여러 나라와 큰 국가들에 대하여 전쟁과 재앙과 염병을 예언하였느니라
> — 예레미야 28:8.

이러한 전승으로부터 비켜나서 평화를 예언한 예언자들은 이 증거의 취지를 받아들이지 않으면 안된다. 그의 예언은 역사적 현실이라는 시험을 통과해야 한다. 화가 난 하나냐는 예레미야가 예언의 표적으로 여전히 목에 걸고 있었던 멍에를 벗겨서 백성들 앞에서 부수는 극적인 행동을 보인 후 이 년 안에 야훼께서는 모든 열방의 목에 걸려 있는 바벨론 왕의 멍에를 벗기고 포로로 잡혀간 왕을 원래의 왕위로 회복시킬 것이라는 말을 반복하였다. 예레미야는 이에 지지 않고 쇠 멍에를 만들어서 야훼께서 "쇠 멍에로 … 느부갓네살을 섬기게" 할 것이라고 선언하였다. 바벨론 왕은 하나님의 의도를 이루기 위한 도구였기 때문에 그 멍에는 인간의 노력으로 부수어질 수 없었다. 그리고 하나님을 대항하여 싸운다는 것은 헛된 일이었다!(참조. 행 5:39).

예루살렘의 포위

예레미야의 영향을 비롯하여 여러 가지 이유로 시드기야는 주전 594년에 있었던 음모에 가담하지 않았다. 그러나 정정(政情)의 불안은 계속해서 심화되어 아프리

에스(렘 44:30에서는 호브라로 부르고 있음)라는 새로운 군주가 이집트의 왕위에 올랐던 주전 588년에 그 절정에 달했다. 호브라의 선왕은 팔레스타인, 페니키아, 요단 동편 지방에서 반(反)바벨론 음모를 꾸미는 데 그쳤으나, 호브라는 느고의 침략 정책을 이어받아 아시아로 출정을 시작했다. 이러한 정세의 변화는 바벨론의 멍에 아래에서 신음하고 있던 여러 국가들에게 새로운 희망을 가져다주었다. 그래서 다시 혁명이 일어났는데, 이번에 혁명의 중심지는 암몬과 유다였다. 느부갓네살은 이 혁명을 진압하려고 신속하게 군대를 움직여 오론테스 강변 시리아의 리블라(Riblah)에 진을 쳤다. 에스겔서(21:18-23)에 나오는 생생한 묘사에 의하면, 그는 암몬과 유다 가운데 어디를 먼저 칠 것인지를 결정하기 위하여 점을 쳤다. 주전 588년에 느부갓네살의 군대는 예루살렘을 포위하였다.

고고학자들이 1932부터 1938년에 걸친 발굴에서 발견한 라기스 서한은 바로 이 시기의 것이다.[23] 도기편(陶器片)에 새겨진 이 서한들은 다른 무엇보다도 봉화(烽火)를 보낸 것을 비롯하여 라기스와 아제카(Azekah) 부근에서 벌어진 전황(렘 34:6-7을 보라)을 언급하고 있으며 바벨론이 침공했을 당시의 그 땅의 상황을 알려주고 있다. 예루살렘이 포위되어 있을 동안 백성들이 겪었던 고통들에 대해서는 예레미야 애가의 서정적인 비탄시들, 특히 2장과 4장에 더 생생하게 묘사되어 있다.[24]

예루살렘이 포위되어 있는 동안에도 바벨론에 항복하는 것만이 유일하게 살 길이라는 예레미야의 확신은 결코 흔들리지 않았다. 예루살렘에 대한 포위공격이 진행되고 있을 동안 시드기야가 예레미야에게 사자를 보냈을 때도 예레미야는 그러한 권고를 했다(21장). 왕은 이사야 시대에 산헤립에 의해 예루살렘이 포위되었을 때와 마찬가지로(B.C.E. 701년) 야훼께서 기적을 일으켜 느부갓네살로 하여금 퇴각하게 만들 것이라는 말을 기대했을 것이다. 그러나 그는 예언자의 말에서 어떠한 위안도 받을 수 없었다. 예레미야는 전사(戰士)이신 야훼께서 "든 손과 강한 팔 곧 노와 분과 대노"로 이 도성을 대적하여 싸우실 것이라고 말하였다. 그러므로 군사적 저항은 소용없었다. 예레미야는 시민들에게 목숨을 건지고자 한다면 바벨론 사람들에게 항복하라고 권고하였다:

---

23) 이 서한의 번역문에 관해서는 Pritchard, *Ancient Near Eastern Texts*(1), pp. 321-22를 보라.
24) Norman K. Gottwald, *Studies in the Book of Lamentations*(389)의 논의를 보라. 또한 Bertil Albrektson, *Lamentations*(388)도 보라.

> 보라 내가 너희 앞에 생명의 길과 사망의 길을 두었노니 이 성에 거주하는 자는 칼과 기근과 염병에 죽으려니와 너희를 에운 갈대아인들에게 나가서 항복하는 자는 살리니 그의 생명은 노략한 것 같이 얻으리라
> — 예레미야 21:8-9.

시드기야는 절망에 빠졌다. 야훼의 호의를 얻고자 그는 오랫동안 무시되어 왔던 신명기 율법의 한 특징, 즉 동족인 히브리인을 노예로 삼을 수 없다는 금지조항(신 15:12-18을 보라)을 다시 실행하려고 하였다. 34장에 나오는 바룩의 기사에 의하면 왕은 모든 노예를 풀어주기로 예루살렘에서 백성들과 계약을 맺었는데, 이 계약은 송아지를 두 토막 내어 그 사이로 지나가는 고대의 의식에 따라 맺어졌다고 한다(렘 34:18-19; 참조. 창 15:12-18). 그러나 상류계층에서 노예들을 해방시킨 것은 종교적인 이유보다도 경제적인 이유가 더 컸음이 분명하다. 왜냐하면 노예를 풀어줌으로써 식량배급이 원활하지 못했던 당시에 노예주들은 그만큼 식량을 아낄 수 있었기 때문이다. 그러나 바로 호브라의 군대가 진격하여 일시적으로 바벨론의 포위가 풀리면서 정세가 호전되자(37:5) 그들은 노예들을 다시 데려다가 부렸다. 예레미야가 보기에 이러한 행위는 백성들이 계약을 위배한 결정적인 증거 — 더 증거가 필요하다면 — 즉, 야훼의 심판을 초래하게 될 계약의 위배였다.

예레미야의 투옥

바로 호브라 군대에 대항하기 위하여 바벨론 군대가 퇴각한 것은 희망적인 징조인 듯했다(37장). 그래서 시드기야는 다시 예레미야에게 사자를 보내 이번에는 백성을 위하여 야훼께 빌어 달라고 요청하였다. 그러나 이번에도 예레미야의 반응은 여전히 왕을 화나게 하는 것이었다. 그는 바벨론 군대가 되돌아올 것이며 바벨론군에 부상병들만 남아 있다고 하더라도 그들은 일어나 예루살렘을 파괴할 것이라고 말했다! 이것은 엎친데 덮친 격이었다. 예레미야는 대중 속에 머물러 있게 하기에는 너무도 위험한 존재임이 분명하였다. 나중에 방백들은 예언자가 바벨론에 항복하라고 하고 심지어 탈주하라고까지 권고함으로써 군사들과 백성들의 "손을 약하게 하고" 있다고 왕에게 말하였다고 하는데, 이 말은 라기스 서한 가운데 하나에서 사용되고 있는 말이기도 하였다(렘 38:4-5). [25] 그래서 예레미야는 자기 고향 아나돗으로 일을 보러 가는 도중에 체포되어 두들겨맞고 투옥되었다(37:11-15). 체포의 이유는 예레

미야가 설교했던 대로 그 자신이 바벨론으로 탈주하려고 했다는 것이었다.

그 다음에 이어지는 장면(렘 37:16-21)은 연민의 정으로 가득 차 있다. 예레미야의 말이 옳을 것이라고 생각은 하면서도 그렇다고 방백들의 주장에 반대할 수도 없었던 가엾은 왕은 예언자를 감방에서 불러내어 자기 앞에 데려왔다. 우리는 본능적으로 예레미야가 아니라 "왕이지만 자기 앞에 서 있는 수인(囚人)보다 더 구속을 받고 있는"[26] 시드기야에게 연민을 느낀다. 소심했던 왕은 방백들의 꼭둑각시였고 상황에 의해 붙잡혀 있는 수인(囚人)이었다. 유다에 암흑이 드리워지고 있던 최후의 순간에 그는 예언자의 도움이 필요했다.

예레미야와 왕의 만남은 비밀리에 이루어졌다. 왕은 예레미야가 밤낮으로 늘 예언하던 말을 선포할 줄을 뻔히 알면서도 "야훼께로서 받은 말씀이 있느뇨"하고 물었다. 이번에 예레미야는 온순하고 친절한 어조로 역사의 사건들은 통속적인 예언자들의 말이 옳다는 것을 입증한 적이 없었다는 사실을 확고하게 상기시켰다. 시드기야는 거의 예레미야의 말에 수긍하는 듯했다. 시드기야는 다른 감옥으로 옮겨 달라는 예레미야의 청을 받아들여 근위대 뜰로 옮겨 주었다.

또다시 방백들이 개입하였다. 그들은 예레미야의 말이 자신들의 입장을 불리하게 만든다는 말은 입밖에도 내지 않은 채 군사들과 백성들의 사기를 떨어뜨리는 것을 염려한다고 하면서 그를 죽일 것을 요구하였다(38장). 그들을 막을 용기가 없었던 시드기야 왕은 그들의 요구에 굴복하여 "보라 그가 너희 손에 있느니라 왕은 조금도 너희를 거스릴 수 없느니라"[26]고 했다. 이리하여 방백들은 예레미야를 밧줄로 묶어 비오는 계절에 물을 받던 깊은 웅덩이로 달아내려 거기서 죽도록 내버려두었다. 그러나 에디오피아인 내시가 왕의 명령을 받고 그를 웅덩이에서 건져내어 근위대 뜰에 있게 해주었다.

다시 한번 시드기야는 예레미야에게 사자를 보내(렘 38:14-28) 또한번의 비밀 회합이 이루어졌으나 결과는 마찬가지였다. 우리가 아는 한 이것이 이 수인(囚人)이 왕 앞에 섰던 마지막 자리였다. 그후 얼마 지나지 않아 바벨론 군대가 성벽을 부수고 물밀듯이 쏟아져 들어와 성전을 파괴하고 도성에 불을 지르고 "빈천한 국민을 그 땅에 남겨두어 포도원을 다스리는 자와 농부가 되게"(왕하 25:12) 하고는 많은 사람

---

25) Lachish Ostracon No. VI과 앞의 각주 23을 보라.
26) 이것은 Bernhard Duhm의 말이다. J. P. Hyatt, *Interpreter's Bible*, V(16), 1072에서 인용하였다.

들을 포로로 잡아갔다. 시드기야의 최후는 비극적이고 비참하였다. 시드기야는 예루
살렘을 버리고 도망가다가 여리고 평원에서 붙잡혀 리블라에 진을 치고 있던 느부갓
네살에게 끌려 갔다. 그에 대한 처벌은 말로 표현할 수 없을 정도로 참혹한 것이었
다. 느부갓네살은 시드기야로 하여금 자기 아들들이 처형당하는 모습을 마지막으로
지켜보게 한 후에 그의 눈을 뺀 다음 쇠사슬로 묶어 바벨론으로 끌고 갔다. 예레미
야는 느부갓네살의 명령으로 감옥에서 풀려났다(39장).

멸망의 날 너머

부르심을 받았을 때에 예레미야는 야훼의 말씀은 심판과 갱신, 멸망과 약속이라
는 양면을 지니고 있음을 알았다. 인간사를 결정하는 힘으로서 하나님의 말씀은 "파
괴하며 파멸하는" 것과 "건설하며 심는" 것을 하기 위하여 예언자를 통하여 발해졌
다. 특히 백성들이 거짓 안정이라는 보호막을 찾고 있을 때 예레미야는 멸망의 날이
올 것이라고 선언한 일이 많았다. 그러나 그는 하나님의 의도가 단지 파괴하고 뒤엎
는 것이 아니라는 사실을 한시도 잊지 않았다. 예레미야는 이 땅의 잘못된 기초가
허물어져야 하나님이 새롭게 건설하고 심을 수 있다는 것을 알았다(렘 24:6; 42:10;
45:4을 보라). 만약 그가 파국의 저편에 있는 새로운 백성과 새로운 시대에 관한 비
전을 끊임없이 바라보지 않았더라면, 그는 자신의 내적인 깊은 확신과 자기 앞의 위
대한 예언자들의 사상을 끝까지 견지할 수 없었을 것이다. 이러한 소망이라는 주제
는 흔히 "작은 위로의 책"(30-33장)으로 불리는 예레미야서의 한 부분에서 두드러지
게 나타난다.[27]

예레미야의 토지 매입

예레미야의 메시지를 이해하는 데 열쇠가 될 만한 일화가 아주 분명하게 나와
있다. 그 진정성은 제쳐두고 예레미야 32장은 전쟁의 사기를 떨어뜨리는 말을 한다
고 하여 예레미야가 옥에 갇히게 된 시기의 모습을 묘사하고 있다. 당시 바벨론 군

---

27) 이 부분의 몇몇 자료(예를 들면, 33장의 신탁들)은 후대의 예레미야적 전승으로부터 나왔다.

대는 예루살렘의 성벽을 공략하고 있었다. 양식이 떨어지자 백성들은 사람을 잡아먹은 일도 있었다(애 4:10). 죽음이 거리를 횡행하고 창가에까지 다가왔다(렘 9:21). 확실한 멸망이 "가혹하고 캄캄하게" 닥치는 것은 단지 시간 문제였다. 미래를 생각해 볼 여유도 없었음이 분명하다. 왜냐하면 대부분의 백성들은 유다에 내일이 없다고 생각하여 절망감에 빠져 있었기 때문이다. 그러나 예레미야는 이 시점에서 남들에게 미친 것으로 보였을 것임에 틀림없는 행동을 했다. 예레미야에게, 적의 수중에 들어가 있던 고향 아나돗에 사는 사촌이 소유한 땅을 그의 가장 가까운 친척 자격으로 사들이라는 말씀이 임했다. 예레미야는 투옥되어 있는 가운데 합법적인 절차에 따라 매매계약을 맺고 그 문서를 안전하게 보관시켰다. 예레미야에게 땅을 사들이라는 야훼의 말씀은 이스라엘 백성이 약속의 땅에서 미래가 있을 것과 "이 땅에서 집과 밭과 포도원을 다시 사게 되리라"는 것을 보여주는 야훼의 표적이었다. 이것은 예레미야가 포로로 잡혀갔던 사람들에게 보낸 서한에서 말했던 것과 동일한 약속이었는데, 지금에 와서 그는 이 약속을 확대하여 예루살렘이 파괴될 때 불길과 고통의 세례를 겪게 될 사람들까지 포함시켰을 뿐이다.

새로운 공동체

예레미야는 흔히 개인주의의 예언자 ─ 우리 자신의 문화를 염두에 둔다면 미심쩍은 찬사 ─ 로 불린다. 흔히 우리는 '억센 개인주의자' 또는 '고독한 독수리' ─ 스스로의 용기와 신념을 가지고 행동하고 살아가는 사람 ─ 에게 찬사를 보낸다. 이런 의미에서 보면 예레미야는 분명히 개인주의자가 아니었다. 물론 예레미야는 사회질서 전체가 무너진 비극의 시기에 사람들은 자신의 온 존재를 통해 하나님에 대한 전적인 의존을 느낄 수 있다는 것을 알았다. 이런 유의 개인적 신앙은 그의 고백록에 기가 막히게 표현되어 있다. 그러나 예레미야는 백성들의 전통이나 언약 공동체와 분리된 개인주의를 주창하지는 않았다. 그는 자신이 고립되어 있었음에도 각 사람은 오직 공동체 안에서 하나님께 나아가 '치유' 또는 구원을 체험한다는 것을 알았다. 그런 까닭에 예레미야는 자신의 눈을 들어 하나님의 미래의 지평선을 바라보았을 때 새로운 공동체에 대해 말했던 것이다. 그때에는 민족사에서의 가장 깊은 분열 ─ "이스라엘 집"과 "유다 집"의 비극적인 분열 ─ 이 극복될 것이다. 좀더 높은 차원에서 이스라엘 백성은 옛 지파 동맹과 마찬가지로 자신들을 구원한 한 분 하나님에 대한 충성 속에서 하나가 될 것이다(렘 31:27-30).

그러므로 현재 30장과 31장에 나오는 몇몇 신탁들이 이전 시대에 멸망하여 포로로 잡혀 간 "이스라엘 집", 에브라임을 상대로 말하고 있다는 것은 전혀 놀랄 일이 아니다. 이미 사라진 북왕국의 백성들에게 다음과 같은 약속이 주어지고 있다:

> 칼에서 벗어난 백성이
> 광야에서 은혜를 얻었나니
> 곧 내가 이스라엘로 안식을 얻게 하러 갈 때에라
> 나 야훼가 옛적에 이스라엘에게 나타나 이르기를
> 내가 무궁한 사랑으로 너를 사랑하는고로
> 인자함〔hesed〕으로 너를 인도하였다 하였노라
> 처녀 이스라엘아
> 내가 다시 너를 세우리니 네가 세움을 입을 것이요
> — 예레미야 31:2-4b.

북부 이스라엘 선조의 여주인이었던 라헬이 자식을 잃고 비통하게 울다가 "너의 최후에 소망이 있을 것이라"(31:15-22)는 말과 함께 울음을 그치라는 말을 듣는다:[28]

> 에브라임은 나의 사랑하는 아들
> 기뻐하는 자식이 아니냐
> 내가 그를 책망하여 말할 때마다
> 깊이 생각하노라
> 그러므로 그를 위하여 내 마음이 측은한즉
> 내가 반드시 그를 긍휼히 여기리라
> 야훼의 말이니라
> — 예레미야 31:20.

이 구절은 백성들을 버리지 않겠다는 야훼의 사랑에 관한 호세아의 메시지를 재

---

28) 이 흥미를 자아내는 구절에 관해서는 B. W. Anderson, "The Lord Has Created Something New': A New Stylistic Study of Jer. 31:15-22", *Catholic Biblical Quarterly* 40(1978), 463-478을 보라. 이 논문은 *A Prophet to the Nations*(382), pp. 367-380에 재수록되어 있다. 또한 Phyllis Trible의 뛰어난 논문, "The Gift of a Poem: A Rhetorical Study of Jeremiah 31:15-22", *Andover Newton Quarterly* 71(1977), 271-280도 보라.

현하고 있다(호 11:8). 그리고 호세아가 북왕국의 종말을 눈앞에 두고 예언했던 것과 마찬가지로, 예레미야도 남왕국이 빠져들 심연의 가장자리에 서서 심판이라는 연단을 통하여 작용하는 야훼의 사랑이 이스라엘과 유다에게 새로운 출발을 만들어주실 것을 천명하였다. 지금은 분명히 깊은 절망의 때이지만, 바로 그 절망의 늪으로부터 백성들은 구원을 받게 될 것이라고 예레미야는 말하였다(렘 30:7).

새로운 언약

이스라엘 공동체의 회복에 관한 이러한 비전은 새 언약에 관한 예언에 깊이있게 표현되어 있다(렘 31:31-34). 이 예언은 예레미야가 말했던 어떤 다른 예언들보다도 후대의 예언전승에 지울 수 없는 형적을 남겼고, 마침내 이 새 언약이라는 이름은 기독교적 저작들의 정경의 이름이 되었다(신약은 '새 언약'을 뜻한다). 훌륭하게 세공된 보석처럼 이 예언은 여러 측면에서 빛을 발하고 있다. 먼저, 새 언약은 옛 언약과 같이 하나님의 주도권과 권위로 이루어질 것임을 유의해야 한다. 이스라엘의 신앙은 하나님께서 행하시는 것에 대한 응답이지 쌍무협정이 아닐 것이다. 이것이 "내가 … 세우리라"는 말의 의미이다.

둘째로, 이 언약은 모세 언약과는 다를 것이다. 왜냐하면 이스라엘 백성의 역사는 모세 언약이 깨어진 언약임을 보여주었기 때문이다. 모세 언약을 회복하기 위한 신명기적 개혁의 시도조차도 실패했다. 바로 이 실패가 예레미야 예언의 배경이 되었을 것임에 틀림없다. 지금까지 알려진 역사 — 깨어진 언약의 역사 — 는 종언을 고하고 새로운 유의 역사가 시작될 것이다.

셋째로, 역설적이긴 하지만 새 언약은 시내산 언약의 원래 의도를 성취할 것이라는 의미에서 새로운 언약이 될 것이다. 원래의 언약의 의미는 마치 언약궤 속에 넣어둔 돌판들에다 율법을 기록하는 것이 하나님의 뜻인 양 종교적 의식들과 기록된 율법에 의해 잠식되고 말았던 것이다. 그러나 새 언약에서 토라는 인간 존재의 내적인 중심인 마음에 기록될 것이다. 그리고 새 언약은 "내 목소리를 청종하라"고 말씀하시는 해방하시는 하나님에 대한 개인적인 응답으로 표현될 것이다.

넷째로, 새 언약은 야훼의 '백성'인 새로운 공동체를 태동시킬 것이다. 우리가 누차 살펴보았듯이 "나는 그들의 하나님이 되고 그들은 내 백성이 될 것이라"(33절)는 말은 이 언약의 특징을 보여주는 공식이다(참조. 렘 24:7; 32:39-40 등). 31절은 새 언약이 "이스라엘 집과 유다 집", 즉 야훼가 이집트에서 구출해낸 백성 전체를 포함하고 있는 것으로 올바르게 해석하고 있다. 개인주의라는 말은 예레미야의 생각과는 거리가 멀다. 왜냐하면 예레미야는 이 언약의 공식이 가장 작은 자로부터 가장 큰 자까지 이스라엘 공동체의 모든 성원에게 다 개인적으로 적용된다는 것을 강조하고 있기 때문이다. 야훼께서는 인간에게 새로운 마음(의지)을 주어 본성을 변화시킬 것이기 때문에 이스라엘의 뜻과 야훼의 뜻은 영속적으로 잘 부합될 것이다. 공동체 전체가 깨어질 수 없는 충성을 바탕으로 한 신뢰와 약속 가운데 종주(宗主)인 야훼를 '알' 것이기 때문에, '야훼에 대한 지식'을 호소하는 종교적 교육이나 언약갱신 의식은 사실 더 이상 필요가 없을 것이다.[29]

다섯째로, 새 언약은 하나님의 죄사함을 토대로 하게 될 것이다. 예레미야의 메시지 전체의 맥락에서 볼 때 인간의 오만과 자만을 깨뜨리고 인간이 신뢰하는 우상을 멸하는 야훼의 '연단'이 있은 다음에 죄사함이 있을 것임에 틀림없다. 이스라엘 백성이 하나님 앞에 겸손하게 서서 자신의 더러운 과거를 부끄러워하고 언약을 배신한 것에 대하여 통회할 때 모든 것이 새로워질 것이다. "내가 그들의 죄악을 사하고 다시는 그 죄를 기억지 아니하리라"(34절).

예레미야의 예언의 여섯번째 측면은 사실 이 어구의 맨처음에 나오지만 그것을 우리 연구의 정점으로 삼기 위하여 이 시점까지 남겨두었다. 여기에 역사 속에서의 하나님의 의도가 완성되는 "마지막 일들"에 속하는 예언이 나와 있다. 이것이 종말에 관한 예언의 특징적인 서문인 맨처음의 문장의 의미이다 : "보라 날이 이르리니 … " 새로운 시대가 올 날은 달력상으로 밝힐 수 없다. 그 날은 이스라엘이 소망하는 미래로서 하나님의 활동과 목적에 의해 결정될 것이다. 그러나 이 소망은 실재하지도 않는 땅에 대한 것이 아니며 이스라엘 역사의 구체적인 현실로부터 아주 멀리 떨어져 있는 것도 아니었다. 예레미야가 땅을 사들인 상징적인 행위가 보여주듯이, 그 소망은 이 땅에서 실현되어 포로로 잡혀 갔던 사람들이 돌아와 다시 "즐거운 무리처럼 춤추며" 시온에서 예배를 드리게 될 것이다(렘 31:4-6).[30]

앞으로 살펴보겠지만, 새 시대에 대한 기대는 국가가 멸망한 뒤로 점점 더 중요성을 띠게 되었고, 마침내 신약에 와서는 ─ 조(調)를 바꿔서 ─ 중심적인 위치를 차지하게 되었다(고전 11:25; 눅 22:20; 히 8:8-12).

---

29) 호세아 예언의 주제이기도 한 "하나님을 아는 지식"에 관해서는 pp. 372-376를 보라.

30) Thomas A. Raitt, *A Theology of Exile*(402)을 보라. 그는 국가의 멸망과 백성들의 포수라는 위기가 어떻게 예레미야와 에스겔의 예언에서 심판의 신탁들로부터 구원의 신탁들로의 변화를 가져왔는지를 효과적으로 보여주고 있다.

  예레미야가 제사장 가문 출신이었기 때문에 미래에 이루어질 이스라엘 백성의 회복에 관한 자신의 묘사에서 성전이 중심적인 위치를 차지하지 않고 있다는 것은 다소 놀라운 일이다. 아마도 그가 성전에 대하여 침묵을 지킨 것은 예루살렘에 예배를 집중시킨 신명기적 정책에 의해 고무된 성전에 대한 그릇된 신뢰에 대한 반발 때문일 것이다. 또한 그것은 그가 당시의 위기에 너무 몰두한 나머지 미래를 자세하게 묘사하는 데 관심을 쏟을 수 없었기 때문일 수도 있다. 어쨌든 이스라엘의 예배에 관한 예레미야의 태도는 이스라엘 역사에 새로운 국면을 가져왔던 예언자이자 제사장이었던 자신의 동시대인 에스겔의 태도와 대조를 이룬다.

제3부

새로워진 계약 공동체

제 13 장

바벨론의 물가에서

예레미야는 이스라엘의 장래가 바벨론에 포로로 끌려가는 일에 달려있다고 믿기는 했지만, 느부갓네살의 지휘관들이 그에게 바벨론에 갈 수 있는 기회를 주었을 때 그는 가기를 거부했다. 그가 예루살렘에 남겠다고 결심한 것은 예레미야를 비난했던 사람들에게 그가 결코 반역자가 아니었다는 분명한 증거가 되었다. 예레미야가 마지막으로 활동한 시기는, 바룩에 의하여 40-44장에 기록된 것처럼 유대의 폐허 속에 남은 사람들을 괴롭힌 어려움과 같은 어려움으로 점철되었다. 바벨론이 유대의 통치 책임자로 임명한 그달랴는 다윗 혈통을 가진 애국의 피가 끓던 이스마엘이라는 민족주의자에게 암살되고 말았다.

이스마엘의 칼은 그달랴의 추종자들과 미스바의 바벨론 주둔군을 쳐부수었다. 느부갓네살이 보복 공격할 것을 두려워한 유대의 군 지휘관들은 예레미야의 충고를 듣지 않고, 따라가지 않으려 했던 예레미야와 바룩을 끌고 이집트로 도주해 버리고 말았다.

우리는 이집트에서 포로로 끌려간 사람들이 하늘 황후(이쉬타르)를 섬기고 있었다는 소식을 듣고 예레미야가 심하게 비난했다는, 그의 마지막에 관한 이야기를 들을 수 있다. 그들은 예루살렘이 멸망당하기 전 유대에서 그들이 모신(母神)을 숭배하던 때는 모든 것이 순조로웠으며 모든 것이 풍족했었고 먹을 것도 많이 있었으며

성경읽기 : 에스겔 1-24, 33-39. 또한 오경의 제사장계 교훈을 생각할 것이므로, 창세기 1:1-2:3;9:1-17:23;출애굽기 6:25-31;35-40을 읽으라.

잘못된 일이 없었다고 회상하면서 스스로를 정당화하였다.

"그러나 우리가 하늘 황후(이쉬타르)에게 향을 태워 바치지 않고 제주를 바치지 않으면서, 모든 일에서 궁핍에 처하게 되었고 칼과 기근에 먹히게 되었다"(렘 44:17-18). 피난민들은 역사를 보면 그들이 야훼로부터 멀어져서 다른 신을 섬겼을 때 더 넉넉했었다고 그들이 겪는 처지에 대하여 심각한 논쟁을 벌였다. 그럼에도 불구하고 예레미야가 마지막까지 고집한 것은, 역사적인 체험이 아무리 막연할지라도 '하늘 황후에 관한 신학'은 거짓된 것이고 야훼의 말씀만이 진실되며 살아있다는 것이었다. [1]

흩어진 유대인

이집트는 흩어진 유대인들이 가장 많이 모인 장소였다. 20세기 초에 발굴되기 시작한 엘레판틴 파피루스에서 알 수 있는 것처럼, 예레미야와 동료 유대인들이 이집트로 이주하고 약 100년이 지난 뒤에 그들의 자손들은 나일강 제1폭포에 있는 엘레판틴 섬(오늘날의 아스완)에 정착하게 되었다.[2] 유대인 포로들의 거주지에는 분명히 야훼(혹은 야후)가 아낫 여신과 함께 숭배된 것으로 보이는 성전이 있었다. 이런 모세의 유일신 전통에서 이상하게 일탈된 사실에도 불구하고 유대인들은 이 성전을 예루살렘의 성전과 맺어주는 것으로 여겼다.

그러나 예레미야가 옳았다는 사실이 증명되었다. 민족의 장래는 이집트에 있지 않았고, 오히려 과거의 전통을 보존한 채 바벨론에 포로로 끌려갔다가 결국 팔레스타인으로 돌아와서 국가 재건의 과업을 시작한 사람들에게 달려있었다. 바벨론의 유대인 포로 거주지의 지도자들 가운데는 예언자 에스겔이 있었다.

그의 활동을 재조명하기 위해서 우리는 느부갓네살 왕이 처음으로 포로들을 잡아간 주전 597년으로 되돌아가야만 한다. 그리고 우리는 예레미야를 통해서 들었던 이야기들을 다시 더듬어 보아야 한다.

---

1) 이것과 관련하여 프리드만(David Noel Freedman)의 "The Biblical Idea of History", *Interpretation* 21 (1967), 32-49을 보라.
2) Pritchard, *Ancient Near Eastern Texts* (1), pp. 222-23을 보라.

제사장 에스겔

제사장 부시(Buzi)의 아들 에스겔은 여호야긴과 그밖의 유대의 유력한 사람들과 함께 첫번째로 사로잡혀서 바벨론에 포로로 있게 되었다(겔 1:2). 그가 1차로 포로로 잡혀간 사람이었다는 것은 상당히 중요한 의미를 가지고 있다. 왜냐하면 느부갓네살이 계획했던 것은 유대 땅에 가장 가난한 백성들만을 남겨두고 지도적인 인물들을 모두 사로잡아가는 것이었기 때문이다(왕하 24:14). 따라서 우리는 에스겔이 그 당시 유대의 귀족에 속했고 솔로몬이 세운 대제사장 사독 계열의 많은 권한을 가진 사제 집단의 일원이었을 것으로 추측해 볼 수 있다.

그는 같이 포로로 끌려간 사람들과 함께 유프라테스강으로부터 바벨론에서 남동쪽으로 약간 떨어져 있는 도시 니푸르(Nippur)를 거쳐 물을 끌어오기 위한 큰 운하인 그발 강가에 정착하게 되었다. 포로생활을 시작한 5년 뒤, 운하의 가장자리에 있는 텔 아비브(Tel-abib)의 마을에서 그는 예언자로서의 소명을 받게 되었다. 그 때가 주전 593년이다. 에스겔이 마지막으로 한 예언의 연대는 주전 571년이다(겔 29:17). 따라서 그의 활동 중에서 20년이라는 기간이 587년 예루살렘이 함락되기 전까지의 기간과 겹친다.

에스겔이 처했던 바벨론에서의 환경은 의심할 것도 없이 그의 사상과 상상력에 영향을 주었다. 에스겔은 오늘날도 발굴 작업에 의하여 차츰 모습을 드러내어 폐허 가운데 옛 영광을 희미하게 찾아볼 수 있는, 바벨론을 방문해 보았을 것이다. 이 도시에 들어가는 입구는 거대한 모신(母神)이며 마르둑의 배우자인 이쉬타르를 기념하여 세운 이쉬타르 성문이 지키고 있었다. 이 성문을 통과한 사람은 행진을 하는 대로에 들어서고, 마치 큰 산처럼 이 도시 위에 솟아있는 지구랏을 향해 가게 된다. 황소와 용들의 부조를 아로새긴, 오늘날 보아도 지극히 아름다운 벽돌 건축물은 그 시대의 유대 방문자들을 어지럽게 만들었을 것이 틀림없다.

그러나 이런 외적인 영향만 가지고는 에스겔서의 독특한 성격을 다 설명할 수 없다. 왜냐하면 에스겔 자신의 특이한 정신적 증상이 심리학적인 관심을 끌었기 때문이다. 우리는 그가 때때로 하나님의 손에 사로잡히거나 영에 의하여 어디론가 이동했을 때 황홀경 혹은 초월적인 상태에서 신탁을 받았다는 사실을 알고 있다. 그는 갑자기 벙어리가 되거나, 황홀한 상태에 사로잡혀서 영적인 시각이 열렸던 것으로 보인다. 그러나 이런 그의 비정상적인 정신 상태는 그의 전언의 내용보다는 형식에 영향을 미쳤다는 사실을 명심해야 한다.

마지막으로 그가 받은 계시가 특이한 과정을 거쳐서 그에게 내려졌을지라도 그것 때문에 그가 말한 진리에 대하여 평가해서는 안된다. 그것은 현대의 작가와 예술가들이 개성있는 행동을 할지라도 그것 때문에 따돌림받지 않는 것과 같은 이유라고 할 수 있다. 다른 많은 예언자들처럼 에스겔도 특이한 인물이었다. 그의 독특한 성격이 에스겔서의 많은 부분 가운데 나타나는 난해한 구절들에 반영되었다는 것은 분명한 일이다.

에스겔서의 문제점

독자가 예레미야서를 읽다보면 자료들이 전체적으로 틀이 갖추어지지 않았으며 무질서하게 배열되어 있다는 점 때문에 심한 어려움을 느끼게 된다. 반면에 에스겔서를 처음 읽을 때는 그런 어려움이 없는 것처럼 보인다. 에스겔서의 신탁은 정확하게 연대를 알 수 있으며 비교적 배열이 잘 되어있다. 그것은 마치 예언자 자신이 에스겔서를 쓸 계획을 가지고 그 작업을 실행했던 것처럼 보인다.[3] 그러나 최근에 조심스럽게 에스겔서를 연구하면서 표면에 드러나지 않고 있던 많은 문제점들이 빛을 보게 되었다.

뚜렷한 문제점 중의 하나는 에스겔서의 첫 24장은 바벨론의 포로들을 상대로 하고 있는데, 예언자의 관심은 예루살렘을 향하고 있으며, 마치 예루살렘에 가까이 있는 것처럼 그곳에서 일어나는 일들에 대하여 상세한 지식을 가지고 있다. 예를 들면 11장에서 에스겔은 성령에 의하여 들려져서 예루살렘 성전의 동문으로 옮겨지게 된다. 그곳에서 그는 25명의 사람들이 모여서 음모를 꾸미고 있는 것을 보게 된다. 에스겔은 야훼의 명을 받아 그들을 향하여 예언을 한다. "내가 예언할 때에 브나야의 아들 블라댜가 죽었다"(11:13).

이는 25인 중의 한 사람인 블라댜가 에스겔이 말하던 바로 그 시간에 예루살렘이라고 여겨지는 곳에서 죽었다는 것을 의미하는데, 만일 바벨론과 예루살렘의 지리적인 거리를 진지하게 고려해 본다면 이것은 매우 난해한 구절이다. 이와 유사한 구

---

3) *Oxford Annotated Bible* 〔10〕에서 지적하고 있는 것처럼 단지 3 자료만이 기준을 벗어났을 뿐이다. 29:1(B.C.E. 587년 1월), 29:17(B.C.E. 571년 4월 26일, 가장 늦은 날짜로 되어있다), 그리고 32:1(B.C.E. 585년 3월 3일).

절들을 투시력에 의한 것으로 설명하거나 에스겔이 스스로 표현한 것처럼 하나님이 그의 머리털을 한웅큼 붙들어 끌어올려 예루살렘으로 데리고 갔다고 하는 것은 정말 어색한 설명이 되고 만다(8:1-3). 따라서 에스겔이 바벨론에 전혀 가지 않았으며, 그는 유대의 마지막 시기에 예루살렘에 살던 예언자였다는 추측이 나오게 된 것이다.[4]

그러나 이런 견해는 매우 극단적인 것이다. 에스겔이 예루살렘에서 첫번째로 끌려간 사람들 가운데 속했으며, 바벨론에서 예언자로 부름받았다는 에스겔서의 첫 부분을 의심할 확실한 이유는 없다. 아마도 이런 경험을 한 뒤 그는 유대에 임박한 운명을 경고하는 일이 자신의 예언적 소명에 속했다고 믿는 가운데, 예루살렘에 갈 기회가 생겼을 것이다. 만약 그렇다면 그가 예루살렘의 마지막 시기에 대하여 잘 알고 있었던 것과, 그가 자주 바벨론의 동족뿐만 아니라 팔레스타인에 남아있는 사람들에게도 예언한 사실을 설명할 수 있을 것이다. 이렇게 가정한다면 그는 나중에 바벨론에 돌아왔을 것이며 포로기간 중에 그의 사역을 마무리했을 것이다. 이것은 아주 흥미를 끄는 해결책이다. 그러나 또 다른, 도저히 가볍게 다룰 수 없는 어려운 점이 생긴다. 에스겔이 포로들에게 설교할 사명을 가지고 있었다는 것은 매우 확실하다(겔 3:10-11).

최소한 포로들을 향한 에스겔의 사역과 관련된 몇몇 문제들은 무엇보다도 예루살렘에서 자랐기 때문에 그 도시와 주변 환경, 특히 성전을 잘 알고 있었다는 점을 고려해 보면 해결이 가능해진다. 또한 바벨론의 유대인들과 예루살렘에 남은 사람들 가운데 빈번한 교류가 있었다는 점도 의심할 필요 없는 사실로 여겨진다. 유대와 예루살렘을 향한 에스겔의 신탁이 바벨론에서 받은 것이라면, 예레미야의 메시지가 포로들에게 전해진 것처럼(렘 29장), 서신으로 전해졌을 수도 있다. 바벨론에서 포로생활을 하던 동족들에게 전언이나 편지로 예루살렘의 최근 소식을 전할 기회가 있었을 것이다.

물론 에스겔이 그의 생생한 종교적 상상력을 동원하여 많은 세밀한 부분을 채웠을 수도 있다. 그리고 그의 메시지에서도 그의 특이한 성격이 잘 표현된다. 덧붙여 말한다면 에스겔서도 다른 예언문집과 마찬가지로 편집 과정을 거쳤음을 고려해야

---

4) 에스겔서에 대하여 제기된 다양한 가설들에 대하여 간단히 요약해 보려면 H.G. May, *Interpreter's Bible* VI 〔16〕, 41-45을 보라. 그리고 Walter Eichrodt 〔395〕와 Walther Zimmerli 〔404〕도 볼 것을 권한다.

한다. 예레미야처럼 에스겔도 그가 활동하는 동안 그의 신탁을 계속 수정 보완했던 것으로 여겨지며, 비록 일부 학자들이 주장하는 것처럼 그렇게 많은 부분이 확장되지는 않았더라도 에스겔서 두루마리는 의심할 바 없이 후대에 그를 따르던 예언자들에 의하여 증보되고 보충되었을 것이다.[5] 이렇게 보충된 모든 부분은 에스겔서의 대부분이 바벨론 포로기간 중에 이루어졌을 가능성을 더 분명히 해준다.

오늘날 보는 에스겔서의 형태는 분명한 개요에 따라서 정리되어있다.

A. 예루살렘이 멸망하기 전에 받은 예언(B.C.E. 593-587)
　　1. 에스겔의 환상과 사명의 시작(1-3장)
　　2. 유대와 예루살렘의 운명에 대한 신탁(4-24장)
B. 이웃나라들에 대한 신탁(25-32장)
　　(두로와 이집트에 대한 신탁은 에스겔이 한 것이 분명하다.)
C. 예루살렘 멸망 이후에 받은 예언들(B.C.E. 587-573)
　　1. 약속의 신탁(33-39장)
　　2. 새 예루살렘(40-48장)

다음에 논하는 것에서 우리의 관심은 주로 위에서 언급한 개요 중에서 A와 C-1에 집중될 것이다.

에스겔의 소명

우선 우리의 관심을 에스겔의 예언 활동에 돌려보도록 하자. 에스겔이 소명을 받기 전 수년 동안 속해 있었던 많은 포로들의 생활은 그들이 두려워했던 것처럼 나쁜 것은 아니었다. 597년에 바벨론으로 끌려온 많은 유대인들은 숙련된 기술자들이었으며 바벨론에서 그들의 기술이 필요했던 것이 분명하다. 예를 들어서 에스겔은 백성들의 장로들이 때때로 방문할 수 있었던 자기 집을 소유하고 있었다(겔 3:24). 유대인들은 바벨론의 도시에 가까이 모여 공동체를 이루고 살며, 경제적인 처지를 개선하며, 종교 활동을 할 수 있는, 상당히 자유로운 생활을 누리고 있었음이 분명

---

5) 모세 그린버그(Moshe Greenberg)는 그의 주석에서 에스겔서 중에 B.C.E. 571년의 신탁보다 역사적으로 더 늦은 상황은 없다고 보았다 (겔 29:17).

하다. 몇해전에 고고학자들이 고대 바벨론의 폐허 가운데 발굴한 느부갓네살 치하의 토판을 보면 그들에게 기름, 보리 등등을 외국인 포로들의 숙련된 노동의 대가로 지불했다는 언급이 나온다. 그 목록 가운데는 유대왕 야우긴(Yaukin〔여호야긴〕)과 다섯명의 왕자들 그리고 유대에서 온 다른 사람들의 이름이 있다.[6] 포로들이 예레미야의 충고를 받아들여서 집을 짓고 정원을 가꾸며 가족을 부양하며 그들이 살고 있던 성읍의 복지에 관심을 보이는 것은 어려운 일이 아니었을 것이다(렘 29:4-7). 그들 중 많은 사람들이 고향에 돌아가기를 갈망했으나, 그들의 삶 자체는 꽤 안락했다.

에스겔은 여호야긴왕이 포로로 잡혀온지 5년째 되던 해에 아주 특이한 환상을 본 뒤 예언자로서의 소명을 받게 되었다. 그날 그는 "하늘이 열리는 것을 보며, 나는 하나님의 환상을 보았다"(겔 1:1)고 말했다. 이런 압도되는 체험은 그가 30세 되었을 때 "야훼의 손이 내 위에 있었다"는 확신을 하게 했다. 여기서 30세라는 것은 "제30년째 되던 해"라는 구절이 그것을 의미할 경우에 해당하는 것이다. 에스겔의 환상에 관한 구절 때문에 이상한 교리가 생길 가능성을 고민한 고대의 랍비들은 회당에서 에스겔서의 첫 장을 읽지 못하도록 하고, 30세 이하의 사람들은 에스겔서를 개인적으로 읽지 못하도록 금지하는 규정을 만들었다고 전해진다.

에스겔의 소명은 이사야처럼 야훼께서 형용할 수 없는 영광과 초월적인 존귀 가운데 하늘 보좌에 앉아 계신 것에 대한 환상과 관련을 맺고 있다. 이런 환상을 이해하기 위해서는 야훼는 성전의 지성소에 앉아 계시며 수호 그룹들이 날개를 펼쳐서 그 보좌(언약궤)를 보호하고 있다는 예루살렘의 신학을 기억하는 것이 중요하다.

1장에 묘사된 환상에 대한 묘사는 에스겔이 예루살렘 성전의 제사장일 때 체험했기 때문에 친숙했던 제사장 전승과 포로기간 중에 그의 무의식에 영향을 준 바벨론의 종교적 상징물들로부터 비롯된 것이다. 그 이야기를 보면 그는 야훼의 수레가 북쪽의 폭풍 구름으로부터 번개를 번쩍거리며 자기에게 다가오는 것을 본다(참조. 시 29편). 더 자세하게 살펴보면 그 수레는 네개의 이상한 생물체를 포함하고 있는데 (그룹, 겔 10:18-22), 그것들은 바벨론 예술에 자주 나타나는 것처럼 반인반수(半人半獸)의 모양을 가지고 있었다. 그 각각의 것들은 하나님의 영에 의하여 움직이고 있었기 때문에 다른 것들과 완벽하게 조화를 이루어 움직이고 있었다. 각 그룹들이 빛나는 바퀴 — 혹은 바퀴 속의 바퀴 — 들이 서로 적절한 각도를 두고 있었기 때문

---

6) Pritchard, *Ancient Near Eastern Texts* 〔1〕, pp. 308와 *The Biblical Archaeologist Reader*, I 〔101〕, 106-12가 재인쇄된 W.F. Albright, "King Joiachin 〔Jehoiachin〕 in Exile", *Biblical Archaeologist*, V (1942), 49-55를 보라.

에 수레가 성령이 의도하는 방향으로 쉽게 움직일 수 있었다. 그리고 그 이상한 생물체 위로는 수정과 같은 것으로 된 덮개 혹은 창공과 같은 것이 있었다(출 24:10). 그것은 그룹의 날개에 실려 다녔으며 많은 물이 흐르는 듯한 큰 소리를 냈다. 에스겔은 더 높은 곳, 창공 위에 청옥같은 보좌를 보며, "보좌 같은 것 위에 사람의 형상을 한 것이 있었다"고 한다. 열광적인 환상 가운데 예언자는 야훼께서 빛나고 영광스러운 높은 보좌에 앉아 계신 것을 본 것이다. 이스라엘이 과거 예루살렘의 성전에서 섬겼던 영광의 하나님이 포로 생활을 하는 그의 백성에게 나타나신 것이다!

거룩한 하나님과 죽을 수밖에 없는 존재인 "인자"(이것은 후대의 표현이기 때문에) 사이에 놓인 무한한 거리에 압도되어 에스겔은 엎드려 경배했다. 성령이 그에게 들어오자 그는 발치에 일어서서 그에게 주시는 사명을 받았다. 그는 처음부터 야훼의 주권에 반역한 "반역하는 나라"와 "뻔뻔스럽고 완고한" 백성들에게 말해야만 했

유대인과 유대교

앞에서 유대인이라는 단어는 우리들이 성서 시대에 살았던 사람들을 이야기할 때 사용했다. 이 단어의 어원은 구약의 Yehudi 에 대하여 라틴어에서 유대우스(judaeus), 그리스어에서 joudaios를 사용한 것까지 거슬러 올라갈 수 있다. 이는 북왕국 이스라엘과 에브라임이 주전 722년 무너진 뒤 남아있던 남 유다 왕국의 시민들을 가리키는 말로 쓰였다. 그러나 이 용어는 587년 예루살렘이 함락된 뒤 포로기와 포로에서 돌아온 뒤 통용되기 시작했다. 포로 후기에 이 용어는 페르시아의 유대 지역 주민들을 가리키는 말로 쓰였으며(느 1:2), 그 이후 마카베오 지도자들에 의하여 국가가 설립된 뒤(마카베오상 8:20) 쓰였다. 유대인들이 유대땅 밖의 바벨론과 이집트로 흩어져 버렸기 때문에 이것은 지역적으로 제한된 개념은 아니지만 그들은 그들의 유대적인 뿌리를 찾고 그것을 놓치지 않으려고 노력했다. 이 "유대적" 동질성을 나누지 않은 사람은 "열방"(행 14:2)에 속한 것으로 간주되었다. 즉 그들은 이방인들이다.

국적은 유대인들에게 결정적인 요소가 아니다. 그것은 오늘날도 많은 유대인들이 이스라엘 국가의 시민이 아닌 것과 같다. 성서 시대에는 가장 결정적인 요소는 종교였으며 특히 하나님께서 그의 백성들과 특별한 관계를 맺으셨으며 그들을 그들의 독특한 생활 방식 때문에 구별되도록 부르셨다는 것이 가장 중요한 점이었다. 유대교란 보통 주전 587년에 나라가 멸망당한 뒤의 상황에서 계약신앙이 새롭게 표현되었던 유대인들의 종교를 가리킬 때 사용되었다. 이 용어는 구약성서에서는 찾아볼 수 없다. 이것은 디아스포라의 헬레니즘적인 분위기에서 만들어졌을 것으로 보인다(갈 1:13-14). 어떤 경우든지 포로기는 이스라엘 신앙의 역사에서 전혀 새로운 시작이 되었다. 이스라엘의 역사 가운데 이런 새로운 국면에서 유대인과 유대교는 적절하게 사용되었다.

다. 비록 "굳은 이마와 고집스러운 마음"을 가진 사람들이 에스겔이 전하는 말에 응답할 가능성은 거의 없었지만 보초가 도시의 성벽에 서 있는 것처럼, 그들에게 다가오는 재앙에 대한 야훼의 경고를 주는 것이 그의 임무였다(겔 33:1-9). 그러나 그들이 듣거나 거부하거나 간에 최소한 그들은 그들 가운데 예언자가 있었다는 점은 알게 될 것이다. 예언자의 환상 가운데 그것을 말할 자가 백성에게 전해야 할 두루마리를 쥔 한 손이 그에게 왔다. 이상하게도 야훼는 그것을 먹고 소화시켜 버리라고 하신다. 그가 그대로 하자 그는 그것이 "꿀처럼 달다"는 것을 알게 된다(2:9-10 ; 3:1-3). 이것은 그가 그 메시지를 이해했을 분만 아니라 "전갈 위에 앉을지라도" 그것에 동의하겠다는 것을 의미한다.[7] 예언자가 소명을 받은 것에 관한 생생한 기록은 2-3장과 관련되며, 이사야의 가망없는 소명과(사 6:9-13), 모든 백성들을 상대로 요새처럼 버텨야 하는 예레미야의 불행한 운명을 회상시킨다(렘 1:17-19). 야훼의 초자연적인 영광에 대한 환상을 보고 경외심에 가득차고 자기 앞에 놓인 두려운 사명 때문에 간담이 서늘해진 에스겔은 그 앞에 압도되어 동족 포로들 가운데 7일 동안 앉아 있었다.

애가와 애곡과 재앙

예루살렘이 멸망당하기 전, 에스겔의 신탁은 그가 받아서 먹은 두루마리에 적힌 "애가와 애곡 그리고 재앙의 말들"(겔 2:9-10)이었다. 그의 위대한 선배 예언자들처럼 그도 운명을 예언했다. 예레미야가 예루살렘에서 예언한 반면 에스겔은 국가의 멸망과 백성들이 포로로 끌려갈 일이 임박했음을 말했다. 그는 "이스라엘의 집"에 대하여 말한 것이 분명한데, 여기서 "이스라엘"의 원래 뜻은 "계약의 백성"이며 유다 땅에 살고있거나 바벨론에 포로로 끌려간 모든 유대인에게 적용되었다. 그의 메시지를 얼핏 보면 유다에 살고 있는 사람들과 직접적인 관련이 있는 것처럼 보인다. 그러나 최소한 그의 사역 초기에 그가 포로된 유대인들에게 말했다고 한다면, 하나님의 심판에 관한 메시지가 그들에게 어떤 관련을 가지고 있겠는가? 이 문제점을 다

---

7) Von Rad, *Theology*, II 〔142〕, 223-24. 폰 라트는 이 상징을 예레미야와는 달리 예언자와 그의 예언에 대한 동의가 있었던 것으로 해석했다. 이 구절을 에스겔이 이스라엘에 대하여 심판을 선포하면서 가학적인 만족을 느꼈다고 해석해서는 안될 것이다.

루기 위하여 우리는 유대인 포로들이 처했던 상황을 고려해보지 않을 수 없다.

쇠퇴하는 민족주의

우리는 현대사에서 합법적인 통치자가 그의 조국에서 떠나 망명생활을 하더라도 계속해서 민족주의적 희망의 상징이 되는 것을 알고 있다. 여호야긴의 경우에도 마찬가지였다. 바벨론이 침공하여 예루살렘의 일들에 개입하지 않았다면 그는 요시야와 여호야김을 계승해서 계속 통치했을 것이다. 주전 597년에 포로로 끌려갈 무렵 여호야긴은 합법적인 다윗 후손의 왕이었다. 더구나 그는 느부갓네살의 토판에서 "유대의 왕"으로 불렸는데 이는 그를 사로잡아간 사람조차도 그를 합법적 통치자로 인정하고 시드기야를 섭정으로 인정했음을 의미하는 것이다. 포로된 왕에게 행동의 자유가 허용되고 심지어는 바벨론 정부에 참여할 기회가 주어지기도 했지만, 나라를 회복시키겠다는 희망은 살아있었다. 그렇기 때문에 여호야긴은 포로기의 억눌린 민족주의자들에게는 희망의 상징이었다.

우리는 유다에 바벨론이 임명한 시드기야를 의심하는 무리가 있었다는 사실을 알고 있다. 예언자 하나냐가 2년 만 지나면 포로된 왕과 그밖의 사람들이 돌아올 것이라고 예레미야와 반대되는 예언을 했기 때문에 그들은 포로된 왕에게 희망을 걸고 있었던 것이다(p. 494를 보라). 비록 예루살렘이 멸망한 뒤 그는 느부갓네살의 후계자에 의하여 감옥에서 풀려나 일정한 수당과 왕의 식탁에 특별한 자리를 허락받았으나, 유다와 바벨론에서 합법적인 왕을 중심으로 혁명적인 음모를 꾸몄던 왕의 추종자들은 결과적으로 모두 투옥되고 말았다(왕하 25:27-30).

그 때 에스겔은 포로하에서조차 민족주의가 여전히 살아있는 상황에 직면하게 되었다. 바벨론에도 하나냐와 같은 노선을 가진 대중적인 예언자들이 있었다. 그들은 강력한 바벨론 제국이 곧 무너질 것이고 포로들은 그들의 고향으로 돌아갈 수 있을 것이라는 희망을 부추겼다. 예루살렘으로부터 들려오는 소식에 깊은 관심이 모아질 수밖에 없었다. 특히 바로 프사메티쿠스(Psammetichus)와 호프라(Hophra)가 개입했다는 소식은 특별히 기대되었다. 우리가 이미 보았던 것처럼 예레미야는 이런 상황에서 포로생활을 하는 동족들에게 그들이 거짓 예언자들에게 속고 있는 것을 꾸짖으며, 그들이 바벨론에 상당한 기간 정착할 계획을 세워야 한다고 충고하는 내용의 편지를 써야겠다고 느꼈다. 이런 예언자들 가운데 두명은 바벨론 관리에게 붙잡혀서 산 채로 화형을 당했다(렘 29:20-23).

　　예루살렘이 여전히 건재하고 있을 때에는 예레미야처럼 에스겔은 거의 전부 운명적인 메시지를 전했다. 에스겔은 예루살렘이 느부갓네살에 의하여 함락당하는 것이 하나님의 계획 가운데 있다고 확신하고 있었다. 따라서 그는 바벨론을 상대로 반란을 일으키는 것은 하나님께 반역죄를 짓는 것과 같다고 여겼다(겔 17:20). 예루살렘의 임박한 운명과 함께 그는 심판의 날인 야훼의 날이 오고 있음을 보았다. 비록 사건은 이미 일어났지만 그는 이스라엘 땅에 종말이 이르렀음을 선포했다.

> 야훼의 말씀이 또 내게 임하여 가라사대
> 너 인자야 주 야훼 내가 이스라엘 땅에 대하여 말하노라
> 끝났도다 이 땅 사방의 일이 끝났도다
> 이제는 네게 끝이 이르렀나니
> 내가 내 진노를 네게 발하여
> 네 행위를 국문하고
> 너의 모든 가증한 일을 보응하리라
> 내가 너를 아껴 보지 아니하며
> 긍휼히 여기지도 아니하고
> 네 행위대로 너를 벌하여
> 너의 가증한 일이 너희 중에 나타나게 하리니
> 너희가 나를 야훼인줄 알리라
> — 에스겔 7:1-4.

예언의 징표

　　에스겔의 예언은 극적인 힘이 드러나는 표징을 수반했다. 그는 진흙 벽돌 위에 예루살렘이 포위된 그림을 그리라는 지시를 받는다. 그는 그 그림에 공격용 높은 사다리, 흙 언덕, 진과 성벽을 허무는 망치를 그렸다(4:1-3). 그는 이스라엘과 유다가 징계를 받게 될 햇수를 상징하는 날 수대로, 390일 동안 왼쪽으로, 40일 동안 오른쪽으로 누워있으라는 명령을 받는다. 옆으로 누워있는 동안 그는 임박한 포위 공격 때문에 당할 기근을 보여주기 위하여 물과 음식을 조금씩 달아서 먹었다(4:9-11). 그는 예루살렘의 백성들에게 닥칠 세 가지 운명을 보여주기 위하여 칼로 자기의 머리카락을 베어서 셋으로 나누라는 명령을 들었다(5:1-12). 사람들에게 어둠이 덮여 있을 때 도망가야 한다는 것을 암시하기 위하여 그는 짐을 꾸려 밤에 성벽 밑을 판

다(12:1-16). 그는 포위가 임했을 때 그들이 겪게 될 두려움을 상징하기 위하여 무서워 떨며 빵을 먹고, 겁에 질려 물을 마신다(12:17-20). 그가 보기만 해도 즐겁게 해주었던 그의 아내가 죽었을 때 그는 애통해 하지 않는다. 이것은 예루살렘이 함락된 소식이 들려올 때 그들이 너무나도 깊은 비통에 잠겨 눈물조차 흘릴 수 없게 될 것을 상징하는 것이었다(24:15-27).

에스겔의 말과 행동은 단순히 관심과 호기심을 끌었을 뿐이고, 예루살렘 거민들로 하여금 회개하게 하거나 적개심을 갖도록 하지 못했다. 그의 상징적인 행위들은 볼 수 있는 눈은 있으나 보지 못하며 들을 귀는 있으나 듣지 못하는 자들에게 행해진 것이다(12:2). 사람들은 그가 아름다운 목소리로 말하며 악기로 연주하는 것 같았기 때문에(33:30-33), 그의 설교를 즐기는 것만 같았다. 그 반응은 예레미야가 받은 것과는 전혀 달랐지만, 이스라엘이 반역자의 집이라는 것을 가리키는데는 손색이 없었다.

반역의 역사

에스겔에 의하면 임박한 심판은 이스라엘 역사의 시작부터 뿌리를 찾아볼 수 있는 끈질긴 배교가 맺은 결실이었다. 호세아와 예레미야는 오랜 옛날 이스라엘이 광야에서 보낸 시절이 신부가 신랑에게 충실했던 밀월 시기와 같다고 묘사하며, 곧 그 시절이 그리워질 것이라고 했다(호 2:15 ; 렘 2:2). 그러나 에스겔은 그렇게 말하지 않는다. 그는 역사적인 용어로 "원죄"라고 부를 수 있는 교리를 옹호한다. 그는 이스라엘 역사상 백성 가운데 죄가 없었던 시기는 전혀 없었다고 주장한다. 그는 "거룩한 역사"를 새로운 틀로 다시 짜면서 이스라엘의 신실하지 못함이 광야에서 방황할 때뿐만 아니라 이집트에서 살던 때까지 거슬러 올라간다고 보았다. 왜냐하면 그 때가 바로 역사가 시작된 때이기 때문이다.

> 이르기를 주 야훼의 말씀에 옛날에 내가 이스라엘을 택하고 야곱 집의 후예를 향하여 맹세하고 애굽 땅에서 그들에게 나타나서 맹세하여 이르기를 나는 야훼 너희 하나님이라 하였었노라. 그 날에 내가 그들에게 맹세하기를 애굽 땅에서 인도하여 내어서 그들을 위하여 찾아 두었던 땅 곧 젖과 꿀이 흐르는 땅이요 모든 땅 중의 아름다운 곳에 이르게 하리라 하고.
> — 에스겔 20:5-6.

이스라엘의 역사는 그 시작부터 더럽혀져 버렸다. 왜냐하면 사람들이 야훼의 선택과 약속에 대하여 그들을 해방하신 하나님을 배신하고 이집트의 우상을 숭배하는 행위로 돌아갔기 때문이다. 야훼께서 "그의 이름 때문에" — 즉 야훼 자신의 존귀와 거룩한 이름을 위하여 — 참지 아니하셨다면 백성들은 그 자리에서 멸절되고 말았을 것이다. 왜냐하면 하나님의 거룩함은 거룩함과 신실한 백성과 우상숭배의 더러움을 벗어난 순수함을 요구하기 때문이다. 이것은 에스겔서 가운데 근본적으로 흐르고 있는 주제이다. 그가 최초의 환상 가운데 보았던 하나님의 지고하신 위엄은 그로 하여금 죄가 많고 죽을 수밖에 없는 인간이 거룩하고 의로운 하나님으로부터 무한히 멀리 떨어져 있음을 깊이 깨닫게 해주었다.

에스겔이 출애굽부터 가나안 정착까지의 거룩한 역사를 어둡게 요약한 것은 예루살렘과 사마리아라는 두 주된 도시의 유비로 보충된다. 에스겔은 16장과 23장의 두 확장된 은유에서 호세아와 예레미야가 효과적으로 사용했던 간음이라는 주제로 이스라엘의 역사를 그려내고 있다. 예루살렘의 기원은 가나안적이다. "너의 아비는 아모리인이며 너의 어미는 헷 사람이다"(16:3 ; 45절을 보라). 넓은 의미에서 이 구절은 역사적으로 정확성을 가지고 있다(31-41을 보라). 이스라엘은 가나안 문화 속에서 태동했기 때문이다. 그러나 이 문맥에서 에스겔은 고고학적이고 언어학적인 관심사를 말하고자 하지 않는다. 그의 관심사는 신학적인 것이다. 그는 이스라엘의 완악한 이유를 그가 탐욕적인 결합에서 비롯되었기 때문이라고 확신하며 44절에서 속담을 들어 증거하고 있다. "그 어미에 그 딸이다."

그러나 야훼는 다른 사람들이 멸시하는 이런 불법적인 결합의 결과인 자식을 불쌍히 여겨서 아리따운 처녀로 키워주었고 그녀와 약혼까지 하였다. 그렇기 때문에 계약이란 야훼의 은총과 주도권에 달린 것이다. 그러나 그 처녀는 "자신의 아름다움"에 대하여 자만하였으며 그녀의 생명과 아름다움이 하나님께로 말미암았다는 사실을 잊고 말았다. 그녀 안의 욕정이, 정열적이던 그녀의 헷 사람 어머니를 사로잡았던 것처럼, 야성적인 힘을 가지고 그녀를 사로잡았기 때문에 그녀는 변덕스럽게 지나가는 사람마다 붙들고 간음했다. 에스겔은 계속해서 다음과 같이 말한다. 일반적으로 남자가 매음을 할 경우 돈을 지불해야 하지만 이 "사랑에 굶주린" 여인은 달랐다. 그녀는 그녀의 애인들에게 부정한 돈을 주어 꾀어 들였다.

예루살렘의 상황은 사마리아(북왕국)보다 월등히 더 나빴다. 23장의 오홀라(북이스라엘)와 오홀리바(유다) 두 자매의 비유는 이것을 강조하고 있다. 이들의 죄는 이미 널리 알려진 소돔의 죄를 능가할 정도이다. 그러므로 이들의 간음 행위는 수치스러운 심판을 받아야 하며 열방들 가운데서 질책의 대상이 되어야 한다. 깨뜨려진 계약의 역사인 이 나라 역사는 이 나라의 젊은 시절에 세워진 계약을 기억하게 하기 위해서, 그리고 영원한 계약을 세우기 위해서 야훼에 의해 끝나야만 했다(16:59-63). 여기서 우리는 에스겔의 사상이 모세의 조건적인 계약 사상을 넘어서, 다윗의 계약처럼 영구히 지속될 은혜의 계약 사상에 이르고 있음을 보게 된다.

하나님에 대한 지식

그러나 이스라엘이 야훼의 용서를 알고 야훼와 "영원한 계약"의 새로운 관계에 들어가기 전에 백성들은 그들의 역사 가운데서 하나님의 심판을 체험해야만 했다. 에스겔이 받은 운명의 신탁은 "그때가 되면 그들이 내가 야훼인 것을 알리라"는 후렴구로 마무리 되고 있다. 야훼의 주권은 그에게 반역한 백성들을 심판하는 행위에서 드러나게 되는데 그것은 그들의 조상들이 이집트에 있을 때 보였던 행위와 같다(겔 20:33-38). 이렇게 역사적으로 야훼께서 자신을 드러내는 행위를 하는 이유는 이스라엘로 하여금 "알게" 하려는 목적이 있다. 즉 야훼야말로 그들의 한 분뿐이신 하나님임을 깨닫게 하려는 것이다. 여기서 "하나님에 대한 지식"의 의미를 계약의 맥락에서 다시 고려해 보는 것이 중요하다(pp. 128-131, 372-376 참조).

에스겔이 하나님의 거룩함에 대하여 깨달은 것은 거룩하지 못한 것, 속된 것은 하나님의 존전에 설 수 없다는 깨달음을 함께 수반했다. 제사장적 예언자인 에스겔의 견해를 따르면, 제의적인 죄와 도덕적인 죄의 수준은 같다. 8-11장에 묘사된 아주 독특한 환상 가운데 그는 바벨론에서 역겨운 짓들이 벌어지고 있는 예루살렘으로 옮겨지는데, 여인들은 탐무즈신(죽었다가 살아나는 바벨론의 풍요의 신)을 위해 곡을 하고 있었으며, 남자들은 얼굴을 동쪽으로 향하고 태양을 숭배하고 있었다. 은밀한 방들은 짐승들과 우상 그림들이 벽에 가득 그려져 있었으며, 예레미야를 박해했던 바로 그 귀족들이 모여서 사악한 계획을 짜고 있었다. 그 때 에스겔은 야훼의 영광 — 지성소의 언약궤 위에 현현한다고 믿어졌던 — 이 더럽혀진 성전을 떠나, 그가 그발 강의 환상(겔 10:18-22) 가운데 보았던 보좌 수레에 이르는 것을 보았다. 에스겔은 백성들이 우상을 숭배하는 것이 너무나도 심했기 때문에 만일 노아와 다니엘 그리고 욥과 같은 세 명의 유명한 의인들이 그 성에 있었을지라도 예루살렘은 멸망을 면할 수 없었을 것이라고 말했다(14:12-20).

대중적인 예언자들은 특별히 견책을 당할 것이다. 왜냐하면 그들은 평화가 없음에도 백성들에게 "평화"를 말하며 잘못된 길로 인도했고 허물어진 벽에 회칠을 해서 숨기려 했기 때문이다(13장). 중요한 22장에서 거룩한 안식일을 속되게 만들어 버리는 것과 같은 제의적인 잘못뿐만 아니라 살인, 간음, 착취, 부모를 욕되게 하는 것, 고아와 과부와 나그네의 권리를 빼앗는 윤리적인 잘못들을 낱낱이 들어서 비판을 가한다. 귀족들과 예언자들은 온 백성을 더럽힌 음모에 연루되어 있기 때문에 단 한 명도 의로운 사람이 없었다.

> 이 땅을 위하여 성을 쌓으며 성 무너진 데를 막아서서 나로 멸하지 못하게 할 사람을 내가 그 가운데서 찾다가 얻지 못한고로.
> — 에스겔 22:30.

개인들 앞에 놓인 운명

에스겔의 메시지는 그보다 앞선 예언자들이 설교했던 것처럼, "이스라엘의 집"이라고 불렸던 계약 공동체인 백성들 전체에 선포되는 말씀이었다. 그는 역사의 시작부터 그의 시대까지 공동체가 참을 수 없을 정도의 악에 더럽혀졌음을 외쳤다. 국가가 파멸하는 와중에서 그는 하나님의 심판을 외쳤다. 그러나 에스겔은 국가적 재앙이 가지는 의미를 다른 차원에서 마주할 수밖에 없었는데, 왜냐하면 이스라엘 민족 공동체가 하나님의 심판을 받아 마땅하지만, 각 사람들은 비극의 올가미에 얽혔기 때문이다. 개인의 운명은 어찌될 것인가?

이때까지 이스라엘의 신앙이 각 구성원 개인을 고려하지 않고 이스라엘의 집단적인 책임감만을 강조했다고 추측해서는 안된다. 이스라엘의 신앙은 전체의 이익을 위하여 한 개인을 희생시키는 전체주의적인 신앙이 아니었다. 그와 반대로 하나님과의 계약적 관계는 백성들 모두를 공동체적인 연대감으로 묶은 반면, 한편으로는 각 개인을 향한 하나님의 관심을 일깨웠다. 이스라엘 공동체 안에서 개인들은 하나님과 개인적으로 친밀한 관계를 가질 수 있었으며, 그들의 권리를 합법적으로 보호받을 수 있었다. 성서적인 관점에서 본다면 개인은 진정으로 그 안에서 하나님과 관계를 가지며 타자와 관계를 가질 수 있는 공동체 안에서만 인격체일 수 있는 것이다. 가인이 벌을 받아 추방된 것처럼 한 인간이 공동체 안에서 소외되어 버린다면 그 인간은 끔찍한 고독과 비참함으로 고통을 당하게 된다.

그럼에도 불구하고 이스라엘 공동체가 당장 해체되며 백성들은 그들의 고향에서 제거당하는 정말 고통스러웠던 시대에, 개인의 운명에 대한 질문이 그 어느 때보다도 강하게 제기되어야만 했다. 이 질문은 전혀 새로운 것이라고 할 수는 없다. 창세기 18:22-33의 이야기에 의하면 야훼는 소돔을 향한 아브라함의 감동적인 호소에 마음이 움직여서, 만약 그 도시에서 의로운 사람 열명을 찾을 수 있으면 그 도시를 파괴하지 않겠다는 맹세를 하기도 했다. 그리고 사무엘하 24장에서 다윗은 자신의 잘못을 인정하였으나, 야훼께서 역병을 내려서 많은 무고한 사람들에게 고통을 준다고 항의하였다 : "보소서, 제가 죄를 지었으며 제가 사악한 일을 하였나이다. 그러나 이 양들은 무슨 잘못을 하였습니까?"(17절) 그러나 예레미야와 에스겔의 시대, 각 개인들에게 의미를 주고 삶을 지탱해 주었던 전통적인 사회 관습이 무너지게 되었을 때, 무고한 그 사람들의 고통을 설명하는 것이 그 당시의 가장 핵심적인 쟁점이 되었다. 이 문제에 대한 일반적인 불평이 잠언에 반영되었다 : "부모가 신포도를 먹으면, 자식들의 이가 시리다"(렘 31:29 ; 겔 18:1-4). 다른 말로 표현한다면 사람들은 자신들의 처지가 그들의 부모로부터 물려받은 일의 희생이라고 냉소적으로 이야기했다는 것이다. 그들은 그들 자신의 악한 행실 때문에 하나님의 심판을 받게 된 것이 아니라고 고집하며, 안이하게도 자신의 조상들에게 책임을 미루었다. 그런데 에스겔은 "하나님이 행하시는 방법은 옳지 않다"(겔 18:25, 29 ; 또한 33:17-20을 보라)고 말하는 사람들을 향하여 하나님의 정의를 옹호한다.[8]

인류의 역사를 살펴본다면 "부모의 죄"가 실제적으로 자녀들에게 영향을 미친다는 사실 ─ 즉, 제2차 세계대전 중에 과거의 실수나 어리석음 때문에 고통을 당하고 죽임을 당한 "어린이들"이 있었다는 사실은 부정할 수 없다. 이 어린이들에게는 그들이 시대를 잘못 태어난 것에 대하여 비통하게 울부짖으며, 그들의 불행한 운명에 대하여 항거할 만한 이유가 있다. 에스겔이 바로잡으려 했던 것은 바로 이런 분위기였다(겔 18:25-29). 그의 세대가 숙명적인 상황에 처하게 된 것은 매우 분명한 사실이다. 그런데 그는 각 사람들은 그런 상황에서 "이것은 도대체 어떻게 된 일인가? 하나님은 공평하지 않다!"고 말하며 숙명적인 태도를 취하면 안된다고 강하게 주장했다. 비록 지나치게 단순화시킨 것 같기는 하지만 그는 훌륭한 부모가 나쁜 자녀를 가질 수 있으며, 나쁜 부모가 좋은 자녀를 가질 수 있는 것처럼 과거의 조상들의 행위가 현재의 세대들의 운명을 결정짓는 것은 아니라고 주장했다. 그는 어느 경우든지 사람들은 유전이나 환경, 그밖의 역사적인 요인 등에 좌우되는 꼭두각시 인형이

---

8) Thomas Raitt, *A Theology of Exile* 〔402〕, pp. 83-105을 보라.

아니기 때문에 자기의 운명을 책임져야 한다고 강조했다. 모든 사람들은 하나님께 독자적으로 응답해야 하며, 이 점에는 아무도 예외가 될 수 없다.

법정에서 있었던 일을 언급하면서 에스겔은 오랜 옛날 아간의 범죄에 의하여 그의 가족이 모두 처형을 당한 일(여호수아 7장)과 같은 "연대에 의한 죄"라는 원칙을 거부했다. 이것은 고대의 금기에 그 뿌리를 둔 것인데, 에스겔 시대에 이르러 실행되지 않게 되었다. 아마샤 왕은 그의 아버지를 암살한 살인자의 자식들을 제거하지 않았으며(왕하 14:6), 신명기 법전은 그들의 부모의 죄로 말미암아 자녀들이 벌을 받는 것을 불법으로 간주하고 있다. 그러나 에스겔은 하나님의 정의라는 문제를 법정적인 개념이 아니라, 한 세대의 결정과 행위가 다음 세대에 영향을 주며, 과거의 잘못에 대한 응보의 대가가 그들의 부모뿐만 아니라 그들의 자녀들에게도 떨어지는 하나님의 역사적인 활동 무대로 이해했다.

에스겔은 예레미야와 마찬가지로 극단적인 개인주의를 옹호하지 않았으며(pp. 478-503을 보라), 우리가 이미 보았던 것처럼 과거, 현재 그리고 미래의 계약 백성들의 공동체적 연대성을 깊이 인식하고 있었다. 그러나 그가 백성들의 질문에 대답을 했던가? 그는 하나님의 정의라는 문제를 질문한 사람 자신은 마치 비난받을 것이 없으나 고통당하고 있는 것처럼 생각하는 것이 옳지 않음을 지적하면서 초점을 질문자들에게 돌렸다. 그들도 역시 이스라엘의 죄에 빠져든 것이며, 전적인 책임을 면할 수 없게 되었다. 그는 고통의 문제에 대한 설명을 제시하기보다, 고통이 회개와 믿음을 향한 기회를 제공한다고 강하게 주장했다(눅 13:1-5). 에스겔에 의하면, 하나님은 위기에 임박해서도 이스라엘이 회개하지 않았기 때문에 당황하고 말았다(p. 478 정의를 보라).

> 너희는 범한 모든 죄악을 버리고 마음과 영을 새롭게 할지어다.
> 이스라엘 족속아 너희가 어찌하여 죽고자 하느냐
> 나 주 야훼가 말하노라
> 죽는 자의 죽는 것은 내가 기뻐하지 아니하노니
> 너희는 스스로 돌이키고 살지니라
> — 에스겔 18:31-32(참조. 33:10-20).

에스겔은 하나님의 정의를 수호하려 했으나, 악한 인간이 항상 고통을 당하지 않으며 선한 인간이 항상 복을 받는 것도 아니라는 점 때문에 불만족스러울 수도 있었다. 무엇보다도 에스겔은 이스라엘인들에게 위기 가운데서 회개하고 그들이 하나님의 자비에 의지하도록 하시는 하나님의 부름에 귀를 기울이도록 요청했다. 그러나 그가 전한 것은 신비한 내용을 건드리기만 했을 뿐이다. 그 이후 수세기 동안 역사 가운데 활동하신 하나님을 이해하기 위하여 고통의 문제는 더욱 강하게 제기되었다.[9]

새로운 시작에 대한 약속

사람들이 큰 재앙의 위협을 받는 위기의 순간에도 그릇된 충성심에 너무 깊이 빠져 있었기 때문에 에스겔이 했던 백성들을 향해 외친 것은 소용이 없었다. 더구나 운명의 날은 이르고야 말았다. 에스겔의 예언은 우리가 이미 예레미야서를 연구할 때 친숙해진 바로 그 사건이 신속하게 진행되었음을 잘 반영하고 있다. 에스겔은 시드기야가 "큰 독수리"(느부갓네살)를 배반할 것과 그가 "또 다른 독수리"(이집트)에게 피신하려는 시도를 할 것임을 비유(17장)로 말했다. 그는 사람을 학살하기 위해 날이 섰고 번쩍이는 큰 검을 보았으며(겔 21:1-18), 유다와 암몬의 갈림길에 서서 어떤 반란 족을 먼저 진압해야 할 것인지 신탁을 기다리는 느부갓네살을 그리고 있다(21:18-32). 그러나 예루살렘성이 여전히 서있는 한 포로생활을 하는 사람들도 자기의 조국이 멸망하리라는 것을 믿으려 들지 않았다. 그들은 에스겔이 자신들의 시대에 해당하는 일이 아니라, 먼 미래의 일을 말하고 있다고 믿으려 했다. "그가 보는 환상은 많은 날 뒤에 일어날 일들이며, 그의 예언은 많은 시간 뒤에 일어날 일들이다"(12:27 ; 22절을 보라)

이스라엘의 부활

그러던 어느날 에스겔은 예루살렘이 무너졌다고 말했다(24:1-14). 주전 585년 이유를 알 수 없는 시간이 지체된 뒤 한 도망자가 성이 함락되었다는 소식을 가지고 나타났다(33:21). 그 이후 예언자는 희망의 예언을 하기 시작했다. 그보다 앞서 국수적인 감정이 고조되었을 때 그는 소름끼치는 운명에 관하여 예언함으로써 헛된 환

---

9) J. L. Crenshaw, *Theodicy* 〔132〕을 보라.

상을 흩어버리는 것이 그의 사명이었으나 지금은 새로운 상황이 되었다. 백성들이 처절한 절망과 통탄에 빠져있을 때(33:1-11), 그의 예언은 확신을 주는 것이었다. 그는 분명히 하나님께서, 확신이 미래에 대한 긍정적인 신뢰가 표현된 것이거나, 인간의 가능성에 대하여 부정적이며 절망이 나타난 것이거나, 모든 종류의 인간적인 확신에 대하여 거스려서 하나님의 주권에 관하여 말씀하기를 바라고 계신다고 믿었다. 따라서 재앙이 쓸고 지나간 뒤, 에스겔이 "너희는 내가 하나님인줄 알리라"는 구절을 종결구로 반복한 것은 새로운 의미가 있다. 이렇게 야훼가 하나님임을 그의 백성들에게 드러내는 것은 인간의 잘못과 죄악을 드러내는 심판행위가 단지 심판일 뿐만 아니라 새로운 역사의 시작을 알리는 하나님의 행위이기도 함을 알리기 위함이다.[10]

이런 역사적으로 기적적인 사건은 계곡의 마른 뼈에 대한 유명한 환상으로 생생하게 표현된다(37장). 죽음의 그림자가 덮인 계곡에 선 에스겔은 "이 뼈들이 살아날 수 있겠습니까?"라고 묻는다. 그 때 그는 야훼의 명령에 따라 뼈들을 향해 예언을 하는데, 그 뼈들이 갑자기 살아나기 시작한다. 뼈에 근육과 살이 붙었고 하나님의 영에 의하여 생명력이 불어넣어져 움직이기 시작했다. 우리는 그 뼈들이 절망에 빠진 이스라엘을 상징화한 것이라는 해석을 그 뒷부분에서 읽을 수 있다. 이스라엘은 이미 죽어서 역사적으로 실체를 상실해버린 공동체였다. 이스라엘은 "우리의 뼈는 말라버렸고, 우리는 희망을 잃고 말았나이다"라는 비명을 질러대고 있었다.

그러나 이스라엘의 곤경은 하나님의 기회가 된다. 예언자는 야훼께서 그의 백성을 무덤에서 부활시키고, 그들을 고향으로 돌려보내며, 그들의 생명력없는 육체에 하나님의 영을 불어넣어 새로운 삶을 시작할 수 있게 하겠다고 약속하셨음을 예언한다(이것은 포로로부터 구원하는 것을 의미한다). 하나님의 기적은 실제로 일어났다. 죽음에서 삶으로! 야훼는 이스라엘(에브라임)과 유다가 서로 화해의 포옹을 함으로써, 그리고 그들을 다스릴 한 '왕'에게 기름을 부으심으로 이스라엘이 한 민족이 되도록 하셨다. 이스라엘이 일치되는 것은 옛날부터 전해오는 계약의 완성이 된다. "나는 그들의 하나님이 되고, 그들을 나의 백성으로 삼으리라."

---

10) 야훼의 신성을 드러내는 것에 관하여는 발터 침멀리의 논문집 *Gottes Offenbarung* (Munchen : Kaiser Verlag, 1963), 41-119. 가운데 "The Knowledge of God according to the Book of Ezekiel"을 보라. 이것과 함께 *Erweiswort* (Demonstrative Word), 120-32을 보라.

목자되신 하나님

이스라엘의 회복은 목자와 그의 양떼들로 상징되기도 한다. 이는 구약(시 23편 ; 100:3 ; 사 40:11)과 신약(눅 15:3-7 ; 요 10:1-18)에서 똑같이 중요한 상징이다. 양 대신 자신의 배를 채우는 악한 목자와 대조하여, 야훼는 잃어버리고, 절며, 방황하는 양을 목장으로 데려와 쉬게 하기 위하여 찾아 나서는 선한 목자이다(34장). 에스겔에 의하면 야훼는 양들을 찾는데 앞장을 선다.

> 나 주 야훼가 말하노라 나 곧 내가 내 양을 찾고 찾되 목자가 양 가운데 있는 날에 양이 흩어졌으면 그 떼를 찾는 것같이 내가 내 양을 찾아서 흐리고 캄캄한 날에 그 흩어진 모든 곳에서 그것들을 건져낼지라. 내가 그것들을 만민 중에서 끌어내며 열방 중에서 모아 그 본토로 데리고 가서 이스라엘 산 위에와 시냇가에와 그 땅 모든 거주지에서 먹이되
> — 에스겔 24:11-13.

야훼께서 그의 백성을 그들의 고향으로 인도하신 뒤 그들에게 다윗 가문을 따라난 좋은 목자를 보내실 것이다.

> 내가 한 목자를 그들의 위에 세워 먹이게 하리니 그는 내 종 다윗이라 그가 그들을 먹이고 그들의 목자가 될지라 나 야훼는 그들의 하나님이 되고 내 종 다윗은 그들 중에 왕(nasi)이 되리라 나 야훼의 말이니라
> — 에스겔 34:23-24(37:24-25을 보라).

우리는 에스겔이 장차 올 다윗 가문의 지도자를 "왕"이라고 하지 않고, 고대 지파 동맹의 지도자를 가리킬 때 썼던 "방백"(nasi)이라는 용어를 사용하고 있음을 주목해야 한다. 에스겔은 이스라엘이 왕국이 되기 전 야훼께서 목자-왕으로써 그의 특별한 대리자를 통하여 이스라엘을 다스리던 시대를 이상적인 시대로 간주하고 있는 것 같다.

에스겔은 야훼께서 활동을 개시하시려는 까닭은 이스라엘이 선하기 때문이 결코 아니며, 단지 다른 열방들이 이스라엘의 비극을 보며 그들의 하나님은 구원할 힘이 없는 나약한 하나님이라고 간주하는 것을 막기 위하여라고 강조한다. 이스라엘의 패배에 대한 이런 잘못된 해석은 하나님의 영광과 하나님의 거룩한 이름을 더럽히게 되었다. 그 때문에 열방들로 하여금 야훼께서는 조롱받을 수 없는 거룩한 분이심을

알도록 하기 위하여 힘없고 희망도 없던 이스라엘을 회복시키기로 결심하신 것이다. 그러나 예레미야의 경우처럼 에스겔은 야훼께서는 그 민족이 계약 백성이기 때문에 그 깊은 죄악된 인간적 본성을 완전히 바꿔 놓으려고 하신다고 주장했다. 새로운 삶의 형태가 시작되기 위해서, 이스라엘의 마음(정신, 의지)은 바뀌어야만 했으며, 백성들의 깊은 곳으로부터 변화가 일어나야만 했다.

> 또 새 영을 너희 속에 두고 새 마음을 너희에게 주되 너희 육신에서 굳은 마음을 제하고 부드러운 마음을 줄 것이며 또 내 신을 너희 속에 두어 너희로 내 율례를 행하게 하리니 너희가 내 규례를 지켜 행할지니라.
> — 에스겔 36:26-28(11:19-20을 보라).

그 때에 이스라엘은 하나님의 음성에 순종하게 될 것이며, 하나님과 이스라엘 사이에 "영원한 계약"(37:26)이 세워지게 될 것이다. 에스겔 36장과 예레미야의 "새로운 계약"(렘 31:31-34)이라는 예언은 매우 근사해 보이기 때문에 일부 학자들은 에스겔이 예레미야의 예언을 들었을 것이라고 생각하기도 한다.

에스겔은 그의 거룩한 백성을 거룩한 땅으로 회복시키시는 하나님의 은혜로운 행위를 선포하였다. 새로운 계약의 시대에 하나님은 그들과 함께 그들의 한 가운데 계시면서, 그 거룩한 땅을 "축복의 소나기"로 적셔주실 것이며, 평화롭고 안전한 가운데 그 수가 부쩍부쩍 늘어나게 해 주실 것이다(겔 34:26). 이스라엘이 회복된 것에 대한 모습은 제사장 에스겔의 환상 가운데서 분명하게 드러난다 : 야훼는 백성들 가운데 "장막"으로 서시리라는 것이다.

> 내가 그들과 화평의 언약을 세워서 영원한 언약이 되게 하고 또 그들을 견고하고 번성케 하며 내 성소를 그 가운데 세워서 영원히 이르게 하리니.
> — 에스겔 37:26-27.

성전은 모든 것들 중에서 한 가운데 서게 될 것이다. 이 주제는 에스겔서의 결론 부분(40-48)에서 정교하게 다듬어져서 등장한다. 세부적인 부분을 다듬으면서 에스겔은 예루살렘의 새로운 성전을 그렸다. 환상 가운데서 그는 그가 그발 강가에서 그의 활동 초기에 보았던 것을 기억해 내었다. 그는 그곳에서 "야훼의 영광"이 성소의 장막에 돌아오시는 것을 보았다.[11] 에스겔의 생생한 환상에 의하면 예배가 회복되는 것은 땅 그 자체에도 매우 큰 의미를 가지는 변화라고 할 수 있다. 왜냐하면 성전이 서 있는 언덕으로부터 땅 속 깊은 곳에 그 정결한 근원을 둔, 생명의 물이 흘러나오게 될 것이기 때문이다. 그 생명의 강물은 동쪽으로 흘러서 빈 광야를 거쳐 사해로 흘러들어가게 된다. 그 둑을 따라서 매달 열매를 맺는 과수들이 자라며, 사해가 깨끗한 물이 가득 찬 호수가 될 것이기 때문에 엔-게디(En-gedi) 지역에서는 어부들이 그물을 던질 것이다(47:12)! 새로운 예루살렘에 대한 에스겔의 환상은 후대의 기자들이 마지막 때를 표현하는 것에 심각한 영향을 미쳤다. 즉 신약의 마지막 책인 계시록에, "거룩한 성 예루살렘이 하나님으로부터 하늘에서 내려오도다(계 21장)."

에스겔은 새로운 공동체를 그리면서 "국가와 교회"의 관계를 조심스럽게 규정지었다. 레위지파의 도움을 받는 사독 계열의 제사장들은 모든 종교적인 문제에 대하여 재판권을 가진다. 백성들의 지도자 방백(nasi)는 희생제물을 제공하고 법과 질서를 지탱함으로써 종교적인 공동체를 수호하는 책임을 진다(겔 45:7-46:13). 땅은 열두 지파들 간에 재분할될 것이며, 그들은 예루살렘의 중앙 성소에서 함께 예배를 드리면서 그들의 동질성을 확인하게 될 것이다. 그리고 그들은 "야훼가 그곳에 계시다"(48:35)라는 새로운 이름을 얻게 될 것이다. 그리고 이스라엘은 고대 지파 동맹의 전형을 따라 예배하는 공동체가 될 것이다. 우리는 에스겔의 제사장적인 견해가 포로에서 돌아온 유대교에 얼마나 깊은 영향을 미치게 되었는지 보게 될 것이다.[12]

포로 생활

비록 에스겔이 북왕국과 남왕국의 이스라엘 두 가문이 재결합하게 되리라는 환상을 가지기는 했지만, 이 꿈은 실현되지 못했다. 후에 사마리아인이라고 불린 북왕국의 남은 자와 유다왕국의 후예들은 결국 강한 적대감을 가진채 서로 갈라져서, 신약시대에 "유대인들은 사마리아인들과 상종도 하지 않는다"(요 4:9)는 말이 생기게

---

11) 야훼의 영광(kabod) 신학을 논의하기 위하여 Tryggve N.D. Mettinger [400], 3장을 보되 특히 97-103을 보라.

12) 에스겔의 부활 환상에 대하여 Jon D. Levenson, *Theology of the Program of Restoration of Ezekiel* 40-48, Harvard Semitic Monograph Series, No. 10 (Missoula : Scholars Press, 1976); 그리고 Moshe Greenberg, "The Design and Themes of Ezekiel's Program of Restoration", *Interpretation* 38 (1984), 181-208도 아울러 보라.

되었다. 유대인들은 정치적인 의미에서가 아니라 "계약의 백성"이라는 고대의 종교적인 의미를 따라서, 그들이 진정한 이스라엘인이라고 주장했다.

우리가 이미 보았던 것처럼, 포로된 사건은 유대교 역사상(p. 514, 정의를 보라) 이스라엘 민족에게 전적으로 새로운 시작이 되었다. 예레미야의 예언과 마찬가지로 계약 백성의 장래는 예루살렘에 남은 자들에게 있었던 것이 아니었다. 느부갓네살의 침공 결과, 예루살렘은 매우 많은 부분이 황폐화되고 무너져버렸기 때문에 신앙적인 활기는 사라져 버리고 없었다. 주전 597년과 587년에 유대인들을 이주시킨 이후, 아마도 그달랴의 암살 사건 이후의 소요를 진압하기 위하여 느부갓네살은 582년 다시 유대에 간섭을 했다. 바로 그 때 유대인들의 다른 집단이 바벨론으로 끌려가게 되었다. 포로로 끌려간 사람들이 모두 얼마나 되는지 그 숫자를 정확히 알 수는 없다.[13] 그러나 바벨론이 유대인 모두를 끌고 간 것은 아니며, 722년 북왕국을 점령한 앗시리아처럼 이방 거주자들로 재정착시키는 정책을 취하지 않았다는 것은 분명하다. 오직 유대인들의 지도부만이 끌려갔을 뿐이며, 그보다 더 가난한 사람들은 곡물을 추수하기 위하여 남겨졌다(렘 29:10 ; 왕하 25:12을 보라).

이런 방법으로 느부갓네살은 유다가 회생할 위험을 효과적으로 제거해 버렸다. 국가는 느부갓네살의 입장에서 볼 때 만족할 만한 상태로 파괴되어 난파선과 같은 상태에 놓이게 되었고, 회복되려면 여러 해가 걸릴 것 같았다. 고고학적인 발굴 결과 알 수 있는 것처럼 포로 기간 중에 튼튼하게 요새화되었던 주요 성읍들은 파괴되었다. 이전의 유다 왕국은 분할되었는데 일부는 바벨론 치하의 사마리아가 되었고, 나머지는 그들의 거주지를 사해의 남동부에서 헤브론 근처로 옮긴 에돔(나중에 이두메가 되었다)에 흡수되었다. 많은 유대인들은 그들이 처한 경제적이고 정치적인 조건들을 참지 못하고 새로운 삶을 찾아서 이집트로 떠나는 사람들 틈에 끼어들었다. 단지 한움큼되는 유대인들만이 예루살렘의 폐허 가까운 곳에 남아있었다.

바벨론의 환경에 적응함

---

13) 예레미야 52:28-30. 이 구절이 세번의 포로사건으로 포로의 수가 4,600명에 이르렀다고 하는 것은 아마 상당히 정확한 기록일 것이다. 이것은 남자만 센 것으로 보인다. 왕하 24:14(16절과 비교해 보라)에서는 8,000-10,000 명이 주전 597년에 포로로 끌려갔다고 말하고 있다. 주전 587년에 포로로 끌려간 숫자는 정확히 알 수 없으며 세번째 포로 사건은 언급되지 않고 있다.

바벨론에 포로로 끌려간 사람들의 상황은 그다지 나쁘게 되어가지는 않았다. 우리가 이미 에스겔이 말한 것을 가지고 본 것처럼 바벨론의 유대인들은 상당한 사회적인 자유와 경제적인 여유를 누리고 살았다. 그들은 장사에 수완을 발휘하여 한 세기 뒤 니푸르 시의 무라슈와 그의 아들들과 관련된 사업에서 지배적인 이권을 가지고 있었다는 점이 증명되기도 했다.[14] 아마도 바벨론에 살던 그들의 운명은 현대에 게토나 집단 수용소에 갇혔던 사람들의 처지보다 훨씬 나았을 것이다. 사실, "반-셈족주의"는 그 당시 잘 알려지지 않았다. 바벨론의 유대인들은 이리저리 옮겨다니는 것과 그들의 공동체에서 살거나 대도시에서 살거나, 그들 고유의 생활방식대로 사는 것이 허락되어서 매우 자유로웠다.

바벨론의 유대인들이 적응하기에 가장 심각했던 문제는 종교적인 문제였다. 그들의 신앙은 제사장적 신학을 따라 항상 야훼께서 그들에게 유산으로 주신 팔레스타인 땅과, 예배하는 백성들 가운데 야훼께서 장막으로 계신 장소인 예루살렘의 성전에 뿌리를 박고 있었다. 가장 위험한 일은 역사적으로 정착할 곳을 잃어버린 유대의 신앙이 바벨론 문화의 바다에 잠겨 그 정체성을 상실하는 것이었다. 왜냐하면 바벨론의 문화는 모든 점에서 유대 땅에서 유대인들이 가지고 있던 소박한 문화보다는 우월했기 때문이다. 그것은 마치 오늘날 개발도상 국가의 시민이 미국을 방문했을 때, 보는 것마다 현란함을 느끼게 되는 것과 같다고 할 수 있다. 농사짓고 목축하던 유다의 경제생활과 달리 풍요로운 바벨론은 풍성한 농작물과 번창하는 산업으로 가득 찬 땅이었다. 바벨론의 병사들에게 파괴되어 버린 그들의 자랑인 예루살렘 성전은 바벨론의 웅장한 신전들과 비교해 볼 때 너무나도 초라해 보였다. 많은 유대인들은 그들이 전통적으로 가졌던 신앙에 비추어 볼 때 바벨론이 가진 높은 수준의 문화가 바벨론 종교의 우월함 때문인지 의아했을 수밖에 없다.

바벨론의 유대인들이 직면한 문제는 근본적으로 그들의 조상이 광야에서 가나안으로 입성하던 때 겪었던 전이의 문제와 동일하다고 볼 수 있다. 그들은 야훼의 주권이 팔레스타인 특히 예루살렘 성전에서 드러난다고 믿었다. 그러나 다른 신들이 장악하고 있는 것으로 보이는 이방 땅에서도 야훼가 예배를 받으실 수 있겠는가? 예루살렘 성전에서 예배를 드리는 기쁨을 기억하던 가장 독실한 유대인들조차도 바로 이 혼란 때문에 의문을 제기했다. 이런 분위기가 시편 137편에 반영되어있다. 이 시

---

14) Pritchard, *Ancient Near Eastern Texts* [1], pp. 221-22의 고대 바벨론의 무라슈 (Murashu)와 그의 아들 회사의 영수증을 보라.

편은 예루살렘을 파괴한 바벨론과 이스라엘이 파괴된 것을 즐기고 있던 에돔을 향한 끔찍한 저주 구문으로 결론을 내리고 있다(7-9절).

우리가 바벨론의 여러 강변 거기 앉아서 시온을 기억하며 울었도다. 그 중의 버드나무에 우리가 우리의 수금을 걸었나니 이는 우리를 사로잡은 자가 거기서 우리에게 노래를 청하며 우리를 황폐케 한 자가 기쁨을 청하고 자기들을 위하여 시온 노래 중 하나를 노래하라 함이로다. 우리가 이방에 있어서 어찌 야훼의 노래를 부를꼬. 예루살렘아 내가 너를 잊을진대 내 오른손이 그 재주를 잊을지로다. 내가 예루살렘을 기억지 아니하거나 내가 너를 나의 제일 즐거워하는 것보다 지나치게 아니할진대 내 혀가 내 입천장에 붙을지로다.
— 시편 137:1-6.

성전없이 드리는 예배

모세 신앙이 이런 역사적 격동기에 살아남았을 뿐 아니라 측량하기 어려울 만큼 깊어지고 그 내용이 풍부해진 것은 바로 이스라엘의 집념과 생명력 때문이다. 바벨론에서 많은 유대인들이 바벨론 문화의 압력에 굴복하고 곧 다수의 사람들 속으로 흡수되고 말았다. 그러나 그들의 유대 전통과 그들의 공동체에 더 강하게 집착한 사람들도 있었다. 사실 이스라엘의 신앙은 엘레판틴 파피루스에 기록되어 있는 것처럼 이집트로 피난 갔던 사람들이 그들의 종교적인 유산을 이방적인 사상과 관습 속에서 잃어버린 것과는 달리 바벨론 포로 기간 중에 순수하게 그리고 열정적으로 보존되었다.

이보다 앞서 위대한 예언자들은 야훼가 예루살렘의 성전에 얽매여있는 분이 아니라고 선포함으로써 이스라엘의 신앙을 새롭게 표현할 수 있는 길을 열었다. 예레미야가 포로 생활을 하는 동족들에게 보낸 편지에서, 그는 비록 야훼의 성전이 없으며 성전에서 멀리 떨어진 곳에 있을지라도 기도를 통하여 하나님께 가까이 갈 수 있음을 강조했다(렘 29:12-14). 에스겔은 마치 이스라엘이 광야에서 이리저리 방황할 때에 그들과 함께 언약궤가 이동했던 것처럼 야훼의 영광이 바벨론 포로들에게 옮겨가는 것을 보았다. 그리고 포로기 혹은 그보다 조금 일찍 기록된 신명기에서 우리는 읽는다:

야훼께서 너희를 열국 중에 흩으실 것이요 야훼께서 너희를 쫓아보내실 그 열국 중에 너희의 남은 수가 많지 못할 것이며 너희는 거기서 사람의 손으로 만든 바 보지도 못하며 듣지도 못하며 먹지도 못하며 냄새도 맡지 못하는 목석의 신들을 섬기리라.
— 신명기 4:27-29.

포로 기간 중에 이스라엘 백성들은 하나님께서 그들의 기도를 듣고 계신다는 확신과 이방의 땅에서도 성소를 가질 수 있음을 확신하면서 어느 곳에서나 하나님을 섬길 수 있음을 깨닫게 되었다(겔 11:16). 의심할 바 없이 시편 가운데 있는 많은 기도들은 포로 기간 중에 이름을 알 수 없는 개인들이 지은 것이다. 예레미야의 고백처럼, 그들은 "깊음 가운데서"(시 130:1) 하나님께 울부짖었다. 더구나 이 기간 동안 유대인들은 장로들이 에스겔의 집에 모여서 그가 지도하는 것을 들었던 것처럼 작은 모임을 가졌을 것이며 전해오던 말씀의 가르침을 듣고 비공식적으로 예배를 드렸을 것이다. 때때로 회당(헬라어 synagoge가 가지는 의미처럼)이 포로 기간 중에 그랬던 것처럼 예배와 교육을 위하여 함께 모이는 것이라고 주장되기도 한다. 그러나 그 지역에 이런 것을 할 수 있을 정도로 조직적인 모임이 있었다는 증거는 없다. 무엇보다도 확실하게 말할 수 있는 것은 후대에 각 나라에 흩어지게 된 회당들은 유대인들이 그들의 조국과 성전에서 분리되었던 포로기 중에 이미 경험된 그 필요성에 의해 나타나게 되었다는 점이다.

전통의 보존

매우 놀라운 일이지만 포로생활 중에 계약 공동체에 소속된 그 소속감은 약화된 것이 아니라 도리어 더욱 강화되었다. 비록 국가에 대한 충절로 사람들을 묶을 수는 없었지만 그들은 공통된 역사와 전통을 가지고 있었다. 이사야가 처했던 절망적인 시대에(사 8:16-18), 그들은 야훼의 "얼굴"(현존)이 더 이상 이스라엘에서 숨기워지지 않도록 그들의 토라를 보존하는데 매달렸다. 그들은 그들의 전승을 연구하고 전승이 가지는 의미를 찾으려고 했으며 그들의 거룩하고 독특한 지식을 장차 올 세대에 물려주기 위하여 조심스럽게 보존했다. 물론 모든 포로들이 이런 특별한 일을 위하여 훈련되었다는 것은 아니다. 그러나 그들 가운데 일부는 에스겔처럼 제사장이었기 때문에 고대 근동에서 흔히 그랬던 것처럼 전승을 암송하고 있었거나, 그들이 예루살렘으로부터 포로로 끌려가게 되었을 때 성경의 일부를 그들의 적은 짐꾸러미 중 가장 소중한 부분으로 가지고 갔을 것이다.

이스라엘 백성들은 제사장들이 이스라엘의 신앙을 설명해 주는 일에 익숙해 있었다. 그들은 특별히 모세가 속했던 레위지파의 후손인 레위인들로 알려진 제사장 계급에 의지했다.[15] 포로기 이전에 이들 레위인들이 제단에서 항상 제사장 직분을 담당했던 것은 아니다. 우리가 이미 본 것처럼(p. 434를 보라), 그들 중에서 많은 사람들은 "교육을 담당하는 제사장들이었다"(왕하 15:3; 17:9; 35:3). 백성들에게 토라를 읽어주거나 교육함으로써 하나님을 예배하고 섬기는 길이 어떤 것인지 교육하는 것이 그들의 임무였다. 비록 레위인들이, 예루살렘의 제사장들에게 큰 권한을 주었던 요시야의 종교개혁으로 그들의 특권을 상실하기는 하였으나, 제사장들의 교훈이 성전과 후대에는 포로기간 중에 계속되었다고 추정하는 것이 더 안전할 것으로 보인다.

전승의 해석자

이스라엘의 신앙적인 유산에 대하여 집중적이고 신성한 관심을 가졌던 포로기는 종교적인 활동기였다. 이 시기에 현대 성서학에서 무시되거나 혹은 그 위치가 지나치게 낮게 평가되곤 하는 알려지지 않은 해석자에 의하여 예언과 역사적 문헌들이 편집되었다. 이 편집자들이 그들에게 주어진 자료들을 발간하기 위하여 함부로 변형시키거나 주물럭거린 것은 아니다. 그들은 그들의 거룩한 유산이 그들의 시대와도 깊은 관련이 있음을 믿었던 전승의 해석자들이었다. 그들에게 전승은 단순한 과거로부터 나타난 박물관과 같은 것이 아니었고 그것을 통하여 하나님께서 그들의 시대 상황에 말씀하시는 살아있는 전통이었다(편집비평에 관한 p. 469의 정의를 보라).

아모스서의 끝부분에서 예언이 새롭게 된 흔적을 찾아볼 수 있다.[16] 암 9:11-12에서 "다윗의 무너진 천막을 일으키고"라는 구절은 다윗 왕가가 무너진 뒤의 시절을 가리키고 있으며, 이스라엘이 "에돔의 남은 자"를 차지할 것이라는 예언은 에돔이 예루살렘 함락 뒤에 유다를 갈라 큰 덩어리를 차지한 것에 대한 분노가 반영된 것으로 볼 수 있다. 따라서 예언 문학은 포로기간 중에 일어난 사건의 관점에서 읽혀지

---

15) 오늘날 우리들이 볼 수 있는 번역된 성경의 레위기라는 제목은 칠십인역의 Levites를 따라 이름지어졌다.

16) 오늘날은 소위 아모스서의 첨가부분(9:9-10, 11-12, 13-15)이라고 불리는 부분의 일부 혹은 전체를 아모스가 지었다고 인정하는 경향이 있다. 그러나 9:11-12의 구절은 명백하게 포로기나 포로 후기의 것이며, 다른 두 부분도 아모스의 예언과 조화시키기가 어렵다.

고 해석되어야 한다.

우리가 앞장에서 보기도 하였지만 신명기적 역사서들이 그 최종적인 형태를 갖춘 것은 포로기 중이었다. 대부분의 작업들은 예루살렘이 멸망되기 이전인 주전 600년 무렵 첫번째 포로들이 사로잡혀 가기 바로 직전인 597년경에 완성되었을 것이다. 그러나 신명기적 역사서의 첫번째 편집본은 요시야왕이 므깃도에서 전사하기 직전인 610년경에 나타났을 가능성이 있다고 보인다. 그리고 왕하 23:25에서 일단 역사 서술이 정지되었다. 왜냐하면 신명기적 관점에서 본다면, 요시야왕은 가장 바람직한 군주의 전형이라고 할 수 있기 때문에, 신명기적 역사가들이 요시야왕의 부적절한 시기의 죽음을 다룸으로써 그들의 신학 가운데 가장 핵심적인 "야훼께서는 순종하는 자에게 상을 주신다"는 주제가 반박될 근거를 제공하려 하지 않았을 것이기 때문이다. 어떤 사건이든, 신명기적 역사서들의 첫번째 판은 오늘날 우리가 볼 수 있는 것처럼, 주전 561년 포로로 끌려간 여호야긴 왕이 포로지에서 신분이 상승된 내용을 담은 열왕기의 마지막 절로 결론을 내릴 수 없었다. 왜냐하면 이것은 열왕기하의 마지막 장들이 포로기 중에 기록되었음을 의미하는데 주전 550년 어간일 것이다.[17]

신명기적 역사서는 국가를 대상으로 기록되었다. 신명기적 역사서의 기록자는 계약 공동체가 다윗 왕가의 통치 아래 예루살렘 성전을 중심으로 왕정 조직을 갖춘 것은 당연한 것으로 받아들였다. 그러나 포로기 첫해 동안에 예루살렘의 제사장 에스겔은 계약 공동체에 대한 변형된 견해를 옹호했다. 비록 에스겔이 가지고 있던 미래에 대한 환상이 "방백"(겔 44:3)의 존재 여지를 남겨놓고 있기는 하였으나, 그는 근본적으로 이스라엘이 아론의 직계 후손이며(겔 44:13-15), 솔로몬 이후 예루살렘 성전을 책임지고 있던 예루살렘의 제사장들, 즉 "사독 자손"이라는 제사장적인 성직 계급에 의해 주도되는 종말론적인 "제사장 나라"(참조. 출 19:6)라고 믿고 있었다.

이런 견해는 포로로 끌려간 사독 계열 제사장들 중 특히 주전 587년 성전이 파괴되고 성전의 보물들이 강탈당한 두번째 침공 때 포로로 잡혀간 사람들에 의하여 더욱 발전되었다.

제사장적인 전승

---

17) p. 428의 정의와 크로스의 논문을 보라 [363], pp. 285-89.

이스라엘 역사의 제사장적 견해는 창세기와 출애굽기, 레위기, 그리고 민수기에서 찾아볼 수 있는 자료들 가운데서 시작된다. 우리가 오경으로부터 고대 서사시 전승(J와 E)과 신명기적 자료들을 추려내고 나면 남는 것이 흔히 P라고 표기되는 제사장계 자료들이다. 비록 우리가 이미 제사장계 자료를 이미 언급하곤 했지만, 그 문제를 직접적으로 언급하기에 가장 적절한 시기라고 여겨진다.

제사장계 자료가 오경의 가장 오래된 자료이며 모든 자료들이 그것을 기초로 작성되었다고 믿어지던 시기가 있었다. 그러나 이런 견해는 포기되었다. 왜냐하면 이 자료들의 문체와 신학을 조감해보면 예루살렘 성전의 신학과 예배를 반영하고 있음이 명백해지기 때문이다.[18] 이런 학자들의 견해는 부분적으로 옳다. 우선 제사장계 작품들은 많은 고대의 전승들을 포함하고 있다. 이것은 제사장계 문헌들의 연대가 모두 모세 시대까지 거슬러 올라갈 수 있다는 것은 아니다. 왜냐하면 이 기록들의 동기 가운데 하나가 예루살렘 제사장들이 시내산 전승에 뿌리를 두고 있다는 것을 밝혀 그들의 주장과 예배 행위에 권위를 부여하고자 하는 것이었기 때문이다. 특히 모세 시대와 지파 동맹 시대에 발전된 많은 양의 제의적인 고대 전승들이 예루살렘의 사제들에 의하여 제사장계 문헌 속에 보존되었던 것이다. 우리가 명심해야 할 것은 자료들을 문학적으로 결합하는 과정 중에 자료들의 연대를 표기하지 않았다는 사실이다. 우리는 더 이상 주전 950년경에 E가, 750년이나 그보다 일찍 D가, 그리고 마지막으로 포로기 중에 P가 만들어졌다는 연대기에 따라 자료의 순서를 생각하지 않는다. 오히려 이것은 다음에 오는 표에서 볼 수 있는 것처럼 고대로부터 이어지는 평행적인 전승이라고 할 수 있다.

제사장계 전승을 기록하면서 그 기록자는 성전 안에 보존되어 있던 제사장계 문헌을 수집했다. 그 한 예가 레위기 17-26장의 "성결 법전" 부분인데, 이는 야훼가 거룩하므로 이스라엘도 거룩하라는 권고가 이 제의와 윤리적인 법들(레 20:26) 가운데 반복해서 나타나고 있는 주제이기 때문이다. 이 제사장들의 가르침의 모든 부분은 이스라엘의 신앙을 잘 설명하고 있다. 이는 신약에서 두번째 가장 큰 계명으로

---

18) 이런 학적인 결론에 대하여는 유대인 학자 예헤츠켈 카우프만(Yehezkel Kaufmann)이 주로 도전을 했다. 그의 중요한 책 이스라엘의 종교 (*The Religion of Israel* [116])에서 그는 모든 오경의 자료들이 포로기 이전이며 특히 P는 D 전에 형성되었다고 주장한다. 이 견해에 덧붙여 M. Haran, *Temples and Temple Services* [397]는 제사장계 자료들이 히스기야왕 시대 어간 (c. 715-687)에 형성되었고, 히스기야의 종교개혁에 이념적인 바탕을 제공했다고 보았다. 제사장들 가운데 보존되었던 이 제사장계 전승의 후대 기록 위에 에스라 종교개혁의 근거가 나오기도 했다.

Northern and Southern Traditions*

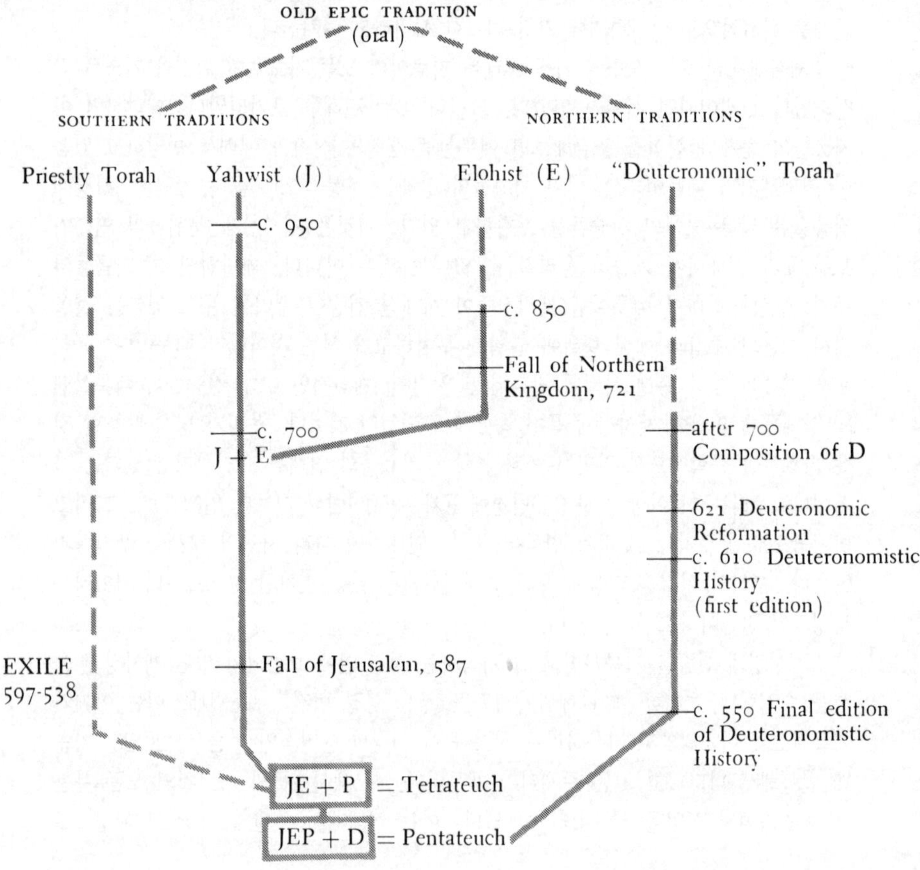

이 도표에서 점선은 구전을 의미하며, 직선은 기록된 전승을 의미한다. 모든 전승들이 고대 시대로부터 나란히 발전되었다는 것을 주목하라. 여러 지류가 한 강으로 흘러들듯, 이러한 전승들을 제사장계 판(版)으로 합쳐지고 통일되어 모세 오경을 형성했다.

인용되었고 19장의 윤리적인 열정으로 잘 알려진 것이다(막 12:31).

> 원수를 갚지 말며 동포를 원망하지 말며 이웃 사랑하기를 네 몸과 같이 하라 나는 야훼니라.
> ─ 레위기 19:18.

성결법전의 연대는 확실히 알 수 없다. 거룩함이라는 주제에는 에스겔의 영향이 암시되고 있으며 그 당시의 문체와 신명기의 권고의 문체가 매우 닮았다(19:33-37). 이 법전에는 더 오래된 전승이 포함되어 있기는 하지만 이것은 국가가 멸망하기 직전에 쓰였을 것이다.

그러므로 제사장계 전승은 한 세대에 비롯된 것이 아니다. 성공회 기도서와 마찬가지로 이것은 성전에서 오랜 세월 동안 사용되던 끝에 최종적으로 기록되었을 것이다. 출애굽기의 뒷부분에 집중된 것과(21-31, 35-40), 레위기 전부, 그리고 민수기의 일부 내용은 이 긴 역사의 흔적을 말해주고 있다. 예루살렘 성전에 있다가 포로로 끌려가게 된 제사장들은 이 제사장계 전승을 구전이나 기록된 형태로, 일부는 초기의 것이며 다른 것은 그들의 시대와 가까운 시대의 자료들을 이용할 수 있었다.

오경의 구성

그런데 제사장계 기록은 어떻게 이런 종교적인 전승들을 통일시킬 수 있었을까? 무엇보다도 그들은 다양한 자료들로부터 일치를 창조할 필요는 없었다. 이미 고대 서사시 전승 가운데 근본적인 통일성이 확장된 형태로 존재하고 있었기 때문이다. 북왕국이 멸망한 뒤 이 서사시의 북쪽(E)과 남쪽(J) 전승들은 하나로 합해지게 되었다(JE). 제사장계 기록자들은 자신들이 전수받은 전승을 종합해서 성립시키고 해석하고 있다는 확신을 가지고 고대의 서사시적 자료들을 그들 자신의 내용을 더욱 풍부하게 하고 보충하기 위하여 사용했다. 예를 들자면, 제사장계의 창조설화는(창 1:1-2:3) 고대 서사시에서 나온 낙원을 상실한 이야기(창 2-3)로 보충되었다 ; 제사장계의 홍수설화도 고대 서사시로부터 나온 자료(창 6-9)로 더 풍부하게 되었다 ; 그리고 아브람의 부름과 계약(창 15장)에 관한 고대 서사시 부분은 아브라함과 하나님이 계약을 맺은 것에 대한 이야기(창 17장)의 서막이 되었다. 따라서 이스라엘의 이야기는, 창조로부터 이스라엘이 시내산에서 예배하는 공동체로 성립되기까지, 다른 말로 표현한다면 우리가 창세기로부터 민수기까지 소위 4경이라고 부르는 내용이 제사장계의 편집에 의하여 최종적으로 통일된 모습으로 나타나게 되었다. 후대에 신명기적인 역사서의 서론이라고 할 수 있는 신명기가 제사장계 작업에 추가되었다. 왜냐하면 그것도 역시 모세의 죽음으로 끝나는 고대의 한 시기를 다루고 있기 때문이다. 그 결과는 오늘날 우리가 볼 수 있는 오경의 성립이다.

정의 : 4경, 5경, 6경

4경, 5경, 6경은 최근까지 논란이 된 성경 앞부분의 4, 5, 혹은 6권의 책을 가리키는 용어이다. 이에 관하여는 두 가지 상반되는 견해가 제기되고 있다. 그중 하나에 따르면, 여호수아서도 땅을 수여받는 이야기를 다루고 있기 때문에 오경의 절정을 이루고, 오경에 나온 이야기의 결론으로써의 의미를 가질 수 있다는 것이다. 따라서 우리는 전승이 창세기로부터 여호수아까지 연속된다는 폰 라트의 주장을 따라 육경이라는 개념을 다루게 된다(그의 논문 "The Form-critical Problem of the Hexateuch"을 보라).

다른 견해에 의하면, 요단강 건너편에 정착한 사실을 기록한 단편(민 32장)을 제외하고 땅의 점령에 대한 원래의 기록이 없어졌고 우리가 기본적으로 신명기와 신명기적 역사서(여호수아서에서 열왕기서까지)를 제외한 4경을 다루고 있기 때문에, 이 견해를 옹호한다는 것은, 신명기적인 영향이 비록 구약의 앞의 4권 이후부터는 신명기적인 문체와 관점이 월등하게 나타나지만, 구약의 처음 4권 가운데는 거의 나타나지 않는다고 주장하는 것이 된다. (이 견해는 마틴 노트의 「신명기적 역사」 p. 246에서 잘 나타나고 있다.)

근본적으로 창세기부터 민수기에 이르는 부분과, 신명기의 마지막 구절에서 민수기로 모세의 죽음에 관한 내용을 가져와서 덧붙인 것(신 34장)이 제사장계 작업인 사경이라는 사실이 지금 논의의 가장 중요한 점이다. 제사장계 기록자들은 이 모든 이야기들의 절정이 가나안 땅의 정복에 관한 이야기가 아니라 시내산의 계시라는 점을 분명하게 알고 있었다.

제사장적인 관점

이런 배경을 가지고 오경 가운데 있는 제사장계 자료들에 초점을 돌려본다면, 가장 주목할 점은 책 전체에 흐르고 있는 예배의 분위기이다. 오경의 이 부분에 공감을 하고 시작하는 것은 마치 좌우대칭적인 설계와 종교적인 상징들 가운데 수세기 동안 예배드리며 하나님의 거룩함과 장엄한 느낌이 들도록 만들어진 고대의 대성당 안에 서 있는 것과 같다. 현대의 독자들은 다양한 희생에 대한 설명들, 성막과 제단에 대하여 치밀하게 설명하는 것, 그리고 제사장과 백성들에 대하여 세세한 것까지 지시하는 것에 대하여 처음에는 특별한 감흥을 받지 못할 것이 확실하다. 레위기는 현대적 예배 형태에서는 많이 사라진, 제사장들이 가르친 것의 커다란 예라고 할 수 있다. 그럼에도 불구하고 이런 모든 상세한 내용들은 제사의 긴 역사와 "성막에 현현하신 거룩하신 하나님"에 대한 생생한 체험이 반영된 것이다.

사실 제사장계 자료는 창조부터 시작된 역사 전체를 꿰뚫는 역사의 목적이 예배를 위한 이스라엘의 선택이라는 점을 보여주기 위한 것이었다. 이스라엘은 '회중'('edah) 혹은 야훼께서 출애굽이라는 구원 행위의 증인일 뿐만 아니라 창조주의 창조 행위를 많은 시편으로 찬양하는 신앙적인 공동체로 인식되었다. 이스라엘은 하나님을 섬기는 "제사"가 되어야만 했다. 오늘날조차도 아론과 그의 아들들(사독 계열의 예루살렘 사제들)로부터 내려오는 제사장적인 축복의 거룩함은 예배하는 회중들에게 경건한 침묵을 가져다 준다.

> 야훼는 네게 복을 주시고 너를 지키시기를 원하며
> 야훼는 그 얼굴로 네게 비취사 은혜 베푸시기를 원하며
> 야훼는 그 얼굴을 네게로 향하여 드사
> 평강 주시기를 원하노라 할지니라 하라
> — 민수기 6:24-26.

역사 가운데 나타나는 하나님의 계획

제사장계 기록자들은 그 당시 출애굽 시대에 야훼께서 보여주신 놀라운 행위로 인하여 부름 받은 이스라엘의 예배 공동체 중에서 그들이 처한 위치에서 맨 처음 있었던 일들, 즉 창조까지 돌이켜 보았다. 이런 관점에서 볼 때 하나님의 목적은 잘 다듬어지고 매우 조직적인 그 분의 계획에 따라서 세 시기에 순서대로 드러나게 되었다. 각각은 "영원한 계약"(berith 'olam)이며, 하나님은 각각을 무조건 인정하셨다. 제사장적 견해에 따르면 하나님과의 계약이 계승된다는 것은 순수하게 은혜에 의해서, 하나님께서 세상을 다스리시는 역사라는 것과(sola gratia), 인간의 행위에 의하여 제한받지 않으심을 나타낸다. 첫번째 시기는 하나님께서 노아와 무조건적인

계약을 맺으심으로써 절정에 이른다(그리고 그를 통하여 인간들과 인간이 아닌 모든 피조물들과 계약을 맺으셨다 ; 창 9:1-17). 두번째 시기는 하나님께서 아브라함(아브람)과 무조건적인 계약을 맺으심으로써 절정에 이르게 된다(그리고 그를 통하여 모든 이스라엘 조상들의 후손과 계약을 맺게 된다 ; 창 17:1-14). 그리고 세번째 시기는 시내산 계약으로 정점에 이르게 된다. 비록 이 계약을 맺으면서 조상들과 맺은 계약을 재확인하며 인정하기는 하지만(출 2:24) 제사장적인 관점에서 볼 때는 이는 "영원한 계약"(출 31:12-17)이다. 제사장적인 기록자들은 위의 하나님의 계약의 "주기적인 역사"를 풍부하게 하기 위하여 고대 서사시 전승을 사용했으며, 그것은 창세기부터 민수기까지(4경)에 걸쳐 있다. 이제 제사장계가 교정한 토라의 마지막 형태를 살펴보기로 하자.

1. 창조로부터 홍수까지 : 첫번째 시기는 창조로 시작하여 노아의 시대까지 진행된다. 제사장계 기록자는 이 시대가 가지는 의미를 고대 서사시의 실락원 이야기로 보충하면서, 창조 이야기부터 설명하고 있다(창 1:1-2:3).[19] 성경에서 제사장계 기사의 문체의 위엄과 사상의 웅장함을 능가할 수 있는 구절은 거의 없다. 제사장계의 이 구절의 리듬과 낭랑한 종결구는 성전에서 현재 우리가 볼 수 있는 제의적인 시문 형태를 점차 갖추게 되었으며, 오랜 기간 동안 경건하게 암송되고 사용된 흔적을 반영하고 있다. 달리 말하면 포로기 혹은 그 이후에 최종적인 형태를 갖추게 된 제사장계 토라에 나오는 이야기들도 오랜 기간 제의적으로 사용되던 역사와, 많은 세대들을 거치면서 신학적으로 깊은 성찰을 반영하고 있는 것이다.[20] 오늘날도 시 가운데 나타나는 제사장계 저자들의 장엄한 운문들은 창조에 대한 신비감에 앞서 경외감을 일으키기에 충분하다. 1968년 크리스마스 이브, 처음으로 인간이 달 주변을 도는 항해를 하는 동안, 아폴로 8호의 선장 프랭크 보먼(Frank A. Borman)이 수백만 청취자들에게 라디오 방송을 통해 창세기 1장의 첫 10절을 읽어주던 것을 우주시대가 열린 것으로 간주해도 좋을 듯 싶다.

세계의 기원에 대한 과학적인 설명을 기대하는 사람은 누구든지 제사장계 이야

---

19) 폰 라트의 주석〔271〕과 그의 "Notes on the Priestly Account of Creation", pp. 63-67을 보면 이 제사장계 이야기에 대한 설명이 나온다. 폰 라트는 더 넓은 시야를 제공하기 위하여 두 이야기가 서로 보충적인 관계에 있음을 적절하게 잘 지적하고 있다.

20) B.W. Anderson, "A Stylistic Study of the Priestly Creation Story", *Canon and Authority* 〔156〕, 148-162.

기들 가운데서 불합리한 점들을 찾게 될 것이다. 과학적인 사람들에게 지구가 태양보다 먼저 창조되었다는 것이나, 하늘의 빛들 — 해와 달 그리고 별들 — 이전에 빛이 창조되었다는 것은 아주 이상한 말로 들릴 수 있다. 창조 활동이 있었던 여섯 날들이 지질학적인 시대에 상응한다던가, 생물들이 창조된 뒤 진화 과정이 있었다는 등 창세기의 창조 이야기를 현대 과학 이론과 조화시키려는 노력은 소용없는 일이다.[21]

창조 이야기 가운데 전제되어 있는 우주론 혹은 세계에 대한 묘사는 이스라엘이 처했던 문화적인 환경으로부터 물려받은 것이다. 현대 우주론과 달리 그 당시는 우주가 3층의 구조를 가지고 있는 것으로 이해하고 있었다 : 편집작업을 통해 확장된 십계명에 나타나는 것처럼(신 5:8) "천상계가 위에 있고 그 아래 땅이 있으며, 땅 밑에는 물이 있다." 땅은 단단하고 견고한 성질을 가진 것이 떠올라 태초의 큰 물을 밀어내고(창 1:6), 물과 물을 나눈 작업으로부터 형성되었다고 인식되었다. 인간이 거주하는 이 세계 주변에는 하나님이 창조적인 힘으로 버티지 않으시면 땅을 휩쓸고 말 혼돈의 물이 둘러싸고 있다고 보았다(홍수에 관한 이야기를 보라 ; 욥 38:8-11 ; 시 104:5-9). 이런 관점에서 볼 때 구약의 창조설화는 바벨론의 에누마 엘리쉬 신화가 우주의 창조가 마르둑 신과 혼돈 바다의 용인 티아맛의 치열한 투쟁의 결과라고 보는 점과는 차이가 있으나, 바벨론의 에누마 엘리쉬 신화에 나타나는 우주 창조시와 밀접한 관련을 가지고 있는 것으로 보인다.[22]

그러나 제사장계 설화는 창조에 대한 과학적인 기원을 설명하는 논문은 아니다. 여기서 이 신앙의 시들은 인간의 경험과 과학적인 탐구를 넘어서는 어떤 사실 : 이 세상에 존재하는 모든 사물들의 기원과 질서가 창조주의 의지와 주권으로 말미암았다는 사실을 말하고 있다(욥 38:4-7 을 보라). 혼돈의 뒤섞인 물에서 신들이 태어났다고 하는 고대의 다신교적 신화와는 달리, 이 제의적인 설명은 태초에 질서와 우주가 있게 하였으며, 땅과 천상의 모든 피조물들이 자기의 만물을 다스리는 의지에 의존하도록 하신 창조주의 초월성을 확인하고 있다. 하늘은 하나님의 영광을 선포하지

---

21) 프라이(Roland M. Frye)가 편집한 *Is God a Creationist? The Religious Case Against Creation- Science*, ed 에 포함된 많은 논문들을 참고하라.
22) Pritchard, *Ancient Near Eastern Texts* 〔1〕, pp. 60-72에 바벨론의 신화가 설명되어 있다. *Creation in Old Testament*, 25-52의 궁켈이 쓴 "The Influence of Babylonian Mythology upon Biblical Creation Story"를 보라. 그리고 앤더슨 (B.W. Anderson) 이 편집한 "Mythopoetic and Theological Dimensions of Biblical Creation Faith", 1-24의 논문을 보라.

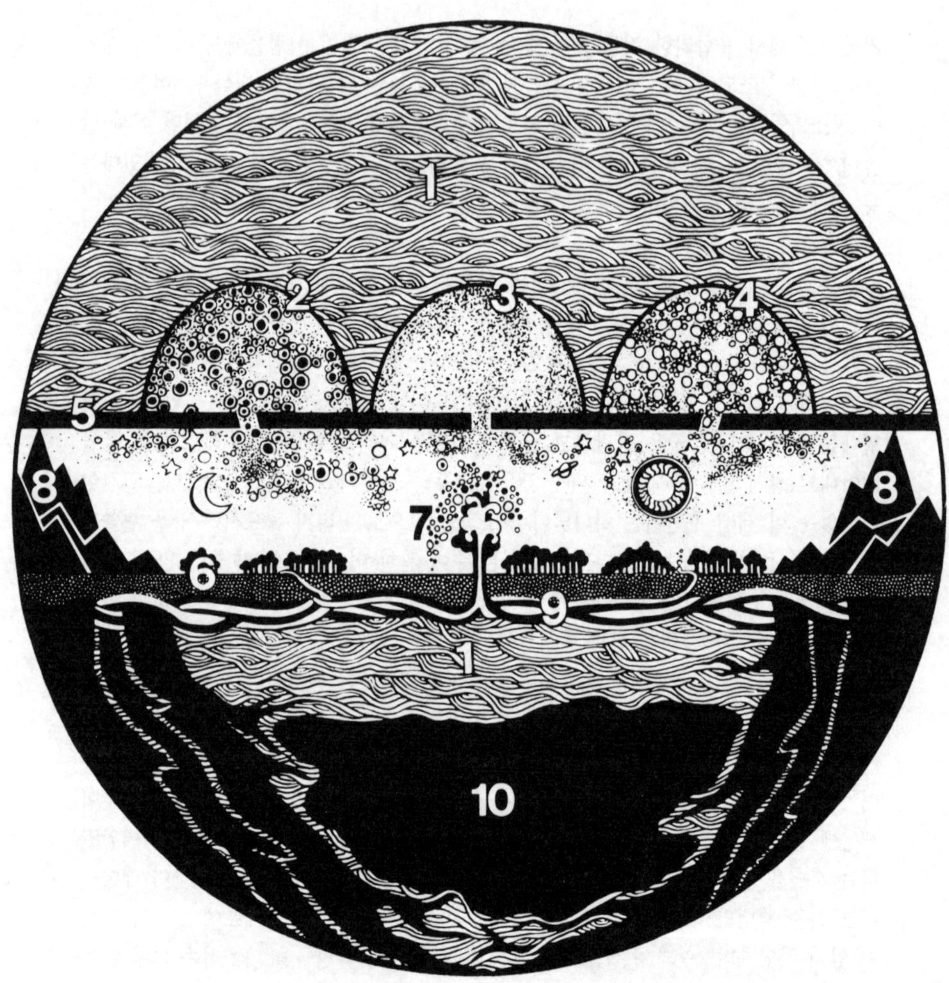

고대의 우주관 (1) 땅 위의 물;(2, 3, 4) 우박, 비, 눈이 있는 방 ;(5) 물의 표면;(6) 땅의 표면;(7) 땅의 샘, "큰 깊음의 샘";(8) 위의 물을 받치는 산봉우리;(9) 비염수(강, 호수 등);(10) 죽음의 영역인 스올.

만(시 19:1), 창조주는 창조의 일부분이나 창조의 한 과정이 아니다. 이 세상의 아무것도 그분과 따로 떨어져서 독립적일 수 없으며, 스스로를 창조할 수 없으며, 스스로를 지탱할 수 없다. 모든 만물의 근원과 활력이 된 창조주의 주권이 없었다면, 세계는 태초의 의미없는 혼돈 속으로 되돌아가고 말 것이다.

창조의 모든 부분에 하나님의 주권이 있었다는 주제는 인간('adam)의 창조를 설명하는 부분에서 절정에 이른다. 제사장계 기자는 하나님이 인간을 창조한 행위를 창조설화의 가장 마지막에 위치시킴으로써 인간이라는 존재가 하나님의 창조 행위에서 정수이며, 창조의 과정에서 특별한 임무를 부여받은 존재임을 암시했다. 이런 고양된 소명은 천상 회의에서(창 1:26의 '우리' 혹은 '우리의'라는 표현을 눈여겨 보라), '남자와 여자로' '하나님의 형상을 따라' 아담을 창조하기로 하였다는 위엄에 찬 결정으로 강조되었다. 왕의 형상이, 그 왕이 통치하는 것을 보이기 위한 표지로 왕국의 여러 지역에 세워지는 것처럼, 인간은 하나님께서 땅을 다스리신다는 것을 나타내기 위하여 세워진 존재들이다.[23] 오늘날의 지배에 대하여 많은 사람들이 가지는 통념과는 달리 인간은 자신의 권리를, 자연을 망치며 땅을 더럽히면서 제멋대로 사용도록 허락받은 것은 아니다. 오히려 인간은 하나님의 형상 혹은 하나님이 이 땅에 세우신 대표로서 하나님 소유의 땅을 지혜롭고 유익하게 관리해야 하는 것이다. 거대한 우주의 아주 작고, 하루살이와 같이 덧없는 존재에 불과한 인간이 하나님의 창조 가운데 특별한 사명을 부여받았다는 생각은 시인에게 경외감을 주어, 창세기의 창조 이야기에 매우 가까운 찬양 언어를 만들었다.

주의 손가락으로 만드신 주의 하늘과
주의 베풀어 두신 달과 별들을 내가 보오니
사람이 무엇이관대 주께서 저를 생각하시며
인자가 무엇이관대 주께서 저를 권고하시나이까
저를 천사보다 조금 못하게 하시고
영화와 존귀로 관을 씌우셨나이다.
주의 손으로 만드신 것을 다스리게 하시고

---

23) Gerhard von Rad, *Genesis* 〔271〕, pp. 57-61. 폰 라트는 그의 책에서 "상(image)"은 영적인 성격에만 한정시킬 것이 아니라, 인간의 신체를 포함한 모든 사물에 적용시켜야 한다고 했다. 왜냐하면 인체야말로 하나님의 걸작품이기 때문이다. 많은 경우 "image"에 상응하는 히브리어는 우상(민 33:52)이나, 그림(겔 23:14)처럼 매우 구체적인 눈으로 볼 수 있는 사물로 나타난다.

만물을 그 발 아래 두셨으니
곧 모든 우양과 들짐승이며
공중의 새와 바다의 어족과 해로에 다니는 것이니이다.
— 시편 8:3-8.

제사장계 기자의 체계에 따르면, 첫번째 시기는 엘로힘(하나님)이 남자와 여자를 복주시며 "생육하고 번성하여 땅에 충만하라, 땅을 정복하라"(28절)고 권세를 주시는 부분이다. 이 축복은 신적인 금지를 수반한다. 인간은 육식을 해서는 안되며 채소를 먹어야 한다. 그렇기 때문에 태초에 인간과 동물들은 "평화로운 왕국" 가운데 살았다.

창조 이야기는 하나님께서 6일 동안 창조하신 뒤 모든 창조의 일로부터 쉬셨다(shabbat)는 "안식일 휴식"이라는 결론에 이르게 된다(창 2:2-3 ; 참조. 출 20:11 ; 31:17). 여기서 우리는 이 이야기가 아담이라는 인간을 다루고 있으나 이스라엘에 관심을 두고 있음을 알 수 있다. 왜냐하면 제사장계 기자는 모세 시대(출 16장)에 나타난 안식일 제도를 미리 말하고 있기 때문이다. 이런 방법으로 그들은 이 설화를 시작부터 절정까지 이끌고 간다. 이렇게 하는 동안 그들은 한 주간의 날들이 "내일, 내일 그리고 또 내일"이라는 의미없는 주기의 반복이 아니며, 하나님의 목적 안에서 이스라엘과 온 인류를 향한 시간이라고 제시했다. 하나님은 각 시간 단위가 거룩해질 것을 요구하셨고, 이에 따라 모든 시간에 궁극적인 의미가 부여되었다.

2. 노아로부터 아브라함까지 : 제사장계 기자의 견해로는 홍수는 첫번째 시기를 마무리 하는 것이었으며, 새로운 시대를 여는 시작이었다. 바로 "폭력성"(창 6:11)이 온 세상에 퍼져버렸다는 사실이 세계를 거의 창조 이전의 혼돈으로 되돌려 놓을 뻔했던 큰 재앙의 원인이었다.[24] 제사장계 기자는 "폭력성"을 오래된 서사시 전승 가운데서 나온 일화와 함께 설명하고 있다. 그것은 동산의 첫 인류가 배반을 한 것과(창 3:1-24), 첫 가족 가운데 일어난 살인(창 4:1-16), 라멕의 무자비하고 피비린내 나는 보복(4:17-26), 그리고 인간의 아름다운 처녀들을 잡아서 그들과 관계를 가졌

---

24) 홍수 설화에서(창 6-9장), 제사장계 설화와 고대 서사시의 설화는 거의 구별할 수 없을 정도로 뒤섞였다. p. 200의 시원사의 개요를 살펴보라. 고대 서사시 전승에서 홍수는 큰 비 다음에 있는 것으로 되어있다(창 7:4,12). 제사장계 설화에서는 "큰 깊음(tehom)의 샘"과 "하늘의 창"이 열렸다고(창 7:11) 되어있다. 즉, 이것은 위의 물과 아래의 물이 다시 혼돈으로 몰아가려고 위협했다는 것이다.

다는 천상 존재들에 관한 이상한 이야기들("하나님의 아들들") (6:1-4) 등의 사건들이다. 그러나 홍수가 끝날 무렵 하나님께서는 "영원한 계약"(berith 'olam)을 세우셨다. 그것은 하나님께서 노아와 모든 살아있는 피조물들에게, 다시는 이 땅을 태초의 혼돈으로 위협하지 않겠다고 약속하신 무조건적인 계약이었다.

　이 무조건적인 계약은 창조의 때에 하나님이 주신, 생육하고 번성하며 충만하고 땅을 정복하라는 축복을 갱신하여 그 서두로 삼는다(창 9:1-3). 노아와 맺어진 계약에서 새로운 특권이 제시되었다. 즉, 동물을 적절한 방법으로 잡아서, 생명이 담겨 있다고 여겨졌던 거룩한 피를 하나님께 쏟아 버리면, 육식을 할 수 있도록 허락되었다. 이와 같은 "생명 존중"의 원칙에는 어떤 생물이든지 함부로 피를 흘려서는 안되며, 특히 인간은 "하나님의 형상"을 따라 지어진 존재이기 때문에, 인간의 피를 흘려서는 더욱 안된다는 엄중한 금지 규정이 뒤따르고 있다(창 9:4-6). 또 다시 인간의 존재는 하나님의 다스림 속에서 권한을 행사하는, 하나님을 대표하는 존재임이 확인되었다. 노아와 맺은 계약은 인간뿐만 아니라 인간 이외의 피조물들(새들, 짐승들, 그리고 가축들), 심지어는 땅 그 자체와 맺어진 보편적인 계약이기 때문에, 특별히 지구상의 모든 생물체들이 똑똑히 볼 수 있는 증표인 무지개로 나타나게 되었다. 비 온 뒤의 무지개는 엘로힘(하나님)께서 모든 피조물들을 다스리신다는(9:8-17) 은혜의 징표가 된다. 유대 전승에서 노아의 계약이 가지는 특권과 제한들은 모든 민족들에 적용되는 것으로 간주되었다. 왜냐하면 계약은 단지 이스라엘과 맺어진 것이 아니라, 셈과 함 그리고 야벳의 조상인 노아(행 15:20; 21:25을 보라)와 맺어진 것이기 때문이다. 제사장들의 족보에 따르면 모든 민족들은 이 세 아들들로부터 비롯되었다(10:32).

3. 아브라함으로부터 모세까지 : 세번째 시기는 노아처럼 당대에 흠없는 사람이었던 아브라함과 함께 시작되었다(창 17장). 이번에는 족장들에게 큰 풍요를 약속했던 고대 천상적 신을 가리키는 엘 샤다이(능력의 하나님)라는 형용어구로 하나님의 축복이 다시 한번 주어졌다. 그 때 아브람("〔하나님〕 아버지는 높임을 받으실지어다" 라는 뜻을 가졌다)이라는 이름은 새로운 관계를 강조하기 위하여 아브라함("많은 사람의 아버지"라는 이름으로 번역될 수 있다)이라는 이름으로 바뀌었다.

　아브라함과의 계약은 노아와 맺었던 계약처럼 무조건적인 성격을 가진 "영원한 계약"이었다. 엘 샤다이는 아브라함에게 땅을 "영원한 소유"로 주고 그와 그의 후손들에게 "하나님"이 되어주실 것이다 — 이것은 우리로 하여금 시내산에서 하나님의 인격적인 이름이 그의 백성들에게 계시된 것을 상기시킨다(출 6:2-9). 여기서 할례는 이 계약을 성립시키기 위한 조건이 아니다. 그것은 계약 공동체의 일원임을 증명하는 육체적인 표시일 따름이다. 제사장계 기자는 자기 육체에 계약의 흔적을 가지지 않은 남자는 누구든지 이스라엘 공동체에서 축출되어야 한다고 분명하게 말하고 있다. 그런 남자는 계약을 깨뜨리는 것이기 때문에 하나님의 약속을 요구할 수 없다. 그러나 계약적인 관계 그 자체는 오로지 하나님의 은혜로, 하나님의 주도하에 이루어진 것이며, 어떤 것으로도 폐기될 수 없다(갈 3:16-18). 제사장계 기자는 아브라함 계약의 고대 서사시 전승으로 이 설명의 서두를 삼고 있다(창 15:7-21). 이는 오로지 하나님의 굳은 약속에 기초한 것이지 인간의 행위와는 상관이 없는 것이다(p. 66를 보라).

하나님이 아브라함에게 약속하신 것은 창세기 23장의 다른 제사장계 설화인 아브라함이 헤브론의 동굴을 무덤으로 사용하기 위해 구입한 이야기에서 강조되고 있다. 아브라함과 사라를 이곳에 매장하는 것은 이스라엘이 언젠가 이 땅을 차지하리라는 하나님의 약속이 성취될 것을 진지하게 기대하는 것이며, 그 약속을 미리 맛보

현대 헤브론의 모스크(사원)

는 것이기도 하다. 비록 아브라함이 그날까지 살아서 그것을 보지는 못했지만, 그는 죽어서 그 약속의 땅에 묻힘으로써 그곳에 들어가게 된 것이다. 전통적으로 아브라함과 사라가 묻힌 것으로 알려진 막벨라 굴에는 이삭과 리브가, 그리고 야곱과 레아의 유해도 역시 묻힌 것으로 알려진다(라헬의 무덤은 베들레헴 근처라고 전해온다). 오늘날 현대적 도시 헤브론에는 회교 사원이 이 동굴이 있으리라고 여겨지는 곳 위에 버티고 서 있다. 관광객들은 이슬람교의 종교적 중심 건물 바닥의 작은 구멍을 통해 이 신성한 묘실에 들어가 볼 수 있다. 헤브론의 회교사원은 아브라함이 하나님의 친구였던 것을 회상하면서(역대하 20:7 ; 참조. 사 41:8) 하람 엘-칼릴(Haram el-Khalil), 즉 "(자비로운 신)의 친구에게 속한 거룩한 지역"이라고 불린다.

이 모든 구절들은 아브라함의 계약이 인준되었던, 모세 시대의 최고 계시로 한 걸음 한걸음 다가가고 있다. 제사장계 계약의 역사는 우리가 이미 보았던 것처럼 전 창조의 과정을 담을 수 있는 큰 화폭으로 시작하고 있다. 창조 이야기 가운데 보이는 관점은 마치 노아의 계약이 인간과 비인간 영역 모두를 포함하고 있는 것처럼 에큐메니컬적이다. 그러나 제사장적인 시각은 이런 폭넓은 관점으로부터 아브라함과 사라에 이르러 시각이 집중되면서 좁아졌다. 이들에게 주어진 계약의 약속은 시내산의 계시를 기대하게 하는 것이다.

고대 서사시(JE) 전승과 달리 제사장계의 기록 가운데 시내산 계약에 대한 독립적인 언급이 없다는 점은 매우 놀라운 사실이다. 이는 제사장계 기록자의 관점에서 볼 때 모세의 계약은 아브라함 계약을 확장시킨 것이며 그것을 인준한 것이었기 때문이다. 이런 가정 하에서 제사장계 기록자는 시내산에서 이루어진 조건적인 계약을 담은 고대의 서사시 전승을 수용했다(출 19-24, 32-34). 그러나 고대의 계약 전승이 제사장계 문헌의 맥락으로 들어오자마자 시내산 계약은 신학적인 해석을 받게 되었다.

이제 그 작업이 어떻게 이루어졌는지 알아보자. 우리가 이미 보았던 것처럼 아브라함의 계약은 엘 샤다이가 이스라엘과 친밀한 관계를 가진 하나님이 되고, 아브라함의 후손들에게 가나안의 땅을 "영원한 소유"로 준다는 "영원한 계약"이었다. 이런 제사장계 기자의 관점에서 볼 때 모세의 계약은 그것이 영구한 계약(berith 'olam, 출 31:16)이라는 점과, 그것의 증거가 안식일 제도라는 점에서(출 31:12-17; 참조. 16:22-36) 같은 유형의 계약이다. 제사장계 문헌의 핵심되는 구절은 출 6:1-9 에서 하나님과 그의 백성 간에 형성된 특별한 관계이다. 이는 야훼의 거룩한 이름을 알려주는 것으로 상징되었으며 이 새로운 관계는 이스라엘을 예배하는 공동체로 세웠고 아브라함과 그의 후손들에게 했던 "나는 너의 하나님이 되리라"(창 17:7-8)라는 맹세를 이룬 것이다.[25]

이런 맥락에서 우리는 왜 성막이 핵심적인 요소가 되며 이스라엘 진의 한가운데 위치했는지(민 2장)를 알 수 있다. 제사장계 기록자는 고대 회막 전승을 회복시키면서(p. 147을 보라), 그 오랜 성소가 야훼께서 그의 백성들 가운데 계시기로 했던 장소라고 해석했다.

> 내가 이스라엘 자손 중에 거하여 그들의 하나님이 되리니 그들은 내가 그들의 하나님 야훼로서 그들 중에 거하려고 그들을 애굽 땅에서 인도하여 낸 줄을 알리라 나는 그들의 하나님 야훼니라
> — 출애굽기 29:45-46.

이스라엘 종교의 역사가가 보기에, 야훼께서 성막에 현현하시는 것은 "야훼께서 그들의 하나님이 되어주시기만 한 것이 아니라, 그들 가운데 거하시기로 했다"는 점에서 "시내산 계약의 가장 큰 혜택"이었다.[26] 같은 점을 말하고 있는 또 다른 제사장계 구절(레 26:11-13)을 살펴본다면 거룩하신 하나님께서 "그들 가운데서 거닐고 계신다." 야훼께서 이스라엘 공동체 한가운데 그 거룩한 모습을 드러내시기 위해서는 백성들이 윤리적이나 제의적인 불순함으로 인해 더럽혀져서는 안되었다. 회중('edha)들은 건전하며 거룩해야만 했다. 제사장계 기자는 의사가 환자에게 회복을 위한 처방을 주듯이, 이스라엘이 거룩한 백성이 될 수 있도록 하나님께서 그들에게 율법과 제도를 계시해 주셨다고 믿었다. 제사장계 기자가 토라를 무거운 것이 아니라고 생각했다는 점은 중요하다. 그들은 오히려 그것이 "은혜를 위한 수단"이라고 생각했다. 궁극적으로 하나님의 은혜가 주어진 모든 것들 뒤에 숨겨져 있다고 생각하며, 제사장계 기자들은 여러 시대를 거쳐 모세의 계시가 절정에 이르는 때를 향하여 마치 큰 선물을 받으려는 사람처럼 서둘러 왔던 것이다. 따라서 고대 서사시 전승이 전하는 것처럼 그들도 이스라엘 백성이 시내산에 체류한 것과 관련하여 성막과 그것을 장식하는 것들, 그리고 언약궤, 다양한 희생 제의들, "코세르"와 관련된 법

---

25) 참조. B. W. Anderson, "Creation and Noachic Covenant," in *Cry of the Environment*(391), 45-61.

26) F. M. Cross, "The Priestly Work" (112), 298-300. 크로스는 야훼께서 그의 성소에 계약으로 임재하신다고 말하는 제사장계 기자가, ysb (yashab) "거주하다"라는 동사를 의도적으로 피하고, "천막을 치다" 혹은 "천막에 살며 떠돌이 생활을 하다"라는 의미를 가진 skn (shaken, mishkan)이라는 가나안의 고대 용어를 차용한 것은 성소가 문자적으로 하나님이 거하시는 곳이라는 의미를 거부하려 했기 때문일 것이다.

률, 허용되는 음식들, 거룩한 일정에 대한 규정 등 계약과 연관지을 수 있는 모든 것(출 24장)과, 시내산을 떠나는 것(민 10:11)에 관한 내용들을 기록하고 있다.

이 제사장계 기자의 기록은 희생 제의에 큰 비중을 두고 강조하고 있다. 제사장계 전승에 의하면 희생제의는 단지 신의 분노를 달래기 위한 수단이나, 달콤한 말로 하나님의 비위를 맞추는 수단이 아니다. 오히려, 레위기 1-7장에 묘사된 희생 제의는 속죄의 수단이며, 계약 관계의 갈라진 틈을 메우고 사람들을 하나님과 다시 결합할 수 있도록 해주는 치료의 수단이라고 할 수 있다. 그러므로 희생은 생명이 담긴 피의 마술적인 힘 때문이 아니라, 하나님께서 은혜의 수단으로 죄를 용서받고 거룩하신 하나님 앞에서 살아갈 수 있는 길을 내셨기 때문에 깨어진 관계를 회복시키는 효력이 있다(레 17:11의 주요 구절을 보라). 하나님의 심판과 포로 될 위기와 관련하여 죄책감과 실패감을 고조시킨 예언적 설교 때문에 제사장계 전승은 공동체를 불건전하게 만드는 완고한 죄악성이라는 문제에 민감할 수밖에 없었다.

거룩한 일정 가운데 하루는 속죄의 날(레 16장)이었다. 이것은 사람들로 하여금 공동의 죄로부터 풀려날 기회를 주는 "구약 속의 성 금요일"로 불린다. 또한 제사장계 전승은 희생 그 자체가 목적이 되지 않도록 하기 위해서 의도적인 죄, 즉 하나님

제사장계 역사 시대 구분

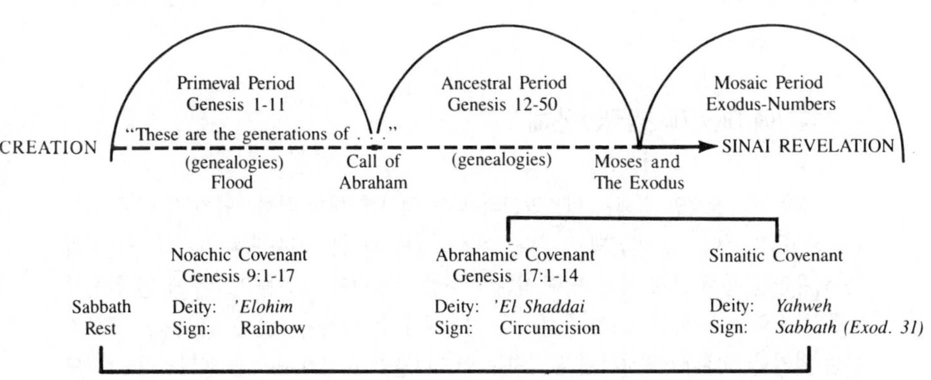

과 계시된 율법을 상대로 불순종하는 "손을 높이 드는 죄"에 대해서는 어떤 희생도 효력이 없음을 강조했다(민 15:30). 제사장들은 희생이 오직 "드러나지 않은 죄"(시 19:12-13), 즉 의도를 가지지 않고 행한 죄에 대해서만 효력이 있다고 말했다. 그리고 그때 희생제의에는 반드시 고백과 회개가 수반되어야만 했다.

제사장적인 견해에 의하면 계시 뒤에 이어지는 기간 중에 하나님은 일련의 이름들로 구분할 수 있다. 모든 인간이 제사장계 기자 범주 안에 있던 첫번째 시기에 하나님은 엘로힘(RSV에서 "하나님"으로 번역했다)으로 알려졌다. 두번째 시기에 하나님은 아브라함에게 엘 샤다이라는 특별한 이름으로 나타나셨다("전능의 하나님"이라고 번역된다). 세번째 시기인 모세의 시대가 이르기 전에 야훼의 이름이 소개되었다(출 6:2-3). 이 이름은 거룩한 것이기 때문에 쓸데없이 불려지면 안되었으며, 너무나도 신성한 이름이었기 때문에 보통 사람들은 그 거룩한 단어를 입에 담을 수도 없었다. 따라서 제사장계 기자는 하나님의 역사 계획이 절정에 이르렀을 때 그 거룩한 이름이 드러남으로써 이스라엘과 하나님 간의 새롭고 특별한 관계가 시작되는 것을 설명하였다. 이 견해에 의하면 모든 일들이 향하고 있는 목표는 무엇보다도 이스라엘을 율법에 따라서 하나님을 섬기기 위해 부름받은 예배하는 공동체('edah)로 구성하고자 하는 것이었다. 간단히 말하자면 이스라엘은 거룩하신 하나님 앞에서 사는 거룩한 백성인 것이다. 창조로부터 몇차례의 계약을 거치면서 제사장계 기자의 견해는 하나님의 목적을 도식적으로 설명하고 있다. 즉 역사의 제사장적인 시대 구분이라고 할 수 있다.

역사에 대한 제사장적인 견해

가끔 제사장적인 견해는 이스라엘의 과거 역사에 대한 실제적인 지식을 주지 않는 "해석"일 뿐이라고 언급되곤 한다. 이스라엘의 과거를 제사장계 기자의 편견이라는 색유리를 통해 보게 되면 모세 시대에 대한 작위적인 모습을 보여주게 된다는 견해를 부정할 수는 없다. 그러나 해석을 거치지 않은 역사가 있을 수 있는가? 포로기라는 위기의 시대에, 제사장계의 기자는 이스라엘이 패망한 원인을 설명하려고 시도했고, 그의 동족들이 고향으로 돌아가서 그들의 "영원한 소유"를 요구할 때 반드시

---

27) Walter Brueggemann, "The Kerygma of the Priestly Writers", *The Vitality of Old Testament Traditions* (63), pp. 101-130.

따라야 할 규범을 알리기 위하여 모세 시대를 재구성해서 제공한 것이다. 그러므로 그들은 이야기를 엘리야와 예레미야 시대와는 다른 방식으로 서술했다.[27] 이것은 RSV가 창세기 37:2을 "이는 야곱 집안의 역사이다"라고 번역한 것처럼 그들이 흔히 "족보"라고 하는 용어가 "역사"로 바꾸어져 사용되기 때문이기도 하다. 분명한 것은 제사장계 기자는 그들이 오랜 서사시 전승으로부터 물려 받았으며, "이것은 … 의 계보라 … "라는 형식구로 반복되던(창 2:4; 5:1; 6:9; 10:1; 11:10; 11:27 등) 시원사(창 2-11장)와 족장들의 역사(창 12-50장)에 종지부를 찍었다는 사실이다. 이런 방법으로 그들은 하나님의 계약의 역사를 시작했다.

일부 이스라엘의 예언자들처럼, 제사장계 기자들은 하나님의 우주적인 통치에 대한 믿음과 하나님과 이스라엘 간의 특별한 관계에 대한 믿음을 결합시켰다. 그들은 모든 만물의 창조주이시며 왕중의 왕이신 하나님께서 이스라엘을 모든 민족들 가운데 택하셔서 토라를 주셨다는 특별한 축복을 통하여 구별하셨다고 굳게 믿고 있었다. 우리는 창세기의 제사장계 기록의 뼈대를 이루는 족보 혹은 "가계"라는 틀에 대

이스라엘의 가계

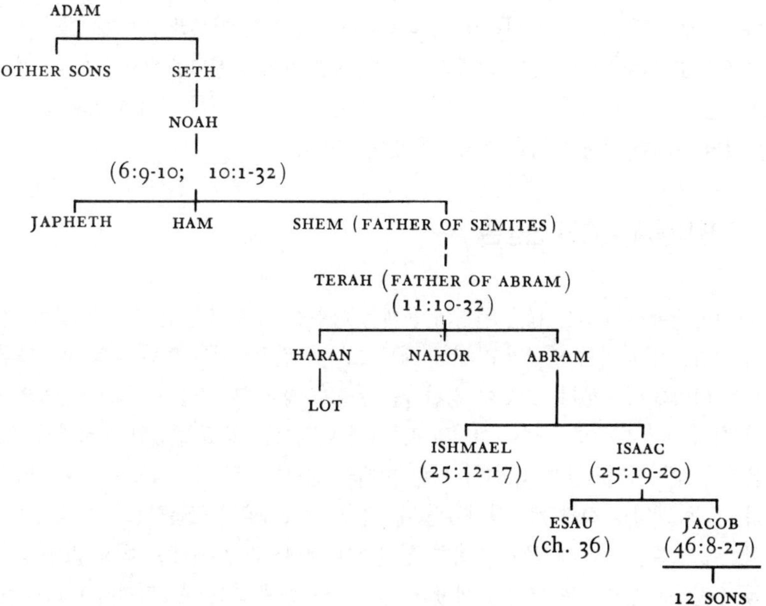

한 관심이 점점 좁혀지면서 증폭되는 것을 볼 수 있다. 다음의 표에서 볼 수 있는 것처럼 야곱과 에서의 경우는 예외로 하고 이 계보는 맏아들로 이어져가며, 다른 자손들은 한 옆으로 비켜나 있다.

따라서 우리는 제사장계 기록자가 비록 이런 맹숭맹숭한 족보를 기록할 때도 신학적인 목적을 가지고 썼음을 알 수 있는 것이다. 과거를 돌아보면 창조가 모세에게 토라가 주어지는 것으로 정점에 이르는 역사의 체계에 무대를 제공한 것처럼, 이스라엘의 계보도 첫번째 인간, 아담(창 5:1)에게로 거슬러 올라갈 수 있다. 다른 말로 하면 창조주는 이스라엘에게 특별한 계시를 준 것에 대한 응답으로 하나님을 특별히 섬길 것을 기대하며 그들을 뽑은 것이다. 제사장계 기록자는 이스라엘이 하나님의 계획 속에서 차지하는 특별한 위치가 태어나면서 받은 것이라고 믿지는 않았다. 왜냐하면 에서처럼 맏아들로서 당연히 상속자가 될 수 있었지만 야곱에게 그 자리를 빼앗긴 경우가 있기 때문이다.

이처럼 처음 난 아들을 통해 계승되는 계보에서 벗어나는 경우 때문에, 하나님이 이스라엘을 선택하신 것은 오로지 그의 자유로운 선택에 의한 은총일 따름이라는 것을 깨닫게 된다. 그럼에도 불구하고 그후에 유대인들이 포로지에서 돌아왔을 때 유대 가정에서는 족보를 따라 올라가며 조상을 따지는 것이 매우 중요한 일이 되었다. 결국 세례 요한이 나타나서, 하나님께서는 돌로도 아브라함의 자녀들을 만드실 수 있다고 외치며(마 3:9), 태생과 계보에 대한 잘못된 신념을 통박하게 된 것이다. 이것은 선택된 공동체의 일원으로서의 신분이 가족의 지위나 국가의 위치가 아닌 하나님의 은혜에 달린 것임을 생생하게 말한 것이다.

제사장계 기자의 신정론

이 장에서 우리는 많은 분량의 문제를 다루었다. 우리가 본 것처럼 포로기간 중에 사람들은 나라가 멸망하고 난 뒤에도 그들을 결속시키고 있던 공동체에 대한 새로운 의미를 추구했다. 그들이 경전적인 전승을 찾을 때 그들은 계약 공동체의 기원이 이미 이스라엘이 나라도 아니었고, 야훼 이외에는 왕도 없었던 시절까지 거슬러 올라갈 수 있음을 알게 되었다. 이런 고대의 신정론으로 제사장들은 돌아가려고 했다. 사독 계열의 성전 제사장이었던 에스겔은 이스라엘이 근본적으로 예배하는 공동체, 즉 거룩한 도시에 살며 거룩한 성전에서 예배드리는 거룩한 백성이었다는 견해를 수립하는데 커다란 영향을 끼쳤다. 유대교의 큰 뿌리는 포로기까지 내려갈 수 있다. 우리가 15장에서 보려는 것이지만, 에스라는 그와 함께 바벨론으로부터 제사장들이 그곳에서 편집한 토라를 가지고 이스라엘 땅으로 돌아와서 포로 후기의 공동체를 이루는데 기초를 놓았다. 그러나 이렇게 전개되는 문제를 다루기 이전에, 우리는 이 시기에 이스라엘 예언 운동이 가장 깊은 수준까지, 그리고 최고조에 달했다는 포로기의 또 다른 측면이 있음도 염두에 두어야 한다.

제 14 장

새로운 시대의 여명

역사가 찰스 비어드(Charles A. Beard)는 역사가 우리에게 줄 수 있는 교훈은 다음과 같은 격언으로 요약할 수 있다고 했다. "꿀벌은 자기가 꿀을 빼앗아가는 꽃을 풍요롭게 한다." 이는 특별히 포로기 중의 이스라엘 역사의 경우에 비추어 볼 때 꼭 맞는 말이다. 비록 그 경험은 많은 경우 쓰라린 것이었지만, 그들은 그 안에서 하나님이 선한 일을 이루셨다는 사실을 곧 깨닫게 되었던 것이다. 예언자 호세아가 예언한 바와 같이 야훼는 이스라엘 백성의 마음 속에 말씀하시기 위하여, 그들을 단지 사막이 아닌 절망이 가득한 "버려지고 쓸모 없는 땅" 광야로 이끌어 내셨다. 이 새로운 "광야의 길을 통한" 순례의 길을 가는 여행이 가능하기만 했더라면, 그 당시 이스라엘의 상황은 더 나아졌을 것이다. 그러나 그들의 신앙은 헤아릴 수 없이 말라붙어 있었다. 어찌되었든지 국가가 약탈을 당하고 정복자의 발굽 아래 짓밟혔지만, 이스라엘이 역사적 비극을 체험한 것은 그들의 종교적인 이해를 윤택하게 하고 깊게 하였다.

새로운 세계의 지평

성경읽기 : 필수적으로 이사야 40-55장을 읽어야 한다. 보조적으로 56-66장과 "즉위 시편" 인 시편 47과 93, 96-99편을 읽으라.

우리는 20세기 중에 겪었던 일들로부터, 어떤 일들이 사람들의 삶에 가끔 이중적인 효과를 나타내는 모순적인 사건들을 알게 되었다. 그 사건들은 국가에 대한 충성심을 다시금 새롭게 하며 하나의 세계에 대한 넓은 인식을 갖게 해준다. 이런 양극적인 태도는 이스라엘의 포로기간 중에도 나타났다. 국가가 붕괴되었던 것은 이스라엘의 소명을 자각하게 했는데 이런 태도는 우리가 이미 보았던 것처럼 에스겔과 오경을 제사장적으로 편집했던 예루살렘의 제사장들에게서 두드러지게 나타났다. 주변의 문화들은 이스라엘 역사 속에서 증명된 것처럼 이스라엘 신앙에 위협적인 존재였다. 그러므로 이스라엘은 예배하는 공동체로, 그리고 그들의 삶 전체를 토라 위에 세우도록 부름 받았던 것이다.

이스라엘은 그들의 삶을 순결하게 하고 오직 하나님의 다스림에만 순종함으로써 다른 나라들과는 구별되는 거룩한 민족이 되어야만 했다. 그러나 포로기를 거치면서 그들은 새로운 세계 의식을 가지게 되었다. 이스라엘의 신앙은 심지어는 솔로몬의 범세계적인 시대에도 누리지 못했고, 다른 시대에는 더더구나 그렇게 가까이에서 볼 수 없었던 새로운 지평까지 확장되었다. 이스라엘인들은 그들이 역사 안에서 야훼의 영광과 존엄을 보려면 그들 자신의 제한된 공동체를 넘어서 문명화된 모든 세계의 문명을 보아야 한다는 사실을 깨닫게 되었다. 모든 이스라엘의 서사시 가운데 표현된 것처럼, 이미 야훼께서 역사의 시작부터 모든 시대를 세심히 살펴보시고, 이스라엘을 땅의 모든 거민들에게 축복을 전할 자로 부르셨다는 것을 확신할 수 있을 만큼 때는 무르익어 있었다(창 12:1-3; pp. 210-223).

제 2 이사야

세계 역사 속에서 이스라엘이 차지하는 위치를 새롭게 인식한 잘 알려지지 않은 한 예언적 해석자가 이 모든 것들을 웅장하게 표현했다. 그는 아마도 8세기 예루살렘의 예언자 이사야의 제자였을 것으로 추정된다(10장을 보라). 그의 글들은 이사야서 40장과 그 뒷부분에서 발견된다. 이 예언자는 예레미야 혹은 그에게 영향을 준 에스겔과 매우 유사한 점을 가지고 있으나, 그들과 달리 우리는 그의 삶과 그에게 일어난 일들에 관하여 아무 것도 알 수 없다. 최근에 알려진 바에 의하면 한 사람의 글과 문체를 분석함으로써 그의 이면적인 삶에 접근하는 것이 최상의 방법인데, 우리는 글과 문체를 분석함으로써만 그를 알 수 있을 뿐이다. 달리 부를 이름이 없으므로 우리는 이 시인을 제2이사야(second/deutro Isaiah)라고 부른다. 왜냐하면 그의 글은 예루살렘의 이사야서 두루마리와 함께 있기 때문이다. 그의 익명성에도 불구하고 많은 사람들은 그를 구약의 예언자 가운데 최고는 아닐지라도 가장 훌륭한 예언자의 하나로 간주하고 있다.

바벨론에서의 어려움

제2이사야라고 불리는 시로 들어가기 전에, 주전 6세기 중반경 급격한 역사적 변동이 일어난 한 때를 살펴보도록 하자. 이 변화 덕분에 우리는 수세기 동안 세계 문명의 중심지가 비옥한 초승달 지역이었다는 사실을 알 수 있게 되었다. 주전 2천 년기 중반 헷족속과 이집트가 침공한 때만 빼고 이 지역은 18세기 이후 함무라비 시대부터 셈족 제국의 영역이었다. 아브라함 때부터 이 지역을 지배해오던 오랜 바벨론 제국은 결국 아모스와 호세아 시대에 힘을 얻고 일어선 앗시리아 제국에 넘어지고 말았다. 비옥한 초승달 지역은 그 이후 신-바벨론 제국(갈대아)의 통치 아래 들어가고 만다. 그러나 이 제국은 그 첫번째 군주이자 가장 위대한 황제였던 느부갓네살(605/4-562)이 죽고 난 뒤 오래 버티지 못했다. 그는 살인과 음모로 인하여 죽은 것이었으며, 왕관의 주인은 7년 동안 세번 바뀌었다. 이런 혼란스러운 정치적 상황은 느부갓네살 왕이 자신의 지배 아래 두려고 했던 바벨론의 사제들이 다시 권한을 얻었기 때문이기도 했다. 이런 혼란에 대한 소문은 거대한 제국 전체로 퍼져나갔으며 많은 사람들이 바벨론 폭정의 마지막이 가까웠다고 생각하게 만들기에 충분했다.

포로기의 견딜 만한 상황에도 불구하고 유대인 포로들은 고향으로 돌아갈 희망을 불태우고 있었다. 예루살렘이 주전 587년 함락된 뒤 완결된 신명기적 역사서는 성전이 무너지고 백성들이 포로로 잡혀간 뒤에도 야훼께서 다윗에게 하신 약속은 사라지지 않을 것이라는 확신이 담겨있는데, 그렇기 때문에 그것은 다윗의 후손인 여호야긴이 포로생활 중에 살아있다는 소식으로 결론을 맺게 되었다. 이 역사가에 따르면 느부갓네살의 후계자, 아멜-마르둑(히브리 성경에서는 에윌 므로닥이라고 함)은 "시온주의자"들을 부추길 만한 어떤 일을 했던 것같다. 다윗 왕조의 합법적인 계승자였던 여호야긴은 포로 생활 중에 살아 있었으며 561년 억류생활에서 풀려나 바벨론 왕궁에서 혜택을 누리는 위치에 서게 되었다(왕하 25:27-30). 포로 생활을 하고 있던 왕의 이름은 팔레스타인에서 다윗 왕조가 다스리는 유대 왕국의 회복을 꿈꾸던 민족주의자들에게는 희망의 상징이 되었을 것이다. 유대인들이 그들의 고향으

로 돌아갈 수 있도록 주선해 준 시스바살은 여호야긴의 한 아들이었다.[1]

　　바야흐로 유대인들의 시온주의가 꽃필 시기가 다가오고 있었다. 위에서 언급한 7년의 불안한 기간이 지난 후 나보니두스가 바벨론의 왕위에 올랐다(B.C.E. 556-539). 그는 평이 좋지 않았는데 그는 마르둑과 적대적인 달의 신인 신(Sin)의 성소를 지은 일로 인하여 특히 마르둑 제사장들에게 미움을 사고 있었다. 나보니두스는 아라비아의 데마를 향하여 원정을 떠나 그 도시를 정복한 뒤 그곳에 그의 왕궁을 건설하였다. 그는 그의 아들 벨사살과 함께 왕국을 통치했는데, 우리는 다니엘서를 연구하다보면 그에 관하여 더욱 자세히 볼 수 있게 될 것이다. 아리안어를 사용하는 민족들의 고향인 이란의 한 고원에서 문제가 시작되었다(아이르야나). 주전 6세기 중엽 이란의 고원 지역은 메대, 페르시아, 엘람 이렇게 셋으로 나뉘게 되었다. 그러나 엘람은 실제로는 페르시아의 통제에 있었다. 따라서 그 지역의 두 민족은 메대와 페르시아였으며 메대는 정치적인 주도권을 행사하는 것을 즐기고 있었다. 초기 메대는 바벨론과 연합하여 앗시리아에 치명적인 공격을 가했으며 이 두 연합국은 빼앗은 앗시리아를 나누어 가졌다(p. 460을 보라).

페르시아 고레스의 발흥

　　벨사살 왕이 소아시아 지역으로부터 오늘날 이란으로 알려진 지역까지 급성장하는 메대 제국 때문에 걱정하며 염려하고 있을 때 벽에 나타난 글 쓰는 손을 보았음에 틀림없다. 엘람의 안샨시(市) 출신인 페르시아 왕 고레스가 주전 553년 메대의 지배에 대하여 도전했을 때 그는 바벨론의 부추김을 받았을 것이다. 바벨론에는 이전의 강력했던 제국 연합이 갈린다는 것을 유리한 일로 보았을 것이다. 그러나 예측할 수 없는 정치 상황 때문에 사태는 전혀 예기치 않은 방향으로 전개되어 갔다. 고레스는 3년만에(B.C.E. 550년) 메대 왕 아스티야게스(Astyages)를 패배시켰다. 이 승전의 기세를 몰아서 그는 소아시아의 메대 국경까지 진군했다. 546년에 그는 오늘날까지도 엄청난 재산에 관한 이야기가 전해 오는 크로수스(Croesus)가 다스리던 리디아 왕국(오늘날의 서부 터키)을 정복했다. 이런 일련의 승전으로 말미암아

---

1) W. F. Albright 에 의하면 시스바살은 역대기상 3:18에서 여호야긴의 아들 셋나살로 나온다. *The Biblical Period* [90], pp. 48-49를 보라

고레스는 페르시아만에서 에게해까지 이르는 광대한 제국을 다스리게 되었다. 나보니두스는 이런 상황에 부담을 느끼면서 신년축제를 지내기 위하여 바벨론으로 돌아왔다. 그러나 이미 그의 제국 내부의 분열은 막을 수 없었으며, 페르시아의 세력이 덮쳐오는 것은 막을 수 없었다. 539년 페르시아와 바벨론 두 제국은 티그리스 강가의 오피스(Opis)에서 결전을 치르게 되었다. 이 전쟁에서 페르시아가 승리했으며 바벨론의 저항도 끝이 나고 말았다. 수 주 뒤에 바벨론 시도 고레스에게 저항없이 함락되고 말았다.

유명한 고레스의 원통(진흙 원주에 새겨진 것이다)에 그가 바벨론을 상대로 싸워 승리한 내용이 적혀있다.[2] 이 비문의 처음에는 나보니두스가 마르둑의 사원을 무시하고 바벨론의 백성들을 노예처럼 부려먹은 것에 대한 저주가 적혀있다. 이런 이유에서 이미 우리가 들었던 것처럼 신들의 주(마르둑)께서 매우 노하셨기 때문에, 자기의 수행신들을 거느리고 바벨론으로부터 떠나버렸다는 것이다. 그러나 나라가 끔찍하게 파괴되는 것을 보고 마르둑은 그의 분노를 감했으며, 바벨론을 향한 그의 자비를 보였다.

그가 (신년 축제일에) 자기를(마르둑) 기꺼이 따르는 의로운 왕을 찾기 위하여 모든 나라들을 훑어 보았다. (그 때) 그는 안산왕 고레스의 이름을 말하며, 그를 모든 세계의 지배자로 선포하였다.

유명한 고레스 원통

---

2) Pritchard, *Ancient Near Eastern Texts* [1], pp. 315-16을 보라.

이 페르시아의 문헌은 마르둑이 고레스에게 바벨론을 향하여 진군하도록 명했으며 마치 친한 친구처럼 바로 옆에서 같이 갔다고 기록하고 있다. 왜냐하면 마르둑은 고레스가 그의 피정복민들을 관대하게 다루는 것을 보고 기뻐했기 때문이다. 더 나아가서 고레스는 바벨론으로 아무런 전투 없이 입성하였으며, 마르둑의 도시의 모든 거민들은 그의 도움으로 죽음에서 건져진 사람들처럼 그를 반겼다고 기록하고 있다. 고레스는 바벨론의 평화를 이룩하기 위하여 자신이 했던 노력을 과시하고 있다. 그는 강제 노동을 없앨 것과 주거 환경을 개선할 것을 지시했으며 백성들의 사랑을 받았다고 한다. 이 기사는 그의 권세와 자비 때문에 전세계에 알려진 그의 명성에 관해 언급하면서 끝을 맺고 있다. 그가 다른 민족들로부터 빼앗아 가져왔던 신상들을 돌려주고 그들의 신전을 다시 지을 수 있도록 해주었으며, 포로들을 모아서 그들의 고향으로 갈 수 있도록 해주었고, 나보니두스가 빼앗아 왔던 수메르와 아카드의 우상들을 원래 있던 자리로 복구시켜 주었다는 사실이 분명히 언급되고 있다.

물론 이는 승리자의 기록이며 많은 부분은 과장된 것이다. 그럼에도 불구하고 다른 고대의 정복자들, 특히 앗시리아와 바벨론의 정복자들과는 달리 고레스는 매우 자비롭고 인간미가 있는 인물이었다. 메대의 아스티야게스와 리디아의 크로수스를 처형하지 않고 그들이 각각 왕가를 가지고 수행원들을 거느릴 수 있도록 해주었다. 그는 바벨론의 보물들을 보호하였으며 전통적인 종교 형식을 존중하였다. 그는 앗시리아와 바벨론이 피정복민들을 사로잡아 그들의 고향으로부터 이주시켜서 외국에 정착시킨 정책을 폐지하였으며, 포로들을 고향으로 돌려보내기도 하였다. 그는 인류 역사상 가장 의식 있는 지도자 중의 한 사람이라고 불릴 만했다.

그리하여 알렉산더 대왕이 일어나기까지 200년 동안 계속된 페르시아 제국이 시작되었다. 우리가 제2이사야서의 예언을 이해하기 위해서는, 고대 세계에 희망적인 여운을 남겼으며, 종래의 사고의 폭을 확연히 넓힌 이런 기념비적이고 범세계적인 역사 발전이 배경이 되었음을 알아야 한다.

제2이사야의 시

여러 해 동안 이사야의 뒷부분(40-66)을 예루살렘의 이사야가 앗시리아에서 기록했다는 주장이 제기되어 왔다. 그러나 오늘날 성서비평학계에는 제1이사야가 이 부분을 기록하지 않았다는 사실에 폭넓게 동의하고 있다.

제1이사야와 제2이사야

이런 판단을 할 수 있게 하는 가장 타당한 근거는 이사야서의 두 주요 부분의 역사적인 배경이 상이하다는 것이다. 예루살렘의 이사야가 기록한 부분에서는(사 1-39장) 백성들이 여전히 다윗 계열의 왕이 통치하는 가운데 유다땅에서 살고 있으며, 예루살렘은 야훼께서 결코 함락시키지 않으실 거룩한 도성으로 표현된다. 그리고 이사야의 소명 장면에서 성전은 여전히 세워져 있다. 그러나 우리가 이사야 40장의 뒷부분을 보면 역사적인 배경이 완벽하게 바뀌어져있다. 유대의 성읍들은 폐허화되었으며, 예루살렘의 성전은 무너졌고, 백성들은 바벨론에 포로로 끌려가고 말았다. 이스라엘 왕정은 명백하게 과거의 사실로 묘사되고 있다. 이런 역사적인 상황은 미래의 사실만을 말하는 것이 아니라 현재에 일어난 일도 가리키고 있다(사 44:26; 49:19; 51:3을 보라). 무엇보다도 이사야가 이미 그들이 비옥한 초승달 지대를 가로질러 왔다고 언급했던 앗시리아인들이 무시되고 있으며(47장), 비록 그 지배의 끝이 가깝기는 하지만 바벨론이 세계의 지배자로 나타난다(48:14, 20; 52:11-12). 페르시아의 고레스는 두번 언급되는데(44:28; 45:1), 그는 후일 예루살렘 성과 성전을 재건축할 야훼의 종으로 반갑게 맞아지며, 야훼 하나님의 목적을 수행할 기름부음 받은 자라는 뜻을 가진 "메시야"로 불린다.[3]

어휘와 시적 구조, 그리고 운율을 연구한 결과는 이사야 40-66장의 시가 8세기 예루살렘의 이사야에 의하여 기록되지 않았다는 주장을 더욱 뒷받침하고 있다. 문체라는 것은 저자를 설명하는 중요한 범주이다. 이사야서의 이 두 주요 부분은 영어 번역에서도 그만한 차이가 나타난다. 예루살렘의 이사야가 받은 신탁은 임박한 재앙의 날에 대한 경고를 한 적절하고, 신중하며, 균형잡히고, 당당하며 시적으로 표현되었다. 그러나 이 책의 마지막 부분에서 우리는 정말 아름답고 힘있는 시를 만날 수 있다. 제1이사야가 사용한 히브리 어휘와 상당히 다른 숙어를 시에서 사용하고 있으며, 승리의 노래를 서정적인 운율에 맞추어서 터뜨리듯이 읊고 있다. 예언과 시가 비길데 없이 조화를 이루고 있기 때문에 우리는 서슴지 않고 제2이사야를 모든

---

3) 그 당시 메시야는 장차 올 메시야적인 왕을 가리키는 용어가 아니었다. p. 287의 "정의"를 보라.

THE PERSIAN EMPIRE
550–336 B.C.
SCYTHIA
CASPIAN SEA
MEDIA
BLACK SEA
THRACE
ARMENIA
LYDIA
Pteria
CAPPADOCIA
GREECE
AEGEAN SEA
Athens
Sparta
Sardis
L. VAN
L. URMIAH
Arbela
Ecbatana
ASSYRIA
TIGRIS R.
BEHISTUN ROCK
CAPHTOR
CYPRUS (KITTIM)
EUPHRATES R.
BABYLON
OPIS
SUSIANA
Susa
PERSIA
EMPIRE EXTENDS EAST TO INDIA
MEDITERRANEAN SEA
Cyrene
Sidon
Tyre
Damascus
Babylon
Nippur
Pasargadae
Persepolis
Samaria
Jerusalem
Gaza
Dumah
PROBABLE ANCIENT SHORELINE
PERSIAN GULF
LIBYA
Elath
ARABIAN DESERT
Memphis
NILE R.
Tema
EGYPT
RED SEA
Thebes
Elephantine
Haran

시대에서 가장 위대한 시인 가운데 한 사람이라고 부를 수 있는 것이다.

이런 열광적인 언어는 제2이사야의 시에 제1이사야의 신학과 전혀 다른 새로운 신학적 강조점을 준다. 그때는 예루살렘이 여전히 서 있고 유다가 그 당시의 정치적인 풍랑 속에 휘말려 들어가고 있었기 때문에 이사야가 경고와 질책의 예언을 하기에 적절한 시기였다. 그가 볼 때 심판의 날이 임박했기 때문에 그는 사람들에게 아직 시간이 있을 때 회개하라고 호소했던 것이다. 그러나 제2이사야는 전혀 다른 점을 말하고 있다. 그에게 하나님의 심판은 이미 일어났다. 예루살렘은 야훼의 손으로부터 "그의 모든 죄악보다 두배나 (벌을) 받았다(10:2)." 예루살렘의 절망에 빠진 백성들을 향하여 야훼께서 심판하시기 위해서가 아니고 이스라엘을 결박에서 풀어주고 고향의 흩어진 기반을 다시 세워주시기 위해 오신다고 부드럽게 말하는 것이 제2이사야의 사명이다. 용서, 구속, 회복, 그리고 은혜가 그의 위안과 희망의 메시지가 갖고 있는 성격이다.

역사적인 배경, 문학적인 문체, 신학적인 관점 등 세 가지 논점을 종합해 보면 이사야 40-66장에서 발견되는 자료들의 저자가 예루살렘의 이사야보다 200년쯤 뒤 포로기의 예언자라는 결론에 이르게 된다. 그의 기록에서는 고레스가 546년 리디아의 왕 크로수스와의 전쟁에서의 승리, 혹은 그가 북부 바벨론에서 거둔 승리로 인해 이미 탁월한 정치적인 인물이 되어 있다. 고레스가 승리한 전쟁은 실제로 묘사되었다(사 41:2-3, 25). 바벨론이 함락되는 사건이(B.C.E. 539년) 비록 조만간 일어나리라고 기대되기는 했어도 그때까지는 일어나지 않았기 때문에 제2이사야의 활동이 시작된 시기를 대략 주전 540년경으로 잡는 것이 그럴듯해 보인다.

이사야서 전체를 읽어보고, "전체는 부분의 합보다 크다"는 정경비평에서 상투적으로 인용하는 말의 의미를 깨닫는 것이 중요할 것이다. 그러나 제2이사야를 주전 6세기 중엽에 일어난 사건들의 회오리 속에서 맥락을 이해하는 가운데 읽게 될 때 우리는 더 큰 의미를 찾게 될 것이다. 우리가 이미 보고 또 본 것이지만 예언자의 말은 즉각적이고 구체적인 역사적 상황에 대하여 선포된 것이다. 예언자들은 천리안을 가지고 수정 구슬을 들여다 보며 먼 미래의 정치적인 상황이 돌아가는 것을 예언하는 사람이 아니다. 그들이 미래에 대하여 예언을 하는 것은 이스라엘의 현재 상황으로부터 기인된 사실들을 예언하는 것이다. 이사야 40-66장 부분에 이사야가 이 시의 저자라고 주장되는 부분이 없으며 그의 이름이 언급된 것이 한 곳도 없다는 사실은 매우 중요하다. 신약은 이 부분을 인용하며 이 부분의 저자가 "예언자 이사야"라고 했으나(마 3:3; 눅 3:4; 4:17), 이것이 저자를 밝히는 증거는 거의 될 수 없다.

이는 단지 성경이 장과 절로 나뉘기 이전 어디서 구절을 찾았는지 가리키기 위한 편리한 방법이었을 뿐이다. 무엇보다도 신약의 저자들은 비평학이 가지는 저자 문제에 대하여 관심이 없었고 다만 예언서의 신학적 의미와 그것이 실현되는 것에 관심을 가지고 있었을 뿐이다.

이사야의 전승

그러나 이 모든 장들이 제2이사야에게 속했는지는 의문스러운 일이다. 56-66장은 명백하게 40-55장과 또 다른 역사적 배경을 전제로 하고 있다. 제2이사야가 바벨론에서 예언을 했다면 56-66장은 예루살렘으로 돌아와서 회복에 어려움을 겪는 백성들을 대상으로 하고 있다. 이 장들이 예루살렘 이사야의 신탁과 관련을 가진다기보다는 이사야 40-55장과 더 깊은 관련을 가지고 있는 것이 사실이다. 그러나 흔히 제3이사야(Third Isaiah / Trito Isaiah)라고 불리는 56-66장 부분은 제2이사야의 제자가 바벨론에서 돌아온 뒤 바로 기록했다고 보고 있다.

이처럼 문학적인 큰 매력과 신학적인 깊이를 가진 예언자가 자신의 개인적인 신분을 밝히지 않은 채 시를 썼다는 점은, 항상 현대적인 의미에서 저자 문제를 생각할 수밖에 없는 우리에게는 이상한 느낌을 준다. 그러나 우리가 이 예언집에 대하여 무슨 말을 하기 전에 반드시 기억할 것이 있다. 그것은 전반적으로 대예언서들은 위대한 예언자의 영향이 담긴 전승의 최종 결과물이라는 사실이다. 특히 이 점은 이사야서의 경우 사실이다. 우리는 여러 대를 이어져 내려간 이사야 학파가 있었다고 믿을 충분한 근거를 가지고 있다. 우리는 이사야가 활동하다가 야훼의 얼굴이 더 이상 이스라엘에게 가리워지지 않을 때가 올 것이라는(사 8:16) 자기가 가르친 것을 모아서 확인하기 위하여 그의 제자들을 자기에게 부른 시기가 있었음을 기억해야한다. 제2이사야는 자신이 야훼께서 "새로운 일"을 하실 때, 스승의 가르침을 새롭게 주석할 임무를 띤 후대 제자 중의 한 사람인 것으로 믿고 있었다고 보인다. 이 점은 제2이사야가 자기의 신탁을 왜 직접 자기의 것이라고 하지 않고 제1이사야의 것으로 했는지, 그리고 왜 예언자 자신을 뒤로 숨겼는지를 설명해준다. 그리고 제2이사야의 시가 이사야의 가르침에 해석적인 첨가 부분처럼 덧붙여졌는지를 설명해준다. 왜냐하면 제2이사야는 이사야 예언의 봉인을 열고, 전승과 제자들의 마음에 보존되어있던 스승의 가르침을 그 당시 의미로 해석했기 때문이다.[4]

---

4) 이것은 부버의 견해다. Martin Buber, *The Prophetic Faith*(311), pp. 202-5.

만일 이것이 그와 같다면, 우리는 청출어람(青出於藍)의 고전적인 예를 보고 있는 것이다. 그러나 제2이사야는 자기 자신을 예루살렘 이사야의 재해석의 수준에 한 정짓지 않았다. 그는 예레미야와 에스겔을 포함한 더 광범위한 예언 전승을 물려받았다. 그리고 그는 단순한 과거 예언의 주석가는 아니었다. 그는 자신의 신선하고 독창적인 예언적 통찰력을 가지고 있었다. 그 안에서 예언은 시적으로 고양된 새로운 정점에 이르렀으며, 그 이전보다 더욱 심오한 역사적 안목을 갖추게 되었다.

좋은 소식을 전하는 자

처음부터 끝까지 제2이사야의 예언은 좋은 소식을 당당하게 외치고 있다. 어둠에 거하고 있는 백성은 새로운 날이 동터온다는 소식을 들었다. 포로들은 구원이 이르고 있음을 들었다. 마음에 상처를 입은 자들은 위로를 받게 될 것이다. 모든 시들이 위대한 사건들에 대한 흥분과 기대로 가득 채워져 있다. 우리가 이 신앙의 무대에 들어설 때 "마치 뒤에는 지옥과 공포만이 남겨진 것 같겠고, 그는 태양이 찬란하게 비치는 정상에 올라가 하나님의 나라 문 앞에 서게 될 것이다."[5] "하나님의 나라가 가까이 이르렀다"는 "좋은 소식"을 선포하는 제2이사야의 예언이 신약과 잘 어울린다는 것은 하나도 이상한 일이 아니다.

천상 회의 가운데

제2이사야가 시작되는(사 40:1-11) 시의 배경은 명백하게 야훼의 회의가 열리고 있는 천상이다. 이전에 몇번 우리는 예언자적인 권위가 이사야가 성전에서 보았던 환상처럼(pp. 392-396), 바로 이 회의에서 주어지는 직접적인 사명감에 의한 것이었음을 지적한 바 있다(렘 23:18).[6] 제2이사야의 예언은 천상 회의로부터 들리는 기쁜 소식으로 시작된다. 그 다음에 시의 배경은 하늘로부터 땅으로 이동한다. 왜냐

---

5) John Bright, *The Kingdom of God* (New York : Abingdon, 1953), p. 237.
6) Frank M. Cross, "The Council of Yahweh in Second Isaiah," *Journal of Near Eastern Studies*, XII (1953), 274-277을 보라. Roy Melugin, in *The Formation of Isaiah* 40-55 〔410〕, pp. 83-86은 비록 그는 시작 구절을 사 40:1-8로 제한하고 있기는 하지만, 이 본문이 예루살렘 이사야의 부름과 비교해 볼 때(사 6장) 천상회의에서 예언자가 사명받는 것을 반영한다고 본다.

하면 첫번째 시는 전체 시들의 서막이라고 할 수 있기 때문인데, 우리는 이 점에 대하여 각별히 주목해야만 한다.[7]

고대에는 인간의 운명에 영향을 주는 결정은 천상의 회의에서 이루어진다고 생각했다. 신년축제 때마다 바벨론의 신전에서 반복되면 바벨론의 창조신화 에누마 엘리쉬(p. 456을 보라)도, 신들의 회의에서 마르둑에게 최고의 권위를 주고, "마르둑은 왕이다!"라고 외치며 환호를 보냈다. 그가 혼돈의 괴물 티아맛과 그녀의 동맹자들을 이긴 사건은 새해에 최고신이 세계를 다스리겠다고 선포하는 것을 신뢰할 수 있게 해주었다. 아마도 바벨론의 신화와 제의에 익숙했을 제2이사야는 그가 야훼의 온 세계에 대한 왕권을 그릴 때 이런 종교적 요소들의 영향을 받지 않을 수 없었을 것이다. 그러나 그는 그보다 앞서 간 예언자들과 시온주의의 맥락에서 이스라엘이 드리던 예배 가운데 표현된 확신에 가장 큰 영향을 받았을 것이다.[8] 그는 포로 이전 예루살렘의 찬양과 제의, 특히 야훼를 국가와 우주의 왕으로 찬양한 시편들(47, 93, 96-99편)이 사용된 가을 축제에서 깊은 영향을 받았다(pp. 675-677을 보라). 따라서 제2이사야는 지극히 위대하신 야훼를 그리면서 이스라엘의 전승을 우선적으로 말하고 있는 것이다. 따라서 처음의 시는 "위로하라, 위로하라"는 두 명령으로 시작되고 있다. 히브리 성경에서 이 명령은 하나님께서 천상 회의의 구성원들에게 이스라엘과 열방들의 운명을 말씀하시는 것이기 때문에 복수형으로 되어있다.

하나님 나라의 도래

바로 이 첫마디가 우리의 주목을 끈다. 제1이사야가 천상 회의에 서게 되었을 때 그는 무책임한 백성들에게 심판을 선포할 것을 사명으로 부여받았다(사 6:9-13). 그러나 사 40:1-2을 보면 야훼께서는 천상 회의에서 약하고 절망에 빠진 백성들을 위로하라고 하신다. 하나님의 심판에 대한 관심은 과거에 울리는 메아리 이상은 되지 못한다. 왜냐하면 이스라엘이 포로된 그 기간은 마치 군 복무기간처럼 이미 지나가 버린 것이기 때문이다. 백성들은 하나님의 징벌하시는 손 아래서 호되게 고통을 당했다(42:24-25; 48:17-19). 그러나 모든 것이 과거의 일이 되었다. 이제는 호세

---

7) James Muilenburg, *Interpreter's Bible*, V (16), 422가 제시한 훌륭한 논의를 보도록 하라.
8) 시온 신학에 관하여는 앞의 pp. 283-287, 420-423를 보도록 하라; 깊은 연구를 위하여 Bennie C. Ollenburger, *Zion* (352)을 보도록 하라.

아가 야훼께서 광야에서 이스라엘의 "마음에" 말씀하시리라고 했던 바로 그 시기가 도래하게 되었다. 그렇기 때문에 야훼는 그의 사자를 보내어 굴레를 쓰고 있는 외로운 "나의 백성"에게 따뜻하게 말하라고(문자적으로 말하자면, " … 의 마음에 말하라고") 하셨다. 더구나 이스라엘은 외국에 포로된 것보다 더 무거운 노예의 신분으로부터 풀려나게 될 것이었다 : 즉 백성들은 죄의 멍에에서 풀려날 수 있게 된 것이다. 야훼께서 하신 말씀은 용서와 은혜의 말씀이었다. 이스라엘의 과거는 그것이 기록된 하나님의 책에서 다 갚아졌기 때문이 아니라, 완전히 새로운 존재를 만드시려는 하나님의 자유로운 의지에 따라 주어진 은혜로 용서되었다(43:23; 참조. 렘 31:34). 이스라엘은 새로운 시대의 입구에 서 있었다. 결정적인 시대가 시작되고 있었다. 시간이 찼으며 하나님의 나라가 가까이 오고 있었다.

　제1이사야의 성전 환상에서 스랍들이 야훼의 영광이 온 땅에 가득하다고 서로 화답하며 찬송하고 있었다. 그리고 이 시 가운데 천상 회의의 구성원이겠지만 정확히 알 수 없는 한 존재가 하나님의 선포에 응답한 것이 1-2절이다. 많은 독자들은 신약에서(막 1:3) 이것을 "광야에서 외치는 소리가 있어"라고 번역(70인역에서 온) 된 것에 익숙해져 있다. 그러나 히브리어의 완벽한 시적 구조는 RSV(그밖의 근대 번역)에서 복원되었다.

> 외치는 자의 소리여
> 가로되 너희는 광야에서 야훼의 길을 예비하라
> 사막에서 우리 하나님의 대로를 평탄케 하라
> 　— 이사야 40:3.

　첫연에서 야훼께서, 뿌리 뽑힌 것처럼 포로생활을 하는 백성들을 그 포로생활에서 이끌어 그들의 고향으로 데려가시려고 정복자처럼 나타나신다. 모든 장애물들은 길에서 치워진다. "하나님의 대로"를 따라, 야훼께서 이스라엘을 이집트의 굴레에서 구원하시던 일을 회상하게 하며, 백성들은 광야로 인도된다. "새로운 출애굽"이 "야훼의 영광"을 "모든 육체 위에(인간 위에)" 드러낼 것이라고 그 존재는 말한다. 에스겔은 성전을 떠났던 영광이 새로운 예루살렘으로 돌아오리라고 말했다. 지금, 바로 이 때 모든 사람들이 새로운 시대를 여는 경이로운 사건 가운데 야훼의 영광을 볼 수 있게 될 것이다.

하나님의 말씀은 영영히 서리라

다음의 연에서(6-8절), 천상 회의의 다른 구성원이라고 여겨지는 두번째 화자가 다시 선포하기 시작했다. 그러나 갑자기 "그리고 내가 말했다"(6절)고 하는 다른 목소리가 끼어들었다.[9] 아마도 "나"라는 것은 예언자 자신일 것이다. 만일 그렇다면 그 구절은 예언자가 자신의 "소명"을 "왕"으로부터(6장과 비교하라) 받은 천상 회의에 참석하고 있음을 암시하는 것이 된다. 그의 사명에 대한 응답으로 그는 "제가 무엇을 선포해야 하겠습니까?"라고 물었다. 앞서 말한 "모든 육체"가 하나님의 영광을 보리라는 말은 "모든 육체"는 쓰러질 수밖에 없는 존재라는 감상적인 생각을 일깨웠다. 사람의 짧은 인생이라는 것이 들판의 풀과 같고 길가의 꽃과 같기에, 한때는 푸르고 사랑스럽기 그지없지만 사막의 뜨거운 바람이 불어오면 시들어 버리고 마는 존재일 뿐이다. 그것만 놓고 볼 때 인간 존재는 유한하며, 그들이 성취한 것도 사라지며, 그들의 존재도 단지 한순간일 뿐이라는 우울하고 실존적인 절망의 외침이다. 그러나 예언자의 비관적인 관찰은 신앙의 가장 중요한 확신에 대한 서언이 되었다.

> 풀은 마르고 꽃은 시드나
> 우리 하나님의 말씀은 영영히 서리라 하라.
> — 이사야 40:8.

여기서 우리는 야훼께서 포로된 자들을 풀어내어 그들의 고향으로 돌아가게 하는 영광스러운 능력에 주목함으로써 "모든 육체"에 대한 주석적인 의미를 알 수 있게 된다. 비록 인간의 세계 가운데 계신 것 같으나 야훼는 역사를 초월하고 계시다. 그러므로 야훼의 "말씀"(표현된 계획과 의도)은 모든 사람들이 볼 수 있도록 바뀌지 않으며, 더럽혀지지 않으며 다만 인간의 역사 속에서 역동적인 힘을 가지고 있는 것이다(사 55:8-11). 제2이사야는 이스라엘과 기독교의 가장 핵심적인 교리를 심오하게 이해하고 있는데, 그것은 영원하신 하나님의 계시가 시간 속에서 주어졌다는 것이다.

---

9) 사 40:6의 히브리 본문로부터 "그리고 그가 말했다"라고 읽을 수 있다(KJV를 보라). 가장 최근의 번역(RSV, NAB, NIV, JB)은 칠십인역과 불가타역, 그리고 이사야서의 사해사본을 따라 "그리고 내가 말했다"라고 고쳐서 읽고 있다.

기쁜 소식

헨델의 "메시야"라는 음악처럼 환희에 찬 언어를 사용하면서 시는 그 절정과 결말을 향하여 달려간다(9-11절). 시인이 야훼께서 역사에 가지고 계신 의도를 깊이 생각하는 가운데 그의 생각은 하늘로부터 땅으로 내려왔다. 그는 그 목적이 이스라엘의 백성들을 대표하는 한 특별한 도시에 집중되는 것을 보았다. 다윗 신학에서 야훼는 자기의 거처로 백성들 한가운데 있는 시온산을 택했기 때문에, 이것을 표현하는 구체적인 언어는 중요하다. 따라서 예루살렘이 비록 무너진 가운데 있지만 기쁜 소식의 선구자로 선택되었다. [10] 높은 산에 오르며 예루살렘은 유대의 황폐된 도시들을 향하여 큰소리로 분명하게 구원의 하나님 야훼께서 권능을 가지고 오신다는 것을 외쳐야 한다. 백성들을 이집트의 굴레에서 해방시키셨다는 이스라엘 고대 신앙고백처럼 야훼께서 "능력의 손과 펴신 팔"을 다시 한번 드러내실 것이다. 세련된 기교를 가지고 예언자는 출애굽을 통한 이스라엘의 구원과 시온산(그리고 다윗)의 선택이라는 이스라엘의 주된 두 신학적인 전승을 하나로 융합시키고 하나님 나라의 복음을 선포했다. [11]

평범한 사람이 보기에는 바벨론의 임박한 붕괴와 페르시아의 발흥은 포로들이 고향으로 돌아가게 되는 결과를 가져온 정치적인 사건에 불과했다. 그러나 제2이사야는 깊은 통찰력을 가지고 이 사건을 출애굽과 같은 의미를 가진 것으로 보았다. 그는 이 사건이 신학적으로 지향하는 것은 이스라엘뿐만 아니라 전세계를 통틀어 의와 평화의 나라 가운데 시온을 두려는 정복의 왕 야훼의 강림이라는 점을 확신했다. 시는 그것이 시작한 것과 똑같이 위로하는 구절로 끝을 맺는다(11절). 정복하는 전쟁의 왕이라는 이미지와 목자되시는 하나님이라는 이미지를 합하면서, 시인은 야훼께서 무리들(즉 이스라엘 공동체)을 모아서 먹이며 따뜻하게 돌보시기를 원한다고 선포했다. 제2이사야는 그 사상의 범위가 전 하늘과 땅을 섭렵하지만 이스라엘의 회복이라는 초점은 놓치지 않고 있다.

---

10) 신약의 "복음"이 가지는 의미가 칠십인역의 제 2 이사야에서 쓰인 동사에서 온 것이라는 점은 의심할 필요도 없다.

11) *Magnalia Dei* [157]에 실린 저자의 글 "제 2 이사야와 예언 전승의 출애굽과 계약"(Exodus and Covenant in Second Isaiah and Prophetic Tradition)을 보라. 그 글에서는 예언자가 모세의 계약적 관점과 다윗의 계약적 관점에 대하여 논의하고 있다.

창조주와 구속주

바하의 둔주곡(fugue)이 장조로 시작하여 대위법적으로 전개되어 가는 것처럼, 제2이사야의 시는 서두에서 나왔던, 야훼께서 이 땅에 하나님의 나라를 펼치시려는 때가 임박했다는 주제를 치밀하게 발전시켜 갔다. 다른 시에서는 이 중심적인 주제가 기교적으로 다른 주제와 섞이고 다른 동기들로 풍부해지면서, 이 내용은 극적으로 전개된다. 우리로서는 이 문학을 읽는 것 이외에 다른 대안이 있을 수 없으며, 우리는 단지 시인의 작품 가운데 몇몇 흐름에 주의를 기울이는 일만을 할 수 있을 뿐이다.

제2이사야는 모든 칭호를 하나님께 돌리고 있다. 그들 중에서 가장 중요한 것 둘은 창조주와 구속주이다. 창조와 구속은 이스라엘과 열방들에 대하여 야훼의 왕권을 드러내는 두 용어이다. 물론 창조와 이스라엘의 거룩한 역사 사이의 관계는 예언자에게 근본적인 문제가 아니다. 우리는 이것을 이스라엘의 서사시 가운데서 찾아볼 수 있다. 이스라엘의 서사시에서는 아브라함을 불러내신 이야기가 "처음의 일들"이라는 광활한 배경 가운데 나타난다(창 2-11). 그리고 우리는 이것을 창조가 야훼와 이스라엘의 특별한 관계의 기초를 놓았다고 되어있는 제사장계 자료에서 보았다. 제2이사야는 이스라엘의 서사시 전승에서 깊이 영향을 받았으며, 의심할 바 없이 창세기 1장의 창조 이야기도 그에게는 친숙했을 것이다. 그러나 그는 하나님께서 창조 가운데 보여주신 행동과 역사 가운데 나타난 하나님의 구속 행위를 구약의 그 누구보다도 깊이 관련지었다.

창세기 1장의 제사장계 기자처럼 제2이사야는 하늘과 땅이 "태초부터" 야훼의 창조적인 행위로 말미암았음을 확신하고 있었다.[12] 사실 예언자는 창세기의 창조를 설명할 때 쓰인 단어(bara')가 인간의 노력과 관련이 없는 것임을 강조하고 있다. 이것은 무로부터의 창조라는 주제로 이해된다(마카베오하 7:28). 야훼는 하늘의 군대도 지으셨으며(사 40:26), 땅의 끝까지 지으셨으며(40:28), 그리고 인간을 지으셨다(45:12). 그러므로 야훼만 홀로 역사의 주재자가 될 수 있는 것이며, 그는 창조주의 권능과 영광을 다른 신들과 나누지 않는다. 이 진리는 서두에 뒤따라 나오는

---

12) Walter Eichrodt, "In The Beginning", in *Israel's Prophetic Heritage*(152), 1-10; in *Creation in the Old Testament*(129), pp. 65-73. 우리는 뒤의 글에서 서론적인 논문을 읽을 수 있다. 특히 pp. 14-18을 보라 ("Creation as Origination").

장엄한 시로 선포되었다(40:12-21). 이 시는 지혜의 교사들의 음율을 가지고 있다. 손바닥으로 물을 측량하고 하늘의 경계를 손으로 그어서 표시하는 하나님과 대조적으로 열방들은 물동이에서 떨어지는 물방울과도 같다. 그들은 자기들의 자랑거리를 가지고 역사를 바꾸려고 하지만 온 세계를 한 손에 쥐고 계신 하나님의 주권과 비교하면 그것은 장난과도 같은 짓들일 뿐이다. 바벨론에서 만들어진 우상들을 보고 예언자는 인간의 손으로 만든 이런 보잘 것 없는 조각이 인간의 운명에 영향을 준다는 생각을 비웃는다. 하늘의 환호 가운데 보좌에 오른(22절) 야훼는 그 권능과 존엄함에서 다른 신들과 비교가 되지 않는다. 모세 시대에 주어진 계명이 이스라엘의 하나님을 위해서는 형상이나 그와 비슷한 것을 만드는 것을 금하고 있었기 때문에 그와 같은 것은 어떤 것도 만들 수 없었다. 인간이 아니고 하나님이신(호 11:9) 야훼는 "이스라엘의 거룩한 분이시다." 이것은 제1이사야와 제2이사야가 공통적으로 강조하고 있는 점이다.

역사의 기초로서의 창조

창조주이신 야훼의 권능을 드러내는 것은, 바벨론의 포로생활 중에서 야훼께서 그의 백성들을 돌아보지 않으시며 그들에게 무슨 일이 일어나는지 관심도 없다고 여기며 괴로워하던 이스라엘에게 위로가 될 수 있었다. 많은 유대인들은 바벨론의 축제에서 많은 우상들이 굉장한 행렬을 이루며 지나가는 것을 보았을 때 바벨론의 승리는 마르둑이 신적 전사임을 보여주는 역사적 증거라고 인정할 수밖에 없었을 것이다. 이런 절망적인 분위기에 반하여, 예언자는 그의 목소리를 높여 외쳤다.

너는 알지 못하였느냐 듣지 못하였느냐
영원하신 하나님 야훼
땅 끝까지 창조하신 자는
피곤치 아니하시며 곤비치 아니하시며 명철이 한이 없으시며
소년이라도 피곤하며 곤비하며 장정이라도 넘어지며 자빠지되
오직 야훼를 앙망하는 자는 새 힘을 얻으리니
독수리의 날개치며 올라감 같을 것이요
달음박질하여도 곤비치 아니하겠고
걸어가도 피곤치 아니하리로다
— 이사야 40:28-31.

제2이사야는 이스라엘의 하나님이 창조주이며 역사의 주재자이심을 확신하며 위와 같이 논쟁하고 있는 것이다. 그러므로 약할 대로 약해진 포로들에게, 발끝을 세우고 고개를 쭉 빼고 서서, 야훼께서 그들을 굴레에서 해방시키시고 새로운 시대를 시작하실 그 미래를 간절히 기다려야 한다고 말하고 있다. 비록 국제적인 거대한 세력에 잡혀있기는 했지만, 이스라엘 백성들은 창조부터 역사가 완성되는 때까지, 처음부터 끝까지 그의 목적을 이루시고 마는 하나님께 희망을 가져야 하는 것이다.

우리는 이제 창조주 야훼의 지혜와 권능에 대한 믿음이 제2이사야가 하나님께서 이스라엘 백성들을 구원해주신다고 선포한 것을 보강하는 것을 보게 된다. 예언자는 실패의 역사라고 판정된 이스라엘의 거룩한 역사 저 너머까지 생각을 뻗어간다. 그리고 처음이자 나중, 알파와 오메가이신 하나님의 주권 가운데서 미래에 대한 희망에 굳게 서 있다(사 41:4; 44:6; 48:12). 제2이사야는 태초와 역사의 마지막까지 보면서 인간사가 역사 과정, 인간의 야망, 운명 그리고 기회에 지배되는 것이 아니라는 것을 간파했다. 인간사는 오로지 "영원하신 하나님"이 다스리시는 것이다. 그 창조의 주이신 분은 구속의 주이시기도 하다. 인간의 드라마는 창조주의 목적을 향하여 진행하며, 이 드라마에서 이스라엘은 중요한 역할을 한다.

제2이사야는 이와 같이 넓은 시각으로 그의 시대에 일어난 일들을 이해하고 있다. 제2이사야는 생생하게 고레스가 동쪽 메대로부터 에게해까지 "동쪽으로부터 딛는 걸음마다 승리를 성취하는" 행진을 하는 것을 묘사하고 있다(사 41:2-4; 25-29; 46:11). 제2이사야는 법정의 언어로 열방의 신들이 고레스가 나타날 것과 또한 그를 역사의 무대에 등장시킬 수 있다는 증거를 보일 수 있느냐고 도전적으로 논쟁을 벌이고 있다. 고레스가 등장한 것은 바벨론의 무거운 멍에 가운데 살고 있던 민족들에게는 새로운 희망이 솟아오르는 사건이었다. 그는 동방으로부터 승리자 고레스를 불러온 것은 바로 야훼였다고 단호하게 확신한다. 그 사건은 야훼를 놀라게 할 수 없었다. 즉, 고레스의 등장은 하나님의 미리 준비된 계획이었다. 억눌린 자들을 해방시키는 하나님 야훼는 역사의 과정을 인도해 왔고 그의 백성을 굴레에서 해방시키는 그 날을 위하여 목적을 가지고 일하고 계신 것이다. 따라서 야훼와 열방들 간의 논쟁으로 야훼만이 하나님이심을 드러내게 되는 것이다.[13]

제2이사야의 관점에서 볼 때 이런 국제적인 사건은 이스라엘에게 특히 큰 의미

---

13) Roy Melugin, *The Formation of Isaiah* 40-55 〔410〕, IV 장의 제 2 이사야의 "심판 구문"중에서 pp. 53-63을 보라.

를 가진다. 강국들의 시각에서 볼 때 이스라엘은 불쌍하리만큼 약하며 별 가치가 없는 것이다. 그러나 이런 "벌레" 같은 존재는 야훼의 사랑과 관심의 대상이다(사 41:14). 무엇보다도 야훼는 이 "가족"을 선택하여 그와 함께 하시며, 그들의 "의"를 보호하시려고 이스라엘의 "속량자"가 되어 주실 것이다(40:27). 즉 이스라엘이 열방들의 큰 모임 가운데서 정당한 자리를 차지할 수 있도록 하시리라는 것이다.

"속량자"(Redeemer)

신구약성경에서 많은 뉘앙스를 가진 속량주(Go'el)는 원래 가족법 가운데서 나온 것이다. 가족의 일원 가운데 한명이 그의 "의"를 위협받고 있을 때, 그것을 보호해주는 것은 가까운 친척의 의무이다. 만약 가족 구성원이 자기의 재산을 어떤 이유로 팔아야만 하게 되었을 때, "속량자"에게 능력이 있다면 그것을 사서 가족 가운데 보존시켜야만 할 의무가 있다. 바벨론으로 사로잡혀 가게 되었을 때 아나돗에 있는 조상의 땅을 예레미야가 구입한 것은 좋은 예가 된다(렘 32:6-12). 룻의 이야기는 속량 행위가 실제로 어떻게 행해졌는지를 알려주는 또다른 예이다(룻 4:4-6). 살인 사건이 발생했을 경우 "속량자"에게는 죽은 자의 가족의 의를 찾기 위하여 복수를 해야만 하는 의무가 있었다. 그는 고엘 핫담(goel haddam), 즉 피의 복수자가 된다(민 35:19). 피의 복수를 하는 것은 이스라엘 역사 초기에 이미 포기되었다. 그러나 그에 대한 믿음은 승화되어 살아남았다. 야훼는 백성들의 의를 옹호하는 분이기 때문에 속량자의 대표가 된다. 그러나 이 믿음은 "신정론", 즉 하나님께서 실제로 약하고 억압받는 자의 권리를 보호하시는가라는 좀더 광범위한 문제를 제기하게 된다. 하나님께서 자기의 고엘이 되어 자기의 의를 옹호해 달라고 호소했던 사람은 바로 욥이다(17장을 보라)

야훼께서 이스라엘의 속량주라는 사실을 확신하면서 제2이사야는 백성들이 회복될 것을 예언했다. 그는 야훼께서 북쪽과 남쪽에서 이스라엘의 자녀들을 모으실 것이며(사 43:6-7), 그들을 사로잡고 있는 몽둥이를 부러뜨리시고 그들을 고향으로 돌려보내실 것이라고(사 43:14-15; 48:14, 20을 보라) 했다. 이 주제를 다양하게 변화시키면서 제2이사야는 고레스의 이름을 언급한다(44:28-45:6). 그 전에 예루살렘의 이사야는 앗시리아의 정복자를 "야훼의 분노의 막대기"라고 일컬었다. 그러나 제2이사야는 비록 고레스가 그에게 알려지지 않았을 수도 있으나, 야훼께서 그를 통하여 이스라엘을 구속하실 역사적 임무를 띤 인물임을 확신했다.

고레스의 원통(Cyrus Cylinder)과 이사야 45:1-6은 언어적으로 놀랄 만큼 유사하다(13절을 보라). 너무나도 유사하기 때문에 일부 학자들은 제2이사야가 페르시아의 문헌에 익숙했음에 틀림없다고 짐작하기도 한다. 예를 들면 그 원통에는 마르둑이 모든 나라 가운데서 의로운 지도자를 찾고 있었으며, 고레스를 친구로 삼았고 그의 이름을 불렀다라고 쓰여있다. 제2이사야에게 마르둑이란 단지 힘없는 우상에 불과했고, 그는 이것을 야훼께 돌리고 있다. 즉 야훼께서 페르시아인 고레스를 자기 앞에 세우시고 이스라엘을 구원하도록 기름을 부으셨다는 것이다.

새로운 출애굽

제2이사야가 전하는 메시지의 핵심되는 동기 가운데 하나는 새로운 출애굽에 관한 것이다.[14] 그의 생각에 출애굽은 이스라엘의 과거에 일어났던 결정적인 사건이다. 그것은 이스라엘의 구원의 순간이면서 동시에 이스라엘이 창조되는 순간이었다. 따라서 그는 이스라엘이 포로생활의 굴레와 절망으로부터 해방되는 것이 임박했음을 이집트로부터의 탈출, 홍해(갈대바다)에서의 구원, 광야를 통과한 행진, 약속된 땅을 향한 승리의 행진 등 출애굽과 광야 전승 가운데 나타나는 내용으로 표현했다.

더구나 제2이사야는 이런 역사적인 전승을, 창조자인 신과 혼돈의 괴물 티아맛과의 맹렬했던 싸움의 결과로 창조가 빚어졌다는 고대 창조 신화와 혼합하기까지 했다. 우리가 전에 보았던 것처럼 이 신화는 에누마 엘리쉬라고 불리는데 바벨론 종교 가운데 탁월한 부분이며, 가나안 문화를 통하여 이스라엘에 전해졌다.[15]

이스라엘의 신앙 속에서, 역사 가운데 야훼가 하신 행위의 기억과 더불어 신화는 변형되었다. 제2이사야의 시적 상상력 속에서, 오래 전에 이스라엘이 건넜던 갈대바다(홍해)의 물은 야훼의 창조적인 구속행위에 적대적인 혼돈의 물이다. 그리고 신적인 전사의 팔이 이 싸움에서 승리한 것처럼, 그 당시 역사적인 위기 속에서 야훼는 역사적 혼돈 가운데 신음하는 백성들의 편에 서서 승리를 쟁취하신다. 야훼께서는 깊음을 향하여 "말라버리라"고 명령하시며, 그의 백성들에게 물을 건널 길을

---

14) 이것에 대한 계속적인 토론을 위하여 B.W. Anderson, "Exodus Theology in Second Isaiah", *Israel's Prophetic Heritage*, [152], 177-195; Walter Zimmerli, "Der neue Exodus in der Verkundigung der beiden grossen Exilspropheten," *Gottes Offenbarung* (Munich : Chr. Kaiser Verlag, 1963), 192-204; C. Stuhlmueller, *Creative Redemption* (Rome : Biblical Institute Press), 59-98, 272를 보라

15) Hermann Gunkel, "The Influence of Babylonian Mythology Upon the Biblical Creation Story," in *Creation in The Old Testament* [129], 25-52를 보라; B.W. Anderson, *Creation versus Chaos* [128], 4장도 아울러 보라.

예비하신다(사 44:27). 이 시는 새로운 출애굽을 생각하는 이 예언자가 신적 전사의 "팔"을 선언하면서 최고조에 이른다.

> 야훼의 팔이여 깨소서 깨소서
> 능력을 베푸소서
> 옛날 옛시대에 깨신 것같이 하소서
> 라합을 저미시고 용을 찌르신 이가
> 어찌 주가 아니시며
> 바다를, 넓고 깊은 물을 말리시고
> 바다 깊은 곳에 길을 내어
> 구속 얻은 자들로 건너게 하신 이가
> 어찌 주가 아니시니이까?

"라합, 바다"

앞에서 우리는 창조의 때에 신적인 전사에 의해 살해된 혼돈의 괴물 또는 용에 관하여 다루었다. 바벨론의 창조신화 에누마 엘리쉬는 젊은 전사-신인 마르둑과 티아맛이라는 괴물이 우두머리인 혼돈의 세력과의 싸움에 관하여 기술하고 있다. 이 일로 천상 회의의 왕이 된 마르둑은 승리한 뒤 티아맛의 몸뚱이를 위 아래로 나누어 그것으로 하늘과 땅의 재료로 삼았다. 그러나 이 신화적인 승리는 결정적이지 않으며, 매년 계절이 바뀔 때마다 혼돈은 손을 뻗어 봄의 풍요로움을 겨울의 불모성으로 덮어버리려고 하기 때문에, "영원 회귀의 신화"[16] 는 매년 축제 가운데서 신적인 전사가 혼돈의 세력을 향하여 싸움을 벌여 승리하는 것으로 기념된다.

이 신화는 고대 세계에 다양한 형태로 알려졌다. 혼돈의 괴물을 서부 셈족어로는 (앞에서 제2이사야의 구절을 인용했던 것처럼) 라합(욥 9:13 ; 26:12 ; 시 89:19 을 보라)혹은 리워야단(레비아단, 시 74:14 ; 104:26 ; 사 27:1)이라고 한다. 때때로 혼돈의 세력은 단지 바다(히브리어로는 얌) 혹은 심연(히브리어로는 테홈), 거친 바다, 홍수로 묘사되기도 한다. 이런 종류의 단어는 고대 가나안(우가리트) 신화 가운데서 발견할 수 있다. 그 신화에서 하늘의 신인 바알이 얌(바다)과 싸움을 벌이고, 조소하며 몸을 비트는 뱀으로 묘사된 리워야단을 굴복시켰다(사 27:1).

이 신화는 신이 어떻게 무질서를 조장하는 혼돈의 세력들과 싸우면서 우주의 질서를 유지하는가를 설명하고 있다. 하나님의 대표자로서 왕은 세속 세계의 질서를 유지할 권한을 부여받았다. 그리고 그에게는 사회적인 질서를 위협하는 혼돈의 세력을 진압시킬 권한도 있는 것이다. 예언자는 고대의 신화를 야훼께서 왕중의 왕이시며, 창조주이고 해방의 주라는 이스라엘의 신앙 표현의 수단으로 다양하게 사용했다.

야훼께 구속된 자들이 돌아와서 노래하며
시온으로 들어와서 그 머리 위에 영영한 기쁨을 쓰고 즐거움과 기쁨을 얻으리니
슬픔과 탄식이 달아나리로다
— 이사야 51:9-11.

다가오는 구속이 새로운 시작, 새로운 창조로 서술된다. 제2이사야에 의하면 창조는 단지 과거의 사건이 아니다. 예언자가 이미 말했던 것처럼 하나님께서는 만물을 새롭게 하신다. 하나님의 창조적인 활동은 자연과 역사의 한계가 없다. 왜냐하면 인간의 삶과 자연의 배경 모두가 경이롭게 변화될 것이기 때문이다(사 41:17-20). 예언자가 유대의 버려진 땅과 동일시 하는 광야는 에덴의 동산으로 바뀔 것이다 (51:3 ; 41:17-20 과 43:19-21을 보라). 무엇보다도 야훼와 새로운 관계를 맺고 (54:4-10), 새 노래를 부르는(42:10:12) 새로운 이스라엘이 있게 될 것이다.

열방들을 향한 빛

우리는 이미 제2이사야의 시각이 전 창조의 범위와 모든 역사의 과정을 섭렵할 만큼 넓다는 점을 보았다. 이렇게 넓은 세계사적, 그리고 역사적 지평이 생겼다는 것은 유대민족에게 폭넓은 전망이 생겨났다는 사실을 반영하고 있다. 그들은 팔레스타인이라는 좁은 우물 속에서 나와 넓은 세계를 보게 된 것이다. 고레스의 정복 전쟁은 에게해까지 이르렀다. 제2이사야가 자주 "해안의 나라들"과 "섬들"(즉, 지중해의 연안)을 언급하고 있다는 것은 그 이전 비옥한 초승달 지역에서보다 더 넓은 세계관을 가지고 세계를 이해하기 시작했음을 보여주는 것이다.

제2이사야의 메시지에는 폭넓은 보편성이 담겨있지만 이 예언자는 이스라엘이 야훼의 역사적인 목표 가운데 특별한 위치를 차지하고 있다는 확신을 버리지 못하고 있다. 제2이사야는 이스라엘을 "나의 백성"이라고 하며, 야훼가 이스라엘의 하나님이라고 선언하며("너의 하나님", 사 40:1) 예언의 서두를 시작한다. 모든 예언 시 가운데 흐르는 계약 신앙의 오랜 요지는 "나는 너의 하나님이며 너희는 나의 백성이다"라는 것이다. 야훼에 대한 확신으로 결론을 맺고 있는 구속에 관한 위대한 시가

---

16) Mircea Eliade, *Cosmos and History : The Myth of the Eternal Return* 〔120〕을 보라.

사 51:1-16에서 나타난다.

> 내가 내 말을 네 입에 두고
> 내 손 그늘로 너를 덮었나니
> 이는 내가 하늘을 펴며 땅의 기초를 정하며
> 시온에게 이르기를
> 너는 내 백성이라 하려 하였음이니라
> — 이사야 51:16.

제2이사야의 메시지 가운데 이스라엘의 해방은 모든 민족들의 구속을 포함하고 있다. 이 주제는, 아브라함(즉, 이스라엘)이 세계 모든 사람들을 위하여 장차 자신이 받을 복을 양보해야 하는 이야기가 담긴 이스라엘의 서사시(창 12:1-3)에서 이미 선언되었다. 이는 범세계적인 시각으로 역사를 보는 것이다. 제2이사야는 다른 예언서들 가운데서도 계속 볼 수 있는 이 주제를 적용시키고 새로이 신학적으로 강조하였다. 이런 견해에서 볼 때 하나님께서 이스라엘을 선택하신 것은 창조주로서 광범위하고 세계를 포용하고자 하는 계획을 실현하고자 그들에게 특별한 임무를 부여한 것이라고 할 수 있다. 이스라엘이 열방의 빛이 되어야 한다는 것은 야훼의 의도라고 할 수 있다. 이스라엘은 열방을 향한 계약을 받았기 때문에 이방인들 — 비 유대인들 — 도 하나님의 계획 가운데 있다는 사실을 드러내야만 했다(사 42:5-9). 궁극적으로 야훼 앞에서 모든 무릎들은 꿇어져야만 하며, 모든 혀로 그 거룩한 이름을 맹세해야 하는 것이다(45:23).

우상숭배에 대한 비판

한때 학자들은 이스라엘의 초기 역사 가운데서 다신교의 흔적을 추정하고 그것이 제2이사야에 이르면서 높은 수준의 유일신교로 고양되었음을 밝히려고 했다. 그러나 이렇게 역사를 재구성하려고 시도하면 할수록, 이것이 서구 합리주의적 사고가 반영된 것임이 드러났다. 이는 이스라엘의 종교 발전사를 설명하기에는 적절하지 않았다. 신학적 질문 — 즉 하나님에 대한 — 에 대한 이스라엘의 접근 방법은 사변적이지 않았다. 성경이 가지는 기본적인 관심사는 하나님의 존재에 대한 질문이 아니었다. 성경은 하나님이 어떤 분이신가, 그리고 하나님은 어떤 요구를 하시는가에 관심을 갖고 있다. 십계명의 맨 앞부분에는 이스라엘이 한 하나님만을 섬겨야 한다고 명시되어 있다. 이것은 출애굽 과정에서 구원받은 것에 대한 체험과 시내산에서 계시를 받은 체험이 오로지 능력있는 하나님 한 분만을 증거하고 있다고 보았기 때문이다. 시내산에서는 하나님이 야훼라는 개인적인 이름으로 알려지게 되었다. 그 후에 예언자들은 실제적으로 다신교 문제의 해결을 보았다. 그들은 이스라엘이 야훼를 쉽게 잊어버린다는 사실을 알았다. 여기서 야훼의 정체성과 목적이 알려지게 된 것이다. 이스라엘은 다른 신들과 그들의 신화의 유혹에 쉽게 굴복해 버렸다. 호세아와 예레미야 같은 예언자들은 가나안의 신들을 숭배하는 것과 비옥한 초승달 지대를 저주했다. 그들의 종교를 지적으로 막을 수 없었기 때문이 아니다. 이런 이상한 신들을 좇는 것은 근본적으로 계약을 파기하는 행위이며, 이스라엘의 역사를 지탱해 오신 유일하신 하나님의 목적과 능력을 배신하는 행위이다.

제2이사야는 이스라엘 서사시 전승과 아모스, 이사야, 신명기, 예레미야, 그리고 제사장계 문헌 가운데서 발견할 수 있는 이 예언의 가르침을 확장하고 심화시켰다. 그 결과 이스라엘만이 아니라 모든 열방들이 이 가르침과 관련을 맺게 된 것이다. 그는 근본적으로 이 우상들이 역사 속에서 전혀 무력하다고 비판했다. 그러므로 그들은 아무것도 아니다. 거듭거듭 그는 열방들을 향하여 그들의 신이 역사의 계획을 말할 수 있으며, 또한 그것을 수행할 능력이 있다는 증거를 보이라고 도전하였다 (사 42:5-17; 43:8-13; 44:6-8, 21-23; 44:24-45:13; 48장). 그는 바벨론의 제의에 대하여 간단히 묘사하면서 우상을 제조하는 일의 어리석음을 통박한다(40:18-20; 44:9-20). 이런 인조물은 인간의 기술이 표현된 것에 불과할 뿐이다. 인간이 만든 이 우상들은 역사를 주관할 수도 없고, 태어나고 죽는 순간까지 인간의 삶을 지탱할 수도 없다. 그는 날카롭게 바벨론의 우상인 벨과 느보를 비웃었다. 고레스의 원통에, 고레스가 그것들을 신성한 도시로 돌려보냈을 때 말못하는 동물의 등에 얹혀서, 그 동물들에게 부담을 주고 허리를 휘게 만들면서 갔다고 되어있는 바로 그 신들이다. 이 불쌍한 신들은 다른 사람의 등에 얹혀서 부담을 주며 옮겨지는 신세지만, 야훼는 그의 백성들을 옮기시며, 그들의 짐을 덜어주신다. 야훼만이 역사 안에서 구원의 목적을 성취하실 수 있다(46장).

세계사의 신학

그리고 제2이사야는 역사적인 유일신론을 변호하고 있다. 그는 모든 역사 과정이 야훼의 손 안에 있다는 사실을 깨달았던 것이다. 야훼 혼자만이 창조주이며, 주권자이다. 이 예언자는 "세계 신학의 창시자"라고 불린다.[17] 이 말은 이스라엘 서사시 전승을 살펴보건대 과장된 점이 없지 않다. 그 서사시 전승에는 우주의 시원사(始原史)(창 2-11) 가운데서 아브라함을 불러내신 이야기(창 12:1-3)가 담겨있다. 그러나 처음으로 한 하나님이 세운 목적 아래 역사의 통일성이라는 개념이 인간에게 제시되었다고 말할 수 있을 것이다. 야훼는 이스라엘의 구속자이다. 그러나 야훼께서 이스라엘을 해방시킨 행위는 모든 민족의 구원과 관련을 갖는다. 그러므로 예언자가 처음에 절망과 멍에 가운데 있는 이스라엘을 향하여 위로의 말을 했지만, 그는 고레스의 등장과 유대인 포로들의 송환이 임박한 것, 그리고 새로운 시대가 동터오는 것을 보았던 다른 나라들에게도 똑같은 선포를 했던 것이다. 야훼는 땅 끝까지 창조한 분이기 때문에, 모든 나라들은 야훼 이외에 다른 구원자가 없다는 사실을 알아야만 했다. 야훼의 지혜는 모든 역사가 가지는 의미의 바탕이 되었다. 야훼의 능력은 모든 민족들을 그들의 굴레에서 해방하였다(사 42:7). 따라서 예언자는 해방시키시는 하나님의 이름으로 그 당시로서는 가장 먼 곳까지 하나님의 은혜로 부른다.

> 땅 끝의 모든 백성아
> 나를 앙망하라
> 그리하면 구원을 얻으리라
> 나는 하나님이라
> 다른 이가 없느니라
> — 이사야 45:22.

이 보편주의는 이사야서(2:2-4)와 미가서(4:1-5)에서 발견되는 시들을 회상시킨다. 그 시들은, 마지막 때가 이르면 성전이 서 있는 언덕은 가장 높은 산이 될 것이며, 모든 나라들은 이 산으로 모여들어 야훼께서 가르치시는 것을 듣게 될 것이다. 열방들이 시온이 세계의 영적 중심이라고 인정하게 될 때 그들은 그들의 검을 쳐서 쟁기를 만들고 창을 낫으로 만들게 될 것이다. 그러나 제2이사야의 보편주의는 이보다 더 깊은 수준까지 이른다. 예언자는 야훼께서 선택한 자, 이스라엘을 통하여 이 세계의 구원을 활발하게 이루실 것이다. 다른 말로 하면, 과거의 죄를 용서받는 일과 포로생활에서 놓임을 받아 시온으로 돌아가게 되는 것, 그리고 새로운 시대의 시작을 포함한 이스라엘의 구속은 그 자체가 목적이 아니다. 그것이 끝이 아니다.

---

7) Martin Buber, *The Prophetic Faith*〔311〕, p. 208.

이스라엘은 열방들을 향한 빛이 되어만 한다. 이스라엘의 임무는 하나님의 종이 되어 세계를 품에 안는 것이다. 이스라엘의 삶에서 드러나는 증거로 말미암아 세계의 모든 거민들은 하나님의 축복을 알게 될 것이다(창 12:2-3). 이것이 하나님께서 이스라엘을 선택하신 참된 이유이다.

야훼의 종

이제 우리는 제2이사야의 메시지 가운데 가장 어렵고 동시에 가장 중요한 문제에 봉착하게 되었다. 제2이사야의 시 중에서 여러 차례 "야훼의 종"이라고 하는 신비한 인물이 나타난다. 비록 분명하지는 않지만 최소한 4절 이상에서 야훼의 종이 묘사되고 있다.

1. 42:1-4　　　　"그는 열방에게 공의를 나타낼 것이다."
2. 49:1-6　　　　"야훼께서 나를 태 중에서 부르셨다."[18]
3. 50:4-9　　　　"그가 아침마다 나를 깨우치신다."
　　　　　　　　(종에 대한 10절의 언급에 주목하라)
4. 52:13-53:12 "그는 슬퍼하며, 애통해하는 사람이었다."

마지막 시는 그리스도인들에게 가장 잘 알려진 구절이다. 왜냐하면 그 구절은 예수 그리스도의 고난을 묘사하는 것으로 적절하기 때문이다. 기독교적인 관점에서 볼 때 이것이 바로 예언의 가장 깊은 의미이자 예언의 성취라고 할 수 있다. 그러나 우리는 메시야적 해석으로 주객이 전도된 일을 하지 않기 위하여, 종의 노래를 제2이사야의 메시지 가운데서 이해하도록 하자.

일부 학자들이 이 문제를 제기하고 있었다는 것은 처음부터 알 수 있는 일이었다. 왜냐하면 그들은 종의 노래가 독립적인 기원을 가지고 있다고 믿고 있었기 때문이다. 그들은 이 시들이 독립적인 단편으로 존재했다고 주장했다. 그리고 그들은 이 종이라는 개념이 제2이사야 이외의 다른 곳에서는 찾을 수 없다고 했다. 그래서 그

18) 이 종의 노래가 실제로 존재하는가라는 것이 논의되고 있다. 견해에 따라서는 이것이 7절, 9절, 13절에서 각각 끝날 수 있기 때문이다.

들은 이 시가 제2이사야의 글에, 예언자가 그의 사역 후반에 스스로, 아니면 예언서를 편집하던 사람들이 삽입했을 것이라고 보았다. 그러나 이 주장이 결정적인 것은 아니다. 종의 노래는 제2이사야가 시를 쓰는 전형적인 문체로 쓰였다. 그리고 그들은 그 문맥에 너무도 잘 맞는다. 따라서 우리들은 이 시가 제2이사야에게 속했다는 전제를 가지고 문제에 접근해 가면서 우리의 연구가 진행되는 것을 지켜볼 수 있는 것이다.

이스라엘로서의 종

종의 노래 가운데 하나는 이 신비를 풀 수 있는 중요한 실마리를 준다. 이사야 49:3에서 종은 명백하게 이스라엘과 동일시된다.

> 내게 이르시되 너는 나의 종이요
> 내 영광을 나타낼 이스라엘이라 하셨느니라

확실히 그 신비감은 막연하지 않다. 왜냐하면 같은 시 속에서 그것이 언급되고 있기 때문이다. 평범한 히브리 번역에 의하면 최소한 종은 이스라엘에게 주어진 사명을 가지고 있다(5-6절). 그럼에도 불구하고 이 시는 이스라엘이 야훼의 종이라고 선포되는 다른 일련의 시로 연결되는 다리 역할을 한다. 이 경우 종의 역할은 병행 후렴구에서 분명히 드러나는 것처럼, 야훼의 선택된 백성이라는 이스라엘의 임무와 결부된다 : "나의 종 이스라엘아, 나의 택한 야곱아"(사 41:8-10; 43:8-13; 44:1-2; 44:21; 45:4; 참조. 48:12). 이 모든 구절들은 어떤 의미에서는 이스라엘의 사명은 곧 종의 사명이라는 느낌을 준다. [19]

처음에 종의 모습은 "열방들의 시험"이라고 불리는 논쟁 구절(사 41:1-42:4)에

---

19) Tryggve N. D. Mettinger의 종의 노래에 대한 글을 보라 [411]. 그는 이 시들이 제 2 이사야의 나머지 부분과 한 단위를 이루고 있다고 주장했다. 그리고 종은 이스라엘이거나 적어도 포로로 끌려간 소수의 사람들을 가리킨다고 보았다.

20) James Muilenburg, *Interpreter's Bible* V [16], 406-414, 447-466. 뮐렌버그는 사 42:1-4 의 종에 대한 시는 "열방들에 대한 심판" 구절인 41:1-42:4의 마지막 단락에서 절정에 이른다고 보았다. 그러나 Roy Melugin, in *The Formation of Isaiah 40-55* [410], pp. 8-10, 53-63. 멜러긴은 이 구절이 진정으로 "재판정의 판결"을 반영하고 있는가라는 질문을 하면서, 이것을 단지 "야훼가 하나님임을 의심하는 자에게 확신을 주기 위하여" 논쟁하는 구문이라고 보고 있다.

서 나타났다.[20] 나라들은 창조주이자, 역사의 주이신 야훼 앞에서 책망받는다. 그리고 그 나라들은 고레스가 등장한 사건의 의미를 찾아야만 되었다(1-4절). 그들은 서로 답을 줄 수 없으며, 그들의 우상 만드는 한심스러운 일을 계속하며 서로 조장하고 있을 뿐이었다(5-7절). 야훼께서 이스라엘을 돌아보시며 말씀하셨다.

> 그러나 나의 종 너 이스라엘아
> 나의 택한 야곱아
> 나의 벗 아브라함의 자손아
> 내가 땅 끝에서부터 너를 붙들며
> 땅 모퉁이에서부터 너를 부르고
> 네게 이르기를
> 너는 나의 종이라 내가 너를 택하고
> 싫어버리지 아니하였다 하였노라
> 두려워 말라 내가 너와 함께 함이니라
> 놀라지 말라 나는 네 하나님이 됨이니라
> 내가 너를 굳세게 하리라
> 참으로 너를 도와주리라
> 참으로 나의 의로운 오른손으로 너를 붙들리라
> ― 이사야 41:8-10.

여기서 예언자는 전형적인 문학 양식을 사용하고 있다. 즉, 하나님께서 주신 임무를 수행하기 위하여 "두려워" 말라는 독특한 명령이다(렘 1:8).[21] 여기서 재미있는 것은 예언자가 이스라엘이 선택되고 부름받은 시기를 출애굽의 시대로부터 이스라엘 조상들의 시대까지 거슬러 올라가고 있다는 점이다. 이스라엘의 역사는 미래의 이스라엘 민족이 사라의 태 중에 있을 때 이미 시작되었다(사 51:1-2). 그 때부터 이스라엘은 야훼의 종으로 부름받았다.

시의 후반부에서 예언자는 다시 한번 나라들을 야훼 앞으로 소환하여, 그들의

---

21) Edgar W. Conrad는 "제 2 이사야의 '두려워 말라' 신탁(The 'Fear Not' Oracles in Isiah)"
에 대하여 〔407〕, 사 41:8-13 과 41:14-16의 두려워 말라는 신탁이 "구원의 신탁"이 아니라 오히려 고대 전쟁에서 전쟁을 수행할 사람에게 용기를 북돋는 기능을 가진 것과 유사하다고 보고 있다(참조. 수 8:1-2; 10:8; 11:6). 그러나 이스라엘의 전쟁이 이미 끝이 났으며(참조 40:2), 종의 사명은 신적 전사이신 야훼의 승리를 선언하는 것이기 때문에 이 경우를 잘 설명한다고 할 수는 없을 것이다. 그에 관한 연구를 위하여는 '두려워 말라, 전사여(Fear Not, Warrior)'를 보라.

신이 고레스의 승리로 말미암아 시작된 새로운 시대를 예견할 수 있었는지 증거를 대라고 요구한다. 또 답이 없자(21-29절), 야훼는 또다시 종을 향하여 돌아선다. 이 번에 종은 명백하게 이스라엘로 나타나지는 않지만 전체 시의 맥락에서(사 41:1-42:4) 이 견해가 전제되어 있는 것 같다.

> 내가 붙드는 나의 종
> 내 마음에 기뻐하는 나의 택한 사람을 보라
> 내가 나의 신을 그에게 주었은즉
> 그가 이방에 공의를 베풀리라
> 그는 외치지 아니하며 목소리를 높이지 아니하며
> 그 소리로 거리에 들리게 아니하며
> 상한 갈대를 꺾지 아니하며
> 꺼져가는 등불을 끄지 아니하고 진리로 공의를 베풀 것이며
> 그는 쇠하지 아니하며 낙담하지 아니하고
> 세상에 공의를 세우기에 이르리니
> 섬들이 그 교훈을 앙망하리라
> — 시편 42:1-4.

여기서 종의 모습에 대하여 앞에서 언급된 것 이외에 몇가지가 추가되었다. 야 훼는 종을 "돌보시고" "붙드실" 뿐만 아니라(41:10; 42:1), 그 종에게 야훼의 카리 스마를 부어서 조용한 길로 열방들에게 정의를 세우는 일을 하게 할 것이다. 이스라 엘을 선택한 것은 책임이 아니다. 고레스처럼 종도 야훼의 역사적인 목적을 수행하 는 대리인이다. 그러나 이 시에는 종이 승리를 성취하는 방법을 비록 고레스가 그랬 던 것처럼 은혜로운 방법일지라도 군사적인 방법과 날카롭게 대조시키고 있다.

더구나 제2이사야는 종을 이스라엘의 계약 공동체와도 동일시하고 있다. 그는 야훼께서 그들에게 더 큰 임무를 맡기기 위하여 그들을 고난의 용광로(사 48:18-25) 속에서 단련시키고 계시다고 보면서, 나라가 멸망하면서 자기와 자기 민족에게 닥친 벅찬 고난의 의미를 간파하였다. 옛날에 예언자들이 예언했던 것처럼, 이스라엘이 불순종하였고 어리석었기 때문에 하나님의 심판과 국가적 재앙이 그들에게 내려지게 되었던 것이다(사 42:18-25). 그러나 이 예언자에 의하면 이스라엘은 과거의 잘못에 대한 값을 치러야 하며 이제는 야훼께서 후히 용서하시는 것에 의하여 새롭게 되어 야 한다(40:1-2; 43:22-44:5). 마치 철이 불꽃에 의하여 단련되고 망치질로 날카롭

게 되는 것처럼 야훼께서도 그가 역사에 대하여 갖고 계신 의도를 더 잘 수행하기 위한 도구가 되도록 그의 백성들을 고통으로 재창조하시는 것이다.

개인으로서의 종

그러나 이 해석은 난점들을 가지고 있다. 예언 시들은 종이 또한 개인임을 암시하고 있기 때문이다. 두번째 시(사 49:1-6)가 결정적이다. 비록 이 구절에서 종이 이스라엘이라고 분명히 언급되고 있기는 하지만 그는 계약 공동체와는 구분되는 이스라엘을 향한 임무를 가지고 있는 사람이라고 암시되고 있다. 종은 야훼께서 이스라엘을 야훼에게 부르기 위하여 태중에서부터 자기를 부르셨다고 확신하고 있었다 (참조. 렘 1:5). 그리고 한편 이 임무가 너무 가벼운 것처럼 여겨지지 않도록, 그에게는 또 다른 임무가 주어졌는데 그것은 열방에 빛을 비추어 야훼의 구원이 땅끝까지 이르도록 하는 것이었다(5-6절).

이 시(1-4절)에서 우리는 종에 대한 증거와 예레미야의 고백이 너무나도 유사하다는 점에서 놀랄 수밖에 없다. "나"라는 1인칭 화자는 개인으로 나타난다. 그리고 이런 느낌은 고통을 겪는 사람이라는 이사야 53장의 구체적이고 개인적인 묘사에서 더욱 강해진다. 따라서 우리는 한 문제에 봉착한다. 이스라엘과 종에 관한 묘사가 너무나도 유사하기 때문에 우리는 양자가 동일하다고 여길 수밖에 없다. 한편 이스라엘과 종의 차이점도 또한 너무나도 분명하기 때문에 도저히 같다고 볼 수 없기도 하다. 유사점과 차이점은 아래의 표에 요약되어 있다.

어떤 해석자들은 차이점이 유사점을 능가한다고 믿고 있다. 만일 종과 이스라엘을 같다고 해석하면, 그 종이 이스라엘의 계약 공동체이거나 신실한 남은 자들이거나 이 종이 집단적인 의미로 이스라엘을 위하여, 혹은 열방들을 위하여 어떤 일을 할 수 있다는 점을 도저히 설명할 길이 없다고 그들은 말한다. 더구나 한 개인을 모델로 이사야 53장에 구체적으로 묘사된 것과는 부합되지 않는 것이다. 따라서 이 종이 누군지 여러 명을 추천해 볼 수 있을 것이다. 그 후보들은 모세로부터 시작하여 제2이사야 자신까지 여러 명이 될 수 있다. 다른 사람들은, 고대 이스라엘의 역사적인 인물은 이 묘사에 적합하지 않다고 본다. 이 사람은 장차 하나님께서 보여주실 역사의 지평에 모습을 드러낼 메시야라고 하기도 한다. 다른 사람들은 제2이사야가 바벨론적인 배경에 큰 영향을 받았을 것이 틀림없기 때문에, 종에 대한 묘사는 탐무즈 제의(바벨론의 풍요 기원 제의)에서 백성의 대표 역할을 한 왕의 영향을 받은 것

주님의 종

종 이스라엘	익명의 종
유사점:	
1. 야훼의 선택	1. 야훼의 선택
41:8-9;45:4;43:10;44:1;49:7	9:1,5
2. 야훼에 의해 모태에서 조성	2. 야훼에 의해 모태에서 조성
44:2;44:21,24	49:1,5
3. 야훼에 의해 유지되고 위로받음	3. 야훼에 의해 유지되고 위로받음
41:10; 참조. 42:6	42:1
4. 야훼의 손의 그늘 안에 숨음	4. 야훼의 손의 그늘 안에 숨음
51:16	51:16
5. 야훼의 영을 받음	5. 영을 받음
44:3	42:1
6. 야훼가 존귀하게 함	6. 야훼가 존귀하게 함
43:4	49:5
7. 이방의 빛	7. 이방의 빛
42:6;참조. 51:4	49:6
8. 열방에게 율법과 공의를 주심	8. 열방에게 율법을 주고, 공의를 세움
51:4-8;참조. 42:21,24	42:4
9. 이스라엘에서 영화롭게 되신 야훼	9. 종에게서 영광받으시는 야훼
44:23	53:10c;참조. 49:3
차이점 :	
1. 이스라엘의 절망	1. 종은 낙담 하지 않는다.
40:27;41:8-10;49:14 등	42:4;50:7-9(49:4)
2. 이스라엘이 패역하고 죄악됨	2. 종은 패역하지 않고 신실함
48:4;참조. 43:27	50:5;53:4-6, 12
3. 이스라엘이 눈 멀고 귀가 먹음	3. 종은 주의 깊고 청종함
42:18-25	50:4-5
4. 이스라엘이 마지못해 고난 받음	4. 종은 기꺼이 인내로 고난을 받음
51:21-23 등	50:6;53:4-9(50:7-9)

5. 이스라엘이 자신의 죄 때문에 고난 받음 42:24-25;43:22-28;47:6;50:1	5. 종은 타인들의 죄 때문에 무고하게 고난당함 53장
6. 이스라엘은 구속되어야 한다 43:1-7 등	6. 종의 사명은 이스라엘을 구속하는 것 49:5

이라고 말한다. 동양의 왕은 백성들을 위하여 제의적인 모욕을 받으며 백성들의 죄를 대신 지고 고통당하는 역할을 했다.[22]

하나와 다수

우리의 논의로부터 두 가지 질문이 제기될 수 있다. 제2이사야는 종을 집단적인 존재로 이해했는가, 혹은 개인적인 존재로 이해했는가? 제2이사야는 종이 자신이 살던 시기에 활동할 것으로 생각했는가, 혹은 장차 올 메시야로서 (종말의 때에) 활동하리라고 생각했는가? 이사야 40-55장에 대하여 공감하면서 연구한다면 위에서 제기된 날카로운 양자 택일의 문제는 예언자의 예언에 실제적으로 기초하지 않았음이 드러나게 된다.

이스라엘의 성경을 이해할 때 개인과 공동체 간의 관계를 살펴봄으로써 첫번째 질문에 대한 해결의 실마리를 찾을 수 있을 것 같다. 다시 한번 우리는 한 개인이 이스라엘의 공동체로 승화되고, 반대로 이스라엘의 전 공동체가 하나님과 직접적이고 개인적인 관계를 가지고 있는 한 개인이 되는 것을 볼 수 있다. 우리의 사고 방식으로는 이 양자택일의 문제는 집단주의 혹은 개인주의의 선택적인 문제인 듯 싶지만, 이스라엘의 계약 신앙에 의하면 이 문제는 둘 중의 하나를 선택하는 문제는 아닐 수도 있는 것이다. 이스라엘 조상들 가운데 아브라함과 사라, 그 외의 경우를 살펴보아도 그들은 분명히 개인으로 서술되지만 그들에 관한 많은 본문들은 그들의 생애가 전 공동체를 대표하는 것으로 기술하고 있다. 개인과 공동체는 구분되지 않은 채 심리적인 통일성을 가지고 혼합되어 있는 것이다.[23]

---

22) 종의 신분에 대한 다양한 이론들을 보기 위하여는 C.R. Noth, *The Suffering Servant* (413); H.H. Rowley, *The Servant of the Lord* (414), pp. 3-60; John L. Mckenzie, *Second Isaiah* (409), xxxviii-lv.

23) J. Pederson, *Israel*, I-II (127). 이스라엘의 공동체 개념에 대한 논의에 주목하라, pp. 52-60, 263-79 또한 James Muilenburg, *Interpreter's Bible* V (16), 410-12를 보라.

예를 들어 야훼께서 아브라함에게 말씀하실 때, 아브라함의 후손인 모든 이스라엘 백성들도 역시 부름을 받는 것이며, 약속에 포함된다. 조상들 각각의 삶 가운데서 이스라엘은 민족 전체의 삶이 압축되어서 투영되는 것을 본다. 부모는 자녀들에 앞서 사는 사람들이기 때문이다. 그렇기 때문에 "하나"는 여러 세대를 하나로 묶는 영적인 일치성으로서 "다수"를 포함하는 것이다. 그러므로 제2이사야는 이스라엘이 그의 조상들을 돌아볼 것을 당부하고 있다. 그들의 삶 가운데서 이스라엘이 당시 겪고 있던 역사의 의미를 찾을 수 있기 때문이다.

> 의를 좇으며 야훼를 찾아 구하는 너희는 나를 들을지어다
> 너희를 떠낸 반석과 너희를 파낸 우묵한 구덩이를 생각하여 보라
> 너희 조상 아브라함과 너희를 생산한 사라를 생각하여 보라
> 아브라함이 혈혈단신으로 있을 때에
> 내가 부르고 그에게 복을 주어 창성케 하였느니라
> ― 이사야 51:1-2.

이 문제를 다른 측면에서 본다면, 이스라엘 공동체는 종종 집합 인격으로 간주되거나 특징지어졌다는 점을 생각해 보아야 한다.[24] 야훼는 개인들의 집합을 원했던 것이 아니고 한 민족을 원했다. 그 민족은 공통의 역사와, 이스라엘이 "나와 너"라는 아주 독특하고 친밀한 관계 속에서 수여받은 단일한 계약에 대한 복종으로 굳게 뭉쳐진 백성이어야 했다. 우리가 이미 살펴본 것처럼 계약적 전통은 개인적인 대화 형태로 주어졌다. 더구나 계약 가운데 가장 뚜렷하게 나타나는 것은 야훼와 이스라엘의 관계이다. 그것은 아기를 태 중에 담은 산모와 같다(사 46:3). 과부는 그녀의 남편을 받게 될 것이다(사 54:4-8). 아이들은 부모를 찾게 될 것이다(사 49:19-21). 다른 말로 하면 이 공동체는 마치 개인인 것처럼 간주되었다. 이렇게 단수 동사와 대명사를 복수 동사와 대명사와 함께 쓰는 것이 현대인들을 혼돈스럽게 만들었던 것이 사실이다. 예를 들면 호세아 11장에서는 야훼께서는 이스라엘을 향하여 단수로 말씀하신다. "내가 그를 사랑했으며 … 내가 내 아들을 불렀다." 그러나 바로 다음 줄에서(2절) 갑자기 복수로 바뀐다. "내가 그들을 부르면 부를수록, 그들은 나로부터 멀리 떠나갔다."

---

24) H. Wheeler Robinson, "The Hebrew Conception of Coporate Personality", in *Corporate Personality in Ancient Israel* (Philadelphia : Fortress Press, 1964), 1-20.

그러므로 야훼의 종을 개인이나 집단 개념 중에서 하나를 선택하여 해석할 필요가 없다. 왜냐하면 둘 다 이스라엘의 공동체를 설명하는 개념이 될 수 있기 때문인데, 야훼의 종인 이스라엘이라는 개념과 이스라엘의 사명을 완벽하게 감당할 개인으로서의 종이라는 두 개념이 다 사용되고 있다. 이스라엘 역사에서 찾을 수 있는 많은 자료들에 종의 이미지가 채색되기도 했다. 일부 학자들은 종의 전형적인 인물이 모세라고 보기도 한다. 신명기 전승에 따르면 모세는 진정한 예언자의 전형적인 인물이다. 그는 계약의 중재자였고, 그의 백성들을 위하여 중재하는 역할을 하였으며, 마지막에는 그들의 죄를 대신하여 죽는다(신 3:23-27 ; 4:23 등). 그러므로 "새로운 출애굽"이라는 주제에 사로잡혀 있던 제2이사야는 모세처럼 이스라엘을 새로운 시대를 향하여 이끌어가는 예언자의 출현을 그리고 있었을 것이다.[25]

이것이 제2이사야의 사상에 큰 영향을 끼쳤으리라는 것은 의심할 필요도 없다. 그러나 그는 또 다른 전승과도 관련이 있었는데, 예를 들면 예레미야의 고백과 같은 것이 종의 모습을 그리는데 영향을 끼쳤을 것이다. 예레미야의 고백은, 과거나 그 당시까지 비록 단 한 사람도 그런 유형에 전적으로 부합되지는 않았지만 한 개인을 그리고 있다. 이 개인은 이스라엘에 포함되고 이스라엘을 대표하며, 또한 이 공동체는 명백하게 야훼의 종을 가리키고 있기 때문이다.

도래할 종

두번째 질문은 이것이다. 종이 해야 할 일이 현재의 일일 수도 있고 미래의 일일 수도 있지만, 제2이사야가 선포한 관점에서 본다면 새로운 시대는 시작되었다. 예언자는 머지않은 미래를 내다보면서, 아직 역사의 지평에 모습을 드러내지 않은 종을 기다리고 있었던 것이다. 그 당시 고레스의 등장과 임박한 바벨론의 붕괴로 말미암은 정치적인 상황을 해석하는 것이 그의 예언자적 임무였다. 그 당시의 끓는 가마솥 같던 정치적 상황 속에서 그는 포로된 백성들을 해방시키기 위하여 오시는 야훼의 모습을 보았으며, 하나님의 나라를 선포했던 것이다.

제2이사야에 의하면 야훼의 강림과 함께 종은 이스라엘 역사의 고통 속에서 나

---

25) 이것은 폰 라트가 그의 구약신학 2권에서 제시한 견해이다. von Rad, *Theology*, II (142), 260-62, 273-77. 그는 신명기 18:15-19에서 모세와 같은 예언자를 기대하는 것에 주목했다. 그리고 고난받는 예언자는 예레미야와 에스겔의 시대에 전개된 이론이다.

와 세계 무대에 모습을 드러낼 것이다. 그는 세계의 무대에 나타나서 땅끝까지 야훼의 구원을 전하는 자가 될 것이다. 오래 전에 야훼는 종을 불렀다. 그를 불러서 시험하였으며, 그의 삶을 고난으로 정화하였다. 그리고 그를 자기 전통 속의 화살처럼 숨겨두었었다. 그러나 이제 때가 찼다. 종의 일은 이제 곧 시작될 것이다. 종을 통한 야훼의 승리는 이제 가까이 왔다.

이런 의미에서 종은 미래적인 이미지를 가지고 있다. 그러나 그는 현재적인 이미지도 역시 가지고 있다. 그는 오랜 질서의 어두움이 사라지며, 새시대의 빛이 지평선에 비치기 시작하는 새벽에 서있는 것이다. 우리에게 이것은 역설적으로 들린다. 왜냐하면 우리는 시간을 현재에서 미래로 차례로 진행하는 우리의 측정 방법에 따라 측정하려고 하기 때문이다. 따라서 우리는 종의 사역이 현재적이면서 동시에 미래적이라고 말할 수 있다. 그러나 예언적 문학에서 시간은 계획표처럼 측정되지 않으며, 다만 하나님이 활동하시는 것과 하나님의 목적에 따라 측정된다. 이 점에서 본다면 미래가 현재 속으로 들어올 수 있다. 장차 도래할 하나님 나라의 능력과 권세가 오늘의 옛 질서 속에서도 느껴질 수 있다. 그러므로 종의 임무는 제2이사야의 "마지막 일들" 혹은 "역사의 완성"이라는 메시지와 함께 이해해야 한다. 이런 신학적인 관점에서 예언자는 이스라엘이 당하는 고난의 의미를 알고, 고난당하는 종의 역할을 종의 시에서 표현하고 있는 것이다.

고난을 통한 승리

제2이사야의 시 전체에 흐르는 주제는 이스라엘의 찬양이다. 이런 찬양은 40장에서 55장에 이르는 제2이사야의 글의 핵심을 이루고 있다. 하나님께서는 이스라엘의 mishpat(의; 사 40:27)을 무시하지 않으신다. 오히려 하나님의 백성들은 억압에서 벗어나 왕의 대로를 따라서 새로운 삶이 주는 영광스러운 자유를 향하여 갈 수 있도록 초청된다. 만일 제2이사야의 전언에 포로들의 구원에 관한 것만 담겨 있다면 그것은 그 당시 국제 정세에 고무된 한 시인의 마음 속에서 영감으로 떠오른 민족주의를 넘어서지 못하게 된다. 그러나 예언자는 이스라엘을 증거로 삼아 야훼의 나라가 땅끝까지 이르게 될 것이라는 기쁜 소식을 선포한다. 야훼가 주신 사명을 감당하는 그 종의 고귀함은 곧 이스라엘의 고귀함이 된다. 사람들은 그들의 높이 이름난 아들이 훗날 하나님의 나라에서는 가장 작은 자가 큰 자라고 말하는 것을 듣게 될 것이다. 또 그 아들은 복음을 위하여 자기의 목숨을 잃는 자는 그의 생명을 찾을 것이라고 말할 것이다(막 8:3).

제2이사야는 이스라엘이 고난을 통하여 많이 성숙되었음을 단언한다. 이것은 이스라엘의 부름 중에서 가장 신비로운 사건이다. 이 신비는 고레스와 다른 위대한 나라와는 달리 실패를 통한 승리의 길을 가는 종의 모습에서 설명된다.

종에 관한 네편의 시는 종의 임무가 가지는 비일상적인 임무에 대하여 기술하고 있다. 그의 방법은 매우 독특하다. 그는 상한 갈대도 꺾지 않으며, 희미한 불꽃도 끄지 않는다. 그러나 조용하고 부드럽게 온 땅에 의가 굳게 세워지기까지(사 42:1-4) 그는 그 일을 계속할 것이다. 그는 낙심할지라도 자기를 전통의 화살같이 숨기셨다가 때가 이르면 그의 임무를 성공적으로 이루기 위하여 보내실 것이라 믿는다. 그 임무는 이스라엘의 한계를 훨씬 뛰어넘는 결과를 낳게 될 것이다(49:1-6). 마치 학교에 다니는 학생들이 어렵게 훈련을 받는 것처럼, 하나님과 맺고 있는 친밀한 관계는 그가 고난을 순종하며 받아들일 수 있도록 해준다. 그는 채찍으로 맞고, 수염이 뽑히는 모욕을 당하며, 사람들이 그에게 침을 뱉는 고난을 당한다(50:4-9). 그의 모든 고난 가운데 그는 야훼께서 자기를 고난의 길(via dolorosa)을 걷도록 선택하셨다는 사실과, 그것의 끝에는 보상과 영광이 있을 것을 안다. 야훼께서 하나님의 나라를 세우시는 것은 이 종의 고난을 통한 것이다. 열방들은 이스라엘과 함께 전령이 외치는 "너희 하나님께서 통치하신다", 즉 "야훼는 왕이시다"라는 기쁜 소식을 듣게 될 것이다(52:7).

고난받는 사람

종의 영광이라는 주제는 네번째 종의 시에서 그 절정에 이른다. 네번째 시는 "고난 받는 사람"을 묘사하고 있다(사 52:13-53:12). 이스라엘과 기독교 사상에 이 시가 끼친 엄청나고 극적인 영향을 고려해 볼 때, 이 시는 모든 절들을 특별히 주목해서 볼 필요가 있다. 이것은 다섯 개의 단위로 나뉜다. 이 시의 시작과 끝에는 야훼가 화자로 나타난다. 야훼께서는 열방들에게 그 종이 고난을 통하여 존귀하게 되리라고 말씀하신다.

첫번째 절(사 52:13-15)에서 야훼께서는 종을 소개하시며 그의 승리와 그가 높이 들릴 것을 선언하신다. 원래 예언자가 이 약속 가운데 직접적으로 가리키는 대상은 이스라엘이지만 주된 관심은 열방을 향하고 있다. 다른 두개의 종에 대한 시에서 "해안의 나라들이 그의 토라를 기다리고 있다"고 가리키는 것처럼(42:4), 종은 국제적인 역할을 하고 있다. 그리고 종은 아득히 먼 곳에서부터 민족들에게 자신을 알릴 것이다(49:1). 마지막에는 종이 겪는 고난의 신비를 모든 민족들이 이해하게 될 것이다. 그는 입고 있던 수치의 옷을 벗을 것이며, 사람들은 그가 진정 누구인지 알게 될 것이다. 그의 궁극적인 승리와 몸의 형체가 다 망가질 정도로 현재 그가 겪는 고난은 너무나도 심하게 대조되기 때문에 열방들은 놀랄 수밖에 없다. 열방의 왕들은 그 앞에서 경건하게 경배하게 될 것이다. 따라서 이 절은 제2이사야의 모든 메시지 가운데 흐르는 동기는 이스라엘이 억압받고 수모를 당하는 처지에서 그 의를 인정받게 되는 역전된 상황을 말하고 있으며, 야훼의 세계 질서 가운데서 적절하고 마땅히 받을 만한 위치를 얻게 될 것임을 말하고 있다.

열방들의 새로운 이해는 이어지는 세 절에서 더욱 치밀해진다. 나라의 지배자들은 그들의 백성을 위하여 말하는 것으로 대표된다. 두번째 절에서(사 53:1-3), 왕들은 그들이 최후에 보고 들은 것 때문에 놀란 사실을 표현한다. 그들에게는 모든 일들이 놀랍고 믿을 수 없었기 때문이다. 종은 야훼 앞에서(혹은 "우리들 앞에서", 즉 나라들 앞에서라고 번역할 수도 있을 것이다) 마치 황폐하고 메마른 땅에 뿌리내린 어린 나무처럼 자랐다. 어떤 해석자들은 여기서 메시야에 대한 표현을 찾곤 한다. 메시야는 "가지"로 혹은 이새의 줄기에서 나온 뿌리로 일컬어지곤 했다(11:1, 10 ; 렘 23:5을 보라). 그러나 여기서는 왕들이 이스라엘의 보잘 것없던 역사를 언급하고 있다고 보는 것이 더 타당할 것이다. 시인은 종의 모습이 너무나도 일그러져(52:14) 마치 문둥병 걸린 사람 같았으며 사람들이 얼굴을 돌릴 수밖에 없었다고 기술한다 (레 13:45). 왕들은 다시 한번 이런 흉하고, 멸시받으며, 반감이 생길 정도의 모습을 한 사람이 실제로 "야훼의 팔" 즉, 신적인 전사의 의기양양한 권세를 가진 존재라고 나타난 것에 대하여 놀랄 수밖에 없었다. 왜냐하면 종은 그 수치스러운 모습 때문에 그들이 알아볼 수조차 없었기 때문이다.

세계의 지배자들은 다음 절에서 계속 말한다(4-6절). 비록 그들이 그 전에 종을 높이 평가한 일이 없었지만, 그들의 눈이 갑작스럽게 열려서 종이 받은 고난이 가지는 진정한 의미를 깨닫게 되었기 때문이다. 이전에 그들은 종이 자신의 죄 때문에 하나님으로부터 맞으며, 채찍으로 맞으며 고난을 당한다고 이해하고 있었다. 그러나 실제로 종은 그들 대신 그들의 죄의 결과를 자기 자신이 지고 그들을 온전하게

(shalom, 이는 평화와 평안함을 의미한다) 회복시키기 위하여 고통당했던 것이다. 놀랍게도 질병을 당하고 있다고 여겼던 분이 그들의 건강과 치료의 근원이었던 것이다! 제2이사야가 처음에 선포한 것에 따르면 이스라엘은 그들의 죄값으로 충분하게 고통을 당했기 때문에, 종이 받아야 했던 고난은 이스라엘의 죄가 아니었다. 이스라엘이 그들의 죄에 비하여 더 큰 고통을 당한 이유는 그것이 열방들을 대신하는 것이었기 때문이다. 열방들은 종의 희생이 바로 그들에게 복을 주고 그들을 구원하기 위한 야훼의 구원 행위였음을 고백한다.

> 우리는 다 양같아서 그릇 행하여
> 각기 제 길로 갔거늘
> 야훼께서는 우리 무리의 죄악을
> 그에게 담당시키셨도다
> — 이사야 53:6.

우리는 여기서 고난의 의미에 대한 깊은 인식을 찾아볼 수 있는데 이와 유사한 것은 구약 어느 곳에서도 찾기 힘들다.

네번째 단락에서(7-9절), 열방들은 계속 말하고 있다. 이 구절은 종이 자신의 고난을 견디는 방법을 강조하고 있다(참조. 42:1-4; 50:4-9). 예레미야와 그의 고백까지 포함하여 대부분의 고통당하는 이들과는 달리 종은 깊은 비통 속에서도 소리내어 울부짖지 않으며 그에게 닥친 고난으로 인하여 자기 연민에 빠지지 않는다. 그는 그의 무거운 짐을 조용하게 진다. 그는 일체 불평과 반론을 제기하지 않는다. 그는 "도살장에 끌려가는 양처럼, 그리고 털 깎는 자 앞에서 잠잠한 양처럼"(렘 11:19 을 보라. 그 구절은 같은 모습을 약간 다른 뉘앙스를 가지고 묘사하고 있다) 자기의 고난을 감내한다. 비록 자세한 것은 그리 잘 드러나지 않지만 화자는 종의 고통에 대하여 계속 기술하고 있다. 이 구절은 분명히 종이 투옥되었으며, 재판에 회부되었으며, 형장에 끌려가서 처형되는 것을 의미하고 있다(8절). 그는 철저한 외로움 가운

---

26) "세대"라고 하는 번역을 많은 학자들이 지지하고 있다. 다른 학자들은 히브리 단어(dor)를 "운명", 즉 "자신의 운명에 대하여 생각하는 … (who gave a thought to his fate …)"(NEB), 또는 "누가 자신의 운명에 대하여 더 생각지 않겠는가?(who would have thought more of his destiny?)"(NAB)로 번역하고 있다.

데서 죽는다. 그의 후사를 생각하는 사람이 없다. 후손이 있다는 것은 그 안에서 그의 삶이 지속된다는 것을 의미하기 때문이다.[26] 그는 다른 사람들을 위하여 산 자의 땅에서 제거당했다(모든 왕들은 각각 자신의 나라를 "나의 백성"이라고 말하고 있다, 8절). 그리고 그가 당한 수모 외에 그는 범죄자의 무덤에 묻혀야 하는 수치를 당하게 된다. 이 단락은 희생양이라는 주제를 반복하면서 끝을 맺는다. 그는 모진 고통 속에서도 온유함과 순결함을 버리지 않았다.

그러나 종은 땅을 유업으로 받게 될 온유한 자의 전형이다. 종결 단락에서도 (10-12절) 시작할 때와 마찬가지로 야훼가 화자가 된다. 앞에 나왔던 모든 단락의 논조는 종이 영광을 받게 되는 것을 선포하는 이 위대한 절정에 다 섞여 들어갔다. 여기서 분명해지는 것은 종이 "거친 운명이 던지는 돌팔매와 화살을 맞았던" 단순한 순교자는 아니라는 사실이다. 그가 받은 고난은 우연이나 환경이 그에게 주었던 운명은 아니었다. 그것은 하나님의 사건이었다. 그것은 야훼의 계획 속에 있던 사건이다. 이것이 현대인들에게는 거칠게 들릴 수도 있는 10절이 주는 의미이다. "야훼께서는 그가 고통으로 짓눌리는 것을 보고 기뻐하셨다"(Yahweh was pleased to crush him with suffering). 여기서 야훼께서 마땅히 벌받을 사람들에게 고통받는 모습을 보여주고 겁주기 위하여 종을 벌 주거나 종에게 분을 풀어버린 것이 아니라는 사상이 드러난다. 오히려 하나님께서 종의 자발적인 희생에 종과 함께, 그리고 종과 자신을 동일시하시며 참여했다는 것이 이 시가 의도하는 바이다(호세아 11장과 비교해 보라). 종의 희생은 하나님의 활동 가운데 있는 희생이다. 따라서 시인은 종이 어떤 의미로는 행위의 주체였음을 강조한다. 그렇기 때문에 "그는 스스로 자신을 속죄를 위한 희생물로 내놓았다" 혹은 "그의 생명이 속죄 제물이 되었다"는 것이다.

대속 제물

여기서부터 종의 희생이 가지는 의미는 기독교 신학에 심오한 영향을 주게 되었다. 신약의 많은 구절들을 연상하지 않고서 이 시를 읽을 수 있는 기독교인은 없다

---

27) 이사야 53:10의 히브리어를 "죄를 위한 제사"(᾿asham) 으로 번역하는 것은 제사장계 전승의 "속죄제"(레 5:14-6:7)를 따른 것이다. 이 희생은 희생으로 흘리는 피의 효력에 의하여 기름부음에서 효과가 나타난다(즉, 하나님과의 교제를 회복시킨다).

시피하다. 막 10:45의 "인자는 섬김을 받으러 온 것이 아니라 섬기고 자기의 생명을 많은 사람들의 대속물로 주기 위하여 왔다"는 중요한 예수의 말씀을 예로 들 수 있을 것이다. 이사야 53:10에서는 종이 자신을 "속죄 제물"로 제공한다고 되어있다.[27] 이 제물로 인하여 많은 사람들이 속죄와 칭의를 누리게 된다(11절). 다른 사람을 위해 희생한다는 이 대속이라는 개념은 고대 사회에 널리 퍼진 일이었다. 그리고 이 신앙은 이스라엘의 제의 전승 가운데서 특별한 발달 과정을 거쳤다. 여기서 공동체의 죄를 지고 광야로 쫓겨가는 염소를 희생하는 유명한 이스라엘의 제의가 생각날 수도 있다(레 16:8-26). 동물을 희생시킴으로써 생명을 지탱할 수 있으며 신과의 깨어진 관계를 회복시킬 수 있다고 믿는 이 신앙은 널리 퍼져 있었다. 우리가 앞에서 이미 지적했던 것처럼, 종의 노래 가운데 일부분은 바벨론의 탐무즈 제사 가운데 행해지는 제의적 드라마와 관련이 있을 수 있다. 그 제사 중에서 왕은 그의 백성들을 위하여 자신을 수치와 고통 속에 내어 맡긴다.

이스라엘이 다른 민족의 희생 의식과 제의 언어들을 그들에게 적응시켰다는 것은 의심할 필요가 없을 것으로 보인다. 그러나 종교적인 내용을 차용하는 과정에서 근본적인 변형을 거쳤다. 고대 세계의 다른 종교들에서 희생은 신들의 의지를 움직일 수 있는 강력한 수단이었다. 바르게 수행되면 희생은 효과를 나타낸다. 왜냐하면 희생은 마술적인 힘을 가지고 있기 때문이다. 그러나 오경의 제사장계 문서의 발전 과정에서 희생은 전혀 다른 개념 위에 기초하게 되었다. 이 견해에 의하면 오로지 은혜로써 자신의 백성에게 다가오시는 분은 하나님 자신이시다. 그리고 그분은 죄를 극복할 수 있는 수단과 하나님의 현존 가운데 살아가는 길을 직접 제공하신다. 한 해석가가 말했던 것처럼 희생은 양방향으로 통행이 가능한 대로(大路)라고 할 수 있다. 즉 그것은 하나님께서 은혜로 인간에게 다가오실 수 있는 길이며, 인간이 하나님께 응답하는 신앙으로 나갈 수 있는 길이기도 하다.[28] 예언자의 비판에 의하면, 그나마 대부분 이 수준에 거의 이르지도 못하지만, 희생은 기껏해야 은혜를 볼 수 있게 해주는 성례에 불과했다.

제2이사야가 그리는 고난 당하는 종의 모습은 희생의 신학이 구약 가운데서 가장 극적으로 표현된 부분이라고 할 수 있다. 종은 희생 제물로 죽임을 당하는 양처

---

28) H.H. Rowley, *The Unity of the Bible* (Philadelphia : Westminster, 1953), p. 56. 모든 내용(pp. 30-61)을 주목할 필요가 있다. R. de Vaux, *Studies in Old Testament Sacrifice* (425)를 아울러 보라.

럼 끌려간다. 그러나 이 희생은 다른 어떤 동물 희생보다도 위대한 능력을 가지고 있다. 이것은 다른 이를 위하여 기꺼이 자신을 희생하는 것이다. 희생은 온 열방들을 감동시켜 그들을 치료할 수 있는 능력이 나타났다고 고백하도록 한다. 그들은 성화의 과정을 통하여 전혀 새로운 의로운 인격으로 변하게 되었다. 제2이사야는 이것을 이스라엘과 모든 민족들을 향하여 은혜의 하나님께서 치료하시고자 하는 능력을 가지고 가까이 오신 일을 상징하는 종의 희생이 있었기 때문이라고 확신하고 있다. 그렇기 때문에 종은 사람들이 자기의 죄를 덮어 씌우고 가볍게 자기들의 책임을 벗어 버릴 수 있는 희생양은 아니었다. 반대로 종의 노래는 모든 나라들이 그 희생을 보고 자기 중심적인 행위를 했던 것과 종이 그들의 행위로 인하여 고통을 당한다는 사실을 고백할 때 비로소 희생이 효과를 나타낸다고 말하고 있다. 무엇보다도 이 시는 종이 받은 고난이 하나님이 주도적으로 마음 속 깊은 곳에서부터 일으키신 일이었다는데 그 핵심이 있음을 지적하고 있다. 하나님은 종을 통하여 깨어진 관계를 회복시키시고 화해를 이루어 가시는 것이다.

존귀하게 된 종

우리는 다시 시의 종결 단락으로 돌아가 보도록 하겠다. 여기서도 야훼께서는 종이 사명을 감당한 결과는 승리와 존귀라고 선포하신다. 제2이사야에 의하면 이것은 하나님의 능력이 종의 희생으로 인하여 확실해진다고 한 다음에 나타난다. 종은 희생자가 아니며 승리자이다. 왜냐하면 야훼는 종이 수치와 모욕의 자리에 있던 것을 역전시켜 주실 것이며, 전 세계에 그의 "의"를 세우실 것이기 때문이다. 야훼는 종이 유업을 받을 것이며, 오래도록 살리라고 선언하신다(10절). 이 둘은 다 이스라엘 사람들에게는 하나님의 선물이다. 하나님의 목적은 종의 활동으로 인하여 더욱 풍성해지게 될 것이며, 종 자신도 성공적인 결과에 만족하게 될 것이다.

한눈에 제2이사야가 개인적인 종을 염두에 두고 있는 것이 보인다. 그가 무덤에서 부활하는 것이 이 구절에서 암시되어 있다. 그러나 이것은 전혀 확실한 것은 아니다. 개인 부활의 교리는 이스라엘 후기 전통에서 나타나기 때문이다. 우리는 그것을 다음 장에서 보게 될 것이다. 가히 혁명적이기까지 한 개인 부활에 관한 교리를 이곳에서 전하려 했다면 좀더 분명한 언어로 썼을 것이다. 우리가 부활에 관한 예로 들 수 있는 것은 단지 골짜기의 마른 뼈들이 살아나는 에스겔의 환상뿐이다. 에스겔은 포로 생활이라는 무덤에서 이스라엘이 부활하는 것을 말하고 있었다(겔 37). 아마도 이것이 이사야 53장이 의미하는 것이라고 여겨진다. 그 예언자는 이스라엘이 승리하리라는 것에 대하여 종이 개인이라는 개념과 종이 공동체라는 개념 사이를 오가면서 그리고 있다.

시는 처음을 돌이키면서 끝이 난다. 처음에 큰 왕들과 많은 나라들이 종 때문에 놀라리라고 했는데, 결론 부분에서는 야훼께서 그를 위대하게 만들리라고 선포하면서 끝이 난다. 그의 위대함은 이스라엘 전승의 특징이라고 할 수 있는 구체적인 표현으로 서술된다. 종은 하나님의 나라에 이르는 왕도를 따라 먼저 온 진정한 승리자이기 때문에 큰 몫을 받게 될 것이며, 전리품을 나눌 것이다.

종과 메시야

앞의 내용을 요약하자면, 이스라엘이 선택되었다는 것이 제2이사야의 기본적인 신념이라는 것이다. 이 신앙을 그보다 앞선 어떤 예언자보다도 더 깊이 이해하고 있었기 때문에 제2이사야는 이것이 전 인류 역사에 대해 가지는 보편적으로 함축된 의미를 설명하려 했던 것이다. 그러나 그는 야훼께서 세계를 품에 안는 특별한 임무를 위하여 이스라엘을 선택하셨다는 자신의 기본 전제에서 조금도 흔들리지 않고 있다. 제2이사야는 이스라엘을 향한 야훼의 위안과 은혜라는 기쁜 소식으로 자신의 메시지를 시작하고 있다. 그리고 이 주제를 많이 변형시키면서 동일한 점을 강조하는 위대한 절정에 이르게 된다(54장, 55장).

> 내가 잠시 너를 버렸으나
> 큰 긍휼로 너를 모을 것이요
> 내가 넘치는 진노로 내 얼굴을 네게서 잠시 가리웠으나
> 영원한 자비로 너를 긍휼히 여기리라
> 네 구속자 야훼의 말이니라
> — 이사야 54:7-8.

제2이사야가 도래할 하나님의 나라를 설명하면서 다윗 집안의 왕에 대하여 한 마디도 언급하지 않고 있다는 것은 매우 놀라운 사실이다. 이것은 특히 포로생활에

서 예루살렘으로 복귀한 유대인들이 강한 메시야 대망사상을 가지고 있었던 것을 생
각한다면 아주 이상한 일이라고 여기지 않을 수 없다. 우리는 이것에 대하여도 다음
장에서 더 논의를 하게 될 것이다. 제2이사야로서는 출애굽 사건에 그 핵심이 있는
구속사적 관점에 사로잡혀 있었기 때문에, 야훼께서 시온을 선택하고 다윗과 계약을
맺었다는 두 개념을 기둥으로 삼는 왕조 신학을 수정할 필요를 느꼈던 것 같다. 비
록 그가 거룩한 도시에 대하여 자주 언급하고 있기는 하지만, 그는 다윗 계약에 대
하여 야훼께서 마지막 때의 큰 잔치에 불러모으시는 것과 관련하여 단 한번 말할 뿐
이다(사 55:1-5). 그러나 이 경우에도 다윗 집안의 왕과 영원한 계약이 맺어지는 것
이 아니라 부름에 응답한 모든 이스라엘 사람과 맺는다.[29]

> 너희는 귀를 기울이고 내게 나와 들으라
> 그리하면 너희 영혼이 살리라
> 내가 너희에게 영원한 언약을 세우리니
> 곧 다윗에게 허락한 확실한 은혜니라
> 내가 그를 만민에게 증거로 세웠고
> 만민의 인도자와 명령자를 삼았었나니
> 네가 알지 못하는 나라를 부를 것이며
> 너를 알지 못하는 나라가 네게 달려올 것은
> 나 야훼 네 하나님 곧 이스라엘의 거룩한 자를 인함이니라
> 내가 너를 영화롭게 하였느니라
> ― 이사야 55:3-5.

따라서 제2이사야가 다윗을 향하여 야훼께서 은혜를 내리시리라고 약속한 것은
왕가가 지속될 것을 보장한 것이 아니다. 야훼의 약속은 온 세계를 향한 하나님의
복을 전하기 위하여 고통당하는 이스라엘을 야훼께서 돌보시리라는 것이다.

때때로 유대인들은 고난 받는 종과 메시야를 동일한 인물로 보지 않는다. 이 혁
명적인 두 인물의 동일시 과정은 그 준비 단계가 유대교에서 이루어지기는 했지만
주로 기독교에서 이루어졌다. 두 인물을 동일시하는 준비 과정은 기독교 초기에 사

---

29) 아이스펠트는(Otto Eissfeldt)는 그의 글 The Promises of Grace to David in Isaiah 55:1-
5", in *Israel's Prophetic Heritage* 〔152〕, 196-207. 이 소논문에서 아이스펠트는 시 89편의
다윗 계약의 동인과 제 2 이사야의 같은 동인을 대조시켰다.

해 서북쪽 해안의 쿰란에 자리잡았던 에세네 공동체에서 이루어졌다(p. 763을 보라). 그러나 제2이사야의 메시지에서 메시야적 해석을 할 수 있는 기초가 놓여지게 되었다. 이것은 우리가 이미 보았듯이 새로운 시대가 도래하는 것을 알린 예언자의 복음과도 관련이 있다. 한 저명한 유대인 해석가는 메시야적 해석의 가장 핵심적인 부분이 제2이사야의 의도와 매우 근접하다고 인정하고 있다.[30] 그러므로 종은 진정한 이스라엘을 대표하는 것이다. 겸손한 예배자가 하나님과 친밀한 관계를 유지하면서 살아갈 때 그는 고난을 기꺼이 받아들이게 된다. 그리고 그것에 따라서 하나님의 능력이 인간성을 회복시키고 다시 새롭게 한다면 이스라엘은 그의 사명을 완수한 것이다. 이 저명한 유대인은 다음과 같이 계속해서 말하고 있다. "이스라엘을 향한 하나님의 계획은 살과 피부에 닿았다." 이렇게 하나님의 나라는 시작되는 것이다.

사도행전에는(8:26-39) 에디오피아 내시에 관한 이야기가 있다. 그는 그의 마차에 혼자 타고 가면서 이사야서를 읽고 있었는데 특히 그가 읽고 있던 부분이 바로 이사야 53장의 고난받는 종 부분이었다. 그는 그 구절의 의미를 이해하지 못했기 때문에 사도 빌립에게 우리가 여기서 논의한 것과 같은 질문을 했다. "예언자는 누구에 관하여 말하고 있습니까? 자신입니까? 다른 사람입니까?" 이 질문에 대하여 빌립은 "이 구절의 처음부터 시작하여"(사 53장) "예수에 관한 기쁜 소식"을 그에게 설명해 주었다고 그 이야기는 계속되었다.

신약과 교회사에서 기독교인들은 예수의 사명을 제2이사야의 고난받는 종의 시에 비추어 이해했다.[31] 기독교인들은 종의 소명이 예수에게서 실현되었다고 믿었다. 그는 진정한 이스라엘인이었다. "이스라엘이 한 사람으로 축소된 것이다." 그의 대속적인 희생으로 말미암아 새로운 이스라엘인들이 그의 주변에 모이게 되었다. 그리고 하나님 나라의 문이 모든 나라들에 활짝 열렸다. 이스라엘의 역사는 그에게 초점이 맞춰진 것이며, 그 안에서 성취된 것이다. 기독교 전통에 의하면, 예수께서 나사렛에서 이사야서 두루마리를 읽고 "오늘 너희들이 들었던 이 말씀이 이루었다"고 선포하시면서 자기의 사역을 시작하셨다(눅 4:16). 이 구절은 이사야 61장이 시작되는

---

30) Martin Buber, *The Prophetic Faith* 〔311〕, p. 218; p. 232 도 보라. 아브라함 헤셸이 하나님의 "감정(pathos)"과 예언자적 "공감(sympathy)" (*The Prophets* 〔315〕, 12-18 장)에서 같은 주제의 글을 썼다. 이 주제는 Jurgen Moltman, "The Crucified God", *Theology Today*, XXXI (1974), 6-18에서 인용되었다.
31) W. Zimmerli 와 J. Jeremias의 *The Servant of God* 〔420〕을 보라.

부분인데, 어떤 학자들은 이것을 제2이사야가 기록했고, 예수 당시에는 이것을 종의 시로 이해하고 있었을 것이라고 믿고 있다.

> 주 야훼의 신이 내게 임하셨으니
> 이는 야훼께서 내게 기름을 부으사
> 가난한 자에게 아름다운 소식을 전하게 하려 하심이라
> 나를 보내사 마음이 상한 자를 고치며
> 포로된 자에게 자유를
> 갇힌 자에게 놓임을 전파하며
> 야훼의 은혜의 해와
> 우리 하나님의 신원의 날을 전파하여
> 모든 슬픈 자를 위로하되
> — 이사야 61:1-2.

계속되는 이사야 전승

앞의 논의는 이사야서 40-55장이 예루살렘 이사야의 8세기 제자가 쓴 것이라는, 오늘날 폭넓게 받아들여지는 전제를 가지고 기술되었다. 이 예언이 가지는 통일성은 그것의 구조에서부터 매우 분명하게 드러난다. 이 부분은 새로운 출애굽(사 40:3-5)에 대한 언급으로 시작하고 있으며, 이 주제를 다시 한번 되새기면서 끝을 맺고 있다(사 55:12-13). 우리는 여기서 바벨론의 포로생활 상황을 반영하며, 포로들에게 위로를 선포하는 정교하게 다듬어진 문학적 구조를 볼 수 있다.

제2이사야의 제자들

앞에서 보았던 것처럼 이사야서의 나머지 부분들은(56-66장) 흔히 "제3이사야"의 글로 돌려지기도 한다. 제3이사야는 포로 후 얼마되지 않은 상황을 반영하고 있

---

32) James Smart, in *History in Second Isaiah* (415)와 일부 학자들이 제 2 이사야가 40-66장까지 썼다는 주장을 했으나, 이 견해는 광범위한 지지를 얻지 못하고 있다.

는 것 같다(다음 장에서 보게 될 것이다). 제2이사야의 제자는 제2성전을 건립하던 무렵 스승의 예언을 새로운 상황에서 건네받고 재해석하게 되었을 것이다(B.C.E. 520-515).[32] 만일 독자가 이 부분을 갈등하는 팔레스타인 공동체를 염두에 두고 읽는다면, 제2이사야의 메시지에서 강조점이 옮겨졌다는 사실이 좀더 분명하게 드러날 것이다. 제2이사야의 시는 새로운 출애굽, 새롭게 약속된 땅으로 들어가는 일 등, 곧 예루살렘으로 돌아갈 수 있다는 희망과 흥분으로 맥박치고 있다. 반면에 이사야 56-66장에서는 쓸쓸한 환멸감과 팔레스타인 공동체에서 부딪힌 혹독한 반대를 느낄 수 있다. 제2이사야는 고통을 통하여 하나님이 주시는 복을 모든 민족들에게 전하는 야훼의 종이 되는 것이 이스라엘의 소명이라고 선포했으나, 이사야 56-66장에서 볼 수 있는 시는 유대 공동체의 상황에 따라 억압받는 신실한 남은 자들을 "종들"이라고 부르고 있다(사 65:8-12, 13-16).

전체적으로 이 부분은 이사야 40-55장의 시적 수준과 신학적인 깊이에 못 미친다. 그러나 형식과 그 내용에서 제2이사야의 메아리는 느낄 수 있는데, 특히 60-62장 부분에서 분명히 느낄 수 있다. 예수께서 나사렛 회당에서 읽으신 맥락은 위에서 언급된 것과 같다고 할 수 있을 것이다(눅 4:16-30). 제2이사야의 시적 분위기는 사 57:14-21에서, 백성들에게 미래로 향한 길을 열어준다는 동기를 반복할 때 분명하게 반영되고 있다(57:14; 40:1-4을 비교하라). 여기서 이스라엘이 받는 위안은 거룩하신 하나님의 은혜에 달린 것인데, 하나님은 천상의 권위를 가진 초월적인 분이시며, 인간의 역사 속에서 구원을 베푸시며 함께 계신 분이기도 하다.

> 지존무상하며, 영원히 거하며
> 거룩하다 이름하는 자가 이같이 말씀하시되
> 내가 높고 거룩한 곳에 거하며
> 또한 통회하고 마음이 겸손한 자와 함께 거하나니
> 이는 겸손한 자의 영을 소성케 하며
> 통회하는 자의 마음을 소성케 하려 함이라
> — 이사야 57:15.

더구나 금식하는 제의의 의미를 해석하고 있는(58:1-12) 이 구절보다 더 계약이 요구하는 것을 잘 해석한 부분은 구약 어느 곳에도 없다.

> 나의 기뻐하는 금식은 흉악의 결박을 풀어주며

멍에의 줄을 끌러 주며
압제 당하는 자를 자유케 하며
모든 멍에를 꺾는 것이 아니겠느냐
또 주린 자에게 네 식물을 나눠주며
유리하는 빈민을 네 집에 들이며
벗은 자를 보면 입히며
또 네 골육을 피하여 스스로 숨기지 아니하는 것이 아니겠느냐
그리하면 네 빛이 아침 같이 비췰 것이며
네 치료가 급속할 것이며
네 의가 네 앞에 행하고
야훼의 영광이 네 뒤에 호위하리니
— 이사야 58:6-8.

그러나 이 시에서 제2이사야의 메시지는 새로운 방향으로 전개된다. 제2이사야
는 야훼의 구원 행위를 고레스의 등장과 페르시아 제국이 시작되는 정치적 맥락에서
기술하려 했다. 그러나 그의 제자의 시는 역사라는 장을 떠나서 종교적 상상력의 초
역사적인 영역으로 흘러간 경향이 있다. 여기서 신적 전사는, 세계를 더럽히며 그
이전의 역사와 단절되는 새로운 시대가 시작되는 것을 방해하는 악과 혼돈의 세력을
정복하는 것으로 묘사된다. 우리는 새 예루살렘을 듣는다. 이것은 진정 우주적인 새
창조이다.

보라 내가 새 하늘과 새 땅을 창조하나니
이전 것은 기억되거나 마음에 생각나지 아니할 것이라
너희는 나의 창조하는 것을 인하여 영원히 기뻐하며
즐거워할지니라
보라 내가 예루살렘으로 즐거움을 창조하며
그 백성으로 기쁨을 삼고
내가 예루살렘을 즐거워하며
나의 백성을 기뻐하리니 우는 소리와 부르짖는 소리가
그 가운데서 다시는 들리지 아니할 것이며

---

33) Paul D. Hanson, *The Dawn of Apocalyptic* [427], 2 장을 보라. 여기서 그는 이 논의에 대
한 중요한 제안을 했다.

— 이사야 65:17-19.

이 시는 우리를 "묵시의 새벽"으로 인도해 간다. 그리고 우리는 포로 후기 공동체의 새로운 신학적 지평을 이후에 고려할 것이다.[33]

전체로서의 이사야서

본 장과 앞 장에서(10장), 우리는 이사야서의 커다란 두루마리를 보았다. 모두 합하면 66장이 된다. 실제적으로 이것은 크게 세 부분으로 나눌 수 있다. 예루살렘의 이사야가 활동하던, 앗시리아가 지배하던 시대상이 반영된 1-39장(B.C.E. 740-700); 제2이사야가 풍미하던, 바벨론에서 페르시아로 전이되던 시대상이 반영된 40-55장(B.C.E. 538); 그리고 페르시아가 지배하는 포로 후기의 시대상이 반영된 56-66장(B.C.E. 520-500). 우리는 최소한 세 이사야를 찾아냈다. 그러나 현대 성서비평학이 대두되기 전에는 이사야서를 전체적으로 하나의 통일성을 가진 책으로 간주했었다. 그리고 이것은 구약 안에 정경으로 들어갔다. 우리가 지금 직면하고 있는 질문은, 우리가 역사를 이해하면서 얻은 사실들을 잃지 않고, 잘게 분석하는 작업에서 통합하는 일로 나가는 것이 가능하겠는가라는 것이다. 이렇게 한번 잘못하여 여러 조각으로 나누어 놓은 것을 다시 합하는 일이 가능하겠는가?

이 연구 단계에서 처음부터 다시 시작하는 것이 이 난제를 해결할 수 있는 유일한 방법이 될 것이다.[34] 무엇보다도 제2이사야 혹은 제3이사야라고 이름을 붙인 부분들도 그 부분만으로는 독립적인 책을 이룰 수 없다는 사실을 명심해야 한다. 이것은 이 부분들에 다른 예언 수집물들과는 달리(제1이사야를 포함하여), 해당 자료의 기록자로서 특정 예언자를 표시하거나 혹은 예언이 기록된 특정 시대를 표시한 표제

---

34) Brevard Childs는 그의 책 *Introduction* [37], pp. 325-338에서 정경비평적 접근을 함으로써 이사야서의 통일성에 대한 새로운 견해를 제시했다. 더 논의를 하기 위해서는 *Interpretation* 36(1982)의 글을 보라. 특히 R.C. Clements, "The Unity of the Book of Isaiah" 117-129; Walter Brueggemann, "The Unity and Dynamic in the Isaiah Tradition", *Journal of Study of the Old Testament* 29 (1984), 89-107; R.C. Clements, "Beyond Tradition-History : Deutro-Isaianic Development of First Isaiah's Themes." *JSOT* 31. 1985. pp. 95-113.

가 없다는 사실에서 명백해진다(참조. 사 1:1; 렘 1:1-3; 학 1:1; 슥 1:1). 분명한 것은 제2이사야 혹은 제3이사야라고 불리는 부분들은 8세기 예루살렘 이사야의 원 작품 속에 포함되기로 되어있었다는 점이다.

더구나 이 자료들은 모두 원 이사야 전승의 보충, 혹은 주석적 성격을 가진 것으로 보인다. 제2이사야는 원래의 메시지를 현재화시키기 위하여 제1이사야의 글에 신학적인 보충을 했다. 이것은 제자가 자기보다 앞선 스승이 우주의 위대한 왕이신 야훼가 "이스라엘의 거룩한 자"이며 그가 땅을 다스리시는 것은 다윗 왕가의 왕과 시온의 성전으로 인하여 분명하게 드러난다고 전한 것을 더 공교하게 다듬은 것이다. 그러나 제자는 그 내용을 더 풍부하게 했을 뿐만 아니라, 자기 스승의 사상보다 더 진전시켰다. 예루살렘의 이사야는 출애굽 전승을 무시했으나 제2이사야는 족장들에게 주어진 약속과 이집트에서의 구원 그리고 광야에서의 방황과 약속된 땅으로의 진입 등 이스라엘 서사시의 내용들을 자기의 글에 깊이 끌어들였던 것이다. 우리가 이미 보았던 것처럼, 그는 출애굽과 시온 전승을 결합하였다. 우주의 창조자이자 왕이신 야훼께서 뿌리를 잃고 포로 생활하는 백성들을 인도하여 광야를 거쳐 야훼의 거룩한 동산 시온을 향한 새로운 출애굽으로 인도하신다(참조. 출 15:1-18). 더구나 그는 다윗에게 주어진 무조건적인 은혜의 약속을 무너진 다윗 왕조에서 풀어내어 백성들에게 적용시킴으로써 계약의 민주화를 이룩하였다(사 55:3-5).

이와 유사하게 제3이사야라고 알려진 부분이 실제로 제2이사야의 보충적인 의미를 가진다는 것은, 그것이 이어받은 시적 구조와 신학적 동기들을 재작업한 것에서 분명해진다. 이 부분에 대하여 한 학자는 다음과 같이 말했다. "우리는 상황이 바뀔 때마다 끊임없이 새로운 적용 대상을 찾아가는, 살아있고 전진하는 전승을 다루고 있다."[35]

그러나 이사야서를 전체적으로 보는 것에 대하여 언급할 것이 있다. 최종적으로 분석해야 할 것은, 우리가 단지 원 이사야서의 예언에 대하여 보충한 것을 다루고 있는 것이 아니라 새로운 문학작업의 결과를 다루고 있다는 사실이다. "전체는 부분을 합한 것보다 훨씬 큰 의미를 가지고 있다." 이사야의 통일성을 묻는 이 질문은 이사야서가 회당에서 사용된 정경적인 형태에 관심을 갖게 한다.[36] 마지막으로 할

---

35) Paul D. Hanson, *The Dawn of Apocalyptic* (427), p. 45를 보라.
36) Brevard Childs, *Introduction* (37). 정경비평에 대하여 더 알기 원하면 p. 766의 정의를 보라.
37) p. 469의 편집비평에 대한 정의를 보라.

질문은 다양한 이사야서의 자료들과 전승들을 최종 편집자가 어떻게 전체적으로 묶었는가를 질문하며, 이 질문이 그 당시의 상황을 보여준다고 보는 "편집 비평"에 관한 것이다.[37]

앞장(12장)에서 우리는 신명기 학파의 일원이었을지 모르는 편집자가 예레미야서의 자료들을 구성하여, 포로로 잡혀있던 사람들이 예레미야의 예언을 들을 수 있도록 해주었음을 알 수 있었다. 이사야서의 편집에 관하여는 더 말할 것이 없는가? 이 질문에 답하려면 우리는 불확실성의 안개 속을 더듬어야 한다. 그러나 예언이 묵시적인 관용구로 옮겨간 부분에서 우리는 한 가지 실마리를 찾을 수 있다. 이것은 "평범한 역사 속에서 구체적인 사건에 대한 무관심이 자라며", "신화의 무시간적 휴식 속으로 날아가는" 변화였다.[38] 제2이사야의 메시지는 현실이 주전 6세기 중엽의 정치 상황에서 표류하게 되었을 때, 묵시적인 상징의 세계관으로 올라가 버렸다. 이스라엘의 역사 속에서 그것은 더 이상 제한되지 않았다. 오히려 그것은 하나님의 나라가 고통당하는 민족들을 괴롭히는 악의 세력과 대결하는 우주적인 드라마로 확대되었다.

그러나 제2이사야로부터 제3이사야라고 불리는 그의 제자로 넘어가는 과정에서 어떤 일이 일어났는지 보는 것만으로는 충분하지 않다. 이사야서를 묵시적으로 해석했던 사람들은 제2이사야서를 새롭게 읽을 것을 요구했을 뿐 아니라, 이사야서 전체를 새롭게 읽을 것을 주장했다. 이것은 소위 "이사야의 소(小)묵시"라고 불리며(사 24-27), 종종 맥락과 상관이 없는 것으로 여겨지는 자료의 존재를 설명해 준다. 이것은 이사야서가 묵시적 관용 표현과 매우 가까운 표현을 하고 있는 구절에서 마치 게 된 것을 이해할 수 있게 해 준다(34장과 35장). 이런 전체적인 맥락을 볼 때 이사야서의 모든 자료들을 하나로 엮어주는 것은 바로 시온의 도시라는 끈이다. 묵시적인 사고에서 하나님의 나라가 지상에서 가지는 위치를 고려해 볼 때, 새로운 시대의 상징은 야훼의 결정적인 승리로 혼돈의 세력들에게 선포된다.[39] 따라서 우리는 이사야서의 한가운데에서 신적 전사의 궁극적인 승리를 읊고 있는 묵시적인 구절들을 읽고 있는 것이다.

그 날에 야훼께서 그 견고하고 크고 강한 칼로

---

38) Paul D. Hanson 이 신화와 역사에 대하여 잘 설명한 *The Dawn of Apocalyptic* 〔427〕, pp. 126-134를 보라.
39) 시온 신학에 대한 신화적인 접근은 Bennie C. Ollenburger, *Zion* 〔352〕에서 설명되어 있다.

날랜 뱀 리워야단 곧 꼬불꼬불한 뱀 리워야단을 벌하시며
바다에 있는 용을 죽이시리라
— 이사야 27:1.

이 주제에 대하여는 앞으로도 더 많은 것을 말할 수 있을 것이다. 그러나 우리는 이미 그것이 전개될 것을 보아왔다.

제 15 장

제사장들의 나라

우리는 현대 정치사에서 해방군이 접근해 옴에 따라 기뻐서 어쩔 줄을 몰라했던 국민들에 관한 생생한 예들을 많이 가지고 있다. 고레스 원통은 주전 6세기 중엽에 페르시아 군대가 진격해 옴에 따라 생겨난 큰 기쁨을 보여주는 일차적인 역사적 증언이다. 고레스의 관용 정책은 바벨론의 폭정으로부터의 구원을 가져다주는 환영할 만한 일이었는데, 바벨론 사람들도 높은 기대감을 갖고 자기네들의 도시의 문을 활짝 열고 진심으로 그를 맞아들였으며 바벨론의 통치 아래에서 포로 생활을 하던 많은 백성들에게도 큰 환영을 받았다. 고레스는 다양한 배경과 민족적 전통들을 가진 백성들을 강압적으로 다스리려고 해보아야 — 이것은 그가 물려받은 제국들의 토대가 된 정책이었다 — 아무 소용없음을 알았던 것이 분명하다. 물론 그는 자신의 정치적 권력을 느슨하게 해놓지는 않았다. 페르시아 군대는 막강한 전투력을 가지고 있음이 입증되었고, 페르시아 정부는 곧 신속한 통신망 — 미국의 '특급 역마제도' (pony express)의 전신이라 할 만한 것 — 을 구축하였다. 이 제도를 통하여 그는 태수령이나 속주로 효율적으로 나누어진 광활한 제국을 통치할 수 있었다. 그러나 고레스는 권력의 한계를 알았거나, 백성들로부터 존경과 충성을 받는 황제야말로 막강한 권력도 누리게 된다는 것을 깨닫고 있었던 것으로 보인다.

성경읽기 : 바벨론 포로로부터 귀환시대는 에스라, 느헤미야서에서 다룬다. 이 시대를 이해하기 위해서는 학개, 스가랴 1-8, 말라기, ·오바댜, 요엘의 소선지서를 읽으라. 유대교에 토라의 의미는 시편 1;19:7-14;119편에 나타나 있다.

고레스의 해방칙령

원통의 한 구절에서 고레스는 자기가 점령한 여러 지방에 관하여 이렇게 말하고 있다: "나는 티그리스강 건너편에 있는 (이) 거룩한 도시들에 돌아왔는데, 이 도시의 성소들은 오랫동안 폐허가 되어 있었고 그곳에 살고 (있던) 우상들과 그 우상들을 위해서 마련된 영구적인 성소들도 폐허가 되어 있었다. 나는 (또한) 그 도시들의 (이전) 거민들을 모두 불러모아 (그들에게) 자기들의 고향으로 돌아가게 했다."[1] 고레스는 도시와 성전들을 파괴하고 성스러운 보화들을 약탈하며 우상들과 백성들을 포로로 잡아가던 앗시리아와 바벨론의 '초토화' 작전을 포기하기로 결정한 것이 분명하다. 그는 정책을 바꿔서 속국의 백성들이 자신들의 풍습을 따르고 자신들의 신을 예배하며 자신들의 고향에서 정착해 사는 것을 허용하였다.

바로 이러한 배경하에서 우리는 바벨론의 함락(B.C.E. 538년) 후 첫해에 유대인 포로들에게 공포된 고레스의 해방칙령에 관한 기사를 읽어야 한다. 이 칙령은 두 개의 판본으로 보존되어 있는데, 하나는 이스라엘의 전통적인 언어인 히브리어로 씌어져 있고(스 1:2-4) 다른 하나는 아람어로 씌어져 있다(6:3-5).

고레스의 칙령이 두 개의 판본으로 보존되어 있다는 사실 자체가 그것의 진정성(眞正性)을 유리하게 증거해주고 있다. 몇몇 학자들은 아람어 판이 원래의 기사라고 믿고 있지만, 이 둘은 근본적인 차이가 없다.[2] 히브리어 판에 따르면 고레스는 "하늘의 신 야훼"께서 자기에게 땅의 모든 왕국들을 주었고 예루살렘에 야훼를 위한 성전을 지을 책임을 맡겨주었다고 주장하였다는 것이다. 이러한 주장은 고레스를 예루살렘을 재건하기 위한 야훼의 대리자로 생각한 제2이사야를 상기시킨다(사 44:28; 45:1-3, 13). 유대인 역사가는 이 칙령을 신학적으로 다루었음이 틀림없다. 왜냐하면 고레스의 원통을 보면 고레스는 자기에게 세상에 대한 지배권을 준 것은 마르둑이라고 말하고 있기 때문이다. 그러나 히브리어로 된 보도는 고레스의 정책과 불일치하지 않는다. 왜냐하면 고레스는 스스로를 피정복민들의 신들을 옹호하는 후원자로 자처했고 그들의 성소에 신상들을 다시 세워주었으며 그들의 성전을 재건하도록

---

1) Pritchard, *Ancient Near Eastern Texts*(1), p. 316.
2) '수식이 더해진' 히브리어 판본은 칙사(勅使)의 구두에 의한 선포에 의거한 것이고 아람어 판본은 공식문서라는 주장이 있어 왔다. R. A. Bowman, *Interpreter's Bible*, III(16), pp. 571-73을 보라.

지원해주었기 때문이다. 이 칙령의 두 판본이 모두 고레스가 유대인들을 고향으로
돌아가게 했으며 페르시아의 국고로부터 재정적인 지원을 받아 예루살렘 성전을 재

정의 : 아람어

아람어는 포로기 이후 시대 동안에 점차로 유대인들의 상용어(常用語)가 되었
다. 아람어는 이때에 특히 널리 사용되게 되었지만 실제로 히브리어만큼이나 오래된
언어로서 둘 다 셈어족에 속한다. 이 둘 사이의 차이점과 유사점은 현대 로망스 어
족에 속하는 스페인어와 이탈리어의 차이점과 유사점과 같다고 하겠다. 야곱과 라반
의 조상 이야기에 기록되어 있는 대로 아람족(수리아인)과 히브리 민족 사이에 존재
한 긴밀한 관계는 이 두 언어 사이에도 마찬가지로 존재한다. 야곱과 라반처럼 아람
어와 히브리어는 친척 관계이다. 고대 지중해 세계에서 아람어는 커다란 국제적 특
권을 누렸다. 왜냐하면 오늘날 영어와 같이 아람어는 국제어(lingua franca)로 사용
되었기 때문이다. 랍사게가 이사야 시대에 예루살렘의 항복을 요구하러 왔을 때(사
36:11; 왕하 18:26) 그는 유다인들의 모국어가 아니라 아람어로 말해달라는 요청을
받았다. 포로기 동안과 그 이후에 페르시아 당국이 아람어를 각 태수들에서 국제어
로 사용함으로써 아람어의 중요성은 한층 높아졌다. 점차로 유대인들은 히브리어를
문어(文語) 또는 고전어로 생각하게 되었고, 팔레스타인과 디아스포라 유대인들(예
를 들면, 엘레판틴에서) 사이에서는 아람어가 일상어로 사용되었다. 기독교 시대가
시작되기 전에 히브리어 성경은 자유로운 아람어 번역본인 '탈굼'(targum)을 수반
해야 했는데, 이는 일반 유대인들이 히브리어를 알아들을 수 없었기 때문이다. 더욱
이 유대인의 종교법과 시민법을 규정하고 있는 방대한 저술 모음집인 바벨론 탈무드
는 아람어의 동부 방언으로 씌어져 있다. 그리고 예수가 하나님 나라의 복음을 선포
한 것은 서부 방언인 팔레스타인 아람어를 사용해서였다.

건하도록 명령했고(스 6:4) 느부갓네살이 성전에서 탈취해 갔던 그릇들을 돌려주도
록 명령했다고(스 1:7-11) 말하고 있다.

다윗 가문 방백의 지도 아래에서의 귀환

고레스는 포수로부터 첫번째로 귀환하는 유대인들을 이끌고 가기 위한 지도자로
바벨론식 이름으로 신압우수르(Sin-ab-usur, 세스바살)라고 하는 인물을 "목백"(牧
伯)으로 임명했다. 그는 다윗 가문의 인물이었을 것이다. 그렇다면 그가 목백으로
임명된 것은 지방국가의 영도자로 왕가의 인물을 임명하곤 했던 페르시아의 관행과

일치하는 것이 된다.[3] 그가 총독으로 재임했던 때의 행적에 대해서는 그리 알려져 있지 않지만, 그는 성전의 기초를 놓았다고 전해진다(스 5:16). 세스바살에 이어 좀더 잘 알려진 바벨론식 이름으로 제르바빌리(Zer-babili, 스룹바벨)라고 하는 인물이 총독에 임명되었는데, 그는 많은 사람들이 유다의 합법적인 왕으로 생각하고 있던 포로로 잡혀간 여호야긴의 후손(대상 3:19)이었다. 페르시아의 행정은 유대인의 관습을 지키는 것을 장려했을 뿐만 아니라 제한된 범위 내에서는 국가의 재건도 허용한 유화정책을 사용하고 있었음이 분명하다. 이러한 사태의 진전은 많은 유대인들의 마음을 들뜨게 했고 소망에 불타오르게 했다. 제2이사야가 서 있던 새벽녘에 새 시대가 아침 햇살을 가득히 받고 떠오르는 것 같이 보였음에 틀림없다.

그러나 새 시대에 관한 제2이사야의 묘사는 너무나 장엄하게 솟아 있고 영원한 빛 속에서 비추고 있었기 때문에 어떠한 통상적인 역사적 시기, 적어도 포로기 이후의 유대교의 전기간은 그러한 이상에까지 도달할 수 없었다. 제2이사야는 다윗 가문의 왕이 아니라 고난을 통하여 높여지는 종에 관하여 말한 것이었다. 그는 평범한 예루살렘이 아니라 야훼가 왕이심을 열방에게 보여주는 표적이 될 새 예루살렘을 묘사하였다. 그는 백성들의 마음 속에서 시작되어 역사의 드라마 전체와 대자연의 장관(壯觀) 안에서 드러날 놀라운 변화를 서술하였다. 그의 메시지는 "마지막 일들", 곧 하나님의 구원계획 안에서 모든 역사가 완성되는 모습을 다루고 있었음에 틀림없다. 그러나 고레스의 보호 아래 예루살렘으로 돌아갈 것을 선택한 포로생활하던 사람들은 제2이사야의 아름다운 시(詩)가 아니라 냉엄하고 비참한 싸움의 산문(散文)을 체험했다.

귀환 이야기를 가급적 간단하게 말하기 위해 우리는 세 명의 인물과 세 가지 사건을 집중적으로 다루고자 한다: 첫째로 스룹바벨과 성전의 재건, 둘째로 에스라와 언약의 갱신, 셋째로 느헤미야와 예루살렘 성벽의 재건. 또한 우리는 학개와 스가랴 같은 선지자들을 간단히 살펴볼 것이며 에스라와 더불어 생겨난 유대교의 성격도 알아볼 것이다.

---

3) Frank M. Cross, "A Reconstruction of the Judean Restoration", 〔424〕, pp. 198-199를 보라. 몇몇 학자들은 여호야긴 이후의 다윗 족보에 세낫살을 포함시키고 있는 역대기상 3:18을 근거로 세스바살이 다윗 가문 출신이라고 주장하여 왔다; W. F. Albright, *The Biblical Period*〔90〕, p. 86과 John Bright, *History*〔91〕, pp. 361-362. 그러나 세낫살을 세스바살과 동일시하는 견해는 언어학적인 토대 위에서 도전을 받아왔다; Peter Ackroyd, "Israel in the Exilic and Post-Exilic Periods", *Tradition and Interpretation*〔153〕, 331와 n. 35를 보라.

역대기 사가의 저작

포로기 이후의 유대교 시기로 돌아가기 전에 페르시아 시대, 즉 고레스의 등장으로부터 알렉산더 대왕의 출현(B.C.E. 333년)에 이르기까지의 시기에 팔레스타인에 살던 유대인들의 생활에 대해 알려주는 주요한 사료를 살펴보자. 성경에 나오는 페르시아 시대에 관한 역사는 잘 읽히지 않는 두 권의 책 에스라서와 느헤미야서에만 나와 있는데, 이 책들조차 이 시기의 절반밖에는 다루고 있지 않다. 잘 알려져 있듯이 제2이사야의 열정적인 시들이 나온 후에 이 두 책은 용두사미격인 듯이 보일지도 모른다. 그렇지만 이 유대교의 시기는 이스라엘의 삶의 이야기에서 중요한 한 장(章)을 차지하는 것으로서 흔히 알고 있는 것보다도 훨씬 더 중요하다. 이것을 모른다면 서양문화에 깊은 영향을 끼친 정신적 유산을 이해하지 못하게 될 것이다.

에스라서와 느헤미야서

에스라서와 느헤미야서는 제1차 예루살렘 귀환으로부터 느헤미야의 두번째 유다 총독의 재임기간이 끝날 때까지의 이스라엘 역사(B.C.E. 538년부터 400년 직전까지)에 관한 이야기를 말해주고 있다. 이 자료들은 주후 4세기 말경에 로마 가톨릭 교회의 권위있는 번역본이 된 '불가타'(Vulgate)라는 라틴어 역본을 산출한 제롬(Jerome)에 의하여 처음으로 두 책으로 분권되었음이 분명하다. 그 시기 이전에 가장 초기의 히브리 사본과 헬라 사본들에서 이 이야기는 하나의 책으로 취급되었다.[4] 기독교 시대의 초기 세기들 동안에 표준성경(맛소라 또는 '전승'이라 불린다)이 맛소라 학파(Masoretes)로 알려진 유대인 학자들에 의하여 꼼꼼하게 보존되었는데, 이들은 아무도 성경에서 단 한 글자라도 보태거나 빼지 못하도록 성경의 모든 단어를 세어두었다. 그들은 자기들이 세어둔 숫자를 토대로 하여 에스라와 느헤미야에 관한 기사에서 정확히 중간에 있는 것이 우리가 지금 느헤미야 3:32로 표시하는 구절임을 표시해 두었다. 물론 이것은 현재 우리가 갖고 있는 느헤미야서의 중간이 아니라 랍비들이 성경의 단어들을 헤아릴 때 사용했던 하나의 두루마리로 된 에스라-

---

4) 구약의 헬라어 역본(칠십인역)에서 이 단일한 저작은 "에스라"(에스드라 B)로 알려져 있다; p. 770에 나오는 도표를 보라. 또한 역대기하 35-36장, 에스라, 느헤미야 8:1-12과 그밖의 자료들을 포함하고 있는 제1에스드라서로 알려진 외경이 있다.

느헤미야서라는 하나로 된 책의 중간이다. 우리는 하나의 책을 다루고 있기 때문에 왜 에스라에 관한 이야기가 일부는 에스라서에 나오고 일부는 느헤미야서(느 7:73b-10:39)에 나오는지를 이해할 수 있다.

히브리어 원문에서 에스라-느헤미야서의 두루마리는 역대기상하로부터 시작되는 방대한 역사서의 일부였다. 이 저작 전체는 전반적인 통일성을 보여주고 있기 때문에 '역대기 사가'의 저작에 속하는 것이 틀림없는데, 역대기 사가라는 말은 포로기 이후 시기에 활동한 일군의 역사 해석자들을 가리킨다. 이 저작의 핵심 부분은 역대기상하(히브리 성경에서는 한 책으로 되어 있다)로서 포로기 이후 시대의 초기인 제2성전이 건축될 무렵(B.C.E. 520-515년)에 편집되었고[5] 그후 여러 차례의 증보를 거쳐 주전 400년 이후의 어느 시기에 최종적인 형태 — 역대기상하, 에스라, 느헤미야 — 로 완성되었다.[6] 철학자 스피노자를 비롯하여 몇몇 사람들은 에스라가 최종적인 편집자였을 것이라고 추측하여 왔다.

흥미롭게도 히브리 성경에서 '디브레 하이임'(Dibre Hayyim) 또는 "[과거] 시대의 사건들"로 불리는 이 책(우리의 성경에서는 역대기상하)은 히브리 성경의 제3부인 성문서의 맨마지막, 에스라-느헤미야서 직후에서 찾아볼 수 있다 — 적어도 대부분의 사본들에서는. 그러나 이것은 말 앞에 마차를 놓는 격이다. 왜냐하면 연대순으로 말하자면 그 정반대가 맞는 것이 분명하기 때문이다. 고레스의 등장을 다루고 있는 역대기하의 마지막 절들은 에스라의 처음 시작하는 절들과 동일한데, 이것은 옛날 서기관들이 이야기들을 적절한 순서에 따라 연결하는 방식이었다.

이렇게 하여 우리는 앞 장들에서 이미 고찰한 바 있는 역사서들에 또하나의 주요한 역사서를 덧붙이게 된다. 고대 서사시 전승(J와 E) 이외에도 역사적인 서사시의 범주에 속하는 것들을 열거하면 다음과 같다:

1. 신명기 역사서(신명기를 서문으로 하여 여호수아서로부터 열왕기하까지).
2. 제사장 문서(창세기부터 민수기까지).
3. 역대기 사가의 저작(역대기상하, 에스라-느헤미야서).

---

5) 이것은 David Noel Freedman, "The Chronicler's Purpose", *Catholic Biblical Quarterly* 23(1961), 436-42의 입장이다.
6) *Tradition and Interpretation*[153], 152-162에 나와 있는 J. R. Porter의 "The Chronistic Historical Work"에 관한 논의를 보라.

이미 살펴보았듯이 제사장 문서는 실제로는 고대 이스라엘 서사시의 증보판이기 때문에 아마 이 목록에서 하나는 줄여야 할 것이다. 그렇게 되면 우리에게 남겨진 이스라엘의 역사를 이야기하는 주요한 저작은 두 가지인 셈이다. 신명기 역사는 모세의 마지막 날들로부터 시작하여 국가의 멸망과 백성들의 포수로 ― 그 최종판에서 ― 끝난다. 역대기 사가의 저작은 다윗의 출현으로 시작하여 주전 400년경까지의 포로기 이후 시기를 다루는 이야기로 끝난다.

역대기 사가의 제사장적 관점

신명기 역사서와 역대기 상하를 병행되는 기사끼리 비교해 보면 흥미롭다(역대기 사가의 역사서의 나머지 부분 ― 에스라서, 느헤미야서 ― 은 바벨론 포로로 끝나고 있는 신명기 역사서와 전혀 병행이 되지 않는다.). 예를 들면, 사무엘상 15장부터 열왕기상 2장까지에 나와 있는 다윗 이야기와 역대기상 10-29장에 나와 있는 다윗의 이야기를 비교해 보면 역대기 사가의 저작에서 과거를 어떻게 보고 있는지를 알 수 있다. 때로 역대기 사가들은 사무엘서와 열왕기에 나오는 구절들을 단어까지 그대로 발췌해 오기도 했다 ― 이것은 오늘날의 저작권(또는 표절!)이라는 개념이 과거에는 적용되지 않았다는 것을 보여주는 또 하나의 증거이다. 또 어떤 때에는 자신들의 관심에 따라서 전승을 무시하거나 바꾸기도 했다. 이것은 대범한 역사 서술 같이 보인다. 그러나 이 역대기 사가들을 옹호해서 말한다면 그들은 일차적으로 과거에 대한 '해석자'로서 자신들의 시대에 적합한 전승의 측면들을 강조하고 있는 자료들을 선택했다고 해야 한다. 물론 어떤 역사가라 할지라도 600년이라는 긴 세월 ― 미국의 전역사보다도 훨씬 긴 세월 ― 을 다룰 때에는 자신이 사용하는 자료들을 취사선택하고 그 비중에 따라 다루지 않을 수 없을 것이다.

모든 자료를 역대기의 분량인 100페이지 정도에 다 담을 수 없다는 것은 분명하다. 우리는 역대기 사가들이 사무엘-열왕기의 전승을 다루면서 어떻게 선택하고

---

7) 그러나 이러한 모든 차이점들이 역대기 사가의 의도적인 관심 때문이라고 설명할 수는 없다는 말을 덧붙여야 하겠다. Werner E. Lemke는 많은 경우에 차이점들은 역대기 사가가 맛소라 본문에 있는 것과는 다른 저본(底本, Vorlage)을 사용했다는 사실로부터 생겨난다는 것을 보여주고 있다. 그는 이 저본이 칠십인역으로 알려진 헬라어 역본의 배후에 있고 쿰란의 몇몇 사본에 전제되어 있다고 주장한다. 그의 논문 "The Synoptic Problem in the Chronicler's History", *Harvard Theological Review*, LVIII(1965), pp. 349-363를 보라.

생략하고 추가하고 수정했는지를 살펴봄으로써 이 역대기 사가들의 신학적인 경향을 알 수 있다. 이것은 우리 시대에 그 말이 뜻하는 경멸적인 의미로가 아니라 특정한 교리를 전파하기 위해 노력한다는 본래적인 의미에서 선전(propaganda)이다.[7]

그러나 이 저작이 후대에 씌어졌고 제사장들의 관점에서 씌어졌다는 이유로 순전한 허구(虛構)라고 생각하는 것은 잘못된 것이다. 역대기 사가의 저작은 사무엘서와 열왕기에만 의존하지 않았고 신명기 역사서에 포함되지 않은 자료나 그 당시에는 이용될 수 없었던 자료를 원천으로 씌어졌다. 역대기 사가가 훌륭한 사료를 사용했다는 것을 보여주는 아주 좋은 예는 에스라-느헤미야서에서 찾아볼 수 있는데, 거기서 사가들은 느헤미야의 자서전적인 회고록 — 페르시아 시대에 유대인 역사에 대한 가장 믿을 만한 사료들 가운데 하나 — 을 거의 그대로 발췌하고 있다. 에스라의 자서전적인 회고록도 많은 문제점을 안고 있기는 하지만 역시 대단히 중요한 역사적 증언이다. 이 두 사료는 다음에서 찾아볼 수 있다:

1. 느헤미야의 회고록: 느 1:1-7:73a ; 11:1-2; 12:27-43; 13:4-31
2. 에스라의 회고록 : 7:27-9:15 [8]

역대기 사가의 저작은 근본적으로 이스라엘 역사의 수정판 — 또는 재해석 — 이다. 따라서 에스라-느헤미야의 이야기가 다윗으로부터 시작된 역사 전개의 마지막 국면이기 때문에 역대기 역사서의 전체적인 목적을 이해하는 것이 중요하다. 이 기자(記者)들은 하나의 중심적인 확신, 즉 이스라엘이 '교회', 곧 예배 공동체가 되도록 부르심을 받았다는 확신에 의해 지배되어 있었다. 넓은 의미에서 이스라엘은 '제사장들의 왕국이며 거룩한 민족'(출 19:6에서 이 어구가 뜻하는 것처럼), 자기들의 삶 전체가 하나의 '전례'(典禮) 또는 하나님에 대한 예배가 되어야 하는 백성이어야 했다. 그러나 특수한 의미에서 이 공동체는 제사장들과 특히 레위인들이 예배의 집행에 필수불가결한 지위를 가지고 있었던 성전을 중심으로 할 것이다. 이러한 전례에 대한 관심은 역대기 사가의 저작에서 주요한 모티프 중의 하나이다. 사실 역대기 사가의 저작은 본질적으로 거룩한 도성 시온을 중심으로 하는 이스라엘 예배의 역사

---

8) 에스라 이야기(스 7:11-10:24; 느 7:73b-9:5)가 얼마만큼 에스라 회고록에 속하는지를 결정하기는 어렵다. 문제점들 중 하나는 에스라가 일인칭과 삼인칭을 섞어 사용하고 있다는 것이다.
9) Jacob M. Myers의 주석서, I(429), 특히 "The Intention of the Chronicler", pp. xviii-xl을 보라. 여기에서 그는 예루살렘에서의 예배의 지속을 다루고 있다.

이다.[9]

교직자(Churchman)로서의 다윗

사무엘서와 열왕기에서 다윗은 정치 지도자, 온 이스라엘의 가장 위대하며 으뜸 가는 왕으로서 백성들의 사랑을 받은 장점과 약점을 지닌 인간으로 묘사된다. 그러나 역대기 사가 저작의 저자들은 다윗의 '정치적' 역량에 특별한 관심을 보이지 않는다. 왜냐하면 그들이 이 저작을 쓸 무렵에 이스라엘은 이미 하나의 나라가 아니었기 때문이다. 물론 그들은 다윗의 군사적인 업적과 다윗 왕국의 광휘를 찬양하였다. 나아가 그들은 다윗 가문의 연속성을 보장한 야훼와 다윗과의 언약을 강조하였다(대상 17장; 삼 7장을 비교하라). 사실 다윗에 관한 그들의 묘사에는 어떤 '메시야적인' 것이 있다. 왜냐하면 다윗은 이상적인 왕이요 '메시야'(기름부음 받은 자)의 원형(原型)이기 때문이다. 그러나 역대기 사가들에게 다윗은 일차적으로 이스라엘을 예배 공동체로 조직한 인물이었다. 자신의 종교적인 수도, 거룩한 도성 예루살렘을 건설한 것은 다윗이었다. 그는 야훼께로부터 직접 받았다고 하는 식양(式樣)에 따라 성전 건축을 생각하고 있었다(대상 29:19을 보라). 그는 성전의 음악을 조직했고 레위인들에게 임무를 부여했다. 역대기 사가 저작의 저자들이 다윗에게 교회의 의상을 입힘으로써 인간 다윗의 모습은 가리워지는 경향이 있다.

역대기 사가의 저작은 다윗의 '메시야적' 지위를 손상시킬 수 있는 전승의 측면들, 즉 초기에 다윗이 무법자로 지낸 이야기, 밧세바와의 간음, 압살롬의 반역, 궁정 역사 안에 들어 있는 많은 자료들과 같은 것들을 무시해 버린다. 무엇보다도 가장 놀라운 것은 역대기 사가의 저작은 다윗의 마지막 말을 찬양하고 있다는 것이다. 역대기 사가의 저작은 요압과 시므이를 없애버리라는 다윗의 죽기 직전의 유언(왕상 2:5-9)을 없애버리고 다윗의 마음은 마지막 순간까지 미래의 성전에 대한 꿈에 사로잡혀 있었다고 하면서(대상 28-29장) 구약에서 찾아볼 수 있는 가장 멋진 기도 중 하나를 다윗의 입술에 올려 놓았다(대상 29:10-19). 역대기 사가의 저작의 저자들보다 더 열심히 다윗의 머리에 후광을 두르려고 노력한 사람은 없었다.

그렇지만 역대기 사가 저작의 저자들이 이렇게 한 것은 전혀 근거없는 것은 아니었다. 왜냐하면 다윗의 '교직자다운' 관심을 보여주는 전승 속에서 상당한 근거를 두고 있기 때문이다. 어찌 되었건 다윗은 언약궤를 예루살렘으로 옮겨왔고 아라우나의 타작마당을 사서 제단을 만들었으며(삼하 24장) 성전 건축 계획을 추진했다. 더욱이 성전 음악에 관한 다윗의 관심은 이스라엘 전승 안에서 확고하게 자리를 잡고 있다. 그는 "수금 잘 탈 줄 아는 사람"(삼상 16:14-23; 참조. 암 6:5)이었고 사울과 요나단의 죽음을 슬퍼하는 조가(弔歌)와 같이 노래와 조가의 작곡자로도 유명했다 (삼하 1:17-27). 다윗을 여러 시대 여러 시인들의 찬양과 비탄과 탄원들을 포함하고 있는 시편 전체의 저자로 보는 것은 분명히 잘못이다.[10] 그러나 시인과 음악가로서의 다윗의 평판에 비추어 볼 때 우리는 어떻게 해서 후대의 사람들이 그를 시편의 저자로 보게 되었는지를 이해할 수 있다. 다윗이 이스라엘의 예배 의식, 특히 악기를 사용한 음악에서 변화를 가져왔다는 역대기 사가의 주장에는 상당한 진실성이 있는 듯하다(대상 23-27장). 그러나 지금까지 말한 이 모든 것에도 불구하고 역대기 사가가 그린 교직자로서의 다윗에 관한 묘사는 포로기 이후의 제사장적인 유대교의 관심에 의해 채색되어 있다는 것도 역시 사실이다.

교회로서의 이스라엘의 역사

역대기 사가는 다윗으로부터 예배 공동체가 기원하였다는 기사로부터 시작해서 한 걸음 더 나아가 이스라엘의 역사를 교회라는 관점에서 이야기하고 있다. 사무엘 하 7장의 저자와 마찬가지로 이 사가들은 야훼의 축복이 다윗 왕조에 의거한 것임을 천명하고 있다. (합법적인 왕권은 하나뿐이었기 때문에, 이 사가들은 사울이 기름부음 받은 것에 관한 전승을 그냥 지나쳐버리기까지 한다.) 북왕국은 여로보암 1세의 죄로 인하여 참된 예배 공동체로부터 떨어져 나갔기 때문에 멸망하였다. 또한 남왕국도 너무 타락했기 때문에 야훼께서 엄한 심판을 내렸음이 결국은 밝혀졌다. 그래서 거룩한 도성은 멸망했고, 성전 — 다윗이 "극히 장려하여 만국에 명성과 영광이 있게"(대상 22:5) 계획하였던 — 도 파괴되었으며, 제사장들과 백성들은 포로로 잡혀갔다.

이 시점에서 역대기 사가는 에스라-느헤미야서에 나와 있는 이야기를 시작한다. 이 사가는 어떻게 고레스 칙령이 내려서 충실한 유대인들이 예루살렘으로 돌아갈 수 있게 되었는지를 말한다. 예루살렘에서 유대인들은 이스라엘의 하나님께 번제물을 드릴 제단을 즉시 세웠고 몇 년 뒤에는 성전을 재건하였다. 그러나 유대인 공동체는

---

10) 시편에서 절반 조금 못 미치는 숫자의 시들이 그 표제에 저자를 다윗이라고 하고 있다. 시편 저자로서의 다윗에 관해서는 제16장에서 자세하게 논의되고 있다.

제1성전의 파괴를 재촉하였던 이교(異敎)의 위협을 받았다. 그래서 다음으로 — 역대기 사가의 도식에 따르면 — 제사장 에스라가 그의 손에 모세의 율법을 들고 바벨론에서 와서 공동체의 정체성(identity)을 확보하는 것을 목표로 한 대대적인 종교 개혁을 주도하였다. 현재 성경의 이야기 순서를 따르면, 그 직후에 느헤미야가 바벨론에서 예루살렘으로 왔다. 페르시아의 유다 지역 총독이라는 권위를 부여받은 그는 예루살렘 성벽의 재건을 감독하고 여러 가지 사회적, 종교적 개혁들을 추진했다.

이스라엘은 포로되었던 곳으로부터 하나의 국가로서가 아니라 종교적 공동체로 돌아왔다. 이러한 기사는 앞으로 살펴보게 될 포로기 이후 시대의 역사적 상황과도 부합한다. 그러나 역대기 사가의 의도는 이스라엘 삶의 이러한 심각한 변화는 단지 당시의 정치적 변화에 대한 대응책만은 아니었고 오히려 다윗으로부터 전해져 내려온 유대교의 헌장(憲章)으로 되돌아가는 것임을 보여주는 것이었다.

스룹바벨이라는 순(筍)

역대기 사가의 역사서에서 에스라서와 느헤미야서가 차지하는 위치를 살펴보았으므로 이제는 고레스 칙령에 호응하여 고향 땅으로 얼굴을 돌린 개척자들을 살펴보기로 하자. 우리는 바벨론으로부터 대대적인 민족이동이 있었다고 생각해서는 안된다. 에스라 2장(참조. 느 7장)에 나와 있는 명단은 그 숫자를 약 5만 명으로 잡고 있다. 그러나 이것은 수 세대가 지난 후인 느헤미야 시대에 행해진 광범한 인구조사임이 틀림없다. 왜냐하면 느헤미야 7:5에서는 느헤미야가 그 명단을 공표하였다고 분명하게 말하고 있기 때문이다.[11] "그 마음이 하나님께 감동을 받고 올라가서 예루살렘 야훼의 전을 건축코자 하는 자"(스 1:5)의 숫자는 그보다 훨씬 적었음이 틀림없고, 그러한 이주는 여러 세대에 걸쳐 이루어졌다. 유대인들 가운데 많은 수는 정착해서 안정된 생활을 하고 있었고 사업도 번창하였다. 따라서 유명한 유대인 역사가인 요세푸스(주후 37년부터 100년 이후까지)가 많은 유대인들은 자기들의 재산을 버리기 싫어했다고 말한 것은 옳다.[12] 많은 유대인들에게는 오직 불확실성과 불안정만이 기다리고 있을 황폐한 예루살렘을 향한 길고도 험난하며 비싼 대가를 치러야

---

11) W. F. Albright, *The Biblical Period*(90), p. 49와 각주 122를 보라.
12) *Antiquities of the Jews*, xi, I, 3.

할 여행길에 오른다는 것은 정말 무모한 짓으로 보였을 것이 틀림없다.

팔레스타인 공동체 내부에서의 긴장들

그러나 얼마쯤 시간이 지난 후에 우리는 예루살렘에서 대제사장 예수아(또는 여호수아)와 스룹바벨의 영도하에 있는 백성들의 작은 공동체를 발견하게 된다. 스룹바벨은 세스바살의 뒤를 이어 공인된 행정당국자가 되어 있었다. 에스라 3장에 나와 있는 역대기 사가의 기사에 의하면, 이 공동체 최초의 활동들은 제단을 세우는 일, 레위인들의 직분을 정하는 일, 새 성전의 기초를 놓는 일이었다고 한다. 예배는 "이스라엘 왕 다윗의 규례대로"(스 3:10) 이루어졌는데, 물론 이것은 다윗의 규례가 유대교의 헌장(憲章)이라는 역대기 사가의 관심을 보여주는 것이다.

그러나 고레스 치세의 나머지 기간 동안에는 팔레스타인 공동체 내부의 논란들과 갈등들로 인해 복구 사업은 방해를 받았다. 한 가지는 "그 땅 백성", 즉 바벨론 포수(golah)에 관여되어 포로로 잡혀가지 않고 팔레스타인에 남아 있었던 사람들이 말썽을 일으킨 것이었다. 역대기 사가의 저작은 포로로 잡혀간 사람들이야말로 참 '이스라엘' — 예레미야의 이상(異像)에 나오는 "좋은 무화과"(렘 24장) — 을 대표하며 그들은 유대인 공동체의 토대들을 재건하는 권세를 하나님으로부터 받았다는 가정을 토대로 하고 있다. 그러나 우리는 이 땅에 수 세대 동안 살고 있었던 사람들이 수많은 난민들의 유입을 진심으로 환영하지 않았으며 지도력이 새로운 이주자들에게 있다는 견해도 의심치 않고 받아들일 수 없었다는 것을 확실히 알 수 있다. 실제로 이 시기의 문헌을 주의깊게 연구해 보면 예루살렘에 있는 주류 제사장들(포로생활로부터 돌아온 사독 반열의 제사장들)과 자신들이 그들의 권능과 권세에 관한 주장으로 인하여 억압받고 있다고 생각했던 다른 사람들 사이에 격렬한 논란이 있었다는 증거를 보여주는 것 같다.[13]

또 사마리아 속주에 살고 있던 북쪽의 이웃 백성들에 의해서도 분규가 발생했다. 여기서 우리는 사마리아인과 유대인 사이의 긴장을 보여주는 첫번째 징조를 보게 된다. 결국 이 긴장은 뚜렷한 적개심으로 발전되었고 세겜을 굽어보는 그리심산 위에 예루살렘 성전에 대항하는 사마리아 성전을 건축하는 일로 이어졌다. 유대인의

---

13) 이러한 해석은 Paul Hanson, *The Dawn of Apocalyptic*(427)에서 '제3이사야' 와 당시의 다른 예언문학에 관한 자신의 연구와 관련하여 설득력있게 제시되어 있다.

관점에서 볼 때 사마리아인들은 앗시리아가 그 지역에 이주시킨 이방인들과 뒤섞임으로써 타락했다(스 4:2을 보라). 그러나 사마리아인들 자신은 자기들이 모세의 전승을 충실히 따르고 있으며 예루살렘의 성전을 재건하는 사업에 유대인들과 함께 참여해야 한다고 생각하였다. 게다가 이전에 앗시리아의 사마리아 속주의 거민으로서 그들은 바로 자기들의 문앞에서 유대인의 나라가 재건될지도 모른다는 생각에 불안과 적의를 가지고 바라보았다.

사마리아인들은 성전을 재건하는 일에 유대인들과 협력하겠다는 제의를 했지만 스룹바벨은 이러한 제의를 일축해버렸다. 그래서 우정으로 내밀어진 손은 움켜져서 주먹이 되고 말았다. 그러나 사마리아인들의 적대감은 유대인들의 거부 때문에 촉발된 것은 아니었다. 왜냐하면 이 두 백성들 사이에서는 경제적, 정치적 경쟁관계가 있었던 것이 분명하기 때문이다. 어쨌든 사마리아인들은 성전 건축을 중지시키려고 자기들의 힘이 닿는 한 온갖 짓을 다하였다. 그들은 성전건축을 유대인들의 민족주의가 부활하는 상징으로 보았던 것이다. 이러한 것들이 고레스 치세의 나머지 기간(그는 주전 530년에 죽었다)과 그의 후계자인 캄비세스 2세(B.C.E. 530-522년경)의 치세 기간 그리고 다리우스 1세의 치세 기간까지 성전건축 사업을 중단되게 만든 정치적 분규들이었다(스 4:4-5:24).[14]

학개와 스가랴의 시대

그러니까 약 18년의 공백기간이 지난 주전 520년 다리우스 1세(주전 522-486년) 제2년에[15] 성전 재건작업은 재개되었다. 우리는 페르시아 제국을 그 토대까지 뒤흔들어 놓은 사건들을 배경으로 당시의 스룹바벨의 지도력을 이해해야 한다. 다리우스의 전임자였던 캄비세스는 군대를 이끌고 이집트를 정복하여 페르시아 제국에 병합시켰지만 말년에는 미쳐서 자살하고 말았다. 그가 죽은 후 조정에서는 살인극과 모반이 뒤따랐고 페르시아의 여러 속주들에서는 민족주의 운동이 일어났다.

---

14) 에스라 4:6-23은 그 위치가 잘못되어 있음이 분명하다. 왜냐하면 이 구절은 다리우스를 계승한 왕들인 크세르크세스(아하수에로)와 아닥사스다 1세의 치세를 다루고 있기 때문이다. 이 시기의 역사의 상세한 내용에 대해서는 A. T. Olmstead, *History of the Persian Empire*(University of Chicago Press, 1948); R. Ghirshman, *Iran: From the Earliest Times to the Islamic Conquest*(Harmondsworth, Middlesex: Penguin Books, 1954)를 보라.

15) 역대기 사가는 성전의 기초를 놓은 날짜를 다리우스 제2년(학 1:1-6)이 아니라 고레스 제2년(스 3:6-13)이라고 잘못 말하고 있다.

　　어느 기간이 지난 후에 다리우스는 광범위하게 번진 반란을 가까스로 진압한 후에 승리를 자축하기 위해 베히스툰 바위(the Behistun Rock) 위 높다란 곳에 거대한 부조(浮彫)와 3개 국어로 된 비문을 새겨 놓았다. 너무 높아서 디딤대와 계단을 놓고나서야 고고학자들이 겨우 접근할 수가 있었던 이 부조는 도판에 나와 있다. 이 부조는 다리우스가 두 명의 시종을 거느린 가운데 땅바닥에 꿇어엎드린 반란 주모자 위에 자신의 발을 얹어놓고 조로아스터교의 신 아후라 마즈다(Ahura Mazda)를 나타내는 상징인 날개달린 원반을 손으로 가리키고 있는 모습을 묘사하고 있다. 다리우스 앞에는 아홉 명의 반란 지도자들이 서 있는데, 그들의 목은 오랏줄로 서로 묶여져 있고 그들의 손은 등 뒤로 수갑이 채워져 있다. 이 부조와 함께 있는 쐐기문자로 된 비문 — 3개 국어, 즉 고대 페르시아어, 엘람어, 아카드어로 씌어진 — 은 지식의 새로운 전망을 열어 주었다. 왜냐하면 고대 페르시아어를 해독함으로써 학자들은 다른 두 언어도 번역할 수 있었기 때문이다.

　　그런 후에 다리우스의 재위 제2년에 우리가 예레미야서를 공부하면서 이미 대하였던 통치자와 같은 이름인 느부갓네살의 지도 아래 바벨론에서 또다시 반란이 일어났다. 바벨론에서 폭동이 일어난 지 채 한 달도 못 되어서 유대인들은 다윗 가문인 스룹바벨과 대제사장 여호수아의 영도 아래 성전을 재건하기 시작했다.

　　에스라 5:1에 의하면 이 작업은 학개와 스가랴라는 두 예언자에 의해 고무되었다고 하는데, 이들의 짤막한 글이 구약에 보존되어 있다.[16] 주전 520년 바벨론의 혁명이 확실한 성공을 거둔 것에 고무된 학개는 자신의 말 속에 민족주의의 불을 넣어 설교하였다. 그는 백성들이 야훼의 집을 폐허로 버려둔 채 자기들은 멋있고 호화로운 집에 살기 때문에 고국의 경제 사정이 불안하다고 백성들에게 선포하였다. 바로 그의 첫번째 신탁이 유대인들로 하여금 행동하게 하였다. 백성들은 자기들이 제1순위의 일을 첫번째로 한다면 하나님께서 자기들에게 호의를 보일 것을 기대하고 제사장 여호수아와 총독 스룹바벨의 뒤를 따랐다(학 1장). 한 달 후에 백성들이 자신들이 지은 초라한 건축물과 솔로몬 성전의 광휘를 비교하며 낙담하게 되었을 때, 학개는 이전 성전의 영화를 능가하는 새로운 성전에 대한 꿈으로 백성들의 상상력에 불을 질렀다. 그는 하나님이 곧 개입하실 것이라고 선언하고 야훼께서는 하늘과 땅을 진동시킬 뿐만 아니라 열방들을 진동시켜서(2:1-9) 열방의 보물들을 새 성전으로 가

---

16) 스가랴의 진정한 예언들은 1-8장에서 찾아볼 수 있다. 나머지 장들은 후대의 제자들 집단에서 나왔다.

져오게 될 것이라고 예언하였다. 분명히 학개는 페르시아 제국의 멸망를 내다보고 있었다. 민족주의적인 논조를 지닌 그의 마지막 신탁은 스룹바벨을 향한 것으로서 유대인 총독 — 여호야긴의 후손 — 이 야훼의 기름부음 받은 자, 다윗 가문의 메시야라는 것을 베일에 싸인 언어로 선언한다(2:20-23).

이보다 약간 후대에 나온 스가랴의 예언은 대제사장과 다윗 가문의 방백의 공동의 지도력 아래 유대인의 나라가 재건될 것이라는 동일한 소망을 표현하고 있다. 이 신탁들은 포로기 이후 시대의 후반에 유대교에서 유행하였던 기괴한 묵시문학적 형태로 발해진다. 제2이사야의 예언과 마찬가지로 이 새로운 유형의 예언은 야훼의 주권적 의도 속에서의 역사의 완성인 마지막 때를 다루고 있다. 그러나 초기의 예언과는 달리 이것은 불가해한 언어로 말해지고 있고 미래에 관한 기이한 이상(異像)들로 가득 차 있으며 야훼의 원수들이 분쇄되고 하나님 나라가 세워질 극적인 피날레의 도래를 예견하고 있다.[17]

열방들의 권세가 야훼에 의하여 기적적으로 분쇄될 것이라는 확신 속에서(스 4:6-10을 보라) 예언자 스가랴는 스룹바벨을 다윗 가문의 메시야로 지칭하고 있다. 야훼께서는 성전에 대한 책임을 맡은 대제사장 여호수아에게 이렇게 말한다: "내가 내 종 순을 나게 하리라"(3:8). 여기서 '메시야'(기름부음 받은 자)라는 말은 사용되고 있지 않다. 왜냐하면 이 말이 특정한 기름부음 받은 자인 메시야(헬라어로 christos)라는 특별한 의미를 띠게 된 것은 유대교의 후기에 가서였기 때문이다. 메시야적 예언의 초기 전승에서는 다윗 가문에서 미래에 나올 왕은 "이새의 줄기에서 한 싹", "그 뿌리에서 한 가지"(사 11:1)로 지칭된다. 스가랴로부터 "순"(筍)이라는 말은 다윗 계열의 후손인 메시야적 왕을 가리키는 용어가 되었다. 이 예언자에 의하면 스룹바벨이 메시야적 권세를 가지고 있다는 표적은 그가 성전건축을 완성하는 것이 될 것이라고 한다.

> 만군의 야훼께서 말씀하시되보라 순이라 이름하는 사람이 자기 곳에서 돋아나서 야훼의 전을 건축하리라 그가 야훼의 전을 건축하고 영광도 얻고 그 위에 앉아서 다스릴 것이요 또 제사장이 자기 위에 앉으리니 이 두 사이에 평화의 의논이 있으리라
> — 스 6:12-13; 참조. 4::6-10.

---

17) 이런 유형의 예언은 헬라어로 '계시' — 즉 장래에 일어날 일에 관한 계시 — 를 뜻하는 '묵시록'으로 알려져 있다. 다니엘서는 구약에서 묵시문학의 가장 좋은 예이기 때문에 이런 유의 사상에 관한 논의는 이 책의 마지막 장까지 미루어질 것이다.

이 인용문이 발췌된 구절(9-15절)에서 스룹바벨이라는 이름이 한 번 나왔을 것이지만 우리가 알지 못하는 어떤 이유로 그것이 삭제되었다. 어쨌든 스가랴의 예언에서 순(筍)이 스룹바벨을 지칭한다는 것은 의심할 여지가 없다. 역대기 사가의 저작 중 제1부(역대기상하)는 이 메시야 운동을 밑받침하기 위하여 편찬되었다고 해도 좋을 것이다.[18]

제2성전

성전 건축을 방해하려는 시리아의 태수 닷드내와 사마리아 지도자들의 시도들에도 불구하고 성전은 주전 515년에 완공되었다. 이 사업계획이 다리우스 치세 초기에 페르시아 제국이 분규에 휩싸여 있을 때 세워졌다는 것을 생각해보면, 유대인들은 유대인의 나라를 부활시키려는 소망이 크게 작용했음이 분명하다. 그런데 이 시점에서 스룹바벨이 이상하게도 역사의 무대에서 사라져버렸다. 그에게 무슨 일이 일어났었는지 우리는 모른다. 그를 중심으로 한 메시야 운동이 혁명의 징조라고 생각한 페르시아인들이 그를 감쪽같이 해치워버렸다고 추측되기도 했다. 그러나 다른 총독들과 마찬가지로 그의 총독 임기가 제한되어 있었고 우리가 알 수 없는 페르시아 정부의 정치적 상황으로 인하여 그 임기가 연장되지 않았다는 견해가 더 가능성이 있다고 할 수 있다.[19]

어쨌든 페르시아 시대에 다윗 가문의 나라를 재건하려는 시도에 대해서 우리는 더 이상 들은 바가 없다. 공동체의 지도력은 이제 대제사장 여호수아와 그의 후계자들에게 부여되었다. 이때부터 이스라엘은 성전 중심의 공동체, 제사장들의 나라가 되는데, 역대기 사가에 의하면 이것은 다윗의 지시에 따른 것이라고 한다.

그러나 당시는 "작은 일의 날"(스 4:10)이었다. 제2성전은 그 웅장함이 페니키아 건축가들의 예술작품인 솔로몬 성전과 비교도 되지 않았다. 이전의 성전을 기억하고 있던 노인들이 제2성전의 기초가 놓여지는 것을 보고는 큰 소리로 울었다고 한다(스 3:12-13). 그렇지만 소박한 새 성전은 포로기 이후 시대에 이스라엘의 삶의 구심체와 보루 구실을 하였다. 부족한 건축미(建築美)는 백성들이 거기에 쏟아부은

---

18) David Noel Freedman의 논문 "The Chronicler's Purpose"〔426〕를 보라.
19) Peter Ackroyd, "Israel in the Exilic and Post-Exilic Periods", *Tradition and Interpretation*〔153〕, 338.

크나큰 헌신, 특히 그곳은 야훼께서 이스라엘 가운데 머무는 장소라는 확신에 의해 극복되었다.

앞에서 살펴보았듯이 역대기 사가가 이스라엘의 역사에서 음악과 찬양의 중요성을 강조한 것은 옳았다. 물론 이 사가들의 글은 포로기 이후의 성전에 대한 관심을 반영하고 있지만, 예배의 연속성은 다윗으로까지 거슬러 올라간다고 그들이 믿은 것은 근본적으로 옳았다. 심원한 의미에서 제2성전의 기초는 백성들의 종교적인 헌신이었다. 예배 공동체로서의 이스라엘은 노래하는 백성이었으며 기악과 합창은 그들의 생활에서 중요한 위치를 차지하였다. 역대기 사가의 저작과 시편의 표제들에서 우리는 예배의식에서 특별한 역할을 담당했던 악단(樂團)의 지도자들 — 헤만, 아삽, 에단 또는 여두둔 — 에 관하여 듣는다. 역대기 사가에 의하면 레위인들의 주된 역할은 예배회중을 찬양과 기도로 인도하는 것이었다.

이스라엘의 삶과 사상은 성전이 로마시대에 완전히 파괴될 때까지(70년) 성전에서 키워졌다. 그러나 예루살렘 이외의 지역에서 사는 유대인들이 성전의 예배의식에 참여하는 것이 언제나 가능한 것은 아니었기 때문에 회당이 포로기 이후 시대에 팔레스타인의 촌락에 군데군데 생겨나기 시작하였고, 마침내 예를 들면 바울이 전도여행을 하는 동안에 보았던 것과 같이 디아스포라 유대인 가운데서 회당들을 찾아볼 수 있게 되었다. 회당은 이스라엘의 삶과 사상에 깊은 영향을 미쳤고 성전이 없어지고 난 후에도 오래도록 지속되었다. 그러나 포로기 이후 시대에 실제로 성전을 대신할 만한 것이 없었다. 경건한 유대인들은 제사장들의 희생제사와 회중들의 찬양의 드라마에 참여하기 위해 예루살렘으로 순례를 했다. 우리가 시편 — 때로 '제2성전의 찬송가'로 불린 — 에서 감지할 수 있듯이 예배의식 속에서 유대인들은 슬픔에 대한 위로를, 범죄에 대한 용서를, 괴로울 때 소망을 발견하였다. 시편 기자는 야훼의 궁정에서의 하루가 다른 곳에서 보낸 천날보다 낫다고 말했다.

> 만군의 야훼여
> 주의 장막이 어찌 그리 사랑스러운지요[20]
> 내 영혼이
> 야훼의 궁정을 사모하여 쇠약함이여
> 내 마음과 육체가

---

20) "장막"(mishkanoth, 히브리어로는 복수형이다)으로 번역된 말은 야훼께서 백성들 가운데서 '장막을 치고 계시다' 또는 '돌아다닌다'는 고대의 견해를 반영하고 있다. 성전은 야훼가 거주한다는 의미가 아니라 때때로 방문하는 장소라는 의미로서 야훼의 거소(居所)이다. pp. 572-573를 보라.

생존하시는 하나님께 부르짖나이다
— 시편 84:1-2.

재건과 개혁

성전의 완공(B.C.E. 515년)으로부터 느헤미야가 예루살렘에 나타날 때 (B.C.E. 445년)까지 대략 3세대의 간격이 있다. 페르시아 제국의 주(主) 수도였던 페르세폴리스(Persepolis)에 있는 인상적인 폐허들이 입증하듯이 이 시기에 페르시 아 문화는 절정에 달했다. 이 웅장한 수도를 건설한 다리우스 1 세와 크세르크세스 는 헬라에 대한 원정을 감행하였으나 저 유명한 마라톤 전투(B.C.E. 490년), 테르

페르세폴리스 아파다나의 폐허

모필레 전투 , 살라미스 전투(B.C.E. 480년) 등에서 패하였다.

역대기 사가는 가급적 빨리 에스라의 위대한 문화적 개혁으로 넘어가기 위하여 이 시기를 건너뛰고 있기 때문에 우리는 유대인 문제에 관한 빈약한 정보를 보충하기 위하여 다른 자료들로 눈을 돌리지 않을 수 없다. 우리가 앞에서 언급한(p. 508를 보라) 엘레판틴 파피루스(the Elephantine Papyri)는 주전 5세기에 나온 것이지만 주로 이집트에 있던 디아스포라 유대교를 이해하는 데 중요할 뿐이다. 그렇지만 앞에서 고찰한(pp. 598-601를 보라) 이른바 "제3이사야"(사 56-66장)의 저작들 외에도 이 시기의 팔레스타인 사정에 대해 어느 정도의 빛을 던져줄 몇몇 예언서들이 있다.

에돔에 관한 오바댜의 규탄

오바댜의 예언은 예루살렘이 멸망한 후에 유다 영토의 일부를 점령한 ― 그렇게 기억될 것이다 ― 에돔에 대한 신랄한 공격을 퍼붓는 내용이다(말 1:2-5을 보라). 오바댜는 쌍둥이 형제인 야곱과 에서의 이야기에 따라 전통적으로 이스라엘과 관련된 에돔의 오만과 협잡을 규탄하였다. 예언자는 '야곱'에게 행한 폭력 때문에 에돔을 야훼께서 멸하려고 열방들을 불러모으실 것이라고 말했다. 오바댜의 예언이 나온 시기는 정확하게 결정할 수 없다. 이 예언은 유다가 멸망하던 날 에돔이 자행한 사악한 행위에 대한 언급(11-14절)으로 보아 주전 587년 예루살렘 멸망 이후에 나온 것으로 보인다. 그렇지만 에돔의 파멸이 현재 일어나고 있는 것에 관한 서술이 아니라 미래에 닥쳐 올 위협으로 제시되어 있기 때문에(1-10절) 이 예언은 아랍 부족들이 아라비아 사막으로부터 에돔 영토로 밀려들어오기 시작하던 주전 5세기 이전에 씌어졌음에 틀림없다. 주전 4세기 무렵에는 나바테아족(Nabateans)으로 알려진 이 침략자들은 셀라(Sela)의 산악지대에 있는 에돔 성채들을 차지하고 있었고(참조. 옵 3절) 붉은 석회석 벼랑에 동굴을 파서 그들의 멋있는 수도 페트라(Petra)의 '장미 도시'를 건설했는데, 이 도시는 오늘날 요단 동편에 있는 가장 매력적인 유적 중의 하나이다.

신실한 예배를 위한 말라기의 탄원

유다 공동체의 사정에 관한 또다른 증거는 느헤미야가 예루살렘에 등장하기 대략 한 세대 전에 씌어진 것으로 보이는 말라기에 의해 제공된다. 이때에 유대인 공동체는 페르시아 총독이 통치하였다(말 1:8을 보라). 제2성전은 완공되었지만 백성들의 마음은 이미 그들의 예배에 있지 않았다. 에돔을 규탄한 오바댜의 목소리를 재현하여 이 예언자는 쌍둥이 형제들에 관한 조상들의 이야기를 신랄하게 비꼬아 말하는 것으로 시작한다: "내가 야곱을 사랑하였고 에서는 미워하였으며" — 이런 식으로 이스라엘에 대한 야훼의 호의를 강조하고 있다(1:2-5). 이러한 하나님의 호의는 이스라엘의 신실치 못하고 배은망덕한 행위를 날카롭게 부각시킬 뿐이라고 예언자는 말했다. 그는 백성들이 그들의 관리조차 받지 않을 제물들 — 눈멀고 절뚝거리며 병든 짐승들 — 을 바치거나 오염된 음식들을 제단에 바침으로써 야훼를 욕되게 한다고 고발하였다. 백성들은 예배의식의 절차들을 다 수행하고 있기는 했지만 그 모든 것을 따분하고 지겨운 것으로 생각하고 있음이 분명했다(1:13). 이렇게 하느니 차라리 성전문을 닫아버리는 편이 더 나을 것이라고 예언자는 말했다. 왜냐하면 야훼는 가장 좋은 제물과 가장 성실한 예배만을 받아야 마땅했기 때문이다.

보편주의의 논조를 가지고 예언자는 이방인들조차도 야훼의 이름을 높이고 있는데(1:11; 또한 2:10을 보라) 이스라엘은 부적절하고 불성실한 예배로 야훼의 이름을 욕되게 하고 있다고 지적하였다. 제사장들은 진정한 율법을 수호하지 못하고 있고, 사람들은 유대인 아내와 이혼하고 이방 여자들과 결혼하고 있으며, 사회적 불의는 횡행하였다. 설상가상으로 백성들은 야훼를 섬겨보아야 아무런 '이득이 없다'고 불평하고 있었는데, 이는 악을 행하는 자들이 높은 자리를 차지하는 것이 그들에게 분명했기 때문이다. "공의의 하나님이 어디 계시냐"(2:17)고 그들은 물었다. 종교가 눈에 보이는 유익들을 가져다주지 못한다면 무슨 이유로 하나님을 섬기는 것인가?(3:13-15).

말라기의 비판의 강도는 꽤 높은 편임에도 불구하고 이 예언자는 선임자들의 수준에는 이르지 못하고 있다. 그는 백성들이 수입의 십분의 일(십일조)을 바치고 마땅히 하나님께 드려야 할 것을 "도적질"하지 않는다면 야훼께서 그들에게 큰 복을 내리실 것이고 이스라엘은 열방들 가운데 크게 될 것이라고 말하였다(3:6-12). 생생한 어구를 통해 — 이 어구를 후대에 기독교인들은 그리스도의 선구자인 세례 요한을 가리키고 있는 것으로 해석하였다 — 그는 사자(Messenger)[21]가 나타나서 야훼

---

21) 3:1에 나오는 "내 사자"라는 표현은 히브리어로 '말라기'(mal'aki) — 즉 말라기 1:1에 나와 있는 예언자의 이름 — 이다. 아마도 여기서 이 예언자의 이름을 그렇게 붙였을 것이다. 실제로 우리는 이 책의 저자에 관하여 아무것도 모른다.

께서 오실 길을 예비할 것이라고 선포하였다. 그는 야훼께서 돌연히 거룩한 성전에 오실 것이고 "그의 임하는 날"에 야훼는 "금을 연단하는 자의 불"과 같아서 백성들이 두려움에 질릴 것이라고 말했다. 야훼의 의도는 무엇보다도 제사장들을 연단시켜서 그들이 야훼께 "의로운 제물"을 드릴 수 있도록 깨끗케 하는 것이다. 그런 후에 야훼의 심판이 점쟁이와 간음하는 자와 거짓 증거하는 자와 가난하고 힘없는 자들을 억압하는 자들에게 임할 것이다(3:1-5).

바로 지금부터 의인과 악인을 가려내는 일은 시작되고 있는데, 이는 야훼를 경외하는 사람들의 이름은 "기념책"에 기록하고 그들을 심판날에 건지기 위함이라고 예언자는 말했다(3:16-18). 이 저작은 야훼께서 가장 뛰어난(par excellence) 예언자 엘리야를 보내어 이스라엘에게 회개를 촉구하고 "야훼의 크고 두려운 날"(4:5)을 백성들에게 예비시킬 것이라는 예언으로 끝난다.

요엘과 메뚜기떼

요엘의 예언이 나온 연대를 정확하게 말하기는 힘들지만 대략 이와 동일한 시기에 나온 것으로 보인다. 요엘은 주전 500년과 350년 사이의 어느 시기에 살았던 것으로 학자들은 믿고 있다. 그 시기야 어쨌든 그가 설교하게 된 계기는 고대 팔레스타인에 흔히 있었던 그 땅을 황폐화시킨 메뚜기떼의 재앙이었다. 더욱이 그 땅은 극심한 가뭄을 겪었다. 요엘이 그 공격장면을 극히 생생하게 묘사하고 있는 메뚜기 '떼'는 그에게는 야훼의 날이 임박했다는 표적이었다.[22] 예언자는 백성들에게 아마 가을의 신년축제와 관련되어 있는 것으로 보이는 회개와 애통의 큰 금식을 행하라고 촉구하였다.

야훼의 말씀에 너희는 이제라도
금식하며 울며 애통하고
마음을 다하여 내게로 돌아오라 하셨나니
너희는 옷을 찢지 말고
마음을 찢고
너희 하나님 야훼께로 돌아올지어다

---

22) 몇몇 학자들은 메뚜기 대군이란 침공하는 외국군대에 대한 은폐된 묘사라고 믿고 있다. Arvid S. Kapelrud, *Joel Studies*(325), pp. 14-17의 논의를 보라.

그는 은혜로우시며 자비로우시며
노하기를 더디하시며 인애가 크시사
뜻을 돌이켜 재앙을 내리지 아니하시나니
— 요엘 2:12-13.

그런 다음 갑자기 그는 경고를 약속으로 바꾸어 심판 너머에 야훼께서 "메뚜기 … 의 먹은 햇수대로"(2:25) 복구해주시고 젊은이와 늙은이들 위에 하나님의 신을 부어줄(2:28-29; 참조. 행 2장) 날이 있음을 선언하였다. 요엘의 예언은 야훼의 날에 관한 포로기 이전의 설교를 생각나게 하지만 포로기 이후의 묵시문학에서 찾아볼 수 있는 것과 같은 우주적 이변(異變)에 관한 서술도 담고 있다(2:30-32).

이렇게 오바댜, 말라기, 요엘의 예언서들은 밖으로는 이웃 민족들과 이방 문화의 압력으로 인한 위협을 받고 안으로는 빈곤과 불만과 종교적 무관심으로 인하여 약화된 고군분투하는 유대인 공동체의 모습을 묘사하고 있다. 이것이 에스라와 느헤미야가 역사의 무대에 등장할 때의 상황이었다.

사건들의 순서

다음으로 넘어가기 전에 우리는 성서학에서 주요한 난문제 중의 하나를 간략하게 살펴보지 않으면 안된다. 에스라와 느헤미야 중에서 누가 예루살렘에 먼저 왔는

느헤미야의 파견 연대

고고학적 증거로 인하여 우리는 느헤미야의 파견 연대를 주전 445년으로 확정할 수 있게 되었다. 주전 407년의 것인 한 엘레판틴 서한에 "사마리아의 총독 산발랏의 아들들"(Pritchard, *Ancient Near Eastern Texts*[1], "Petition for Authorization to Rebuild the Temple of Yaho", p. 491)이라는 말이 나온다. 총독 산발랏은 느헤미야의 동시대인이었기 때문에, 이것은 느헤미야의 파견 연대를 아닥사스다라는 이름을 지닌 후대의 페르시아 왕 시대로 추정하는 것을 배제한다.

나아가 이 연대는 여리고에서 북쪽으로 9마일 가량 떨어져 있는 요단 계곡을 굽어보는 절벽에 있는 와디 달예(Wadi Dalyeh)의 동굴에서 발견된 고고학적 증거에 의해서도 확증되고 있다. 거기서 발견된 행정 문서들을 통해 고고학자들은 느헤미야의 동시대인인 호론족 산발랏으로부터 시작하여 역대 사마리아 총독들의 재임 순서를 확정할 수 있었다(자세한 것은 Frank M. Cross, "A Reconstruction of the Judean Restoration"[424], 특히 p. 190을 보라).

가? 느헤미야가 예루살렘에 당도한 연대에 관해서는 아무런 의문점도 없다. 그의 첫 번째 총독 임기가 시작된 때는 아닥사스다 재위 제20년으로 명확하게 확정되어 있다 (느 1:1; 2;1). 그리고 이 시기는 후대의 아닥사스다의 치세가 아니라 롱기마누스 아닥사스다 1세의 치세 시기라는 것이 통설이다. 그러므로 우리는 느헤미야의 예루살렘 당도를 주전 445년으로 못박을 수 있다. 그러나 이 시기를 넘어서면 역사적인 모습은 희미해진다.

역대기 사가 저작의 저자들은 에스라가 먼저 왔으며 그는 아닥사스다 1 세 제7년, 즉 주전 458년에 예루살렘에 나타났다고 믿었다(스 7:7-8). 그런 까닭에 역대기 사가의 도식에서 주전 515년의 성전 완공(스 6장) 후의 다음 사건은 주전 5세기 중엽 시온주의자들을 대동하고 에스라가 귀환한 사건으로서 무려 반 세기 가량을 건너 뛰고 있다(스 7-8장). 예루살렘에 당도한 얼마 후에 에스라는 백성들을 수문(水門) 앞에 모아놓고 모세의 율법책을 읽어주었다(느 8-10장). 에스라와 느헤미야의 활동 시기가 겹친다는 가정 위에서 역대기 사가는 이 사건 전후에 느헤미야의 회고록을 배치하였다(느 1-7장과 11-13장).

최종적인 형태의 역대기 사가의 기사를 읽으면 문제점들이 생겨난다. 그중 하나는 이렇게 느헤미야의 회고록이 중간에 삽입됨으로써 에스라가 율법책을 낭독한 시기가 아닥사스다 재위 제7년(에스라가 예루살렘에 당도한 해)에서 제20년으로 늦춰지는 결과를 가져 왔다는 것이다(느 2:1). 편집자의 이러한 배열에 따르면 에스라는 예루살렘에 당도한 지 13년이 지나서야 모세의 율법책을 토대로 한 개혁에 착수하였다는 말이 된다. 에스라가 페르시아 왕으로부터 위임받은 임무를 이토록 오랫동안 수행하지 않고 늦췄다는 것은 약간 이상하다. 게다가 성경 본문대로 만약 에스라의 개혁이 먼저 수행되었다면 그는 실패했음에 틀림없다. 왜냐하면 느헤미야가 두번째 총독으로 재임하고 있는 동안에 그같은 개혁작업의 많은 부분을 다시 해야 했기 때문이다(느 13장). 끝으로 만약 두 지도자가 서로 협력하여 일했고 느헤미야가 에스라의 개혁을 보충했다고 한다면, 느헤미야의 회고록이 에스라가 봉헌의식에서 행렬의 선두에 섰다는 것을 말하고 있는 아마도 한군데의 예외를 제외하고는(느 12:36) 에스라를 언급하고 있지 않다는 것은 이상한 일이다. 마찬가지로 에스라의 회고록도 느헤미야에게 많은 관심을 기울이고 있지 않다.[23]

---

23) 느헤미야의 회고록에서 예루살렘 성벽의 봉헌식에 에스라가 참석하였다는 언급(느 12:36)은 이를 조화시키려는 첨가일 것이다. 에스라 회고록의 일인칭 부분에서 느헤미야는 전혀 언급되고 있지 않다. 삼인칭 부분에서 느헤미야는 두 번 언급된다: 율법을 낭독하는 의식에서(느 8:9)와 언약 문서에 서명한 사람들 중 한 사람으로(느 10:1).

이러저러한 문제들을 볼 때 사가들이 이 복잡한 문제를 면밀하게 바라보고 있지 않다는 것을 알 수 있다.[24] 에스라가 예루살렘에 당도한 연대와 관련하여 세 가지 가능성이 있다.

1. 주전 458년. 역대기 사가가 취한 연대. 이 전통적인 견해는 "보수주의자"와 "자유주의자" 양편의 몇몇 학자들에 의해 옹호되고 있다.[25]
2. 주전 428년. 이 가설은 흔한 종류의 서기관의 오류에 의해 '삼십'이라는 단어가 누락되었다는 가정 위에서 에스라 7:7의 연대 표시를 아닥사스다 제7년에서 제37년으로 수정할 것이 요구된다.[26]
3. 주전 398년. 이것은 에스라 7:7에 언급되어 있는 페르시아의 통치자가 아닥사스다 1세(B.C.E. 465-414년경)가 아니라 아닥사스다 2세(B.C.E. 404-358년경)라는 견해를 바탕으로 하고 있다.[27]

부분적으로 이러한 문제가 생겨난 이유는 역대기가 그 최종적인 형태로 완성이 되기까지 오랫동안의 편집 역사를 거쳐왔기 때문이다. 한 매력적인 견해에 의하면 역대기 사가의 저작에서 세 단계를 추적해낼 수 있다고 한다: 역대기상하의 핵심으로 이루어져 있던 첫번째 판은 주전 520-515년에 성전을 재건하던 때에 편찬되었고, 에스라 이야기를 포함하고 있는 두번째 판은 주전 450년경에 편찬되었으며, 세번째 판은 주전 400년경에 이루어졌는데, 이때 최종적인 편집자는 느헤미야의 회고록을 추가하고 전체적인 통일성을 부여하여 완결된 작품으로 편집하였다는 것이다.[28] 최종판에서 역대기 사가는 역사적 기록을 그대로 보존하기 위하여 이전의 기사들을 조화시키는 데 관심을 가진 것이 아니라 에스라의 개혁을 부각시키는 데 주로 관심을 가졌다.

이 문제는 결코 해결될 수 없는 문제이지만, 유다의 복구 이후에 상당히 짧은 기간 내에 이 저작을 썼을 것으로 보이는 이 최종적인 역대기 사가의 증언은 의심을 받아 마땅하다. 이 견해에 의하면 에스라와 느헤미야는 같은 시기에 일했고, 적어도

---

24) 이 문제 전체에 관한 철저한 논의는 John Bright, *History*[91], 부록II, "The Date of Ezra's Mission to Jerusalem", 391-402에 나와 있다.
25) 특히 Frank M. Cross, "A Reconstruction of the Judean Restoration"[424]을 보라.
26) 이 견해를 주창하는 대표자는 John Bright, *History*[91], 379ff. 이다.
27) "Israel in the Exilic and Post-Exilic Periods", *Tradition and Interpretation*[153]에서 Peter Ackroyd는 "주전 398년(아닥사스다 2세)으로 연대를 늦게 잡는 것은 가능한 일일 뿐만 아니라 개연성이 있으나 입증되지는 않고 있다"(p. 334)고 말한다.
28) Frank M. Cross, "A Sketch of the Era of the Restoration", [424], 198-201을 보라.

그들의 활동시기의 일부는 서로 겹치기는 하지만 에스라가 먼저 예루살렘에 당도했다는 것이다. 에스라의 개혁은 처음에 대단한 성공을 거둔 것 같지는 않다. 왜냐하면 그는 변화들을 제도화하고 공고히 하는 느헤미야의 행정력과 조직력이 필요했기 때문이다.[29] 결국 우리는 요시야 왕의 권세에 의해 공인되고 밑받침된 위대한 '신명기적' 개혁조차도 단명했다는 것을 기억하지 않으면 안된다. 우리는 에스라-느헤미야의 순으로 예루살렘에 당도했다는 설(說)이 옳은 것으로 보고 논의를 진행하고자 한다. 물론 이 문제 전체는 앞으로 더 연구해 보아야 할 과제로 남겨놓는다.

유대교의 설립자 에스라

우리의 연대표가 정확하다면, 에스라는 바벨론에서 포로생활을 하던 사람들을 이끌고 두번째로 팔레스타인으로 왔다. 나중에 뒤따라 온 느헤미야와는 달리 에스라는 정치적인 직책을 페르시아 왕으로부터 받고 팔레스타인으로 파견된 것이 아니었고, 오히려 페르시아 제국의 승인하에 페르시아의 다섯번째 태수령('강 건너' 속주)에 속하였던 예루살렘과 유다의 종교적인 문제들을 조사하고 규율하기 위하여 온 것이었다. 그는 "네 하나님의 명령과 〔페르시아〕 왕의 명령"(스 7:26)에 따라 사법질서를 바로잡고 특별히 유대인들 고유의 종교적인 율법으로 백성들을 가르칠 임무를 부여받았다. 그는 "이스라엘 하나님 야훼께서 주신 바 모세의 율법에 익숙한 학사"(스 7:6)로 묘사되어 있다. 다른 곳에서 그는 "하늘의 하나님의 율법에 완전한 학사 겸 제사장 에스라"(7:12, 21)로 지칭되고 있다.

예루살렘에 도착하자 에스라의 첫번째 과제는 유대인의 정체감(正體感)을 유지하고 이스라엘의 전승들을 보존하는 데 언제나 근본적으로 중요하였던 가문 제도를 강화하는 것이었다. 이에 따라 그는 이방인들과의 통혼, 특히 비(非) 유대인 여자와의 결혼에 대하여 엄한 조치들을 취했다. 이 인기없는 정책을 집행하는 그의 권세는 두 가지 원천으로부터 나왔다. 첫째, 그는 칙령을 시행하는 재판관들과 행정가들의 임명에서 페르시아 정부의 후원을 받고 있었고, 둘째, 더 근본적으로 그는 모세로 거슬러 올라가는 전승, 특히 언약 백성으로서 이스라엘의 의무들에 호소하였다.

---

29) Sigfried Hermann, *History*〔94〕, 315. 전반적인 논의는 pp. 307-19를 보라.

언약갱신의 의식

에스라가 바벨론으로부터 가져온 보따리 안에 들어 있는 중요한 품목들 가운데 하나는 "모세의 율법책"(느 8:1)의 사본이었다. 초막절[30]로 알려져 있었던 가을추수의 축제의 달에 백성들은 에스라의 율법책 속에 있는 내용을 듣기 위하여 예루살렘의 "수문" 앞 광장에 "일제히" 모였다(느 8:1-8). 에스라는 특별히 만든 나무 연단에 올라가서 백성들이 주의를 집중하고 있는 가운데 이른 아침부터 정오까지 율법책을 읽어주었다. 레위인들은 에스라 옆에 서서 백성들이 "낭독하는 것을 다 깨닫게" 하기 위하여 "해석"하였다. 다음날 백성들은 율법책의 지시 사항에 따라 초막절을 지내기 시작했다(레 23:42-43을 보라): 그들은 나뭇가지들을 잘라 이 7일 동안의 절기에 머무르게 될 초막('장막')을 지었고 이 절기를 지내는 동안에는 율법책의 낭독이 계속되었다(느 8:13-18). 이 의식의 절정은 장엄한 언약갱신 행위에 있었다(느 9장). 이때 백성들은 자신들의 죄를 고백했고, 에스라는 언약의 중재자로서 백성들을 위하여 기도를 드렸고 언약갱신의 말로 끝이 났다(느 9:38). 언약문서는 백성의 대표들이 공식적으로 서명했고 나머지 모든 백성들은 그 대표들과 합류하여 "하나님의 종 모세로 주신 하나님의 율법을 좇아"(느 10장) 행하기로 맹세하고 그렇게 하지 않으면 저주의 벌을 받을 것이라고 맹세하였다. 역대기 사가의 현재의 본문에 의하면 "방백 느헤미야"도 이 언약에 서명하였다(느 10:1).

이러한 절차는 열왕기하 23:1-3에 나와 있는 요시야 시대의 언약의식과 놀라울 정도로 비슷하다. 동일한 특징들이 나타나 있다: 율법책의 공적인 낭독, 죄의 고백, 제의적·문화적 개혁, 저주의 벌 아래에서 하나님의 계명을 지키겠다는 엄숙한 언약. 에스라가 주관한 언약의식은 요시야가 주관한 언약의식과 마찬가지로 성소에서 주기적으로 행해졌던 언약갱신이라는 고대의 전승을 토대로 하고 있었다. 이 언약갱신 의식에서 율법책이 회중들 앞에서 낭독될 때 그것을 해석하는 것이 레위인들의 역할이었다. 율법은 제사장들에 대한 특별한 지시사항이 아니라 온 공동체에 대한 가르침이었기 때문이다. 이렇게 해서 예를 들면 우리가 착한 사마리아인의 비유(눅 10:30-37)에서 볼 수 있는 바와 같이 '제사장'과 '레위인'의 구별이 생겨났다. 아론

---

30) 연초에 거행되었던 이 축제에 관한 논의는 R. de Vaux, *Ancient Israel*(113), pp. 495-502를 보라. 그는 지금도 팔레스타인에 남아 있는 오래된 관습에 의거하여 초막(sukkoth) 짓는 것을 설명하고 있는데, 이 관습은 과일과 포도의 수확기에 과수원과 포도원에서 나뭇가지들로 만든 초막을 세우는 것이다.

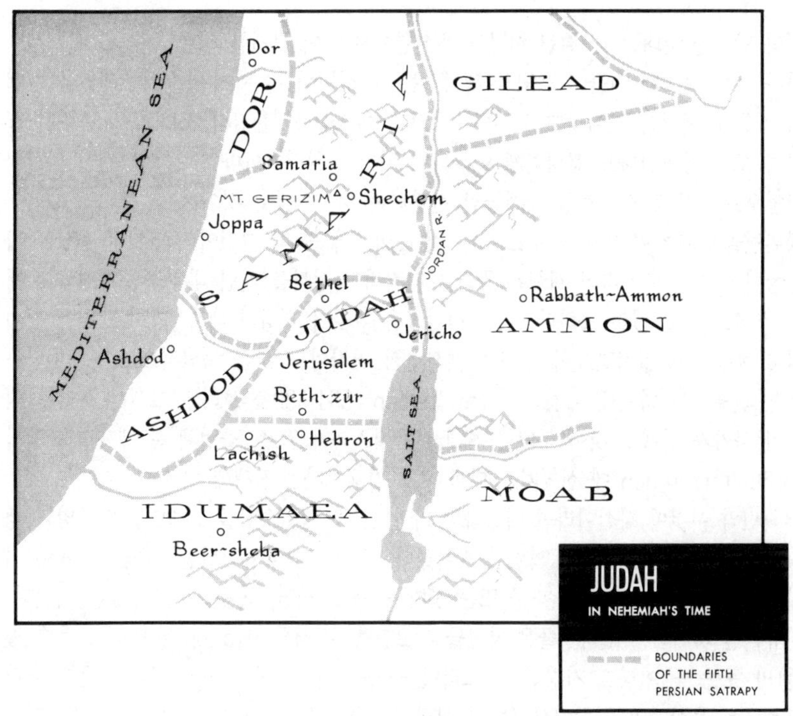

의 후손이라고 주장한 제사장들은 제단에서 희생제사를 드리는 책임을 맡았고, 모세
가 조상이라고 주장한(출 2:1) 레위인들은 이스라엘 신앙의 의미를 해설하는 임무를
맡았다(대하 15:3; 17:8-9; 30:22; 35:3). 그래서 레위인들은 에스라가 율법을 읽
을 때에 그 율법을 해설해준 것으로 묘사되어 있다. [31]

에스라의 율법책

에스라가 백성들에게 낭독한 "율법책"은 무엇이었는가? 그것은 성결법전
(Holiness Code), 제사장 법전(Priestly Code), 에스겔의 복구 계획(겔 40-48장),
신명기, 오경이었다는 등 다양한 제안들이 있어 왔다. 어떤 사람들은 에스라가 율법

---

31) Gerhard von Rad, *Studies in Deuteronomy*(367 아래에서 인용됨), pp. 13-14; G. Ernest
    Wright, *Interpreter's Bible*, II(16), pp. 315-16을 보라.

책의 낭독을 끝내는 데 걸린 시간을 계산함으로써 이 문제를 해결할 수 있다고 생각한다. 그러나 레위인들이 율법을 해석하는 데 상당히 많은 시간이 소요되었을 것이기 때문에 어려운 일이라고 보인다. 그리고 에스라가 "율법책" 전체를 처음부터 끝까지 모두 낭독했다고 분명하게 언급되어 있지도 않다. 아마 그는 언약갱신 의식의 서언으로서 몇몇 핵심적인 구절들만 선별하여 낭독하였을 것이다. 신명기 전승에서 레위인들에 대하여 비중을 두고 있는 것에 비추어 볼 때 그것이 신명기적 율법일 가능성이 높지만 에스라의 개혁은 좀더 제사장적인 성격을 지닌 내용들에 대한 가르침을 전제로 하고 있는 듯하다. 어떤 사람들은 그것이 오경의 제사장 '자료'였을 것이라고 주장하고 있지만, 이 견해는 제사장적 저작이 당시에 독립적으로 존재했다는 것을 전제해야 하는데 이것은 의심스럽다(pp. 534-539를 보라). 그래서 우리는 역대기 사가가 취했을 것이 분명한 견해, 즉 에스라가 읽은 "율법책"은 제사장적 저작(사경, Tetrateuch)에 신명기를 더한 오경 자체였다는 견해에 이르게 된다.[32]

만약 이것이 사실이라면 에스라의 가장 큰 공헌은 오경을 유대인들의 신앙과 생활에서 권위있는 정경으로 확립한 것이었다. 수메르어에서 기원한 '정경'(Canon)이라는 말은 본래 어떤 측정 도구 또는 잣대 — 예를 들면, 목수의 자 — 를 가리킨다. 비유적인 의미에서 헬라인들은 자신들의 고전을 '정경들'(Kanones) — 즉, 우수(優秀)의 표준 — 이라고 지칭했다. 그러나 구약에 적용되면서 비록 구약 가운데 어떤 부분들은 문학적인 기준에서 볼 때 상당히 높은 차원의 것이긴 하지만 정경이라는 말은 '고전'의 문학적인 탁월성을 가리키고 있지는 않다. 오히려 그것은 구약이라는 문헌이 '거룩한' 책이고 또 거룩한 책으로서 공동체의 신앙과 행위에서 준칙이라는 주장이다. 에스라 시대와 그 이후에 오경의 권위는 그것이 다름아닌 시내산에서 하나님에 의해 모세에게 주어졌던 "모세의 율법책"이라는 교리로 더욱 강조되었다. 에스라는 아마 오경을 공식적으로 인정된 모세의 전승으로 소개하였고 자신의 제의 개혁을 통해 이스라엘의 삶을 이 규범에 맞추도록 했을 것이다. 그의 영향력 아래에서 유대인들의 삶과 종교가 거룩한 율법에 의해 조형되었기 때문에 그는 진실로 '유대교의 건축자'이다.

---

32) 에스라의 "율법책"은 본질적으로 최종판 직전의 형태로 된 오경이었다는 견해가 Sigmund Mowinckel, *Studien zu dem Buche Ezra-Nehemian*, III(Oslo:Universitetsforlaget, 1965), 124-41에 의해 설득력있게 주장되었다.

사마리아의 오경

그러나 유대인들이 오경을 독점하고 있었던 것은 아니었다. 오경은 모세의 전승을 따랐던 사마리아 공동체의 경전이기도 하였다. 유대인과 사마리아인 사이에 전개된 긴장관계는 율법(오경)의 권위에 관한 것이 아니라 그 의미의 해석, 특히 누가 율법의 참된 백성이냐라는 문제에 관한 것이었다. 원래 포로기 이후 시기의 초기에 정치적 경제적 요인에 의해 생긴 유대인과 사마리아인 사이의 균열은 점차로 확대되어 결국 주전 4세기 중엽쯤에는 사마리아인들이 그리심산에 자신들의 성전을 건축하기에 이르렀다(p. 318에 나오는 사진을 보라).[33] 신약 이야기에 의하면 예수가 사마리아를 지나다가 야곱의 우물에서 잠시 쉬고 있을 때 한 사마리아 여인이 유대인과 사마리아인은 서로 다른 장소에서 하나님을 예배하기 때문에 전혀 상종을 하지 않는다는 것을 예수에게 상기시켰다(요 4:4-29). 심지어 오늘날까지도 사마리아인 무리가 그리심산 근처에 살고 있다. 그들의 제사장들은 방문객들에게 오경의 두루마리를 자랑스럽게 펼쳐보이는데, 그들의 종교는 오경이라는 단 하나뿐인 경전을 토대로 하고 있다.

느헤미야의 총독 재임 기간

이제 역대기 사가의 당시 상황에 대한 묘사로서 에스라의 동시대인인 느헤미야의 지도력을 다루어보기로 하자. 에스라를 다루고 있는 자료들인 8-10장을 제외하고는 대체로 느헤미야서는 자신의 손으로 직접 기록한 느헤미야의 회고록을 바탕으로 하고 있다.[34] 이것은 자서전이라는 양식으로 씌어진 한 사람의 활약에 관한 연속적인 이야기로서 구약에서 찾아볼 수 있는 유일한 예이다. 느헤미야서는 대단히 중요한 역사 기록이며 하나의 이야기로서 참신하고도 흥미로운 방식으로 씌어져 있다. 여기서 우리는 개략적인 것만을 이야기할 수 있을 뿐이기 때문에 더 자세한 것을 알

---

33) 요세푸스에 의하면, 그리심 성전은 건축된 지 200년이 지나서 주전 128년 유대인 지도자 요한 힐카누스에 의해 파괴되었다고 한다(*Antiquities*, xiii, 9:1; *Jewish Wars*, i, 2, 6). 요세푸스의 계산이 정확하다면, 이 성전은 주전 4세기 중엽에 건축되었음에 틀림없다.

34) p. 612에 열거되어 있는 구절에서 찾아볼 수 있는 회고록은 역대기 사가에 의해 첨가된 명단들과 그밖의 다른 자료로 보충되어 있다.

려면 독자들은 개인적으로 연구를 해야 할 것이다. 이 이야기는 페르시아의 겨울수도인 수사궁에서 아닥사스다의 술잔을 날랐던 느헤미야가 어떻게 예루살렘 내부의 암담한 사정을 듣게 되었으며, 어떻게 그가 총독의 권한을 가지고 예루살렘으로 갈 수 있도록 왕을 설득시켰고, 밤중에 성벽을 돌아다니며 조사를 한 후에 어떻게 그가 백성들을 일으켜 도성의 방비를 재건하도록 하였으며, 이웃 민족들의 적대감 때문에 일부 인부들이 한 손에 연장을 들고 또 한 손에는 무기를 잡고 일해야 했음에도 불구하고 52일만에 그 사업을 완성시킬 수 있었고, 마침내 어떻게 노래하고 감사하는 분위기 가운데 그 성벽이 봉헌되었는지를 말해준다.

느헤미야의 개혁

느헤미야는 주전 432년에 시작된 자신의 두번째 총독 임기 동안에서와 마찬가지로 자신의 첫번째 총독 임기 전체에 걸쳐(느 13:6-7) 유대인들을 긴밀하게 결속된 공동체로 묶어놓기 위하여 여러 개혁조치들을 시행하였다. 오늘날 우리는 그것을 미심쩍은 눈길로 바라볼 수도 있겠지만, 이스라엘의 정체성을 말살시키려고 위협한 강력한 압력들을 생각할 때 이러한 정책은 꼭 필요했음이 분명하다. 성벽이 재건되고 있는 동안에도 사마리아의 총독 산발랏과 그의 동맹자들은 그 사업을 좌절시키기 위하여 그들의 힘이 닿는 한도내에서 온갖 짓을 다했다. 예루살렘이 멸망한 후에 바벨론 사람들이 유대인 영토를 사마리아 속주로 편입시켰다는 것을 이유로 산발랏은 그 지역에 대한 권리를 내세웠다.

더욱이 요단강 동편의 암몬족과 예루살렘 남쪽의 에돔족은 유대인들의 활동을 질시의 눈으로 바라보았다. 처음에 이 원수들은 유대인들이 페르시아에 대하여 반역의 음모를 꾸미고 있다고 고발하였다. 다음에는 성벽이 허술하다고 비웃었으며 마지막에는 공격하겠다고 위협했다. 그들의 의도는 일꾼들의 사기를 떨어뜨리는 데 있음이 분명했다. 그리고 유대인들 중에서도 특히 부유층에 속하는 일부 사람들은 이웃 백성들과 잘 지내자는 태도를 취했으며 그들과 통혼하고 뒤섞여 사는 지경이었다. 이러한 상황에 대처하기 위하여 느헤미야는 강경한 배타정책을 시행하였으며 이로 인해 유대인과 이방인, 유대인과 사마리아인 사이의 분열은 더 첨예화되었다.

느헤미야에 의하면 유다 공동체의 구성원 자격은 두 가지 기준에 의해 결정된다고 한다. 첫째는 출생에 의한 것이다. 성벽이 완성되었을 때, 하나님은 느헤미야의 머리 속에 모든 시민들을 족보에 따라 등록시킬 생각을 넣어주셨다고 한다(느 7:5-

69; 또한 스 2장을 보라). 느헤미야의 다른 작업에 비추어 볼 때 이것은 오직 한 가지만을 의미할 수 있다: 적법한 가문에서 태어나 유대인 부모와 할아버지 등을 자신의 조상으로 내세울 수 있는 것이 중요하다는 것이었다. 자신의 두번째 임기 동안에 느헤미야는 신명기의 규정을 바탕으로 다른 민족들과의 통혼을 엄격히 금지시켰고 (느 13장; 신 23:3ff.를 보라) 심지어 한 제사장이 사마리아의 총독 산발랏의 딸과 혼인한 것을 알고는 그에게서 제사장 직분을 박탈하기까지 하였다. 느헤미야는 다른 민족들과의 통혼으로 태어난 아이들이 히브리어조차 할 줄 모른다는 사실에 대하여 특히 격노하였다. 에스라는 이러한 개혁조치들을 한층 더 밀고 나갔다. 그는 다른 민족들과의 통혼을 규탄했을 뿐만 아니라 이미 그런 식으로 통혼한 경우에는 그 결혼을 강제로 파기해버렸다(스 10:2-5).

정체성 위기

느헤미야의 정책에 의하면, 유대인이 되는 또하나의 자격 요건은 율법에 대한 충성과 성전에 대한 신실한 후원이었다. 백성을 정화시키기 위해서는 안식일을 철저하게 지키는 것이 요구되었다. 느헤미야는 거룩한 날에도 노동과 상업행위가 행해지고 있다는 것을 알고는 그러한 악폐를 중단하지 않으면 하나님의 진노가 백성들 위에 임할 것이라고 위협하였다. 그는 성전에서의 정기적인 예배의식을 조직하였으며 백성들에게 십일조를 바쳐서 성전에서 종사하는 사람들을 부양할 것을 요구하였다. 이렇게 유대인 공동체 둘레에는 철통같은 울타리가 둘러쳐졌는데, 그것은 예루살렘의 성벽이 아니라 출생과 종교적 충성을 바탕으로 한 배타주의의 울타리였다.

이러한 엄격한 조치들의 배후에 있는 진짜 동기는 무엇이었는가? 물론 정치적인 요인들이 있었다. 그러나 거기에는 유대인들의 생존이나 예루살렘의 영화를 회복하는 문제보다 더 중요한 것이 내포되어 있었다. 유대인의 순수성을 지키고자 하는 염원은 근본적으로 페르시아 시대의 엄청난 문화적 압력들에 직면하여 이스라엘 백성의 정체성과 이스라엘 신앙의 독특성을 보존하기 위한 투쟁이었다. 느헤미야가 솔로몬의 세계주의의 어리석음, 특히 외국인 아내들의 영향을 백성들에게 상기시킨 것은 어느 정도 정당했다. 이에 공감하는 사람들은 에스라와 느헤미야의 작업이 민족주의나 인종주의에 의거한 것이 아니라 이스라엘의 종교적 유산에 대한 열렬한 충성에

---

35) H. H. Rowley, *Rediscovery of the Old Testament* (Philadelphia: Westminster, 1946), p. 164.

의거하였다는 것에 동의할 것이다. "그들은 약하게 타오르고 있는 유대교의 불길이 완전히 사그라질까봐 두려워했기"[35] 때문이다.

우리는 종교적 혼합주의가 가나안 정복시대 이래로 이스라엘를 괴롭혀 왔다는 것을 이미 살펴보았다. 백성들이 뿌리를 내리지 못하고 생존을 영위하고 있었던 포로 생활 동안에는 이 문제가 더욱 심각해졌다. 그리고 포로기 이후 시기에도 문화적 동화(同化)의 위협은 여전히 계속되었고, 특히 알렉산더 대왕의 출현 이후에 모든 종교적·문화적 차이들을 흡수하여 헬레니즘으로 통합하려는 의식적인 노력이 있자 더욱 그러했다. 이스라엘이 동화되는 것에 저항하고 다른 민족들로부터 빌려온 것을 창조적으로 변화시켜 자기 자신의 신앙을 표현하는 수단으로 삼았다는 것은 하나의 신비이다. 이스라엘의 소명은 '다른 민족들과 같이' 되어 결국 지상을 통치하는 어떤 제국에 흡수되어버리는 것이 아니라 다른 민족들과 구별되는 '특별한' 민족이 되는 것이었다. 느헤미야와 에스라 아래에서 유대교의 협소한 신학적 초점을 비판하기는 쉽다. 혈통과 율법 규정들에 대한 순종을 통하여 거룩한 공동체의 구성원이 되는 것에 온 힘이 기울여졌다. 그러나 결국 민족들과 문화들에 대한 변화력으로 불타올라서 서구문명의 진로를 새로운 통로로 변화시켜놓은 정신적 유산을 보존했던 것은 바로 이렇게 스스로를 얽어매놓은 공동체였다.

율법과 예언자들

우리가 지금까지 고찰한 발전 과정이 큰 원동력이 되어 '율법주의' — 포로기 이후의 유대교의 주요한 특징들 중의 하나가 된 율법 규정들에 대한 엄격한 준수 — 가 생겨났다. 기독교 세계에서 율법주의는 부담을 주는 말이다. 이는 주로 그리스도인들은 사람이 하나님과 관계를 맺거나 의롭다고 인정받는 것이 율법에 복종하는 의로운 행위를 바탕으로 한다는 견해를 거부하기 때문이다(눅 18:9-14에 나오는 세리와 바리새인의 비유나 갈 2:15; 3:11에 나오는 믿음으로 말미암아 의롭게 된다는 바울의 논의를 보라). 한때는 은혜와 율법을 첨예하게 대립관계로 놓는 일이 있어서 일부 기독교 단체에서는 구약 전체가 율법의 지배 아래 있다고 믿기도 했다. 우리는 신약에 나와 있는 대로 이 문제를 끌고 갈 수는 없지만 포로기 이후의 유대교를 공정하게 다루기 위해서는 유대인들의 신앙 안에서 율법이 차지하는 위치에 대해 일방적인 관점을 갖는 것은 시정해야 한다.

우선 율법에 대한 복종을 강조한 것이 에스라가 창안한 것이 아니라는 것이다. 우리가 앞의 여러 장들에서 살펴본 대로 계명을 수여받은 것은 맨처음부터 이스라엘의 언약신앙에서 중요하고도 필수불가결한 지위를 차지하고 있었다. 이스라엘 신앙에 의하면 어떤 사람이 하나님과 관계를 맺는 것은 언약공동체 내에서의 예배와 사회관계의 영역에서 의무를 지게 된다는 것이다. 아마도 모세 시대까지 거슬러 올라간다고 볼 수 있는 십계명은 하나님의 명령에 대한 고대의 증언이다. 그리고 앞에서 살펴본 바와 같이 율법 전승은 이스라엘이 새로운 역사적 상황들에서 "야훼께서 너희에게 요구하는 것이 무엇이냐"는 문제에 직면함에 따라 확대되고 세련되었다. 오경에 나와 있는 상세한 규정들은 고대 시내산 언약을 그 근원으로 한 율법의 발전과정의 최종 산물이다.

은혜와 율법

둘째로 토라는 사회나 국가의 법률과 같이 의무적으로 복종해야 하는 법전으로 제시되었다는 개념은 근거가 없는 것이다. 특정한 율법들 배후에는 입법자가 서 있는데, 그분은 다름아닌 백성들을 자비로 구원하셨고 역사의 순례길에서 백성들을 인도한 하나님이다. "나는 너를 이집트 땅, 종 되었던 집에서 인도하여 낸 너의 하나님 야훼로라"라는 십계명의 서문은 모든 이스라엘 율법의 서문이다. 우리가 앞에서 거듭 보아 왔듯이 자비의 행위들 가운데서 먼저 베풀어진 하나님의 은혜가 백성들을 감동시켜 그들로 하여금 마음과 존재와 힘을 다하여 하나님을 섬기겠다는 응답을 가져온 것이었다. 위대한 사회 개혁의 토대였던 신명기는 은혜가 율법에 우선한다는 이스라엘의 이해를 아주 웅변적으로 표현하고 있는 것중의 하나이다. 이스라엘의 신앙에서 하나님께서 행하신 것에 관한 좋은 소식은 백성들이 행해야 하는 것에 관한 해설보다 선행한다.

복음과 율법과의 관계는 에스라 시대의 언약갱신 의식에 분명히 표현되어 있다. 느헤미야 9장에 의하면 언약을 맺는 것에 앞서서 본질적으로 이스라엘의 신앙고백인 긴 기도가 선행하였다. 이 공중 기도는 이스라엘의 전역사 — 좀더 정확하게 말하면 야훼가 백성들을 어떻게 대우하였는가를 보여주는 역사 — 를 재현하고 있다는 점에서 독특하다. 이 기도는 자신의 공유된 역사, 자신의 독특한 삶의 이야기에 대한 공동체의 회상을 명료하게 표현하고 있다. 여기에 이 기도의 두드러진 측면들을 개관

할라카와 학가다

앞에서 이스라엘 전승의 '뿌리 체험들' (출애굽과 시내산 언약)을 살펴볼 때 우리는 히브리어 '토라'는 영어 '율법'으로 적절하게 번역될 수 없다는 것을 알았다. 우리는 토라가 두 차원을 지니고 있음을 발견했다: 구원과 의무, 이야기와 규정. 해방된 백성들은 그들을 구속하신 하나님의 행위와 뜻에 부합하는 길로 걸을 의무를 지게 된다.

탈무드로 알려져 있는 방대한 저작에서 찾아볼 수 있는 후대의 랍비들의 논의들 속에서 이 두 차원은 '학가다' (haggada, '말하다'를 뜻하는 히브리어로부터 나왔다)와 '할라카' (halaka, '걷다, 가다'를 뜻하는 동사로부터 나왔다)라는 말로 지칭되고 있다.

포로기 이후 시대에는 토라의 '할라카적인' 또는 율법적인 차원이 엄청나게 부각되었던 것으로 보인다. 역대기는 출애굽 전승 전체를 생략하고 오히려 왕권과 성전을 두 축으로 하는 제왕(메시야) 신학에 집중한다. '야훼의 토라' 또는 '모세의 토라'는 주로 제의생활과 사회생활에서 백성들을 지도하는 '계명들'과 '규정들'을 가리킨다 (예를 들면, 대상 22:12-13; 대하 14:4; 23:18). 에스라-느헤미야서에서 찾아볼 수 있는 역대기 사가 저작의 후반부에는 출애굽을 훨씬 더 강조하고 있긴 하지만 여전히 토라의 '할라카적인' 측면에 강조점이 놓여 있다.

이러한 강조점의 변화는 백성들이 '걸어야' 할 길과 그들을 한 공동체로서 구별해주는 생활양식에서 지침이 필요했던 불안정의 시대였다는 것을 감안할 때 이해할 수 있는 일이다. 그럼에도 불구하고 유대교를 협소한 '할라카적인' 또는 율법적인 의미에서의 '율법의 종교'로 보는 것은 잘못된 것이다. 왜냐하면 에스라-느헤미야서에서 보여주는 바와 같이 이스라엘 신앙의 이야기적(또는 '학가다적') 측면은 결코 잊혀진 것이 아니기 때문이다.

해 보자:

1. 유일하신 하나님 야훼는 창조주이고 만유를 붙들고 계시는 분이다(6절).
2. 야훼는 아브라함을 바벨론의 우르에서 불러내어 그 후손들에게 가나안을 유업으로 주겠다고 약속했다(7-8 절).
3. 이스라엘이 이집트에서 압제를 받고 있을 때 야훼는 그 약속을 지켰다. 백성들 가운데 야훼의 은혜로운 임재는 여러 표적들과 기사(奇事)들, 시내산에서 모세에게 계명들을 수여하심으로써 드러났다(9-15절).
4. 이스라엘이 신앙을 가지지 않고 있음에도 불구하고 야훼는 "사유하시는 하나님이시라 은혜로우시며 긍휼히 여기시며 더디 노하시며 인자(hesed)가 풍부하시다"는 것이 밝혀졌다. 패

역한 이스라엘은 광야에서 하나님의 은혜로 인하여 살아남아 있을 수 있었다(16-21 절).
5. 야훼는 이스라엘에게 나라들과 민족들을 붙이셨으며 승리한 가운데 가나안으로 들어가게 하였다. 이렇게 하여 백성들은 번영하고 인구가 불어나게 되었다(22-25절).
6. 그럼에도 불구하고 이스라엘은 계속해서 패역하였다. 그래서 야훼는 백성들을 징계했고 예언자들을 보내어 백성들에게 경고토록 하였으며 이를 듣지 않았을 때는 원수의 손에 이 백성들을 붙이셨다. 그러나 야훼는 자비롭게도 남은 자를 살려두셨다(26-31 절).
7. 특히 앗시리아 왕들이 다스리던 시대 이래로 역경이 극심했다. 그렇지만 하나님은 이 모든 사건들 속에서 의로웠다. 사실 하나님은 신실했으나 백성들은 신실치 못했다(32-34절).
8. 백성들은 자신들의 죄 때문에 이제 야훼께서 그들에게 준 바로 그 땅에서 노예(즉, 페르시아의 봉신들)가 되었으며 그 땅의 풍요로운 산물은 무거운 세금으로 착취당하였다(35-37 절). 이 기도는 신앙고백에 의거하여 야훼께서 이스라엘의 역사 속에서 활동하셨던 과거의 사건들을 감동적으로 회상하고 있다.

이 기도에서는 야훼의 은혜로운 주도권과 구원활동이 울려퍼지고 있다. 이러한 선언을 바탕으로 백성들은 언약을 갱신하고 "모세에게 주신 하나님의 율법"을 따라 야훼를 섬기겠다고 스스로를 헌신하였다. 다른 것들과 아울러 이 맹세는 신명기 7:1-4에 규정되어 있는 것처럼 외국인과 결혼하지 않겠다는 서약을 요구하였다.

율법 안에서 즐거워함

셋째로 우리는 야훼의 선물로 인식된 율법이 부담스러운 것으로 여겨졌다는 생각을 버려야 한다. 나중에는 율법이 수없이 많은 결의론적 준칙들 ─ 예를 들면, 안식일에 일이라는 것이 무엇이냐라는 주제에 관한 ─ 에 둘러싸여 일반 사람들은 그 율법을 지키기가 어려워진 것은 사실이다. 랍비들의 계산에 의하면 율법에는 사람들이 지켜야 할 율법 조항이 613개가 있다는 것이다. 그러나 구약 시대와 그 이후의 랍비 시대에서조차도 유대인들의 태도는 "율법 안에서 즐거워하는"(simhath hattorah) 것이었다. 율법에 복종하는 것은 랍비들의 표현을 빌면 "왕국의 멍에"를 스스로 짊어지는 것 ─ 즉, 하나님의 주권에 복종하는 것 ─ 이었다. 그러나 시편에 나오는 증언들에 따르면 그 멍에는 쉽고 그 짐은 가볍다고 한다. 경건한 유대인은 율법을 공부하는 것에서 큰 기쁨을 느꼈다. 왜냐하면 율법은 생명과 축복의 원천이었기 때문이다(시 1편을 보라). "마음을 기쁘게" 해주는 율법의 교훈들은 "금보다 … 더 사모할 것"이었다(시 19:7-14). 시편에서 가장 긴 시는 율법을 찬양하는 데 바쳐지고 있다(시 119편).

끝으로 우리는 율법과 예언자 전승 사이에 첨예한 대립이 있었다고 생각해서는 안된다. 물론 예언자들이라고 불린 부분 — 현재 히브리 성경의 제2부(p. 770에 있는 도표를 보라) — 은 상당히 후대까지도 정경으로 되지 않았다. 그러나 이 예언서들은 포로기 이후 시대 동안에 보존되고 읽혀지고 해석되었다. 실제로 포로기 이후의 제사장들은 예언을 반대한 것이 아니라 예언자들의 요구들을 신중하게 고려하고자 하였다. 이것은 에스라의 기도를 자세하게 연구하면 알 수 있다. 제사장들은 하나님의 심판에 관한 예언자들의 메시지가 역사의 사건들에 의해 확증되었다는 것을 깨달았다. 야훼가 국가의 멸망과 포수(捕囚) 속에서 살려둔 남은 자들은 예언자들에 의해 해석된 역사의 교훈을 마음에 새겼다. 유대교의 제사장들은 예언자들의 윤리적 요구들을 배척하기는커녕 예언자들의 가르침을 '소화하려고' 하였다. 한 학자는 이렇게 말하고 있다: "에스라가 이 종교〔유대교〕를 어떤 면으로든지 예언자들의 종교와 대립되는 것으로 생각했다는 것은 대단히 의심스럽다. 그는 의심할 여지 없이 자기가 예언자들의 이상(理想)들을 섬기고 있으며 율법 안에서 그 이상들을 구체화시키고 있고 이제까지 예언자들의 설교가 성취했던 것보다 훨씬 더 많은 것이 이루어질 수 있을 것이라고 생각하였다."[36]

예언자와 제사장

지금은 이스라엘 전승 속에서 예언자와 제사장과의 관계를 검토해 볼 좋은 기회이다. 현대의 많은 신앙인들은 유대교의 제사장적인 강조를 '격하시키는' 경향을 보여주고 있으며 심지어는 예언자의 종교는 제사장의 종교와 근본적으로 대립된다고까지 말하고 있다. 아모스, 호세아, 예레미야와 같은 예언자들이 예배의식을 철저하게 비판했다는 것은 의심할 여지가 없다. 그러나 모든 종교는 제의 — 즉, 신앙과 예배를 표현할 수 있는 형식들 — 를 가지지 않으면 안 된다. 제의 없는 종교는 말 자체가 모순이다. 제의 형태들은 이스라엘의 신앙에 특히 중요했다. 이스라엘의 신앙은 본질상 합당한 예배와 사회적 책임을 통해 야훼를 섬기도록 부르심을 받은 공동체에

---

36) H. H. Rowley, *Rediscovery of the Old Tastament*(Philadelphia: Westminster, 1946), p. 166과 pp. 161-86에 있는 전반적인 논의를 참조하라. 자세한 것은 Peter Ackroyd, *Exile and Restoration*〔421〕, pp. 254-56를 보라.

의 참여를 요구하였다. 사실 모세 전승은 예배의식을 통한 살아있는 신앙으로서 전해졌다. 큰 절기들에 백성들은 자신들의 과거를 회상하는 의식에 참여하였다. 율법이 낭독되고 해설되었다. 제사장들은 하나님께 대한 이스라엘의 감사하는 의무를 나타내는 희생제사를 드렸다. 그리고 예배자들은 찬양의 행위들을 통해 하나님이 자기들에게 행하셨던 것을 인정하였다. 이스라엘의 삶의 기본적인 이야기를 제공해주는 신명기 26:5-9("내 조상은 유리하는 아람 사람으로서 … ")에 나오는 작은 '신앙고백'은 성소에서 드리는 '제의 행위', 곧 추수의 맏물을 바치는 것과 관련하여 행해졌다(pp. 29-31를 보라). 그리고 이 신앙고백의 문맥이 분명히 보여주는 바와 같이(신 26:1-11), 이 장엄한 고백은 하나의 예배 행위였다.

이스라엘의 예언운동도 제의로부터 생겨났다. 초기 예언자들의 다수는 성소와 긴밀한 관련을 맺고 있었던 '제의 예언자들'이었다. 사실 모든 위대한 예언자들, 심지어 제의를 아주 철저하게 비판한 예언자들까지도 모두 제의에 의존하고 있었다고 말해도 과언이 아니다.[37] 이사야와 에스겔은 야훼로 하여금 구역질나게 하는 것과 같은 종류의 예배를 비판했지만 특히 성전에 빚진 바가 많았다. 물론 우리는 예언자와 제사장에서 강조점의 차이를 알아야 하지만 오늘날의 회당과 교회에서 '전례적' 사역과 '예언적' 사역이 서로 배타적이라고 말할 필요가 없듯이 예언자와 제사장을 근본적으로 양립할 수 없는 것으로 볼 필요는 없다.

예언자와 제사장이 공통적으로 가지고 있었던 것은 무엇보다도 이스라엘이 언약백성으로서 실패했다는 의식이었다. 주전 587년 국가가 멸망하기 이전 시대에는 예언자들은 강조점을 서로 달리 했지만 이스라엘이 세계 강대국들 아래에서 고난을 겪는 것을 언약에 실패한 결과로서 해석하였다. 무엇인가 근본적으로 잘못된 것이 있었다는 것이다. 사실 에스겔 같은 예언자는 이스라엘의 역사는 바로 그 시초부터 실패의 역사였다고 말할 수 있었다. 포수라는 위기는 이러한 자책감을 심화시켰고 이스라엘에게 암담한 죄의식과 실패감을 촉발시켰을 뿐이었다.

이러한 것은 에스라가 바벨론에서 가지고온 "율법책"인 오경을 지배하고 있는 제사장적 신학에 반영되어 있다. 이스라엘의 거룩한 역사를 이렇게 제사장적 관점에서 서술한 목적은 율법이 주어졌고 제의가 확립되어 있었던 모세 시대를 백성들이 되돌아가야 할 이상(理想)과 모범으로 묘사하는 것이었다. 이스라엘이 추방당한 약

---

37) R. E. Clements, *Prophecy and Covenant*(312), 특히 제1장을 보라.

속의 땅에서 미래를 보장받으려면 마땅히 그래야 한다는 것이었다. 이러한 제사장적 비전에 영감을 받은 개혁자 에스라는 예루살렘으로 갔다. 그는 이스라엘 공동체를 복구하고 재형성하여서 거룩하신 하나님 야훼께서 그들 가운데 머무르며 그 땅에서 그들에게 미래를 마련해 줄 수 있도록 하기를 원했다.

이 장에서 이미 보았듯이 제2이사야의 폭넓은 지평은 포로기 이후의 성서적 유대교 시기 동안에는 무시되었던 것이 사실이다. 그러나 이스라엘 백성이 주변문화에 흡수되어버렸다면 종(Servant)의 소명이 이루어질 수는 없었을 것이다. 그래서 유대교의 지도자들은 이스라엘의 토대는 하나님에 대한 순수한 예배라고 믿고 율법과 의식과 제사장적 종교의 제의 행위들로 눈을 돌렸는데, 이것 역시 이스라엘의 '섬김'이었기 때문이다. 그렇게 함으로써 그들은 이스라엘의 삶에서 맨처음부터 가장 기본적이었던 것을 회복하고 있었다. 왜냐하면 이스라엘이 국가가 되기 이전, 예언자가 일어나 야훼의 말씀을 선포하기 이전, 세상이 종의 신비와 마주치기 이전에 이스라엘은 예배 공동체였기 때문이다.

유대교의 약점들

유대교에는 약점들이 있었고 세월이 흐를수록 그 약점들은 점점 더 뚜렷해졌다. 성전의 의식들은 너무도 자주 깊은 통회와 진지함과 예배의 기쁨이 결여된 공허한 형식들이 되어 갔다 — 말라기 시대에 그랬던 것처럼. 율법에 대한 헌신은 쉽게 율법주의로 변질되었는데, 율법주의의 열매는 자신의 운명에 대해 불평하고 비통해 하거나 오만한 독선을 부리는 것이었다 — 때로 시편에서 들을 수 있는 논조들. 율법은 사소한 것들로 과중한 부담을 주거나 교묘하게 뒤틀어 해석하여 하나님의 요구를 피하는 수단으로 사용되어 갔다 — 예수가 당시의 서기관들과 바리새인들을 질책한 것이 바로 이 점 때문이었다(마 15:1-9). 더욱이 느헤미야와 에스라의 배타주의 정책은 나중에 옹졸하고 완고한 전망으로 발전하여 심지어 "율법이 없는 시시한 족속들"에 대해 경멸적인 태도를 취하기까지 했다. 족보나 할례, 안식일, 율법의 많은 사소한 것들에 대한 세심한 준수를 바탕으로 선민 공동체의 경계를 사람 — 하나님이 아니라 — 이 정할 수 있다고 생각하기가 너무도 쉬웠다. 유대교의 이런 약점을 알려면 우리는 신약을 읽기만 하면 된다. 성서 이후 시대의 랍비들은 유대교 신앙이 처해 있는 위험들과 부패상들을 비판하는 데에 때로 신랄했다는 점을 덧붙여 말해두어야 할 것이다.

더욱이 이 시기에 예언은 거의 끝나버렸다는 것은 주목할 만하다. 물론 소수의 예언자들 ― '제3이사야,' 학개, 스가랴, 오바댜, 말라기, 요엘 ― 이 있었지만 그들은 이전에 사라졌던 대예언자들과 비교해 볼 때 대체로 이류에 불과하였다. 율법에의 몰두는 예언의 정신을 질식시키는 것같아 보였다. 거룩한 공동체의 토대가 모세에게 직접 계시되어 책으로 씌어졌다고 생각된 율법이었다면, 가장 크게 요구되었던 것은 이 율법을 연구하고 그 의미를 해설하며 그것을 주의깊게 보존할 서기관들(에스라와 같은)이었다는 것을 고려할 때 이같은 것은 이해할 만하다. 역대기 사가의 역사서에서 예언자들은 대부분 훌륭한 교직자들(Churchmen)이다. 역대기 사가는 우리가 지금까지 연구한 모든 대예언자들이 했던 것처럼 당대의 사건들을 해설하는 것을 예언자들의 역할로 보지 않고 예언자의 주된 직무는 예배의식 안에 있다고 주장하였다.

이 예언자들은 포로기 이전의 많은 직업 예언자들과 마찬가지로 명확히 '제의 예언자'였다. 그들은 회중들을 음악으로 지도함으로써 '예언하였다'(대상 25:1). 아울러 그들은 전례에서 몇몇 시편을 봉독하는 일에 참여하였을 것이다. 에스라 시대 이후에는 메시야 시대가 도래할 때까지 카리스마적 예언의 시대가 끝났다는 신념이 생겼다.

그러나 어떤 의미에서는 유대교 안에서 예언은 계속되었다. 예언자의 저작들은 보존되었고 마침내 정경으로 편찬되었는데, 이는 유대교의 주창자들이 예언자들의 메시지에 큰 중요성을 부여하였음을 보여주는 것이다. 유대교의 헌장인 오경은, 우리가 이 저작의 역사를 연구할 때 살펴보았듯이, 구전시대의 고대 서사시 전승으로부터 포로기에 최종적인 문학형태로 이루어지기까지 수많은 '예언적' 요소들을 포함하고 있다. 유대교는 아주 사소한 범죄들도 중요한 범죄들과 마찬가지로 똑같이 비난받아 마땅하다고 주장하면서 제의적 범죄와 윤리적 범죄를 똑같이 중대하게 취급했지만, 야훼가 자기 백성에게 정의를 행하고 견실한 사랑을 베풀며 하나님과 함께 겸손히 행할 것을 요구한다는(미 6:8) 중요한 권면을 무시할 의도는 추호도 없었다. 랍비들이 언약상의 의무들 중 가장 정수(精髓)에 해당되는 것으로 뽑아낸 두 가지 큰 계명(막 12:28-34)은 율법에서 나온 것이다.

포로기 이후 시대에 예언은 우리가 때때로 언급하였던 '묵시문학'으로 알려진 새로운 문학형태로 표현되었다. 이런 유형의 문학은 에스겔, 제3이사야, 스가랴에 의해 예감되기는 했지만, 그것이 꽃을 피운 것은 마카베오 시대로부터 시작되는 유대교의 후기였다. 구약에서 묵시문학의 주요한 예는 다니엘서이다. 그러나 우리는 이러한 예언의 새로운 표현 형태로 눈을 돌리기 전에 이 주제에서 약간 벗어나, 시편에 반영된 이스라엘의 예배(제16장)와 이스라엘 지혜자들의 성찰(제17장)이라는 두 가지 문제에 잠시 특별한 관심을 기울이지 않으면 안된다.

제16장

이스라엘의 찬양

우리가 지금까지 걸어온 지면을 돌아보면 한 가지가 뚜렷하게 돌출한다: 이스라엘은 자신의 역사를 '하나님과 함께 하는 삶', 즉 유대인 철학자 아브라함 헤셸이 표현한 대로 역사의 드라마 속에서 "하나님과의 동반자 관계"로 이해하였다는 것이다.[1] 출애굽 때에 야훼는 무(無)로부터 한 백성을 만들어내어 그 백성과 언약 관계를 맺었다. 그런 까닭에 '신앙 안에서의 생존'은 하나님이 이스라엘 백성과 함께 하면서 광야를 거쳐 약속의 땅으로 나아간 것에 대한 응답이었다. 시간이 지나면서 야훼는 다윗을 일으켜 왕을 삼고 이스라엘에게 그 백성이 이제까지 보았던 것보다 더 큰 지평을 열어보임으로써 이 드라마의 새로운 국면을 주도하였다. 예언적 해석자들은 야훼가 정치의 세속적 영역에서 활동하고 있다고 선포하고 이스라엘의 삶의 이야기에 백성들 가운데서의 하나님의 능동적인 임재를 보여준 역사적 사건들을 섞어 놓았다. 가장 큰 재앙의 사건 — 국가로서의 이스라엘의 종언 — 조차도 야훼께서 오셔서 이 백성을 심판하고 새롭게 하며 이스라엘의 고난을 통하여 모든 민족

성경읽기 : 적어도 다음과 같은 찬송시편, 탄원시편, 감사시편은 읽어야 한다: 찬송시편: 8, 19:1-6, 33, 93, 95-100, 103, 105, 135, 136, 145-150. 탄원시편: 3, 7, 10, 22, 25, 27:7-14, 31, 38, 44, 51, 77, 88, 130, 137, 143. 감사시편: 92, 116, 118, 138; 요나서 2장

1) 자세한 것은 B. W. Anderson, "Coexistence with God: Heschel's Exposition of Biblical Theology", *Abraham Joshua Heschel: Exploring His Life and Thought*(New York: Macmillan, 1985)를 보라.

들에게 축복을 가져다주는 것으로 해석되었다. 역사를 하나님의 행사들에 관한 극적인 이야기로 보는 이러한 역사관은 세계 종교 분야에서 새로운 비약적 발전이었다. 비교종교학의 한 권위자는 "히브리인들은 하나님의 현현(顯現)으로서의 역사의 의미를 최초로 발견한 사람들이었다고 진실로 말할 수 있다"라고 쓰고 있다.[2]

그러나 이스라엘은 이러한 역사의 드라마 속에서 하나님과 동반자가 되어 하나님의 임재와 활동에 응답하도록 부르심을 받았다. 야훼의 활동들에 일차적으로 강조점이 두어지는 것이 합당하지만, 구약성경은 야훼의 이러한 "권능있는 행사들"이 일어났을 때 "이스라엘은 침묵을 지키지 않았다" ─ 지도적인 구약학자의 말을 인용하면 ─ 는 것을 보여주고 있다. 이스라엘 백성은 그때그때 여러 가지 역사적 저작들을 통하여 "야훼의 행사들"을 회상하였을 뿐만 아니라 "온전히 인격적인 방식으로 야훼께 진언하였다." 그는 계속해서 이렇게 말한다: 이스라엘 백성은 찬양의 찬송들을 올렸으며 대담하게 의문들을 제기하기도 하고 절망의 나락 속에서 불평하기도 하였다. 왜냐하면 이스라엘은 단지 하나님의 뜻을 "묵묵히 따르는 대상"이 아니라 "야훼와 함께 대화하도록" 선택되었기 때문이었다.[3]

시편

이스라엘이 야훼와 '대화를 나눈 것'을 보여주는 가장 훌륭한 예들은 흔히 Psalter라 불린 시편에서 찾아볼 수 있다. 앞 장들에서 우리는 이스라엘 역사의 여러 국면들을 논의하면서 시편을 자주 언급하지 않을 수 없었다는 것을 알았다. 교회나 회당의 찬송가들이 많은 세대들의 목소리들을 한데 묶어놓은 것과 마찬가지로 시편은 다윗 시대로부터 구약성서의 후기 시대에 이르기까지 하나님과 함께 한 이스라엘의 역사의 전체 드라마에 관한 집약된 기사이다. 그러나 문제는 시편을 각 시편들의 고유한 역사적 시대들이나 삶의 정황 속에서 다루는 것이 불가능하다는 것이다.

---

2) Mircea Eliade, *Cosmos and History*(120), p. 104.
3) Gerhard von Rad, *Theology*, I(142), p. 354에 나오는 말. 시편에 관한 그의 논의는 "야훼 앞에서의 이스라엘(이스라엘의 대답)"이라는 표제가 붙어 있다.
4) 시편들과 다윗의 생애 중의 특정한 사건들을 연관시키고 있는 몇몇 표제들은 후대에 첨가되었다고 일반적으로 알려져 있다. 그러한 표제들은 열세 편의 시편의 표제에서 찾아볼 수 있다: 3, 7, 18, 34, 51, 52, 54, 56, 57, 59, 60, 63, 142.

오늘날의 찬송가들과는 달리 특정한 시편의 저작 연대나 상황을 보여주는 신뢰할 만한 그 어떠한 지표도 시편의 처음 또는 끝에 나와 있지 않다.[4] 더우기 바벨론 포로의 상황을 명확하게 전제하고 있는 시편 137편(pp. 530-531를 보라)을 제외하고는 특정한 시편들의 내용은 우리에게 그것들이 지어진 시기와 상황에 관하여 거의 아무것도 말해주지 않는다. 따라서 비록 시편이 오랜 예배의 역사를 반영하고 있다고는 하지만, 시편에 관한 우리의 연구를, 많은 세대의 찬송과 기도들이 주전 515년에 완공된 제2성전에서 사용할 목적으로 편찬된 유대교의 시대라는 배경 안에서 시작하는 것이 적절할 것이다.

시편(Psalms, Psalter)

'시편'이라는 명칭은 실제로 신약성경으로부터 유래하였다(눅 20:42; 행 1:20). 초대 교회 공동체는 이스라엘의 성경(그들의 '구약성경)을 헬라어 역본(칠십인역)으로 읽었는데, 거기에서는 시편을 통상적으로 '프살모이'(psalmoi)라 불렀다. 이 명칭은 현악기의 반주에 맞춰 불려진 노래들을 가리켰다. 헬라어 성경의 한 사본에서 발견된 또다른 명칭은 '프살테리온'(psalteerion)이었는데, 이 명칭은 일차적으로는 양금 비슷한 악기를 가리켰고 이차적으로는 현악기 반주에 맞춰 불려진 노래들을 가리켰다. 이 명칭으로부터 흔히 사용되는 명칭인 시편(Psalter)이 유래하였다.

이러한 헬라어 명칭들은 시편의 음악적 차원을 강조하고 있는 반면에, 히브리 성경에서 사용된 명칭인 '테힐림'(Tehillim, 찬양)은 시편의 내용을 강조하고 있다. 어떠한 선법(旋法)을 사용하고 있든 이 노래들은 하나님께 대한 찬양들이다.

시편의 편수는 약간 차이가 있지만, 이 모음집의 총 편수는 전통적으로 150편이다. 그러나 헬라어 성경에는 다윗이 골리앗과 단독으로 싸운 사건을 다루고 있는 시편 151편이 추가되어 있지만, 그 표제에서 이 시편은 "편외"(編外)라고 분명하게 밝혀놓고 있다. 흥미롭게도 고고학자들은 쿰란의 옛 수도원 터에서 히브리 성경에서 찾아볼 수 없는 다른 시편들을 포함하고 있는 두루마리를 발견하였는데, 이것은 편수에 있어서의 융통성을 보여주는 또하나의 증거를 제공해 준다.[5]

이스라엘의 찬송 중에 거하심

---

5) J. A. Sanders, *The Dead Sea Psalms Scroll*(Ithaca, N. Y.: Cornell University Press, 1967), pp. 93-117를 보라.

히브리 성경에 나오는 '테힐림' 또는 '찬양들'이라는 명칭은 자신의 역사 속에서의 야훼의 능동적인 임재에 대한 이스라엘의 응답이었던 경배와 감사, 고백과 탄원의 노래들에 가장 적합한 명칭이다. 그 정서가 의기양양해 하는 것이든 슬퍼하는 것이든, 당혹스러워 하는 것이든 자신만만해 하는 것이든, 이 노래들은 하나님의 영광을 찬양하는 송가(頌歌)들이었다. 이 노래들은 한 시편 기자가 표현하고 있듯이 야훼께서 "이스라엘의 찬송 중에 거하"(시 22:3)시는 성소로 우리를 이끈다. 시편의 신앙은 "하나님 중심의 경건"이라고 하는 것이 마땅하다.[6]

애초부터 이스라엘은 야훼에 대한 예배를 자신들을 결속시키는 일차적인 끈으로 삼았던 언약 '공동체'였다. 여호수아에 의해 제정된 열두 지파 동맹은 백성들이 큰 축제들, 특히 언약갱신의 축제 때 모였던 중앙 성소를 그 구심점으로 삼고 있었다. 다윗 시대에는 예루살렘이 새로운 국가의 예배 중심지가 되었고, 솔로몬은 웅장한 성전을 건축함으로써 시온을 중심으로 삼는 것에 더욱 기여하였다. 백성들이 야훼를 예배하기 위하여 예루살렘으로 가고자 하는 열망은 너무도 강렬하였기 때문에 왕정이 붕괴된 후에 여로보암 1세는 자신의 영토 내에, 특히 벧엘에 순례 성소들을 세우지 않으면 안된다는 것을 알았다. 포로로 잡혀간 사람들이 예루살렘의 멸망 후에 바벨론으로부터 돌아왔을 때, 그들의 첫번째 생각은 성전을 재건해야 한다는 것이었다. 그러므로 이스라엘의 역사는 모든 사회적 변화와 역사의 흥망성쇠를 통하여 근본적인 실체는 '예배하는 공동체로서의 이스라엘'이라는 것을 보여준다. 이런 이유로 시편은 구약성경의 심장부에 놓여 있다.

점점 더 우리는 시편의 종교는 '제의적'이라는 것, 즉 이 공동체가 특히 성전 축제들 때에 드리는 예배의 신앙이라는 것을 깨달아 가고 있다. 시편에 있는 많은 찬송들, 비탄 시편들, 감사 시편들이 자신의 구체적인 삶의 정황들로부터 말한 개인들에 의해 지어졌다는 것은 분명한 사실이다. 그럴지라도 모든 경우에 이 개인들의 시편들이 사사로운 묵상으로서 지어졌다고 생각할 필요는 없다. 어떤 시편들은 제의 행위나 성전 축제에서의 낭송을 목적으로 지어졌을 것이다. 어쨌든 다양한 기원을 지닌 노래들이 오늘날의 찬송가들 속에 통합되어 있는 것과 마찬가지로 시편이라는 보고(寶庫)는 예배하는 공동체의 것이 되었다. 따라서 잘 알려진 목자의 시편(시 23편)에서처럼 "나"와 "나의"라는 대명사가 사용되고 있는 경우라 할지라도, 우리는 다같이 합류하여 그 신앙을 표현하고 있는 공동체 전체를 생각하지 않으면 안된다.

---

6) Helmer Ringgren, *The Faith of the Psalmists*(454), 제3장을 보라.

시편을 이해하는 데 있어서 커다란 난점들 가운데 하나는 예배는 한 개인과 하나님 사이의 사사로운 문제이며 하나님은 공중 예배라는 기존의 수단과 동떨어져서 접근할 수 있다고 가정하는 오늘날의 개인주의이다. 이러한 전제로부터 출발하여 제1단계는 시편들을 공중 예배를 반영하는 시편들과 개인적인 경건을 반영하는 시편들로 나누는 것이다. 그러나 개인과 공동체를 이런 식으로 대비시키는 것은 이스라엘의 언약 신앙에 전적으로 이질적인 것이다. 이스라엘의 언약 신앙에 의하면, 개인은 공동체의 일원으로서 하나님과 관련되어 있기 때문이다. 하나님은 자유롭게 어느 때 또는 어느 곳에서나 한 개인을 만나신다(하나님의 현현을 받는 사람이 언제나 깜짝 놀라게). 그러나 하나님께 가까이 가기 위해서는 지정된 장소에 가서 약속된 시간에 하나님을 찾지 않으면 안된다.

개인은 오직 공동체의 일원으로서만 언약의 약속들과 축복들을 공유한다. 기존의 은혜의 수단으로부터 끊어져서 고립된 개인이 되어 도망하는 다윗이 말한 것처럼 아무런 "야훼의 기업"을 갖지 못하게 되는 것(삼상 26:19)은 사람이 상상할 수 있는 것 중에서 가장 큰 재앙이었다. 이스라엘의 신앙에 의하면, 성일(聖日) 또는 축제의 때에 회중이 함께 성소에서 예배를 드릴 때 야훼는 임재해 계신다 — 백성들의 찬송 중에 거하신다.[7] 개인은 예배하는 공동체와 '함께' 하나님을 찬양한다.

> 나와 함께 야훼를 광대하시다 하며
> 함께 그 이름을 높이세
> — 시편 34:3.

제2성전의 찬송가

현재 형태의 시편은 포로기 이후의 이스라엘 공동체의 산물이다. 시편이 이 시대의 예전 관습을 반영하고 있는 한 시편을 '제2성전의 찬송가' 라고 말해도 합당하

---

7) 이스라엘의 예배의 제의적 성격에 대해서는 R. E. Clements, *Prophecy and Covenant*[312], pp. 86-102; H. Ringgren[454], pp. 1-19 등을 보라. Claus Westermann은 *The Praise of God in the Psalms*[457]에서 이스라엘의 시편들의 제의적 성격을 지나치게 강조하는 것에 대하여 비판하면서 아울러 그 시편들을 개인주의적 경건을 집어넣어 읽는 것에 대해서도 비판하고 있다. 그는 "하나님에 대한 찬양의 공공성"(p. 10)이라는 말을 선호하는데, 이것은 찬양이 "공중(公衆) 가운데서" 생겨나서 개인으로 하여금 자기가 "회중의 일원"임을 자각하게 만든다는 것을 의미한다. 특히 pp. 15-25를 보라.

다. 이 성전의 직원들은 각 시대의 찬송들과 탄원시들을 알맞는 형태로 배열하는 작업을 수행하였으며 그것들에, 오늘날까지 남아 있어서 독자들을 당황하게 만드는 음악적 예전적 주(註)를 달아 놓았다. 그들의 주석 작업은 분명히 시편이 공중 예배에서 불려졌다는 것을 시사해주고 있지만, 우리는 이에 관한 자세한 내용을 알 수는 없다. 예를 들면, 몇몇 시편들(일례로 시 46편)에서 거듭거듭 나오는 '셀라'(selah)라는 말은 간주곡과 후렴을 노래하라는 표시였음이 분명하다. 다른 경우들에 있어서 처음에 나오는 주(註)는 현악기, 피리와 같이 어떤 악기로 반주할 것인지를 지시한다(예를 들면, 시 5편). 그리고 어떤 표제들은 그 시편을 어떤 조(調)로 불러야 하는지를 지시하는 것이다.[8] 포로기 이후의 예배에 있어서 시편의 지위를 좀더 분명하게 보여주는 것은 앞 장에서 다룬 바 있는 역대기 사가의 저작이다. 예를 들면, 언약궤를 예루살렘으로 옮겨오는 일은 다소 포로기 이후의 양식을 띠고 있는 예배 의식에서 절정에 달한다(대상 16:7-36): 성전의 성가대는 몇몇 시편들(시 105; 96; 106편의 부분 부분들)을 노래하고 백성들은 적당한 곳에서 "아멘"이라고 화답한다.

그러나 시편은 단 한 번의 편집으로 최종적인 형태로 이루어진 것은 아니었다. 주전 5세기경부터 2세기경까지 여러 단계들을 거쳐 완성된 것이었다. 시편은 제1집에서 제5집까지의 다섯 권의 '책들'로 구성되어 있으며, 각 권은 송영(이것은 이것과 연결된 시편의 일부가 아니다)으로 끝난다. 토라를 찬미하는 시편 1편은 이제 전체 시편의 서시(序詩)로 기능하게 되었고, 시편 150편은 시편 전편에 대한 결론적인 송영이 되었다. 시편의 구성은 다음과 같다:

제1권: 시편 1-41편
    (결론적인 송영: 시 41:13)
제2권: 시편 42-72편
    (결론적인 송영: 시 72:18-19)
제3권: 시편 73-89편
    (결론적인 송영: 시 89:52)
제4권: 시편 90-106편
    (결론적인 송영: 시 106:48)

---

8) 예를 들면, "사슴이란 곡조에 맞춘 노래"(시 22:1)는 잘 알려진 곡조를 가리키는 것이었을 것이다. 아마도 이스라엘 공동체는 오늘날의 교회와 회당들이 때때로 그렇게 하는 것과 마찬가지로 세속적인 곡조들을 빌려와 찬양에 사용하였을 것이다.

제5권: 시편 107-150편
(전체 시편에 대한 결론적인 송영: 시 150편)

시편을 이렇게 다섯 권으로 배열한 것은 토라의 다섯 권을 본뜬 것으로 보인다. 시편의 기원에 대한 중요한 실마리는 제2권의 끝에 나오는 추기(追記)에서 찾아질 수 있다: "이새의 아들 다윗의 기도가 필하다"(시 72:20). 이것은 시편 형성의 한 단계에서 '다윗 시편'의 모음집이 여기서 끝났다고 생각했다는 것을 의미한다. 이 제1권에서 거의 모든 시편들에 '다윗에게' 또는 '다윗에게 속하는'을 의미하는 '레다윗'(ledawid)이라는 말이 서두에 있다는 것은 흥미롭다. 이 모음집은 가장 오래된 것이 틀림없으며 아마도 포로기 이전의 예루살렘 성전에서 예전(禮典)에 사용되었을 것이다. 이 핵을 이루는 시편들에 다른 모음집들이 취합되어 마침내 다섯 권으로 된 시편이 탄생되었다. 그렇지만 이후에 나온 계속적인 판본들은 모두 다윗의 후원 아래 간행되었다. 150편 가운데 오직 73편만이 명시적으로 다윗의 것으로 되어 있고 다른 시편들은 모세(시 90편), 솔로몬(시 72, 127편), 다른 사람들의 것으로 되어 있다는 사실에도 불구하고, 다윗이 시편 전체의 저자라는 견해는 널리 받아들여졌다. 이 견해는 다윗이 "메시야"(기름부음 받은 자) — 백성들이 예배 중에 하나님 앞에 나아올 때 의뢰했던 이상적인 왕[9]이자 이스라엘의 소망을 성취하러 장래에 올 왕의 원형(原型) — 라는 역대기 상하권에서 강조된 공동체의 확신(제15장을 보라)을 반영하고 있음에 틀림없다. 그렇지만 시편을 다윗에게 돌리고 있는 것은 완전한 허구는 아니다. 왜냐하면 이미 앞에서 살펴본 바와 같이 다윗은 음악과 예배를 선도하였고 시편들을 지었음에 틀림없기 때문이다. 그러므로 다윗과 시편의 관계는 모세와 오경의 관계와 비슷하다고 하겠다.

포로기 이전의 이스라엘의 예배

현재의 시편이 제2성전의 찬송가로 만들어졌다고 말하는 것과 이 시편 모음집에 담겨진 개별적인 시편들의 기원과 사용을 다루는 것은 전혀 별개의 문제이다. 한 세대 전쯤에는 대부분의 시편들의 연대를 포로기 이후 시대나 기독교 시대가 동터오

---

9) Christoph Barth, *Introduction to the Psalms*[447]는 다윗은 이스라엘 백성에게 "전형적인" 또는 대표적인 인물이었음을 지적한다. 그러므로 예배 속에서 그들은 "무죄해서 쫓겨나고 죄를 범해서 버림받지만 하나님의 백성으로서의 그들 자신의 존재가 항상 타당한 표현을 발견하였던 바 그 하나님의 신실하심으로 말미암아 구원을 받아 권세를 회복하는 왕"(pp. 64-65)을 기억하였다.

기 직전의 마카베오 시대로 추정하는 것이 유행이었다. 그러나 고대 근동의 찬가들에 관한 우리의 이해가 넓어지고 아울러 왕정 시대의 이스라엘의 예배에 관한 지식이 늘어남에 따라 우리는 상당수의 시편들은 포로기 이전 시대에 지어졌고 예전(禮典)에 사용되었다고 믿게 되었다.[10] 사실 지금은 시편은 제2성전의 직원들의 손에 의해 최종적인 형태로 완성되긴 했지만 대부분의 시편들은 포로기 이전 시대의 이스라엘의 공적인 예배를 반영하고 있다고 말하는 경향이 있다.

오늘날의 찬송가들에 있는 많은 찬송들의 저자를 알 수 없는 것과 마찬가지로 많은 시편들이 어디에서 기원하였으며 얼마나 일찍부터 사용되었는지는 알 길이 없다. 그러나 '양식비평'으로 알려진 연구방법론을 적용하면 시편에 반영되어 있는 포로기 이전의 이스라엘의 예배에 대한 좀더 깊은 이해를 얻는 것이 가능하다.

문학 양식과 예전적 기능에 따라 분석해 보면 많은 시편들은 세 가지 주요한 범주들로 나누어진다. 첫번째 장르는 예배하는 공동체가 하나님의 위엄과 신실하심을 송축하는 '찬송시편'(hymn)이다. 두번째 장르는 하나님의 주권이 일시적으로 사라진 문제 상황을 전제로 하는 '탄원시편'(lament)이다. 세번째 장르는 잘 알려져 있다시피 탄원시와 밀접하게 관련되어 있고 찬송시와도 중복되는 '감사시편'(thanksgiving)으로서 하나님께서 고통으로부터 구원해 주신 것에 대한 찬양을 표현한다.[11] 이 논의 속에서 우리는 이 세 가지 문학 유형들을 간단하게 살펴본 다음 여러 가지 시편들이 예전적으로 사용되었던 성전의 축제들을 살펴보기로 하겠다.[12]

예배하는 이스라엘

---

10) 바벨론의 찬가들에 대해서는 Pritchard, *Ancient Near Eastern Texts*(1), pp. 383-392를 보라. 이집트의 문헌에 대해서는 pp. 365-381를 보라. 또한 Charles Cumming(438)과 George Widengren(445)의 저작들을 보라.

11) Artur Weiser는 자신의 시편 주석(456), pp. 52-91에서 통상적인 주요 구분을 따른다: 찬송시편, 탄원시편, 감사시편. 그러나 Claus Westermann은 *The Praise of God in the Psalms*(457)에서 "감사시편"은 "찬양시편" 아래 포괄되어야 하므로 오직 두 가지의 주요한 유형, 곧 찬송시편과 탄원시편이 있을 뿐이라고 주장한다. 또한 H. Ringgren(454), pp. 76-91를 보라. 그는 "감사시편은 단지 하나님을 찬양하는 한 방식에 지나지 않는다"고 주장한다.

12) 문학 유형 또는 장르에 따른 시편들에 관한 자세한 논의에 대해서는 필자의 입문서인 *Out of the Depths*(446)를 보라.

양식비평

양식비평으로 알려진 문학적 접근방법에는 세 가지가 포함되어 있다. 첫째, 특정한 문학 단위 또는 그 문맥으로부터 잘려졌을 때 자체의 완결성을 지니고 있는 구절을 가리키는 헬라어 '페리코페'('알맞게 잘려진 것')의 범위를 결정한다: 명확한 시작과 끝, 내적 구조와 역학, 자기 완결적인 의미. 비유가 그 좋은 예이다. 둘째, 그 사회적 삶의 배경('삶의 자리') 속에서 — 아마도 일상사(예를 들면, 결혼식 축가 또는 장례식 만가) 속에서 — 의 그 문학 단위의 기능 또는 시편의 경우에서처럼 공동체의 예배 속에서의 그 문학 단위의 기능을 이해하려고 한다. 끝으로, 일반적인 인간 체험들을 반영하고 있는 이 문학 단위들은 성경 내에서든 고대 근동의 다른 문헌 속에서든 다른 곳에서도 분명히 드러나는 정형적인 패턴들과 문학적 관례들을 나타내고 있다고 전제한다. 그러므로 성경이든 성경 밖에서든 서로 유사한 문학 형식들에 관한 연구는 많은 것을 시사해줄 수 있을 것이다.

시편에 관한 양식비평의 연구에 있어서 선구자는 헤르만 궁켈(Hermann Gunkel)이었다: *The Psalms: A Form-Critical Introduction*(450)을 보라. 그의 저작은 지그문트 모빙켈(Sigmund Mowinckel)에 의해 더욱 진척되었다: *The Psalms in Israel's Worship*, I-II(453)을 보라. 궁켈은 문학 유형(예를 들면, 찬송시편, 탄원시편, 감사시편)에 따라 시편들을 분류하는 것을 강조한 반면에, 모빙켈은 성전 축제들, 특히 신년 축제를 배경으로 시편들의 기능에 중점을 두었다.

양식비평과 밀접하게 관련된 것으로는 사회적 배경 또는 역사적 맥락보다는 문체의 특징들과 문학 패턴들에 중점을 두는 수사(修辭)비평으로 알려진 방법론이 있다. James Muilenburg, "Form Criticism and Beyond"(75)를 보라.

한 백성의 예배는 필연적으로 하나님이 누구시며 하나님이 세상과 어떻게 관련을 맺고 있는가에 대한 확신의 표현이다. 만약 신들이 고대 사회에서처럼 영고성쇠하는 자연주기의 일부라면, 예배자들은 일상생활의 세속적인 영역을 떠나서 거룩한 영역으로 들어가 거기서 세상의 신적인 갱신을 체험한다.[13] 만약 하나님이 인간 세상의 모든 현상들을 뛰어넘어 신비종교들에서처럼 말로 표현할 수 없는 불가사의한 실체라면, 예배자들은 그 '실체'와의 말로 표현할 수 없는 교통(交通) 또는 합일로 들어가기 위하여 변화와 허구의 영역으로부터 물러나는 길을 택한다. 그러나 이스라엘의 신앙에 의하면 거룩한 하나님은 인간 세상에 들어와서 역사를 만들며 역사에

---

13) 이 고풍스러운 견해에 대해서는 특히 M. Eliade, *The Sacred and the Profane*(121)을 보라.

개입하여 압제받는 자들을 구원하고 오만하고 권세 있는 자들을 낮추시는 분이다.
그러므로 찬양의 시작은 하나님이 행하셨고 행하시고 계시며 앞으로 행하실 것에 대
한 묵상이다:

> 대대로 주의 행사를 크게 칭송하며
> 주의 능한 일을 선포하리로다
> 주의 존귀하고 영광스러운 위엄과
> 주의 기사를 나는 묵상하리이다
> — 시편 145:4-5.

이렇게 찬양을 불러일으키고 있는 "기사"(奇事)에는 시편 기자가 개인적으로 체
험한 것들이 포함되어 있음에 틀림없다. 그러나 시편 기자는 주로 과거의 위대한 사
건들, 야훼의 크심과 선하심이 드러나 있는 세상의 창조를 언급한다. 사실 이스라엘
예배의 특징 가운데 하나는 전승에 대한 회상이다. 그렇지만 이러한 회상은 단순히
과거에 일어났던 일을 떠올리는 것이 아니다. 오히려 그것은 과거를 현재화하는 야
훼의 임재 속에서의 '제의적 회상'이다. 그리하여 예배자들은 신앙 공동체에게 결정
적으로 중요한 역사적 사건들과 일체가 된다. 앞에서 살펴보았듯이(p. 26), 오늘날
에도 신앙심 깊은 유대인들은 출애굽 사건을 자기 시대의 것으로 받아들인다.

하나님이 역사 속에서 활동한다는 생각을 고대 이스라엘만이 가지고 있었다고
생각해서는 안된다. 바벨론인들과 같은 다른 민족들의 종교에서도 신들은 역사상의
사건들에서 활동한다고 믿었다.[14] 그렇지만 이스라엘만이 가진 독특한 특색 가운데
하나는 제의 가운데서 이스라엘 백성은 하나님에 대한 신앙을 고백하기 위하여 그들
자신의 역사적 체험들에 주로 의거하였다는 점이었다.

> 압박당하는 모든 자들을 위하여 판단하시는도다
> 그 행위를 모세에게
> 그 행사를 이스라엘 자손에게 알리셨도다
> — 시편 103:6-7.

---

14) Bertil Albrektson, *History and the Gods*[194]를 보라. 자신의 연구서의 끝부분에서
Albrektson은 역사 속에서의 야훼의 행사들이 이스라엘의 제의에서 기억되고 송축된 독특한 방식
을 적어 놓고 있다.

찬송시편

찬송시편은 역사와 창조의 행사들 속에 드러난 하나님의 크심과 선하심을 찬양하는 노래이다. 이런 유형의 시편들은 일반적으로 예배로 부르는 명령법으로 시작된다. 그런 다음 찬양을 해야 할 이유를 제시하는 부분이 나오는데, 이 부분은 흔히 "왜냐하면"(ki)으로 시작된다. 그리고 때로는 맨처음에 나온 음조를 되풀이하여 다시 한번 찬양하라는 부름으로 끝을 맺는 경우가 있다. 찬송시편의 구조는 시편 가운데서 가장 짧은 시편인 117편에서 아주 분명하게 나타난다:

A. 서론: **예배로의 부름**
　　너희 모든 나라들아 야훼를 찬양하라
　　너희 모든 백성들아 저를 칭송할찌어다
B. 본론: **찬양의 동기**
　　우리에게 향하신 야훼의 인자하심(hesed)이 크고
　　진실하심이 영원함이로다(ki)
C. 결론: **반복**
　　야훼를 찬양하라.

이 구조는 시편 33, 95, 100, 145, 148, 149, 150편과 같이 시편에 들어 있는 많은 찬송시편들에서 여러 가지 변형된 형태로 찾아볼 수 있다.

앞 장들에서 우리는 이스라엘은 야훼께서 해방의 권능으로 어떻게 행하셨는가를 이야기함으로써 자신들의 신앙을 고백한 것이 특색이라는 점을 살펴보았었다. 홍해를 건넌 것을 송축하기 위하여 미리암이 지은 대구(對句)로 된 시(출 15:21)는 야훼를 찬양하는 찬송시편의 간결한 예이다: 제1행은 찬양하라는 부름이고, 제2행은 홍해에서의 야훼의 행하신 일이 찬양의 근거임을 밝히고 있다. 이 고대 전승과 맥을 같이 하여 수많은 시편들이 이 이야기의 주요한 주제들, 즉 출애굽, 홍해에서의 구원, 광야의 유랑, 가나안 땅의 점령을 반복하여 이야기하거나 세련되게 다듬어 이야기함으로써 야훼를 찬송하고 있다. 이러한 이야기를 들려주는 식의 시편들 또는 거룩한 역사의 시편들(예를 들면, 시 78; 105; 106; 135; 136편)에서 시편 기자들은 이스라엘의 역사를 출애굽을 중심으로 한 야훼의 행사들에 관한 이야기로 재현한다.

시편 136편은 야훼께서 행하신 일을 반복하여 이야기함으로써 어떻게 이스라엘의 찬양(또는 감사)[15]이 불러일으켜지고 있는지를 아주 잘 보여준다. 여기에서는 처음과 끝에서 같은 형태로 나오는 부름말이 주조를 이룬다:

> 선창: 야훼께 감사하라 그는 선하시며
> 후창: 그 인자하심〔hesed〕이 영원함이로다(ki)

찬양으로의 부름과 이에 대한 예전적 응답이라는 이러한 패턴은 시편 전체의 문장문장마다 짙게 배어 있다. 처음 세 문장(1, 2, 3절)은 예배로의 부름을 표현하고 있는데, 이것은 찬송시편들이 시작될 때 전형적으로 등장하는 특색이다. 결론을 이루고 있는 문장(26절)은 처음에 나왔던 주제를 반복함으로써 이 시편 전체를 마무리한다. 이 시편의 나머지 부분은 야훼의 기이한 행사들을 반복하여 이야기함으로써 찬양을 드려야 할 이유를 제시하고 있다. 히브리어 본문에서 송영문(頌榮文, ascription)들은 보통 각각 분사로 시작된다. 예를 들어보면,

> 애굽의 장자를 치신 이에게
> 　응답
> 이스라엘을 저희 중에서 인도하여 내신 이에게
> 　응답
> 강한 손과 펴신 팔로
> 　응답
> 홍해를 가르신 이에게
> 　응답
> 이스라엘로 그 가운데로 통과케 하신 이에게
> 　응답
> — 시편 136:10-14.

이 시편의 이 부분(10-22절)에서 시편 기자는 고대 이스라엘의 이야기를 세련되게 다듬어 제시하고 있다.

그러나 야훼의 권능있는 행사들을 이렇게 반복하여 이야기함에 있어서 시편 기자가 창조로부터 시작한다는 것은 주목할 만하다:

---

15) 비록 이 시편은 감사하라는 부름으로 시작되고 있는 듯이 보이지만, Weiser〔456〕, p. 53가 올바로 보았듯이 실제로 찬송시편이다. 여기서 우리는 하나님을 찬양하는 것과 하나님께 감사하는 것 사이에 어떤 날카로운 차이가 없다는 또 하나의 증거를 보게 된다.

송영문

　'송영문' (위에서 언급한)은 하나님의 행위들을 통하여 하나님이 누구신가를 규정할 목적으로 서술절이 뒤따르거나 또는 서술절이 하나님의 이름을 대치하는 문법 형태이다. 성경에서 송영문은 보통 위에서 인용한 시편에서처럼("…이에게") 행위자(또는 행위)를 가리키는 관계대명사(who)나 분사를 사용하는 문법적 형태로 형성되어 있다. 이에 대한 다른 예들은 시편 103:3-5과 제2이사야의 찬송 구절들(예를 들면, 사 44:24-28)에서 찾아볼 수 있다. 송영문은 흔히 찬송시편 양식에 속한다. 이는 찬송시편은 하나님께서 행하셨고 행하시고 계시며 앞으로 행하실 것을 말함으로써 하나님을 찬양하기 때문이다. 하나님이 누구신가를 규정하는 이야기는 십계명의 서문에서처럼 한 문장으로 축약될 수도 있다: "나는 너를 애굽 땅 … 에서 인도하여 낸 너의 하나님 여호와로라". 자세한 것은 *International Standard Bible Encyclopedia* II, rev. ed., G. W. Bromily, ed. (Grand Rapids, MI: Eerdmans, 1979), pp. 503-504에 있는 James T. Clemons, "God, Ascriptions to"를 보라.

> 홀로 큰 기사를 행하시는 이에게
> 　응답
> 지혜로 하늘을 지으신 이에게
> 　응답
> 땅을 물 위에 펴신 이에게
> 　응답
> 큰 빛들을 지으신 이에게
> 　응답
> 해로 낮을 주관케 하신 이에게
> 　응답
> 달과 별들로 밤을 주관케 하신 이에게
> 　응답
> ― 시편 136:4-9.

　여기서 창조는 하나의 독립된 신앙개조(信仰個條)가 아니라 '역사의 시작' ― 즉, 하나님이 이스라엘과 관계하시는 이야기로 펼쳐지는 일련의 하나님의 행사들 가운데 최초의 행사 ― 이다. 그것을 다른 방식으로 바라본다면, 이스라엘은 야훼의 행사들을 시초로까지 거슬러 올라가 추적함으로써 자신들의 거룩한 역사를 확대하였다고 할 수도 있겠다. 이렇게 이 예배 공동체는 이스라엘의 역사 속에서 계시된 야훼의 "신실하심"(hesed)이 역사의 모든 시대의 근저에 있으며 온 인류를 포괄하고 있다고 고백하였는데, 이 주제는 이스라엘의 고대 서사시 전승에서도 찾아볼 수 있다(제5장, pp. 214-223를 보라).

그러나 다른 시편들에서는 창조주 하나님에 대한 찬양은 출애굽을 중심으로 하고 있는 전체 거룩한 역사와 직접적으로 연관되지 않고 하나님께서 하늘과 땅을 만드시고 질서를 세우셨던 바 우주의 신기한 질서와 세계의 의존성에 의해 촉발되고 있다(pp. 283-287에서 논의되는 시온 신학을 보라). 이를 보여주는 가장 좋은 예는 주전 14세기에 개혁자 바로 아크나톤이 숭배하였던 둥근 태양으로 상징된 신인 이집트의 "아톤 찬가"에 의해 영향을 받은 시편 104편이다.[16] 현재 형태의 이 찬송시편은 창세기 1장에 나오는 제사장계의 창조 이야기의 일반적인 순서를 따라서 모든 피조물들, 인간과 동물들은 근본적으로 숨쉬는 순간순간마다 창조주를 의지하고 있다는 점을 강조한다. 사실 창조주의 떠받치는 힘("영")이 거두어진다면, 모든 것은 무너져 버리고 말 것이다. 현재 시제로 번역된 히브리어 동사들은 하나님의 '지속적인' 창조 활동을 보여주고 있다:

> 이것들〔동물들과 인간들〕이 다 주께서
> 때를 따라 식물 주시기를 바라나이다
> 주께서 주신즉 저희가 취하며
> 주께서 손을 펴신즉 저희가 좋은 것으로 만족하다가
> 주께서 낯을 숨기신즉 저희가 떨고
> 주께서 저희 호흡을 취하신즉 저희가 죽어
> 본 흙으로 돌아가나이다
> 주의 영을 보내어 저희를 〔재〕창조하사
> 지면을 새롭게 하시나이다
> — 시편 104:27-30.

고통 속에서의 탄원시편

야훼의 행사들에 관한 기억은 개인이나 이스라엘 공동체 전체를 현재의 고통스럽고 괴로운 상태에 관한 당혹감에 빠뜨릴 수 있는 효과를 가질 수도 있다. '이론적인 무신론'은 구약성서 시대에 알려져 있지 않았지만, 이스라엘은 야훼께서 백성을

---

16) 이 웅장한 이집트의 찬가의 본문은 Pritchard, *Ancient Near Eastern Texts*〔1〕, pp. 369-371에 나와 있다. 자세한 것은 필자의 *Creation versus Chaos*〔128〕, 제2장을 보라.

버리셨다는 느낌으로 때때로 고통스러워 했다. 이것은 마르틴 부버가 지은 책의 명
칭을 인용하여 말하자면 "하나님의 일식(日食)"의 때였다. 세계 정치의 태풍지대에
위치해 있던 이스라엘이 그토록 자주 심각한 시련을 겪었다는 것을 생각하면, 시편
전체의 삼분의 일이 "깊은 데서"(시 130:1) 하나님께 부르짖는 탄원시편들로 되어
있다는 것은 놀라운 일이 아니다. 놀라운 것은 이런 유형의 시편들이 애처로운 자기
연민이나 처절한 복수심을 거의 드러내 보이지 않고 야훼에 대한 찬양이 인간의 슬
픔을 통하여 울려퍼지고 있다는 것이다. 사실 '탄원시편'이라는 용어는 이 문학 형
태에 대한 가장 좋은 서술이 아닐지도 모른다. 양식비평에 의하면, 애가(만가)는 변
화될 수 없는 상황(어떤 사람의 죽음)에 적합한 반면에, 탄원시편은 야훼께서 "놀라
운 은혜"를 보이시며 개입하신다면 고통의 상황이 변화될 수 있다는 것을 전제한다.
　　탄원시편은 그 세부적인 사항에 있어서는 차이가 있지만 특징적인 문학 형식을
가지고 있다.[17]

　　A. **부름말**: 하나님을 부르는 말. 이것은 짧은 부르짖음일 수도 있고 확대되어
말하는 대상인 하나님께 찬양을 돌리는 것이 될 수도 있다.
　　B. **불평**. 공동체의 탄원시편들에서는 고통스러운 일은 적의 공격, 기근, 돌림
병과 같은 커다란 위기일 수 있다. 개인 탄원시편들은 병, 핍박, 예민한 죄의식과
같은 문제들에 의해 생겨날 수 있다.
　　C. **신뢰의 고백**. 문제가 된 상황에도 불구하고 탄원자는 하나님의 신실하심에
의지한다.
　　D. **간구**. 탄원자는 하나님께 상황에 개입하여 변화시켜 주실 것을 호소한다.
　　E. **감사의 서약**. 하나님께서 기도를 들으시고 응답하실 것이라는 신뢰 속에서
탄원자는 하나님께서 행하신 것에 관하여 공동체 앞에서 증언할 것을 서약한다. (이
요소는 공동체의 탄원시편들에는 빠져있는 것이 보통이다.)

　　공동체의 탄원 시편의 좋은 예는 시편 44편이다: (A) '부름말'에서 위기에 처
해 있는 공동체는 야훼께서 과거에 행하셨던 신기한 행사들에 관하여 말해주었던 조
상들의 신앙을 회상한다(1-8절). (B) 공동체는 야훼께서 "우리를 버려" "우리로 먹

---

17) 특히 Claus Westermann[457], pp. 52-81를 보라. 또한 필자의 *Out of the Depths*[446],
　　제3장도 참조하라.

힐 양 같게" 하신 현재를 옛날과 비교하면서 '불평'을 한다(9-16절). (C) 그런 다음 통렬한 언어로 야훼에 대한 견실한 신뢰를 말하는 공동체의 '고백'이 나온다. (아브라함 헤셀은 「예언자들」(*Prophets*)이라는 자신의 위대한 저작에서 나치의 대학살로 인해 "번제"로 산화한 육백만 명의 유대인 희생자들에게 바치는 헌정사인 "1940-45의 순교자들에게"에서 이 시편의 일부를 인용하였다.[18]

> 이 모든 일이 우리에게 임하였으나
> 우리가 주를 잊지 아니하며
> 주의 언약을 어기지 아니하였나이다
> 우리 마음이 퇴축지 아니하고
> 우리 걸음도 주의 길을 떠나지 아니하였으나
> 주께서 우리를 시랑의 처소에서 심히 상해하시고
> 우리를 사망의 그늘로 덮으셨나이다
> — 시편 44:17-19.

　　(D) 이 탄원시편은 야훼께서 다시 한번 역사하셔서 하나님의 임재의 일식의 때를 끝내시기를 기원하는 공동체의 열렬한 '간구'로 끝난다(13-16절). 공동체의 탄원시편들의 다른 예들로는 시편 10, 74, 106, 137편이 있다.

　　탄원시편들의 다수는 고통 속에 있는 개인들의 부르짖음들이다. 이러한 경우들에 있어서 탄원자의 고통은 전통적인 심상들로 가리워져 있기 때문에 탄원시편이 생겨난 구체적인 상황을 알아내는 것은 거의 불가능하다. 불평의 요체는 탄원자가 하나님에 의해 버림받아 곧 죽음의 세력들(흔히 음부나 그 둘레를 흐르는 지하의 물들로 묘사되는)에 의해 삼키워질 것 같이 느껴진다는 것이다. 개인 탄원시편의 한 예로서 우리는 감동적인 시편 22편을 들 수 있는데, 그 시작하는 말들은 기독교 전승에 의하면 예수께서 십자가 상에서 자신이 버림받았다는 부르짖음이 되었다고 한다(막 15:34). 탄원자는 통렬한 부르짖음으로 시작한다:

> 내 하나님이여 내 하나님이여 어찌 나를 버리셨나이까
> 어찌 나를 멀리하여 돕지 아니하옵시며
> 내 신음하는 소리를 듣지 아니하시나이까
> 내 하나님이여 내가 낮에도 부르짖고

---

18) Abraham J. Heschel, *The Prophets*(315).

밤에도 잠잠치 아니하오나 응답지 아니하시나이다
　— 1-2절..

　　예배하는 공동체의 일원으로서 이 탄원자는 불과 칼에도 불구하고 계속해서 살아있는 조상들의 신앙에 의지한다.

　　이스라엘의 찬송 중에 거하시는 주여
　　주는 거룩하시니이다
　　우리 열조가 주께 의뢰하였고
　　의뢰하였으므로 저희를 건지셨나이다
　　저희가 주께 부르짖어 구원을 얻고
　　주께 의뢰하여 수치를 당치 아니하였나이다
　　— 3-5절, 또한 9-10절.

　　그러나 야훼의 권능있는 행사들을 조상들에게 알게 하셨던 과거에 대한 회상은 단지 고통의 "바다 한가운데에서 위로의 섬"일 뿐이다. 점차 고조되는 어투로 탄원자는 하나님께 불평한다:

　　많은 황소가 나를 에워싸며
　　바산의 힘센 소들이 나를 둘렀으며
　　내게 그 입을 벌림이
　　찢고 부르짖는 사자 같으니이다
　　나는 물같이 쏟아졌으며
　　내 모든 뼈는 어그러졌으며
　　내 마음은 촛밀 같아서
　　내 속에서 녹았으며
　　내 힘이 말라 질그릇 조각 같고
　　내 혀가 잇틀에 붙었나이다
　　주께서 또 나를 사망의 진토에 두셨나이다
　　— 14-15절

　　이어지는 절들에서 이 위기는 다른 심상들로 묘사된다: 탄원자는 한 떼의 개들 또는 옷들을 비롯하여 모든 것을 빼앗아 탈취물을 나누는 강도들에게 공격을 받고

있다(16-18절). 탄원자의 불평은 고통의 심연에서 도움을 요청하는 부르짖음 속에서 절정에 달한다:

> 야훼여 멀리하지 마옵소서
> 나의 힘이시여 속히 나를 도우소서
> 내 영혼을 칼에서 건지시며
> 내 유일한 것을 개의 세력에서 구하소서
> 나를 사자 입에서 구하소서
> … 들소 뿔에서 구원하셨나이다
> — 19-21절

그런 다음 우리가 히브리어 본문을 따른다면 탄원자는 갑자기 "주께서 내게 응답하셨다"(21c절)라는 찬탄을 발하고[19] 다음에 이어지는 절들의 전체적인 분위기는 탄원의 단조로부터 장조의 찬양의 선율로 바뀐다(23-31절). 탄원자의 기도는 응답되었다. 더 이상 야훼의 "얼굴"(임재)은 감추어져 있지 않다(24절). 이 시편은 회중 앞에서 새로운 삶의 가능성을 열어준 야훼의 은혜 베푸심에 대한 증언으로 끝난다.

탄원시편들(예를 들면, 시 28:6) 여기저기에서 단조로부터 장조로의 이러한 갑작스러운 변화를 우리는 어떻게 설명할 수 있을까? 많은 학자들은 이 시편의 마지막 부분들 사이의 간격 속에서 아마도 제사장이나 예언자와 같은 성전의 교역자가 하나님께서 탄원자의 기도를 들으셨고 구원을 약속하셨다는 취지의 "위로의 말씀"("구원의 신탁")을 발한 것으로 믿는다.[20] 아마도 해방의 하나님의 이름으로 말해진 이러한 "구원의 신탁들" 중 하나는 시편 12:5에 보존되어 있는 듯하다. 이러한 예전적 행위에 대한 응답은 예배하는 공동체 앞에서의 찬양의 서약이었다(시 22:22-28):

> 대회 중에 나의 찬송은 주께로서 온 것이니
> 주를 경외하는 자 앞에서 나의 서원을 갚으리이다
> 겸손한 자는 먹고 배부를 것이며
> 야훼를 찾는 자는 그를 찬송할 것이라

---

19) 대부분의 역본들이 여기서 히브리어 본문을 바꾸고 있는 것이 보통이다. 위에 나오는 히브리어의 직역에 있어서 우리는 H. J. Kraus의 시편 주석(452)에 나오는 해석을 따랐다.

20) 이 견해에 관한 해설에 대해서는 위에서 언급한 Weiser(456), pp. 219-226; Westermann(457), pp. 64-81를 보라.

> 너희 마음은 영원히 살찌어다
> ― 25-26절

이러한 해석은 이스라엘의 제의 가운데에서 개인 탄원시편들의 위치를 더 분명하게 이해하는 데 도움이 된다. 또한 이것은 어떻게 탄원시편이 그 자체만으로 독립되어 있지 않고 교향악의 제2악장처럼 단조 선율을 거쳐 마지막 악장의 장조로, 고통으로부터의 간구에서 하나님에 대한 즐거운 찬양으로 움직여가는지를 보여준다. 다른 개인 탄원시편들 ― 몇 편만을 말해본다면 ― 은 시편 3, 13, 31, 54, 56, 102편에서 찾아볼 수 있다.

여러 탄원시편들에서 탄원자들은 하나님께 대하여 자신의 억울함을 풀어줄 것을 부르짖으며 심지어 대적들, 곧 사람들의 행복과 안전을 위협하는 정체불명의 사람들 또는 세력들에게 복수해 줄 것을 기도하기까지 한다. 몇몇 시편들은 흔히 '저주 시편들'(시 35, 59, 69, 70, 109, 137, 140편)로 불리는데, 이는 억울함을 풀어줄 것에 대한 시편 기자의 열정이 적대적인 세력들에 대한 저주로 표현되기 때문이다. 그 두드러진 예는 시편 137편(pp. 530-531에서 언급된)으로서 이 시편은 주전 587년에 예루살렘을 파괴한 바벨론인들과 그 파괴를 도운 에돔인들에게 복수해 달라고 부르짖는 민요이다(참조. 옵 10-14절). 약한 자들이 압제들 밑에서 고통을 당하거나 강력한 기득권층에 의해 희생물이 되는 경우들에 있어서 이러한 인간적인 감정들은 반드시 권장할 만한 것은 아니라 할지라도 이해할 수 있는 것들이다. 이러한 시편들은 나머지 탄원시편들과 마찬가지로 하나님께서 이스라엘 백성과 언약 관계를 맺으셨기 때문에 약한 자들을 보호하고 정의를 지탱하는 재판관으로서 사람들이 이에 호소할 수 있다는 생각을 전제하고 있다. "복수", 즉 억울함을 푸는 일은 하나님의 대권이지 재판을 자기 손으로 시행하는 자들의 권리가 아니다(신 32:35; 참조. 롬 12:19).

저주 시편들의 정반대의 극단에는 '참회 시편'(시 6, 32, 38, 51, 102, 130, 143편)이라 불려왔던 몇몇 시편들이 있다. "깊은 데서"(de profundis, 시 130:1을 보라)의 이러한 부르짖음들 속에서는 인간의 문제는 "바깥에", 즉 사회의 권세들과 구조들에 있는 것이 아니라 내면에, 즉 마음에 있다. 오류를 저지르고 실패를 한다는 것이 인간의 특성임을 알고 있는 탄원자는 야훼의 자비와 용서하심에 자신을 던진다. 탄원시편의 전형적인 형식으로 되어 있는 시편 51편은 이를 보여주는 아주 훌륭한 예이다. 탄원자는 하나님께 대한 호소로 시작한다:

> 하나님이여 주의 인자(hesed)를 좇아 나를 긍휼히 여기시며
> 주의 많은 자비를 좇아 내 죄과를 도말하소서
> 나의 죄악을 말갛게 씻기시며
> 나의 죄를 깨끗이 제하소서
> — 1-2절.

그리고는 괴로운 심정, 곧 그릇되었다는 내면의 의식에 관한 표현이 온다(3-5절) :

> 내가 주께만 범죄하여
> 주의 목전에 악을 행하였사오니
> — 4절.

탄원자는 깨끗케 해주실 것, 죄용서, 내면을 새롭게 해주실 것을 간구한다(6-12절) :

> 하나님이여 내 속에 정한 마음을 창조하시고
> 내 안에 정직한 영을 새롭게 하소서
> 나를 주 앞에서 쫓아내지 마시며
> 주의 성신을 내게서 거두지 마소서
> — 10-11절

끝으로 탄원자는 다른 고통 중에 있는 사람들이 하나님의 은혜를 알도록 돕고 하나님께서 받으실 만한 희생제물, 곧 "상하고 통회하는 마음"(13-17절)을 드리겠다고 서약한다. 18-19절은 성전이 재건되었을 때 야훼께서 짐승의 희생제사를 기뻐하실 것이라고 믿은 편집자들에 의해 포로기 이후 시대의 초기에 첨가된 것이라는 것이 일반적으로 인정되고 있다.

감사의 노래들

찬송시편과 탄원시편의 요소들을 담고 있는 세번째의 문학 유형은 감사의 노래이다. 개인적인 감사의 노래의 주요한 특징은 그 회고적인 성격이다: 이 노래는 탄

원의 상황에 있는 탄원자가 야훼께 도움을 부르짖었던 때를 돌아본다. 그러나 그러한 이전의 상황은 더이상 존재하지 않는다. 하나님의 일식의 때는 이미 끝난 상태이다. 깊은 데서의 부르짖음에 대한 응답으로 야훼께서는 이를 들으시고 해방하시는 은혜로 역사하심으로써 탄원자는 이제 "새 노래"를 부르고 있는 것이다.

> 내가 야훼를 기다리고 기다렸더니
> 귀를 기울이사
> 나의 부르짖음을 들으셨도다
> 나를 기가 막힐 웅덩이와
> 수렁에서 끌어 올리시고
> 내 발을 반석 위에 두사
> 내 걸음을 견고케 하셨도다
> 새 노래 곧 우리 하나님께 올릴 찬송을
> 내 입에 두셨으니
> 많은 사람이 보고 두려워하여
> 야훼를 의지하리로다
> — 시편 40:1-3.

또한 개인적인 감사의 노래는 독특한 문학 형식을 지니는데, 이것은 시적인 변용을 보여주고 있다. 그 훌륭한 예는 시편 116편이다.

A. **서론**(시 116:1-2)
개인은 야훼께 찬양을 드리는 것으로 시작하고 찬송시편의 경우에서처럼 찬양의 동기(ki)를 제시한다.
B. **본론**: 과거에 있어서의 시편 기자의 체험을 말함(시 116:3-9).
1. 죽음의 세력이 거의 엄몰하였을 때 시편 기자가 한때 체험하였던 고통에 대한 묘사(3절)
2. 도와달라고 부르짖은 것에 대한 회상(4절)
3. 기도에 대한 야훼의 응답:

> 주께서 내 영혼을 사망에서
> 내 눈을 눈물에서
> 내 발을 넘어짐에서 건지셨나이다

> 내가 생존 세계에서 야훼 앞에 행하리로다
> — 시편 116:8-9.

C. **결론**: 구원해 주신 것에 대한 야훼를 향한 찬양(시 116:10-19).
야훼의 은혜로운 구원에 감사하여 탄원자는 모든 백성들을 지지하는
하나님의 은혜를 증언한다.

> 야훼께서 내게 주신 모든 은혜를
> 무엇으로 보답할꼬
> 내가 구원의 잔을 들고
> 야훼의 이름을 부르며
> 야훼의 모든 백성 앞에서
> 나의 서원을 야훼께 갚으리로다
> — 시편 116:12-14.

다른 개인적인 감사의 시편들로는 시편 92, 118, 138편과 요나서에 나오는 시편(욘 2:1-9)이 있다.

수적으로 적지만 성전의 주요한 축제들에서 사용되었던 공동체의 감사의 노래들(예를 들면, 시 107, 124편)이 있다.

이스라엘의 순례 축제들

이스라엘이 지파동맹으로 조직되었을 때부터 중앙성소로 순례하는 것은 하나의 관습이었다(삼상 1:3ff.를 보라). 언약법에 의하면 일 년에 세 번 백성들의 대표자들은 "이스라엘의 하나님 야훼 앞에 보여야" 했다(출 23:14;; 34:23). 고대 가나안의 월력으로부터 빌려온 이 세 번의 순례 축제들은 무교절, 오순절, 장막절이었다.[21] 시간이 지남에 따라 이러한 농경 축제들은 역사화되어 이스라엘의 거룩한 역사에 비추어 재해석되었다. 보리 수확기가 시작되면서 열린 봄의 무교절은 유월절과 연관되었

---

21) 축제들에 관한 논의에 대해서는 R. de Vaux, *Ancient Israel*(113), pp. 484-506를 보라. 또한 필자의 *Out of the Depths*(446), 제6장도 참조하라.

으며 둘 다 출애굽을 기념하는 절기들로 되었다. 밀 수확기 칠 주 후에 열린 오순절은 약속의 땅의 관문이었던 길갈에서 특별한 방식으로 준행되었는데, 거기에서는 야훼께서 이스라엘에게 땅을 선물로 주신 것을 기념하였다.[22] 해가 바뀔 때(신년)에 열린 수장절 또는 장막절로 알려진 가을 축제는 야훼와의 언약을 갱신하는 절기로 되었다. 중앙성소로 순례를 행하는 고대의 관습은 왕정시대 전체에 걸쳐 지속되었고 제2성전의 완성 이후에 부활되었다. 하나하나마다 "성전에 올라가는 노래"라는 제목이 붙어 있는 시편 120-134편의 작은 시편 모음집은 큰 절기들을 지키기 위해 예루살렘으로 올라간 순례자들에 의해 사용된 편람이었던 것으로 보인다. 이 노래들 가운데 하나는 이스라엘 지파들을 위한 순례 성소로 선포된 도성인 예루살렘으로 가는 기쁨을 표현하고 있다:

> 사람이 내게 말하기를
> 야훼의 집에 올라가자 할 때에 내가 기뻐하였도다
> 예루살렘아 우리 발이
> 네 성문 안에 섰도다
> — 시편 122:1-2.

이러한 큰 축제들 동안의 예배에 관하여 시편들은 우리에게 직접간접으로 어떤 것을 말해주고 있는가?

언약갱신 축제들

이스라엘의 예배의 역사에 관한 우리의 지식은 매우 한정되어 있긴 하지만, 지파동맹 시대에 세겜에서 처음으로 열린 고대의 언약갱신 축제가 북왕국에서 부활되었다고 생각할 만한 타당한 이유가 있다. 성경에 의하면 북부 이스라엘의 최초의 왕인 여로보암 1세는 예루살렘으로 순례를 가는 관습을 막기 위하여 "유다의 절기와 비슷하게"(왕상 12:32-33) 자신의 영토 내에 가을 축제를 제정하였다고 한다. 곧 살펴보게 되겠지만, 예루살렘의 축제는 다윗 신학의 중요한 특징들을 지니고 있었음이 분명하다. 그러나 북부의 축제는 지파동맹 시절에 일반적으로 행해졌던 고대의 언약

---

22) 이 학설은 Gerhard von Rad에 의해 처음으로 제기되고 H. J. Kraus, *Worship in Israel*(443), pp. 152-161에 의해 발전되어 왔다.

갱신 축제와 아주 유사했을 것임에 틀림없다. 이 두 경우에 있어서 문제가 된 축제는 해가 바뀌는 가을에 열린 연례 대축제(장막절)이다.

양식비평에 의한 시편 연구를 통하여 학자들은 여러 시편들을 이 축제에 속하는 것으로 분류하였다.[23] 그러나 이렇게 제시된 것들 가운데서 시편 81편은 가장 좋은 후보들 중 하나이다. 이 시편은 지파들을 세겜에 소집하여 야훼의 구원 행위들을 들려주고 야훼에 대한 변함없는 충성을 촉구하며 언약의 서약과 관련하여 언약법을 공포한 것에 관하여 말하고 있는 여호수아 24장에 나오는 언약 갱신에 관한 고전적인 기사와 아주 유사하다(pp. 185-187를 보라). 이 시편에서 처음 절들(1-5절)은 "우리의 절일에" 성소에서 "야곱의 하나님"을 예배하자고 촉구한다. 다음 단락(6-10절)은 이스라엘 백성을 이집트 땅으로부터 이끌어내신 하나님 야훼께서 행하신 자비로운 행사들을 이야기한다. "나는 … 야훼 … 이니"라는 선포가 바로 십계명에서의 첫째 계명과 연관된다는 것은 주목할 만하다. 이 시편은 공동체에게 야훼의 음성을 듣고 하나님의 축복을 받으라고 호소하는 데서 절정에 이른다(11-16절). 제의 예언자들이 이 예배의식에, 특히 언약의 하나님께 대한 충성을 새롭게 하라는 촉구가 제시되는 시점에서 참여하였을 것이라는 의견이 제시되어 왔다.

우리가 방금 논의한 시편은 북부의 언약갱신 축제에서 나온 시편일 가능성이 높다. 의심할 여지 없이 한때 벧엘 성소에서 사용되었던 몇몇 북부의 시편들이 존재하며, 이것들은 북왕국의 멸망 이후에 남부로 전해져서 시온의 축제들에서 사용되었다. 시편 50편의 경우에는 고대 시내산 현현이 시온산의 현현으로 되어 있긴 하지만(2절) 이 시편도 언약 시편의 또하나의 좋은 예이다. 이 시편은 우리가 때때로 논의한 바 있는(예를 들면, pp. 410-412를 보라) '언약 소송'의 형태를 전제하고 있다. 첫번째 부분(1-6절)에서 야훼는 하늘과 땅을 증인으로 세운 가운데 백성들을 심판하러 오시는 것으로 묘사되어 있다. 이 시편의 주요 부분(7-21절)은 이스라엘이 일상생활 속에서 언약의 요구사항들을 제대로 지켜내지 못함으로써 의식과 희생제사들이 유효하게 드려지지 못하고 있다는 고발을 포함하고 있다("내가 네 집에서 수소 … 를 취치 아니하리니") — 이 점을 예언자들이 공격했었다. 결론 부분(22-23절)은 "하나님을 잊어버린" 사람들에게 하나님께서는 오직 올바른 행실을 지키는 자들에게만 구원을 베풀 것임을 상기시켜주는 내용으로 되어 있다.

---

23) 자신의 시편 주석[456], pp. 35-52에서 Weiser는 상당히 많은 시편들을 이 범주에 넣는다. Walter Harrelson은 *Interpreting the Old Testament*[42], pp. 421-24에서 좀더 보수적으로 50, 76, 78, 81, 82, 89, 105, 111, 114편을 언약갱신 시편들로 보고 있다.

예루살렘의 축제

이미 지적한 바와 같이 남부에서 거행된 언약 축제는 다윗 왕조에 의해 초래된 심대한 변화들로 인하여 몇 가지 점에서 독특한 것이 되어 있었다. 다윗은 지파동맹의 종교적 지지를 통해 자신의 체제를 밑받침하기 위하여 언약궤를 자신의 수도로 옮겨와서 그것을 성전에 안치할 계획을 세웠다는 것을 기억하라. 솔로몬에 의해 실현된 다윗의 계획은 이스라엘에 대한 야훼의 언약에 대한 재해석을 요구하였다.[24] 예루살렘의 왕궁은 야훼께서 다윗 왕을 '하나님의 아들'로 세웠으며 시온을 중앙성소, 즉 야훼께서 성례들을 통하여 임재하시는 장소로 택하셨다는 것을 골자로 하는 왕과 성전에 관한 새로운 신학을 발전시켰다(pp. 283-284를 보라). 이러한 새로운 신학은 특히 솔로몬의 영향력 아래에서 이스라엘의 예배를 수정하는 결과를 가져왔다. 이전의 지파동맹 시절의 언약갱신 축제들은 성전 건립과 다윗 가문의 선택을 송축하는 가을의 신년축제로 변모되었다. 요시야의 대개혁에 와서야 모세의 언약전승은 '재발견되었다.'

예루살렘의 이사야 예언자 속에 반영되어 있는 이 남부의 신학에 비추어 보면, 예루살렘의 가을 축제가 나름대로의 특성을 지니고 있는 것은 자연스러운 일이었을 것이다. 우리는 여러 시편들로부터 제의 활동에 관한 단편적인 언급들을 주워모을 수 있다. '입장의식'(시 24편)에서는 영광의 왕(언약궤 위에 눈에 보이지 않게 좌정해 계시는 것으로 생각된) 야훼께서 들어오시도록 예루살렘의 문들에게 머리를 들라는 명령이 나온다. 또한 성가대들과 악대를 선두로 한 성소를 향한 축제 행렬이 나오며(시 68:24-25; 118:27), 야훼께 춤추고 노래하는 것(시 149:3), 나팔을 불고 '축제의 환호성'을 올리는 것(시 89:15)이 나온다. 이러한 자세한 사항들은 고대 근동에서의 다른 민족들의 신년 축제들을 다루는 자료들과 같은 성경 이외의 자료들에 비추어 읽는다고 할지라도 모호한 부분이 많다.[25] 그러나 이 축제에서 주된 것은 언약궤를 메고 예루살렘으로 행진하여 가서 야훼를 만유의 왕으로 선포하고 다윗 가문과 맺은 야훼의 언약을 재천명하는 것이었음에 틀림없다.

의심할 여지 없이 포로기 이전의 예루살렘 예배를 반영하고 있는 시편 78편은

---

24) Frank M. Cross, "Ideologies of Kingship"(112), pp. 238f.를 보라. 또한 H. J. Kraus, *Worship in Israel*(443), pp. 179-236도 보라.

25) Sigmund Mowinckel은 바벨론과 다른 근동의 제의 의식들이 이스라엘 제의에 미친 영향에 관한 연구에 있어서 선구자였다. 그의 *The Psalms in Israel's Worship*, I-II(453)을 보라.

어떻게 출애굽-시내산 전승과 다윗-시온 전승이 남부에서 연결되었는지를 보여주는
흥미있는 예이다. 이 시편의 대부분(1-66절)은 출애굽으로부터 시작하는 야훼의 역
사적 행사들에 관한 긴 요약이다. 이렇게 길게 이야기하는 목적은 얼마나 야훼의 백
성, 특히 북부 이스라엘인들이 언약을 지키지 않았는지를 보여주는 데 있다. 그런
다음 시편 기자는 다윗 언약 전승으로 넘어간다:

> 〔야훼께서〕 요셉의 장막을 싫어 버리시며
> 에브라임 지파를 택하지 아니하시고
> 오직 유다 지파와
> 그 사랑하시는 시온산을 택하시고
> 그 성소를 산의 높음 같이
> 영원히 두신 땅 같이 지으셨으며
> 또 그 종 다윗을 택하시되
> 양의 우리에서 취하시며
> 젖양을 지키는 중에서 저희를 이끄사
> 그 백성인 야곱
> 그 기업인 이스라엘을 기르게 하셨더니
> 이에 저가 그 마음의 성실함으로 기르고
> 그 손의 공교함으로 지도하였도다
> — 시편 78:67-72.

여기서 시편 기자는 출애굽과 가나안 땅을 유업으로 받은 것을 중심으로 한 고
대의 거룩한 역사는 유다에서 일어난 사건들, 곧 시온을 세우시고 다윗 왕조를 일으
키신 것 속에서 그 극적인 절정에 도달하였다고 천명한다. 이 편향적인 견해에 의하
면 야훼께서 에브라임을 거절하셨기 때문에 이제부터는 유다가 거룩한 전승의 담지
자(擔持者)라는 것이다.[26]

시온 축제는 언약궤를 시온으로 메어오는 행렬(삼하 6장)과 다윗에 대한 은혜의
약속들(삼하 7; 23:1-7)을 언급하고 있는 예전적 찬송시편인 시편 132편에 분명하

---

26) 몇몇 학자들은 이 시편이 출애굽과 가나안 정복을 중심으로 하는 거룩한 역사가 지양되었다는 것을
    의미하는 것으로 해석하여 왔다. 왜냐하면 야훼는 다윗을 일으키고 시온산을 중앙성소로 세움으로써
    새롭게 시작하였기 때문이다. 그러나 Kathe Pfisterer Darr는, 끝장난 것은 거룩한 역사에의 에
    브라임의 참여이지 출애굽과 가나안 정복 — 유다가 다윗 시대의 최고조의 사건들의 맥락에서 송축
    하고 있는 사건들 — 을 중심으로 한 거룩한 역사가 아니라고 주장하고 있다.

게 반영되어 있다. 이 시편의 첫번째 부분은 야훼에게 성소를 마련해드리겠다는 다윗의 맹세(1-5절)와 기럇여아림에서 언약궤를 발견한 사건(6-7절; 삼상 7:1-2을 보라)을 말하고 있다. 언약궤에 대한 옛 노래(민 10:35-36)를 상기시키는 말들을 사용하여 야훼 — 언약궤에 눈에 보이지 않게 좌정해 계신 — 께서 새로운 처소로 개선하시도록 촉구된다.

> 야훼여 일어나사
> 주의 권능의 궤와 함께 평안한 곳으로 들어가소서
> 주의 제사장들은 의를 입고
> 주의 성도들은 즐거이 외칠찌어다
> — 8-9절

이 시편의 두번째 부분(11-18절)은 다윗에 대한 나단의 신탁을 생각나게 한다:

> 야훼께서 다윗에게 성실히 맹세하셨으니
> 변치 아니하실찌라
> 네 몸의 소생을
> 네 위에 둘찌라
> 네 자손이 내 언약과
> 저희에게 교훈하는 내 증거를 지킬진대
> 저희 후손도 영원히
> 네 위에 앉으리라 하셨도다
> 야훼께서 시온을 택하시고
> 자기 거처를 삼고자 하여 이르시기를
> 이는 나의 영원히 쉴 곳이라
> 내가 여기 거할 것은 이를 원하였음이로다
> — 시편 132:11-14; 삼하 7:11-15을 보라.

이와 비슷한 생각은 시편 89편에도 표현되어 있다.[27] 이 시편의 첫번째 부분은

---

27) 시편 132:12과 89:30-32에서 조건절 "만일"이 도입되고 있는데, 이 조건절은 무조건적인 은혜의 약속을 무효화하지 않은 채 야훼와 다윗과의 '베리트 올람'(영원한 언약)에 제한을 가하고 있다는 것을 주목하라. 다윗 언약은 전승사의 어느 단계에서 조건적인 모세 언약의 영향을 받았음이 분명하다.

다윗 왕조를 택하심으로써 다윗에 대한 언약의 신실하심(hesed)을 보여주신 야훼에 대한 찬송(1-37절)이다. 두번째 부분(38-52절)은 다윗 왕조의 왕의 패배로 인하여 야훼의 맹세가 깨졌다고 시편 기자가 불평하는 탄원이다. 탄원자는 야훼에게 민족적 고통을 제거하심으로써 예전에 다윗에게 하셨던 은혜의 약속들을 재확인해달라고 호소한다.[28]

성전과 왕

시온의 선택과 다윗 왕조의 선택이라는 이중의 강조는 시편에 들어 있는 두 부류의 시편들의 신학적 중요성을 이해하는 데 도움이 된다.

한 부류는 이른바 시온 시편들(시 46, 48, 76, 84, 87, 122편)이다. 이 시편들은 성전을 모시고 있는 성읍인 시온은 이스라엘 백성 가운데 야훼의 임재의 장소라는 확신을 바탕으로 하고 있다. 가장 잘 알려진 시온 시편들 가운데 하나는 시편 46편이다. 마르틴 루터의 찬송인 "하나님은 우리의 피난처시요"는 이 시편을 기조로 하고 있다. 임마누엘("하나님이 우리와 함께 하신다")의 주제[29]를 지닌 합창으로 된 후렴으로 끝나는 세 개의 연(聯) 속에서 이 시편은 인간의 자신만만함은 시온에서 이 땅에 대한 그의 통치가 알려지고 송축되는 우주적인 창조주이자 왕의 초월적인 주권에 근거를 두고 있다고 선포한다. 이 의식은 "야훼의 말씀"을 선포하는 데서 완전한 절정에 도달한다:

> 너희는 가만히 있어 내가 하나님 됨을 알찌어다
> 내가 열방과 세계 중에서
> 높임을 받으리라
> — 시편 46:10.

흔히 "가만히 있으라"로 번역되는 이 히브리어 명령법은 조용히 묵상하라는 요구가 아니다. 오히려 그것은 그들의 전쟁과 군비 확장을 멈추고 "샬롬""(shalom,

---

28) Otto Eissfeldt는 자신의 논문 "The Promises of Grace to David", *Israel's Prophetic Heritage*(152), pp. 196-207에서 시편 89편에 대하여 훌륭하게 논하고 있다.

29) 임마누엘 주제(cf. 사 7:14)는 7절과 11절에 나오며, 몇몇 현대어 역본들(예를 들면, JB와 NAB)에서처럼 '셀라'(아마도 간주곡을 가리키는 듯하다)에 의해 표시된 지점인 3절 끝에서도 울려퍼지는 것 같다.

평화, 복리, 온전함)을 원하는 야훼의 하나님됨을 인정하고 열방들에게 큰 소리로 명령하는 것('조용히 해!')이다.

흔히 제왕 시편으로 불리는 또다른 부류는 야훼의 "기름부음 받은 자" 또는 "메시야"인 통치하는 왕을 위한 기도들로 이루어져 있다(시 2, 20, 21, 45, 72, 110편). 이스라엘은 다른 민족들과 마찬가지로 왕의 임무는 우주적 질서의 질서와 공의를 인간 사회에 중재함으로써 자기 나라에 축복을 가져오는 하나님의 대리자가 되는 것이라고 생각하였다. 그러나 왕정을 절대시하거나 왕들을 신격화한 다른 나라들(예를 들면, 이집트)과는 달리, 이스라엘은 통치하는 왕은 단지 '택함받은' 대리자 또는 '하나님의 양자'(시 2:7)에 지나지 않는다고 천명하였다. 군주는 자율적인 권세를 가지고 있지 않고 야훼의 판단과 은혜로써 통치한다.[30]

왕이 야훼를 의지하오니
지극히 높으신 자의 인자함[hesed]으로
요동치 아니하리라
— 시편 21:7.

우주적 왕

그러므로 예루살렘 성전의 예배자들은 하나님의 초월성과 내재성, 멀리 있음과 지금 여기에 임재해 계심 모두를 알고 있었다고 할 수 있다. 그 영광으로 성전의 지성소를 가득 채우고 계시는 하나님은 우주적 왕과 창조주로서 '높이 들어올려져' 보좌에 앉아 계신다 — 이사야의 환상을 빌자면(pp. 390-392를 보라). 몇몇 시편들은 이 땅에서의 야훼의 "나라" 또는 "통치"라는 이러한 주제를 송축하고 있다고 하여 함께 다루어진다(시 47, 93, 96, 97, 98, 99편). 이스라엘 예배의 연구에 관한 역사에 있어서 가장 골치아픈 문제들 가운데 하나는 이러한 찬송시편들이 포로기 이전의 제의에서 차지했던 위치에 관한 것이다.

꽤 오랜 기간 동안 학자들은 지그문트 모빙켈의 독창적인 저작에 영향을 받아 이 찬송시편들을 '즉위 시편'이라고 하였다.[31] '신화와 의식'의 공통적인 패턴이 고

---

30) 이 점에 대해서는 특히 자신의 선집[165]에 들어 있는 Martin Noth의 논문, "God, King, and People"을 보라.

31) Sigmund Mowinckel, *Psalms*[453]를 보라. 자세한 것은 J. H. Eaton, *Kingship and the Psalms*[440]를 보라.

대 근동에서 성행하였다는 가정 아래에서 즉위 시편들은 이스라엘과 열방들과 우주에 대한 야훼의 왕권을 노래와 의식과 행렬을 통해 송축하기 위하여 해마다 열렸던 '등극 축제'를 제의적 배경으로 하고 있다고 주장되어 왔다. 계절의 주기가 그 처음으로 되돌아오는 신년마다 예배자들은 죽음의 세력에 대한 생명의 세력의 승리를 재현하고 재경험하였다. '에누마 엘리쉬'(Enuma Elish)라는 창조신화는 혼돈의 용인 티아맛(Tiamat)에 대한 마르둑 신의 승리를 묘사하였다.[32] 이 신화는 낭독되었을 뿐만 아니라 그 전투는 축제 기간 동안에 재연되었다. 의식 거행의 절정에서 예배자들은 일제히 "마르둑은 왕이 되었다!"고 환호하였다. 이것은 이 신이 다음 해에 자신의 보좌에 다시 등극하였다는 것을 의미하는 것으로 해석되고 있다.

얼핏 보면 성경의 시편들을 이 신화적 드라마에 비추어 이해하고 예루살렘의 신년 축제에서 이스라엘인들은 적대적인 세력들에 대한 야훼의 승리와 야훼의 등극을 노래하는 찬송시편으로 이를 송축하였다고 생각하고자 하는 마음이 들기도 한다. 예를 들면, 시편 93편은 "야훼 말락"(Yahweh Malak)이라는 축제의 환호성으로 시작되는데, 몇몇 학자들은 이 어구를 "야훼께서 왕이 되셨다!"로 번역해야 한다고 주장한다. 아니면 우리는 이렇게 번역할 수도 있다:

> 야훼께서 통치하시니
> 스스로 권위를 입으셨도다
> 야훼께서 능력을 입으시며
> 띠셨으므로
> 세계도 견고히 서서
> 요동치 아니하도다
> 주의 보좌는 예로부터 견고히 섰으며
> 주는 영원부터 계셨나이다
> — 시편 93:1-2.

잘 알다시피 문법적으로 볼 때 처음의 제의적 환호성은 "야훼께서 왕이 되셨다"로 옮길 수도 있고 "야훼는 왕이시다〔통치하신다〕"로 옮길 수도 있다. 그러나 아무리 예루살렘이 국제적인 분위기가 감돌고 있었다고 할지라도 이스라엘 시인들이 고대 세계의 신화적 관점들을 도매금으로 채택하였으리라고는 생각하기 어렵다. 야훼

---

32) Pritchard, *Ancient Near Eastern Texts*〔1〕, pp. 60-72를 보라.

가 계절들의 주기에 묶여서 혼돈의 세력들에 대한 왕권을 획득하기 위하여 매년 새롭게 싸워야 한다는 개념은 이스라엘의 신앙과 양립할 수 없다. 이 시편들은 야훼의 보좌는 "예로부터" 견고히 섰으며 야훼의 왕권은 "영원부터" 존재하는 것이라고 분명하게 밝히고 있다. 야훼는 신년이 돌아올 때마다 하늘의 보좌에 대한 권리를 다시 주장할 필요가 없다. 그러므로 현대어역에 있어서는 "야훼께서 통치하신다" 또는 "야훼는 왕이시다"로 번역하는 것이 적절하다.

그럼에도 불구하고 학자들이 이 신화적 관점이 예배에 있어서의 이스라엘의 찬송시편들에 영향을 미쳤다고 추측한 것은 옳았다. 다른 분야들에서와 마찬가지로 예배 분야에서도 이스라엘은 주위의 문화 환경으로부터 많은 것을 빌려왔다. 그러나 이렇게 빌린 것은 이스라엘의 언약 신앙이라는 연금술을 통해 녹여져서 왕이신 야훼에 대한 찬양을 더욱 풍부하게 하였다. '홍수' 또는 '바다'(즉, 세상의 안전을 위협하는 반역하는 '혼돈의 물')에 대한 신의 승리를 이야기하는 고대의 신화는 야훼께서 모든 세력들, 특히 세상을 흑암과 무의미한 혼돈에 빠뜨리고자 위협하는 역사적 원수들에 대하여 승리하신다는 신앙을 표현하기 위하여 채택되었다.[33]

> 야훼여 큰 물이 소리를 높였고
> 큰 물이 그 소리를 높였고
> 큰 물이 그 물결을 높이나이다
> 높이 계신 야훼의 능력은
> 많은 물소리와
> 바다의 큰 파도보다 위대하시니이다
> — 시편 93:3-4.

다윗과 특히 솔로몬 아래에서 국제적인 중심지가 되었던 예루살렘이 이런 유의 문화적 영향들을 환대하였다는 것은 놀라운 일이 아니다. 실제로 제왕 언약신학을 발전시켰던 신학자들은 시온에 있는 야훼의 성소의 견고성(시 78:69)과 다윗 왕조의 영속성(시 89:36-37)을 탄탄하게 지지해 주는 창조 교리에 역점을 두었던 것으로 보인다. 시편 89편은 다윗 신학과 완전히 일치하는데, 여기서 이 시인은 다윗과의 언약의 견고성을 강조하기 위하여 창조주로서의 야훼의 권능을 찬양하며 심지어 혼돈

---

33) 이사야 51:9-10에서 혼돈의 용 라합에 대한 승리가 역사적 사건, 곧 홍해에서의 야훼의 승리로 재해석되고 있다는 것을 기억하라. 필자의 *Creation versus Chaos*(128), 제3장을 보라.

의 시원적 세력들인 라합(Rahab)과 그 무리들에 대한 야훼의 승리를 묘사하기까지 한다(시 89:5-14).

이 모든 것들은 야훼를 왕으로 찬양하는 찬송시편들은 포로기 이전 시대에 예루살렘에서 거행되었던 신년 축제 때 사용되었다는 것을 보여주는 것 같다.[34] 이 고대의 제의를 거행한 것에 대한 인상적인 증언은 아마도 언약궤를 예루살렘으로 옮겨오는 의식이 제의 속에서 재연되었던 다윗 시대에까지 거슬러 올라가는 것으로 보이는 시편 24편에서 찾아볼 수 있다. 이 시편은 창조주에게 찬양을 돌리는 것으로 시작된다:

> 땅과 거기 충만한 것과
> 세계와 그 중에 거하는 자가 다 야훼의 것이로다
> 야훼께서 그 터를 바다 위에 세우심이여
> 강들 위에 건설하셨도다
> — 시편 24:1.

이 시편의 나머지는 성전의 예전을 반영하고 있는데, 제사장들이 궤를 멘 가운데 행렬이 시온 성문들에 다다라서 다음과 같은 화답하는 노래가 울려퍼질 때 절정에 이른다:

> 문들아 너희 머리를 들찌어다
> 영원한 문들아 들릴찌어다
> 영광의 왕이 들어가시리로다
> 영광의 왕이 뉘시뇨
> 강하고 능한 야훼시요
> 전쟁에 능한 야훼시로다
> — 시편 24:7-8.

왕중왕 — 만유의 창조주이자 역사의 통치자(사 6:1) — 은 지상의 왕을 뛰어

---

34) H. J. Kraus, *Worship*[443], pp. 205-208는 이 견해에 반대한다. 그는 이른바 즉위시편들은 포로기 이후 시대에서 유래한 것으로서 제2이사야(예를 들면, 사 52:7-8)에 대한 의존성을 보여준다고 주장하고 있다. Claus Westermann의 양식비평적 연구들[457], pp. 145-151도 동일한 결론에 도달하였다. 위의 논의에서 취하고 있는 견해는 J. H. Eaton, "The Psalms and Israelite Worship", *Tradition and Interpretation*[153], pp. 238-273에서도 주장되고 있다

넘어 그 위로 즉위해 계신다. 그러나 다윗 가문의 왕은 이 땅에서의 하나님의 통치를 실현하는 야훼의 택함받은 대리자이다. 위협해오는 대적들에 대하여 보루인 왕궁에 계시는(시 8:2) 우주적 왕은 기름부음 받은 자를 대적하는 모든 원수들의 목전에서 다윗의 보좌를 영영히 하겠다고 약속하셨다(시 2:4-6). 그런 까닭에 시온 축제는 이스라엘이 야훼를 "영광의 왕"으로 환호하여 맞아들이는 때일 뿐만 아니라 백성들이 다윗에 대한 야훼의 은혜의 약속들을 듣는 때이기도 했다.

토라를 묵상함

지금까지 우리는 성전 예배, 주로 큰 축제들과 관련하여 사용하기 위하여 찬송시편과 탄원시편과 감사시편들을 모아놓은 모음집으로서의 시편을 고찰하였다. 물론 신실한 이스라엘인들은 그밖의 때와 장소에서도, 특히 가정 안에서도 하나님에 대한 경외심과 감사하는 마음을 표현하였지만 성전을 대신할 만한 것은 없었다. 사람들은 야훼가 "거룩한 아름다움" 속에서 거기에 임재해 계신다고 믿었다.

> 내가 야훼께 청하였던 한 가지 일
> 곧 그것을 구하리니
> 곧 나로 내 생전에
> 야훼의 집에 거하여
> 야훼의 아름다움을 앙망하며
> 그 전에서 사모하게 하실 것이라
> ― 시편 27:4.

더욱이 이 시편(6절)을 비롯하여 다른 수많은 시편들(특히 시 66:13-15을 보라)에서 볼 수 있듯이 성전에서의 예배 의식은 짐승의 희생제사를 포함하고 있었다. 몇몇 시편 기자들은 번제와 다른 희생제사들에 대하여 비판적이었는데, 그것들이 진정한 언약에의 순종 없이 행해질 때 특히 그러했다(예를 들면, 40:6-8). 그러나 영적이며 비제의적인 경건에 호의적으로 작용하여 하나님과의 교통과 화해를 제공해준

---

35) pp. 592-594에 나오는 희생제사에 관한 논의를 보라. 아울러 R. de Vaux, *Studies in Old Testament Sacrifice*[425], 특히 제2장과 제4장; 그의 *Ancient Israel*[113], pp. 415-456도 참조하라.

"은혜의 수단"을 포기할 생각은 추호도 없었다.[35]

그러나 성전에서의 야훼 예배를 전제하지 않았고 이런 의미에서 비제의적이라고 불릴 수 있는 몇몇 시편들도 있다. 이런 유의 시편들로 대표적인 것들은 토라를 묵상하는 가운데 기뻐한다는 것을 중심적인 주제로 삼고 있는 부류의 시편들이다(시 1; 19:7-14; 119편). 이 시편들 가운데 속하면서 시편에서 가장 긴 한 시편(시 119편)은 매우 도식적인 패턴을 따라 구성되어 있다. 이 시편은 히브리 알파벳에 나오는 글자수를 따라 여덟 행으로 된 연(聯)들로 이루어져 있는 '글자 맞추기식' (acrostic) 또는 알파벳식 스케치이다. 여덟 행의 각각은 알파벳 순서에 있어서의 그 연의 위치에 따라 동일한 히브리 글자로 시작한다. 여기서 토라가 연구와 경건의 대상이 되었다는 것을 분명하게 볼 수 있다. 이런 유의 시편들(특히 1편과 119편)은 아마 회당이라는 또다른 제도가 점차로 영향력을 획득하게 되었던 포로기 이후 시대를 배경으로 하고 있는 듯하다. 물론 회당은 성전을 대신하지는 못했다 — 적어도 주후 70년에 로마인들에 의해 성전이 완전히 파괴될 때까지는. 그러나 회당은 토라의 봉독과 연구를 중심축으로 하는 독특한 예배 형식을 발전시키기 시작하였다.

토라 시편들의 두드러진 특징들 가운데 하나는 토라에 대한 연구가 사람을 지혜롭고 행복하게("복되게") 만든다는 주제이다. 이러한 사상은 지금은 시편 전체의 서문격이 된 시편 1편에 잘 표현되어 있다. 예수께서 바위 위에 집을 짓는 지혜로운 자와 모래 위에 집을 짓는 어리석은 자에 관한 이야기(마 7:24-27)를 한 것과 마찬가지로 이 시편 기자는 비록 다른 의도에서이긴 하지만 지혜 학파에서 보통 그러하듯이 사람들을 두 부류로 나누었다. 하나님의 율법을 주야로 묵상하는 의인은 시냇가에 심겨져 때를 따라 과실을 맺으며 늘 푸르른 나무에 비유된다. 반면에 악인은 그들의 성공은 덧없으며 그들의 운명은 정해진 바람에 나는 겨에 비유된다.[36]

> 복 있는 사람은
> 악인의 꾀를 좇지 아니하며
> 죄인의 길에 서지 아니하며
> 오만한 자의 자리에 앉지 아니하고
> 오직 야훼의 율법을 즐거워하여
> 그 율법을 주야로 묵상하는 자로다

---

36) 이하의 번역과 토라 시편들에 관한 좀더 자세한 논의에 대해서는 필자의 "Meditations on the Good Life", *Out of the Depths*(446), pp. 215-233를 보라.

> 저는 시냇가에 심은 나무가
> 시절을 좇아 과실을 맺으며
> 그 잎사귀가 마르지 아니함 같으니
> 그 행사가 다 형통하리로다
> 악인은 그렇지 않음이여
> 오직 바람에 나는 겨와 같도다
> 그러므로 악인이 심판을 견디지 못하며
> 죄인이 의인의 회중에 들지 못하리로다
> 대저 의인의 길은 야훼께서 인정하시나
> 악인의 길은 망하리로다
> — 시편 1:1-6.

토라 시편들에서 의인과 악인, 지혜로운 자와 어리석은 자의 날카로운 대비는 지나칠 정도로 정연하고 단순하다. 다음 장에서 알 수 있듯이, 이스라엘의 지혜 운동은 삶의 불균형이라는 문제를 적절하게 다루기 위해서는 훨씬 더 깊은 이해의 수준을 탐구하지 않으면 안되었다.

제 17 장

지혜의 시작

철학이라는 단어를 구성하고 있는 요소들(philo-sophia)에서 볼 수 있듯이 철학은 직역하면 '지혜의 사랑'이다. 우리의 철학적 전통의 원천인 고대 헬라인들에게서 지혜의 탐구는 최고도로 성숙되고 세련되었는데, 특히 페리클레스 시대(B.C.E. 460-429년)의 소크라테스로부터 그 이후 세대의 플라톤과 아리스토텔레스에 이르기까지가 전성기였다. 그러나 헬라인들은 지혜의 사랑은 문화, 민족, 인종에 묶여 있지 않다는 것을 알았다. 지혜는 근본적으로 인간에 대한 관심이다: 헬라인이든 유대인이든, 바벨론인이든 이집트인이든, 남자든 여자든, 왕이든 노예든. 지혜에 대한 추구는 삶의 의미에 대한 추구이다. 그리고 이러한 추구는 모든 인간 존재의 기본적인 관심사이다.

동방의 지혜

알렉산더 대왕에 의해 건설된 헬레니즘 제국에서 동방과 서방이 만나기

---

1) 이집트와 바벨론의 지혜문학에 대해서는 Pritchard, *Ancient Near Eastern Texts*[1], pp. 405-40을 보라. "International Wisdom and its Literature"에 대한 간략한 소개의 글은 R. B. Y. Scott의 잠언과 전도서에 관한 주석서[471], pp. xl-lii에 나와 있다. 자세한 것은 James L. Crenshaw, *Old Testament Wisdom*[459], pp. 212-35를 보라.

(B.C.E. 333년) 오래 전에 지혜에 대한 추구는 비옥한 초승달 지대 특히 이집트와 바벨론에서 이루어지고 있었다.[1] 지혜에 관한 저작들은 그 저작들이 생겨난 나라의 경계를 훨씬 넘어 널리 유포되었고 이스라엘은 고대세계의 문화적인 십자로에 위치하고 있었기 때문에, 동방의 지혜는 일찍이 이스라엘의 사상에 영향을 미쳤다. 지혜 저작들의 기원은 이집트의 피라밋 시대(B.C.E. 2600-2175년경)와 메소포타미아의 수메르 시대까지 거슬러 올라가지만, 지혜에는 시간의 제약을 받지 않는다는 특성이 있었다. 지혜자들은 그들의 시대와 문화의 한계들을 뛰어넘는 듯이 보였다. 물론 그들은 자기들이 알고 있는 사회의 문제들을 성찰하였지만 그것들은 모든 사회에서 다양한 형태로 발견되는 인간의 문제들이었다. 따라서 지혜 운동은 그 본질에서 국제적이었다.

지혜자의 개인주의

지혜문학의 또 다른 특징은 지혜가 개인에게 초점을 두고 있다는 점이다. 지혜자들은 사람에게 관심을 가지고 있었다. 그들은 특정한 역사들과 사회들에 의해 규정된 '민족들' 보다도 창세기 2-3장의 서사적 이야기에서처럼 인간 존재('adam)에게 관심을 가지고 있었던 것으로 보인다. 그러나 이것은 공평한 비교가 아닌 것 같다. 왜냐하면 고대 서사시 전승은 인간의 문제를 시초로부터 하나님의 목적의 성취를 향하여 움직여 가는 역사의 드라마라는 견지에서 묘사하고 있기 때문이다. 그러나 지혜문학은 이런 유의 역사적인 관점을 갖고 있지 않았다. 지혜자들은 말하자면 인간 실존의 문제를 깊이 파헤치기 위하여 역사를 정지시켜 놓았다. 그들은 한 민족의 유일무이한 역사의 반복될 수 없는 사건들과 역동적인 운동에 관심을 가졌던 것이 아니라 모든 개개인이 참여하고 있는 반복되는 체험들과 고정되어 있는 도덕 질서에 관심을 가졌다.

지혜문학은 두 종류로 나누어진다. 첫번째는 젊은이들을 상대로 어떻게 하면 성공적이고 훌륭한 삶을 이룰 수 있는가에 관한 실제적인 교훈으로 이루어져 있다. 이 "처세문학"(prudential literature)의 예로는 이집트의 「아멘엠오펫의 가르침」(*Teaching of Amen-em-opet*), 바벨론의 「지혜의 권고」(*Counsels of Wisdom*) 그리고 구약의 잠언에서 찾아볼 수 있는 격언 등을 들 수 있다. 두번째는 흔히 회의적인 분위기를 띠고 삶의 의미에 관한 인간의 고뇌를 깊이 파헤치고 성찰하는 것으로 이루어져 있다. 이 "성찰문학"(reflective literature)의 좋은 예로는 이집트의

「자살에 관한 논쟁」(*Dispute over Suicide*), 바벨론의 「나는 지혜의 주를 찬양하리라」(*I will Praise the Lord of Wisdom*)는 제목을 가진 작품 그리고 구약의 전도서와 욥기를 들 수 있다. 이 두 가지 형태의 지혜문학은 모두 인간의 문제를 구체적인 역사로부터 분리시키는데, 이 점에서 그것들은 대부분의 구약 문학들과 대조를 이룬다.

우리들 대부분은 역사적인 성서문학보다는 지혜문학에서 더 친숙해 있다. 왜냐하면 진화론이나 마르크스의 역사관에서 보는 것처럼 히브리-기독교 신앙은 서구문명에 역동적인 역사의식을 심어주긴 하였지만, 현대인들은 헬라인, 이집트인, 바벨론인 등등으로부터 물려받은 '지혜의 사랑'에 더 깊은 영향을 받고 있기 때문이다. 인간 존재를 특수한 역사의 맥락, 특히 아브라함과 사라로부터 시작되는 역사의 맥락에서 보기보다는 '세계의 시민'으로서 생각하는 편이 우리에게는 더 자연스럽다. 현대의 지혜자들은 세계 일치의 문제를 해결하는 길은 모든 상황들에서 근본적으로 동일한 필요와 열망을 지니는 인간에게 관심을 집중시키고 인간의 다양성과 갈등을 빚어내는 기억들, 충실성들, 문화적인 특수성들을 무시하는 것이라고 주장한다.

이스라엘의 지혜문학

상당히 많은 양의 지혜문학이 히브리 성경에 포함되어 있고, 이로 인하여 인간을 보는 두 가지 방식 — 특수한 역사의 맥락에서 보는 것과 단지 인간 존재로서 보는 것 — 사이에 긴장이 생겨나게 되었다. 히브리 성경에 있는 세 개의 지혜 저작은 잠언, 전도서, 욥기이다.[2] 이와 아울러 현재 시편이나 예언서에 상당수의 시들이 있는데, 이것들은 이스라엘 지혜자들의 무리에서 나왔음이 분명하다.

구약의 지혜문학은 구약의 나머지 책들과 구별되는 듯이 보인다. 우리가 지금까지 고찰해 온 모든 문학은 유일무이한 역사를 지니고 있다는 이스라엘의 인식을 그 특징으로 한다. 앞에서 살펴본 대로 이 역사 의식은 바로 이스라엘 신앙의 핵심으로서 야훼는 이스라엘의 하나님이고 이스라엘은 야훼의 백성이라는 신앙고백에 요약되

---

2) 벤 시라의 지혜서(B.C.E. 2세기초)와 솔로몬의 지혜서(B.C.E. 1세기)로 불리는 중요한 지혜서들은 히브리 성경에는 포함되어 있지 않지만 로마 가톨릭과 희랍 정교회의 정경에는 들어가 있다. 이 두 책은 개신교 외경에 포함되어 있다.

어 있다. 물론 언약공동체 안에서도 이 역사를 보는 서로 다른 여러 방식들이 있었지만 땅의 모든 민족들 가운데서 야훼는 이스라엘을 유일무이한 방식으로 '알았다'는 것에는 전반적인 의견의 일치가 있었다(암 3:2). 그러나 이스라엘의 지혜문학으로 눈을 돌려 보면, 우리는 이스라엘 신앙 특유의 이러한 특징이 결여되어 있음을 발견하게 된다. 오경과 예언자의 저작들을 지배하고 있는 예언적 주제들 — 이스라엘의 선택, 야훼의 날, 언약과 율법, 제사장직과 성전, 예언과 메시야적 소망 — 은 거의 다루어지지 않고 있다.

지혜문학의 상당수가 이스라엘이 예배공동체라는 것을 깊이 인식하고 있을 때인 포로기 이후 시대에 나온 것이지만 예배행위들에 관한 언급은 놀라울 정도로 적고 예배의 중앙 집중에 관하여 약간 다루고 있는 것이 고작이다(잠 3:9-10; 전 5:4-5; 욥 12:19; 참조. 1:5; 42:8-9). 또한 야훼라는 인격적인 이름은 전도서나 욥기의 시(두번의 예외가 있지만)에서 사용되고 있지 않다. 왜냐하면 이 책들의 기자들은 신을 가리키는 일반적인 명칭을 쓰는 것을 선호하기 때문이다. 잠언에서 야훼라는 이름이 사용될 때조차도 야훼와 이스라엘 사이의 특별한 관계를 시사하는 것은 아무것도 없다. 야훼는 이스라엘은 이집트에서 이끌어낸 분 또는 이스라엘 백성의 오랜 역사에서 반복적으로 활동한 분으로 규정되지 않는다. 실제로 예루살렘에서 통치했던 솔로몬이라는 단 하나의 예외를 제외하고는(전 1:1, 13-14), 이스라엘 역사나 이스라엘의 뛰어난 인물들에 대한 분명한 암시는 전혀 없다. "내 아들아"(잠 1-7장에서처럼)라는 부름말 형식은 지혜자들이 자기 제자들을 그런 식으로 가르치던 지혜학파의 고대 전승을 따르고 있는 것이다.

그러므로 이스라엘의 지혜문학은 홀로 서 있다 — 일부 신학자들은 어떻게 지혜문학이 이스라엘 신앙의 주류에 관련되는지를 이해하는 데 큰 어려움을 느낄 정도이다. 그러나 우리가 그 이유를 잘 몰라서 우물쭈물할 정도로 이 지혜 저작들이 억지로 히브리 정경에 끼워 넣어졌다고 믿기는 어렵다. 점점 더 우리는 아주 초기부터 이스라엘은 자기 나름대로의 지혜운동을 가지고 있었으며 이 운동은 이스라엘 문학의 모든 영역들 — 즉, 역사문학, 예언문학, 시문학 — 에 광범위하게 영향력을 행사하였다는 것을 깨달아가고 있다.[3] 마침내 이스라엘의 지혜문학은 이스라엘의 역사

---

3) J. A. Emerton, "Wisdom", *Tradition and Interpretation*(153), 특히 221-227과 거기에 인용된 문헌을 보라. '지혜'의 요소가 있는지의 여부를 결정하기 위한 판별기준에 관한 유용한 논의는 J. L. Crenshaw, "Method in Determining Wisdom Influence upon 'Historical' Literature", *Journal of Biblical Literature* 88(1969), 129-142에 나와 있다.

신앙에 완전히 젖어들게 되었는데, 이것은 토라와 지혜를 동일시하고 있는 것에서 분명히 볼 수 있다.[4] 이러한 동일시는 신명기적 전승, 예를 들면 이스라엘에게 언약의 계명들과 규례들로 권면하고 있는 모세의 설교들 중의 하나에서 일어났다.

> 그리함은 열국 앞에 너희의 지혜요 너희의 지식이라 그들이 이 모든 규례를 듣고 이르기를 이 큰 나라 사람은 과연 지혜와 지식이 있는 백성이로다 하리라
> — 신명기 4:6

더욱이 시편은 시편 32편, 34편, 37편, 49편, 112편, 128편을 포함한 일단의 '지혜 시편'과 아울러 토라를 묵상하는 지혜를 기리는 시편들(pp. 677-679를 보라)을 포함하고 있다.[5] 끝으로 다음 장에서 고찰하게 될 다니엘 묵시록에서 바벨론 지혜자들의 지혜를 훨씬 능가하는 다니엘의 지혜는 토라에 대한 충실에 바탕을 둔 것이었다.

그러나 지혜문학과 이스라엘의 거룩한 유산과의 완전한 동화에서 절정을 이룬 고유한 지혜운동은 왕정 초기, 특히 솔로몬 시대에 시작되었다. 이스라엘은 지혜의 자료들을 주변문화로부터 빌려왔지만, 빌려온 자료들은 이스라엘의 독특한 신앙과 체험으로 각인되었다.

이스라엘의 삶 속에서 지혜자의 위치는 무엇이었는가? 그리고 어떻게 동방의 지혜에 깊이 젖어 있던 성서의 지혜문학이 궁극적으로 이스라엘의 독특한 종교 전통의 관할하에 들어오게 되었는가?

지혜자의 충고

예레미야의 한 고백에는 이스라엘 사회에서 중요한 세 계층의 종교 지도자들이 간접적으로 언급되고 있다. 예레미야에 대한 음모는 "제사장에게서 율법이, 지혜로운 자에게서 모략이, 예언자에게서 말씀이 끊어지지 아니할 것이니"(렘 18:18; 또한 8:8-9; 겔 7:26을 보라)라는 확신으로부터 나왔다. 이 구절은 이 세 부류의 지도자

---

4) J. C. Rylaarsdam, *Revelation in Jewish Wisdom Literature*(467).
5) '지혜 시편'이라는 구별된 문학양식으로 말하는 것이 적절한지에 관한 문제는 Roland E. Murphy, "A Consideration of the Classification, 'Wisdom Psalms'", *Vetus Testamentum*, Congress Volume IX(Leiden: Brill, 1963)의 부록, 156-67에서 고찰되고 있다.

들이 모두 야훼로부터 나온 권위 — 예레미야가 뒤집어 엎으려고 했다고 주장된 권위 — 를 지니고 말했다는 것을 분명히 함축하고 있다. 그러나 이 구절은 각각의 지도자가 서로 다른 영적인 은사를 지녔다는 것을 보여주기도 한다. 하늘 회의에서 있었다고 주장하는 예언자는 구체적인 상황들에서 '하나님의 말씀'을 전하였다. 제사장은 모세 전승에 토대를 둔 율법이나 교훈을 백성들에게 가르쳤다. 그러나 지혜자는 삶에 대한 날카로운 관찰에서 나온 통찰력으로 수많은 세월의 경험과 고대 지혜의 자원에 대한 폭넓은 지식을 사용하여 충고를 하였다.

통찰력의 '초자연적인' 원천들에 의존하고 있던 제사장과 예언자와는 달리 지혜자의 충고는 '합리적' 또는 '경험적' 관찰을 토대로 하였다는 말을 흔히 한다. 그러나 고대 이스라엘에서는 '이성'과 '신앙'이라는 이러한 구별이 없었다. 지혜는 단순히 높은 지성과 진지한 연구, 오랜 세월의 경험에 의거한 인간적인 능력이 아니라 하나님의 선물로 여겨졌다. 이 카리스마적인 은사는 성문에 앉아 있던 장로들(참조. 잠 1:21), 숙련된 장인들(출 31:1-5), 조언자들 그리고 무엇보다도 백성의 모든 통치자에게 수여되었다. 이스라엘 전승에 의하면 지혜의 은사는 솔로몬에게 가장 크게 내렸으며, 그는 아주 지혜로운 통치자였기 때문에 그의 지혜에 대한 명성은 자신의 제국의 경계를 훨씬 넘어서 알려질 정도였다.

예언자들은 때때로 "지혜"를 비판했는데(사 29:14; 렘 8:9을 보라), 이것은 지혜운동이 예언자들의 공격을 받을 정도로 막강했다는 것을 보여주는 것이다.[6] 사실 이스라엘에서 지혜 전승은 예언운동보다 먼저 시작되었고 더 오래 지속되었지만 예언이 쇠퇴한 후에야 그 발전 과정의 절정에 이르렀다. 이스라엘의 지혜운동의 기원은 초기 구전에서 흐릿해져 버리고 만다. 아마도 가나안 사람들 사이에서 활발한 지혜운동이 있어서 왕정 이전의 이스라엘에 전해졌을 가능성이 있다. 잠언과 라스 샤므라(Ras Shamra) 문헌 사이의 여러 유사점들은 이스라엘이 가나안 주변문화에서 지혜의 자료들을 받아들여 동화시켰다는 것을 시사해준다. 바벨론의 점쟁이 발람(민 22-24장)은 어떤 의미에서 이스라엘의 초기 지혜 운동과 관련되어 있었다. 더욱이 우리는 이스라엘의 구전전승의 초창기부터 격언, 수수께끼(삿 14:14을 보라), 우화(삿 9:8-15) — 고대 근동의 지혜 유형으로서 점차 이스라엘의 유산에 통합되었다 — 를 가지고 있다. 또한 이집트 지혜의 모티프들은 요셉 이야기에서 감지되어왔다.

어쨌든 초기 왕정시대 무렵에는 지혜자들은 이스라엘 사회에서 잘 알려지고 존

---

6) William McKane, *Prophets and Wise Men*〔462〕을 보라.

경받는 지도자였다. 다윗의 궁정 고문 가운데 한 사람인 아히도벨의 충고는 "하나님께 물어 받은 말씀과 일반"(삼하 16:23)으로 여겨졌다. 즉 그의 충고는 실제로 예언적인 권능으로 가득 차 있었다는 것이다. 압살롬의 반란이 진행중일 때에 아모스의 고향 드고아 출신의 한 지혜로운 여인이 불려와서 다윗에게 영향력을 행사하였고(삼하 14:1-21), 얼마 후 동일한 위기에 처했을 때에도 또 다른 지혜로운 여인이 요압과 협상을 벌였다(삼하 20:14-22). 지혜로운 여인이 '자신의 지혜로' 백성들에게 나아갔다는 말은 그녀가, 드보라의 노래에 의하면, 가나안 궁정에서 찾아볼 수 있는 '지혜로운 여자'처럼 전문적인 지위를 가진 인정받는 지도자였음을 보여준다(삿 5:29). 여인들은 가끔 예언자들 가운데 있었던 것과 마찬가지로 이스라엘의 지혜자들 가운데에도 있었음이 분명하다(삿 4:4; 왕하 22:14).

솔로몬, 이스라엘의 수호 지혜자

이스라엘은 솔로몬을 지혜의 창시자로 여겼다. 오경을 모세에게 돌리고 시편을 다윗에게 돌리는 것과 마찬가지로 대부분의 지혜문학은 솔로몬 시대로부터 유래하였다고 믿어졌다. 잠언, 전도서, 아가, 시편 72편과 127편이 솔로몬에게 돌려지고 있고, 히브리 성경 밖에서는 솔로몬의 지혜, 솔로몬의 시편, 솔로몬의 송가 등이 그에게 돌려지고 있다. 이것은 과장된 주장이긴 하지만, 솔로몬이 지혜에 대단한 관심을 가졌고 분명히 궁정과 관련된 교육을 후원하였다는 것은 사실이다(제7장을 보라).

사가는 솔로몬이 삼천의 잠언과 천다섯 편의 노래를 지었다고 보도한다(왕상 4:32). 이 말의 마지막 부분은 그것들 가운데 대략 스물 다섯편에 달하는 솔로몬 노래의 가장 '감미로운 것들'이 아가에 있다고 하는 후대의 전승을 뒷받침해준다. 이 노래에서 언급된 두 연인은 영화로운 솔로몬 왕 자신과 저 유명한 수넴 여인인데, 이 미녀는 열왕기상 1:1-4에 의하면 다윗의 시중을 들고 쇠하여 가는 다윗의 몸을 따뜻하게 하기 위하여 데려온 여자였다. 솔로몬이 아비삭을 자기 아내로 삼았다는 것을 보여주는 분명한 증거는 없고(참조. 왕상 2:13-25), 솔로몬이 이 선정적인 연가(戀歌)를 지었다는 주장은 더더구나 근거가 희박하다. 그럼에도 불구하고 이 노래는 솔로몬과 연관되고 결혼 축하연에서 널리 사용됨으로써 이스라엘의 삶에 깊이 뿌리를 내려서 결국 이 노래가 야훼와 이스라엘 사이의 언약상의 사랑에 관한 알레고리를 제시하고 있다는 것을 토대로 성경에 들어오게 되었다. 이렇게 억지로 갖다붙인 해석은 제쳐놓고라도 이 노래는 이스라엘 신앙에 기본적인 진리들을 강조하고 있

다: 인간 존재는 하나님 앞에서 전인(全人)으로 살아야 한다는 것, 남자와 여자는 상대편과의 일치 속에서 성취를 발견하여야 한다는 것, 성적인 사랑은 하나님의 창조의 선함을 함께 하여야 한다는 것이 그것이다. '육체'와 '영혼'이라는 헬레니즘의 이원론적인 개념은 구약, 특히 아가(雅歌)에서는 아무런 밑받침도 얻을 수 없다![7]

솔로몬의 잠언을 언급하고 있는 역사가의 진술의 또 다른 부분은 솔로몬이 잠언의 저자라는 주장의 토대가 되었다. 영어에서 '잠언'(Proverb)이라는 말은 "지혜로운 사람에게는 말 한마디로 충분하다"와 같은 격언이나 금언을 가리킨다. 히브리어 '마샬'(mashal)도 이러한 의미를 가지고 있긴 하지만 신약의 '비유'처럼 좀더 긴 단위를 가리키기도 한다. 솔로몬이 잠언 중에서 가장 오래된 부분(10-29장) 가운데 몇몇 가지를 말했을 가능성도 있지만 어떤 것이 그에게서 나온 것인지를 우리는 확실히 알 수 없다. 아마도 솔로몬 지혜의 보고(寶庫) 중 대부분은 부지불식간에 이스라엘 지혜 전승의 저수지로 흘러들어갔을 것이다.

이스라엘의 지혜자들이 이스라엘 지혜의 모든 자원을 솔로몬에게 돌리는 것은 적절하였다. 왜냐하면 솔로몬은 국제적인 관심을 가지고 있었으므로 지혜의 후원자가 될 자격이 충분히 있었기 때문이다. 스바의 여왕이 저 멀리 아라비아에서 그를 방문하러 왔을 때 솔로몬은 수수께끼들을 풂으로써 자신의 지혜를 과시하였다(왕상 10:1-10). 그리고 하나님은 솔로몬에게 "넓은 마음을 주시되 바닷가의 모래 같이" 하셨다고 한다(왕상 4:29). 이러한 주장은 솔로몬이 비옥한 초승달 지대의 문화적인 영향을 극히 환대하였으며 또 페니키아와 이집트와도 긴밀한 유대관계를 가졌다는 역사 기록에 의해서도 확증된다. 우리가 앞에서 살펴보았듯이(제7장) 이스라엘이 이전의 지파동맹이라는 틀과 그것에 수반된 제한적인 종교 제도들 및 시야들을 깨고 자신의 신앙의 지평을 모세 언약의 유산의 경계선 너머로 넓힌 것은 바로 솔로몬 시대였다. 이 때의 시대정신은 사회생활에서 '인간적인' 요소에 중점을 두는 경향이 일부 계층에 있었다는 의미에서 '세속화'의 시대(물론 이 말은 조심스럽게 사용되어야 한다)였다. 이러한 경향의 일면은 놀라울 정도로 하나님의 개입이 없는 상태로 궁정에서 벌어진 일련의 행동의 인과관계를 묘사하고 있는 다윗의 궁정사(삼하 9-20장: 왕상 1-2장)에서 엿볼 수 있다. 그리고 이러한 경향은 잠언의 가장 오래된 부분에서 찾아볼 수 있는 지혜 전승에서도 엿볼 수 있는데, 여기서는 인간의 경험 안에

---

7) Jack M. Sasson, "Unlocking the Poetry of Love in the Song of Songs", *Bible Review*, I(1985), 11-19를 보라.

서 스스로 작동하는 듯이 보이는 원인과 결과의 법칙을 분별하고 장수, 영예, 가정의 번영, 재산 등과 같은 세상적인 이익들을 소중히 여기고 있다.[8]

　이집트의 지혜는 적어도 이집트와 외교관계를 확고하게 맺고 있었던 솔로몬 시대로부터 이스라엘의 사상에 깊은 영향을 주었다. 「아멘엠오펫의 교훈」과 잠언 22:17-24:22의 밀접한 병행은 이스라엘의 지혜모음집이 이집트의 저작(B.C.E. 1000-600년대의 것)에 크게 의존하였다는 것을 보여준다.[9] 잠언의 이 부분에서 이집트의 자료에 나오지 않는 것은 겨우 몇 구절에 지나지 않는다. 주제내용, 서술형식, 심지어는 이집트 저작의 30장(章)을 30가지의 잠언으로 겹쳐놓은 것은 이스라엘이 이집트의 지혜에 접했다는 것을 보여주는 웅변적인 증거이다.[10]

잠언의 선집(選集)

　이스라엘 지혜운동의 역사는 잠언 안에 집약되어 있다. 최종 형태의 이 책은 유대교의 시대, 아마도 지혜학파들이 풍미하고 있었던 에스라 시대 이후에 나왔다는 견해가 일반적으로 받아들여지고 있다. 그러나 오경과 마찬가지로 잠언은 적어도 솔로몬 시대까지 거슬러 올라가는 전승의 최종적인 단계를 보여주고 있다. 솔로몬은 잠언의 핵심이 되는 것들을 짓거나 수집했을 것이다. 다음에 나오는 제목들이 보여주는 것처럼 몇 가지 지혜모음집들이 이 한 권의 책 안에 포함되어 있다:

1. 1-9장　　 "솔로몬의 잠언"
2. 10:1-22:16 "솔로몬의 잠언"
3. 22:17-24:22 "지혜 있는 자의 말씀"
　　24:23-34 "이것도 지혜로운 자의 말씀이라"
4. 25-29장　 "히스기야의 신하들의 편집한 … 솔로몬의 잠언"
5. 30장　 "야게의 아들 아굴의 잠언"

---

8) Gerhard von Rad, *Wisdom in Israel*(465), pp. 57-65를 보라. 그는 솔로몬 시대에 "현실의 체험"이 완전히 새로운 형태를 취했다고 주장한다.
9) Pritchard, *Ancient Near Eastern Texts*(1), pp. 421-24를 보라.
10) 두 지혜 운동 사이의 상호 관련성에 관하여는 Glendon E. Bryce, *A Legacy of Wisdom*(458)을 보라.

6. 31:1-9 "르무엘 왕의 말씀"
7. 31:10-31 현숙한 아내에 대한 알파벳 시

이 내용을 언뜻 보기만 해도 잠언의 다양성을 충분히 알 수 있다. 대체로 1-4번은 솔로몬의 전승에 속하고 나머지는 외국에서 기원한 것들이라는 점을 주목하라. 그리고 이 네 가지의 솔로몬 전승 안에서도 많은 학자들은 두번째 모음집을 잠언의 가장 오래된 부분으로 본다. 첫번째 모음집은 흔히 가장 후대의 것으로 여겨지지만 이 부분 안에 들어 있는 가나안적인 요소들에 비추어볼 때 몇몇 학자들은 적어도 그 일부는 포로기 이전의 전승에 속하는 것으로 믿고 있다. 우리가 확실하게 말할 수 있는 것은 잠언이 구약 시대 거의 전기간에 걸쳐 있는 복잡한 전승들을 담고 있다는 것이다.

상식적인 잠언들

이 선집에 나오는 지혜의 말은 흔히 경험의 어떤 측면을 다루는 두 줄 정도의 짧고 힘찬 문장으로 되어 있다. 몇몇 경우에 잠언의 제2행은 제1행의 사고와 병행을 이룬다. 이러한 '동의(同意) 병행'의 예는 잠언 22:1에서 찾아볼 수 있다:

많은 재물보다 명예를 택할 것이요
은이나 금보다 은총을 더욱 택할 것이니라

각 행들이 서로 상반되는 내용의 균형잡힌 짝을 이루는 경우가 흔하다. 이런 유형의 '반어(反語) 병행구'는 잠언 10:1에서 그 예를 볼 수 있다:

지혜로운 아들은 아비로 기쁘게 하거니와
미련한 아들은 어미의 근심이니라

그리고 때로는 제2행이 제1행의 사상을 완결하는 경우도 있는데, 이런 종류의 '점층(漸層) 병행구'는 4:18에서 볼 수 있다:

의인의 길은 돋는 햇볕 같아서
점점 빛나서 원만한 광명에 이르거니와

짧은 '2행 잠언' 외에도 교훈을 목적으로 어떤 주제에 관하여 자유롭게 설명하는 많은 잠언들이 있다. '교훈 장르'에 속하는 것이 분명한 이 잠언 단위들은 직설법보다 명령법을 사용하며 명령되고 있는 충고를 따라야 할 이유들을 제시한다.[11] 한 구절에서 개미의 근면성은 미래를 계획하는 데 교훈을 제공해준다:

> 게으른 자여 개미에게로 가서
> 그 하는 것을 보고 지혜를 얻으라
> 개미는 두령도 없고
> 간역자도 없고 주권자도 없으되
> 먹을 것을 여름 동안에 예비하며
> 추수 때에 양식을 모으느니라
> 좀더 자자 좀더 졸자
> 손을 모으고 좀더 눕자 하면
> 네 빈궁이 강도 같이 오며
> 네 곤핍이 군사 같이 이르리라
> — 잠언 6:6-11.

또 하나의 특징적인 수사(修辭) 기법은 x + 1이라는 도식에 바탕을 둔 '숫자로 말하기'인데, 이것은 잠언 30장과 31:10-31에 나오는 모음집에서 찾아볼 수 있다.

> 내가 심히 기이히 여기고도
> 깨닫지 못하는 것 서넛이 있으니
> 곧 공중에 날아다니는 독수리의 자취와
> 반석 위로 기어다니는 뱀의 자취와
> 바다로 지나다니는 배의 자취와
> 남자가 여자와 함께 한 자취이며
> — 잠언 30:18-19.

잠언들 가운데 많은 수가 다소 '세속적'이라는 인상을 준다 — 물론 이 용어는 너무 현대적이어서 잠언들을 완전히 올바르게 대우했다고 볼 수 없지만 말이다. 가장 오래된 잠언들은 세상사에 대한 긍정적이고 건전한 관점을 보여준다. 인간 행동의 여러 과정들을 성찰하면서 지혜자는 선한 삶은 근면과 절제와 사려분별을 통해 얻어

---

11) W. McKane, *Proverbs* [470]을 보라.

질 수 있으며 이 선한 삶의 표지(標識)로는 성공과 번영과 장수와 보람있는 삶이 있다고 주장한다. 이 점에서 잠언들은 바벨론, 이집트 및 그밖의 곳에서의 지혜자들의 사려깊은 충고와 대단히 비슷하다. 성경의 잠언들 중 많은 수는 충만한 삶의 성취를 방해하는 일상적인 문제들을 다룬다: 게으름(잠 6:6-11; 24:30-34), 술취함(23:20-21, 29-35), 매춘부와의 관계(5:9-10), 지혜롭지 못한 상거래(6:1-5) 등등.

그러나 '세속적'으로 보이는 이 충고에는 종교적인 정신이 스며들어 있다. 우리는 신명기가 모세 언약의 저주와 축복을 바탕으로 상과 벌을 내린다는 주제를 토대로 삼고 있다는 것을 기억할 것이다. 야훼는 이스라엘 백성과 관계를 맺는데 주도권을 가졌으며, 언약의 율법에의 순종은 번영과 성공을 보장해주었고 반면에 불순종은 곤경과 재난을 초래하였다. 이스라엘의 지혜자들은 비록 다른 출발점에서 시작하긴 했지만 비슷한 관점을 가지고 있었다. 그들은 인간의 탐구와 성찰을 통해 발견될 수 있는 하나님의 질서가 사물의 본성 자체에 기록되어 있다고 믿었다. 이러한 질서와 조화롭게 사는 것은 선한 삶을 가져다주고 이에 거역하는 것은 개인적인 재난을 초래한다. 각각 하나님의 주도권과 인간의 주도권에 의존하고 있는 이 두 가지 관점의 융합은 결국 이스라엘 전승의 역사 속에서 토라와 지혜를 동일시하는 경향을 촉진시켰다.

야훼를 경외함

이스라엘 지혜자들의 특징적인 가르침은 두 행으로 된 한 편의 시에 요약되어 있다:

> 야훼를 경외하는 것이 지혜의 근본이요
> 거룩하신 자를 아는 것이 명철이니라
> — 잠언 9:10.

약간 다른 형태이긴 하지만 구약에 여러 차례 등장하는 이 정형어구는 첫번째 모음집의 처음(잠 1:7)과 두번째 모음집의 결론 부분(15:33; 또한 욥 28:28과 시 111:10도 보라)에서도 찾아볼 수 있다. 이스라엘의 지혜자들에 의하면 참된 지혜는 야훼의 주권을 인정하는 사람, 거룩하신 분을 "경외하고" 살아가는 사람에게만 온다는 것이다(잠 1:29; 2:5를 보라). 야훼에 대한 신앙은 '시작', 즉 이해(理解)의 기초이자 출발점이다.

> 너는 마음을 다하여 야훼를 의뢰하고
> 네 명철을 의지하지 말라
> 너는 범사에 그를 인정하라
> 그리하면 네 길을 지도하시리라
> 스스로 지혜롭게 여기지 말지어다
> 야훼를 경외하며 악을 떠날지어다
> 이것이 네 몸에 양약이 되어
> 네 골수로 윤택하게 하리라
> ─ 잠언 3:5-8.

반면에 출발점이 잘못 되었기 때문에 '어리석은 사람들'은 혼란 속에서 허우적 거리고 '악한 자들'은 정의를 이해하지 못한다(28:5). 여기서 우리는 오늘날 많은 사람들이 생각하고 있는 것과는 달리 이성이 신앙의 장애물로 여겨지고 있지 않으며 오히려 신앙은 이해를 위한 전제조건으로 생각되고 있음을 알 수 있다.[12]

이스라엘의 지혜전승에 독특했던 이 주제 속에서 우리는 지혜 교사들과 언약전 승들에 관한 이스라엘의 해설 사이에 직접적인 접촉이 있었음을 식별할 수 있다. 여 러분은 이와 동일한 주제가 이스라엘의 예언자들에 의해서 강조되었다는 것을 기억 할 것이다. 호세아는 이스라엘에 "하나님을 아는 것"이 결여되어 있는 것(pp. 372- 376를 보라)이 이스라엘 역사에서 근본적인 결함이라고 주장하였다. 이와 마찬가지 로 예레미야는 참된 지혜를 어리석음과 대비시켰다:

> 야훼께서 이같이 말씀하시되
> 지혜로운 자는 그 지혜를 자랑치 말라
> 용사는 그 용맹을 자랑치 말라
> 부자는 그 부함을 자랑치 말라
> 자랑하는 자는 이것으로 자랑할지니
> 곧 명철하여 나를 아는 것과
> 나 야훼는 인애(hesed)와
> 공평과 정직을 땅에 행하는 자인줄 깨닫는 것이라

---

12) 이 점은 Gerhard von Rad, *Wisdom in Israel*(465), pp. 65-73에 나와 있다. 그는 이 지혜의 논술이 한마디로 말해서 "이스라엘의 인식론 전체" 또는 인식론을 담고 있다고 말한다.

　나는 이 일을 기뻐하노라
　야훼의 말이니라
　― 예레미야 9:23-24.

　더욱이 성경의 지혜문학에서 중심을 이루고 있는 "야훼를 경외함"이라는 모티프는 일찍부터 이스라엘의 종교 전승들 속에 깊이 뿌리를 박고 있었다(창 22:12을 보라). 물론 지혜의 관점과 이스라엘의 전통적인 언약신앙 사이에 있는 심원한 차이들을 극소화해서는 안된다. 그러나 지혜 교사들은 자기들 나름대로의 방식으로 이스라엘의 언약 전승들에 속하였던 신학적인 관심들을 발전시켰다.

　언약이라는 관점에 기본적이었던 하나의 주제는 하나님의 응보, 즉 야훼께서 이스라엘 백성들의 행위의 열매를 그들에게 돌려줄 것이라는 개념이었다. 앞에서 우리는 어떻게 상과 벌(축복과 저주)이라는 개념이 모세 언약에 내재해 있으며 어떻게 예언자들, 예를 들면 예레미야가 이 신학적 토대 위에서 설교하였는가를 살펴 보았다. 고대 근동의 지혜에서 행동과 결과라는 양식은 피조물 자체에 기록되어 있는 것으로 인식되었다.[13] 사람들은 만유인력의 힘을 무시하고 말을 절벽 위로 몰거나 바다를 황소로 건너갈 수 없는 것과 마찬가지로 우주의 도덕적 질서를 위반할 수 없다(참조. 암 6:12). 이스라엘의 지혜자들은 이러한 가르침에 동의하였지만 도덕적 질서는 야훼의 통제를 벗어나서 독자적으로 움직인다거나 야훼는 고정된 창조 질서에 속박되어 있다고까지는 말하지 않았음이 분명하다. 거룩하고 초월적인 하나님으로서 야훼는 주도권을 쥐고 있다(출 33:19; "나는 은혜 줄 자에게 은혜를 주고"). 그러므로 "도식은 때때로 자유로운(그리고 어느 정도 불합리하다고 말해야 할 것이다) 하나님의 은혜에 의해 산산이 깨어진다."[14]

　지혜로도 명철로도 모략으로도
　야훼를 당치 못하느니라
　싸울 날을 위하여 마병을 예비하거니와
　이김은 야훼께 있느니라

---

13) H. H. Schmid, "Creation, Righteousness, and Salvation", *Creation in the Old Testament*〔129〕, 102-117를 보라. 그는 지혜의 창조신학은 성서신학의 "드넓은 지평"이라고 주장하는데, 이는 약간 극단적인 것 같다.

14) J. A. Emerton, "Wisdom", *Tradition and Interpretation*〔153〕, 288과 하나님의 응보에 관한 그의 전반적인 논의를 담고 있는 215-221을 보라.

— 잠언 21:30, 31.

신학적 지혜

이와 같이 야훼에 대한 이스라엘 신앙의 영향 아래 지혜에 관한 전통적인 개념이 바뀌는 일이 일어났다. 이스라엘에서 지혜전승의 역사를 도표로 나타내기는 어렵다. 몇몇 학자들은 이스라엘의 지혜전승은 거친 "세속성"으로부터 신학적으로 세련되고 성숙된 것을 향하여 발전해 왔다고 주장한다. 처음에 지혜자는 지혜가 하나님의 선물이라고 인정하기는 했지만 특별히 지혜의 근원되시는 하나님을 성찰하는 데 관심을 갖지 않았다. 지혜는 하나님의 신비들을 탐구하려고 하기보다는 사람들이 자신의 행동을 사물의 질서와 조화를 이루어서 행복과 실제적인 유익들을 얻을 수 있도록 돕는 역할을 하였다. 이 견해에 의하면 오직 후대에 가서야 지혜는 잠언의 후대 부분(1-9장)에 분명히 나타나듯이 신학적인 인식을 갖게 되었다.[15] 지혜는 단순히 합당한 윤리적 행동에 대한 열쇠가 아니다(잠 4:10-19). 지혜는 피조물 전체의 배후에 있는 하나님의 계획의 비밀을 파악하고자 한다.

> 야훼께서는 지혜로 땅을 세우셨으며
> 명철로 하늘을 굳게 펴셨고
> 그 지식으로 해양이 갈라지게 하셨으며
> 공중에서 이슬이 내리게 하셨느니라
> — 잠언 3:19-20.

그러나 세속적 잠언으로부터 신학적 잠언으로의 단선적인 발전이라는 이러한 견해는 문제를 지나치게 단순화한 느낌이 든다. 먼저 우리는 잠언 1-9장에 나오는 모든 자료들이 포로기 이후 시대에 나왔다고 절대적으로 확실하게 말할 수 없다. 더욱이 앞에서 살펴보았듯이 왕정 시대에 예루살렘 궁정의 왕실 신학자들은 우주적 질서 위에서의 다윗 보좌의 기초를 정당화하기 위하여 고도의 지혜 개념에 의거하였다.[16] 심지어 이스라엘의 초기 지혜전승에서조차도 세속적 잠언과 거룩한 잠언의 구별은

---

15) 지혜운동의 점증하는 신학적 성숙에 관한 이러한 견해는 Gerhard von Rad, *Wisdom*(465), pp. 53-73에서 주창되고 있다.

16) *Creation versus Chaos*(128), pp. 60-74; *Creation in the Old Testament*(129), pp. 7-11에 표명되어 있는 저자의 견해.

명확하게 되지 않았다. 그리고 적어도 몇몇 집단들에서는 지혜에 대한 성찰은 아마도 우주적 영역에 대한 현세적인 관심사들을 초월하여 수행되었을 것이다. 유대교의 시대에 신학적 지혜에 대한 커다란 관심이 있었던 것은 분명하지만, 후대의 지혜자들은 처음부터 존재하였던 지혜의 종교적인 차원들을 토대로 덧붙이고 정교화했다고 보아야 할 것이다. 이렇게 하여 야훼를 경외하는 것이 지혜의 시작이라는 단언은 신학적 성찰을 바탕으로 이전보다 더욱 넓고 깊은 의미를 지니게 되었다. 이스라엘의 지혜자들은 하나님의 창조의 신비에 압도되었고, 인간의 사고의 극한까지 밀고나간 그들의 성찰은 결국 창조주에 대한 찬양으로 터져나올 수밖에 없었다.

> 이런 것은 그 〔하나님의〕 행사의 시작점이요
> 우리가 그에게 대하여 들은 것도 심히 세미한 소리뿐이니라
> 그 큰 능력의 우뢰야 누가 능히 측량하랴
> — 욥기 26:14.

지혜라는 여인

지혜전승에서 하나의 발전은 특별한 주목을 받을 만하다. 이스라엘의 지혜자들의 성숙된 견해를 볼 때 지혜는 단순히 인간의 능력이 아니었다. 지혜는 하나님의 대리자로 의인화된다. 아주 세련된 시(詩)에서 지혜자는 지혜를 여예언자처럼 저자거리에 서서 사람들에게 자기를 따르라고 부르는 여인으로 묘사한다(잠 1:20-33).[17] 그녀는 어리석은 길에서 돌이킬 것을 요구하고 자신의 충고를 무시했다고 질책하며 그 결과들을 가져올 행동들의 형식으로 심판을 선언한다.

> 대저 너희가 지식을 미워하며
> 야훼 경외하기를 즐거워하지 아니하며
> 나의 교훈을 받지 아니하고
> 나의 모든 책망을 업신여겼음이라
> 그러므로 자기 행위의 열매를 먹으며
> 자기 꾀에 배부르리라
> — 잠언 1:29-31.

---

17) Phyllis Trible의 뛰어난 논문, "Wisdom Builds a Poem: The Architecture of Proverbs 1:20-33", *Journal of Biblical Literature* 94(1975), 509-518을 보라.

지혜라는 여인과 대조적으로 어리석음이라는 여인이 자기 집 문앞에 앉아서 지나가는 행인들을 유혹하는 매춘부로 묘사된다(잠 9:13-18).

또다른 구절에서 지혜는 하나님의 창조의 대리자로 묘사된다. 요한복음의 서문(요 1:1-18)과 유사한 듯한 언어로 그녀는 태초에 하나님과 함께 있었고 창조의 사역 속에서 기뻐한 하나님의 자녀였다고 한다(잠 8:22-31).[18]

> 내가 그 곁에 있어서 창조자가 되어
> 날마다 그 기뻐하신 바가 되었으며
> 항상 그 앞에서 즐거워하며
> 사람이 거처할 땅에서 즐거워하며
> 인자들을 기뻐하였었느니라
> ― 잠언 8:30-31.

몇몇 학자들은 이러한 지혜의 의인화와 이집트의 '마아트'(Maat, '질서, 진리, 의')라는 인물과의 유사성을 발견하였는데, 이 둘은 우주적인 질서 원리와 창조의 신 아툼(Atum)의 딸인 여신으로 여겨졌다.[19]

지혜자와 어리석은 자

지혜의 개념이 이렇게 세련되었음에도 불구하고 잠언은 너무도 획일적으로 들리는 상벌의 교리를 제시하고 있다. 물론 몇몇 집단들에서는 인간의 지식은 지혜자에게 창조의 의미와 질서를 숨겨온 하나님의 기이한 신비에 의해 제한되어 있다는 것을 알고 있었다. 어떤 충격적인 잠언은 "일을 숨기는 것은 하나님의 영화요"(잠언 25:2)라고 말하고 있다. 그럼에도 불구하고 지혜자들에 의하면 지혜의 탐구는 사람들을 지혜자와 어리석은 자, 의인과 악인이라는 두 부류로 갈라놓는다고 한다. 이러한 분류는 잘 알다시피 자유롭게 이루어진 결정의 결과이다. 그것은 선천적인 지성, 사회적 신분, 올바른 교리와는 아무 상관이 없다. '어리석은 자'는 지성이 결핍된

---

18) NEB 영역본에서는 그 의미에 관해 많은 논란이 있는 히브리어 'amon'은 'amun'(darling)으로 읽고 있다. 중요한 고대 판본들의 지지를 받고 있는 또 하나의 가능성있는 번역은 "master workman" 또는 "craftsman"(RSV, JB, NAB)이다.

19) 이러한 견해는 C. Kayatz, *Studien zu Proverbien* 1-9, WMANT 22(1966)에 표명되어 있다. 그녀의 연구는 Emerton[153], pp. 232-33에 요약되어 있다.

자가 아니다. 그보다는 그런 사람은 오만과 정욕으로 인하여 지혜의 정도(正道)를
거스려 결정했기 때문에 그 결정의 결과를 받아들여야 한다.[20] 그럼에도 불구하고
지혜자는 두 가지 유형의 사람들이 있다고 믿었다: 생명의 길을 따르는 사람과 죽음
의 길을 추구하는 사람.

> 의로운 길에 생명이 있나니
> 그 길에는 사망이 없느니라
> ― 잠언 12:28.

두 가지 길에 관한 신명기의 묘사(신 11:26-28; 30:15-20)는 국가적 위기의 때
에 언약갱신을 위한 강력하고도 절박한 호소였다. 그러나 이 가르침이 사회 속에서
의 개개인들의 경험에 적용되었을 때 그것은 쉽게 곡해될 수 있었다. 지혜 사상과
유사성을 갖고 있는 시편 1편도 두 가지 길을 가리켜 보이고 있다(p. 678를 보라).
"죄인"이나 "악인"과 어울리지 않는 복된 사람은 물가에 심겨진 나무와 같다. "악인"
은 바람에 날리는 겨와 같다. 지혜의 견지에서 표현되었든 아니면 율법의 견지에서
표현되었든 이 가르침의 부적합성은 삶의 의미에 관한 수수께끼와 치열하게 씨름하
고 있던 다른 지혜자들에게는 아주 분명한 것이었다.

전도서의 회의주의

앞에서 살펴보았듯이 이스라엘 지혜자들의 독특한 가르침은 지혜가 인간의 업적
이 아니라 하나님의 선물이라는 것이었다.

> 마음의 경영은 사람에게 있어도
> 말의 응답은 야훼께로서 나느니라
> ― 잠언 16:1.

---

20) 어리석은 자를 서술하기 위하여 여러 가지 말들이 사용되고 있다: '악한 자', '자만하는 자', '머리
가 텅빈 자', '아둔한 자'. 누가 얼마나 많이 알고 있고 얼마나 재주가 좋으냐와는 상관없이 지혜의
출발점, 곧 야훼를 경외하는 것을 무시하는 자는 누구나 다 어리석은 자이다.

그러나 이것은 적극적인 강조였다. 비록 지혜자들은 인간적인 탐구의 한계를 알고 있었지만 야훼를 경외하는 것에 바탕을 둔 지혜는 올바른 행동을 보여줄 수 있을 뿐만 아니라 창조의 근저에 있는 하나님의 비밀을 어느 정도 이해할 수도 있다고 굳게 믿었다. '지혜자들의 말씀'에서 교훈은 "야훼를 의뢰하게 하려 하여"(잠 22:19) 주어졌다. .

이러한 확신은 전도서의 저자로부터 도전을 받았다. 지혜전승의 긴 역사를 총망라하는 '모음집들의 모음집'인 잠언과는 달리 전도서는 근본적으로 포로기 이후 시대의 후기, 아마도 주전 250년과 200년 사이에 씌어진 한 지혜자의 작품이다. 유대교 및 그것의 단순한 '신명기적' 상벌 교리에 대한 전도서의 대담한 도전은 좀더 정통적인 종교적 감수성에 위배되는 것이었다. 그 결과 이 책은 입맛에 맞도록 여기저기 손질이 가해졌고[21] 두 가지의 결론이 덧붙여졌다. 12:9-11에 있는 부록을 쓴 한 제자는 잠언들의 경중을 비교하고 연구하고 정리한 이 지혜자의 재능을 찬양하였다. 그러나 12:12-14을 쓴 또 다른 편집자는 "여러 책을 짓는 것은 끝이 없고 많이 공부하는 것은 몸을 피곤케 하느니라"고 말하면서 이 가르침을 소금을 뿌려가며 받아들여야 할 것이라고 독자들에게 경고했다. 이 편집자에 따르면 하나님을 경외하고 하나님의 계명을 지키라는 이 책의 가르침에도 불구하고 유대교의 근본적인 주의, 주장은 여전히 건재한다는 것이다.

이러한 경건한 수정들과 솔로몬이 이 책을 썼다는 전승이 없었더라면 이 책이 구약의 정경에 포함되었을 것인지는 의심스럽다고 하겠다. 사실 전도서는 타나이 시대(주전 1세기부터 주후 3세기까지) 동안에 랍비들에 의해 성경 안에 포함될 수 있는 자격에 대해 심각하게 의문시되었던 세 책들 가운데 하나였다.[22] 오늘날 유대인들은 삶의 기쁨은 덧없는 것이며 우리는 지혜를 얻는다는 소망 속에 자신의 날수를 세어야 한다는 것을 회중들에게 상기시켜줌으로써 축제에 중대한 의미를 덧붙이기 위하여 초막절의 셋째날에 전도서를 읽는다(시 90:12을 보라).

수심에 잠긴 전도자

'전도서'(Ecclesiastes)라는 말은 제롬이 라틴어 역본인 불가타(Vulgate)로

---

21) 정통주의 편집자들로부터 왔다고 주장되는 구절들 가운데는 2:26; 7:18b, 26b; 8:5-12b; 11:9b; 12:7b이 있다.
22) 문제가 된 다른 두 책은 에스더서와 아가였다.

번역할 때 원본으로 사용하였던 헬라어 구약(칠십인역)으로부터 우리에게 전해진 것이다. 헬라어 번역자는 '모임, 회중'(히브리어로 qahal, 헬라어로 ekklesia)을 의미하는 명사와 관련된 히브리어 분사 '코헬렛'(qohéleth)을 에클레시아스테스(ekklesiastes)라고 번역하였다. 이 히브리 단어는 '회중에게 말하는 사람' — 즉, 웅변가 또는 설교자 — 을 가리키고 있음이 분명하다. 이렇게 코헬렛은 고유명사로서의 어떤 이름이 아니라 어떤 역할을 묘사하는 말이다. 이 역할은 예루살렘에서 이스라엘의 지도자들을 '모아서'(참조. 왕상 8:1) 자신이 탁월한 설교자임을 보여준(전 1:1을 보라) 솔로몬에 의해 수행되었다고 믿어졌다. '예루살렘에서 이스라엘을 다스리는 왕'이었던 솔로몬은 일생 동안 인간의 경험의 의미를 지혜를 통해 밝혀내려고 노력했다고 말한 것으로 묘사되고 있다(1:12-13; 참조. 2:4-11).

그러나 '설교자'라는 말은 오해를 불러일으킬 수 있다. 왜냐하면 이 책은 통상적인 의미에서의 설교가 아니라 오히려 전문적인 지혜 교사에 의한 삶의 의미에 관한 한담(閑談)이기 때문이다. 이 책은 전체적으로 어떤 전개 양식이나 도식에 따라 배열되어 있지 않다. 실제로 독자는 이 강론(講論)의 요지가 2장 끝에 있다는 인상을 받는다. 이 책의 처음과 끝에서 언급되고 있는 이 강론의 주제는 모든 인간의 활동은 헛된 것으로서 바람을 붙잡으려고 하는 것과 같다는 것이다:

전도자가 가로되 헛되고 헛되며
헛되고 헛되니 모든 것이 헛되도다
— 전도서 1:2; 12:8.

오마르 카이얌(Omar Khayyam)의 「루바이야트」(*Rubaiyat*)의 수심어린 분위기로 글을 쓰면서 지혜자는 인간의 지혜는 '슬픈 도식을 완전히 파악할' 수는 없다고 선언한다. 전도자는 지혜는 인간으로 하여금 유한한 삶의 한계들을 인식하고 신중하게 행할 수 있도록 해주기 때문에 약간의 가치는 있다고 인정한다. "지혜자는 눈이 밝고 우매자는 어두움에 다니거니와"(2:14). 사실 지혜는 열 명의 통치자보다도 더 큰 힘의 원천이다(7:19). 그러나 실제적인 지혜를 통하여 얻어지는 유익이 정말 있는지는 의심스럽다(2:12-23; 7:7-8). 왜냐하면 지혜와 더불어 슬픔이 많아지고(1:18) 결국에는 지혜자에게나 어리석은 자에게나 똑같이 죽음이 닥치기 때문이다(2:14-17). 전도서는 제자들에게 살아있는 동안 최선의 삶을 살며 현재를 누릴 것이지 미래를 내다보려고 애쓰지 말라고 권고한다(2:24-25; 3:12-15; 7:14). 왜냐하면 지혜는 그 실제적인 가치에도 불구하고 삶의 신비에 파고 들어가지 못하고 궁극적인 문제들을 다룰 수 없다는 것이 엄연한 사실이기 때문이다. 그렇지만 한 인간의 실존이 걸려 있는 바로 이러한 궁극적인 문제들에 대한 해답들이기 때문이다. 창조의 근저에 놓여 있는 하나님의 지혜에 도달할 수 없는 지혜자는 삶의 의미를 규명하기 위하여 자신의 통찰과 경험으로 되돌아온다. 그 결과 지혜자는 삶의 허망함에 대해 절망감을 느끼게 되고 현대의 몇몇 실존주의자들이 표현한 "역겨움" 가운데 하나인 삶에 대한 혐오감으로까지 발전한다(2:17).

하나님의 감추어진 목적

몇몇 학자들은 전도서의 저자 또는 코헬렛은 알렉산더 대왕에 의해 시작된 헬레니즘 시대에 살면서 헬라 문화를 풍미하였던 헬라철학과 숙명론(moira)의 영향을 받았다고 믿는다. 지혜자들은 "해 아래서 살게 하신 날 동안"(carpe diem) 순간적인 쾌락들을 즐기라고(8:15-9:9; 참조. 고전 15:32) 권고하기 때문에 적어도 피상적으로는 에피쿠로스 학파(Epicureanism)의 철학과 비슷하다. 더욱이 전도서의 관점에는 일종의 결정론 — 일어나는 일은 무엇이든지 오래 전에 미리 정해져 있었다는 깨달음 — 이 있다. 지혜자는 운명의 밀물이나 썰물에 동요되지 않고 내적인 안정 속에 삶의 기쁨과 고통을 받아들이는 방법을 알고 있다(6:10-11; 9:1). 이러한 가르침은 스토아 철학을 생각나게 한다고 흔히 지적되고 있지만, 몇몇 학자들은 코헬렛에 의해 사용된 몇몇 단어들이 헬라어 문맥으로부터 취해온 것이라고 주장하였다. 예를 들면, '우연, 사건'(chance, accident)으로 번역된 단어(2:14; 3:19; 9:2-3)는 헬라어 '티게'(tyche, 우연)와 철학적으로 동의어라고 한다.

전도서가 어느 정도 헬라 문화의 정신에 의해 영향을 받았다는 것은 분명한 것 같다. 이것이 그가 숨쉬고 있던 환경이었으며, 현대의 저술가들이 20세기 과학정신의 영향을 피할 수 없는 것과 마찬가지로 그는 헬레니즘의 정신을 피할 수 없었을 것이다. 그러나 헬라의 개념들이 근본적으로 코헬렛에 영향을 주었는지는 의심스럽다. '삶에 대한 비관적인 인식'에도 불구하고, 코헬렛은 하나님이 인간사를 주재한다는 확신을 포기하지 않는다. 삶의 비극은 헬라 문화에서처럼 운명이라는 불가항력적인 힘이 사람들과 신들을 모두 지배한다는 것에 있는 것이 아니라 오히려 하나님의 지혜는 탐구할 수 없는 것이기 때문에 인간의 시각에서 볼 때 삶은 까닭도 이유도 없다는 것에 있다. 인간 존재는 하나님의 길을 알 수 없기 때문에 모든 것이 우연히 일어나는 것처럼 보인다. 실제로 코헬렛은 고단한 인생행로가 돌고 도는 것처럼 보이기 때문에 "해 아래는 새 것이 없나니"라고 말한다(1:4-11). 그럼에도 불구하고 그는 모든 것이 "하나님의 손"(9:1)에 있다는 것을 강력히 천명한다. 하나님의 주권은 인간의 눈에 너무도 완벽하게 감추어져 있기 때문에 사람은 하나님의 계획에 관하여 어둠 속에 있는 것과 같다는 것이 문제인 것이다. 그러므로 인간의 지혜에서 사건들은 변덕스러운 것들이다. 세월은 목적의 성취를 향해 움직여가는 것이 아니라 하나의 원 안에서 맴돌고 있는 것이다.

우리의 삶의 때들

코헬렛의 이러한 관점은 시간의 본질에 관한 매우 중요한 논의 속에 드러나 있다(3장). 우리는 시간에 관한 그의 인식을 오늘날 흔히 불려지는 찬양에 반영되어 있는 시간 인식과 비교해볼 수 있다:

시간은 영원히 흐르는 시냇물처럼
자신의 모든 아들들을 데려가버리네.
그 아들들은 꿈처럼 잊혀져 날아가고
날이 새면 사라지네.

이 찬양을 쓴 사람처럼 코헬렛은 삶의 덧없음을 뼈저리게 느끼고 있었다. 그러나 이 지혜자에게 삶의 비극은 사람들이 기계적으로 날들과 해들을 돌리고 있는 시간의 지칠 줄 모르는 과정 속에 붙잡혀 있다는 것이 아니다. 코헬렛은 시간에 관하여 추상적으로 말하지 않고 오히려 구체적인 '때들' — 즉, 특정한 내용 또는 목적을 지닌 때들 — 에 관하여 쓰고 있다. "천하에 범사가 기한이 있고 모든 목적이 이룰 때가 있나니"(3:1). 몇 가지 예를 들자면 다음과 같다:

날 때가 있고 죽을 때가 있으며
심을 때가 있고 심은 것을 뽑을 때가 있으며
울 때가 있고 웃을 때가 있으며
안을 때가 있고 안는 일을 멀리 할 때가 있으며
잠잠할 때가 있고 말할 때가 있으며
전쟁할 때가 있고 평화할 때가 있느니라

— 전도서 3:2-9을 보라.

우리가 '지금이 때가 무르익었다'라거나 어떤 행동을 '시의적절하다'고 말하는 것처럼 때라는 것은 어떤 특정한 행동을 요청하는 기회이다. 코헬렛은 때를 복수형으로 말하고 있다 — 인간의 삶의 때들. 더욱이 이 지혜자에 의하면 어쨌든 우리의 때들은 하나님의 손 안에 있다(참조. 시 31:13). 각각의 때는 하늘이 내려준 기회이다. 왜냐하면 "모든 목적과 모든 일이 이룰 때가 있기"(3:17) 때문이다.[23]

문제는 인간은 자신의 제한된 지혜로 삶의 다양한 체험들을 통하여 끊임없이 쇄도해오는 전체적인 목적을 분별할 수 없다는 것이다. 그 결과 때들은 하나씩 하나씩 차례로 다가오고, 모든 것은 헛바퀴 도는 듯하다. 코헬렛은 하나님은 초인간적인 지혜로써 이 드라마 전체를 처음부터 끝까지 볼 수 있고, 또 음악에 비유하자면 이 연속적으로 다가오는 음표들을 멜로디로 들을 수 있다는 것을 인정한다. 그러나 우리는 인간이지 하나님이 아니다. 인간은 동물들과 마찬가지로 죽어야만 한다. 그러나 인간은 동물보다 더 비참하다. 왜냐하면 — 매튜 아놀드(Matthew Arnold)의 어구를 사용하자면 — 인간은 "삶을 진지하게 바라보고 또 전체적으로 바라보기"를 갈망하기 때문이다. 코헬렛은 하나님께서 인간들에게 "영원을 사모하는 마음"을 주셨지만 "하나님의 하시는 일의 시종을 사람으로 측량할 수 없게 하셨다"고 증언한다(3:11).[24] 죽을 운명을 타고난 인간은 하나님의 목적을 인간이 이해하지 못하도록 가리고 있는 장막 너머로 들여다볼 수 없다. 따라서 인간은 인간의 경험들의 무의미함에 당혹한다. 만약 인간이 모든 때들을 의미있게 엮는 실마리를 분별할 수 없다면 인간의 모든 사고와 행동에는 헛되다는 판결이 내려질 수밖에 없기 때문이다.

죽음의 문제

코헬렛에게 삶의 비극은 존재의 문제는 탄생과 죽음 사이의 짧은 기간 내에 해답을 얻어야 한다는 절박한 인식에 의해 더욱 고조된다(전 8:6-8을 보라). 죽음의

---

23) 이 히브리어 단어는 마가복음 1:15에 나오는 것과 같은 신약의 'kairos'라는 말과 의미가 같다.

24) RSV 영역 성경이 "eternity"라고 번역하고 NAB 영역 성경이 "the timeless"라고 번역한 히브리어 'olam'은 여기서 뜻을 이해하기가 어렵다. "과거와 미래의 시간에 관한 의식"이라고 한 NEB 영역 성경은 이 문맥에 적절한 것 같다. 어쨌든 'olam'은 철학적인 의미에서의 영원을 가리키는 것은 아니다.

문제 ― 가장 보편적인 인간의 경험 ― 는 이 책 전체에 어두운 그림자를 드리운다. 개인의 죽음은 이스라엘의 초기에는 별로 심각한 문제로 부각되지 않았다. 그때에는 개인의 삶은 언약공동체에 참여함으로써 그 의미가 부여된다고 믿었기 때문이다. 부모는 아들 안에서 계속 살았고, 모든 세대는 이스라엘의 정신적 연대 안에서 결속되어 있었다. 내세를 위한 정교한 준비들을 발전시켰던 이집트인들과는 달리 이스라엘은 죽음에 몰두하지 않았다. 자아(몸)의 부활에 관한 교리는 우리가 다음 장에서 살펴보게 되겠지만 유대교 시대의 아주 후기에 생겨났다.

그러나 코헬렛은 이스라엘의 제사장들과 예언자들의 언약적 사고가 아니라 헬레니즘 시대의 개인주의적인 정신에 지배되고 있다.[25] 삶의 의미를 담보하고 있는 역사적 공동체에서 분리되자 개인의 운명은 첨예한 문제로 부각되었다. 코헬렛은 인간 본성의 한계를 너무나 잘 알고 있기 때문에 죽음을 넘어서 개인의 생존이 이어진다는 것을 천명함으로써 이 문제를 회피하려고 하지 않는다. 인간은 죽을 운명을 타고 났다. 인간 속에는 불멸하거나 '죽지 않는' 것이 아무것도 없다. 이 점에서 인간은 동물보다 나을 것이 조금도 없다(3:18-22). 왜냐하면 죽으면 "다 한 곳으로 가기" (3:20) 때문이다. 오직 현세에서만 소망이 있다. "산 개가 죽은 사자보다 낫기" (9:5-6을 보라) 때문이다. 코헬렛은 죽음을 진지하게 받아들이기 때문에 삶도 진지하게 받아들인다.

그러므로 이 지혜자는 비관적인 눈으로 세상을 바라본다. 자연 속에서 하나님이 지으신 것을 볼 수 없기 때문에 그는 해와 바람과 바다는 정처없이 왔다갔다 한다고 불평한다. "만물의 피곤함"(1:5-8)을 사람이 말로 다 할 수 없기 때문이다. 그에 의하면 두 가지 길에 관한 교리도 경험에 비추어 진리가 아닌 것 같다. 왜냐하면 의인들은 고통으로 보답받고 악인들은 성공으로 벌을 받기 때문이다. 아이러니컬하게도 지혜를 사용하여 애를 쓴 사람은 아무런 일도 하지 않은 사람에게 모든 것을 물려주어야 한다(2:18-23). 지혜자는 죽은 사람이 살아 있는 사람보다 행복하고 아예 태어나지 않은 것이 이 둘보다 더 낫다고 말한다(4:1-3; 6:3-6을 보라). 그는 하나님의 전에서 분별있는 경외심을 갖도록 충고한다. "하나님은 하늘에 계시고 너는 땅에 있음이니라 그런즉 마땅히 말을 적게 할 것이라"(5:1-7). 그는 지혜와 어리석음의 중간에서 중용을 지키라고 권고한다. 어느 한쪽으로 치우치면 재앙을 불러오게 되기 때문이다(7:15-18). 그는 결혼의 기쁨을 즐기고 일에 만족할 줄 알라고 충고한다.

---

25) "이스라엘"이라는 말은 오직 한 번(전 1:12) 나오고 솔로몬이 통치한 백성을 가리킨다.

극히 한순간에 사람은 죽은 자의 땅인 음부로 가야 하기 때문이다. 음부에는 "일도 없고 계획도 없고 지식도 없고 지혜도 없음이니라"(9:9-10). 그는 미래를 계획하는 것을 부질없게 만들어버리는 삶의 우연성에 대하여 깊이 생각한다:

> 내가 돌이켜 해 아래서 보니 빠른 경주자라고 선착하는 것이 아니며 유력자라고 전쟁에 승리하는 것이 아니며 지혜자라고 식물을 얻는 것이 아니며 명철자라고 재물을 얻는 것이 아니며 기능자라고 은총을 입는 것이 아니니 이는 시기와 우연이 이 모든 자에게 임함이라
> — 전도서 9:11.

인간은 자기의 "때" — 즉, 자신의 죽을 때 — 를 모른다. 그물에 잡히는 새와 같이 악한 때가 갑자기 인간에게 '덮치기' 때문이다. 전도서는 나이가 많아 쇠약해지거나 죽음의 종이 울리기 전에 젊어서 인생을 즐기라는 권고로 끝을 맺는다(11:9-12:8).

절망의 그림자

그러나 이러한 회의론은 근본적으로 종교적이다. 물론 코헬렛은 예언자들이나 제사장들의 방식을 따라 하나님의 가르침을 베푸는 것처럼 하지 않고 오히려 경험과 성찰에서 나온 교훈들을 제시하고자 한다(전 1:13; 7:23; 9:1을 보라). 그렇지만 비록 그가 이스라엘의 특별한 이름 야훼 대신에 엘로힘이라는 일반적인 이름을 사용하고 있다 할지라도 하나님에 관한 그의 인식은 그의 세계관에 근본이 되고 있다. 그의 신학의 기본적인 주장은 하나님은 감춰져 있다는 것이다. 이 주제는 이미 이스라엘의 종교적 유산에 그 전례가 있다. 왜냐하면 오랜 옛날부터 계시된 하나님은 감춰진 하나님이기도 하다는 것이 천명되었기 때문이다. 야훼는 이스라엘 백성과 인격적인 관계를 맺었는데, 이것은 하나님의 이름을 계시한 것으로 상징되었다. 그러나 야훼는 인간의 눈이나 개념적인 파악을 교묘히 빠져나가는 거룩한 분이었다. 야훼는 백성들 가운데 임재해 있다는 '표적들'을 주었으나 결코 의심의 가능성을 배제하는 증거들을 제공해주지는 않았다.

하나의 중요한 예를 들자면, 예레미야의 고백록에는 그림자 같이 신앙에 뒤따라다니는 시련들에 관한 묘사가 있다. 전도자는 절망의 그림자 안에서 글을 쓴다. 그에게 하나님은 초월하신 분이고 완전히 다른 분이며 무한한 간격을 두고 인간과 떨

어져 계신 분이다(5:2을 보라). 다른 어떤 기자(記者)도 하나님의 주권을 이보다 더 강조하지는 못했다. 하나님은 모든 사건들을 명령하고 주관하지만, 그의 주권은 인간의 이해력에 대하여 완전히 가려져 있다(8:17; 11:15). 그러나 인간의 지혜는 하나님의 신비를 탐구할 수 없을지라도, 사람은 하나님에게 의문을 제기할 여지도 갖고 있지 않다. 왜냐하면 "하나님이 굽게 하신 것을 누가 능히 곧게 하겠느냐"(7:13)라고 말하고 있기 때문이다. 인간은 "자기보다 강한 자와 능히 다툴 수 없느니라"(6:10). 그러나 코헬렛은 이 모든 말을 "야훼를 경외함"이라는 관점에서, 즉 신앙 속에서 하고 있다.

> 무릇 하나님의 행하시는 것은 영원히 있을 것이라 더 할 수도 없고 덜할 수도 없나니 하나님이 이같이 행하심은 사람으로 그 앞에서 경외하게 하려 하심인 줄을 내가 알았도다
> ─ 전도서 3:14.

전도서는 전통적인 지혜가 하나님의 목적을 분별할 수 있다고 하는 주장에 대한 강력한 논박이다. 잠언의 지혜자들은 "야훼를 경외하는 것"으로부터 시작되는 지혜는 두 가지 길을 도표화할 수 있고 그 두 가지 길에 따라 모든 여행자들의 정체를 밝혀낼 수 있다고까지 자신만만하게 주장하였었다. 그러나 코헬렛은 인간의 마음으로는 하나님의 지혜를 헤아릴 수 없기 때문에 지혜가 그런 일들을 하나도 할 수 없다고 주장하였다:

> 내가 마음을 다하여 지혜를 알고자 하며 세상에서 하는 노고를 보고자 하는 동시에 (밤낮으로 자지 못하는 자도 있도다) 하나님의 모든 행사를 살펴보니 해 아래서 하시는 일을 사람이 능히 깨달을 수 없도다 사람이 아무리 애써 궁구할찌라도 능히 깨닫지 못하나니 비록 지혜자가 아노라 할찌라도 능히 깨닫지 못하리로다
> ─ 전도서 8:16-17.

종교적인 백성은 삶의 문제들에 대한 해답을 남몰래 가지고 있다고 생각하고 자신들의 신앙 안에서 편안하게 안주하는 경향이 있기 때문에, 랍비들이 전도서를 구약의 정경에 포함시키기로 마침내 결정한 것은 다행스러운 일이다.

전도서의 편집자들 중 한 사람이 말했던 바와 같이 "지혜자의 말씀은 찌르는 채찍"(12:11) 같기 때문이다. 예언자들과 마찬가지로 지혜자들은 안이한 정통주의로부터 백성들을 일깨워서 모든 의심과 절망의 시험들을 견뎌낼 수 있는 신앙을 쟁취하

기 위한 투쟁을 고무시키고 있다.[26]

욥기

이제 우리는 구약에서 가장 위대한 지혜문학의 기념비인 욥기를 살펴보도록 하자. 수많은 세기에 걸쳐 이 책은 최고의 찬사를 받아 왔다. 루터는 욥기가 "성경의 어떤 책보다도 장엄하고 아름답다"고 과장될 정도로 높이 평가했다. 테니슨(Tennyson)은 욥기를 "고대와 현대의 가장 위대한 시"라고 불렀으며, 카알라일(Carlyle)은 "내 생각으로는 성경에서나 성경 밖에서나 이와 같이 뛰어난 저술은 아무것도 없다"고 밝혔다. 철학자들은 이 책이 악 또는 신정(神正)의 문제를 다루고 있다고 보고 큰 관심을 표명했다. 우리 시대에서 욥기의 기자는 "구약의 셰익스피어"라고 찬사를 받았다. 아키볼드 매클레이시(Archibald MacLeish)는 자신의 연극 *J. B* 에서 우리 시대에 욥기의 의미를 해석하려고 시도하였다.[27]

욥의 성급함

이상한 것은 욥을 칭찬하는 많은 사람들이 그 책이 어떤 내용을 말하고 있는지에 관해서는 아주 피상적인 이해만을 하고 있다는 것이다. 이러한 무지는 욥의 '귀감이 될 만한 인내'를 말하는 사람들 가운데서 극명하게 드러난다(약 5:11을 보라). 일반 사람들의 생각으로는 욥은 경건의 모델 — 신앙을 잃지 않은 가운데 '무자비한 운명의 돌팔매질과 화살들'을 인내와 침착성으로 겪어낸 사람 — 이다. 그러나 이러한 묘사는 산문으로 씌어진 서문(1:1-2:13)과 결어(42:7-17)에서만 들어맞는다. 이책의 주요부분은 운문 형태로 씌어졌는데, 여기서의 욥은 전혀 인내의 귀감이 아니다. 그는 자기가 태어난 날을 저주하는 것으로부터 시작하여 폭풍과 같이 울화를 터뜨리며 하나님께 항변하며 울부짖는다. 단지 맨마지막에 이르러 하나님께서 그를 꾸짖고 난 후에야 그는 폭풍우 후의 정적같은 그 무엇에 깊이 빠져들면서 자신의 거칠

---

26) 전도서에 관한 뛰어난 글인 Robert Davidson, *The Courage to Doubt*(134), chap. 10을 보라.

27) Archilbald MacLeish, *J. B.: A Play in Verse*(Cambridge, Mass.:Riverside Press, Sentry Edition, 1961).

고 성급한 항변을 뉘우친다.

이 책의 산문 부분과 운문 부분 사이의 관계를 다루기 전에 서문과 결어의 내용을 요약해 보자. 화자(話者)는 경건함으로 유명하고 그의 의로움에 따른 하나님의 호의로 축복을 받은 사람인 욥에 관한 이야기를 한다. 그러나 욥의 신실성은 하늘 회의의 일원들 중의 하나인 "사단"의 의심을 받았다. 직역하면 '고소하는 자'(adversary)라는 의미를 갖는 이 '사단'(Satan)이라는 말에 정관사가 붙어 있다는 것을 주목하자. 서문에 나오는 사단은 후대의 유대교와 기독교 사상에서처럼(거기서는 '사단'은 고유명사가 된다) 하나님의 최대의 원수로 묘사되는 것이 아니라 오히려 하늘 회의에서 상당한 지위를 지니고 있는 한 천사로서(슥 3:1ff.를 보라) 지상의 일을 조사하는 것이 그의 임무였다.

야훼께서 하늘 회의에서 "내 종 욥"을 자랑했을 때, 기소를 담당한 이 천사는 욥의 섬김이 이기심에서 나온 것이라고 의심하여 "욥이 어찌 까닭없이 하나님을 경외하리이까"라고 냉소적으로 반문하였다. 여기서 그는 욥의 재산과 가정을 빼앗아버린다면 그의 신앙도 파괴될 것이라고 주장하며 야훼와 내기를 걸었다. 그러나 이러한 손실들은 욥의 신앙을 흔들어놓지 못하였다. 그는 자신의 슬픔 가운데서도 "주신 자도 야훼시요 취하신 자도 야훼시니 야훼의 이름이 찬송을 받으실지니이다"라고 중얼거리면서 참았기 때문이다. 그래서 사단은 좀더 심한 시험을 제안하였다. 욥은 머리부터 발끝까지 역겨운 부스럼이 나게 되어 성읍에서 떨어져 혼자 잿더미에 앉아 있을 수밖에 없었다. 자기 아내의 충고도 무시하고 그는 여전히, 하나님을 저주함으로써 "입술로 범죄"하는 것을 거부하였다. 이때 그의 세 친구들 — 엘리바스, 빌닷, 소발 — 이 곤경에 처한 그를 위로하러 왔다. 결어에 의하면 결국 야훼는 욥의 기도를 들어주고 그에게 전보다 두 배로 갚아주었다. 그래서 모든 선한 민간설화들에서처럼 욥은 그후에 행복하게 살았다.

산문과 운문의 관계

운문 부분의 저자가 서문과 결어에 나오는 이야기를 짓지 않았다는 것이 일반적인 의견이다. 산문과 운문이라는 차이만이 아니라 앞에서 살펴본 대로 욥 자신에 관한 묘사도 서로 다르다. 더욱이 이야기 부분의 저자는 야훼라는 이름을 사용하는 데 반해 운문 부분의 저자는 신을 가리키는 일반적인 용어인 엘로아('Eloah, 신) 또는 샤다이(Shaddai, 전능자)라는 말을 쓴다.[28] 그리고 끝으로, 이야기 부분은 매력적인 민간설화 방식으로 씌어진 데 반하여 운문 부분은 잠언과 전도서의 지혜문학에 가깝다. 그러므로 욥기 저자의 관점을 이해하고자 한다면 우리는 서문과 결어보다 운문에 주로 의존하여야 한다는 결론이 나온다.

그러나 이것은 산문으로 된 이야기 부분이 운문으로 된 묵상들과 아무런 관련이 없다는 것을 뜻하지는 않는다. 사실 이 운문들이 효과를 발휘하는 것은 주로 그것들이 민간설화라는 문맥 안에 짜여져 있기 때문이다. 이 이야기는 아라비아 사막의 경계에 있는 사해의 남동쪽 지방인 에돔 땅을 그 배경으로 하고 있기 때문에, 욥의 전설은 데만 근처의 에돔 땅에서 유래하였을 가능성이 있다(욥 1:1; 2:11; 참조. 합 3:3). 어쨌든 운문 부분의 저자는 옛 이야기를 빌려와서 거기에 자신의 시를 맞추어 넣을 문학적인 틀로 사용했다. 이 이야기는 운문 부분의 묵상을 불러일으킬 삶의 정황을 마련해준다. 모든 인간 존재의 가장 깊은 문제에 대하여 말해보고자 한 이 시인은 현명하게도 고대로부터 그 의로움이 잘 알려져 있던 한 전설적인 인물의 체험을 틀로 사용하여 이러한 묵상을 전개하고 있다.

우리가 앞 장들에서 살펴본 것처럼 에스겔은 다니엘과 아울러 욥을 지혜롭고 의로운 전설적인 인물로 언급하고 있다(겔 14:14, 20). 다니엘(또는 Dan'el)은 지금 라스 샤므라 문서 속에서 우리에게 알려진 가나안 전설에 칭송받을 만한 인물로 나온다. 마찬가지로 욥의 이야기는 오랜 세월 동안 구전으로 유포되다가 지금 우리가 가지고 있는 형태로 씌어졌음에 틀림없다. 요컨대 저자는 잘 알려진 이야기를 취해서 운문으로 된 묵상을 서문과 결어 사이에 삽입시키고 자신의 시를 욥과 그의 세 친구들간의 대화로 바꿔 놓았다. 그 결과 산문 부분과 운문 부분은 단일한 주제를 세련되게 다루는 '통일된 문학 작품'을 구성하게 된 것이다.

저자의 독특한 신학적 관점은 이 책의 운문 부분(3:1-42:6)에서 찾아 볼 수 있다는 것을 다시 말해두는 것이 좋겠다. 산문 이야기와 운문 부분을 하나로 결합했기 때문에 조화되는 부분도 있고 부조화되는 부분도 있어서 우리는 이 옛 이야기를 비판적으로 읽을 필요가 있다. 이 이야기 부분에서 발견되는 몇몇 신학적인 문제점들, 예를 들면 한 사람의 삶을 걸고 사단이 야훼와 내기를 하는 것과 같은 문제점에 대하여 저자에게 책임을 물어서는 안된다는 것은 분명하다. 반면에 마지막 부분에서의

---

28) 서문 이외에는 야훼라는 이름은 38-42장의 표제들에만 나온다. 또한 28:28에도 나오는데, 이것은 많은 학자들이 후대의 첨가로 보고 있으며, 12:9에 나오는 것은 본문이 불확실하다.

29) Job에 관한 자신의 주석서(478)에서 Normal Habel은 이 책의 구조를 근거로 욥기의 단일 작품성을 옹호하고 있다.

회복과 같은 이야기 요소들의 몇몇은 욥의 용기있는 고난을 통하여 볼 때 더욱 깊이 이해될 수 있다.[29]

운문의 형식

욥기의 운문 부분에 있는 자료를 간단하게 살펴보자. 잠언과 전도서 같은 다른 지혜문학들과는 달리 이 시는 욥과 그의 친구들간의 대화를 통해 전개되는 단일한 주제를 다루고 있다. 욥이 먼저 입을 열어 자기가 태어난 날에 대한 비통한 심정을 토로한다(욥 3장). 그런 다음 엘리바스가 대답하고(4-5장), 욥이 그의 말을 반박한다(6-7장). 다음으로 빌닷이 논쟁에 끼어들고(8장), 욥이 답변한다(9-10장). 세번째 친구인 소발이 자신의 충고를 덧붙이고(11장) 이에 대해 욥이 다시 답변한다(12-14장). 이렇게 대화는 한 바퀴를 완전히 돌게 되는데, 이러는 동안 욥은 자기 친구들 각각에게 답변을 한다. 그런 후에 똑같은 방식으로 삼회전이 완전히 끝날 때까지 논쟁의 공박은 계속된다. 욥의 마지막 독백(29-31장) 다음에는 야훼께서 회오리바람 가운데서 그에게 응답하고 욥은 회개한다(38:1-42:6).

여기서 우리가 보는 것은 주의깊게 계획된 문학적인 구조이다. 그러나 3회전(22-27장)은 욥의 이단적인 주장들을 약화시키려고 한 개정자들에 의하여 순서가 흐트러져버렸다. 나아가 지혜에 관한 시(28장)가 후대의 편집자들에 의해 현재의 문맥에 삽입되었다. 또하나의 불규칙성은 엘리후가 욥을 꾸짖는 긴 시(32-37장)인데, 이것은 나중에 이 문학적인 구조에 끼어든 것이 분명하다. 엘리후는 서문이나 결어에서 욥의 친구들 중 한 사람으로 언급되어 있지 않다. 3회에 걸친 토론중에도 엘리후는 전혀 등장하지 않는다. 그러다가 "욥의 말이 그치니라"(31:40)라는 말 다음에 그의 충고가 마치 이제 생각났다는 듯이 나온다. 엘리후의 말은 세 친구들보다 좀더 강력하게 정통 유대교를 옹호하려고 하였던 후대의 유대인 기자에 의해 첨가되었다는 견해가 일반적으로 받아들여지고 있다.

요약하자면, 욥기는 다음과 같이 단락들을 나누는 것이 자연스럽다:

1. 산문으로 된 서문(1:1-2:13)
2. 3회의 토론
  a. 욥의 애통(3장)
  b. 제1회:

　　엘리바스(4-5장)
　　　욥의 답변(6-7장)
　　빌닷(8장)
　　　욥의 답변(9-10장)
　　소발(11장)
　　　욥의 답변(12-14장)
　c. 제2회 :
　　엘리바스(15장)
　　　욥의 답변(16-17장)
　　빌닷(18장)
　　　욥의 답변(19장)
　　소발(20장)
　　　욥의 답변(21장)
　d. 제3회 :[30]
　　엘리바스(22장)
　　　욥의 답변((26:1-24; 17, 25)
　　빌닷(25:1-6; 26:5-14)
　　　욥의 답변(26:1-4; 27:1-12)
　　소발(24:18-24?; 27:13-23?)
　　　욥의 답변은 지혜에 관한 장(章)으로 대체되었다(28장)
　e. 욥의 마지막 변호(29-31장)
3. 회오리바람 속에서의 야훼의 응답
　a. 첫번째 말씀(38-39장)과 욥의 승복(40:1-5)
　b. 두번째 말씀(40:6-41:34)과 욥의 회개(42:1-6)[31]

---

30) 제3회의 논쟁에 관한 여러 가지 재구성들이 시도되어 왔다. 위의 개요는 Samuel Terrien,
　　Interpreter's Bible, III〔16〕, p. 888에 있는 제안을 따른 것이다. 현재의 본문이 훼손되어 있기
　　때문에 소발의 말이 없고 빌닷의 말은 이상할 정도로 짧으며 욥은 그의 친구들의 견해를 일관성 없
　　게 시인하고 있는 듯이 보인다는 점을 유의하라(24:18-24; 26:5-14; 27:13-23을 보라). 편집자들
　　이 본문을 다시 정리하면서 욥의 진술들을 수정하려고 애썼던 것이 분명하다.
31) 야훼의 말씀은 아마도 타조에 관한 시(39:13-18)와 리워야단에 관한 약간의 설명(41:12-34)의 첨
　　가에 의해 확대되었음이 분명하다. 몇몇 학자들은 베헤못(하마)과 리워야단을 묘사하는 구절
　　(40:15-41:34)을 후대의 첨가로 본다.

4. 산문으로 된 결어(42:7-17)

욥기의 저자

욥기의 운문 부분의 연대와 저자 문제는 기자가 이 시를 지은 시기의 상황들에 관한 암시를 전혀 주고 있지 않기 때문에 결정하기가 대단히 어렵다. 전도자와 마찬가지로 이 저자는 역사 속에서의 야훼의 활동이나 이스라엘의 선택과 같은 이스라엘 신앙의 전통적인 모티프들에 아무런 관심도 보이지 않는다. 이 책의 주인공은 이스라엘 사람이 아니라 우스 땅의 한 에돔 족장이다. 우스는 에돔 근처의 팔레스타인 남동쪽에 있었음이 분명한데(참조. 창 31:2; 렘 25:19-24; 애 4:21), 욥의 친구들도 이곳에서 왔다(욥 2:11). 이 책의 무대는 예루살렘 도성이 아니라 광야의 변두리이다. 이러한 모든 사실들과 몇몇 특이한 언어들의 사용에 비추어 보아 저자는 결코 이스라엘 사람이 아니었다는 추측으로 귀결되었다. 한 학설에 따르면 저자는 에돔 사람이었다고 한다.[32] 그러나 욥기의 저자가 외국인이라는 가설은 아직 입증되지 않고 있다. 따라서 저자는 팔레스타인 변두리 지방에 살았던 이스라엘의 지혜자라고 보는 것이 바람직할 것이다.

에돔 사람들이 호의적으로 묘사되어 있다는 사실은 욥에 관한 민간설화의 구전판(口傳版)은 포로기 이전에 생겨났다는 것을 보여주는 듯하다. 왜냐하면 에돔 사람들이 유다 영토를 침범했을 때인 주전 6세기부터 유대인들은 그들의 남쪽에 있는 이 이웃나라를 증오의 눈으로 바라보았기 때문이다(참조. 욥 10-14절). 이 옛 이야기가 이러한 적대적인 시기에 유포되었을 것이라고 믿기는 어렵다. 그러나 욥기의 운문 부분에 대해서는 그것이 포로기에 씌어졌는지 아니면 포로기 이후의 어느 시기에 씌어졌는지에 관하여 의견의 일치가 이루어지고 있지 않다. 해결의 실마리는 욥기의 운문 부분과 제2이사야서의 관계이다. 왜냐하면 이 두 저작 사이에는 사상과 언어에 수많은 병행들이 있기 때문이다. 제2이사야가 욥기에 의존하였는가 아니면 그 반대였는가? 만약 욥기의 저자가 제2이사야의 시들을 알았다면, 그가 고난의 신비에 대한 모든 가능성있는 해답들을 탐구하고 있었으면서 고난을 다른 사람들을 위한 희생의 증거로 파악한 제2이사야의 견해에 대해 아무런 언급도 없었다는 것은 이상하다.

---

32) Robert H. Pfeiffer, *Introduction to the Old Testament*, rev. ed. (New York: Harper & Row, 1949), pp. 678-83의 견해.

반면에 욥의 고난이 고난받는 종에 관한 제2이사야의 묘사에 영향을 주었다는 것은 가능한 일이다. 이러한 고찰들을 통해 몇몇 학자들은 욥기가 제2이사야서보다 앞서고 욥기는 대체적으로 말해서 예레미야 시대와 제2이사야 시대 사이에 씌어졌다는 결론을 내렸다.[33]

그러나 욥기의 저작 연대는 운문 부분의 해석에 결정적인 영향을 미치지 못한다. 왜냐하면 통상적인 지혜문학과 마찬가지로 욥기는 어떤 특정한 시기에 한정되지 않는 인간상황을 다루고 있기 때문이다. 저자는 문제의 인물이 에돔인이든 이스라엘인이든 이집트인이든 아니면 어떤 다른 나라 사람이든 상관없이 인간실존을 그 자체로 다루고 있기 때문에 이 이야기의 무대가 에돔 지방이라는 것도 별 의미가 없다. 그러나 저자가 역사적인 실존에 관하여 전혀 관심이 없는 것은 아니었다. 주인공 욥에 대한 구체적인 묘사는 이 운문 부분이 일상 경험의 자료 — 역사 속에서 영위되는 인간의 삶 — 를 다루고 있다는 것을 보여주는 충분한 증거이다. 그러면서도 저자는 어떤 사람의 사회적 배경, 역사적인 정황, 종교적인 전통과는 상관없이 보편적인 타당성을 지니는 역사적인 문제를 제기하고 있다. 결국 역사적인 문제는 영원에 관한 관심을 가지고 제기된 종교적 문제이다: '나' — 생각하고 사랑하며 기억하고 소망하며 살고 죽는 이 고독한 인간 — 의 삶의 의미는 무엇인가? 이 시인은 인간 실존의 깊은 곳까지 면밀하게 살펴 '인간의' 문제를 규명하였다. 이렇게 집요한 추구는 욥기에 극적인 요소를 부여하고 있다 — 욥기가 헬라의 연극처럼 무대공연을 안중에 두었다는 의미에서가 아니라 위대한 드라마처럼 주인공이 자기 자신의 내적인 갈등을 겪는 것을 독자들에게 보여준다는 의미에서. 욥은 실존하는 인물, 그런 까닭에 우리들 각자이다.

욥기와 그밖의 지혜문학

욥기라는 저작 배후에는 이스라엘뿐만 아니라 근동 전체의 수많은 세대에 걸친 지혜문학이 있었다. 저자는 흔히 「바벨론의 욥기」[34]라 불리는 바벨론의 저작을 잘

---

33) Marvin H. Pope, *Job*(480), xxx-xxxvii를 보라. 그는 이 문제를 신중하게 논의하면서 포로기 이전 시대의 후기, 주전 7세기로 연대를 추정하고 있다. Pfeiffer(*Introduction*, 677)는 욥기의 저작 연대를 주전 600년경으로본다. Terrien(*Interpreter's Bible*, III(16), 888-890)은 주전 580년과 540년 사이라는 견해를 제시한다. 또 어떤 학자들은 주전 5세기나 4세기라는 늦은 연대를 선호하기도 한다.

알고 있었을 것이다. 이 이야기에 의하면 원래 부유하고 세력있던 어떤 사람이 갑자기 중병에 걸리고 곤경에 처하게 되었다. 그는 자신의 기도와 희생제사가 아무 소용 없는 것이었다고 비통해 하며 불평을 늘어놓았다. 욥과 마찬가지로 그는 자기는 죄가 없다고 항변하면서 신의 뜻은 사람이 이해할 수 없는 것이라고 주장하였다:

> 오, 나는 이러한 것들이 신을 기쁘게 한다는 것만을 알고 있을 뿐이네!
> 사람의 눈에 선한 것은 신에게 악한 것이고
> 사람 자신의 마음에 나쁜 것은 신에게 좋은 것이라네.
> 누가 하늘 가운데 있는 신들의 뜻을 이해할 수 있으랴?
> 신의 계획은 깊은 물 같으니, 누가 그것을 알랴?
> 어리석은 인간이 신의 행위가 무엇인지 안 적이 있었는가?
> — 바벨론의 욥기 33-38행; 참조. 욥 9:1-12.

마침내 주인공이 죽음 직전에 이르렀을 때, 갑자기 마르둑 신이 그의 덕행을 인하여 그에게 갚아주고 건강을 회복시켜 주었다.

더욱 흥미로운 것은 바벨론의 「인간의 비참에 관한 대화」(*Dialogue about Human Misery*)이다.[35] 이 저작은 고통 이외에는 아무것도 알지 못했기 때문에 신들의 정의에 의문을 제기하는 회의주의자와 하나님의 뜻에 겸손하게 복종하고 종교적인 의무들을 충실히 수행할 것을 주장하는 경건한 친구 사이의 대화이다. 욥기에서처럼 여기서도 대화자들은 번갈아가며 이야기한다. 회의주의자가 먼저 말을 시작하고 경건한 사람이 응답하는 식으로 이야기는 진행된다. 이 대화는 그 형식과 내용에서 욥기와 너무도 닮았기 때문에 욥기의 저자가 그 책의 영향을 받았다고 믿고 싶을 정도이다.

이집트에서도 욥기에서 사용된 문학형식을 보여주는 여러 예들이 나왔다. 예를 들면, 「말 잘 하는 농부의 항의」(*Protests of the Eloquent Peasant*)에서는 운문으로 된 논쟁이 산문으로 된 서문과 결어 사이에 들어가 있다. 또한 이집트의 염세주의는 「자살에 관한 논쟁」(*Dispute over Suicide*)으로도 알려져 있는 「삶에 지친 자의 자기 영혼과의 논쟁」(*Dispute with His Soul of One Who is Tired of*

---

34) 이 책은 맨처음에 나오는 구절을 따서 「나는 지혜의 주님을 찬양하리라」(*I Will Praise the Lord of Wisdom*)라는 제목이 붙어 있다. Pritchard, *Ancient Near Eastern Texts*(1), 434-437을 보라.

35) Pritchard, *Ancient Near Eastern Texts*(1), pp. 438-40을 보라.

Life)을 그 예로 들 수 있다.[36]

물론 욥기의 저자가 고대의 이런저런 저작들에 직접적으로 의존하였다는 것을 입증하는 것은 불가능하다. 하지만 이 시인은 견문이 넓고 폭넓은 교육을 받은 사람이었음이 분명하기 때문에 그는 메소포타미아, 이집트, 아라비아, 에돔 등지의 사상 조류들에 의해 영향을 받았을 것이다. 그러나 이 저자는 여러 가지 다양한 자료들로부터 무분별하게 그 내용을 빌어온 단순한 절충주의자가 아니었다. 빌려온 자료들은 자신의 고도로 독창적인 생각과 창조적인 시적 재능이 각인되었다. 더욱이 이스라엘 신앙의 전통적인 주제들에 관해서는 아무런 특별한 관심도 보이지 않았긴 했지만, 인간 실존에 대한 시인의 해석은 이스라엘의 유산에 의해 영향을 받았음이 틀림없다.

절망에서 신앙으로

많은 사람들은 욥기의 목적이 고통(악)의 문제를 논하거나 어떻게 절대적인 선(善)과 절대적인 능력이 하나님의 본성 안에서 조화될 수 있는가〔神正〕라는 철학적인 문제를 제기하는 것이라고 생각한다. 그러나 이러한 문제들에 대한 해답을 찾을 것을 기대하면서 욥기에 접근하는 독자들은 실망할 것이다. 사실 저자가 그러한 문제들에 답하려는 의도를 가지고 있었는지는 의심스럽다. 물론 시인은 무죄한 사람의 고난이라는 인간의 삶에서 피할 수 없는 문제와 씨름하고 있다. 그러나 고난의 문제 — 그리고 이것의 다른 면인 하나님의 정의의 문제 — 는 훨씬 더 깊은 문제, 즉 '인간과 하나님의 관계의 성격'을 탐구할 기회를 제공해준다. 이 문제는 서문에서 처음으로 도입된다. 거기서 사단은 하나님에 대한 욥의 관계가 '좋은 일에서나 나쁜 일에서나' 무조건 신뢰하는 관계가 아니라 건강과 명성과 가정과 장수 등의 축복을 얻기 위하여 좋을 때만 하나님을 섬기는 것이라고 넌지시 말한다. 운문 부분에서 욥이 지닌 신앙의 본질은 훨씬 더 깊은 차원까지 천착된다. 마지막으로 경험의 세계 전반에 걸쳐 논의가 이루어 진 후에 야훼는 회오리바람 속에서 해답을 준다. 그때에 욥은 묵묵히 승복하고 '회개한다.' 이로부터 그의 삶에는 새로운 중심축이 생겨난다. 욥기를 이해하기 위하여 우리는 운문으로 된 묵상 부분을, 야훼가 말하고 욥이 겸손

---

36) 전자는 Ibid., pp. 407-10, 후자는 pp. 405-7을 참조하라.

하게 회개하는 데에서 절정에 이르는 이 책 전체에 비추어 읽어야 한다.

욥과 친구들의 대화

욥과 친구들의 대화를 간략하게 살펴 보자. 친구들의 논증의 근저에는 고대의 지혜문학에 널리 퍼져 있던 상벌에 관한 교리가 있다. 이 견해에 의하면 덕행은 번영, 건강, 장수라는 상을 받고, 이와는 반대로 죄는 가난, 질병, 요절(夭折)이라는 벌을 받는다는 것이다. 앞에서 살펴보았듯이 이 교리는 신명기 사가에 의하여 이스라엘 민족사에 적용되었고, 잠언 그리고 나중에 집회서에서는 개인에게 적용되었다. 세 친구들은 이러한 응보의 교리로 삶의 의미를 이해해야 한다고 주장하고 있다.

이 대화는 성경에서 가장 통렬한 구절 중의 하나인 욥의 비탄으로 시작된다. 예레미야의 고백록들 중의 하나(렘 20:14-18)와 비슷한 이 구절은 보기드문 상상력에 가득 찬 말로 쓰라린 실존의 비참함을 표현하고 있다. 차라리 죽었으면 하는 욥의 갈망은 그가 하나님과의 의미있는 관계로부터 멀어졌을 때 느끼게 된 삶에 관한 허무감에서 나왔음을 주의하라. 그는 하나님의 주권에 의문을 제기하지 않는다. 오히려 그는 하나님의 주권이 너무도 철저하게 거두어져서 삶이 아무런 의미도 없게 된 것을 비통해 하는 것이다(욥 9:11; 13:24). 욥의 절규는 매우 감수성이 예민한 사람에게 가해지는 고통, 즉 무의미함의 고통의 표현이다. 육체적인 아픔을 주는 고문보다 더 쓰라린 이 고통은 "무서움의 왕"(18:14)인 죽음 또는 차라리 태어나지 말아서 의식을 갖지 않는 것에 의해서나 누그러뜨려질 수 있는 것이다. 멋진 시적 묘사를 통해 욥은 자기가 태어난 날에 빛이 영원히 비치지 말고 또 자기를 잉태한 밤이 결코 "광명"을 보지 않았더라면 하고 바란다.

엘리바스는 욥 자신에게 잘못이 있다고 하면서 욥을 위로하려고 애쓴다. 처음에 엘리바스는 점잖게 충고한다. 그는 모든 사람이 죄악되므로 욥도 하나님께 항변하기보다는 자신의 죄를 겸손히 고백해야 한다고 지적한다. 친구들이 한결같이 말하듯이 잘못이 진정 욥에게 있기 때문에, 치유책도 그의 능력 안에 있는 것이다(욥 11:14ff.; 22:21을 보라). 욥이 완강하게 자신의 죄없음을 주장하자 친구들은 맹렬하게 욥을 비난하게 된다. 하나님의 엄위하심을 옹호하려고 애쓰면서 그들은 온갖 논거를 다 사용하여 상벌에 관한 정통주의적인 공식에 따라 하나님의 정의를 입증하려고 한다. 그들은 욥이 인간의 유한한 한계들을 받아들이지 않는다고 말하며 그의 오만을 고발한다. 그들은 만약 욥이 참으로 정직하다면 하나님께서 욥이 실제로 받아야 할 벌보다 더 가볍게 처벌하였다는 것을 인정해야 할 것이라고 말한다. 거듭거듭 그들은 욥으로 하여금 자신의 의로움에 대한 그의 오만한 변호를 포기하고 전능자에게 탄원하게 만들려고 애쓴다.

시인은 고통당하는 욥보다 세 친구가 더욱 가련하다는 식으로 그들을 묘사하고 있다. 비록 그들이 자신의 입장에 성실하고 때로는 신앙의 의미를 웅변적으로 이야기하지만, 그들은 필사적으로 자신들의 정통주의를 고수하고 있으며 욥의 위험스러운 말 속에서 자신들의 안전에 대한 위협을 느낀다. 서구문명의 역사가 풍부하게 보여주듯이 정통주의는 언제나 이단을 두려워해 왔다. 참으로 예언자다운 정신으로 욥기의 저자는 이단의 창조적인 힘을 주창하였다. 왜냐하면 신앙은 흔히 신학적인 교의(教義)들 ― 그렇다, 심지어는 '종교'까지도 ― 을 과감하게 깨뜨리고 미지의 세계로 들어가고자 할 때에 가장 강력한 힘을 발휘하기 때문이다. 세 친구는 자신들의 정통주의 속에서 지나치게 독선적이었고 삶의 수수께끼에 대한 해답에 대하여 너무도 자신만만했으며, 하나님이 자신들의 논리에 묶여 있다는 것을 너무도 과신하였다. 그들은 반론에 부딪쳤을 때 상투적인 말로밖에는 대답할 수 없었다. 결국 그들은 자신들의 완고함으로 인해 욥에 대해 진정한 동정심을 가질 수 없었다. 그들은 자기들이 하나님의 지혜를 파악하고 있다고 생각했다. 현대의 어느 해석자는 "그들이 옹호한 것은 하나님이 아니라 그들 자신의 안전이었다. 사실 그들이 욥을 정죄할 때 그들이 부여잡고 있는 것은 바로 자신들의 오만이었으며 그들이 하나님의 주권에 헌신할 때 그들이 드러낸 것은 바로 자신들의 죄였다"고 쓰고 있다.[37]

욥의 프로메테우스적인 도전

욥은 삶의 의미를 찾고 있는 그에게 친구들이 거의 위로가 되지 못하는 "허망한 말"만 하고 있다고 응수한다. 그들은 욥의 병을 진단한다고 주장하지만 "쓸데 없는 의원"일 뿐이다. 그들의 경건한 조롱에 화가 난 욥은 점점 감정이 격화되어 자신의 죄없음과 순전함을 주장한다. 그는 다른 사람들이 그런 것처럼 자기도 죄를 지었을 수 있다는 것을 인정하지만, 자기는 비교적 의로우며 어쨌든 자기가 받는 벌이 자기 죄에 합당하지 않다고 주장한다(14:1-6). 처음에 그는 자신의 비참한 처지를 저주하

---

37) 이 인용문들은 Samuel Terrien[481], p. 900에서 빌어온 것이다. 그의 통찰들은 이 논의 전체에 영향을 주었다.

며 하나님께서 자신의 고통을 연장시키지 말고 즉시 생명을 끊어주시기를 바라는 것
으로 만족한다(6:8-9). 그러나 곧 그의 말은 걷잡을 수 없이 터져나오게 된다. 잘못
은 자기가 아니라 하나님에게 있으며, 하나님이 자신의 비참함에 대하여 책임이 있
다고 그는 부르짖는다. 그는 하나님이 심술궂은 원수처럼 등장한다고 고발한다. 하
나님은 유한한 피조물을 돌보는 것이 아니라 변덕스러운 폭군(9:18-19), 야수
(16:7, 9). 배반하는 원수(16:12-14)와 같다고 말한다. 그는 거친 상상력을 발휘하
여 자기가 하나님이 파수꾼을 세워 지키고 있는 하나님의 큰 원수, 신화적인 바다의
괴물(티아맛 또는 라합)과 같다고 한다(7:11-12). 극도로 비참한 처지 가운데서 그
는 자기가 하나님으로부터 피할 수만 있다면 자신의 정신적인 고뇌가 끝날 것이기
때문에 침 삼킬 동안만이라도 하나님이 자기를 내버려두기를 바란다. 욥의 질문은
동일한 질문을 던진 시편 기자와는 정반대의 분위기를 풍긴다(시 8:4):

> 사람이 무엇이관대 주께서 크게 여기사
> 그에게 마음을 두시고
> 아침마다 권징하시며
> 분초마다 시험하시나이까
> 주께서 내게서 눈을 돌이키지 아니하시며
> 나의 침 삼킬 동안도 나를 놓지 아니하시기를 어느 때까지 하시리이까.
> — 욥기 7:17-19.

앞에서 살펴보았듯이 서문에서 욥은 자신의 엄청난 불행에도 불구하고 '입술로
범죄치' 않는 매우 온순한 사람이다. 그러나 운문 부분에서 욥은 완전히 다른 사람
이다. 욥의 고발들은 너무도 대담한 도전이었기 때문에 정통 유대인에게 이단적으로
보였을 것이 틀림없다. 따라서 이것은 운문 부분의 제3회전을 다시 가다듬고 엘리후
의 연설을 덧붙인 이유를 설명해준다. 예레미야는 자신의 고백록에서 하나님께 대담
한 질문들을 퍼부었다. 그러나 욥은 전능자에게 도전하는 데 한술 더 뜨고 있는 것
이다. 자신의 순전함을 철석같이 믿고 있는(욥 27:6; 31:36) 그는 실제로 자기 자신
을 하나님에 관한 재판관으로 내세우고 있는 셈이다. 그는 어떤 때는 하나님의 속박
에서 벗어나기를 바라고, 또 어떤 때는 자신의 무죄함이 입증될 수 있도록 하나님을
만나 대등한 입장에서 공정한 논쟁을 벌이기를 바란다(욥 31:37). 프로메테우스처럼
욥은 하나님을 의심하고 반역하며 도전을 거는 거인의 모습이다.

신원(伸寃)을 위한 욥의 탄원

정신적으로 고군분투를 하고 있는 동안 내내 욥은 하나님의 저 멀리 있음과 감춰져 있음 — "얼굴을 가리우시는" 하나님(욥 13:24) — 에 의해 고통을 당한다. 만약 어떤 접촉점, 어떤 공통의 만남의 장이 있다면, 욥은 자신의 경우를 하나님께 제시하고 공정한 응답을 받을 수 있을 것이었다.

> 내가 어찌하면 하나님 발견할 곳을 알꼬
> 그리하면 그 〔심판〕 보좌 앞에 나아가서
> 그 앞에서 호소하며
> 변백할 말을 입에 채우고
> 내게 대답하시는 말씀을 내가 알고
> 내게 이르시는 것을 내가 깨달으리라
> 그가 큰 권능을 가지시고 나로 더불어 다투실까
> 아니라 도리어 내 말을 들으시리라
> 거기서는 정직자가 그와 변론할 수 있은즉
> 내가 심판자에게서 영영히 벗어나리라
> — 욥기 23:3-7.

그러나 그는 점차로 뚜렷하게 창조주와 피조물 사이에 확연하게 심연이 가로놓여 있는 것을 보고 인간이 그 심연을 측량해보려고 애쓰는 것이 어리석은 일임을 알게 된다(욥 9:32-33). 하나님의 지혜는 인간의 지혜를 완전히 초월한다. 왜냐하면 하나님은 전적인 타자, 초월자, 절대적인 주권자이기 때문이다. 이와는 대조적으로 인간 존재는 땅에 묶여 있는 피조물이며 인간의 본성을 물들이고 있는 죄의 권능 아래 붙잡혀 있고(4:17-21; 14:4; 15:14-16; 25:4-6) 죽음의 지배 아래 종속되어 있다(4:19; 7:6).

욥은 인간 편에서 하나님께로 이르는 길을 찾지 못하지만 어느 날엔가 어떻게든지 화해가 이루어질 것이라고 감히 소망한다. 그때에는 건널 수 없는 심연에 다리가 놓여지고 하나님의 선하심과 하나님의 권능 사이의 모순이 해결될 것이다. 여기저기서 그는 중보 — 자기와 하나님 사이에서의 "판결자"(욥 9:33-35) 또는 자기가 죽은 후에라도 자기를 위해 말해줄 "하늘의 증인"(16:18-21) — 에 관하여 말한다. 이것은 헨델의 「메시야」(*Messiah*)에서 음악으로 된 저 유명한 구절의 의미이다. 거기에서 욥은 자신의 신원자(Go'el)가 자신의 처지를 대변해주고 하나님과의 온전한 관계로 회복시켜줄 것이라고 확언한다.[38]

> 내가 알기에는 나의 구속자[신원자]가 살아 계시니
> 후일에 그가 땅 위에 서실 것이라
> 나의 이 가죽, 이것이 썩은 후에
> 내가 육체 밖에서 하나님을 보리라
> 내가 친히 그를 보리니
> 내 눈으로 그를 보기를 외인처럼 하지 않을 것이라
> 내 마음이 초급하구나
> ― 욥기 19:25-27.

불행히도 히브리 본문, 특히 26절은 아주 불확실하여서 믿을 만한 번역을 할 수 없는 실정이다. 예를 들면, "육체 밖에서"라는 구절의 의미는 대단히 모호하다. 이 구절이 죽음 이전의 신원을 가리키는 것인가 아니면 죽음 이후의 신원을 가리키는 것인가? 죽음 이후의 신원을 가리키는 것이라면 이 구절은 히브리 성경에서 육신의 부활에 관한 가장 최초의 언급이 될 것이다. 그러나 죽음 이후의 삶에 대한 사상이 욥에게 있었다고 하더라도, 그는 자기 문제를 그런 식으로 해결하는 것을 거부했다는 것은 분명하다. 그에게 죽음은 삶의 수수께끼에 대한 만족할 만한 해답을 줄 수 없게 되는 끝으로 보였기 때문에 죽음은 고통스러운 문제였다(14:7-15). 그리고 그 최후의 경계선 너머에 그 어떤 것이 있을지라도, 실존적인 문제는 사람이 실존의 짧은 과도기 속에서 출생을 거룩하게 하고 죽음을 영화롭게 하는 궁극적인 의미를 발견할 수 있느냐 없느냐 하는 것이다.

삶의 의미에 대한 욥의 탐구는 그를 인간의 사고의 한계점까지 데려다 주었는데, 거기서 순간적으로 그의 시야는 확대되지만 그의 입장은 바뀌지 않는다. 그는 여전히 일차적으로 자신의 억울함을 푸는 일에 관심을 갖는다. 여전히 그의 질문들은 그의 완강한 자만, 자기 나름대로 삶의 의미를 찾으려는 결연한 의지를 보여준다. 끝까지 그는 자신의 무죄를 주장한다. 친구들의 고발에 대한 답변에서 그는 자신의 과거가 아무 흠도 없다는 확신을 가지고 자신의 삶을 회고한다:

---

38) 'go'el'이라는 말의 의미에 관해서는 p. 572를 보라. Marvin Pope(480), pp. 134-35는 욥의 무죄를 입증하는 이 중보자 또는 중재자를 신들의 회의에서 변호인으로 활동하는 수메르 전승의 인격적인 신과 비교한다.

> 나는 단정코 너희를 옳다 하지 아니하겠고
> 죽기 전에는 나의 순전함을 버리지 않을 것이라
> 내가 내 의를 굳게 잡고 놓지 아니하리니
> 일평생 내 마음이 나를 책망치 아니하리라
> — 욥기 27:5-6.

욥의 결론적인 변호는 자기가 살아온 높은 도덕적 표준을 길게 밝히고 한 의인을 생생하게 묘사하는 것이다(29장과 31장). 그의 마지막 말은 "전능자가 내게 대답하시기를 원하노라"(31:35)라는 쟁쟁한 도전이다.

회오리바람으로부터 들려온 목소리

이때 야훼 — 하나님의 인격적인 이름으로의 변화를 주목하라 — 께서 회오리바람 가운데서 욥에게 대답한다. 그러나 어떤 응답이었던가! 우리는 하나님이 과연 욥의 부르짖음을 들었는가를 의심하게 된다. 마틴 부버(Martin Buber)가 말하고 있는 것처럼, "하나님이 말씀하시는 내용은 도전에 대한 답변이 아니다. 도전에는 전혀 아랑곳하지 않고 있다."[39] 실제로 욥은 자기는 질문들을 제기하는 자가 아니라 하나님에 의해 질문을 제기받고 있는 자라는 말을 듣는다.

> 무지한 말로
> 이치를 어둡게 하는 자가 누구냐
> 너는 대장부처럼 허리를 묶고
> 내가 네게 묻는 것을 대답할찌니라
> — 욥기 38:2-3.

그런 다음 욥의 질문들을 쓸모없는 것으로 만들 의도로 던져지는 일련의 아이러니컬한 질문들이 나온다. 이러한 질문의 결과 욥은 자기가 창조주를 판단하기에는 전혀 자격이 없는 유한한 표준들을 지닌 일개 피조물이라는 것을 깨닫고 당혹해 한다.

---

39) Martin Buber, *At the Turning: Three Addresses on Judaism* (New York: Farrar, Straus, & Young, 1952), p. 61.

두 번의 하나님의 말씀들(욥 38:1-40:5과 40:6-41:34)에서 욥에 대한 야훼의 응답은 본질적으로 두 가지이다. 첫째로 하나님은 인간이 존재하지 않았던 태초에 온 우주를 창조한 창조주이다. 그러므로 욥과 같은 피조물이 하나님께 도전하는 것은 주제넘은 짓이다.

> 내가 땅의 기초를 놓을 때에 네가 어디 있었느냐
> 네가 깨달아 알았거든 말할지니라
> 누가 그 도량을 정하였었는지
> 누가 그 준승을 그 위에 띄웠었는지 네가 아느냐
> 그 주초는 무엇 위에 세웠으며
> 그 모퉁이 돌은 누가 놓았었느냐
> 그 때에 새벽별들이 함께 노래하며
> 하나님의 아들들이 다 기쁘게 소리하였었느니라
> — 욥기 38:4-7.

그리고 둘째로 창조주 하나님은 아무도 당할 수 없는 하나님의 권능으로 만유를 붙들고 있다. 여기에는 다른 이스라엘의 전승들, 예를 들면 제2이사야의 시(詩)와는 대조적으로 역사 속에서 분별할 수 있는 계획이나 목적에 호소함으로써 야훼의 유일한 권능을 보여주려는 시도가 없다. 오히려 엄밀하게 말해서 우주론적인 논증은 하나님의 붙드시는 권능이 없다면 우주는 혼돈으로 변해버릴 것임을 보여주려는 의도를 갖고 있다.

욥은 마치 자기가 세계를 어떻게 경영해야 하는가에 대하여 하나님께 충고할 수 있는 양 말하고 있었던 것이다. 자신이 순전하다는 욥의 생각은 하나님께서 '자기를' 더 낮게 대우했어야 했다는 주제넘은 주장의 토대가 되어 있었다. 자기는 죄가 없는데도 자신의 운명이 비참함을 보고 화가 치민 욥은 감히 자신의 창조주에게 도전하고 그를 판단했던 것이다. 그의 종교적 탐구의 동기는 프로메테우스적인 도발이었다. 그러므로 야훼의 대답은 책망의 형태로 왔다 — 이는 피조물의 첫째가는 종교적 의무는 창조주를 인정하고 영화롭게 하는 것임을 충격적으로 상기시켜 준다.

욥의 회개

야훼의 말씀은 욥이 대답할 수 없는 질문들을 제기하였다. 욥은 실제보다도 너무 많이 아는 체를 했던 것이다. 묵묵히 그는 자기가 하나님과 논쟁할 수 있는 근거가 전혀 없음을 인정한다(욥 40:1-3). 자신의 마지막 말처럼 그는 자신의 경솔한 발언들을 취소하고 하나님 앞에 겸손하게 회개하며 엎드린다:

> 내가 스스로 깨달을 수 없는 일을 말하였고
> 스스로 알 수 없고 헤아리기 어려운 일을 말하였나이다 …
> 내가 주께 대하여 귀로 듣기만 하였삽더니
> 이제는 눈으로 주를 뵈옵나이다
> 그러므로 내가 스스로 한하고
> 티끌과 재 가운데서 회개하나이다
> — 욥기 42:3, 5-6.

자신의 자만의 죄에 대한 욥의 고백과 더불어 하나님 — 전통적인 종교의 하나님이 아니라 "살아계신 하나님" — 과의 관계에 대한 새로운 인식이 생겨났다. 이것은 그 자체로 '신원'의 한 형태였지만 욥이 요구한 것과 같은 신원은 아니었다. 이 시인은 욥에 관한 민간설화의 작자는 아니었지만 욥의 회개의 말 바로 다음에 산문으로 된 결어를 적절히 배치해 놓음으로써, 욥이 하나님과의 새롭고 의미있는 관계로 회복되었음을 함축하도록 하였다. 사실 결어는 이제 이해(理解)를 추구하는 신앙을 갖고자 하는 욥의 하나님 앞에 솔직한 싸움을 찬양하는 역할을 하고 있다. 야훼의 최종적인 평결은 욥에게 자신의 세 친구들을 위해 중보기도하라는 것이었다. 이는 "너희가 나를 가리켜 말한 것이 내 종 욥의 말 같이 정당하지 못함이라"(42:8).

어떤 독자들에게는 욥기가 고난의 문제를 해결하지 않고 끝나고 있는 것이 당혹스러울 것이다. 그러나 그것은 악의 문제를 놓고 그토록 과격하고 용기있게 씨름하고 있는 작품에 대하여 너무 지나친 기대를 하고 있는 것이다. 이 시인이 이스라엘의 신학적 이해에 몇몇 중요한 공헌들을 했다는 것은 분명하다. 한 가지를 들자면, 욥기는, 재앙은 인간의 죄에 대한 마땅한 징벌로 이해되어야 한다는 개념에 대한 강력한 도전이라는 것이다. 이스라엘의 언약신앙의 견지에서든 아니면 행위와 결과의 불가분의 관련성에 관한 지혜문학의 인식의 견지에서 언급되었던 이러한 교리는 의인과 악인 모두에게 비처럼 너무도 자주 닥치는 엄청난 고통에 직면하여 부적절하다.

더욱이 욥기는 합리적인 신정론(神正論)을 펴려는 시도, 하나님의 길에 대하여 철학적인 설명을 하려는 시도에 대한 도전이다. 고통의 신비는 성경 전체에서 끝끝

내 대답되고 있지 않듯이 합리적으로 대답되지 않은 채 남겨져 있다. 이스라엘 신앙의 관점 속에서 인간 문제의 가장 중요한 것은 고통이라는 사실이 아니다: 이스라엘은 고통 속에서 태동되었고 환난 속에서 길러졌다. 오히려 기본적인 문제는 하나님의 은혜에 대한 응답으로 신앙의 결단에 의해 시작된 하나님과의 관계이다. 인간 존재를 창조한 목적인 나-너 관계 밖에서는 고통은 사람들을 절망이나 민간종교라는 안이한 해결책으로 몰고갈 수 있다. 신앙의 관계 — 욥의 실존을 궁극적으로 규정한 관계 — 안에서 고통은, 인간의 삶의 때들은 "주의 손에"(시 31:15) 있으며 "하나님을 사랑하는 자 곧 그 뜻대로 부르심을 입은 자들에게는 모든 것이 합력하여 선을 이루느니라"(롬 8:28)라는 신뢰를 갖게 해줄 수 있다. 따라서 욥기의 운문 부분의 절정은 전승으로부터 전해받은 하나님에 관한 개념에 바탕을 둔 그릇된 관계("내가 주께 대하여 귀로 듣기만 하였삽더니")가 인격적인 신뢰와 승복의 관계("이제는 눈으로 주를 뵈옵나이다")로 바뀌는 맨마지막에 있다고 하겠다.

신정론(神正論)

신정론은 고통과 악의 문제를 다루는 문학에서 중요한 문제이다. 독일의 철학자 라이프니츠(Leibniz, 1646-1716)에 의해 만들어진 이 용어는 '데오스'(theos, 하나님)와 '디케'(dike, '정의, 의로움')라는 두 개의 헬라어어로 이루어져 있는데, 하나님의 주관 아래 있는 세상에 악이 존재하도록 허용한 것과 관련하여 하나님의 정의를 합리적으로 설명하려는 시도를 가리킨다.

고대의 헬라 철학으로부터 시작해서 하나님의 길을 '정당화하거나' 그 정당성을 입증하려는 시도는 인간의 이성의 요구와 잠재력으로부터 생겨난다. 아리스토텔레스의 철학에 의하면 하나님이 존재의 최고봉이라면(그 정점에 하나님이 있는 '존재'를 나타내는 삼각형을 상상하라), 인간 존재가 하나님과 공유하고 있는 이성은 전체에 대한 지성적이고 포괄적인 조망을 이성을 통해 얻을 수 있어야 한다. 이러한 철학적 전통에 서서 이성의 한계들을 보이려고 시도한 철학자 임마누엘 칸트(Immanuel Kant, 1724-1804)는 「신정론에서 모든 철학적 시도들의 실패에 관하여」라는 자신의 연구서에서 욥기를 해석하는 데 상당한 지면을 할애하였다.

욥기는 이스라엘의 지혜의 관점으로부터 합리적인 신정론에 도전하고 있다. 하나님은 존재의 최고봉이나 현상 세계 내에서의 과정 또는 실체가 아니라 피조물 전체를 초월하는 창조주 — 만유(위에서 말한 '삼각형')를 창조하였고 만유를 붙드는 분 — 이다. 이러한 관점에서 신비는 이성으로 설명될 수 없는 곤혹스러운 문제가 아니라 하나님의 거룩하심에 놀라움과 경이로움 속에서 응답하는 신앙의 근본적인 자료이다.

지혜에 관한 후대의 성찰들

이 장을 끝맺기 전에 우리는 인간의 이해를 뛰어넘는 하나님의 지혜의 우주적 의의에 관하여 몇마디 더 말하지 않으면 안된다. 우리는 잠언에서 지혜를 독특한 인격, 여예언자, 땅의 토대를 놓을 때부터 야훼와 함께 있었던 "자녀"로 묘사하는 구절들을 살펴보았다. 이러한 경우들에서 추상적인 개념들을 히브리 사상의 구체적인 용어들로 묘사했다는 것 이상의 의미가 거기에 담겨져 있다. 지혜는 '위격'(位格, hypostasis) — 즉, 독특한 실체 또는 '인격'(후대 기독교의 하나님에 대한 형이상학적인 논의들의 용어를 사용하자면) — 이거나 '위격'이 되는 방향으로 옮아가고 있다.

이렇게 고양된 지혜의 개념은 이스라엘에 고유한 것은 아니었지만, 이 개념은 이스라엘 전승 안에서 특별한 발전을 하게 되었다. 욥기 28장에 나와 있는 장엄한 지혜의 찬가는 우주의 설계도인 지혜는 인간 존재에게 감춰져 있다고 확언한다.[40] 사람이 지혜를 찾을지라도 그 지혜는 하늘에서도 땅에서도 깊은 곳에서도 발견되지 않는다. 하나님만이 지혜에 이르는 길을 안다. 왜냐하면 하나님이 창조 때에 지혜를 만들었기 때문이다:

> 하나님이 그 길을 깨달으시며
> 있는 곳을 아시나니
> 이는 그가 땅 끝까지 감찰하시며
> 온 천하를 두루 보시며
> 바람의 경중을 정하시며
> 물을 되어 그 분량을 정하시며
> 비를 위하여 명령하시고
> 우뢰의 번개를 위하여 길을 정하셨음이라
> 그 때에 지혜를 보시고 선포하시며
> 굳게 세우시며 궁구하셨고
> — 욥기 28:23-27.

---

40) 야훼의 말씀이 욥에게 인간적인 이해의 한계를 일깨워주기 전에 욥의 입에서 이런 말이 나왔다는 것은 이 시가 현재의 문맥 안에 삽입되었음을 분명히 보여준다. 이것은 욥기의 저자에 의해서 써어졌지만 후대의 편집자들에 의해 이곳에 놓여졌을 수도 있다.

히브리 성경의 경계를 벗어나서는 지혜의 우주적 의의는 더 큰 관심을 끌었다. 주전 2세기초에 씌어진 벤 시라의 지혜(또는 집회서)로 알려진 책에서 지혜는 하나님의 입에서 나온 숨결 ― 만물에 파고드는 방사물(放射物) ― 에 비유되었다:

> 나는 지존자의 입으로부터 나왔으며
> 안개와 같이 온 땅을 뒤덮었다.
> 나는 높은 곳을 거처로 삼았고
> 나의 보좌는 구름기둥이었다
> ― 집회서 24:3-4.

여기서도 역시 지혜는 만물보다 먼저 창조되었으며 하나님이 만드신 모든 것 위에 부어졌다고 말하고 있다(집회서 1:1-20). 그렇지만 지혜는 오직 예루살렘 성전과 모세의 율법과 관련이 있는 이스라엘에서만 안식처를 발견하였다고 말한다(집회서 24장).

솔로몬의 지혜서(B.C.E. 50년경)라는 또다른 저작에서 지혜는 분명히 위격이며 거의 하나님과 동일시된다. 해당 구절(솔로몬의 지혜서 7:22-8:1)에는 이렇게 씌어진 부분이 있다:

> 지혜는 어떠한 움직임보다도 더 빠르며
> 순결하기 때문에
> 모든 것에 뚫고 들어가 스며든다.
> 지혜는 하나님의 권능의 숨결이며
> 그의 전능하신 영광으로부터 나오는 순수한 빛이다.
> 그러므로 더러운 것은 그 어떤 것이라도 지혜 속으로 들어갈 수 없다.
> 지혜는 영원한 빛의 찬란한 광채이며
> 하나님의 활동을 비쳐주는 티없는 거울이며
> 하나님의 선하심의 형상이다.
> 지혜는 홀로 있지만 모든 것을 할 수 있으며
> 스스로는 변하지 않으면서 만물을 새롭게 한다
> ― 솔로몬의 지혜서 7:27ff.

이렇게 지혜는 반(半)독립적인 권능 ― 하나님 창조의 대리자이며 하나님과 세상의 중재자 ― 으로 여겨지게 되었다. 이스라엘의 지혜자들은 세상과 하나님, 인간의 지혜와 하나님의 지혜 사이의 간격을 깨닫게 되었다. 그러나 그들은 성찰을 통하여 이 간격은 인간 경험의 세계에 거하는 하나님의 지혜의 활동을 통하여 하나님 편에서 메워지고 있다는 사실을 이해하게 되었다.

우리는 구약의 지혜문학이 이스라엘 역사 속에서의 하나님의 계시에 관하여 아무런 관심도 보이고 있지 않다는 것을 살펴보았다. 지혜자는 하나님이 특정한 백성에게 자신을 알린 독특한 역사의 드라마가 아니라 인간 존재 그 자체에 관심을 가졌다. 그러나 성서적 유대교의 후기에는, 지혜는 이스라엘의 거룩한 역사와 관련하여 이해되었다. 이러한 발전을 보여주는 훌륭한 증거가 벤 시라의 지혜서이다. 여기서 유대인 지혜자는 지혜와 토라를 동일시함으로써 지혜문학을 모세 전승의 중심으로 가져다 놓았다. 지혜는 '민족화되었다'. 즉 이스라엘 역사 속에서의 하나님의 구원 활동과 적극적으로 관련을 맺게 되었던 것이다. 지혜를 얻기 위하여 사람은 토라의 계명들을 지켜야 한다고 벤 시라는 말했다(집회서 1:26).

기독교회에서 지혜운동은 예수 그리스도 안에서 그 완성에 이르렀다. 바울은 온 인류에게 구원을 가져다 준 그리스도와 지혜를 동일시하였다(고전 1:24, 30). 더욱이 "태초에 말씀이 계시니라 이 말씀이 하나님과 함께 계셨으니 이 말씀은 곧 하나님이시니라"는 말로 시작하는 제4복음서의 서문은 동방의 지혜, 특히 이스라엘 지혜자들의 지혜에 비추어 이해되어야 한다. 이렇게 기독교회는 이스라엘로부터 우주적이고 선재(先在)하는 지혜라는 개념을 전해받아서 그러한 견지에서 예수 그리스도 안에서의 하나님의 계시의 의미를 표현할 수 있었다.

제 18 장

미완성의 드라마

한민족의 과거를 돌이켜보면, 역사의 강은 세인트로렌스 강의 완만한 물결처럼 조용하고 부드럽게 흐르는 때도 있고 나이아가라 폭포처럼 벽력같은 소리를 지르며 격류가 되어 흐르는 때도 있는 것 같다. 이런 비유는 유대인들을 바벨론에서의 포로생활로부터 풀어준 고레스 칙령으로 개시된 새 시대의 이스라엘 역사에 적용될 수 있을 것이다. 유대인 공동체가 재건을 위해 고군분투하는 가운데 부딪친 문제들이 있었음에도 불구하고 페르시아 시대의 거의 전기간에 걸쳐 팔레스타인의 유대인들은 상당한 안정을 누렸다고 믿을 만한 상당한 이유가 있다. 물론 이러한 추론은 침묵으로부터 도출된 것이다. 느헤미야와 에스라 아래에서의 재건에 관한 역대기 사가의 기사에서 갑자기 중단되는 유대인 공동체의 이야기는 주전 2세기(175-132년)의 사건들을 다루고 있는 책(히브리 성경에 포함되어 있지 않다)인 마카베오상권에 와서야 비로소 재개된다. 그 사이의 꽤 많은 세월, 특히 주전 4세기는 모호하게 나타나 있거나 완전히 공백으로 되어 있다. 이러한 역사의 침묵은 유다가 에스라와 느헤미야 이후 1세기 또는 그 이상 비교적 안정되어 있었음을 의미할 것이다. 그러나 상황은 변하게 마련이었다. 구약의 막이 내리기 전에 우리는 이스라엘 역사의 물줄기가 사나운 격랑 속으로 소용돌이치며 휘말려들어가는 모습을 보게 된다.

성경읽기 : 요나서와 에스더서를 읽고 난 후 다니엘서를 읽으라. 그 배경은 마카베오 상에 있다. 이사야 24-27장의 "소 묵시록"과 소위 제2 스가랴(슥 9-14장)는 다니엘서와 같은 종류의 문학에 속한다.

유대교 내부의 긴장들

페르시아 제국의 태평성대가 지속되는 동안(B.C.E. 539-333년) 팔레스타인의 유대인 공동체는 외부의 정치적 위협으로 인하여 곤경을 겪지 않았다. 전성기에 이 페르시아 제국은 비옥한 초승달 지대 전체를 차지하였고 서쪽으로는 에게해 너머까지, 동쪽으로는 인더스강 계곡까지, 북쪽으로는 카스피해 너머의 초원지대까지, 남쪽으로는 이집트까지 그 영토가 확장되었다(p. 561에 있는 지도를 보라). 알렉산더 대왕이 등장하기 오래 전에 페르시아인들은 광활한 정치 체제를 구축하고 있었고, 이로 인하여 국민들의 시야는 넓혀졌고 무역로는 확대되었으며 다른 지역의 사람들과 사상의 교류가 이루어졌다. 페르시아 종교를 제국 전역에 강제로 이식하려는 시도는 없었지만, 유다가 조로아스터교의 영향을 받았다는 것은 확실하다.

그러므로 유다의 문제는 더 이상 비옥한 초승달 지대의 두 중심세력인 메소포타미아와 이집트의 틈바구니에서 그들의 세력다툼에 휘말려들어가 있다는 그런 문제가 아니었다. 유다의 문제들은 좀더 지역적인 것이었다. 우리는 이미 유대인과 사마리아인 사이의 고조되는 긴장을 언급했다(pp. 616-617). 이로 인해 사마리아는 주전 4세기 중엽에 그리심산에 사마리아 성전을 세워 유대인들과 팽팽하게 맞섰다. 미래에 우리는 포로기 이후 공동체의 이러한 지역적인 문제들에 관하여 고고학적 증거들로부터 좀더 조명을 받을 수 있을 것이다.

또한 유대교 자체 내에도 긴장들이 있었다. 우리는 유대교를 에스라와 느헤미야의 대개혁에 의해 형성된 단일체제로 생각해서는 안된다. 사실 성전을 구심점으로 하고 율법을 헌장으로 하는 배타적인 공동체의 노선에 따라서 이루어진 재건은 페르시아 총독이라는 느헤미야의 위치가 그의 지도력에 커다란 이점을 주었고, 에스라도 페르시아 정부의 후원을 받고 있었기 때문에 대단한 힘을 가지고 추진되었다. 그러나 유대교 내에는 그밖에도 다른 조류들, 곧 이 시기에 편찬된 익명의 문학작품들과 시편에 반영되어 있는 조류들이 있었다. 유대교의 배타주의가 발전하고 있을 바로 그때에 지혜 교사들은 이스라엘적이라기보다는 국제적인 사상적 분위기 속에서 삶의 의미를 성찰하고 있었다.

요나 이야기

　　제2이사야를 생각나게 하는 예언에서의 보편주의는 열두 개의 소예언서 모음집에 들어 있는 요나서에서 표현되고 있다. 포로기 이후 시대의 수많은 문학작품들과 마찬가지로 이 저자의 이름은 나와 있지 않다. 그대신 이 저자의 메시지는 이스라엘 예언의 고전 시대에 살고 있었던 — 여로보암 2세 시대로 거슬러 올라간다(왕하 14:25을 보라) — 한 예언자에 관한 이야기라는 형태로 제시되어 있다. 이것은 그 예언자 — 아밋대의 아들 요나 — 가 실제로 겪은 일을 전기적으로 서술해 놓은 것이 아니라 저자의 세대에게 예언적 메시지를 충분히 납득시키기 위하여 말한 짤막한 이야기이다. 많은 학자들의 판단에 의하면 이 글은 포로기 이후 시대인 주전 5세기 이후에, 아마도 주전 4세기 페르시아 시대 말기에 씌어졌을 것이라고 한다.

　　많은 사람들은 요나서를 '물고기 이야기' — 아마도 지금까지 사람들이 말한 것 중에서 가장 큰 물고기 — 로 생각한다. 현대의 축자주의자(逐字主義者)들은 한 사람이 들어가서 살 수 있을 만큼 큰 배를 가진 '고래'를 찾아 7대양을 진지하게 탐색하고 고래의 뱃속에 들어가서 지낸 뒤에 살아나온 사람들의 예가 있었다는 문헌적인 증거를 만들려고 애를 쓴다. 그러나 우리가 이것이 짧은 이야기라는 것을 인정하게 되면, 이런 모든 사변(思辨)은 핵심에서 벗어나 있는 것임을 알게 된다.

　　이 이야기는 어떻게 요나가 앗시리아의 수도인 니느웨로 가서 그들이 회개하지 않으면 도성이 멸망할 것이라고 설교하도록 야훼에 의해 사명을 받게 되었는지를 이야기한다. 이스라엘을 잔인하게 억압하였던 앗시리아인들은 대단한 미움을 받고 있었기 때문에 이런 일보다 더 혐오감을 주는 일은 없었을 것이다(나훔서를 보라). 그래서 요나는 가능한 한 빨리 반대방향으로 도망을 쳤다. 이 도망자는 욥바에서 서부 지중해에 있는 다시스로 가는 배를 탔다. 이때에 야훼는 바다에 광풍을 일게 하였다. 공포에 사로잡힌 선원들은 배를 집어삼킬 듯한 신의 진노의 원인을 찾아내기 위하여 자신의 신들에게 부르짖었다. 제비 뽑기에서 걸린 사람은 요나였는데, 선창에서 태평스럽게 잠을 자고 있던 그는 선장 앞에 끌려나와 심문을 받았다. 약간의 의논 끝에 요나를 바다에 집어던지기로 결정을 보았다 — 그리고 갑자기 바다는 잔잔해졌다. 그러나 야훼는 큰 물고기(화자는 고래라고 말하지 않는다)를 예비하였다가 요나를 삼키게 하였는데, 요나는 물고기 뱃속에서 삼일 밤낮을 있은 후 육지에 토해

---

1) 요나가 물고기 뱃속에서 이야기하는 것으로 묘사되고 있는 요나 2:2-9의 시편은 편집자에 의해 요나 이야기에 삽입된 것으로 대체적으로 인정되고 있다. 최종적인 편집에서 이 시편의 역할에 관한 논의는 George M. Landis, "The Kerygma of the Book of Jonah", *Interpretation* 21(1967), 3-31을 보라.

지게 되었다. [1]

다시 한번 니느웨 — 저자의 과장된 서술에 의하면 성 전체를 한 바퀴 도는 데 삼일이 걸릴 만큼 아주 넓은 도성— 에 가서 설교하라는 사명이 주어졌다. 이번에 요나는 이 악한 도시에서 설교하기 시작하였고, 그리고는 그의 설교가 성공적으로 끝난 데에 충격을 받았다. 온 도성이 회심을 하였고 야훼는 자신이 이 도성에 재앙을 내리기로 계획했던 일을 '뉘우쳤다.' 이유는 정반대였지만 엘리야와 마찬가지로 요나는 이러한 사태의 진전에 낙담하고 화를 내고는 자신이 죽기를 바랐다. 이 도성의 변두리에서 그는 초막을 짓고 그 그늘에 앉아 무슨 일이 일어날 것인지를 보고 있었다. 그때에 야훼는 박 넝쿨을 자라게 하여 요나의 머리 위에 우산처럼 되게 하였다. 그러나 다음날 야훼는 벌레를 보내어 박 넝쿨을 씹어먹게 하였기 때문에 요나는 뜨거운 햇빛에 노출되어 버렸다. 요나가 박 넝쿨에 대하여 아쉬움을 나타냈을 때, 야훼는 자기가 어린이만 해도 12만 명이나 되고 많은 가축들이 있는 이 니느웨 성에 대해 최소한의 동정을 베푼 것을 이해하지 못했던 것에 대해 이 예언자를 책망했다.

많은 독자들은 이 이야기가 우리의 유머 감각을 자극하도록 짜여져 있다는 것을 눈치챘을 것이다. 분명히 저자는 어떻게 큰 물고기가 요나를 그가 왔던 방향으로 다시 토해내었으며, 앗시리아 왕이 요나의 설교를 즉시 믿고 모든 사람 — 살아있는 것들을 포함하여 — 에게 베옷을 입으라고 명령하였고, 요나가 박넝쿨 그늘 아래서 편안히 앉아있자마자 익살꾼인 야훼께서 벌레를 보내어 박넝쿨을 먹어치우게 하고 사막의 바람(시로코)을 보내어 초막을 시들게 함으로써 요나를 괴롭혔는지를 직설적으로 말하지 않는다.

그러나 이야기꾼의 유머와 풍자는 이 이야기의 신학적 진리를 더 첨예하게 만들 따름이다. [2] 요나는 이스라엘 전승의 여러 부분들에 나와 있는 모세의 가르침, 즉 야훼는 "은혜로우시며 자비로우시며 노하기를 더디하시며 인애[hesed]가 크신"(요 4:2; 출 34:6-7을 보라) 하나님이라는 선언으로 인하여 고민스러웠다. 요나의 설교는 앗시리아에 대한 하나님의 멸망의 선고는 돌이킬 수 없는 것이고 하나님은 이 위협을 철회하지 않을 것이라는 확신을 토대로 하고 있었다. 그러나 하나님의 동정심

---

2) E. M. Good, *Irony in the Old Testament*(Philadelphia: Westminster, 1965)를 보라. Millar Burrows는 "The Literary Category of the Book of Jonah", *Translating and Understanding the Old Testament*(159), 80-107에서 요나서에 관한 다양한 학자들의 견해를 신중하게 검토한 후 납득할 만한 해석을 제시하고 있다.

은 하해(河海)와 같이 넓고, 하나님의 자비는 불합리한 — 사람들이 예상하는 경계를 뛰어넘는다는 의미에서 — 자유가 있다. 아브라함 헤셸(Abraham Heschel)은 이 문제를 예리하게 표현하였다:[3]

> 동정의 최우위성을 강조하는 요나에 대한 하나님의 대답은 세상과 하나님의 길의 합리적인 정합성을 찾을 가능성을 뒤엎어버린다. 만약 하나님의 말씀이 교의(敎義)나 무조건적인 작정과 같이 최종적이고 명확한 최후의 선고라면, 역사는 좀더 분명하게 알 수 있게 될 것이다. 만약 하나님의 진노가 자동적으로 효력을 발휘하게 된다면 좀더 수월해질 것이다: 악이 최고조에 달하면 그것을 멸하는 징벌이 내려질 것이다. 그렇지만 정의와 진노를 넘어서서 동정(同情)의 신비가 있다.

에스라와 느헤미야의 정책이 협소한 민족주의와 교조적인 배타주의를 양성하고 있었던 바로 그때에 요나서를 쓴 익명의 예언서 저자는 '[하나님의] 동정의 신비'를 선포하였다. 야훼의 은혜는 신학적 도식에 짜넣어질 수 없으며 배타적인 경계들에 의해 제한될 수 없다. 왜냐하면 야훼는 자유롭게 "은혜 줄 자에게 은혜를 주고 긍휼히 여길 자에게 긍휼을 베풀기" 때문이다(출 33:19).

에스더서

요나서와 대극(對極)이 되는 또 하나의 이야기 — 소설 — 가 있는데 그것은 에스더서이다. 히브리 성경의 제3부(성문서; p. 770에 있는 도표를 보라)에서 찾아볼 수 있는 에스더서는 아직도 유대교 달력의 중요한 절기들에 여전히 읽혀지고 있는 다섯 가지 절기 두루마리 중의 하나이다. 이 책이 하나님 또는 유대교의 종교적 관습들에 대한 분명한 언급을 하나도 담고 있지 않다는 사실에도 불구하고 에스더서의 두루마리는 '무엇보다도 중요한' 두루마리로 여겨지게 되었고 후대의 유대교 전승에서는 토라에 다음 가는 지위가 부여되었다.[4] 이 책의 비종교적인 듯한 성격 때문에, 또 이 책의 민족주의적인 정신이 오해될 수도 있었기 때문에 타나이 시대(주전 1세기부터 주후 3세기까지)의 여러 랍비들은 에스더서가 정경에 포함될 자격이 있는지

---

3) Abraham J. Heschel, *The Prophets*[315], pp. 486-487.
4) 헬라어 구약(칠십인역)에는 이 이야기에 좀더 종교적인 색채를 부여해주는 그밖의 몇몇 구절들이 더 들어 있다. 불가타의 번역자인 제롬은 히브리 성경에 덧붙여진 이 구절들을 이야기의 맨끝(에 10:3 이후)에 놓았다. 이 구절들은 개신교 외경에서는 「에스더서 부록」이라는 제목으로 포함되어 있다.

에 대해 회의적인 입장을 표명하였다. 그러나 이 책과 관련된 부림절의 대중화에 따라 이러한 의구심은 지속적인 효력을 발휘하기에는 너무 약하다는 것이 입증되었고 결국은 사라지고 말았다.

이 이야기는 아하수에로 — 즉, 크세르크세스 1세(B.C.E. 486-465년) — 시대를 배경으로 하고 있다. 장면은 수사에 있는 크세르크세스의 겨울 궁전에서 시작되는데, 한때 페르세폴리스의 아름다운 건축물과 어깨를 겨루었던 이 궁전의 유적이 발굴된 바 있다. 왕후 와스디가 왕의 술잔치에 나와 그녀의 아름다움을 보이라는 청을 거절하자, 그녀는 왕후의 자리에서 쫓겨났고 제국 전체에 걸쳐 가장 아름다운 처녀들을 찾아내어 왕은 그들 가운데서 새 왕후를 뽑게 되었다. 에스더(또는 하닷사— 그녀의 유대식 이름)도 이 미인선발 대회에 참여하였다. 에스더의 아름다움은 너무나 자연스러워서 다른 처녀들이 수년 동안 해야 하는 화장이나 몸치장을 하지 않고서도 왕의 마음을 사로잡았다. 페르시아의 왕후가 된 에스더는 자신의 지위를 이용하여 그녀의 유대인 백성들을 멸절시키려는 음모를 막을 수 있었다.

에스더서의 저자는 이스라엘과 아말렉족 사이의 해묵은 적대관계를 중심으로 교묘하게 이야기를 구성해 놓았다. 이 적대관계는 모세 시대에 시작되었고(출 17:16; 참조. 민 24:20; 신 25:17-19) 이스라엘 왕이 아말렉족들과 그들의 왕 아각을 희생제물, 즉 헤렘(herem)으로 삼으라는 명령을 받았을 때인 사울 시대에 그 절정에 달했다. 이 적대감은 이 이야기의 두 중심 인물로 구체화된다: 사울의 아버지인 기스의 후손(삼상 9:1)으로 베냐민 지파 유대인 모르드개와 "아각 사람" 함므다다의 아들 하만 — 사울에 의해 정복당한 아말렉 왕의 후손. 모르드개가 하만에게 합당한 예의를 갖추어 대하기를 거절했기 때문에 총리대신인 하만은 제국 전역에 흩어져 살고 있던 유대인들을 멸절시킬 계획을 세웠다. 하만은 유대인들이 페르시아에 동화되기를 거부하고 자기들의 법률대로 살기를 고집한다고 크세르크세스에게 고발하자(에 3:8) 크세르크세스는 아달월(2-3월) 13일에 유대인들을 멸절시키라는 칙령을 내리도록 하만에게 허락하였다.

그렇지만 모르드개는 백성들을 위하여 목숨을 걸고 — 부르지도 않았는데 왕에게 나아오는 것은 죽음의 처벌을 받았다 — 왕에게 나아가도록 자신의 조카인 에스더를 설득하였다. 우연히 일어난 일련의 중요한 사건들로 인하여 상황은 역전되어 유대인의 원수들이 화를 당하게 되었다. 하만은 아이러니컬하게도 모르드개를 죽이려고 세워둔 높은 교수대(높이 83피트)에 매달려 처형됨으로써 스스로 헤렘의 희생물이 되었다. 하만의 열 명의 아들도 처형되었다 — 이렇게 하여 '아말렉족'의 마지막 남은 자들은 끝장이 났던 것이다. 더욱이 왕의 칙령으로 아달월 13일은 수사의 유대인들이 제국 전역에 걸쳐 자신들을 박해하던 사람들을 죽일 수 있는 날이 되었고, 다음날 — 아달월 14일 — 은 수사에 있는 유대인들이 이 피흘림을 계속할 수 있도록 여분의 시간이 허락된 날이 되었다. '헤렘'이 끝난 후에 기쁨의 축제가 열렸는데, 이 축제는 하만이 보복할 날짜를 정하기 위해서 던진 주사위(pur)를 기념하여 부림절(Purim)로 알려지게 되었다. 이 이야기는 이 민간 축제의 기원을 설명하려는 의도만이 아니라 이틀간에 걸친 이 축제 행사를 설명하려는 의도도 있다.

물론 이 이야기에는 수많은 허구적인 요소들이 있다 — 남편은 자신의 집안에서 가장이 되어야 한다는 확고부동한 왕의 칙령(1:21-22)이나 하만이 바치기로 약속한 어마어마한 뇌물(인플레가 시작되기 이전에 1800만 달러에 상당하는 액수; 3:9을 보라) 같은 것들이 그것이다. 어떻게 하만이 속아넘어가서, 모르드개가 왕으로부터 상을 받는 방법을 제안하게 되었는가 하는 이야기(6장), 어떻게 해서 하만이 바로 자기가 준비한 그 처형대에서 자신의 죽음을 맞이하는 어처구니없는 상황에 떨어지게 되었는가 하는 이야기(7장)는 틀림없이 유대인들의 유머 감각을 자극하려는 서술들이었다. 그러나 이 이야기가 디아스포라 유대인들에게 실제로 있었던 위협에 대한 역사적 기억에 의존하고 있을 가능성도 충분히 있다. 이것이 사실이라면, 에스더서는 크세르크세스의 시대에 대한 기억들이 희미해졌고 유대인들이 동화되기를 거부하였기 때문에 박해를 받게 되었던 페르시아 시대 후기에 나온 역사소설이라고 할 수 있다.[5] 어쨌든 부림절의 기원에 관한 이야기는 유대인들이 스스로를 이방인들과 구별한 것이 박해를 불러일으키는 계기가 되었던 마카베오 시대에 아주 유행하게 되었다. 그리고 그 이후로 소란한 유대 역사 전체를 통해서 하만은 반(反)셈족주의라는 악한 정책을 수행한 몇몇 지도자들(아돌프 히틀러와 같은)의 상징이 되었다.

에스더서는 종교적인 문제들을 일부러 회피하고 있다는 점에서 유대인 성경의 책들 가운데서 독특하다고 할 수 있다. 저자는 하나님을 직접적으로 언급하는 것을 피하려고 애를 쓴 듯하다. 예를 들면, 에스더 4:14의 "다른 데로 말미암아" 구원이 온다는 언급은 흔히 하나님으로부터의 도움에 대한 암시로 여겨진다. 이렇게 신학적으로 조심스러운 태도는 아마도 우리가 탈무드를 통해 알고 있듯이(Megillah 7b) "모르드개에게 복 있으라"와 "하만에게 화 있으라" 사이의 구별이 흐릿해질 때까지

---

5) 그러나 꽤 많은 학자들은 에스더서가 마카베오 시대의 유대인 박해를 반영하고 있다고 믿는다. 이 문제에 관한 논의는 Bernhard W. Anderson, *Interpreter's Bible*, III(16), pp. 825-28을 보라. 문학적인 연구로는 B. Berg, *The Book of Esther*(510)를 보라.

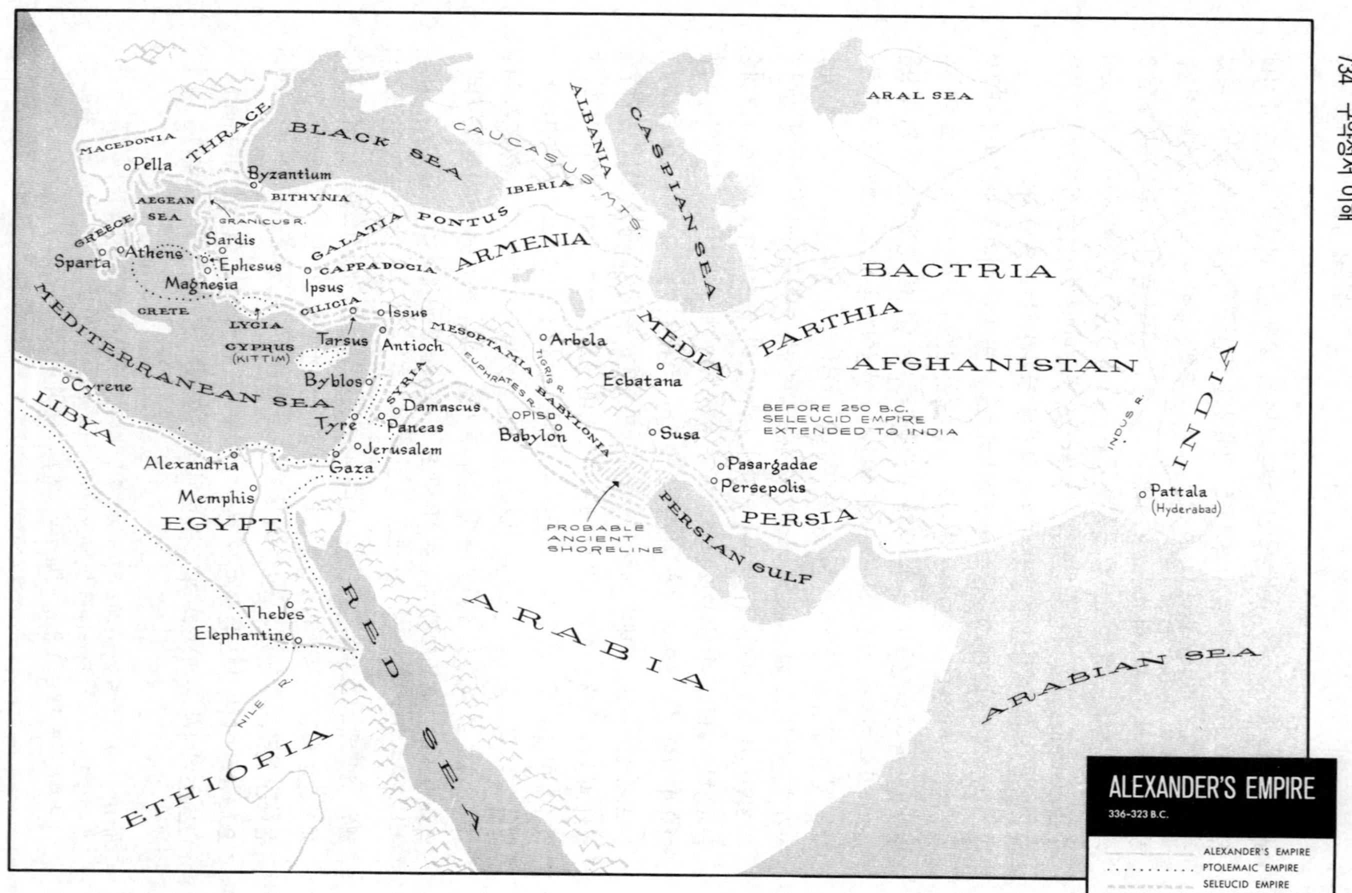
ALEXANDER'S EMPIRE
336-323 B.C.
ALEXANDER'S EMPIRE
PTOLEMAIC EMPIRE
SELEUCID EMPIRE
ARAL SEA
MACEDONIA
Pella
THRACE
BLACK SEA
CAUCASUS MTS.
ALBANIA
CASPIAN SEA
Byzantium
BITHYNIA
IBERIA
AEGEAN SEA
GREECE
GRANICUS R.
GALATIA
PONTUS
BACTRIA
Sardis
Athens
Sparta
Ephesus
CAPPADOCIA
ARMENIA
Magnesia
Ipsus
MEDIA
PARTHIA
CRETE
CILICIA
LYCIA
Issus
AFGHANISTAN
CYPRUS
(KITTIM)
Tarsus
Antioch
Arbela
MEDITERRANEAN SEA
MESOPOTAMIA
Ecbatana
TIGRIS R.
BEFORE 250 B.C.
SELEUCID EMPIRE
EXTENDED TO INDIA
INDUS R.
INDIA
Byblos
SYRIA
EUPHRATES R.
BABYLONIA
Cyrene
LIBYA
Damascus
OPIS
Susa
Tyre
Paneas
Babylon
Pasargadae
Persepolis
Pattala
(Hyderabad)
Alexandria
Gaza
Jerusalem
PERSIA
Memphis
EGYPT
PROBABLE
ANCIENT
SHORELINE
PERSIAN GULF
Thebes
Elephantine
ARABIA
NILE R.
RED SEA
ETHIOPIA
ARABIAN SEA

진탕하게 술을 마시는 것이 허용된 질펀한 부림절과 관련하여 하나님의 이름을 부르는 것이 하나님을 욕되게 하는 것이 될까봐 두려워했기 때문일 것이다. 그러나 에스더서의 질펀한 세속성의 근저에는 — 칠십인역이 올바르게 해석하고 있는 것처럼 — 하나님께서 이 백성이 세상으로부터 구별되고(3:8을 보라) 오로지 언약에만 충실함을 보이도록 부르셨다는 확신이 깔려 있다.

에스더서에는 제2이사야서나 요나서와 같은 폭넓은 시야가 결여되어 있다. 이 책의 지방색과 보복정신은 나훔서와 아주 가깝다. 그러나 외세가 지배하고 있고 문화적인 영향력이 호전적으로 침투하여 이스라엘 전승의 생명력이 위협을 받고 있을 때, 유일하게 취할 수 있는 행동은 오로지 충성뿐이었다. 에스더서는 "내가 만군의 하나님 야훼를 위하여 열심이 특심하오니"(왕상 19:10)라는 엘리야의 말을 자기 식으로 말하려고 하였던 것이다. 이 질투 또는 "열심"이라는 말은 외세의 지배하에서 씌어진 또하나의 저작인 다니엘서에서 종교적으로 정교하게 다듬어지게 되었다. 그러나 다니엘서로 들어가기 전에 우리는 알렉산더 대왕의 등장으로 인하여 생겨난 정세의 변화를 간략하게 살펴보지 않으면 안된다.

헬레니즘 시대

페르시아 제국의 서진정책(西進政策)은 마라톤 전쟁, 테르모필레 전쟁, 살라미스 해전과 같은 유명한 전투에서 헬라인과 페르시아인의 일련의 충돌을 가져왔다. 용감한 헬라인들은 페르시아인들이 자기들의 땅에 발을 들여놓지 못하게 하기 위하여 힘껏 싸웠다. 그러나 주전 4세기 후반에 인류문화사에서 가장 위대한 군사 지도자들 가운데 한 사람인 마게도냐의 알렉산더(B.C.E. 36-323년)가 등장함에 따라 정세는 달라지게 되었다. 부왕인 마게도냐의 필립이 암살되었을 때 스무 살이었던 알렉산더는 연전연승을 거두는 눈부신 군사 경력을 이룩하였다 — 소아시아의 그라니쿠스 전투(B.C.E. 334년), 상부 수리아의 이수스 전투(B.C.E. 333년), 두로와 가사 전투(B.C.E. 332년), 메소포타미아의 아르벨라 전투(B.C.E. 331년) 이러한 승리로 그의 군대는 페르시아와 아프가니스탄을 휩쓸었고 주전 326년 무렵에는 현재 파키스탄에 있는 인더스강까지 이르렀다. 이제까지 이렇게 혁혁한 승리를 거둔 군사 지도자는 없었다. 전설에 의하면 알렉산더 대왕은 더 이상 정복할 세계가 없다고 하여 인더스강 둑에 서서 울었다고 한다.

알렉산더는 헬라 철학자 아리스토텔레스 밑에서 공부했기 때문에 군사적인 정복 뿐만 아니라 헬라 문화의 가장 좋은 열매들을 전파하는 데에도 관심을 가졌다. 알렉산더 대왕의 이름을 따서 명명된 도시인 이집트의 알렉산드리아는 지성과 체육과 예술 등 모든 방면에서 헬라식 생활 방식의 기념비가 되었다. 알렉산더는 '하나의 세계' ― 헬라 문화에 의해 결속된 세계 ― 를 꿈꾸었다. 헬라 학문이 다른 모든 학문보다 우월하다고 믿은 그는 고대의 문명을 헬라의 학문, 예술, 교양으로 발효시키는 것이 자신의 신적인 사명 ― 왜냐하면 그는 신으로 공경되었기 때문이다 ― 이라고 생각했다.

알렉산더는 주전 323년, 자신의 서른세번째 생일을 맞지 못하고 죽었기 때문에 자신의 꿈이 실현되는 것을 보지 못했다. 알렉산더의 방대한 제국은 그의 장군들에 의해 분할되었는데, 그들 가운데 두 장군이 동부지역을 물려받았다. 메소포타미아와 시리아는 셀류코스에게 돌아갔고, 이집트는 프톨레마이오스 지배 아래 들어갔다. 다시 한번 팔레스타인은 비옥한 초승달 지대의 강대국들의 싸움에 휘말리게 되었는데, 이번에는 안디옥(셀류코스)과 알렉산드리아(프톨레마이오스)에 수도를 정한 나라들의 싸움이었다. 그들 사이에는 정치적인 경쟁관계가 있었음에도 불구하고 헬라 문화를 세계에 전파하려는 알렉산더의 정책은 이 두 지역의 지도자들에 의해서 계승되었다.

문화적 통일을 위한 싸움

'헬레니즘'이라는 말은 알렉산더의 후계자들에 의해 육성된 헬라식 문화를 두고 하는 말이다. 그리스의 옛 이름인 헬라(Hellas)에서 파생된 이 말은 알렉산더 제국의 영토 내에서 헬라 정신이 영속되는 현상을 가리킨다. 오늘날 중동을 방문하는 미국 관광객들이 서구문화의 폭넓은 침투의 흔적들을 볼 수 있는 것과 같이 ― 예를 들면, 콜라, 미국식 패션, 헐리우드 영화에 대한 광고들 ― 헬레니즘 시대에 같은 지역을 찾은 방문객들은 체육관, 극장, 운동장 등을 보았을 것이다. 헬라 의상도 유행하였는데, 특히 생활이 풍족한 사람들 사이에서 더욱 그러했다. 그리고 헬레니즘의 전파를 분명하게 보여주는 표지(標識)는 헬라어인 '코이네'(koine) 헬라어 ― 즉, 페리클레스 시대의 고전 헬라어와 구별되는 국제적인 사업과 정치문제에 쓰이던 생활언어 ― 로 알려진 헬레니즘 특유의 언어가 광범위하게 사용되었다는 것이다.

오늘날 영어와 마찬가지로 헬라어는 국제어(lingua franca)였다. 그러므로 헬레니 즘은 동방과 서방의 종합을 나타낸다.

셀류코스와 프톨레마이오스 사이의 경쟁은 단지 군사적인 것만이 아니었다. 안 디옥과 알렉산드리아가 과거의 아테네가 그랬던 것처럼 위대한 문화의 중심지가 되 고자 다투었다. 그러나 '안디옥 학파'는 알렉산드리아에 눌렸다. 예술과 학문의 후 원자들이었던 프톨레마이오스 왕조의 왕들은 알렉산드리아에 유명한 박물관을 건립 하였는데, 그곳의 거대한 도서관은 오늘날의 가장 훌륭한 도서관들과 겨룰 만한 것 이었다. 그들의 후원 아래에서 수학자 유클리드와 물리학자 아르키메데스 등 일단의 이름난 학자들이 연구를 수행하였다. 알렉산드리아의 문화적 우월성은 한편으로 지 중해 세계, 다른 한편으로 아라비아 및 비옥한 초승달 지대와 이 도시의 전략적인 관계에 의해 더욱 높아졌다.

처음에 유대인들은 헬레니즘을 자기들의 신앙에 대한 심각한 위협으로 생각하지 않았음이 분명하다. 알렉산드리아에서는 아무런 문제도 감지되지 않았다. 왜냐하면 엘레판틴 거류지(p. 508를 보라)가 세워진 이래로 이집트의 유대인들은 외국의 영향 력들에 대하여 수용적이었기 때문이다. 디아스포라의 이 지역에서는 아람어는 '코이 네' 헬라어로 대체되었고, 프톨레마이오스 2세(B.C.E. 285-246년)의 후원 아래 학 자들은 유대인 성서를 헬라어로 번역하는 작업을 시작하였다. 이렇게 하여 수년에 걸친 작업 끝에 우리가 때때로 언급해 왔던 번역본인 칠십인역이 탄생되었다. 언어 는 필연적으로 사람의 세계에 대한 사고 방식을 규정하기 때문에 헬라어를 말하는 유대인들이 헬레니즘적 세계관에 영향을 받은 솔로몬의 지혜서와 같은 많은 책들을 저술했다는 것은 놀라운 일이 아니다.[6]

알렉산더 제국이 분할된 직후 팔레스타인은 프톨레마이오스 왕조의 세력권 안에 들어갔다. 이 이집트의 통치자들은 호전적인 셀류코스 왕조와는 대조적으로 원만했 기 때문에 유대인들에게 문화적으로 동화를 강요하려는 시도를 하지 않았다. 프톨레 마이오스 3세(B.C.E. 246-221년)는 예루살렘을 방문했을 때에 유대인의 풍속에 경 의를 표하고 성전에서 감사제를 드렸다고 한다. 프톨레마이오스 왕조의 온건한 보호 정치 아래에서 많은 진보적인 유대인들은 새로운 문화양식과 그들의 전통적인 신앙 사이의 모순을 보지 못하고 헬레니즘을 환영했음이 분명하다. 이러한 진보주의자들 가운데 다수는 상류층이었는데, 그들은 교육과 상업상의 이해관계로 인해 헬레니즘

---

6) 솔로몬의 지혜서에 관해서는 본서 제17장 각주 2에 나오는 말을 보라.

에 매력을 갖게 되었던 것이다.

저항운동

그러나 헬레니즘의 전파는 이스라엘이 가나안에 들어온 이래로 씨름해야 했던 문제, 즉 신앙과 문화의 관계라는 문제를 새롭게 제기하였다. 이스라엘 신앙이 세계 시장에서 싸구려로 팔려 나갈 위기에 직면할 때마다 질투하는 언약의 하나님의 이름으로 거세게 저항한 사람들이 일어났다. 엘리야와 같은 이 투사들은 열심당들(zealots) ― 언약 신앙을 고수하고 타락한 시대에 언약 신앙의 쇄신을 불러일으키는 데 열심이었던 사람들 ― 이었다. 앞에서 여러번 살펴보았듯이 외국 문화의 유혹에 대한 이러한 저항은 흔히 신명기적 개혁의 경우에서처럼 이스라엘 민족주의의 부활을 동반하였다. 헬레니즘 시대에도 또 한번의 부흥운동을 위한 무대가 마련되었는데, 이 운동은 보수적인 종교적 충성심과 다윗의 나라를 재건하려는 민족주의적인 소망에 의해 불붙여졌다.

이 부흥운동은 후대의 바리새파의 선구자인 하시딤(Hasidim; '충성스러운 또는 경건한 사람들')으로 알려진 분파 속에서 불타올랐다. 헬레니즘을 지지하는 사람들은 유대인 상류층에서 찾아볼 수 있었지만, 하시딤은 많은 경우(분명히 모두는 아니지만) 헬레니즘 세계의 매력적인 면들로부터 소외되어 있었던 농촌 출신이었다. 토라에 대한 열심으로 가득 찬 그들은 헬레니즘적인 사고방식과 생활양식을 환영하고 있었던 유대인 동포들의 진보주의에 눈살을 찌푸리고 조상들의 신앙을 고수하는 보수적인 태도를 취했다. 이 저항운동은 헬레니즘 시대의 아주 초기에 시작되었음이 틀림없지만, 팔레스타인에서 프톨레마이오스 왕조의 통치를 종식시킨 정치적 사건으로 극적인 전환이 일어났을 때에야 비로소 역사의 무대에 나타났다.[7]

유대인 박해의 시작

시리아의 셀류코스 왕조는 지중해 해안지대를 원래부터 자신의 소유로 주장하고 그 땅을 손에 넣으려고 여러번 시도하였지만, 팔레스타인은 주전 3세기 동안 이집트

---

7) 마카베오 시대의 역사에 관한 고대 자료는 히브리 성경 밖에 있는 작품인 마카베오 상하가 있다. 이 책들은 로마 가톨릭의 정경에 포함되어 있고 개신교 외경에 들어 있다. 그외에도 주후 1세기에 유대인 역사가인 요세푸스에 의해 쓰어진 중요한 저작들이 있다.

의 지배 아래 있었다. 그런데 주전 223년에 안티오쿠스 3세(대왕)가 안디옥에서 시리아 왕에 즉위하였다. 이집트와의 20년 이상의 전쟁 후, 주전 198년에 이 시리아 왕은 요단강의 발원지 가까이에 있는 파니아스(또는 파네아스)에서 프톨레마이오스 5세를 격파하고 결정적인 승리를 거두고 팔레스타인을 자신의 정치적 세력권 아래 두었다.

안티오쿠스 대왕은 헬레니즘의 강력한 사도였다. 그의 정책들은 그의 후계자들 중 한 사람인 안티오쿠스 4세(B.C.E. 175-163년)에 의해 광적으로 수행되었는데, 그는 스스로 신(제우스)이 나타난 것(theos epiphanes)이라고 주장했기 때문에 안티오쿠스 에피파네스(Antiochus Epiphanes)라는 이름으로 알려졌다. 그의 모습이 새겨진 동전에는 '데오스'(신)라는 글자가 새겨져 있었다. 자신을 신이라고 한 것은 알렉산더 및 다른 왕들의 주장을 따른 것이었지만, 그는 절대적인 권위를 가지고 군림하였고 자신의 제국 안에서 헬레니즘 문화를 막무가내로 강요하였다. 그는 백성들이 다른 신들을 섬기거나 지방의 종교적 관습들을 따르는 것을 반대하지 않았다. 그러나 정치적인 충성심을 시험하는 잣대는 제우스 숭배였고, 이것은 왕 — '현현한 신' — 의 절대 권력에 복종하는 것을 뜻했다. 이러한 정책보다 팔레스타인에서 문제를 일으키는 데 더 좋은 정책은 없었다. 왜냐하면 맨처음부터 이스라엘 신앙의 중추적인 주장은, 다른 신들과 나란히 두는 것을 절대적으로 거부하고 어떤 형태로든 우상숭배를 격렬하게 용납하지 못한다는 야훼의 질투였다.

안티오쿠스 4세의 모습이 새겨진 동전. 뒷면에 "현현한 신, 승리의 소유자, 안티오쿠스 왕"이라고 헬라어로 기록되어 있다.

그러나 헬레니즘에 대한 안티오쿠스의 열심은 유대인 문제에 그가 개입하게 된 유일한 또는 최초의 이유가 아니었다. 프톨레마이오스 왕조와 오래 끌어온 전쟁과 흔들리는 셀류코스 왕국을 통솔하는 데 드는 어마어마한 비용으로 인해 국고가 바닥이 났기 때문에 그는 막대한 돈이 필요했다. 안티오쿠스에 대한 유대인들의 증오는 처음에는 경제적인 것, 즉 과도한 징세에서 감지되었다. 그러나 가장 거룩한 직책인 대제사장직이 가장 많은 뇌물을 바친 사람에게 팔리게 되자 저항은 절정에 이르렀다. 이 불상사에는 헬라식 이름을 썼던 야손과 메넬라우스라는 두 명의 '헬라주의자' 유대인들이 개입되어 있었다. 야손은 안티오쿠스에게 상당한 뇌물을 주면서 자기 형인 오니아스 3세를 파면하고 자기에게 대제사장직을 주도록 매수하였고, 추가로 안티오쿠스를 기념하여 예루살렘에 헬라식 경기장을 건설하겠다고 제안하였다(마카베오상 1:11-15). 그런데 야손이 헤라클레스를 기념하여 두로에서 개최된 헬라 경기에 참석하고 있는 동안 메넬라우스는 더 많은 뇌물을 바치고 그 직책을 차지했다. 폭동은 잇따라 일어났고 야손은 돌아와서 메넬라우스를 추방하였고 메넬라우스는 당연히 안티오쿠스에게 도움을 호소했다. 그래서 안티오쿠스는 군대를 이끌고 예루살렘으로 와서 메넬라우스를 복직시키고 성전을 약탈하고 유대인들의 피를 흘림으로써 백성들을 징벌하였다(마카베오하 4-5장).

이런 조치는 사태를 악화시킬 뿐이었다. 유대인들이 자신의 뜻을 완강하게 거부한 것에 화가 났고 또 이집트 원정에서 자신의 군대가 패한 것에 마음이 상한 안티오쿠스는 반도(叛徒)들을 '소탕하기로' 결심했다. 그는 유대인의 종교를 불법화하고 유대인의 생활을 완전히 헬레니즘화하도록 하는 영을 내렸다. 이 칙령에 따라 자신의 자녀들을 할례시킨 어머니들은 사형을 당했고 토라의 사본들은 불태워졌으며 안식일의 준수와 토라 사본의 소유는 중죄로 다스려졌다. 유대교를 박멸할 계획을 실행하기 위하여 주전 168년에 그는 자신의 군대를 예루살렘으로 진격하게 하였다. 성전 뜰에 있는 번제단 위에 "멸망의 가증한 것" — 제우스 제단에 대한 유대인들의 표현 — 이 세워짐으로써 성전은 훼손되었고, 또 그 제단 위에서 돼지 — 유대인의 율법에 의하면 모든 동물 가운데 가장 부정한 동물 — 를 희생제물로 드림으로써 더욱 더럽혀졌다(마카베오상 1:54; 단 9:27; 11:31; 12:11; 막 13:14을 보라). 이교의 제단은 지방에도 세워졌다. 유대인들은 제우스에게 제사를 지내고 돼지고기를 먹도록 강요당했다. 그리고 안티오쿠스의 군대는 온 땅을 순찰하면서 왕의 칙령이 지켜지는지를 감시하였다.

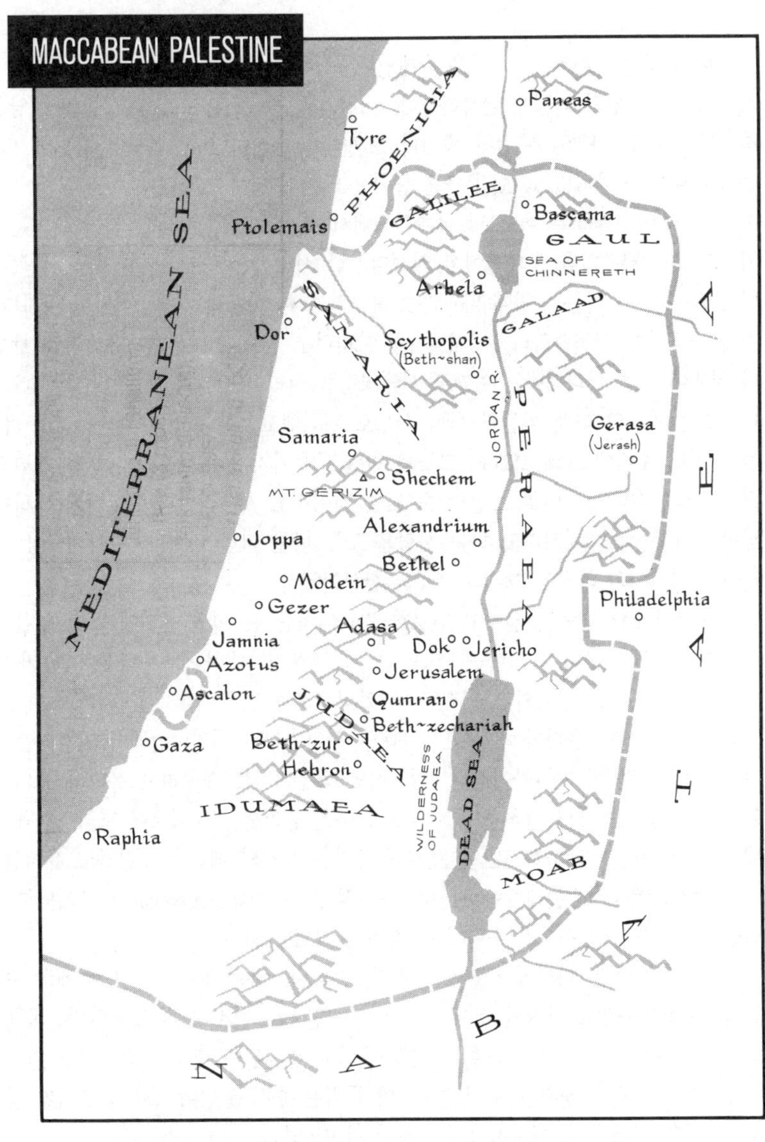
MACCABEAN PALESTINE
MEDITERRANEAN SEA
PHOENICIA
Tyre
Paneas
GALILEE
Ptolemais
Bascama
GAUL
SEA OF CHINNERETH
Arbela
Dor
SAMARIA
Scythopolis
(Beth-shan)
GALAAD
JORDAN R.
PERAEA
Gerasa
(Jerash)
Samaria
Shechem
MT. GERIZIM
Alexandrium
Joppa
Bethel
Modein
Philadelphia
Gezer
Adasa
Jamnia
Dok
Jericho
Azotus
Jerusalem
Ascalon
Qumran
Beth-zechariah
JUDAEA
Gaza
Beth-zur
WILDERNESS OF JUDAEA
DEAD SEA
Hebron
IDUMAEA
Raphia
MOAB
NABATAEA

마카베오의 반란

이 공포정치 기간 동안 많은 유대인들 — 헬라주의자들만이 아니라 마음이 약한 자들도 — 은 왕의 칙령에 굴복하였다. 어떤 대가를 치르더라도 자신들의 신앙을 굽히기를 거부한 사람들은 잡혀 죽거나 도피하여 은신하였다. 혁명의 불길이 타오를 준비는 이미 되어 있었고 오직 불을 붙이는 일만이 남아 있었다.

이 점화의 불꽃은 어느 날 예루살렘에서 북서쪽으로 몇 마일 떨어져 있는 구릉지대의 한 작은 마을 모데인에서 켜졌다. 한 시리아군 장교가 그 지방 사람들에게 이교제사를 드리라는 명령에 따르라고 요구하자 이 마을의 제사장이었던 맛다디아는 이를 단호하게 거절하였다. 이교제사를 드리려고 앞으로 나온 한 유대인을 보고 화가 치밀어 오른 맛다디아는 이교제사를 명령한 시리아 장교와 유대인을 살해해 버렸다. 그는 자신의 다섯 아들과 함께 산으로 피신했고, 한 무리의 충성스러운 유대인들을 자기 주위에 불러모았다. 그들은 인원과 무기가 부족했지만 게릴라 전법과 특히 그들의 열심으로 이를 보완할 수 있을 것이라고 생각하였다. "토라에 대하여 열심이 있고 언약을 지키려고 하는 사람은 모두 나를 따라 나서라"(마카베오상 2:27)라는 맛다디아의 외침은 그들의 전투의 함성이었다.

주전 166년 죽음을 앞두고 연로한 맛다디아는 큰 아들 유다에게 이 일을 계속하도록 위탁하였다. 유다는 대단한 투사였기 때문에 유다는 '마카베오'(Maccabeus)라는 칭호가 주어졌다. 마카베오라는 말은 '망치'를 의미하는 것으로 흔히 해석되는데, 유다가 적(敵)인 유대인 부역자들과 시리아인들에게 강타를 날렸다고 하여 이런 이름이 붙여졌다. 압도적인 역부족에도 불구하고 유다와 그의 부하들은 곧 안티오쿠스의 장군을 격파하고 놀라운 승리를 거두었으며 평화조약을 요구했다. 주전 165년 기슬레(12월) 25일에 유다는 성전의 제단을 재건하고 유대인들의 예배의식을 복구시켰는데, 이로 인해 수전절 또는 등화절(燈火節)이 생겨났고 유대인들은 아직도 크리스마스 무렵에 이 절기를 지키고 있다.

이렇게 시작된 마카베오 전쟁은 유다, 요나단, 시몬 형제들에 의해 계속 수행되었다. 저항운동으로 시작된 것이 결국은 전면전으로 번지게 된 것이었다. 국제정세의 호전, 특히 동방문제에 대한 로마의 개입이 증대됨에 따라 정력적이고 열심있는 유대인들은 독립을 쟁취할 수 있었고, 이 독립은 주전 63년에 로마의 통치자 폼페이우스가 예루살렘에 올 때까지 1세기 동안 지속되었다.

다니엘의 묵시록

마카베오 전쟁이 발발한 직후 익명의 저자가 다니엘서를 썼다. 이 사람은 헬레니즘의 생활방식과 그것을 유대인들에게 강요한 폭정에 대하여 심한 반발을 느꼈던 하시딤 가운데 한 사람이었다는 것은 의심할 여지가 없다. 이 책을 쓴 목적은 셀류코스 왕조의 호전적이고 위압적인 정책으로 소멸될 위기에 처해 있던 이스라엘 신앙에 다시 불을 붙이고 박해를 당하는 한이 있더라도 결코 신앙에 대한 충성을 포기하지 말라고 유대인들에게 촉구하는 것이었다. 역사의 행로는 전적으로 야훼의 주권 아래 있다는 것을 천명하면서 그는 유대 백성들에게 용기있는 신앙을 가질 것을 촉구하였다. 왜냐하면 백성들이 모든 문제는 사람들의 관할 안에 있는 것이 아니라 하나님의 손에 달려 있음을 믿을 때, 그들은 결과에 대한 두려움 없이 행동할 수 있기 때문이다. 다니엘서는 마카베오 혁명의 신학을 표현하고 있다. 그래서 다니엘서가 '하시딤의 선언서'로 불린 것은 정당하였다.

어떤 사람들은 바벨론 포로 동안에 다니엘이 겪은 사건들과 이상(異像)들을 저자가 묘사하고 있음으로 해서 오해를 하기도 했다. 그들은 다니엘서가 포로기 동안에 씌어진 것이라고 가정하여 몇세기 후의 미래의 역사를 내다본 예언서, 실제로 아직도 여전히 이루어지지 않은 미래에 대한 하나님의 계획을 이야기한 예언서로 여겼다. 그래서 이 책은 '성경의 예언'에 매료당한 사람들과 이 책의 면면에 감춰져 있는 어떤 미래에 관한 신비스러운 청사진을 찾고 있는 사람들에게 즐거운 사냥터가 되어 왔다. 우리는 이미 예언에 관한 이러한 견해에 의문을 제기하면서(pp. 302-305를 보라) 예언자들은 미래를 내다보았지만 그들은 일차적으로 현재의 의미에 관심을 가졌다는 것을 지적했다. 비록 다니엘서가 정확히 말해서 히브리 성경 속에서 예언서로 분류되지 않고 성문서 또는 '하기오그라파'(Hagiographa)의 목록 안에 들어가 있긴 하지만(p. 770의 도표를 보라) 이러한 고찰은 다니엘서에도 해당된다. 다니엘서의 저자는 현재로부터 과거를 돌아보는 것이 아니라 미래를 내다보고 있는 것처럼 옛날 페르시아 시대의 저술로 가장하여 당시의 사람들에게 말을 하였다. 예언이 그쳤다고 믿어졌던 포로기 이후 시대 후기에는 옛 유대인 전승의 몇몇 인물들의 이름으로 글을 써내는 것이 흔한 일이었다.[8] 이 경우에 저자는 다니엘의 이름을

---

8) 위경(Pseudepigrapha)으로 불리는 후기 저작들의 모음집은 「모세의 승천」, 「열두 족장의 유언」 등등과 같이 성경에 나오는 여러 인물들의 이름으로 씌어진 책들을 포함하고 있다. 이런 유형의 저작들은 R. H. Charles, *Apocrypha and Pseudepigrapha of the Old Testament*(6)와 James H. Charlesworth, *The Old Testament Pseudepigrapha*(7)에서 찾아볼 수 있다.

선택하여 빌려썼는데, 다니엘은 에스겔서(14:14, 20; 28:3)에 의하면 전통적인 경
건한 이스라엘 사람이었고, 라스 샤므라 문서에서는 전설적인 영웅이었다.

예언과 묵시문학

다니엘서는 묵시문학('밝히다, 계시하다'라는 헬라어 'apokalyptein'에서 파생
되었다)으로 알려진 특별한 문학유형에 속한다. 이 문학유형에 속하는 작품들은 포
로기 이후 시대의 후기와 초기 기독교 시대에 많이 나왔다.[9] 하나의 두드러진 예를
들면 신약의 마지막 책 — 요한계시록 또는 묵시록으로 불리는 — 은 다니엘서와 놀
랄 만큼 비슷한 특징으로 씌어져 있고 심지어 다니엘서에 의존하고 있기까지 하다.
묵시문학은 기괴한 이상(異像)들, 이상한 상징, 초자연적인 일들로 가득 차 있다.
박해시대에 씌어진 이 책은 신앙 단체 밖에 있는 사람들에게는 '봉함된 책'(단
12:4)이 되게 하는 일종의 영적인 암호를 사용한다.

묵시문학의 중심주제는 마지막 때, 하나님 나라의 도래에 관한 하나님의 계시이
다. 이 문학은 예언이 그쳤다고 생각되던 때에 생겨났지만 예언의 메시지를 계승하
여 새롭게 표현하고 있다. 맨처음부터 이스라엘 신앙은 미래를 지향하고 있었다. 이
스라엘 신앙에 의하면 역사 속에서 야훼의 활동은 '목적 지향적'이었고, 사건들은
이스라엘과 열방들을 향한 하나님의 목표를 실현시키는 방향으로 나가고 있다는 것
이다. 역사는 계절의 순환처럼 원을 그리며 순환하는 것이 아니며 맹목적인 운명이
나 우연에 지배되는 것도 아니었다. 이스라엘은 자신의 역사가 하나님의 인도 아래
최종적인 완성을 향하여 움직이고 있는 위대한 드라마의 일부임을 인식하고 있었다.

포로기 이전 시대에는 이러한 소망은 다가오는 "야훼의 날" — 야훼가 원수들을
낮추고 이스라엘을 세상에서 특권과 축복을 받는 지위로 높임으로써 이스라엘을 신
원하리라고 생각된 날 — 에 관한 통속적인 교리로 표현되었다. 이것은 야훼께서 이
스라엘을 모든 민족들 가운데서 선택하였고 '하나님이 우리와 함께 계신다'(임마누
엘)는 신앙고백적 선언으로부터 이스라엘 백성이 도출한 것이었다. 앞에서 살펴보았
듯이 위대한 예언자들은 이러한 통속적인 견해에 도전하였다. 그들도 야훼께서 이스
라엘을 선택하였으며 이스라엘 백성과 함께 계시며 그들 가운데 장막을 치고 역사의

---

9) 이런 유형의 문학에 관한 전반적인 논의는 D. S. Russell, *The Method and Message of
   Jewish Apocalyptic*(493)을 보라.

순례길에서 그들을 인도하고 있다고 믿었다. 그러나 하나님의 임재가 이스라엘의 교만이나 자만을 정당화시켜주지는 않으며, 오히려 역사 속에서의 하나님의 활동은 이스라엘 백성들에게 그들의 언약에 대한 신실치 못함을 일깨워주고 '돌아옴' 또는 회개를 불러일으키기 위한 충격을 주는 데 목적이 있다고 예언자들은 한결같이 주장하였다. 그러므로 예언자들은 시장, 성전, 왕의 면전에 서서 백성들의 잘못을 꾸짖었다. 그들은 현재의 상황에 대하여 말하면서 하나님의 심판과 자비에 비추어 정치적 사건들 — 앗시리아의 등장이나 예루살렘의 멸망과 같은 — 의 의미를 해석하였다. 야훼가 어떤 역사의 대리자를 사용하여 역사의 장(場)에서 활동하실 것이라는 확신을 가지고 예언자들은 아직 시간이 있을 때에 그들의 생활태도를 고치라고 백성들에게 아주 절박하게 설교하였다.

그리고 이 예언자들은 하나님이 역사를 완성시키는 때인 마지막 때에 관심을 가졌다. 심판날의 어두움 너머로 그들은 야훼께서 자비 가운데 이끌어올 새 시대의 여명을 보았다. 그들은 하나님 나라가 가까웠음을 선포하였는데, 이는 왕이 백성들을 판단하고 새롭게 하기 위하여 오고 있었기 때문이었다. 때때로 그들은 휘황찬란한 색채로 새 시대를 묘사하였다. 마지막 날에는 이스라엘 왕국의 정치적 분열이 치유될 것이며 풍요의 축복이 넘치게 부어질 것이고 열방들은 칼을 쳐서 보습을 만들고 광야는 장미꽃처럼 피어날 것이라고 그들은 말하였다. 그러나 일반적으로 대예언자들은 새 시대의 도식에 관하여 숙고하지 않았는데, 이는 그들의 관심이 이미 현재에 파고든 미래에 있었기 때문이다.

새로운 언어로 된 예언

그러나 포수(捕囚)를 계기로 예언에 강조점의 변화가 생겨났다. 우리는 이러한 변화를 예언자 에스겔에게서 볼 수 있다. 그는 옛 국가 시대와 새로이 출현한 유대교 사이의 경계에 서 있었다. 그는 선배 예언자처럼 멸망과 소망을 강조하여 말하였지만, 그의 메시지는 괴이한 이상(異像)과 불가사의한 상징이라는 새로운 양식을 취하였다. 그는 심판날 너머를 바라보면서 제사장적 유토피아의 형태에 따라 도출된 새 시대의 모습을 그렸다. 38-39장에 나와 있는 신탁들이 에스겔 자신에게서 나온 것이라면, 그는 이 새 시대가 마곡 땅에서 온 곡이 예루살렘을 마지막으로 공격한 뒤에 올 것이라고 믿었다. 그날에 야훼는 결정적으로 개입하여 격변의 권능으로 자연 자체를 뒤흔들고 베일에 싸인 곡의 군대를 진멸할 것이다. 이렇게 북방으로부터

오는 원수에 관한 초기 예언자들(예를 들면, 예레미야)의 이상(異像)들은 하나님 나라를 가져올 역사의 최후의 싸움에 관한 예언으로 바뀌었다.

상징적인 원수, 곡의 타도는 어떻게 묵시문학이 이스라엘의 언약 실패에 따르는 책임과 부담을 베일에 싸인 악의 세력(신화적인 혼돈의 세력)의 불가사의한 전횡에 전가시키려 했는지를 보여주는 좋은 예인데, 이 악의 세력은 역사의 최후의 싸움에서 타도될 것이다. 우리는 예언자들이 현시대의 고통을 야훼와의 언약이라는 맥락에서 설명하려고 하였고 또 이스라엘에게 회개하라고 촉구했다는 것을 보았다. 그러나 묵시문학의 저자들은 이스라엘 — 또는 다른 민족들 — 의 고통이 죄 — 즉, 인간이 책임을 다하지 못한 것 — 를 토대로 설명될 수 없다는 것을 알았다. 이스라엘은 예언자 하박국이 인식한 것처럼(합 1:6-11) 의인과 악인에게 눈사태처럼 덮쳐서 휩쓸어버리는 엄청난 악의 세력의 희생물이다.

우리가 히로시마와 아우슈비츠의 대량학살에서 보는 것처럼 역사에서는 그 범죄에 비하여 징벌이 지나치게 가혹한 경우가 너무도 잦다. 그러므로 묵시문학의 저자들은 악의 신비와 맞붙어 싸우면서 현재의 비극적인 상황을 심히 비관한다. 그들의 말을 빌면 '현시대'는 질적으로 깊은 심연에 의해 '다가올 시대'와 분리되어 있다고 한다. 현시대는 하나님의 최고 원수인 사단으로 상징되는 악랄한 악의 세력의 지배를 받고 있다. 다가올 시대는 도덕적인 부패, 악의 횡포, 죽음으로부터 자유로운 시대가 될 것이다. 이 두 시대 사이에는 연속성이 없다. 인간적으로 말한다면 그 두 시대의 모습을 바꾸려 해봐야 아무 소용이 없다. 신약의 요한계시록에서처럼 사단의 왕국을 타도하고 대격변을 통하여 현재의 모든 체제를 멸하기 위해서는 하나님이 개입해야 한다. 묵시문학의 전망에 의하면, 역사는 최후의 대결과 하나님 나라의 최종적인 승리를 향한 이미 결정되어 있는 하나님의 계획과 불변의 운동량을 가지고 움직이고 있다는 것이다.

다니엘서 이외에도 구약의 꽤 많은 구절들이 묵시문학의 표현법으로 씌어져 있다. 그 한 예는 스가랴서의 마지막 부분, 특히 12-14장에서 찾아볼 수 있다.[10] 여기서 익명의 묵시문학 작가는 모든 민족들이 싸움을 위해 예루살렘에 모여들고(참조. 욜 3:9-21) 야훼께서 저항세력들을 타도하고 온 땅의 통치자가 될 최후의 대격전을 묘사하고 있다. 아마도 이와 거의 동일한 시기에 흔히 '소묵시록'으로 불리는 이사

---

10) 흔히 제2스가랴서로 불리는 스가랴 9-14장은 아마도 주전 3세기말의 선지자 스가랴의 예언보다 훨씬 후대에 씌어졌다고 통상적으로 생각되는 예언들로 이루어져 있다.

야서의 일부(사 24-27장)가 나왔을 것이다. 기자(記者)는 야훼께서 우주의 재앙을 불러일으킴으로써 모든 민족들을 심판할 마지막 심판을 묘사하고 있다. 땅은 뒤틀려서 술취한 사람처럼 이리저리 비틀거릴 것이고 해와 달은 빛을 잃으며 온 세상에 혼돈이 임할 것이다. 그러나 이러한 재앙 가운데 이스라엘 ─ "신을 지키는 의로운 나라"(26:2) ─ 은 야훼께 마음을 둔 채 안전할 것이다. 이전 세대의 의인들도 역사의 완성에 참여하기 위하여 죽음에서 부활할 것이다(26:19). 여기서 우리는 구약에서 개인의 부활에 대한 최초의 언급을 분명하게 보게 된다. 에스겔은 이스라엘의 부활에 관하여 말했지만(겔 37장), 악한 사람들이 마지막 심판을 피할 수 없고 의인들은 그들의 신실함에 대한 보상을 받을 수 있도록 하기 위하여 이 교리는 마지막 때의 일반적인 부활에 관한 교리로 확대되었다.[11]

그러므로 묵시문학은 새로운 표현법으로 된 예언이다.[12] 묵시문학은 강조점에서 변화를 보여주고 있긴 하지만, 야훼는 왕이시고 하나님 나라가 가까웠으며 각 사람은 모든 상황 아래서 신실하도록 촉구되고 있다는 예언적 확신들을 표현하고 있다. 많은 사람들이 극도로 잔인한 고통을 당하고 있고 흔히 역사가 힘있는 정치가들이나 사회적인 세력들에 의해 조종되고 있는 것처럼 보이는 우리 시대에 다니엘서와 같은 묵시문학적인 저작의 메시지가 새로운 의미를 띠고 있다는 것은 놀라운 일이 아니다.

하나님의 소유인 나라

---

11) 성경에서 죽음을 넘어선 개인의 내세에 대한 소망은 육신, 즉 자아의 부활이라는 견지에서 표현되고 있음을 주목하라. '영혼' ─ 육체 안에 감금된 죽지 않는 실체 ─ 의 불멸성 또는 죽지 않음에 관한 교리는 인간 본성에 관한 비성경적인 견해에 의거하고 있다.

12) 특히 Paul Hanson은 *The Dawn of Apocalyptic*[427]에서 묵시문학은 주로 지혜문학과 관련되어 있다는 Gerhard von Rad의 주장(*Theology*, II[142], 301-315, *Wisdom*[465], 263-283)에 반대하여 묵시문학은 예언 전통에 속한다고 주장하였다. 최근의 논의들에 관한 유용한 요약은 E. W. Nicholson, "Apocalytic", *Tradition and Interpretation*[153], 189-213에 나와 있다.

13) 다니엘서의 헬라어 역본(칠십인역)은 히브리-아람어 본문보다 더 길다. 헬라어 역본은 처음 부분에 "수산나 이야기", 끝 부분에 "벨과 용 이야기"가 있으며 "세 아이의 노래"도 들어 있다(각주 15를 보라). 이 여분의 자료는 로마 가톨릭 정경에 들어 있고 개신교 외경에서는 다니엘서의 부록으로 되어있다.

다니엘서는 단원으로 나누어진다: 다니엘과 그의 친구들에 관한 이야기를 말하고 있는 1-6장과 다니엘의 이상(異像)들을 담고 있는 7-12장.[13] 이 책의 일부는 히브리어가 아니라 아람어로 씌어져 있는데, 아주 이상하게도 아람어로 씌어진 부분은 이 두 단원에 걸쳐 있다(2:4b-7:28). 아마도 저자는 이전의 자료들을 빌려와서 자신의 목적에 맞춰 그것들을 각색하였을 것이다. 어쨌든 현재 형태의 다니엘서는 근본적으로 안티오쿠스 에피파네스의 박해, 아마도 주전 165년경에 나온 하나의 통일된 작품이다.

이 이야기들을 바벨론 포로기에 놓음으로써 저자는 세부적인 역사적 사실들에서 몇몇 잘못들을 저지르고 있다. 다니엘서는 뚜렷한 역사적 오류로 시작하고 있다. 왜냐하면 느부갓네살은 여호야김 제3년(B.C.E. 606년)에 예루살렘을 점령한 것이 아니라[14] 그의 손자 여호야김의 아들 — 여호야긴 — 때에 예루살렘을 점령하고 그를 포로로 끌고 갔기 때문이다(왕하 24장을 보라). 왕들의 계승관계(단 5:31; 9:1을 보라)나 서로 다른 역사적인 시기들을 혼재시켜 놓고 있는 것과 같은 혼란에서 볼 수 있듯이(11:2), 저자는 페르시아 제국의 역사를 올바로 알고 있지 못했다.

이러한 오류들과 또 다른 오류들은 저자가 기억이 흐려지고 대중들의 견해에 의해 그 기억이 왜곡되어 있던 시기로부터 4세기 이전의 역사를 되돌아보고 있다는 것을 보여준다. 어쨌든 그의 목적은 투키디데스나 헤로도투스와 같은 식으로 정확한 역사를 기술하려는 것이 아니었고 전투중인 유대인 동포들에게 종교적인 메시지를 선포하려는 것이었다. 원수들이 이해할 수 없는 불가해한 암호로 글을 씀으로써 저자는 영악하게도 동시대의 역사적 사건과 인물들을 오래 전 옛날에 있었다고 하는 이야기와 이상(異像)들로 위장시켰던 것이다.

토라에 대한 충성

다니엘서의 저자는 어떠한 대가를 치르고라도 율법에 대한 충성을 요구한 종교적 신앙을 지닌 하시딤의 일원이었다. 1-6장에 나오는 이야기들을 읽을 때 우리는 토라의 사본을 단 한 권이라도 지니고 있으면 중죄가 되는 시대에 이 묵시문학적인 책자가 나왔다는 것을 명심해야 한다. 우리는 과거의 폭군들 — 다니엘과 그의 친구

---

14) 다니엘서에서 바벨론 왕의 이름은 Nebuchadnezzar(느부갓네살)로 되어있다. 이 철자에 관하여는 본서 p. 461의 각주30을 보라.

들의 신앙을 파괴하기 위하여 온갖 권력을 휘둘렀던 통치자들 — 에 관한 묘사에서 저자가 누구를 염두에 두고 있는지를 추측하기 위하여 지나치게 행간을 읽을 필요는 없다.

다니엘서는 어떻게 다니엘과 그의 친구들이 바벨론에 있는 느부갓네살의 궁전으로 가게 되어 왕의 시중을 들기 위한 훈련을 받았는지를 이야기하는 것으로 시작된다(1장). 이방이라는 환경 속에서 왕의 기름진 산해진미를 먹어야 한다는 엄청난 압력을 받았을 때 그들은 유대인 토라의 음식 규례를 충실하게 준수하였다. 그들은 채소와 물 외에는 아무것도 먹지 않았지만 훈련을 받고 있던 어느 누구보다도 더 건강하다는 것이 입증되었다. 더욱이 하나님은 그들에게 지혜를 주어 제국의 모든 술객들과 박수들을 수치스럽게 만들었다. 여기서 우리는 유대교 시대에 '지혜'가 토라를 이해하고 순종하는 것과 동일시되었음을 보게 된다(pp. 677-679를 보라).

다니엘은 왕이 제출한 도저히 불가능한 문제를 풀어냄으로써 자신의 지혜가 바벨론에 있는 모든 현자들의 지혜를 훨씬 능가한다는 것을 입증하였다: 그는 왕의 꿈을 해몽했을 뿐만 아니라 그 꿈이 어떤 것이었는지도 알아맞췄다(2장). 느부갓네살은 이러한 슬기에 감동을 받아 "은밀한 것을 나타내시는 자"(여기서 우리는 '묵시'의 의미를 본다; 단 2:47)인 다니엘의 하나님에 대한 신앙을 고백하고, 다니엘을 바벨론의 속주를 다스리는 총독으로 삼고 바벨론 모든 박사들의 지도자가 되게 하였다.

가장 혹독한 시련들 가운데서도 야훼께 신실했다는 주제에 관한 일련의 잘 알려진 이야기들이 나온다. 느부갓네살이 자신의 모든 신민(臣民)들은 거대한 금 신상 앞에 절을 해야 하며 만약 그렇게 하지 않으면 맹렬히 타는 풀무에 던져넣을 것이라고 명령했을 때(강요된 제우스 숭배에 대한 위장된 표현), 다니엘의 세 친구를 제외하고는 모두가 이에 응하였다(3장). 그들의 용감한 신앙은 마카베오 혁명의 하시딤 정신을 반영하고 있다:

> 만일 그럴 것이면 왕이여 우리가 섬기는 우리 하나님이 우리를 극렬히 타는 풀무 가운데서 능히 건져 내시겠고 왕의 손에서도 건져내시리이다 그리 아니하실지라도 왕이여 우리가 왕의 신들을 섬기지도 아니하고 왕의 세우신 금 신상에게 절하지도 아니할 줄을 아옵소서
> — 다니엘 3:17-18.

느부갓네살(마카베오 시대의 독자들은 필연적으로 안티오쿠스 에피파네스를 생

각했을 것이다)은 노기가 등등해서 풀무를 보통 때보다 일곱 배나 더 뜨겁게 하라고 명령했다. 그러나 왕은 세 사람이 천사와 동행하여 맹렬한 화염에도 타지 않고 풀무 속을 거니는 것을 보고 다시 한번 놀라고 마음이 움직여져서 이스라엘의 하나님에 대한 신앙을 갖게 되었다.[15] 그 결과는 왕이 세 유대인을 더 높은 지위에 올려준 것이었다.

또하나의 이야기(4장)는 어느 날 느부갓네살이 자기가 만든 새 바벨론 — 고고학은 이를 확증하였다 — 을 궁전 옥상에서 내려다보며 흡족해 하는 모습으로 시작된다. 그러나 다니엘이 천사가 나타나 큰 나무를 찍어 쓰러뜨렸다는 왕의 꿈을 해몽할 때 예고한 대로(4-27절) 이 오만한 왕은 몰락하게 되었다. 하늘에서부터 소리가 있어서 느부갓네살에게 참으로 역사를 다스리는 분이 누구인지를 일깨워주었다. 바로 그 순간 왕은 미쳐서 소처럼 풀을 뜯어먹으며 짐승같은 생활을 하며 살게 되었다. 이러한 굴욕적인 삶을 칠 년 동안 산 뒤에 그는 제정신으로 돌아왔다. 찬양을 통해 그는 나라와 권세와 영광이 이스라엘의 하나님께만 속해 있다고 고백하였다.

느부갓네살의 뒤를 이어 바벨론의 왕으로 즉위한 것으로 보이는 벨사살은 자기 나라의 귀족 일천 명을 위한 큰 잔치를 베풀었다고 한다(5장).[16] 그들은 술이 거나해지자 느부갓네살이 예루살렘의 성전에서 약탈해 온 거룩한 잔으로 술을 마시고자 했다. 그러나 "사람의 손가락이 나타나서 왕궁 촛대 맞은편 분벽에 글자를 쓰자" 흥청거리던 술자리는 쥐죽은 듯 정적이 흘렀다. 왕은 유령의 손이 '메네 메네 데겔 우바르신'(MENE, MENE, TEKEL and PARSIN)이라는 글자를 쓰는 것을 보고 새파랗게 질려서 나라 안의 모든 현자들을 불러들여 이 신비한 메시지를 해독하게 했

---

15) 칠십인역에는 다니엘 3:23 다음에 친구들 중 한 사람인 아사랴(아벳느고)가 그들을 풀무에서 구원해주시도록 하나님께 어떻게 기도했으며 구원을 받은 후 세 친구가 찬송을 불렀다는 이야기가 나온다. 히브리 성경에 첨가된 이 부분("세 아이의 노래"와 이와 함께 나오는 아사랴의 기도)은 불가타 역본에서 합쳐져 있다. 이것은 개신교 외경에서는 다니엘서의 부록으로 포함되어 있다.

16) 실제로 벨사살은 바벨론의 왕으로 통치한 적이 없고 그가 느부갓네살의 아들이었다는 말(5:2, 11)은 확연한 오류이다. 그러나 벨사살의 아버지인 나보니두스가 말년을 데만에서 보내기 위해 아라비아로 갔을 때 바벨론 제국이 일시적으로 벨사살의 지배 아래 있었다는 것은 사실이다. 그러나 쿰란에서 나온 단편적인 문헌으로서 다니엘 4장과 비슷한 이야기를 담고 있는 "나보니두스의 기도"는 느부갓네살이 아니라 나보니두스에 관하여 말하고 있다는 것은 흥미롭다. 이것은 나보니두스가 벨사살의 아버지로 여겨졌다는 좀더 오래된 전승을 시사해주는 듯하다(단 5:2을 보라). "이름들이 바뀐 것은 느부갓네살의 정신병을 정교하게 발전시킨 것과 마찬가지로 구전의 왜곡시키는 경향이라고 보는 것이 가장 좋다. 이 경우에서는 보잘 것없는 사람에서 위대한 사람의 이름으로 전설이 바뀌는 것이다"라고 Frank M. Cross는 말한다. *The Ancient Library of Qumran*(513), pp. 166-68.

다. 그들이 해독에 실패하자 다니엘이 불려왔다. 그는 이 말이 벨사살 왕국의 멸망에 관한 메시지라고 해석하였다: 왕이 "저울에 달려서 부족함이 뵈었다"는 것이다. 다니엘은 이 메시지를 해독한 공로로 최고의 대접을 받았지만 바로 그날 밤에 벨사살은 살해되고 왕국은 "메대 사람 다리우스"에게 넘어갔다(고레스와 캄비세스가 실제로 나보니두스/벨사살의 뒤를 이었다는 것을 주목하라).[17]

다리우스는 다니엘을 총애하여 자신의 제국의 120명의 태수들을 관장하는 세 명의 총리 가운데 하나로 삼았다(6장). 시기가 난 총리들과 태수들은 다니엘이 머지 않아 온 나라를 다스리는 최고 행정관이 될 것을 두려워하여 왕에게 앞으로 30일 동안 왕 이외에 다른 어떤 신이나 사람에게 기도를 드리는 자가 있으면 그가 누구이든지 사자굴에 집어던진다는 엄한 칙령에 서명하도록 설득하였다. 다니엘은 자기 집 윗층 방에서 하나님께 기도하고 있을 때 발각되었고, 왕은 다니엘의 하나님이 토라에 대한 신실한 충성심으로 인하여 다니엘을 구원해주실 것을 바라면서 마지못해 그를 사자굴에 집어던지라고 명령했다. 다음날 아침 다니엘이 무사한 것을 본 왕은 크게 기뻐하며 그를 고발한 자들을 사자굴에 던져 넣게 했다. 그리고 제국 내의 모든 사람에게 다니엘의 하나님을 공경하라는 영을 내렸다. 다니엘은 다리우스의 후계자로 추정되는 페르시아의 고레스 왕 시대에 잘 살았다.

이 모든 이야기들에는 마카베오 시대의 시련을 겪는 동안 하시딤의 신앙이 훌륭하게 표현되어 있다. 하나님은 신실한 자들을 구원할 수 있으므로 각 사람은 어떤 대가를 치르더라도 토라에 충성을 다해야 한다. 하나님 나라는 세상의 나라들과는 달리 영원한 나라이다. 이것은 꿈(단 2:31-36)에서 머리는 순금(바벨론 왕국), 가슴과 두 팔은 은(메대 왕국), 배는 놋쇠(페르시아 왕국), 다리는 쇠(알렉산더 제국), 발은 쇠와 흙(시리아와 이집트의 헬레니즘 왕국들)으로 된 거대한 신상으로 상징되었다. 폭군들은 거만하고 자긍하지만 그들의 날수는 계산되어 있다.

그들의 권력은 역사의 통치자이신 하나님과 견주어볼 때 아무것도 아니다. "사람의 손으로 아니하고 뜨인 돌"이 신상을 산산이 부숴버리고 태산을 이룬 것처럼 하나님 나라 ─ 유대교의 거룩한 공동체를 중심으로 하는 ─ 는 모든 지상의 왕국들을

---

17) 엄밀하게 말해서 바벨론 왕국과 페르시아 왕국 '사이에' 메대 왕국이 있었다는 것은 역사적으로 부정확하다. 바벨론 시대에 메대가 막강한 세력을 떨쳤던 것은 사실이다. 실제로 그들은 바벨론과 동맹을 맺어 앗시리아를 전복시켰다. 그러나 그들은 바벨론의 뒤를 이어 스스로 제국을 수립하지는 못했다. 오히려 그들의 지도자인 아스티야게스(Astyages)는 바벨론의 뒤를 이어 페르시아 제국을 건설한 고레스에게 정복되었다.

정복하고 영원히 지속될 것이다.

마지막 때에 관한 이상(異像)들

다니엘서의 두번째 단원(7-12장)은 하나님이 세상 권세의 포악한 통치를 타도하고 하나님 나라를 하늘에서와 같이 땅에서도 세울 때인 최종적인 완성을 향한 역사의 사건들의 극적인 움직임을 묘사하고 있는 네 개의 이상으로 이루어져 있다. 네 개의 연속적인 제국들 — 바벨론, 메대, 페르시아, 헬라 — 이 묘사되는데, 각 나라는 그 죄악과 잔인함에서 앞의 나라를 능가한다. 이 견해에 의하면 역사의 누적된 죄악은 마침내 한 나라(셀류코스 왕국)와 한 사악한 왕(안티오쿠스 에피파네스)에게 집중되었다는 것이다. 저자에게 이러한 죄악의 누적은 역사가 최후의 결전을 향하여 치닫고 있다는 것을 의미했다.

첫번째 이상(7장)에서 다니엘은 "큰 바다" — 즉, 하나님의 창조에 적대적인 세력들의 신비한 원천인 혼돈의 물결 — 에서 네 마리의 짐승이 올라오는 것을 보았다. 이 짐승들 가운데 마지막 짐승이 가장 악했다: 그 짐승은 "무섭고 놀라우며 또 극히 강하며" 열 뿔을 가지고 있었다. 한 '해석하는 천사'가 이 짐승들은 네 개의 연속적인 제국들이라고 설명하였다(15-17절): 바벨론 제국(독수리 날개를 가진 사자), 메대 제국(갈비 세 개를 입에 문 곰), 페르시아 제국(네 개의 날개와 네 개의 머리를 가진 표범), 헬레니즘 제국 또는 셀류코스 왕국(열 뿔은 셀류코스 왕조의 왕들을 가리키고 "큰 말을 하는" 작은 뿔은 안티오쿠스 에피파네스를 가리킨다).[18]

마지막 심판에서 하늘 회의를 주관하는 "옛적부터 항상 계신 이"는 네번째 왕국의 멸망을 선고했고 그 통치가 아주 악랄하지는 않았던 다른 세 왕국은 그들의 통치권만을 박탈하고 얼마 동안 존속하도록 허용하였다. 그런 다음 바다 속 깊은 곳에서 나온 짐승들과는 대조적으로 하늘의 구름과 더불어 "인자 같은 이" — 짐승 같은 모습이 아니라 사람의 모습을 한 존재 — 가 나타났다. 천사는 이 천상의 인물이 이스라엘의 거룩한 공동체 — "지극히 높으신 자의 성도들" — 를 상징한다고 해석하였다. 그들은 일시적인 왕국이 아니라 작은 뿔의 "한 때와 두 때와 반 때" — 안티오쿠

---

18) 주전 140년경에 씌어진 "시빌 신탁집"에 있는 구절들(3:381-400)에서 "열 뿔"이라는 표현은 안티오쿠스 에피파네스에 앞선 열 명의 왕을 가리킨다. 역사적으로는 안티오쿠스는 알렉산더의 죽음 이후 셀류코스 왕조의 일곱번째 왕이었다.

스 에피파네스가 유대인을 박해한 삼 년 반(B.C.E. 168-165년)을 가리키는 암호적인 언급 — 후에 개시될 영원하고 보편적인 통치권을 수여받게 될 것이다.

인자(人子)

다니엘서 7장의 이상은 묵시문학에서 점점 중요성을 띠게 된 모티프를 도입하고 있다: 아람어로 bar 'anash, 직역하면 '인자'.

구약의 다른 곳에서 '인간 존재'를 가리키기 위하여 이와 비견될 만한 표현이 이따금 사용된다. 예를 들면 시편 8:4에는 이렇게 되어 있다:

사람이 무엇이관대 주께서 저를 생각하시며 인자(the son of man)가 무엇이관대 주께서 저를 권고하시나이까

'인자'(ben 'adam)로 번역된 이 표현은 히브리어에서 사실 죽을 운명을 타고난 사람(참조. NEB의 번역)을 뜻한다. 왜냐하면 '아들'(son)은 한 계층의 구성원을 가리키는 관용적인 표현법이기 때문이다. 이러한 관용적인 표현의 예들로는 '예언자들의 아들들'(bene han-nebe'im), 즉 예언자단과 '하나님의 아들들'(bene ha-'elohim), 즉 야훼의 하늘 회의에 참석한 천사들(욥 1:6)이 있다. 이와 같은 표현은 앞에서 보았듯이 특별한 강조점이 두어지는 가운데 에스겔서에서 자주 사용되고 있다: 즉, 야훼의 거룩하고 엄위하신 신성과 대비되는 예언자의 죽을 운명의 연약함과 유한한 인성을 특별히 강조하고 있다.

그러나 다니엘의 묵시록에서 이 표현은 다니엘의 이상의 맥락에서 특별한 언어학적인 기능을 지니고 있다. 먼저 우리가 비유를 다루고 있음을 주목하라: 짐승들 같은 포악한 제국들과 대조되는 "인자 같은 이". 그리고 두번째로 이 사람 같은 존재는 혼돈의 세력들의 본거지인 바다로부터 올라오는 짐승들과는 대조적으로 '하늘의 구름과 함께' 초월적으로 도래하는 하늘에 속한 존재이다. 이 상징을 문자 그대로 이해하여 사람의 후손('아들') 또는 '인간적인 존재'로 생각하는 것은 잘못된 것이다.

기독교 시대 이전 시대까지 거슬러 올라가는 전승(주전 1세기)에 토대를 둔 에녹서로 알려진 묵시문학적 저작에는 하나님 나라를 이루기 위하여 도래하는 마지막 때의 인물, "인자"에 관한 언급들이 나온다(에녹서 46:1; 48:2-10). 주전 1세기말에 나온 외경의 에스드라2서로 불리는 유대인 묵시록(에스라4서 또는 에스드라4서로도 불린다)에는 에스라가 하늘 구름을 탄 "인자 같은 이"가 바다에서 나오는 것을 본 이상(異像)이 묘사되어 있다(제13장). 이 인물은 마지막 날에 하나님의 심판을 집행하는 하늘에 속한 대리자로 이해되고 있다. 이 메시야적 의미에서의 '인자' 또는 '하늘에 속한 존재'는 흔히 신약의 복음서들에서 사용되고 있다(예를 들면, 막 8:31). 에녹서에 대해서는 R. H. Charles[6]와 James Charlesworth[7]의 *Apocrypha and Pseudepigrapha*를 보라

이와 동일한 주제는 두번째 이상에서도 전개되고 있는데(8장), 이에 대한 해석은 유대 백성의 수호천사인 가브리엘에 의해 주어졌다(참조. 단 12:1). 두 뿔 달린 수양(메대-페르시아 제국)이 서쪽, 북쪽, 남쪽으로 치닫고 있었다. 이 수양은 좌충우돌하다가 결국 두 눈 사이에 현저한 뿔(알렉산더 대왕)이 돋아나 있는 수염소(헬라 제국)와 싸워 참패를 당했다. 그러나 이 수염소가 한창 강성할 때 "현저한 뿔"이 부러지고(알렉산더의 죽음), 그 자리에 네 개의 뿔이 돋아났다(알렉산더 제국이 네 개의 왕국으로 분할된 것). 그것들 가운데 하나의 뿔(셀류코스 왕국)에서 "작은 뿔 하나"(안티오쿠스 에피파네스)가 돋아나서 남쪽과 동쪽으로 그 세력을 확장시켜 나갔다. 이 뿔은 오만하게도 스스로를 높여 하늘의 군대에까지 대적하였고, 성전을 더럽히고 진리를 땅에 내동댕이치며 매일 드리는 제사를 중단케 하는 등 천군의 사령관(하나님)에게 도전하였다. 천상의 존재는 이 오만한 폭군의 권세는 "사람의 손을 말미암지 않고 깨지리라"고 선언하였다. 매일의 희생제사는 아침과 저녁이 2300번 바뀐 후에야 복구될 것이다 — 안티오쿠스가 주전 168년에 유대인의 예배를 금지했을 때부터 유다(Judas)가 주전 165년 성전을 다시 봉헌하게 된 때까지 3년 2개월. 천사는 다니엘에게 "이 이상은 정한 때 끝에 관한 것"임을 상기시켜주었다. 그 이상은 "여러 날 후의 일"이기 때문이었다.

그러나 세번째 이상에서 다니엘은 하나님의 일정표에 의하면 하나님 나라가 가까웠기 때문에 "여러 날"이 그렇게 멀지 않다는 것을 알게 되었다(9장). 다니엘은 예루살렘의 황폐가 끝나기 전에 칠십 년이 지나야 한다는 예레미야의 예언에 당혹하여(렘 25:11-12; 29:10) 이 신비를 밝혀주시도록 하나님께 기도를 드렸다. 그의 기도는 에스라의 기도(느 9장)처럼 이집트에서의 구원으로부터 시작해서 야훼의 크신 자비의 행사(行事)들을 감사함으로 인정하고 큰 재앙이 이 백성들에게 내린 것은 이스라엘이 끊임없이 언약에 불충실했기 때문임을 겸손히 고백하였다. 신속한 구원을 호소하는 그의 기도는 언약에 대한 이스라엘의 신실성이 아니라 오직 야훼의 견실하고 은혜로운 선하심을 토대로 하는 것이었다:

> 우리가 주의 앞에 간구하옵는 것은 우리의 의를 의지하여 하는 것이 아니요 주의 큰 긍휼을 의지하여 함이오니 주여 들으소서 주여 용서하소서 주여 들으시고 행하소서 …
> — 다니엘 9:18-19.

유대교는 율법에 대한 복종에 집중하고 있었을 때에도 결국 이스라엘은 하나님의 측량할 수 없는 자비를 제외하고는 자랑할 아무런 근거도 없다고 천명하였다는 것은 주목할 만하다. 하나님 앞에서 자기가 다른 사람들보다 더 낫다고 자랑하는 바리새인을 묘사하는 비유(눅 8:11)는 율법에 대한 헌신이 흔히 자기 의라는 결과를 가져왔던 유대교에 관한 소묘이다.

다니엘이 자신의 죄와 자기 백성 이스라엘의 죄를 고백하며 기도하고 있을 때 가브리엘 천사가 와서 칠십 년을 해석해 주었다(단 20-27절). 예레미야의 예언에서 칠십이라는 숫자는 인간 수명의 전 기간을 가리키는 것이 분명했다. 그러나 여기서 그것은 유대인들이 자신의 죄를 속죄하고 예루살렘의 황폐가 끝나는 "칠십 이레"(490년)를 의미한다. 이 기간은 세 시기로 나누어진다: 일곱 이레, 육십이 이레, 한 이레. 최초의 일곱 이레(49년)는 시드기야 왕부터 고레스 시대에 대제사장직을 맡았던 예수아까지(B.C.E. 587-538년)임이 분명하다. 육십이 이레(435년)는 포로에서 돌아온 때부터 대제사장 오니아스 3세가 살해된 때까지(B.C.E. 538-171년)이다. 그리고 마지막 한 이레는 안티오쿠스 에피파네스의 통치기간이다. 이 마지막 이레의 전반기(B.C.E. 171-168년)에 안티오쿠스는 유대인들에게 어느 정도 관용을 베풀었다. 그러나 다니엘서의 저자가 살았던 후반기(주전 168-164년)에 안티오쿠스는 올림푸스 제우스 제단을 세움으로써 성전을 더럽히고 유대인의 종교를 폐하려고 하였다. 히브리어로 이 제단은 '하늘의 주'(Baal shamayim)라고 되어 있었지만 악의적인 말장난을 통해 "멸망케 할 미운 물건"(shiqqutz shomem: 11:31; 12:11을 보라)으로 불렸다.

이러한 견해에 의하면 역사는 미리 정해진 일정표를 따라 진행되는데, 각 시대의 길이는 하나님의 명령에 의해 정해져 있다. 일단 우리가 저자가 실제로 바벨론 포로시대로부터 앞을 내다보는 것이 아니라 마카베오 시대로부터 세월을 거꾸로 되돌아보고 있다는 것을 안다면, 이 수학적인 계산은 지나치게 기계적이기는 하지만 종교적인 의미를 지니게 된다. 저자는 백성들이 "마지막 날", 마지막 이레의 후반기의 최후의 순간들에 살고 있다고 믿었다. 안티오쿠스는 하나님을 모독했기 때문에 그의 날은 이미 계수되어 있었다. 시계는 자정을 울리기 시작하고 있었다. 하나님께서 권능있는 활동을 통해 결정적인 승리를 얻고 이스라엘의 오랜 황폐의 세월을 끝내고 메시아 시대를 이끌어올 때가 가까이 왔다. 불행하게도 이러한 연대 계산은 옛날이나 지금이나 하나님 나라가 도래할 시기를 예측하려는 수많은 시도를 초래하였다(행 1:7을 보라).

저자가 마카베오 시대로부터 세월을 거슬러 뒤돌아보고 있다는 사실은 왜 알렉산더의 등장 이전 시대에 관한 역사적 지식이 흐릿하고 이 저작의 집필 시기에 가까워질수록 역사적 정보가 더 정확하고 자세하게 되는지를 설명해준다. 이 점은 마지막 이상에서 잘 드러난다(10-12장). 비록 이 이상은 페르시아의 고레스 왕 제3년이라고 되어 있지만(10:1) 페르시아 시대는 단 한 줄만으로 묘사되어 있다(11:2). 그러나 이것은 크나큰 역사적 오류를 범하고 있는 것이다. 왜냐하면 고레스 이래로 열 명(세 명이 아니다)의 왕이 왕좌를 거쳐갔기 때문이다. 저자는 페르시아에 대한 알렉산더의 승리(11:3; 참조. 8:6-8, 21; 10:20), 그에게 상속자가 없었기 때문에 그의 제국이 분할되었다는 사실(11:4; 참조. 8:8, 22)을 알고 있다. 그 뒤에 나오는 성경 본문에 관한 해설적인 요약문(11:5-20)이 보여주고 있듯이 이 시점으로부터 역사에 관한 저자의 기억은 개선된다.

남방 왕인 프톨레마이오스 1세(B.C.E. 323-285년)는 강대한 왕국을 건설할 것이지만 북방 왕인 셀류코스 1세(B.C.E. 312/11-280년)의 왕국은 더욱 강대할 것이며 시리아와 메소포타미아를 포함하게 될 것이다(11:5). 프톨레마이오스 2세(B.C.E. 285-246년)는 자기 딸 베르니스를 안티오쿠스 2세와 결혼시킴으로써 셀류코스 왕국과 동맹을 맺을 것이다(B.C.E. 247년). 이것은 안티오쿠스의 전 왕비인 라오디게의 분노를 불러일으킬 것이며, 그녀는 음모를 꾸며서 그들 부부와 그들 사이에서 난 아들을 죽일 것이다(11:6). 자기 누이 베르니스의 원수를 갚기 위해 프톨레마이오스 3세(B.C.E. 246-221년)는 라오디게의 아들 셀류코스 2세(B.C.E. 246-226년)를 쳐서 승리를 거두겠지만 몇 년 뒤에 반격을 받고 휴전을 선언하게 될 것이다(11:7-9).

그러므로 이상(異像)의 초점은 셀류코스 2세의 두 아들 — 셀류코스 3세(B.C.E. 226-223년)와 특히 대왕 안티오쿠스 3세(B.C.E. 223-187년) — 치하에서의 세력균형의 변화에 있다. 안티오쿠스 3세는 이집트와의 전쟁에서 처음에는 성공하지만(11:10) 남방 왕인 프톨레마이오스 4세(B.C.E. 221-203년)는 주전 217년 라피아에서 반격하여 승리를 거둘 것이다(11:11-12). 그런 다음 이러한 일진일퇴의 싸움을 하는 가운데 안티오쿠스는 주전 201년 가사에서(11:13-15), 그리고 주전 198년 파니아스에서(11:16) 이집트군을 격파함으로써 팔레스타인을 유린할 것이다(11:13-15). 안티오쿠스는 이집트를 완전하게 장악할 기대를 가지고 자신의 딸 클레오파트라(율리우스 케사르와 마르크 안토니우스를 사로잡았던 그 매력적인 여인은 아니다)를 프톨레마이오스 5세와 결혼시키겠지만 이러한 조처가 그에게 정치적인 이득을 가져다주지는 못할 것이다(11:17). 그는 '해안지방'(소아시아와 헬라)을 정복하려다가 주전 190년 마그네시아에서 로마의 장군에게 패하고 자기 나라로 돌아오는 길에 성전을 약탈한 결과로 죽게 될 것이다(11:18-19). 셀류코스 4세(B.C.E. 187-175년)는 마그네시아 전투 이후에 로마에 배상금을 지불하기 위하여 돈을 거둘 임무를 맡았던 바로 그 징세관에게 살해될 것이다(11:20).

11장의 나머지 부분은 안티오쿠스 4세 에피파네스라는 '비열한 인간'에 관한 예언들을 다루고 있다. 합법적으로 왕위에 오를 자격이 있었던 자신의 형을 제치고 왕이 된(11:21) 그는 주전 171년에 '계약으로 세운 방백'인 대제사장 오니아스 3세를 살해할 것이며(단 11:22) 속주들의 재물을 약탈할 것이다(11:23-24). 주전 170년 제1차 이집트 원정 이후에 그는 팔레스타인으로 개선해서 돌아오다가 '거룩한 언약'을 멸할 마음을 먹고 자신의 반(反)유대인 정책을 개시할 것이다(11:25-28). 그러나 그의 제2차 이집트 원정(B.C.E. 168년)은 '깃딤의 배들'(로마인들)의 개입으로 실패하고 돌아오는 길에 유대인들에게 화풀이를 했는데 신앙을 포기한 자들만을 살려 둘 것이다(11:29-30). 그는 성전 지역에 그의 군대를 주둔시키고 토라에 의해 규정되어 있던 매일의 희생제사를 폐하고 제단 위에 "멸망케 하는 미운 물건"을 세울 것이다(11:31). 이번에는 언약을 배반하는 유대인들과, 유다 마카베오의 용감한 지도력으로부터 '작은 도움'을 받아 박해 가운데서도 꿋꿋하게 버티는 하시딤은 분명하게 구별될 것이다(11:32-35). 안티오쿠스는 에피파네스라는 칭호를 취함으로써 모든 신들 위에 스스로를 높일 것이고 자신의 동포인 시리아인들에게조차 낯설은 헬라의 신, 올림푸스의 제우스를 공경할 것이다(11:36-39). 끝으로 "마지막 때에" 안티오쿠스는 이집트 왕을 공격하여 대승을 거두겠지만(11:40-43), 고국으로 돌아오는 길에 예루살렘과 지중해 사이의 팔레스타인에 장막을 쳤다가(11:44-45) "사람의 손을 말미암지 않고"(참조. 8:25) 죽을 것이다.

다니엘의 역사 개관은 하나님의 "진리의 글"(10:21)에 기록되어 있는 다가올 사건들에 관한 이상(異像)이라는 형식으로 씌어져 있지만, 그 이상은 실제로는 고유한 의미의 예언에 거의 해당되지 않는다. 오히려 이것은 과거의 사건들에 관한 요약이다. 순수한 예언의 유일한 예는 안티오쿠스의 죽음에 관한 예언(단 11:40-45)인데, 이 사건은 저자가 살고 있던 시대에는 아직 일어나지 않았다. 그리고 이 예언은 저자가 마카베오 시대에 일어났던 과거의 사건들을 다룰 때 보여주는 정확성을 결여하고 있다. 왜냐하면 안티오쿠스는 예루살렘(최후의 묵시적인 전투의 무대) 근처에서 죽은 것이 아니라 주전 163년 페르시아에서 죽었기 때문이다(마카베오상 6:1-16; Josephus, *Antiquities*, xii, 9, 1). 저자가 이 사건을 흐릿하게 묘사하고 있다는 사실은 다니엘서가 안티오쿠스가 동방에서 죽기 이전, 마카베오 전쟁의 발발 이후 — 달리 말하면, 주전 168년과 164년 사이 — 에 씌어졌다는 견해를 뒷받침해준다.

이렇게 박해받는 유대인들이 역사 속에서의 하나님의 목적이라는 관점으로 자신들의 고난을 바라볼 수 있도록 하기 위하여 과거에 관한 이야기가 언급되고 있는 것이다. 저자는 이러한 사건들 가운데 그 어느 것도 우연하게 일어난 것은 없다고 주장한다. 장기 선수처럼 하나님은 앞으로 두어질 모든 수를 미리 알고 게임이 예정된 대로 진행되도록 한다는 것이다. 심지어 안티오쿠스의 폭정까지도 하나님의 미리 정하신 계획의 일부였다. "이 왕이 … 형통하기를 분노하심이 쉴 때까지 하리니 이는 그 작정된 일이 반드시 이룰 것임이니라"(11:36). 무계급사회라는 이상향을 향한 역사의 필연적인 운동이라는 마르크스주의자의 비전이 혁명 활동을 약화시키려는 의도를 가지고 있지 않은 것과 마찬가지로 인간사에 대한 하나님의 절대적인 지배에 관한 이러한 극단적인 강조는 자기 만족을 조장하려는 것이 아니었다.

이와는 반대로 역사가 미리 정해진 계획에 의하여 불가피하게 하나님 나라로 나아가고 있다는 확신은 유대인이라는 작은 집단의 열심에 불을 붙였으며 모든 것이 그들에게 불리해 보일 때에도 그들로 하여금 소망을 갖고 행동할 수 있게 하였다. "오직 자기의 하나님을 아는 백성은 강하여 용맹을 발하리라"(11:32). 하나님이 그들 편이라면, 아무리 많은 대군(大軍)이 그들을 대적한다고 할지라도 그것이 무슨 문제가 되는가? 그리고 곧 하나님이 승리의 월계관을 내려주게 될 승자의 편에서 성도들이 싸우고 있는 한 아무리 많은 전투에서 패한다고 한들 무슨 걱정이 있겠는가? 여기에 자신들의 순교가 공동체를 '깨끗하게' 하고 '단련시키며' 어떻든지 하나님 나라의 도래를 예비하는 것이 된다는 확신을 가지고 하나님의 영광을 위하여 살다가 죽은 용감한 무리들의 역동적인 신앙이 표현되어 있다(11:35).[19]

메시야 소망

다니엘서에는 마지막 날에 이스라엘의 압제자들에 대한 심판을 집행하거나 하나님의 백성을 의(義)로 다스리게 될 하나님의 대리자로 나타날 기름부음 받은 자(메시야)에 관한 언급이 없다. 물론 "인자 같은 이"라는 표현은 악의 세력들을 깨부수

---

19) 유대교와 후기 기독교 역사에서 대단한 중요성을 띠게 된 이 순교에 관한 견해는 마카베오상보다 더 늦게 아마도 기독교 시대가 시작될 무렵에 나온 것으로 보이는 마카베오하(6-7장)에서 강조되어 있다.

고 하나님 나라를 가져오기 위하여 하나님이 보낼 하늘에 속한 통치자를 의미하는 것으로 곧 해석되었다.[20] 그러나 다니엘 7장에서 이 하늘에 속한 인물은 다니엘의 꿈을 해석해주는 자가 분명히 말하고 있듯이 언약 공동체 ― "지극히 높으신 자의 성도" ― 를 상징한다. 그렇지만 넓은 의미에서 이것은 메시야적 구절이다. 왜냐하면 하시딤은 하나님 나라의 표준을 지니고 있는 자들이기 때문이다. 그들의 신실한 순교를 통해 그들은 하나님께서 마지막 때에 권능과 영광으로 이끌어올 그 나라를 증거하고 있다. 그들은 저자가 곧 동터올 것으로 ― 실제로 한 구절에 의하면 성전에서의 정기적인 희생제사가 중단된 기간(9:27; 참조. 7:25)인 세 때와 반 때를 지난 후에(12:7) ― 믿었던 메시야 시대를 예감하며 살다가 죽었다.[21]

구약과 후대의 문학에 나타나는 전승의 한 흐름에 의하면 메시야는 다윗 가문에서 나올 것이며 다윗 왕국을 회복하러 올 것이라 한다(사 9:1-7; 11:1-9을 보라). 예수 시대에 팽배해 있던 이 정치적인 메시야 사상은 후기 마카베오 시대에 나온 한 시편에 잘 드러나 있다:[22]

> 보소서 오 주여 그들에게 그들의 왕 다윗의 아들을 일으키소서
> 오 하나님 당신이 구하시는 때에 그는 당신의 종 이스라엘을 다스릴 것이니
> 그를 힘으로 두르소서 그는 불의한 지배자들을 흩을 것이며
> 예루살렘을 짓밟아 멸망시키려는 열방들로부터 예루살렘을 깨끗게 할 것이니이다
> ― 솔로몬의 시편 15:21-25.

그러나 다니엘서에서 다가오는 하나님 나라는 스룹바벨 시대에 메시야 운동을 고무하였던 정치적 현실들의 견지에서(pp. 614-620를 보라) 묘사되어 있지 않다. 오히려 완성은 통상적인 역사의 현실들을 뛰어넘고 변화시키는 하나님의 승리가 될 것이다. 그래서 다니엘의 마지막 이상(異像)은 결국 셀류코스 왕조와 프톨레마이오스 왕조가 세력다툼을 하는 정치 판도를 떠나서 좀더 높은 차원으로 옮아간다(12장). 역사의 목표는 어떤 수식어를 가진 인간의 나라도 아니고 어떤 사회적 계획에 따른 이상향도 아닌 바로 '하나님' 나라이다. 다니엘에 의하면 그 나라가 도래하기

---

20) 본서 p. 753에 나오는 에녹과 에스라4서에 대한 언급을 보라. 자세한 논의는 Sigmund Mowinckel, *He That Cometh*, trans. by. G. W. Anderson(NewYork: Abingdon, 1956), chap. 10을 보라.

21) 후대의 편집자들은 이 때를 1290일(12:11)과 1335일(12:12)로 늘려 놓았다.

22) 위경으로 알려진 일단의 문헌에 나오는 솔로몬의 시편은 주전 50년경에 씌어졌다.

전에 "환난"(12:1) — 메시야 시대를 낳는 산고(産苦) — 이 선행할 것이다. "책"에 그 이름이 기록된 신실한 자들은 이 환난을 면할 것이다. 더욱이 이미 죽었던 많은 사람들도 역사의 드라마의 웅장한 성취에 참여하기 위하여 부활할 것이다:

> 땅의 티끌 가운데서 자는 자 중에 많이 깨어 영생을 얻는 자도 있겠고 수욕을 받아서 무궁히 부끄러움을 입을 자도 있을 것이며 지혜 있는 자는 궁창의 빛과 같이 빛날 것이요 많은 사람을 옳은 데로 돌아오게 한 자는 별과 같이 영원토록 비취리라
> — 다니엘 12:2-3.

묵시문학의 가장 큰 공헌 가운데 하나인 이 내세에 관한 교리는 늦게 등장하였다. 영혼의 불멸성에 관한 헬라의 학설과는 달리 이것은 이스라엘의 역사의식으로 물들어 있다. 미래에 관한 이스라엘의 사고방식에 의하면 개인은 구속받은 공동체, 즉 하나님 나라에 참여함이 없이는 충만한 삶을 체험할 수 없다. 그러므로 육신(즉 자아)의 부활은 악의 세력에 대한 하나님의 승리가 완료되는 마지막 때, 역사의 드라마가 완성되는 바로 그때에 일어나는 것으로 묘사된다. 어떤 의미에서 묵시문학은 내세적(other-worldly)이다. 왜냐하면 묵시문학은 역사의 드라마는 현세의 비극적인 투쟁 너머에 있는 하나님의 궁극적인 나라를 가리키고 있다고 선포하기 때문이다. 그러나 그와 똑같이 중요한 다른 의미에서 묵시문학은 철저히 현세적이다. 왜냐하면 현세의 고통은 역사의 대단원을 통해 완성되어야 한다고 하기 때문이다. 몇몇 형태의 동방의 신비주의와는 달리 묵시문학은 현세를 도피하라고 권장하는 것이 아니라 신실한 자들에게 모든 역사의 드라마는 처음부터 끝까지 하나님의 주권적인 계획에 들어 있다는 확신 속에서 현재의 고통에 맞서나갈 것을 호소하고 있다.

구약을 넘어서

다니엘서와 함께 구약의 시대는 막을 내린다 — 우리가 히브리 성경에 포함되어 있는 책들에만 관심을 제한한다면.[23] 구약의 면면에 기록된 이스라엘의 생활사는 예

---

23) 마카베오 상하와 솔로몬의 지혜서 같은 헬라어 구약에 나오는 다른 책들은 실제로 다니엘서보다 약간 더 후대의 것이다. 히브리 성경의 배열에서 다니엘서는 성경목록 마지막에 있는 역대기 사가의 저작들 바로 앞에 나와 있다.

언자들이 말했던 그때, 곧 하나님 나라의 여명이 곧 도래할 것이라는 강렬한 기대로 끝난다. 그러나 메시야 시대가 속히 오리라던 묵시문학적 이상 — 신실한 유대인들로 하여금 안티오쿠스 에피파네스의 폭정에 저항하여 떨쳐 일어나도록 했던 이상 — 은 그후에 역사적인 현실이 되지 못했다. 다니엘이 하나님 나라의 때를 이야기한 것과는 반대로 역사는 통상적인 경로를 따라 진행되었다. 물론 마카베오 혁명은 한동안은 성공적이었다. 그러나 마카베오 가문의 후계자들은 애초에 혁명을 고무시켰던 종교적 열심을 잃어버리고 과거의 정치적인 음모와 사기극으로 되돌아갔다. 성공적인 음모의 대가는 대제사장직을 차지하는 것이었다. 결국 유대인이 독립한 지 대략 백 년이 지난 후 유대인들은 다니엘서의 도식에는 보이지 않았던 제국인 로마제국에 복속되고 말았다. 이스라엘 이야기의 이 국면은 우리의 서술 범위 밖에 있다.

유대교 내의 파벌들

마카베오 혁명의 발발로부터 기독교 시대가 동트는 시기 동안에 종교적인 싸움은 계속되었다. 물론 마카베오 가문의 일원인 요한 힐카누스가 세겜을 점령했던 주전 128년에 폭발한 사마리아인들과의 적대관계와 같은 외적인 갈등의 요소들도 있었다. 그리고 이 시기 전반에 걸쳐 온 세계를 덮는 로마의 그림자는 점점 길어지고 있었다. 그러나 유대교의 바로 심장부에서도 갈등은 진행되고 있었다. 모든 경건한 유대인들은 다니엘서에서 중심적인 것, 즉 토라의 권위, 성전의 제사의식, 하나님 나라가 거룩한 땅을 그 중심으로 한다는 것 등에 동의하였다. 그러나 경건한 유대인들이 이러한 신앙의 교조(敎條)들을 일상세계에서 어떻게 해석해야 하는가와 관련하여 파벌들 간에 차이가 생겨났다.

사두개파로 알려진 집단은 관용과 타협의 정책을 주창하였다. 그들은 제사장이라는 특권과 정치적인 영향력을 지닌 가문 출신들이었기 때문에 이러한 태도는 이해할 만한 것이었다. 그들은 토라의 엄격한 신봉자로 자처하였다 — 그들은 자기들이 엄격하기 때문에 토라와 관련하여 축적된 일단의 구전 율법을 받아들이지 않았다. 그들은 부활에 관한 교리를 거부하였는데, 이는 토라에서 아무런 근거도 찾아볼 수 없었기 때문이었다(막 12:18을 보라). 그리고 마찬가지의 이유로 그들은 천사와 마귀에 관한 신념, 마지막 때에 관한 예언과 같은 묵시문학적 사상의 여러 측면들을 반대하였다. 그들의 역사관은 본질적으로 오경에 대한 제사장적 해석과 동일한 것이었다(pp. 538-541를 보라). 이 제사장적 해석에 의하면 하나님의 계획은 모세에게 계시된 양식에 따라서 형성된 신정(神政) 공동체를 건설한 것으로 성취되었다는 것이다. 그들은 미래를 바라보기보다는 토라, 특히 희생제사와 제사장적 대권을 다루는 규정들에 대한 엄격한 충성을 통해 이미 존재하는 거룩한 공동체를 유지하고자 하였다. 그들은 제사장들의 '현상'(現狀, status quo)에 관심을 가졌기 때문에 외국의 통치자들과 협력하는 정책을 지지했으며 성전 예배를 지속시켜도 좋다는 조건이라면 심지어 어느 정도 헬레니즘과의 타협도 불사하였다.

또다른 편에는 토라에 대한 열심으로 인하여 헬레니즘 문화 및 외국의 통치자들과 타협을 원하였던 유대인들과 충돌하였던 하시딤의 전통에 서 있었던 여러 종교집단들이 있었다. 다니엘서의 저자와 마찬가지로 그들은 현시대가 악한 세력의 지배하에 있다고 믿었기 때문에 하나님께서 개입하여 하나님 나라를 이 땅에 세우시고 유대 백성들에게 거룩한 땅을 회복시켜 주실 그때를 기대하였다. 하시딤의 집단으로부터 마침내 바리새파로 알려진 분파가 생겨났다. 다니엘과 그의 친구들처럼 그들은 유대인을 이방인과 구별하는 관습들, 즉 음식 규례들, 할례, 금식, 기도 등을 철저하게 준수하였다. 어떤 의미에서 그들은 사두개파 사람들보다 더 엄격했지만 또 어떤 의미에서는 훨씬 진보적이었다. 왜냐하면 사두개인과는 달리 바리새인들은 예언서와 같은 토라 이외의 책들에 나오는 가르침들도 받아들였기 때문이다. 더구나 그들은 모세가 기록된 토라를 공포했을 뿐만 아니라 기록된 토라의 의미를 해석해주는 일단의 구전 율법도 공포했다고 믿었다. "장로들의 유전"으로 불린 이 구전 율법은 마침내 미쉬나(Mishnah)에서 성문화되었고(B.C.E. 200년경) 탈무드로 알려진 방대한 책으로 최종적으로 나왔다.[24]

그래서 바리새인들은 기록된 토라의 규례들과 가르침들을 변화하는 생활조건들에 맞춰 적용할 수 있었고 심지어 토라에서 찾아볼 수 없는 육신의 부활과 묵시문학적 하나님 나라와 같은 교리들도 받아들일 수 있었다. 대부분의 바리새인들은 외국의 통치자들에 대한 광신적인 반란을 반대했다. 그들은 하나님께서 그 나라를 세우실 그때를 기다리면서 이 세상에 물들지 않도록 아주 엄격한 구별을 유지하는 길을 택했다. 그러나 바리새파와 밀접한 관계를 갖고 있었던 또하나의 집단인 열심당이 있었는데, 정치활동에 대한 그들의 견해는 마카베오의 혁명노선에 가까웠다.

1947년과 그 이후 여러 해 동안 사해문서의 발견과 사해 북서쪽 끝 와디 쿰란

---

24) 서문과 간략한 설명적인 주를 붙여 히브리어로부터 번역한 H. Danby, *The Mishnah*를 보라 (Oxford: Clarendon Press, 1954). 탈무드는 방대한 총서(叢書)이다. Jacob Neusner, *Invitation to the Talmud*(490)를 보라.

(Wadi Qumran) 어구 근처에 있던 옛 에세네파(또는 이와 밀접하게 관련된 분파) 공동체의 본거지 발굴은 세인의 관심을 집중시켰다. 이 공동체의 매혹적인 이야기들 ― 그들의 역사, 관습, 종교적 신념들 ― 은 우리가 여기서 다룰 성질의 것이 아닐 것이다. 다만 '새 언약'의 공동체로 자처하였던 이 집단은 토라에 대한 수도자적인 헌신을 실천하며 하나님이 악의 세력들을 타도하고 하나님 나라를 이끌어올 역사의 드라마의 마지막을 기다리기 위하여 세상으로부터 스스로를 분리하였다는 것을 말하는 것으로 충분할 것이다. 여러 가지 면에서 이 맹약자들(covenanters)은 초기 마카베오 시대의 하시딤과 비슷했다. 토라에 대한 그들의 열심과 묵시문학적 하나님 나라에 대한 그들의 소망은 성전(聖戰, herem)이라는 고대의 개념을 부활시켰다. 이에 의하면 "어둠의 아들들에 대한 빛의 아들들의 싸움"을 통하여 이방문화에 더럽혀진 이 땅이 정화되어 거룩한 땅으로 바뀔 것이라고 했다. 이 유대교 분파의 종말론적인 신념들과 초기 기독교 공동체의 종말론적 신념들 사이에는 밀접한 유사점들과 아울러 상당한 차이점들이 존재한다.[25]

그러므로 기독교 시대 이전의 두 세기 동안 많은 조류들이 유대교 속에서 활동하고 있었다는 것을 알 수 있다. 다니엘서는 이 창조적인 시기에 나온 수많은 종교적인 문학작품 가운데 하나의 예에 지나지 않는다. 이러한 문학작품 가운데 몇몇은 외경과 위경에 있는 저작들처럼 알려져 있다. 쿰란 사본은 히브리 성경의 일부와 자기 분파의 지침서들뿐만 아니라 수많은 장서(臧書)들을 포함하고 있는데, 그 장서들의 단편(斷片)들은 공동체의 본부 가까이에 있는 동굴들에서 발견되었다.[26]

그러나 이 시기에 나온 모든 유형의 문학 ― 지혜문학, 역사서, 단편(短篇), 시편, 토라 해석서 ― 가운데에서 가장 유행했던 것은 묵시문학이었다. 신앙이 가장 혹독한 시험을 당하던 고통의 시기에 경건한 유대인들은 다가오는 하나님 나라를 소망하였다. 그리고 "예언자들의 뚜렷한 계승"은 에스라 시대에 끝났고(Josephus, *Against Apion*, i, 8) 예언은 완전히 그쳤다고 믿어졌기 때문에(마카베오상 9:27을 보라) 익명의 작가들은 그들의 예언을 아담, 에녹, 노아, 모세와 같은 옛 시대의

---

25) Frank M. Cross, Jr., *The Ancient Library of Qumran*(513), pp. 216-30; "The Early History of the Apocalyptic Community at Qumran"(112), pp. 326-42를 보라.

26) 이러한 고고학적 발견 덕분에 우리는 저 유명한 이사야 두루마리와 같은 히브리 성경의 상당히 많은 필사본을 갖게 되었다(p. 26를 보라). 이 발견 이전에는 출애굽기 20장과 신명기 5-6장의 몇몇 구절들이 들어 있는 소규모의 나쉬 파피루스(주후 1세기)를 제외하면 히브리 성경의 가장 오래된 사본들은 주후 9세기나 그 이후의 것이었다. 쿰란의 장서에는 에스더서를 제외한 히브리 성경의 모든 책이 적어도 단편적인 형태로라도 전부 나와 있다.

인물들 또는 예레미야, 바룩, 다니엘, 에스라와 같은 예언의 중단 이전의 세대에 살았던 인물들에게 주어진 계시(즉, 묵시록)라는 형식으로 나타내었다. 하나님 나라에 대한 묵시론적인 소망은 초기 기독교 공동체에 크게 영향을 준 것 가운데 하나였다.

이스라엘 성경의 정경

토라에 대한 열심은 유대교를 하나로 묶는 힘이었다는 것은 분명하다. 그러나 이 시기의 문학과 분파 운동이 보여주듯이 이 결속된 공동체 안에도 상당한 풍요로움과 다양성이 있었다. 쿰란 공동체에 관한 연구에 의해 열려진 새로운 지평들은 "구약을 줄기로 한 이 나무는 많은 가지를 갖고 있었으나 나중에 그 가지들은 잘려나가거나 말라죽어버렸다"[27]는 것을 보여준다. 이렇게 "잘려나간 것"과 "말라죽어버린 것"은 로마 시대, 특히 성전이 파괴되어 다시는 서지 못했고 유대인들은 흩어지거나 살해되어 팔레스타인에서 시시한 존재가 되어 버린 결과를 가져온 주후 66-70년의 전쟁으로 유대인의 민족주의가 철퇴를 얻어맞은 유대교의 무시무시한 시련들 가운데서 일어났다. 성전과 불가분의 관계를 맺고 있었던 사두개파는 이 재난으로 말미암아 그들의 존재이유(raison d'etre)가 없어지고 말았다. 쿰란의 맹약자들 가운데 다수도 이 싸움에서 죽었고, 고고학적 발굴로부터 알 수 있듯이 그들의 본부도 파괴되었다. 오직 바리새인들만이 살아남아 위세를 부렸다. 기록된 율법에 대한 융통성 있는 해석과 회당 예배의 지지로 인하여 그들은 이러한 위기에 대처할 수 있었고 다음 세대의 유대교에 바리새파적 사상을 각인시킬 수 있게 되었다.

예루살렘의 멸망과 제2성전의 파괴로 인해 생겨난 유대교의 위기는 이스라엘로 알려진 백성의 정체성에 관한 문제를 새로운 방식으로 제기하였다. 우리의 연구에서 우리는 이 문제는 이집트에서의 종살이에서 역사적으로 구원받으면서 공동체가 생겨난 이래로 지속되어 왔다는 것을 앞에서 살펴보았다. 지파동맹으로부터 왕정으로의 이행과 같은 사회적 변화기에 이러한 질문은 피할 수 없었다. 실제로 예언의 메시지의 다수는 다양한 신학적 강조점을 지닌 새로운 상황들에 대한 응답으로 이해되어야 한다. 정치적 재난의 시기, 특히 주전 587년의 예루살렘의 멸망과 백성들의 다수가 고향 땅으로부터 뿌리뽑혀 포로로 잡혀간 시기에 이 '정체성 위기'는 하나님의 목적의 뿌리깊은 연속성을 보여준 제사장들과, 야훼께서 곧 행하실 '새로운 것'

---

27) Millar Burrows, *The Dead Sea Scrolls*(New York: Viking Press, 1955), 345.

(Nobum) ― "새 일"(사 43:19) ― 을 선포하였던 예언자들과 지혜와 토라의 일치를 인식하였던 지혜자들에 의해 해결되었다.

또한 우리의 연구에서 이스라엘의 정체성과 소명 및 야훼의 정체성과 신실성 모두에 의문을 제기하게 만든 이러한 위기들은 진공상태에서 해결의 실마리를 찾아나간 것이 아니었음이 분명해졌다. 현재는 과거로부터 전해받은 유산에 호소하거나 그것을 재해석함으로써 이해되었다. 하나님은 구전이든 기록된 형태든 그 둘 모두이든 거룩한 전승을 보존하고 현재화하는 영감받은 대변인들을 통하여 "여러 부분과 여러 모양으로"(히 1:1) 백성들에게 말씀하셨다.

기독교 시대가 동트기 전후의 세기들에서 유대교에 닥친 새로운 위기는 전승 전체의 '안정화'와 '고정화'를 위한 큰 추진력을 제공해 주었다. 유대교의 생명의 중심 ― 거룩한 땅의 성전 ― 이 상실됨으로써 전승이 여러 문화적 영향력들에 의해 왜곡되거나 약화되고 생명의 중심으로부터 떨어져 나간 유대인들은 자신들의 정체감과 소명의식을 잃어버릴 위험이 제기되었다. 그 결과 '성경'(즉, 기록되어 있는 것)과 '정경'(신앙과 실천에 규범이 되는 저작들)에 관한 관심이 고조되었다.

한때 팔레스타인 해안지방에 있는 야브네 또는 얌니아(기독교계에서 사용하는 이름)에 세워진 학교에서 있었던 랍비들의 논의들에 커다란 강조점이 두어졌다. 이 학교는 예루살렘이 처절한 포위 공격을 받고 있을 때 그곳에서 탈출해 나온 요하난 벤 자카이(Johanan ben Zakkai)라는 랍비에 의해 설립되었다. 얌니아는 가장 유능하고 박식한 몇몇 유대인 지도자들을 영입해옴으로써 바리새파 유대교의 중심지가 되었다. 학자들은 '얌니아 회의'가 주후 90년경 개최되었다고 공식적으로 말하였다.

그러나 지금은 '정경성'(canonicity)이라는 문제는 신학적이고 기독론적인 문제들을 다루었던 초대 기독교 공의회들(예를 들면, 니케아 공의회)과 유사한 방식으로 회의와 토론을 거쳐 결정된 것이 아니었다는 인식이 점차 증대되고 있다. 어떤 유대인 학자는 얌니아 회의가 일종의 현대식 대표자 대회로서 랍비들이 어떤 의제를 두고 토론을 벌여 투표를 통해 구속력 있는 결정에 도달하였을 것이라고 생각하지 말라고 경고하고 있다. "정경이라는 것은 수십년의 세월에 걸친 의견들의 수렴의 문제로서 주전 90년은 마무리 단계의 연대는 될 수 있지만 정경을 확정한 연대는 결코 아니었다"[28]고 그는 말한다.

---

28) Samuel Sandmel, *The Hebrew Scriptures*(45), p. 14, 각주 6. 또한 Jack P. Lewis, "What Do We Mean by Jabneh?", *Journal of Bible and Religion* 32(1964), 125-32를 보라.

정경 비평

앞에서 유대교의 건축자인 에스라와 관련하여(제15장) 우리는 정경이라는 문제를 간략하게 언급했었다. 문자 그대로 '잣대' 또는 '규준'을 뜻하는 이 단어는 보통 공동체의 신앙과 삶의 '준칙'에 부합하는 거룩한 저작들을 가리킨다고 말했다.

그러나 이것은 성경의 정경, 특히 '정경 비평'에 관한 최근의 논의들을 올바로 다루고 있지 않은 협소한 정의이다. 두 가지 주요한 견해들이 나왔다.

브레바드 차일즈(Brevard Childs, 특히 *Introduction to the Old Testament as Scripture*(37)를 보라)에 의해 주창된 첫번째 견해는 성경의 책 또는 정경의 단위(예를 들면, 오경)의 최종적인 형태에 주안점을 둔다. 차일즈가 말하는 최종적인 형태라는 것은 주어진 자료를 백성들의 삶의 새로운 상황에 맞추어 개정한 편집자들에 의해 형성된 형태를 의미하는 것이 아니다. 그런 유의 연구 또는 다른 유형의 역사 비평(자료비평, 양식비평, 수사비평)은 우리가 최종적인 본문의 전사(前史)를 이해하는 데 도움을 줄 수 있다. 그러나 차일즈는 만약 정경 비평이 역사비평 방법론에 추가되거나 최후를 장식하는 또하나의 유형의 비평을 뜻한다면 자신의 접근방식이 '정경 비평'으로 간주되기를 원하지 않는다. 그는 여러 가지 유형의 역사 비평은 본문 배후로 나아가서 하나님의 백성의 삶에서 본문 이전 또는 역사 이전의 상황들을 재구성하려고 한다고 주장한다. 그러나 한 책을 '정경적 맥락'에서 읽는다는 것은 신앙 공동체가 예배와 가르침에서 사용할 수 있도록 형성한 형태 그대로, 즉 하나님의 말씀을 '주어진' 기록된 형태를 통해 매개하고 있는 '성경'으로 그 책을 읽는다는 것이다. 예를 들면, 오경(토라)은 각 부분들이 서로 연관되어 있는 작품, 전체가 부분들의 합보다 더 큰 작품으로 보고 "총체적으로"(holistically) 읽어야 한다는 것이다. 이와 같은 원리는 전체 안에 들어 있는 각각의 책, 예를 들면 창세기에도 적용되는데, 그 각각의 최종적이고 정경적인 형태는 "창조와 축복, 심판과 용서, 구속과 약속 속에서 공동체를 위한 하나님의 활동에 대한 진실한 증언으로서 공동체의 신앙과 삶을 기여한다"(*Introduction*, p. 158).

제임스 샌더스(James A. Sanders, *Torah and Canon*(85)과 *Canon and Community*(86)를 보라)에 의해 주창된 또다른 견해는 '정경화 과정'에 주안점을 둔다. 이것은 하나님의 말씀이 신앙 공동체에 그들의 유산으로 전해진 이스라엘의 전승사의 전범위가 역사에서 언제나 새로운 상황들 속에서 다시 취해지고 현재화된다는 것을 의미한다. "성경은 전승의 현재화 작업에서 믿을 만한 교과서이다"(*Canon and Community*, p. 27)라고 그는 말한다. 물론 "정경 비평은 최종적인 형태가 획득된 그 지나가는 순간에 신앙 공동체가 무엇을 염두에 두고 있었는지에 대단한 관심을 갖는다." 그러나 그 "순간"에만 관심을 집중하지는 않는데, 이는 일단 본문이 "최종적인 형태로 굳어지게" 되면 공동체는 "그것을 부수고 자신들의 목

> 적과 필요들에 재적용할" 방식들을 찾았기 때문이다(ibid., p. 25). 주전 6세기 예
> 루살렘의 첫번째 멸망 후의 시기, 특히 주후 1세기 예루살렘의 두번째 멸망을 전후
> 한 시기와 같은 "강도높은 정경화 과정의 시기들"이 있었지만, '전승'은 심지어 성
> 경으로 확고하게 고정되어 있을 때조차도 언제나 "삶에 맞춰 개작될 수 있으며" 신
> 앙 공동체에 대하여 "'정체성'과 '생활양식'이라는 두 가지 본질적이고도 실존적인
> 문제"에 대답해 줄 수 있음이 밝혀졌다"(ibid., pp. 28ff.).
>
> 독자들은 본서의 이야기/역사 접근방식이 성서적 유대교의 후기에 전승들에 부
> 여된 최종적인 '경전적' 또는 '정경적' 형태를 지나치게 중시하는 듯이 보이는 해석
> 학적 자세보다는 이른바 '정경화 과정'에 더 기울어져 있다는 것을 알아차릴 것이
> 다.

얌니아에서 있었던 랍비들의 논의들은 매우 영향을 끼쳤을 것은 틀림없지만 결
정적인 것은 아니었다. 이 회의 훨씬 전에 '정경'의 주요 윤곽은 이미 형성되어 가
는 과정에 있었다. 우리가 앞 장에서 살펴보았듯이 토라(오경)는 에스라에 의해 포
로기 이후 언약공동체의 권위있는 토대로 공포되었고, 그날 이후로 토라는 유대인의
삶에서 유일무이한 위치를 차지하게 되었다. 더욱이 주전 200년 직후에 예언서(전기
와 후기)로 알려진 모음집이 성경으로 여겨졌다 ─ 예를 들면 집회서(B.C.E. 130
년경)의 머리말에 나오는 것처럼.

신약 시대 무렵에는 "율법과 예언자"는 유대인 성경을 나타내는 확립된 표현이
었다(마 22:40; 눅 24:27). 이와 아울러 성문서(Hagiographa)라 불리는 여러 가
지 문학작품들로 된 제3의 모음집이 점차로 형성되기 시작했다. 이러한 책들 가운데
하나인 시편은 예배에 사용됨으로써 성경적 중요성의 위치를 획득하게 되었다(눅
24:44을 보라). 따라서 얌니아 회의보다 상당히 이전에 신앙 공동체는 자신들의 삶
과 예배에서 중심을 이루는 몇몇 책들의 권위를 인정하고 있었던 것이다.

그러나 토라의 권위있는 핵심부분을 제외하고는 유대인 성서의 경계에는 상당한
유동성이 있었다는 것이 점점 분명해졌다. 이러한 유동성을 확연하게 보여주는 증거
는 팔레스타인 자체에서 나왔다 ─ 앞에서 언급한 쿰란 수도원으로부터. 마카베오
형제들이 활약하고 있을 때 세워진 에세네 공동체의 장서에는 저 유명한 이사야 필
사본과 같은 '성서'의 책들과 시편, 호세아서, 하박국서, 나훔서 같은 성서에 대한
수많은 주석서들이 포함되어 있었다 ─ 이것은 우리가 예상할 수 있는 것이었다. 그
러나 이와 아울러 이 장서에는 풍부하고 다양한 외경과 위경에 속할 저작들이 들어
있었는데, 그것들 가운데 어떤 것들은 이전에 거의 알려지지 않았던 것들이었다.[29]

이 모든 것들을 보고 한 학자는 이렇게 말하였다: "다원주의는 정경이라는 개념에 관한 책임있는 인식의 일부이다."[30]

'성경'의 이해에서의 이러한 유동성을 보여주는 또다른 증거는 알렉산드리아의 헬레니즘적인 유대인들이 이루어 놓은 구약의 헬라어 번역(칠십인역)에서 찾아볼 수 있다. 기본적인 단계에서 연구자는 성경 본문 자체를 확정하는 문제(이른바 본문 비평)에 부딪치게 된다. 우리가 전해받은 히브리어 본문과 헬라어 역본 사이의 많은 차이들은 여러 가지 방식으로 설명되어 왔다. 한 가설에 의하면 성서적 유대교 시대에 몇 가지의 본문 전승들이 있었다는 것이다: a) 칠십인역의 토대가 된 이집트 본문; b) 사마리아 오경을 포함한 팔레스타인 본문; c) 결국 표준판(맛소라) 본문으로 채택되었고 오늘날 성경 히브리어를 배우는 학생들이 연구하는 본문인 바벨론 본문. 또다른 견해에 의하면 본문 전승의 "원류"가 있었고 그 곁에 여러 지류들이 있었다는 것이다.[31]

나아가 헬라어 역본은 성경으로 간주된 책들의 숫자와 관련해서도 융통성이 있었음을 보여준다. 다음 도표에서 볼 수 있듯이 이집트의 유대인들은 우리가 현재 히브리 성경에서 찾아볼 수 있는 것보다 더 많은 수의 책들을 번역해 놓았다. 팔레스타인의 유대인들과 알렉산드리아의 유대인들이 서로 다른 개수(個數)를 성경으로 사용하고 있었다는 사실은 성경의 범위에 관한 불확실성을 보여주고 있는 듯이 보인다. 그러므로 초대 기독교회의 신학자들이 구약의 범위에 관하여 명확하지 않았다는 것은 놀라운 일이 아니다. 라틴어 역본인 불가타를 번역한 위대한 학자인 제롬(342-419년경)은 '바벨론' 전승을 따랐고 칠십인역에 있는 '그밖의' 저작들을 부차적인 것으로 취급하는 경향을 보여주었다. 그러나 그와 동시대인인 아우구스티누스(주후 354-430년)는 구약 목록에 기독교회에서 사용된 칠십인역의 성경전승에 있는

---

29) Frank M. Cross, Jr., *The Ancient Library of Qumran*(513), 30-47을 보라.

30) J. A. Sanders, *Canon and Community*(521), p. 15.

31) 자세한 논의는 J. A. Sanders, "Text and Canon: Concepts and Method", *Journal of Biblical Literature* 98(1979), 5-29를 보라.

32) 이 문제는 16세기에 전면에 부각되었다. 개신교 개혁자들은 성경으로 되돌아갈 것을 주장하면서 히브리 성경에 들어있지 않은 책들을 배제할 것을 요구하였다. 문제의 저작들은, 이 책들은 읽어도 되지만 정경과 똑같이 취급되어서는 안된다는 설명문과 함께 '외경'이라는 별도의 편을 만들어 구약의 끝이나 성경 전체의 끝에 실리게 되었다. 로마 가톨릭 교회는 트렌트 공의회(주후 1545-1563년)에서 원정경과 제2정경을 모두 포함하는 넓은 의미의 정경을 공식적으로 채택했다. 제2정경을 정경으로 받아들인 것은 기독교 전례에서 이 책들이 오랫동안 사용되어 왔다는 데 그 근거를 두고 있었다.

책들도 포함시켜야 한다고 주장했다. 이른바 '구약'의 범위에 대한 불확실성은 기독교 공동체에서도 오랫동안 계속되었다.[32]

그러나 유대인 공동체에서는 정경 문제는 얌니아 학교가 랍비들의 논의들을 주도함으로써 주후 100년경에 어느 정도 일단락되었다. 물론 거기에서 표명된 랍비들의 의견은 '비공식적인' 것, 즉 '공의회적인 것'이 아니었지만, 그후의 토의와 유대인 공동체의 필요에 의해 그 의견들은 타당한 것으로 받아들여졌다.[33] 주된 불확실성은 성문서에 속하는 책들에 관한 것이었다. 토라의 권위에 관해서는 의문의 여지가 없었고, 이때쯤 해서는 예언서의 범주에 속하는 책들의 숫자에 관하여서도 대체적인 의견일치가 있었다. 이 논의에서 주된 판별기준은 성경적 토라와의 조화였다고 추론하는 것은 타당하다. 예를 들면, 에스더서는 난점들이 있는 것으로 여겨졌다. 왜냐하면 겉으로 보기에 세속적인 성격을 갖고 있다는 것 외에도 에스더는 토라에 명확한 근거 규정이 없는 절기(부림절)를 다루고 있기 때문이다. 에스겔서에 대해서도 의문을 제기하는 랍비들이 몇몇 있었다. 왜냐하면 몇 가지 점에서 에스겔서는 토라의 규정들과 상충하는 듯이 보였기 때문이다(예를 들면, 겔 46:6과 민 28:11을 비교해보라). 탈무드에 의하면 오늘날의 학생들이 문제를 풀 때까지 "한밤을 불을 밝혔다"고 말하는 것처럼 한 랍비는 삼백 단지의 기름을 사용하였다고 한다. 구전 율법에 바탕을 둔 바리새파의 해석상의 자유는, 성경적 토라와의 조화라는 원칙은 융통성있게 적용될 수 있다는 것을 의미하였다.

랍비들이 적용한 또하나의 원칙은 예언은 포로기 이후 시대인 에스라 시대 직후에 끝났음을 전제한 예언적 영감의 교리였다. 이 견해에 의하면 학개, 스갸랴, 말라기는 마지막 예언자들이었다. 왜냐하면 그들의 죽음과 함께 "성령이 이스라엘을 떠났기" ― 랍비들이 말한 대로 ― 때문이었다. 그러므로 예언적 영감이 끝나기 이전에 나온 저작들만이 종교적인 권위를 지니고 있는 것으로 간주되었다. 랍비들은 마카베오 혁명과 주후 66-70년의 전쟁과 긴밀하게 연관되어 있는 좀더 최근의 예언(묵시)운동은 팔레스타인에서의 역사적 비극에 의해 결국 그릇되었음이 입증되었다고 믿었기 때문에 이러한 판별기준이 채택되었을 것이다. 어쨌든 이 원칙으로 인해 집회서나 마카베오 상하처럼 헬레니즘 시대에 나왔다고 알려진 책들은 자동적으로 정경에서 제외되었다. 랍비들은 아가서와 전도서에 대해서도 심각한 의문을 제기했지만 이 책들은 솔로몬이 썼다는 가정 아래 정경으로 받아들여졌다.

---

33) Alfred C. Sundberg, Jr. [522], chap. 8 "The Jewish Canon"을 보라.

구약 정경

히브리 성경 또는 맛소라 본문	칠십인역 또는 헬라어 역본
I. 토라오경 모세의 다섯 책으로서 각각은 처음 나오는 단어들에 따라 명명되어 있다.	**오경** 창세기 출애굽기 레위기 민수기 신명기
II. 느비임(예언서) **전기 예언서** 　여호수아 　사사기 　사무엘상하 　열왕기상하	**역사서** 　여호수아 　사사기 　룻기
후기 예언서 　이사야 　예레미야 　에스겔	왕국기 Ⅰ-Ⅱ (사무엘상하) 　왕국기 Ⅲ-Ⅳ (열왕기상하) 　파랄리포메논 Ⅰ-Ⅱ (역대기상하) 　에스드라A[a]
십이 소예언서: 　호세아, 요엘, 아모스, 　오바댜, 요나, 미가, 　나훔, 하박국, 스바냐, 　학개, 스가랴, 말라기	에스드라B (에스라-느헤미야) 　에스더 (부록추가) 　유딧서 　토빗서 　마카베오 Ⅰ-Ⅱ 　마카베오 Ⅲ-Ⅳ[b]
III. 케투빔 (성문서) 　테힐림 (찬양의 노래들) 　욥기 　잠언 　절기 두루마리들: 　　룻기, 아가, 전도서, 　　예레미야 애가, 에스더 　다니엘 　에스라-느헤미야 　역대기상하	**시와 지혜** 　시편 　솔로몬의 시 (므낫세의 기도 포함)[c] 　잠언 　전도서 　솔로몬의 노래 (아가) 　욥기 　솔로몬의 지혜 　집회서 (벤 시라의 지혜) 　솔로몬의 시편

<table>
<tr><td></td><td>**예언적 저작들**</td></tr>
<tr><td></td><td>십이 소예언서: 호세아, 아모스, 미가,
　　　　요엘, 오바댜, 요나, 나훔,
　　　　하박국, 스바냐, 학개,
　　　　스가랴, 말라기</td></tr>
<tr><td></td><td>이사야</td></tr>
<tr><td></td><td>예레미야</td></tr>
<tr><td></td><td>바룩</td></tr>
<tr><td></td><td>애가</td></tr>
<tr><td></td><td>예레미야의 편지[d]</td></tr>
<tr><td></td><td>에스겔</td></tr>
<tr><td></td><td>다니엘(다음이 추가됨):
　수산나 이야기
　세 아이의 노래
　벨과 용 이야기</td></tr>
</table>

* 이 목록을 가톨릭 정경의 제2경전이 나와 있는 pp. 20-22의 목록과 비교해보라.

a. 에스드라A는 개신교 외경에서는 에스드라1서이고 불가타 역본에서는 에스드라3
   서이다. 개신교 외경에는 주후 1세기 말기에 나온 에스드라 2서라 불리는 묵시문
   학적인 책이 포함되어 있다. 트렌트 공의회 이래로 이 저작들은 로마 가톨릭의 불
   가타 역본의 신약 부록으로 인쇄되었는데, 거기서 이것들은 에스드라3서와 4서로
   불리고 있다. 에스드라2(4)서의 주요 부분(3-14장)의 헬라어 본문은 실전(失傳)
   되었다.

b. 고대 교회의 일부 지역에서 널리 유포되어 있었지만 이 저작들은 정경으로서의 인
   정을 받지 못했다.

c. 역대기 33:11-13에 나오는 후대의 전승에 토대를 둔 이 아름다운 기도는 개신교
   외경에는 별도로 실려 있다.

d. 예레미야가 주전 597년 유대인 포로들에게 보냈다고 추정되는 이 편지는 흔히 바
   룩서에 부가되어 있다. 이 책은 RSV에서는 외경편에 따로 실려 있다.

끝으로, 랍비들은 헬라어가 예언적 영감의 시대에는 사용되지 않았다는 이유로 헬라어로 씌어진 책들도 제외하였다. 이러한 근거 위에서 솔로문의 지혜서와 같은 저작들은 이스라엘 전승의 위대한 인물들의 이름으로 공표되었어도 배척당했다.

이러한 판별 기준들은 다소 자의적이라고 우리는 놀랄지도 모르겠다. 만약 예를 들면 어떤 근거가 발견되어 집회서나 쿰란 공동체의 몇몇 시편들을 정경에 포함시켰다고 한다면, 그것은 유대인의 성경을 전혀 손상시키지 않았을 것이 분명하다. 그러나 우리는 현재 히브리 성경에서 찾아볼 수 있는 대부분의 저작들의 권위에 관한 문제는 정경의 마감 이전에, 특히 공동체의 예배 관행 속에서 이미 대답되어 있었다는 것을 기억해야 한다. 신앙 공동체를 향하여 권위를 가지고 말하였던 저작들은 정성껏 보존되고 사용되었다.

이스라엘의 순례

이 책에서 다루어진 내용을 다 살펴보고 마무리하는 순간에 잠시 멈춰서니 한 가지 뚜렷하게 부각되는 것이 있다: 구약은 이스라엘 공동체가 형성된 때로부터 신앙의 호된 시련기였던 마카베오 시대에 이르기까지 이스라엘이 겪은 역사적 체험들의 기억과 그에 대한 해석들을 보여준다는 것이다. 구약은 이스라엘의 삶의 이야기이다. 이 이야기는 하나님이 이 백성을 은혜 가운데 부르셔서 특별한 책임을 수행하도록 열방들로부터 구별하였으며 우주의 창조주이며 인간 역사의 통치자인 분의 종이 되어 이를 증거할 과업을 맡기셨다는 확신과 동떨어져서는 제대로 말할 수 없는 이야기이다. 자신의 거룩한 과거를 기억하고 그 전승들을 보존하였기 때문에 '순례의 백성'은 미래 ─ 새 언약, 새 창조, 하나님 나라의 때 ─ 로 얼굴을 향한 채 현재 속에서 살아갈 수 있었다. 이스라엘의 성경은 완결되지 않은 드라마처럼 끝을 맺고 있다. 바리새파 유대교에 의하면, 이스라엘의 순례는 히브리 성경을 거쳐 탈무드로, 그리고 메시야를 대망하는 지속적인 삶으로 이어진다고 한다. 초대 기독교 공동체에 의하면 하나님 백성의 순례는 구약을 거쳐, 토라와 예언자를 폐하기 위해서가 아니라 완성하기 위하여 온 그리스도, 곧 예수로 이어진다고 한다.

연대표

	B.C.E.	Egypt	Palestine and Syria	Mesopotamia (and Asia Minor)
(Middle Bronze Age)	2000 to 1900	XII Dynasty	Egyptian Control	Third Dynasty of Ur (c. 2060–1950) Hurrian Movement Amorite Invasion
	1900 to 1800	XII Dynasty		First Babylonian Dynasty (c. 1830–1530)
	1800 to 1700	Hyksos Invasion (c. 1720)	Abraham	The Mari Age Hammurabi (c. 1728–1686)
	1700 to 1600	Hyksos Rule (XV to XVI Dynasties) XVII (Theban Dynasty)	Hyksos Control Descent of Jacob family into Egypt	Decline of Babylonia
(Late Bronze Age)	1600 to 1500	XVIII Dynasty Ahmose (c. 1552–1527) Expulsion of Hyksos	Egyptian Control	Old Hittite Empire (c. 1600–1500)
	1500 to 1400	Thutmose III (c. 1490–1436)		Kingdom of Mitanni (c. 1500–1370)
	1400 to 1300	Amenhotep III (c. 1403–1364) Amenhotep IV or Akhnaton (c. 1364–1347)	Amarna Age (c. 1400–1350) Egyptian Weakness	New Hittite Empire (c. 1375–1200) Rise of Assyria (c. 1356–1197)
	1300 to 1200	XIX Dynasty: Seti I (c. 1305–1290) Rameses II (c. 1290–1224) Merneptah (c. 1224–1211)	Egyptian Revival (The Exodus, c. 1280) Israelite Conquest (c. 1250–1200) Merneptah's Victory (c. 1220)	Assyrian Dominance
(Iron Age)	1200 to 1100	XX Dynasty (c. 1185–1069) Sea Peoples defeated by Rameses III (c. 1175) Egyptian decline	Period of the Judges (c. 1200–1020) Philistines settle in Canaan Battle of Megiddo (c. 1125)	Collapse of Hittite Empire Assyrian decline
	1100 to 1000	XXI Dynasty (c. 1069–935) Egyptian decline	Philistine ascendancy Fall of Shiloh (c. 1050) Samuel and Saul (c. 1020–1000)	Brief Assyrian revival Tiglath-pileser I (c. 1116–1078)

B.C.E.	Egypt	Palestine	Phoenicia	Mesopotamia
(Iron Age) *1000 to 900*	Decline XXII Dynasty Shishak I (c. 935–914) Shishak invades Judah c. 918	THE UNITED KINGDOM David, c. 1000–961 Solomon, c. 961–922 Division of the kingdom at death of Solomon, c. 922 THE DIVIDED KINGDOM JUDAH ISRAEL DAVIDIC DYNASTY: Rehoboam, Jeroboam I, c. 922–915 c. 922–901 Abijah (Abijam), c. 915–913 Asa, c. 913–873 Nadab, c. 901–900	Hiram I, c. 969–936	Assyrian Decline Assyrian Revival
900 to 850	Egyptian Weakness	Baasha, c. 900–877 Elah, c. 877–876 Zimri, c. 876 (7 days) *Omri Dynasty:* Omri, c. 876–869 Ahab, c. 869–850 (*Elijah,* c. 850) Ahaziah, c. 850–849 Jehoram, c. 849–843/2 Jehoshaphat, c. 873–849 Jehoram, c. 849–843 Ahaziah, c. 843/2	SYRIA Ben-hadad I, c. 885–870 Ben-hadad II, c. 870–842 Hazael, c. 842–806	Adad-nirari II, c. 912–892 Ashur-nasir-apal II, c. 884–860 Shalmaneser III, c. 859–825 Battle of Qarqar, 853
850 to 750	Decline	*Jehu Dynasty:* Jehu, c. 843/2–815 Joahaz, c. 815–801 J(eh)oash, c. 802–786 Jeroboam II, c. 786–746 (*Amos,* c. 750) (*Hosea,* c. 745) Zechariah (6 mos.), c. 746–745 Athaliah, c. 842–837 Joash, c. 837–800 Amaziah, c. 800–783 Uzziah (Azariah), c. 783–742		(Jehu pays tribute, 841) Shamshi-Adad V, c. 824–812 Adad-nirari III, c. 811–784 Decline

B.C.E.	Egypt	Palestine		Mesopotamia
		DIVIDED KINGDOM		
		JUDAH	ISRAEL	SYRIA	ASSYRIA
750 to 700	Decline	Jotham (regent), c. 750–742 Jotham (king), c. 742–735 (*Isaiah*, c. 742–700) Jehoahaz (Ahaz), c. 735–715 Invasion by Syro-Israelite Alliance, 735	Shallum (1 mo.), c. 745 Menahem, c. 745–737 Pekahiah, c. 737–736 Pekah, c. 736–732	Rezin, c. 740–732	Tiglath-pileser III, c. 745–727 EXPANSION OF ASSYRIAN EMPIRE
		SYRO-ISRAELITE ALLIANCE			
		(*Micah*: before 722 to c. 701)	Hoshea, c. 732–724 FALL OF SAMARIA 722–721	FALL OF SYRIA, 732	Siege of Damascus, 732 Shalmaneser V, 726–722 Siege of Samaria, 722/721 Sargon II, 721–705 Siege of Ashdod, 712 Sennacherib, 704–681 Invasion of Palestine, 701
	XXV Dynasty (Ethiopian) c. 716/15–663	JUDAH Hezekiah, c. 715–687/6			

700
to
600
	Tirhakah, c. 685/4–664
	Invasion by Assyria, 671
	Sack of Thebes, 663, by
	   Ashurbanapal
	
	XXVI Dynasty, c. 664–525
	   Psammetichus I
	    c. 664–610
	
	Necho II, 610–593
		Manasseh, 687/6–642
		Amon, 642–640
		
		Josiah, 640–609
		   First show of Judean
		    independence, 629
		   (*Zephaniah*, c. 628–622)
		   (*Jeremiah*, c. 626–587)
		Josiah's "Deuteronomic
		   Reform," 621
		
		Death of Josiah at Megiddo,
		   609
		
		Jehoahaz II (Shallum),
		   609 (3 mos.)
		Jehoiakim (Eliakim),
		   609–598/7
		   (*Habakkuk*, c. 605)
				Esarhaddon, 680–669
				   Invasion of Egypt, 671
				
				Ashurbanapal, 668–627
				
				RISE OF BABYLONIA
				
				Nabopolassar, 626–605
				
				Fall of Ashur to Medes,
				   614
				Fall of Nineveh to Medes
				   and Babylonians, 612
				Babylonian defeat of As-
				   syrians and Egyptians
				   at Haran, 609
				Battle of Carchemish, 605
				
				FALL OF ASSYRIA

B.C.E.	Egypt	Palestine	Mesopotamia
		THE BABYLONIAN EMPIRE	BABYLONIA
	Apries (Hophra), 589–570	Jehoiachin (Jeconiah), 3 mos., 598–597 First Deportation to Babylonia, 597 Zedekiah (Mattaniah), 597–587 FALL OF JERUSALEM SECOND DEPORTATION, 587	Nebuchadrezzar, 605/4–562
		BABYLONIAN EXILE *Ezekiel,* c. 593–573	
600 to 500			Nabonidus, 556–539 (his son: Belshazzar) RISE OF PERSIA Cyrus II, 550–530 Defeat of Media, c. 550 Invasion of Lydia, c. 546
		(*Second Isaiah,* c. 540) Edict of Cyrus, 538	FALL OF BABYLON, 539
		THE EMPIRE OF PERSIA	
	Conquest by Persia, 525	THE RESTORATION JUDAH Return of exiles Rebuilding of Temple, 520–515 (*Haggai*) (*Zechariah*)	Cambyses, 530–522 Darius I, 522–486
500 to 400	Egypt under Persian rule, 525–401	(*Malachi,* c. 500–450) Ezra's mission, 458 (?) Nehemiah arrives, 445 Ezra's mission, c. 428 (?)	PERSIA Xerxes I (Ahasuerus), 486–465 Artaxerxes I (Longimanus), 465–424 Xerxes II, 423 Darius II, 423–404
		Ezra's mission, c. 398 (?)	Artaxerxes II (Memnon), 404–358 Artaxerxes III, 358–338 Arses, 338–336 Darius III, 336–331

B.C.E.	Egypt	Palestine	Mesopotamia
		EMPIRE OF ALEXANDER THE GREAT, 336–323	
400 to 300	*Ptolemaic Kingdom* Ptolemy I, 323–285	Egyptian Control	*Seleucid Kingdom* (Mesopotamia and Syria) Seleucus I, 312/11–280
300 to 200	Ptolemy II, 285–246 Ptolemy III, 246–221 Ptolemy IV, 221–203	Egyptian Control	Antiochus I, 280–261 Antiochus II, 261–246 Seleucus II, 246–226 Seleucus III, 226–223 Antiochus III, 223–187
200 to 100	Ptolemy V, 203–181 Ptolemy VI, 181–146 Ptolemy VII, 146–116	Seleucid (Syrian) Conquest, 200–198 MACCABEAN REVOLT, 168 (167) Judas, 166–160 Jonathan, 160–143 Simon, 143–134 John Hyrcanus, 134–104 Conquest of Shechem, 128	Seleucus IV, 187–175 Antiochus IV (Epiphanes), 175–163 Antiochus V, 163–162 Demetrius I, 162–150 Alexander Balas, 150–145 Demetrius II, 145–138 Antiochus VI, 145–141 Antiochus VII, 138–129
100 to C.E.	Roman Conquest, 30	Pompey captures Jerusalem, 63 THE EMPIRE OF ROME	Roman occupation of Syria, 63

참고문헌

No attempt has been made to mention all important books on Old Testament subjects or even to include everything referred to in footnotes. Rather, the list includes selected basic works which will be valuable to the student who for the most part is confined to what is available in English. To facilitate footnote references, the various items are listed by number.

TOOLS FOR BIBLE STUDY

TRANSLATIONS: When a student is unable to read the Old Testament in the original language, it is important to consult more than one recent translation. Among the best are:

The Revised Standard Version (Division of Christian Education, 1973). This translation, endorsed by Protestant, Roman Catholic, and Eastern Orthodox representatives, has been issued as the *Common Bible* (New York: Collins, 1973).

The New American Bible (New York: P. J. Kenedy & Sons, 1970). A translation by members of the Catholic Biblical Association of America.

The New English Bible (New York: Oxford University Press, 1970). A vivid, idiomatic translation by British scholars.

The Jerusalem Bible (Garden City, N.Y.: Doubleday, 1966). Another translation by Roman Catholic scholars.

The New International Version (Grand Rapids, Mich.: Zondervan, 1978). A fresh translation by a team of ''evangelical'' scholars.

The Torah, The Prophets, The Writings. A new translation of the Holy Scriptures according to the Masoretic text (Philadelphia: Jewish Publication Society of America, 1962–1967). A translation by Jewish scholars, soon to be available in a one-volume edition.

Extra-biblical Sources

1. *Ancient Near Eastern Texts Relating to the Old Testament*, 3rd ed. with supplement, ed. by J. B. Pritchard (Princeton: Princeton University Press, 1969). A basic tool for the study of the Old Testament period.

2. *The Ancient Near East in Pictures Relating to the Old Testament*, 2nd ed. by J. B. Pritchard (Princeton: Princeton University Press, 1969).

3. *The Ancient Near East: An Anthology of Texts and Pictures*, ed. by J. B. Pritchard (Princeton: Princeton University Press, 1965). Contains selections from Nos. 1 and 2.

4. *Documents from Old Testament Times*, ed. by D. Winton Thomas (New York: Nelson, 1958). Contains a smaller collection of texts than Pritchard's work [1].

5. *Near Eastern Texts Relating to the Old Testament*, ed. by W. Beyerlin, Old Testament Library (Philadelphia: Westminster, 1978).

6. *Apocrypha and Pseudepigrapha of the Old Testament*, 2 vols., ed. by R. H. Charles (Oxford: Clarendon, 1912).

7. *The Old Testament Pseudepigrapha*, ed. by James H. Charlesworth (Garden City, N.Y.: Doubleday). vol. I: Apocalyptic Literature and Testaments (1983); vol. II dealing with "expansions of the 'Old Testament' " a..d other literature is scheduled for 1985.

Single Volume Commentaries

8. *The Interpreter's One Volume Commentary on the Bible*, ed. by Charles M. Laymon (New York: Abingdon, 1971).

9. *Jerome Biblical Commentary*, 2 vols. bound together, ed. by Raymond E. Brown, J. A. Fitzmeyer, and Roland E. Murphy (Englewood Cliffs, N.J.: Prentice-Hall, 1969). An excellent commentary by Roman Catholic scholars; revised edition forthcoming.

10. *The New Oxford Annotated Bible with Apocrypha*, ed. by Herbert G. May and Bruce M. Metzger (New York: Oxford University Press, 1973). Based on the Revised Standard Version and provided with brief articles, notes, maps, and other aids.

11. *The New English Bible with the Apocrypha*: Oxford Study Edition, ed. by Samuel Sandmel (New York: Oxford University Press, 1976). Provided with introductions, annotations, maps, and other aids.

Commentary Sets

12. *The Anchor Bible*, ed. by W. F. Albright and D. N. Freedman (Garden City, N.Y.: Doubleday). Still in process, this series contains fresh translations and commentary.

13. *The Cambridge Bible Commentary on the New English Bible*, ed. by P. R. Ackroyd et al. (Cambridge: Cambridge University Press). A series of brief commentaries begun in 1972.

14. *Hermeneia: A Critical and Historical Commentary*, ed. by Frank M. Cross et al. (Philadelphia: Fortress). Volumes of this important series appear from time to time.

15. *Interpretation: A Bible Commentary for Teaching and Preaching*, ed. James L. Mayes, Patrick D. Miller, and Paul J. Achtemeier. (Atlanta, Ga.: John Knox Press). A promising series begun in 1980.

16. *The Interpreter's Bible*, ed. by G. A. Buttrick (New York: Abingdon, 1952–57). Some of the commentaries, by a previous generation of scholars, still deserve attention.

17. *The New Century Bible Commentary*, ed. by Ronald E. Clements and Matthew Black (Grand Rapids, Mich.: Eerdmans). A series based on the Revised Standard Version.

18. *The Old Testament Library*, ed. by Peter Ackroyd, Bernhard W. Anderson, James L. Mays. (Philadelphia: Westminster). An outstanding series.

19. *Torch Bible Commentaries*, ed. by John Marsh et al. (London: SCM, 1952 and onwards).

Bible Dictionaries and Reference Works

20. *The Books of the Bible*, ed. by Bernhard W. Anderson. Basic treatments of the books of the Old Testament, New Testament, and Apocrypha (New York: Scribner's, forthcoming).

21. *Dictionary of the Bible*, ed. by James Hastings, rev. by F. C. Grant and H. H. Rowley (New York: Scribner's, 1963).

22. *Encyclopedic Dictionary of the Bible*, ed. and trans. by Louis F. Hartman (New York: McGraw-Hill, 1963). A comprehensive work by Roman Catholic scholars.

23. *Harper's Bible Dictionary*, ed. by Paul J. Achtemeier (San Francisco: Harper & Row, Pubs., 1985). A basic reference work.

24. *International Standard Bible Encyclopedia*, rev. ed., 4 vols., ed. by B. W. Bromiley et al. (Grand Rapids, Mich.: Eerdmans, 1979 and on). A work by a team of "evangelical" scholars.

25. *The Interpreter's Dictionary of the Bible*, 4 vols., ed. by G. A. Buttrick et al. (New York: Abingdon, 1962). A standard work.

26. *The Interpreter's Dictionary of the Bible*, Supplementary Volume, ed. by Keith Crim et al. (New York: Abingdon, 1976). Updating of some of the entries in the work listed above.

27. *Theological Dictionary of the Old Testament*, in several volumes, ed. by G. J. Botterweck and Helmer Ringgren, trans. by J. T. Willis et al. (Grand Rapids, Mich.: Eerdmans, 1974 and on).

Bible Atlases and Geography

28. Aharoni, Y., *The Land of the Bible*, trans. by A. F. Rainey (Philadelphia: Westminster, 1967).
29. Grollenberg, L. H., *Atlas of the Bible*, trans. and ed. by J. Reid and H. H. Rowley (New York: Nelson, 1956). An unusually impressive work.
30. Baly, Denis, *The Geography of the Bible*, 2nd ed. (New York: Harper & Row, Pub., 1974). See also his collaborative work with Douglas Tushingham, *The Atlas of the Biblical World* (New York: World Publishing Co., 1971).
31. Aharoni, Y. and M. Avi-Yonah, *The Macmillan Bible Atlas* (London and New York: Macmillan, 1968).
32. May, Herbert G., *Oxford Bible Atlas*, 3rd ed., revised by John Day (New York: Oxford University Press, 1984).
33. Smith, G. A., *Historical Geography of the Holy Land*, 25th ed. (New York: A. C. Armstrong & Son, 1931). A classic.
34. *The Westminster Historical Atlas to the Bible*, rev. ed., edited by G. Ernest Wright and Floyd V. Filson (Philadelphia: Westminster, 1956).

Journals

The best way to keep abreast of biblical research is to read the journals. A good nontechnical journal is *Interpretation*, published quarterly (Richmond, Va.); also *The Expository Times*, published monthly (Edinburgh). Other important quarterly journals, to mention a few, are

The Catholic Biblical Quarterly
The Journal of Biblical Literature
Journal for the Study of the Old Testament
Vetus Testamentum

In the field of archaeology, there are two nontechnical journals: *The Biblical Archaeologist*, and *The Biblical Archaeology Review*.

A new journal, *Bible Review*, entered the field in 1985 and promises to do interesting things in the field of biblical interpretation.

Introductions to the Old Testament

In recent years many general introductions have appeared, many of them based on a book by book approach to the Old Testament. For the most part the following selected list is limited to more technical works.

35. Anderson, G. W., *A Critical Introduction to the Old Testament* (London: Duckworth, 1959). See also his nontechnical survey *The History and Religion of Israel* (London: Oxford University Press, 1966).
36. Bentzen, Aage, *Introduction to the Old Testament*, I–II, 2nd ed. (Copenhagen: G. E. C. Gad, 1952). A balanced presentation by a Scandinavian scholar, stressing the importance of oral tradition.
37. Childs, Brevard S., *Introduction to the Old Testament as Scripture* (Philadelphia: Fortress Press, 1979). Not an "introduction" in the technical sense, so much as a foundation for a canonical approach. Note the excellent bibliographies.
38. Driver, S. R., *Introduction to the Literature of the Old Testament*, rev. ed. (New York: Scribner's, 1913; Meridian, 1956). A classic work, helpful for understanding the literary criticism of an older generation.
39. Eissfeldt, Otto, *The Old Testament: An Introduction*, trans. from the 3rd German edition by P. R. Ackroyd (New York: Harper & Row, Pub., 1965). Preeminent among works of this kind.
40. Fohrer, Georg, *Introduction to the Old Testament*, trans. by David E. Green (Nashville: Abingdon, 1968). A thorough revision of Ernst Sellin's *Introduction* (1910), stressing a form-critical approach.
41. Gottwald, Norman K., *The Hebrew Bible: A Socio-Literary Introduction* (Philadelphia: Fortress, 1985). A comprehensive approach based on the sociological premises of his previous work, *The Tribes of Yahweh* [240].
42. Harrelson, Walter, *Interpreting the Old Testament* (New York: Holt, Rinehart & Winston, 1964). A one-volume commentary based on the structure of the Hebrew canon.

43. Kaiser, Otto, *Introduction to the Old Testament: A Presentation of Its Results and Problems*, trans. by John Sturdy (Minneapolis: Augsburg, 1974).

44. La Sor, W. S., D. A. Hubbard, and F. W. Bush, *Old Testament Survey: The Message, Form, and Background of the Old Testament* (Grand Rapids, Mich.: Eerdmans, 1982). An "evangelical" approach, based on "verbal inspiration," although open to critical biblical scholarship.

45. Sandmel, Samuel, *The Hebrew Scriptures: An Introduction to their Literature and Religious Ideas* (New York: Knopf, 1963). A presentation by an eminent Jewish scholar.

46. Soggin, J. A., *Introduction to the Old Testament*, Old Testament Library [18], 1976.

47. Weiser, Artur, *The Old Testament: Its Formation and Development*, trans. from the 4th German ed. by Dorothea M. Barton (New York: Association Press, 1960).

BIBLICAL CRITICISM

History of Biblical Criticism

48. *The Cambridge History of the Bible*, vol. I, From the Beginnings to Jerome, ed. by P. R. Ackroyd and C. F. Evans; vol. II, The West from the Fathers to the Reformation, ed. by G. W. H. Lampe; vol. III, The West from the Reformation to the Present Day, ed. by S. L. Greenslade (London: Cambridge University Press, 1970).

49. Clements, R. E., *One Hundred Years of Old Testament Interpretation* (Philadelphia: Westminster, 1976).

50. Fishbane, Michael, "Jewish Biblical Exegesis: Presuppositions and Principles," *Scripture in the Jewish and Christian Traditions: Authority, Interpretation, Relevance*, ed. by Frederick E. Greenspahn (Nashville: Abingdon, 1982), 91–110.

51. Frei, Hans, *The Eclipse of Biblical Narrative* (New Haven: Yale University Press, 1974). A penetrating discussion of biblical interpretation since the Enlightenment.

52. Froehlich, Karlfried, *Biblical Interpretation in the Early Church* (Philadelphia: Fortress, 1984). A valuable translation and introduction to major sources for understanding biblical interpretation in the "patristic" period. Notice the bibliography.

53. Grant, R. M., *A Short History of the Interpretation of the Bible*, a revised and updated version of *The Bible in the Church* (Philadelphia: Fortress Press, 1983). With a special word from David Tracy on the modern use of the Bible.

54. Hahn, H. F., *The Old Testament in Modern Research*, 3rd ed. with bibliographical survey by Horace D. Hummel (Philadelphia: Fortress, 1966).

55. Knight, Douglas A. and Gene M. Tucker, *The Hebrew Bible and Its Modern Interpreters* (Philadelphia: Fortress, 1985). Deals with the history of biblical interpretation in the period after World War II.

56. Kraeling, Emil G., *The Old Testament Since the Reformation* (New York: Harper & Row, Pub., 1955; Schocken Books, 1969). A helpful survey of the history of historical criticism.

57. Smalley, B., *The Study of the Bible in the Middle Ages*, 2nd ed. (Oxford: Basil Blackwell, 1952).

Methods of Biblical Criticism

Depending on the nature of the material under study, biblical texts may be approached from various angles.

58. Amerding, Carl E., *The Old Testament and Criticism* (Grand Rapids, Mich.: Eerdmans, 1983). A general introduction to methods of biblical criticism, written particularly for "evangelicals."

59. Barton, John, *Reading the Old Testament: Method in Biblical Study* (Philadelphia, Pa.: Westminster Press, 1984). A judicious discussion of various approaches to the Bible, including the "canonical" approach advocated by Brevard Childs [37].

1. Source Criticism
(see p. 22)

Note: This method is advocated in older Introductions, e.g., S. R. Driver [38]; see the summary by Walter Harrelson [42], pp. 28–40, and his source analysis of the Pentateuch, pp. 28–40, and further, the appendix to Martin Noth's *Pentateuchal Traditions* [70].

60. Cassuto, U., *The Documentary Hypothesis and the Composition of the Pentateuch*, trans. by Israel Abrahams (Jerusalem: Magnes, 1961). A criticism of the source hypothesis by a Jewish scholar.

61. Clements, R. E., "Pentateuchal Problems," in *Tradition and Interpretation* [153], 96–124. A judicious discussion which upholds, in general, the results of literary criticism, although welcoming subsequent developments in scholarly research.

62. Habel, Norman C., *Literary Criticism of the Old Testament* (Philadelphia: Fortress, 1971).

63. Wolff, H. W. and Walter Brueggemann, *The Vitality of Old Testament Traditions*, 2nd ed. (Atlanta: John Knox Press, 1982). Essays on the "kerygma" or message of various literary traditions: the Yahwist (J), the Elohist (E), the Deuteronomistic Historian, the Priestly Writer (P).

2. Form Criticism
(see Definition, p. 547)

64. Hayes, John, ed., *Old Testament Form Criticism* (San Antonio: Trinity University Press, 1974). Essays dealing with various types of Old Testament literature.

65. Koch, Klaus, *The Growth of the Biblical Tradition: the Form-critical Method*, trans. by S. M. Cupitt (New York: Scribner's, 1969). A basic work.

66. Tucker, Gene M., *Form Criticism of the Old Testament* (Philadelphia: Fortress, 1971). A helpful, brief introduction.

See also the projected series, under the editorship of Rolf Knierim and Gene M. Tucker, which "eventually will present a form-critical analysis of every book and each unit of the Old Testament," as evidenced, for instance, in George W. Coats' study on Genesis [268]. A special issue of *Interpretation* (Vol. 27, No. 4, 1973), is devoted to this method of biblical interpretation.

3. History of Traditions

This method, based on a form-critical analysis of the genres of oral tradition, studies the history of the transmission of the tradition through various stages of composition until the end result of canonical scripture.

67. Coats, G. W., "Tradition Criticism, O. T." in Supplement to *The Interpreter's Dictionary of the Bible* [26], 912–914.

68. Jeppensen, Knud and Benedikt Otzen, eds., *Tradition History in Old Testament Scholarship* (Decatur, GA: Almond Press, forthcoming).

69. Knight, Douglas, *Rediscovering the Traditions of Israel* (Missoula: Scholars Press, 1975). See the review of *Tradition and Theology in the Old Testament* by B. W. Anderson, *Religious Studies Review*, vol. 6, no. 2 (1980), 104–110, where this method is evaluated.

70. Noth, Martin, *A History of Pentateuchal Traditions*, trans. with introduction by Bernhard W. Anderson (Chico, CA: Scholars Press, 1981; original German edition, 1948). A fundamental work in the field of traditio-historical investigation.

71. Rast, Walter E., *Tradition History and the Old Testament* (Philadelphia: Fortress, 1972).

The so-called Scandinavian School rejects source criticism and emphasizes the oral history of traditions. See:

72. Anderson, G. W., "Some Aspects of the Uppsala School of Old Testament Study," in *Harvard Theological Review*, XLIII (1950), 239–56.

73. Engnell, Ivan, *A Rigid Scrutiny: Critical Essays on the Old Testament*, trans. and ed. by John T. Willis (Nashville: Vanderbilt University Press, 1969). One of the leaders of the Uppsala School.

74. Nielsen, Eduard, *Oral Tradition*, Studies in Biblical Theology, No. 11 (Naperville: Alec R. Allenson, 1954).

4. Rhetorical (Stylistic) Criticism

This method attempts to move "beyond form criticism" into a study of the literary and structural features in a particular text of scripture.

75. Muilenburg, James, "Form Criticism and Beyond," *Journal of Biblical Literature* 88 (1969), 1–18.

76. Jackson, Jared J. and Martin Kessler, eds., *Rhetorical Criticism* [162]. See the introductory essay by B. W. Anderson, "The New Frontier of Rhetorical Criticism."

Excellent studies in rhetorical criticism are found in Phyllis Trible, *God and the Rhetoric of Sexuality* [145], chap. 4, ''A Love Story Gone Awry.'' See also B. W. Anderson, '' 'The Lord Has Created Something New': A Stylistic Study of Jer. 31:15–22,'' *Catholic Biblical Quarterly* 40 (1978), 463–478; reprinted in Perdue and Kovacs, eds., *A Prophet to the Nations* [382], 367–380.

5. Redaction Criticism (see Definition, p. 394)

77. Anderson, Bernhard W., ''From Analysis to Synthesis: the Interpretation of Genesis 1–11,'' *Journal of Biblical Literature* 97 (1978), 23–39.
78. Perrin, Norman C., *What is Redaction Criticism?* (Philadelphia: Fortress, 1969). Although this book deals with the New Testament, the method is also pertinent to the Old Testament.

The essay by Hans Walter Wolff, ''The Kerygma of the Deuteronomic Historical Work,'' in *The Vitality of Old Testament Traditions* [63], is essentially a study in redaction criticism.

6. Narrative Criticism and Structuralism

79. Alter, Robert, *The Art of Biblical Narrative* (Philadelphia: Fortress, 1976). This essay, in the field of rhetorical criticism, picks up on contributions from ''the new literary criticism.''
80. Crenshaw, James L., *Samson: A Secret Betrayed, A Vow Ignored* (Atlanta: John Knox, 1978). The author describes his approach as ''aesthetic criticism.''
81. Culley, R. C., *Studies in the Structure of Hebrew Narrative* (New York: Basic Books, 1981).
82. Fishbane, Michael, *Text and Texture: Close Readings of Selected Biblical Texts* (New York: Schocken Books, 1979).
83. Patte, Daniel, *What is Structural Exegesis?* (Philadelphia: Fortress, 1976). Deals with the New Testament, but is relevant to biblical studies in general. Notice the bibliography.
84. Polzin, Robert M., *Biblical Structuralism: Method and Subjectivity in the Study of Ancient Texts* (Philadelphia: Fortress, 1977).

7. Canonical Criticism

This is a method which is related to tradition-history and redaction criticism.

85. Sanders, J. A., *Torah and Canon* (Philadelphia: Fortress, 1972). See also his essay ''Adaptable for Life: The Nature and Function of Canon,'' in *Magnalia Dei* [157], 531–560.
86. Sanders, J. A., *Canon and Community: A Guide to Canonical Criticism* (Philadelphia: Fortress, 1984).

See also the canonical approach advocated by Brevard Childs in his *Introduction* [37]. For critical responses, see James Barr, *Holy Scripture: Canon, Authority, Criticism* [see 130], and John Barton, *Reading the Old Testament* [59].

8. Sociological Approach

87. Gottwald, Norman, ''Sociological Method in the Study of Ancient Israel,'' in *Encounter with the Text* [155], 69–82. This approach is spelled out in his *Tribes of Yahweh* [240] and *Introduction* [41].
88. Wilson, Robert R., *Sociological Approaches to the Old Testament* (Philadelphia: Fortress, 1984). A new, and yet not so new (cf. Max Weber), horizon in biblical studies.

HISTORY OF ISRAEL

89. *Cambridge Ancient History* see especially Vol. I, 1, 3rd ed. (London: Cambridge University Press, 1975). This important work is constantly being updated.
90. Albright, W. F., *The Biblical Period from Abraham to Ezra* (Pittsburgh: Biblical Colloquium, 1950; New York: Harper & Row, 1963). A concise history of Old Testament times.
91. Bright, John, *A History of Israel*, 3rd ed. (Philadelphia: Westminster, 1981). Highly recommended.
92. De Vaux, Roland, *The Early History of Israel*, trans. by David Smith (Philadelphia: Westminster, 1978). An important work, left incomplete at the time of the author's death. The discussion extends from Israel's origins to the settlement in Canaan.

93. Hayes, John H. and J. Maxwell Miller, eds., *Israelite and Judaean History* (Philadelphia: Westminster, 1977). The various essays include thorough bibliographies.

94. Hermann, Siegfried, *A History of Israel in Old Testament Times*, trans. by John Bowden (Philadelphia: Fortress, 1975). Excellent brief history.

95. Jagersma, H., *A History of Israel in the Old Testament Period*, trans. by John Bowden (Philadelphia: Fortress, 1983).

96. Kitchen, K. A., *The Bible in Its World: Archaeology and the Bible Today* (Exeter: Paternoster Press, 1977).

97. Meek, T. J., *Hebrew Origins*, rev. ed. (New York: Harper & Row, Pub., 1950; Harper Torchbook, 1960).

98. Noth, Martin, *The History of Israel*, 2nd ed., trans. by Stanley Godman from 2nd German edition and revised by P. R. Ackroyd (London: Adam and Charles Black, 1960). One of the major works in the field, by a leader of the German school of tradition-history.

99. Ramsey, George W., *The Quest for the Historical Israel* (Atlanta: John Knox Press, 1981). A valuable discussion which updates the student to the present situation in scholarship.

100. Soggin, J. Alberto, *A History of Ancient Israel: From the Beginnings to the Bar Kochba Revolt, A. D. 135*, trans. by John Bowden (Philadelphia: Westminster Press, 1985).

ARCHAEOLOGY

A good way to keep up with current archaeology is to read the quarterly issues of *The Biblical Archaeologist* (BA), published by the American School of Oriental Research, or *The Biblical Archaeology Review* (BAR).

101. *The Biblical Archaeologist Reader*, I (1961), II (1964), III (1970), IV (1983), ed. by G. E. Wright, E. F. Campbell, and D. N. Freedman. (New York: Doubleday Anchor). Selected articles from past issues.

102. Albright, W. F., *The Archaeology of Palestine*. (New York: Pelican, 1961). A fully revised publication by a distinguished American archaeologist. See also his *Archaeology and the Religion of Israel* [111].

103. Avi-Yonah, M. and Ephraim Stern, eds., *Encyclopaedia of Archaeological Excavations in the Holy Land*, 2 vols. (London: Oxford University Press, 1975–1978). Important essays on sites excavated.

104. Freedman, David N. and Jonas C. Greenfield, eds., *New Directions in Biblical Archaeology* (Garden City, N.Y.: Doubleday, 1969).

105. Kenyon, Kathleen, *Archaeology in the Holy Land* (New York: Praeger, 1960). A basic work by a distinguished archaeologist.

106. Kitchen, K. A., *The Ancient Orient and the Old Testament* (Leicester: Intervarsity Press, 1966). See also *The Bible in Its World* [96].

107. Lapp, Paul W., *Biblical Archaeology and History* (New York: World, 1969).

108. Sanders, J. A., ed., *Near Eastern Archaeology in the Twentieth Century: Essays in Honor of Nelson Glueck* (Garden City, N.Y.: Doubleday, 1970).

109. Thomas, D. Winton, ed., *Archaeology and Old Testament Study* (Oxford: Clarendon, 1967). Jubilee volume of the British Society for Old Testament Study. See further J. Gray, "Recent Archaeological Discoveries and Their Bearing on the Old Testament," in *Tradition and Interpretation* [153], 65–95.

110. Wright, G. Ernest, *Biblical Archaeology*, 2nd ed. (Philadelphia: Westminster, 1962). A valuable book by an eminent authority.

RELIGION OF ISRAEL

111. Albright, W. F., *From the Stone Age to Christianity* (Baltimore: Johns Hopkins, 1940). Rev. ed. (New York: Doubleday Anchor, 1957). A classic in modern scholarship. See also his *Archaeology and the Religion of Israel*, 2nd ed. (Baltimore: Johns Hopkins, 1946; Doubleday, 1969).

112. Cross, Frank M., *Canaanite Myth and Hebrew Epic: Essays in the History of the Religion of Israel* (Cambridge, Mass.: Harvard University Press, 1973). Creative essays covering the whole Old Testament period.

113. De Vaux, Roland, *Ancient Israel: Its Life and Institutions*, trans. by John McHugh (London: Barton, Longman and Todd, 1961). A monumental study by the one-time director of the Dominican Ecole Biblique in Jerusalem.

114. Fohrer, Georg, *History of Israelite Religion*, trans. by David E. Green (Nashville: Abingdon, 1972).

115. Harrelson, Walter, "The Religion of Ancient Israel," *Listening: Journal of Religion and Culture*, 19 (1984), 19–29.

116. Kaufmann, Yehezkel, *The Religion of Israel*, trans. and abridged by Moshe Greenberg (Chicago: University of Chicago Press, 1960; Schocken, 1972). A provocative study by a highly original Jewish scholar who departs from many of the accepted tenets of historical criticism.

117. Pedersen, Johannes, *Israel: Its Life and Culture* I-II, 1926; III-IV, 1940 (New York: Oxford). A major study of the socio-psychological characteristics of ancient Israel.

118. Ringgren, Helmer, *The Religion of Israel* (Philadelphia: Fortress, 1966). One of the best works in this field.

119. Vriezen, Th. C. *The Religion of Ancient Israel*, trans. by Hubert Hoskins (Philadelphia: Westminster, 1967).

ANCIENT RELIGION IN GENERAL

120. Eliade, Mircea, *Cosmos and History: The Myth of the Eternal Return* (New York: Harper Torchbook, 1954). This work, and the one listed next, are indispensable studies of the religious mentality of the so-called archaic societies.

121. Eliade, Mircea, *The Sacred and the Profane: The Nature of Religion.* (New York: Harper Torchbook, 1961).

122. Frankfurt, H. and H. A., et al., *The Intellectual Adventure of Ancient Man* (Chicago: University of Chicago Press, 1946). Reprinted as *Before Philosophy* (New York: Penguin, 1949). See especially the chapters on Egypt and Babylonia.

123. Gaster, T. H., *Thespis: Ritual, Myth and Drama in the Ancient Near East* (New York: Henry Schuman, 1950; New York: Doubleday Anchor, 2nd ed., 1961). See also his compendium, *Myth, Legend, and Custom in the Old Testament* (New York: Harper & Row, Pub., 1969).

124. Kramer, S. N., ed., *Mythologies of the Ancient World* (Chicago: Quadrangle Books, 1961; New York: Doubleday Anchor, 1961).

125. Otto, Rudolf, *The Idea of the Holy*, 2nd ed., trans. by John W. Harvey (London: Oxford University Press, 1950). See also *Rudolf Otto: An Introduction to his Philosophical Theology*, by Philip C. Almond (Chapel Hill, N.C.: University of North Carolina Press, 1984).

126. Ringgren, Helmer, *Religions of the Ancient Near East*, trans. by John Sturdy (Philadelphia: Westminster, 1973).

127. Van der Leeuw, G., *Religion in Essence and Manifestation*, trans, by J. E. Turner (London: Allen & Unwin, 1938; New York: Harper Torchbook, incorporating the additions of the 2nd German edition by Hans H. Penner, ed. 1963).

OLD TESTAMENT THEOLOGY AND HERMENEUTICS

128. Anderson, Bernhard W., *Creation versus Chaos: The Reinterpretation of Mythical Symbolism in the Bible* (New York: Association Press, 1967).

129. Anderson, Bernhard W., ed., *Creation in the Old Testament* (Philadelphia: Fortress, 1984). The collection of essays includes an excerpt from Hermann Gunkel's classic, *Schöpfung und Chaos* (Creation and Chaos).

130. Barr, James, *The Bible in the Modern World* (New York: Harper & Row, Pub., 1973). A stimulating treatment of the authority and relevance of the Bible. See also his previous book, *Old and New in Interpretation* (New York: Harper & Row, Pub., 1966), and his *Holy Scripture: Canon, Authority, Criticism* (Philadelphia: Westminster, 1983).

131. Childs, Brevard, *Biblical Theology in Crisis* (Philadelphia: Westminster, 1970). Evaluates the "Biblical Theology Movement" in America since 1940 and proposes a new canonical approach.

132. Crenshaw, James L., ed., *Theodicy in the Old Testament* (Philadelphia: Fortress, 1983).

133. Clements, R. E., *Old Testament Theology: A Fresh Approach* (Atlanta: John Knox Press, 1978).

134. Davidson, Robert, *The Courage to Doubt: Exploring an Old Testament Theme* (London: SCM Press, 1983). An invigorating study of the faith that boldly seeks understanding.

135. Eichrodt, Walther, *Theology of the Old Testament*, vol. I, trans. by J. A. Baker from the 6th German ed. (Philadelphia: Westminster, 1961); vol. II (1967). One of the best theological works of our time, to be compared with the work by Gerhard von Rad listed below [142].

136. Hasel, Gerhard, *Old Testament Theology: Basic Issues in the Current Debate* (Grand Rapids, Mich.: Eerdmans, 1972).

137. Hayes, John H. and Frederick Prussner, *Old Testament Theology: Its History and Development* (Atlanta: John Knox Press, 1985).

138. Knight, Douglas A., ed., *Tradition and Theology in the Old Testament* (Philadelphia: Fortress, 1977). Theological essays based on a traditio-historical approach; see the review essay by B.

W. Anderson, *Religious Studies Review*, vol. 6, No. 2 (1980), pp. 104–110.

139. Laurin, Robert B., *Contemporary Old Testament Theologians* (Valley Forge, Pa.: Judson, 1970).

140. Levenson, Jon D., *Sinai and Zion: An Entry into the Jewish Bible* (Minneapolis: Winston-Seabury Press, 1985). A Jewish perspective on the relationship between two major theological trajectories in Hebrew scripture.

141. McKenzie, John, *A Theology of the Old Testament* (Garden City, N.Y.: Doubleday, 1974).

142. Rad, Gerhard von, *Old Testament Theology*, vol. I: The Theology of Israel's Historical Traditions, trans. by D. M. G. Stalker (New York: Harper & Row, Pub., 1962); vol. II: The Theology of Israel's Prophetic Traditions (1965). A major work based on the history of Israel's traditions; compare the work by Eichrodt listed above [135].

143. Sakenfeld, Katherine D., *Faithfulness in Action: Loyalty in Biblical Perspective* (Philadelphia: Fortress Press, 1985). See further her doctoral dissertation, *The Meaning of Ḥésed in the Hebrew Bible*, Harvard Semitic Monographs 17 (Missoula, Mont.: Scholars Press, 1973).

144. Terrien, Samuel, *The Elusive Presence: Toward a New Biblical Theology* (New York: Harper & Row, Pub., 1978).

145. Trible, Phyllis, *God and the Rhetoric of Sexuality* (Philadelphia: Fortress, 1978). A brilliant example of how rhetorical criticism (see above under "methods of biblical criticism, No. 4") illuminates biblical interpretation. See further her studies of troublesome Old Testament stories: *Texts of Terror: Literary-Feminist Readings of Biblical Narratives*, Overtures to Biblical Theology (Philadelphia: Fortress, 1984).

146. Voegelin, Eric, *Israel and Revelation* (Baton Rouge: Louisiana State University Press, 1956). A monumental work by a political philosopher. See the review essay by B. W. Anderson, "Politics and the Transcendent," in *Eric Voegelin's Search for Order in History*, ed. by Stephen A. McKnight (Baton Rouge: Louisiana State University Press, 1978), 62–100.

147. Vriezen, Th. C., *An Outline of Old Testament Theology*, trans. by S. Neuijen (Oxford: Blackwell, 1958).

148. Westermann, Claus, *Elements of Old Testament Theology*, tr. by Douglas W. Stott (Atlanta: John Knox, 1982). A central aspect of his theological exposition is developed in *Blessing in the Bible and in the Life of the Church*, Overtures to Biblical Theology, trans. by Keith Crim (Philadelphia: Fortress, 1978).

149. Wright, G. Ernest, *The Old Testament and Theology* (New York: Harper & Row, Pub., 1969). A vigorous theological discussion by an exponent of "theology of recitation" (see No. 174).

150. Zimmerli, Walther, *Old Testament Theology in Outline*, trans. by D. E. Green (Atlanta: John Knox Press, 1978).

Collected Essays (not listed in another category)

151. Alt, Albrecht, *Essays on Old Testament History and Religion*, trans. by R. A. Wilson (Garden City, N.Y.: Doubleday, 1967). Important essays by a leading German scholar of a former generation.

152. Anderson, Bernhard W., and Walter Harrelson, eds., *Israel's Prophetic Heritage; Essays in Honor of James Muilenburg* (New York: Harper & Row, Pub., 1962).

153. Anderson, G. W., ed., *Tradition and Interpretation* (Oxford: Clarendon, 1979). Essays on major aspects of Old Testament studies by members of the British Society for Old Testament Study.

154. Butler, James, Edgar Conrad and Bennie Ollenburger, eds., *Understanding the Word, Essays in Honor of Bernhard W. Anderson* (Sheffield: JSOT Press, 1985).

155. Buss, Martin, ed., *Encounter with the Text: Form and History in the Hebrew Bible* (Philadelphia: Fortress, 1979). A consideration of the central principles of interpretation, using various methods of approach.

156. Coats, George and Burke O. Long, eds., *Canon and Authority* (Philadelphia: Fortress, 1977). Essays dedicated to Walther Zimmerli.

157. Cross, Frank M., Werner E. Lemke, and Patrick D. Miller, eds., *Magnalia Dei: The Mighty Acts of God* (Garden City, N.Y.: Doubleday, 1976). Essays in memory of G. Ernest Wright.

158. Durham, John I., and J. R. Porter, eds., *Proclamation and Presence* (Richmond: John Knox Press, 1970). Essays in honor of G. H. Davies.

159a. Frank, H. T. and W. L. Reed, eds., *Translating and Understanding the Old Testament* (New York: Abingdon, 1970). A collection of essays in honor of Herbert G. May.

159b. Halpern, Baruch and Jon D. Levenson, eds., *Traditions in Transformation: Turning Points in Biblical Faith* (Winona Lake, IN: Eisenbrauns, 1984). Essays in honor of Frank M. Cross.

160. Huffmon, H. B., et al., *The Quest for the Kingdom of God, Studies in Honor of George E. Mendenhall* (Winona Lake, IN: Eisenbrauns, 1984).

161. Hyatt, J. Phillip, ed., *The Bible in Modern Scholarship* (New York: Abingdon, 1963).

162. Jackson, Jared J., and Martin Kessler, eds. *Rhetorical Criticism, Essays in Honor of James Muilenburg* (Pittsburgh, Pa.: Pickwick Press, 1974).

163. Mendenhall, George E., *The Tenth Generation: The Origins of the Biblical Tradition* (Baltimore: Johns Hopkins University Press, 1973). Creative essays on the period of Israel's origins, supplementing his seminal study on "The Hebrew Conquest of Palestine" [244].

164. Meyers, Carol L. and M. O'Connor, eds., *The Word of the Lord Shall Go Forth, Essays in Honor of David Noel Freedman* (Winona Lake, IN: Eisenbrauns, 1983).

165. Noth, Martin, *The Laws in the Pentateuch and Other Studies* (Philadelphia: Fortress, 1967).

166. Rad, Gerhard von, *The Problem of the Hexateuch and Other Essays* (New York: McGraw-Hill, 1966). The lead essay is especially important for understanding form criticism and the traditiohistorical method.

167. Rowley, H. H., *From Moses to Qumran: Studies in the Old Testament* (London: Lutterworth Press, 1963).

168. Westermann, Claus, ed., *Essays on Old Testament Hermeneutics*, trans. and ed. by J. L. Mays (Richmond, Va.: John Knox Press, 1971).

169. Zimmerli, Walther, *The Law and the Prophets*, trans. by R. E. Clements (Oxford, Eng.: Blackwell, 1965).

READINGS CHAPTER BY CHAPTER

INTRODUCTION: THE OLD TESTAMENT AS THE STORY OF A PEOPLE

170. Brueggemann, Walter, *The Creative Word: Canon as a Model for Biblical Education* (Philadelphia: Fortress, 1982).

171. Gese, Hartmut, "The Idea of History in the Ancient Near East and the Old Testament," *Journal for Theology and Church*, vol. 1 (1965), 49–64.

172. Herberg, Will, "Biblical faith as *Heilsgeschichte*: The Meaning of Redemptive History in Human Existence," in *Faith Enacted as History: Essays in Biblical Theology*, ed. by Bernhard W. Anderson (Philadelphia: Westminster, 1976), 32–42. In the same volume see the essay on "Five Meanings of the Word 'Historical,'" 132–137.

173. Niebuhr, H. Richard, *The Meaning of Revelation* (New York: Macmillan, 1941). Chap. 2, on "The Story of Our Life," is especially valuable in this connection.

174. Wright, G. Ernest, *God Who Acts*, Studies in Biblical Theology, No. 8 (Naperville, Ill.: Alec R. Allenson, 1952). An exposition of Israel's historically oriented faith. For a challenge to this understanding of biblical theology, see Brevard Childs, *Biblical Theology* [131].

CHAPTER 1: CREATION OF A PEOPLE

The Nature of the Tradition

Today it is recognized that the refined analysis of putative literary "sources," as found, for instance, in S. R. Driver's *Introduction* [38], is inadequate. Attention has turned to a study of the oral formation and transmission of the traditions (form criticism, history of traditions, canonical criticism) or the formulation of the traditions in final, written form (rhetorical criticism, redaction criticism, structuralism) [See No. 64–86]. Also, attention has turned to the narrative character of Israel's history and the limitations of historical method.

175. Barr, James, "Story and History in Biblical Theology," *Journal of Religion* 56 (1976), 1–17.

176. Bright, John, *Early Israel in Recent History Writing*, Studies in Biblical Theology, 19 (London: SCM, 1965). A vigorous criticism of the historical approach of Martin Noth [98].

177. De Vaux, Roland, "Method in the Study of Early Hebrew History," in *The Bible in Modern Scholarship* [161], 15–29. See also the responses to this article by George E. Mendenhall and Moshe Greenberg in the same volume.

178. Harvey, Van A., *The Historian and the Believer* (New York: Macmillan, 1966). An important study of the relation between religious faith and a "scientific" approach to history. See further the book by George Ramsey, *The Quest* [99], chap. 1, "The Historian's Craft."

179. Miller, J. M., *The Old Testament and the Historian* (Philadelphia: Fortress, 1976). Guides to biblical scholarship.

180. Noth, Martin, "Analysis of the Elements of the Traditions," in *Pentateuchal Traditions* [69], 52ff. See also the translator's introductory essay on Noth's "traditio-historical approach."

181. Rad, Gerhard von, "The Form-critical Problem of the Hexateuch," in his volume of essays [166], 1–78. His position is summarized in his commentary on Genesis [271], pp. 1–23.

Historical and Religious Background— Period of Israel's Ancestors

182. Alt, Albrecht, "The God of the Fathers," in *Essays* [151], 1–100. A fundamental essay on "patriarchal" religion; compare Cross's essay listed next.

183. Cross, Frank M., "The Religion of Canaan and the God of Israel," [112], 1–75. An important and illuminating discussion based on his earlier essay, "Yahweh and the God of the Patriarchs," *Harvard Theological Review*, LV (1962), 225–259.

184. De Vaux, Roland, "The Hebrew Patriarchs and History," in *The Bible and the Ancient Near East, Essays in Honor of W. F. Albright*, ed. by G. Ernest Wright (Garden City: Doubleday, 1965), 111–121.

185. Greenberg, Moshe, *The Hab/piru* (New Haven: American Oriental Society, 1955). A basic work on the subject.

186. Holt, John, *The Patriarchs of Israel* (Nashville: Vanderbilt University Press, 1964). Emphasizes a core of historicity in patriarchal traditions; compare this view with the chapter on "The Patriarchal Period" in George W. Ramsey, *The Quest* [99], chap. 2.

187. Luke, J. T., "Abraham and the Iron Age: Reflections on the New Patriarchal Studies," *Journal for the Study of the Old Testament*, 4 (1977), 35–47. See other essays in this journal.

188. Mazar, B., "The Historical Background of the Book of Genesis," *Journal of Near Eastern Studies*, 28 (1969), 78–83.

189. McKane, W., *Studies in the Patriarchal Narratives* (Edinburgh: Handsel Press, 1979).

190. Rowley, H. H., *From Joseph to Joshua* (London: Oxford University Press, 1950). A valuable historical discussion, which needs to be updated in the light of subsequent archaeological research.

191. Thompson, T. L., *The Historicity of the Patriarchal Narratives, Beiheft zur Zeitschrift für die alttestamentliche Wissenschaft* 133 (1974). This monograph, and the book by Van Seters listed next, are at the center of current controversy.

192. Van Seters, J., *Abraham in History and Tradition* (New Haven: Yale University Press, 1975). Argues that Israel's Epic traditions date from the post-exilic period. Summarized in "Patriarchs," Supplement to *Interpreter's Dictionary of the Bible* [26], 645–648.

193. Wright, G. E., "History and the Patriarchs," in *Expository Times*, LXXI (1960), 292–96. See also the response by Gerhard von Rad, "History and the Patriarchs," in *Expository Times*, LXXII (1961), 213–216.

Neighboring Peoples

194. Albrektson, Bertil, *History and the Gods: An Essay on the Idea of Historical Events as Divine Manifestations in the Ancient Near East and in Israel* (Lund, Sweden: C. W. K. Gleerup, 1967). A challenge to the notion that the theme of divine acts in history was unique with Israel. See the review of this important book by W. G. Lambert, *Orientalia* 39 (1970), 170–77.

195. Dever, W. G., "The Peoples of Palestine in the Middle Bronze I Period," *Harvard Theological Review* 64 (1971), 197–226.

196. Gurney, O. R., *The Hittites*, 2nd ed. (New York: Pelican, 1954). An authoritative discussion.

197. Kramer, S. N., *The Sumerians: Their History, Culture, and Character* (Chicago: University of Chicago Press, 1963). One of the definitive works in this field.

198. Lichtheim, M., *Ancient Egyptian Literature*, I–II (Berkeley, Calif.: University of California Press, 1973–76).

199. Morenz, Siegfried, *Egyptian Religion*, trans. by Ann E. Keep (Ithaca, N.Y.: Cornell University Press, 1973).

200. Moscati, Sabatino, *The World of the Phoenicians*, trans. by Alastair Hamilton (New York: F. A. Praeger, 1968).

201. Oppenheim, A. Leo, *Ancient Mesopotamia: Por-*

trait of a Dead Civilization (Chicago: University of Chicago Press, 1964). Emphasizes the complexity and variety of Mesopotamian religion.

202. Pitard, Wayne T., *Ancient Damascus: A Historical Study of the Syrian City-State from Earliest Times Until Its Fall to the Assyrians in 732 B.C.E.* (Winona Lake, IN: Eisenbrauns, forthcoming).

203. Saggs, H. W. F., *The Greatness that Was Babylon* (New York: Hawthorne Books, 1962).

204. Steindorff, George, and Keith C. Seele, *When Egypt Ruled the East*, 2nd ed. (Chicago: University of Chicago Press, 1957; Phoenix, 1963). Reliable, interestingly written, beautifully illustrated.

205. Wilson, John A., *The Burden of Egypt* (Chicago: University of Chicago Press, 1951). *The Culture of Ancient Egypt* (1963). An illuminating exposition of Egyptian history and culture. See especially chaps. 7–10.

CHAPTER 2: LIBERATION FROM BONDAGE

206. Beegle, Dewey M., *Moses, Servant of Yahweh* (Grand Rapids, Mich.: Eerdmans, 1972). Advocates the essential historicity of the Moses story on the basis of literary criticism and archaeology.

207. Buber, Martin, *Moses* (London: East & West Library, 1946; Harper Torchbook, 1968). Selections from this study by the great Jewish philosopher appear in *The Writings of Martin Buber*, part II, ed. by Will Herberg (New York: Meridian, 1956).

208. Campbell, Edward F., "Moses and the Foundations of Israel," *Interpretation*, 29 (1975), 141-154.

209. Cassuto, U., *A Commentary on the Book of Exodus*, trans. by Israel Abrahams (Jerusalem: Magnes, 1967). An important work by a Jewish scholar who rejects the conclusions of source criticism.

210. Childs, Brevard S., *The Book of Exodus*, The Old Testament Library [18], 1974. A fresh study which stresses the place of the book of Exodus in the biblical canon.

211. Clements, Ronald E., *Exodus*, Cambridge Commentary on the New English Bible [13], 1972.

212. Croatto, J. Severino, *Exodus: A Hermeneutics of Freedom*, trans. by Salvator Attanasio (Maryknoll, N.Y.: Orbis Books, 1981). A superb example of Latin American "liberation theology." See also the works of Gustavo Gutierrez, e.g.

A Theology of Liberation (Maryknoll, N.Y.: Orbis Books, 1973) and *The Power of the Poor in History* (Maryknoll, N.Y.: Orbis Books, 1983).

213. Fackenheim, Emil L., *God's Presence in History: Jewish Affirmations and Philosophical Reflections* (New York: Harper & Row, Pub., 1970). A profound philosophical discussion of Exodus and Sinai in Jewish tradition.

214. Greenberg, Moshe, *Understanding Exodus* (New York: Melton Research Center of the Jewish Theological Seminary of America, 1969). A very helpful commentary.

215. Miller, Patrick D., *The Divine Warrior in Early Israel* (Cambridge, Mass.: Harvard University Press, 1973).

216. Nicholson, E. W., *Exodus and Sinai in History and Tradition* (Richmond: John Knox, 1973).

217. Noth, Martin, *Exodus*, trans. by J. S. Bowden, The Old Testament Library (Philadelphia: Westminster, 1962). This commentary is too brief to do justice to Noth's work.

218. Rad, Gerhard von, *Moses*, World Christian Books (London: Lutterworth, 1960). A profound little book, simply written.

219. Widengren, G. "What Do We Know About Moses?" in *Proclamation and Presence* [158], 21-47.

CHAPTER 3: COVENANT IN THE WILDERNESS

220. Alt, Albrecht, "The Origins of Israelite Law," in *Essays* [151], 101-71. A basic form-critical study of types of law in the Pentateuch.

221. Baltzer, Klaus, *The Covenant Formulary in the Old Testament, Jewish and Early Christian Writings*, trans. by David E. Green (Philadelphia: Fortress, 1971). One of the basic studies of the treaty or covenant form.

222. Beyerlin, Walter, *Origins and History of the Oldest Sinaitic Traditions*, trans. by Stanley Rudman (Oxford: Blackwell, 1965). Argues that Exodus and Sinai traditions have a common origin. See also E. W. Nicholson [216].

223. Coats, George W., *Rebellion in the Wilderness* (New York: Abingdon, 1968).

224. Harrelson, Walter, *The Ten Commandments and Human Rights, Overtures to Biblical Theology* (Philadelphia: Fortress, 1980).

225. Hillers, Delbert R., *Covenant: The History of a Biblical Idea* (Baltimore: Johns Hopkins, 1969). Clearly written, illuminating discussion of covenant language and motifs in the Old Testa-

ment. See further the work of Mendenhall listed below [229].

226. Huffmon, Herbert B., "The Exodus, Sinai and the Credo," in *Catholic Biblical Quarterly*, XXVII (1965), 101–13.

227. McCarthy, Dennis J., *Treaty and Covenant, A Study in Form in the Ancient Oriental Documents and in the Old Testament* (Analecta Biblica 21; Rome: Pontifical Biblical Institute, 1963). Another important investigation of the relation between Israel's covenant form and the treaty form of Hittite (also pre-Hittite and non-Hittite) documents.

228. McCarthy, Dennis J., *Old Testament Covenant* (Richmond: John Knox Press, 1972). A summary of discussions on the subject.

229. Mendenhall, George E., *Law and Covenant in Israel and the Ancient Near East* (Pittsburgh: Biblical Colloquium, 1955), reprinted from *The Biblical Archaeologist*, XVII, 2 (May 1954), 26–46; and no. 3 (Sept. 1954), 49–76. A seminal discussion of Israel's covenant tradition, seen in the light of Hittite parallels. See also his later article, "Covenant," *The Interpreter's Dictionary* [25], and his book, *The Tenth Generation* [163].

230. Muilenburg, James, "The Form and Structure of the Covenantal Formulations," *Vetus Testamentum*, IX (1959), 347–65.

231. Newman, Murray Lee, *The People of the Covenant: A Study of Israel from Moses to the Monarchy* (New York: Abingdon, 1962). An analysis of two major covenant traditions, showing their bearing upon Israel's history.

232. Nielsen, Eduard, *The Ten Commandments in New Perspective*, trans. by David J. Bourke, Studies in Biblical Theology, 2nd series, No. 7 (Naperville, Ill.: Alec R. Allenson, 1968).

233. Noth, Martin, "The Laws in the Pentateuch: Their Assumptions and Meaning," in *Essays* [165], 1–107.

234. Stamm, J. J. and M. E. Andrew, *The Ten Commandments in Recent Research*, Studies in Biblical Theology, 2nd series, No. 2 (Naperville, Ill.: Alec R. Allenson, 1967). See also the discussion of the Decalogue in Brevard Childs' commentary [210], pp. 385–439.

CHAPTER 4: THE PROMISED LAND

On the geography of Canaan see especially Nos. 28–34.

235. Alt, Albrecht, "The Settlement of the Israelites in Palestine," *Essays* [151], 133–169.

236. Bright, John, "Introduction and Exegesis to the Book of Joshua," in *Interpreter's Bible*, II [16]. See further his *History* [91], chap. 3.

237. Brueggemann, Walter, *The Land, Overtures to Biblical Theology* (Philadelphia: Fortress, 1977).

238. Conrad, Edgar W., *Fear Not Warrior: A Study of 'al tîra' Pericopes in the Hebrew Scriptures*, Brown Judaic Studies (Chico, CA: Scholars Press, 1985).

239. Freedman, D. N. and D. F. Graf, *Palestine in Transition: The Emergence of Ancient Israel* (Sheffield, England: The Almond Press, 1983). Important essays dealing with the origins of Israel, especially in the light of the sociological approach advocated by Gottwald [240].

240. Gottwald, Norman, *The Tribes of Yahweh: A Sociology of the Religion of Liberated Israel, 1250–1050 B.C.E.* (Maryknoll, N.Y.: Orbis Books, 1979). A monumental study which builds on Mendenhall's thesis of a "peasant revolt" [244], and uses a sociological method for interpreting Israel's early history.

241. Kenyon, Kathleen, *Digging Up Jericho* (New York: Praeger, 1957). By the distinguished archaeologist who excavated the ancient city.

242. Lapp, Paul, "The Conquest of Palestine in the Light of Archaeology," *Concordia Theological Monthly*, 38 (1967), 283–300.

243a. Lind, Millard C., *Yahweh is a Warrior: The Theology of Warfare in Ancient Israel* (Scottdale, PA: Herald Press, 1980). A fresh and illuminating treatment of the subject.

243b. Mayes, A. D. H., *The Story of Israel between Settlement and Exile: A Redactional Study of the Deuteronomistic History* (London: SCM Press, 1983).

244. Mendenhall, George E., "The Hebrew Conquest of Canaan," *The Biblical Archaeologist*, XXV (1962), 66–87; reprinted in *Biblical Archaeological Reader*, III [100], 100–120. See further *The Tenth Generation* [163]. A seminal and influential theory that the conquest was a revolution within Canaan.

245. Miller, J. M., and G. M. Tucker, *The Book of Joshua*, Cambridge Bible Commentary [13], 1974.

246. Noth, Martin, *The Deuteronomistic History*, Supplement to *Journal for the Study of the Old Testament*, 15 (Sheffield: JSOT Press, 1981). A fundamental work on the Deuteronomistic History; the section on the Chronicler's Work is not translated.

247. Rad, Gerhard von, *Holy War in Ancient Israel*, trans. by E. W. Conrad and M. Lattke, with an introduction by E. W. Conrad (Sheffield: JSOT Press). Forthcoming.

248. Soggin, J. A., *Joshua*, trans by R. A. Wilson, Old Testament Library [18], 1972. Advocates essentially the view of Noth.

249. Weippert, Manfred, *The Settlement of the Israelite Tribes in Palestine*, Studies in Biblical Theology, 2nd series, No. 21 (Naperville, Ill.: Alec R. Allenson, 1971). An important study which advocates the "peaceful entry" hypothesis.

250. Wright, G. Ernest, "The Literary and Historical Problems of Joshua 10 and Judges 1," *Journal of Near Eastern Studies* 5 (1946), 105–114. Argues that the two accounts reflect different phases of Israel's incursion into Canaan.

251. Wright, G. Ernest, *Shechem: The Biography of a Biblical City* (New York: McGraw-Hill, 1965). A vivid account of the results of excavation at the former center of the Tribal Confederacy.

252. Yadin, Yigael, *Hazor: The Rediscovery of a Great Citadel of the Bible* (London: Weidenfeld & Nicolson, 1975).

See also the works cited under "History" and "Archaeology."

CHAPTER 5: THE FORMATION OF AN ALL-ISRAELITE EPIC

On Myth and Legend

253. Anderson, Bernhard W., "Mythopoeic and Theological Dimensions of Biblical Creation Faith," in *Creation in the Old Testament* [129], 1–24.

254. Brandon, S. G. F., *Creation Legends of the Ancient Near East* (London: Hodder & Stoughton, 1963).

255. Buber, Martin, "Saga and History," in *The Writings of Martin Buber*, Will Herberg, ed. (New York: Meridian Books, 1956), 149–56. A valuable aid to understanding the character of biblical narratives.

256. Gunkel, Hermann, "The Influence of Babylonian Mythology Upon the Biblical Creation Story," in *Creation in the Old Testament* [129], 25–52. Excerpted from his seminal work, *Schöpfung und Chaos in Urzeit und Endzeit* (1895).

257. Gunkel, Hermann, *The Legends of Genesis: The Biblical Saga and History* (New York: Schocken, 1964). This little book, which carries a preface by W. F. Albright, is a reprint of the introduction to Gunkel's monumental commentary on Genesis, dating to the year 1901, which provided the foundation for modern form-critical studies. See also the translation of his work, *The Folktale in the Old Testament*, Historic Texts & Interpreters 4 (Decatur, GA: Almond Press, forthcoming). ·

258. Heidel, Alexander, *The Babylonian Genesis*, 2nd ed. (Chicago: University of Chicago Press, 1951; Phoenix Books, 1963). Also *The Gilgamesh Epic and Old Testament Parallels* (Chicago: University of Chicago Press, 1946; Phoenix Books, 1963).

259. Hooke, S. H., *Middle Eastern Mythology* (Baltimore: Penguin Books, 1963).

260. Lord, Albert, *The Singer of Tales* (Cambridge, Mass.: Harvard University Press, 1964; Atheneum, 1973). A treatment of the transmission of Homeric poetry which may throw light on the history of Israelite storytelling.

261. Otzen, Benedikt, et al., *Myths in the Old Testament* trans. by Frederick Cryer (London: SCM Press, 1980). This book, which is impressively introduced by a word from the Harvard Professor Thorkild Jacobsen, carries on the important Scandinavian contribution to biblical studies. See above, Nos. 72–74.

262. Rogerson, J. W., *Myth in Old Testament Interpretation*, BZAW 134 (Berlin and New York: W. de Gruyter, 1974).

On mythology, see also Nos. 120–127.

On the Israelite Epic Tradition

See above all the essays by Gerhard von Rad on the formation of the Israelite epic [166].

263. Clements, R. E., "Pentateuchal Problems" in *Tradition and Interpretation* [153], 66–124. A valuable discussion of trends in the understanding of the Torah.

264. Clines, David J. A., *The Theme of the Pentateuch*, Supplement to *Journal for the Study of the Old Testament* 10 (Sheffield, England: JSOT Press, 1978). A study of the overall thematic unity of the Pentateuch in its final form, which does not ignore the history of traditions.

265. Ellis, Peter, *The Yahwist: The Bible's First Theologian* (Notre Dame, Indiana: Fides Publishers, 1968).

See also works by J. A. Sanders, especially *Torah and Canon* [85], which stress the dynamic character of the "Torah Story."

On the Book of Genesis

266. Brueggemann, Walter, *Genesis*, in the Interpretation series (Atlanta: John Knox Press, 1982). A fresh and illuminating commentary.

267. Cassuto, U., *A Commentary on the Book of Genesis*, 2 vols., trans. by Israel Abrahams (Jerusalem: Magnes, 1961, 1964). A valuable commentary by a conservative Jewish scholar. It extends only to Gen. 13:5, for it was cut short by the author's death.

268. Coats, George W., *Genesis*, with an Introduction to Narrative Literature, Vol. I, The Forms of the Old Testament Literature (Grand Rapids, Mich.: Eerdmans, 1983). The first in a form-critical series designed to cover the whole Old Testament.

269. Davidson, Robert, *Genesis*, 2 vols., Cambridge Bible Commentary [13], 1973, 1979.

270. Jacob, B., *The First Book of the Bible: Genesis*, trans. and ed. by Ernest I. Jacob and Walter Jacob (New York: KTAV, 1974). A condensation of a major work in German.

271. Rad, Gerhard von, *Genesis*, trans. by John Marks, rev. ed., Old Testament Library [18], 1972. A masterful, perceptive interpretation in the light of form-critical studies.

272. Sarna, Nahum M., *Understanding Genesis*; The Heritage of Biblical Israel (New York: McGraw Hill, 1966; Schocken, 1970). An excellent study by a Jewish scholar.

273. Speiser, E. A., *Genesis*, Anchor Bible (New York: Doubleday, 1964). A fresh translation with helpful notes, many of which deal with alleged Near Eastern parallels.

274. Vawter, Bruce, *On Genesis: A New Reading* (Garden City, N.Y.: Doubleday, 1977). A valuable work by a leading Roman Catholic scholar.

275. Westermann, Claus, *Genesis*, 3 vols., Biblischer Kommentar (Neukirchener Verlag, 1970-1982). Genesis 1-11, trans. by John J. Scullion (Minneapolis, MN: Augsburg Publishing House, 1984). A monumental work based on a form-critical approach.

See also the study of the legends of Genesis by Gunkel [257] and some of the studies listed under "Methods of Biblical Criticism" [58-84].

CHAPTER 6: THE STRUGGLE BETWEEN FAITH AND CULTURE

276. Albright, W. F., *Yahweh and the Gods of Canaan* (Garden City, N.Y.: Doubleday Anchor Books, 1969). Israel's faith is compared and contrasted with surrounding Canaanite culture. See also his *Archaeology and the Religion of Israel* [111], chap. 4.

277. Anderson, G. W., "Israel: Amphictyony: '*Am; Kāhāl; 'Edah*,'' in *Translating and Understanding the Old Testament* [159], 135-151.

278. Boling, Robert G., *Judges*, Anchor Bible [12], 1975.

279. Buber, Martin, *The Prophetic Faith* [311], especially the discussion of the Song of Deborah and the clash between Israel's faith and Canaanite religion, pp. 8-12 and 70-80.

280. Cross, Frank M., "The Cultus of the Israelite League," in *Canaanite Myth and Hebrew Epic* [112], chaps. 4, 5, 6.

281. Dothan, Trude, *The Philistines and Their Material Culture* (New Haven: Yale University Press, 1982).

282. Driver, G. R., *Canaanite Myths and Legends* (Edinburgh: T. & T. Clark, 1956).

283. Gray, John, *The Legacy of Canaan*, 2nd ed. (Leiden: Brill, 1965). A study of the Ras Shamra texts and their bearing on the Old Testament. A popular study by the same author as *The Canaanites* (London: Thames Hudson, 1964).

284. Gray, John, *Judges*, New Century Bible [17], 1967.

285. Martin, J. D., *The Book of Judges*, Cambridge Bible Commentary [13], 1975.

286. Morton, James D., *Judges*, Cambridge Bible Commentary [13], 1975.

287. Noth, Martin, *Das System der Zwölf Stämme Israels* (1930; reprinted, Darmstadt: Wissenschaftliche Buchgeschellschaft, 1966). A seminal essay arguing that Israel was constituted as a twelve-tribe amphictyony. For one critical response, see the essay by G. W. Anderson listed above [277].

288. Smend, R., *Yahweh, War and Tribal Confederation*, trans. by Max G. Rogers (Nashville: Abingdon, 1970).

289. Wright, G. Ernest, *The Old Testament Against Its Environment*, Studies in Biblical Theology, No. 2 (Naperville, Ill.: Alec R. Allenson, 1950).

See also works on the Religion of Israel, Nos. 111-119; and works dealing with the History of Israel, 89-100.

CHAPTER 7: THE THRONE OF DAVID

290. Ackroyd, P. R., *The First Book of Samuel* (1971), *The Second Book of Samuel* (1977), Cambridge Bible Commentary [13].

291. Alt, Albrecht, "The Formation of the Israelite State in Palestine," in *Essays* [151], 223–309.

292. Birch, Bruce C., *The Rise of the Israelite Monarchy: The Growth and Development of I Samuel 7-15* (Missoula: Scholars Press, 1976). See also his essay on "The Development of the Tradition on the Anointing of Saul in I Sam 9:1–10:16," *Journal of Biblical Literature* 90 (1971), 55–68.

293. Clements, R. E., *Abraham and David*, Studies in Biblical Theology, 2nd series, No. 5 (Naperville, Ill.: Alec R. Allenson, 1967).

294. Cross, Frank M., "The Ideologies of Kingship in the Era of the Empire: Conditional Covenant and Eternal Decree," in *Canaanite Myth and Hebrew Epic* [112], chap. 9.

295. Gray, John, *I and II Kings*, 2nd ed., Old Testament Library [18], 1970.

296. Hertzberg, H. W., *The Books of Samuel*, trans. by J. S. Bowden, Old Testament Library [18], 1964.

297. Long, Burke, *I Kings*, with an Introduction to Historical Literature. The Forms of the Old Testament Literature, IX (Grand Rapids, Mich.: Eerdmans, 1984). Another work in the form-critical series.

298. McCarter, P. K., *I–II Samuel*, Anchor Bible [12], 1980.

299. Mendenhall, G. E., "The Monarchy," *Interpretation*, 29 (1975), 155–170. Suggests that Israelite society was corrupted by alien political and social models.

300. Mettinger, Tryggve N. D., *King and Messiah: The Civil and Sacral Legitimation of the Israelite Kings* (Lund, Sweden: Gleerup, 1976). A study that brings one to the frontier of research in this area.

301. Porter, J. R., "Old Testament Historiography," in *Tradition and Interpretation* [153], 125–162. Discussion of recent research on the Deuteronomistic History (as well as the Chronicler's Work).

302. Roberts, J. J. M., "The Davidic Origins of the Zion Tradition," *Journal of Biblical Literature* 92 (1973), 329–344.

303. Robinson, J., *I Kings* (1972), *II Kings* (1976), Cambridge Bible Commentary [13].

304. Rylaarsdam, J. C., "Jewish-Christian Relationship: The Two Covenants and the Dilemmas of Christology," *Journal of Ecumenical Studies* 9 (1972), 249–270. Reprinted in *Grace Upon Grace, Essays in Honor of L. J. Kuyper* (Grand Rapids, Mich.: Eerdmans, 1975), 70–84. This essay contains a clear and illuminating comparison of the Mosaic and Davidic covenant traditions. See also the work by Jon D. Levenson [140].

Literature of the Period

305. Campbell, E. C., *Ruth*, Anchor Bible [12], 1975. Persuasively places this short story in the context of the literature of the early monarchy.

306. Gunn, David, *The Story of David, Genre and Interpretation*, Supplement to *Journal for the Study of the Old Testament*, 6 (Sheffield, England: JSOT Press, 1978).

307. Miller, P. D. and J. J. M. Roberts, *The Hand of the Lord* (Baltimore: Johns Hopkins Press, 1977). A study of the ark narratives in I Sam.

308. Rost, Leonard, *The Succession to the Throne of David*, trans. by M. D. Ritter and D. M. Gunn. Supplement to *Journal for the Study of the Old Testament* (Sheffield: Almond Press, 1982). A basic study of the Court History.

309. Whybray, R. N., *The Succession Narrative: A Study of II Samuel 9–20; I Kings 1 and 2*, Studies in Biblical Theology, 2nd series, No. 9 (Naperville, Ill.: Alec R. Allenson, 1968). Contrary to Rost [308], he questions the historical reliability of this narrative.

On the Yahwist, see Peter Ellis [265], Wolff and Brueggemann [63].

CHAPTER 8: PROPHETIC TROUBLERS OF ISRAEL

General Works on Prophecy in Israel

310. Blenkinsopp, Joseph, *A History of Prophecy in Israel* (Philadelphia: Westminster, 1983).

311. Buber, Martin, *The Prophetic Faith*, trans. by C. Witton-Davies (New York: Macmillan, 1949; Harper Torchbook, 1960). A subtle, sensitive interpretation of the prophetic tradition.

312. Clements, R. E., *Prophecy and Covenant*, Studies in Biblical Theology, No. 43 (Naperville, Ill.: Alec R. Allenson, 1965).

313. Crenshaw, James, *Prophetic Conflict: Its Effect upon Israelite Religion*, Beiheft zur Zeitschrift für die alttestamentliche Wissenschaft, 124 (Berlin: Walter de Gruyter, 1971).

314. DeVries, Simon, *Prophet Against Prophet* (Grand Rapids, Mich.: Eerdmans, 1978). A discussion of the role of the Micaiah Narrative (I Kings 22) in early prophetic tradition.

315. Heschel, Abraham J., *The Prophets* (New York: Harper & Row, Pub., 1963). A discerning work by a Jewish philosopher; one of the best books on prophecy.

316. Johnson, Aubrey R., *The Cultic Prophet in Ancient Israel*, 2nd ed. (Cardiff: University of Wales Press, 1962). This valuable study traces the connection of many early prophets with the cult.

317. Lindblom, Johannes, *Prophecy in Ancient Israel* (Philadelphia: Muhlenberg, 1963). A fundamental work by a Swedish scholar.

318. McKane, William, *Prophets and Wise Men*, Studies in Biblical Theology, No. 44 (Naperville, Ill.: Alec R. Allenson, 1965).

319. Mowinckel, Sigmund, *Prophecy and Tradition*, Avhandlinger utgitt av Det Norske Videnskaps-Akademi (Oslo, Norway: Jacob Dybwad, 1946). A traditio-historical approach to the study of Israelite prophecy.

320. Newsome, James D., Jr., *The Hebrew Prophets* (Atlanta: John Knox Press, 1984).

321. Noth, Martin, "History and Word of God in the Old Testament," in his *Essays* [165], 179–93. Prophecy at Mari compared with Israelite prophecy.

322. Parker, S. B., "Jezebel's Reception of Jehu," *Maarav I* (1978–79), 67–78. A reconsideration of Jezebel's motives in the story found in II Kings 9:30–37.

323. Rad, Gerhard von, *The Prophetic Message*, trans. by D. M. G. Stalker (London: SCM, 1968). Based on his *Old Testament Theology*, II [142].

324. Ross, James, "Prophecy in Hamath, Israel, and Mari," *Harvard Theological Review*, LXIII (1970), 1–28. See also his essay, "The Prophet as Yahweh's Messenger," in *Israel's Prophetic Heritage* [152], 98–107.

325. Rowley, H. H., "Elijah on Mount Carmel," in *Bulletin of the John Rylands Library*, XLIII (1960–61), 190–210.

326. Scott, R. B. Y., *The Relevance of the Prophets*, rev. ed. (New York: Macmillan, 1968). This book continues to have great value.

327. Westermann, Claus, *Basic Forms of Prophetic Speech*, trans. by Hugh K. White (Philadelphia: Westminster, 1967). A form-critical study of the genres used in prophetic speech.

328. Wilson, Robert R., *Prophecy and Society in Ancient Israel* (Philadelphia: Fortress, 1980). An important sociological approach to the types of prophecy in ancient Israel.

See also the essays on Israelite prophecy in the issue of *Interpretation* 32, 1 (1978).

CHAPTER 9: FALLEN IS THE VIRGIN ISRAEL

See the general books listed in the preceding chapter. For an introduction to eighth century prophecy, see the following:

329. Anderson, Bernhard W., *The Eighth Century Prophets* (Philadelphia: Fortress, 1978).

330. Koch, Klaus, *The Prophets*, Vol. I: The Assyrian Period, trans. by Margaret Kohl (Philadelphia: Fortress, 1983).

On Amos

331. Barton, J., *Amos' Oracles Against the Nations* (London and New York: Cambridge University Press, 1980).

332. Coote, R. B., *Amos Among the Prophets: Composition and Theology* (Philadelphia: Fortress, 1981).

333. Kapelrud, Arvid S., *Central Ideas in Amos* (Oslo, Norway: Oslo University Press, 1961; first printed 1956). See also "New Ideas in Amos," Supplements to *Vetus Testamentum*, XV (1965), 193–206.

334. Mays, James L., *Amos*, The Old Testament Library [18], 1969. Highly recommended.

335. Smith, George Adam, *The Book of the Twelve Prophets*, I, rev. ed. (New York: Harper & Row, Pub., 1940). This is a great classic. Smith's treatments of Amos and Hosea deserve special attention.

336. Ward, James M., *Amos and Isaiah: Prophets of the Word of God* (New York: Abingdon, 1969).

337. Wolff, H. W., *Amos, the Prophet: The Man and His Background*, trans by Foster R. McCurley, ed. by John Reumann (Philadelphia: Fortress, 1973). Argues that Amos' native environment was that of clan wisdom.

338. Wolff, H. W., *Joel and Amos*, Hermeneia Series, trans. by W. Janzen et al. [14], 1977.

On Hosea

339. Anderson, F. I. and D. N. Freedman, *Hosea,* Anchor Bible (Garden City, N.Y.: Doubleday, 1980).

340. Brueggemann, Walter, *Tradition for Crisis: A Study in Hosea* (Richmond: John Knox, 1968).

341. Mays, James L., Hosea, Old Testament Library [18]. Highly recommended.

342. Robinson, H. Wheeler, The *Cross of Hosea* (Philadelphia: Westminster, 1949). Still valuable.

343. Rowley, H. H., "The Marriage of Hosea," in *Bulletin of the John Rylands Library, XXXIX (1956),* 203–233. A good survey of a major problem in the book of Hosea.

344. Snaith, Norman H., *Mercy and Sacrifice: A Study of the Book of Hosea* (London: SCM Press, 1953).

345. Ward, James M., *Hosea: A Theological Commentary* (New York: Harper & Row, Pub., 1966).

346. Wolff, H. W., *Hosea,* Hermeneia Series (Philadelphia: Westminster, 1977). One of the best commentaries.

CHAPTER 10: JUDAH'S COVENANT WITH DEATH

On Isaiah of Jerusalem

347. Childs, Brevard, *Isaiah and the Assyrian Crisis,* Studies in Biblical Theology, 2nd series, No. 3 (Naperville, Ill.: Alec R. Allenson, 1967).

348. Clements, R. E., *Isaiah 1–39,* New Century Bible [17], 1981. See also *Isaiah and the Deliverance of Jerusalem: A Study of the Interpretation of Prophecy in the Old Testament* (Sheffield, England: JSOT Press, 1980).

349. Jensen, Joseph, *Isaiah 1–39,* Old Testament Message 8 (Wilmington, Del.: Michael Glazier, 1984). A compact, illuminating commentary by a leading Roman Catholic scholar.

350. Kaiser, Otto, *Isaiah 1–12,* Old Testament Library; also 13–39, Old Testament Library, trans. by R. A. Wilson [18], 1972, 1974.

351. Kissane, Edward J., *The Book of Isaish,* 2nd ed., 2 vols. (Dublin: Browne & Nolan, 1960).

352. Ollenburger, Bennie C., *Zion, The City of the Great King: A Theological Investigation of Zion Symbolism in the Tradition of the Jerusalem Cult.*

Diss., Princeton Theological Seminary (Ann Arbor: University Microfilms International, 1983). Excellent introduction to Zion theology.

353. Roberts, J. J. M., *Isaish 1–39,* Interpretation Series (Atlanta: John Knox Press, forthcoming).

354. Scott, R. B. Y., "Introduction and Exegesis to Isaiah 1–39," in *Interpreter's Bible,* V [16], 1956.

355. Smith, George Adam, *The Book of Isaiah,* rev. ed. (London: Hodder & Stoughton, 1927). Old, but still worth reading.

356. Vriezen, Th. C., "Essentials of the Theology of Isaiah," in *Israel's Prophetic Heritage* [152], 128–46.

See also J. M. Ward [336].

On Micah

357. Hillers, Delbert, *Micah,* Hermeneia Series [14], 11.

358. Mays, James L., *Micah,* Old Testament Library [18], 1976. An important commentary, concerned with redaction criticism.

359. Wolff, H. W., *Micah the Prophet,* trans. R. D. Gehrke (Philadelphia: Fortress, 1981).

CHAPTER 11: THE REDISCOVERY OF MOSAIC TORAH

360. Bright, John, "The Date of the Prose Sermons of Jeremiah," in *Journal of Biblical Literature,* LXX (1951), 15–35. Opposes the view, maintained, for instance, by Hyatt [379], that the book of Jeremiah has been radically reworked by Deuteronomistic editors. Reprinted in *Prophet to the Nations* [382], 193–212.

361. Clements, R. E., *God's Chosen People: A Theological Interpretation of the Book of Deuteronomy* (London: SCM, 1968).

362. Craige, P. C., *The Book of Deuteronomy,* New International Commentary on the Old Testament (Grand Rapids: Eerdmans, 1976). Represents a conservative position on date and unity.

363. Cross, Frank M., "The Themes of the Book of Kings and the Structure of the Deuteronomistic History," in *Canaanite Myth and Hebrew Epic* [112], chap. 10.

364. Nicholson, E. W., *Deuteronomy and Tradition* (Philadelphia: Fortress, 1967).

365. Nicholson, E. W., *Preaching to the Exiles: A Study of the Prose Tradition in the Book of Jeremiah* (Oxford: Blackwell, 1970). Holds that the "Deuteronomic" prose sermons of the book of Jeremiah were addressed to the situation of the Exile.

366. Philips, Anthony, *Deuteronomy*, Cambridge Bible Commentary [13], 1973.

367. Rad, Gerhard von, *Deuteronomy*, trans. by Dorothea Barton, Old Testament Library [18], 1966. See also his *Studies in Deuteronomy*, Studies in Biblical Theology, No. 9 (London: SCM Press, 1953).

368. Rowley, H. H., "The Prophet Jeremiah and the Book of Deuteronomy," in the book edited by the same author, *Studies in Old Testament Prophecy* (Edinburgh: T. & T. Clark, 1950), 157–74. Also in Rowley's *From Moses to Qumran* (London: Lutterworth, 1963), 187–208.

369. Weinfeld, M., *Deuteronomy and the Deuteronomic School* (Oxford: Clarendon, 1972). Shows the affinity of Deuteronomic theology to Wisdom.

370. Welch, A. C., *The Code of Deuteronomy* (London: J. Clarke & Co., 1924) and *Deuteronomy: The Framework to the Code* (London: Oxford University Press, 1932). Old works that are still important.

371. Wright, G. Ernest, "Introduction and Exegesis to Deuteronomy," in *Interpreter's Bible*, II [16], 1953. An excellent treatment.

See also essays on Jeremiah's call, his relation to the Deuteronomic Reform, and the Foe from the North in Perdue and Kovacs, eds., *A Prophet to the Nations* [382]. Works on the Deuteronomistic History are listed above under Chapter 4.

CHAPTER 12: THE DOOM OF THE NATION

372. Anderson, Bernhard W., "The New Covenant and the Old," in *The Old Testament and Christian Faith* (New York: Herder and Herder, 1969), 225–242. A discussion of a crucial passage in Jer. 31:31–34.

373. Berridge, John M., *Prophet, People, and the Word of Yahweh: An Examination of Form and Content in the Proclamation of the Prophet Jeremiah* (Zurich: EVZ Verlag, 1970).

374. Blank, Sheldon, *Jeremiah: Man and Prophet* (Cincinatti: Hebrew Union College Press, 1961).

375. Bright, John, *Jeremiah*, Anchor Bible 9 [12], 1965.

A fresh translation with helpful interpretation. See also his essay listed above [360].

376. Carroll, R. P., *From Chaos to Covenant: Prophecy in the Book of Jeremiah* (New York: Crossroad, 1981). A revolutionary work which maintains that Jeremiah is known only through the community that produced the book of Jeremiah. See also his essay, "Prophecy, Dissonance, and Jer. 26," in Perdue and Kovacs, eds., *A Prophet to the Nations* [382], 381–391.

377. Habel, Norman, *Jeremiah, Lamentations*, Concordia Commentary (St. Louis: Concordia Publishing House, 1968).

378. Holladay, William A., *The Architecture of Jeremiah 1–20* (Lewisburg, PA: Bucknell University Press, 1975). See also his brief introduction, *Jeremiah, Spokesman Out of Time* (Philadelphia: Fortress, 1974).

379. Hyatt, J. P., *Jeremiah, Prophet of Courage and Hope* (New York: Abingdon, 1958). See also his "Introduction and Exegesis to Jeremiah" in *Interpreter's Bible*, VI [16], 1956.

380. Lundbom, Jack R., *Jeremiah: A Study in Ancient Hebrew Rhetoric*, SBL Dissertation Series 18 (Missoula, Montana: Scholars Press, 1975).

381. O'Connor, Kathleen, *The Confessions of Jeremiah*, SBL Dissertation Series (Chico, CA: Scholars Press, 1985).

382. Perdue, Leo G. and Brian Kovacs, eds., *A Prophet to the Nations: Essays in Jeremiah Studies* (Winona Lake, IN: Eisenbrauns, 1984). Notice Perdue's introductory essay, "Jeremiah in Modern Research: Approaches and Issues."

383. Rowley, H. H., "The Early Prophecies of Jeremiah in their Setting," in *Bulletin of the John Rylands Library*, XLV (1962), 198–234. Reprinted in Perdue and Kovacs, eds., *A Prophet to the Nations* [382], 33–61.

384. Skinner, John, *Prophecy and Religion* (New York: Cambridge, 1922). This has long been a standard book on Jeremiah.

On Zephaniah

385. Kapelrud, A. S., *The Message of the Prophet Zephaniah* (Oslo, Norway: Universitetsforlaget, 1975).

On Habakkuk

386. Albright, W. F., "The Psalm of Habakkuk," in *Studies in Old Testament Prophecy: Essays in Honor of T. H. Robinson*, ed. by H. H. Rowley (New York: Scribners, 1950), pp. 1–18.

387. Gowan, D. E., *The Triumph of Faith in Habakkuk* (Atlanta: John Knox Press, 1976).

On Lamentations

388. Albrektson, Bertil, *Studies in the Text and Theology of the Book of Lamentations* (Lund, Sweden: Gleerup, 1963).

389. Gottwald, Norman K., *Studies in the Book of Lamentations*, Studies in Biblical Theology, No. 14 (Naperville, Ill.: Alec R. Allenson, 1954).

390. Hillers, Delbert R., *Lamentations*, Anchor Bible [12], 1972.

CHAPTER 13: BY THE WATERS OF BABYLON

391. Anderson, Bernhard W., "A Stylistic Study of the Priestly Creation Story," in Coats and Long, eds., *Canon and Authority* [156], 148–162. Another study relevant to the Priestly Work is "Creation and the Noachic Covenant," in *Cry of the Environment: Rebuilding the Christian Creation Tradition*, ed. by P. N. Joranson and Ken Butigan (Santa Fe, N.M.: Bear Press, 1984), 45–61.

392. Brueggemann, Walter, "The Kerygma of the Priestly Writers," in *The Vitality of Israel's Traditions* [63], chap. 6.

393. Carley, Keith, *Ezekiel Among the Prophets*, Studies in Biblical Theology, 2nd series (London: SCM Press, 1971).

394. Cross, Frank M., "The Priestly Work," in *Canaanite Myth and Hebrew Epic* [112], 293–325. Fundamental for understanding the Priestly edition of the Pentateuch (or Tetrateuch).

395. Eichrodt, Walther, *Ezekiel*, trans. by Cosslett Quin, Old Testament Library [18], 1970.

396. Greenberg, Moshe, *Ezekiel 1–20*, Anchor Bible [12], 1983. A creative work that moves in a new direction.

397. Haran, M., *Temples and Temple Service in Ancient Israel: An Inquiry into the Character of Cult Phenomena and the Historical Setting of the Priestly School* (London: Oxford University Press, 1978). A new slant on the Priestly tradition.

398. Klein, R. W., *Israel in Exile: A Theological Interpretation*, Overtures to Biblical Theology 6 (Philadelphia: Fortress, 1979).

399. McEvenue, Sean E., *The Narrative Style of the Priestly Writer*, Analecta Biblica 50 (Rome: Biblical Institute, 1971). Emphasizes the rhetorical and dramatic qualities of the Priestly Writing.

400. Mettinger, Tryggve N. D., *The Dethronement of Sabaoth: Studies in the Shem and Kabod Theologies* trans. by Frederick H. Cryer (Lund Sweden: CWK Gleerup, 1982). See especially chap. 3 on "Kabod Theology."

401. Noth, Martin, *Leviticus*, trans. by J. E. Anderson, Old Testament Library [18], 1965.

402. Raitt, Thomas A., *A Theology of Exile* (Philadelphia: Fortress Press, 1977).

403. Wevers, J. W., *Ezekiel*, Cambridge Bible Commentary [13], 1982.

404. Zimmerli, Walther, *Ezekiel*, 2 vols., Hermeneia [14], 1979. A monumental work. See also his essay, "The Message of the Prophet Ezekiel," in *Interpretation* 23 (1969), 131–157.

CHAPTER 14: THE DAWN OF A NEW AGE

405. Anderson, Bernhard W., "Exodus Typology in Second Isaiah," in *Israel's Prophetic Heritage* [152], 177–195; also "Exodus and Covenant in Second Isaiah and Prophetic Tradition," in *Magnalia Dei* [157], 339–360.

406. Clines, David J. A., *I, He, We, and They: A Literary Approach to Isaiah 53*, Supplement to *Journal for the Study of the Old Testament*, 1 (Sheffield, England: JSOT Press, 1976).

407. Conrad, Edgar W., "Second Isaiah and the Priestly Oracle of Salvation," *Zeitschrift für die Alttestamentliche Wissenschaft* 93 (1981), 234–246; "The 'Fear Not' Oracles in Second Isaiah," *Vetus Testamentum* 34 (1984), 129–152. See his book, *Fear Not Warrior: A Study of 'al tira' Pericopes in the Hebrew Scriptures*, Brown Judaic Studies, 75 (Chico, CA: Scholars Press, 1985).

408. Knight, George A. F., *Deutero-Isaiah: A Theological Commentary on Isaiah 40–55* (New York: Abingdon, 1965).

409. McKenzie, John L., *Second Isaiah*, Anchor Bible [12], 1968.

410. Melugin, Roy F., *The Formation of Isaiah 40–55*, Beiheft zur Zeitschrift für die Alttestamentliche Wissenschaft 141 (Berlin: Walter de Gruyter, 1976). An illuminating literary study.

411. Mettinger, Tryggve N. D., *A Farewell to the Servant Songs: A Critical Examination of an Exegetical Axiom* (Lund, Sweden: Gleerup, 1983).

412. Muilenburg, James, "Introduction and Exegesis to Isaiah 40–66," in *Interpreter's Bible*, V [16], 1956. One of the best commentaries on

Second Isaiah, emphasizing rhetorical criticism.

413. North, Christopher R., *Isaiah 40–55* (New York: Macmillan, 1964). Also his book, *The Suffering Servant in Deutero-Isaiah*, 2nd ed. (New York: Oxford, 1956) gives a good discussion of the various interpretations of the Servant.

414. Rowley, H. H., *The Servant of the Lord and Other Essays on the Old Testament*, 2nd ed. (Oxford: Blackwell, 1965), 3–60. A good review of various interpretations.

415. Smart, James D., *History and Theology in Second Isaiah: A Commentary on Isaiah 35, 40–66* (Philadelphia: Westminster, 1965). Places Second Isaiah in Judah, not Babylonia.

416. Stuhlmueller, Carroll, *Creative Redemption in Deutero-Isaiah*, Analecta Biblica, No. 43 (Rome: Biblical Institute, 1970).

417. Waldow, H. E. von, "The Message of Deutero-Isaiah," *Interpretation* 21 (1968), 259–287.

418. Westermann, Claus, *Isaiah 40–60*, trans. by D. M. G. Stalker; Old Testament Library [18], 1969. A major work, using a form-critical approach.

419. Whybray, R. N., *Isaiah 40–66*, New Century Bible Commentary [17], 1975. The same author has produced a brief, valuable introduction: *The Second Isaiah*, Old Testament Guides (Sheffield, England: JSOT Press, 1983).

420. Zimmerli, Walther, and J. Jeremias, *The Servant of God*, Studies in Biblical Theology, No. 20 (Naperville, Ill.: Alec R. Allenson, 1957). Zimmerli's study on this subject now appears in Kittel's *Theological Dictionary of the New Testament*, V (Grand Rapids, Mich.: Eerdmans, 1968), 655–677.

On new attempts to understand the unity of the whole book of Isaiah, see Brevard Childs, *Introduction* [37], chap. 17. The whole issue of *Interpretation*, Vol. 36 (1982), is devoted to the book of Isaiah; see especially the article by R. E. Clements, pp. 117–129. See the illuminating essay by Walter Brueggemann, "Unity and Dynamic in the Isaiah Tradition," *Journal for the Study of the Old Testament* 29 (1984), 89–107; also in the same journal, issue 31, pp. 95–113, R. C. Clements, "Beyond Tradition-History: Deutero-Isaianic Development of First Isaiah's Themes."

CHAPTER 15: A KINGDOM OF PRIESTS

421. Ackroyd, Peter, *Exile and Restoration: A Study of Hebrew Thought of the Sixth Century B.C.* (Philadelphia: Westminster, 1968); also *Israel under Babylon and Persia* (London: Oxford, 1970). Important works by an authority in this field. See also his essays, "The Chronicler as Exegete," *Journal for the Study of the Old Testament* 2 (1977), 2–32, and "History and Theology in the Writings of the Chronicler," *Concordia Theological Monthly* 38 (1967), 501–515.

422. Clines, David J. A., *Ezra, Nehemiah, Esther*, New Century Bible Commentary [17], 1984.

423. Coggins, R. J., *First and Second Books of Chronicles*, Cambridge Bible Commentary [13], 1976.

424. Cross, Frank M., "A Reconstruction of the Judean Restoration," *Journal of Biblical Literature* 94 (1975), 4–18.

425. De Vaux, Roland, *Studies in Old Testament Sacrifice* (Cardiff: University of Wales Press, 1964). A perceptive discussion of how sacrificial worship was transformed in Israel's faith.

426. Freedman, D. N., "The Chronicler's Purpose," *Catholic Biblical Quarterly* XXIII (1961), 436–42. An illuminating essay.

427. Hanson, Paul, *The Dawn of Apocalyptic* (Philadelphia: Fortress Press, 1975). Discussion of the historical and sociological roots of apocalyptic, concentrating on so-called Third Isaiah and related literature.

428. Kidner, D., *Ezra and Nehemiah: An Introduction and Commentary*, Tyndale Old Testament Commentaries (London: Inter-Varsity Press, 1979). Conservative; sensitive to critical issues.

429. Myers, Jacob M., *I and II Chronicles*, 2 vols., Anchor Bible [12], 1965. See also his Anchor volume on Ezra-Nehemiah (1965).

430. Rowley, H. H., "Nehemiah's Mission and Its Background," in *Bulletin of the John Rylands Library*, XXXVII (1955), 528–61.

431. Rowley, H. H., *The Rediscovery of the Old Testament* (Philadelphia: Westminster, 1964). Chapter 7 gives an appreciative treatment of the ethos of Judaism.

On Haggai and Zechariah

432. Ackroyd, P. R., "The Book of Haggai and Zechariah 1–8," *Journal of Jewish Studies* 3 (1952), 151–56; and "Studies in the Book of Haggai," in the same journal, 163–176.

433. Peterson, David L., *Haggai and Zechariah 1–8*, Old Testament Library [18], 1984. An up-to-date and helpful study.

On Joel

434. Prinsloo, Willem S., *The Theology of the Book Joel*, Beiheft zur Zeitschrift für die Alttestamentliche Wissenschaft (1985).

435. Kapelrud, A. S., *Joel Studies* (Uppsala: Almquist & Wiksell, 1948).

436. Wolff, H. W., *Joel and Amos*, Hermeneia [14], 1977. An excellent work.

CHAPTER 16: THE PRAISES OF ISRAEL

See the Akkadian and Egyptian hymns and prayers, translated in J. B. Pritchard, ed., *Ancient Near Eastern Texts* [1], pp. 365–392. On worship in ancient Israel, see the following:

437. Clements, R. E., *God and Temple* (Philadelphia: Fortress, 1965). A study of the Jerusalem Temple as the center of Yahweh's presence in ancient Israel.

438. Cumming, Charles G., *The Assyrian and Hebrew Hymns of Praise* (New York: Columbia University Press, 1934). Treats formal parallels to Israel's hymnody.

439. De Vaux, Roland, *Ancient Israel* [113], especially Part IV which deals with Israel's sacral institutions.

440. Eaton, J. H., *Kingship and the Psalms*, Studies in Biblical Theology, 2nd series, 32 (London: SCM Press, 1976).

441. Harrelson, Walter, *From Fertility Cult to Worship* (Garden City, N.Y.: Doubleday, 1970).

442. Johnson, Aubrey R., *Sacral Kingship in Ancient Israel*, 2nd ed. (Cardiff: University of Wales Press, 1967).

443. Kraus, H. J., *Worship in Israel*, trans. by Geoffrey Buswell (Richmond: John Knox Press, 1965). Especially helpful for understanding the Zion cult.

444. Rowley, H. H., *Worship in Ancient Israel: Its Forms and Meaning* (Philadelphia: Fortress Press, 1967).

445. Widengren, George, *The Accadian and Hebrew Songs of Lamentation* (Uppsala: Almquist & Wiksell, 1936). Helpful for understanding the genre of the laments.

On the Book of Psalms

446. Anderson, Bernhard W., *Out of the Depths: The Psalms Speak for Us Today*, rev. ed. (Philadelphia: Westminster, 1983). An introduction that uses a form-critical approach.

447. Barth, Christoph, *Introduction to the Psalms*, trans. by R. A. Wilson (New York: Scribner's, 1966). An excellent introduction, especially illuminating on theological issues.

448. Eaton, J. H., *Psalms: Introduction and Commentary*, Torch Commentary Series [19], 1967.

449. Gerstenberger, E., "Psalms," in *Old Testament Form Criticism* [64], 179–224.

450. Gunkel, Hermann, *The Psalms: A Form-critical Introduction*, trans. by Thomas M. Horner, with an introduction by James Muilenburg (Philadelphia: Fortress, 1967). A basic introduction to the genres of the Psalter, by the great pioneer of form criticism and author (with Joachim Begrich) of *Einleitung in die Psalmen* (1933).

451. Guthrie, Harvey H., *Israel's Sacred Songs* (New York: Seabury, 1966).

452. Kraus, H. J., *Psalmen*, Biblischer Kommentar, 2nd ed. (Neukirchen: Neukirchener Verlag, 1961). A major work on the Psalms.

453. Mowinckel, Sigmund, *The Psalms in Israel's Worship*, I–II, trans. by D. R. Ap-Thomas (New York: Abingdon, 1962). See also his earlier *Psalmenstudien I–VI* (Amsterdam: Verlag P. Schnippers, 1921–1924). The works of Mowinckel and Gunkel are fundamental to all modern study of the Psalter.

454. Ringgren, Helmer, *The Faith of the Psalmists* (London: SCM Press, 1963).

455. Terrien, Samuel, *The Psalms and Their Meaning for Today* (Indianapolis: Bobbs-Merrill, 1952).

456. Weiser, Artur, *The Psalms*, Old Testament Library, trans. by Herbert Hartwell [18], 1962). An important work which, however, overstresses the place of many psalms in covenant-renewal festivals.

457. Westermann, Claus, *The Praise of God in the Psalms*, trans. by Keith R. Crim (Richmond: John Knox Press, 1965). An important form-critical study which suggests a new way of classifying the types of psalms. See also *Praise and Lament in The Psalms*, trans. by Keith R. Crim

and Richard N. Soulen (Atlanta: John Knox Press, 1981).

CHAPTER 17: THE BEGINNING OF WISDOM

458. Bryce, Glendon E., *A Legacy of Wisdom: The Egyptian Contribution to the Wisdom of Israel* (Lewisburg, Pa.: Bucknell University Press, 1979). By an Old Testament scholar who was also an Egyptologist.

459. Crenshaw, James L., *Old Testament Wisdom: An Introduction* (Atlanta: John Knox Press, 1981). A valuable introduction by one of the authorities in this field.

460. Emerton, J. A., "Wisdom," in *Tradition and Interpretation* [153], 214–237. A discriminating survey of discussions of the subject.

461. Gammie, J. G. et al., eds., *Israelite Wisdom, Theological and Literary Essays in Honor of Samuel Terrien* (Missoula, Montana: Scholars Press, 1978). Valuable contributions; the essay by Hans-Jürgen Hermisson on wisdom and creation theology is reproduced in *Creation in the Old Testament* [129], pp. 118–134.

462. McKane, William, *Prophets and Wise Men*, Studies in Biblical Theology, No. 44 (Naperville, Ill.: Alec R. Allenson, 1965).

463. Murphy, Roland, *Wisdom Literature*, Forms of Old Testament Literature 13 (Grand Rapids: Eerdmans, 1981). Another volume in the series on form criticism. See also his valuable brief introduction, *Wisdom Literature & Psalms*, Interpreting Biblical Texts (Nashville: Abingdon, 1983) and the literature cited there.

464. Noth, Martin, and D. Winton Thomas, eds., *Wisdom in Israel and in the Near East*, Supplement to *Vetus Testamentum*, III (Leiden: Brill, 1955).

465. Rad, Gerhard von, *Wisdom in Israel*, trans. by James D. Martin (New York: Abingdon, 1973). The best theological introduction to the subject.

466. Rankin, O. S., *Israel's Wisdom Literature* (Edinburgh: T. & T. Clark, 1936). Schocken Books, 1969. An older standard work.

467. Rylaarsdam, J. Coert, *Revelation in Jewish Wisdom Literature* (Chicago: University of Chicago Press, 1946). This valuable little book shows how Wisdom and Torah were eventually identified.

468. Scott, R. B. Y., *The Way of Wisdom in the Old Testament* (New York: Macmillan, 1971).

469. Whybray, R. N., *The Intellectual Tradition in the Old Testament*, Beiheft zur Zeitschrift für die Alttestamentliche Wissenschaft (Berlin: Walter de Gruyter, 1974).

On Proverbs

470. McKane, William, *Proverbs: A New Approach*, Old Testament Library [18], 1970. One of the best commentaries available.

471. Scott, R. B. Y., *Proverbs and Ecclesiastes*, Anchor Bible [12].

472. Whybray, R. N., *The Book of Proverbs*, Cambridge Bible Commentary [13], 1972. See also his earlier book, *Wisdom in Proverbs: The Concept of Wisdom in Proverbs 1–9*, Studies in Biblical Theology, No. 45 (London: SCM, 1965).

On Ecclesiastes

473. Gordis, Robert, *Koheleth, The Man and His World* (New York: Jewish Theological Seminary of America Press, 1951). rev. ed., Schocken Books, 1967. A fresh translation with commentary.

474. Ogden, Graham S., "The 'Better'-Proverb (Tob-Spruch), Rhetorical Criticism, and Qoheleth," *Journal of Biblical Literature* 96 (1977), 489–505. See also his various essays on passages in Ecclesiastes, e.g. *Vetus Testamentum* 30 (1980), 27–37, 309–15.

475. Rankin, O. S., "Introduction and Exegesis to Ecclesiastes," in *Interpreter's Bible*, V [16].

On the Book of Job

476. Dhorme, Édouard Paul, *A Commentary on the Book of Job*, trans. by Harold Knight (London: Nelson, 1967). A classic commentary, first issued in 1926.

477. Gordis, Robert, *The Book of God and Man: A Study of Job* (Chicago: University of Chicago Press, 1965).

478. Habel, Norman C., *The Book of Job*, Old Testament Library [18]. An illuminating, up-to-date commentary.

479. Jantzen, J. Gerald, *Job*, Intepretation Series [15], 1985.

480. Pope, Marvin H., *Job*, Anchor Bible [12]. A fresh translation with notes.

481. Terrien, Samuel, "Introduction and Exegesis to Job," In *Interpreter's Bible*, III [16]. An excellent commentary, with respect to both literary analysis and theological interpretation. See also his book, *Job: Poet of Existence* (Indianapolis: Bobbs-Merrill, 1958).

482. Westermann, Claus, *The Structure of the Book of Job: A Form-Critical Analysis* (Philadelphia: Fortress Press, 1981).

For a structuralist analysis of the book of Job, see the study by Robert Polzin [84].

On the Song of Songs

483. Gordis, Robert, *The Song of Songs and Lamentations*, revised and augmented (New York: KTAV, 1974).

484. Murphy, Roland E., "Form-Critical Studies in the Song of Songs," *Interpretation*, 27 (1973), 413–22. See also his forthcoming commentary in the Hermeneia series.

485. Pope, Marvin, *The Song of Songs*, Anchor Bible [12], 1977.

486. Rowley, H. H., "The Interpretation of the Song of Songs," in his collected essays, *The Servant* [414], 195–245.

487. Sasson, Jack, "Unlocking the Poetry of Love in the Song of Songs," *Bible Review*, Vol. I (1985), 11–19. An illuminating essay, which provides an excellent brief introduction.

CHAPTER 18:
THE UNFULFILLED DRAMA

See editions of the Apocrypha and Pseudepigrapha listed above [6–7], especially the work edited by James Charlesworth. For a selection of literature bearing on early Judaism, see the following:

488. Nickelsburg, George W. E., and Michael E. Stone, *Faith and Piety in Early Judaism: Texts and Documents* (Philadelphia: Fortress, 1983).

History and Literature of the Period

489. Metzger, Bruce, *An Introduction to the Apocrypha* (New York: Oxford, 1957).

490. Neusner, Jacob, *Invitation to the Talmud*, rev. ed. (San Francisco: Harper & Row, Pub.; 1984); also *Midrash in Context* (Philadelphia: Fortress Press, 1983).

491. Nickelsburg, George W. E., *Jewish Literature Between the Bible and the Mishnah: A Historical and Literary Introduction* (Philadelphia: Fortress, 1981). An indispensable work, by a leading scholar in the field.

492. Pfeiffer, R. H., *History of New Testament Times with an Introduction to the Apocrypha* (New York: Harper & Row, Pub., 1949).

493. Russell, D. S., *The Method and Message of Jewish Apocalyptic*, Old Testament Library [18], 1964. A comprehensive study of apocalyptic from 200 B.C.E. to 100 C.E. See also his paperback, *Apocalyptic: Ancient and Modern* (Philadelphia: Fortress, 1978).

494. Schürer, Emil, *The History of the Jewish People in the Age of Jesus Christ*, vol. 1, rev. ed. by G. Vermes and F. Millar (Edinburgh: T. & T. Clark, 1973).

495. Tcherikover, Victor, *Hellenistic Civilization and the Jews*, trans. by S. Appelbaum (Philadelphia: Jewish Publication Society of America, 1959; New York: Atheneum, 1970).

On Eschatology and Apocalyptic

496. Brown, Raymond E., *The Semitic Background of the Term 'Mystery' in the New Testament*, Facet Books (Philadelphia: Fortress, 1968). Illuminates the motif of "secret" in prophecy and apocalyptic.

497. Frost, S. B., *Old Testament Apocalyptic* (London: Epworth, 1952). See also "Apocalyptic and History" in *The Bible in Modern Scholarship* [161], 98–113.

498. Funk, Robert W., "Apocalypticism," the subject of the *Journal for Theology and the Church*, No. 6 (New York: Herder and Herder, 1969). An important discussion by outstanding scholars.

499. Hanson, Paul, "Jewish Apocalyptic against its Near Eastern Environment," *Revue Biblique* 78 (1971); also "Old Testament Apocalyptic Reexamined," *Interpretation* 25 (1971), 454–79. *Visionaries and Their Apocalypses*, Issues in Religion and Theology No. 2 (Philadelphia: Fortress, 1983) is a collection of important essays edited by him.

See especially *The Dawn of Apocalyptic* cited above [427].

500. Koch, Klaus, *The Rediscovery of Apocalyptic*, trans. by Margaret Kohl (Naperville, Ill.: Alec R. Allenson, 1970).

501. Mowinckel, Sigmund, *He That Cometh*, trans. by G. W. Anderson (New York: Abingdon,

1956). One of the most important works on Israelite eschatology.

502. Nicholson, E. W., "Apocalyptic," in *Tradition and Interpretation* [153], 189–213. A perceptive survey of recent scholarly discussions.

503. Schmithals, Walter, *The Apocalyptic Movement: Introduction and Interpretation*, trans. by John E. Steely (Nashville: Abingdon, 1975).

See also Gerhard von Rad's discussion of apocalyptic in his *Theology*, Vol. II [142]. He maintains that apocalyptic belongs primarily in the circle of wisdom, rather than of prophecy.

On the Book of Daniel

504. Collins, John J., *Daniel*, with an Introduction to Apocalyptic Literature (Grand Rapids, Mich.: Eerdmans, 1985). A book in the form-critical series which discusses genre and structure of the book of Daniel.

505. Hartman, L. F. and A. A. Di Lella, *The Book of Daniel*, Anchor Bible [12], 1978.

506. Lacocque, Andre, *The Book of Daniel*, trans. by David Pellauer (Atlanta: John Knox Press, 1979).

507. Porteous, Norman W., *Daniel*, Old Testament Library [18], 1965.

508. Towner, W. Sibley, *Daniel*, Interpretation Series [15], 1984.

On the Book of Esther

509. Anderson, Bernhard W., "Introduction and Exegesis to the Book of Esther," *Interpreter's Bible*, vol. III [16].

510. Berg, Sandra, *The Book of Esther: Motifs, Themes and Structure*. SBL Dissertation Series, 44 (Missoula: Scholars Press, 1979).

511. Clines, David J. A., *Ezra, Nehemiah, Esther*, New Century Bible Commentary [17], 1984.

512. Clines, David J. A., *The Esther Scroll: The Story of the Story* (Sheffield, England: JSOT Press, 1984). Considers both the final form and the history of redaction.

On the Dead Sea Scrolls

Of the voluminous literature that has appeared, only a few books can be mentioned.

513. Cross, Frank M., *The Ancient Library of Qumran and Modern Biblical Studies* (Garden City, N.Y.: Doubleday, 1961). A comprehensive, perceptive treatment of the scrolls and their significance. See also "The Early History of the Apocalyptic Community at Qumran," in *Canaanite Myth and Hebrew Epic* [112], chap. 12.

514. Driver, G. R., *The Judean Scrolls: The Problem and a Solution*, rev. ed. (New York: Schocken Books, 1965). Discusses the significance of the scrolls for Old Testament study.

515. Dupont-Sommer, A., *The Essene Writings from Qumran*, trans. by G. Vermès (New York: Meridian, 1961). Introduction to and translation of Qumran literature.

516. Gaster, T. H., *The Dead Sea Scriptures*, rev. ed. (Garden City, N.Y.: Doubleday, 1964). Introduction, translation, and notes.

517. Ringgren, Helmer, *The Faith of Qumran*, trans. by Emilie T. Sander (Philadelphia: Fortress, 1961).

518. Vermès, Géza, *The Dead Sea Scrolls in English* (Baltimore: Penguin Books, 1962). Translation and illuminating introduction.

On the Canon

Especially the works of Brevard Childs [37] and James A. Sanders [85, 86] have called for a reconsideration of the canon.

519. Blenkinsopp, Joseph, *Prophecy and Canon: A Contribution to the Study of Jewish Origins* (Notre Dame, Ind.: University of Notre Dame Press, 1977).

520. Neusner, Jacob, *From Politics to Piety: The Emergence of Pharisaic Judaism* (Englewood Cliffs, N.J.: Prentice-Hall, 1973).

521. Sanders, James A., *Canon and Community* [86]. An indispensable treatment of this subject.

522. Sundberg, Albert C., *The Old Testament of the Early Church*, Harvard Theological Studies, XX (Cambridge, Mass.: Harvard University Press, 1964). A seminal reconsideration of the problem of canon.

523. Weingren, J., *From Bible to Mishnah: The Continuity of Tradition* (Manchester, England: Manchester University Press, 1976).

524. Wright, G. Ernest, "The Canon as Theological Problem," in *The Old Testament and Theology* [149], chap. 7.

See also James Barr, *Holy Scripture* [cited under 130].

● **독자 여러분들께 알립니다!**

'CH북스'는 기존 '크리스천다이제스트'의 영문명 앞 2글자와
도서를 의미하는 '북스'를 결합한 출판사의 새로운 이름입니다.

구약성서 이해

1판 1쇄 발행 1994년 3월 25일
1판 중쇄 발행 2022년 3월 15일

발행인 박명곤 CEO 박지성 CFO 김영은
기획편집 채대광, 김준원, 박일귀, 이은빈, 김수연
디자인 구경표, 한승주
마케팅 임우열, 유진선, 이호, 김수연
펴낸곳 CH북스
출판등록 제406-1999-000038호
대표전화 070-4917-2074 팩스 0303-3444-2136
주소 경기도 파주시 회동길 37-20
홈페이지 www.hdjisung.com 이메일 main@hdjisung.com
제작처 영신사 월드페이퍼